KB252153

스펄전설교전집

시편 II

스펄전설교전집 09

스펄전설교전집
시편 II

역자+박문재

크리스찬
다이제스트

국립중앙도서관 출판시도서목록(CIP)

스펄전 설교전집 : 시편Ⅱ / [저자: 찰스 스펄전] ; 역
자:박문재. -- 고양 : 크리스챤다이제스트, 2013
p. ; cm. -- (스펄전 설교전집 ; 9)

원표제: Treasury of the bible
원저자명: Charles Haddon Spurgeon
영어 원작을 한국어로 번역
ISBN 978-89-447-2209-7 94230 : ₩35000
ISBN 978-89-447-2200-4(세트) 94230

시편[詩篇]
설교집[說敎集]
기독교[基督敎]

235.2-KDC5
252-DDC21   CIP2013016835

차례

■   시   편   Ⅱ

시
편
II

제
49
장

—

즐거움의 기름

—

"왕은 정의를 사랑하고 악을 미워하시니 그러므로 하나님
곧 왕의 하나님이 즐거움의 기름을 왕에게 부어 왕의 동료
보다 뛰어나게 하셨나이다." — 시 45:7

우리는 우리 주 예수 그리스도께서 기름 부음 받으신 것이 하나님의 성령이 그에게 한량없이 부어지신 것이었음을 압니다. 이것은 단순한 추측이 아닙니다. 왜냐하면, 이사야서 61:1에서는 "여호와께서 내게 기름을 부으셨기 때문에 하나님의 영이 내 위에 있다"(KJV, 한글개역개정에는 "주 여호와의 영이 내게 내리셨으니 이는 여호와께서 내게 기름을 부으사"로 되어 있음)고 말씀하기 때문입니다. 우리 주님께서는 나사렛 회당에 들어가셨을 때에 이 말씀이 기록된 곳을 펴셔서 "이 글이 오늘 너희 귀에 응하였느니라"(눅 4:21)고 말씀하심으로써 이 말씀이 자신에 대한 것임을 분명히 하셨습니다. 사도 베드로는 사도행전 10:38에서 "하나님이 나사렛 예수에게 성령과 능력을 기름 붓듯 하셨으매"라고 말씀하기 때문에, 우리는 구약과 신약의 권위에 의거해서 주 예수 그리스도께서 기름 부음을 받으신 것은 성령으로 기름 부음을 받으신 것임을 알게 됩니다. 따라서 본문에 나오는 "즐거움의 기름"은 성령, 또는 성령의 거룩한 임재로 인한 어떤 은혜로운 결과를 가리킵니다. 성령께서는 수많은 속성들을 지니고 계시고, 성령의 자애로운 감화는 여러 방식으로 역사해서 우리에게 헤아릴 수 없이 다양한 유익들을 주지만, 그 감화의 방식들은 너무나 많아서 일일이 다 열거할 수 없습니다. 성령의 위로하

시고 즐겁게 하시는 감화도 그 중의 하나입니다. "희락"은 "성령의 열매"입니다(갈 5:22). 사도행전 13:52에서는 제자들이 "기쁨과 성령"이 충만하였다고 말씀합니다. 성령께서 기름을 부어 주시는 대상이 주님이시든 그의 백성이든, 그리스도이시든 그리스도인들이든, 기름 부음 받은 자이시든 그가 기름 부음을 주시는 자들이든, 성령께서 오셔서 기름을 부으시는 곳마다 그 최종적인 결과는 "희락과 화평"입니다. 우리의 크신 대제사장의 머리 위에서 성령은 "희락"이시고, 이 "즐거움의 기름"은 주님의 옷에까지 흘러내립니다. 그래서 우리는 "위로자"이신 성령을 "즐거움의 기름"이라 부릅니다.

이 위대한 진리로부터 우리는 또다른 진리, 즉 우리를 구속하시기 위한 사역에서 찬송 받으실 삼위일체 하나님께서 완벽한 동역을 보여주신다는 진리를 배우게 됩니다. 성부께서는 성자를 보내셨고, 성자께서는 우리를 구속하시기 위하여 기꺼이 오셨으며, 하나님의 성령께서는 성자 위에 계셨기에, 성부와 성자와 성령은 구원 사역에서 각기 자신의 역할을 맡아 하신 것이기 때문입니다. 천지의 한 분 유일하신 하나님은 구원의 하나님이십니다! 우리 주 예수 그리스도에 대한 성령의 역사는 매우 흥미로운 주제입니다. 우리는 거룩하신 아기 예수께서 잉태되시고 출생하실 때에 성령께서 신비롭게 역사하신 것을 봅니다. 왜냐하면, 성령께서 동정녀 마리아를 덮으심으로써 예수께서 남자를 알지 못한 여자에게서 출생하시게 된 것이기 때문입니다. 성령의 이러한 역사는 주 예수께서 요단 강에서 세례를 받으시고 물에서 나오실 때에도 모든 믿음의 눈에 보였는데, 그때 성령께서는 비둘기 같이 임하셔서 주 예수 위에 머물렀습니다. 성경은 이 일 이전에는 예수를 "심령이 강하여져" 갔다고 말씀하지만(눅 1:80), 이 일 이후에는 "성령의 충만함을 입으셨다"(눅 4:1)고 말씀합니다. 그때에 주님은 성령에 이끌리셔서 하나님의 능력을 충만히 받으셨고, 이 같은 상태는 주님의 일생 동안 지속되었습니다. 왜냐하면, 성령께서는 주님이 행하신 무수한 이적들 속에 계셨고, 주님의 말씀이 참되다는 것을 능력으로 증거해 주신 까닭에, 주님은 서기관과는 달리 "권세 있는 자"로서 말씀하셨기 때문입니다. "그의 위에 여호와의 영 곧 지혜와 총명의 영이요 모략과 재능의 영이요 지식과 여호와를 경외하는 영이 강림하시리니 그가 여호와를 경외함으로 즐거움을 삼을 것이며 그의 눈에 보이는 대로 심판하지 아니하며 그의 귀에 들리는 대로 판단하지 아니하며 공의로 가난한 자를 심판하며 정직으로 세상의 겸손한 자를 판단할 것이며"(사 11:2-

4)라는 예언이 주님 안에서 차고 넘치게 성취되었습니다. 또한, 성령께서는 주님의 부활에도 특별한 관여를 하셨습니다. 왜냐하면, 주님은 "성결의 영으로는 죽은 자들 가운데서 부활하사 능력으로 하나님의 아들로 선포되셨기"(롬 1:4) 때문입니다. 주님은 "육체로는 죽임을 당하시고 영으로는 살리심을 받으셨습니다"(벧전 3:18). 또한, 성령께서는 주님이 승천하시면서 "사로잡혔던 자들을 사로잡으셨을" 때에 한층 더 충만히 역사하셨습니다. 주님이 승천하신 후에는 불의 갈라진 혀 같은 것들과 급하고 강한 바람 같은 소리가 제자들에 의해 목격되었습니다(행 2:3). 구속주의 승천과 함께 하나님의 성령이 교회에 차고 넘치게 주어졌기 때문입니다. 바로 이 날에 있는 성령과 그리스도의 동역은 얼마나 아름다운 모습입니까! 그리스도에 관한 모든 일들을 우리에게 계시하시는 분은 다름 아닌 성령이시기 때문입니다. 성령은 교회에 임재하셔서 복음 진리를 증거하시고, 우리에게 온갖 은사들과 은혜들을 주시는 분입니다. 우리에게 회개를 주시는 분은 주 예수이시지만, 그것을 효력있게 하시는 분은 성령이십니다. 믿음은 그리스도를 응시하지만, 먼저 우리 속에서 믿음을 만들어 내시고 예수를 바라볼 수 있는 눈을 열어 주시는 분은 하나님의 성령이십니다. 이러한 경륜 전체, 즉 그리스도를 그의 백성에게 및 그의 백성 안에서 계시하고, 하나님을 부정하는 불경건한 세대를 쳐서 그리스도를 증거하는 것은 하나님의 성령의 고유한 직무입니다. 하나님의 거룩한 기름 부음이 되어서 위대한 구속 계획에 진심으로 동참하시는 성령의 이름에 찬송을 올려드립니다.

그러면 이제 본문을 좀 더 자세하게 살펴볼 차례입니다. 본문에서 하나님의 성령은 그의 감화들 또는 역사들 중의 하나를 따라 "즐거움의 기름"으로 불리고 있습니다. 우리는 이것을 다음과 같은 순서를 따라 살펴보고자 합니다. 첫 번째로 살펴볼 것은, 구주께서 즐거움의 기름 부음을 받으신 것에 대한 것이고, 두 번째는, 즐거움의 기름이 구주께 수여된 이유에 대한 것이고, 세 번째는, 이 거룩한 기름 부음이 우리에게 어떤 식으로 역사하느냐에 대한 것입니다.

1. 첫째로, 구주께서는 즐거움의 기름 부음을 받으셨습니다.

우리는 이것을 주의 깊게 살펴보아야 합니다. 아마 우리는 성경이 주님을 "즐거움"과 연관시키는 것 자체를 의아해할지도 모릅니다. 사실, 주님은 근심의 사람이셨고 슬픔에 익숙하신 분이셨습니다. 하지만 이러한 슬픈 모습은 주님의 외면만 본 사람들에게 그렇게 보인 것일 뿐이었습니다. 주님의 육신의 휘장 안을 볼 수 있는 사람들은 신비한 영광이 주님의 영혼 속에서 빛나고 있었다는 것을 잘 알고 있습니다. "주의 구원이 그의 영광을 크게 하시고 존귀와 위엄을 그에게 입히시나이다 그가 영원토록 지극한 복을 받게 하시며 주 앞에서 기쁘고 즐겁게 하시나이다"(시 21:5-6)라는 말씀은 다윗이 이스라엘의 왕이신 주님에 대하여 한 말씀이 아닙니까? 나는 인류 역사상에서 우리의 찬송 받으실 주님만큼 그토록 심오하고 참된 즐거움을 아신 분은 없으셨을 것임을 믿어 의심치 않습니다. 주님은 자신의 그런 기쁨이 자기 백성에게도 있어서 그들의 기쁨이 충만하기를 원하지 않으셨습니까? 너그러움과 관용이 기쁨을 낳는 법인데, 주님만큼 너그러우신 분이 어디 있겠습니까? 사랑하는 자들을 위하여 자기를 희생하는 것이 큰 기쁨이 아니고 무엇이겠습니까? 그런데 주님만큼 남들을 위해 자기를 희생하신 분이 어디 있겠습니까? 지극히 고상한 동기들과 지극히 감미로운 은혜들로 꽉 차 있는 마음에 행복함이 있는 것은 당연한 일이 아니겠습니까? 우리 주님만큼 그런 마음을 지니신 분이 어디 있겠습니까? 보십시오.

먼저, 우리 주 예수의 즐거움은 자신의 일 속에서 느꼈던 즐거움이라고 할 수 있습니다. 하나님의 아들께서는 성부 하나님께서 그에게 하라고 부탁하신 일을 기뻐하셨습니다. 주님은 저 옛적에 하나님으로서 그런 기쁨을 밝히셨습니다! "그 때에 내가 말하기를 내가 왔나이다 나를 가리켜 기록한 것이 두루마리 책에 있나이다 나의 하나님이여 내가 주의 뜻 행하기를 즐기오니 주의 법이 나의 심중에 있나이다 하였나이다"(시 40:7-8). 또한, 주님은 아직 어리셨을 때에 "내가 내 아버지 집에 있어야 될 줄을 알지 못하셨나이까"(눅 2:49)라고 말씀하심으로써 공생애 시작을 위한 기름 부음을 받으시기 전에 인간으로서 그러한 기쁨을 나타내 보이셨습니다. 분명히 주님은 이미 어리실 때부터 예루살렘 성전에서 랍비들을 상대로 자기가 장차 성부 하나님을 위하여 해야 할 큰 일을 부분적으로 하기 시작하시면서 그 기쁨을 예감하셨던 것으로 보입니다. 그리고 공생애를 시작하실 나이가 되자, 주님은 즉시 세례 요한에게로 가서 모든 의를 이루고자 하는 열심으로 요단 강에서 세례를 받으셨습니다. 그때에 하나님의 성령이 주님 위에 임하셨고, 주님은 공개적이고 가시적으로 기름 부음을 받으셨습니다. 그 순간부터 주님이 무리들 앞에 서기 시작하셨고, 어떤 열심으로 자신의 공생애를 보내셨는지는 우리가 다 익히 알고 있는 바와 같습니다. 우리는 주님이 시장하시면서도, 우물가의 여인에게 복음을 전하시면서 그 일을 기뻐하셔서 시장하시다는 사실조차 까마득히 잊어버리신 것을 봅니다. 왜냐하면, 주님은 제자들에게 "내게는 너희가 알지 못하는 먹을 양식이 있느니라"(요 4:32)고 말씀하시기 때문입니다. 주님은 그 여인이 그를 믿고 기뻐하는 것과 장차 더 많은 사마리아 사람들이 회심하게 될 것을 바라보시면서 "너희 눈을 들어 밭을 보라 희어져 추수하게 되었도다"(요 4:35)고 말씀하시며 크게 기뻐하셨습니다. 주님은 자신의 일을 기뻐하셨기 때문에 그 일을 이루는 것을 방해하는 모든 것을 혐오하셨던 까닭에 베드로에게 "사탄아 내 뒤로 물러가라"(마 16:23)고 말씀하셨습니다. 우리는 "나는 받을 세례가 있으니 그것이 이루어지기까지 나의 답답함이 어떠하겠느냐"(눅 12:50)는 말씀 속에서도 주님의 그런 모습을 볼 수 있습니다. 우리는 복음서에서 때가 가까워오자 주님이 결연한 각오로 예루살렘으로 향하셨다는 말씀을 읽습니다. 주님이 자기가 수치스러운 죽음을 죽게 될 것이라고 자주 암시하신 것은 자신이 이루어야 할 위대한 목표를 지극히 큰 만족함으로 바라보셨다는 것을 보여줍니다. 주님이 "천지의 주재이신 아버지여 이것을 지혜롭고 슬기 있는 자들에게는 숨기시고 어린 아이들에게는 나타내심을 감사하나이다"(눅 10:21)라고 말씀하셨을 때, 실제로 그 기쁨은 흘러넘쳐서 다른 사람들도 그것을 볼 수 있을 정도였습니다. 왜냐하면, "그 때에 예수께서 성령으로 기뻐하시며"(눅 10:21) 그런 말씀을 하셨기 때문입니다. 우리는 그리스도께서 공생애 기간 동안에 크게 기뻐하시는 모습들을 보기를 기대해서는 안 된다는 사실을 결코 잊어서는 안 됩니다. 그리스도께서는 우리의 질병을 대신 짊어지시고 "하나님께 맞으며 고난을 당하시기"(사 53:4) 위한 목적으로 보내심을 받으신 것이라는 사실을 기억하십시오. 옛적의 성막 내부를 가득 채우고 있던 영광이 해달의 가죽으로 만든 덮개들 밑에 감추어져 있었던 것과 마찬가지로, 주님의 깊은 기쁨도 수많은 슬픔에 의해 가려져 있었습니다. 주님은 구름에 가린 해이셨지만, 여전히 해이셨습니다. 여러분이 지고 있는 짐이 작다면, 여러분은 힘이 남아돌아서 뛰거나 달릴 수 있을 것입니다. 그러나 여러분이 아주 무거운 짐을 지고 있는 경우에는, 그 짐을 지고 꾸준히 가고 있는 것 자체가 여러분에게 힘이 있음을 보여주는 확실한 증거가 됩니다. 마찬가지로, 여러분의 시련이 가벼운 것이라면, 여러분의 기뻐하는 영은 웃음과 미소와 노래로 분출될 수 있겠지만, 여러분이 무거운 환난을 겪고 있는 경우에는 여러분이 지닌 모든 기쁨은 여러분을 무너지지 않도록 지탱해

주는 데에 사용되게 될 것입니다. 우리의 찬송 받으실 주님은 자기 백성 중에서 가장 무거운 짐을 진 자와는 비교도 할 수 없을 정도로 무한히 무거운 슬픔과 근심의 짐을 지고 계셨습니다. 주님이 저 엄청난 슬픔과 근심을 지시기 위해서는 놀라운 기쁨도 거기에 함께 있어서 그 슬픔을 상쇄시킬 수 있어야 했음이 분명하다고 나는 생각합니다. 이 놀라운 기쁨이 받쳐 주는 감화 덕분에 주님은 고요하고 침착하며 평안하고 위엄 있는 모습을 유지할 수 있으셨습니다. 구주에게서 가장 놀라운 것은 그가 그 엄청난 짐을 지시고서 아주 평안하고 고요하게 자신의 길을 끝까지 가셨다는 사실입니다. 만일 주님에게 엄청난 크기의 은밀한 기쁨이 없었다면, 주님의 영은 버틸 힘을 잃고 소진되어 쓰러져 버리셨을 것이고, 여러분은 주님이 항상 한숨을 쉬시며 우시는 모습을 볼 수 있었을 것이며, 주님의 말씀과 어조는 주위 사람들에게 공포가 되었을 것이고, 주님은 극도로 눌리셔서 그 모습이 몹시 우울해 보이셨을 것입니다. 그러나 실제로 주님의 모습은 그런 것과는 정반대로 쾌활하시고 매력적이셨습니다. 어린아이들이 주님 주변에 몰려들었다는 사실이 그것을 증거해 줍니다. 주님은 "간고를 많이 겪으신"(사 53:3) 슬픔의 사람이셨지만, 슬픔을 설교하는 분은 아니셨고, 그의 삶이나 전하신 말씀들은 사람들의 마음에 우울한 인상을 남기지도 않습니다. 주님은 인류 역사상에서 가장 크게 기뻐하신 분이심과 동시에 가장 크게 슬퍼하신 분이었다는 것이 아마 맞을 것입니다. 주님의 마음속에서 이 둘이 평형을 이루고 있었기 때문에, 겟세마네 동산에서 깊이 고뇌하신 때를 제외하면, 여러분이 주님을 어디에서 만나더라도, 주님은 늘 평안함과 평정심을 지니고 계십니다. 여러분은 주님이 다윗처럼 법궤 앞에서 춤추시는 모습을 볼 수도 없고, 다윗처럼 사랑하는 자를 잃고서 "차라리 내가 너를 대신하여 죽었더면"(삼하 18:33)이라고 애곡하시는 모습을 볼 수도 없습니다. 주님은 엘리야처럼 왕의 병거 앞에서 달리지도 않으시고, 죽기를 원하여 로뎀나무 아래에 드러눕지도 않으십니다. 주님은 안간힘을 쓰시거나 부르짖지 않으시고, 그의 목소리를 길거리에서 들리게 하지도 않으십니다. 주님의 평안은 강과 같아서, 그의 마음은 하나님의 안식에 거합니다.

따라서 우리는 우리의 크신 대제사장은 자신의 일 속에서 동료들보다 더 큰 "즐거움의 기름" 부음을 받으셨다는 것을 알게 됩니다. 그러나 우리는 그의 동료들인 자들이 자신의 분량을 따라 이 즐거움의 기름에 동참하여, 주님이 그들 각자에게 맡기신 일 속에서 기쁨을 누릴 수 있다는 것도 압니다. 오늘의 본문인 시편 45편에서는 우리의 왕이 즐거움의 기름 부음을 받으셨다는 것과 함께 왕의 교회를 섬기는 신부들에 대해서도 "그들은 기쁨과 즐거움으로 인도함을 받고 왕궁에 들어가리로다"(시 45:15)라고 기록하고 있습니다. 여기에 계신 신앙을 고백한 그리스도인이 기쁨을 느끼지 못하는 일을 하고 계신다면, 그분은 자신이 있어야 할 자리에 있는 것이 아닐 가능성이 높습니다. 가끔씩 우울함이 찾아올 수는 있지만, 그것은 우리가 그 일을 사랑하지 않아서가 아니라, 우리가 원하는 만큼 그 일을 잘해낼 수 없는 데서 오는 우울함입니다. 우리는 그 일을 하느라 지칠 수는 있지만, 그 일을 지긋지긋해하지는 않습니다. 주님은 자원하는 일꾼들을 사용하십니다. 주님의 군대는 억지로 군사가 된 사람들이 아니라 은혜를 받고 자원한 사람들로 이루어집니다. "기쁨으로 여호와를 섬기며"(시 100:2). 우리 주님은 우리에게 고역(苦役)을 맡기시고서는 죄수나 노예 같이 채찍으로 노역을 시키시는 것이 아닙니다. 나는 종종 사람들이 자기가 일생 동안 해야 할 일을 고역(task)이라고 부르는 것을 봅니다. 좋습니다. 그러한 표현은 그렇다 치더라도, 나는 그리스도인들이 자신의 일생 동안 해야 할 일을 그런 식으로 부르는 것은 합당하지 않다고 생각합니다. 내 주님의 복음을 전하는 것, 또는 어떤 식으로든 주님을 섬기는 것은 그 어떤 의미로도 내게 결코 "고역"이 아닙니다. 나는 "모든 성도 중에 지극히 작은 자보다 더 작은 나에게 이 은혜를" 주셔서 "측량할 수 없는 그리스도의 풍성함을 이방인에게 전하게"(엡 3:8) 하시는 하나님께 날마다 감사를 드립니다. 학교에서 가르치시는 선생님들이여, 여러분의 사랑의 수고가 여러분에게 고역이 아니기를 바랍니다. 선생님들이 마지못해 가르치면 학생들도 금방 마지못해 배우는 시늉만 하게 될 것입니다. 나는 주님을 섬기는 여러분은 일 자체에서 상을 발견하고서 기쁨으로 그 일을 해나가시고 계실 것임을 압니다. 만약 여러분이 지금 그렇지 않다면, 여러분은 그 일에서 형통하지 못할 것임을 나는 확신합니다. 여러분이 자신의 일을 마지못해 해나가고, 그 일을 하게 된 것을 후회하며 거추장스럽게 느낀다면, 여러분은 그 일에서 그 어떤 유익도 얻지 못할 것입니다. 달리기에 마음이 없는 사람은 경주를 이길 수 없습니다. 이 점에서 주님의 기쁨은 여러분의 힘입니다. 여러분의 주님이 자신의 일에서 즐거움의 기름 부음을 받으신 것 같이, 여러분도 그래야 합니다. 그렇지만 사랑하는 동역자들이여, 여러분은 자신의 일에서 주님과 같은 정도로는 결코 즐거워하지 못할 것이고, 주님과 같이 자기 부인과 고뇌와 죽음을 통해서 그러한 즐거움이 있음을 증명할 수도 없을 것입니다. 주님은 "그 앞에 있는 기쁨을 위하여 십자가를 참으사 부끄러움을 개의치 아니하심"(히 12:2)으로써 자기가 죄인들을 구원하는 일을 얼마나 기뻐하는지를 증명하셨습니다. 찬송 받으실 임마누엘이시여, 당신은 동료들보다 뛰어나게 "즐거움의 기름" 부음을 받으시기에 합당하신 분이십니다.

또한, 우리가 주목할 것은 우리 주님은 자신의 일로부터 이 즐거움의 기름 부음을 받으셨다는 것입니다. 주님은 그 일을 하고 계시는 동안에도 비록 나중에 얻게 될 기쁨에 비하면 이삭에 불과한 것이었지만 어느 정도의 기쁨을 누리셨습니다. 주님은 눈물로 씨를 뿌리심과 동시에 기쁨으로 거두셨습니다. 왜냐하면, 많은 사람들이 그의 제자가 되었고, 그 한 사람 한 사람에 대해 주님은 기뻐하셨기 때문입니다. 선한 목자께서 그토록 많은 양들을 구하여 어깨에 메고 양우리로 돌아오시면서 기뻐하지 않으신다는 것은 있을 수 없는 일이었습니다. 잃은 양들을 찾으실 때마다 분명히 주님은 기뻐하셨을 것입니다. 그러나 온전한 기쁨은 주님이 승천하신 이후에 주어질 것이었습니다. 그때에 주님은 진정으로 즐거움의 기름 부음을 받으셨고, "시온의 딸들아 나와서 솔로몬 왕을 보라 혼인날 마음이 기쁠 때에 그의 어머니가 씌운 왕관이 그 머리에 있구나"(아 3:11)라는 소리를 들으셨습니다. 형제들이여, 우리 주 예수 그리스도께서는 지금 자신의 사랑하는 자들이 확실하게 자기 사람들이고 더 이상 죄의 종이거나 진노의 후사가 아님을 아시는 까닭에 그의 기쁨은 헤아릴 수 없을 정도로 큽니다. 주님은 자기 영혼이 기뻐하는 자들을 구속하셔서 자기 사람들로 삼으셨습니다. 그들에 대한 속전은 온전히 지불되었습니다! 그들을 대신한 형벌도 온전히 치러졌습니다! 그들을 위해 주님은 모든 사슬을 끊으셨고 감옥의 터를 남김없이 밀어 버리셨습니다. 그들을 위해 주님은 뱀의 머리를 상하게 하셨습니다. 그들을 위해 주님은 죽으심을 통해 사망을 멸하시고, 사망 권세를 쥐고 있던 자, 곧 마귀를 사로잡으셨습니다.

> "모든 일과 싸움을 끝내시고
> 하늘로 오르셔서
> 지금은 아버지의 보좌 앞에서

　　자기 백성을 위해 대도하고 계시네.”

　　주님은 지금도 계속해서 성령께서 자기에게로 데려오시는 많은 사람들을 기쁨으로 영접하십니다. 왜냐하면, 주님이 옛적에 자신의 보배로운 피를 흘리신 것은 바로 그들을 위한 것이었기 때문입니다. 여러분은 그리스도께서 느끼시는 즐거움을 헤아릴 수 없습니다. 여러분이 그리스도께 한 영혼을 인도하였다면, 여러분은 그 즐거움 중 한 방울을 맛본 것이지만, 주님의 즐거움은 그들을 영접하시는 데만 있는 것이 아니라, 실제로 그들 한 사람 한 사람에 대하여 구원의 원천이 되신다는 것에도 있습니다. 구주께서는 구속 받은 자들을 이루 말할 수 없이 기쁜 마음으로 바라보십니다. 주님은 그들이 과거에 어떤 자들이었는지, 즉 자신이 개입하지 않았다면 어떤 모습으로 살아가고 있을지를 생각하시고, 그런 그들이 지금 어떻게 되어 있는지를 생각하십니다. 주님은 그들이 죽은 자 가운데서 다시 살아나게 될 저 큰 날에 그들을 어떻게 하고자 하는지를 생각하시고, 그들에 대한 사랑으로 충만하셔서, 장차 그들이 크게 기뻐하게 될 것을 기대하시며 지극히 기뻐하십니다. 그들의 하늘들로 인해 그들의 중보자의 하늘이 끝없이 넓어지고, 지극한 복의 화신들인 그들 한 사람 한 사람은 주님 자신의 더할 나위 없는 행복을 반영하고 있습니다. (사람의 예대로 말한다면) 이렇게 해서 주님의 기쁨은 점점 더 늘어갑니다. 왜냐하면, 주님은 그들 속에서 사심으로써 수많은 삶을 사시는 것이고, 그들의 기쁨 속에서 수많은 기쁨을 누리시는 것이기 때문입니다. 지금 나는 한 마디도 실수하지 않기 위해 지극히 낮아져서 두렵고 떨리는 마음으로 말씀을 전하고 있습니다. 왜냐하면, 주님은 사람인 동시에 하나님이시기 때문입니다. 그러나 한 가지 확실한 것은 우리 주님에게는 자신의 신실한 자들에게 주실 기쁨이 있다는 것입니다. 이 기쁨은 주님이 인류를 구속하시기 위해 겪으신 수치와 질고로 인해 얻으신 기쁨입니다. 즐거움의 기름은 전에 가시 면류관을 쓰셨던 분의 머리 위에 차고 넘치게 부어집니다.

　　형제들이여, 이제 여러분도 이 기쁨에 동참할 수 있습니다. 주님이 각자의 분량을 따라 여러분을 다른 사람을 구원하는 도구로 사용하실 때, 여러분은 주님의 즐거움에 동참하게 됩니다. 그러나 앞에서 말씀드렸듯이, 여러분은 그 즐거움을 온전히 알 수는 없습니다. 왜냐하면, 이 점에서 주님은 자신의 동료들보다 “뛰어나게” 즐거움의 기름 부음을 받으셨기 때문입니다. “에돔에서 오는 이 누구며 붉은 옷을 입고 보스라에서 오는 이 누구냐 그의 화려한 의복 큰 능력으로 걷는 이가 누구냐 그는 나이니 공의를 말하는 이요 구원하는 능력을 가진 이니라 어찌하여 네 의복이 붉으며 네 옷이 포도즙틀을 밟는 자 같으냐 만민 가운데 나와 함께 한 자가 없이 내가 홀로 포도즙틀을 밟았는데"(사 63:1-3). 전쟁터에서 노략물을 취하여 돌아오시는 주님에게는 그 누구도 방해할 수 없는 기쁨이 있습니다. 주님의 오른손과 그 거룩한 팔이 그에게 승리를 가져다주었기 때문입니다.

또한, 우리 주 예수께서는 또다른 의미에서 즐거움의 기름 부음을 받으십니다. 왜냐하면, 주님의 인격과 일은 다른 사람들 속에서 뭐라 말할 수 없는 즐거움의 원인이 되기 때문입니다. 나는 어느 한 주간에 이 주제에 대해 말씀을 전하는 시간을 가졌으면 합니다. 한 주간? 사실 한 주간으로는 이 주제에 대해 서론조차도 제대로 다 전하지 못할 것입니다. 우리는 방금 이렇게 찬송했습니다:

"예수를 생각만 해도
　내 가슴은 감격으로 벅차오르네."

주님에게 부어진 즐거움의 기름은 너무나 감미로워서, 그것을 생각하기만 해도 우리 마음은 기쁨으로 벅차오르게 됩니다. 주님의 이름 자체가 즐거움입니다:

"예수의 이름이 들리면
　온 마음이 기쁨으로 벅차오르네.
　그런 감미로움을 지닌 것이 또 무엇이 있을까?
　그런 기쁨을 줄 수 있는 건 또 무엇이 있을까?"

그러니 주님이 이 땅에 계셨을 때에 어떠한 즐거움을 사람들에게 주셨겠습니까! 주님의 출생은 천상의 음악이 하늘에 울려 퍼지게 하였고, 기다리던 성도들의 마음을 기뻐 뛰게 만들었습니다. 나중에는 혈루병을 앓던 한 여인이 주님의 옷자락을 만졌을 뿐인데도, 그 만짐은 즉시 혈루의 근원을 마르게 하여 그 여인의 마음을 기쁘게 해주었습니다. 그리고 주님의 입술에서 나온 한 마디 말씀은 "말 못하는 자의 혀"로 "노래하게" 하였습니다(사 35:6). 주님이 병자들에게 안수하시면, 그들은 병상에서 자리를 털고 일어났고, 고통과 질병으로부터 건짐을 받았습니다. 그러므로 당시에 주님의 만지심 자체가 즐거움이었고, 지금에 있어서 영적인 만지심도 마찬가지입니다. 오늘날에는 주님을 전하는 것이 즐거움이고, 주님을 찬송하는 것이 즐거움입니다. 주님을 의지하는 것이 즐거움이고, 주님을 위해 일하는 것이 즐거움이며, 주님과 교제하는 것이 즐거움입니다. 주님의 식탁으로 가서 거기에서 주님과 함께 식사하는 것이 즐거움이고, 성도들의 눈 속에서 주님의 형상을 보는 것이 즐거움이며, 새신자의 마음속에서 주님의 형상이 이루어져가기 시작하는 것을 보는 것이 즐거움입니다. 주님과 관련된 모든 것이 즐거움입니다! "주님의 모든 옷은 몰약과 침향과 육계의 향기"가 있습니다(시 45:8). 주님께 가까이 나아갈 때면, 주님이 가까이 계시다는 생각 자체만으로도 여러분은 기뻐지게 됩니다. 주님의 발자국 속에도 위로가 있고, 주님의 손에 난 상처들은 소망의 창문들입니다! 나는 주님을 사랑하기 때문에 십자가를 져야 했던 어떤 사람들을 알고 있습니다. 그들은 자신들이 주님을 위해 태어났다는 것을 알고서, 그 십자가를 끌어안고 입 맞추며 자신들의 환난을 기뻐했습니다. 주님과의 교제는 그 지독하게 쓴 약을 감미로운 포도주로 바꾸어 놓았습니다. 사랑하는 자들이여, 이렇게 멀리서 주님을 얼핏 보는 것만으로도 이렇게 감미롭고 기쁘다면, 장차 얼굴을 맞대고 볼 때에는 어떠하겠습니까? 나는 그 장면을 상상해 보곤 하였는데, 상상 속에서조차 나의 영은 그 엄청난 기쁨에 황홀해지는 것 같았다는 것을 분명하게 말씀드립니다. 음악 같은 주님의 발자국 소리가 현세와 내세를 갈라놓고 있는 장벽 저편에서 들려오기만 해도, 내 마음의 갈망은 너무나 강해지고 뜨거워져서 도저히 참을 수 없을 정도가 됩니다. 사망아, 네가 나를 주님과 갈라놓아서 나로 내 주님을 보지 못하게 하는 모든 것이냐? 내가 주님을 있는 그대로 뵙고 주님과 같이 되기 위해서라면 천 번이라도 죽어도 기쁠 것입니다. 이 보잘것없는 육신이 무덤 속에서 잠드는 것이 내가 주님을 뵈옵는 것을 방해하는 것입니까? 그것이 내가 두려워해야 할 모든 것입니까? 그렇다면, 내 육신이 무덤 속에서 잠들게 하고 벌레들이 내 육신을 갉아먹게 하십시오. 왜냐하면, "내가 알기에는 나의 대속자가 살아 계시니 마침내 그가 땅 위에 서실 것이라 내 가죽이 벗김을 당한 뒤에도 내가 육체 밖에서 하나님을 볼"(욥 19:25-26) 것이기 때문입니다. 주님을 뵈옵는다는 것을 무엇을 의미할까요?

그것은 우리를 그토록 사랑하신 주님을 뵈옵게 된다는 것, 주님이 우리를 구속하시기 위하여 입으신 상처들을 보게 된다는 것, 주님의 영광을 뵈옵게 된다는 것, 주님의 저 부드러운 음성과 "잘 하였도다 착하고 충성된 종아"(마 25:21)라고 말씀하시는 것을 듣게 된다는 것, 주님의 품에 영원히 안기게 된다는 것과 같이 지금까지 눈으로 본 적도 없고 귀로 들은 적도 없는 지극히 복된 것들을 누리게 된다는 것입니다. 우리는 신랑이 혼인날을 기다림보다 더 간절하게 천국의 혼인 잔치를 기다리지만, 그 왕의 연회에 나온 온갖 산해진미들 중에서 신랑이신 주님만한 것은 아무것도 없을 것입니다. 왜냐하면, 주님을 뵈옵는 것이 우리가 원하는 천국의 모든 것이기 때문입니다. 주님은 천국의 수금이나 천사들보다 더 낫고, 황금 길이나 벽옥 성곽보다 더 큰 기쁨을 주는 원천입니다.

형제들이여, 우리는 기쁨을 주는 이 힘을 다른 사람들에게도 나누어줄 수 있습니까? 물론입니다! 주 예수께서 우리와 함께 하시면, 우리는 기쁨을 다른 사람들에게 줄 수 있습니다. 그 자리에 있는 것만으로도 다른 사람들에게 힘과 위로가 되는 어떤 사람들을 나는 알고 있습니다. 그들이 하는 말들은 남을 위로하는 힘으로 가득하고, 그들의 마음은 남의 아픔을 자신의 아픔으로 여기는 마음으로 흘러넘쳐서 어디를 가든지 다른 사람들을 기쁘게 합니다. 그렇지만 위로의 사람들인 여러분 중에서 가장 훌륭한 사람도 주님과 같은 정도로 즐거움의 기름 부음을 받을 수는 없습니다. 주님은 "동료들," 즉 위로의 사람인 바나바를 비롯해서 남들의 아픔을 그대로 공감해 주고 함께 해주는 가장 자애롭고 훌륭한 신자들보다 더 "뛰어나게" 즐거움의 기름 부음을 받으셨습니다. 주님에게서는 참된 위로가 끊임없이 흘러나오고, 그 위로는 무거운 짐 진 자들에게 기쁨의 기름이 됩니다. 이상으로 우리는 구주께서 즐거움의 기름 부음을 받으셨다는 첫 번째 대지를 살펴보았습니다.

2. 둘째로, 주님이 이렇게 기름 부음 받으신 이유는 무엇입니까?

그 이유는 본문에 나와 있습니다. 주님은 자신의 동료들보다 더 기름 부음을 받으셨는데, 그 이유를 본문은 "왕은 정의를 사랑하고 악을 미워하시니"라고 말씀합니다. 그리스도의 온전한 의가 그에게 이 즐거움을 가져다주었습니다. 왜냐하면, 온전한 행복이 있으려면 온전한 거룩함이 있어야 하기 때문입니다. 죄는 기쁨의 적이요 원수입니다. 죄인에게 무엇을 좋아하는지를 물어보십시오. 사자가 어린 양과 함께 누울 수 없듯이, 죄는 참된 기쁨과 함께 할 수 없습니다. 여러분이 온전한 기쁨을 누리고자 한다면 죄로부터 온전히 깨끗해져야 합니다. 온전히 깨끗해지기 전까지는 그리스도께서 지니셨던 만큼의 즐거움의 기름을 지닐 수 없습니다. 신자는 죄의 권세로부터 건짐을 받아서, 주님의 기쁨이 자기 안에 점점 더 많이 거할 수 있는 상태가 됩니다. 예수께서는 모든 것에서 의를 열렬히 사랑하셨고 악을 열렬히 미워하셨습니다. 주님은 지면에서 악을 멸하고 의를 견고히 세우시기 위하여 죽으셨습니다. 따라서 주님이 더 큰 즐거움을 향유하시게 된 것은 더 큰 거룩함을 지니셨기 때문입니다. 게다가, 어떤 사람이 거룩한 사업에서 성공한다면 그 기쁨은 그가 그 일을 하는 데 드린 수고에 정비례한다는 것을 여러분은 잘 알고 있습니다. 의의 큰 싸움에서 우리 주님은 선봉에 서셨습니다. 악과의 큰 싸움에서 우리 구주께서는 최선봉에 서서 적과 정면으로 맞서셨습니다. 주님이 죽기까지 의를 사랑하셨고 극심한 고통 속에서 땀방울이 핏방울이 되기까지 죄에 대항해 싸우셨기 때문에, 그렇게 해서 얻어진 승리는 주님에게 지극히 큰 기쁨을 안겨준 것입니다. 주님은 선한 일을 위해 최선을 다하셨기 때문에 동료들보다 더 큰 "즐거움의 기름" 부음을 받으신 것입니다.

이제, 주님이 즐거움의 기름 부음을 받으신 또다른 이유를 살펴보겠습니다. 우리는 이 기름 부음을 또다른 관점에서 바라볼 수 있습니다. 주님이 동료들보다 더 많이 기름 부음을 받으셨다는 것은 주님과 사귐이 있는 자들도 기름 부음을 받는다는 것을 보여줍니다. 여러분이 오늘 읽은 본문에서 볼 수 있듯이, 대제사장의 머리에는 기름이 부어지지만, 일반 제사장들인 아론의 자손들에게는 이 기름에 희생제물의 피를 섞은 것이 뿌려집니다. 그리스도께서는 동료들과는 달리 이 기름 부음을 받지만, 그와 사귐이 있는 동료들에게는 이 기름이 부어지지 않고 뿌려집니다. 우리에게 뿌려지는 기름은 각자마다 분량이 있지만, 주님에게 부어지는 기름은 한량이 없습니다. 사랑하는 자들이여, 그리스도께서는 동료들이 자신과 더불어 기름 부음을 받을 수 있게 하시기 위하여 동료들보다 더 기름 부음을 받으신 것입니다. 주님이 만물 위로 높임을 받으신 것은 만물을 충만하게 하시기 위한 것임과 마찬가지로, 주님이 동료들보다 더 기름 부음을 받으신 것은 그가 자신의 동료들에게 기름 부음을 베푸시기 위한 것이었습니다. 이 기름 부음으로 인한 능력으로 말미암아 주의 백성들은 주님 자신과 동일한 의의 상태로 들어가게 됩니다. 우리가 이미 앞에서 보았던 이사야 61:3로 돌아가 봅시다. 거기에는 이렇게 되어 있습니다: "무릇 시온에서 슬퍼하는 자에게 화관을 주어 그 재를 대신하며 기쁨의 기름으로 그 슬픔을 대신하며 찬송의 옷으로 그 근심을 대신하시고 그들이 의의 나무 곧 여호와께서 심으신 그 영광을 나타낼 자라 일컬음을 받게 하려 하심이라"(강조된 부분을 주목하십시오!). 따라서 주목할 것은 우리가 먼저 "왕의 정의를 사랑하고 악을 미워하시니 그러므로 하나님이 즐거움의 기름을 왕에게 부어"라고 말씀하는 오늘의 본문을 읽은 후에, 우리 자신과 관련하여 말씀하고 있는 이사야 61:3의 한 대목, 곧 "기쁨의 기름으로 그 슬픔을 대신하며 그들이 의의 나무라 일컬음을 받게 하려 하심이라"는 병행 본문을 만나게 된다는 것입니다. 주님은 의로우셨기 때문에 기름 부음을 받으셨지만, 우리는 의로워지기 위하여 기름 부음을 받습니다. 그래서 그리스도 안에서 우리는 안심하고 기뻐할 수 있는 상태, 기쁨이 우리 안에 거할 수 있는 상태가 됩니다. 불의한 자들에게는 즐거움의 기름이 임하지 않지만, 의인들에게는 어둠 속에서도 빛이 있습니다. "여호와께서 말씀하시되 악인에게는 평강이 없다 하셨느니라"(사 48:22). 거룩한 기름은 하나님의 거룩한 집에 대하여 외인인 자들과 사람의 육체에는 부어지지 않습니다. 사람의 육체는 부패하고 더럽혀져 있기 때문입니다. 이 즐거움의 기름은 오직 중생을 통해 하나님의 이스라엘로 태어나서 육체를 따라 행하는 것으로부터 건짐을 받은 자들에게만 임합니다. 하나님은 그들을 "의의 나무 곧 여호와께서 심으신 그 영광을 나타낼 자"로 만드십니다. 그리스도께서 기름 부음을 받으신 것은 두 가지 이유에서입니다. 첫째는, 주님 자신이 의로우셨기 때문이고, 둘째는, 주님이 다른 사람들을 의롭게 하시기 위한 것이었습니다. 그러므로 주 하나님의 영이 주님에게 임하신 것은 주님으로 하여금 자신의 택하신 자들에게 기쁨의 기름을 주시고, 자신이 의로우신 것처럼 그들을 의롭게 하시며, 자신이 기뻐하시는 것처럼 그들을 기뻐하게 하시기 위한 것입니다.

3. 셋째로, 이 즐거움의 기름이 우리에게 역사하는 방법에 대하여 살펴보겠습니다.

예수께서는 자신의 동료들보다 더 즐거움의 기름 부음을 받으셨습니다. 이제 우리는 주님의 동료들이 즐거움의 기름 부음을 받는 것에 대하여 살펴볼 차례입니다. 다윗은 "주께서 기름을 내 머리에 부으셨으니 내 잔이 넘치나이다"(시

23:5)라고 말하지 않았습니까? 따라서 우리는 성경이 우리 주님에 대하여 말씀하고 있는 것을 우리 자신에 대해서도 말할 수 있습니다. 즉, 주님이 기름 부음을 받으셨으니, 우리도 기름 부음을 받습니다라고 말이죠. 자, 그러면 성령의 기름 부음은 어떤 점들에서 우리에게 즐거움을 줍니까? 나는 여덟 가지 정도를 아주 짤막하게 언급하여 다루고자 합니다.

첫째, 우리도 예수 그리스도로 말미암아 **어떤 직분**으로 기름 부음을 받습니다. 기쁜 마음으로 서로를 향하여 이렇게 한번 속삭여 보시겠습니다: 하나님께서 "우리를 나라와 제사장으로 삼으셨으니 우리가 땅에서 왕 노릇 하리로다"(계 1:6; 5:10). 기름이 아론의 머리에 부어졌을 때, 여러분은 그 기름이 아론의 수염을 거쳐 그의 옷자락까지 흘러내린 것을 아십니다. 오늘날에도 하나님은 우리를 왕과 제사장으로 세우시기 위하여 우리에게 이 기름을 부어 주십니다. 하나님의 이름이 찬송 받으시옵소서. 그런데도 우리가 어찌 기뻐하지 않을 수 있겠습니까? 만약 우리가 기뻐하지 않는다면, 그것은 우리의 입장을 생각할 때에 너무나 이상한 일입니다. 여러분이 왕이 되었는데도 기뻐하지 않으실 것입니까?

> "우리 왕의 자녀들이 어찌하여
> 온종일 애곡하는 것인가요?
> 기쁨의 위로자시여, 지금 임하셔서
> 주의 은혜로 기름을 부어 주소서."

즐거움이 지금 여러분에게 임하기를 기원합니다. 여러분은 하나님의 제사장들입니다. 기름 부음 받은 제사장들이 우울한 얼굴로 하나님을 섬기는 것이 마땅한 일이겠습니까? 결코 그렇지 않습니다! 기름 부음을 받아 이 복된 일을 맡게 된 하나님의 제사장들인 여러분, 항상 주 안에서 기뻐하십시오. "이스라엘 족속아 여호와를 송축하라 아론의 족속아 여호와를 송축하라"(시 135:19).

둘째, 제사장에게 부어진 기름은 직분의 위임을 위한 기름이었던 까닭에, 우리는 **성별되어서** 하나님을 섬기는 직분을 위임받은 것입니다. 기름 부음을 받은 후부터 제사장은 하나님께 바쳐진 사람이었습니다. 제사장은 하나님 외에 그 누구도 섬겨서는 안 되었습니다. 제사장은 살아 있는 동안에는 영원히 회중의 어느 누구보다도 하나님의 사람이었습니다. 사랑하는 자들이여, 우리는 이렇게 성별되었습니다. 하나님의 성령이 우리를 거룩하게 하셔서 하나님의 소유로 구별하셨습니다. 그래서 성경은 "너희는 너희 자신의 것이 아니라 값으로 산 것이 되었으니"(고전 6:19-20)라고 말씀합니다. 우리 주님은 저 장엄한 기도 속에서 "내가 세상에 속하지 아니함 같이 그들도 세상에 속하지 아니함으로 인함이니이다"(요 17:14)라고 하시고서, 이어 "그들을 진리로 거룩하게 하옵소서 아버지의 말씀은 진리니이다"(요 17:17)라고 말씀하셨습니다. 그렇습니다. 하나님을 찬송합니다. 우리는 성별된 자들입니다. 우리는 하나님께 속한 자들이고 주님이 쓰실 그릇들입니다. 우리는 모든 다른 용도로부터 배제되어 오직 하나님이 쓰시는 자들로 구별된 자들입니다. "나는 그들에게 하나님이 되고 그들은 내게 백성이 되리라"(히 8:10). 여러분은 이것이 기쁘지 않으십니까? 여러분이 진정으로 하나님의 아들과 딸들로 구별되어서 현세에서나 내세에서나 오직 하나님을 섬기는 데 쓰임 받게 되었는데도, 여러분은 기쁘지 않으십니까? 내 영혼아, 너는 성별의 기름이 지금도 너의 이마에서 방울방울 흘러내리는 것을 느끼지 않느냐? 네가 지금 하나님의 것이 되었기 때문에 네 얼굴이 빛나며 네 마음이 행복하지 않느냐?

셋째, 우리는 이 기름으로 말미암아 우리의 직분을 수행할 자격을 갖추게 됩니다. 여러분이 아시듯이, 성령께서 그리스도에게 임하신 것은 그리스도로 하여금 지혜와 권능의 영을 수여받아서 자신의 거룩한 일을 수행할 수 있는 힘과 자격을 갖추시게 하기 위한 것이었습니다. 이제 바로 그런 목적으로 하나님의 성령이 모든 신자에게 임합니다. 요한이 요한일서 2:20에서 한 말씀을 기억하십시오: "너희는 거룩하신 자에게서 기름 부음을 받고 모든 것을 아느니라"(요일 2:20), 또는 "너희는 모든 것을 분별할 수 있느니라." 또한, 요한은 조금 후에 "오직 그의 기름 부음이 모든 것을 너희에게 가르치며"(요일 2:27)라고 말씀합니다. 우리가 하나님을 섬기고자 한다면, 주된 은사는 지식입니다. 우리 자신이 알지 못한다면, 어떻게 우리가 무지한 자들을 가르치거나 혼란스러워하는 자들을 인도할 수 있겠습니까? 주님이 우리를 부르신 직분이나 섬김을 수행하기 적합하도록 우리를 만들고 가르치는 것이 바로 이 "기름 부음"입니다. 이렇게 성령께서 우리를 모든 진리로 인도하시고 우리에게 지식을 주시는데도, 우리가 어떻게 기뻐하지 않을 수 있습니까? 무지는 슬픔을 의미하지만, 예수 그리스도의 얼굴에 있는 하나님을 아는 지식의 빛은 기쁨을 의미합니다. 형제들이여, 여러분은 하나님의 성령께서 여러분에게 가르쳐 주신 것들에 대하여 오늘 하나님을 찬송하지 않으시럽니까? 만약 여러분이 그렇게 하지 않으신다면, 여러분이 가르침 받은 것은 아무 소용도 없게 되어 버립니다. 왜냐하면, 성령께서는 기쁨으로 가득한 놀라운 교훈들을 여러분에게 가르치셨기 때문입니다. 성령께서 여러분에게 가르치신 것이 여러분이 전에는 보지 못하다가 이제는 보게 되었다는 사실 단 하나뿐이라고 할지라도, 성령께서는 여러분 살아 있는 동안 내내 기뻐하기에 충분한 것을 가르치신 것입니다. 성령은 즐거움의 기름이 아닙니까?

　넷째, 하나님의 성령은 우리의 질병들을 고치십니다. 동양의학에서 기름을 치료에 사용하는 것은 일반적인 일이었습니다. 세월이 흘러서 현대 의학과 그 모든 약들이 옛날 방식만큼 그렇게 효능이 있지 않다는 것이 밝혀진다고 해도, 나는 이상하게 여기지 않을 것입니다. 분명한 것은 성령께서 병든 자들에 대하여 말씀하시면서 그들이 낫도록 약을 사용하고 기도하라고 권면하실 때에 기름을 붓는 처방을 주셨다는 것입니다. 기름을 부어 치료하는 것이 언급된 것은 그것이 당시의 치료술이었기 때문이었을 것으로 생각되지만, 그런 치료술이 해롭거나 터무니없는 것이 전혀 아니었을 것입니다. 만약 그런 것이었다면, 성령께서 그런 치료술을 인정하지 않으셨을 것입니다. 어쨌든 나는 이 문제에 대해서 의문을 제기하지 않고자 합니다. 그러나 기름을 바르거나 붓는 것은 옛적에 흔히 사용되던 의술이었음이 분명하고, 감람유는 매우 두드러진 효능을 지닌 것으로 잘 알려져 있습니다. 나는 독사에 물린 사람이 감람유를 사용해서 독을 효과적으로 제거한 예를 책에서 한두 번 읽은 기억이 납니다. 감람유가 나는 나라들에서는 영국보다도 더 일상적으로 사용되고 있고, 이것은 많은 점에서 매우 유익한 약입니다. 우리에게 성령이 바로 그런 약입니다! 이 기름으로 그 어떤 상처도 고침을 받아 왔습니다. 성령이 오시기 전에는 그 상처들은 싸매지지도 못하고 기름으로 진정되지도 못한 채 썩어 들어가고 있었습니다. 그러나 지금은 약제사에 의해서 다른 값비싼 향품들과 혼합된 이 기름이 효과적으로 우리를 고쳐 주었고, 우리의 나머지 해묵은 상처들과 곪은 것들을 여전히 치료해 가고 있는 중입니다. 이 기름은 그 효능이 너무나 놀라워서 결국에는 모든 상처를 다 제거하게 될 것이고, 우리는 그 치유력으로 말미암아 점이나 흠이나 주름진 것 없이 깨끗하고 온전하게 될 것입니다. 그러므로 우리가 주님을 기뻐하고 즐거워하지 않을 수 있겠습니까? 우리의 육신이 건강하게 회복되어도 우리가 기쁘고 행복할진대, 우리가 영적으로 회복되고 새로워졌다면 기뻐서 펄쩍펄쩍 뛰는 것이 마땅하지 않겠습니까?

다섯째, 이렇게 해서 우리는 유연해지고 부드러워지게 됩니다. 기름을 바르면 육신이 부드러워집니다. 형제들이여, 내 말을 믿으십시오. 부드럽고 자애로운 마음보다 기쁨에 더 가까운 것은 없습니다. 여러분이 완고한 마음을 지닌 교만한 사람을 만났다면, 그는 행복한 사람이 아닙니다. 그 사람이 자신의 교만 속에서 행복해 보인다면, 그것은 위험스럽고 치명적인 행복이기 때문에, 그런 행복은 빨리 제거될수록 좋습니다. 하나님이 거하시는 곳이 천국이라면, 하나님은 어디에 거하시겠습니까? 낮아져 있는 마음, 통회하는 마음에 거하시지 않겠습니까? 이것을 다윗이 아름답게 표현한 것이 있는데, 나는 거기에서 기쁨을 마실 수 있었습니다: "내게 즐겁고 기쁜 소리를 들려 주시사 주께서 꺾으신 뼈들도 즐거워하게 하소서"(시 51:8). 오, 사람의 몸 속에 있는 모든 뼈들은 하나님이 그 뼈들을 꺾으신 후에야 비로소 어떻게 기뻐해야 하는지를 알게 됩니다. 그 뼈들이 꺾인 후에야 능력 있으신 의사가 오셔서 기름을 발라 그 뼈들을 회복시키셔서 이전보다 무한히 더 힘 있게 하십니다. 그때에야 한 번 꺾였던 뼈들은 하나하나가 다 새롭게 감사의 제목들이 되고, 우리의 치유된 모든 상처들은 지존자를 찬송하는 입들이 됩니다. 우리는 이런 식으로 부드러워지고 기뻐하게 됩니다.

여섯째, 성령의 기름으로 말미암아 우리는 힘을 얻게 됩니다. 옛 사람들은 기름을 몸에 잘 문지르면 큰 힘을 얻게 된다고 여겼고, 나도 그렇다고 생각합니다. 성령이 그리스도인들의 힘이라는 것은 확실하고, 성령이 힘으로 작용하고 있는 곳에는 분명히 기쁨도 있습니다. "여호와로 인하여 기뻐하는 것이 너희의 힘이니라"(느 8:10).

일곱째, 기름은 사람을 아름답게 해줍니다. 동방 사람들은 얼굴을 씻고 향수를 발라야만 잔치에 갈 준비가 되었다고 생각하였습니다. 그들은 기름으로 머리를 감고 얼굴에 기름을 발라 빛나게 하는 것을 아주 좋아하였습니다. 성령께서 사람들에게 주시는 아름다움은 다른 식으로는 결코 얻을 수 없는 것입니다. 하나님의 성령의 손에 의해 빚어진 인격은 얼마나 탁월합니까! 그것은 심지어 하나님이 보셔도 기뻐하실 정도로 아름다운 것입니다. 그것은 아름다움 자체이고, 영원한 기쁨 그 자체입니다. 성령께서 주시는 아름다움으로 아름다워진 사람은 행복한 사람일 수밖에 없습니다. 다른 아름다움은 슬픔을 가져다줄 수 있지만, 거룩함의 아름다움은 우리를 천사 같이 만듭니다.

여덟째, 기름은 향기가 됩니다. 기름이 부어진 사람이 있는 주위에는 향기가 진동하듯이, 하나님의 성령이 우리에게 주어졌을 때, 다른 영적인 존재들이 그것을 알아봅니다. 여러분은 어떤 형제의 기도를 들으면 그 형제가 예수와 함께 있다는 것이 감지되지 않습니까? 여러분은 그리스도의 사랑하는 성도들의 삶을 보면 그리스도께서 그들과 매우 친밀하시다는 것을 알게 되지 않습니까? 여러분은 그들이 특별한 기름 부음을 받았다는 것이 감지되지 않습니까? 불경건한 세상 사람들은 그것을 알 수 없지만, 성도들은 그것을 감지합니다. 악인들의 코는 오직 애굽의 고기와 마늘과 양파 냄새에 반응하고 그런 것들을 기뻐하지만, 신자들의 코는 성별되어 있기 때문에 사람들에게 부어지는 기름의 구성성분들인 은은한 유향과 몰약, 향기로운 육계와 창포 향기를 감지합니다. 성령께서 자신의 능력을 나타내시는 신자에게서는 거룩한 인격을 이루고 있는 하늘의 특질들의 희귀한 결합이 나타나기 때문에, 그 결과 그의 마음은 기뻐하게 됩니다.

그 밖에도 여러분에게 말씀드리고 싶은 것은 많지만, 시간 관계상 지금은 다 말씀드릴 수가 없습니다. 그래서 나는 단지 이것만을 말하고자 합니다. 형제들이여, 내가 지금까지 말씀드린 온갖 다양한 의미에서 기름 부음이 우리의 것이 될 수 있다는 것입니다. 나는 여러분이 모두 다 행복하게 되어서 여기에서 나가시게 되기를 바랍니다. 하나님의 자녀들인 여러분이여, 마음껏 기뻐하십시오. 나는 거룩한 기쁨이 결혼식의 종처럼 이 전에 울려 퍼지게 해주시기를 하나님께 빕니다. 그렇지만 이 모든 것에도 불구하고, 예수께서는 여러분 모두보다 더 큰 기쁨을 지니고 계셨다는 것을 잊지 마십시오. 여러분이 지극히 기쁠 수 있지만, 여전히 주님에게는 여러분보다 더 기쁨이 있습니다. 여러분이 주님을 찬송할 수 있지만, 주님은 천국의 오케스트라를 지휘하고 계십니다. 주님은 "내가 회중 가운데에서 주를 찬송하리이다"(시 22:22)라고 말씀하셨습니다. 주님의 기쁨으로 기뻐하십시오. 나는 자주 주님이 승리하시는 한 나는 어떻게 되어도 상관 없다고 생각해 왔습니다. 전쟁터에서 심한 부상을 입고 구덩이에서 피를 흘리고 누워 있던 어떤 병사가 자신이 기꺼이 피 흘리며 충성을 바쳐 싸웠던 대장, 곧 왕이 오고 계심을 알리는 나팔 소리를 듣습니다. 그 병사는 "우리가 이겼습니까?"라고 묻고, 그들은 "그렇다네, 우리가 이겼고, 적은 도망치고 있다네"라고 말해 줍니다. 그 병사는 "하나님, 감사합니다, 난 이제 죽어도 괜찮습니다"라고 부르짖습니다. 승리의 함성이 울리는 것을 들으며 죽는 것이 그 병사의 기쁨이었습니다.

우리 주님이 기뻐하시기 때문에, 우리도 기뻐합니다:

> "죽기까지 자신을 낮추신
> 주님이 위엄으로 관 쓰시고
> 숨이 있는 모든 것들이
> 주님께 큰 소리로 영광 돌리게 하소서."

그렇게만 된다면, 우리는 다윗이 "이새의 아들 다윗의 기도가 끝나다"라고 말한 것처럼, 만족할 것입니다. 우리는 더 이상 기도할 것이 없습니다. 그리스도께서 다스리시고, 만물이 그의 발 아래 있다면, 세상도, 우리의 바람도 다 이루어진 것입니다. 이 기쁨이 여러분의 것이 되기를 빕니다. 아멘.

제
50
장

—

마음의 지진이 아니라 땅의 지진

—

"하나님은 우리의 피난처시요 힘이시니 환난 중에 만날 큰
도움이시라 그러므로 땅이 변하든지 산이 흔들려 바다 가운
데에 빠지든지 바닷물이 솟아나고 뛰놀든지 그것이 넘침으
로 산이 흔들릴지라도 우리는 두려워하지 아니하리로다."
　　　　　　　　　　　　　　　　— 시 46:1-3

　　이 시편은 모든 이스라엘을 위한 노래입니다. 왜냐하면, 진정으로 하나님의
택하심을 받고서 하나님의 백성으로 부르심을 받은 모든 사람은 두려움 없는 담
대함을 보여주는 것이 마땅하기 때문입니다. 모든 지각에 뛰어나신 하나님의 평
안이 하나님 안에서 안식하는 모든 사람의 마음과 생각을 지켜줍니다. 실제로
하나님이 우리의 "피난처"이자 "힘"이시라면, 우리가 일반 사람들이 두려워하는
것들을 우리로 넉넉히 감당할 수 있게 해줄 영을 구하는 것은 당연한 일입니다.
누구나 다 이 시편을 노래할 수 있는 것은 아닙니다. 믿는 자들의 무리에 속한
자, 하나님을 자신의 하나님으로 섬기는 자, 이스라엘처럼 하나님이 들으시는
기도를 드리는 법을 아는 자만이 이 시편을 노래할 수 있습니다. 그런 자가 아니
라면, 소란함과 재난 가운데서 평안을 노래할 수 없습니다. 세상으로부터 구속
받은 자들 외에는 그 누구도 이 시편을 진정으로 노래할 수 없습니다.

　　이 시편은 모든 이스라엘을 위한 것이긴 하지만, 특히 고라 자손들에게 헌
정된 것으로 기록되어 있습니다. 고라와 다단과 아비람은 주제넘은 짓을 하다가

죽었습니다. 그들은 산 채로 구덩이 속으로 내려갔고, 땅은 그들 위에서 닫혔습니다. 땅이 입을 벌려서 그들을 비롯해서 관련된 모든 사람들을 삼켜 버렸습니다. 그러나 우리는 "고라의 아들들은 죽지 아니하였더라"(민 26:11)는 말씀을 읽을 때에 깜짝 놀라게 됩니다. 나는 고라의 자손들이 자신들의 친척이 다 죽어가는 와중에서도 특별히 목숨을 건진 것은 하나님의 주권적인 은혜 덕이었다고 생각합니다. 그들은 하나님의 궁정에서 노래하는 자들이 되었을 때에 "그러므로 땅이 변할지라도 우리는 두려워하지 아니하리로다"라는 대목을 아주 실감 있게 노래하였을 것입니다. 그들은 하나님의 주권적인 은혜로 목숨을 건졌지만, 땅이 입을 벌려 자신들의 가문 사람들 중 범죄자들을 삼키는 것을 보았습니다. 그들은 이 대목을 노래할 때마다 자신들의 발 밑에서 땅이 갈라져 사람들이 휩쓸려 들어간 일을 생각하고서 눈물을 흘리며 노래하였을 것임에 틀림없습니다. 사람이 간신히 목숨을 건진 일을 겪게 되면, 그 일은 그의 평생에 영향을 미칩니다. 심판의 이빨 사이에서 하나님의 은혜로 건지심을 받아 살아난 것은 아주 특별하고 생생한 경험이기 때문에, 그 일을 겪은 사람은 지키시고 보호하시는 하나님을 큰 소리로 찬양하는 법을 저절로 배우게 됩니다. 영락없이 죽게 된 위기에서 구사일생으로 건짐 받은 신자들은 하나님이 장래에도 그들을 건지실 것임을 믿게 됩니다. 회심이 특별한 것이었을 때, 그들은 다른 사람들에게는 불가능한 높은 음들도 낼 수 있게 되기 때문에, 그들의 감사 찬송은 아주 힘 있고 열렬할 수밖에 없습니다. 고라 자손들은 "그러므로 우리는 두려워하지 아니하리로다"라고 노래합니다.

또한, 이 시편이 "알라못에 맞춘 노래"라는 것도 의미심장합니다. 이것은 처녀의 목소리에 적합한 노래로 부르라는 뜻인 것이 거의 확실합니다. 홍해에서의 할렐루야 찬송은 주로 미리암과 이스라엘의 처녀들에 의해 불려졌습니다. 미리암은 소고를 잡았고, 이스라엘의 딸들은 그녀를 따르며 하나님을 찬송하였습니다. 오늘의 시편도 그것과 동일한 종류의 시편입니다. 처녀들이여, 일어나서 여러분의 "피난처"이시자 "힘"이신 하나님을 찬송하십시오! 첫 사랑의 열정으로 하나님을 온전히 따르는 심령들이여, 깨어서 목소리 높여 하나님을 찬양하십시오! 자, 하나님이 언행을 순전하고 깨끗하게 지켜 주신 여러분, 예수 그리스도를 일편단심으로 사랑하는 마음을 지닌 여러분, 그런 여러분은 다른 누구보다도 이렇게 찬송하도록 부르심을 받은 사람들입니다: "하나님은 우리의 피난처시요 힘이

시니 환난 중에 만날 큰 도움이시라 그러므로 땅이 변하든지 산이 흔들려 바다 가운데에 빠지든지 바닷물이 솟아나고 뛰놀든지 그것이 넘침으로 산이 흔들릴지라도 우리는 두려워하지 아니하리로다.”

루터가 이 시편을 좋아했던 이유는 그의 마음이 하나님을 향한 일편단심이었고 전심으로 하나님의 진리만을 사랑했기 때문이었습니다. 극심한 반대를 받고 있던 때에 그는 멜란히톤에게 “자, 시편 46편을 노래해서 마귀를 혼쭐내 주자”고 말했다고 합니다. 그래서 루터가 죽었을 때, 멜란히톤은 어떤 소녀가 이 시편을 노래하는 것을 듣고서는 그 소녀에게 “애야, 그 노래를 계속해서 불러다오. 너는 그 노래로 내게 얼마나 큰 위로를 주고 있는지를 모를 거야”라고 말했답니다. 또한, 스웨덴 왕 구스타부스 아돌푸스(Gustavus Adolphus, 1594-1632)의 군대는 라이프치히 전투에서의 승리에 앞서 이 시편을 노래하였다고 합니다. 그래서 여러분이 아시듯이, 젊고 순진하고 거짓이 없는 사람들은 전쟁터에서 전사들에게 용기를 북돋워 주는 이 시편을 노래할 수 있습니다:

> “하나님은 우리의 피난처시요 힘이시니
> 환난 중에 만날 큰 도움이시라.
> 그러므로 땅이 변할지라도
> 우리는 두려워하지 아니하리로다.”

오늘 아침에는 먼저 성도들의 확신에 대해서 얼마간 말씀드리고자 합니다: “하나님은 우리의 피난처시요 힘이시니 환난 중에 만날 큰 도움이시라.” 다음으로는 그 확신으로부터 생겨나는 담대함에 대해서 말할 것입니다: “그러므로 우리는 두려워하지 아니하리로다.” 그리고 마지막으로 그런 담대함을 드러내게 될 어려운 상황들에 대해 짤막하게 살펴보겠습니다: “땅이 변하든지 산이 흔들려 바다 가운데에 빠지든지 바닷물이 솟아나고 뛰놀든지 그것이 넘침으로 산이 흔들릴지라도.”

1. 첫째로, 성도들의 확신에 대해 주의 깊게 살펴보겠습니다.

하나님의 백성에게는 견고한 확신이 있습니다. 다른 사람들은 자기가 최선이라 생각하는 것들을 의지하지만, 참된 신자들은 만세반석을 의지합니다. 신자들의 확신은 완전히 그들 자신 밖에서 옵니다. 이 노래 속에는 그들 자신의 미덕이나 용맹함이나 지혜에 관한 말씀은 단 한 마디도 나오지 않습니다. 이방인 도덕주의자는 설령 지구가 무너진다고 해도 자신은 흠 없는 삶을 살고 있기 때문에 그 난파된 지구 한가운데서 두려움 없이 서 있을 수 있을 것이라고 자랑했습니다. 그러나 신자는 자신을 낮추고서 더 믿을 만한 것을 의지합니다. 땅이 흔들려 사라져 버린다고 해도, 그는 낙심하지 않습니다. 이런 확신은 그의 개인적인 자족감이 아니라 그의 "피난처시요 힘"이신 하나님으로부터 생겨납니다. 그가 두려워하지 않는 것은 그의 심장이 원래부터 튼튼하고 의지가 굳기 때문이 아니라, 그의 피난처가 되어 주시고 그를 붙들어 주실 하나님이 계시기 때문입니다. 그가 재난을 두려워하지 않는다면, 그것은 그가 오직 하나님을 두려워하기 때문입니다. 오늘의 시편은 하나님으로 시작해서 하나님으로 끝납니다: "야곱의 하나님은 우리의 피난처시로다"(11절). 우리는 천성적으로 토끼처럼 겁이 많을 수 있지만, 하나님은 우리의 "피난처"이십니다. 우리는 천성적으로 상한 갈대처럼 약하지만, 하나님은 우리의 "힘"이십니다. 우리 자신의 연약함이 우리로 하여금 전능자를 의지하도록 내몰 때까지, 우리는 무엇이 힘인지를 결코 알지 못합니다. 우리는 다른 모든 피난처들이 우리를 실망시킬 때까지는 우리의 피난처이신 하나님이 얼마나 안전한지를 결코 깨닫지 못합니다. 땅이 꺼지고 바닷물이 거세게 포효하며 땅과 바다로부터 우리를 내몰 때, 우리는 하나님께로 피합니다. 여러분에게 힘이 있다고 생각할 때에는, 약하기 짝이 없는 것들을 "힘"이라고 착각하고서 죽은 자들 가운데서 산 자를 찾고 "헛되고 헛된 것들" 가운데서 의지처를 찾습니다. 우리가 담대함을 얻기 위해 우리 자신을 의지한다면, 결국 우리는 환난의 때에 무너지고 말 것입니다. 땅이 꺼질 때, 가장 힘 있는 사람이 가장 먼저 두려워 떨게 될 것이고, 가장 용기 있는 체하던 사람들이 최고의 겁쟁이가 될 것입니다. 확신과 평안을 얻고자 한다면, 우리는 하나님께 "나의 모든 새 힘의 근원이 주께 있나이다"라고 말하지 않으면 안 됩니다.

이 확신은 주님을 나의 주님으로 받아들이는 믿음을 가질 때에 얻어집니다. 내게 평안이 임하는 것은 하나님이 누구신지를 일반적으로 알 때가 아니라 하나님이 내게 누구이신지를 알 때입니다. "하나님은 우리의 피난처시요 힘이시니." "이 하나님은 우리의 하나님이시니"(시 48:14). 하나님의 선하심과 위대하심을 추상적으로 알고 있다면, 여러분은 결코 그런 것들을 누릴 수 없습니다. 그런 것들을 여러분 자신의 것으로 붙잡아야 합니다. 사람이 하나님을 자신의 것으로 만든다는 것이 무엄한 짓 같아 보이지만, 하나님은 우리에게 그렇게 하라고 하십니다. 하나님은 "내 힘을 의지하라"(사 27:5)고 말씀하십니다.

하나님을 나의 하나님으로 섬기는 것을 왜 주저하십니까? 세상 사람들을 보십시오. 그들은 할 수만 있다면 온 땅을 다 차지하려 듭니다. 그들에게는 대륙도 좁습니다. 그들이 별들에 울타리를 치고 해(태양)를 독점하지 않는 것은 단지 그들에게 그럴 힘이 없기 때문입니다. 그런데 그리스도인들이 예수 그리스도와 더불어 하나님의 상속자인데도 불구하고 저 하늘에 속한 것들을 자신의 것으로 삼으려 하지 않는다면, 그것은 이상한 일이 아니겠습니까? 선지자 예레미야가 한 저 기분 좋은 독백에 동참합시다: "내 심령에 이르기를 여호와는 나의 기업이시니 그러므로 내가 그를 바라리라 하도다"(애 3:24). 도마처럼 주님의 못 자국을 보고, 도마처럼 우리의 찬송 받으실 구속주께 "나의 주님이시요 나의 하나님이시니이다"(요 20:28)라고 고백하십시오. 우리가 사랑으로 충만하신 주님을 확신에 찬 믿음으로 나의 주님으로 받아들이지 않는다면, 우리의 권리이자 특권인 저 깊은 평안은 우리의 것이 되지 못할 것입니다. 자, 이제 이렇게 고백합시다: "하나님은 우리의 피난처시요 힘이십니다."

이 확신은 하나님을 아는 확실한 지식을 통해서 탄탄하게 유지됩니다. "너는 하나님을 잘 알고 화목하라 그리하면 복이 네게 임하리라"(욥 22:21, 한글개역개정에는 "너는 하나님과 화목하고 평안하라 그리하면 복이 네게 임하리라"로 되어 있음). 만일 우리가 하나님을 더 잘 알고자 하는 데 큰 열심을 지닌 학생이라면, 우리는 지금보다 훨씬 더 행복해지게 될 것입니다. 알렉산더 포프(A. Pope, 1688-1744. 영국의 시인)는 "인간이 연구해야 할 고유한 대상은 인간이다"라고 말했습니다. 그러나 인간을 연구해서는 제대로 된 것이 결코 나올 수 없습니다. 그러니 오히려 이렇게 말해야 합니다: "인간이 연구해야 할 고유한 대상은 하나님이다"라고 말이죠. 하나님의 사람들이 하나님을 연구 대상으로 삼게 되면, 위기의 때에는 피난처가 되시고, 힘든 때에는 힘이 되시며, 온갖 비상 상황에서는 도움이 되시는 하나님을 발견하게 됩니다. 우리가 지금은 하나님에 대하여 몇 년 전보다 더 많은 것을 말할 수 있어야 합니다. 전에는 일반적이고 개략적이었던 지식이 지금은 좀 더 세부적인 지식으로 발전되어 있어야 합니다. 우리는 이제 하나님으로부터 우리에게 오는 다양한 복들을 볼 수 있어야 하고, 하나님을 "우리의 피난처시요 힘"이시고

"환난 중에 만날 큰 도움"이시라고 세 가지로 묘사해서 말할 수 있어야 합니다. 우리는 구약의 경륜 아래에서 가난한 이스라엘 사람들이 바친 비둘기 같은 몇몇 희생제물들을 하나님께 드릴 때에는 그저 반으로 쪼개서 제단 위에 드렸다는 것을 압니다. 그러나 부자들이 가져온 제물들은 좀 더 주의 깊게 세세하게 구분되어서 하나님께 드려졌습니다. 부자들이 드린 제물들은 하나님을 아는 지식이 풍부하고 하나님의 일들을 풍부하게 경험한 사람들에 대한 모형입니다. 그렇게 볼 때, 여러분에게는 그 제물들의 세부적인 내용물이 어떻게 언급되고 있는지가 보이게 됩니다. 황소가 제물로 드려지는 경우에는 기름과 머리, 다리와 내장에 대한 언급이 나옵니다. 마찬가지로, 본문 속에서는 "피난처," "힘," "도움"이 언급됩니다. 하나님을 더 잘 알게 될수록, 우리는 하나님이 우리에게 복이 되는 것들로 충만하시다는 것을 더 분명하게 깨닫게 될 것입니다. "주의 이름을 아는 자는 주를 의지하오리니"(시 9:10). 여러분이 단지 구원만을 받고자 하는 것인 경우에는 하나님을 아는 작은 지식을 의지해서 하나님을 믿으면 됩니다. 그러나 여러분이 하나님의 깊은 것들을 알고 하나님의 은밀한 비밀들을 깨닫는다면, 여러분의 평안은 훨씬 더 깊고 온전해지게 될 것입니다. 왜냐하면, 그럴 때에 하나님을 믿고 의지하는 여러분의 마음이 견고해져서 여러분은 그 어떤 것도 두려워하지 않게 될 것이기 때문입니다. 여러분이 아직도 겁이 많은 신자라면 하나님을 아는 지식에서 자라가기 위해 애쓰십시오. 그러면, 여러분은 머지않아 "그러므로 땅이 꺼져도 우리는 두려워하지 아니하리로다"라고 말하게 될 것입니다. 우리의 두려움들 중 절반은 무지의 결과입니다. 우리가 아직 알고 있지 않은 진리를 깨닫기만 해도, 그것은 우리에게 아주 큰 힘이 되어 줄 것입니다. 하나님을 더 많이 알게 될수록, 사자처럼 담대해지게 될 것입니다. 그래서 나는 여기에 계신 모든 참된 신자들에게 하나님의 임재 앞에서 더 많은 시간 머무르시면서 하나님의 본성과 성품, 속성들에 대하여, 그러니까 이스라엘의 언약의 하나나님의 계획과 약속과 섭리에 대하여 가르쳐 주시라고 구하시기를 부탁드립니다. 하나님을 아는 것이 영생입니다. 그 어떤 재난도 깨뜨릴 수 없는 견고한 평안은 우리가 하나님을 나의 하나님으로 받아들이고서 그 하나님을 더 깊이 알게 될 때에 옵니다.

이 모든 것은 우리의 경험이 우리에게 증명해 줄 것입니다. 이 시편을 가장 잘 부를 수 있는 사람들은 우리를 지키시고 건지시는 하나님의 은혜를 직접 경험으로 알아서 자기가 무엇을 노래하고 있는지를 아는 사람들입니다. 이 아침에 나는 하나님을 아는 여러분에게 이렇게 묻고 싶습니다: 여러분은 "하나님은 우리의 피난처"이심을 경험에 비추어 말할 수 있지 않습니까? 그때에 하나님께 피하였던 여러분은 하나님 안에서 피난처를 발견하지 않으셨습니까? 너무나 혹독한 시련이 닥쳤기 때문에 여러분이 도저히 그 시련을 견뎌낼 수 없어서 그 시련으로부터 피하지 않으면 안 되었던 때들이 있었습니다. 그때에 여러분은 하나님께 피하였는데, 하나님의 문이 여러분에게 닫혀 있었습니까? 하나님께서 여러분에게 딴 데 가보라고 말씀하시던가요? 하나님께서 여러분이 하나님께로 피하였다고 여러분을 건방지고 주제넘다고 야단치셨습니까? 하나님께 피하였던 여러분에게 내가 한번 물어보겠습니다. 하나님께서 여러분에게 참으로 복된 피난처를 제공해 주지 않으시던가요? 여러분이 골방에 들어가서서 문을 꼭 닫고 하나님께 피하였을 때에 온전한 평안이 여러분에게 임하지 않던가요? 여호와 하나님께서 노아를 방주에 들어가게 하시고 문을 잠그셨던 때처럼 여러분은 안전하고 행복하셨습니다. 암탉의 날개 아래 들어가 있는 저 작은 병아리들을 보십시오. 병아리들이 암탉의 따뜻한 품 속에 머리를 묻고 있는 모습이 보이십니까! 암탉의 날개 아래 포근히 안겨서 너무나 행복하여 삐악 거리는 병아리들의 소리가 들리십니까!"그가 너를 그의 깃으로 덮으시리니 네가 그의 날개 아래에 피하리로다 그의 진실함은 방패와 손 방패가 되시나니"(시 91:4). 여러분은 그런 경험을 해보신 적이 없으십니까? 내가 가장 행복했던 때는 아주 기쁘고 즐거웠던 나날들이 아니라 깊은 슬픔의 밤들을 통과하고 있던 때였습니다. 다른 모든 잔들이 쓸 때, 하나님의 위로의 잔은 너무나 달콤합니다. 나를 밝히시려거든, 저 밝은 한낮의 햇빛이 아니라 환난의 밤을 밝히시는 하나님의 저 밝은 영광을 내게 주십시오. 사람이 행복하기 위해서는 사업이 형통한다든가 사람들의 칭송을 받는다든가 하는 그런 것들이 필요한 것이 아닙니다. 오직 하나님께서 그 사람에게 미소를 지어 주시는 것, 오직 그것만이 필요합니다. 사람이 행복하게 되는 데에는 건강이나 선천적으로 쾌활한 성격 같은 것이 필요한 것도 아닙니다. 우리가 병들어 있을지라도 하나님은 우리에게 최고의 참된 건강을 주시고, 우리가 우울할지라도 우리에게 최고의 기쁨을 주십니다. 형제들이여, "하나님은 피난처"이십니다. 우리가 하나님께 피한 지 많은 날들이 지났고 무수히 많이 하나님께 피하였지만, 하나님께서는 단 한 번도 우리를 실망시키신 적이 없습니다. 여기에 계신 나이 드신 분들과 경험이 많으신 분들은 잘 아실 것입니다. 사람들은 나이가 들수록,

그리고 산전수전을 다 겪으신 분일수록, "하나님은 우리의 피난처"시라는 것을 더 확고하게 증거할 수 있게 된다는 것을 말이죠.

또한, 우리는 하나님은 우리의 "힘"이셨다고 말할 수 있습니다. 우리가 환난 가운데 있지 않고 하나님의 일을 하기 위해 열심히 수고하였을 때에는 우리의 연약함을 느끼고 애통할 수밖에 없었습니다. 그때에 하나님께서는 그의 능력을 우리에게 부어 주셔서 우리로 하여금 우리의 연약함을 자랑하도록 하셨습니다. 하나님이 주시는 힘은 아주 다양한 형태로 우리에게 임합니다. 여러분 중 많은 이들은 자신의 직업과 관련된 일에서 매일매일 힘을 얻기도 하였고 가정생활에서 힘을 얻기도 하였습니다. 여러분은 혹독한 시험들이 왔어도 넘어지거나 실족하지 않았고, 아주 고되고 힘든 의무들을 행할 때에도 지치지 않았으며, 자신이 할 일을 끝까지 다하거나 고난을 극복할 힘을 얻을 수 있었습니다. 만일 여러분에게 단지 자신의 힘과 지혜뿐이었다면, 여러분은 그렇게 해낼 수 없었을 것인데, 하늘로부터 여러분에게 힘이 주어졌습니다. 돈 한 푼 없이 아이들을 양육해 온 과부를 보십시오. 과연 그녀가 그런 것을 혼자 힘으로 해냈다고 말할 수 있겠습니까? 짐승 같이 거친 호색한들 가운데 놓인 소녀를 보십시오. 그녀가 순결을 지킬 수 있었던 것이 그녀 스스로 해낸 일이라고 말할 수 있겠습니까? 하나님은 우리가 모르는 방법으로 우리의 "힘"이 되어 주십니다. 우리가 겪는 시련들은 천차만별이어서, 하나님이 정확히 동일한 방식으로 도우시는 경우는 없습니다. 그러나 우리의 증언은 한결같습니다. 하나님만으로 충분했고, 하나님의 힘은 완벽했다는 것이죠. 따라서 우리는 "네 문빗장은 철과 놋이 될 것이니 네가 사는 날을 따라서 능력이 있으리로다"(신 33:25)라는 약속의 말씀이 참되다는 것을 발견하게 됩니다.

또한, 우리는 또 한 가지, 즉 하나님은 "환난 중에 만날 큰 도움"이시라는 것을 증명해 왔습니다. 우리에게는 육신을 따라 돕는 자들이 있었습니다. 하지만 우리가 그들을 필요로 했을 때, 그들은 거기에 없었습니다. 아니, 아마도 그들은 일부러 그 자리를 피한 것인지도 모릅니다. 어쨌든 우리가 곤경에 처해서 "오, 누구누구가 여기에 있었더라면"이라고 말했을 때, 우리의 친구들은 땅 끝에 있었습니다. 그러나 하나님은 결코 그렇지 않았습니다. 하나님께서는 "그들이 부르기 전에 내가 응답하겠고 그들이 말을 마치기 전에 내가 들을 것이며"(사 65:24)라고 말씀하시 않으셨습니까? 우리가 무거운 짐에 눌려서 옴짝달싹 할 수 없는 바로 그 순간에 하나님께서는 즉시 그 자리에 오셔서 우리의 짐을 가볍게 해주셨습니다. 하나님은 그 자리에 오실 뿐만 아니라 "즉시" 그 자리에 오십니다. 우리의 가장 가까운 친구가 달려오기 전에 이미 하나님은 거기에 와 계십니다. 하나님의 임재는 우리 전체를 감쌉니다. 하나님은 단지 우리 곁에만 계시는 것이 아니라, 우리 안에, 곧 우리 생명의 원천인 심령 속에도 계십니다. 사랑하는 자들이여, 여러분은 종종 하나님이 여러분에게 계시지 않는다고 하소연해 왔습니다. 그렇다면, 그것은 여러분의 죄 때문에 하나님이 여러분에게서 그 얼굴을 숨기신 것입니다. 그러나 한 번 물어보겠습니다. 여러분이 시련을 당하고 있는 때에 하나님이 여러분에게 계시지 않으신 적이 있습니까? 그 어디에서도, 심지어 활활 타는 풀무불 속에서도 여러분은 "신들의 아들과 같은"(단 3:25) 이를 보게 될 것입니다. 하나님께서는 "네가 물 가운데로 지날 때에 내가 너와 함께 할 것이라"(사 43:2)고 말씀하셨습니다. 하나님은 다른 경우에는 계시지 않는 것으로 생각될지도 모르지만, 환난 날에는 반드시 거기에 계실 것입니다. 그런데 이것은 경험의 문제이고, 우리는 그것을 경험했기 때문에, 땅이 꺼져도 두려워하지 않을 것입니다. 우리는 이미 하나님을 시험하고 검증했기 때문에 이제 또다시 하나님을 의심하지 않을 것입니다. 우리는 전 세계를 배로 항해한 후에 템스 강에서 폭풍을 만난 프랜시스 드레이크(Francis Drake) 경의 심정을 어느 정도 알 것 같습니다. 그는 이렇게 말했답니다: "이게 뭐야, 전 세계를 무사히 항해하고 돌아온 우리가 이 도랑 같은 곳에서 익사하게 생겼단 말인가?" 마찬가지로, 우리도 오늘 그렇게 말하고 싶은 심정입니다. 하나님께서는 아주 오랫동안 우리의 도움이셨고 너무나 자주 우리의 도움이셨습니다. 하나님은 우리의 피난처이시고, 힘이시며, 환난 중에 즉각적인 도움이신데, 우리가 두려워할 이유가 어디 있겠습니까? 우리가 어떻게 감히 두려워한단 말입니까?

사랑하는 친구들이여, 다시 한 번 말씀드리지만, 오늘의 본문이 아주 감미롭게 노래하고 있는 이 두려움 없는 확신을 깨닫기 위해서는 우리가 과거에 그런 경험이 있어야 할 뿐만 아니라 지금 현재적으로 하나님의 도우심을 누리고 있지 않으면 안 됩니다. 여러분이 영혼 속에서 "하나님은 나의 피난처시요 힘이시니"라고 진정으로 노래할 수 있다면, 두려워한다는 것은 있을 수 없는 일이 됩니다. 하나님이 가까이 계셔서 은혜를 베풀고 계시다는 인식은 두려움을 없애주는 해독제가 됩니다. 나는 두렵고 힘든 일들을 지켜보면서 그것이 사실이라는 것을 알게 됩니다. 나는 이 교회의 지체들인 사랑하는 형제자매들의 임종을 지켜보게 될 때가 자주 있는데, 그때마다 예외 없이 그들이 아무런 두려움 없이 온전히 평안하게 임종을 맞이하는 모습을 봅니다. 몹시 고통스러워하는 친구들을 보는 것, 그들이 죽어가고 있다는 것을 아는 것은 슬픈 일이지만, 세상을 떠나는 사람들과의 수없는 대면은 내게 암울하다는 인상을 남긴 것이 아니라, 도리어 정반대였습니다. 나는 이번 주에도 주일학교 선생님이 침상에서 고요히 세상을 떠나시는 것을 지켜 보았습니다. 그 곳은 작은 성소였습니다. 모든 것이 참으로 고요하고 평화롭고 행복했습니다. 죽음은 그분의 따뜻한 얼굴에 그 어떤 그림자도 드리울 수 없었습니다. 그 얼굴에는 천국의 빛이 있었습니다. 그것은 임종의 날이 아니라 혼인의 날 같았습니다. 사람들이 죽어가는 임종의 침상이 어찌해서 이토록 행복한 곳이 되어 있는 것입니까? 그 사람들이 자신의 어떤 선함을 갖고 있기 때문입니까? 결코 그렇지 않습니다. 그들은 예외 없이 그것을 부인합니다. 그들이 튼튼하고 자족하기 때문입니까? 그렇지 않습니다. 그들은 나이가 적든 많든 오랜 투병생활로 몹시 쇠약해진 상태였지만, 그들의 신앙은 아주 강했습니다. 무엇이 그들에게 평안을 가져다준 것입니까? 주님께서 거기에 계셨기 때문입니다! 주님의 임재를 깨닫는 순간 죽음은 그들에게 하찮은 일이 됩니다. 우리는 이렇게 노래하지 않습니까?

> "오, 내 주님이 마중 나오신다면
> 내 영혼은 서둘러 날개를 펴리라.
> 죽음의 철문도 두려움 없이 통과해 날아오르리라.
> 죽음을 통과하면서도 전혀 두려움을 느끼지 못하리라."

하나님의 임재로 말미암아 신자의 영혼은 죽음을 삼켜 버리고 승리합니다. 야곱의 전능하신 하나님의 임재 앞에서 현세에서나 내세에서 그 어떤 두려운 것도 신자들을 두렵게 할 수 없습니다. 이상으로 나는 그리스도인들의 확신이 진정으로 어디에 있는 것인지를 여러분에게 말씀드렸습니다.

2. 둘째로, 이 확신으로부터 생겨나는 담대함에 대해서 살펴보겠습니다.
이 담대함은 온전하고 완벽합니다. "그러므로 우리는 두려워하지 아니하리로

다." 본문은 "그러므로 우리는 도망치지 아니하리로다"가 아니라 "그러므로 우리는 두려워하지 아니하리로다"라고 말씀합니다. 또한, 본문은 "그러므로 우리는 공포에 질려 기절하지 아니하리로다"가 아니라 "그러므로 우리는 두려워하지 아니하리로다"라고 말씀합니다. 하나님의 임재는 영혼과 마음을 안정시켜서 고요하게 지켜주기 때문에 두려움과 고통은 사라지게 됩니다. 본성은 두려워할 수밖에 없습니다. 그러나 하늘로부터 난 영혼은 은혜로 말미암아 본성 및 그 두려움에 대하여 승리를 거둡니다. 하나님은 우리로 하여금 본능적으로 살 궁리를 하게 만드는 저 본성적인 두려움을 우리에게서 제거하시는 것이 아니라, 그의 임재에 의해서 생겨나는 평정심을 통해 그 두려움을 이기게 하십니다. 우리는 당혹스러워하기는 하지만, 절망에 빠지지는 않습니다. 우리의 처지는 대단히 위태로워 보이지만, 우리는 하나님이 가까이 계시기 때문에 우리가 위태롭지 않다는 것을 압니다. "그러므로 우리는 두려워하지 아니하리로다." 우리가 하나님과 그리스도를 믿는 까닭에 우리의 마음이 잔잔할 때, 그것은 정말 기쁜 일입니다. 이 평안은 모든 지각에 뛰어난 하나님의 평안입니다. 그것은 위장된 평안이 아니라, 세상이 만들어낼 수도 없고 멸할 수도 없는 신적인 실체입니다.

또한, 이 담대함은 논리적으로 증명될 수 있습니다. 그것은 개나 황소에게도 있는 단순한 짐승류의 미덕인 본성적인 담대함이 아닙니다. 이 담대함은 초연함에서 오는 것도 아닙니다. 이 담대함은 스토아 철학자들의 완고함이 아닙니다. 스토아 철학자들은 자신들이 초연하다고 자랑하지만, 그리스도인들은 여느 사람들과 마찬가지로 예민하게 느끼고, 대부분의 사람들보다 훨씬 더 예민하게 느낍니다. 그럼에도 불구하고, 그들은 하나님의 사랑을 느끼는 까닭에 두려움을 이깁니다. 신자들에게 두려움이 없는 것은 근거가 있는 것이기 때문에, 시편 기자는 "그러므로 우리는 두려워하지 아니하리로다"라고 표현한 것입니다. 하나님이 자기 백성의 피난처로 임재해 계시는데, 신자들이 두려워한다면, 그것은 가당치 않은 일입니다.

사랑하는 친구들이여, 하나님을 자신의 하나님으로 섬기는 사람에게 어떤 일이 생겨도, 그는 두려워할 필요가 없습니다. 왜냐하면, 그 어떤 일도 그의 확신의 토대에 영향을 미치지 못할 것이기 때문입니다. 그 어떤 재난도 우리를 향하신 하나님의 사랑에 영향을 주지 못합니다. 지진이나 폭풍, 기근이나 전염병, 또는 전쟁이 일어난다고 합시다. 그런 일들은 우리를 우리 주 예수 그리스도 안에 있는 하나님의 사랑으로부터 끊어놓지 못할 것입니다. 이 세상에서 일어나는 그러한 재난들은 핵심을 건드리지 못합니다. 그런 일들은 하나님의 변함없으신 사랑에 영향을 미치는 것이 아니라, 도리어 그 사랑을 더욱더 분명하게 드러내 줄 뿐입니다.

가장 끔찍한 일들이 일어난다고 한 번 가정해 봅시다. 그런 일들이 하나님의 작정하심 없이 일어날 수 있겠습니까? 우리는 모든 일을 자신의 뜻과 계획에 따라 운행하시는 하나님을 믿습니다. 여러분은 우연히 일어나는 일이 단 하나라도 있다고 생각합니까? 하나님이 미리 정하신 것의 테두리를 벗어나는 일이 단 하나라도 있다고 생각하는 것입니까? 형제들이여, 그런 일은 결코 없습니다. 하나님께는 우연히 일어나는 일이란 없습니다. 섭리의 병거를 몰아가시는 전능자께서는 모든 말(馬)들에 대한 완벽한 통제력을 지니고 계셔서, 자신의 무오한 지혜를 따라 그 모든 말들을 몰아가십니다. 타작마당에서 날리는 티끌 하나의 움직임에서부터 하늘을 가로지르며 밝게 빛을 발하는 유성의 움직임에 이르기까지 하나님께서는 모든 것을 다 미리 아시고 미리 정해 놓으셨습니다. 하나님이 정하신 것 외에는 그 어떤 일도 일어날 수 없습니다. 그런데 왜 우리가 두려워해야 합니까?

다시 한 번 말씀드리지만, 하나님의 권능의 개입 없이는 그 어떤 일도 일어나지 않습니다. 하나님께서는 "보라 숯불을 불어서 자기가 쓸 만한 연장을 제조하는 장인도 내가 창조하였고 파괴하며 진멸하는 자도 내가 창조하였은즉"(사 54:16)이라고 말씀하십니다. 하나님께서 힘을 빌려 주시지 않으면, 아무리 포악한 자들일지라도 손가락 하나 까딱 할 수 없습니다. 자연의 재해들 속에도 하나님이 계신다는 것이 뚜렷하게 드러나지 않습니까? 누가 땅을 뒤흔드십니까? 하나님께서 땅을 주목해서 보실 때, 땅이 두려워 떠는 것이 아닙니까? 산들이 불을 토해 내는 것은 하나님께서 산들을 만지시니 그 산들이 연기를 내기 때문이 아닙니까? 우리 아버지 하나님께서 모든 일을 주관하시는데, 그 자녀들이 두려워해야 할 이유가 어디 있겠습니까?

더 나아가, 여러분과 나는 하나님이 모든 것을 주관하시기 때문에 당연히 해악이라고 불릴 수 있는 것조차도 합력하여 선을 이루게 하신다는 것을 믿지 않습니까? 하나님의 선하심은 독사의 이빨을 뽑아 버리시고, 대신에 해독제를 공급해 주십니다. 그것은 분명히 해악이었지만, 하나님은 지혜의 연금술을 통해서 선으로 바꾸어 놓으셨습니다. 그러니 누가 여러분을 해칠 수 있겠습니까? "너를 치려고 제조된 모든 연장이 쓸모가 없을 것이라 일어나 너를 대적하여 송사하는 모든 혀는 네게 정죄를 당하리니"(사 54:17).

또한, 우리는 아무리 엄청난 일이 일어날지라도 그 어떤 일도 하나님의 나라를 흔들 수 없다는 것을 압니다. 우리의 주된 자산은 바로 그 나라에 있는 까닭에, 그 나라가 안전하다면, 모든 것이 안전한 것입니다. 음부의 권세가 그 나라를 이길 수 없습니다. 따라서 모든 것이 위태롭다고 할지라도, 우리에게 최고로 좋고 가장 중요한 것들은 그 어떤 해악으로부터도 자유롭고 안전합니다. 사고로 우리가 목숨을 잃었다고 가정해 볼까요? 나는 내게 일어날 수 있는 최악의 일이 곧 내게 가장 좋은 일이 될 것이라는 생각을 하면 저절로 미소가 지어집니다. 우리가 죽는다면 그 즉시 "주님과 영원히 함께 있게" 될 것입니다. 하나님의 섭리의 화살통 속에 오늘 우리를 죽게 할 화살이 있다면, 그 화살은 우리에게 영광을 가져다줄 화살이기도 할 것입니다. 따라서 우리에게 일어날 수 있는 최악의 일이 우리에게 임할 수 있는 가장 좋은 일이 될 것인데, 왜 우리가 두려워해야 합니까? 나는 이것이 훌륭한 추론이라고 생각합니다. 그렇지 않습니까? 여러분이 정말 신자들이고, 하나님이 여러분의 "피난처"이자 "힘"이시라면, 여러분이 두려움에 질 이유가 전혀 없습니다.

이렇게 두려움이 없는 것은 지극히 유익합니다. 사람이 하나님의 임재로 말미암아 침착하게 이성을 잃지 않고 모든 것을 분별력 있게 해나갈 수 있다면, 그 사람은 어리석은 짓을 저지르지 않게 될 것입니다. 놀라서 겁을 집어먹은 사람들은 허둥거리며 서두르다가 어리석은 짓을 저지르게 됩니다. 그런 사람들은 분별력을 잃게 되어 제대로 이성적으로 생각할 수 없습니다. 사실, 두려워하는 것은 일종의 미친 상태입니다. 그래서 두려움에 사로잡히면, 어처구니없는 일들을 많이 저지르게 됩니다. 위기의 때에 침착한 사람은 그 위기를 벗어날 최적의 수단을 활용할 수 있는 준비가 가장 잘 되어 있는 사람입니다. 분별력이 존재한다는 것은 아주 소중한 것이고, 분별력을 확보할 수 있는 가장 좋은 방법은 하나님의 임재를 믿는 것입니다. 병에 걸렸을 때에 겁을 집어먹지 않은 환자가 가장 치료될 확률이 높습니다. 그런 예들이 이 교회에 나오는 사랑하는 성도들 중에 있었는데, 그들은 대수술을 해야 할 상황이 되었는데도, 하나님의 손에 이끌려 전혀 두려움이 생기지 않는 놀라운 도우심을 경험했습니다. 우리 주 예수께는 늘 평안함이 있었고, 그것이 그의 지혜로운 행동이 있게 한 한 요인이었습니다. 생사를 건 싸움에서 두려움 없이 즐거워하는 것은 대단한 도움이 됩니다. 주식을 하는 어떤 사람이 있었는데, 모든 상황이 그에게 매우 안 좋게 돌아가고 있었답니다. 주가는 떨어지고 있었고, 상황은 악화일로에 있었는데, 그가 할 수 있는 일은 아무것도 없었습니다. 그 사람이 두려움에 사로잡히는 경우에는 완전한 파멸 속으로 휩쓸려 갈 수 있는 상황이었습니다. 그러나 1-2분이라도 뒤로 물러나서 하나님께 기도할 수 있다면, 그는 다시 정신을 차려서 상황을 냉정하게 검토해서 분별력 있게 행동할 수 있게 될 것이었습니다. 이성을 잃으면 전쟁에서 지게 됩니다. 두려움을 모르는 자에게는 두려움이라는 것이 존재하지 않습니다. 단, 두려움이 그에게서 사라진 것이 그가 하나님을 기억했기 때문이어야 합니다. 인생을 누리는 데만이 아니라 인생을 지혜롭게 다스려 나가는 데에도 두려움을 극복하는 것은 큰 도움이 됩니다.

또한, 두려움이 없는 것은 우리 자신을 지켜서 악을 행하지 않도록 하는 데 도움이 됩니다. 모든 결과를 하나님께 맡길 수 있는 사람은 손해 보지 않기 위하여 악을 행하지 않을 것입니다. 사람을 두려워하는 자는 자신의 속내를 숨기려 하는 경향이 있기 때문에, 비록 믿음을 부정하지는 않더라도, 타협하고자 시도하기 쉽고, 이것은 대단히 위험한 상황으로 접어드는 것입니다. 하지만 우리가 하나님을 믿는 믿음으로 말미암아 손해나 고난을 두려워하지 않게 되면, 온갖 형태의 시험에 대해 "사탄아 내 뒤로 물러가라"(마 16:23)고 말하게 될 것입니다.

내가 이 두려움 없음에 대하여 말하고자 하는 또 한 가지는 그것은 하나님께 큰 영광을 돌리는 일이라는 것입니다. 여러분이 두려운 일이 일어난 때에 두려움을 극복한다면, 여러분의 그런 모습을 보는 사람들은 "이 사람은 하나님의 사람이고, 이것은 그의 영혼에 하나님이 역사하신 결과"라고 말할 것입니다. 40여 년 전에 내가 알고 있던 한 청년이 친척 집에 머무르고 있었는데, 그날 밤에 아주 격렬한 천둥과 번개를 동반한 폭우가 쏟아졌답니다. 그 와중에 바로 그 집 문 앞에 있던 나무가 벼락에 맞아 불이 붙었고, 집 안에 있던 어른들은 남녀 할 것 없이 모두 다 완전히 겁에 질려 버렸습니다. 여자들보다도 건장한 남자들이 더 두려워하는 것 같았습니다. 집 안의 모든 사람들이 함께 웅크리고 앉아 어쩔 줄 몰라 하였습니다. 오직 이 청년만이 아무 일도 없다는 듯이 태연하고 쾌활하였습니다. 2층에는 아기가 자고 있었는데, 어머니는 그 아기 걱정을 했습니다. 하지만 모성애조차도 그 어머니에게 계단을 올라가서 그 아기를 데리고 내려올 용기와 담대함을 줄 수 없었습니다. 아기는 울고 있었고, 당시에 회심한 지 얼마 되지 않았던 그 청년은 혼자 허둥대거나 겁내지 않고 2층으로 올라가서 그 아기를 데려다가 어머니에게 주었습니다. 번개가 계속해서 쳐서 2층으로 올라가는 계단을 환히 비쳐 주었기 때문에, 그에게는 촛불도 필요가 없었습니다. 그에게는 그 밤에 하나님이 자기 가까이 계시다는 것이 느껴져서, 그의 마음에 두려움이 찾아들 수 없었습니다. 그는 앉아서, 두려워 떨고 있던 친척들에게 시편 하나를 큰 소리로 읽어 주었고, 친척들은 애정 어린 눈길로 신기하다는 듯이 그 젊은이를 쳐다보았습니다. 그 밤에 그 청년은 그 상황을 주관하는 자였고, 집 안사람들은 그 청년이 아주 최근에 믿은 신 안에 뭔가가 있다고 믿었습니다. 나는 우리 모두가 하나님의 은혜로 위기와 환난의 때에 하나님이 우리 가까이 계시다는 것을 느끼고서 침착할 수 있다면, 하나님이 도우서서 예수의 이름에 많은 영광을 돌리게 될 것이라고 믿습니다. 거룩한 자신감으로 행하는 것은 그 영과 행동들을 통해서 시편들을 노래하는 것이나 마찬가지입니다. 다윗처럼 "하나님은 우리의 피난처시요 힘이시니"라고 노래하는 것도 좋은 일이지만, 그 노래를 행동으로 옮겨서, 땅이 꺼진다고 해도 우리가 두려워하지 않는다는 것을 모든 사람으로 볼 수 있게 하는 것은 한층 더 좋은 일입니다.

3. 셋째로, 이러한 두려움 없는 담대함이 드러나는 때는 언제입니까?

시간이 많이 흘렀지만, 내가 세 번째 대지에 대해 말씀드리는 동안 좀 더 인내해 주시기를 부탁드립니다. 여러분이 하나님의 임재로 말미암아 두려움이 없어지게 되면, 그 담대함은 시험을 받게 될 것이고, "땅이 무너지고 꺼지는" 것과 같이 아주 드물게 일어나는 흔치 않은 일들을 통해 시험을 받게 될 것입니다.

그 시험들은 별로 본 적이 없는 무시무시한 일들일 것입니다. 지진을 겪어본 사람들의 말을 들어보면, 느낌이 정말 묘했다고 합니다. 평범한 흔들림이 아니라, 모든 것이 한순간에 다 꺼져 버릴 것 같은 느낌이었다는 것입니다. 모든 것의 토대가 되는 땅이 여러분의 발 밑에서 꺼져 없어져 버린다면, 여러분은 어떻게 할 도리가 없을 것입니다. 하나님이 전에는 들어보지도 못했던 방식으로 우리를 시험하시려 한다고 합시다. 그렇다고 하더라도, 하나님이 우리의 "피난처"이자 "힘"이시고 즉각적인 "도움"이시라면, 우리는 두려워하지 않을 것입니다. 시험이 올 때마다 은혜도 임하여서, 옛 약속들의 진가가 입증될 것입니다.

몇몇 시험들은 매우 신비하고 위협적입니다. 만일 우리가 "산이 흔들려 바다 가운데에 빠지는"(시 46:2) 것을 본다면, 그것은 큰 신비일 것입니다. 산들은 오랜 세월 동안 제자리에 있었기 때문에, 한 걸음만 움직인다고 해도, 우리는 그런 움직임을 설명할 수 없어서 어쩔 줄 모르게 될 것입니다. 어떤 거대한 힘이 산들을 뿌리째 뽑아서 큰 바다 가운데로 던져 넣는다면, 우리는 기겁을 하며 놀랄 것입니다. 그런데 몇몇 환난들은 그런 부류의 것들에 속해서, 여러분은 그 환난들을 이해할 수 없습니다. 우리를 놀라게 하고 괴롭게 만드는 것은 흔히 눈에 보이지 않는 것에 있습니다. 우리는 이해할 수 없을 때에 겁을 집어먹고 놀랍니다. 하지만 나의 형제들이여, 하나님이 우리와 함께 하시면, 우리는 두려워할 필요가 없습니다. 산들이 바다 한가운데로 던져졌을지라도, 하나님은 얼마든지 산들을 다시 원위치시켜 놓으실 수 있습니다. 그러므로 음부의 모든 귀신들이 여러분을 괴롭히려고 한다고 해도, 여러분은 겁낼 필요가 없습니다. 한 분 하나님은 귀신들을 다 모아놓은 것보다도 더 크시기 때문입니다. 흑암의 모든 군대가 여러분의 피를 보기 위해 완전무장을 하고서 악을 쓰며 메뚜기 떼처럼 새까맣게 몰려온다고 할지라도, 만군의 하나님이 여러분과 함께 하시면, 여러분은 마치 푸른 풀밭을 통과하듯이 그 군대 사이를 유유히 지나갈 수 있습니다. 한 마리 사자가 양 떼를 두려워하는 법은 없습니다. 하나님을 의지하는 한 사람이 원수의 군대를 제압할 수 있습니다. 그러므로 "산들이 바다 가운데로 던져질지라도" 우리는 두려워하지 않게 됩니다. 우리 하나님은 그 어떤 불가사의한 세력보다도 더 강하십니다.

어떤 시험들은 도저히 제압할 수 없을 것처럼 보이기도 합니다: "바닷물이 솟아나고 뛰놀든지 그것이 넘침으로 산이 흔들릴지라도." 여러분은 성난 파도를 어떻게 할 수 없습니다. 성난 파도는 거대한 크기로 높게 몰려와서는 모든 것을 휘감아 끝도 없는 심연 속으로 빨아들여 가라앉혀 버리고, 그 굉음은 여러분의 생각들을 다 삼켜 버립니다. 깊은 바다가 일단 크게 노하여 쇄도해 오면, 여기저기 도처에 물이 넘실거립니다. 어떤 환난들은 이런 성난 파도와 같아서, 여러분에게 갑자기 몰려와서 넘실거리는 물결처럼 격렬하게 쇄도하여 자기 앞에 있는 모든 것을 휩쓸어 버립니다. 하지만 그런 때에도 우리는 두려워할 필요가 없습니다. 하나님이 우리와 함께 하시면, 하나님은 많은 물소리, 아니 바다의 강력한 파도보다 더 강하십니다. 성난 파도 소리를 두려워할 이유가 없고, 큰 바다를 두려워할 이유도 없습니다: "여호와께서 홍수 때에 좌정하셨음이여 여호와께서 영원하도록 왕으로 좌정하시도다"(시 29:10). 바다가 포효하고, 그 물들이 거칠게 뛰놀라고 하십시오. 우리의 믿음은 결코 두려움에 굴복하지 않을 것입니다.

　우리는 다른 사람들이 두려워하는 것에 동조하여 두려워하게 되는 경우가 종종 있습니다. 본문은 마치 바다가 포효하고 두려워 떠는 것에 동조하여 산들도 두려워 떤다는 듯이, "그것이 넘침으로 산이 흔들릴지라도"라고 표현하고 있는 것에 주목하십시오. 마찬가지로, 아주 힘 있고 건장한 사람들이 공포에 질려 두려워 떠는 것을 보면, 우리도 겁을 집어먹게 되기 쉽습니다. 그러나 하나님이 우리와 함께 하시고, 우리가 하나님이 우리의 "피난처"이자 "힘"이시라는 진리를 굳게 붙잡는다면, 우리는 두려워하지 않게 될 것입니다.

　"그런데 이 모든 것의 실제적인 효용은 무엇인가요?"라고 묻는 사람이 있을 것입니다. 좋은 질문입니다. 여러분과 내게는 큰 환난이 예고 없이 닥칠 수 있고, 그때에 우리가 두려워하지 않는다면 참 좋을 것입니다. 전쟁이 우리에게 곧 발발할 수도 있습니다. 정치 지형이 변하여 오래지 않아 전운이 우리 주위를 감돌 수 있습니다. 우리나라는 평화로운 시절을 보냈고, 우리는 꽤 안전한 삶을 살아 왔습니다. 그러나 전쟁이 우리 코 앞에 와 있다고 할지라도, 지존자를 자신의 "피난처"로 삼은 사람들은 두려워할 필요가 없습니다.

　전쟁보다 더 나쁜 일이 일어나려 하고 있습니다. 무정부상태가 길거리들에서 대재앙을 만들어 내려 합니다. 적지 않은 사람들이 기존의 사회 질서가 붕괴되기를 바라고 있다는 조짐들이 여기저기에서 나타나고 있습니다. 분노한 사람들이 프랑스 혁명의 공포를 우리 가운데서 재현하려고 애쓰고 있습니다. 무너뜨리고 편 가르고 파괴하고 와해시키는 것이 많은 사람들의 행동방침이 되어 있습니다. 땅을 뒤흔드는 지진보다 사회의 지진이 더 두려운 일이고, 우리는 그런 재난의 영향을 곧바로 받을 수 있는 범위 안에 있습니다. 우리는 손도 쓰지 못한 채 그냥 가만히 있다가 죽게 될까요? 그렇지 않습니다. 땅이 꺼진다고 해도, 정말 우리는 두려워하지 않게 될 것입니다. 우리가 의지하는 것이 하나님이라면, 이교도들이 광분하고, 사람들이 헛된 일을 꾸밀지라도, 우리는 두려워할 필요가 없습니다. 사회의 유대가 해체되는 것은 들짐승들의 침입보다 더 두려워해야 할 일입니다. 그러나 하나님이 다스리시기 때문에 정의가 승리할 것입니다.

아마도 여러분 중에는 경기 불황의 이 슬픈 현실에 눌려 있는 분들이 계실 것입니다. 사람들은 "앞으로 어떻게 될지 모르겠다"라거나 "내 가족을 오랫동안 부양하는 것이 힘들 것 같다"고 말합니다. 그렇습니다. 그러나 하나님이 우리의 "피난처"이자 "힘"이시라면, 낙심하지 마시기 바랍니다: "여호와를 의뢰하고 선을 행하라 그리하면 네가 땅에 거하는 동안 진실로 너를 먹이시리라"(시 37:3 KJV, 한글개역개정에는 "여호와를 의뢰하고 선을 행하라 땅에 머무는 동안 그의 성실을 먹을거리로 삼을지어다"로 되어 있음). 이 불경기는 여러분에게 리비에라(Riviera)를 덮쳤던 지진과 같습니다. 그러나 여러분은 절망 속에 파묻혀 있어서는 안 됩니다. 계속해서 소망을 가지고, 늘 소망을 가지십시오.

어떤 사람은 이렇게 말합니다: "박해가 또 시작될까 두렵습니다. 교황이 발빠르게 움직이고 있어서 곧 다시 세력을 회복할 것 같습니다." 나는 일부 사람들과는 달리 그런 움직임에 대해 별 걱정을 하지 않습니다. 그러나 설령 그런 일이 벌어진다고 할지라도, 우리는 겁을 집어먹거나 비굴하게 행해서는 안 됩니다. 두려워하지 마십시오. 자기 백성을 도우시는 하나님은 원수들보다 더 강하십니다. 하나님은 사자의 아가리에서 자기 백성을 건져내실 수 있으시고, 거기에는 실패라는 것이 있을 수 없습니다.

나의 경우에도 이 시대의 이단들과 거짓 가르침들 때문에 내 마음이 심하게 요동치는 일이 자주 있습니다. 목회자들에게 영성이 없고, 신앙을 고백한 그리스도인들에게 거룩함이 없는 것을 보는 내 마음은 슬픕니다. 강단에서 기독교 신앙이 아니라 완전히 쓰레기와 독만이 선포되는 것을 보면, 내 마음이 찢어집니다. 모든 것이 잘못되어 가고 있는 것처럼 보일 때가 종종 있습니다. 교회의 기둥들이라 여겨졌던 사람들이 신앙을 뒤흔들어놓고, 지극히 충성된 자들이라 믿어졌던 사람들이 거짓 평화를 위해 신앙을 배반합니다. 우리는 "우리가 어떻게 될까요?"라고 부르짖습니다. 그러나 하나님이 우리의 "피난처"이자 "힘"이시면, 모든 사람들이 배교하는 와중에서도 우리는 두려워할 필요가 없습니다. 하나님이 살아 계시는 까닭에 진리는 점점 더 힘을 얻게 되어 있습니다. 나는 몇 년 전에 하나님의 저 복된 종 섀프츠베리(Shaftesbury, 1801-1885년) 백작을 만난 적이 있습니다. 그는 임종을 앞둔 딸과 함께 망통(Mentone: 프랑스 남부 요양지)에 계셨고, 그 날은 유독 의기소침하고 힘이 없어 보였습니다. 물론, 그는 자주 그런 모습을 보였고, 나도 마찬가지였습니다. 그날 그는 사회의 전반적인 상황 때문에 특히 풀이 죽어 계셨습니다. 이 나라에서 흑암의 세력이 득세하여 머지않아 가장 악한 세력이 권세를 얻어 모든 미덕을 짓밟게 될 것이라고 생각하셨기 때문입니다. 나는 그의 얼굴을 쳐다보고서 이렇게 말씀드렸습니다: "하나님이 살아 계시지 않습니까? 당신은 하나님이 살아 계시는데 마귀가 이길 것이라고 믿으시는 건가요?" 그는 미소를 지었고, 우리는 훨씬 더 소망스러운 애기를 나누며 지중해를 따라 함께 걸었습니다. 하나님은 살아 계시니, 나의 반석을 송축하나이다! 하나님이 살아 계시는 한, 우리의 소망도 살아 있습니다. 복음 진리는 반드시 이길 것이기 때문에, 우리는 살아 있는 동안에 옛 신앙이 결국 다시 세력을 얻는 것을 보게 될 것입니다. 교회는 노아의 비둘기처럼 영원한 평화를 미리 보여줄 무엇인가를 가지고 자신의 보금자리로 다시 돌아올 것입니다.

사랑하는 친구들이여, 이제 여러분 자신과 여러분에게 닥칠 수 있는 온갖 시련들에 대해서 잠깐 생각해 보십시오. 여러분이 불치병에 걸려서 온 몸이 고통스러운 가운데 시름시름 쇠약해져간다고 할지라도 두려워하지 마십시오. 여러분이 이 시간부터 죽을 때까지 상이군인으로 살아가야 한다고 할지라도, 하나님의 임재가 여러분을 붙들어 주실 것이기 때문에, 크게 낙심하지 마십시오. 마음과 육신이 둘 다 약해졌다면, 하나님이 여러분의 마음의 힘이 되어 주실 것이고, 영원히 여러분의 분깃이 되어 주실 것입니다. 장차 어느 날 하나님이 갑자기 우리에게 오시지 않으신다면, 여러분과 나는 죽을 수밖에 없을 것입니다. 그때에 어떤 일이 일어나겠습니까? 우리와 관련된 한에 있어서는 땅은 없어질 것입니다. 우리의 경험과 관련된 한에 있어서는 우리의 산은 바다 한가운데로 던져질 것입니다. 그러나 하나님은 우리의 피난처이자 힘이시기 때문에, 우리는 그 날을 두려워할 필요가 없습니다.

요한계시록을 보면, 엄청난 사건들이 예언되어 있습니다. 만물이 흔들릴 것이고, 땅의 모든 영광들이 다 녹아 없어질 것입니다. 태초의 혼돈 같은 그런 혼란이 모든 것을 뒤덮을 것입니다. 땅은 흔들리고 비틀거릴 것이며, 별들은 하늘에서 떨어질 것입니다. 그러나 그런 때에도 우리는 두려워하지 않게 될 것입니다. 하나님이 우리의 즉각적인 "도움"이 되어 주실 것이기 때문입니다. 어떤 사람들은 두려움을 먹고 삽니다. 그들은 자신들의 미래가 두려움이라는 양념으로 버무려져 있지 않으면 만족하지 않습니다. 나는 그들과 생각이 다릅니다. 주 예수께서는 내게서 두려움을 끝장내셨습니다. 우리는 살든지 죽든지 "영원히 주와 함께" 있을 것이고, 주와 함께 있을 때에 거기에는 두려움이 있을 수 없습니다. 나팔소리가 나고 죽은 자들이 다시 부활하게 될 날이 올 것입니다. 그러나 우리는 부활을 두려워하지 않습니다. 날들의 날, 즉 다른 모든 날들의 정점인 한 날이 있을 것이고, 그 날에 백보좌가 배설되고 천군천사들이 시립한 가운데 산 자와 죽은 자에 대한 심판이 이루어지는 장엄한 광경이 펼쳐질 것입니다. 사랑하는 자들이여, 그 날이 풀무 불처럼 활활 불타오를 것이라고 하여도, 우리는 두려워하지 않게 될 것입니다. 우리는 그리스도 예수 안에서 안전할 것이기 때문입니다. 그러므로 그 날에 우리는 창문 옆에 서서 폭풍이 부는 밖을 내다보면서, 물질이 풀어지고 세계들이 무너져 내리는 것을 한 점 두려움 없이 지켜보게 될 것입니다.

나는 본문을 읽으면서 불경건한 자들은 얼마나 끔찍한 상태로 있어야 할까라는 생각을 했습니다. 왜냐하면, 그 날에는 사람들이 평소에 두려워하던 그런 일들, 즉 산들이 무너져 내리고 땅이 입을 벌리는 그런 일들이 일어나서 그들 자신을 죽여 달라는 것이 공포에 질린 죄인들의 최후의 소원이 될 것이기 때문입니다. 무수한 사람들로 하여금 공황 상태 가운데서 황급히 집을 떠나게 만드는 공포를 정말 하찮은 것으로 만들어 버릴 그런 공포는 도대체 얼마나 큰 공포란 말입니까! 죄인들은 영광 중에 계신 그리스도의 얼굴을 보게 될 때에, 산들이 그들 위에 무너져 내리고 바위들이 그들을 덮어서 그들로 하여금 그 두려운 모습을 보지 않게 해 달라고 간청하게 될 것입니다. 그리스도의 사랑 가득한 얼굴은 그것을 거부한 자들에게는 공포 그 자체가 될 것입니다. 죄인들이여, 죽고 싶어도 마음대로 죽을 수도 없게 되었을 때에 그 고통과 괴로움이 어떠하겠습니까? 지진으로 흔들리고 휘감기는 산이 오히려 자신의 친구처럼 여겨질 때에 죄인들의 낙담함은 얼마나 크겠습니까? 여러분은 믿음으로 예수를 자신의 피난처이자 힘으로 삼으셔서 이런 다가올 진노를 피하게 되시기를 빕니다:

> "너희 죄인들아, 주의 은혜를 구하라.
> 주의 진노는 견딜 수 없는 것이니
> 주의 십자가로 피하여
> 거기에서 구원을 발견하라."

제
51
장

—

"우리가 들은 대로 보았나니"

—

"우리가 들은 대로 만군의 여호와의 성, 우리 하나님의 성에
서 보았나니 하나님이 이를 영원히 견고하게 하시리로다."
—시 48:8

　　"우리가 들은 그대로 보았다"는 말이 사실인 경우는 극히 드뭅니다. 많은 경우 우리는 보기만 하고 듣지는 못하거나, 듣기는 하지만 보지는 못합니다. 런던의 길거리들이 황금으로 포장되어 있었다고 믿는 순진한 사람들이 많았던 시절이 있었습니다. 내가 알기로는, 런던의 길거리들 중에서 극히 일부분이라도 황금으로 포장된 도로는 분명히 단 한 곳도 없었습니다. 땅에서 일확천금을 캐낼 수 있는 광산이라든지, 이주민들에게 풍요를 가져다주는 평야에 관한 무수한 헛된 이야기들은 어느 나라에나 있습니다. 그러나 그 많은 이야기들 중에서 "우리가 들은 대로 보았나니"라는 복음은 그 어디에서도 듣기 힘듭니다.

　　그러나 여러분이 "만군의 여호와의 성, 우리 하나님의 성"에 들어갔을 때, 여러분이 지금까지 들어왔던 것들은 그대로 진실이고, 아니 들어왔던 것들보다 훨씬 더 굉장한 것들이 여러분의 눈 앞에 펼쳐지게 될 것이기 때문에, 여러분은 시바의 여왕처럼 "내가 들은 소문보다 더하도다"(왕상 10:7)라고 소리치게 될 것입니다. 우리가 이 땅에서 하나님의 교회의 특권들에 대해서 말할 때에는 아무리 엄청난 말들을 해도 과장이 될 수 없습니다. "보라 아버지께서 어떠한 사랑을 우리에게 베푸사 하나님의 자녀라 일컬음을 받게 하셨는가"(요일 3:1). 보십시

오, 주 예수께서 어떠한 복들, 어떠한 부요함, 어떠한 왕 같은 권세를 자신의 택하신 자들에게 수여하시는지를! 그들이 예수의 피로 말미암아 얼마나 깨끗하게 되었고, 그의 생명으로 말미암아 어떻게 살아나게 되었는지를! 예수께서 하나님 아버지 오른편에 영광 중에 좌정하심으로써 그들이 어떠한 존귀를 얻게 되었는지를! 여러분은 시온과 그 형통함에 대하여 말할 때에 아무리 기쁨에 겨워한다고 해도 결코 지나칠 수 없습니다. 이스라엘이여, 당신은 행복한 자입니다! 영광 중에 찬란한 하늘의 하나님의 도성에 대하여 말하고자 하여도, 우리는 그것을 도저히 말로 표현할 수가 없습니다. 우리가 하늘의 복된 처소에 도착해서 황금 길을 걷고 썩어지지 않을 면류관을 쓸 때에 "우리가 들은 대로 보았나니"라고 말하게 될 뿐만 아니라, 하나님의 엄청난 사랑의 실체를 보고서 그 경이로움에 놀라 넋을 잃게 될 것임을 나는 의심치 않습니다.

"우리가 들은 대로 보았나니"라는 말씀은 하나님의 일들과 하나님의 교회에 늘 그대로 해당됩니다. 하나님께서는 약속하신 말씀을 그대로 행하시고 이루십니다. 이것이 오늘 나의 설교의 실마리가 될 것이고, 나의 강론의 순서는 본문을 따르게 될 것입니다. 성령께서 이 설교가 우리 모두에게 유익이 되게 해주시기를 빕니다.

1. 첫째로, 참된 증언에 귀 기울이는 것은 아주 중요합니다.

이것이 우리가 본문에서 가장 먼저 보게 되는 것입니다. 만일 우리가 그렇게 하지 않는다면, 우리는 "우리가 들은 대로 보았나니"라고 말할 수 없게 될 것입니다. 거짓된 증언에 귀를 기울인다면, 우리는 그 증언을 더 많이 믿을수록 더 큰 화를 당하게 됩니다. 그런 것은 참된 믿음이 아니고, 아무 말이나 쉽게 믿어버리는 것이기 때문에, 때가 되면 헛된 꿈에서 깨어나 비참한 자신의 모습을 보게 될 것입니다. 여러분 모두에게 일차적으로 중요한 것은 하나님의 말씀을 듣고 예수 안에 있는 그대로의 진리를 받아들이는 것입니다. 그래야만 복잡다단한 인생길 속에서나 죽음의 경계선에 서 있을 때나 변함없는 영원한 삶 속에서나 여러분은 이렇게 말할 수 있게 될 것입니다: "우리가 들은 복음으로 인하여 하나님께 감사드립니다. 우리 귀로 들은 것들이 우리의 삶 속에서 그대로 이루어졌으니까요."

이 시편 48편을 노래한 이스라엘 백성들은 예루살렘과 그 성전, 여호와와 그가 자신이 택한 도성을 확실히 지키신다는 것에 대하여 들었습니다. 그런데 그들은 이런 것들에 대하여 어떻게 듣게 되었습니까?

　　그들은 하나님의 말씀을 스스로 읽거나, 다른 사람이 읽을 때에 귀 기울임으로써 그런 것들에 대하여 들을 수 있었습니다. 그들에게는 모세 오경과 그밖의 다른 글들이 있었습니다. 그들은 그런 책들 속에서 여호와께서 자기 백성에게 행하신 놀라운 이야기들을 읽었습니다. 그들은 하나님께서 애굽에서 자신의 택하신 자들을 위해 어떻게 역사하셨는지, 권능의 손과 편 팔로 그들을 종살이 하던 집에서 어떻게 이끌어내셨는지를 잘 기억하고 있었을 것입니다. 그들은 하나님이 광야에서 이스라엘 지파들을 은혜로 먹이신 일, 바산 왕 옥과 아모리 족속의 왕 시혼 같은 원수들에 대하여 승리하게 하신 일들에 관한 기록을 읽었을 것입니다. 그들은 여호수아가 가나안 땅을 정복한 일, 기드온과 바락과 입다가 폭군들을 무너뜨린 일을 경이롭게 읽었을 것입니다. 그들은 하나님께서 자신의 종 다윗을 비롯해서 옛적에 그를 의지했던 여러 종들을 통해 어떻게 역사하셨는지를 보았을 것입니다. 이 모든 것은 여호와에 대한 그들의 신뢰를 높여 주었을 것입니다. 그리고 이제 여호사밧이 왕으로 있을 때에 거룩한 도성 예루살렘이 모압과 에돔과 암몬으로 이루어진 연합군에 의해 포위되자, 하나님은 다시 한 번 자신의 거룩한 팔을 드셔서, 자기 백성이 손을 쓸 필요도 없이 유다에 영광스러운 승리를 안겨 주셨습니다. 원수들은 서로를 시기하여 내분이 일어나서 다투다가 자멸하고 말았습니다. 유다 사람들은 이것을 보고서 이렇게 외쳤습니다: "옛 책이 참되도다 여호와께서 우리 눈 앞에서 기이한 역사를 이루셨으니, 우리가 들은 대로 만군의 여호와의 성에서 보았도다."

　　나의 형제들이여, 이 성경책이 무엇을 기록하고 있고 계시하고 있는지를 유념하십시오. 지금 성경책은 여러분에게 더 큰 덕을 세우기 위해 증보되어 있습니다. 여러분은 우리 하나님 여호와와 그의 은혜의 길들에 대하여 이 책이 기록한 것들을 들어야 합니다. 하나님의 이름으로 글을 쓴 선지자들과 사도들과 복음서 기자들의 말을 경청하십시오. 그럴 때에만 우리는 그 진리들이 경험에 의해 확증되는 것을 보고서, "우리가 들은 대로 보았나니"라고 기뻐 소리치게 될 것입니다.

　　또한, 이 선한 사람들은 하나님의 사역자들이 전하는 말씀에도 귀를 기울입니다. 제사장들은 성전에 가서 실제로 직무를 수행하지 않을 때에는 백성들을 가르치는 일을 하게 되어 있었습니다. 성경은 레위 지파에 대하여 "주의 법도를 야곱에게, 주의 율법을 이스라엘에게 가르치며"(신 33:10)라고 말씀하고 있습니다. 선지자들도 이스라엘 땅을 두루 다니며 하나님의 뜻을 전하였고, 백성들은 하나님이 자신의 이름으로 보내신 이 사자들을 통해서 하나님이 무엇을 이루실지를 알았습니다. 하나님의 종들이 전하는 말씀은 단 하나도 땅에 떨어지는 법이 없었기 때문입니다. 하나님이 보내신 자들이 전해 주는 하나님의 진리를 듣는 것은 여러분에게 꼭 필요한 일입니다. 많은 거짓 선지자들이 세상에 등장했습니다. 사람이 자신의 생각으로 만들어내는 것들은 맞을 수도 있고 틀릴 수도 있습니다. 어느 경우이든 여러분은 그것을 비판하거나 논의할 권리가 있습니다. 그러나 "여호와의 말씀이니라"는 후렴구가 붙어 있는 말씀을 전하는 사람은 전혀 다른 토대 위에 서 있습니다. 하나님의 말씀은 듣는 사람들에게 경외심과 믿음을 요구하고, 하나님의 말씀을 전하는 사람은 서기관들과는 달리 "권위"를 가지고 신실하게 전합니다(마 7:29). 사람의 의지가 하나님의 진리를 거부한다고 할지라도, 사람 속에 있는 양심은 그 음성에 공명합니다. 여러분은 자기가 듣고 싶은 말들을 해주는 선생들만을 여기저기 찾아다니지 마시기 바랍니다. 여러분은 하나님의 신실한 사자가 전하는 말씀을 듣고서, "우리가 들은 대로 우리 하나님의 성에서 보았나니"라고 말할 수 있어야 합니다.

또한, 이 선한 사람들은 자신의 조상들이 들려준 말씀들에도 귀를 기울입니다. 오늘날 사람들은 우리 조상들은 고도로 문명화된 자손들인 우리만큼 지혜로울 수 없었다는 교만한 말을 공공연히 하고 다닙니다. 그렇지만 그런 말을 하고 다니는 젊은이들도 나이가 먹어갈수록 자신들의 생각이 틀렸다는 것을 결국 알게 될 것입니다. 지혜는 노인에게 있는 것도 아니고 젊은이에게 있는 것도 아닙니다. 오직 하나님께만 있습니다. 나는 인생 여정에서 나보다 더 많이 나아가신 나이 드신 분들이 말씀하시는 것을 듣기를 좋아합니다. 그들의 증언에는 무게가 있기 때문입니다. 그들의 말 속에는 젊은이의 열정과 재기발랄함은 없지만, 현실에서의 확실한 경험을 통해서 얻어진 소금 같은 것이 들어 있습니다. 나는 우리 조상들이 우리에게 전해 주어서 우리의 귀로 듣게 된 것들, 곧 하나님이 그들 시대에 행하셨거나 그들보다 이전인 옛적에 행하셨던 기이한 일들에 대해 생각하는 것을 좋아합니다. 오늘의 시편을 노래한 사람들은 하나님의 은혜를 경험했던 자신들의 조상들이 전해준 일들을 들었었기 때문에, 하나님의 성을 둘러싼 원수들을 보았지만 얼마 후에 원수들과 접전을 한 것이 아니라 단지 노략물을 즐겁게 나누면 되었던 저 이상한 싸움을 경험하고 나서, 조상들이 그들에게 전해준 일이 사실이라는 것을 알고, 경이로움 속에서 "우리가 들은 대로 보았나니"라고 외칠 수 있었습니다.

> "환난 때의 피난처
> 시온에서 하나님을 보았네.
> 하나님의 구원이 얼마나 밝게 빛났던가
> 하나님의 모든 궁정에서!
>
> 우리 조상들이 자주 들려주었고
> 우리의 눈이 자주 보아왔었지.
> 하나님의 양들이 있는 양우리를
> 하나님이 얼마나 견고하게 지켜 오셨는지를.

실제로 예루살렘에 있지 않은 사람들은 현장에 있었던 사람들로부터 설명을 듣곤 했습니다. 그들은 "지극히 장엄한" 성전에 대하여 들었고, 두 개의 유명한 기둥인 "야긴과 보아스," 그리고 큰 제단에 대하여 들었으며, 아침과 저녁으로 드려진 어린 양의 희생제사, 흰 옷을 입고 제단에서 섬기는 제사장들에 대하여 들었습니다. 그들은 빛나고 아름다운 옷을 입고 나오는 대제사장과 그가 모인 백성을 위해 한 축도에 대하여 들었습니다. 예루살렘에서 멀리 있는 방방곡곡의 초가집에서 이 모든 것들에 대한 참된 증언을 들었기 때문에, 거룩한 성에 와서 그 성문 안에 발을 들여놓았을 때, 그들의 심장은 쿵쾅거리며 뛰었고, 속으로 이렇게 말했습니다: "우리가 교묘하게 꾸며낸 이야기들을 들은 것이 아니었구나. 우리가 들은 그대로를 만군의 여호와의 성에서 보았도다."

　　사랑하는 친구들이여, 여러분에게 영원토록 유익을 줄 수 있는 그런 친구들과 어울리는 것이 좋습니다. 하나님의 친구들을 여러분의 친구로 삼으십시오. 하나님과 그의 거룩하신 이름을 찬송하는 사람들과 대화를 나누십시오. 어떤 것들이 참되고 옳은 것인지를 경험을 통해 말해줄 수 있는 사람들과 사귀십시오. "지혜로운 자와 동행하면 지혜를 얻고"(잠 13:20). 경험이 많은 그리스도인들과 많은 대화를 나누는 사람은 하나님의 일들에 대하여 더 큰 확신을 얻게 될 것입니다. 옛 성도들이 기록한 증언들과 살아 있는 신실한 자들의 참된 증언을 받아들여서, 나중에 "우리가 들은 대로 보았나니"라고 말할 수 있게 되는 것은 아주 중요합니다. 오늘날 어떤 사람들은 나쁜 것이든 좋은 것이든 중립적인 것이든 무엇이든지 다 귀를 기울여 듣고자 합니다. 모든 것을 듣는 것은 결코 아무것도 듣지 않는 것이라고 나는 믿습니다. 사람들은 "범사에 헤아려"(살전 5:21)라는 말씀을 오해하여 인용하는 일이 많습니다. 나는 사람들이 자신의 의도대로 모든 것을 헤아리고자 한다면, 위험성이 큰 영혼과 관련된 것들이 아니라 먼저 육신과 관련된 것들을 헤아리는 것으로부터 시작하라고 권하고 싶습니다.

신사 여러분, 나는 여러분에게 복음이 아니라 좀 더 평범한 일들에서 그렇게 하는 것을 시작하도록 권합니다. 예를 들면, 모든 특허 받은 약들을 헤아리고, 그런 후에 약사의 모든 약들을 헤아리는 것으로부터 시작하십시오. 여러분이 이 과정을 무사히 잘 마쳤다면, 이 비참한 시대의 모든 목회자들과 갖가지 가르침들을 헤아릴 차례입니다. 여러분이 약과 독을 헤아리는 과정에서 살아 남았다고 할지라도, 거짓 가르침들을 헤아리는 과정에서는 살아 남지 못할 것입니다. 거짓 가르침들은 옳다는 것이 검증될 수 없기 때문에, 여러분은 그런 시도를 할 필요가 없습니다. 옳다는 것이 검증될 수 있는 것은 오직 하나님의 진리뿐입니다.

본문의 의미는 "모든 것을 실험해 보라"는 것이 아니라, 어떤 것이 참되고 선하다는 것이 검증될 때까지는 그 어떤 것도 받아들이지 말라는 것입니다. 우리 중 대다수에게는 모든 것을 시험해 보는 직분이 주어져 있지 않습니다. 우리에게는 온갖 치명적인 것들을 시험해 보아서 그것들의 정확한 효과를 알아보는 일이 맡겨져 있지 않기 때문에, 우리는 선한 것을 굳게 붙잡는 데에 힘을 쏟는 것이 훨씬 더 좋습니다. 우리는 하나님의 진리임이 이미 검증된 것들을 죽을 힘을 다해 꼭 붙듭니다. 우리는 그런 것들을 굳게 붙들 뿐만 아니라 널리 전합니다. 우리는 우리 자신이 받아들인 것들을 다른 사람들에게도 권합니다. 이것은 늘 뭔가 새로운 것을 듣고자 하는 아테네 사람들을 본받는 것보다 훨씬 더 안전하고 건강한 일입니다. 여러분이 "우리가 들은 대로 보았나니"라고 말할 수 있으려면, 무엇을 들어야 하는지를 유념하십시오.

2. 둘째로, 참된 것을 들어야 들은 대로 보게 됩니다.

"우리가 들은 대로 보았나니." 여러분 모두가 이 말을 할 수 있는 것은 아닙니다. 여러분 중에는 듣고 또 들었지만 그 들은 것을 한 번도 본 적이 없는 사람들도 있습니다. 자기가 들은 것으로 만족하고서 자신의 눈을 결코 사용해 본 적이 없는 사람들은 하나님이 실수를 하셔서 그들이 필요로 하는 것보다 더 많은 감각기관을 주신 것이라고 생각하는 것이고, 이것은 그들에게 지각이 없음을 여실히 보여주는 것입니다. 사랑하는 친구들이여, 주 예수께서는 여러분에게 단지 복음을 들으라고 하시는 것이 아니라, 자신의 첫 번째 제자들에게와 마찬가지로 여러분에게도 "와서 보라"(요 1:39)고 말씀하십니다. "너희는 여호와의 선하심을 맛보아 알지어다"(시 34:8). 하나님은 어떤 일들이 과연 그러한지를 여러분 스스로 "보아서" 알라고 권하십니다. 복음을 들은 자가 어떻게 복음을 보는 자가 될 수 있느냐고요?

먼저, 그렇게 되기 위해서는 자기가 들은 사실들을 헤아리고 살펴서 과연 진정으로 그러한지를 판단해야 한다는 것을 기억하십시오. 성경은 여러분의 마음이 여러분을 속인다고 말씀합니다. 여러분의 마음이 과연 그러한지를 살펴보십시오. 성경은 사람은 본성적으로 악에 끌린다고 말씀합니다. 자신을 잘 살펴서, 과연 그러한지를 보십시오. 성경은 인간의 본성은 진정으로 선한 것을 행하는 데 무력하고 하나님을 피하는 성향이 있다고 말씀합니다. 자연으로서의 여러분의 삶이 이러한 고발들이 참되다는 것을 증명해 주는지를 진지하게 깊이 생각해 보십시오. 여러분이 아직 회심하지 않은 동안에 성경이 여러분에 대하여 말씀하고 있는 것들에 대하여 들은 적이 있다면, 나는 여러분에게 그것들이 여러분의 경우에 과연 그러한지를 살펴보시기를 강력히 권합니다. 그러한 것들을 여러분 자신에게 적용해서 살펴본다면, 여러분에게 큰 도움이 될 것입니다. 깊이 생각해 보아야 할 것들은 아주 가까이에 있습니다. 성경이 인간의 본성에 대하여 설명하고 있는 것들이 과연 참된지를 여러분 자신에 비추어서 살펴보는 것은 많은 점에서 여러분에게 유익할 것입니다.

또한, 우리가 명령들에 순종하고 순종할 때에 약속된 복들을 받아들일 때, 우리는 우리가 들은 것을 보게 됩니다. 예컨대, 하나님은 여러분에게 자신의 죄들을 고백하라고 명령하십니다. "만일 우리가 우리 죄를 자백하면 그는 미쁘시고 의로우사 우리 죄를 사하시며 우리를 모든 불의에서 깨끗하게 하실 것이요"(요일

1:9)라는 말씀이 참된지를 살펴보십시오. 이 권면을 듣지만 말고, 그 약속이 참된지를 살펴보십시오. 여기에 또 하나 시험해 볼 것이 있습니다: "수고하고 무거운 짐 진 자들아 다 내게로 오라 내가 너희를 쉬게 하리라"(마 11:28). 여러분은 이 말씀을 무수히 들어 왔습니다. 그런 "쉼"이 과연 주어지는지를 여러분 스스로 와서 보십시오. 여러분은 이 명령에 순종하셔서 이 명령에 따른 약속을 받으시기 바랍니다.

또한, 믿음에 약속된 복들을 받아서 새로운 삶으로 들어갈 때, 듣는 것은 보는 것으로 바뀝니다. 우리 중에는 자기가 새로운 세계로 들어갔다는 것을 증언할 수 있는 분들이 꽤 있습니다. 지금 우리에게 모든 것인 그런 것들이 얼마 전까지만 해도 우리에게 아무것도 아니었습니다. 귀 먹은 사람에게는 소리라는 것이 존재하지 않고, 눈 먼 자에게는 빛이 존재하지 않듯이, 얼마 전까지 우리에게는 영적인 일들이라는 것이 존재하지 않았습니다. 우리에게는 영적인 것들을 분별할 수 있는 영적 능력이 결여되어 있었습니다. 그러나 예수를 믿고 나서 우리는 또다른 세계 속으로 들어갔습니다. 지금 우리는 이전의 삶을 훨씬 능가하는 삶을 소유하고 있습니다. 정신적인 삶은 썩어 없어질 짐승의 삶을 능가합니다. 우리는 하늘의 삶을 소유하고 있기 때문에 그런 삶이 존재한다는 것을 압니다. 우리는 하늘에 속한 삶 속에서 보통 사람의 철학 속에서는 꿈에도 생각하지 못할 수많은 일들을 봅니다. 우리는 복음을 듣는 여러분 모두가 복음의 진리들을 보게 되어서, 이 시편을 노래한 사람들과 마찬가지로 "우리가 들은 대로 보았나니"라고 말할 수 있게 되기를 진심으로 바랍니다.

하나님의 약속들을 단지 듣거나 읽는 것에서 그치고 더 이상 아무것도 하려 하지 않는 사람들에게는 그 약속들이 별 유익이 없습니다. 그런 사람들에게 하나님의 약속은 언제까지나 서랍 속에만 넣어두고 은행에 가져가서 현금화하지 않는 수표와 같습니다. 우리는 하나님의 약속들을 믿음의 기도를 통해 하나님께 제시하여 현금화하여야 합니다. 하나님의 약속들은 그 자체로 지극히 확실하고 귀하지만, 여러분이 믿음으로 그 약속들을 붙들고서, 기도를 통해 탄원하며, 소망으로 기대하고, 감사함으로 받지 않는다면, 여러분의 영혼에 자양분을 공급하여 힘 있게 하는 데에는 아무 소용이 없습니다. 여러분이 하나님의 약속 하나하나에 대하여 "우리가 들은 대로 보았나니"라고 말할 수 있게 되기를 빕니다.

최고의 들음은 보는 것으로 이어지는 들음입니다. 어떤 사람이 "하나님의 말씀이 내게 이러저러하다고 말씀하시기 때문에, 내가 스스로 그 말씀을 시험해 보고자 합니다"라고 말한다면, 그 사람은 대단히 소망 있는 상태에 있는 것입니다. 내가 전하는 말씀을 들으시는 분들도 그런 사람이 되시기를 권합니다. 잔치는 베풀어져 있고, 진수성찬이 차려져 있습니다. 그러나 잔치에 가지는 않고 우리의 증언만 들으려 하지 마십시오. 여러분이 직접 오서서 보십시오. 우리는 여러분에게 예수의 피로 말미암아 큰 속죄가 이루어졌기 때문에 주홍빛 같은 죄들도 다 즉시 씻음 받을 수 있다는 말씀을 전합니다. 우리가 전하는 말씀을 믿고서, 직접 오서서 과연 그러한지 시험해 보십시오. 그러면 여러분은 곧 "우리가 들은 대로 보았나니"라고 탄성을 지르게 될 것입니다.

3. 셋째로, 보았을 때에야 전에 들은 진리가 옳다는 것이 기가 막히게 확증될 수 있습니다.

이것이 우리가 주목해야 할 세 번째 대지입니다. 물론, 우리는 보지 못하더라도 하나님을 믿어야 합니다. 우리가 하나님을 경외한다면, 당연히 하나님께서 그렇게 말씀하셨다는 사실만으로 충분합니다. 그러나 우리가 하나님의 말씀을 믿는다고 하더라도, 하나님께서 은혜를 주서서 우리가 믿은 것이 지극히 참되다는 것을 우리에게 보여주실 때, 그것은 우리에게 아주 큰 도움이 됩니다. 이제 나는 하나님의 말씀을 믿는 사람이 자기가 들은 바를 보게 되었을 때에 그 참됨이 어떻게 확증되는지를 보여드리고자 합니다.

우리는 바로 지금에 있어서의 우리의 상태와 관련해서 성경에서 우리의 비참한 상태에 관하여 말씀하는 모든 것이 참되다는 것을 볼 수 있습니다. 우리 중 다수는 죄가 우리의 마음에 가져다준 해로운 결과를 들어 왔을 뿐만 아니라 직접 느껴 왔습니다. 우리는 죄가 우리 속에 거하여 우리를 지배하고자 애쓴다는 것을 압니다. 우리는 우리의 본성적인 성향들이 잘못되어 있고, 우리의 가장 선한 바람들조차도 불완전하다는 것을 압니다. 성령께서는 우리에게 죄를 깨닫게 해 주셨기 때문에, 우리의 본성 속에 더러운 샘이 존재한다는 것은 의심할 수 없는 사실입니다. 또한, 죄를 짓게 되면 영원토록 벌을 받게 된다는 것도 우리의 양심이 단호하게 증언하는 하나님의 진리입니다. 나는 율법을 선생으로 삼아서 이 교훈을 배웠던 때를 기억합니다. 만일 그때에 누가 내게 "당신은 자기가 지옥 가야 마땅한 사람이라고 생각하느냐"고 물었다면, 나는 내가 지은 죄들을 생각하면 그 어떤 벌도 결코 가혹한 것이 될 수 없을 것이라고 눈물을 흘리며 주저 없이 말했을 것입니다. 내가 성경에 나오는 무시무시한 경고와 위협의 말씀들을 읽을 때마다, 나의 양심은 거기에 전적으로 동의하였고, 이것은 지금도 마찬가지입니다. 십자가에 달리신 내 주님이 없었다면, 저주를 받아 지옥에 떨어지는 것이 내 운명이 될 수밖에 없습니다. 오늘날의 속이는 자들이 무엇이라고 설교하든, 그런 것은 중요하지 않습니다. 여러분은 그런 것을 개의치 마시고, 사람이 죽을 때에 양심이 깨어 있기만 하다면 성경의 경고와 위협의 말씀들이 다 참되다는 것을 시인하게 되리라는 것을 믿으시기 바랍니다. 사람들의 감정은 영원한 형벌이 있다는 것을 비웃을 수 있습니다. 그러나 양심은 율법의 의로운 판결에 "아멘"이라고 소리칩니다. 하나님의 성령이 양심을 깨어나게 할 때, 양심은 죄를 별 것 아닌 것으로 여기기를 그치고서, 죄의 결과로 끔찍한 형벌이 반드시 있게 되리라는 것을 더 이상 부인하지 않게 됩니다.

여러분 중에는 하나님의 영광을 뵈옵고서 티끌과 재를 뒤집어쓰고 여러분 자신을 혐오하게 된 사람들, 여러분 자신을 보고서 여러분이 걸어온 길들을 부끄러워하고 당혹스러워한 사람들이 있고, 분명히 그런 분들은 내가 전하는 말씀들을 그대로 공감하실 것입니다. 나는 여러분 자신이 성경의 가장 엄숙한 경고의 말씀들이 참되다는 것을 스스로 확증할 수 있다고 말하고 있는 것입니다. 성경의 경고들이 여러분을 아무리 두렵게 한다고 할지라도, 여러분의 영혼 깊은 곳에서는 그 경고들이 참되다는 것에 동의합니다. 성령께서 우리의 본성적인 타락이 바닥없는 구덩이와 같다는 것을 우리 앞에 열어 보이실 때, 우리는 "만물보다 거짓되고 심히 부패한 것은 마음이라"(렘 17:9)는 말씀을 인정하게 됩니다. 우리는 타락한 상태에 있기 때문에 인간의 타락을 믿습니다. 우리는 지금의 우리가 하나님께서 우리를 지으신 그대로가 아니라는 것을 압니다. 우리는 우리 자신을 보며 애통해하기 때문에 타락한 본성이 유전된다는 것을 믿습니다. 우리는 우리 자신에게 힘이 없음을 알기 때문에 타락한 인간의 무능력을 믿습니다. 우리는 우리 개개인이 하나님의 진노로 말미암아 버림을 받았다는 것을 믿습니다. 우리는 우리 모습을 보면서 그것이 참되다는 것을 알고, 우리의 유일한 위로는 주 예수 그리스도께서 우리를 대신해서 십자가에 죽으심으로써 우리에 대한 사망 선고가 이미 집행되었다는 사실입니다. 우리는 "우리가 들은 대로 보았기" 때문에, 죄와 그 결과들에 대하여 성경이 말씀하는 모든 것이 참되다는 것을 마음 깊은 곳에서 시인합니다.

하지만 우리는 더 밝은 것들을 들었고 보았습니다. 형제들이여, 우리는 택함 받은 자들을 나머지 사람들로부터 가르고 구분하시는 하나님의 **부르심**이 있다는 것을 들었습니다. 우리는 하나님의 성령에 의한 유효적인 부르심이 있다는 것을 압니다. 우리가 바로 그렇게 부르심을 받았으니까요. 또한, 우리는 모든 사람들을 그리스도께로 오라고 초청하시는 하나님의 일반적인 부르심에 대해서도 들었습니다. 그러나 우리는 그런 부르심을 거부했습니다. 우리는 인자하게 사람들을 예수께로 이끄시는 성령의 특별한 유효적인 부르심이 있다는 것을 배웠고, 그 소문이 참되다는 것을 알았습니다. 우리가 바로 그렇게 이끄심을 받았으니까요. 하나님의 성령은 우리의 귀를 통해서가 아니라 사랑의 끈으로 우리를 그리스도께로 이끄셨습니다. 우리는 옛 의지를 거슬러 새로워진 의지의 온전한 동의를 얻어 예수께로 왔습니다. 주님은 우리로 하여금 우리 마음의 단 하나의 민감한 율법도 어김이 없이 구원의 길로 달려오게 하셨습니다. 우리는 하나님의 성령의 유효적인 부르심에 대하여 들었고, 또한 들은 그대로를 보았기 때문에, 오늘 그것에 대하여 증언하지 않을 수 없습니다.

또한, 우리는 우리의 모습 그대로 예수께 나아가기만 한다면 예수께서 우리를 영접하실 것이라고 들었고, 실제로 예수께서는 우리를 영접하셨습니다. 우리는 예수께서 은혜로 우리의 죄를 사해 주실 것이라고 들었고, 실제로 사해 주셨습니다. 우리는 예수께서 우리의 죄를 사하시고 우리에게 평안을 주실 것이라고 들었습니다. 그리고 우리는 실제로 그렇게 되는 것을 보았습니다. "우리는 믿음으로 의롭다 하심을 받아 우리 주 예수 그리스도로 말미암아 하나님과 화평을 누리고 있습니다"(롬 5:1 KJV, 한글개역개정에는 "우리가 믿음으로 의롭다 하심을 받았으니 우리 주 예수 그리스도로 말미암아 하나님과 화평을 누리자"로 되어 있음). 우리는 가련한 죄인들이 믿음으로 의롭다 하심을 받아서 이루 말할 수 없는 기쁨을 누리게 될 것이라고 들었고, 실제로 그런 기쁨을 받아 누려 왔습니다. 우리는 "이 사람이 죄인을 영접하고"(눅 15:2)라고 증언합니다. 우리는 주님이 자기에게로 오는 사람을 결코 내치지 않으신다고 증언합니다. 우리는 주님이 배역한 자들에게 충만한 은혜를 주셔서 어린아이 같이 만드신다는 것을 여러분에게 분명하게 말씀드립니다. 그렇습니다. "우리가 들은 대로 보았나니." 어떻게 저렇게 담대하게 복음을 전하냐라는 생각이 들지라도 그 복음은 그저 참된 복음일 뿐입니다. 하나님의 거저 주시는 은혜를 아무리 대담하게 증언한다고 해도 하나님의 충만한 은혜가 값없이 거저 주어진다는 것을 제대로 표현할 수 없습니다. 복음과 은혜를 아무리 과장해서 전한다고 해도, 그것은 결코 과장이 될 수 없습니다. 여러분이 하나님의 은혜를 설명하고자 할 때, 그 은혜를 설명하기에는 여러분의 생각이 너무나 한정되어 있다는 것을 알게 됩니다.

또한, 우리는 **중생**이라는 것이 있다고 들었습니다. 우리는 "네가 거듭나야 하겠다"(요 3:7)는 주님의 선언을 경이로움으로 듣곤 했습니다. 우리는 사망에서 생명으로 옮겨져야 하고, 옛 것이 지나가고 모든 것이 새로워져야 한다는 말씀을 들었습니다. 우리는 믿는 마음으로 주의 깊게 그 말씀을 들었습니다. 그러나 지금 우리는 거기에서 한 걸음 더 나아가서 그 말씀을 보았습니다. 여러분 중에는 저 크고 근본적인 변화를 이미 경험해서 알고 있는 분들이 많습니다. 여러분은 "한 가지 아는 것은 내가 맹인으로 있다가 지금 보는 그것이니이다"(요 9:25)라고 말할 수 있습니다. 우리는 죽은 자들의 세계로부터 나와서 산 자들의 세계로 들어갔습니다. 그리스도와 함께 장사된 우리는 그와 함께 다시 살아났습니다. 우리의 삶은 새로운 세계 속에 있고 거기에서 형통합니다. 우리는 새로운 심장이 우리 안에서 박동하고 있음을 느낍니다. 새로운 생명이 우리의 눈에는 보이지 않지만 우리의 지체들 속에서 움직입니다. 거듭남은 하나의 사실입니다. "우리가 들은 대로 보았나니."

우리는 **성령**에 대하여 들어 왔지만, 그런 말씀들을 들었을 때에 성령의 역사와 내주하심은 우리가 도무지 이해할 수 없는 신비로 여겨졌습니다. 어떻게 성령 하나님이 사람들 속에 거하시고 사람들의 육신을 자신의 성전으로 삼으실 수 있단 말입니까? 우리는 성령께서 사람들에게 죄를 깨우치시고, 그들의 자기의(self-righteousness)를 시들게 하시며, 그들의 가슴속에 소망을 불러일으키시고, 그들을 예수께로 인도하셔서 새롭게 하시고 위로하시며 거룩하게 하시고 조명하시며 지키신다는 말씀을 들었을 때에 기이하게 여겼습니다. 우리는 이 모든 말씀들을 들어 왔습니다. 그러나 이제 우리는 기쁜 마음으로 여러분 앞에 서서 "우리가 들은 대로 우리 하나님의 성에서 보았나니"라고 말할 수 있습니다. 성령께서 우리에게 죄를 깨우쳐 주셨습니다. 성령은 한동안 우리에게 "종의 영"이었습니다. 성령은 우리의 손과 발을 묶어놓고 우리를 율법 아래 가두어 두시는 것처럼 보였습니다. 하지만 그런 후에 성령께서는 우리를 묶고 있던 쇠사슬을 끊으셨고, 하나님의 영이 계신 곳에는 자유가 있다는 것을 우리에게 가르치셨습니다(고후 3:17). 그것은 자유 그 자체였습니다. 우리가 죄의 폭정으로부터 자유를 얻게 되었을 때에 얼마나 기뻐 뛰었습니까! 그때 이후로 찬송 받으실 성령께서는 우리를 끊임없이 일깨우시고 인도하시고 힘을 주셨습니다. 애통하던 아들과 딸들이여, "보혜사" 성령께서 어떠한 은혜로 여러분을 위로하셨는지를 말하십시오. 또한, 성령께서는 우리에게 모든 진리를 가르치시고 우리를 모든 진리 가운데로 인도하셨습니다. 성령은 우리 안에서 생명과 빛과 불이셨습니다. 성령께서는 우리의 마음을 감동시키셔서, 바로 그 자리에서 우리가 해야 할 말을 우리에게 주셨습니다. 성령의 역사는 전방위적인 감화입니다. 성령은 우리로 하여금 죄에 대하여 애통하게 만드십니다. 성령은 우리를 강권하셔서 거룩함을 따르게 하십니다. 성령은 우리의 마음을 들어 올리셔서 비록 우리의 육신은 땅에 있을지라도 천국에서 소통하게 하십니다. "우리가 들은 대로 보았나니." 우리는 성령의 은혜의 역사에 대하여 무엇을 들었든지 그것들은 다 절대적으로 참된 것이었습니다. 우리 자신의 기쁜 경험을 통해서 우리는 성령께서 우리 안에서 온갖 은혜의 역사를 이루실 수 있으시다는 것을 믿게 됩니다.

　　하나님의 말씀이 경험을 통해 어떻게 검증되는지를 보기 위해 한 가지를 더 살펴보겠습니다. 우리는 하나님께서 기도를 들으신다는 말씀을 무수히 들어 왔습니다. 구주께서는 "구하라 그리하면 너희에게 주실 것이요 찾으라 그리하면 찾아낼 것이요 문을 두드리라 그리하면 너희에게 열릴 것이니라"(마 7:7)고 말씀하셨습니다. 형제들이여, 여러분에게 이 말씀은 어떠하였습니까? 여러분에게 기도는 단지 경건한 여흥이었습니까? 아니면, 기도는 현실이었습니까? 여러분은 기도를 통해 어둠에서 나와 빛으로 들어갔습니까? 여러분은 기도를 통해 의기소침의 지하 감옥에서 빠져나와 변화산상의 교제를 가지게 되었습니까? 여러분은 기도를 통해 절망의 나락에서 나와 하나님의 보좌 앞으로 나아갔습니까? 누군가는 "내가 스올의 뱃속에서 부르짖었더니 주께서 내 음성을 들으셨나이다"(욘 2:2)라고 고백하였습니다. 오, 기도의 전능한 능력이여! 사람이 죄를 깨닫지 않으려고 작정하지만 않는다면, 기도를 통해 누구나 다 죄를 깨달을 수 있다는 사실은 기도의 막강한 능력을 잘 말해 줍니다. 여기에 계신 분들 중에도 그 어떤 변호사라도 사실 문제에 대하여 증인석에 기꺼이 세우고 싶어 할 사람들이 꽤 있습니다. 그들은 진실하고 흠이 없는 자들로 잘 알려져 있어서, 그들이 하는 말들은 그 누구도 의심하거나 의문을 제기하지 않을 것이기 때문입니다. 이 사람들은 하나님이 마치 자신의 손을 저 높은 하늘에서 뻗치신 것처럼 아주 분명하게 자신들의 기도에 수없이 응답하셨다는 사실을 하나님 앞에서 엄숙하게 증언할 준비가 되어 있는 분들입니다. 우리는 기도에 대하여 들은 그대로를 보았습니다. 이러한 믿음은 우리가 실제의 경험 속에서 거듭거듭 보아온 것에 의해 확증된 것이기 때문에, 그 어떤 것도 그 믿음을 우리에게서 빼앗아갈 수 없습니다. 이치에 맞는 한, 우리는 기도를 믿어야 하고 믿을 것입니다.

또한, 내가 여러분에게 상기시켜드리고자 하는 것은 우리가 만물을 다스리시고 주관하시는 섭리의 하나님이 계신다는 것을 우리 귀로 들었다는 것입니다. 우리는 "주께서 준비하시리라"고 기쁘게 찬송하였습니다. 우리는 회중이 다음과 같이 말하는 것을 기쁜 마음으로 들어 왔습니다:

"물웅덩이들이 터지고 피조물들이 다 실패한다고 할지라도
주께서 하신 말씀은 반드시 이루어지리라."

우리는 은혜의 섭리를 믿고, 그런 섭리를 보아 왔습니다. 이 아침에 시간이 부족해서 나 자신에게 일어난 일들을 말할 수 없지만, 나의 삶은 그런 경험들로 가득하다는 것을 분명하게 말씀드릴 수 있습니다. 하나님께서는 광야에서 매일 하늘로부터 만나를 비처럼 내리셔서 이스라엘 백성을 먹이셨듯이, 내가 곤고할 때마다 오늘날에도 자신의 종의 필요들을 기꺼이 채워 주실 수 있다는 것을 보여 주셨습니다. 바로 지금에 이르기까지 하나님을 사랑하는 자들에게는 모든 것이 합력하여 선을 이루어 왔습니다. 당시에는 너무나 당혹스러웠던 경험들도 되돌아보면, 우리는 우리를 그런 식으로 인도하신 하나님을 찬송할 수 있게 됩니다. 자신이 하나님의 섭리에 의한 돌보심을 받았다는 분명한 증거를 본 분들은 한 번 일어나 보시라고 하면, 틀림없이 여러분 중 많은 분들이 자리에서 일어나서 하나님을 의뢰하는 자들에게는 지금도 여전히 하나님의 손길이 지혜롭고 강력하게 역사하고 계시다고 증언할 것입니다. 우리는 그렇다는 말을 들었고, 그 말이 문자 그대로 참되다는 것을 보았습니다. 하나님은 현세의 일들에서조차도 은혜가 넘치시고, 영원에 속한 일들에 대해서는 헤아릴 수 없이 인자하십니다.

들은 그대로를 봄으로써 들은 것이 참되다는 것이 검증되는 예를 한 가지만

더 말씀드리고자 합니다. 우리는 흔히 하나님을 믿는 자들은 죽을 때에 소망이 있다는 말씀을 들어 왔습니다. 우리는 이런 말씀을 수없이 들어 왔습니다:

> "예수께서 함께 하시면 임종의 침상조차도
> 포근하고 부드러운 베개처럼 느껴진다네."

물론, 우리는 아직 마지막 강을 건너지 않았기 때문에 이 일을 직접 겪어보지는 못하였습니다. 그러나 우리는 그것을 다른 사람들에게서 보아 왔습니다. 여러분 중에서 대부분이 의인의 죽음이 평화로운 것을 분명히 보셨을 줄로 압니다. 나는 부르심을 받은 이후로 수없이 성도들의 임종을 곁에서 지켜보아 왔습니다. 이것은 나의 공식적인 증언입니다: 내가 지금까지 만났던 가장 행복한 사람들은 세상을 떠나기 직전의 신자들이었습니다. 나는 임종의 침상에서 쇠약함과 고통 중에서 세상을 떠나는 신자들만큼 기쁨에 찬 사람들을 결혼식장에서도, 희년의 축제에서도, 놀랍도록 형통한 순간의 사람들에게서도 볼 수 없었습니다. 내가 부러워한 사람들이 있다면, 그들은 세상을 떠날 때에 내가 그 손을 꼭 잡아 주었던 바로 이 교회의 지체들이었습니다. 거의 예외 없이 나는 그들 속에서 거룩한 기쁨과 승리를 볼 수 있었습니다. 그들의 지극히 큰 기쁨 속에서 나는 하나님의 존전으로 나아갈 모든 준비를 마치고 차분하게 그 시간이 오기를 기다리는 깊은 평화를 보았습니다. 그들은 마치 주일 다음 날 아침에 침상에서 일어나 자신의 일로 돌아갈 것처럼 영원한 세계에 들어갈 준비를 갖추고 기다리고 있었습니다. 하나님의 기쁨이 그들을 들어 올려서 황홀한 기쁨 속으로 들어가게 하지 않았을 때에도 "모든 지각에 뛰어난 하나님의 평강"이 그들의 "마음과 생각"을 지켜 주었습니다(빌 4:7). 성도들의 임종의 침상들은 기독교 신앙의 위대한 증거들입니다. "우리가 들은 대로 보았나니"는 우리가 임종 때에 할 말입니다.

나는 지금에 이르기까지 내 자신의 경험과 관찰은 하나님의 말씀의 가르침들을 확증해 준 것이었다고 진정으로 말할 수 있습니다. 나는 아직까지 하나님의 계시에 대한 나의 확신을 흔들어 놓을 수 있는 그 어떤 것도 겪지 않았습니다. 나는 내가 백치거나 이성에 눈을 감아 버리는 맹목적인 고집불통이 아니라고 믿습니다. 나는 학문에서든 역사에서든 정신세계에서든 확실한 사실을 무시하는 사람이 아니라고 믿습니다. 그런데도 나는 하나님의 엄숙한 선포들 중 어느 하나라도 틀렸음을 입증할 수 있는 사실, 또는 성경의 가르침들 중 어느 하나에 대하여 의구심을 갖게 만들 수 있는 사실을 단 한 가지도 알지 못합니다. 나는 많은 것을 들어 왔지만, 성경이 틀렸음을 입증해 주는 학문을 결코 보지 못하였습니다. 그런 학문은 없습니다. 만일 그런 학문이 있다면, 학문이라는 이름을 도용한 거짓 이론일 것입니다. 우리가 아는 것은 우리의 학문보다 훨씬 더 낫습니다. 우리의 학문이 무엇이라고 하든지 간에, 우리의 실제적인 지식은 고등 학문의 미화된 불신앙 편에 결코 선 적이 없었습니다. 우리의 모든 경험은 우리로 하여금 "우리가 들은 대로 만군의 여호와의 성에서 보았나니"라고 말하게 만듭니다.

나는 이번 대지에 역점에 두고서 시간을 많이 할애하여 설명하였습니다. 나머지 두 대지는 실천적으로 큰 가치가 있긴 하지만 간략하게 다루고자 합니다.

4. 넷째로, 들은 것이 본 것을 통해 확증된 후에는 증언으로 이어집니다.

여러분이 보시다시피, 본문은 그 자체가 증언입니다: "우리가 들은 대로 보았나니." 오늘날에도 하나님의 진리를 증언할 수 있는 모든 사람은 그렇게 해야 합니다. 비록 더듬거릴지라도 침묵해서는 안 됩니다. 너무나 많은 사람들이 하나님의 진리를 헐뜯고 비방하기 때문에, 여러분의 마음과 양심 속에서 하나님의 진리가 참되다는 것이 증명되었다면, 여러분은 비록 더듬거릴지라도 증언하지 않으면 안 됩니다. 아마도 모세가 그랬을 것입니다. 모세는 혀가 둔하여 어눌한 사람이었기 때문입니다. 그러나 모세가 입을 다물고 잠잠히 있고자 했을 때, 하나님께서는 그에게 "누가 사람의 입을 지었느냐"(출 4:11)고 말씀하셨습니다. 여러분의 입은 하나님이 만드신 것입니다. 최선을 다해 그 입을 사용하시고, 그 입으로 하나님의 이름과 그 진리를 전하십시오.

본문과 같은 증언은 종종 무심결에 나오고, 그렇기 때문에 더더욱 소중합니다. 본문에서 선한 사람들은 한껏 의기양양해서 예루살렘을 포위하고 있던 모압 족속과 암몬 족속과 에돔 족속이 며칠 후에 싸늘한 시체들로 변한 것을 보았을 때에 "우리가 들은 대로 보았나니"라고 외치지 않을 수 없었습니다. 여러분은 그들이 하나님의 놀라운 역사 앞에서 잠잠하게 할 수 없었을 것입니다. 여러분은 그들의 입에 재갈을 물려서 침묵하게 할 수 없었을 것입니다. 그들은 하나님이 하신 일을 보고 너무나 놀라서 "우리가 들은 대로 보았나니"라고 큰 소리로 외쳤습니다. 마찬가지로, 여러분도 하나님의 선한 일들을 맛보고 경험했을 때에 여러분의 영광스러운 발견들을 다른 사람들에게 전하지 않을 수 없을 것이라고 나는 확신합니다. "그 때에 여러분의 입에는 웃음이 가득하고 여러분의 혀에는 찬양이 찰" 것이고, 주위 사람들은 "여호와께서 그들을 위하여 큰 일을 행하셨다"(시 126:2)고 말하지 않을 수 없게 될 것이며, 여러분은 "여호와께서 우리를 위하여 큰 일을 행하셨으니 우리는 기쁘도다"(시 126:3)라고 화답할 것입니다. 어린 아이들이 성전에서 소리치자, 예수께서는 "어린 아기와 젖먹이들의 입에서 나오는 찬미를 온전하게 하셨나이다"(마 21:16)라고 말씀하셨습니다. 최근에 하나님의 은혜를 맛본 새 신자들은 자신의 기쁨을 큰 소리로 알려야 합니다. 누가 그들을 막겠습니까? 만일 그들이 잠잠히 있고자 한다면, 돌들이 소리치게 될 것입니다. 그러나 여러분은 무심결에 증언하는 것에서 한 걸음 더 나아가 늘 자원해서 여러분의 하나님과 그의 거룩한 복음을 증언해야 합니다. 하나님의 편에 선 자들이여, 깨어서 일어나십시오. 그렇지 않으면, 변절자로 정죄를 받게 될 것입니다.

우리의 증언은 매우 자주 행해져야 합니다. 신자들은 세상 사람들을 화나게 하지 않으려고 너무 신경 쓰지만 않는다면 지금보다 천 배는 더 선한 일을 행할 수 있게 될 것입니다. 그리스도께서 사람들을 화나게 하시는 존재라면, 사람들을 화나게 하는 것은 어쩔 수 없는 일입니다. 분명히 그리스도는 하나님의 말씀에 걸려 넘어지고 불순종하는 자들에게 "걸림돌과 거치는 바위"(롬 9:33)이시기 때문입니다. 우리는 궁정의 예법에 따라 살아가는 삶보다도 전쟁터가 더 편한한 위대한 전사에 대하여 들어 왔습니다. 그 전사는 왕 앞에서 뒷걸음질쳐서 물러나오다가 칼에 걸려 거의 넘어질 뻔하였습니다. 그의 칼은 그의 길을 무척이나 방해하는 것처럼 보였습니다. 그 전사는 "폐하의 원수들이 제 칼이 그들의 길을 방해할 것이라고 생각할 것입니다"라고 말했습니다. 우리가 복음을 전하는 것이 거룩한 싸움에 적극적으로 참여하고자 하지 않는 자들을 화나게 한다고 해도, 우리는 당혹해할 필요가 없습니다. 십자가의 군사들인 우리의 신앙이 어떤 사람들을 괴롭게 하는 것을 후회하지 않습니다. 그들은 괴롭힘을 당하는 것이 마땅하기 때문입니다. 자신의 신앙으로 누군가를 결코 화나게 한 적이 없는 사람은 갖고 있을 가치가 없는 신앙을 갖고 있는 것입니다. 우리가 하나님의 친구이기 때문에 하나님의 원수들과 손을 잡을 수 없다는 것을 보여주어야 할 때와 장소가 있습니다. 사람들이 하나님의 진리에 대해 의문을 제기할 때에 침묵하는 것은 우리가 그리스도에 대하여 신실하지 못하고 우리의 신앙에 대하여 정직하지 못함을 증명해 주는 것입니다. 사람들이 우리를 비웃고 비방할지라도, 그럴 때에 우리는 해야 할 말을 해야 합니다. 사람들이 비웃는 것이 뭐가 그리 대수로운 일입니까? 그런 비웃음은 우리에게 아무것도 아닙니다. 우리는 다른 사람들의 콧김으로 살아가고 있는 것이 아닙니다. 우리는 죽을 수밖에 없는 존재인 사람들로부터 우리의 신앙이 참되다는 재가를 받아야 하는 것도 아닙니다. 도리어 우리는 지금보다 훨씬 더 자주 "우리가 들은 대로 보았나니"라고 증언해야 합니다.

우리가 더 생각이 있고 사려 깊은 사람들이라면 반드시 더 큰 열심으로 그렇게 해야 합니다. 9절을 읽겠습니다: "하나님이여 우리가 주의 전 가운데에서 주의 인자하심을 생각하였나이다"(시 48:9). 진실한 사람이라면 마음으로 생각하는 것을 입으로 말할 것입니다. 여러분의 생각의 샘 속에 있는 것들이 여러분의 말이라는 두레박을 통해 올라옵니다. 하나님께서 여러분에게 행하신 일들을 많이 생각하십시오. 그러면 여러분은 하나님을 증언하게 될 것입니다.

우리는 지금보다 훨씬 더 많은 시간과 힘을 들여서 그렇게 할 필요가 있습니다. 이 시편의 나머지 부분을 읽고서 시편 기자가 그것을 어떻게 표현하고 있는지를 보십시오: "하나님이여 주의 이름과 같이 찬송도 땅 끝까지 미쳤으며"(10절). 여러분이 더 큰 전도의 열심을 가지고서 하나님이 행하신 일들을 "땅 끝까지" 전하게 되시기를 빕니다. 별이 빛나지 않는다면, 그것은 이미 별이 아니지 않겠습니까? 해가 지구를 대낮처럼 밝히지 않는다면, 그것은 이미 해가 아니지 않겠습니까? 강이 땅을 적시지 않는다면, 그것은 이미 강이 아니지 않겠습니까? 바다가 박동하는 세계의 심장 역할을 하지 않는다면, 그것은 이미 바다가 아니지 않겠습니까? 그리스도인들이 빛을 발하지 않는다면, 그들은 이미 그리스도인들이 아니지 않겠습니까? 병 속에 가둬 둔 경건은 죽은 것입니다. 깡통 속에 넣고 밀폐해 버린 신앙은 아무 소용이 없습니다. 여러분이 이 땅에서 아무런 선한 일도 하지 않을 것이라면, 왜 지금 당장 천국으로 가지 않는 것입니까? 여러분은 천사들 사이에 있고 싶지 않으십니까? 그러나 이 세상에서 아무 쓸모가 없는 사람은 천국에도 맞지 않는 사람입니다. 이 땅에서 하나님을 영화롭게 해드리지 못하는 사람은 천국에서도 하나님을 영화롭게 해드리지 못합니다. 그렇다면, 쓸데없는 사람들은 어디로 가게 될까요? 맛을 잃은 소금은 어떻게 될까요? 나는 그런 사람들, 즉 맛을 잃은 소금 같은 사람들이 어디로 가게 될지 알지 못합니다. 소금이 맛을 잃으면 "땅에도, 거름에도 쓸 데 없다"(눅 14:35)고 예수께서 말씀하셨기 때문입니다. 사람들이 쓸데없다고 버린 것을 하나님은 어떻게 하실까요? 사람들이 쓸모없다고 버린 명목상의 신앙인들을 하나님은 어떻게 하실까요? 포도나무가 열매를 맺지 않으면 아무짝에도 쓸모가 없어서 땔감으로도 사용할 수 없고, 그 나무로 부엌의 화롯불 위에 냄비를 걸어놓기 위한 걸이도 만들 수 없습니다. 열매를 맺지 않는 포도나무는 모든 나무 중에서 가장 쓸모없는 나무가 되고 맙니다. 마찬가지로, 하나님의 진리를 증언하지 않는 그리스도인들은 아무짝에도 쓸모가 없습니다. 창조의 오점, 창조의 공백이라는 말이 죽은 신앙을 가진 자에 대한 가장 적절한 묘사입니다. 맛을 잃어버린 신앙인들이여, 여러분의 신앙이 단지 공허한 것일 뿐이고 헛되이 시늉만 내는 것일 뿐인 것은 아닌지 자신을 한 번 돌아보십시오. 하나님의 자녀들이여, 오늘날 같이 하나님을 모독하는 시대에 "예수를 위해 일어나서" 증언하십시오.

5. 다섯째로, 여러분이 듣고 보고 증언할 때 하나님은 지금보다 훨씬 더 큰 확신을 주실 것입니다.

다시 한 번 본문을 읽겠습니다: "우리가 들은 대로 만군의 여호와의 성, 우리 하나님의 성에서 보았나니 하나님이 이를 영원히 견고하게 하시리로다." 이것은 성도가 스스로 직접 하나님의 진리를 시험해 보고서 그 결과를 증언하게 되었을 때에 도달하게 되는 결론입니다. 하나님은 결코 자신의 교회를 떠나지 않으십니다. 하나님은 결코 자신의 말씀을 헛되게 하지 않으십니다. 하나님은 결코 자신의 복음을 버리지 않으십니다. 하나님은 만군의 여호와이시고, 변함이 없으시며, 모든 권능을 자신의 뜻대로 행하시는 분입니다. 하나님은 우리의 주, 우리의 언약의 하나님이십니다. 하나님은 자신의 손으로 지으신 모든 것을 버리실 수도 없고, 자신이 사랑하는 백성을 떠나실 수도 없습니다. 하나님은 그리스도께서 수행하신 모든 역사에 자신의 존귀함이 달려 있기 때문에 반드시 그 일을 완성하셔서 영광스러운 결론에 도달하지 않으실 수 없습니다. 하나님은 그 일을 "영원히 견고하게 하실" 것입니다. 형제들이여, 미래가 어떠할 것인지에 대해서 모든 의심을 버리십시오. 싸움은 치열하고, 적들은 교활하고 광포한데, 우리는 물과 같이 연약하고 스스로는 아무것도 할 수가 없습니다. 그러나 절망하지 마십시오. 복음이 하나님의 복음이라면, 하나님께서는 반드시 복음이 승리하게 하실 것입니다. 교회가 그리스도의 교회라면, 음부의 권세가 이길 수 없습니다. 싸움은 우리가 아니라 하나님께 속한 것입니다. 우리는 하나님의 이름으로 군기를 앞세우고 나아가서 승리에 대한 온전한 확신 속에서 "만군의 여호와께서 우리와 함께 하시니 야곱의 하나님은 우리의 피난처시로다"(시 46:7)라고 외치면 됩니다. 할렐루야, 할렐루야. 아멘.

제
52
장

—

로빈슨 크루소의 본문

—

**"환난 날에 나를 부르라 내가 너를 건지리니 네가 나를
영화롭게 하리로다." — 시 50:15**

　　어린 시절 내내 우리를 매료시키고 사로잡았던 한 책이 있었습니다. 당시에 그 책을 읽지 않은 소년이 한 명이라도 있었을까요? 「로빈슨 크루소」는 내게 너무나 경이로운 것이었습니다. 내가 그 책을 열 번도 넘게 읽었는데도 전혀 질리지 않았습니다. 지금도 그 책을 읽으면 또다시 새롭게 기쁨을 맛볼 수 있을 것 같다는 것을 나는 부끄럼 없이 고백할 수 있습니다. 로빈슨과 그의 종 프라이데이는 단지 소설 속에 등장하는 가공의 인물들이었지만 우리에게는 진짜 생생하게 살아 있는 인물들이었습니다. 그런데 내가 왜 주일 저녁에 갑자기 로빈슨 크루소에 대한 얘기를 꺼내고 있는 것일까요? 그런 얘기가 정말 뜬금없는 얘기일까요? 나는 그렇지 않기를 바랍니다. 오늘 밤 본문을 읽을 때에 내 기억 속에는 그 책에 나오는 한 대목이 생생하게 떠올랐다고 하면, 그것으로 충분한 변명이 될 수 있을까요? 로빈슨 크루소는 타고 있던 배가 난파되어서 표류하다가 혼자 무인도에 남겨지게 됩니다. 그는 정말 딱한 처지가 된 것입니다. 그는 자다가 열병에 걸리게 됩니다. 이 열병은 오랫동안 지속되었지만, 간호해 줄 사람은커녕 냉수 한 그릇을 갖다 줄 사람도 그의 곁에는 없었습니다. 그는 거의 죽게 되었습니다. 그는 선원으로서 온갖 악을 저지르며 죄 짓는 것이 몸에 배어 있었지만, 이러한 곤경이 그로 하여금 곰곰이 생각을 하게 만들었습니다. 그는 자신의 품속에

서 성경을 꺼내서 이 대목을 읽고서 마음이 밝아졌습니다: "환난 날에 나를 부르라 내가 너를 건지리니 네가 나를 영화롭게 하리로다." 그 밤에 그는 난생 처음으로 기도하였고, 그 이후로 그에게는 천국의 삶을 자기에게 주신 하나님에 대한 소망이 늘 있었습니다.

여러분이 아시듯이, 이 소설을 쓴 디포우(De Foe)는 장로교 목사님이셨습니다. 그는 대단한 영성을 지니신 분은 아니었을지 모르지만, 절망에 빠진 사람이 자신을 하나님께 의탁함으로써 평안을 얻는 경험을 아주 생생하게 묘사할 수 있을 정도의 신앙을 알고 있었습니다. 그는 소설가로서 날카로운 통찰력을 지니고 있었기 때문에, 오늘의 본문이 절망에 빠진 가엾은 영혼에게 힘을 주기에 가장 적절한 본문일 것이라고 생각할 수 있었을 것입니다. 본능적으로 그는 이 본문 속에 있는 위로의 광맥을 알아보았던 것입니다.

지금 나는 모든 사람의 주목을 받고 있고, 그것이 내가 이런 식으로 나의 설교를 시작하는 한 이유입니다. 그러나 또다른 이유도 있는데, 그것은 로빈슨 크루소도 여기에 없고 그의 종 프라이데이도 여기에 없지만, 이 자리에는 로빈슨 크루소와 같은 처지에 있는 사람, 곧 인생길에서 난파를 당해 홀로 표류하고 있는 사람이 있을 것이기 때문입니다. 그에게는 지난날 잘 나갔던 시절이 있었지만, 지금 그는 자신의 죄 때문에 내쳐진 자가 되어서, 아무도 그를 찾지 않게 되었습니다. 그는 친구 한 명 없이 무인도에 표류된 채로 몸은 아프고 재산은 다 없어지고 마음은 만신창이가 되어 오늘 밤 여기에 있습니다. 도시는 사람들로 넘쳐나지만, 그에게는 친구 한 명 없고, 아니 그를 안다고 말하고자 하는 사람조차 없습니다. 지금 그는 완전히 벌거벗겨진 채로 홀로 있습니다. 그 사람 앞에는 가난과 비참함과 죽음 외에는 아무것도 남겨져 있지 않습니다.

나의 친구여, 하나님께서는 이 밤에 당신에게 이렇게 말씀하십니다: "환난 날에 나를 부르라 내가 너를 건지리니 네가 나를 영화롭게 하리로다." 당신은 혹시나 하나님이 자기에게 뭐라고 말씀하시지 않을까 하는 절반의 소망을 지니고 여기에 왔습니다. 내가 "절반의 소망"이라고 한 것은 당신의 마음을 소망과 두려움이 반반씩 차지하고 있기 때문입니다. 당신은 절망으로 가득합니다. 당신에게는 하나님이 자기에게 은혜 베푸시는 일을 잊어버리신 것 같고, 자기에게 진노하셔서 긍휼히 여기시는 마음을 닫아 버리신 것 같이 보입니다. 거짓을 일삼는 원수는 당신을 절망의 놋 족쇄로 결박하여 포로로 삼아서 일생 동안 불경건의 방아를 돌리는 일을 시키려고, 당신에게는 소망이 없다고 끈질기게 얘기합니다. 당신은 자신에 대하여 온갖 불길한 일들만을 생각하지만, 그런 불길한 일들이 당신에게 일어날 것이라는 생각은 거짓된 것입니다. 하나님의 긍휼하심은 결코 다함이 없고 영원까지 이어집니다. 따라서 하나님은 긍휼하심 가운데서 가련하고 곤고한 당신의 영혼에게 이렇게 말씀하십니다: "환난 날에 나를 부르라 내가 너를 건지리니 네가 나를 영화롭게 하리로다."

나는 이 시간에 하나님의 도우심을 따라 어떤 무거운 짐을 진 가련한 영혼이 내가 전하는 말씀을 받게 될 것이라는 느낌이 듭니다. 말씀을 듣는다고 해서 누구나 다 그 말씀을 받아 유익을 얻는 것은 아닙니다. 하지만 하나님은 몇몇 영혼들을 준비시키셔서 그 날 선포된 말씀을 통해 복을 받게 하십니다. 하나님은 뿌릴 씨앗도 준비하시고, 그 씨앗을 받을 땅도 준비하십니다. 하나님은 어떤 사람에게 곤고함을 주시는데, 이것은 약속을 받기 위한 최고의 준비가 됩니다. 곤고하지 않은 사람들에게 위로의 말씀이 무슨 소용이 있겠습니까? 마음에 아무런 고통도 없는 사람들에게 오늘 밤 내가 전하는 말씀은 아무 소용이 없을 것이고 아무런 유익도 없을 것입니다. 그러나 내가 아무리 말씀을 서툴게 전한다고 할지라도, 은혜를 베푸시는 하나님에 대한 확신을 간절히 원해서 이 황금 본문 속에서 빛을 발하고 있는 하나님의 확실한 약속을 받을 준비가 되어 있는 사람들은 말씀을 받고 기뻐 춤추게 될 것입니다: "환난 날에 나를 부르라 내가 너를 건지리니 네가 나를 영화롭게 하리로다." 이 본문은 내가 하늘의 별들 가운데 써놓고 싶은 본문이고, 모든 높은 곳 꼭대기에 올라 정오에 나팔로 큰 소리를 내어 알리고 싶은 본문이며, 모든 윤전기를 통과하는 인쇄물에 다 인쇄해 넣고 싶은 본문입니다. 이 본문은 온 인류가 다 읽어야 하고 알아야 하는 본문입니다.

이 본문을 보았을 때에 내게 떠오른 것은 네 가지였습니다. 성령께서 도우셔서 나로 하여금 그것들을 잘 전할 수 있게 해주시기를 빕니다.

1. 첫째로, 제사가 아니라 현실이 중요하다는 것입니다.

이 첫 번째 대지는 오늘의 본문만이 아니라 그 배경이 되고 있는 이 시편 전체까지 다 살펴보았을 때에 나오는 결론입니다. 이 시편의 나머지 부분을 주의 깊게 읽어 보시면, 여러분은 하나님께서 이스라엘의 예식들에 대하여 말씀하시면서, 진실한 마음이 없이 행해지는 예배의식에는 별 관심이 없다고 하시는 것을 보게 될 것입니다. 나는 이것을 보여주는 대목 전체를 함께 읽어 보는 것이 좋겠다고 생각합니다: "나는 네 제물 때문에 너를 책망하지는 아니하리니 네 번제가 항상 내 앞에 있음이로다 내가 네 집에서 수소나 네 우리에서 숫염소를 가져가지 아니하리니 이는 삼림의 짐승들과 뭇 산의 가축이 다 내 것이며 산의 모든 새들도 내가 아는 것이며 들의 짐승도 내 것임이로다 내가 가령 주려도 네게 이르지 아니할 것은 세계와 거기에 충만한 것이 내 것임이로다 내가 수소의 고기를 먹으며 염소의 피를 마시겠느냐 감사로 하나님께 제사를 드리며 지존하신 이에게 네 서원을 갚으며 환난 날에 나를 부르라 내가 너를 건지리니 네가 나를 영화롭게 하리로다"(시 50:8-15). 즉, 하나님은 유대인들이 하나님께 드리는 온갖 형태의 제사보다도 찬송과 기도를 더 기쁘게 받으신다는 것입니다. 그 이유는 무엇입니까?

무엇보다도 먼저, 참된 기도가 아무런 진심도 없는 제사보다 훨씬 더 나은 이유는 참된 기도 속에는 의미가 존재하지만, 은혜가 수반되지 않은 제사 속에는 아무런 의미도 없어서 그런 제사는 천치의 놀이처럼 무의미하기 때문입니다.

여러분은 가톨릭 성당에 가서서 매일 드리는 미사, 특히 가톨릭의 축일들에 드려지는 미사를 보신 적이 있으십니까? 거기에는 흰 옷 입은 소년들이라든가, 보라색이나 분홍색, 또는 붉은 색이나 검은 색을 입은 남자들이라든가 어지간한 마을 사람들을 다 모아놓은 것 같을 정도로 많은 수의 공연자들이 나옵니다. 촛대를 든 사람들, 십자가를 진 사람들, 냄비와 방석과 책들을 든 사람들, 종을 치는 사람들, 연기를 내는 사람들, 물을 뿌리는 사람들, 단발한 사람들, 무릎을 꿇은 사람들 — 이 모든 것의 목적은 보는 사람으로 하여금 굉장하다고 느끼게 만들고 즐거움을 주는 것입니다. 그런 광경은 정말 너무나 기가 막히고 유치하기 짝이 없습니다. 그런 광경을 볼 때에 드는 한 가지 의문은 그 모든 것이 도대체 무엇을 위한 것이고, 그런 것을 통해서 진정으로 유익을 얻는 사람들은 도대체 어떤 부류의 사람들인가 하는 것입니다. 그런 광경을 볼 때에 드는 한 가지 궁금증은, 그런 공연을 보고 기뻐하는 가톨릭 신자들은 도대체 하나님을 어떤 분으로 생각하게 될까 하는 것입니다. 여러분은 선하신 주님께서 그런 것을 용납하실지 궁금하지 않으십니까? 영화로우신 주님이 그 모든 것을 어떻게 생각하실 것이라고 보십니까?

분향이 향기롭고 꽃들이 아름다우며 장식들이 우아하고 모든 것이 옛 전통을 따라 이루어지는 것이라고 할지라도, 거기에는 도대체 무엇이 있는 것입니까? 그런 행렬 속에는 도대체 무슨 목적이 있는 것입니까? 저 화려하게 꾸민 사제나 저 호화로운 제단에는 도대체 무슨 목적이 있는 것입니까? 그런 것들 속에 과연 어떤 의미가 있기라도 한 것입니까? 그런 것들은 그저 아무 의미 없는 쇼인 것은 아닙니까?

영화로우신 하나님께서는 화려하고 호화로운 쇼에는 아무 관심이 없으십니다. 그러나 당신이 환난 날에 하나님의 이름을 부르며 건져 주시라고 간구한다면, 당신의 고통스러운 신음 속에는 의미가 있습니다. 그것은 속이 텅빈 공허한 몸짓이 아닙니다. 거기에는 진심이 있습니다. 그렇지 않습니까? 눈물의 호소 속에는 의미가 있습니다. 그래서 하나님은 사제들과 성가대가 연출하는 대단히 우아한 예식보다 통회하는 마음에서 우러나오는 기도를 더 좋아하십니다. 영혼의 비통한 부르짖음 속에는 의미가 있지만, 화려한 예식 속에는 아무런 의미도 없습니다. 가련한 사람의 기도는 그 속에 마음과 뜻과 영혼이 들어 있기 때문에 하나님에 대하여 진정한 것입니다. 그것은 산 영이 현실에서 진실로 살아 계신 하나님을 만나고 싶어 하는 것입니다. 그것은 통회하는 마음이 성령께 불쌍히 여겨 달라고 부르짖는 것입니다. 여러분이 오르간을 연주하여 지극히 감미로운 소리들이 크게 울려 퍼지게 할 수 있지만, 바람이 오르간의 관들을 통과함으로써 나는 소리들 속에 무슨 의미가 있겠습니까? 어린아이가 운다면, 거기에는 의미가 있습니다. 어떤 사람이 저쪽 모퉁이에 선 채로 "오, 하나님, 내 마음이 찢어지나이다"라고 신음하며 부르짖는다면, 그 신음소리 속에는, 오늘날 사람들이 하나님을 기쁘시게 해드리기 위하여 아주 큰 나팔, 북, 심벌즈, 탬버린 등을 비롯해서 수많은 악기들을 동원하여 내는 소리보다 더 큰 힘이 있습니다. 하나님께서 음악 소리나 질서정연한 행진이나 형형색색의 의상들에 관심을 가지실 것이라고 생각하는 것은 얼마나 정신 나간 짓입니까! 한 방울의 눈물이나 흐느낌, 또는 부르짖음 속에는 의미가 있지만, 마음이 들어 있지 않은 음악 소리에는 아무런 의미도 없고, 하나님은 무의미한 것에 관심이 없으십니다. 하나님은 그 속에 생각과 감정이 들어 있는 것들에 관심을 가지십니다.

하나님은 왜 제사보다 현실에 더 관심을 가지실까요? 곤고한 심령의 부르짖음 속에 영적인 실체가 들어 있는 것도 그 때문입니다. "하나님은 영이시니 예배하는 자가 영과 진리로 예배할지니라"(요 4:24). 오늘 밤에 우리가 옛적에 박식하고 정통적인 신앙을 지닌 사람들에 의해서 씌어진 아주 우아한 신조를 외워서 정확히 암송한다고 해봅시다. 하지만 여러분과 내가 믿음도 없이 그렇게 한다면, 그 단어들을 그대로 암송하는 것이 무슨 소용이 있겠습니까? 우리가 정통적인 신조를 진심으로 믿지 않는다면, 그런 신조를 정확히 암송한다고 해도, 거기에는 영적인 실체가 존재하지 않습니다. 그런 것은 우리가 알파벳을 암송하면서 그것을 기도라고 부르는 것과 같습니다. 진심이 들어가 있지 않다면, 우리가 오늘 밤에 있는 힘을 다해서 할렐루야를 힘차게 외친다고 하여도, 그런 외침은 그 속에 영적인 실체가 전혀 없기 때문에 하나님께 아무것도 아니게 됩니다. 그러나 어떤 가련한 영혼이 골방에 들어가서 무릎을 꿇고 "하나님, 나를 긍휼히 여기시고 구원해 주시고 환난 날에 나를 도우소서"라고 부르짖는다면, 그 부르짖음 속에는 영적인 생명이 있기 때문에, 하나님은 그 기도를 인정하시고 응답해 주십니다. 영적인 예배는 하나님이 원하시는 것이기 때문에 받으시지만, 영적인 실체가 없는 예배는 하나님에게 아무것도 아니게 됩니다. "하나님은 영이시니 예배하는 자가 영과 진리로 예배할지니라"(요 4:24). 하나님께서는 율법의 예식을 폐하셨고, 예루살렘에 있던 유일한 제단을 파괴하셨으며, 성전을 불태우셨고, 아론의 제사장직을 폐하셨으며, 모든 예식을 영원히 끝내셨습니다. 하나님은 오직 자기를 "영과 진리로 예배하는" 참된 예배자들만을 찾으시기 때문입니다.

또한, 통회하는 심령의 부르짖음은 기도 속에서 하나님을 찾음으로써 하나님을 살아 계신 하나님으로 분명하게 인정하는 것이기 때문에 하나님이 사랑하시는 것입니다. 겉으로만 드리는 기도 속에는 하나님이 계시지 않습니다. 우리가 하나님이 계시는 것을 인정하지도 않고 하나님께 가까이 나아가지도 않으면서 겉으로만 기도한다면, 그것은 하나님을 우롱하는 것입니다. 우리가 마음으로는 하나님을 아랑곳하지 않은 채 오직 입으로만 기도하는 것이 아니라, 마음과 뜻과 목숨을 다하여 하나님께 나아가고자 할 때, 하나님은 영광을 받으십니다. 어떤 사람이 거의 죽게 되어서 오직 하나님만이 자기를 구원하실 수 있으시다고 느낄 때, 하나님은 그에게 얼마나 생생한 실재이겠습니까! 그는 하나님이 계시다는 것을 믿습니다. 그렇지 않다면, 그는 하나님께 그렇게 간절히 기도하지 못할 것입니다. 그는 전에 기도를 드렸을 때에는 하나님이 들으시든지 마시든지 별 신경을 쓰지 않았지만, 지금 기도를 드릴 때에는 하나님이 들으시느냐 안 들으시느냐에 자신의 생사가 걸려 있습니다.

또한, 사랑하는 친구들이여, 하나님은 우리가 환난 날에 부르짖는 것을 크게 기뻐하십니다. 그런 부르짖음 속에는 진실함이 있기 때문입니다. 우리가 형통하여 즐거워하는 날에는 외식하는 기도와 감사를 드리는 경우가 많은 것 같습니다. 우리 중 대다수는, 계속해서 때리지 않으면 도는 것을 멈춰 버리는 팽이와 같습니다. 큰 환난을 만나게 되었을 때에 우리는 분명히 아주 간절하게 기도합니다. 어떤 사람이 아주 가난하고, 직업도 없고, 신발이 다 해어져서 일자리를 구하러 다닐 수도 없고, 자녀들을 먹일 양식을 어디에서 구해야 할지도 모르는 처지에 있다고 합시다. 그런 사람은 정말 큰 환난 가운데 있어서 간절할 수밖에 없기 때문에, 그가 기도한다면 아주 간절하고 진실하게 기도할 가능성이 높습니다. 나는 종종 아주 점잖은 그리스도인들이 신앙을 마치 손을 보호해 주는 벙어리장갑 정도로밖에는 여기지 않는 것을 볼 때마다, 그들이 잠시라도 좋으니 "괴로운 나날"을 만나 실제로 어려움들을 겪어 보았으면 좋겠다고 생각하곤 합니다. 편안하고 안락한 삶 속에는 실제적인 시련이나 환난 앞에서 연기처럼 곧 사라져 버릴 무수한 거짓된 것들과 환상들과 위선들이 무성하게 자라납니다. 부자로 살았을 때에는 자기에게 아부하는 사람들에 둘러싸여서 하나님에 대하여 한 번도 진지하게 생각해 본 적이 없던 많은 사람들이 호주의 열악한 환경 속에서 굶주림과 지침과 고독함 가운데서 진정으로 하나님께 회심하였습니다. 대서양을 항해하던 많은 사람들이 차가운 빙산 속에서, 배를 삼켜 버릴 것 같은 거친 파도 속에서 하나님께 기도하는 법을 배울 수 있었습니다. 격랑으로 인해 배에서 돛이 없어져 버리고, 곳곳이 삐걱거려서 배가 곧 침몰할 것처럼 보였을 때, 사람들은 진심으로 기도하기 시작하였습니다. 하나님은 진실한 마음을 사랑하십니다. 우리가 진심으로 기도할 때, 영혼이 녹을 정도로 간절히 기도할 때, "응답을 받지 못하면 죽게 된" 상황에서 기도할 때, 그 어떤 가식이나 공허한 연극도 없고 오직 진정으로 가슴을 찢으며 통회하는 부르짖음이 있을 때, 하나님은 그 기도를 받으십니다. 그래서 하나님은 "환난 날에 나를 부르라"고 말씀하십니다. 그러한 부르짖음은 그 속에 진실함이 있기 때문에 하나님이 좋아하시는 예배입니다.

또한, 환난을 당해 곤고한 자의 부르짖음 속에는 겸비함이 있습니다. 우리가 어떤 번지르르한 교회의 예식을 따라 대단히 화려한 예배에 참여할 때에나, 아주 단순한 자신만의 예식을 따라 예배를 드릴 때에나, 그런 예배를 드리는 동안에 내내 '이 예배는 아주 멋져'라는 생각이 들 수 있습니다. 그리고 설교자는 '내가 설교를 잘하고 있는 거야'라고 생각할 수 있습니다. 또한, 기도 모임에 참석한 형제는 속으로 '내가 정말 기도를 잘하는구나'라는 생각이 들 수 있습니다. 그러나 우리 속에 그런 생각이나 느낌이 든다면, 하나님은 그런 예배를 받으실 수 없습니다. 겸비함이 없는 예배는 하나님께 열납되지 못합니다. 환난 날에 어떤 사람이 하나님께 나아가서 "주여, 나를 도우소서. 스스로는 어쩔 도리가 없사오니 나를 위해 개입하소서"라고 기도할 때에는 그러한 고백과 부르짖음 속에는 겸비함이 있기 때문에, 하나님은 그런 기도를 기뻐하십니다. 저기 남편에게 버림받고서 죽고 싶어 하는 가련한 자매여, 나는 당신에게 환난 날에 하나님을 부르라고 권면합니다. 왜냐하면, 나는 당신이 겸비한 기도를 드리게 될 것임을 알기 때문입니다. 거기 큰 잘못을 해서 곧 그 일이 탄로 나서 단단히 창피를 당하게 될 것이 두려워서 떨고 있는 가련한 형제여, 하나님께 부르짖어 기도하시기를 부탁드립니다. 왜냐하면, 나는 당신의 간구 속에는 교만이 없을 것임을 확신하기 때문입니다. 당신은 하나님 앞에서 통회하고 겸비할 것이고, 성경은 "하나님께서 구하시는 제사는 상한 심령이라 하나님이여 상하고 통회하는 마음을 주께서 멸시하지 아니하시리이다"(시 51:17)고 말씀하기 때문입니다.

또한, 하나님이 그런 간구를 사랑하시는 이유는 거기에는 일정 정도의 믿음이 들어 있기 때문입니다. 환난 날에 "주여 나를 건지소서"라고 부르짖는 사람은 자기 자신을 의지하지 않습니다. 여러분이 아시듯이, 그런 사람은 자기 자신 속에 기근이 들어서 거기에 먹을 것 없어 나온 사람입니다. 그는 자기 자신 속에서 소망이나 도움을 기대할 수 없기 때문에 하늘을 바라봅니다. 아마도 그는 친구들을 찾아가 보기도 했을 것이지만 돌아온 것은 실망뿐이었기 때문에 이제는 절망 속에서 자신의 가장 진실하신 친구를 바라보게 되었을 것입니다. 결국 그는 하나님께 나아오게 되고, 비록 하나님의 선하심을 믿는다고 자신 있게 고백할 수는 없을지라도, 그의 고백 속에는 일말의 희미한 믿음이 있습니다. 만일 그렇지 않다면, 그는 절박한 상황에서 하나님께 나아오고자 하지 않았을 것입니다. 하나님은 믿음이 없는 사람들 속에서 일말의 믿음이라도 발견하시는 것을 좋아하십니다. 믿음이 단지 실낱처럼 존재하고 있어서 사진을 찍었을 때에 희미한 자국만이 남아 있는 경우에도, 하나님은 거기에서도 믿음을 찾아내셔서 그 실낱같은 믿음으로 말미암아 그 기도를 받으십니다. 사랑하는 영혼이여, 당신은 어디에 있습니까? 당신은 고통스러워서 마음이 찢어질 것 같습니까? 당신은 심하게 눌려 계십니까? 당신은 외롭고 고독합니까? 당신은 버림받았다는 생각이 드십니까? 그렇다면, 하나님께 부르짖으십시오. 그 누구도 당신을 도울 수 없다면, 이제 당신은 사방으로 다 갇혀서 오직 하나님만을 부를 수 있을 뿐입니다. 그렇게 갇히게 된 것은 참으로 복된 일입니다. 하나님께 부르짖으십시오. 하나님은 당신을 도우실 수 있습니다. 내가 감히 말씀드리건대, 당신의 그런 부르짖음은 10,000마리 황소를 죽여 번제로 드리거나 강물 같은 기름을 하나님 앞에 붓는 것보다도 훨씬 더 하나님이 원하시는 순전하고 참된 예배가 될 것입니다. 성경은 무거운 짐을 진 영혼의 신음하는 소리는 지존자께서 들으시는 가장 감미로운 소리들 중 하나라고 분명하게 말씀합니다. 하나님 앞에서 진심이 들어 있지 않은 온갖 아름답고 화려한 소리들은 어린아이 장난에 불과할 뿐이지만, 간절한 부르짖음은 참된 찬양이요 찬송이 됩니다.

　그러므로 어찌할 줄을 몰라 울고 있는 가련한 자들이여, 중요한 것은 제사도 아니고, 화려한 예식도 아닙니다. 중요한 것은 무릎을 꿇고 절하거나 오르간을 장엄하게 연주하는 것도 아니고, 거룩한 말들을 사용하는 것도 아닙니다. 여러분의 영혼이 하나님의 보좌 앞에 드릴 수 있는 최고의 제사는 환난 날에 하나님께 부르짖는 것입니다.

2. 둘째로, 신자들에게 곤경은 곧 유익이 된다는 것입니다.

　이제 우리는 두 번째 대지를 살펴볼 차례입니다. 하나님께서 우리 모두를 감동시키셔서 이 말씀을 받게 해주시기를 빕니다. 본문에서는 역경은 유익으로 바뀐다고 말씀합니다. "환난 날에 나를 부르라 내가 너를 건지리니." 우리가 지극한 경외심을 가지고 이렇게 말한다고 할지라도, 하나님은 환난 가운데 있지 않은 사람을 건지실 수 없습니다. 따라서 곤경 속에 있는 것은 유익입니다. 그때에 하나님이 여러분을 건지실 수 있으시니까요. 심지어 사람들을 고치신 예수 그리스도께서도 병들지 않은 사람을 고치실 수는 없습니다. 따라서 우리가 병든 것은 유익입니다. 그럴 때에 그리스도께서 우리를 고치실 수 있기 때문입니다. 그러므로 하나님께 은혜를 베푸실 기회를 드리기만 한다면, 여러분에게 곤경은 유익이 됩니다. 쓰디쓴 고통에서 꿀을 만들어 내는 기술을 배우는 것은 대단히 지혜인데, 본문은 우리가 어떻게 하면 그렇게 되는지를 가르쳐 줍니다. 본문은 우리가 어떻게 하면 괴로움이 변하여 유익이 될 수 있는지를 보여줍니다. 곤경에 처하게 되었을 때에 하나님을 부르십시오. 그러면 여러분은 곤경에 처하기 이전보다 여러분의 영혼에 더 부요하고 감미로운 경험이 될 구원하심을 경험하게 될 것입니다. 여기에 손실 가운데서 이득을 만들어 내고 역경 가운데서 유익을 얻어내는 법이 나와 있습니다.

이제 이 자리에 환난 가운데에 있는 어떤 분이 계시다고 합시다. 아마도 로빈슨 크루소 같이 홀로 버려진 분이 우리 가운데 계실 것입니다. 나는 환난 가운데 있는 분이 이 자리에 계실 것이라고 실없이 가정하고 있는 것이 아닙니다. 그런 분이 실제로 여기에 계십니다. 자, 그럼, 당신이 기도하고자 할 때 — 나는 당신이 지금 기도하시기를 바랍니다 — 하나님께 어떤 호소를 드려야 하는지를 아시겠습니까? 먼저, 당신은 "때"와 관련하여 호소할 수 있습니다: "환난 날에 나를 부르라." 따라서 당신은 이렇게 호소할 수 있습니다: "주여, 지금은 환난 날입니다. 저는 큰 환난 가운데 있고, 지금 이 시간 저의 처지는 절박합니다." 그런 후에 당신이 처한 환난이 무엇인지 — 병든 아내인지, 죽어가는 자녀인지, 망해가는 사업인지, 악화되어가는 건강인지, 실직하게 될 위기인지 — 와 당신을 노려보고 있는 결핍이 무엇인지를 아뢰십시오. 그리고 긍휼의 하나님께 이렇게 말씀드리십시오: "나의 주님, 환난 날을 맞은 사람이 있다면, 그 사람이 바로 접니다. 주께서 '환난 날에 나를 부르라'고 말씀하셨기 때문에, 저에게는 주께 기도할 자격이 있습니다. 지금은 주께서 저로 하여금 기도하며 호소하라고 정하신 날, 캄캄하고 폭풍이 이는 날입니다. 주의 말씀을 따라 주께 기도할 수 있는 자격이 주어진 사람이 있다면, 그 사람이 바로 접니다. 저는 환난 가운데 있으니까요. 그러니 저는 제가 겪고 있는 이 환난의 때를 주께 호소할 근거로 삼아 기도하고자 합니다. 주여, 이 캄캄한 밤에 종의 부르짖음을 들으소서."

당신은 "때"를 근거로 삼아 호소할 수 있을 뿐만 아니라, 다음으로 환난 자체를 들어 호소할 수 있습니다. 당신은 이렇게 호소할 수 있습니다: "주께서는 '환난 날에 나를 부르라'고 말씀하셨습니다. 오, 주여, 내 환난이 얼마나 큰지를 보옵소서. 그 환난이 너무 무거워서, 저는 감당할 수도 없고 제거할 수도 없습니다. 환난이 제 침상머리까지 따라와서 나로 잠들 수 없게 합니다. 제가 침상에서 일어날 때에도 환난은 여전히 제 곁에 있습니다. 도무지 떨쳐 버릴 수가 없습니다. 주여, 내 환난이 극심해서 저처럼 환난 받는 자도 드물 것입니다. 그러니 제게 큰 구원을 허락하옵소서. 환난이 저를 뭉개 버리려 하고 있습니다. 주께서 저를 돕

지 않으시면, 저는 곧 환난으로 인하여 산산조각이 나고 말 것입니다.” 이것은
제대로 이치를 따져 기도하는 것이기 때문에 하나님께 통하는 호소입니다.

또한, 명령이라는 것에 호소함으로써 당신의 곤경을 유익으로 바꾸십시오.
당신은 바로 이 순간에 하나님께로 나아가서, 이렇게 기도할 수 있습니다: “주
여, 제 말을 들어주소서. 왜냐하면, 주께서 제게 기도하라고 명령하셨기 때문입
니다. 악한 저라도 어떤 사람에게 도움이 필요할 때에 제게 말하라고 얘기해 놓
고서 시치미 뚝 떼지는 않을 것입니다. 제가 그 사람을 도와줄 생각이 아니었다
면 처음부터 그에게 도움이 필요할 때에 말하라고 얘기하지 않았을 것입니다.”
형제들이여, 여러분은 우리 자신도 부끄러워할 일을 선하신 주님께 해주시라고
부탁드리는 경우가 흔히 있다는 것을 아십니까? 그래서는 안 됩니다. 당신이 어
떤 가련한 사람에게 “당신의 처지가 정말 딱하니 내일 내게 편지를 주시면 당신
의 일을 도와주리다”라고 말했고, 그 사람이 당신에게 편지를 보냈다면, 당신은
그의 편지를 무시하지 않을 것입니다. 당신은 그 사람을 도와주지 않으면 안 될
것입니다. 당신이 그 사람에게 편지를 써서 보내 달라고 말한 것은 힘이 닿는 데
까지 돕겠다는 의미였습니다. 마찬가지로, 하나님께서 당신에게 환난 날에 자기
를 부르라고 말씀하신 것은 당신을 우롱하기 위한 것이 아니라, 진정으로 당신
을 도와주시기 위한 것입니다. 하나님은 당신에게 한층 더 큰 좌절을 안겨 주시
기 위하여 당신에게 환난 날에 자기에게 기도하라고 하시는 것이 아닙니다. 하
나님은 당신에게 기도 응답을 받지 못하는 또 하나의 고통이 추가되지 않더라도
당신이 충분히 고통을 당하고 있다는 것을 아시기 때문에, 당신의 짐을 불필요
하게 털끝만큼이라도 더 무겁게 하지 않으실 것입니다. 하나님이 당신에게 그의
이름을 부르라고 명하셨다면, 당신은 실패할 두려움 없이 하나님의 이름을 부를
수 있습니다. 나는 당신이 누구인지를 알지 못합니다. 하지만 당신이 로빈슨 크
루소와 같은 처지에 있다면, 내가 아는 것은 당신은 하나님을 부를 수 있다는 것
입니다. 하나님이 그렇게 명령하셨기 때문입니다. 그리고 당신이 하나님을 부르
고자 한다면, 이렇게 호소하며 기도할 수 있습니다:

> “주여, 주께서는 제게 주의 얼굴을 구하라고 명하셨나이다.
> 그러니 제가 구하는 것이 결코 헛되지 않겠지요?
> 제가 하소연하는데 주권자가 귀를 막아

제게 은혜 주시지 않는 일이 벌어지지는 않겠지요?"

그러므로 먼저 "때"를 호소하고, 다음으로 환난 자체를 호소하며, 다음으로 명령이라는 것을 호소한 후에 하나님의 성품이라는 것에 호소하십시오. 믿음을 가지고 경외하는 마음으로 다음과 같이 기도하십시오: "주여, 제가 호소하고 있는 분은 하나님이십니다. 주께서는 '나를 부르라'고 말씀하셨습니다. 만일 제 이웃이 제게 그렇게 말했다면, 저는 그 사람의 마음이 변해서 제 말을 들어주지 않을지도 모른다고 생각했을 것입니다. 그러나 주는 지극히 크시고 선하셔서 변함이 없으신 분입니다. 주여, 주의 진실하심과 성실하심, 주의 변함없으심, 주의 사랑에 의지해서 이 가엾은 죄인인 제가 환난 날에 통회자복하며 주를 부르나이다. 오, 저를 도와주시되 속히 도와주소서. 그렇지 않으면, 제가 죽게 되었나이다." 분명한 것은 환난 가운데 있는 당신이 하나님께 호소할 수 있는 것들은 많고 강력하다는 것입니다. 당신은 언약의 사자이신 예수 그리스도로 말미암아 견고한 토대 위에 서 있기 때문에 이 복을 담대하게 붙잡을 수 있습니다. 사실 오늘 밤 나는 이 본문이 여러분 중 환난 가운데 계신 분들에게 주는 위로의 절반도 받지 못합니다. 나는 지금 환난 가운데 있지 않고, 그분들은 환난 가운데 있기 때문입니다. 나는 내게 기쁨과 안식을 충만하게 하신 하나님께 감사하지만, 그래도 내게 약간의 환난이 있는지를 살펴보고 싶은 마음도 조금 있습니다. 분명한 것은 내가 환난 가운데 있고 저 장의자에 앉아 있다면 "환난 날에 나를 부르라 내가 너를 건지리니 네가 나를 영화롭게 하리라"는 이 약속의 말씀을 의지해서 다윗이나 엘리야나 다니엘처럼 기도하며 이 본문에서 생수를 마시리라는 것입니다.

환난 가운데 있는 자들이여, 이 하나님의 말씀을 들으시고 뛰어오르십시오. 이 말씀을 믿으십시오. 이 말씀이 여러분의 영혼 깊은 곳으로 내려가게 하십시오. "여호와께서는 갇힌 자들에게 자유를 주시는도다"(시 146:7). 주님께서는 여러분에게 자유를 주시기 위하여 오셨습니다. 내게는 내 주님이 부드러운 옷을 입고 계시는 것이 보입니다. 주님의 표정은 천국처럼 기쁘고, 주님의 얼굴은 구름 한 점 없는 아침처럼 밝으며, 주님의 손에는 은색 열쇠가 들려 있습니다. "내 주여, 그 은색 열쇠를 들고 어디로 가시나이까?" 주님은 말씀하십니다: "나는 포로 된 자들이 갇혀 있는 곳의 문을 열어 모든 갇힌 자들을 풀어 주려 가노라." 찬송 받으실 주님, 주의 일을 이루시고, 소망 중에 있는 이 갇힌 자들을 그냥 지나치지 마옵소서. 우리는 한시라도 주님을 방해할 생각이 없지만, 이 애통하는 자들을 잊지 마옵소서. 이 교회의 이곳저곳을 다니셔서, 큰 절망 중에 있는 갇힌 자들에게 자유를 주옵소서. 그들이 환난 날에 주를 불러서 주께서 그들을 건지신 일로 인하여 그들의 심령이 기뻐 찬송하게 하옵소서. 그들이 주를 영화롭게 하리이다.

3. 셋째로, 하나님은 우리에게 은혜를 거저 주시겠다고 약속하셨습니다.

이 세 번째 대지는 본문 속에 분명히 나와 있습니다. 은혜를 거저 주시겠다는 것은 우리에게 약속되어 있습니다. 하늘에서나 땅에서나 은혜보다 더 거저 주어지는 것은 있을 수 없지만, 본문에서는 그 은혜가 약속과 언약에 의해 주어지는 것이라고 말씀합니다. 잘 들어 보십시오: "환난 날에 나를 부르라 내가 너를 건지리니." 어떤 사람이 당신에게 "내가 그렇게 하겠습니다"라고 말하였다면, 그는 자신의 말에 의해 묶이게 된 것입니다. 그 사람이 진실한 사람이고 "내가 그렇게 하겠습니다"라고 분명히 말하였다면, 당신은 그 사람의 말을 믿어도 됩니다. 그 사람은 그런 약속을 하기 전과는 달리 이제는 그 약속에서 자유롭지 못합니다. 그는 특정하게 행하기로 자신을 제약하였고, 그 약속을 지켜야 합니다. 그렇지 않습니까? 내가 주님에 대하여 이렇게 말하는 것이 황송하지만, 이 본문을 통해서 주님은 자신이 끊을 수 없는 줄로 자기 자신을 묶으신 것입니다. 이제 주님은 환난 날에 그를 부르는 사람들의 기도를 듣고 그들을 도우시지 않으면 안되게 되었습니다. 주님은 엄숙하게 약속하셨고, 반드시 그 약속을 온전히 이행하실 것입니다.

이 본문은 이 약속의 대상이 되는 사람과 관련해서 무조건적이라는 것을 주목하십시오. 본문 속에는 "누구든지 주의 이름을 부르는 자는 구원을 받으리라"(행 2:21)는 또다른 약속의 취지가 그대로 담겨 있습니다. 본문의 약속이 구체적으로 주어진 사람들은 하나님을 우롱하였던 자들이었습니다. 그들은 진심도 없이 제사를 드렸었지만, 하나님은 그들 각자에게 "환난 날에 나를 부르라 내가 너를 건지리니"라고 말씀하셨습니다. 따라서 나는 하나님은 이 약속에서 아무도 배제하지 않고 계시다는 결론을 얻습니다. 무신론자이든 하나님을 모독하는 자이든 부정한 자이든, 당신이 환난 날에 하나님을 부르면, 하나님은 당신을 건지실 것입니다. 한 번 오셔서 하나님을 시험해 보십시오. 당신은 "하나님이 계시기는 한가요?"라고 말하실 것입니까? "하나님은 계십니다"가 내 대답입니다. 오셔서 하나님을 시험하신 후에 그 결과를 지켜 보십시오. 하나님은 "환난 날에 나를 부르라 내가 너를 건지리라"라고 말씀하십니다. 지금 하나님을 시험해 보지 않으시렵니까? 족쇄에 묶인 자들이여, 여기에 오셔서 과연 하나님이 여러분을 자유롭게 하시는지 그렇지 않은지를 보십시오. 수고하고 무거운 짐 진 자들이여, 모두 그리스도께로 나아오십시오. 그가 여러분에게 쉼을 주실 것입니다. 썩어 없어질 것들이든 영적인 일들이든, 그러나 특히 영적인 일들에서 환난 날에 하나님을 부르십시오. 그러면 하나님은 여러분을 건지실 것입니다. 하나님은 아무런 제약도 없는 이 엄청난 약속의 말씀을 통해서 자신을 제약하셨고, 그 약속 주위에 그 어떤 함정도 파놓지 않으셨습니다. 누구든지 환난 날에 하나님을 부르는 자는 반드시 건지심을 받게 될 것이라고 말이죠.

또한, "내가 너를 건지리니"라는 말씀 속에는 환난에서 건지는 데 필요한 모든 능력이 갖추어져 있다는 의미가 내포되어 있다는 것을 주목하십시오. "환난 날에 나를 부르라 내가 너를 건지리니." "하지만 그런 일이 어떻게 가능하죠?"라고 소리치는 사람이 있을 것입니다. 솔직히 나는 그런 물음에 대답할 수 없고 대답할 필요성도 느끼지 못합니다. 적절한 방법과 수단을 발견하는 것은 전적으로 하나님께 달려 있기 때문입니다. 하나님은 "내가 건지리라"고 말씀하십니다. 그러니 하나님은 자신의 방식대로 그렇게 하실 것입니다. 하나님이 "내가 건지리라"고 말씀하셨다면, 그대로 믿으십시오. 하나님은 반드시 자신의 약속을 지키십니다. 하늘과 땅을 뒤흔드는 것이 필요한 일이라면, 하나님은 그 일을 하실 것입니다. 하나님에게는 능력이 없는 것도 아니고 정직성이 결여되어 있는 것도 아니기 때문입니다. 정직한 사람이라면 자기가 한 말을 어떤 대가를 치르고라도 반드시 지킬 것입니다. 신실하신 하나님도 마찬가지입니다. 하나님이 "내가 너를 건지리라"고 말씀하셨다면, 더 이상 질문하지 마시고 그대로 믿으십시오. 다니엘은 하나님께서 자기를 어떻게 사자 굴에서 건지실지를 알지 못하였을 것입니다. 요셉은 자신의 여주인에 의해 모함을 받아 감옥에 갇힌 후에 어떻게 거기에서 건짐을 받게 될지를 알지 못하였을 것입니다. 이 옛적의 신자들은 하나님이 그들을 어떻게 건지실지를 생각할 수 없었기 때문에 그 모든 것을 하나님의 손에 맡겨드렸을 것입니다. 그들은 하나님을 믿고 의지했고, 하나님은 최선의 방법으로 그들을 건지셨습니다. 하나님은 여러분에게도 그렇게 하실 것입니다. 오직 하나님을 부르고 잠잠히 기다리십시오. 그리고 하나님의 구원을 보십시오.

　　본문이 정확히 언제라고 말씀하고 있지 않다는 것을 주목하십시오. "내가 너를 건지리니"라는 말씀은 아주 분명하지만, 그 때가 내일일지 다음 주일지 내년일지는 그리 분명하지 않습니다. 당신은 한시가 급하지만, 하나님은 그렇지 않습니다. 당신에게 닥친 환난을 통해 얻어야 할 모든 유익을 당신이 아직 다 얻지 못해서 그 환난이 좀 더 유지되어야 할 수도 있습니다. 풀무불에 던져진 금은 금장색에게 "나를 꺼내줘요"라고 소리칠 것입니다. 하지만 금장색은 "안 돼, 네게서 불순물들이 아직 다 제거되지 않았으니, 네가 정금이 될 때까지 불 속에 좀 더 머물러 있어야 해"라고 말할 것입니다. 따라서 하나님은 우리로 하여금 많은 환난과 시련을 겪게 하실 수 있습니다. 그렇지만 하나님이 "내가 너를 건지리니"라고 말씀하셨기 때문에, 그 말씀을 믿고 기다리십시오. 하나님은 반드시 자신의 말씀을 지킬 것입니다. 하나님의 약속은 재정이 튼튼한 회사가 발행한 수표와 같습니다. 3개월짜리 수표를 받은 사람은 그 수표가 믿을 만한 것이기만 하다면 언제든지 할인해서 현금화할 수 있습니다. 여러분이 "내가 하리라"는 하나님의 수표를 받았다면, 언제든지 믿음으로 현금화할 수 있고, 할인할 필요도 없습니다. "내가 하리라"고 말씀하시며 하나님이 발행하신 수표는 상인들 사이에서 현금과 동일하기 때문입니다. 장래에 대한 하나님의 약속은 여러분에게 그 약속을 사용할 믿음만 있다면 이미 이루어진 것이나 다름없습니다. 하나님이 "환난 날에 나를 부르라 내가 너를 건지리라"라고 약속하신 것이라면, 이미 건짐을 받은 것이나 다름없다는 것입니다. 이것은 "내가 너를 지금 건지지 않는다면, 그것은 지금보다 더 좋은 때에 너를 건지기 위함이니, 네가 나만큼 지혜롭다면, 너도 지금이 아니라 바로 그 때에 건짐 받는 것을 원하게 되리라"는 의미입니다.

　　그런 본문 속에는 즉각적으로 건지시리라는 의미가 내포되어 있습니다. 그렇지 않다면, 건져 주시는 의미가 없기 때문입니다. 어떤 사람은 "나는 지금 극심한 환난 가운데 있기 때문에 즉시 건짐을 받지 않으면 죽게 될 거야"라고 말합니다. 안심하십시오. 당신은 결코 죽게 되지 않을 테니까요. 당신은 건짐을 받게 되어 있습니다. 따라서 당신은 절망으로 죽게 되기 전에 건짐을 받게 될 것입니다. 하나님은 가장 좋은 때에 당신을 건져 주실 것입니다. 하나님은 언제나 때와 관련해서 정확하십니다. 하나님은 당신을 결코 쓸데없이 기다리게 하지 않으십니다. 당신은 하나님을 너무나 오랫동안 기다리시게 하였을지라도, 하나님은 가장 적절할 때에 즉시 당신을 건져 주실 것입니다. 하나님은 자신의 종들로 하여금 자신이 정한 가장 좋은 때를 지나쳐서 결코 한시라도 기다리게 하지 않으십니다. "내가 너를 건지리니"라는 말씀은 사람의 영혼이 기다리다 지쳐서 자포자기하지 않도록 하기 위하여 그 기다림이 너무 오래지 않게 하시리라는 의미를 내포하고 있습니다. 하나님은 그를 찾는 자들을 구하기 위하여 오실 때에 바람 날개를 타고 오십니다. 그러니 힘을 내십시오.

오, 이것은 복된 본문입니다. 그렇지만 내가 이 본문을 가지고 무엇을 할 수 있겠습니까? 내게는 이 본문을 몹시 필요로 하는 사람들의 영혼 속에 이 본문을 집어넣어 줄 힘이 없습니다. 살아 계신 하나님의 성령이시여, 이 자리에 오셔서 이 차고 넘치는 위로를 피 흘리며 죽어가는 심령들에게 부어 주소서.

이 본문을 다시 한 번 주목해 보십시오. 이번에는 강조점을 달리해서 읽어 보겠습니다: "환난 날에 나를 부르라 내가 너를 건지리니." 이 두 단어를 연결해 주는 실마리들을 주목하십시오. "내가 너를 건지리라. 사람들이 건질 수 없고 천사들도 건질 수 없으나, 내가 건지리라." 하나님께서 친히 그를 부르는 사람을 건지시러 나서시겠다는 것입니다. 부르는 것은 여러분의 몫이고, 응답하시는 것은 하나님의 몫입니다. 두려워 떠는 가련한 자여, 당신이 드린 기도가 응답되었다는 것을 믿고 기다리십시오. 그렇게 하지 않을 것이라면, 당신은 왜 하나님께 기도하신 것입니까? 일단 기도하셨다면, 하나님께서 자신의 약속을 이행하시도록 맡겨두십시오. 하나님은 "나를 부르라 내가 너를 건지리니"라고 말씀하십니다.

이제 나머지 한 단어를 주목하십시오: "내가 너를 건지리라." 존, 나는 당신이 무슨 생각을 하고 있는지를 압니다. 당신은 "하나님은 다른 모든 사람을 다 건지셔도 나는 건져주지 않으실 거야"라고 불평합니다. 그러나 본문은 "내가 너를 건지리니"라고 말씀합니다. 하나님을 부르는 자는 누구든지 응답을 얻게 되리라는 것입니다. 메리, 당신은 어디에 있습니까? 당신이 하나님을 부른다면, 하나님은 당신에게 응답하실 것입니다. 하나님은 당신의 마음과 영혼, 그리고 당신 자신의 개인적인 경험에 복을 주실 것입니다. 하나님은 "환난 날에 나를 부르라 내가 너를 건지리니"라고 말씀합니다. 오, 하나님, 이 자리에 있는 모든 사람에게 은혜를 주셔서, 이 대명사가 각 사람의 심령에 꽂혀 하나님이 마치 각 사람의 심령에 대고 말씀하시는 것처럼 확신할 수 있게 해주시기를 빕니다. 사도는 우리에게 "믿음으로 모든 세계가 하나님의 말씀으로 지어진 줄을 우리가 아나니"(히

11:3)라고 말해 줍니다. 나는 모든 세계가 하나님에 의해 지어졌다는 것을 확실히 압니다. 나는 그것을 확신하지만, 하나님이 모든 세계를 지으시는 것을 직접 보지는 못하였습니다. 나는 하나님께서 "빛이 있으라"고 하실 때에 빛이 생기게 된 장면도 직접 보지는 못하였습니다. 나는 하나님이 어둠으로부터 빛을 갈라내시고 궁창 위의 물로부터 궁창 아래의 물을 갈라내시는 것을 보지 못하였지만, 하나님이 그 모든 일을 하셨다는 것을 확신합니다. 나는 하나님이 새 한 마리나 꽃 하나를 만드시는 것을 직접 보지는 못하였지만, 세상 모든 사람들이 그렇지 않다고 말해도 모든 피조물이 하나님에 의해 창조되었다는 나의 확신은 전혀 흔들리지 않습니다. 그런 내가 환난 가운데서 기도를 드리면 하나님이 응답하시리라는 것을 이 밤에 믿지 못할 이유가 어디 있겠습니까? 하나님이 어떻게 나를 건지실지를 내가 알 수 없다고 해서, 왜 내가 그런 것을 알고자 해야 합니까? 하나님이 세계를 어떻게 창조하셨는지를 내가 알지 못한다고 해도 하나님은 세계를 기가 막히게 창조하셨듯이, 하나님이 나를 어떻게 건지실지를 내가 알지 못한다고 해도 하나님은 나를 기가 막히게 건져 내실 것입니다. 하나님이 어떻게 역사하시는지를 아는 것은 내가 해야 할 일이 아닙니다. 내가 해야 할 일은, 나의 하나님을 신뢰하여, 하나님께서는 약속하신 것을 행하실 수 있으시다는 것을 믿음으로써 하나님을 영화롭게 하는 것입니다.

4. 넷째로, 하나님과 기도하는 사람은 서로 주고받는 관계라는 것입니다.

우리는 지금까지 우리가 꼭 기억해야 할 세 가지를 살펴보았고, 이제 마지막으로 네 번째 대지를 살펴보고자 하는데, 여기에서는 하나님과 기도하는 사람이 서로 임무를 교대합니다. 하나님과 당신은 각각 자신의 몫이 있습니다. 먼저, "환난 날에 나를 부르는" 것은 당신의 몫입니다. 다음으로, "내가 너를 건지리니"는 하나님의 몫입니다. 또한, 그것은 당신에게 돌아가는 몫이기도 합니다. 왜냐하면, 건짐을 받는 자는 바로 당신이기 때문입니다. 마지막으로, "네가 나를 영화롭게 하리로다"는 당신의 몫입니다. 본문 속에는 하나님께 기도해서 도우심을 받는 당신과 하나님 사이에 맺어진 언약이 들어 있습니다. 하나님은 이렇게 말씀하십니다: "너는 건짐을 받게 될 것이지만, 나는 영광을 얻어야 한다. 너는 기도하고, 나는 복을 줄 것이다. 그런 후에 너는 나의 거룩한 이름을 존귀하게 하여야 한다." 여기에는 유쾌한 협력관계가 존재합니다. 우리는 우리에게 너무나 절실히 필요한 것을 얻고, 하나님이 얻으시는 것은 그의 이름에 합당한 영광입니다.

환난 가운데 있는 가엾은 심령이여! 나는 하나님이 "죄인들이여, 내가 너희에게 죄 사함을 줄 테니 내게 그로 인한 존귀를 다오"라고 말씀하시는 것을 당신이 거부하지 않을 것이라고 확신합니다. 하나님의 이러한 말씀에 대한 우리의 유일한 대답은 "예, 주여, 우리가 영원토록 그렇게 하리이다"입니다:

"주와 같이 죄 사하시는 하나님이 어디 있으며,
그토록 차고 넘치는 은혜를 거저 주시는 하나님은 또 어디 있겠습니까?"

하나님은 "영혼들아, 나아오라, 내가 너희를 의롭다 하겠지만, 그로 인한 영광을 내가 받아야 하리라"고 말씀하십니다. 우리의 대답은 "그런즉 자랑할 데가 어디냐 있을 수가 없느니라 무슨 법으로냐 행위로냐 아니라 오직 믿음의 법으로니라"(롬 3:27)일 수밖에 없습니다. 우리가 그리스도로 말미암아 의롭다 하심을 얻는다면, 하나님이 그로 인하여 영광을 받으시는 것이 마땅합니다.

하나님은 "오라, 내가 너희를 내 권속으로 삼겠지만, 너희에게 베푸는 은혜로 말미암아 내가 영광을 받아야 하리라"고 말씀하십니다. 우리는 이렇게 대답합니다: "선하신 주님, 그렇습니다, 그렇게 되는 것이 마땅합니다. 보십시오. 아버지 하나님께서 우리에게 어떠한 사랑을 베푸셔서 우리로 하나님의 자녀라 일컬음을 얻게 하셨는지요." 또, 하나님은 "이제 내가 너희를 성별하고 거룩하게 하겠지만, 그로 인하여 내가 영광을 얻어야 하리라"고 말씀하십니다. 우리의 대답은 이렇습니다: "그렇습니다, 우리가 영원히 찬송하겠습니다. 우리는 '어린 양의 피에 그 옷을 씻어 희게' 하였으니 '그의 성전에서 밤낮 하나님을' 섬기며 찬송하겠나이다(계 7:14-15)."

또, 하나님은 "내가 너희를 죄와 사망과 음부에서 건져서 너희의 본향인 천국으로 데려가겠지만, 그로 인하여 내가 영광을 얻어야 하리라"고 말씀하십니다. 우리는 이렇게 대답합니다: "주께서 진정으로 높임을 받게 되실 것입니다. 우리가 '보좌에 앉으신 이와 어린 양에게 찬송과 존귀와 영광과 권능을 세세토록 돌릴지어다'(계 5:13)라고 영원토록 찬송하겠습니다."

하나님의 은혜를 받고도 하나님께 영광을 드리지도 않고 도망치는 도둑아,

게 섰거라! 당신은 도대체 지금 무슨 짓을 하고 있는 것입니까? 당신은 자신이 정말 파렴치한 자임을 모르십니까! 여기 최근까지 술주정뱅이였던 사람이 있습니다. 하나님이 그를 사랑하셔서 술 중독에서 벗어나 온전하게 되게 해주셨습니다. 그러자 그는 자기가 멀쩡하게 되었다고 해서 몹시 교만해졌습니다. 이 얼마나 어리석은 짓입니까! 당장 그 교만함을 그치시고, 당신을 저 끔찍한 악과 타락에서 건져 주신 하나님께 영광을 돌리십시오. 그렇지 않으면, 당신은 감사하지 않음으로 인하여 여전히 타락 가운데 있는 것입니다. 여기 또 한 사람이 있습니다. 그는 욕설을 밥 먹듯이 하며 살아 왔었지만, 지금은 기도로 살아갑니다. 심지어 지난 밤에는 그가 야외 모임에서 말씀을 전하기도 하였습니다. 이 일로 인해 그는 공작새만큼이나 교만해져 있습니다. 오, 교만의 새여, 너는 너의 화려한 깃털을 볼 때마다 너의 검은 발과 소름끼치는 목소리를 기억해야 하리라. 오, 갱생한 죄인이여, 당신은 자신이 이전에 어떠했는지를 기억하고서 부끄러워하는 것이 마땅합니다. 당신이 불경한 삶을 중단하였다면, 하나님께 영광을 돌리십시오. 당신이 구원 받아 변화된 것 하나하나에 대하여 하나님께 영광을 돌리십시오.

통탄할 일은 심지어 몇몇 목사님들조차도 하나님께 속한 영광의 일부를 사람에게 돌리고자 한다는 것입니다. 그들은 자유의지를 가지고 있습니다, 그렇지 않습니까? 오, 저 자유의지라는 용이여! 사람들은 그 용을 얼마나 숭배하고자 하는지요! 사람도 자신의 구원과 관련해서 뭔가를 했기 때문에 일정 정도의 영광을 받아야 마땅하다는 것입니다. 여러분은 정말 그렇게 생각하십니까? 그렇다면, 여러분이 생각하시는 대로 말씀하십시오. 그러나 나는 사람이 천국에 갔을 때에 사람이 마땅히 영광 받아야 할 것은 티끌만큼도 없다는 것을 알게 되리라는 것을 이 강단에서 선포하고 온 세상에 선포할 것입니다. 사람의 보잘것없는 수고는 결코 영광을 받지 못할 것이고, 모든 영광은 오직 하나님께서만 받게 되실 것입니다. "너희 권능 있는 자들아 영광과 능력을 여호와께 돌리고 돌릴지어다 여호와께 그의 이름에 합당한 영광을 돌리며"(시 29:1-2).

"환난 날에 나를 부르라 내가 너를 건지리니"는 여러분에게 돌아갈 몫입니다. 그러나 "네가 나를 영화롭게 하리로다"는 하나님께 돌아갈 몫입니다. 처음부터 끝까지 모든 영광과 존귀는 하나님께 돌아가는 것이 마땅합니다.

그러므로 구원 받은 자들이여, 밖에 나가서 하나님이 여러분을 위해 하신 모든 일을 전하십시오. 전에 한 나이 드신 부인이, 주 예수 그리스도께서 정말 자기를 구원하셨다면 자기가 목숨이 붙어 있는 한 그 얘기를 전할 것이라고 말하였습니다. 그녀의 그러한 결단에 동참하십시오. 진정으로 내 영혼은 나를 구원하신 주께서는 내가 나의 구원을 증거하는 일을 그치는 것을 결코 보지 못하실 것이라고 맹세합니다.

> "내가 살아서나 죽어서나 주를 찬송하리라.
> 내게 호흡을 허락하시는 한 주를 찬송하리라.
> 차가운 죽음의 이슬방울이 내 이마에 맺힐 때 내가 말하리라.
> '내가 나의 주 예수를 사랑해 왔고 지금도 사랑하나이다.'"

자, 오늘 밤 극심한 환난 가운데 이 자리에 온 가엾은 영혼이여, 하나님은 당신으로 인하여 영광을 받고자 하십니다. 당신의 행복한 경험을 얘기해 주어서 다른 고통하고 슬퍼하는 사람들을 위로하게 될 날이 올 것입니다. 난파를 당한 자였던 당신이 난파당한 사람들에게 복음을 전할 날이 올지도 모릅니다. 타락 가운데 있는 가엾은 여인이여, 당신은 당신 자신이 지금 울면서 서 있는 구주의 발 앞으로 다른 죄인들을 인도해올 날이 올 것입니다. 세상에서 닳고 닳아 썩을 대로 썩어 버려서 세상으로부터 버림받고 심지어 사탄도 넌더리를 내고 포기해 버린 당신이 어린 양의 피로 씻음을 받아 마음이 새롭게 되어 궁창의 별 같이 빛을 발하며, 당신을 사랑하는 주님께 받아들여지게 한 하나님의 은혜의 영광을 찬송하게 될 날이 올 것입니다. 의기소침하며 낙담하고 있는 죄인이여, 예수께 나아오십시오. 제발 간청하건대, 주님을 부르십시오. 당신의 하나님 아버지를 부르시기를 간곡히 부탁드립니다. 당신이 신음소리밖에 낼 수 없다면, 하나님을 향하여 신음하십시오. 눈물방울을 떨어뜨리고 한숨소리를 내며 당신의 가슴으로 하여금 하나님을 향하여 "하나님, 그리스도를 보아서 나를 건지시고, 내 죄와 그 죄과로부터 나를 구원하소서"라고 말하게 하십시오. 당신이 이렇게 기도하신다면, 하나님은 당신의 기도를 들으시고, "네 죄가 사해졌으니 평안히 가라"고 말씀하실 것입니다. 그렇게 되기를 빕니다. 아멘.

제
53
장
—

꺾인 뼈들

—

"내게 즐겁고 기쁜 소리를 들려 주시사 주께서 꺾으신 뼈들
도 즐거워하게 하소서." — 시 51:8

다시 죄에 빠지는 것은 아주 흔한 악이고, 우리가 생각하는 것보다 훨씬 더
비일비재하게 일어나는 일입니다. 우리는 스스로 그런 악을 범하고 있으면서도,
우리가 영적인 삶에서 진보하고 있다는 생각으로 우리의 마음을 미혹시킬 수 있
습니다. 영리한 사냥꾼은 자기가 잡고자 하는 짐승들에게 자기가 판 구덩이가
아주 쉽게 드나들 수 있고 매력적으로 보이게 만들지만, 일단 짐승들이 그 구덩
이에 한 번 빠지면 빠져나오기 힘들게 만드는 것과 마찬가지로, 사탄도 배교의
길이 우리의 본성에 대단히 매력적으로 보이게 만들어 유인하지만, 일단 빠지면
거기에서 나오는 것이 아주 어렵게 만들어 놓기 때문에, 하나님의 은혜가 아니
면, 그 배교의 길에서 빠져나올 수 없게 됩니다. 오늘 아침에 내가 영적인 삶의
침체에 대하여 주의를 환기시키고, 특히 지금 그렇게 침체로 빠져 들어가고 있
는 분들에게 꼭 필요한 주의를 환기시키는 데 성공한다면, 나는 참으로 기쁠 것
입니다. 아울러, 이미 다시 죄악에 빠진 사람들이 내가 전하는 말씀을 듣고서 회
복될 수 있으리라는 소망을 품고서 지금이라도 진지하고 간절하게 회복되기를
구한다면, 그것은 또다른 선한 결과가 될 것이고, 하나님께 갑절의 찬송을 드리
는 것이 될 것입니다. 사랑하는 친구들이여, 우리는 영적인 삶에서 거의 충분한
진보를 이룰 수 없습니다. 그렇기 때문에 조금이라도 후퇴하는 것은 이루 말할

수 없이 어리석은 짓입니다. 천국으로 가는 길에서 내가 지금 서 있는 지점을 볼 때, 내가 도달해 있는 그 지점도 내게는 너무나 불만족스러운데, 만약 거기에서 1센티라도 후퇴한다면, 그때는 나는 정말 미쳐 버리고 말 것입니다. 부자는 천 파운드를 잃어도 아무렇지도 않지만, 지갑이 얇은 사람은 1실링도 잃을 수 없습니다. 하나님의 은혜를 차고 넘치게 받은 사람들은 아마도 영적으로 약간의 손실을 입어도 괜찮을 수 있겠지만, 여러분과 나는 그럴 수 없습니다. 우리는 언제 파산할지 모르는 상태에 있고, 많은 점에서 가난에 찌들어 있기 때문에 한 페니의 은혜라도 소중히 여기는 것이 마땅합니다. 따라서 우리는 아주 작은 것이라고 해도 허비되는 곳은 없는지 꼼꼼히 살펴야 하고, 영적인 삶에서 약간의 유익을 얻을 수 있게 해주는 것도 소홀히 해서는 안 됩니다. 이제 우리가 하나님의 말씀을 듣는 동안 하나님께서 우리로 하여금 복을 얻게 해주시기를 빕니다.

이 아침에 나는 여러분에게 세 가지에 대하여 주의를 환기시키고자 합니다. 첫째는, 다윗이 처한 곤경에 대한 것입니다. 다윗은 자신의 뼈들이 꺾였다고 말합니다. 둘째는, 다윗이 구한 치유에 대한 것입니다: "내게 즐겁고 기쁜 소리를 들려주시사." 그리고 셋째는, 다윗이 품은 기대에 대한 것입니다. 그는 자신의 꺾인 뼈들이 즐거워할 수 있게 되기를 기대합니다.

1. 첫째로, 다윗의 처한 곤경에 대해 살펴보겠습니다.

다윗의 뼈들은 꺾이고 부러져 있는 상태였습니다. 우리는 사람들이 다윗의 죄에 대하여 아주 경박하게 말하는 것을 듣습니다. 즉, 다윗이 죄를 지어서 그것이 사람들이 그의 경건을 공격하는 빌미가 되고 그들로 하여금 그를 배신하게 만든 구실이 되었다는 것입니다. 나는 그들이 다윗의 회개도 아울러 보아 주었으면 합니다. 왜냐하면, 다윗이 저지른 죄는 부끄러운 일이었지만, 자신의 죄에 대하여 그는 너무나 가슴 아파하고 슬퍼하였기 때문입니다. 그의 범죄가 지독한 것이었던 만큼, 마찬가지로 그가 징계로 받은 환난들도 혹독한 것이었습니다. 지금까지 즐겁고 평안한 길들을 걸어 왔던 다윗은 그 날 이후로 가시밭길을 절뚝거리며 헤쳐 나가야 했고, 거의 유례가 없는 환난의 나그네 길을 걸어가야 했습니다. 하나님의 자녀들이 범죄한 대가는 혹독합니다! 죄인들은 죄를 밥 먹듯이 지으면서도 현세에서 형통할 수 있고, 더 나아가 자신이 지은 죄들로 말미암아 형통하는 때도 종종 있습니다. 그러나 하나님이 사랑하시는 사람들은 범죄의

길이 얼마나 혹독한 길인지를 늘 발견하게 됩니다. 그들의 범죄로 말미암아 그
들의 마음속에서는 평안이 사라집니다. 그들이 누려 왔던 모든 위로와 낙들을
비롯해서 목숨을 제외한 모든 것을 잃어버리기 때문에, 그들은 불 가운데서 구
원 받은 것 같은 느낌을 받게 됩니다. 다윗은 범죄하였고, 그 죄는 잠시 즐거운
듯 보였습니다. 범죄 후에도 주변의 모든 상황은 그에게 유리하게 전개되어서
그가 벌을 면할 것처럼 보였습니다. 그는 피해자인 우리야가 그의 범죄를 알지
못하게 하고자 애썼고, 결국 끔찍한 술수를 써서 우리야를 죽음으로 몰아넣었습
니다. 하나님의 섭리 속에서 모든 상황은 다윗 왕의 죄를 은폐하는 데 유리하게
돌아가는 것처럼 보였습니다. 그의 양심은 잠들어 있었고, 그의 격정들만이 들
고 일어나 소란을 피웠습니다. 그러나 그의 마음은 하나님으로부터 멀어졌고,
은혜는 바닥이었습니다. 아마도 다윗은 간음이 다른 사람들의 경우에는 큰 죄이
지만 자기는 절대군주의 지위에 있기 때문에 용서 받을 수 있는 일일 것이라고
스스로를 설득하였을지도 모릅니다. 동방에서는 군주가 자신의 신민들에 대하
여 거의 절대적인 권력을 쥐고 있었기 때문입니다. 우리도 사회에서 관습적으로
용인되는 것들을 따라 하는 것은 잘못된 일이 아니라고 스스로를 설득하기가 너
무나 쉽습니다. 그러나 다윗은 하나님의 마음에 합한 사람이었기 때문에, 죄 가
운데서 편안히 지내는 것은 오래 갈 수 없었습니다. 하나님은 그러한 병으로 인
해 자신의 종이 죽게 내버려 두지 않으시기 때문입니다. 다윗의 평온은 느닷없
이 깨졌습니다. 나단 선지자가 다윗을 찾아와서 비유 하나를 얘기해 주고서 그
에게 어떻게 해야 옳은 일인지를 판단해 달라고 단호하게 요청합니다. 다윗 왕
의 분별력은 아직 살아 있었습니다. 죄에 대한 자각은 벼락이 되어 다윗이 누리
고 있던 기쁨의 탑을 무너뜨리고 그의 평안을 박살내어 버립니다. 그는 자신이
진심으로 사랑했지만 잠시 잊고 있었던 하나님 앞에서 두려워 떱니다. 왕은 징
계하는 채찍이 된 하나님의 말씀에 의해 자신의 양심을 두들겨 맞고서 자신의
방으로 가서 하나님 앞에서 애통해하며 통곡합니다. 성령께서는 다윗에게 종의
영이 되셔서, 그로 하여금 다시 두려워하게 만드십니다. 죄에 대한 자각이라는
거친 북풍을 맞고 그의 모든 기쁨은 시들어 버렸고 그의 즐거움은 날아가 버렸
습니다. 그는 사람들 가운데서 가장 비참한 자들 중 하나가 되어 버렸습니다. 그
의 탄식소리와 신음소리가 궁정 전체에 울리고, 전에 수금에 맞춰 즐겁게 찬양
하는 곡조가 울려 퍼졌던 곳에 지금은 괴롭고 애처롭게 회개하는 소리 외에는

아무것도 들리지 않습니다. 양심을 회초리로 맞은 다윗 왕이여, 슬프도소이다! 당신의 침상은 눈물로 적셔져 있고, 당신의 떡은 근심으로 인하여 입에 쓰게 되었습니다. 당신의 슬픔과 근심은 정말 뼈가 부러진 고통에 비할 만합니다. 형제들이여, 이제 저 시적인 은유를 펼쳐서 살펴봅시다.

　　우리는 이 은유를 통해서 다윗의 곤경이 너무나 고통스러웠다는 것을 알 수 있습니다. 그는 "주께서 꺾으신 뼈들"이라고 말합니다. 살에 난 상처도 고통스럽습니다. 그런 상처를 피하고자 하지 않는 사람이 누가 있겠습니까? 그러나 그런 상처는 뼈까지 완전히 망가지게 만드는 상처에 비하면 아무것도 아닙니다. 무거운 쇠막대기로 팔과 다리의 뼈들을 뭉개 버려서 사람을 산 채로 완전히 박살내 버리는 벌보다 더 잔혹한 벌은 없을 것입니다. 다윗에게 그 고통은 너무나 극심해서 정말 참기 어려웠을 것임에 틀림없습니다. 다윗은 자신이 겪은 정신적인 고통이 그러한 극심한 고통 같은 것이었다고 밝힙니다. 여러분이 오늘 집으로 돌아가는 길에 아주 위험한 도로를 건너다가, 어떤 사람이 부주의하게 길을 건너다 쏜살같이 달려오던 큰 차와 부딪치면서 지르는 비명소리에 깜짝 놀랐다고 합시다. 여러분은 그 사람을 구조하러 달려가지만 때는 이미 늦었습니다. 사고를 당한 사람은 거의 죽은 사람처럼 창백하게 누워 있습니다. 이때에 그의 뼈들이 다 부러지고 꺾였다는 끔찍한 소리가 여러분의 귀에 들립니다. 우리는 단지 살갗에 입은 상처들에 대해서는 비교적 아무렇지도 않게 생각하지만, 사람이라는 집을 이루고 있는 단단한 골격이 부러지거나 몸을 떠받치고 있는 것들이 부러진 경우에는 고통이 정말 아주 심하다는 것을 누구나 다 인정합니다. 다윗은 자신의 마음의 고통이 그런 것이었다고 밝힙니다. 그의 영혼은 능지처참을 당하듯이 찢기고 부러지는 엄청난 고통을 당하였습니다. 뼈가 부러지는 데서 오는 고통은 극심할 뿐만 아니라 오래 지속됩니다. 밤에도 잠을 자지 못하고 낮에도 편하지가 않습니다. 거기에 계속해서 신경이 쓰이고, 마음이 거기에서 떠날 수가 없습니다. 자신의 골격이 이렇게 심각하게 부상을 당하였다면, 사람들은 그 기억을 떨쳐 버릴 수가 없습니다. 여러분 중에서 지금 죄의 달콤한 유혹을 받고 있는 사람들이 있다면, 나중에 그 찌꺼기에서 쓰디쓴 것들이 발견될 것임을 기억하시고 조심하십시오. 여러분 중에서 육신을 아주 즐겁게 해주겠다는 죄의 감언이설에 솔깃하여 그 부드러운 유혹에 넘어갈 준비가 되어 있는 분들이 있다면, 죄가 본색을 드러낼 때에 그 부드러운 모습은 온데간데없이 사라지고, 죄는 거대한 망치나, 모든 것을 부숴 버리는 대형 트럭의 바퀴가 되어서 여러분의 영혼을 극심한 고통으로 부숴 버릴 것임을 기억하십시오. 죄라는 호랑이는 부드러운 발 속에 날카로운 발톱을 숨기고 있습니다.

둘째로, 이 은유는 다윗의 죄와 회개의 결과가 극히 중대했다는 것을 보여줍니다. 사소한 일은 깊이까지 영향을 미치지 못합니다. 단지 표면에 있는 일은 우리에게 깊은 고통을 일으킬 수 있는 일이 아닙니다. 그러나 뼈가 부러지는 것은 결코 웃어넘길 일이 아닙니다. 그러한 일을 당하게 되면, 사람은 전에 가볍게 보았던 일을 다시 진지하게 심각하게 생각하지 않을 수 없게 됩니다. 단지 살이 좀 베여서 피가 나오는 것이었다면, 그는 그 상처를 손수건으로 싸매고서, "조금 있으면 괜찮을 거야"라고 말하고는, 가던 길을 계속해서 갔을 것입니다. 그러나 뼈가 부러진 사람은 걱정을 하며 의사를 부르러 사람을 보내고, 자기가 한동안 누워 있어야 한다는 것을 알고, 그 일이 사소한 일이 아님도 압니다. 사랑하는 친구들이여, 죄에 대하여 진심으로 슬퍼하는 것은 사람들이 보통 생각하듯이 단순한 감상적인 일이 아니라는 나의 말을 믿으시기 바랍니다. 나는 죄에 대하여 슬퍼하는 사람들이 자신의 죄책과 그 흉악함을 깨닫고서 거의 혼절하는 지경까지 가는 것을 보아 왔습니다. 우리 중에서도 직접 그런 슬픔을 겪은 사람들이 있기 때문에, 그런 사람들은 온갖 육체적인 고통이 한꺼번에 다 몰려온다고 해도, 죄의 짐을 지는 것보다 견딜 만하다는 것을 증언할 수 있습니다. 양심의 가책은 능지처참을 당하는 것보다 더 고통스럽다는 나의 말을 믿으시기 바랍니다. 심지어 화형을 당하는 것도 기쁜 마음으로 견딜 수 있지만, 하나님이 보내신 고통으로 인하여 양심이 지옥 불을 맛보는 것은 이루 헤아릴 수 없이 고통스러워서 도저히 견딜 수가 없습니다. 많은 사람들이 이러한 영혼의 고통을 겪으며 여러 달을 보내다가 마침내 안식을 찾았습니다. 이 고통 속에는 위로가 있고, 그 끝은 좋고 유익하기 때문입니다. 지금 뼈들이 꺾어지는 것 같은 고통을 느끼는 분들은 다윗이 그랬던 것처럼 지금 "내게 즐겁고 기쁜 소리를 들려 주시사 주께서 꺾으신 뼈들도 즐거워하게 하소서"라고 간구하시기 바랍니다.

세 번째로, 다윗이 떨어진 곤경은 중대하고 고통스러운 것이었을 뿐만 아니라 복잡다단한 것이었습니다. 뼈가 하나만 부러져도 의사가 제대로 고치는 데 애를 먹는데, 여기저기 뼈들이 많이 부러져 있다면, 그것을 고치는 일이 어떠하겠습니까? 뼈 하나에서만 해도 여러 군데가 골절되어 있으면 부러진 조각들을 한

데 맞추는 데 큰 어려움을 겪게 되기 때문에, 차라리 새로운 뼈를 하나 만들어 붙이는 게 낫다는 생각이 들게 됩니다. 그러나 팔과 다리, 그리고 갈비뼈 등 사람의 골격의 많은 부분이 부러졌다면, 의사는 극도로 주의해서 세심하게 고치지 않으면 안 됩니다. 흔히 하나의 지체에 유익한 처치법이 다른 지체에는 해로울 수 있고, 하나의 사지에 있던 병이 다른 곳으로 옮겨질 수도 있습니다. 온 몸의 뼈들이 다 부러져 있는 것을 고치는 일은 이적임에 틀림없습니다. 영적으로 만신창이가 되어 뼈들이 다 부러져 있는 사람이 건강하고 튼튼하게 되었다면, 그 모든 공은 의사에게 돌리는 것이 마땅합니다. 형제들이여, 어떤 사람이 다시 죄에 빠져서 하나님께 범죄함으로써 양심과 성령에 의해 흠씬 두들겨 맞았다고 합시다. 그런 사람은 복합적인 슬픔과 아픔을 견뎌내야 합니다. 부러진 뼈들에 관한 은유는 영혼의 더 큰 능력들이 근심하고 고통한다는 것을 보여주는 것으로 보입니다. 뼈들은 몸의 골격에 해당하는 좀 더 중요한 부분입니다. 우리의 영혼에도 뼈들에 해당하는 몇몇 은혜들이 있습니다. 다윗은 바로 그러한 영혼의 뼈들이라고 할 수 있는 것을 가리킵니다. 하늘에 계신 우리 아버지께서는 종종 우리가 범죄하였을 때에 뼈가 부러지듯이 우리의 믿음이 약해지게 하십니다. 전에는 기쁨으로 받았던 약속들을 이제는 붙잡을 수가 없습니다. 행복했던 시절과는 달리 이제는 우리에게 힘을 주시는 말씀을 들을 수도 없습니다. 우리의 믿음은 우리에게 안식이 아니라 도리어 고통을 가져다줄 뿐입니다. 우리가 지닌 소망은 이제 기쁨을 만들어내는 능력을 잃어버리고, 안식이 머무는 더 나은 땅에 대한 우리의 소망은 우리로 하여금 하나님에게서 버려져서 쓸쓸한 채로 있는 우리의 처지를 보고서 더욱 딱하고 불안한 생각이 들게 하고 탄식만 더 나오게 할 뿐입니다. 영혼으로 하여금 그토록 경쾌하게 달릴 수 있게 해주던 저 놀라운 힘의 원천이었던 사랑이라는 뼈는 이제는 현저히 약해지고 수척해져서, 우리는 이렇게 부르짖게 됩니다: "내가 내 주님을 사랑한다면, 어떻게 그렇게 큰 죄를 범할 수 있었단 말인가? 내가 이렇게까지 다시 죄악에 빠진 것을 보면, 내가 하나님을 사랑한다고 했던 말들은 부패한 입에서 나온 위선적인 말이었음에 틀림없다!" 그때에 우리의 영혼 안에 있는 큰 은혜들은 하나같이 우리의 고통을 더하는 역할을 하는 것으로 보입니다. 부러진 뼈들도 여전히 사람의 몸 속에 있듯이, 그 큰 은혜들은 분명히 우리 영혼 속에 있었지만, 너무나 상하고 약해져 아무 힘도 없어서 단지 고통만을 더할 뿐입니다. 성경에 대한 우리의 믿음은 우리로 하여금 성경에 나오는 경고의 말씀들 앞에서 두려워 떨게 만들 뿐입니다. 우리는 다른 사람들에 대해서는 소망을 가지고 있지만 우리 자신에 대해서는 즐거워할 수 없기 때문에, 우리의 소망은 우리에게 충격만 줄 뿐입니다. 여전히 우리 속에 살아 있는 하나님에 대한 우리의 사랑도, 우리로 하여금 이토록 선하시고 인자하신 분께 우리가 왜 이토록 몹쓸 짓을 했단 말인가라고 탄식하며 우리 자신을 미워하고 멸시하게 만들 뿐입니다. 형제들이여, 여러분이 죄 근처에서 서성거리며 실족하기 시작하는 중이라면, 이 부러진 뼈들에 대한 생각이 청천벽력이 되어서 위험하기 짝이 없는 영적 혼수상태로부터 깨어나시기를 바랍니다. 그리고 곧장 십자가, 곧 예수의 피로 가득 채워진 샘으로 달려가서, 이전보다 더 진지하게 정신을 바짝 차리고서 여러분의 영적인 삶을 다시 새롭게 시작하십시오. 다윗의 처지는 고통스럽고, 중대했으며, 복잡다단한 것이었습니다.

　네 번째로, 다윗의 처지는 극히 위태로웠습니다. 뼈가 몇 개만 부러져도, 모든 의사가 거의 살아날 가망이 없다고 보기 때문입니다. 뼈가 부러져 조각이 난 부분마다 썩어 들어가서 제대로 기능을 하지 못하게 될 위험이 도사리고 있어서, 그러한 괴저 현상이 발생하면, 치료는 물 건너간 것입니다. 사람의 마음이 회개로 부러지고 깨지면, 가책이라는 괴저 현상이 발생하기가 대단히 쉽습니다. 영혼이 낮아져서 초라해지면, 불신앙이라는 괴저 현상이 인간적인 것을 붙잡고자 호시탐탐 기회를 노립니다. 사람의 마음이 진정으로 비워져서 자기가 아무것도 아니라는 것을 느끼게 되면, 절망이라는 마귀는 자신의 끔찍한 처소를 지을 어두운 동굴을 찾습니다. 믿음이 부러지고 소망이 부러지고 사랑이 부러져서 그 사람 전체가 부러져서 온통 고통 덩어리로 되는 것은 두려운 일이고, 그런 상태에 처하는 것은 극히 위험한 일입니다. 왜냐하면, 사람이 범죄하고 나서 그런 고통을 겪게 되면, 흔히 이전보다 더 마음이 완악해져서 다시 범죄하기 쉽기 때문입니다. 많이 맞을수록 더 많이 반항하고 반역하는 사람이 많습니다. 사람들은 자신의 죄악들로 인한 환난 때문에 머리 전체가 병들어 있고 온 마음이 기진해 있으며 "발바닥에서 머리까지 성한 곳이 없이 상한 것과 터진 것과 새로 맞은 흔적뿐"(사 1:6)이어도 여전히 자신들의 우상에게로 다시 돌아갑니다. 징계를 많이 당할수록 더 반항하고 반역하는 것입니다. 다시 범죄하여 징계를 받았지만 계속해서 범죄하다가 결국 지옥에 떨어진 신앙인들이 얼마나 많았는지를 제발 기억하십시오. 나는 하나님의 자녀들이 그랬다는 것이 아니라 신앙인들이라고 하는 사람들이 그랬다고 말하는 것입니다. 당신도 하나님의 자녀가 아니라 단지 신앙인에 불과할지 어떻게 알겠습니까? 친구여, 당신이 지금 죄 속에서 살아가고 있는데도 행복하다면, 당신은 두려워 떨 이유가 충분합니다. 당신이 기도와 성경 읽는 것을 소홀히 한 채 하루를 보내며 한 주를 보내는 것을 계속하는 데도 아무렇지도 않고, 일주일 내내 은혜를 받음이 없이도 살아갈 수 있으며, 우리 주님에 대하여 냉랭하고 무관심한 채 살아갈 수 있고, 완전히 세상적인 사람이 되어서 탐욕스럽고 허망한 삶을 살면서 기분 내키는 대로 살고 이 세상에 속한 것들을 즐기면서도 편안하다면, 당신은 살아 계신 하나님의 참된 자녀 중 한 사람이 아니라 하나님의 권속 가운데서 "사생아"일 가능성이 극히 높습니다. 내가 사용한 "사생아"라는 거친 표현은 다음과 같이 노래한 어떤 시인의 표현을 빌려 온 것입니다:

> "방탕하고 허망한 쾌락에 빠져 있는
> 사생아들은 하나님의 회초리를 피할 수 있습니다.
> 그러나 하나님에게서 난 참된 자녀는
> 그렇게 할 수 있어도 하지 않아야 할 뿐만 아니라
> 하고자 하지도 않습니다."

크신 하나님, 죄를 짓는데도 아픔이 없는 일이 우리에게 결코 일어나지 않게 하옵소서. 우리가 좌로나 우로나 치우칠 때마다 하나님의 책망을 즉시 받게 하셔서, 우리를 좁고 협착한 길로 몰아가심으로써 평생토록 하나님과 동행하게 하옵소서. 뼈들이 부러져 있는데도 절망의 괴저 현상이 발생하거나 무감각에 빠져 있을 때에 그 사람은 버림받은 자가 될 위험이 있습니다. 그러므로 하나님을 아는 자는 누구든지 다시 죄악에 빠지는 일이 없도록 극히 조심하는 것이 마땅하지 않겠습니까! 이러한 두려운 위험 속으로 들어가지 않기 위해서 여러분은 하나님에 대하여 얼마나 열심을 내야 하겠습니까!

다섯 번째로, 또한, 다윗은 아주 큰 타격을 입었습니다. 위험이 지나갔다고 하더라도, 뼈가 부러진 것은 결코 유익이 되지 못하고 언제나 손실일 뿐입니다. 가련한 자여! 당신의 뼈가 부러졌다면, 당신은 다른 사람들을 도울 수 없을 뿐만 아니라 자기 자신조차도 제대로 건사할 수 없습니다. 그는 자기 자신조차 제대로 추스를 수 없기 때문에 하나님의 교회의 힘을 의지할 수밖에 없습니다. 그가 그런 처지가 되지 않았더라면 다른 데 사용되었을 교회의 힘이 그를 구조하는 데 사용되어야 하는 것입니다. 하나님은 교회의 힘을 주로 잃어버린 영혼들을 찾아 구원하는 일에 사용하라고 분명하게 명하셨습니다. 따라서 한 사람이 다시 죄악에 빠지게 되면, 그것은 교회 전체에 손실과 타격을 주게 됩니다. 게다가, 그런 처지에 있게 된 신자는 다른 사람들에게 유익을 끼칠 수 없게 됩니다. 자신이 구원 받을 수 있을지도 제대로 알지 못하는 사람이 어떻게 다른 사람을 도울 수 있겠습니까? 스스로도 십자가를 볼 수 없는 사람이 어떻게 다른 사람들에게 구주를 보여줄 수 있겠습니까? 자기 자신도 주님의 옷자락을 믿음으로 만질 수 없는 사람이 어떻게 다른 사람에게 믿음을 가지라고 권면할 수 있겠습니까? 모든 신자 가운데서 가장 연약한 사람이 무슨 힘과 동력으로 연약한 자들을 도울 수 있겠습니까? 누구든지 하나님의 긍휼하심으로 말미암아 모든 부러진 뼈를 다 고침 받은 후에야 일할 수 있기 때문에, 뼈들이 부러진 것은 서글픈 손실입니다. 한 번 부러졌다가 고침 받은 팔은 결코 부러진 적이 없는 팔만큼 힘 있고 자유롭게 쓸 수 없습니다. 다리를 저는 사람이 목발을 의지해서 걷는 것은 큰 복이지만, 다리를 절게 되지 않는 것은 더 큰 복입니다. 언제나 아무리 달려도 지침이 없고 아무리 걸어도 기진함이 없을 수 있는 것은 이루 말할 수 없는 복입니다. 어릴 때에 뼈가 부러진 경우에는 아무리 잘 붙여졌다고 하더라도 날씨가 좋지 않으면 이전과는 달리 쑤시고 아파서 과거의 좋지 않은 일을 상기시킨다는 말을 들은 적이 있습니다. 영적인 삶에서도 마찬가지입니다. 우리가 다시 죄악에 빠진 경우에는 비록 거기로부터 회복되었다고 할지라도 여전히 연약함이 남아 있어서 아픔이 느껴진다는 것입니다. 우리는 죄악에 다시 빠진 후에는 결코 이전의 우리와 똑같은 모습이 될 수 없습니다. 영적으로 크게 타락한 후에는 온전히 다시 회복될 수는 없기 때문에, 모든 면에서 이전과 똑같이 될 수는 없습니다. 물론, 몇몇 부분들에서는, 즉 예컨대 자기 자신에 대하여 아는 것이라든지 영적인 삶에 대한 경험에 있어서는 이전보다 더 나아질 수 있습니다. 우리는 그런 의미에서 진보를 이루었을 수 있지만, 거룩한 민첩함, 거룩한 생기발랄함, 거룩한 기쁨에 있어서는 이전과 같을 수 없습니다. 나는 다윗에게 밧세바와의 범죄로 불구가 되어버린 후에 다시 한 번 하나님의 법궤 앞에서 온 힘을 다해 춤을 춰보라고 하고 싶습니다. 이전의 민첩함, 이전의 생기발랄함, 이전의 기쁨은 거기에 없을 것입니다. 다윗이 범죄한 후에는 비록 은혜로 말미암아 회복되었다고 하더라도 이스라엘을 위하여 용맹을 떨치기는 힘들고 만만의 원수를 죽일 수도 없습니다. 물론, 다윗은 또다른 부류의 미덕들과 탁월함들을 보여주었습니다. 그러나 그렇다고 할지라도, 우리는 그런 모험을 해서는 안 됩니다. 하나님은 우리의 영혼이 생명을 잃을 정도까지 우리의 뼈들이 부러지게 하지는 않으십니다. 배가 좌초될 뻔하다가 극적으로 암초를 피하여서 간신히 항구로 예인되어온 경우에 선체는 온통 상처가 나서 물이 새고 화물은 다 망가졌으며 돛대는 날아가 버렸고 동력은 꺼졌으며 선원들과 승객들은 흠뻑 젖은 채 구사일생으로 구조되어서 배가 흉물이 되어 버린 다 망가진 모습으로 항구로 예인되어 오는데, 우리가 그런 배 같이 되지 않게 해주시기를 빕니다. 그 대신에, 우리가 배마다 선한 화물을 가득 싣고, 사랑하시는 이 안에서 우리를 받아주신 하나님의 은혜의 영광을 찬송하며 기쁨에 차서, 우리 구주 예수 그리스도의 나라로 들어가게 해주시기를 빕니다.

　이 점과 관련해서 한 가지 더 말씀드릴 것은, 다윗의 상황은 매우 고통스럽고 심각하며 복잡하고 위험스러우며 타격이 큰 것이었음에도 불구하고, 여전히 소망이 있었다는 것입니다. 그 소망은 "주께서 꺾으신 뼈들"이라는 구절에 있었습니다. 무엇이라고요? 다윗의 뼈들을 꺾으신 분이 누구시라고요? 바로 하나님이셨습니다. 그렇다면, 다윗의 뼈들이 부러진 것은 우연히 일어난 일이 아니라 의도적인 일입니다. 하나님께 다윗을 징계하시기 위하여 그의 영혼에 이 죽을 것 같은 슬픔과 고통을 주신 것입니다. 하지만 하나님은 상처를 주시기도 하시고 싸매 주시기도 하십니다. 하나님께는 무한하신 능력이 있어서, 지혜 가운데서 뼈들을 부러뜨리실 수도 있으시고, 긍휼하심 가운데서 뼈들을 다시 온전하게 하실 수도 있으십니다. 상처 입은 영혼들이여, 하나님께서 여러분을 더 많이 상하게 하시게 하지 말고, 도리어 여러분의 상처에 연고를 바르고 부목을 대어 싸매어 주시게 하십시오. 그러므로 "여호와는 죽이기도 하시고 살리기도 하시며 상하게 하시기도 하시고 고치기도 하신다"(삼상 2:6; 욥 5:18)는 말씀이 여러분에게 위로가 되고 여러분의 상처를 고치는 하늘의 연고가 되게 하십시오. 하나님 외에는 그 누구도 여러분을 고칠 수 없습니다. 여러분의 슬픔과 고통이 죄를 미워하는 것에서 온 것이라면, 그 슬픔과 고통을 하나님께 드리십시오. 그것은 마귀가 준 것도 아니고 여러분 자신의 부패한 본성에서 나온 것도 아니고 하나님이 주신 것입니다. 여러분의 뼈들은 곧 고침 받게 될 것입니다. 그렇습니다. 그 뼈들은 머지않아 즐거워하게 될 것입니다.

따라서 이 첫 번째 대지에서 우리가 얻는 교훈은 여러분이 지금 영적으로 건강하여 많은 것을 누리고 있다고 할지라도 그것을 잃어버리지 않기 위해 조심하여야 한다는 것입니다. 여러분이 어느새 하나님으로부터 멀어져 있다면, 더 악하고 나쁜 것들이 임하기 전에 다시 하나님과의 교제를 회복하려고 애쓰십시오. 여러분 가운데 절망에 빠져 거의 자포자기 상태에 있는 자들은 용기를 내십시오. 왜냐하면, 여러분이 아무리 큰 곤경에 빠져 있다고 해도 본문에 나오는 다윗에 비하면 아무것도 아니고, 다윗을 건지셨던 하나님께서 여러분도 건지실 수 있으시기 때문입니다. 절망에 빠져 주저앉지 마시고, 여기 시편 기자처럼 겸손한 소망을 품고 일어나서 하나님께 다시 한 번 고쳐 주시라고 간구하십시오.

2. 둘째로, 시편 기자가 바라고 기도했던
자신의 회복된 모습은 어떤 것이었습니까?

다윗은 불만을 품거나 의기소침해서 아무것도 안하고 누워 있었던 것이 아니라 자기를 징계하시는 하나님을 향하여 기도하였다는 것을 주목하십시오. 그는 제사를 드린 것도 아니었고, 자신의 힘으로 선한 일들을 하려고 하지도 않았습니다. 어떤 식으로든 자기 힘으로 뭔가를 해보려고 했던 것이 아니라, 어떻게든 오직 하나님 앞으로 나아가고자 했습니다. 하나님에 대한 신뢰도 버리지 않았습니다. 그는 자기를 구원할 능력이 하늘에 있다고 여전히 믿고 있었기 때문에, 자신을 낮추고 믿음으로 지존자를 향하여 이렇게 부르짖었습니다: "내게 즐겁고 기쁜 소리를 들려 주소서."

형제들이여, 여기에서 우리는 무엇보다도 먼저, 다윗이 현재와 같은 그런 처지에 있으면서도 자기에게 즐거움과 기쁨이 있을 것이라고 믿었다는 것을 주목하여야 합니다. 오늘의 본문 바로 앞 절을 보십시오: "우슬초로 나를 정결하게 하소서 내가 정하리이다 나의 죄를 씻어 주소서 내가 눈보다 희리이다"(7절). 그렇습니다. 여기에 다윗이 오늘의 본문에서 그런 식으로 말한 의도가 무엇인지를 보여 주는 열쇠가 나와 있습니다. 그는 죄 사함이 있을 것이라고 믿었고, 그 죄 사함이 자기에게 기쁨과 즐거움을 회복시켜 줄 것이라고 믿었던 것입니다. 그는 하나님께서 자신의 죄를 완전히 다 사해 주실 수 있으시고, 이미 죄 사함을 받을 수 있는 통로를 마련해 두셨다는 것을 확신하였습니다. 다윗은 하나님이 자신의 이런 엄청난 죄조차도 완전히 사해주실 수 있으시다는 확신을 "우슬초"라는 말로 표현합니다: "나의 죄를 씻어 주소서 내가 눈보다 희리이다." 애통해하는 사랑하는 자여, 다윗이 확신하였던 바로 그 소중한 진리를 당신도 믿으시기를 부탁드립니다. 하나님은 우리가 마땅히 경외하고 두려워해야 할 분이시지만, 하나님께는 용서하심이 있습니다. 죄인으로서, 또는 타락한 그리스도인으로서 당신의 죄가 아무리 크다고 할지라도, 그 죄는 여호와께서 당신을 한없이 불쌍히 여기시는 그 긍휼하심을 결코 능가할 수 없습니다. 하나님은 아무리 큰 죄도 자신의 사랑하는 아들의 피로 말미암아 용서하실 수 있으십니다. 구주의 대속의 공로로 말미암아 사함 받을 수 없는 엄청난 죄라는 것은 있을 수 없습니다. 당신이 빛과 진리를 거슬러 있는 힘을 다해 범죄하였고, 주님을 다시 십자가에 못 박고 공개적으로 모욕했다고 할지라도, 하나님께서는 자신의 법이나 거룩하심을 해침이 없이 규(圭)를 내미셔서 그런 당신조차도 용서하실 수 있으십니다. 바로 지금 이 순간에 하나님은 그렇게 하실 수 있으십니다. 믿으십시오! 지금 그것을 믿으십시오. 왜냐하면, 이것은 너무나 확실한 진리이기 때문입니다.

다음으로, 다윗은 이 기쁨과 즐거움이 "들음"을 통해 자기에게 임하여야 한다는 것을 알았습니다. "나로 하여금 즐겁고 기쁜 소리를 듣게 하여 주소서"(KJV, 한글개역개정에는 "내게 즐겁고 기쁜 소리를 들려 주시사"로 되어 있음). 다윗은 행함을 통해서 그런 것을 기대한 것도 아니었고, 단지 기도를 통해서 그런 것을 구한 것도 아니었으며, 분명히 느낌을 통해서 그런 것을 기대한 것도 아니었습니다. 그는 들음을 통해 그런 것을 기대하였습니다. 자신의 의상과 몸짓을 통해 사람들의 눈을 홀려서 복음을 전하고자 하는 어리석은 자들은 전혀 복음을 전하는 것이 아니고 그들이 하는 모든 것 속에는 선한 것이 있을 수 없습니다. 왜 그럴까요? 긍휼의 통로는 귀이기 때문입니다. 구원은 누구에게나 보는 것을 통해서가 아니라 듣는 것을 통해서 임합니다. 성경은 "너희는 귀를 기울이고 내게로 나아와 들으라 그리하면 너희의 영혼이 살리라"(사 55:3)고 말씀합니다. 그리스도 안에 있는 한 믿음 좋은 형제가 이번 주에 잘 보았듯이, 설교를 무시하고 공중 기도가 다인 줄 아는 사람들이 있습니다. 그러나 그런 사람들은 신약성경의 그 어디에서도 예수께서 특정한 사람들을 보내서서 공중 기도를 하게 하신 적이 없다는 것을 기억하여야 합니다. 예수께서 예식이나 예전을 중시하셨다거나 그런 것을 제정하셨다는 것을 암시해 주는 대목은 신약성경의 그 어디에도 없습니다. 주님은 새벽 기도나 저녁 기도, 또는 하루의 일정한 시간에 드리는 기도를 명하신 적이 없습니다. 그 대신에 제자들에게 "너희는 온 천하에 다니며 만민에게 복음을 전파하라"(막 16:15)고 말씀하셨습니다. 물론, 우리는 믿는 자들이 함께 모여 공중 기도를 드리는 것을 과소평가해서는 안 됩니다. 그러나 신약성경에서는 우리가 공중 예배라고 부르는 것에 대하여서는 거의 언급이 없는 반면에, 말씀을 전하라고 명하는 구절들은 무수히 많고, 또한 "하나님께서 전도의 미련한 것으로 믿는 자들을 구원하시기를 기뻐하셨도다"(고전 1:21)고 분명하게 선언하고 있습니다. 우리 주님께서 친히 공생애 기간 내내 말씀을 전하시는 자이셨고, 자기가 메시아임을 보여주는 가장 큰 증표가 가난한 자들에게 복음이 전파되는 것이라고 말씀하셨습니다. 그러므로 사실을 얘기하자면, 말씀을 충성되게 전하고 경외함으로 듣는 것이야말로 최고의 예배라는 것입니다. 복음을 전하는 것은 성령의 손에 의해서 사람들을 구원하는 최고의 도구로 사용됩니다. 지금까지 있어 왔던 모든 예전들이 기록되지 않고, 오르간의 모든 소리가 침묵하며, 모든 아침과 저녁의 찬양이 알려져 있지 않고, 온갖 "예배 의식"이 다 폐하여졌다고 할지라도, 세상은 오히려 그런 것들이 없어서 더 한층 좋았을지도 모릅니다. 하지만 신실하게 선포된 복음은 하나님의 긍휼하심이 흘러나오는 통로입니다. 거룩한 불로 지져진 진실한 입술을 통해 하나님의 말씀을 선포하는 것은 사람들을 구원에 이르게 하시는 하나님의 능력입니다. 하나님의 말씀을 듣는 것은 교황주의자들과 불신자들에게는 큰 공포이지만, 하나님의 은혜가 흘러나오는 모든 통로 중 최고의 통로입니다. 위로를 받지 못하고 엎드러져 있는 사람들은 하나님의 이런 명령을 기억하고서, 예수의 복음이 선포될 때마다 부지런히 귀 기울여 그 복음을 들어야 합니다. 하나님께서는 여러분에게 성례전들을 명하시지 않으십니다: "주께서는 제사를 기뻐하지 아니하시나니 그렇지 아니하면 내가 드렸을 것이라 주는 번제를 기뻐하지 아니하시나이다"(시 51:16). 다윗은 예식들에는 아랑곳하지 않았습니다. 그가 드린 진정으로 복음적인 기도는 "내게 들려 주시라"는 것이었습니다. 왜냐하면, 고침 받는 것이 모두 다 거기에 달려 있었기 때문입니다. 다윗이 바라고 기대했던 들음은 자신의 영혼 전체가 내면에서 영적으로 듣는 들음이었다는 것을 유념하십시오. 다윗이 "나로 하여금 듣게 해주소서"(한글개역개정에는 "내게 들려 주시사"로 되어 있음)라고 기도한 것에 깜짝 놀라는 사람도 있을 것입니다. "아니, 이게 도대체 무슨 소리야, 다윗에게는 귀가 없었나"라고 말이죠. 그렇다면, 다윗은 "하나님이여, 내게 선지자를 보내 주소서"라고 기도한 것입니까? 그렇지 않습니다. 당시에는 나단도 있었고 갓도 있었습니다. 당시 이스라엘에는 선지자들이 없었던 것이 아닙니다. 다윗은 하나님의 말씀을 자기에게 전해 줄 자를 구한 것이 아닙니다. 그렇다면, 그는 무엇을 구한 것입니까? 다윗은 귀가 먹어 버린 것입니까? 다윗은 영적으로 귀 먹은 상태였습니다. 하나님께서는 다윗에게 말씀을 들려주셨지만, 다윗은 그것을 제대로 들을 수 없었습니다. 그의 마음은 산만하게 흩어져 있었습니다. 그의 영혼은 폭풍우에 시달리고 있었습니다. 그의 양심은 그를 괴롭혔습니다. 율법의 경고의 말씀들이 그의 귓가에 천둥처럼 울렸기 때문에, "하나님께서 네 죄를 없이 하셨으니 네가 죽지 않으리라"는 말씀이 임하였어도 그는 그 말씀을 자신의 것으로 들을 수가 없었습니다. 그는 골방에 들어가서 그 말씀을 붙들고 기도하였지만, 그 말씀이 자기에게 적용되는 것을 느낄 수 없었습니다. 그래서 그는 들을 귀를 주시라고 기도합니다. 그는 이렇게 기도하는 것으로 보입니다: "주여, 내 귀를 깨끗이 청소해 주셔서, 내 가엾은 심령이 이 죄 사하시는 말씀을 붙들 수 있는 힘을 주심으로써 귀가 있어도 듣지 못하고 눈이 있어도 보지 못하며 깨닫지 못하는 자들과 같이 되게 하지 마옵소서." 나는 여러분이 육신의 귀로는 충분히 잘 들을 수 있게 할 수 있지만, 나의 아주 간절한 기도 중의 하나는, 하나님께서 여러분 모두, 특히 의기소침해 있는 분들과 위로 받기를 거부하고 있는 분들에게 내면에서 들을 수 있게 해주시라는 것입니다. 오늘 나는 애통해하는 분들이 다음과 같은 기도를 간절하게 함께 드리시기를 부탁하고, 하나님의 백성들도 그들을 위해 다함께 간구해 주시기를 부탁드립니다: "나로 하여금 듣게 하소서! 나로 하여금 저 보배로운 복음을 듣게 하소서. 나로 하여금 주의 참된 말씀을 듣고 받아들이게 하소서. 주여, 그 말씀이 지금까지 수많은 사람들에게 위로가 되어 왔듯이, 이제는 내게 위로가 되게 하소서. 주의 피로 말미암아 많은 사람들이 죄 사함 받아 온 것을 내가 압니다. 이제는 통회하는 이 불쌍한 종이 그들처럼 죄 사함을 얻게 하소서. 나는 주께는 사람들을 구원할 능력과 원함이 있으시다는 것을 의심하지 않지만, 나의 경우에는 장애물들과 난관들이 있습니다. 나의 죽은 소망들의 무덤의 입구를 막고 있는 돌을 굴리셔서, 나로 하여금 주 앞에서 살게 하소서. 주여, 그것은 진실로 전능자의 창조 사역이고, 주의 능력과 은혜가 밝게 드러나게 될 일입니다. 나로 하여금 듣게 하소서. 주께서는 태초에 귀를 만드셨으니 이제 그 귀를 새롭게 하실 수도 있으십니다. 나로 하여금 즐겁고 기쁜 소리를 듣게 하여 주소서.”

　　여러분에게 시편 기자의 마음이 전달됩니까? 그는 위로가 들음으로 말미암아 온다는 것을 알고 있지만, 그것은 영적인 들음이어야 한다는 것도 알고 있기 때문에, 그것을 하나님께 구하고 있는 것입니다.

3. 셋째로, 시편 기자가 품은 소망에 대해 살펴보겠습니다.

　　시간이 별로 없어서 세 번째 대지로 넘어가겠습니다. 시편 기자가 품은 소망은 무엇이었습니까? “주께서 꺾으신 뼈들도 즐거워하게 하소서.” 그는 “주께서 꺾으신 뼈들이 고통이 잦아들고 잠잠해져서 편안하게 해주소서”라고 기도하지 않았습니다. 그런 것으로는 충분하지 않았기 때문입니다. 또한, “주께서 꺾으신 뼈들이 무감각하게 되어 고통을 느끼지 않게 해주소서”라고 기도하지도 않았습니다. 그는 그런 식으로 기도하는 것을 격렬히 저항했을 것입니다. 도리어, 그는 “주께서 꺾으신 뼈들도 즐거워하게 하소서”라고 기도했습니다. 그는 담대하게 크신 긍휼을 구합니다. 그렇습니다. 지극히 큰 긍휼을 말입니다. 큰 죄인이 크신 하나님 앞으로 나아왔을 때는 큰 것들을 구하는 것이 좋습니다. 왜냐하면, 어차피 그는 아무것도 받을 자격이 없고, 모든 것이 은혜로 주어지는 까닭에, 작은 것이든 큰 것이든 동일한 긍휼하심 가운데서 주어지는 것이기 때문입니다. 그러므로 하나님께 구하는 죄인들이여, 담대한 마음으로 여러분의 입을 크게 벌리십시오. 하나님은 여러분의 입을 가득 채워 주실 것입니다.

　　이 말씀을 좀 더 자세히 보십시오: “주께서 꺾으신 뼈들도 즐거워하게 하소서.” 이것은 그가 믿음으로 그리스도를 바라볼 수 있고, 그리스도의 피가 우슬초로 자신의 영혼에 뿌려져서, 죄인들을 눈처럼 희게 하는 대속의 제사를 통해 온전한 죄 사함을 받게 되면, 자기가 이전보다 더 깊고 참된 기쁨을 소유하게 되리라는 것입니다. 지난날에는 그의 혀가 즐거워하였지만, 이제는 그의 뼈들이 즐거워하게 되리라는 것입니다. 전에는 그의 살이 즐거워하였지만, 이제는 그의 뼈와 골수가 즐거워하게 되리라는 것입니다. 그가 자신의 본성의 가장 깊은 곳에서 느꼈던 고통은 이제 마찬가지로 깊은 만족감으로 바뀌게 될 것입니다. 수맥까지 파 들어간 우물에서 땅의 중심으로부터 깨끗하고 신선한 물이 솟구쳐 나오듯이, 그의 기쁨도 그럴 것입니다. 그의 본성의 중심으로부터 거룩한 기쁨이 늘 새롭게 끊임없이 솟구쳐 올라오게 될 것입니다. 그는 죄가 무엇을 의미하는

지를 이제는 전에 알지 못했던 깊이로 알게 될 것입니다. 그는 죄에 대한 징계가 어떤 것인지를 이제는 전에 꿈도 꿀 수 없었던 깊이로 알게 될 것입니다. 그는 하나님의 긍휼하심이 무엇을 의미하는지를 이제는 전에 도저히 알 수 없었던 깊이로 알게 될 것입니다. 그러므로 그는 가장 깊은 곳에서 그때까지는 전혀 할 수 없었던 방식으로 하나님을 찬송하고 송축하게 될 것입니다. 자신의 연약함과 하나님의 구원의 능력에 대해 온 몸으로 깊이 고통스럽게 느끼게 되었던 저 복된 체험은 그에게 오직 뼈들만이 배울 수 있는 심령 깊은 곳에서 우러나오는 노래를 가르쳐 주었습니다. 형제들이여, 여러분은 우리의 영적 기쁨들 중 다수에는 엄청난 감정의 분출이 뒤따른다는 것을 압니다. 영적인 기쁨들은 육적으로 흥분되는 것과 아주 유사합니다. 특히 젊은 초신자들에게 기쁨은 단순한 정신적 기쁨의 수렁 속으로 빠져들기가 아주 쉽습니다. 우리의 기쁨은 흔히 우리가 원하는 것처럼 깊이 들어가지 못하지만, 뼈들이 꺾인 후에는 모든 것이 견고하고 확실합니다. 그럴 때에 우리의 기쁨은 생생함은 결여되어 있지만 깊고 견고합니다. 따라서 다윗은 "내 본성의 저 깊은 핵심, 내 영적인 존재의 핵심을 이루고 있는 것들이 노래하고 즐거워하게 될 것"이라고 말하고 있는 것입니다.

다윗은 자신의 기쁨이 영혼 전체의 기쁨 이상의 것이 될 것이라고 말하고 있다는 것을 다시 한 번 주목하십시오. 그는 "나의 꺾어진 뼈들이 모두 다 즐거워하게 되리라"고 복수형으로 말하고 있습니다. 그는 다수의 곤경을 겪었기 때문에, 하나님의 긍휼하심으로 말미암아 회복되었을 때에는 다수의 노래가 그에게서 나오게 될 것입니다. 한 사람의 존재 전체가 하나님을 찬송한다는 것은 쉬운 일이 아닙니다. 여러분은 성전에서 마음을 드려서 목소리 높여 하나님을 송축하면서도, 한편으로 여러분의 생각은 아픈 자녀나 악성 채무에 머물러 있는 경우가 종종 있었을 것입니다. 이것은 여러분의 존재 중에서 어떤 부분들은 연주가 되고 있지 않은 것입니다. 현악기를 연주하는데 모든 줄이 다 연주되고 있지 않은 경우처럼 말입니다. 그러나 뼈들이 꺾이는 과정을 겪어서, 사람이 하나님 앞에서 철저히 부수어졌음을 느낄 때, 그의 모든 생각은 자신의 참상에 집중되고, 그 참상에서 벗어났을 때에는 하나님의 긍휼하심에만 집중됩니다. 그래서 그는 자신의 모든 힘을 다해서 하나님을 송축하게 되는데, 이전에는 이렇게 송축하는 일이 결코 없었습니다. 하나님이 꺾으신 뼈들은 모두 다 그 어떤 불협화음도 없이 하나님을 찬송하게 됩니다.

　　그 뼈들이 즐거워하고 기뻐하는 것 속에는 그것들이 전에 꺾였었다는 흔적이 담겨 있습니다. 그때에 부러진 뼈들은 하나하나가 하나님을 송축하는 입이 됩니다. 그러한 찬송 속에는 늘 낮아짐과 온유함과 자애로움이 있을 것입니다. 나는 심벌즈의 높은 소리를 듣고 싶고, 누구 못지않게 "수금으로 여호와를 노래하라 초하루와 보름에 나팔을 불지어다"(시 81:3; 98:5)라고 소리 높여 외칠 수 있습니다. 나는 "주권자이신 왕 하나님을 소리 높여 찬양하라"고 열렬하게 외칠 수 있습니다. 그러나 때로는 생활의 부드러운 음이 나의 지친 귀에 가장 달콤한 음악이 됩니다. 그럴 때에는 승리의 나팔 소리는 전쟁터로 나가거나 잔치에서 흥겨워하는 사람들의 떠드는 소리처럼 느껴질 수 있습니다. 그러나 꺾인 뼈들의 부드러운 찬송은 유별나게 신성해서 주님의 거룩한 기쁨을 우리에게 상기시켜 줍니다. 그것은 주님이 "큰 회중 가운데에서 나의 찬송은 주께로부터 온 것이니 주를 경외하는 자 앞에서 나의 서원을 갚으리이다"(시 22:25)라고 말씀하셨을 때에 그의 영혼의 부드럽고 엄숙한 음악 같습니다. 주님이 십자가 위에서 하나님을 송축하며 "후손이 그를 섬길 것이요 대대에 주를 전할 것이며"(시 22:30)라고 말씀하셨을 때, 그의 기쁨은 참되고 깊은 것이었습니다. "잔잔한 물이 깊습니다." 깨어진 마음, 통회하는 마음은 바다와 거기에 충만한 것이 포효하는 것과 같지 않고, 저 은빛 강, 곧 "하나님의 성을 기쁘게 하는 시내"(시 46:4) 같이 잔잔히 흐릅니다.

　　다시 한 번 말씀드리지만, 시편 기자가 기대했던 기쁨은 하나님으로부터 오는 기쁨이었습니다. 이것은 이 절에 하나님이 두 번이나 등장하는 것에서 알 수 있습니다: "그가 뼈들을 꺾으시고, 그가 내 귀로 즐겁고 기쁜 소리를 듣게 하십니다." 하나님은 다윗의 뼈를 꺾으신 분이심과 동시에 고치시는 분으로 등장합니다. 호되게 맞고 나서 나중에 위로를 발견한 후에, 우리는 늘 이전보다 더 많이 우리 주 예수를 생각하게 됩니다. 내가 주님을 안 이래로 성장한 것이 있다면, 그것은 이 한 가지, 즉 성부, 성부, 성령 하나님을 더 자주 생생하게 생각하게 되었다는 것입니다. 내게도 교리가 먼저이고 가장 중요하다고 생각했던 적이 있었습니다. 내적인 경험이 내가 가장 소중히 여길 가치가 있는 것이라고 생각했던 적이 있었습니다. 나는 지금도 똑같은 생각이긴 하지만, 지금은 내 영혼이 하나님의 임재에 대한 깊은 지각을 지니고, 성부 하나님 및 성자 예수 그리스도와 매일 인격적으로 교제하고자 하는 열망을 지니고 있다는 것을 다른 무엇보다도 소중히 여깁니다. 하나님으로부터 이러한 지각이 충만히 채워지는 것이야말로 분명히 가장 좋은 길입니다. 왜냐하면, 교리는 단지 맛보지 못한 음식일 뿐일 수 있고, 경험은 단지 근거 없는 망상일 수 있기 때문입니다. 믿음으로 하나님을 의지하여 살아가고 마음으로 그리스도를 섬기며 성령의 내주하심을 느끼는 것, 이것이야말로 실체이고 진리입니다. 어떤 사람이 다윗이 하나님으로부터 입었던 것과 같은 긍휼하심을 입었다면, 하나님으로부터 오는 그의 기쁨은 이전보다 더 충만해질 것입니다.

또한, 여러분은 이 절에서 다윗은 자신의 기쁨이 한이 없을 것이라고 말하는 것을 보실 수 있습니다. "주께서 꺾으신 뼈들도 즐거워하게 하소서." 그렇지만 뼈들에게 그 기쁨은 얼마나 오랫동안 지속될까요? 그 기쁨은 한이 없습니다. 뼈들이 일단 기뻐하기 시작하면, 기쁨의 근거는 영원토록 지속됩니다. 죄 사함 받은 죄인에게서 나오는 감사는 결코 끊일 수 없습니다. 주께서 자기 백성 중에 가장 통회하는 자들에게 찾아오셔서 그들의 촛대를 밝히셨다면, 마귀는 그 촛불을 끌 수 없습니다. 최후의 원수인 사망도 이 거룩한 불꽃을 끄지 못할 것입니다. 형제들이여, 그리스도께서 여러분이 다시 죄악으로 돌아감으로써 겪게 된 온갖 해악을 치유하셨다면, 그것은 너무나 복된 일입니다. 그리스도를 의지해서 하나님께 간절히 기도함으로써 그 치유하심을 반드시 얻으십시오. 슬픔의 딸들과 고통의 아들들이여, 골방으로 들어가서 기도로 숨쉬십시오:

> "시은좌는 여전히 열려 있으니
> 여러분의 영혼으로 거기로 들어가 쉬게 하십시오."

하나님은 은혜 주시기 위하여 기다리고 계십니다. 하나님은 가엾은 탕자를 만나 사랑의 팔로 안아 주시기 위하여 오늘 복음 속에서 오십니다. 이 아침에 선포된 말씀 속에서 그리스도께서는 자신의 잃어버린 드라크마를 찾으시기 위해 이 전을 샅샅이 살피시고 계십니다. 선한 목자께서는 길을 잃고 방황하는 자신의 양을 찾고 계십니다. 하나님이 길을 잃은 자신의 사랑하는 자들을 애타게 찾으시는 긍휼의 땅에 여러분이 와 있다는 것을 기뻐하고 감사하십시오. 지금 예수께 나아오십시오. 지금 믿음으로 나아와서, 본문을 따라 "내게 즐겁고 기쁜 소리를 들려 주시사 주께서 꺾으신 뼈들도 즐거워하게 하소서"라고 기도하십시오.

제
54
장

—

그리스도인의 큰 사업

—

"주의 구원의 즐거움을 내게 회복시켜 주시고 자원하는 심
령을 주사 나를 붙드소서 그리하면 내가 범죄자에게 주의
도를 가르치리니 죄인들이 주께 돌아오리이다."
— 시 51:12-13

　　사랑하는 형제들이여, 죄인들은 모두 우리 주변에서 자신의 죄 가운데서 살
아가고 있습니다. 이 나라의 큰 도시들과 작은 도시들과 촌락들에 수많은 사람
들이 아주 깜깜한 영적 어둠 속에서 살아가고 있습니다. 그들은 영원한 일들에
대하여 좌우를 분별하지 못하는 자들입니다. 복음에 대해 표면적으로만 아는 수
많은 사람들도 보기는 보아도 분별하지 못하고 듣기는 들어도 깨닫지 못하는 사
람들입니다. 길을 잃고 방황하는 이 사람들 중에는 자신의 죄의 결과로 매일 너
무나 비참한 상태 속에서 살아가는 사람들이 많은데, 우리가 그들이 겪고 있는
것이 무엇인지를 제대로 안다면, 그들을 크게 불쌍히 여기게 될 것입니다. 만일
우리가 그들의 은밀한 신음소리를 들을 수 있다면, 우리가 그들에게 무관심하게
있는 것은 더 이상 불가능하게 될 것입니다. 이 모든 죄인들은 고통을 겪고 있든
그렇지 않든 하나님을 욕되게 하고, 하나님으로부터 창조주에 합당한 영광을 빼
앗으며, 구속주이신 주 예수께 그 어떤 영광도 돌리지 않고 있다는 점에서 주님
을 멸시하는 가운데 살아가고 있습니다. 우리가 제대로 된 마음을 지니고 있다
면, 우리는 이 세상에서 우리에게 넘쳐나는 죄악으로 인하여 날마다 고통스러워

하며 살아갈 수밖에 없습니다. 한편, 우리 주위의 도처에는 이 죄인들을 그들의 현재의 상태로 묶어 두어서 더 나은 삶으로 나아가는 것을 방해하는 강력한 세력이 있습니다. 우리는 한가할지 모르지만, 흑암의 세력과 그 대리인들은 바쁩니다. 그들은 사람들을 이런저런 잘못이나 오류로 이끌거나, 불신자들의 주위에 이런저런 덫을 놓고 함정을 파서 온갖 해악들을 행하느라 분주합니다. 이 순간에도 지옥은 소란합니다. 하나님의 교회가 부흥하지 않으면, 분명히 원수들 가운데 부흥이 있는 것입니다. 그들은 바다와 육지를 두루 다니며 개종자들을 만들어서 자기들보다 열 배나 더 심한 지옥의 자식으로 만듭니다. 악한 자의 군대의 활발한 활동은 살아 계신 하나님의 졸고 있는 군대를 깨우는 경보 역할을 하는 것이 마땅합니다. 잠자는 자들이여, 여러분은 무엇을 하고 있는 것입니까? 블레셋 사람들이 문 앞에 와 있으니 일어나십시오.

상황은 한층 더 심각합니다. 죄인들은 죽어가고 있습니다. 시간 시간마다 무수한 사람들이 다시는 돌아오지 못할 곳으로 황급히 가고 있습니다. 그들은 큰물에 휩쓸리듯이 그렇게 휩쓸려 갑니다. 그들은 잔디 깎는 기계의 칼날 앞에 있는 풀처럼 그렇게 쓰러집니다. 그런데 그들은 어디로 가고 있는 것입니까? 우리는 그들이 어디로 가고 있는지를 알지만, 별로 안타까워하지를 않습니다. 그들은 하나님의 임재와 모든 회복의 소망으로부터 멀어져 가고 있습니다. 그들에게 임할 화는 말로 표현할 수 없을 정도입니다. 하나님의 책에서 성령께서는 그들에 대하여 극단적인 표현들을 사용하시지만, 사실은 그런 표현들로도 그들에게 임할 화를 제대로 나타내는 것은 불가능합니다. 회개치 않고 고집을 부리며 멸망해 가는 모든 자들을 기다리고 있는 운명이 어떤 것인지는 사람이 눈으로 보지 못했고 귀로 듣지 못했으며 마음으로 생각하지 못했던 그런 것이라고 나는 말하고 싶습니다. 사랑하는 자들이여, 영혼들이 영원한 멸망 속으로 꺼져 들어가고 있다는 생각이 들 때마다 내 속에서는 여러분을 깨워야겠다는 마음이 용솟음칩니다. 나는 내 마음이 냉랭하다면 여러분 속에 영혼들에 대한 열심이 없는 것에 대하여 나도 책임이 있다고 생각하지만, 내가 하나님의 도우심으로 간절한 마음을 지니고 있다면, 그 간절함이 주변의 모든 그리스도인들에게 전염되어서 그들도 영혼들에 대하여 깊은 관심을 갖게 되기를 소망합니다.

오늘 우리가 다룰 주제는 그리스도인의 평생의 사업, 즉 죄를 범한 자들과 죄인들에게 하나님의 도를 가르쳐서 회심하고 하나님께 돌아오게 하는 것입니다. 우리는 이 주제를 네 개의 대지로 나누어 다루어볼까 합니다. 첫 번째로, 우리는 누가 다른 사람들을 가르칠 수 있는가를 살펴볼 것입니다. 두 번째로는, 그들이 가르치는 목적이 무엇이냐 하는 것에 대하여 살펴보고, 세 번째로는, 그들은 왜 이렇게 다른 사람들의 회심을 위해 애써야 하느냐를 살펴보겠습니다. 그리고 네 번째는 그들이 어떻게 그런 일을 할 수 있느냐에 대한 것입니다. 왜냐하면, 그리스도인들 중에는 그런 일을 하기 위해서는 약간의 실제적인 지침이 필요한 사람들도 있을 것이기 때문입니다.

1. 첫째로, 누가 범죄자들을 가르쳐서 하나님께로 돌아오게 할 수 있느냐는 것입니다.

이 물음에 대한 대답은 쉽습니다. 오늘의 본문이 속해 있는 시편은 결국에는 죄 사함 받은 기쁨으로 끝나기는 하지만 깊은 참회로 점철되어 있습니다. 우리 앞에 있는 말씀은 죄 사함을 받아 회복된 기쁨을 노래하고 있습니다. 따라서 다른 사람들에게 하나님의 도를 가르칠 수 있는 사람은 그 자신이 먼저 죄 사함을 받은 자입니다. 죄의 짐에 의해 눌려온 자들, 자신의 영혼 속에서 죄를 깨달은 자들, 하나님의 진노가 자기에게 임하여 있다는 것을 알고서 재 가운데서 무릎을 꿇고 앉아 있던 자들이 아니라면, 그 누가 죄책에 대하여 말할 수 있겠습니까? 그들은 자기가 직접 느낀 것들에 대해서 권위를 갖고 얘기할 수 있습니다. 그런 사람들은 우리의 죄를 사하시는 사랑과 우리를 깨끗하게 하시는 피에 대하여 얘기할 때에, 하나님이 그들의 죄를 사해 주시고 덮어 주신 바로 저 복된 순간을 얼마나 감격해서 얘기하겠습니까! 이 사람들은 인간의 존엄성이나 탁월한 미덕들이나 도덕을 함양하는 것의 장점 등에 대한 얘기를 길게 늘어놓는 사람들이 아닙니다. 그들이 하는 얘기는 전혀 다른 종류의 것입니다. 그들은 이렇게 부르짖습니다: "우리는 스스로 망했고, 우리의 모든 도움은 오직 예수 안에 있습니다. 우리는 정죄를 받았기 때문에, 우리에게는 스스로를 의롭게 할 수 있는 그 어떤 수단도 없고, 오직 아벨의 피보다 더 낫게 말씀하시는 보배로운 피만 있사오니, 우리가 그 피를 의지하여 간구합니다." 죄 사함 받은 죄인들이여, 하나님의 은혜가 여러분에게 무엇을 행하셨는지를 가서 전하십시오. 그 얘기를 다른 사람들에게 잘 전할 수 있는 자는 이 세상에서 오직 여러분뿐입니다. 사람들이 듣고 살아나게 되기를 소망하며 그 얘기를 전하십시오.

모든 죄 사함 받은 죄인들이 그렇게 해야 하지만, 우리는 하나님의 구원의 기쁨으로 충만할 때가 그렇게 하는 데 가장 적절한 때라는 것을 기억하여야 합니다. 본문에 나오는 기도를 주목하십시오: "주의 구원의 즐거움을 내게 회복시켜 주소서 그리하면 내가 범죄자에게 주의 도를 가르치리이다." 여러분이 구원 받았는지가 의심스럽든지, 성령의 검이 여러분의 손에서 녹슬어 있거나 칼집에 꽂아진 채로 있다면, 여러분의 팔은 의심으로 두려워 떨게 되고, 여러분은 거룩한 전쟁 무기들을 힘 있게 휘두를 수 없습니다. 여러분은 자신이 죄 사함 받았다는 것과 보배로운 피의 능력이 자기에게서 입증되었다는 것을 스스로 알고 있어야만, 다른 사람들이 믿게 될 것이라는 소망을 가지고서 메시지를 전할 수 있습니다. 루터가 하나님과 화평을 이루기 전에 병상에 누워 근심하며 슬퍼하고 있을 때, 진정으로 은혜 충만한 한 수도사가 그의 병상에 와서 "나는 죄 사함을 믿습니다"라고 말했답니다. 루터는 전에는 자신이 신조 속에서 그 말씀을 수없이 반복하였지만 단 한 번도 그 말씀의 능력을 느낀 적이 없었기 때문에 그 수도사를 쳐다보았습니다. 그러자 하나님의 사람은 이렇게 말했습니다: "당신은 다윗의 죄 사함을 믿습니다. 당신은 베드로의 죄 사함을 믿습니다. 마찬가지로 예수의 보배 피로 말미암아 당신 자신의 죄도 사함 받았음을 믿으십시오." 루터는 정말 그것을 믿었고, 그 때로부터 하나님이 보내신 사람 같이 말할 수 있었습니다. 그는 정말 믿었던 까닭에 힘 있게 말씀을 전할 수 있었기 때문입니다. 그는 이신칭의 교리를 전하면서 포효하는 사자처럼 정말 힘 있게 외쳤습니다. 그의 영혼 속에서 하나님으로부터 온 기쁨이 그가 다른 사람들에게 말씀을 증거할 수 있는 힘이 되어 주었기 때문입니다. 어떤 사람들이 교리적인 가르침들이 과연 옳은지를 의심하고 마음이 흔들려서 이런저런 견해나 의견들을 말하는 것은 이상한 일이 아닙니다. 그러나 일단 그들이 상한 심령이 되어 하나님의 법을 어기는 두려움을 맛보고, 자신의 마음의 상처를 싸매어 주시는 보배로운 피의 능력을 알게 되면, 그들은 자신이 경험한 확실한 것들에 대하여 얘기하게 될 것이고, 우리처럼 다른 사람들로부터 독단적이라는 비난을 받게 될 것입니다. 자신의 목숨이나 다름없는 것, 자신의 실존만큼이나 확실한 것에 대하여 독단적이지 않을 사람이 누가 있겠습니까? 우리가 하나님으로부터 오는 구원의 즐거움을 맛보고 있다면, 우리는 죄인들에게 나아가서 "만약"과 "그러나"라는 표현을 사용하지 않게 될 것이고, 오직 믿음으로 진리를 선포하여, 하나님의 은혜로 말미암아 그들로 믿게 하고자 할 것입니다.

　　우리가 영혼을 얻고자 한다면, 성령이 우리 위에 임하여 있어야 합니다. 왜냐하면, 본문은 "주의 성령으로 나를 붙드소서"(KJV, 한글개역개정에는 "자원하는 심령을 주사 나를 붙드소서"로 되어 있음)라고 말씀하기 때문입니다. 교회에 임하여 계시는 하나님의 성령은 교회가 하나님께 속하였음을 증명해 주는 영속적인 이적입니다. 만일 하나님의 성령이 교회를 떠나면, 교회의 설 자리는 없어지게 됩니다. 그러나 교회에 임재해 계시는 성령은 교회가 자신의 것이라는 하나님의 증언이자 하나님에 대한 교회의 증언을 힘 있게 해주는 것입니다. 사랑하는 자들이여, 성령이 여러분에게 임하여 계속적으로 머물러 계신다면, 여러분은 주님의 은혜와 우리를 죽기까지 사랑하신 그 사랑을 감격해서 전하게 될 것입니다. 그때그때 전해야 할 말씀들이 여러분에게 주어질 것입니다. 주님께서 우리가 전한 말씀을 바로 즉석에서 주실 것이기 때문입니다. 말씀을 전할 때에 여러분에게 올바른 감정도 주어질 것입니다. 하나님의 성령께서 여러분 속에 상대방을 사랑하고 불쌍히 여기는 마음을 주실 것이기 때문입니다. 얼어붙었던 여러분의 영혼이 녹고, 다시 죄에 빠져 살았던 오랜 겨울의 지독한 한기도 다시 돌아온 의의 해로 말미암아 사라져서, 추웠던 사망의 계절이 지나고, 새들이 노래하는 시절이 여러분의 영혼에 오게 될 것입니다. 그렇게 되었을 때, 여러분은 범죄자들에게 하나님의 도를 가르칠 수 있습니다. 형제들이여, 여러분의 영혼에 부흥의 때가 임하게 해주시라고 기도하시고, 성령께서 여러분에게 임하시도록 구하시며, 주님께서 마른 뼈들에게만이 아니라, 죽은 자들의 골짜기에서 예언해야 할 사람들에게도 사방으로부터 생기를 보내 주시라고 간구하십시오.

　　또한, 우리가 영혼들의 회심을 위하여 하나님을 잘 증거하고자 한다면, 하나님의 성령께서 우리를 붙들어 주셔서 우리로 언행이 일치하는 삶을 살게 해주셔야 한다는 것을 유념하십시오: "주의 성령으로 나를 붙드소서"(KJV). 형제들이여, 매일의 삶 속에서 여러분의 언행이 일치하지 않는다면, 여러분이 어떻게 다른 사람들에게 유익을 끼치기를 기대할 수 있겠습니까! "행동이 말보다 더 큰 소리로 말한다"라는 옛 격언은 딱 맞는 말입니다. 우리가 죄악에 빠져 있으면서 죄의 해악에 대해 사람들에게 얘기한다면, 그들이 우리의 행실을 보고 무슨 생각을 하겠습니까? 우리가 죄악을 즐기고 있으면서 다른 사람들에게 죄악에 대한 하나님의 진노를 얘기한다면, 과연 그들이 우리의 말을 믿어 주겠습니까?

우리가 스스로 사람들을 사랑하지도 않으면서 죽기까지 우리를 사랑하신 구주의 사랑에 대하여 얘기한다면, 그들이 우리를 그리스도의 제자라고 믿어 주겠습니까? 우리의 행실 속에서 하나님의 은혜가 전혀 나타나지 않는데, 우리가 은혜의 능력에 대해 얘기해 보아야, 그런 말은 공허할 수밖에 없습니다. 아무리 청산유수처럼 복음을 증거한다고 해도, 우리의 언행이 일치하지 않는다면, 차라리 침묵하는 편이 더 나을지도 모릅니다. 우리의 삶이 거룩하지 않다면, 우리는 한 손으로 벽돌을 서툴게 쌓아올리면서, 다른 한 손으로는 능숙하게 그것을 허물어 버리고 있는 것입니다. 우리의 언행은 일치해야 하기 때문에, 우리는 "주의 성령으로 나를 붙드소서"라고 기도해야 합니다. 그렇지 않으면, 우리는 범죄자들을 가르칠 수 없습니다. 그러므로 우리는 "나는 당신보다 더 거룩하니 가까이 오지 마시오"라고 말해서는 안 되고, 도리어 우리가 죄에서 떠난 삶을 살아갈 수 있는 것이 전적으로 하나님의 은혜로 말미암은 것임을 알고서, 아무리 흉악한 범죄자들에게라도 가까이 다가가 하나님의 도를 가르쳐서, 그들로 하여금 하나님께로 돌아올 수 있게 하는 것이 마땅합니다.

형제들이여, 본문은 죄사함 받고서 성령에 붙잡힌 바 되어 구원을 즐거워하며 성령의 붙들어 주심으로 말미암아 언행이 일치하는 삶을 살게 된 죄인들이야말로 하나님이 사람들을 회심시키기 위해 택하신 도구들이라는 것을 우리에게 분명히 보여줍니다. 우리는 이 점을 명심하고서 거기에 걸맞게 행하여야 합니다. 나는 본문, 아니 성경의 그 어디에서도 신자들 중 특정한 일부 직분자들을 선택하셔서 오직 그들에게만 죄인들을 회심시키는 일을 하게 하신다는 말씀을 본 적이 없습니다. 지금까지 하나님의 교회에 가해진 가장 치명적인 해악들 중 하나는 성직자와 평신도를 구별하는 제도가 도입된 것이었습니다. 실제로 하나님의 말씀에는 그런 구별이 존재하지 않습니다. 도리어 정반대로, 한 사도는 성도들에게 "너희는 하나님의 기업을 맡은 자들"(cf. 벧전 5:3)이라고 말하고, 또다른 사도는 주 예수께서 너희 중 일부가 아니라 너희 모두, 즉 하나님의 백성 전부를 하나님 앞에서 왕과 제사장들로 삼으셨다고 말합니다. 따라서 성직자들은 신자들에 대하여 그 어떤 우월감도 가져서는 결코 안 됩니다. 목회는 성직자들의 전유물이 아니고, 여러분 모두가 자신이 받은 은사와 은혜를 따라 목회를 하는 것입니다. 그리스도의 몸을 이루고 있는 모든 지체들은 다 각자 담당해야 할 목회가 있습니다. 오직 혀만이 아니라, 손과 발, 심지어 몸 가운데서 거의 눈에 띄지 않고 아름다워 보이지도 않는 부분들도 몸 전체의 건강을 위해 필수적이기 때문에 각자 자신의 자리를 지키고 있어야 합니다. 그러므로 여러분은 "목사님이 범죄자들을 가르쳐서 죄인들로 하여금 하나님께 돌아오게 하시도록 우리가 기도로 돕겠습니다"라는 말로 책임을 회피해서는 안 됩니다. 형제들이여, 나는 여러분의 기도가 너무나 필요하기 때문에 여러분이 나를 위해 기도해 주시는 것을 정말 환영합니다. 그러나 여러분이 나를 위해 기도해 주셨다고 해서, 여러분도 주님의 피로 사신 바 된 자들로서 모든 힘을 다해 주님을 섬겨야 한다는 사실을 잊어서는 안 됩니다.

또한, 본문은 뛰어난 능력을 지닌 사람들만이 범죄자들을 가르치는 일을 담당해야 한다고 말씀하고 있는 것도 아닙니다. 능력이 별로 없어서 한 달란트만을 가지고 있는 사람도 그 이상의 달란트를 가진 사람들과 마찬가지로 부지런히 주님을 섬겨야 합니다. 또한, 일이 많아서 범죄자들을 가르치는 사역을 할 수 없다는 핑계도 통하지 않습니다. 왜냐하면, 다윗도 할 일이 태산 같이 많았던 왕이었기 때문입니다. 나라를 경영하려면 생각도 많이 해야 하고 활동도 많을 수밖에 없기 때문에, 다윗은 영적인 사역에서는 자기가 빠져도 된다고 주장할 수도 있었을 것입니다. 그러나 그는 자기가 죄인이었다는 것을 알고 있었고, 구원받았다는 것도 알고 있었기 때문에, 다른 사람들이 구원받도록 돕는 사역을 기꺼이 하고자 하였습니다. 여러분은 구원받으셨습니까? 사랑하는 형제여, 당신이 해야 할 일들이 산더미처럼 쌓여 있을지라도, "내가 범죄자에게 주의 도를 가르치리니 죄인들이 주께 돌아오리이다"라고 말하십시오. 사랑하는 자들이여, 구원받은 자들이 복음을 전하지 않는다면, 누가 복음을 전하겠습니까? 마귀가 사람들을 구원하기 위해 애쓰겠습니까, 마귀의 종들이 그렇게 하겠습니까? 스스로 거짓된 생각 속에 빠져 있거나 불신앙 가운데 있는 사람들이 다른 사람들을 예수께로 회심하도록 하기 위해 애쓰겠습니까? 그들이 그렇게 하지 않으리라는 것은 여러분이 너무도 잘 압니다. 그렇다면, 누가 그렇게 해야 하겠습니까? "악인에게는 하나님이 이르시되 네가 어찌하여 내 율례를 전하며 내 언약을 네 입에 두느냐"(시 50:16)고 하십니다. 중생한 자들 외에는 하나님의 일들을 가르쳐서는 안 되고, 중생한 자들이 이 일을 해야 할 이유는 헤아릴 수 없이 많습니다.

그리스도 안에서 나의 사랑하는 형제들이여, 길을 잃고 방황하는 영혼들을 찾아서 그리스도께로 인도하는 의무가 우리에게 주어져 있는 것이 아니라면, 도대체 누구에게 그런 의무가 주어질 수 있겠습니까? 다른 누가 그 일을 할 수 있겠습니까? 맹인으로 하여금 맹인을 인도하게 할 수 있겠습니까? 죽은 자들이 죽은 자들에게 예언할 수 있겠습니까? 자신의 심령이 새로워지지 않은 사람이 어떻게 중생과 성령의 살리시는 능력에 대해 말할 수 있겠습니까? 성도들의 혀가 예수를 전하지 않는다면, 예수에 대한 증언은 인간 세상 가운데서 사라져 버릴 것임을 명심하십시오. 성도들이 복음을 전하지 않는다면, 천사들이라도 복음을 전할 수 있는 것이 아닙니다. 천사들에게는 그런 소임이 맡겨져 있지 않기 때문에, 죄인들은 지식이 없어서 멸망하게 될 것입니다. 이 일은 하나님의 교회에 맡겨져 있습니다. 교회가 이 일을 충성되게 감당하지 않는다면, 모든 사람들의 피에 대하여 책임을 면하지 못하게 될 것입니다.

2. 둘째로, 신자는 영혼들에 대하여 이 일을 할 때에 무엇을 목표로 하여야 합니까?

형제들이여, 우리의 큰 목표는 범죄자들의 회심입니다: "내가 범죄자에게 주의 도를 가르치리니 죄인들이 주께 돌아오리이다." 우리는 그 사람들이 어떤 부류의 사람들인지 모든 사람의 회심을 목표로 하여야 합니다. 사회의 각계각층의 사람들이 그리스도의 피로 구속받아 하나님의 자녀들이 되어 왔습니다. 우리는 우리 자녀들의 회심, 그리고 은혜의 방편들의 그늘 아래에서 늘 우리와 함께 앉아 있는 사람들의 회심을 구하여야 합니다. 여러분이 잊지 않도록 하기 위해서 내가 다시 한 번 강조해 두고자 하는 것은 세상에서 그 누구보다도 더 분명하게 범죄자인 사람들이 있다면, 그들은 우리가 그리스도를 향한 우리의 사랑으로 말미암아 하나님의 도를 가장 간절하게 가르치지 않을 수 없는 사람들이라는 것입니다. 왜냐하면, 만일 어떤 사람이 회심하였느냐에 따라 하나님께서 받으시는 영광의 정도에 차이가 있다면, 악명 높은 죄인이 회심할수록 하나님께 돌아가는 영광이 더 클 것이기 때문입니다. 큰 죄가 사하심을 받았거나, 어떤 사람이 흉악한 죄에서 벗어났거나, 타락한 여자가 건짐을 받았을 때, 하나님의 은혜가 더 두드러지게 됩니다. 어둠이 깊을수록 빛이 더 절실히 필요하고, 병이 깊을수록 의사가 더 절실히 필요하다는 사실을 하나님의 교회는 기억하여야 합니다. 따라서 하나님의 교회는 가장 흉악한 죄와 싸우기 위해 온 힘을 기울이지 않으면 안 됩니다. 우리의 목표는 단지 죄인들의 갱생이 아니라 회심입니다. 어떤 사람을 갱생시켜서 그 사람이 정신을 차리고 건전하고 정직하며 근면하게 살아갈 수 있게 되었다면, 그것은 좋은 일입니다. 노아의 방주에 있던 짐승들이 아주 고분고분했던 것은 좋은 일이었습니다. 그러나 그 짐승들이 방주에 들어갔다고 해서 변한 것은 없었습니다. 방주에서 나올 때에도 여전히 사자는 사자였고, 독사는 독사였습니다. 우리가 이루고자 하는 일은 단순한 통제나 교육보다 훨씬 더 큰 일, 즉 철저한 변화입니다. 우리는 사자들이 어린 양이 되고, 뱀들이 비둘기가 되게 해주시라고 기도합니다. 이것보다 못한 목표는 그리스도인들이 목숨을 걸 만한 목표가 될 수 없습니다. 왜냐하면, 교회가 굳이 그런 목표를 추구하지 않아도, 세상에는 사람들의 도덕적인 갱생을 위하여 열심히 일하는 인도주의적인 사람들이 도처에 널려 있기 때문입니다. 물론, 우리는 할 수 있는 한 그런 일에도 참여해야 하지만, 그런 일은 부차적인 일일 뿐입니다. 우리의 본업은 좀 더 근본적인 것, 즉 나무의 뿌리에 도끼를 대서 본성을 변화시키는 것입니다. 우리의 목표는 좀 더 영원한 것입니다. 우리는 영원히 죽지 않는 영혼들을 다루고, 그 영혼들의 영원한 미래를 다룹니다. 사랑하는 자들이여, 우리는 이 점을 명심하고서, 사람들의 회심에 못 미치는 그 어떤 것들에도 만족해서는 안 됩니다. 그리고 회심은 하나님을 향한 것이어야 합니다: "죄인들이 주께 돌아오리이다." 나는 어떤 형제가 마음을 바꾸어서 세례나 교회의 치리, 그리고 더 심오한 교리들에 대한 성경적 견해들을 받아들이게 된 것을 보면 무척 기쁩니다. 형제들이 진리들을 배우는 것은 언제나 바람직한 일이지만, 개개 형제들이 먼저 하나님께로 회심하지 않았다면, 그런 진리들을 알고 배우는 것이 무슨 소용이 있겠습니까? 모든 그리스도인들의 사역의 주된 목적은 죄인들로 하여금 하나님께로 회심하여, 전에 잊고 살았던 하나님을 사랑하게 되고, 전에 멸시하던 그리스도를 경배하며, 전에 근심하게 해드렸던 성령의 능력을 체험하게 하는 것이 되어야 합니다. 죄인들이여, 우리가 원하는 것은 여러분의 겉만 씻어서 그리스도인처럼 보이게 하는 것이 아니라, 여러분의 내면을 새롭게 해서 우리가 원하는 새 마음과 바른 영을 갖게 하는 것입니다: "내가 네게 거듭나야 하겠다"(요 3:7). 단도직입적으로 말해서, 우리가 기도하는 것은 여러분이 탕자처럼 하나님께 돌아와서, "아버지 내가 하늘과 아버지께 죄를 지었사오니"(눅 15:18)라고 말하게 되는 것입니다. 이러한 복된 회심이 여러분에게 있기를 빕니다. 왜냐하면, 오직 그럴 때에만 여러분은 영광을 받기에 합당한 자가 될 수 있기 때문입니다. 여러분이 회심하여 어린아이처럼 되지 않는다면, 결단코 천국에 들어갈 수 없습니다.

이러한 사역은 가르침을 통해서 수행되어야 합니다: "그리하면 내가 범죄자에게 주의 도를 가르치리니 죄인들이 주께 돌아오리이다." 가톨릭이나 성공회처럼 무슨 행렬이나 그림들, 분향과 퍼포먼스 등을 통해서는 이 일을 할 수 없습니다. 우리가 아는 어떤 형제들처럼 "믿으시오! 믿으시오! 믿으시오!"라고 무턱대고 큰 소리로 외치고 돌아다니기는 하지만, 정작 무엇을 믿어야 하고 신앙이 무엇인지를 사람들에게 말해주지 않는다면, 그렇게 해서도 이 일을 할 수 없습니다. 거기에는 가르침이 없습니다. 가르침에 온 힘을 쏟되, 그 가르침은 건전하고 참된 것이어야 합니다. 죄인들은 바로 그러한 가르침을 통해서 하나님께로 회심하게 됩니다.

가장 중요한 가르침은 하나님의 도에 관한 것입니다. 즉, 하나님이 어떻게 죄를 벌하시고, 어떻게 죄를 사하시며, 어떻게 대속 제물이신 그리스도로 말미암아 은혜를 베푸시는지에 관한 "도"(way)를 가르치는 것이 중요합니다. 하나님이 예수를 믿는 믿음으로 말미암아 사람들의 죄를 사하시는 도, 하나님이 사람들을 상하게 하시거나 고치시고 죽이시거나 살리는 도, 하나님이 영원하신 성령을 보내서서 사람들을 기다리시거나 사람들 때문에 지체하지도 않으시면서 사람들 가운데서 자신의 뜻대로 역사하시는 도에 관한 가르침들이 가장 중요한 가르침입니다. 우리가 하나님의 도를 더 많이 선포할수록, 죄인들이 하나님께로 회심하게 될 가능성은 더 높아집니다. 형제들이여, 이제 여러분은 무엇을 목표로 삼아야 하는지를 알았기 때문에, 그 목표 이외의 다른 것으로 만족해서는 안 됩니다. 우리는 연초에 우리 각자가 적어도 한 영혼씩을 회심시키기로 작정하지 않았습니까? 형제들이여, 우리는 이제 9월로 접어들었습니다. 여러분이 작정한 대로 이루어졌습니까? 여러분의 사랑의 수고가 하나님의 축복으로 열매를 맺었습니까? 나는 여러분 중에서 어떤 분들은 벌써 여러 명의 영혼들을 예수께로 인도하신 것으로 알고 있습니다. 어떤 분은 지난 몇 달 새에 여러 명의 영혼들을 예수께로 인도하여 이 자리로 모셔 와서 자신의 자리를 그들에게 양보하고 그들로 편안히 예배를 드릴 수 있도록 도와 왔는데, 나는 그분을 지금 이 자리에서 호명할 수 있지만, 그분이 곤란해하실 것 같아서 그렇게 하지 않겠습니다. 그분은 그들에게 힘이 되는 말도 해드리고, 그들을 정성껏 돌봐드리고 있기 때문에, 그분에게는 그들을 예수께로 인도한 기쁨이 넘칩니다. 이 일로 인하여 하나님께 감사합니다. 이 기쁨이 여러분 모두의 기쁨이 되시기를 빕니다. 형제들이여, 여러분은 이와 비슷한 일을 하고 계십니까, 아니면 어떤 다른 방식으로 예수를 위해 힘쓰고 계십니까? 만일 그렇지 않다면, 하나님께서 여러분이 올해의 이 남은 몇 주 동안 성령의 능력으로 주님을 위해 뭔가를 이루게 하시기를 빕니다.

3. 셋째로, 왜 우리는 죄인들의 회심을 위해 일해야 합니까?

사랑하는 형제들이여, 이제 나는 남은 힘을 다 끌어 모아서 여러분에게 세 번째 대지를 전하고자 합니다. 우리가 죄인들을 회심시키는 일을 해야 하는 첫 번째 이유는, 그렇게 할 때에 우리는 많은 질병들로부터 벗어날 수 있게 되기 때문입니다. 이것은 우리에게 가장 약한 동기가 될 것입니다. 나는 그리스도인들이 영혼들을 얻는 일에 힘쓰지 않으면 많은 영적 질병들에 걸리게 된다고 믿습니다. 사마리아 성문 밖에 있던 나병환자들은 아람 군대가 도망쳤다는 사실을 알고서, 아람 군대의 진영 여기저기를 돌아다니며 배불리 먹은 후에, "우리가 이렇게 해서는 아니되겠도다 오늘은 아름다운 소식이 있는 날이거늘 우리가 침묵하고 있도다 만일 밝은 아침까지 기다리면 벌이 우리에게 미칠지니 이제 떠나 왕궁에 가서 알리자"(왕하 7:9)라고 말했습니다. 그들은 이 좋은 소식을 알리지 않았다가는 자신들에게 해가 미치리라는 것을 느꼈던 것입니다. 나는 하나님께서는 흔히 자기가 베푸신 은혜들에 대하여 합당치 않게 침묵한 자기 백성들에게 고통을 보내어 징계하신다는 것을 여러분에게 엄숙하게 말씀드립니다. 신앙심 깊은 그리스도인이기도 했던 한 유명한 의사가 그리스도를 믿는다고 자처하는 한 숙녀분의 집에 왕진을 갔는데, 그 숙녀분은 실제로는 병에 걸리지도 않았는데 상상 속에서 병에 걸렸다고 생각하여 자주 괴로움을 겪는 그런 분이었답니다. 나는 그분 외에도 여러 숙녀분들이 그런 상상 속의 병으로 인해 고통 받는 것을 보아 왔습니다. 이 선한 의사는 자주 왕진을 가게 되었고, 그러던 어느 날 마침내 그 숙녀분에게 "부인, 제가 당신을 건강하게 해드릴 수 있는 처방을 해드리고 싶은데, 처방대로만 하시면 반드시 건강해지실 것입니다"라고 말했고, 숙녀분이 "건강해질 수만 있다면 반드시 처방을 따르겠습니다"라고 대답하자, "부인, 그러면 오늘 저녁에 처방전을 보내드리겠습니다"라고 말했답니다. 저녁에 도착한 처방전에는 "누군가에게 선행을 하십시오"라고 적혀 있었습니다. 그녀는 처방전에 따라 먼저 가난한 이웃을 구제한 후에, 자신의 도움이 필요한 사람들을 찾아 나섰습니다. 그러자 그렇게 항상 의기소침하고 신경질적이며 잡념으로 시달리던 그 숙녀분은 건강하고 쾌활한 여성이 되었습니다. 왜냐하면, 그녀는 살아가는 목표를 가지게 되었고, 사람들에게 선행을 베풀면서 그 일 속에서 기쁨을 발견하였기 때문입니다. 나는 뭔가에 묶여 살아가고 있는 많은 분들에게 이 처방을 권합니다. 왜냐하면, 나는 하루도 고통스럽지 않은 날이 없는 삶을 사는데도 언제나 행복으로 가득한 삶을 사는 형제와 자매들을 알고 있는데, 그들이 행복한 비결은 자신의 재물로 주님을 섬기는 삶을 사는 데 있음을 알기 때문입니다. 여러분 중에서 어떤 분들은 자신에게 그리 필요하지 않은 물건들을 가지고 아주 선한 일을 하실 수도 있습니다. 또한, 그리스도인으로 살아가는 데 없는 것이 더 좋은 장신구들이 있다면, 그런 것들을 팔아서 좋은 일에 사용할 수도 있을 것입니다. 나는 많은 그리스도인들이 올리버 크롬웰(Oliver Cromwell)의 모범을 따랐으면 좋겠습니다. 그는 엑서터 성당에 갔다가 은으로 만들어진 거대한 열두사도상을 보고서, "이 신사 분들이 여기에서 무엇을 하고 계시나?"라고 말했답니다. 사람들이 "이건 열두 사도들의 상입니다"라고 대답하자, 그는 "이 상들을 녹여서 선한 일을 하는 곳으로 보내세요"라고 말했습니다. 나는 그리스도인들이 자신의 금은 보석 중 얼마 정도는 그렇게 했으면 좋겠다고 생각합니다. 우리 자신을 위해서라도 우리가 가지고 있는 금과 은에 좀과 동록이 슬기 전에 그런 것들을 팔아서 선한 일을 하는 데 사용하시기 바랍니다. 그렇습니다. 모든 수단과 방법을 동원해서라도 사람들의 영혼을 하나님께로 인도하십시오. 복음을 자기 자신만 간직하고 있다가는 여러분에게 해악이 임하게 될 것입니다.

두 번째로, 죄인들을 회심시키는 일에 힘쓰면, 여러분의 기쁨이 크게 더해질 것입니다. 복음을 전하는 자가 되는 것을 좋아하지 않을 사람이 누가 있겠습니까? 대속의 은혜와 우리를 죽기까지 사랑하신 그 사랑에 관한 유쾌한 이야기, 구주께서 하늘로부터 이 땅에 임하셨다가 땅에서 들리셔서 승천하셨다는 즐거운 이야기, 우리 자신의 회심에 관한 이야기, 회심한 이래로 우리를 향하신 하나님의 선하심에 관한 이야기 — 이런 이야기를 전하는 것은 즐겁고 기쁜 일일 수밖에 없습니다. 여러분이 예수를 전하여 한 죄인을 하나님께로 돌아오게 하는 데 성공한다면, 그때에 기쁨이 여러분에게 임합니다. 산모가 첫 아이를 낳았을 때에 그 기쁨이 너무나 커서 사람이 세상에 태어난 것에 대한 기쁨으로 말미암아 산고를 잊어버립니다. 하지만 내가 단언하건대, 여러분이 한 명의 죄인을 하나님의 자녀로 거듭나게 한 기쁨은 첫 아이를 낳았을 때의 산모의 기쁨보다 더 커서, 그 영혼을 예수께로 인도하기 위하여 여러분이 노심초사했던 모든 괴로움을 다 잊어버리게 될 것입니다. 왜냐하면, 여러분은 구속주의 면류관을 장식하게 될 영혼을 한 명 더 얻게 되었다는 것을 알게 되는 지극한 복을 받게 될 것이기 때문입니다. 영혼들을 얻을 수 있는 우리의 삶은 행복한 삶입니다! 내 영혼은 의기소침하고 고통을 받기가 너무나 쉽지만, 주님과의 교제 다음으로 나의 가장 큰 위로는 영혼들이 구원받았다는 기쁜 소식을 접하는 것입니다. 여기에 실론에서 온 감사 편지도 있고, 북부 노르웨이에서 온 편지도 있는데, 거기에는 "저로 하여금 목사님의 설교들을 읽고서 구주를 만나게 하신 하나님을 찬송합니다"라고 적혀 있습니다. 또한, 나는 미국에 사는 한 저명한 유대교 랍비가 나의 한 편의 설교를 읽고 침례교 목사가 되었다는 말도 들었습니다. 얼마 전에 나는 하바나의 한 병원에서 막 퇴원한 한 선원으로부터 편지를 한 통 받았습니다. 그 편지에서 그 선원은 자기가 입원해 있을 때에 자신의 옆 병상에 있던 한 환자가 죽기 전에 소중히 받아 주겠다고 약속하기만 한다면 그의 보배를 주겠다고 말하고서는, "그 설교들이 내 영혼을 구원하였으니, 당신의 영혼도 구원하게 되기를 바랍니다"라는 말과 함께 나의 여러 편의 설교들을 한데 묶은 것을 건네 주었다고 적었습니다. 그 선원은 자신이 쓴 편지 속에서 하나님이 그 설교들을 통해서 자신의 영혼을 구원하신 것에 대하여 진심으로 하나님을 찬송하고 있습니다. 이것이 기쁨이 아니고 무엇이겠습니까? 여러분도 이 기쁨에 참여하고 싶지 않으십니까? 전 세계에서 거의 모든 곳으로부터 좋은 소식이 내게 전해져 옵니다. 마치 만나처럼 거의 매일같이 말이죠. 내 안의 심령은 즐거워하고 기뻐합니다. 나는 여러분 각자가 자신의 분량을 따라 이 동일한 기쁨을 알게 되기를 바랍니다. 이 꿀은 너무나 달아서, 나는 여러분의 입에 이 꿀을 가득 넣어 드리고 싶습니다. 여러분 한 사람 한 사람은 복음을 전할 젊은이들을 양육하기 위해 설립된 대학교 사역과 관련해서 나를 돕고 있습니다. 따라서 나는 마치 여러분이 뭔가를 잘못하고 있다는 듯이 말하고 있는 것이 아닙니다. 사랑하는 형제들이여, 다만 내가 바라는 것은 여러분이 직접 주님의 일에 참여해서 범죄자들이 하나님께로 돌아오는 것을 보는 기쁨에 더 적극적으로 동참하시라는 것입니다.

하지만 우리가 죄인들을 회심시키는 일에 힘써야 할 이유들은 위에서 말한 것들만이 아닙니다. 그런 것들보다 더 중요한 이유들이 있습니다. 우리는 그러한 이기적인 동기들을 넘어서서 좀 더 고귀한 동기로 나아가야 합니다. 여러분이 복음을 널리 전하지 않는다면, 여러분의 기도의 진실성을 어떻게 증명하시렵니까? 여러분은 무릎을 꿇고서, "나라가 임하시오며 뜻이 하늘에서 이루어진 것 같이 땅에서도 이루어지이다"(마 6:10)라고 기도합니다. 여러분이 예수를 전하는 말을 사람들에게 하고자 하지 않고, 새로운 신민들을 하나님의 나라로 데려오고자 하지 않는다면, 어떻게 그 기도가 이루어질 수 있겠습니까? 행동으로 밑받침되지 않는 여러분의 기도는 위선적인 것이 아니고 무엇이겠습니까?

또한, 여러분은 그리스도를 향한 여러분의 사랑이 진실하다는 것을 이 일 외에 다른 어떤 것으로 증명하시겠습니까? 여러분은 그리스도를 사랑한다고 말하고, 나는 그 말을 믿습니다. 나는 여기 계신 수많은 분들이 그리스도를 가장 사랑한다고 믿습니다. 그렇다면, 여러분의 사랑의 증거를 보여주십시오. 여러분은 "어떻게요?"라고 말하시렵니까? 여러분은 주님의 입에서 나온 대답을 받으실 수 있습니다. 주님은 여러분에게 "요한의 아들 시몬아 네가 나를 사랑하느냐"(요 21:16)라고 물으십니다. 여러분은 "주님 그러하나이다 내가 주님을 사랑하는 줄 주님께서 아시나이다"라고 대답하실 것입니다. 그렇다면, 주님이 요구하시는 증거는 이것입니다:"내 양을 먹이라. 내 어린 양을 먹이라. 네가 내게서 받은 하늘 양식을 사람들에게 나눠 주어라. 내가 네 귀에 대고 말한 것을 너는 지붕 위에서 외쳐라." 여러분의 사랑을 증명해 줄 이 증거를 주님께 차고 넘치게 보여주십시오.

사랑하는 자들이여, 자신의 신앙을 전하고자 하지 않는다면, 그 사람의 신앙이 진실하다는 증거는 없습니다. 여러분이 이 좋은 것을 발견하였고, 그것이 정말 좋은 것이라면, 여러분은 당연히 다른 사람들도 좋은 것을 갖게 되기를 바라게 될 것입니다. 그리스도인들이 이런 시대에 진리를 전파하는 데 그토록 무관심하다면, 그것은 얼마나 부끄러운 일이겠습니까! 최근에 이슬람교도들이 크게 늘어났습니다. 우리 모두는 초승달은 기울어가고 있고, 이슬람교도들은 자신의 세를 늘려갈 엄두를 다시는 내지 못할 것이라고 생각했었습니다. 하지만 이슬람교의 초창기에 있었던 열정이 두드러지게 깨어나고 있는 모습이 도처에서 감지됩니다. 거짓 선지자의 추종자들은 열심을 내고 있고, 하나님의 아들은 자기 백성들의 마음을 얻지 못하고 있는 현실을 우리는 도대체 무엇으로 설명해야 합니까? 그리스도인들이 냉랭하다고 말하지 마십시오. 블레셋 족속이 우리를 보고 의기양양해하는 일이 없도록 갓에서도 그렇게 말하지 마시고 아스글론의 거리에서도 그렇게 말하지 마십시오. 가톨릭의 역사가 무수히 보여주듯이, 사람들은 거짓된 것들을 위해 순교할 수 있습니다. 사람들은 거짓된 것들에 자신의 모든 것을 다 바치고, 적그리스도를 섬기는 일에 자신의 목숨까지도 바치는데, 예수를 믿는 사람들 중에는 그 어떤 열심도 남아 있지 않다는 말입니까? 하나님을 따르는 여러분 중에는 그 어떤 열심도 남아 있지 않은 것입니까? 하나님께서 우리를 도우셔서 이 질문에 화답할 수 있게 해주시기를 빕니다. 심판주께서 장차 자신의 보좌에 앉으실 때에 우리는 이 질문에 화답할 것을 그랬구나라고 후회하게 되는 일이 생기지 않기를 바랍니다.

한 걸음 더 나아가서, 나는 우리가 죄인들을 그리스도께로 인도하려 하지 않는다면, 우리의 신앙은 차치하고라도 우리에게서 사람으로서의 도리는 도대체 어디로 사라져 버린 것이냐고 묻지 않을 수 없습니다. 내가 죄인들에게 복음을 전하지 않을 때에 그들은 멸망할 수밖에 없다는 것을 믿는다면, 사실 내게는 복음을 전해야 할 다른 이유가 필요하지 않는 것이 마땅한 일입니다. 죄인들이 복음을 들어보지조차 못한다면 멸망할 수밖에 없다는데, 우리에게 이 이유 외에 복음을 전해야 할 다른 절실한 이유가 또 필요하겠습니까? 어떤 이단들은, 복음을 전혀 듣지 못한 자들은 영원히 죽지는 않고 단지 잠시 동안만 벌을 받게 되지만, 복음을 전해 듣고도 거부한 자들은 죽을 때에 반드시 멸망에 처해지게 된다고 가르칩니다. 그들의 말대로라면, 사람들은 복음을 듣지 않고 죽는 것이 더 나을 것이기 때문에, 그들에게 복음을 전하는 사람들은 그들을 큰 위험에 빠뜨리는 나쁜 사람들이 되고 맙니다. 그러나 우리로 하여금 머리부터 발끝까지 두려워 떨게 만드는 엄숙한 진리, 즉 하나님의 진노가 불경건한 자들 위에 영원히 머물러 있다는 진리를 믿는 사람들이 그들의 구원을 위하여 복음을 전하는 일에 힘쓰지 않는다면, 우리는 마귀들입니다. 이 말은 가혹한 말이지만, 나는 이 말을 고칠 생각이 없습니다. 이 말은 엄연한 사실이니까요. 나는 여러분이 그리스도 신앙을 지니고 있는 체하기 위하여 어떤 모습을 보이려 하고 있는지에 대해서는 관심이 없습니다. 중요한 것은 여러분이 어떤 식으로든 사람들의 영혼을 구원하는 일과 관련해서 아무것도 하고 있지 않다면, 여러분은 마귀처럼 행하고 있다는 것입니다. 바다 한가운데서 배가 난파되었는데도, 사람들을 구할 힘이 있는 선원이 구조작업을 거부한다면, 사람들은 그를 수치도 모르는 자라고 비난할 것입니다. 굶주려서 죽어가는 사람이 여러분의 집 대문 밖에 있고, 여러분에게는 풍족한 음식이 있는데도 그 사람에게 빵 한 조각을 주기를 거부하여, 그 사람이 죽었다면, 이웃들은 모두 여러분을 비난할 것입니다. 그런데 지식이 없어서, 즉 생명의 양식이 없어서 죽어가는 영혼이 있고, 여러분에게는 그 양식이 있는데도 그에게 주지 않는다면, 도대체 하나님의 사랑이 여러분 안에 거하고 있는 것이겠습니까? 거기에 하나님의 사랑의 불씨라도 남아 있는 것이겠습니까! 여러분 속에는 은혜라는 것이 전혀 없습니다. 왜냐하면, 여러분은 너무나 타락해서 여러분에게서는 인간으로서의 도리마저도 사라져 버렸기 때문입니다. 여러분의 물질이나 혀가 하나님께 성별되어 드려지지 않는다면, 여러분이 아무리 오랜 세월 신앙생활을 하고, 기도를 많이 하고, 큰 소리로 자신의 신앙을 고백한다고 해도 다 헛된 일입니다.

사랑하는 자들이여, 우리가 죄인들에게 복음을 전하지 않을 수 없는 이유가 하나 있는데, 그것은 이것입니다: 우리가 구주를 정말 보았고 알았다면, 사람들에게 복음 전하기를 거부한다는 것이 과연 가능할 수 있겠습니까? 잠시 멈춰 서서 십자가에 달리신 주님을 바라보십시오. 주님의 상처들과 거기로부터 흘러나오는 피가 보이십니까? 그토록 아름다우시고 자애로우신 그 얼굴, 그러나 너무나 많이 상하신 그 얼굴 속에 깃들어 있는 고통의 흔적들이 보이십니까? 농부가 쟁기로 밭고랑을 갈았을 때에 깊이 파인 골처럼 채찍에 맞아 패인 주님의 어깨가 보이십니까? 주님의 그런 몸 너머로 주님의 마음이 보이십니까? 주님께서 죄인들, 곧 죄 가운데서 멸망으로 치닫고 있는 죄인들을 위해 감당하신 그 깊이를 알 수 없는 고통이 보이십니까? 그런데도 죄인들을 사랑하는 마음이 여러분 속에 생기지 않습니까? 주님께서 이 아침에 여러분에게 오셔서, 창 자국이 선명한 손을 여러분의 어깨에 얹으시고, "내가 너를 위하여 목숨을 버렸고, '아버지께서 나를 보내신 것 같이 나도 너희를 보내노라'(요 20:21)"고 말씀하십니다. 그런데도 여러분은 주님의 얼굴을 똑바로 쳐다보며, "주님, 나는 불쌍한 죄인들을 위해 아무 일도 하지 않아 왔고, 앞으로도 그럴 겁니다"라고 말할 수 있겠습니까? 그럴 수 없을 것입니다. 나는 여러분이 "내 주여, 나의 지난날을 용서하시고, 장래에 나를 도우소서"라고 말할 것이라고 생각합니다. 저 천사 같은 서머필드(Summerfield)는 죽기 직전에 주위 사람들에게 "내가 영원을 보았으니, 만일 이 침상에서 다시 일어난다면, 지금까지와는 완전히 달리 복음을 전할 수 있을 텐데"라고 말했답니다. 그는 일생 동안 아주 열렬히 그리스도의 복음을 전했던 분인데도 말입니다. 지금 이 시간에 우리는 이렇게 말하게 되었으면 좋겠습니다: "내가 예수를 보았습니다. 내가 주님의 사심 없는 사랑을 보았습니다. 내가 주님의 고통과 탄식을 보았습니다. 나는 이제 이전과는 다르게 복음을 전해야 하고, 이전과는 다르게 살아야 하며, 이전과는 다르게 가르쳐야 합니다." 성령이시여, 그렇게 해주시기를 빕니다. 그리하여 주께서 찬송을 받으시게 하옵소서.

4. 넷째로, 우리는 어떻게 범죄자들에게 하나님의 도를 가르쳐야 합니까?

우리는 이제 가장 실천적인 마지막 대지를 살펴보고자 하는데, 그것은 죄인들을 하나님께로 돌아오게 하기 위해서는 어떻게 하나님의 도를 가르쳐야 하느냐 하는 것입니다. 사랑하는 형제들이여, 나는 여러분에게 "주의 지시하심을 기다리라"고 말하고자 합니다. 그러나 우리가 기다릴 필요가 없는 지시하심이 하나 있는데, 그것은 "네 손이 일을 얻는 대로 힘을 다하여 할지어다"(전 9:10)라는 말씀입니다. 여러분 중에서 사람들에게 복음을 전하기가 어려운 분들은 그렇게 하고 있는 사람들을 옆에서 도우면 됩니다. 마음은 있는데 여러분의 혀가 마음 같지 않다면, 다른 사람들의 혀를 빌리십시오. 우리가 세운 대학에서는 그런 분들을 늘 필요로 합니다. 여러분이 스스로 전할 수 없다면, 다른 사람들이 복음을 전하는 사역을 할 수 있도록 도움으로써 그들의 혀를 빌릴 수 있습니다. 또한, 여러분의 가정에서 구주에 대하여 얘기하거나 글을 쓰거나 뭔가 다른 직접적인 방법으로 주님을 섬기려고 애쓰십시오.

원근 각처의 모든 신자들에게 지금 거의 모든 선교단체들이 돈만이 아니라 사람도 필요로 하고 있다는 것을 알려야 합니다. 침례교 선교회에서는 하나님께서 해외로 파송할 사람들을 일으켜 주시도록 기도해 달라고 교회들에게 기도를 요청하는 회람을 보내왔습니다. 나이 든 선교사님들은 세상을 떠나서 점차 줄어들고 있고, 병이 들어서 고국으로 돌아오는 선교사님들도 많지만, 그들의 빈 자리를 메우러 밖으로 나가는 선교사님들은 극소수입니다. 물론, 국내에서 사역을 해오던 몇몇 용기 있는 젊은이들이 하나님의 감동을 받아서 지금까지 자신이 국내에 쌓아 왔던 모든 것을 기쁜 마음으로 다 버리고 해외로 나가 이방인들 가운데서 그리스도의 헤아릴 수 없는 부요하심을 전하고 있습니다. 오늘 아침에 나는 그리스도의 군사를 모집하는 모병관이 되고자 합니다. 나는 선교사로 나가야 할 분들이 해외 선교를 담당하는 그리스도의 군사로 지원하게 해주시라고 주님께 기도합니다.

국내에서는 전국을 돌아다니며 복음을 전할 사람들이 절실히 필요합니다. 나는 그러한 복음전도자들을 후원할 자금이 어떻게 마련될지에 대해서는 알지 못하지만, 어느 정도 물질이 있으면서 복음을 전할 수 있는 분들이 은퇴한 후에 이곳저곳을 돌아다니며 복음을 전한다면, 그것은 그들이 은퇴 후에 할 수 있는 가장 멋진 일이 될 것입니다. 사도들처럼 이곳저곳을 돌아다니며 그렇게 전도하는 사람이 우리 교단에 100명만 확보될 수 있다면, 기독교회에서 잃어버린 연결 고리가 회복되어, 우리는 많은 죄인들이 하나님께 돌아오는 것을 보게 될 것입니다. 여러분 중에서 부자가 되어서 시골로 내려가시는 분이 있을 때, 당신은 그곳 사람들에게 복음을 전해야 하겠다는 생각이 들어야 하지 않겠습니까? 당신의 신앙에 맞는 교회나 여러분이 속한 교단의 교회가 근처에 없다면, 당신은 혼자서라도 시작해야 하지 않겠습니까? 복음이 이웃에 전파되어 죄인들이 하나님께 돌아오는 것을 볼 때까지 기다리지 마시고, 당신이 먼저 그렇게 하십시오.

또한, 목회자들도 필요합니다. 특히, 자비량이 가능한 목회자들이 필요합니다. 런던에 있는 많은 교육 받은 상인들이 자비량으로 지방마다 예배드릴 곳을 마련해 두고서 주일마다 내려가서 복음을 전한다면, 얼마나 많은 선한 역사들이 일어나겠습니까! 침례교단 같은 가난한 교단에서는 각 지역에 유급 목회자를 파송해서 온 나라 방방곡곡에 복음을 전하는 일이 불가능합니다. 사도 바울처럼 교회에 아무런 짐도 지우지 않는 것을 자신의 최고의 영예라 생각하고서 자비량으로 목회를 할 수 있는 분들이 많이 필요합니다. 만일 내가 사업가라면 예수를 위해 돈을 많이 벌고 싶습니다. 여러분 중에서 사업이 잘되는 분들같이 내가 그런 사업체를 운영한다면, 받는 것보다 주는 것이 기쁨이 될 가난한 지방에 교회를 세워 영혼들을 돌보는 것이 내게 큰 기쁨이 될 것입니다. 그런데 일반 사람들의 평균 임금에도 미치지 못하는 사례금을 받고서 거의 굶주리다시피 살아가는 형제가 시골의 가난하고 작은 교회를 이끌고 있어서, 하나님의 복음이 사람들로부터 좋지 못한 소리를 듣고 있는 것이 우리의 현실입니다. 잘못은, 너무 가난해서 더 많은 선한 일을 할 수 없는 교회에 있는 것이 아니라, 복음을 듣기만 하고 전하려 하지 않는 부한 형제들에게 있습니다. 내가 단언하건대, 지금 여기에서 나의 설교를 듣고 계시는 분들 중에도 달란트를 지닌 분들이 많습니다. 이제 그 달란트를 캐내어 사용하기만 하면 됩니다. 주여, 그들을 감동시키셔서 그들의 혀에 불을 붙여 주옵소서. 주께서 이 기도를 들으시고, 여러분의 입술에 주의 제단에서 가져온 활활 타는 숯을 대신한다면, 여러분은 "주여, 내가 여기 있나이다 나를 보내소서"라고 말하게 될 것입니다.

"그러나 그런 일들은 나의 능력 밖에 있습니다"라고 말하는 분들도 있을 것입니다. 그런 분들은 우리 교회의 주일학교를 섬기십시오. 내가 우리 교인들에게 밖으로 나가서 어느 곳에서든지 가르치시라고 끊임없이 강권하였더니, 인근에 있는 주일학교 교사들 중 상당수가 우리 교인들로 채워졌고, 우리 교회 주일학교는 교사가 부족하게 되는 일이 벌어진 것을 여러분은 아십니까? 나는 다른 교회들의 주일학교에서 일하며 섬기고자 하는 여러분의 심령을 또다시 편협하게 만들고자 하는 것이 아니라, 여러분의 본 교회에서 사역하는 것의 중요성도 잊어서는 안 된다고 말씀드리고 있는 것입니다. 우리의 젊은이들이 열심을 내어 주일학교 교사에 지원하는 것은 하나님께 감사할 일입니다. 그러나 교회에서 신앙이 가장 좋은 사람들이 주일학교 교사가 되어, 거기에서 자신의 경험을 통해 알게 된 것들을 아이들에게 가르쳐야 합니다. 물론, 여러분이 지금도 잘하고 계시지만, 나는 여러분이 우리 교회의 주일학교가 잘 운영될 수 있도록 더욱더 관심을 보여주시기를 부탁드립니다.

또한, 전에는 우리 교회의 전도부에서 노방 전도를 하는 시간을 가질 때, 많은 젊은이들과 신자들이 거기에 참여하여 신앙에 대하여 많은 것을 배우곤 하였습니다. 하지만 지금은 거기에 참여하는 사람들이 별로 없습니다. 우리 가운데서 복음을 전하고자 하는 열심이 줄어들고 있는 것인가요? 형제들이여, 그래서는 안 됩니다. 전도부에는 길거리에서든 가가호호 방문해서든 예수의 복음을 전할 사람들이 많이 필요합니다. 내가 예수를 전할 수 있는 모든 사람들에게 간곡히 말씀드립니다. 이 너무나 선한 일이 한시라도 시들해지도록 놓아두지 마십시오. 노방전도부만이 아니라 호별전도부와 문서선교부에서도 도울 사람들이 필요합니다. 이 자리에 계신 분들 중에서 이 전도부서들을 돕고자 하시는 분들이 없습니까? 나는 복음이 전파되지 않은 곳들의 골목길에서나, 복음을 들어보지 못한 사람들 가운데서 우리의 형제자매들이 작은 기도모임을 갖고 있는 모습을 보는 것을 좋아합니다. 교회가 없는 지역에서 새로운 예배 장소를 물색하여 기도회를 시작하십시오. 형제자매들이여, 이 모든 섬김을 위하여 그리스도께서는 여러분을 필요로 하십니다. 주님의 부르심을 헛되게 하시겠습니까? 우리는 우리가 사랑하는 사람들이 우리에 대한 자신들의 사랑을 나타내 보이기를 원합니다. 그러므로 여러분 속에 예수를 향한 사랑이 있고, 예수께서 여러분을 위해 하신 일에 대한 감사가 있다면, 오늘부터 당장 밖으로 나가서 예수의 사랑과 그 피를 힘입어 범죄자들에게 주의 도를 가르쳐서 죄인들로 하여금 주께로 돌아오게 하십시오. 주께서 내가 전한 말씀을 그의 복으로 인쳐 주시기를 기원합니다. 아멘.

제
55
장

—

회심 후의 회개

—

"하나님께서 구하시는 제사는 상한 심령이라 하나님이여 상
하고 통회하는 마음을 주께서 멸시하지 아니하시리이다."
— 시 51:17

프랑스어에는 영어로 "어떤 섬김을 돕다"를 의미하는 어구가 있습니다. 교회가 하는 어떤 큰 일을 맡아 하고 있는 사람은 자기가 그 섬김을 "돕고" 있다고 말합니다. 나는 우리가 바로 지금 그러한 표현을 문자 그대로 실천하게 되기를 원합니다. 나는 여러분을 인도하여 하나님께 제사를 드리게 하기 위하여 말씀을 전하고 있는 것입니다. 어떤 사람들은 아마도 "그러나 내게는 황소도 없고 어린 양도 없습니다"라고 말할 것입니다. 물론 그렇습니다. 그러나 여러분에게는 마음이 있습니다. 우리가 하나님께 드려야 할 것은 바로 "상하고 통회하는 마음"입니다. 나는 여러분의 영혼 속에서 하나님의 은혜가 역사하는 것을 결코 경험한 적이 없는 분들에게 "상하고 통회하는 마음"을 드리라고 하는 것이 아닙니다. 나는 그런 분들도 결국에는 하나님의 성령의 인도하심을 따라 그렇게 되실 것이라고 믿지만, 지금으로서는 그런 분들에게 본문에 나오는 제사를 드리라고 할 수 없습니다. 본문은 하나님의 은혜를 맛본 사람들, 영적인 사망에서 회복된 사람들, 하나님의 거저 주시는 은혜와 우리를 죽기까지 사랑하신 그 사랑으로 말미암아 빚진 자들이 된 사람들에게 주어진 말씀이기 때문입니다. 나는 그런 사람

들에게 하나님이 멸시하지 아니하시는 제사, 즉 상하고 통회하는 마음의 제사를 드리라고 간곡히 말씀드리는 것입니다.

나는 여러분이 이 시편에서 다윗이 "제사"의 의미를 정위치시켜 놓고 있다는 것을 특히 주목하시기를 바랍니다. 이 설교를 통해서 나도 그렇게 하고자 합니다. 여러분이 보시듯이, 다윗은 무엇보다도 먼저 자신의 죄를 사해 주시라고 구하였고, 그 죄 사함을 얻었습니다. 그는 "우슬초로 나를 정결하게 하소서 내가 정하리이다 나의 죄를 씻어 주소서 내가 눈보다 희리이다"(7절)라고 기도했고, 그의 죄는 사하심을 받았습니다. 다음으로, 그는 "정한 마음"을 회복시켜 주시라고, "하나님이여 내 속에 정한 마음을 창조하시고 내 안에 정직한 영을 새롭게 하소서"(10절)라고 기도하였고, 이 기도도 그대로 이루어졌습니다. 나의 사랑하는 친구여, 당신이 그런 기도를 드렸더라도 그 기도가 응답되어 하나님의 은혜로 말미암아 당신의 마음과 영이 새롭게 되었을 것입니다. 그런 후에, 다윗에게는 기쁨도 회복되었습니다. 왜냐하면, 그는 "주의 구원의 즐거움을 내게 회복시켜 주시고"라고 기도하고 있기 때문입니다. 따라서 그에게는 구원 받았느냐 구원 받지 못했느냐는 문제가 될 수 없었습니다. 그는 구원 받았고 구원의 확신 속에서 살아가고 있습니다. 그의 죄는 사하심을 받았고, 심각한 범죄로 말미암아 생겨난 부정함도 제거되었습니다. 그는 하나님과 화평을 누리고 있습니다. 그는 지금 제사를 드리고 있는 사람입니다. 그는 "상하고 통회하는 마음"을 하나님께 드리고 있는 사람입니다. 게다가, 그는 말씀을 전하는 자가 되었습니다. 그는 13절에서 "그리하면 내가 범죄자에게 주의 도를 가르치리니 죄인들이 주께 돌아오리이다"라고 말하고 있듯이, 하나님의 은혜에 대하여 감사하는 마음이 그를 다른 사람들에게 유익한 존재가 되게 하였습니다. 거기에서 한 걸음 더 나아가, 그는 강단에서 성가대로 자리를 옮겼습니다. 그는 성가대원이 되어서, 자기를 구원하신 크신 하나님께 감사하는 향기로운 찬송을 드리고 있습니다. 그러니까 그는 주께서 그 입술을 열어 주셨기 때문에 그 입으로 하나님을 찬송하고 있는 사람입니다. 그는 "하나님께서 구하시는 제사는 상한 심령이라 하나님이여 상하고 통회하는 마음을 주께서 멸시하지 아니하시리이다"라고 말하고 있는 사람입니다.

아마도 여러분은 회개라는 것은 영적인 삶을 시작하는 초기에 일어나는 일이고, 중병에 걸린 사람이 수술을 받듯이 한 번 받고 나면 그것으로 끝나는 일이라고 생각할 것입니다. 만약 그렇게 생각하고 있다면, 여러분은 크게 오해를 하고 있는 것입니다. 믿음이 있는 한 회개도 있습니다. 믿음과 회개는 서로 몸이 붙어 있는 샴쌍둥이라고 할 수 있습니다. 우리가 살아 있는 동안에 우리에게 믿음이 필요하듯이 회개도 필요합니다. 또한, 아마도 여러분은 회개는 쓰디쓴 것이라고 생각할 것입니다. 물론, 쓰디쓴 회개도 있습니다: "그들이 그 찌른 바 그를 바라보고 그를 위하여 애통하기를 독자를 위하여 애통하듯 하며 그를 위하여 통곡하기를 장자를 위하여 통곡하듯 하리로다"(슥 12:10). 그러나 내가 지금 여기에서 말씀드리고자 하는 것은 그런 회개가 아닙니다. 분명히 그런 쓰디쓴 회개는 오래 전에 이미 지나갔습니다. 본문의 회개는 우리가 살아 있는 동안에 믿음에 수반되는 향기로운 애통함으로서 부드러운 기쁨의 원천이 됩니다. 나는 내가 의도하는 바가 여러분에게 제대로 전달될 수 있을지를 알지 못하겠지만, 내가 지금까지 알았던 가장 큰 기쁨은 내가 크게 웃을 때가 아니라 울 때였다는 것을 여러분에게 장담할 수 있습니다. 내가 지금까지 느꼈던 가장 강렬한 행복은 나의 전 존재가 뛸듯이 기뻐했던 때가 아니라 내가 지극히 낮아져서 하나님의 품에 안겨서 사람이 더 이상 낮아질 수 없을 정도로 낮아져서 높아지고자 하는 마음이 생기지 않는 것이 얼마나 감미로운 것인지를 느꼈던 때였습니다. 나는 천국에는 눈물이 없다는 것이 자기가 아마도 애석해하는 유일한 것이라고 말한 로울랜드 힐(Rowland Hill) 목사님의 심정에 전적으로 동감합니다. 그는 그 이유를 믿음의 아름다운 자매인 회개는 너무나 매력적인 동반자여서 우리가 진주 문들 앞에서조차도 그녀와 헤어지는 것을 섭섭해하게 될 것이라고 말했습니다. 우리가 장차 그녀와 헤어질 수밖에 없다면, 나는 적어도 이 땅에서 하나님을 섬기는 동안에는 내내 그녀와 동행하고 싶습니다. 이 시간에 나의 목적은 여러분에게 이 기도의 전에 있는 동안에 상하고 통회하는 마음의 제사를 하나님께 드리라고 청하는 것입니다. 나는 여러분이 예수의 발 앞에서 애통해할 때에, 즉 죄 사함 받지 못한 것 때문이 아니라 죄 사함 받은 것 때문에 애통해하고, 예수께서 여러분의 죄를 이미 오래 전에 다 짊어지시고 제거하셔서 여러분의 죄가 다 사함 받아 결코 정죄 받지 않게 된 것 때문에 애통해할 때에 오는 이 지극히 희귀한 최고의 기쁨에 푹 빠지게 되기를 원합니다. 내가 여러분이 푹 빠지게 되시기를 원하는 것은 바로 이 감미로운 슬픔입니다. 그러므로 형제자매들이여, 수문들을 열어서 이 거룩한 슬픔의 물줄기들이 흘러나오게 하십시오.

1. 첫째로, 이 제사가 어떤 제사인지를 살펴봅시다.

그것은 상한 심령, 상하고 통회하는 마음입니다. 여러분과 내가 상한 심령을 가지고 있다면, 우리 자신이 중요하다는 생각은 모두 다 사라져 버립니다. 상한 (broken) 마음을 어디다 쓸 수 있을까요? 상한 마음은 깨진(broken) 그릇이나 깨진 항아리나 깨진 병처럼 아무 쓸모가 없습니다! 사람들은 그것을 거름더미에 던져 버립니다. 그래서 다윗은 마치 모든 사람이 자신의 상한 마음을 멸시하는 것을 느꼈다는 듯이 "하나님이여 상하고 통회하는 마음을 주께서 멸시하지 아니하시리이다"라고 말합니다. 지금 여러분은 자신이 너무나 보잘것없다고 느끼십니까? 여러분은 자기가 하나님의 자녀라는 것을 알지만, 자신은 한 푼어치의 가치도 없다고 느끼십니까? 여러분은 상석이 내 자리라고 주장하고 싶은 마음이 없습니다. 도리어 낮은 서열이 여러분에게 가장 잘 어울리는 것 같고, 여러분은 자신의 서열이 어떠하든 주의 군대에 속해 있다는 사실 자체가 의아할 따름입니다. 형제들이여, 나는 하나님이 우리를 더 많이 사용하실수록 우리는 더욱더 우리 자신을 하찮은 자로 생각하게 되고, 하나님이 우리를 성령으로 충만하게 하실수록 우리 영혼은 하나님이 깨진 그릇 같은 우리를 사용하신다는 것 자체가 너무나 신기하게 느껴지게 될 것이라고 믿습니다. 지금 여러분 자신이 아무것도 아니고 하찮은 자라고 느끼십시오. 단지 느끼는 것만이 아니라, 그런 느낌 속에서 가서 행하십시오. 여러분은 모든 형제들 가운데서 가장 작은 자보다 더 못한 자가 되어야 합니다. 하나님이 여러분의 이름을 하나님의 택함 받은 자들의 두루마리에 기록하신 것을 놀라워하며 낮아지십시오. 자신의 영혼을 지극히 낮추어서 여러분에게 베푸신 하나님의 은혜를 찬송하고 기이히 여기십시오. 이것이 하나님이 멸시하지 않으시는 제사의 일부입니다.

다음으로, 여러분과 내가 상하고 통회하는 마음을 가지고 있다면, 그것은 경박함이 여러분에게서 없어졌다는 것을 의미합니다. 영적인 일들을 늘 하찮은 것으로 여기는 사람들이 있지만, 상한 마음을 지닌 자에게서는 그런 마음이 사라집니다. 상한 마음은 진지하고 엄숙하며 진실합니다. 상한 마음은 하나님에 대하여 결코 잔꾀를 부리지 않고, 마치 성경이 우리의 기지(wit)를 시험할 도구인 양 성경 본문을 가지고 절대로 장난치지 않습니다. 상한 심령은 부드럽고 진지하며 무게 있게 생각합니다. 지금 그런 심령이 되십시오. 하나님 앞에서 엄숙하고 영원한 것들을 붙들며 그 그림자들을 놓으십시오. 그런 그림자들이 무슨 가치가 있습니까? 대신에, 여러분의 영혼을 하나님께 속한 영원한 일들에 집중하십시오. 그러한 생각들을 계속 추구하여, 상하고 통회하는 심령을 하나님 앞에 가져가십시오.

또한, 상한 심령에는 외식이 사라집니다. 마음이라는 그릇은 온전히 밀봉되어 있을 때에는 가장 귀한 장미유를 담고 있을 수도 있고 가장 더러운 것을 담고 있을 수도 있습니다. 우리는 그 속에 무엇이 있는지를 알지 못합니다. 그러나 그 그릇을 깨뜨려 보면, 거기에 무엇이 담겨져 있었는지가 그대로 드러납니다. 그러므로 상한 마음에는 외식이 존재할 수 없습니다. 형제자매들이여, 여러분은 하나님 앞에 서 있는 것처럼 사람들 앞에 서 있어야 합니다. 여러분의 진짜 모습을 있는 그대로 드러내 보이십시오. 가면을 쓰지 마십시오. 우리는 모두 어느 정도는 외식하는 자입니다. 우리는 우리가 실제로 경험한 것 이상으로 기도하고 말씀을 전합니다. 우리는 우리에게 실제로 있는 것보다 더 큰 믿음과 사랑을 가지고 있다고 생각합니다. 하나님은 우리로 하여금 상한 마음을 가지게 만드십니다. 깨어져서 모든 것이 다 그대로 드러나는 상한 마음을 말입니다. 이제 여러분은 그 그릇 속에 무엇이 있었는지를 압니다. 여러분의 마음이 산산조각이 나서 거기에 있기 때문입니다. 거기에 있던 내용물이 다 밖으로 나와서 더 이상 은폐는 불가능합니다. 이제 앉아 계신 채로 여러분의 마음을 하나님 앞에 쏟아내셔서, 하나님께서 여러분의 진짜 모습, 여러분의 영혼 속에 있는 모든 것을 보시게 하십시오. 왜냐하면, 여러분의 감춰진 부분들 속에서 하나님은 여러분으로 하여금 지혜를 알게 하실 것이기 때문입니다. 자기 자신을 여러분 자신에게 드러내셔서, 여러분 자신을 하나님께 드러내십시오.

또한, 상한 심령은 영혼의 모든 은밀한 것들과 본질적인 것들이 다 흘러나왔다는 것을 의미합니다. 여러분은 저 거룩한 여인이 옥합을 깨뜨렸을 때에 무슨 일이 일어났는지를 기억하실 것입니다. 성경에는 "향유 냄새가 집에 가득하더라"(요 12:3)고 기록되어 있습니다. 심령이 깨어지면 은밀한 것들이 그 속에 남아 있을 수 없습니다. 이제 모든 것이 드러납니다. 이제 심령에 담겨 있던 모든 알맹이들이 다 밖으로 흘러나옵니다. 우리의 기도와 예배는 거의 전부가 밀봉된 상자와 같아서, 여러분은 거기에 무엇이 들어 있는지를 알지 못합니다. 그러나 깨어진 심령, 즉 상한 심령은 그렇지 않습니다. 상한 심령이 찬송할 때, 그것은 진짜 찬송하는 것입니다. 상한 심령이 신음할 때, 그것은 진짜 신음하는 것입니다. 상한 심령은 회개를 가지고 장난치지 않고 믿음을 가지고 장난치지 않습니다. 오늘날에는 신앙이 겉껍데기뿐인 경우가 많습니다. 알맹이는 없고 껍데기만 신앙의 모양새를 갖추고 있습니다. 복음이라는 페인트의 아주 작은 양에 신앙 고백이라는 약간의 니스 칠만 해도 그 신앙은 아주 빛이 나서 대단해 보이게 됩니다. 그러나 상한 심령은 그렇지 않습니다. 상한 심령에서 나오는 찬송은 진짜 찬송이고, 기도도 진짜 기도입니다. 상한 심령을 지닌 사람이 설교를 듣는 것은 진지한 일이고, 말씀을 전하는 것은 그에게 아주 힘든 일입니다. 여러분 중에서는 심령이 깨어져서 산산조각이 나 있는 분들이 계신다면, 그것은 너무나 큰 긍휼하심을 입은 것입니다. 꽃들 중에도 상했을 때에야 비로소 향기를 발산하는 것들이 많습니다. 심지어 즙이 풍부한 포도조차도 사람들의 발 아래에서 짓이겨지기 전에는 그 즙이 흘러나오지 않습니다. 깨뜨리고 상하게 하는 것은 사람의 본성을 다루는 적절한 처치법이고, 특히 새로운 본성이 흘러나오게 하는 데에 적절한 처치법입니다. 하나님이 우리의 심령에 단 것을 넣어 놓으셨어도, 심령이 깨져야만 단 것이 흘러나올 수 있기 때문입니다. 즉, 심령이 깨지고 상해야만 우리가 "영과 진리로"(요 4:24) 하나님을 예배할 수 있게 됩니다. 어떤 사람은 이것을 이렇게 정확하게 표현하였습니다: "상한 심령이 없이 하나님을 전심으로 예배한 사람은 아무도 없었습니다. 진정으로 상한 심령이 되었는데도 전심으로 하나님을 예배하지 않은 사람도 아무도 없었습니다." 마음이 나뉘어 있다면, 그것은 상한 심령이 아닙니다. 상한 심령은 결코 나뉠 수 없습니다. 내가 지금 수수께끼 같은 말을 하고 있다는 것을 알지만, 지혜로운 사람들은 내 말을 깨달을 것입니다. 심령이 하나가 되려면, 상하고 통회하는 심령이 되어야 합니다.

2. 둘째로, 우리는 이 제사를 드려야 합니다.

지금까지 나는 이 제사가 무엇을 의미하는지에 대하여 어느 정도 말씀을 드렸기 때문에, 이제부터는 하나님의 도우심을 의지해서 실제로 우리의 상한 심령을 하나님 앞에 드리는 연습을 해볼까 합니다. 형제자매들이여, 우리의 지난날의 죄를 생각하고서 잠시 애통해하는 시간을 가져봅시다. 우리는 몇 가지 점에서 애통하게 될 것입니다.

첫째, 우리가 그토록 선하신 하나님을 거슬러 범죄를 저질러 온 것을 깊이 뉘우칩시다. 지난날 나는 하나님을 폭군으로 여겨서 죄를 하찮은 것으로 생각하였습니다. 그러나 하나님이 나의 아버지시라는 것을 알게 되었을 때, 나는 내가 어떻게 그런 하나님께 발길질을 할 수 있었는지를 생각하고서 애통해하게 되었습니다. 지난날 나는 하나님을 냉혹한 분이라고 생각하였기 때문에 아무렇지도 않게 죄를 지었습니다. 그러나 하나님이 그토록 인자하시고 선하시며 불쌍히 여기는 마음으로 차고 넘치는 분이시라는 것을 알게 되었을 때, 나는 내가 어떻게 나를 그토록 사랑하시고 내게 복을 주시고자 하셨던 분을 거슬러 반역하고 패역할 수 있었는지를 생각하고서 가슴을 치게 되었습니다. 형제자매들이여, 지금 여러분이 하나님의 선하심을 생각하니 회개하고자 하는 마음이 들지 않으십니까? 우리가 그토록 거룩하시고 선하시며 영화로우신 까닭에 한없이 찬송 받으시기에 합당하신 하나님을 거슬러 범죄하였다는 것을 생각할 때, 죄를 미워하는 마음이 우리 속에서 불타오르는 것이 느껴지지 않으십니까?

　자, 이번에 내가 말씀드리는 것을 듣고서, 화살이 여러분의 심령을 관통하게 되기를 빕니다. 우리가 그토록 탁월하고 찬탄할 만한 율법을 거슬러 범죄하였다는 것을 생각하고서 애통해합시다. 만일 하나님의 법이 인간의 법과 같은 것이라면, 어떤 때는 그 법을 범하는 것이 도리어 미덕인 경우도 있을 수 있습니다. 그러나 하나님의 법은 너무나 완벽하고 조화로우며 흠이 없는데도, 우리가 어떻게 그런 법을 거슬러 범죄할 수 있었단 말입니까? 형제자매들이여, 하나님의 법이 우리에게 "그렇게 해서는 안 된다"고 말씀하는 것은 우리가 그 길로 가게 되면 해를 당하게 되리라는 것을 알려 주는 위험 신호를 보내는 것입니다. 그리고 율법이 "이렇게 하라"고 말씀하는 것은 하나님께서 그 인자하신 손을 들어 우리에게 가장 좋고 안전한 길을 가리키시는 것입니다. 하나님의 법 속에는 여러분에게서 행복을 빼앗는 것은 아무것도 없고, 오직 여러분이 슬픔과 고통을 당하지 않도록 미리 막아 주는 것밖에 없습니다. 우리는 그것을 알기 때문에, 이 자리에서서 머리를 조아린 채, 우리가 너무나 어리석어서 범죄하고, 너무나 악해서 하나님이 미워하시는 악들, 우리에게 큰 해악을 가져다주는 악들을 마치 자해하듯이 행하였다는 사실을 생각하고서 애통해합니다. 우리가 죄악들을 키운 것은 독사들을 키운 것입니다. 우리가 죄악을 생각한 것은, 한 번 노려보기만 해도 사람이 죽게 된다는 저 전설 속의 괴물 뱀의 알을 품은 것입니다. 그러므로 우리의 죄와 우리의 어리석음에 대하여 진정으로 가슴 아파하고 슬퍼합시다.

　여러분이 기억해야 할 것은 내가 지금 이미 구원 받은 사람들, 그 죄악들의 사하심을 받은 사람들을 향하여 말씀드리고 있다는 것입니다. 여러분 중에서는 '내가 죄 사함을 받은 것은 아니지만, 목사님께서는 내가 그런 회개에 동참하라고 권면하고 계시는 것이 아닙니까'라고 속으로 말하는 분들이 있을 것이라고 나는 생각합니다. 그런 마음을 지닌 분들은 정말 복 있는 분들입니다. 하나님께서 그런 분들로 하여금 우리의 회개에 동참하게 하셔서 죄 사함을 받게 하시기를 빕니다. 죄 사함은 그런 식으로 오는 것이니까요. 상한 심령을 지닌 사람은 머지않아 구주를 만나게 되어 있습니다. 당신이 죄와 싸우고 있다면 머지않아 구주와 화목을 이루게 되실 것입니다. 그러나 지금 나는 특히 하나님의 백성들에게 하나님의 온전한 법을 거슬러 범죄한 것을 기억하고서 이 기도의 집에서 자원하는 마음으로 애통해하고 슬퍼하며 통회하는 심령의 제사를 드리시라고 초대하고 있는 것입니다.

또한, 이것은 매우 예민한 부분인데, 우리는 구주의 사랑을 거슬러 범죄하였다는 것을 생각하고서 슬퍼하여야 합니다. 나는 우리가 방금 부른 찬송가 중에서 이런 구절을 좋아합니다:

"지금까지 나는 이렇게 배은망덕하게 살아 왔습니다.
그렇지만 예수여, 나를 불쌍히 여기시옵소서.
내 주여, 자비를 베푸셔서 내 죄를 용서하여 주옵소서.
오직 주의 한없으신 긍휼하심을 인하여 나를 용서하옵소서."

사람들이 지존자를 거슬러 저지른 일들 중에서 가장 큰 범죄는 하나님의 아들을 범죄자로 취급하여 십자가에 못 박아 죽인 범죄였습니다. 이 끔찍한 짓을 저지른 쓰레기 같은 자들은 어디에 있습니까? 바로 이 자리에 있습니다. 그 자들이 우리 앞에 있다는 것이 아닙니다. 우리 각자가 우리 자신 속에 그 자들과 동일한 마음을 품고 있다는 말입니다. "내가 바로 그 자들입니다." "내가 그 자들처럼 그렇게 배은망덕하게 살아 왔습니다." 내가 왜 여러분에게 이렇게 말하고 있는 것이겠습니까? 그것은 나는 우리가 십자가 바로 앞에 함께 서서 주님이 흘리시는 붉은 피가 한 방울 한 방울 떨어지는 것을 세어가면서 이렇게 말할 수 있게 되기를 간절히 바라기 때문입니다: "이 핏방울들이 내 죄를 씻어 주셨는데도, 주님이 더 많이 피 흘리시기를 재촉한 자가 바로 나입니다. 저 손, 저 발이 나를 구원하셨는데도, 그 손과 발을 거기에 못 박은 자가 바로 나입니다. 창에 찔려 구멍이 난 저 옆구리는 나의 죄악 된 영혼의 피난처인데도, 거기에서 피가 솟구쳐 나오게 한 것은 바로 나의 죄입니다. 내 구주를 죽게 만든 것은 내 죄였습니다. 오, 죄야, 백 번 저주 받아도 부족할 죄야, 내게서 떠나가라! 내게서 떠나가라!' 자, 우리가 주님이 피 흘리시는 저 십자가 아래에 앉아서, 도대체 죄가 무슨 짓을 하였던 것인지를 보고, 다른 한편으로는 골고다 언덕의 십자가 위에 달려 죽으신 주님으로 말미암아 죄 자체가 제거된 것을 보고, 애통해하고 슬퍼합시다. 그러면, 우리는 주님이 주시는 기쁨과 즐거움으로 충만하게 될 것입니다. 사랑하는 자들이여, 주님을 더 많이 사랑할수록, 여러분은 더 죄를 미워하게 될 것입니다. 여러분이 주님과 함께 자주 식탁에 앉아서 주님의 음식을 들고, 저 복된 요한처럼 자신의 머리를 주님의 품에 기대며, 하나님의 사랑하시는 이에 대하여 최고의 형제애를 느낀다면, 나는 여러분이 예수 같은 그런 구주를 거슬러 범죄한 것에 대하여 쓰디쓴 통한의 눈물을 흘릴 고요한 처소를 찾을 기회를 자주 발견하게 될 것임을 압니다.

또한, 나는 사랑하는 여러분에게 성령에 대하여 우리가 범한 죄들도 상기시켜 드리고자 합니다. 우리는 성령께 신세를 지고 있는 것이 아닙니까? 나는 성령을 아는 분들께 이 말씀을 드리고 있습니다. 여러분을 사망에서 깨워서 다시 살리신 분도 성령이시고, 여러분에게 죄를 깨닫게 해주신 분도 성령이시며, 여러분을 위로하신 분도 성령이십니다. 그리고 저 보혜사 성령께서는 지금도 여전히 우리를 위로하고 계십니다. 그런데도 우리는 성령께 저항하였고 성령을 근심하게 하였습니다. 여러분은 젊은 시절에 죄를 깨우쳐 주는 것들을 얼마나 억압하며 목 조르고 양심을 짓눌러서 여러분을 책망하지 못하게 막곤 하였었는지가 기억나십니까? 우리가 그렇게 화나게 하고 박대하였을 때에 저 찬송 받으실 성령께서는 우리를 아주 떠나서 다시는 우리를 찾지 않으셨을 수도 있었지만, 우리를 너무나 사랑하셨기 때문에 지금 우리에게 오셔서 우리 안에 자리를 잡으시고 내주해 계십니다. 성령께서는 자신을 낮추시고서 우리의 이 보잘것없는 심령의 협소한 공간에 오셔서 그 심령을 성전이자 영원한 거처로 삼으셨습니다. 내 영혼아, 그런 성령을 너는 어떻게 근심하게 할 수 있는 것이냐? 내 영혼아, 너는 저 지극히 자애로운 최고의 친구를 늘 그토록 거부하며 박대할 수 있었단 말인가? 사랑하는 자들이여, 나는 여러분에게 자신을 괴롭히라고 하는 것이 아니라, 성령의 사랑을 생각하면서 저 감미로운 거룩한 참회를 통해 우리에게 기쁨을 가져다주는 근심을 하라고 청하는 것입니다.

우리는 한 걸음 더 나아가서, 우리의 죄를 하나님의 얼굴빛 안에 둡시다. 사랑하는 자들이여, 나는 하나님의 택함 받은 자들이 된 분들에게 이 말씀을 드리고 있습니다. 하나님께서는 여러분을 창세 전부터 사랑하셨는데도, 여러분은 하나님을 거슬러 범죄하여 왔습니다. 하나님께서는 자신의 주권적인 은혜로 말미암아 사람들 중에서 여러분을 택하시고 그리스도께 속한 자들로 정하셔서 영원히 예수께 주셔서 예수의 것이 되게 하셨습니다. 그런데도 여러분은 그런 사실을 알지 못하고 이 특별하게 주어진 은혜를 거슬러 계속해서 범죄하였습니다. 심지어 하나님의 택함 받은 자들조차도 그렇게 하였습니다! 여러분으로 하여금 그토록 부끄럽게 행하게 만든 죄를 이제는 단호하게 십자가에 못 박으십시오. 그러던 여러분이 때가 되어 속함을 받았습니다. 사랑하는 여러분을 위하여 예수께서 자신의 보배로운 피를 흘리셨습니다. 주님은 모든 사람을 위해서가 아니라 자신의 택함 받은 자들의 구속을 특별히 염두에 두시고 피를 흘리신 것입니다. 그리스도께서는 교회를 사랑하셨고 교회를 위하여 자신을 주셨습니다. 주님은 사람들 중에서 우리를 구속하셨습니다. 우리는 바로 그 특별한 구속의 대상이었습니다. 그런데도 우리는 우리를 사랑하셔서 우리를 위해 자신을 주신 그리스도를 거슬러 반역하고 범죄하였습니다. 우리는 천국의 왕의 혈통에 속할 자로 예정되어 있었는데도 반역자였습니다. 우리는 이 땅에서 우리의 영혼 속에 하나님의 사랑을 지니고 있을 자들이자 천국에서는 하나님의 얼굴을 영원히 보게 될 자들로 하나님의 작정하심에 의해 예정되어 있었는데도, 오랜 세월 동안 이와 같은 놀라운 사랑을 거부하는 반역자였습니다. 나는 나 자신에게 무슨 말을 해야 할지를 모르겠습니다. 내가 그런 놀라운 사랑을 거부하고 내 마음대로 행하였다는 것을 생각하면, 내 자신이 너무나 미워지고 싫어집니다.

또한, 여러분은 하나님에 의해 거듭나서 양자가 되어 하나님의 권속이 되었다는 것을 기억하십시오. 여러분은 예수 그리스도와 함께 하나님의 기업을 이을 공동 상속자들입니다. 그런데도 여러분은 그토록 죄악되게 행해 왔습니다. 하나님, 당신은 당신의 종들의 죄를 사하셨지만, 우리는 결코 우리 자신을 용서할 수 없습니다. 우리는 결코 그렇게 할 수 없습니다. 우리는 한편으로는 죄 사함 받은 것으로 인하여 기뻐하면서도, 하늘의 총애를 받는 우리가 하나님을 그토록 근심하게 하였다는 사실 때문에 늘 애통해하게 될 것입니다.

조금 더 나아가 봅시다. 나는 여러분이 자신의 기이한 경험들의 빛 안에서 죄를 바라보기를 바랍니다. 우리 가운데는 갈멜 산 꼭대기에서 돌아와서 "내가 승리했다"고 외칠 때에 아무런 자랑도 없이 하나님이 자신의 기도에 응답해 주신 것에 대하여 말할 수 있는 분들이 계십니다. 하지만 이렇게 하나님이 응답해 주시는 특권을 받은 우리도 늘 하나님을 자랑했던 것은 아닙니다. 우리는 지금 응답받는 기도를 하나님께 드렸던 바로 그 입술로 이전에는 하나님을 모독하는 말들을 일삼았었습니다. 형제들이여, 만일 여러분이 그랬다면, 지금 애통해하십시오. 여러분이 애통하는 일을 어떻게 멈출 수 있겠습니까? 존 뉴턴(John Newton)이 「존 뉴턴 서한집」이라는 책 ― 그는 우리에게 이 최고의 보화를 남겨 주었습니다 ― 을 써내려갈 때, 그는 자기가 아프리카에서 하나님을 모독하는 자였다는 것과 온갖 더럽고 악한 짓을 행하였다는 것을 생각하고서 수도 없이 자신의 가슴을 치며 슬퍼하였을 것임에 틀림없습니다. 그렇습니다. 하나님은 우리에게 늘 경이로운 은혜를 주시곤 하셨습니다. 그냥 은혜가 아니라 너무나 경이로운 은혜를 말이죠. 우리는 찌꺼기가 말끔히 다 제거된 극상품 포도주를 맛보고 있습니다. 그렇지만 그런 우리도 전에는 소돔과 고모라에서 나는 포도송이로 만들어진 포도주를 마셨었습니다. 형제자매들이여, 하나님의 은혜가 우리에게 해주지 않은 것이 무엇이 있었습니까? 여러분과 나는 왕의 연회가 열리는 집에 있고, 우리 위에는 하나님의 사랑이라 씌어진 깃발이 펄럭입니다. 우리의 사랑하시는 이는 "아마나 꼭대기에서 사자 굴과 표범 산에서"(아 4:8) 우리를 빼내 오셔서, 우리와 주님 외에는 아무도 없는 은밀한 곳에서 우리에 대한 자신의 사랑을 보여주셨습니다. 거기에서 주님은 우리에게 자신의 큰 사랑을 나타내 보이셨습니다. 하지만 우리는 한때 주님을 멸시하고 그의 안식일들을 범하며 그의 말씀을 읽기를 거부하고 기도를 소홀히 하며 거룩한 것들을 조롱하였던 바로 그런 자들이었습니다. 우리는 교만하였고 탐욕스러웠으며 거룩하지 못했습니다. 그러나 우리는 깨끗이 씻음 받았고 거룩함을 입었습니다. 이 자리에 앉은 채로 마음을 다해 회개하고, 상하고 통회하는 심령의 제사를 하나님께 드립시다.

사랑하는 친구들이여, 여러분이 자신의 모범을 통해서 다른 사람들에게 끼쳐온 해악을 생각해 보십시오. 어머니는 자신의 아이에게 얼마나 강력한 설교자입니까! 아버지는 자신의 아들에게 얼마나 큰 영향력을 발휘하는 설교자입니까! 어떤 직장 동료가 다른 동료들보다 더 강한 마음을 지니고 있는 사람이라면, 그는 자신의 동료들에게 아주 강력한 설교자일 수 있습니다. 우리가 어떻게 행하든, 우리를 따라 하고자 하는 사람들이 있게 마련이고, 이것은 피할 수 없는 일입니다. 여러분은 비록 학교 선생님이 아닐지라도 매일매일 누군가가 여러분을 따라 하게 될 것입니다. 그들은 여러분을 따라 하면서 여러분으로부터 악한 것이나 선한 것을 배우게 됩니다. 즉, 그들은 여러분에게서 보는 것들을 본떠서 행하게 될 것이라는 말입니다. 얼마 후에 여러분은 자신이 행한 일을 잊어버렸을지라도, 누군가는 여러분이 전에 행했던 것을 여전히 따라하고 있을 수 있습니다. 이 자리에 청년들이 아주 많이 와 있는 것을 보니 기쁜데, 나는 청년들에게 결혼을 해서 가정을 이루기 전에 회심하여 후회할 일들을 별로 남기지 않게 해주시라고 하나님께 기도하기를 강력히 권합니다. 어떤 사람이 결혼을 해서 자녀들을 낳은 후에 회심했다고 합시다. 그러면 그 자녀들은 아버지가 잘못한 것들을 보면서 자라왔을 것이기 때문에 나중에 회심한 아버지의 선한 모범보다는 그 이전에 저지른 악들이 그 자녀들의 기억에 더 많이 남아 있게 될 것입니다. 또한, 자녀들이 다 커서 여러분 곁을 떠나게 되었다면, 여러분은 그들에게 선한 영향을 끼칠 기회를 영영 잃어버리게 될 것입니다. 여러분 자신은 비록 그리스도를 믿는 믿음으로 말미암아 구원을 받았을지 모르지만, 여러분이 불경건했던 시절에 자녀들에게 물려준 저 죄악된 길들로부터 자녀들을 다시 빼내올 수는 없습니다. 지금까지 말이나 모범을 통해서 하나님 보시기에 악한 일들을 행하도록 다른 사람들을 가르쳐 온 사람이라면 그런 생각이 들 때에 통렬한 아픔을 느끼게 될 것입니다. 사랑하는 자들이여, 여러분이 그런 사람이라면, 여러분은 자신의 죄를 사해주신 하나님을 찬송하는 한편, 자신의 잘못된 언행을 통해서 누군가를 어그러진 길로 이끈 것에 대하여 애통해하여야 합니다.

　이것으로 충분하지 않다면, 여러분은 내가 지금부터 제시하는 또다른 한 가지를 생각해 보시기를 바랍니다. 그것은 우리가 죄에 빠질 때마다 잃게 된 모든 기회들을 생각해 보라는 것입니다. 죄는 나의 성장을 방해하여 왔기 때문에, 나는 내가 범죄한 것들을 거짓 없이 회개합니다. 나는 지금 오직 하나님의 백성들에게만 말씀하고 있다는 것을 여러분은 잊어서는 안 됩니다. 여러분 중에서 죄인인 분들이 거기에 동참하고자 한다면, 그렇게 하셔도 좋습니다. 그러나 내가 오늘 전하는 말씀의 특별한 대상은 하나님의 백성들입니다. 이 자리에는 얼마 전에 하늘의 도성으로 가는 도상에서 순례자였던 분이 계십니다. 그는 자신의 손과 무릎으로 기가 막히게 난관의 산(Hill Difficulty)을 어느 정도 올랐습니다. 그는 그 산을 아주 잘 올라가고 있었지만, 절반 정도 올랐을 때에 길 옆에 있는 작은 정자 하나를 발견하였습니다. 그 정자는 하나님께서 그 순례자로 하여금 잠시 쉬었다가 다시 길을 떠나게 하기 위하여 거기에 지어 두셨던 것이었습니다. 그러나 이 형제는 그 정자에 오래 눌러앉았고 결국 잠이 들어 버렸습니다. 나는 그가 거기에서 얼마나 오랫동안 잠들어 있었는지를 알지 못합니다. 바로 얼마 전에 그는 잠이 깨어서 다시 길을 떠나 그 산을 오르기 시작하였지만, 자신의 품 속에 지니고 있던 두루마리를 잃어버린 것을 발견하였습니다. 그 두루마리는 그가 천국으로 가는 여정을 시작할 때에 지니고 있던 것으로서 여정을 다 마쳤을 때에 하늘의 도성에 계신 하나님께 바치고자 했던 것이었습니다. 그러나 그는 그 두루마리를 잃어버린 것입니다. 이것이 존 번연의「천로역정」에 나오는 얘기라는 것을 여러분도 아실 것입니다. 갈 길이 늦어지긴 하였지만, 자신의 두루마리를 잃어버린 "크리스챤"이라는 이름의 이 형제는 지혜롭게도 다시 오던 길을 되짚어서 자기가 잠들었던 곳으로 되돌아갔습니다. 그는 길을 되돌아가면서 내내 애통해하고 탄식하며 "내가 나의 증거들을 적은 두루마리를 잃어버렸으니 어디에서 찾는단 말인가"라고 부르짖었지만, 결국 정자에서 그 두루마리를 발견하고서 너무나 기뻐하였습니다. 그가 그 두루마리를 재빨리 집어서 자신의 품 속에 넣었으리라는 것은 두말 할 필요도 없습니다. 그러나 그는 똑같은 길을 세 번이나 걸어야 했습니다. 만일 그에게 두루마리를 잃어버려서 다시 돌아가는 일이 일어나지 않았더라면, 그는 그때쯤이면 이미 그 길을 한참이나 더 가 있었을 것입니다. 그는 사자들이 출몰하는 지역을 다시 밤중에 지나야 했고, 그것은 그에게 위험한 일이었습니다. 만일 아직 해가 지기 전에 아름다운 집(House Beautiful)에 도착했더라면, 그는 지금 그가 겪게 될 이 두려운 일을 겪지 않아도 될 것이었습니다. 그래서 그는 참담한 심정으로 길을 걸어갔고, 이것은 모두 그가 저 정자에서 부주의하게 잠이 들었기 때문에 생긴 일이었습니다. 만일 여러분과 내가 회심 이래로 죄를 저지르지 않았다면, 여러분은 과연 어느 지점에 와 있게 되었으며, 나는 어떤 설교자가 되어 있었을까요! 여러분은 주일학교에서 어떤 일꾼들이 되어 있었을까요! 여러분은 지금쯤 얼마나 많은 영혼들을 얻게 되었을까요! 그러나 여러분은 잠이 들어서 다시 온 길을 되돌아가야 했기 때문에 그리스도를 섬길 많은 기회들을 놓쳐 버리고 말았습니다.

우리는 이 자리에서 이 일을 곰곰이 생각해 보고 이렇게 말합시다: "주여, 우리가 애통하고 슬퍼하며 상하고 통회하는 마음을 주께 드립니다. 왜냐하면, 주님의 마음이 좁았던 것이 아니라, 우리의 마음이 좁았던 것을 알았기 때문입니다. 우리가 어둠 가운데서 울고 있다면, 그 어둠은 우리가 스스로 만든 것입니다. 우리가 의기소침해 있다면, 그런 의기소침도 대부분 우리가 스스로 만든 것입니다. 주여, 이 모든 일로 인해 우리가 슬퍼하고 애통해하나이다." 이 교회의 목회자로 부임해 오고 나서 어떤 형제가 기도하는 것을 들은 것이 내가 이 교회에서 들은 최초의 기도였던 것으로 기억하는데, 나는 그 후로 이 형제에 대하여 계속해서 들어 왔습니다. 그 형제가 오늘 천수를 다하고 하늘의 부르심을 받고 자신의 상을 받으러 갔습니다. 그 형제는 여러분과 내가 머지않아 가게 될 그 곳에 먼저 가 있습니다. 세월에 대해 말하지 마십시오. 세월은 너무나 빨리 유수같이 흐르고, 우리의 친구들도 신속하게 떠나갑니다. 어제까지만 해도 그 형제는 자신의 책상 앞에 앉아 글을 쓰고 있었습니다. 그는 자신의 펜을 잉크에 담갔지만, 그 펜을 꺼내 종이에 옮겨놓지 못하였습니다. 바로 그 자리에서 그는 잠이 들어 본향으로 갔기 때문입니다. 우리도 머지않아 세상을 떠나게 될 것입니다. 형제여, "아마 며칠 후면 내가 천사들 중에 있으리라"고 자기 자신에게 말하십시오. 자매여, "아마 몇 주 후면 내가 사랑하는 이의 얼굴을 뵈오리이다"라고 자기 자신에게 말하십시오. 그 말은 반드시 이루어질 것입니다. 아마도 몇 년 후면, 아니 "아마도"를 빼고 "반드시 몇 년 내로 내가 주의 얼굴을 뵈오리이다"라고 자기 자신에게 말하십시오:

> "아버지, 당신의 거처를 뵈옵기를
> 내가 간절히 원하나이다.

나는 유리 같이 빛나는 저 황금길 위를 걷는 내 모습을 봅니다. 이 땅의 금은 둔탁해서 그 안을 볼 수가 없습니다. 만일 그런 것이 여러분에게 보인다면, 여러분은 눌린 자들의 눈물을 보게 될 것이고, 그 눈물 속에서 짓눌린 자들의 피도 보게 될 것입니다. 그러나 천국의 황금은 탁월해서 유리 바다와 마찬가지로 그 안을 볼 수가 있습니다. 나는 내가 거기를 걷고 있다고 생각해 봅니다. 나는 그 곳을 잘 모르지만, 내가 여기에서 알았던 여러분을 거기에서 만나, 함께 저 황금길을 걷고, 길 옆의 저택들에서 사람들이 많이 나와 우리를 환영해 주고, 우리는 중심부를 향하여 갑니다. 거기에는 성전도 없고 예배드리는 장막도 없지만, 우리는 중심부로 가서 유리 바다 위에 서는데, 모든 길은 그 유리 바다로 통하는 것으로 보입니다. 주위를 둘러보면, 거기에서 천사들과 장로들이 무한히 엄위하신 이의 보좌 앞에서 경배하고 있고, 우리도 거기에 있어서 그들과 함께 하나님을 경배합니다. 우리는 눈을 들어 그 빛을 바라보고서, "우리를 사랑하사 그의 피로 우리 죄에서 우리를 해방하시고 그의 아버지 하나님을 위하여 우리를 나라와 제사장으로 삼으신 그에게 영광과 능력이 세세토록 있기를 원하노라"(계 1:5-6)고 찬송합니다.

이제 나는 여러분이 저 영광의 빛 아래에서 자신의 죄를 생각해 보기를 바랍니다. 이와 같이 천국에 앉도록 예정되어 있던 사람들이 어떻게 죄 가운데서 방황하였을 수 있단 말입니까? 하나님의 은혜로 거듭나서 그 얼굴을 뵈옵게 된 우리가 어떻게 극장과 그 모든 가증스러운 것들을 좋아할 수 있었단 말입니까? 그룹 천사들 및 스랍 천사들과 한 무리가 되기로 예정되어 있던 우리가 어떻게 경마장과 그 모든 도박을 좋아할 수 있었단 말입니까? 하나님이 자신의 독생자의 형상을 닮도록 하기 위하여 지으신 우리가 술에 취해 길거리에서 비틀거리며 음란과 폭식과 탐욕과 교만으로 자신을 더럽히는 죄를 지으며 살 수 있었단 말입니까? 하나님이 영원한 사랑으로 사랑하시는 우리, 그리스도께서 천국을 다스리실 때에 그 자리에 꼭 있기를 원하시는 우리가 어떻게 죄악 가운데 빠져 헤맬 수 있었단 말입니까?

나는 이러한 질문들이 여러분으로 하여금 죄가 얼마나 경멸할 만하고 혐오스러운 것인지를 알게 하는 데 도움이 되었을 것임에 틀림없다고 생각합니다. 나는 죄를 손가락으로 가리키며 멸시하고 조소합니다. 하나님의 사랑하는 자녀들이여, 자신의 죄들을 조소하시고, 자신의 죄들로 인하여 탄식하시며, 자신의 죄들을 놓고 우십시오. 여러분이 그렇게 할 때, 거기에 사랑하는 성자를 믿는 믿음이 들어 있기만 하다면, 하나님은 그런 여러분을 받으실 것입니다. 왜냐하면, 속죄제, 번제, 화목제, 도피염소 등과 같은 모든 제사를 다 합쳐도 유일하게 "하나님께서 구하시는 제사는 상한 심령"이기 때문입니다. 하나의 상한 심령은 그 모든 제사를 다 합친 것보다 더 가치가 있습니다. "하나님이여 상하고 통회하는 마음을" — 단지 그런 마음만 있고 다른 것들은 없을지라도 — "주께서 멸시하지 아니하시리이다."

사랑하는 자들이여, 하나님께서 예수 그리스도를 인하여 여러분에게 복 주시기를 빕니다. 아멘.

제
56
장

—

환난 중에 있는 의인

—

"네 짐을 여호와께 맡기라 그가 너를 붙드시고 의인의 요동
함을 영원히 허락하지 아니하시리로다." — 시 55:22

　　지난 목요일 저녁 예배에 참석하셨던 분들은 광야에서 성막과 관련된 짐들을 나르는 일을 맡았던 게르손 자손에 관한 설교를 기억하실 것입니다. 그들에게는 말씀을 전하는 일이나 싸우는 일이 맡겨지지 않았습니다. 그들에게 맡겨진 일은 짐을 나르는 것이었습니다. 그런데 나중에 알게 된 사실이지만, 그 저녁 예배에 참석하셨던 분들 중에는 30년 동안이나 큰 고통을 겪어온 분들도 있었습니다. 그분들은 지난 목요일 저녁에 이 자리에 있었고, 오늘도 지금 이 자리에 계십니다. 그분들이 목요일 저녁 예배가 끝난 후에 나의 설교가 마치 그들을 위해 준비된 것 같았고 그 설교로 인해 큰 위로를 받았다고 말씀하시고 나서야, 나는 그분들이 그 예배에 참석하셨다는 사실을 알게 된 것입니다.

　　그래서 나는 지난 목요일 저녁 예배 설교의 후속편을 준비해 전해야 하겠다고 생각했기 때문에, 우리가 질 필요가 없는 짐들이 있다는 사실을 보여주는 또 다른 본문을 가지고서 짐 진 자들에 관한 말씀을 오늘 전하고자 합니다. 우리가 주 예수 그리스도의 것으로 성별된 데서 오는 섬김의 짐들은 우리가 이 땅에 살아가는 동안 절대로 내려놓아서는 안 되는 짐들입니다. 우리가 매일 우리 자신의 십자가를 지고서 예수를 따르는 것은 우리의 기쁨이 됩니다. 그러나 본문에서 말씀하고 있는 염려와 근심의 짐들, 특히 불경건한 자들의 비방과 질책과 압

제로부터 오는 짐들은 우리가 질 필요가 없는 짐들입니다. 다윗은 "네 짐을 여호와께 맡기라 그가 너를 붙드시고 의인의 요동함을 영원히 허락하지 아니하시리로다"라고 말합니다.

사랑하는 친구들이여, 세상에서 가장 선한 사람들조차도 비방을 받을 수 있습니다. 여러분은 그런 사람들이 비방을 받고 욕을 먹는 것을 듣는다면 그런 사람들을 직설적으로 단죄하는 자들 가운데 있지 마십시오. "아니 땐 굴뚝에 연기 날까"라는 속담이 있습니다. "소문은 소문일 뿐"이라는 것은 잘 알려져 있는 말이긴 하지만, 헛소문을 듣거나 말하는 것을 아주 좋아해서, 특히 그것이 하나님의 종에 관한 소문인 경우에는 더욱더 진실이라고 믿는 사람들이 있습니다. 그러므로 여러분은 그리스도에 관하여 여러분이 듣는 온갖 소문들을 쉽게 믿어서는 안 됩니다. 이미 앞에서 말씀드렸듯이, 지극히 선한 사람들조차 최악의 비방을 들어온 것이 현실인데, 먹잇감이 어디 있는지를 기가 막히게 냄새 맡는 사자들처럼 정확히 선한 사람들을 찾아내서 비방하고 공격하는 사람들이 있습니다.

지금 이 자리에는 현재도 불경건한 자들의 희생양이 되고 있는 분들이 계실 것입니다. 사랑하는 친구들이여, 그런 일이 여러분에게 일어나게 된 것을 나는 가슴 아프게 생각합니다. 왜냐하면, 그런 일은 사람이 겪는 가장 쓰라린 괴로움들 중의 하나이기 때문입니다. 그러나 아울러 나는 여러분에게 아주 희귀한 일이 일어난 것이 결코 아니라는 점을 상기시켜 드리고자 합니다. 여러분은 평소보다 일곱 배나 더 뜨겁게 활활 타는 느부갓네살의 풀무불에 던져진 저 세 명의 용사들을 기억하고 계시겠지요? 분명한 것은 여러분은 그런 극심한 시련을 겪고 있지 않고, 천국으로 가는 모든 순례자들의 주이신 예수께서 겪으셨던 것과 같은 고난을 겪고 있지도 않다는 것입니다. 그러나 여러분이 조금이라도 그런 종류의 짐을 지고 있다면, 본문은 바로 여러분을 위한 특별한 메시지가 될 것입니다.

나는 오늘의 본문에 대해 말씀드릴 때에 이 본문이 속한 시편 전체의 맥락 속에서 말씀을 전하고자 합니다. 성경의 어떤 구절들을 전체적인 맥락 속에서 보지 않고 여기에서 한 절 저기에서 한 절 따로 떼어 인용하여 설명하는 것은 성경을 제대로 보는 것이 아닙니다. 만일 사람들이 쓴 책들을 교회에서 하나님의 책을 다루듯이 여기저기에서 한 구절씩 떼어서 읽는다면, 수많은 위대한 명작소설들은 정신 나간 사람들이 쓴 책들처럼 되고 말 것입니다. 물론, 하나님의 책은 사람들이 그런 식으로 다루어도 충분히 감당해낼 수 있습니다. 하나님의 책은 너무나 기이하고 놀라운 책이기 때문에, 거기에서 한 문장만을 따로 떼어서 인용한다고 해도 하나님의 지극히 보배로운 진리를 전달해 주지만, 성경을 그런 식으로 다루는 것은 성경을 제대로 다루지 않는 것이고 그런 식으로 성경을 다루는 자들에게도 유익이 되지 못합니다. 성경 본문은 언제나 하나님이 원래 그 본문을 두신 맥락 속에서 보아야 합니다. 왜냐하면, 보석 자체와 마찬가지로 보석을 둘러싸고 있는 금에도 놀라운 것들이 존재하기 때문입니다.

1. 첫째로, 많은 시험과 짐 가운데 있을 때에 우리가 빠지기 쉬운 고질병이 있습니다.

위에서 말한 대로 오늘의 본문을 보면, 우리는 이런 식으로 시작할 수밖에 없게 됩니다. 이것은 오늘의 본문에는 나와 있지 않지만, 이 본문이 속해 있는 시편은 그렇게 말씀하고 있습니다. 오늘의 본문은 이 시편이 설명하고 있거나 은연 중에 내비치고 있는 고질병에 대한 해독제입니다. “네 짐을 여호와께 맡기라”는 말씀은 우리가 무거운 짐을 지고 있을 때에 우리의 가련하고 어리석은 마음을 따라 자연스럽게 행하기 쉬운 어떤 다른 것들 대신에 이렇게 하라고 하는 명령입니다.

첫째, 우리가 매우 극심한 괴로움 가운데 있을 때에는 불평하고자 하는 유혹에 빠지기 쉽습니다. 시편 기자는 2절에서 “내가 불평 가운데서 한탄하며 넋두리를 늘어놓고 있사오니”(KJV, 한글개역개정에는 “내가 근심으로 편하지 못하여 탄식하오니”로 되어 있음). 나는 여기에서 흠정역이 다윗의 마음을 제대로 표현하고 있는지는 잘 알 수 없지만, 이 표현은 내가 말씀드리고자 하는 것과 아주 잘 맞아떨어집니다. 하나님의 자녀들인 우리는 하늘에 계신 우리 아버지에 대하여 불평 비슷한 것을 하는 것조차 피하는 것이 마땅합니다. 그러나 하나님이 우리의 믿음이 어떠한지를 드러내시기 위하여 혹독한 시험을 보내시거나 통렬한 질책으로 우리의 심령을 찌르실 때, 우리는 하나님이 우리를 가혹하게 다루고 계신다고 생각하기가 너무나 쉽습니다. 여러분도 아시다시피, 가장 인내심 많은 자들 중의 한 사람이었던 욥조차도 자신의 “친구”라는 자들이 와서는 그의 상처에 기름을 발라 주는 것이 아니라 식초를 부어 버리자 불 같이 화를 낼 수밖에 없었습니다. 그들의 냉혹한 말들에 분개한 욥은 정말 하지 않았어야 할 말들을 해버리고 맙니다. 형제들이여, 하나님께서 여러분을 회초리로 심하게 때리실 때마다 여러분의 눈물 속에 반역하는 마음이 있지 않게 해주시라고 기도하십시오. 하나님이 어떤 섭리로 여러분을 다루시든, 여러분은 욥처럼 "우리가 하나님께 복을 받았은즉 화도 받지 아니하겠느냐"(욥 2:10)라고 말할 수 있게 되기를 빕니다. 하나님으로부터 더 큰 재앙이 임하였을 때에도 여전히 욥처럼 "주신 이도 여호와시요 거두신 이도 여호와시오니 여호와의 이름이 찬송을 받으실지니이다"(욥 1:21)라고 말하십시오. 아니, 거기에서 한 걸음 더 나아가서, 욥처럼 "그가 나를 죽이실지라도 나는 그를 의지하리라"(KJV, 한글개역개정에는 "그가 나를 죽이시리니 내가 희망이 없노라"로 되어 있음)고 당당히 선포하게 되시기를 빕니다. 어떤 신자가 "내가 하나님의 제단 앞에서 죽는다고 할지라도, 나는 도살장에 끌려가는 어린 양처럼 죽을 것이고, 털 깎는 자들 앞에서 아무런 불평도 없이 잠잠한 양과 같을 것입니다"라고 말할 수 있다면, 그는 대단한 믿음을 지닌 사람입니다.

우리가 극심한 고통 가운데 있을 때에 자연스럽게 다가오는 두 번째 유혹은 완전히 자포자기하여 절망 가운데 드러누워 버리고 싶은 유혹입니다. 우리는 이것을 4절과 5절에서 볼 수 있습니다: "내 마음이 내 속에서 심히 아파하며 사망의 위험이 내게 이르렀도다 두려움과 떨림이 내게 이르고 공포가 나를 덮었도다." 여러분 중에는 종종 이렇게 말하고자 하는 유혹을 느껴온 분들이 계시지 않습니까? "아, 나는 더 이상 아무것도 할 수 없으니 포기할 수밖에 없어. 저 마지막 잔혹한 한 방이 나를 완전히 산산조각을 내버려서, 나는 쓰라린 마음을 끌어안고서 엎드려져 죽을 수밖에 없다는 생각만 들어." 형제들이여, 여러분은 이러한 유혹에 지지 않기 위해서 있는 힘을 다해야 합니다. 사람이 살아 있는 동안에 불평해서는 안 되는 것과 마찬가지로 절망해서도 안 됩니다. 하나님의 자녀는 특히 더더욱 그러합니다. 가련한 심령이여, 끝까지 참고 인내하십시오. 여러분의 보잘것없는 힘은 한계에 다다랐을지라도, 여러분을 건지시고자 하시는 하나님의 긍휼하심은 아직 끝난 것이 아닙니다. 여러분의 어둠이 지독하게 깊어진 바로 그때에 하나님은 여러분의 촛대에 불을 붙여 주실 것입니다. 여러분이 다윗처럼 애통해하게 될 때에야, 여러분의 심령은 지극한 기쁨으로 인하여 찬송하게 될 것입니다. 여러분이 저 깊은 심연까지 가라앉았을 때에야, 하나님은 여러분을 "바산에서 돌아오게 하며 바다 깊은 곳에서 도로 나오게 하실"(시 68:22) 것입니다. 그러므로 하나님이 건지실 때가 되기도 전에 미리부터 죽는 소리를 하지 마십시오. 그렇지만 여러분이 그런 소리를 했다고 해도, 여러분이 그런 소리를 한 최초의 인물은 아닙니다. "여호와여 지금 내 생명을 거두시옵소서 나는 내 조상들보다 낫지 못하니이다"(왕상 19:4)라고 말했지만 결코 죽지 않았던 사람이 전에도 있었으니까요. 그 사람은 불의 선지자 엘리야였지만, 이런 말을 할 때에는 마치 격렬히 타오르는 불이 아니라 단지 냉랭한 회색빛 재에 불과한 사람처럼 보였습니다. 이것은 아무리 선한 자라도 기껏해야 사람에 불과하다는 또 하나의 증거입니다.

다음으로, 아주 비일비재한 유혹은 우리가 겪고 있는 시련들로부터 도망치고자 하는 것입니다. 우리는 이것을 6절부터 8절까지의 본문 속에서 볼 수 있습니다: "나는 말하기를 만일 내게 비둘기 같이 날개가 있다면 날아가서 편히 쉬리로다 내가 멀리 날아가서 광야에 머무르리로다 내가 나의 피난처로 속히 가서 폭풍과 광풍을 피하리라 하였도다." 당신은 한 교회의 목회자인데, 목회가 기대했던 것만큼 잘되지 않을 수 있습니다. 나는 당신이 어떤 기준으로 목회가 잘되지 않는다고 판단한 것인지가 궁금하지만, 어쨌든 당신의 생각은 목회가 잘되지 않고 있으니 목회를 포기하고 현재의 자리에서 도망쳐야 한다는 것입니다. 이제 막 총 쏘는 법을 배우기 시작한 사람들은 화약 냄새와 총소리에 익숙해지기 전에 흔히 총 쏘는 법을 배우기를 포기하는 것으로 알려져 있습니다. 심지어 오랜 세월 군인으로 잔뼈가 굵은 사람들조차도 종종 총을 쏘면서 "오싹함"을 느낀다고 합니다. 그러나 여러분이 그런 상황에 있다면, 제발 도망치지 마시기를 간곡히 부탁드립니다. 여러분은 그런 상황에서 도망쳐서 도대체 어디로 가고자 하는 것입니까? 여러분은 요나처럼 도망칠 수 있을 것이라고 생각하시는 것입니까? 내가 장담하건대, 요나는 하나님의 명령을 준행하지 않고 도망친 후에 깊은 바닷속 산들의 뿌리에서 물고기 뱃속에 들어가 있는 자신의 모습을 발견하였을 때에 도망친 것을 몹시 후회하였을 것입니다. 여러분과 나는 우리가 마땅히 행해야 할 일들로부터 도망친다면 반드시 더 큰 고통 속으로 들어가게 될 것입니다. 여러분, 우리에게 닥친 시련과 싸워 이기십시오. 하나님의 이름과 능력을 힘입어서 여러분의 자리를 지키십시오. 여러분에게 더 좋은 날들이 지금 가까이 다가오고 있고 성공이 눈앞에 있는데, 사탄이 여러분을 어떻게든 그 자리에서 몰아내고자 하는 것일 수 있습니다. 와츠(Watts) 박사는 이 시편을 훌륭하게 잘 풀어서, 사람이 마땅히 있어야 할 자리에서 도망치고자 하는 유혹에 관하여 지혜롭

게 설명하고 있습니다:

> "오, 내가 날개 달린 비둘기이고,
>   순결함에 날개가 있다면,
>   이 모든 쉼 없는 일들로부터
>   멀리 떠나기 위해 날아가리라.
>   나로 아무도 없는 광야로 가서
>   평화롭게 지낼 곳을 찾게 하소서.
>   악의의 폭풍이 결코 불지 않고
>   유혹들이 결코 없는 그런 곳을.
>   헛된 소망이나 헛된 망상이 전혀 없어서
>   지옥의 광분을 피할 수 있는 곳!
>   내가 전능하신 하나님을 부를 때
>   여기에서처럼 나를 구원하실 수 있는 곳!
>   거기에서는 하나님이 내 영혼을 모든 두려움에서 지켜 주시고
>   내가 두려워할 때마다 내 방패가 되어 주시리.
>   나를 도우라 하나님이 명하시면,
>   천군천사들이 나타나리라."

아마도 와츠 박사가 표현하고 있는 것은 목회가 잘되지 않아 포기하고 싶어 하는 목회자의 심정이 아니라 나사로가 죽어서 집에서 슬피 울고 있는 마리아의 심정일 듯 싶습니다. 마르다는 마리아와 마음이 그리 잘 맞는 자매가 아니었기 때문에, 마리아가 주님을 맞으러 나갈 때에도 거기에 동행하지 않았습니다. 그렇지만 참 이상한 것은 이런 두 자매가 예수께는 "주께서 여기 계셨더라면 내 오라버니가 죽지 아니하였겠나이다"(요 11:21)라고 동일하게 말하고 있다는 것입니다. 때가 되자, 주님은 마리아에게 사람을 보내셨고, 이내 마리아는 나사로를 무덤으로부터 다시 돌려받는 기쁨을 누리게 됩니다. 우리 중 어떤 분들은 종종 이상한 생각을 하곤 합니다. 무슨 말이냐 하면, 우리는 어디로 떠나야 할 것인지도 모른 채, 그리고 자기가 무슨 짓을 하고 있는지조차 모르면서, 갑자기 현재의 자리에서 떠나겠다고 결심한다는 것입니다. 나의 사랑하는 친구들이여, 자신의

마음속에 큰 괴로움을 안고 있는 사람은 그 괴로움으로부터 도망칠 수 없습니다. 그가 어디로 가든 가는 곳마다 그 괴로움도 그와 동행할 테니까 말이죠. 당신의 어깨에 앉아 있고 당신에게 아주 꼭 붙어 있는 산더미만한 옛 사람이 당신 자신과 일체가 되어 있다면, 당신이 어디로 도망친다고 하여도 그 옛 사람을 떨쳐 내 버릴 수는 없습니다. 그런 경우에는 "네 짐을 여호와께 맡기라"는 본문의 말씀을 따르는 것이 훨씬 더 지혜로운 일일 것입니다. 그렇게 하고자 한다면, 당신에게는 비둘기 같이 훨훨 날아가는 데에 필요한 날개가 없어도 되고, 당신이 훨훨 날아서 광야로 숨어들고자 할 필요도 없습니다. 당신은 전쟁터의 한복판에 그대로 머물러 있어도, 거기에서 온전한 평안을 누리게 될 것입니다.

> "승리를 확신할 때에
> 　요란한 함성 소리 가운데서도 침착할 수 있다네."

나는 극도로 요란한 소동의 한복판에서도 지극히 깊은 평안을 경험해 본 그리스도인들이 많을 것이라고 믿고, 나 자신도 자주 칩사이드(Cheapside) 거리의 군중 속에서도 지극한 고요를 누려 왔습니다. 우리 중에는 귀용(Guyon) 부인이 쓴 다음과 같은 글의 의미가 무엇인지를 아는 분들이 계십니다:

> "우리가 어떤 장소를 찾거나 피하는 동안에는
> 　우리의 영혼은 그 어디에서도 행복을 찾지 못합니다.
> 　그러나 하나님이 우리의 길을 인도하시면,
> 　어디로 가거나 어디에 머물든지 그 어디에서나 우리는 기뻐합니다."

하나님을 의지하십시오! 여러분의 짐을 하나님께 맡기십시오. 그렇게 할 때, 여러분은 하나님께서 여러분을 있게 하신 곳에서 도망치고자 하는 유혹으로부터 벗어나게 될 것입니다.

이 시편이 우리에게 보여주는 또 하나의 유혹이 있는데, 그것은 우리에게 고통을 주고 있는 자들이 고통을 당하게 되기를 바라는 마음을 품고자 하는 유혹입니다. 우리는 9절에 나오는 말씀의 의도를 오해해서 이렇게 기도하기 쉽습니다: "'주여 그들을 멸하소서.' 원수들이 우리를 비방하고 욕하고 있으니, 우리는 그들이 죽게 되거나 어떤 큰 심판을 받게 되기를 원하나이다." 사랑하는 친구들이여, 그런 감정을 품는 것은 결코 합당하지 않습니다. 만약 우리가 다른 사람들이 해악을 당하게 되기를 바란다면, 우리가 해악을 당하게 될 것입니다. 실제로 여러분이 다른 사람이 고통당하게 되기를 원하는 마음을 품었을 때, 도리어 여러분이 비방을 받는 고통을 당해 왔습니다. 어떤 분이 복수하거나 앙갚음하는 것을 정당화하기 위해 내게 "지렁이도 밟으면 꿈틀하는 법이죠"라고 말했습니다. 나는 그분에게 이렇게 대답했습니다: "그 미물은 인간의 잔인함으로 인한 고통 때문에 단지 꿈틀거리는 것일 뿐인데, 그리스도인이 그 미물을 본받아서야 되겠습니까? 당신은 자신이 본받아야 할 모범을 찾아내기 위해서 땅바닥을 유심히 내려다보고자 하시는 것입니까?" 악인들이 그리스도, 심지어 자기 자신을 벌레에 비유하셨던 그리스도를 짓밟았지만, 그리스도께서는 그들에 대하여 꿈틀하지도 않으시고, 단지 "아버지 저들을 사하여 주옵소서 자기들이 하는 것을 알지 못함이니이다"(눅 23:34)라고만 부르짖으셨습니다. 오직 이것만이 여러분이 원수들에 대하여 보이는 유일한 꿈틀거림이어야 합니다. 그들이 아무리 욕을 하고 잔인한 짓을 한다고 할지라도, 여러분은 그런 것들에 격동되어서 거친 말로 응수해서는 안 되고, 심지어 거친 생각조차 해서도 안 됩니다. 나는 어떤 사람들이 극심한 고통 아래에서 애석하게도 결국 독한 마음을 먹고 앙심을 품는 것을 보았습니다. 그런 마음 상태는 완전히 잘못된 것이기 때문에 거기에서는 그 어떤 선한 것도 나올 수 없습니다. 무화과나무는 상처를 입으면서 점점 더 달콤해져갑니다. 여러분이 겪는 상처들이 이와 비슷한 효과를 여러분에게 낳게 하십시오. 주 예수께서 산상수훈을 통해 하신 말씀을 기억하십시오: "나는 너희에게 이르노니 너희 원수를 사랑하며 너희를 박해하는 자를 위하여 기도하라 이같이 한즉 하늘에 계신 너희 아버지의 아들이 되리니"(마 5:44-45). 여러분이 그렇게 하는 것이 마땅한 일인 데도 그렇게 하지 않는다면, 거의 틀림없이 여러분은 이런저런 모양으로 잘못하고 있는 것입니다. 그러므로 하나님께서 여러분이 올바르게 행할 수 있도록 도우시기를 빕니다. 자녀들이여, 여러분의 아버지께서 여러분에게 엄하게 하고 계십니까? 그렇다면, 여러분의 아버지께서 자애로우시고 온유하게 되실 때까지 아버지를 사랑하십시오. 아내들이여, 여러분의 남편이 여러분을 냉정하게 대하고 있습니까? 그렇다면, 여러분의 향기로운 미소로 여러분의 남편의 마음을 다시 얻으십시오. 종들이여, 여러분의 여주인이 여러분을 모질게 대하고 있습니까? 사라가 하갈에게 그랬듯이, 선한 여인들조차도 때로는 자신의 종들을 모질게 대하는 경우가 있습니다. 만약 여러분이 여주인으로부터 가혹한 대우를 받고 있다면, 하갈처럼 여러분의 여주인을 멸시하지 마십시오. 여주인에게 복종하십시오. 그러면 여러분은 여주인의 마음을 얻게 될 것입니다. 기독교 신앙이 꽃 피었던 초창기에 옛적의 많은 그리스도인 노예들도 여러분보다 훨씬 더 가혹한 대우를 받았지만, 자신의 주인이나 여주인에게 진심으로 복종함으로써 그들의 마음을 얻어 그들을 그리스도께로 인도할 수 있었습니다. 그리스도인이 원수를 사랑하는 것 외에 달리 무엇을 할 수 있겠습니까? 원수를 사랑하는 것은 우리의 병기고에 있는 것들 중에서 가장 강력한 병기입니다. 하나님이 우리에게 지혜를 가르치시면, 우리는 뱀처럼 지혜로워질 것입니다. 그리고 성령께서 비둘기처럼 우리 위에 임하여 우리로 하여금 온유함이 차고 넘치게 하시면, 우리는 비둘기처럼 남에게 해를 끼치지 않는 자들이 될 것입니다. 그렇게 될 때에 우리는 이기게 될 것입니다. 왜냐하면, 모든 것을 이기는 것은 언제나 사랑이기 때문입니다.

이상으로 나는 여러분에게 우리가 본문의 의인처럼 고통 중에 있게 되었을 때에 우리에게 어떻게 하라고 유혹하는 것들이 어떤 것들이 있는지에 대해 살펴보았습니다.

2. 둘째로, 하나님은 우리에게 어떻게 하라고 명령하시는 것입니까?

이제 나는 성령의 도우심을 따라 본문을 통해서 여러분에게 고통 중에 있을 때에 우리가 어떻게 행해야 한다고 하나님이 명령하시는지를 살펴보고자 합니다. 하나님의 명령은 "네 짐을 여호와께 맡기라"는 것입니다. 여러분은 짐을 등에 지고 있습니다. 그 짐이 여러분이 지기에 너무 무겁습니까? 그 짐을 하나님께 맡기십시오.

"내가 어떻게 하는 것이 내 짐을 하나님께 맡기는 것인가요?"라고 묻는 분이 계실 것입니다. 좋습니다. 당신이 하나님의 자녀라면, 나는 당신에게 무엇보다도 먼저 당신의 짐이 하나님께로부터 왔다는 것을 인정할 것을 권합니다. 아마도 당신은 "하지만 내 짐은 아히도벨의 속임수나 압살롬의 반란으로부터 온 것입니다!"라고 말할지 모릅니다. 나도 당신의 말이 일리가 있다는 것을 인정합니다. 그러나 당신이 말한 것들은 단지 이차적인 원인들, 또는 행동대원들에 불과한 것들입니다. 결국 당신의 문제는 제1원인이신 하나님께로 거슬러 올라갑니다. 여러분이 그러한 사실을 받아들일 때, 여러분은 헤아릴 수 없는 하나님의 은밀한 섭리의 손길을 인정하게 될 것이기 때문에, 자신의 모든 짐에 대하여 "이것도 하나님으로부터 온 것입니다"라고 말하게 될 것입니다. 여러분은 아마도 개를 막대기로 때리면 개가 돌아서서 자기를 때린 막대기를 무는 장면을 본 적이 있을 것입니다. 만일 그 개가 정말 지혜로웠다면, 그 개는 자기를 때린 막대기를 쥐고 있는 사람을 물었을 것입니다. 하나님께서 자신의 자녀에게 회초리를 사용하시면, 심지어 경건한 사람조차도 종종 회초리를 덥석 뭅니다. "목사님은 나로 하여금 하나님께 대들게 하려고 하시는 건 아니시죠?" 아, 물론 아닙니다. 나는 당신이 그렇게 하지 않으리라는 것을 압니다. 당신은 하나님의 자녀이니까요. 당신은 하나님이 손에 회초리를 들고 계시는 것을 볼 때에 패역을 그만두고 시편 기자처럼 이렇게 말할 것입니다: "내가 뭔가를 말하려고 했지만, 하나님의 손에 징계의 회초리가 들려 있는 것을 보았으므로, 잠잠하고 입을 열지 않았나이다." 우리는 우리에게 닥친 모든 시련을 언제나 하나님으로부터 온 것으로 여기고서 이렇게 말하는 것이 합당합니다: "나를 배신한 것은 가룟 유다이지만, 내가 그렇게 배신당하게 된 것은 하나님의 영원하신 계획 속에 있었던 일입니다. 그러므로 나는 이차적인 원인을 잊어버리고서, 오직 하나님께 나를 배신한 자의 악의를 용서해 주시라고 기도할 것입니다. 그리고 하나님의 은혜를 힘입어서 나는 자신의 영광과 나의 유익을 위해 이 고난이 내게 임하는 것을 허락하신 하나님을 바라볼 것입니다."

여러분이 다음으로 해야 할 것은 이것입니다: 여러분의 짐이 하나님으로부터 온 것임을 인정하고서, 하나님이 여러분의 짐을 제거해 주실 때까지 인내하며 기다리십시오. 자신이 존경하고 공경하는 어떤 훌륭하신 분이 자기에게 어떤 일을 해 달라고 부탁한다면 기꺼이 그 일을 기쁜 마음으로 행할 사람들이 많을 것입니다. 한밤중에 여왕의 사자가 여러분을 찾아와서 여왕을 위해 어떤 일을 해 달라고 한다면, 여러분은 기쁜 마음으로 일어나서 옷을 갖춰 입고서, 비록 추운 밤일지라도 먼 길을 달려가서 여왕이 부탁한 일을 기꺼이 하고자 할 것입니다. 여러분의 짐이 하나님으로부터 온 것임을 알 때, 즉 여러분에게 닥친 환난이나 시련에 왕이신 하나님의 옥새가 찍혀 있음을 알았을 때, 여러분은 즉시 이렇게 말할 것입니다: "하나님께서 원하신다면, 내가 아무런 불평 없이 이 짐을 지겠습니다.

때가 되면 하나님께서 나를 건지실 테니까요. 하나님이 나로 하여금 고난을 당하도록 정하신 기간 동안, 나는 하나님의 은혜를 힘입어서 그 고난을 참아낼 것입니다." 어떤 선한 노부인이 중병에 걸려 몹시 아팠을 때에 살고 싶은지, 아니면 죽고 싶은지에 대해 질문을 받자, 자기에게는 어떻게 하고 싶은 것이 없고, 오직 하나님의 뜻이 이루어지기를 원한다고 말했답니다. 사람들이 "그런데도 하나님이 당신에게 어느 쪽을 선택하라고 하신다면 어떻게 하시겠습니까?"라고 다시 한 번 물었을 때, 그 노부인은 "그럴지라도 나는 스스로 선택하지 않고, 하나님께 내 대신 선택해 주시라고 요청할 것입니다"라고 말했습니다. 나는 모든 그리스도인들이 이 선한 노부인을 본받았으면 좋겠습니다. 어떤 일이 하나님으로부터 우리에게 왔을 때에는 우리는 그 일에 대하여 책임이 없습니다. 그러나 그 일이 우리 자신의 선택으로 인해 온 것이라면, 우리는 "내가 어쩌자고 바보같이 이런 고난을 자초했던 말인가"라고 말하게 될 것입니다. 여러분은 하나님이 여러분에게 보내시는 십자가를 좋아하지 않는다고 말합니다. 좋습니다. 그러나 어쨌든 여러분이 그 십자가를 져야 하는 것은 여러분 자신이 선택한 일이 아닙니다. 그 십자가를 여러분에게 보내시기로 선택하신 분은 하나님이십니다. 반면에, 여러분이 스스로 어떤 십자가를 선택하였다면, 여러분은 "내가 이런 짐을 선택하는 잘못을 저지르다니 불쌍하게 되었군"이라고 말하게 될 것입니다. 이제 여러분이 그렇게 말하게 되는 일이 일어나서는 안 됩니다. 하나님의 은혜로 말미암아 여러분에게 일어나는 "모든 일"이 여호와께서 "작정하신" 일이 되기를 빕니다(잠 16:33). 히브리어 원문의 의미를 살려서 오늘의 본문을 옮긴다면 이렇게 옮겨볼 수도 있습니다: "여호와께서 네게 주시는 것을 여호와께 맡기라. 여호와께서 네게 맡기시는 것을 여호와께 맡기라. 네 짐에 있는 주의 손자국을 보라. 그리하면 네 짐을 순순히 받아들일 수 있게 되리라. 하나님이 그 짐을 보내신 줄을 알고, 하나님이 그 짐을 제거해 주실 때까지 인내하며 기다리라." 파버(F. W. Faber)는 아주 감미롭게 이렇게 쓰고 있습니다:

> "찬송 받으실 주여, 내게는 아무 염려도 없습니다.
> 　나의 모든 염려는 주의 것이니까요.
> 　나는 승리하며 살아갑니다.
> 　주께서 주의 승리를 내 것이 되게 하셨으니까요.

근심에서 벗어날 수 있을 기미가 보이지 않을 때조차도
나는 자유롭습니다.
아무 소망도 없는 것 같은 때에 소망이 더욱 넘치니
나는 주를 인내하며 기다립니다.
찬송 받으실 주여, 나를 이끄소서.
늘 승리하는 길로 나를 이끄소서.
순례길에 있는 믿음의 자손들이 주를 따라
주께서 가신 길을 따라갑니다."

우리의 짐을 하나님께 맡기는 한 가지 복된 방법은 우리의 짐에 관한 모든 것을 하나님께 아뢰는 것입니다. 홀로 골방에 들어가서 마치 친구와 얘기하듯이 하나님께 아뢰는 것은 놀라운 특권입니다. 형제들이여, 나는 여러분이 그렇게 하고 계시다는 것을 압니다. 여러분은 곤경에 처해서 무엇을 해야 할지 알 수 없을 때에 기도하기 시작합니다. 하지만 왜 여러분은 곤경에 처하기 전에 매일 새벽에 여러분의 고충들을 낱낱이 하나님께 아뢰지 않습니까? 왜 여러분은 곤경에 처하게 되고 나서야 비로소 하나님께 달려가는 것입니까? 그렇게 하지 마시고, 곤경에 처하기 전에 미리 하나님 앞으로 나아가십시오. 우리의 짐들의 절반은 우리가 그 일들에 대하여 기도하지 않았기 때문에 온 것들입니다. 만일 우리가 일상적인 일들을 낱낱이 하나님께 아뢴다면, 놀랍게도 우리의 인생이라는 병거는 아주 평탄하게 굴러가게 될 것입니다. 소화되지 않은 음식이 우리의 몸 안에서 탈을 일으키듯이, 우리가 기도하지 않은 일들은 우리의 영혼에 탈을 일으킵니다. 여러분이 일용할 양식을 제대로 소화시키려면 먼저 이렇게 기도하십시오: "하나님께서 이 양식을 내게 주셨으니 나로 하여금 이 양식을 잘 소화할 수 있는 복도 주시고, 이후에도 내가 이 양식으로 인하여 얻은 힘을 주의 찬송과 영광을 위하여 사용할 수 있도록 복을 주옵소서." 여러분의 모든 삶에 기도의 소금을 뿌리십시오. 그렇지 않으면, 여러분의 삶 중에서 이런 식으로 소금이 뿌려지지 않은 부분들은 다 썩게 될 것입니다. 그러므로 여러분이 어렸을 때에 자신의 고민을 어머니에게 다 말씀드렸듯이, 이제는 여러분의 근심과 걱정을 하나님께 다 아뢰십시오.

"나는 하나님 앞에서 어떤 말을 해야 할지를 모르겠습니다"라고 하는 사람이 있습니다. 걱정하지 마십시오. 해야 할 말들이 주어질 것입니다. 여러분이 어떤 사람에게 자신의 고충을 얘기할 때는 여러분의 입에서 청산유수처럼 말들이 쏟아져 나옵니다. 마찬가지로, 모든 일을 하나님께 아뢰는 저 복된 습관이 여러분의 몸에 배게 되면, 여러분이 해야 할 말들이 저절로 나오게 될 것입니다. 얼마 전에 한 친구가 내게 이렇게 말했습니다: "내가 주식 투자를 하다가 어느 거래에서 실수를 해서 돈을 잃었다네. 만일 그런 식으로 계속 주식 투자를 했더라면, 나는 지금쯤 완전히 망했을 것이네. 나는 잠시 증권거래소의 한 구석으로 가서 가만히 선 채로 하나님께 인도해 주시라고 기도하였다네. 그런 후에 나는 돌아왔는데, '이제는 그 어떤 일도 할 준비가 되어 있는' 느낌이 들었다네." 그 친구는 계속해서 이렇게 말했습니다: "내가 하나님의 인도하심을 구하는 기도를 하지 않고 그 상태에서 계속 주식 거래를 했다면 더 많은 실수들을 저질렀을 텐데, 이상하게도 기도하고 나니 마음이 걱정되거나 혼란스러운 것이 없어졌고 하나님의 인도하심을 기다리게 되었다네. 그래서 나는 침착하게 그 상황에 대처할 수 있었다네." 아마도 여러분 중에는 모든 일에 대하여 이런 식으로 기도하는 것이 사소하고 하찮아 보이는 분들도 계시겠지만, 사실은 이런 기도를 드리는 것은 대단히 지혜로운 일입니다. 나는 기독교 신앙의 핵심은 세속적이라 불리는 것들을 성별하는 데에 있다고 믿습니다. 즉, 열렬하고 끈질긴 믿음의 기도를 끊임없이 드려서 모든 것을 우리 하나님의 통치 아래 가져다놓는 것이 기독교 신앙이라는 것입니다.

　　여러분의 짐을 하나님께 맡기기 위해서, 여러분이 모든 것을 하나님께 아뢴 후에 그 다음으로 해야 할 것은 모든 것이 한데 역사해서 여러분에게 선을 이루게 되리라는 것을 믿는 것입니다. 여러분이 단 것들을 삼키듯이, 마찬가지로 쓴 것들도 기꺼이 삼키십시오. 그리고 그러한 것들이 기이하게 뒤섞여서 여러분에게 큰 유익을 가져다주고 합력하여 선을 이루게 되리라는 것을 믿으십시오. 창문 밖을 내다보고서는 이것저것들을 자세히 살펴보면서 어떤 것들을 받아들이고 어떤 것들을 거부할지를 스스로 판단하지 마십시오. 하나님이 여러분에게 보내신 것들이라면, 문을 활짝 열고 그 모든 것들을 다 받아들이십시오. 왜냐하면, 하나님으로부터 온 것들은 모두 다 하나님의 영광과 여러분의 유익을 위한 것이기 때문입니다. 여러분이 어떤 것들을 잃게 될 것이라면, 실은 그것이 여러분에게 손실이 아니라 이득이 될 것임을 믿으십시오. 심지어 여러분이 가장 사랑하는 사람이 여러분 곁을 떠난 일이 일어난다고 할지라도, 그 모든 일에서 믿음으로 하나님을 의지하고 신뢰하기만 한다면, 모든 것이 합력하여 선을 이루게 될 것입니다. 여러분이 죽을 병에 걸렸다고 할지라도, 그것은 여러분에게 좋은 일일 것입니다. 여러분이 흔들림 없이 하나님을 의지하고 신뢰한다면, 여러분은 결국 그렇다는 것을 알게 될 것입니다. 사도 바울은 "우리가 알거니와 하나님을 사랑하는 자 곧 그의 뜻대로 부르심을 입은 자들에게는 모든 것이 합력하여 선을 이루느니라"(롬 8:28)고 말합니다. 그는 "우리가 생각하기에," "우리가 추정하기에," "우리가 판단하기에"라고 말하는 것이 아니라 "우리가 알거니와"라고 말합니다. 여러분이 이 사실을 안다면, "여러분의 짐을 하나님께 맡기는" 데 도움이 될 것입니다.

여러분이 짐을 하나님께 맡겼다면, 그 짐을 하나님께서 처리하시도록 맡겨 두십시오. 여러분의 짐을 하나님께 맡기는 과정에서 중요한 것은 정말 맡겼다는 것을 확인하는 것입니다. 내가 나의 짐을 하나님께 정말 맡겼다면, 이제 그 짐은 나와 무슨 상관이 있겠습니까? 말로만 맡겼다고 하고 여전히 짐을 그대로 지고 있다면, 그것은 거짓말을 하는 것이 아니겠습니까? 수많은 중대한 염려와 근심들로부터 결코 자유롭지 못했던 나의 일생 전체에 걸쳐서 나는 내 방식을 따라 처리한 일들이 많았고, 나의 최선의 판단에 따라 그 일들은 잘 처리되었습니다. 그러나 이와 같은 아주 큰 교회에서는 도무지 어떻게 해야 할지를 모르는 일들이 종종 일어납니다. 그런 경우에 나는 어떻게 해야 할지를 모르기 때문에, 내가 할 수 있는 모든 것을 다 한 후에 그 일을 선반 위에 올려놓고서 이렇게 말하는 습관이 있습니다: "이 일이 어떻게 되든, 내가 이 일을 다시 꺼내보는 일은 결코 없을 것입니다. 나는 이 일을 하나님께 온전히 맡겨드렸기 때문에, 내 할 일은 다 한 것이기 때문입니다." 내가 간증하고 싶은 것은 내가 해결할 수 없었던 일들은 결국 저절로 해결되었다는 것입니다. 성경은 베드로와 천사가 "쇠문에 이르니 문이 저절로 열리는지라"(행 12:10)고 말씀합니다. 그 동일한 일이 내게 수없이 일어났습니다. 저 거룩한 여자들은 주님의 무덤으로 가면서 "누가 우리를 위하여 무덤 문에서 돌을 굴려 주리요"(막 16:3)라고 생각했었지만, "눈을 들어본즉 벌써 돌이 굴려져"(4절) 있었습니다. "내 하나님이 이 어려움을 두셨으므로, 반드시 이 어려움으로부터 뭔가 선한 결과가 있으리라고 믿고서, 내가 할 수 있는 아주 작은 일을 다 했으니, 이제 모든 것을 하나님께 맡겨드리리라"고 말하는 법을 배우십시오. 그러나 나는 여러분이 어려움을 만났을 때에 일반적으로 어떻게 하는 지를 압니다. 여러분은 모든 것을 하나님께 맡겼다고 말하지만, 그 일을 걱정하 느라 잠을 자지 못하고 온 밤을 새웁니다. 그것이 여러분의 짐을 하나님께 맡기 고 있는 것입니까? 하나님께서 우리로 하여금 하나님의 약속들을 문자 그대로 믿고서 그 믿음을 따라 행할 수 있게 해주시기를 빕니다. 이 자리에 계신 어느 가 난한 부인이 집세가 밀려서 걱정하고 있다가, 어떤 그리스도인 형제로부터 "나 의 선한 자매여, 내일까지 집세를 다 내드릴 테니 걱정하지 마세요"라는 말을 들 었다면, 그 부인이 여기저기를 뛰어다니며 "집세를 내일까지 내지 않으면 내 물 건들을 잃게 될 것입니다"라고 말하고 다닐 것이라고 여러분은 생각하십니까? 절대로 그렇게 하지 않을 것입니다. 도리어, 그 부인은 "내가 아는 믿을 만한 분 이 나를 위해 집세를 대신 내주겠다고 말해서, 걱정이 다 사라지고 내 마음이 아 주 편합니다"라고 말할 것입니다. 마찬가지로, 여러분이 하나님을 안다면, 하나 님에 대해서도 그렇게 말하게 될 것입니다. 다윗은 "주의 이름을 아는 자는 주를 의지하오리니"(시 9:10)라고 하였습니다. 여러분의 염려를 하나님께 맡긴 후에 하나님께서 맡아 처리해 주실 것을 의심하지 않는 것이야말로 여러분이 진정으 로 하나님을 사랑한다는 증거가 될 것입니다. 여러분의 마음에 짐이 없어서 평 안하다면, 그것은 여러분이 진정으로 자신의 짐을 하나님께 맡겼음을 보여주는 증거가 될 것입니다. 하나님께서 내 짐을 지시고 계시는데, 왜 내가 또 그 짐을 져야 합니까? 하나님께서 나를 돌봐주시는데, 내가 염려와 걱정으로 노심초사하 며 내 자신을 괴롭힐 이유가 어디 있습니까?

　　이상으로 나는 하나님께서 우리에게 명령하신 것, 즉 "너의 짐을 여호와께 맡기라"는 말씀이 무엇을 의미하는지를 최선을 다해 설명하였습니다.

3. 셋째로, 우리는 무엇을 하려고 애써야 합니까?

　　나는 이 세 번째 대지를 아주 간단하게 살펴보고자 합니다. 본문을 제대로 읽었다면, 우리는 본문에서 다윗이 자기 자신과 대화하고 있는 것을 보게 됩니 다. 다윗이 자기 자신과 대화하였듯이, 우리도 우리 자신과 대화하려고 애써야 합니다. 다윗은 자신의 원수에 대하여 "그의 입은 우유 기름보다 미끄러우나 그의 마음 은 전쟁이요 그의 말은 기름보다 유하나 실상은 뽑힌 칼이로다"(21절)라고 말합 니다. 그런 후에, 그는 "자, 그런 것에 놀라거나 초조해하지 말고, 너의 짐을 여호와께 맡겨라"고 말하는 것처럼 보입니다. 여러분은 다윗이 마치 자기가 두 명인 듯이, 즉 한 다윗이 다른 다윗에게 말하는 듯이 하고 있는 것을 자주 보아오지 않으셨습니까? 다윗이 자기 자신에게 "내 영혼아 네가 어찌하여 낙심하며 어찌하여 내 속에서 불안해 하는가"(시 42:11)라고 말하고 있는 때가 바로 그런 때입니다. 사랑하는 친구여, 나는 당신이 당신 자신을 야단치며 이렇게 말하게 되기를 바랍니다: "자, 불안해하고 초조해하는 심령아, 너는 지금 무엇을 하고 있는 것이냐? 너의 짐을 하나님께 맡기라. 너는 무엇을 하고 있느냐? 하나님이 너를 버리셨느냐, 아니면 하나님이 너를 돕기를 거절하셨느냐? 불신앙아, 꺼지거라! 믿음아, 와서 내 영혼에 거하여 너의 은혜로운 평화의 규로 내 영혼을 다스리라."

여러분은 이런 식으로 자신을 책망한 후에 이 일에 대해 여러분 자신과 변론하십시오. 여러분 자신에게 이렇게 말하십시오: "성경에 무엇이라 씌어 있는지를 보거라 '네 짐을 여호와께 맡기라'고 되어 있지 않느냐. 그것이 너의 짐이고, 하나님이 그 짐을 네게 짊어지게 하신 것이라면, 그 짐과 다투지 말라. 그것이 너의 짐인 것과 마찬가지로, 하나님은 너의 하나님, 언약을 지키시는 하나님, 너의 아버지이자 친구이시다. 자, 내 영혼아, 너의 짐을 네 하나님께 맡기라! 하나님이 네게 네 짐을 자기에게 맡기라고 명령하시는데, 너는 네 짐을 도대체 어디다 맡기려고 하는 것이냐? 너는 그런 짐을 스스로의 힘으로 짊어질 수 없지만, 하나님이 너와 네 짐을 져주실 것이다." 하나님의 의로우심을 생각하고서 이렇게 말하십시오: "의로우신 하나님이 의인들로 죽게 내버려 두실 리가 없다. 의인들이 비방을 받는다면, 그것은 하나님이 자신의 의를 세우셔야 할 또 하나의 이유가 추가되는 것이다. 하나님은 의인들을 변호하시는 분이시다. 내 심령아, 의인들이 하나님께 충성함으로 말미암아 그들의 선한 이름이 비방을 받을 때, 하나님이 의인들을 죽게 내버려 두시는 일은 온 땅의 심판장이신 하나님께 결코 있을 수 없는 일이다."

사랑하는 친구들이여, 나는 여러분이 이런 식으로 여러분 자신에게 말하게 되기를 바랍니다. 자주 의기소침해지는 분들은 특히 더욱 그럴 필요가 있는데, 이 자리에도 그런 분들이 계시다는 것을 나는 압니다. 여러분이 종종 근심 가운데 나를 찾아오면, 나는 여러분을 즐겁게 해드리기 위하여 최선을 다합니다. 그러나 나는 자주 이런 생각을 해왔습니다. '저 사랑하는 자매의 아버지도 이 교회에 나오시는데, 그분도 저 따님과 똑같이 나를 찾아오곤 하셨지. 의기소침도 혈통인가 보다'라고 말이죠. 여러분 중에는 12월에 태어나신 분들이 계실 것인데, 그분들은 결코 그 달에서 빠져나오지 못하는 것처럼 보입니다. 그분들은 늘 12월입니다. 그러나 이제 나는 여러분에게 본문의 말씀을 여러분 자신에게 하게 되시기를 바랍니다: "네 짐을 여호와께 맡기라 그가 너를 붙드시고 의인의 요동함을 영원히 허락하지 아니하시리로다." 그러면, 하나님께서는 내가 여러분에게 한 설교보다 여러분이 자신에게 한 설교에 더 큰 복을 내려 주실 것입니다. 어쨌든 시험해 보십시오.

4. 넷째로, 우리가 본문의 명령을 준행한다면 무엇을 기대할 수 있습니까?

내가 설교를 제대로 마치려면 이 마지막 대지를 전할 시간이 필요합니다. "네 짐을 여호와께 맡기라"는 명령을 준행하면, 우리가 기대할 수 있는 것들은 무엇일까요?

본문에는 두 가지 큰 것들이 나오는데, 그것은 붙들어 주시는 것과 허락하시는 것입니다. 이 두 단어를 가지고 옛 청교도들은 책 한 권을 썼을 것이고, 우리도 열 편 이상의 설교를 했을 것입니다. 그렇게 한다고 해도, 이 두 단어의 의미를 다 설명할 수는 없을 것입니다. 하나님의 백성이 자신의 짐을 하나님께 맡길 때, 하나님은 그들에게 무엇을 하실까요? 하나님은 그들을 붙들어 주십니다: "그가 너를 붙드시고." 여기에 나오는 "붙들다"라는 단어는 하나님이 엘리야에게 "내가 그 곳 과부에게 명령하여 네게 음식을 주게 하였느니라"(왕상 17:9)고 말씀하시며 사렙다 과부에게 가라고 명령하실 때에 사용하셨던 바로 그 단어입니다. 아마도 이 단어를 이렇게 옮기는 것이 더 나은 번역인 것 같습니다. 여러분의 짐을 하나님께 맡기십시오. 그러면 하나님께서는 무엇을 하실까요? 여러분을 그 환난에서 건져 주실까요? 아닙니다. 하나님께서는 여러분을 먹이시고 자양분을 공급해 주심으로써 여러분이 그 환난이라는 짐을 잘 짊어지고 갈 수 있게 하십니다. 하나님이 이렇게 하시는 것은 여러분의 짐을 덜어 주시는 것보다 여러분에게 훨씬 더 유익하고 좋은 일이 됩니다. 여기 한 사랑하는 자녀가 작은 짐을 짊어지고 가면서도 비틀거리고 있다고 합시다. 그런 경우에 아버지가 자기 아이를 안고 아울러 아이의 짐도 자신의 어깨에 메고 집으로 돌아온다면, 그것은 인자한 행동일 것입니다. 그러나 지혜로운 아버지는 이렇게 말합니다: "내가 이 아이를 좋은 것으로 잘 먹여서 힘을 키워주어 이 아이가 결국에는 자신의 짐을 질 수 있게 해주리라.” 본문은 “네 짐을 여호와께 맡기라 그가 너를 붙드시리라”고 말씀합니다. 즉, “그가 너를 먹이시고 네게 자양분을 공급해 주시리라”는 것입니다. 나는 나무 막대기들에서 나온 독사가 바울의 손을 물었을 때, 그것은 정말 끔찍한 일이었는데도, 바울은 아무렇지도 않은 듯이 그 독사를 불에 떨어내었을 것이라고 믿습니다(행 28:3-5). 여러분은 그 뱀이 왜 출현했다고 생각하십니까? 그 뱀은 바울과 그의 일행을 붙들어 주기 위해, 즉 먹이기 위해 출현한 것입니다. “뱀이 바울에게 먹을 것을 주었을 리가 없습니다”라고 여러분은 말할지 모릅니다. 그러나 실제로 그런 일이 일어났습니다. 왜냐하면, 이 일을 본 원주민들은 바울을 “신”으로 여기고서 지극정성으로 아주 신속하게 그와 그의 일행들에게 필요한 모든 것들을 공급해 주는 일이 벌어졌기 때문입니다. 마찬가지로, 여러분도 끔찍해 보이는 일들이 사실은 하나님이 여러분에게 복을 주시기 위한 최선의 방법이라는 것을 자주 깨닫게 될 것입니다.

“네 짐을 여호와께 맡기라.” 여러분은 ‘그 짐 아래에서 나는 완전히 부서지고 말거야’라고 생각할지도 모릅니다. 그러나 그런 일은 일어나지 않습니다. 여러분은 그 짐 아래에서 점점 성장해서 그 짐을 벗어날 수 있게 될 것이고, 결국 다음과 같은 귀한 말씀이 참되다는 것을 증명하게 될 것입니다:

> “이 모든 환난들로부터 나의 영광이 솟아나리니
> 그 슬픔이 깊을수록 난 더 큰 소리로 노래하리라.”

오직 믿음으로 여러분의 고통을 하나님께 맡기십시오. 그러면 하나님께서는 여러분에게 자양분을 공급해 주실 것입니다. 그 환난과 고통이 아무리 바위 같이 단단해 보일지라도, 하나님은 여러분을 먹이셔서 자양분과 기름을 공급해 주심으로써 부싯돌 같이 단단한 환난의 바위로부터 벗어나게 하실 것입니다.

여러분이 자신의 짐을 하나님께 맡길 때, 하나님이 여러분에게 행하시는 또 하나의 역사는 **요동함을 허락하지 않으시는** 역사입니다. 나는 하나님의 이러한 진리들을 간단하게 짚고 넘어갈 수밖에 없기 때문에, 여러분이 나중에 좀 더 깊이 묵상해 보시기를 바랍니다. “그가 의인의 요동함을 허락하지 아니하시리로다.” 이 선포를 통해서 여러분은 하나님이 허락하시는 일들 외에는 그 어떤 일도 여러분에게 일어나지 않는다는 진리를 배우셔야 합니다. 어떤 일들은 대단히 중대한 일들인데도, 하나님께서는 그런 일들이 자기 백성에게 일어나는 것을 허락하십니다. 그러나 하나님께서 허락하지 않으시는 일들도 있습니다. 하나님은 자기 백성이 "요동함"을 결코 허락하지 않으십니다. 하나님께서는 이렇게 말씀하십니다: "내 앞에서 올바르게 걸어온 나의 자녀, 나의 의인, 진리를 말한 자, 옳은 일을 행한 자가 요동함을 내가 허락하지 아니하리라. 그는 산들바람이 불 때에 나뭇가지들처럼 흔들릴 수는 있을지라도, 폭풍에 의해 뿌리째 뽑히는 일은 없을 것이다. 그는 닻을 내린 배가 조류를 따라 출렁거리듯이 조금 흔들릴 수는 있을지라도, 먼 바다로 떠내려가거나 바위에 부딪쳐서 난파당하지는 않을 것이다."

"그가 의인의 요동함을 허락하지 아니하시리로다." 시편 기자의 생각이 무엇인지가 여러분에게 감지되십니까? 그는 마치 하나님이 여러분에게 개입하셔서 "안 돼, 내가 그것을 허락하지 않겠노라"고 말씀하시는 것처럼 표현하고 있습니다. 하나님 아버지는 늘 자신의 자녀에게 눈을 떼지 않으신 채로 지켜보고 계시지만, 처음에는 개입하지 않으시는 것처럼 보입니다. 그러나 마침내 심각한 타격이 자신의 자녀에게 가해지면, 하나님은 이렇게 말씀하십니다: "안 돼, 그건 용납될 수 없어! 내 아이를 지킬 힘이 내게 있는 한, 내 아이가 그런 식으로 대우받는 걸 내가 용납할 수 없어." 그러므로 모든 것을 하늘에 계신 여러분의 아버지께 다 맡기십시오. 왜냐하면, 하늘 아버지께서는 여러분이 요동하도록 내버려 두지 않으실 것이기 때문입니다. 여러분이 의로우신 자 예수를 믿고서 그리스도의 피와 의로우심으로 말미암아 의롭다 하심을 받고 진정으로 의로워져서 하나님이 보시기에 옳은 일을 하고 있다면, 하나님은 여러분의 요동함을 허락하지 않으실 것입니다.

다음 번에 여러분이 남들의 비방하는 소리를 듣고서 몹시 화가 났다면, 마치 꼬마 아이가 어떤 아이들이 자기를 욕했다고 큰 형들에게 말하듯이, 여러분의 하늘 아버지께로 나아가서 아뢰십시오. 여러분의 아버지이신 하나님께로 가서 모든 것을 다 아뢰고, 그런 후에는 그 일들에 대하여 걱정하지 마십시오. 어떤 사람이 여러분에게 큰 잘못을 저질렀다면, 여러분은 그에게 "나는 이 일을 나의 변호인에게 의뢰할 수밖에 없습니다"라고 말할 수 있을 것입니다. 그러나 나는 여러분이 그렇게 하신 후에는 여러분 자신이 직접 그 사람을 고소하는 고소장을 쓰지 않으시기를 바랍니다. 모든 것을 하나님께 맡겨 두십시오. 왜냐하면, 그렇게 할 때에만 복된 평화가 여러분의 영혼에 이슬처럼 내려서, 이 땅에서의 여러분의 삶이 천국의 삶처럼 되기 시작할 것이기 때문입니다.

이제 말씀을 끝내면서, 나는 여러분 중에서 환난과 고통 중에 있을 때에 아뢸 하나님이 없는 분들에 대해서는 내 영혼 깊은 곳에서부터 지극한 안타까움을 느낀다는 말씀을 드리지 않을 수 없습니다. 그런 분들은 자신이 져야 할 짐은 있는데, 그 짐을 하나님께 맡길 수가 없습니다. 그런 분들은 하나님께 도와주시라고 부르짖지 않기 때문에, 하나님은 그들의 요동함을 허락하시게 됩니다. 나 같으면, 하나님이 없는 사람이 되기보다는 차라리 개가 되고자 할 것입니다. 내가 구멍 속에서 살아가는 쥐라면 행복할 수 있겠지만, 하나님 없이 궁정에서 왕으로 살아간다면, 너무나 비참할 것이라고 생각합니다. 가련한 심령들이여, 여러분이 진정으로 하나님을 원한다면, 하나님은 여러분의 하나님이 되어 주실 것입니다. 여러분이 하나님을 갈망하고 있다면, 여러분을 영접하기 위해 하나님이 계신 곳의 문이 열릴 것입니다. 여러분이 하나님께 나아가고자 한다면, 하나님은 아주 멀리까지 마중 나오셔서 여러분을 만나 주실 것입니다. 그렇습니다. 하나님은 자기에게 나아오고자 하는 자가 한 발을 내딛기도 전에 벌써 그를 만나러 오실 것입니다. 여러분이 "내가 일어나서 가리라"고 말하는 순간, 하나님은 이미 자리에서 일어나셔서 여러분을 맞으러 오고 계십니다. 여러분이 하나님께로 나아가고자 마음을 정하는 순간 하나님은 이미 여러분을 영접하기 위해 바로 여러분 앞에 계시기 때문에, 사실 여러분은 한 발자국도 뗄 필요가 없습니다. 하나님의 사랑하시는 아들을 믿고 생명을 얻으십시오. 먼저, 여러분의 죄의 큰 짐을 하나님께 맡기시고, 다음으로, 하나님이 맡고자 하시는 여러분의 다른 짐들을 하나님께 맡기십시오. 그러면 하나님은 머지않아 여러분의 입에 새 노래를 넣어주시고, 여러분의 길을 견고하게 해주실 것입니다. 하나님께서 자신의 사랑하시는 아들을 인하여 그렇게 해주시기를 기원합니다. 아멘.

제
57
장

—

사자들 가운데서

—

"내 영혼이 사자들 가운데에서 살며" — 시 57:4

여러분 중에는 이런 말을 할 수 없는 분들이 있고, 그런 분들은 이런 말을 하지 않아도 된다는 것에 대하여 많이 감사해야 합니다. 경건한 부모를 두고 기독교 가정에서 살아가고 있는 젊은이들은 복된 자들입니다. 그런 분들은 온실의 화초처럼 자라났기 때문에 얼어붙을 것 같은 찬 서리와 살을 에는 듯한 삭풍을 알지 못합니다. 여러분이 그런 분들이라면, 여러분은 너무나 좋은 환경 아래에서 살고 있는 것입니다. 여러분의 영혼은 천사들 가운데 사는 것이라고까지 말할 수 있습니다. 왜냐하면, 여러분은 하나님을 섬기는 곳, 가족이 함께 기도하는 곳, 어려움이 있을 때에 인자한 인도함을 받을 수 있고 시련의 때에 위로를 받을 수 있는 곳에서 살고 있기 때문입니다. 여러분은 천사들이 왕래하는 곳, 하나님이 친히 거하시는 곳에서 살고 있습니다. 그러한 환경 속에서 살아가는 젊은이들은 복된 자들입니다. 그러므로 여러분은 얼마나 많이 감사하고 얼마나 거룩해야 마땅하겠습니까! 이렇게 모든 것이 좋은 방향으로 작용하는 곳에 살고 있는 분들은 모든 것이 역경으로 작용하는 곳에서 살아가는 수많은 믿음의 사람들을 기억하기를 바랍니다. 성전의 미문 곁에서 살아가는 분들은 게달의 장막에 머물며 탄식 가운데 살아가는 많은 사람들을 잊어서는 안 됩니다. 여러분의 영혼이 사자들 가운데 있지 않다면, 먼저 하나님께 감사하고, 그런 후에 사자들 가운데서 슬피 울며 탄식하며 살아가는 자들을 불쌍히 여기십시오:

> "내 영혼이 평화를 미워하는 자와 함께
> 지내온 지 이미 오래 되었다네.
> 나는 평화를 원하지만,
> 내가 무슨 말만 하면, 그들은 죽일 듯이 달려드는구나."

"결박 중에 있는 자들을 기억하는" 것은 그리스도인의 의무입니다. 우리에게 좋은 환경이 조성되어 있다고 해서 우리가 박해 받고 시련당하고 있는 사람들을 잊을 때마다, 우리에게 주어진 은혜들은 우리에게 재앙으로 작용하고 있는 것입니다. 성경은 "우리가 서로 지체가 됨이라"(엡 4:25)고 말씀합니다. 한 지체가 고통을 당하면, 나머지 모든 지체도 함께 고통당할 수밖에 없습니다. 그러므로 우리는 박해 받는 형제나 자매들을 생각하고서, 어려움 가운데 있는 그들을 붙들어 주시라고 하나님께 한마음으로 간구하여야 합니다. 그럴 때에 하나님께서 그들을 붙들어 주실 것이고, 자신의 기쁘신 뜻을 따라 그들을 건져주기도 하실 것입니다.

그리스도인은 언제 "내 영혼이 사자들 가운데에서 살며"라고 진정으로 말할 수 있는 것입니까? 우리가 믿지 않는 불경건한 가정에서 살고 있거나, 회심하지 않고 은혜를 모르는 사람들 아래에서 일을 하며 생계를 유지할 수밖에 없는 상황 속에 있으면서 예수 그리스도를 위하여 욕을 먹고 질책과 조롱을 당하고 있다면, 우리는 "내 영혼이 사자들 가운데에서 살고" 있다고 말할 수 있습니다. 나는 이 회중 가운데에도 불신자 가정에서 오직 자신만이 하나님의 부르심을 받은 분들이 많이 있음을 압니다. 하나님께서 흔히 한 가정 중에서 한 사람이라도 빼내서서 주께로 오게 하시는 은혜를 베푸시는 것에 대하여 나는 하나님의 이름을 찬송합니다. 하나님에 대해서 생각해 본 적이 전혀 없는 분들이 호기심에서 이 자리에 오셨다가 하나님께서 그를 만나주심으로써 자신이 속한 가정이나 가문 중에서 처음으로 "주께 속한 자"가 됩니다. 그렇게 회심해서 우리 중에서 분깃을 갖게 된 분들은 흔히 "가족 중에서 신앙을 가진 사람이 나밖에 없어서, 모든 가족이 나를 반대합니다"라고 말합니다. 그런 경우에 그 영혼은 사자들 가운데 있는 것이고, 그런 처지에 있는 것은 대단히 힘겹고 괴로운 일입니다. 우리는 믿지 않는 남편과 함께 살아가야 하는 믿는 아내를 불쌍히 여기는 것이 마땅합니다. 애석하게도 믿는 여자가 신앙을 극렬히 반대하는 술주정뱅이와 만나 결혼해 사는 경우가 너무나 비일비재합니다. 그럴 때에 여린 화초처럼 소중히 다루어져야 할 여리고 사랑스러운 영혼은 거친 발 아래에서 무참하게 짓밟히고 고통을 당하여서, 결국은 그 여인의 심령이 큰 근심 중에 "내 영혼이 사자들 가운데에서 살고" 있노라고 부르짖게 됩니다. 얼마나 많은 경건한 여인들이 일생 동안 그러한 핍박을 견디며 순교의 삶을 살고 있는지를 우리는 잘 모릅니다. 하나님의 은혜로 말미암아 타락하고 악한 가정들로부터 건짐을 받은 자녀들도 그러한 핍박을 견뎌내야 했습니다. 나는 하나님을 사랑하는 한 자매의 사정을 얼마 전에야 알게 되었습니다. 만일 그 자매가 내 딸이었다면, 나는 그녀의 아름답고 향기로운 경건을 보고 너무나 기뻐하고 즐거워하였을 것입니다. 그러나 그녀의 부모는 이렇게 말했답니다. "네가 계속해서 교회에 나갈 거면 이 집에서 나가라. 우리는 그런 것들을 믿지 않으니, 네가 계속해서 교회를 나간다면, 너를 받아들일 수 없다"고 말이죠. 나는 그런 처지가 얼마나 큰 슬픔과 괴로움을 가져다주는지를 보았습니다. 그런 상황을 바꿀 수 있는 힘은 내게 없었지만, 내 마음은 찢어질 듯 아팠습니다. 내 주님의 작은 자들에 대하여 폭압을 행하는 자들에게 화가 있을 것입니다!

믿음이 있는 근로자들이 믿지 않는 동료들 사이에서 얼마나 큰 고통을 겪고 있는지도 당사자가 아니면 잘 알지 못합니다. 물론, 신앙의 자유가 있는 직장도 있습니다. 하지만 이 도시의 근로자들은 신앙 문제에 있어서는 대단한 폭군들입니다. 나는 그들의 면전에서 대놓고 이렇게 말합니다. 어떤 사람이 그들과 함께 술을 마시면서 그들에게 욕한다고 해도, 그들은 그 사람을 자신들의 친구로 받아줍니다. 그러나 어떤 사람이 하나님을 믿는다고 말하면, 그들은 그 사람을 아주 힘들게 만듭니다. 그들에게 한 번 묻고 싶습니다. 당신들은 사람이 욕할 권리는 있어도 기도할 권리는 없다고 생각하는 것입니까? 또, 당신들에게는 하나님을 믿지 않을 권리가 있지만, 다른 사람들이 하나님을 믿을 권리는 없다고 생각하는 것입니까? 이 나라는 기이할 정도로 자유로운 나라입니다! 이 나라는 모든 사람이 자유롭게 흑인들에게 제멋대로 매질하던 저 옛적의 미국만큼 자유롭습니다. 왜냐하면, 오늘날 근로자들은 그들과는 달리 정신을 차리고서 하나님을 믿게 된 동료 근로자들을 비웃고 욕할 자유가 자신들에게 있다고 주장하고 있기 때문입니다. 런던 전역의 큰 공장들에서 그리스도인들은 정직한 자들이 결코 당해서는 안 되는 비웃음과 조롱의 고문을 아침부터 저녁까지 당하고 있습니다.

이 나라가 사람들의 공언대로 자유가 있는 국가라면 결코 있어서는 안 되는 일이 일어나고 있는 것입니다. 사람들은 자신들이 결코 노예가 되기를 원하지 않는다고 선언합니다. 그러나 그들 중 대부분은 노예들, 즉 그들 자신의 불경건함과 술 취함의 노예들입니다. 오직 하나님의 은혜가 임해서 그 사슬이 끊어질 때에만 사람들은 자유로워질 수 있습니다. 어떤 진지한 사람이 조금도 굴함이 없이 하나님을 섬기고자 하면, 이 비열한 자들은 마치 그 사람을 반드시 자신들의 발 아래 무릎 꿇리겠다는 듯이 맹렬한 악의를 가지고서 온갖 모욕을 다 줍니다. 그들의 그런 언행들 중에는 장난삼아 희롱하는 것들도 있을 수 있겠지만, 그런 일들을 당하는 사람에게는 결코 장난이 될 수 없습니다. 최후의 순교자가 화형을 당했을 때에 박해가 끝난 것이라는 말을 내게 하지 마십시오. 지금도 여전히 매일매일 잔인한 조롱과 비웃음으로 서서히 화형을 당하여 죽어가고 있는 순교자들이 있습니다. 여러분 가운데 아직도 옛적의 지조가 살아 있어서, 사람들의 온갖 조롱과 비방에도 아랑곳하지 않고 여러분이 자신이 가야 할 길을 묵묵히 가고 있는 것에 대하여 나는 하나님을 송축합니다. 이 나라의 일반적인 근로자들이 신앙을 고백한 사람들을 어떠한 말과 행동으로 핍박하고 박해하였는지, 그리고 믿음을 지닌 의롭고 참된 사람들이 그 모든 핍박을 어떻게 용기 있게 이기고 동료들을 자신과 동일한 신앙으로 이끌었는지에 관한 수많은 이야기들을 내가 들려드린다면, 아마도 여러분은 한편으로는 큰 충격에 휩싸이겠지만, 다른 한편으로는 무척 기뻐하게 될 것입니다. 우리를 박해하는 자들은 우리를 헛소리만 늘어놓는 위선자들이라고 합니다. 그러나 그들이 조금이라도 정직하고자 하기만 한다면 그런 거짓말을 그쳐야 한다는 것을 누구보다 그들 자신이 더 잘 알 것입니다. 진정한 영국인은 자신의 자유만큼이나 다른 사람들의 자유도 존중합니다. 그렇기 때문에 자기 자신은 신앙을 갖지 않는 쪽을 선택했다고 하더라도, 신앙을 선택한 사람들의 권리도 인정해 주는 정정당당한 태도를 취합니다. 영국의 근로자들이여, 우리는 여러분들이 그렇게 하는 모습을 언제 보게 될까요?

본문은 사자들 가운데 있는 영혼에 대하여 말씀합니다. 그런데 왜 시편 기자는 그들을 "사자들"이라고 부르고 있는 것입니까? 그들을 "개들"이라고 불러도 별 무리가 없어 보이는데도, 왜 "사자들"이라고 부른 것일까요? 그 이유는 그리스도인들은, 이빨이 아주 튼튼해서 자신의 먹잇감을 한 번 물고 늘어지면 꼭 다 찢어놓고 마는 사자 같은 원수들에게 종종 노출되기 때문입니다. 종종 그리스도인들은, 자신의 불신앙의 말들을 포효하는 사자처럼 거침없이 큰 소리로 떠들어 대고 그리스도를 욕하는 자들에게 노출되는데, 이런 사자 같은 자들 가운데 있 는 것은 참으로 끔찍한 일입니다. 사자는 이빨이 튼튼하고 강할 뿐만 아니라 잔 인하기도 합니다. 선한 의도를 지닌 사람들을 중상모략해서 비방을 받게 만드는 것은 정말 잔인한 짓입니다. 그리스도와 그의 백성을 대적하는 원수들은 흔히 사자들처럼 잔인해서 법이 허용하기만 한다면 기꺼이 우리를 죽이려고 할 것입 니다. 사자는 대단히 영리한 동물이어서 몰래 접근해 와서 갑자기 덮칩니다. 마 찬가지로, 불경건한 자들도 그리스도인에게 슬금슬금 다가와서는 허점을 틈타 서 갑자기 덮칩니다. 그들은 그리스도인에게서 어떤 잘못을 찾아냈다고 생각하 면 그를 무너뜨리기 위해 온 힘을 다해 공격합니다. 불경건한 자들은 의인들을 엿보고 있다가, 의인들이 하는 말들 속에서 빌미를 찾아내거나 의인들을 격동시 켜서 꼬투리를 찾아내어서, 그것을 끈질기게 물고 늘어집니다. 그들은 그리스도 인의 잘못에 10,000배율의 현미경을 들이대어 크게 확대하고 과장합니다. 그들 은 이렇게 말합니다: "어떤 것이든 꼬투리를 잡아서 널리 알려라. 그러면 우리가 의도한 대로 될 것이다." 하나님의 참된 자녀를 해치는 것은 무엇이든지 그들에 게 달콤하고 고소한 알사탕이 됩니다. 불경건한 자들에 의해서 날마다 감시를 당하고, 날마다 꼬투리를 잡히며, 날마다 욕을 당하고, 날마다 모든 선하고 은혜 로운 일에서 훼방을 받는 분들은 여러분이 섬기는 하나님 앞에 나아가서 눈물을 흘리며 "내 영혼이 사자들 가운데에서 살아가나이다"라고 부르짖으십시오.

오늘 밤 나는 그런 분들을 위해 말씀을 전하고자 합니다. 처음에는 위로의 말 씀을 전한 후에, 다음으로 권면의 말씀을 드리고자 합니다.

1. 첫째로, 위로의 말씀입니다.

나의 사랑하는 젊은 친구들이여, 여러분이 사자들 가운데 있습니까? 그렇다 면, 여러분은 자신의 주님 및 그의 교회와 교제를 갖게 될 것입니다. 주일마다, 그리고 우리가 만날 때마다 여러분이 성령의 교제를 누릴 수 있도록 그러한 축도가 여 러분에게 선언됩니다. 성령과의 교제는 여러분에게 주님과의 교제를 가져다주 고, 그것은 여러분으로 하여금 주님의 고난에 참여하게 해줍니다. 여러분의 주 님도 사자들 가운데서 살아가셨습니다. 당시 사람들도 주님에 대하여 선한 말을 하지 않았습니다. 그들은 성전의 주인 되시는 분을 "바알세불"이라고 불렀습니다. 사람들은 결코 이것보다 더 악한 이름으로 여러분을 부르지 못할 것입니다. 그들은 주님에 대하여 술주정뱅이이자 술독에 빠져 사는 자라고 말했습니다. 아마도 그들은 오늘날 여러분을 중상모략하듯이 주님을 중상모략하였을 것이고, 그 중상모략들은 둘 다 거짓입니다. 사람들이 주님을 향하여 던졌던 것과 동일한 오물을 오늘날 여러분에게 던지는 것이기 때문에, 여러분은 부끄러워하거나 수치를 느낄 이유가 없습니다. 사람들이 여러분을 거짓 고소하여 거짓 증인들이 일어나 여러분을 쳐서 여러분에게서 모든 것을 앗아간다고 해도, 심지어 여러분을 중죄인으로 단죄하여 단두대로 끌고 가서 처형한다고 할지라도, 여러분의 운명은 주님이 겪으셨던 운명에 비하면 아직도 괜찮은 것입니다. 여러분은 십자가에 못 박히신 주님을 따르는 자들이기 때문에 세상으로부터 사랑 받는 자들이 되는 것을 기대할 수 없다는 사실을 기억하십시오. 여러분이 그리스도인들이라면, 성령의 감동으로 기록된 성경이 말씀하는 그리스도인의 삶은 십자가를 지는 것입니다. 여러분은 여러분의 주님을 십자가에 못 박은 저 불경건한 세상의 사랑을 받으며 애지중지 살아갈 것을 기대하고 계십니까? 그런 일은 절대로 있을 수 없습니다. 여러분이 알다시피, 이 세상의 친구인 자는 하나님의 원수입니다. 하나님의 이 진리는 변할 수 없습니다. "악인이 의인 치기를 꾀하고 그를 향하여 그의 이를 가는도다"(시 37:12)라는 말씀은 지난날과 마찬가지로 오늘날에도 진리입니다. 여러분은 사람들 사이에서 유행하는 신앙을 받아들여서 이 세상을 아주 편안하게 살아갈 수 있습니다. 그러나 여러분이 참된 신앙을 갖고 있다면 그 신앙을 위해 싸워야 할 것입니다. 여러분이 세상에 속하였다면, 세상이 자기 사람들을 사랑할 것입니다. 그러나 주님이 여러분을 택하셔서 세상으로부터 나오게 하셨기 때문에 여러분이 세상에 속하지 않았다면, 세상은 여러분을 미워할 것입니다. 마을 사람이 골목길을 지나가면, 개들은 그를 잘 알기 때문에 짖지 않습니다. 그러나 낯선 사람이 지나가면, 개들은 미친 듯이 짖어댑니다. 이것을 통해서 여러분은 자기가 세상의 시민인지, 아니면 더 나은 땅을 향하여 가는 순례자인지를 알게 됩니다.

또한, 여러분의 주님만이 이 길을 걸어가신 것이 아닙니다. 그리스도보다 앞서 대대로 살았던 선지자들을 기억하십시오. 그들 중 누가 이 세상으로부터 환대를 받았습니까? 세상 사람들은 선지자들을 돌로 쳐 죽이기도 하고 칼로 죽이기도 하지 않았습니까? 세상 사람들은 선지자들을 톱으로 켜 죽이기도 하고 돌로 쳐 죽이기도 하지 않았습니까? 여러분이 아시듯이, 믿는 자들이 지금 걸어가는 길은 옛적의 선지자들이 피 흘리며 갔던 바로 그 길입니다. 우리 주님이 승천하신 후에, 세상은 교회를 어떻게 대하였습니까? 로마를 비롯해서 모든 대도시의 거리들에서 "그리스도인들을 사자 밥으로! 그리스도인들을 사자 밥으로! 그리스도인들을 사자 밥으로!"라는 격렬한 외침이 자주 들렸습니다. 한밤중에 사람들이 "불 질러라!"고 외치고, 곧이어 그리스도인의 집이 불타오릅니다. 굶주린 군중들은 "빵을 달라!"고 외칩니다. 그러나 로마인들이 가장 사랑하였던 저 옛 로마에서 선(善)에 대한 그들 자신의 끔찍한 증오심을 가장 잘 표현하였던 외침은 "그리스도인들을 사자 밥으로!"였습니다. 로마 제국이 보아 왔던 온갖 굉장한 쇼들 중에서 다른 무엇보다도 더 로마 시민들을 흥분시켰던 쇼는 가장과 그의 아내, 장성한 딸과 아들, 그리고 서너 명의 자녀들로 이루어진 한 가족이 검투장으로 걸어 들어온 후에 큰 문이 활짝 열리고 사자들이 쏜살같이 튀어나와서 그들을 덮쳐 갈기갈기 찢어놓는 장면을 보는 것이었습니다. 그리스도인들이 그들에게 어떤 해악을 끼쳤습니까? 그리스도인들은 자신의 원수들의 죄를 용서했었습니다. 원수를 용서한 것이 죄라면, 그리스도인들은 큰 죄를 지은 것이겠지요. 그리스도인들은 나무와 돌로 만들어진 신들을 섬기려 하지 않았습니다. 그리스도인들은 자신들이 사랑하는 예수의 이름을 욕되게 하려고 하지 않았습니다. 왜냐하면, 예수께서는 그들에게 서로를 사랑하고 온 인류를 사랑하라고 가르치셨기 때문이었습니다. 이렇게 행한 그리스도인들에 대하여 사람들은 "그리스도인들을 사자 밥으로! 그리스도인들을 사자 밥으로!"라고 소리 높여 외쳤고, 이것은 내내 예수 그리스도의 발자취를 따라 신실하게 행해온 모든 이들에게 쏟아진 세상의 외침이었습니다. 지금은 하나님의 긍휼하신 섭리의 손길로 인해 공개적인 방해는 금지되었지만, 하나님이 그 손길을 거두어들이시기만 하면, 옛 망령은 언제든지 또다시 광분하며 날뛰게 될 것입니다. 뱀의 후손들은 여전히 여자의 후손들을 미워합니다. 만일 하나님이 옛 용을 결박해 두지 않으신다면, 그 용은 이전에 흔히 그래 왔듯이 지금도 사람의 자손을 삼켜 버릴 것입니다. 스스로 속지 마십시오. 전능하신 이가 보좌에 앉으셔서 사람들의 분노를 억제하지 않으신다면, 우리는 런던에서도 이내 "그리스도인들을 사자 밥으로!"라는 옛 외침을 이런저런 형태로 듣게 될 것입니다.

　　여러분이 그리스도를 위하여 어느 정도 박해를 당할 수밖에 없는 처지에 있다면, 여러분은 자신이 박해당하는 것으로 인하여 기뻐하고 즐거워하여야 합니다. 왜냐하면, 그것은 여러분이 그리스도인으로 인정받고 있을 뿐만 아니라 그리스도를 위하여 고난 받을 만한 자로 여김을 받고 있는 것이기 때문입니다. 여러분의 고귀한 부르심에 합당하지 않게 처신하지 마시고, 예수 그리스도의 선한 군사답게 고난을 참고 견디십시오. 여러분은 그러한 환난을 통해서 여러분의 머리 되시는 분 및 그의 신비의 몸과 교제하고 있는 것입니다. 그러므로 부끄러워하지 마십시오.

여기 내가 또 하나 말씀드려야 할 것이 있습니다. 여러분이 사자들 가운데 있다면 그 기회를 활용해서 하나님께로 더 가까이 나아가야 합니다. 전에 여러분에게 수많은 친구들이 있었고, 여러분은 그들과 함께 어울리며 기뻐할 수 있었습니다. 그러나 이제 상황이 바뀌어서 그들이 여러분에게 등을 돌리고 여러분을 비방하게 되었고, "사람의 원수가 자기 집 안 식구리라"(마 10:36)는 하나님의 진리가 여러분에게 절절히 실감이 될 때, 여러분은 어떻게 해야 합니까? 그럴 때에는 두말 할 필요도 없이, 이전보다 더 가까이 하나님께 나아가십시오. 예수 그리스도께서는 자신의 교회를 지극히 사랑하셔서 자신의 가엾은 제자들을 보시고서 "나의 어머니와 나의 동생들을 보라"(마 12:49)고 말씀하셨습니다. 여러분은 주님이 하신 대로 하여야 합니다. 즉, 주님의 교회를 여러분의 아버지와 어머니이자 형제와 자매로 삼으십시오. 아니, 그리스도를 여러분의 아버지와 어머니이자 형제와 자매, 그리고 그 이상으로 삼으십시오. 주 예수를 죽을 인생이 가장 사랑하고 아끼는 모든 것, 그리고 그 이상으로 삼으십시오. 내가 아주 좋아하는 저 아름다운 찬송을 노래하십시오. 이 찬송은 내가 지난날들에 아주 소중히 여겼던 찬송이었습니다:

> "내가 사랑하는 주의 이름을 위하여
> 내 얼굴에 수치와 욕이 쏟아진다고 하여도
> 주께서 나를 기억해 주시기만 한다면
> 난 그 모든 수치와 욕을 쌍수를 들어 환영하겠네."

여러분은 반드시 하나님을 가까이 모시고 살아가도록 하십시오. 모든 그리스도인들이 그렇게 하는 것이 마땅하지만, 특히 여러분에 대한 사람들의 온갖 거짓된 비방과 독설과 혹독한 언사는 여러분을 아버지 하나님의 품 속으로 더 가까이 몰아가는 것들이 되어야 합니다. 사람들이 여러분을 비난하고 질책할수록, 여러분은 하나님의 거룩하신 날개 아래에서 더 견고히 거하면서 하나님 안에서 기쁨을 발견하여야 합니다.

나는 여러분이 그리스도께로 더 가까이 나아가기 위해서는 매우 침착하고 행복하려고 애써야 한다고 말씀드리고자 하는데, 이것은 권면일 수도 있고 위로일 수도 있습니다. 그런 것들에 마음을 쓰지 마십시오. 사람들이 여러분을 비웃고 조롱하여도 개의치 마십시오. 한 쪽 귀를 막고 살아가는 것은 대단히 유익합니다. 시편 기자가 "나는 듣지 못하는 자 같아서 내 입에는 반박할 말이 없나이다"(시 38:14)라고 말했듯이, 사람들의 비난과 비방에 대하여 귀를 막으십시오. 원수들의 악에 대하여 한 쪽 눈을 감는 쪽이 흔히 두 눈을 다 뜨고서 늘 원수들이 무슨 짓을 저지르지는 않을까 의심하고 걱정하며 살아가는 것보다 더 유익합니다. 모든 것을 보려고 하지 마시고, 모든 것을 들으려 하지 마십시오. 사람들이 악한 말을 하면 흘려 버리시고, 들어야 했다면 빨리 잊어버리십시오. 사람들이 여러분을 사랑하지 않을수록 그들을 더욱더 사랑하십시오. 여러분에 대한 그들의 증오를 사랑으로 되갚아 주십시오. 사람들이 여러분에게 악한 말을 하면 그들을 진심으로 사랑하는 행위로 되갚아 줌으로써 그들 위에 숯불을 쌓아올리십시오. 여러분 자신을 변호하거나 방어하는 것은 시간 낭비이고 돼지 앞에 진주를 던져주는 것과 같기 때문에 자신을 변호하거나 방어하려고 하는 것을 극히 삼가십시오. 참고 또 참고 또 참으십시오. 주님께서 우리를 이리 가운데 양으로 보내셨다는 것을 기억하십시오. 양들은 스스로를 방어할 수 없습니다. 이리는 마음만 먹으면 모든 양을 다 잡아먹을 수 있습니다. 그러나 이 세상에는 양과 이리의 비율이 10,000:1일 정도로 이리보다 양이 훨씬 더 많다는 것을 여러분도 보시지 않습니까? 이리는 양들을 보는 대로 다 먹어치웠고, 이리를 먹어치운 양은 단 한 마리도 없었지만, 이 세상에 양은 무수히 많고 이리는 별로 없습니다. 양이 승리한 것입니다. 마찬가지로, 그리스도의 작은 무리도 승리할 것입니다. 대장간에서 달군 쇠를 올려놓고 두드릴 때 받침으로 쓰는 쇳덩이인 모루는 늘 쇠망치에 의해서 두들겨 맞아도 쇠망치를 되받아치는 법이 없지만, 닳아없어지는 것은 모루가 아니라 쇠망치입니다. 인내는 분노를 가라앉히고 앙심을 이깁니다. 무저항 속에는 상대방이 어찌 할 수 없는 저항이 담겨 있습니다. 사람들이 아무리 도발할지라도 화를 내지 않는 견고한 인내, 주님처럼 사람들이 욕을 해도 그들에게 욕을 하지 않으시는 인내는 승리를 보장해 줍니다. 여러분이 사자들 가운데 있어서 박해를 받고 있다면 하나님께 더 가까이 나아가기 위하여 반드시 배워야 할 것은 사람들이 여러분에 대하여 광분할수록 더욱 침착하고 인내하여야 한다는 것입니다.

박해받고 있는 여러분에게 주어진 세 번째의 위로의 말씀은 이것입니다. 여러분의 영혼이 사자들 가운데 있을지라도, 사자들은 사슬에 결박되어 있다는 사실을 기억하십시오. 다니엘이 사자 굴에 던져졌을 때, 사자들은 굶주려 있었기 때문에 할 수만 있다면 순식간에 그를 삼켜 버렸을 것입니다. 그러나 여러분은 사자들이 왜 다니엘을 삼킬 수 없었는지를 압니다. 천사가 왔기 때문입니다. 사나운 사자들이 다니엘에게 손대려 하자, 천사는 하늘로부터 신속하게 내려와서 사자들 앞을 가로막아 섰습니다. 천사가 "쉿!"이라고 말했고, 사자들은 돌처럼 조용해졌습니다. 다니엘은 나중에 "나의 하나님이 이미 그의 천사를 보내어 사자들의 입을 봉하셨으므로 사자들이 나를 상해하지 못하였사오니"(단 6:22)라고 간증합니다. 사자들에게는 날카로운 이빨이 있었지만, 천사가 그들의 입을 봉해 버렸습니다. 하나님께서 사자의 입을 이렇게 쉽게 봉해버리실 수 있으셨다면, 불경건한 자의 입을 봉하시는 것은 너무나 쉬운 일일 것입니다. 하나님은 원하시기만 한다면 여러분의 모든 환난을 눈 깜짝할 사이에 제거하실 수 있습니다. 하나님은 원하시기만 한다면 천국으로 가는 여러분의 길을 평탄하게 하실 수 있습니다. 하지만 만일 천국으로 가는 여러분의 길이 모든 면에서 평탄하다면, 여정의 끝에서 천국은 여러분에게 그리 달콤하지 않게 될 것이고, 세상의 반대와 배척을 통해서만 드러나게 되고 배울 수 있는 주님의 은혜들을 드러낼 기회를 얻지 못하게 되리라는 것을 여러분은 알아야 합니다. 박해는 우리의 찌꺼기들을 태우는 역할을 하는 것이기 때문에, 하나님은 박해의 불을 끄려 하지 않으실 것이지만, 정금의 한 알갱이라도 손실되지 않도록 하기 위하여 그 불의 맹렬함을 감해 주실 것입니다. 사랑하는 친구여, 사자들은 사슬에 결박되어 있습니다. 사자들은 하나님이 허락하신 것 이상으로 나아갈 수 없습니다. 이 나라에서 사자들이 할 수 있는 최대한의 것은 포효하는 것입니다. 그들은 물지는 못 합니다. 포효한다고 해서 여러분의 뼈가 부러지는 것도 아닌데, 두려워할 이유가 어디 있습니까? 비웃음당하는 것을 두려워하는 사람은 그저 사람의 눈치를 보는 자일

사자들 가운데 있는 분들은 아무런 해도 입지 않은 채로 사자 굴에서 나오게 되리라는 것을 기억하십시오. 다니엘은 사자 굴에 던져졌습니다. 다리우스 왕은 그 날 밤에 잠을 이룰 수 없었습니다. 그는 아침에 사자 굴에 갔고, 다니엘의 뼈만 남아 있을 것이라고 생각하고서 그의 이름을 부르며 울기 시작하였습니다. 다니엘이 자신의 하나님께서 자기를 지켜 주셨다고 대답했을 때, 다리우스 왕은 얼마나 놀랐겠습니까! 다니엘을 사자 굴에서 꺼내 주면서 다리우스 왕이 얼마나 감사했겠습니까! 하나님의 사랑하는 자녀인 당신도 사자 굴에서 무사히 나오게 될 것입니다. 마지막 날에 하나님의 백성들의 부활이 있을 것이고, 그때에 그들의 명성도 부활될 것입니다. 비방하는 자들은 참된 사람의 성품을 거짓으로 중상모략 하겠지만, 참된 사람의 성품이 영원히 매장되어 썩는 일은 없을 것입니다. 결국 여러분의 의가 빛을 발하게 될 것이고, 여러분의 공의가 정오처럼 밝게 드러날 것입니다. 여러분은 두려워할 필요가 없습니다. 다니엘이 사자 굴에서 살아나와 존귀한 자리에 앉게 되었듯이, 그리스도를 위하여 고난 받는 자는 누구든지 "그 날에" 존귀와 영광과 영생을 얻게 될 것입니다.

　　여러분이 지금 사자들 가운데 있다면, 여러분이 천사들 가운데 있게 될 그 날이 신속하게 다가오고 있다는 것을 기억하십시오. 우리 주님께서 광야에서 들짐승들과 함께 있는 날들이 끝나자 "천사들이 나아와서" 주님께 "수종들었습니다"(마 4:11). 그런 날이 모든 신실한 자들을 기다리고 있습니다. 이 땅에서 거친 아침 식사를 한 순교자들이 바로 그날에 불병거를 타고서 하늘 영광으로 올라가서 그리스도와 함께 저녁 식사를 하게 되는 것은 얼마나 놀라운 반전입니까! 여러분이 지금 그리스도를 인하여 사람들이 여러분에게 가하는 온갖 보복을 다 당하며 고난을 겪을 수밖에 없다고 할지라도, 5초 후에 천국에 가서는 그런 일들이 아무렇지도 않게 생각될 것입니다. 사실, 여러분 자신이 보잘것없는 존재인데도 그리스도를 위하여 고난 받는 것을 하나님이 허락하셨다는 것은 축하해야 할 일입니다. 그러므로 젊은이들이여, 이것으로 위로를 받아서 당당한 걸음으로 앞으로 전진해 나가십시오.

　　오늘 밤 나는 이 자리에서 한두 명의 군인들을 봅니다. 회중 가운데 군인들이 자리하고 있다는 것은 정말 기쁜 일입니다. 병영에서는 흔히 그리스도인이 예수 그리스도를 증거하기가 힘들다는 것을 나는 압니다. 수많은 군인들이 군대에서 그리스도인으로 살아가기가 너무나 어렵다는 것을 절감해 왔습니다. 그들은 어뢰를 피하는 군함처럼 아주 조심스럽게 헤쳐 나가지 않으면 안 되고, 오직 하나님의 은혜를 힘입을 때에만 안전할 수 있습니다. 수많은 국교도들 가운데 거하며 같은 방에서 잠을 자야 하는 그들은 무릎을 꿇고 기도하는 것조차 힘들다는 것을 느낍니다. 하지만 그런 처지에서도 무릎을 꿇고 기도하십시오. 처음에는 용기를 내서 그렇게 행하시고, 그런 후에는 그것을 유지해 가십시오. 여러분의 신앙을 결코 부끄러워하지 마십시오. 여러분의 신앙을 따라 행하기를 시작하시고, 일단 시작하였다면 끝까지 밀고 나가십시오. 여러분이 타협하기 시작하면, 그들의 존경을 모두 곧 잃게 될 것이고, 여러분의 처지는 더 악화될 것입니다. 여러분의 신앙에 견고히 서서 죽기를 각오하고 흔들림 없이 나아가실 것을 예수 그리스도의 이름으로 부탁드립니다. 용기를 내시고 마음을 편히 가지십시오. 여러분에게 일어나고 있는 일은 결코 새삼스러운 일이 아니기 때문입니다. 예수를 따르는 자들이 조롱과 멸시를 당하는 것은 새삼스러운 일이 아닙니다. 예수께서는 이 땅에 불을 던지러 오셨고, 그 불길은 거의 2,000여 년 동안이나 타오르고 있습니다. 가시밭길은 전투하는 교회가 처음부터 걸어왔던 아주 오래된 길입니다. 그러므로 여러분이 천국의 영웅들이 전에 걸었던 저 거룩한 길을 뒤따르도록 허락 받은 것을 기뻐하시고 기꺼이 그 길을 걸어가십시오.

2. 둘째로, 권면의 말씀입니다.

물론, 이 말씀은 지금 이 자리에 계시는 여러분 모두에게 해당되는 말씀은 아닙니다. 나는 여러분 중 많은 분들이 경건한 자들 가운데서 살고 있기를 바랍니다. 그렇지만 어떤 분들은 그 영혼이 사자들 가운데서 살아가고 있고, 나는 그 분들에게 이 권면의 말씀을 드리고자 합니다.

첫째, 여러분이 사자들 가운데서 살아가고 있다면, 그들을 자극하지 마십시오. 만일 내가 사자들 가운데서 살아가는 일이 벌어진다면, 나는 그들을 약올리지 않을 것입니다. 나는 잔인하고 사나운 그들이 본색을 그대로 드러내는 일이 없게 하기 위하여 최선을 다할 것입니다. 나는 아주 지혜롭지 못하게 처신해서 자신의 처지를 더욱 악화시킨 그리스도인이라고 자처하는 몇몇 사람들을 알고 있습니다. 그들은 사람들의 목구멍에 신앙을 강제로 처넣고자 합니다. 여러분은 상대방을 아주 못마땅해하는 얼굴을 하고서는 호되게 꾸짖어 신앙을 갖게 하려고 할 수 있습니다. 그러나 그런 것이 통할 리 없습니다. 사람들을 괴롭히고 못살게 해서 그리스도를 믿게 하는 방법을 쓴 것이 성공한 적이 없었고, 앞으로도 결코 없을 것입니다. 어떤 사람들은 매우 엄격해서 다른 사람들에게 여지를 주지 않습니다. 그들은 선한 사람들일지는 모르지만 지혜로운 사람들은 아닙니다. 여러분과 내게 맞는 잣대가 다른 사람들에게는 잣대가 되지 않을 수 있습니다. 지난 주일에 나는 우리가 사람들이 먹다 남긴 음식 찌꺼기를 먹어서는 안 된다고 생각한다고 해서, "돼지들도 그런 음식 찌꺼기를 먹어서는 안 된다"고 말하지는 않는다는 것을 지적한 바 있습니다. 결코 그렇게 말할 수는 없습니다. 돼지들에게 사람들이 먹다 남은 음식 찌꺼기를 주는 것은 전혀 잘못된 일이 아닙니다. 돼지들은 그런 것들을 먹게 되어 있습니다. 마찬가지로, 우리는 세상 사람이 우리가 보기에는 하찮은 것들이지만 그들 자신은 너무나 좋아하는 것들을 먹도록 용납해야 합니다. 그런 것들을 빼면 그들에게는 아무것도 남는 것이 없습니다. 그러므로 그들로 하여금 그들이 즐거하는 것들을 하게 하십시오. 나와 여러분은 그들에게 기쁨이 되는 것들을 건드리지 않을 것입니다. 왜냐하면, 그런 것들은 나와 여러분에게 기쁨이 되는 것들이 아니기 때문입니다. 거듭난 사람은 죄인들 가운데로 가서 자기 자신을 그들의 기준으로 내세워서는 안 됩니다. 그들은 우리의 기준을 맞출 수 없습니다. 끊임없이 그들의 잘못을 들추어내려 하지 마십시오. 그것은 사자들의 수염을 잡아당기는 것이기 때문에, 십중팔구 그들은 여러분을 향하여 분노해서 으르렁거리게 될 것입니다. 여러분의 영혼이 사자들 가운데 있다면, 온유하고 인자하며 지혜롭고 자애롭게 처신하십시오. 그리고 때로는 침묵하십시오. 여러분이 그들에게 좋은 말을 해주고 싶은 마음이 간절하더라도, 그런 말을 하지 않아야 할 때가 있습니다. 그런 때에는 여러분의 생명이 위태롭게 되지 않으려면 침묵해야 합니다. 왜냐하면, 그런 말을 했다가는 사자들을 자극해서 그들로 하여금 짓지 않아도 될 죄들을 짓게 만들 것이기 때문입니다. 물론, 종종 하나님의 진리를 변호하는 것도 필요합니다. 그러나 당신이 신앙에 대해서 잘 알지 못하고 미숙하다면, 하나님의 진리를 변호하려고 하지 마십시오. 왜냐하면, 당신에게는 그럴 만한 힘이 없기 때문입니다. 불신앙의 무리들의 대장은 신앙인들 중에서도 별로 잘 알지도 못하고 신앙도 약한 사람에게 도전하여 그를 무너뜨리려고 합니다. 그런 약한 형제는 무모하게 변론에 나섰다가 흠씬 두들겨 맞고 무너지고 맙니다. 그 형제는 하나님을 아는 지식에서 일정 수준에 도달하지 못한 상태였기 때문에 여지없이 지고 만 것입니다. 그런 후에 대적들은 무엇이라고 말합니까? 그들은 진리는 증명되지 않았고, 따라서 그리스도는 진 것이라고 의기양양해합니다. 그러나 결코 그렇지 않습니다. 영국군 한 연대가 이산둘라(Isandula)에서 전사했다고 해서 대영제국이 패한 것은 아닙니다. 마찬가지로, 원래는 후방에 있어야 했던 어떤 약한 형제가 하나님에 대한 열심만으로 무모하게 최전선에 나섰다가 패하였다고 해서 그리스도의 진리가 패한 것은 아닙니다. 오늘날에는 그런 무모한 열심조차도 찾아보기 힘들기 때문에, 나는 과연 참된 열심이 무엇인지에 대해서는 별로 말하고 싶지 않습니다. 그러나 어쨌든 성경에서는 "너희는 뱀 같이 지혜롭고 비둘기 같이 순결하라"(마 10:16)고 말씀합니다. 여러분이 화가 난다면, 손으로 여러분의 입을 막으십시오. 여러분이 격동되어서 화를 낼 가능성이 많은 때에는 제대로 말하는 것은 불가능합니다. 그럴 때에는 조용히 있고 좋은 기회가 오기를 기다리십시오. 불경건한 자들을 자극하거나 화나게 하지 않는 것이 하나님의 진리를 위해 더 유익이 되는 경우가 많습니다. 그들의 구원을 진심으로 바라는 가운데 그들로 하여금 스스로 선택하게 하십시오. 그러나 그들에게 유익되게 하고자 하는 여러분의 노력이 오직 그들을 자극하여 범죄하게 하고 있다면, 다른 방법을 시도하십시오. 그들을 화나게 하는 방법을 버리고 다른 방법을 찾아 보십시오. 일부 그리스도인들은 그들 자신의 못된 성질과 우둔함으로 인해 세상으로부터 갑절로 반대와 배척을 받고 있다고 나는 믿습니다. 그런 그리스도인들은 갈등을 조장합니다. 그들은 "나와 싸우고 싶은 사람은 앞으로 나와"라고 말하는 듯이 보입니다. 그러면 당연히 누군가가 그 도전에 응하게 됩니다. 어리석게 행동하지 마십시오. 여러분의 영혼이 사자들 가운데 있고, 그들이 잠잠히 있고자 한다면, 쓸데없이 그들을 자극하지 마십시오.

둘째, 여러분의 영혼이 사자들 가운데 있다면, 여러분이 포효하는 일이 있어서는 안 됩니다. 내가 이런 말씀을 드리는 것은 이런 일이 비일비재하게 일어나고 있기 때문입니다. 그리스도인이라 자처하는 어떤 사람들은 폭언에는 폭언으로 맞서고, 욕설에는 욕설로 맞서며, 독설에는 독설로 맞섭니다. 불경건한 자들은 사자들이지만, 여러분은 사자가 아닙니다. 그들의 방식을 따라서 그들에게 응수하고자 하지 마십시오. 그들이 포효한다고 해서 여러분도 포효해서는 결코 안 됩니다. 당신이 그리스도인이라면, 포효하는 것은 당신에게 맞지 않습니다. 그런 것은 불경건한 자들이나 하게 내버려 두십시오. 당신이 이성을 잃고 흥분하여 화를 내며 상대방을 모욕하는 등 스스로 사자가 되는 것이 그리스도인인 당신이 사자들을 상대하는 방식이 되어서는 안 됩니다. 당신은 온유함과 오래 참음과 인자함과 사랑으로 그들을 이겨야 합니다. 사랑하는 형제들이여, 여러분은 그리스도를 위하여 많은 것을 참아야 하는 자들이라는 것을 명심하고서 못된 마음을 품거나 화를 내지 마시기 바랍니다. 순교의 시대에는 그리스도인들이 강직하고 전투적이 되는 경향이 있습니다. 그러나 오늘날의 여러분은 그래서는 안 됩니다. 사랑, 사랑, 사랑! 사람들이 여러분을 도발할수록, 더욱더 그들을 사랑하십시오. 선으로 악을 이기십시오. 내가 여기에서 이런 것들을 언급하는 이유는 많은 사람들이 이런 것들을 주의할 필요가 있다는 것을 알기 때문입니다.

또한, 여러분의 영혼이 사자들 가운데 있다고 할지라도 비겁해지지 마십시오. 사람이 사자를 빤히 쳐다보면, 사자가 사람을 두려워한다는 말을 여러분은 들어보신 적이 있습니까? 나는 자연계에서 과연 그런 일이 가능한 것인지에 대해서 잘 알지 못하지만, 불경건한 세상과 관련해서는 그런 말이 사실이라는 것을 아주 잘 알고 있습니다. 어떤 사람이 조금도 요동하지 않고 아주 침착하게 단호하고 결연한 태도로 적을 상대한다면, 그 사람은 자신의 적을 이기게 될 것입니다. "사람의 행위가 여호와를 기쁘시게 하면 그 사람의 원수라도 그와 더불어 화목하게 하시느니라"(잠 16:7). 하지만 여러분이 조금을 내주게 되면, 결국에는 아주 많은 것을 내주게 될 것입니다. 여러분이 세상에게 1센티를 내주게 되면, 결국에는 여러분이 살아 있는 동안에 1킬로미터를 내주게 될 것입니다. 여러분이 1센티도 내주지 않고 요동함 없이 서 있다면, 하나님은 여러분을 도우실 것입니다. 필요한 것은 담대함입니다. 당신이 그렇게 한다면, 얼마 후에 세상은 이렇게 말하게 될 것입니다: "그를 비웃어 보아야 아무 소용이 없어. 그는 신경도 안 쓰니까. 그를 욕해 보아야 아무 소용이 없어. 그는 널 보고 그저 웃을 테니까. 그의 원수가 되어 보아야 아무 소용이 없어. 그는 네게 굴복하지 않을 테니까. 그러니 그를 친구로 대하는 수밖에는 없어." 그런 후에 세상은 그들끼리 이렇게 속삭일 것입니다: "알고 보니, 그는 우리가 생각했던 것만큼 나쁜 사람이 아니야. 그러니 그가 자신의 길을 가도록 내버려 두자." 사람들 속에는 그 어딘가에 통 큰 마음이 있기 때문에 여러분은 사람들로부터 그런 마음을 얻을 수 있도록 처신하기만 하면 됩니다. 그래서 사람들은 한참 동안 진리와 의를 핍박하고 비난하다가도 어느 샌가 마음을 바꾸어서, 조금 전까지만 해도 십자가에 못 박고자 했던 바로 그 사람을 자신들의 어깨에 무등을 태우고서 "호산나"라고 외치곤 합니다. 비겁한 자가 되지 마십시오. 비겁한 자가 되지 마십시오:

> "흔들림 없이 서 있으십시오! 예수를 위해!
> 싸움은 오래 지속되지 않으리니
> 오늘은 요란하게 싸우는 소리가 들릴지라도
> 내일이면 승리자의 노랫소리가 들리리라."

그 싸움이 아무리 오래 지속된다고 할지라도, 예수 같은 주님을 위해서라면, 우리는 10,000년 동안 비웃음을 당한다고 해도 얼마든지 참아낼 가치가 있습니다. 게다가, 결국에는 하나님께서 우리에게 천 배나 갚아 주실 것입니다.

여러분의 영혼이 사자들 가운데 있다면, 혼자서 그들 가운데로 가지 마십시오. "그렇다면, 나는 누구와 동행할까요? 내 직장에는 그리스도인이 없는데요." 누군가는 이렇게 물을 것입니다. 주님을 모시고 가십시오! 반드시 그렇게 하십시오. 나의 사랑하는 친구여, 어제 직장 동료들이 당신에게 무슨 말을 했고 어떻게 당신을 조롱하였는지, 그리고 당신은 반드시 했어야 할 새벽 기도를 하지 않았기 때문에 그런 그들을 쌀쌀맞고 퉁명스럽게 대했다는 것을 나는 압니다. 만일 당신이 새벽 기도를 드림으로써 마음이 더 차분해지고 온유하였더라면, 당신은 그들의 조롱하는 말을 듣고도 훨씬 덜 민감하게 반응하였을 것입니다. 주님을 모시고 다니면서, 당신이 무엇을 말해야 할 때마다, 주님이 당신 옆에 서 계시다는 것을 기억하고서, 주님께서 들으시고 좋아하실 만한 말을 하려고 하십시오. 실제로 당신이 그렇게 행하였다면, 당신은 "선하신 주님, 내가 주님이 원하시는 말을 하였으니, 나는 주님을 욕되게 하지 않았다고 생각합니다"라고 말할 수 있게 될 것입니다. 여러분이 사자들 가운데서 살아간다면, 그리스도를 가까이 모시고 살아가십시오. 여러분 중에서 반대와 배척을 참아내는 분들은 최고의 그리스도인들입니다. 말년에 뛰어난 신앙으로 유명했던 사람들도 처음에는 어느 정도 거친 길을 갈 수밖에 없었습니다. "사람은 젊었을 때에 멍에를 메는 것이 좋으니"(애 3:27). 내가 잔디 깎는 기계를 가지고 있어서 지금부터 천국에 이르기까지 여러분을 위해 내내 잔디를 깎을 수 있다면, 여러분은 내가 그렇게 하고자 할 것이라고 생각하십니까? 결코 그렇지 않습니다! 한두 번 거친 길을 가는 것은 여러분을 위해 좋은 일입니다. 그런 시련을 거칠 때에 순례자의 발이 단단해질 것이니까요. 어떤 아이를 갓난 아기처럼 평생 업고만 다닌다면, 그 아이는 결코 어른이 되지 못할 것입니다. 여러분은 혼자서 달려야 합니다. 여러분은 거룩한 싸움을 하는 법을 배워야 합니다. 그렇지 않으면, 여러분은 십자가의 군사, 어린 양을 따르는 자가 되기에 합당하지 않게 될 것입니다. 성령께서 여러분을 도우셔서 늘 그리스도와 동행하게 하심으로써, 그리스도께서 온갖 시험과 박해로부터 여러분을 지키시고 보호해 주시게 되기를 빕니다.

또한, 여러분의 영혼이 사자들 가운데 있고 그 속에서 자신이 아주 연약함을 느낀다면, 여러분은 하나님의 섭리를 통해서 자신을 좀 더 안전한 곳으로 옮겨 주시라고 기도할 수 있습니다. 그리스도인이 박해를 당하지 않을 수 있는 길이 있는데도 박해를 견뎌내야 하는 것은 아닙니다: "이 동네에서 너희를 박해하거든 저 동네로 피하라"(마 10:23). 여러분이 다른 곳을 찾는 것은 얼마든지 보장되어 있습니다. 물론, 여러분이 어떤 시련 아래 남아 있어야 하는 이유들이 있을 수 있는데, 그런 경우에는 그 이유들을 간과해서는 안 됩니다. 여러분은 현명하게 행동해서 박해를 피할 수 있습니다. 그러나 그 현명함 속에 비겁함이 섞여 있어서는 안 됩니다. "우리를 시험에 들게 하지 마옵시고"라는 기도 속에는 우리가 시험거리가 많은 곳들을 피하는 것에 대한 허락이 들어 있습니다. 아니, 되도록 시험이 없는 직장을 구하는 것이 그리스도인의 의무인 경우가 종종 있습니다.

한 가지 더 말씀드리자면, 우리는 하나님께서 은혜를 주셔서 우리로 하여금 사자들 가운데 머물러 있으면서 그들을 길들일 수 있게 해주시라고 좀 더 담대하게 기도하여야 합니다. "내 영혼이 사자들 가운데에서 살며." 하나님께서 여러분을 사자를 길들이는 자로 삼으신다면, 여러분이 있어야 할 곳은 "사자들 가운데"일 것입니다. 우리가 살고 있는 런던의 몇몇 지역들에서는 회심한 사람은 자기가 더 이상 그 곳에서 살 수 없겠다고 느끼게 되는데, 이것은 그 지역들이 절망적인 곳임을 말해줍니다. 골든 레인(Golden Lane) 지역에서 목회하시는 나의 사랑하는 친구인 오스먼(Orsman) 목사님은 그 지역의 회심한 사람들로부터 "목사님은 내가 이 끔찍한 곳에서 계속해서 살아가기를 바라시는 것입니까?"라는 말을 귀가 따갑게 듣는다고 내게 말씀하곤 합니다. 당연히 그들은 회심해서 제정신으로 돌아와 분별 있고 고상한 삶을 살게 되자마자 다른 지역으로 이사해야 하겠다고 느낄 수밖에 없었고, 실제로 이사했습니다. 그 결과, 그 지역은 이전보다 조금도 나아지고 있지 않습니다. 그리스도인은 종종 이렇게 말해야 합니다: "하나님께서 나를 은혜 안에서 강하게 하셨으니, 나는 이곳에 머물러 있으면서 싸워 나가려고 합니다. 그들은 사자들이지만, 나는 그들을 길들이렵니다. 나는 하나님께서 나로 하여금 내 동료들을 구주께로 인도하게 하시기 위하여 나를 이곳에 일부러 두시는 것이라고 믿고, 실제로 하나님의 은혜를 의지해서 그렇게 할 것입니다." 만일 내가 등불이고 어느 곳을 비출 것인지를 스스로 선택할 수 있다면, 나는 고상한 거리를 비추는 등불이 되고자 할 것입니다. 나는 성막 앞에서 빛을 비추는 등불이 되고 싶어 할 것입니다. 그러나 만일 내가 정말 지각 있는 등불이라면, 나는 스스로에게 이렇게 말할 것입니다: "모든 거리에 빛을 비춰 주어야 하는데, 등불은 몇 개밖에 없다면, 대로를 장식하는 등불이 아니라 캄캄한 빈민가나 음침한 골목길을 비추는 등불이 더 절실할 것이다. 그러므로 나는 저 캄캄하고 음침한 곳들에서 빛을 비추리라. 살인이 일어날 수도 있는 저 한적하고 어두운 곳에서 밤을 밝혀 흉악범들이 활개를 치지 않게 하리라." 또, 지혜로운 등불이라면 이렇게 말할 것입니다: "나는 빛을 비추기 위해 이 세상에 온 것이니, 빛이 가장 필요한 곳에서 빛을 비추고 싶다. 내가 가장 유익하게 사용될 수 있는 곳들인 민트 가(Mint Street)나 성 자일스 가(St. Giles's)나 저 멀리 켄트 가(Kent Street)의 후미진 곳에 나를 걸라."

그리스도인들이여, 이러한 권면이 지각없는 것입니까? 이러한 권면이 일리가 없습니까? 주님은 당신을 가장 필요로 하는 곳으로 당신을 보내지 않으시겠습니까? 그러므로 당신의 영혼이 사자들 가운데 있다면, 당신은 이렇게 말해야 하지 않겠습니까? "이런 곳에 있게 하신 것을 감사합니다. 이 사람들이 나를 이기는 것이 아니라, 내가 이 사람들을 이기게 될 것입니다." 모라비아 형제들(Moravian Brethren)이 전성기에 보여준 모습은 얼마나 아름다운 광경이었습니까? 그들은 흑인들에게 복음을 전하기 위해 서인도 제도 중 하나에 들어가려고 했지만, 농장주들이 노예 외에는 그 누구도 출입을 허락하지 않았기 때문에, 들어갈 수가 없었습니다. 그래서 두 명의 형제가 스스로 노예가 되어 거기로 들어가서 평생 동안 노예로 생활하며 흑인들에게 그리스도를 전하다가 죽었습니다. 아프리카에 나병이나 그 밖의 다른 질병들로 인해서 사지가 썩어 들어가는 사람들을 격리시켜 놓은 곳이 있었다고 합니다. 모라비아 형제들 중 두 명이 그 곳의 벽을 기어 올라가서 거기에 수용되어 있던 그 불쌍한 사람들을 보았는데, 어떤 사람들은 다리가 없었고 어떤 사람들은 팔이 없었습니다. 그들은 그리스도를 위하여 영혼들을 얻으려고 그 곳에 들어가게 해 달라고 요청하자, 돌아온 대답은 이런 것이었습니다: "당신들이 들어오고자 한다면 들어와도 되지만, 이곳은 한 번 들어오면 다시는 나갈 수 없어요. 병이 전염되는 것을 막기 위해서죠. 그러니 당신들이 들어오면 여기 있는 나병환자들처럼 사지가 썩어서 이곳에서 죽게 될 겁니다." 이 용감한 형제들은 그 곳으로 들어갔고, 나병환자들을 그리스도께로 인도하며 살다가 거기에서 죽었습니다.

나는 저 대단한 그리스도인들의 피가 몇 방울이라도 여전히 우리의 혈관 속에 흐르고 있기를 소망합니다. 그리고 우리에게 그런 피가 흐르고 있다면, 우리는 한 명의 죄인을 얻기 위해서 지옥에라도 갈 수 있다고 느끼게 될 것입니다. 여러분이 사람들을 지옥에서 구해내기 위하여 목숨을 바치고자 하지 않는다면, 여러분은 주님을 닮은 것이 아닙니다. 여러분이 주님을 닮았다면, 여러분은 한 영혼을 얻기 위해서라면 세상 사람들의 조롱과 비웃음을 아무렇지 않게 여기며 참아낼 것입니다. 그러므로 강한 믿음을 지닌 형제자매들이여, 여러분이 지금 있는 곳에 그대로 머물러 있으십시오. 여러분의 영혼이 사자들 가운데 있다면, 그 사자들과 함께 머무르며 그들을 길들이십시오. 여러분을 통해서 그리스도께 회심한 두세 분의 이웃들과 함께 여러분이 어느 날 교회 모임에 나온다면, 그것은 아주 멋진 일이 될 것입니다. 그리스도인이 자기가 길들인 사자를 양옆에 하나씩 데리고 교회에 나타나는 모습은 참으로 보기가 좋습니다. 여러분이 하나님의 은혜로 말미암아 이전에 술주정뱅이였거나 하나님을 욕했던 사람들을 예수의 발 앞으로 데려온다면, 그것은 놀라운 승리입니다. 사자를 길들이는 것은 내가 오랜 세월 동안 해온 일이고, 나는 그 일을 좋아합니다. 지금 이 자리에 사자가 있다면, 나는 주님께서 그를 길들이셔서 주님의 발 앞에 납작 엎드리게 하시기를 바랍니다. 우리 가련한 죄인들이 있어야 할 곳은 그리스도의 발 앞입니다. 그러나 사랑하는 친구들이여, 죄인들을 두려워하지 마십시오. 여러분이 그들을 두려워한다면 어떻게 길들일 수 있겠습니까? 살아 계신 하나님의 능력을 힘입어서 그들을 얻기 위하여 밖으로 나가십시오. 그러면 여러분은 머지않아 사자가 어린 양과 함께 누워 있고, 꼬마 아이가 그 사자와 어린 양을 동시에 이끄는 모습을 보게 될 것입니다. 아멘, 아멘!

제
58
장

—

독특한 호칭과 특별한 은총

—

"나의 하나님이 그의 인자하심으로 나를 영접하시며"
— 시 59:10

우리의 삶에 환난이 없다면 아주 재미가 없을 것입니다. 시련들이 없다면, 우리가 성장할 기회는 좁아지게 될 것입니다. 어느 날 나는 석양을 보고서, 노을 지는 저녁 하늘의 붉게 물든 장엄한 광경에 감탄하면서, 그런 광경을 연출하신 하나님을 찬송하게 되었습니다. 다음 날 해질 무렵에 나는 노을이 붉게 물든 석양의 하늘의 장엄한 광경에 또다시 푹 빠질 수 있게 되기를 바라고서 어제와 동일한 장소로 갔습니다. 그러나 그 날은 구름이 없었고, 그래서 장엄한 광경도 없었습니다. 거기에는 청옥빛의 거대한 창공은 있었지만, 황금빛 구름들이 여기저기 뭉게뭉게 피어 있고 구름들의 가장자리는 불타는 듯한 심홍색으로 빛이 나는 장엄한 광경, 또는 에메랄드 바닷속에 너무나 아름다운 색조를 띤 섬들이 여기저기 박혀 있는 장엄한 광경은 없었습니다. 불로 된 산들의 불타는 봉우리들이나 찬란하게 불타오르는 거대한 불길들은 거기에 없었습니다. 해는 어제처럼 밝았지만, 해가 자신의 광채를 쏟아낼 검은 구름들이 없어서, 해가 지닌 장엄함은 드러날 수 없었습니다. 환난이나 시련을 겪지 않고 살다가 죽는 사람은 구름이 없이 지는 해와 같아서, 하나님의 은혜로 말미암아 그에게 주어진 미덕들을 드러낼 기회를 얻을 수 없게 됩니다. 다윗이 평탄한 삶을 살지 않은 것은 우리가 감사해야 할 일입니다. 다윗의 평생이 늘 형통하는 꽃길인 것이 아니었다는 사실은 우리에게 좋은 일입니다. 그에게는 세찬 파도와 격랑이 자주 몰려왔고, 매일 같이 안팎으로 공격을 받았기 때문에, 그의 삶은 사람이 겪을 수 있는 온갖 시험과 열망, 은혜와 연약함, 기쁨과 슬픔이 집약된 것이었습니다. 그래서 그의 삶은 우리에게 너무나 놀라운 교훈이 될 수 있었습니다. 블레셋 족속, 들염소들이 다니던 길들, 아둘람의 동굴, 그를 박해하던 사울이 그의 그런 삶을 만들어 주었습니다. 그가 겪어야 했던 온갖 시련들과 그에게 가혹했던 무수한 환경들이 그를 연단시켜서 위대한 삶을 살게 하였고, 그의 삶은 우리에게 우리의 온갖 시련들과 거기에 따른 감정들을 비쳐볼 수 있는 거울이 될 수 있었습니다. 우리는 시련을 통과하기 전까지는 우리의 참 모습을 알 수 없고, 시련을 통과하지 않으면 우리 안에 있는 선한 것이 성장할 수도 없습니다. 팔도 사용하지 않으면 근력을 잃어버립니다. 팔을 사용해서 고된 일을 하다 보면 근력도 강해집니다. 전쟁을 통해서 군인들이 만들어지고, 폭풍우와 싸우면서 선원들이 만들어집니다. 학생들은 시험 보는 것을 싫어할지 모르지만, 어려운 시험을 자꾸 보아야만 지식과 지혜가 더해갑니다. 우리는 시련과 환난들을 겪으며 시험을 받아서 하나님의 은혜로 말미암아 강해지고 성장하게 됩니다. 하나님이 그런 시련과 환난들을 성별하셔서 우리에게 가장 유익한 것들이 되게 하시는 것은 우리가 늘 하나님을 송축해야 할 큰 이유가 됩니다. 만일 다윗이 많은 환난을 겪은 사람이 아니었다면, 그는 오늘의 본문 같이 교훈과 위로가 가득한 글들, 흔들림 없는 신앙을 확신 있게 고백하는 글들, 어떤 상황 속에서도 하나님을 바라는 견고한 소망의 정수가 들어 있는 글들을 결코 쓰지 못했을 것입니다.

　　본문에서 우리가 살펴보아야 할 것은 세 가지입니다. 첫 번째는 하나님을 바라보는 다윗입니다. 왜냐하면, 이 절의 주제는 하나님이기 때문입니다: "나의 하나님이." 두 번째는 하나님의 인자하심을 자신의 것으로 만드는 다윗입니다: "그의 인자하심으로." 세 번째는 하나님이 그의 인자하심으로 자기를 도우실 것이라는 다윗의 확신입니다: "나를 영접하시며."

1. 첫째로, 자신의 하나님을 바라보는 다윗에 대하여 잠깐 생각해 보겠습니다.

　　다윗은 "나의 하나님이 그의 인자하심으로"라고 말합니다. 이 시편은 다윗이 사울의 딸인 미갈의 집에 연금된 채로 대적들에 의해 둘러싸여 있던 때에 지은 시편이라는 것을 주목하십시오. 피에 굶주린 왕의 사자들이 다윗을 죽이기 위해 그 집을 밤새도록 호시탐탐 노렸지만 목적을 달성하지 못하자, 사울은 자기가 직접 죽이기 위해서 그를 자신의 침실로 데려오라고 명령하였습니다. 원수들이 자신의 집을 호시탐탐 노리고 있는데 그들의 수중에서 벗어나기는 쉬운 일이 아닙니다. 하지만 다윗은 전혀 당황하지 않고, 하나님을 온전히 신뢰하는 가운데 하나님이 자기에게 피할 길을 내어주실 것이라고 믿었습니다. 다윗은 사울의 마음이 누그러지기를 바랄 수 없었고, 친구들이 와서 자기를 구해줄 것이라고 기대할 수도 없었습니다. 다윗은 피할 길을 스스로 궁리해 내고자 한 것이 아니라, 차분히 이렇게 기도했습니다: "나의 하나님이여 나의 원수에게서 나를 건지시고 일어나 치려는 자에게서 나를 높이 드소서"(1절). 그는 하나님께서는 원수들을 비웃으시며, 사람이 한 무리의 배회하는 개들을 쫓아내 버리듯이 자신의 집을 노리고 있는 자들을 쉽게 물리칠 수 있으시다는 것을 확신하고서 평안한 마음으로 조용히 기다렸습니다. 형제들이여, 이렇게 위를 바라보는 것, 우리의 눈을 하나님께 고정시키는 것은 모든 신자들의 습관이 되어 있어야 할 태도이고 우리 모두가 배워야 할 자세입니다.

다윗은 이 일 이전에도 하나님을 기다리는 것이 습관이 되어 있었기 때문에 이때에도 하나님을 바라본 것이었습니다. 이미 그의 믿음은 하나님의 존재를 깨닫고 있었고, 그의 영혼은 그렇게 깨달아진 진리의 능력을 알고 있었습니다. 이것은 회심하지 않은 자들은 모르는 일이고, 하나님을 안다고 고백하는 사람들이라도 해도 상당수가 제대로 알지 못하는 일입니다. 어떤 하나님이 계신다는 것은 우리 모두가 받아들이고 있는 가르침이지만, 하나님이 실제로 존재하신다는 것은 본래 우리가 마땅히 깨닫고 있어야 하는 것이지만 실제로는 그렇지 못합니다. 하나님의 존재가 모든 존재하는 것들 중에서 가장 실감되어야 함에도 불구하고, 현실적으로는 하나님 외의 다른 존재들이 우리에게 더 실감이 됩니다. 우리는 하나님의 존재가 파악하기 어려운 신비이자 빛이기 때문에 믿음의 대상은 될 수 있지만, 우리의 삶에 상당한 정도로 영향을 미칠 수 있는 일상적인 실재(實在)라고 보지는 않습니다. 하나님을 이런 식으로 하나의 실재(實在)로 보지 않는 것은 우리의 심령 저 깊은 곳에 은밀하게 자리 잡고 있는 불신앙으로부터 생겨납니다. 우리는 하나님이 가상의 존재라고 감히 말하지는 않지만, 실제로는 그렇게 취급합니다. 그러나 다윗은 참된 믿음을 지니고 있었기 때문에, 그에게 그리고 그의 심령에 하나님은 다른 어떤 것들보다도 더 실재이고, 가장 확실한 실재였습니다. 나는 우리도 각자의 분량을 따라 그런 믿음을 지니고 있다고 믿습니다. 믿음으로 기름 부음 받은 눈은 사람들을 마치 그림자들인 것처럼 봅니다. 왜냐하면, 사람들은 머지않아 해체되어서 존재하기를 그치게 될 것이기 때문입니다. 그러나 그런 눈으로 보게 되면, 하나님만이 유일하게 실재하는 분이고, 하나님과 관련된 모든 것들만이 확실하게 존재하는 것들이고 가장 중요한 것들입니다. 하나님은 눈에 보이지 않지만, 우리의 삶 속에 현존해서 역사하고 계십니다. 하나님의 음성은 귀에는 들리지 않지만, 심령에는 들립니다. 우리의 조잡하고 땅에 결박된 감각기관들로는 하나님을 찾아낼 수 없지만, 하나님은 분명히 우리의 삶 속에서 늘 역사하시면서 자신의 뜻을 이루어가고 계십니다. 믿음은 감각기관들보다 훨씬 더 큰 인지능력을 지니고 있습니다: "믿음은 바라는 것들의 실상이요 보이지 않는 것들의 증거니"(히 11:1). 육신에 속한 사람들은 "보는 것이 믿는 것이다"라고 말하는 반면에, 우리는 "믿는 것이 보는 것이다"라고 단언합니다. 우리는 그들이 하는 말과 정반대로 말합니다. 우리에게는 믿음이 눈과 귀이고 미각과 촉각이라고 말이죠. 믿음은 우리 안에서 아주 강력하게 역사해서, 우리로 하여금 하나님이 계시다는 것을 알게 할 뿐만 아니라, 하나님을 만유를 움직이는 거대한 힘으로 인식하게 하고 하나님의 강력한 도우심을 날마다 기대하게 만듭니다. 그러므로 힘이 없고 연약할 때마다 하나님께로 돌아가 의지하고, 위험할 때마다 하나님께 부르짖는 것이 그리스도인의 습성입니다. 그리스도인이 기도하는 것은 기도가 별 소용은 없지만 경건한 행위라고 생각해서가 아니라, 자녀의 부탁을 부모가 들어주듯이 기도가 그런 효력을 발휘해서 하나님으로부터 복을 받는 통로가 된다고 믿기 때문입니다. 신자가 하늘을 바라보는 것은 더 나은 날들을 소망하여 하나님의 섭리를 막연히 기대하는 것이 자연적인 본능이기 때문이 아닙니다. 하나님이 하늘에 실제로 계셔서 인자하시고 긍휼히 여기시는 마음으로 자기 백성을 굽어보시다가 능력 있는 팔로 그들을 건지기 위하여 오실 것이기 때문에, 신자는 하늘을 바라보는 것입니다. 그러므로 하나님을 기다리는 것이 우리가 원하는 것이기 때문에, 당연히 우리는 환난 날에 하나님께로 나아갑니다. 우리는 어떤 일을 자기 힘으로 처리할 수 없을 때에만 종종 하나님을 의지하는 것이 아니라, 하나님 안에 거하면서 매일 아침마다 하나님 앞에 나아가 우리의 마음을 쏟아놓습니다. 그러다가 대적이 오면, 비둘기가 자기 집을 찾아가고 토끼가 바위굴로 숨으며 지친 아이가 어머니의 품 속에 안기듯이, 우리는 당연히 하나님께로 피합니다. 앵무조개는 위험이 감지되면 촉수들을 접고서 깊은 심연 속으로 잠수합니다. 마찬가지로, 폭풍이 몰아칠 때마다 우리는 하나님의 사랑이라는 심연 속으로 내려갑니다. 그 영혼이 늘 하나님만을 바라는 사람은 복이 있습니다. 여러분은 각자 자신의 심령에게 "내가 그런 사람인가"라고 물어보시기 바랍니다. 여러분이 그렇다고 대답할 수 있다면, 귀용(Guyon) 부인과 더불어서 이렇게 노래하십시오:

> "아, 그럴 때에는 하나님의 품으로 가라.
> 내 영혼아, 너는 거기에서 객이 아니니라!
> 거기에서 하나님의 사랑이 너의 경호원이 되어 줄 것이고
> 평화와 안전이 너의 상이 되리라."

이 특별한 때에 다윗을 에워싼 비상한 환난은 그를 하나님께 더 가까이 내몰았습니다. 그는 자신을 도울 사람을 기대할 수 없었기 때문에 오직 하나님만을 꼭 붙들 수밖에 없었습니다. 사울의 딸 미갈은 다윗이 믿을 만한 사람이긴 했지만, 다윗은 그녀가 그를 위해서 아버지의 노여움을 살 일을 감행할 것이라고 확신할 수 없었습니다. 집 밖에는 그에게 호의적인 사람들이 있었겠지만, 그들은 멀리 있었고, 폭군이 보낸 감시자들은 모든 길목을 봉쇄하고 있었습니다. 그러나 지존자의 보좌로 통하는 하늘 길은 대로처럼 열려 있었습니다. 다윗의 믿음의 기도는 그 빛나는 대로를 가로질렀고 그에게 구원의 확신을 가져다주었습니다. 다윗이 하나님 외에 누구를 바라볼 수 있었겠습니까? 하늘을 향해 열려 있는 문을 제외하고는 다른 모든 문은 닫혀 있었습니다. 그러므로 우리는 환난이라는 활이 다윗을 마치 화살처럼 하나님을 향해 쏘아올린 것을 알 수 있습니다. 환난의 거센 파도가 우리를 휩쓸어가서 우리로 하여금 오직 하나님이라는 바위만을 의지할 수 있게 만들고, 아래의 어둠으로 인해 우리가 위에 있는 빛을 바라보게 되었다면, 그것은 복된 일입니다. 시편 기자는 본문 앞에 나오는 9절에서 "하나님은 나의 요새이시니 그의 힘으로 말미암아," 즉 원수가 강하기 때문에 "내가 주를 바라리이다"라고 말합니다. 다윗은 "원수가 아주 강해서 나로서는 감당이 안 되기 때문에, 내가 나의 요새이신 하나님을 바라고 그의 전능하심을 의지하고자

합니다"라고 말하고 있는 것입니다. 이 아침에 여러분 중에서 환난이 너무 깊어서 그 어떤 것도 도움이 되지 않고 자신이 영락없이 무너질 수밖에 없다고 느끼는 분이 계십니까? 당신의 믿음이 그 환난을 감당할 만한 믿음이어서 당신으로 하여금 하나님 앞에 자기 자신을 맡기고서 해안으로 헤엄쳐 나올 수 있게 해준다면, 당신은 사실 영광스러운 자리에 있는 것입니다. 사람이 여기 땅 위를 걷는 것은 별일 아니지만, 저 높은 곳에서 눈으로는 거의 볼 수 없는 가느다란 줄 위를 걷는 것은 사람들이 경이로운 눈으로 바라볼 수밖에 없는 기가 막힌 묘기이고, 눈으로 전혀 볼 수도 없고 발의 감각으로 느낄 수도 없는 길을 걷는 것은 더 대단한 일인데, 믿음으로 걷는 것이 바로 그런 것입니다. 육신에 속한 마음으로는 알 수도 없고 별 가치도 없다고 여기는 하나님의 보이지 않는 팔에 기대는 것은 대단한 일입니다! 당신이 눈에 보이지 않는 길을 걸을 수 있다면, 당신은 영생하는 족속에 속합니다. 당신이 하나님의 혈통이라는 것은 하나님이 주신 믿음이 증명해 줍니다. 아마도 당신 앞에는 당신에게 너무나 버거운 과제가 놓여 있을 것입니다. 그렇다면, 당신은 자신이 하나님을 온전히 의뢰한다는 것을 분명하게 보여줄 수 있는 영광스러운 자리에 있게 된 것입니다. 당신이 할 수 있는 것들은 다 반드시 스스로 해야 하지만, 당신이 자신의 힘으로 할 수 없지만 반드시 행해져야 하는 것들에 대해서는 하나님이 당신에게 힘을 주셔서 그것들을 할 수 있게 해주실 것을 믿고 기다리십시오. 하나님께서는 당신의 연약함을 자신의 능력을 나타내실 발판으로 삼으실 것입니다. 당신의 힘이 다한 지점에 도달했다면, 그곳은 당신의 하나님이 역사하실 바로 그 지점입니다. 자신의 힘이 다하여 하나님의 능력이 역사할 기회가 만들어진 것은 복된 일입니다. 다윗의 경우가 그랬습니다.

다윗이 오직 하나님만을 바라자마자, 그의 시련들은 작아졌습니다. 그 시련들은 다윗의 눈에 아무것도 아닌 것이 되었습니다. 왜냐하면, 그는 "여호와여 주께서 그들을 비웃으시며 모든 나라들을 조롱하시리이다"(8절)라고 말하고 있기 때문입니다. 나는 하나님이 원수들을 비웃으시는 소리가 다윗의 심령을 관통하였고, 다윗은 비록 그 집에 연금된 상태이긴 했지만, 마음속으로 원수들이 곧 실망하게 될 것을 생각하고서 미소를 지었을 것이라고 생각합니다. 여러분이 환난들을 바라본다면, 여러분의 영혼은 속에서 무너져 내리게 될 것입니다. 여러분이 하나님의 원수들을 지켜 본다면, 여러분의 영혼은 답답해지고 무거워져서 결국 절망하게 될 것입니다. 그러나 그럴 때에 여러분이 눈을 들어서, 자신의 뜻과 계획을 따라 모든 것을 운행하시는 이, 그 이마로 그 어떤 구름도 결코 지나갈 수 없는 이, 말씀하신 대로 이루어지고 명령하시는 것마다 견고히 서게 하시는 이, 기둥도 없는 궁창을 떠받치고 계시는 이, 거대한 천체들을 굴리셔서 눈에 보이지도 않는 궤도를 따라 돌게 하시는 이를 바라본다면, 어려움들은 사라지고, 불가능들은 끝이 나며, 위험들은 그치게 됩니다. 사람들을 떠나서 하나님의 날개 아래 둥지를 트는 순간, 의심은 확신으로 바뀌고 두려움은 자신감으로 바뀝니다. 두려움은 울게 만들지만, 믿음은 웃게 만듭니다. 사람의 힘은 태산 앞에서 아무것도 아니지만, 믿음은 그 태산을 뛰어넘습니다.

사랑하는 친구들이여, 하나님을 의지하는 것은 내가 모든 신자에게 강권하는 덕목입니다. 성령께서 여러분 속에서 역사하셔서 여러분으로 하여금 하나님을 의지하게 하시기를 빕니다. 우리가 소심하고 겁이 많을 때에는 환난이 올 때마다 넘어집니다. 그러나 우리의 소심함과 비겁함은 어디에서 오는 것입니까? 나는 만일 인자가 지금 오신다면, 과연 이 땅에서 믿음을 발견하실 수 있으시겠습니까? 믿음을 발견할 수 있는 이가 있다면, 그는 주님이실 것입니다. 왜냐하면, 주님은 믿음의 원천이신 까닭에, 믿음이 조금이라도 있다면, 순식간에 그 믿음을 알아차리실 것이기 때문입니다. 그렇지만 주님이 지금 오신다면, 과연 믿음을 발견하시겠습니까? 애석하게도 믿음은 거의 찾아보기 힘들 것입니다. 나의 형제들이여, 믿음은 영웅들이 먹는 양식이고, 위대한 영혼들이 숨쉬는 공기입니다. 하나님을 믿으십시오. 그러면 여러분에게 모든 일이 가능해질 것입니다. 하나님의 성도들 가운데서 믿음의 부흥이 있을 때마다 그들은 모든 반대 세력에 맞서 싸워 이길 수 있는 힘을 얻었습니다. 심지어 잘못된 신앙조차도 그 신앙이 투철하다면 강력한 힘을 발휘합니다. 여러분은 최근에 이슬람교가 세계에서 크게 약진했고, 특히 인도에서는 이슬람교로 개종한 사람들이 기독교로 개종한 사람들보다 훨씬 더 많다는 것을 듣고서 놀라지 않으셨습니까? 여러분은 그 이유가 어디에 있었다고 생각하십니까? 그 이유는 이슬람교 지도자들은 코란에 나오는 모든 말을 단 하나도 의심하지 않고 철저히 믿었기 때문입니다. 코란을 가르치는 이슬람교 지도자들은 코란을 믿고 자신들의 선지자를 믿습니다. 그래서 그들의 신앙은 잘못된 것임에도 불구하고, 그들은 성공적인 선교를 할 수 있습니다. 반면에, 오늘날 기독교 지도자들은 다른 사람들에게 성경을 가르치지만 스스로는 성경을 거의 믿지 않고, 저 깊은 마음속에서는 자기가 공식적으로 선포하는 교리들을 존중하지도 않습니다. 기독교 지도자들의 심령 속에 있는 불신앙이라는 좀벌레와 의심과 회의라는 저 저주받을 동록이 기독교의 심장과 힘을 갉아먹고 있습니다. 하나님을 믿지 않는 자가 하나님으로 인하여 강해지는 일은 있을 수 없습니다. 온 마음과 혼과 힘을 다해서, 자신의 전 존재를 다 바쳐서 하나님을 믿으십시오. 기독교의 제자들이 강한 확신을 갖게 되고, 하나님의 계시된 진리를 믿는 자들이 그들 자신의 존재를 믿듯이 확고하게 그 진리를 믿게 되기 전에는 기독교는 결코 강해질 수 없습니다.

이것은 기독교 전체에도 해당되고, 우리 각자에게도 해당됩니다. 우리는 하나님을 믿을 때에 그 어떤 짐도 질 수 있지만, 불신앙이 드리우면 나방처럼 짓눌려 버리게 됩니다. 우리는 하나님 안에서 자신감을 갖게 되었을 때에는 그 어떤 어려운 일도 마다하지 않고 그 어떤 희생도 감수할 수 있습니다. 그러나 우리가 하나님의 자녀인지, 하나님의 복음이 정말 옛적의 저 승리의 복음인지를 의심하게 되면, 우리의 힘은 사라져 버리고, 머리카락을 잃은 삼손 같이 되고 맙니다. 우리는 하나님을 믿는 강력한 믿음을 지니고 있어야 합니다. 그렇지 않으면, 우리는 물처럼 불안정하게 될 것입니다. 형제자매들이여, 이 교회에는 눈에 보이지 않는 하나님을 늘 뵈옵는 것처럼 살아가는 습성이 몸에 배어 있는 사람들이 필요합니다. 우리에게는 자기 자신이나 다른 사람들의 단순한 견해에 결코 의존하지 않는 사람들이 필요합니다. 우리에게는 하나님의 말씀에 절대적인 권위를 부여해서 오류가 있을 수 없는 진리로 받아들이고 성경을 하나님으로부터 나온 것으로 인정하는 형제자매들이 필요합니다. 우리 가운데 풍부한 신앙 경험으로 인하여 목숨보다 신앙을 더 소중히 여기는 사람들, 영원한 진리에 뿌리를 둔 삶을 살아감으로 인하여 힘 있는 삶을 살아가는 사람들이 있고, 시련이나 난관 등을 비롯해서 모든 것을 한 분 유일하신 하나님께로 돌리고서 오직 하나님만을 의지하는 사람들이 있다면, 우리는 다시 신앙의 영웅들을 갖게 될 것입니다. 그들은 교회에서 요동하지 않는 기둥들이 될 것입니다. 그들은 하나님의 이스라엘 가운데서 원수들이 어떤 식으로 공격해 와도 결코 무너지지 않을 보루들이 될 것입니다. 하나님께서 우리 한 사람 한 사람을 그런 신앙 영웅으로 만드시기를 빕니다. 나는 하나님 외의 모든 것으로부터 떠나서, 오직 하나님이 보시는 앞에서 그의 뜻을 행하고 그의 진리를 전하게 되기를 내 영혼 깊은 곳에서 열망합니다. 계획을 세우는 것이요? 그것은 혐오스러운 일입니다. 사람들을 기쁘게 하는 것이요? 그런 것은 썩 꺼지라고 하십시오. 이 시대의 조류를 따르고자 하는 것이요? 그것은 역겨운 일입니다. 하나님께서 우리를 우리 자신의 개인적인 이익을 추구하고자 하는 모든 시도로부터 건져 주시기를 빕니다. 그리고 우리로 하여금 오직 예수 안에 있는 그대로의 진리를 위해 살게 하시고, 필요하다면 죽게 하여 주시기를 빕니다. 우리가 하나님의 영광을 위해서라면 모든 것을 희생할 수 있다고 느끼게 하시기를 빕니다. 우리가 하나님의 능력 안에서 반드시 이기리라는 것을 확신할 수 있게 해주시고, 승리는 하나님의 것임을 알게 해주시기를 빕니다. "나의 영혼아 잠잠히 하나님만 바라라"(시 62:5). 이것이 우리가 첫 번째로 살펴본 대지입니다. 하나님께서 우리로 하여금 그 교훈을 잘 배울 수 있게 해주셨기를 바랍니다.

2. 둘째로, 다윗은 하나님의 인자하심을 자신의 것으로 만들었습니다.

"나의 긍휼의 하나님"(KJV, 한글개역개정에는 "나의 하나님이 그의 인자하심으로"). 이것은 아주 독특한 표현이어서 오직 이 시편에만 나옵니다. 하나님은 긍휼의 하나님이시고, 흔히 그렇게 불립니다. 또한, 하나님은 "모든 은혜의 하나님"(벧전 5:10)으로도 표현되지만, 다윗이 하나님을 "나의 긍휼의 하나님"이라 부른 것은 이곳뿐입니다.

이 호칭의 핵심은 긍휼을 자신의 것으로 만드는 "나의"라는 단어에 있다는 것을 주목하십시오. 루터는 신학의 핵심은 소유대명사들에 있다고 말하곤 했습니다. 또다른 신학자는 세상에 존재하였던 모든 격동은 '나의 것'(라틴어로 meum)과 '너의 것'(tuum)에 의해서 생겨났다고 말하였습니다. 어떤 사람이 "그것은 나의 것"이라고 말하고, 또다른 사람이 "그것은 나의 것"이라고 부르짖는다면, 거기에서 갈등이 생겨납니다. 어떤 왕이 "그것은 나의 것"이라고 말하고, 또다른 왕이 "아니, 그것은 네 것이 아니다"라고 말하면, 치열한 전쟁이 시작됩니다. "나의 것"이라는 말보다 사람에게 더 큰 영향을 주는 것은 없습니다. 그런데 다윗은 "나의 긍휼의 하나님"이라고 고백하고 있습니다. 따라서 이제 다윗이 하나님의 긍휼 중 한 분깃을 순전히 자신의 것으로 갖고 있었다는 것은 분명해졌습니다. 우리도 다윗처럼 그렇게 하지 않으면 신앙생활에 있어서 결코 진보는 없게 될 것입니다. 왜냐하면, 모든 사람에게 해당되는 긍휼이라면, 그런 긍휼은 특정한 어느 한 사람에게는 별 소용이 없을 것이기 때문입니다. 그러나 어떤 사람이 믿음으로 말미암아 하나님의 긍휼을 자신의 것으로 붙잡는다면, 그것은 그에게 복을 가져다줄 긍휼, 그가 무엇보다도 소중히 여기게 될 긍휼이 될 것입니다. 기드온의 삼백 용사들이 싸우러 나갈 때에 항아리들을 한데 모아서 가져간 것이 아니라, 각 사람이 자신의 손에 항아리를 들고 동시에 나팔도 들고 갔기 때문에 미디안 사람들을 무찌를 수 있었습니다(삿 7:16). 아가서를 보면, 솔로몬의 가마를 호위하던 이스라엘 용사 육십 명이 밤의 두려움으로 말미암아 각기 자신의 허리에 칼을 찼다고 합니다(아 3:7-8). 다윗의 무기고에는 수많은 칼이 걸려 있었지만, 그 자체로는 별 소용이 없습니다. 용사들이 각기 자신의 칼을 허리에 차고 있을 때에만 그 칼들은 유용해집니다. 하늘에 속한 것들도 마찬가지입니다. 우리는 함께 기도할 수는 있겠지만, 믿음은 우리 각자에게 있어야 합니다. 주기도문은 "하늘에 계신 우리 아버지"라고 되어 있지만, 우리가 사도신경으로 신앙을 고백할 때에는 "우리는"이 아니라 "나는 하나님 아버지를 믿습니다"라고 고백합니다. 믿음은 일인칭 단수로 고백되어야 합니다. 기도는 모든 성도들이 다 함께 드릴 수 있지만, 믿음은 각 사람에게 있어야 합니다: "나의 긍휼의 하나님." 나의 사랑하는 형제여, 이것과 관련해서 당신은 어떻습니까? 하나님의 긍휼의 한 분깃이 진정으로 당신의 것이어서, 그 누구도 그것을 당신에게서 빼앗아갈 수 없습니까? 당신은 지금 믿음으로 하나님의 긍휼 속에 있고 그 긍휼을 당신의 것으로 고백하고 있기 때문에 마지막 날에도 그러한 긍휼을 입게 될 것을 확신하고 계시는 것입니까? 복된 다윗은 그랬습니다. 당신도 하나님의 은혜로 말미암아 다윗과 같은 확신을 지니고 있다면, 당신은 복된 그리스도인입니다.

또한, 나는 "나의 긍휼의 하나님"이라는 고백 속에는 다윗이 자기가 하나님의 긍휼의 한 분깃을 이미 받았기 때문에 그 긍휼이 온전히 자신의 것이 되어 있다는 의미도 내포되어 있다고 생각합니다. 즉, "나의 긍휼의 하나님"이라는 고백 속에는 다윗 자신이 이미 하나님의 긍휼을 경험하였다는 의미가 담겨 있다는 것입니다. 이 긍휼을 잠시 묵상해 보십시오. 여러분의 눈에 눈물이 맺히지 않습니까? 여러분이 어린아이였을 때에 사랑을 받으며 자랄 때에 거기에 하나님의 긍휼이 있었습니다. 여러분이 사춘기에 어그러진 길로 나가기 쉽던 때에 여러분을 붙잡아 주고 지켜 주었던 것도 하나님의 긍휼이었습니다. 여러분을 수많은 치명적인 죄로부터 지켜 주었던 것도 하나님의 긍휼이었습니다. 복되고 거룩한 가르침들이 기다리고 있던 길로 여러분을 인도한 것도 하나님의 긍휼이었습니다. 옳은 길을 가도록 여러분에게 감화를 준 것도 하나님의 긍휼이었습니다. 무엇보다도, 여러분으로 하여금 그리스도를 믿기로 작정하게 하여 그의 피로 깨끗함을 받게 한 것은 하나님의 긍휼이었습니다. 그 긍휼이 이 날까지 여러분과 함께 하였고, 앞으로도 함께 할 것입니다. 이 모든 긍휼을 당신에게 베푸신 하나님을 송축하고, 그 하나님을 당신의 긍휼의 하나님으로 고백하십시오. 하나님의 긍휼들이 우리에게서 떠나기 전까지는 우리는 하나님이 우리에게 베풀어 주시는 긍휼들을 별로 소중히 여기지 않습니다. 나는 어떤 사람이 50년을 살아오는 동안에 2년 동안이나 오랜 투병생활을 해야 했다며 불평하는 것을 들은 적이 있습니다. 그러자 어떤 사람이 그에게 "당신은 48년 동안이나 아주 건강하게 살았고, 그 기간 동안에는 병 때문에 단 한 시간도 침상에서 보낸 적이 없지 않느냐?"고 반문하였습니다. 그때서야 그는 비로소 이렇게 고백했답니다: "하나님은 나로 하여금 48년 동안 투병생활을 하게 하시고 단 2년 동안만 건강하게 살 수 있게 하실 수도 있으셨는데도 내게 그 반대로 해주셨으니, 내가 하나님을 송축합니다. 내가 고통 받았던 시간보다 하나님의 은총으로 살았던 시간이 훨씬 더 많으니, 내가 받은 긍휼이 참으로 큽니다." 그러므로 바로 이 순간 하나님을 송축하시고, "나의 긍휼의 하나님"이라는 저 감미로운 호칭을 고백하며 하나님을 자신의 것으로 삼으십시오.

또한, 당신이 지금까지 받은 모든 긍휼은 앞으로 받게 될 긍휼에 비하면 아무것도 아니라는 것을 기억하십시오. 오직 당신을 위해 준비되어 있는 긍휼의 분깃이 존재합니다. 부자 아버지가 자신의 아들들에게 줄 분깃을 나누어 놓고서 '이것은 큰 아들의 몫이고, 저것은 둘째 몫이고, 저건 셋째 몫'이라고 속으로 생각하듯이, 하나님께서도 우리 각자에게 적합하고 꼭 필요한 최상의 특별한 긍휼들, 그 사람 외에는 아무도 받을 수 없기 때문에 오직 그 사람에게만 주어질 긍휼들을 따로따로 배정해 놓으십니다. 다음과 같은 찬송이 우리에게 뭔가를 시사해 줌과 동시에 기쁨을 주지 않습니까?

"내 입에 새 노래 있네.
　오랫동안 사랑해 왔던 노래라네.
　내가 아직 맛보지 않은

> 모든 은혜로 인해 주께 영광 돌리네.
> 아직은 볼 수 없지만
> 내겐 기쁨의 유업이 있다네.
> 그 유업을 내게 주시고 지켜 주시기 위해
> 주께서 피 흘리셨다네."

장차 우리에게 주시고자 긍휼을 예비해 두신 하나님을 송축합니다. 장차 나타날 그 복들은 우리의 수중에 있는 것보다 더 안전한 곳에 보관되어 있기 때문에 마치 지금 우리에게 있는 것처럼 확실한 복들입니다. 그 긍휼은 우리에게 주어질 날이 이를 때까지 우리를 위해 그 긍휼을 피로 사신 분이 보관해 두고 계십니다. "나의 긍휼의 하나님"은 내가 지금까지 받았던 긍휼, 다윗에게 주어진 확실한 긍휼들 가운데서 언약의 계획과 작정하심을 따라 나를 위해 예비되어 있는 긍휼의 하나님입니다.

그러나 나는 다윗의 마음속에는 그런 것보다 더 큰 것이 들어 있었다고 생각합니다. 왜냐하면, 그는 "나의 긍휼의 하나님"이라고 고백하였을 때에 마치 하나님의 마음속에 있는 모든 긍휼을 자신의 것처럼 느꼈을 것이기 때문입니다. 나는 여러분이 마음에 새겨둘 가치가 있는 엄청난 말을 하고자 합니다. 만일 어떤 한 성도가 세상의 모든 성도들의 모든 필요를 짊어지고 있다면, 그리고 그의 필요들이 너무나 커서 하나님의 마음을 채우고 있는 무한한 긍휼 전부만이 그 필요들을 충족시킬 수 있다면, 그는 하나님이 주실 수 있는 모든 긍휼을 다 받게 될 것입니다. 나의 사랑하는 형제들이여, 당신의 필요가 아무리 크다고 할지라도, 하나님 안에 있는 모든 긍휼이 당신의 것이 되어서 그 모든 필요를 충족시켜 줄 것입니다. 이것을 다른 관점에서 표현해 보겠습니다. 만일 세상에 당신 외에는 아무도 없고, 하나님의 모든 생각이 당신에게 집중되어 있고, 하나님의 모든 지혜와 사랑의 계획의 초점이 당신이어서, 하나님의 전능하심이 오직 당신의 복을 위해 사용되고 있다면, 하나님이 당신의 모든 필요를 충족시켜 주실 수 없으시겠습니까? 여러분은 "그래요, 나는 정말 하나님의 은총이 필요해요"라고 말합니다. 그러나 사실 여러분은 앞에서 말한 것과 같은 그런 은총을 받고 계시는 것입니다. 왜냐하면, 하나님의 사랑의 대상이 아무리 많을지라도, 어느 한 사람에 대한 하나님의 사랑은 결코 줄어들지 않기 때문입니다. 하나님의 사랑이 필요한 사람이 백만 명이 있어도, 하나님은 그 중 한 사람을 오직 그 사람만 사랑하시는 것처럼 사랑하실 수 있습니다. 우리의 작은 마음은 대상이 많아지면 흐트러집니다. 우리는 많은 대상에 똑같이 집중할 수 없습니다. 그래서 우리의 마음은 좁아지게 됩니다. 그러나 영원하신 하나님은 사랑하는 자녀들 한 사람 한 사람에게 똑같이 자신의 모든 사랑을 온전히 부어 주십니다. 하나님의 절반만 당신의 것이 아니라 하나님의 전부가 당신의 것입니다. 구주의 일부가 아니라 구주 자체가 당신의 것입니다. 하나님은 모든 것이고, 예수 그리스도 안에서 모든 것이 당신의 것입니다. "나의 긍휼의 하나님"이라는 말씀 속에 위로가 있지 않습니까?

이것과 관련해서 한 가지 더 말씀드린다면, 다윗이 하나님을 "나의 긍휼의 하나님"이라 불렀을 때, 우리는 그것을 다윗에 대한 긍휼을 보장해 주시는 하나님으로 이해할 수 있다는 것입니다. 우리가 어떤 사람이 그 아이의 후견인이라고 말한다면, 이 말은 그 아이가 그 후견인의 특별한 보호 아래 있다는 뜻입니다. 하나님이 나의 긍휼의 하나님이시라면, 하나님은 내게 주어질 긍휼과 특별한 관계에 있기 때문에 내게 반드시 긍휼을 베풀어 주실 의무에 묶여 계시는 것이 됩니다. 런던탑 경비대장은 그 탑을 보호하고 지켜야 할 특별한 책무를 지고 있습니다. 하나님은 내게 긍휼이 베풀어지도록 보장해 주시는 분일 뿐만 아니라, 그 긍휼을 친히 베풀어 주시는 분입니다. 그러므로 하나님은 내게 베풀어질 긍휼과 특별한 이해관계에 있고, 그 긍휼이 내게 베풀어지도록 보장해 주실 책무가 있으시기 때문에, 반드시 내게 긍휼을 베풀어 주실 수밖에 없습니다. 하나님은 긍휼을 베풀어 주실 책임을 맡고 계시는 분, 긍휼을 보장해 주시는 분, 긍휼을 베풀어 주시는 분, 긍휼의 원천이실 뿐만 아니라 그 이상입니다. 즉, 하나님은 "나의 긍휼의 하나님," 즉 구체적으로 내게 긍휼이 베풀어지는 것을 보장해 주심과 동시에 친히 긍휼을 베풀어 주실 수밖에 없는 분입니다. 이것은 놀라운 겸비입니다. 그분은 하늘의 하나님이 아니십니까! 그것은 엄청난 호칭이 아닙니까! 그런데 그분이 천지를 주재하시는 하나님이신 것이 확실한 것과 마찬가지로, 그분이 "나의 긍휼의 하나님"이시라는 것도 확실합니다. 그분은 지존자 하나님, 천지를 소유하신 분, 천사들의 하나님, "영원히 찬송 받으실 만유의 하나님"입니다. 그런데 이 모든 것이 진실인 것과 마찬가지로, 그분이 "나의 긍휼의 하나님"이라는 것도 진실입니다. 성경에는 "너는 네 하나님 여호와의 이름을 망령되게 부르지 말라"(출 20:7)는 명령이 나옵니다. 하나님께서 우리에게 그의 이름을 망령되게,

즉 헛되게 부르지 말라고 명령하셨다면, 우리는 하나님 자신도 자신의 이름을 헛되게 하지 않으실 것임을 확신할 수 있습니다. 하나님께서 다윗이 그를 "나의 긍휼의 하나님"이라 부르는 것을 허락하셨다면 그 호칭을 헛된 호칭이 되게 하실 수 없으시기 때문에 반드시 그 호칭대로 이루어지게 하실 것입니다. 창조주가 피조물들에게 죄가 된다고 말씀하신 그 행위를 창조주 스스로 하실 리가 없습니다. 하나님께서 자신에 대한 호칭으로 허락하신 저 엄숙한 호칭들을 그 어느 하나라도 헛되게 하실 리가 없습니다. 그리스도인이여, 하나님은 당신에게 반드시 긍휼을 베풀어 주실 것입니다. 왜냐하면, 하나님은 당신의 긍휼의 하나님이시기 때문입니다.

이제 나는 여기에서 잠깐 여러분이 각자 믿음을 통해서 하나님의 긍휼과 긍휼의 하나님을 정말 자신의 것으로 만들어 왔는지를 자문해 보시기를 바랍니다. 며칠 전에 곡예사가 왜 높은 곳에서 떨어져 온 몸이 엉망진창이 되어 버렸습니까? 왜 그는 날지 못했던 것입니까? 그것은 그가 지닌 날개들이 자신의 것이 아니었고 자신의 일부가 아니었기 때문이었습니다. 하지만 아무리 작은 박쥐도 석양 무렵에 밖으로 나오고 싶으면 날 수 있습니다. 박쥐는 아무리 작아도 자신의 날개를 지니고 있기 때문입니다. 아무리 작은 벌새도 꽃으로 날아들 수 있습니다. 벌새는 아무리 작아도 자신의 날개를 지니고 있기 때문입니다. 그러나 그 곡예사는 기계적으로 고안해 내서 만든 날개들을 자신의 것이 되게 할 수 없었습니다. 그 인공 날개들은 그 곡예사 말고도 다른 사람이 얼마든지 사용할 수 있는 그런 것들입니다. 여러분이 날고자 한다면 자신의 날개를 가져야 합니다. 많은 신앙인들이 기계적인 신앙을 가지고 있습니다. 그들은 유아세례를 받았고 성직자의 집례 하에 성례전에도 참여합니다. 그러나 그런 것들은 인공 날개에 불과한 것들입니다. 그런 것들로는 날 수 없습니다. 자신의 믿음과 은혜를 가져야 합니다. 그들은 인격적인 하나님을 믿는 인격적인 믿음을 가져야 합니다. 그렇게 자신의 믿음을 가진 사람들은 그 날개로 독수리처럼 날아오를 수 있겠지만, 그렇지 않은 사람들은 날 수 없습니다. 자신의 것이 아닌 날개는 당신에게 아무 소용이 없고, 단지 당신을 멸망에 이르게 할 뿐입니다. 당신이 하나님의 모든 자녀 중에서 가장 비천하고 연약하고 이름 없는 사람일지라도, 자신의 것인 참된 믿음을 가지고 있어서 "나의 하나님, 나의 구주여"라고 고백하고 "아빠 아버지"라고 부르짖을 수 있다면, 당신은 하나님이 계신 곳으로 높이 날아올라서 사랑의 보좌 옆에 영원히 당신의 둥지를 틀 수 있습니다. 하나님께서 우리 각 사람에게 그의 보배로운 것들을 자신의 것으로 만들어서 하나님을 "나의 긍휼의 하나님"이라 부를 수 있게 해주시기를 빕니다.

3. 셋째로, 다윗은 하나님을 신뢰하였습니다.

우리가 본문에서 마지막 대지로 살펴볼 것은 하나님을 신뢰하고 있는 다윗에 대한 것입니다: "나의 긍휼의 하나님이 나보다 앞서 가시며"(KJV, 한글개역개정에는 "나의 하나님이 그의 인자하심으로 나를 영접하시며"로 되어 있음). "보호하시며"로 번역된 prevent는 고어이고 당시에는 지금과 다른 의미로 사용되었기 때문에 잘 모르는 독자들은 이 단어를 오해하기 쉽습니다. 이 단어의 원래 의미는 "앞서 가다"이고, 이것은 사실 이 단어의 어원이기도 합니다. 본문에서 이 단어는 "미리 처리하다, 인도자로서 먼저 가다, 길을 평탄하게 만들다, 앞에 계시다"를 의미합니다. "나의 긍휼의 하나님이 나보다 앞서 가시며." 즉, 하나님이 자신의 긍휼로 나보다 앞서 가셔서 모든 것을 미리 처리하실 것이라는 말씀입니다. 그리고 히브리어는 세 가지 시제 중 어느 하나로 해석될 수 있기 때문에, 본문은 "나의 긍휼의 하나님이 나보다 먼저 가셨다"로 해석할 수도 있고, "나보다 먼저 가신다"로 해석할 수도 있으며, 흠정역 번역자들처럼 "나보다 먼저 가시리라"로 번역할 수도 있습니다. 여러분이 어느 시제를 사용해서 본문을 읽든지, 모두 다 맞습니다. 그리고 이 본문의 온전한 의미는 이 세 가지를 다 합친 것이라고 볼 수 있을 것입니다.

"하나님이 나보다 먼저 가셨으니." 형제들이여, 하나님이 그 어떤 다른 이유도 없이 오직 자신의 영원한 사랑으로 말미암아 자발적으로 우리를 사랑하신 것이라는 가르침은 복음의 위대한 가르침들 중 하나입니다. 우리가 하나님을 사랑하기 전에 하나님께서 먼저 우리를 사랑하셨습니다. 하나님은 사랑에 있어서 우리보다 먼저 가셨습니다. 우리가 태어나기도 전에 하나님께서는 우리를 택하시고 구속하셨으며, 복음을 예비해 두셨다가, 때가 되자 우리를 부르셨습니다. 하나님은 모든 선한 일들에서 우리보다 앞서 계십니다. 우리의 첫 조상들이 행위 언약을 깨뜨리기 전에 하나님께서는 오직 사랑으로 말미암아 은혜 언약을 세우시고 "만사에 구비하고 견고하게" 하셨습니다(삼하 23:5). 하나님의 영원한 계획 안에서 어린 양은 창세 전에 이미 죽임을 당하신 것이었고, 실제로 죄가 존재하기 전에 이미 대속의 통로가 마련되어 있었습니다. 그 어떤 부정함이 존재하기도 전에, 우리를 모든 죄에서 깨끗하게 해줄 수단이 준비되어 있었습니다. 성경에는 도처에 그리스도께서 오셔서 우리를 거룩하게 하고자 하시는 아버지 하나님의 뜻을 행하실 것이라는 사실이 미리 기록되어 있었습니다. 죄는 시간에 속한 일이지만, 긍휼은 영원 전부터 존재했습니다. 범죄는 단지 어제 일어난 일이지만, 긍휼은 영원 전부터 존재했습니다. 여러분과 내가 하나님을 찾기 전에 이미 하나님은 우리를 찾으셨습니다. 화해를 먼저 생각해 낸 것은 사람이 아니라 하나님이셨습니다. 어떤 신학자들은 죄인이 먼저 한 걸음을 내디뎌야 한다고 엉뚱한 소리를 하지만, 나는 자기가 그렇게 했다고 말하는 하나님의 자녀를 단 한 사람도 만난 적이 없습니다. 그들은 모두 자신들의 경험에 비추어서 "우리가 사랑함은 그가 먼저 우리를 사랑하셨음이라"(요일 4:19)고 고백합니다. 하나님의 은혜는 앞서 가시는 은혜이기 때문에, 우리가 그 은혜를 찾지도 않고 원하지도 않으며 받을 자격이 없어도, 그리고 우리가 하나님께 좋은 인상과 감정을 주기는커녕 도리어 불경건하여 죄와 허물 가운데서 죽어 있을 때에 우리에게 찾아옵니다. 우리가 목마르기도 전에 생명의 물은 깨진 바위이신 주님으로부터 콸콸 솟아올랐습니다. 우리가 굶주리기도 전에, 하나님은 우리를 위해 황소와 살진 소들을 잡으셨습니다. 우리가 상처를 입기도 전에, 하나님은 우리의 상처에 부으실 기름과 포도주를 준비해 두셨습니다. 우리의 아버지께서는 우리에게 그런 것들이 필요하리라는 것을 아시고서, 처음부터 우리를 위해 그런 것들을 예비하심으로써 먼저 우리에게 복들을 주셨습니다. 하나님, 주는 언제나 자기 백성보다 앞서 가십니다. 그들이 아무리 주를 부지런히 찾는다고 해도, 주는 이미 그들 앞에 먼저 와 계십니다. 사랑의 경주에서 그들은 아무리 애써도 주를 따라갈 수 없습니다. 주는 진정으로 "처음"(Alpha)이십니다.

　이제까지 하나님께서는 모든 일에서 우리보다 먼저 가셔서 그 일들을 처리하셨습니다. 그러나 이 구절의 의미는 하나님은 지금도 여전히 우리보다 먼저 가셔서 그렇게 하고 계신다는 것입니다. 하나님께서 매일매일 그렇게 하고 계시지 않습니까? 여러분에게 필요한 것들이 많지만, 하나님은 그것들을 미리 다 아십니다. 여러분이 궁지에 몰렸다고 느끼기 전에, 하나님의 긍휼이 주어집니다. 하나님은 날마다 여러분보다 앞서 가시고, 그가 가신 길들에는 풍요로움이 생겨납니다. 여러분은 흔히 어느 달이 자기가 무척 힘든 달이 될 것이라고 예상하고서 미리 걱정을 합니다. 그러나 막상 그 달이 왔을 때에 여러분을 힘들게 할 일은 생기지 않습니다. 왜냐하면, 하나님께서 여러분보다 앞서 가셔서 그 문제들을 해결해 놓으셨기 때문입니다. 여러분은 "누가 우리를 위하여 무덤 문에서 돌을 굴려 주리요"(막 16:3)라고 속으로 말하며 무덤을 향해 갔습니다. 그러나 무덤에 도착했을 때, 돌은 이미 굴려져 있습니다. 여러분의 곤경이나 괴로움은 시작되기도 전에 끝나 있습니다. 또한, 하나님께서는 앞서 가셔서 여러분의 죄도 미리 다 처리를 하셨습니다. 여러분이 범죄하였을 때에 죄 사하심과 죄의 결과로부터의 건지심이 그 자리에서 여러분에게 주어져서, 여러분이 즉시 회복된 적이 얼마나 많습니까? 하지만 여러분의 긍휼의 하나님께서 시험을 미리 막아 주셔서 여러분으로 하여금 아예 처음부터 죄를 짓지 못하게 하신 것은 훨씬 더 많습니다. 잔뜩 화가 나서 칼을 뽑아든 다윗과 그 곁에 있는 성난 추종자들을 보십시오. 다윗은 이렇게 말합니다: "나발, 이 작자를 내가 가서 베어 버리고, 내일 아침 해가 뜰 때에 그의 가족은 단 한 사람도 살려두지 않겠다. 그 작자가 어떻게 감히 요새 주인 집에서 도망친 종들이 많다는 말을 할 수 있단 말인가? 다윗을 무시했다가는 망신을 당하거나 목이 달아날 수도 있다는 것을 내가 그에게 보여주리라." 다윗은 잔뜩 화가 난 채로 길을 나서지만, 자신의 장막 밖으로 한 걸음을 내딛는 순간 하나님은 나발의 집에서 지혜롭고 온유한 여인을 이끄셔서 다윗에게 긍휼의 천사로 보내십니다. 아비가일은 길의 중간에서 다윗을 만나, 지금 화를 참아야 나중에 스스로 복수한 일로 인한 후환이 없게 될 것이라고 간언해서 다윗의 생각을 바꾸어 놓습니다. 그래서 다윗은 진심으로 이렇게 말할 수 있었습니다: "나의 긍휼의 하나님이 나보다 먼저 가셨도다. 오늘 너를 보내어 나를 영접하게 하신 이스라엘의 하나님 여호와를 찬송할지로다"(삼상 25:32). 흠정역에서 "먼저 가다, 앞서 가다"로 번역된 prevent("미리 막다")라는 단어의 통상적인 의미를 적용해서 오늘의 본문을 해석해 본다면, 본문은 우리가 죄를 범하여 고통과 근심에 떨어지게 될 상황이 생길 때에 하나님께서는 흔히 우리보다 먼저 가셔서 우리로 하여금 그 죄들을 짓지 못하도록 막으셨다는 뜻이 될 것입니다.

또한, 하나님께서는 우리가 기도하기도 전에 우리보다 앞서 가셔서 행하신 적이 얼마나 많습니까? 우리가 구하기도 전에 하나님은 우리에게 필요한 것들을 주십니다. 우리는 하나님께 기도하며 청하고 있는 동안에 이미 받습니다. 나는 종종 입술을 열어 하나님께 기도하기 바로 직전에 내가 구하고자 한 것이 이미 이루어져 있는 것을 보게 됩니다. 그러니까 하나님은 내가 어떤 것을 구하여야 하겠다고 생각했을 때에 이미 그것을 내게 보내셨고, 내가 입술을 열기 직전에 그것이 도착한 것이라는 말입니다. 여러분도 그러한 사실을 이미 알고 있지 않습니까? "그들이 부르기 전에 내가 응답하겠고 그들이 말을 마치기 전에 내가 들을 것이며"(사 65:24). 의인의 소원은 마음속에서 형태를 갖추자마자 입으로 표현되기 전에 응답되는 경우가 많습니다.

　　형제들이여, 하나님은 언제나 우리보다 먼저 가실 것입니다. 훌륭한 사령관은 군대를 이끌고 다른 나라를 치러 갈 때에 모든 비상상황에 대하여 철저히 대비합니다. 병사들이 진을 칠 장막들이 필요할 때에는 물자를 실은 수레에서 장막들을 꺼내 줍니다. "자, 여기 너희들에게 필요한 장막들이 있다." 병사들에게는 식량도 필요합니다. "자, 여기 너희가 먹을 식량이 있다." 식사를 하기 위해서는 음식을 조리할 필요가 있습니다. "자, 여기 이동식 주방과 연료가 있다." 군대가 강에 차례차례 당도합니다. 그들이 어떻게 강을 건널 수 있을까요? 공병들이 준비되어 있고, 그들은 신속하게 강을 건널 설비를 마칩니다. 유능한 사령관이 모든 비상상황을 예측해서 적시에 모든 것이 공급될 수 있도록 준비해 놓는 것을 보면 참으로 놀랍습니다. 우리 하나님은 그런 유능한 사령관보다 그런 일들을 훨씬 더 잘해 내십니다. 하나님의 어떤 자녀가 지금까지 하나님의 자녀들이 한 번도 겪어보지 못한 상황에 놓여 있다면, 그는 하나님의 또다른 새로운 면을 발견하게 될 것이고, 그 사람의 특별한 어려움으로 인해서 세상과 교회는 더 지혜로워질 것입니다. "나의 긍휼의 하나님이 나보다 먼저 가시며." 하나님의 자녀여, 하나님께서 당신보다 먼저 앞서 가시고 계시니 당신은 계속해서 전진하십시오. 당신에게 충분한 믿음이 있다면, 당신은 하나님의 천사들이 당신의 주변을 날아다니는 윙윙거리는 소리를 들을 수 있습니다. 영원하신 하나님이 친히 선봉에 서 계시기 때문에, 그가 이끄시는 대로 전진하십시오. 그러면 당신의 길은 복되고 평안한 길이 될 것입니다.

　　우리가 더 큰 은혜를 입어 더 높은 곳에 도달하기를 구한다면, 하나님은 우리보다 앞서 가실 것입니다. 계속해서 힘을 얻어 전진해 갑시다. 우리가 전진하다가 잠시 쉬는 곳마다 하나님께서 우리를 위하여 상을 베풀어 놓으셔서 우리로 그 양식을 먹고 새 힘을 얻게 하실 것입니다. 계속해서 언덕을 오릅시다. 우리가 전진해 올라가는 각 단계마다 그 날에 필요한 은혜가 우리를 기다리고 있을 것입니다. 계속 올라가서 영적으로 강건해집시다. 오직 그런 상태에서만 주어질 수 있는 복들이 우리를 기다리고 있습니다. 예수를 위해 이전보다 더 많은 일을 행하려고 애씁시다. 이전보다 더 애쓰고 수고합시다. 하나님의 성령이 우리보다 앞서 가서서 길을 예비해 놓으실 것입니다. 우리가 분발하기 시작하는 바로 그 때에 뽕나무 꼭대기로 올라가라는 소리가 들릴 것입니다. 우리가 전도할 때, 예수께서는 그의 약속대로 우리와 함께 하십니다. 우리가 거룩한 섬김 가운데서 우리의 손을 높이 들면, 우리의 눈에 보이지 않는 전능자의 손도 동시에 높이 들립니다. 그러므로 연약한 자들이여, 공격하십시오. 여러분이 공격할 때에 하나님도 공격하실 것입니다. 전진하십시오. 여러분이 전진할 때에 하나님이 여러분과 함께 하셔서 승리하게 하실 것입니다.

우리는 머지않아 노년에 다다를 것이고, 아마도 노년과 함께 노쇠함이나 질병도 찾아올 것입니다. 그러나 긍휼의 하나님이 우리보다 앞서 가서서 "뿔라"(사 62:4)의 땅을 예비해 두실 것이기 때문에, 우리는 하나님이 강 건너로 우리를 부르실 때까지 거기에서 평안히 쉬게 될 것입니다. 사랑하는 자들이여, 나는 죽음이 여러분을 찾아올 때, 하나님은 여러분보다 먼저 행하실 것을 압니다. 왜냐하면, 예수께서 여러분을 위해 처소를 마련하시기 위한 바로 그런 목적으로 먼저 가셨기 때문입니다. 우리는 친구들을 맞을 때에 그들이 환영 받고 있다는 것을 알도록 하기 위해 대문을 활짝 열어 둡니다. 그리스도께서는 우리를 위해 천국 문을 활짝 열어 두셨고, 아무도 그 문을 닫을 수 없습니다. 하나님은 자기 백성이 오기를 기다리고 계시기 때문에, 그들은 천국에 들어올 때에 초대 받지 않은 손님이 아닙니다. 도리어 그들 각 사람을 위해 준비된 거처가 그들을 기다리고 있을 것입니다. 우리보다 먼저 가신 주님께서 우리가 곧 가게 될 그 곳에 계십니다. 우리는 그 곳에 도착해서 거기에서 거할 준비를 하느라 부산을 떨 필요가 없습니다. 마치 해가 지면 우리의 자녀들이 우리의 집으로 돌아오듯이, 우리는 환영을 받으며 본향으로 돌아가는 것입니다. 나의 긍휼의 하나님께서는 길 없는 길을 따라 나보다 앞서 가서서 영광 속으로 들어가실 것이고, 거기에서 우리에게 그 영광 속으로 들어오라고 손짓하실 것입니다. 하나님은 자신의 보좌 앞까지 나를 이끄실 것입니다.

이제 세 가지 실제적인 것들을 살펴보고 말씀을 끝맺고자 합니다. 하나님께서 그 긍휼하심으로 우리보다 앞서 가시기 때문에, 우리는 하나님 앞으로 나아가기를 주저

할 필요가 없습니다. 오, 영혼이여, 당신이 하나님의 긍휼을 입고자 한다면, 지체하지 마십시오. 하나님이 그렇게 신속하게 행하시는데, 당신은 느릿느릿 가고자 하시는 것입니까? 하나님이 먼저 앞서서 가시는데, 당신은 그 뒤를 따르지도 않고자 하시는 것입니까? 오늘 아침 이 자리에 계시는 분들 중에서 구원과 영생을 얻고자 하는 분이 계신다면, 그분은 예수 믿기를 주저하지 말아야 합니다. 긍휼의 하나님께서 이미 당신보다 앞서 가셨기 때문입니다. 당신이 나아오신다면, 하나님께서 당신을 환영하십니다. 모든 것이 준비되어 있으니, 복음의 만찬에 나아오십시오.

다음으로 살펴볼 것은, 하나님이 이토록 신속하게 긍휼을 베풀어 주시기 때문에 그의 백성인 우리가 하나님을 섬기는 데 신속한 것이 마땅하다는 것입니다. 우리는 다른 사람들이 우리에게 무엇을 해야 할지를 가르쳐줄 때까지 기다려서는 안 됩니다. 우리가 그리스도를 진심으로 사랑한다면, 다른 사람이 우리에게 이렇게 저렇게 하라고 일깨워 주거나 강제하거나 권할 필요가 없습니다. 그리스도를 진심으로 사랑하는 사람은 이렇게 말합니다: "하나님께서 내가 구하지도 않은 긍휼들을 베풀어 주셨으니, 내가 하나님께 무엇으로 갚아야 할까? 나는 율법으로 돌아가서 '이것이 내가 해야 할 일이다'라고 말하거나, 어떤 선하고 성실한 형제에게, 나를 일깨워서 내가 하고 싶어 하지 않는 의무를 행하게 해 달라고 청하지 않으리라. 나는 하나님을 섬기고자 하는 마음이 간절하다. 내가 무엇을 할 수 있을까? 하나님은 내가 무엇을 드리기를 원하실까?" 어떤 성도들은 이런 제사를 드리고, 어떤 성도들은 저런 제사를 드리지만, 하나님께서는 그 모든 제사를 기뻐하십니다. 이 세상에서 갖고 있는 것들 중에서 오직 하나, 가장 값비싼 것이었던 아주 귀한 향유 옥합을 깨뜨렸던 여인 속에서 빛나고 있던 저 자발적인 사랑을 본받으십시오. 그녀에게 향유 옥합을 가져다가 예수의 머리에 그 향유를 붓기를 기대하거나 권면한 사람은 아무도 없었습니다. 아니, 사람들은 오히려 그렇게 하는 것을 쓸데없는 낭비라고 여겼습니다. 그러나 예수에 대한 사랑이 그녀의 마음을 움직여 그렇게 하게 만들었기 때문에, 그녀는 혈육과 상의하지도 않고 향유 옥합을 가져다가 깨뜨려서, 그녀가 그토록 사랑하던 예수의 머리에 저 거룩한 향유를 부었고, 그 향기는 온 집 안에 가득 퍼져나갔습니다. 여러분 자신을 하나님께 드리기 위한 특별한 헌신 의식이 생각나지 않습니까? 여러분에게는 하나님께 드릴 제물이 있습니까? 여러분에게는 하나님께 감사하는 마음의 기념비가 될 만한 어떤 일이 생각나지 않습니까? 속으로 이렇게 말하십시오: "나의 하나님, 주께서 나보다 앞서 가시기 때문에, 나는 도저히 주의 긍휼에 보조를 맞출 수 없습니다. 그러나 어쨌든 나는 정상적인 것보다 뒤처지지 않을 것입니다. 내가 주를 위해 할 수 있는 모든 것을 행하였을 때, 비록 그렇게 한 것이 아무리 보잘것없는 것일지라도, 나는 그 보잘것없는 것을 할 것입니다." 과거에 조지 허버트(George Herbert)는 "병원을 짓거나 도로를 보수하는" 일들을 하기로 결심하고 그런 일들을 한 사람을 선한 사람이라고 말하였습니다. 그가 살던 시대에는 그런 일들이 경건한 사람이 기뻐하는 사랑의 행위들이었지만, 오늘날에는 그런 일들과 다른 선한 행위들이 요구됩니다. 오늘날에는 사람들이 사는 수많은 지역들에 예배당이 필요하고, 고아들을 먹일 시설이 필요합니다. 예배당이나 시설들을 짓기 위해 필요한 헌금을 할 수 없는 사람들은 시간과 열심과 노력을 드리면 됩니다. 그런 것들도 아주 귀한 것들입니다. 그렇다면, 형제들이여, 여러분은 무엇을 하겠습니까?

신자들이여, 이제 마지막으로, 여러분 자신을 하나님께 맡기십시오. 초조해하는 것은 그만두십시오. 걱정과 의심은 그만두십시오. 이 아침에 여러분이 무거운 짐을 지고 이 자리에 오셨다면, 공중에 나는 새와 같이 행복한 마음이 되어 이전을 나가실 수 있게 되기를 바랍니다. 종달새처럼 하나님께로 날아오르시고, 찬송하며 날아오르십시오. 여러분의 눈을 아버지 하나님이 계시는 본향에 두고, 여러분의 믿음의 날개가 여러분을 하늘로 실어 나르는 동안, 여러분의 찬송이 죄와 고통 속에서 신음하고 있는 인생들 가운데 비처럼 내리게 하십시오. 하나님께서 예수를 인하여 여러분에게 복주시기를 빕니다. 아멘.

제
59
장

—

높은 바위

—

"내 마음이 약해 질 때에 땅 끝에서부터 주께 부르짖으오리
니 나보다 높은 바위에 나를 인도하소서." — 시 61:2

일반적으로 사람들은 다윗이 아들 압살롬의 반란을 피해 피신할 때에 이 시편을 썼다고 봅니다. 이 시련은 다윗이 자신의 파란만장한 생애에서 겪었던 온갖 환난 가운데에서 가장 극심한 것들 중 하나였습니다. 그가 사울에게 산속의 자고새처럼 쫓긴 삶을 산 것은 이 시련에 비하면 작은 일에 불과했습니다. 그가 아기스 왕에게 피하여 블레셋 사람들 틈에서 이방인처럼 머문 것도 이 시련에 비하면 작은 일이었습니다. 아니, 그가 이전의 삶 속에서 겪었던 온갖 환난들은 압살롬의 반란에 비하면 사소한 시련들일 뿐이었습니다. 압살롬은 외모가 준수하고 왕의 풍모를 갖추고 있었기 때문에 다윗이 총애하던 아들이었고 다윗의 영혼이 기뻐하던 아들이었습니다. 하지만 그런 외모와는 전혀 어울리지 않게, 압살롬의 인품은 악하기 짝이 없었지만, 다윗은 그를 아끼고 사랑했습니다. 압살롬은 다윗이 이렇게 애지중지했던 아들이었기 때문에, 그런 아들의 반란은 다윗의 마음에 지독한 고통을 가져다줄 수밖에 없었습니다. 우리가 가장 소중히 여기던 것들에 문제가 생겼을 때에 우리는 극심한 고통을 당할 수밖에 없습니다. 압살롬은 먼저 자신의 형을 죽이고, 그런 후에 대중선동가들이 흔히 그러하듯이 사람들에게 온갖 호의를 베풀어서 백성들의 마음을 다윗에게서 자기에게로 돌려놓았습니다. 모든 준비가 끝났을 때, 압살롬은 나팔을 불어 스스로 왕이 되어

아버지 다윗을 대적하였습니다. 압살롬은 거기에서 한 걸음 더 나아가 아버지의 목숨을 끊어놓고자 하였습니다. 그는 왕관을 탈취한 것으로도 성이 차지 않아서, 그 왕관의 원래 주인인 아버지 다윗의 머리도 원했던 것입니다. 아버지 다윗은 왕궁에서 쫓겨나서 몇 안 되는 시종과 함께 기드론 시내를 건너야 했고 하나님의 성소로부터 멀리 떠나가야 했습니다. 다윗은 숲속에 머물며 자신의 호위들 사이에서 잠을 자야 했고 종종 노숙을 하기도 했습니다. 이러한 왕의 고통과 슬픔을 누가 알 수 있겠습니까? 고통과 슬픔의 파도가 쉴 새 없이 그에게 몰려 왔습니다. 그는 종종 자기가 참새나 제비가 되어서 하나님의 성소의 처마 아래 둥지를 틀고 살았으면 좋겠다고 말했었습니다. 그런 그가 하나님의 전에서 멀리 쫓겨나서 "땅 끝"에 와 있게 된 것은 그에게 큰 고통일 수밖에 없었습니다. 자신이 이렇게 유형을 당하게 된 원인이 생각날 때마다 그의 고통은 얼마나 심했겠습니까! 자신의 사랑스러운 아들, 자신의 마음을 다준 그런 아들, 지은 죄도 다 용서해 주었던 아들, 자기가 존귀하게 대해 주었던 아들, 유배지에서 다시 불러들였던 아들 압살롬은 아버지 다윗에게 백골난망의 큰 은혜를 입은 아들이었습니다. 그런 아들이 아버지 다윗을 쳤습니다. 우리는 수많은 사람들의 입에서 회자되어 왔던 셰익스피어 작품 속의 대사가 언제나 참되다는 것을 압니다:

> "배은망덕한 자녀를 둔 것은
> 뱀의 이빨보다 얼마나 더 날카로운지!"

그러나 여기에 배은망덕할 뿐만 아니라 아버지를 몰아내고 그 목숨까지 빼앗고자 한 아들이 있습니다. 다윗은 자신이 일생 중에서 가장 큰 죄악을 저질렀던 때에도 이 아이에게 애착을 보일 정도로 압살롬을 아끼고 사랑했습니다. 결국 반란군을 토벌하기 위해 군대를 보내지 않을 수 없게 되었을 때에도 다윗은 요압과 아비새와 잇대에게 "나를 위하여 젊은 압살롬을 너그러이 대우하라"(삼하 18:5)고 명령하였다는 것을 여러분도 기억하실 것입니다. 또한, 여러분은 압살롬이 죽었을 때에 다윗이 "내 아들 압살롬아 내 아들 내 아들 압살롬아 차라리 내가 너를 대신하여 죽었더면, 압살롬 내 아들아 내 아들아"(삼하 18:33) 하며 통곡하였다는 것을 알고 계실 것입니다. 어떤 사람이 배은망덕한 것으로 드러난 사람을 자신의 마음에서 밀쳐내기로 작정할 수 있다면, 전쟁의 절반은 이미 끝난 것입니다. 혈육의 정을 끊어내고서 "이제 나는 너와 인연을 끊었으니 너는 더 이상 내 아들이 아니다"라고 말할 수 있다면, 마음은 강철처럼 단단해져서, 아무리 깊은 고통이나 슬픔의 화살도 그 마음속으로 들어갈 수 없고 단지 겉 표면만 맞고 떨어지면서 소리만 요란하게 나게 될 뿐입니다. 그러나 다윗은 그렇지 못했습니다. 그의 마음은 자신의 패역한 자식에 대하여 여전히 활짝 열려져 있었습니다.

부모님에 대하여 자식 된 위치에 있는 우리에게는 부모님에게 가장 큰 고통과 슬픔을 안겨줄 수 있는 힘이 있다는 것을 기억하십시오. 그렇지만 우리를 낳아 주신 부모님이 우리 때문에 고통스러워하시는 것을 보느니 차라리 죽는 편이 더 나을 것이라는 생각이 들지 않습니까? 그런데도 아마 여러분 중에는 부모님이 돌아가실 때까지 고통과 근심으로 백발이 되게 하고 있는 분들이 계실 것입니다. 당신이 육신의 아버지의 하나님을 욕하고 있고, 부모님들이 거룩하다고 여기는 날을 더럽히고 있으며, 부모님들이 사랑하는 복음을 멸시하고 있다면, 당신은 하나님을 근심하시게 하고 있을 뿐만 아니라 당신의 부모님까지 근심하게 하고 있는 것임을 기억하십시오. 부모님들을 천수도 다하지 못한 채로 무덤 속으로 밀어 넣어서, 재로 변한 부모님들이 당신의 배은망덕함을 증거하는 일이 없게 하십시오. 당신이 부모님께 그런 식으로 배은망덕한 짓을 한다면, 당신은 당신의 자녀들에게서 똑같은 대우를 받고 고통 중에 있게 될 때에 치명적인 독 이빨로 당신을 물 독사를 자신의 품 속에서 길렀음을 깨닫는 뼈아픈 고통을 당하게 될 것입니다. 우리는 우리를 사랑으로 키워 주신 부모님을 늘 정성을 다해 공경하고 봉양해야 한다는 것을 잊어서는 안 됩니다.

서론은 이 정도로 하고, 이제 본문으로 돌아가고자 합니다. 나는 다윗에 관한 이 짤막한 이야기가 오늘의 본문을 한층 더 잘 이해할 수 있게 해줄 것이라고 생각합니다. 본문 속에는 세 가지 하나님의 진리가 나옵니다. 첫 번째는, 기도는 어디서든 늘 드릴 수 있다는 것입니다: "내 마음이 약해질 때에 땅 끝에서부터 주께 부르짖으오리니." 두 번째 진리는, 종종 신자조차도 원하는 대로 그리스도께 가까이 나아갈 수 없지만, 그럴 때에는 그를 그리스도께로 인도해 주기 위한 길이 마련되어 있다는 것입니다: "나보다 높은 바위에 나를 인도하소서." 세 번째로, 우리는 우리보다 더 높은 바위로 표현되어 있는 그리스도에 대해 살펴볼 것입니다.

1. 첫째로, 기도는 어디서든 늘 드릴 수 있다는 것입니다.

우리가 기억해야 할 것은 우리의 영혼의 상태가 어떠하든, 그리고 우리가 어느 곳에 있든, 우리는 늘 기도를 드릴 수 있다는 것입니다: "땅 끝에서부터 주께 부르짖으오리니." 우리가 푸른 지구의 가장 먼 곳으로 "미지의 강가"로 추방당하였다고 생각해 보십시오. 우리가 햇빛이 잘 비치지 않아서 황량하고 스산하며 식물들도 잘 자라지 못하고 금방 죽어 버리는 그런 땅 끝의 지역으로 갑자기 쫓겨났다고 생각해 보십시오. 우리가 친구나 도움을 청할 자가 한 명도 없는 낯선 땅으로 추방당했다고 생각해 보십시오. 그런데 그런 곳들에서조차도, 즉 "땅 끝에서부터"라도 여전히 우리는 하나님께 기도드릴 수 있다는 것을 발견하게 됩니다. 사실, 하나님의 보좌에 가장 가까운 곳이 있다면, 그 곳은 바로 땅 끝일 것입니다. 왜냐하면, 땅이 끝나는 곳에서 천국이 시작되기 때문입니다. 우리의 힘이 끝날 때, 거기에서 하나님의 전능하신 권능의 역사가 시작됩니다. 자연이 다하였다는 것은 하나님이 일하실 기회가 왔다는 뜻입니다. 만일 악한 왕들이 하나님의 모든 백성을 추방한다면, 그들을 추방한다는 것 자체가 언어도단이 될 것입니다. 이 땅의 어느 곳에 있든 나그네로 살아가는 사람들을 그들이 어떻게 추방할 수 있겠습니까? 나의 하늘 아버지의 집은 정말 크지 않습니까? 저 푸른 궁창은 내 아버지 집의 지붕이 아닙니까? 출렁이는 바다들, 넘실대는 큰 물들, 푸른 초장들, 거대한 산들은 내 아버지 집의 정원이 아닙니까? 그런데 어떻게 내가 내 하나님의 영지에서 추방되어 그의 사랑이 미칠 수 없는 곳으로 보내질 수 있겠습니까? 추방을 당한다는 것은 그리스도인들에게 괴로운 일이 될 수 있어 보이겠지만, 그들이 위를 우러러 보았을 때에 하늘 아버지의 집이 보이고 하나님의 미소가 보인다면, 그들은 추방당한다는 것 자체가 자신들에게 불가능한 일이라는 것을 알게 될 것입니다. 그러나 우리가 사랑하는 모든 것으로부터 멀리 떠나지 않을 수 없게 되었다고 생각해 봅시다. 그럴 때조차도 하나님의 보좌 앞으로 나아가는 길은 우리에게 닫혀져 있지 않을 것입니다.

나는 다윗이 자기가 모든 친구들로부터 멀리 떨어져 있고, 사람들의 도움으로부터 멀리 떨어져 있고, 하나님의 성소에서 멀리 떨어져 있는 곳에 있다는 것을 나타내기 위하여 "땅 끝"이라는 표현을 사용한 것이라고 생각합니다.

하나님의 백성들은 종종 친구들로부터 멀리 떨어져 있을 수밖에 없는 처지가 됩니다. 그런 사람은 런던 거리를 걸으며 이렇게 생각합니다: '내 심정을 털어놓을 친구가 내게 한 명만 있어도 나의 괴로움이 좀 나아질 수 있을 텐데. 하지만 이 거리에 사람들이 넘쳐나는데도 내 심정을 토로할 친구 한 명이 없구나. 주위를 둘러보니, 수많은 나의 동포 가운데 나는 이방인으로 이렇게 서 있구나.' 아마도 여러분은 심지어 가족에게조차 말할 수 없는 고통을 혼자 가슴에 품고 끙끙대며 괴로워할 수밖에 없는 처지에 놓이게 되는 것이 어떤 것인지를 알 것입니다. 그럴 때의 고통은 친구들이 알고 기꺼이 도와주려고 해도 실제로는 아무런 도움도 될 수 없고, 아무리 많은 말로 자신의 심정을 토로해도 덜어지지 않고, 아무리 많은 눈물을 흘려도 몰아낼 수 없는 그런 고통입니다. 여러분 주위에 실제로는 여전히 친구들이 그대로 다 있어도, 그 친구들은 여러분에게 없는 것과 마찬가지입니다. 바로 이것이 다윗이 "땅 끝"이라고 표현했던 것의 의미입니다. 이렇게 그는 그 어떤 친구도 자기 주위에 없는 것 같은 그런 처지에 놓여 있었습니다. 그렇지만 친구나 조력자나 사랑하는 사람이나 그 누구도 그에게 도움이 될 수 없었을 때조차도 그는 하나님을 향하여 부르짖었습니다.

또한, 다윗은 인간의 도움이 아무 소용없는 상황을 "땅 끝"으로 표현하였습니다. 참된 신자가 그 어떤 사람의 도움으로도 제거될 수 없는 어려움들에 처할 때가 있습니다. 그의 영적인 짐은 너무나 무거워서 사람의 힘으로는 도저히 들어올릴 수가 없습니다. 세상의 모든 거인들이 와서 그 짐 아래 어깨들을 밀어 넣고 엄청난 무게 아래에서 다리를 부들부들 떨며 들어올리려 해도, 그리스도인의 영적인 짐은 인간의 어깨로는 질 수 없는 짐이기 때문에, 그들이 져줄 수 있는 짐이 아닙니다. 오직 하나님만이 그 짐을 대신 져주실 수 있습니다. 우리가 영적인 긍휼을 간절히 사모하며 탄식하는 때, 하나님이 우리에게서 물러가셔서 우리가 신음할 수밖에 없게 되었을 때, 우리의 죄가 우리를 마치 한 무리의 이리처럼 공격해댈 때, 환난들이 거대한 파도처럼 우리를 계속해서 엄습해 올 때, 믿음은 작고 두려움은 클 때, 소망은 희미하고 의심은 거대하고 짙을 때가 있습니다. 그런 때에 우리는 인간의 도움이 아무 소용이 없는 그런 처지에 놓여 있는 것입니다. 그러나 감사하게도 그런 때조차도 우리는 하나님을 향하여 부르짖을 수 있습니다:

> "걱정과 불안으로 마음이 산란하고
>   우리를 위협하는 적들이 가까이 있을 때
>   우린 하나님 앞에 우리의 속마음을 털어놓고 하소연하며

건져 주심을 바라고 하나님께로 피한다네."

아니, 현세의 일들에 있어서조차 그리스도인들은 이 땅의 친구들이 전혀 도움이 될 수 없는 그런 처지에 놓일 때가 있습니다. 그리스도인들은 옳게 행하려고 하는 열심으로 하나님의 길로 달려가고자 하다가 잘못들을 저지를 수 있습니다. 그 길을 달려가다 보니 어느새 전혀 엉뚱한 곳으로 접어들어서, 자기가 가고자 했던 옳은 길에 서 있는 것이 아니라 악한 길에 서 있는 자신을 발견하게 될 수 있습니다. 그런 일들은 늘 일어났습니다. 사업가는 모든 주의를 다 기울여서 계획하고 실행했지만 실제로는 잘못 계산한 것들이 있어서 빠져나올 길이 보이지 않는 난관에 갇힌 자신을 발견합니다. 다른 사람들이 그를 돕고자 하여도 별 소용이 없습니다. 인격의 문제여서 돈으로 해결할 수도 없습니다. 그렇지만 그런 때에도, 즉 사람의 도움이 아무 소용이 없게 되었을 때조차도 그는 "땅 끝에서부터" 하나님께 부르짖었고, 믿음으로 계속해서 부르짖었을 때에 하나님이 들으시는 것을 체험하였습니다.

또한, 나는 다윗이 자기가 은혜의 방편들로부터 멀리 떨어져 있게 된 처지를 "땅 끝"으로 표현한 것이라고 생각합니다. 우리는 종종 우리 자신이 병이 나거나 혈육이 병들었을 때에 하나님의 전에 나올 수 없게 되기도 하고, 육로나 해로로 여행을 해야 해서 하나님의 성소에 가서 은혜의 방편들을 이용할 수 없게 되는 경우가 있습니다. 이것은 하나님의 백성에게 큰 상실감을 가져다줍니다. 참된 그리스도인은 날마다 일정한 분량의 성경을 읽는 것, 또는 하나님의 전에 가서 늘 기도하던 것을 빼먹느니 차라리 한 끼 식사를 굶는 편이 더 낫다고 느낍니다. 은혜의 방편들을 소중히 여기지 않는 사람은 하나님의 자녀가 아닙니다. 나는 은혜의 방편들이 자기 가까이에 있는데도 그것들을 소홀히 하고 살아가면서 얼마든지 은혜의 불꽃을 간직하고 경건하게 살아갈 수 있다고 공언하는 사람들을 보면 말문이 막힙니다. 사람들 중에는 유원지나 교외로 나가면 "여기에는 내게 이래라저래라 하는 사람이 아무도 없으니 나는 아무 데도 가지 않고 여기에 있겠다"고 말하는 사람들이 있습니다. 나는 그런 분들에게 사도 바울이 "모이기를 폐하는 어떤 사람들의 습관과 같이 하지 말고 오직 권하여 그 날이 가까움을 볼수록 더욱 그리하자"(히 10:25)고 말하였다는 사실을 상기시켜 드리고자 합니다. 우리가 어디에 갔는데 거기에 특별히 하나님께 봉헌된 예배 장소가 없다고 할지라도, "우리가 어디에서 하나님을 찾든지 하나님은 우리를 만나 주시고, 모든 곳이 하나님의 영광이 임재해 계시는 곳"이라는 사실로 인해 우리는 하나님을 찬송합니다. 그러나 하나님을 예배하기 위해 특별히 마련되어 있는 건물이 있고, 거기에서 목회자가 말씀을 전하지는 않는다고 하더라도, 나는 거기로 가서 거룩한 날을 지키는 무리들과 함께 그리스도를 찬송하고 기도를 드릴 것입니다. 그렇지만 우리가 살다보면 하나님의 성소에 갈 수 없게 된 때들이 있게 될 것이고, 그런 때에 그리스도인은 마치 "땅 끝"에 와 있는 느낌을 받게 될 것입니다. 그러나 하나님께 감사하게도, 그런 때조차도 여전히 우리는 하나님을 향해 부르짖을 수 있습니다. 우리가, 기도하는 집으로 부르는 종소리가 들리지 않는 곳에 있을 때, 하나님의 종이 복된 음성으로 죄 사하심의 은혜의 약속을 전하는 것을 들을 수 없는 곳에 있을 때, 무릎을 꿇고 하나님께 기도하는 무리를 볼 수 없는 곳에 있을 때, 힘차게 찬송하는 성도들의 소리를 들을 수 없는 곳에 있을 때, 우리는 하나님의 전의 회중으로부터 멀리 떨어져 있는 것입니다. 그렇지만 그런 때에도 우리는 하나님으로부터는 멀리 떨어져 있는 것이 아니기 때문에 여전히 "땅 끝에서부터 주께 부르짖으오리니"라고 하나님께 말씀드릴 수 있습니다.

　하지만 시편 기자는 우리가 위에서 살펴본 것보다 더 큰 곤경에 처해 있었던 것으로 보입니다. 왜냐하면, 사람이 "땅 끝"에 있어도 여전히 행복할 수 있기 때문입니다. 장소가 사람을 만드는 것이 아니라 사람이 장소를 만듭니다. 어떤 사람의 마음이 하나님 앞에서 올바르다면, 그 사람은 지옥에 있어도 낙원에 있는 것 같이 행복할 수 있습니다. 어떤 사람의 마음이 평안과 기쁨과 행복함으로 충만해 있다면, 그 사람을 불행하게 만드는 것은 불가능합니다. 나는 사람들이 인생을 살면서 자신이 처한 환경을 탓하는 것을 볼 때마다 그들이 크게 잘못 생각하고 있다는 생각을 하게 됩니다. 왜냐하면, 그들은 환경이 아니라 자기 자신을 탓하는 것이 마땅하기 때문입니다. 머리에 왕관을 쓴 많은 사람들이 불행하고, 머리 둘 곳도 없는 많은 사람들이 행복합니다. 명품을 휘감고 다니고 매일 같이 진수성찬을 먹는 많은 사람들이 빈약하고 초라한 영혼을 가지고 있는 반면에, 누더기 옷을 입고 있는 사람들 중에도 풍요로운 마음을 지닌 사람들이 있습니다. 왜냐하면, 결국 사람의 삶이라는 것은 마음이 어떠하냐에 의해 결정되기 때문입니다. 마음이 행복하면, 그 사람이 어디에 있느냐는 전혀 문제가 되지 않습니다.

그러나 가엾은 다윗은 서글픈 처지에 있었습니다. 그는 외부적으로만이 아니라 내면적으로도 좋지 않은 상태에 있었기 때문에, "내 마음이 눌릴 때에"(KJV, 한글개역개정에는 "내 마음이 약해질 때에"로 되어 있음)라고 부르짖을 수밖에 없었습니다. 이 본문에 대한 칼빈의 주석에는 아주 이례적이고 매우 가혹한 번역이 나오는데, 그는 "내 마음이 뒤척일 때에"라고 번역함으로써, 본문이 이리저리 심하게 흔들리고 있는 다윗의 마음을 표현한 것으로 보았습니다. 존 번연(John Bunyan)은 자신의 마음이 극도로 요동쳤다는 것을 표현하고자 할 때에 그런 표현을 사용하였습니다. 이 본문의 의미 중의 하나는 "내 영혼이 요동칠 때," 즉 영혼이 질서를 잃어버리고 일종의 혼돈 속으로 빠져 들어갈 때를 나타내는 것으로 보입니다. 히브리어 원문을 좀 더 충실하게 반영하는 또다른 단어를 사용해 본다면, 본문은, "내 영혼을 가리고 가릴 때," 즉 슬픔과 고통이 너무 커서 다른 사람들이 자신의 영혼의 고뇌를 보지 못하도록 하기 위해 자신의 얼굴을 가리고 해(태양)를 피하는 것처럼 자신의 영혼을 가리고 가렸다는 의미로 해석될 수 있습니다. 그런데도 다윗은 "내 영혼이 눌릴지라도 나는 주께 부르짖으오리다"라고 말합니다. 마음이 뒤집어질 때, 여러분은 마음이 눌리는 것이 무엇인지를 알게 됩니다. 그런 때에 시편 기자는 무엇이라고 말합니까? "백성들아 그의 앞에 마음을 토하라"(시 62:8). 여러분의 마음이 뒤집어진다면, 하나님 앞에 나아가서 그 마음을 토하여 비워내십시오. 다윗은 또다른 시편에서는 "내가 내 마음을 내 안에 토해내도다"(시 42:4 KJV, 한글개역개정에는 "내 마음이 상하는도다"로 되어 있음)라고 말합니다. 다윗의 그런 행동은 얼마나 어리석은 것이었습니까! 그런 행동은 자신의 마음을 엉뚱한 데에 토해낸 것이기 때문에 그에게 아무런 유익도 가져다줄 수 없었습니다. 다윗은 "백성들아 그의 앞에 마음을 토하라"고 말했을 때가 훨씬 지혜로웠습니다. 마음이 요동치고 뒤집어질 때, 기도를 통해서 은혜의 보좌 앞에 마음에 들어 있던 모든 것을 쏟아내는 것은 복된 일입니다. 아마도 종종 우리의 마음이 눌리는 것은 우리 마음속에 있는 모든 찌꺼기들을 다 비워내게 하기 위한 것, 즉 자기를 의롭게 여기는 것과 자신을 의지하고 믿는 것을 은혜의 자리 앞에서 마지막 한 조각까지 다 비워내서 하나님의 은혜가 차고 넘치게 우리 마음속으로 흘러들어올 수 있게 하기 위한 것일 수 있습니다.

바다 가운데에 있는 배를 생각해 보시면, 여러분은 본문의 의미가 무엇인지를 알 수 있게 될 것입니다. 여기 어떤 배가 폭풍우 속을 헤쳐 나가며, 어떤 때는 높고 거센 파도 때문에 하늘까지 솟아올라서 마치 그 돛들이 별들을 쓸어 버릴 것 같은 상태가 되기도 하고 어떤 때는 대양의 바닥까지 닿을 것 같이 한없이 밑으로 가라앉기도 하면서 고군분투하고 있습니다. 배는 마치 술 취한 사람이나 제정신이 아닌 미친 사람처럼 이런 식으로 치솟아 올랐다가 푹 꺼졌다가를 반복하고, 이리저리 앞으로 뒤로 휩쓸립니다. 마침내 거대한 파도가 멀리서 하얀 포말을 일으키며 저 멀리서 배를 향하여 몰려오고, 선원들은 자포자기 상태에 빠집니다. 거대한 파도가 있는 힘을 다해 부숴 버릴 듯이 배를 때리고, 배는 파도에 눌려 밑으로 가라앉습니다. 파도가 갑판을 휩쓸고, 돛들은 다 부러지고, 선체는 삐걱거리고, 배는 소용돌이 속으로 빨려 들어가듯이 가라앉습니다. 모든 것이 절망적입니다. 다윗은 말합니다: "내 마음이 그 배와 같습니다. 내 마음이 거대한 파도에 눌려 짓이겨지고 고통의 소용돌이 속으로 빨려들어 부서지고 있습니다. 내 영혼의 갈비뼈들이 부러져 버린 것 같습니다. 내 영혼의 배의 선체에 금이 가고 제자리를 이탈하고 있습니다. 내 안에서 내 마음이 짓이겨져 부스러지고 있습니다." 시편 기자의 영혼이 겪었던 저 극심한 고통과 슬픔이 여러분에게 전해지십니까? 다윗은 말합니다: "그렇지만 그런 때에라도 나는 주께 부르짖으오리이다." 폭풍우가 모든 것을 삼킬 듯이 휘몰아치는 와중에서도 하나님께 부르짖을 수 있는 믿음은 고결한 믿음입니다. 바다의 밑바닥에서 저 높은 하늘을 향해 기도의 화살을 쏠 수 있는 믿음은 대단한 믿음입니다. 상한 심령으로 하나님이 응답하시는 기도를 드릴 수 있는 믿음은 명품 믿음입니다. 땅 끝에서부터 하늘에 닿는 기도를 드릴 수 있는 것은 놀라운 승리입니다.

　그리스도인들이여, 하나님께서 여러분으로 하여금 여러분이 어디에 있든, 마귀가 무엇이라 말하든 결코 기도를 그만두지 않으리라고 결심할 수 있게 해주시기를 빕니다. 마귀가 여러분에게 은혜의 자리를 떠나라고 위협하면, "사탄아 내 뒤로 물러가라"(마 16:23)고 하십시오. 마귀가, 여러분이 너무 많이 죄를 지어서 기도해 보아야 소용없다고 말한다면, 마귀와 정반대의 논증을 제시하면서 "내가 더 많이 죄를 지었으므로 나는 더욱더 기도해야만 한다"고 말하십시오. 마귀가 여러분이 하나님께 나아가려면 난관들이 너무 많다고 말한다면, 여러분이 처해 있는 무수한 난관들 때문에 더욱더 하나님께 가까이 나아갈 수밖에 없다고 말하십시오. 여러분에게 숨이 붙어 있는 한 부르짖는 것을 절대로 멈추지 마십시오. 여러분에게 숨이 없어도, 계속해서 부르짖으십시오. 여러분이 말할 수 있는 동안에는 하나님께 부르짖으시고, 말할 수 없을 때에는 하나님의 보좌 앞에 나아가 말할 수 없는 탄식으로 기도하십시오. 그 어떠한 난관과 곤경 속에서도 골방에 들어가 기도하는 것을 멈추지 마십시오. 여러분이 다른 곳에서는 하나님을 발견할 수 없을 때에라도 골방에서는 하나님을 발견하게 될 것입니다.

나는, 죄책감에 눌려서 기도하기 시작했지만 아직 하나님과 화목되지 않은 사람들에게 이런 말을 해드리고 싶습니다. 나의 사랑하는 친구여, 하나님께서 죄책감으로 여러분을 짓누르고 계시고, 여러분이 마치 "땅 끝"에 있는 것처럼 하나님의 긍휼로부터 멀어져 있다고 느낀다면, 간절히 권하건대 하나님께 부르짖으십시오. 본문에서 "부르짖으라"고 말씀하고 있다는 것을 주목하십시오. 부르짖는 이 단순한 행위 속에 얼마나 큰 능력이 있는 것입니까! 내가 오늘 저녁에 이 전으로 오다가, 한 소년이 무엇인가를 깨뜨리고서 길바닥에 주저앉아 온 힘을 다해 울고 있는 것을 보았습니다. 그때에 길을 가던 어떤 숙녀가 그 아이의 얼굴이 너무 일그러져 있고 눈물을 철철 흘리고 있는 것을 보고 잠시 멈춰 서서 그 아이에게 뭔가를 주는 것 같았습니다. 사실, 나도 이 전으로 급히 와야 하는 상황이 아니었다면 멈춰 서서 그 아이가 무엇 때문에 우는지를 묻고 싶었습니다. 다른 사람이 울고 있는 것을 보면 그냥 지나칠 수 없는 것이 인지상정이기 때문입니다. 거지들은 모두 사람들을 속여서 뭔가를 얻고자 할 때에는 슬프게 우는 척합니다. 그들은 슬프게 우는 척하면 길을 가던 마음 착한 숙녀들이 그냥 지나칠 수 없다는 것을 알고 있기 때문입니다. 눈물은 큰 힘을 지니고 있고, 거지들은 그것을 잘 알고 있습니다. 최고의 기도는 울며 부르짖는 기도입니다. 여러분이 다른 많은 사람들처럼 기도할 수 없고, 기도 모임에서 다른 사람들처럼 그 자리에서 일어나 청산유수처럼 기도할 수 없을지라도, 하나님께서 여러분으로 하여금 적어도 울며 부르짖을 수 있게 해주고 계신다면, 부르짖어 기도하는 것을 멈추지 마십시오. "주여, 나를 불쌍히 여기소서," "주여, 구원하소서 내가 죽겠나이다," "주여, 내게 나타나소서," "주여, 나는 죄인 중의 괴수이니 내게 나타나소서"라고 부르짖으십시오. 가엾은 죄인들이여, 부르짖고 부르짖고 부르짖으십시오. 까마귀 새끼들의 부르짖음을 들으시는 하나님께서 여러분의 부르짖음도 들으실 것입니다. 여러분이 부르짖어도 아무 소용이 없을 것이라고 생각하지 마십시오. 자랑하는 기도는 응답을 받지 못하고 소멸되어 버리지만, 부르짖는 기도는 하나님의 귓속을 관통하고 하나님의 마음에 닿으며 하나님의 손을 움직여 복을 차고 넘치게 부어 주시게 합니다. 죄인들이여, 무엇보다도 여러분에게 구주가 필요하다고 느낀다면, 계속해서 부르짖으십시오. 하나님이 여러분이 부르짖는 것을 도우시는 동안에는 사탄은 결코 여러분을 해칠 수 없습니다. 여러분의 입술에 기도가 있는 동안에는 하나님의 법은 여러분에 대하여 정죄를 선언할 수 없습니다. 여러분이 하나님의 은혜의 자리 앞에서 부르짖을 수 있다면, 그것은 그리스도께서 아버지 하나님의 영광의 자리 앞에서 여러분을 대신하여 부르짖고 계신다는 것을 보여주는 증거입니다. 기도하기를 멈추지 마시고 끈기 있게 기도하십시오. 그러면 여러분은 반드시 기도 응답을 받게 될 것입니다. 여러분의 마음이 눌릴 때, 여러분이 땅 끝에 있다고 느낄 때, 하나님께 부르짖으십시오.

2. 둘째로, 신자의 경우에도 그리스도께 나아가고자 하는 데도 그렇게 되지 않는 때가 있습니다.

나는 이 두 번째 대지에 대해서는 아주 짤막하게 살펴보고자 합니다. 감사하게도 본문에는 다음과 같은 기도가 나옵니다: "나보다 높은 바위에 나를 인도하소서." 어떤 사람들은 신앙을 갖는 것은 놀라울 정도로 쉬운 일이라고 알고 있습니다. 이론상으로는 그렇습니다. 그러나 실제로는 신앙은 이 세상에서 가장 어려운 일입니다. 사람들이 회개하고 믿는다는 조건 아래에서 구원 받을 수 있고, 믿음을 요구하시는 하나님이 사람들에게 믿음을 주셔서 회개할 수 있게 해 주시겠다는 약속이 그러한 조건에 덧붙여져 있지 않다면, 사람들은 온전해야만 구원 받을 수 있게 될 것입니다. 나는 우리 시대에 수많은 사람들이 따르는 훌륭한 분들과 설교자들이 죄인이 의롭게 되고자 한다면 믿음과 회개와 순종이라는 조건과 토대가 갖추어져야 한다고 말하는 것을 들을 때에 경악을 금치 못합니다. 우리가 의롭게 되는 토대는 그리스도의 의입니다! 그리고 조건과 관련해서는 조건이라는 것은 전혀 없습니다. 왜냐하면, 왜냐하면, 하나님께서는 우리를 값없이 의롭다 하시기 때문입니다. 하나님은 우리에게 믿음도 주시고 회개도 주십니다. 그것들은 모두 하나님의 선물입니다. 역사상 하나의 의무적인 행위로서 믿음이나 회개를 행함으로써 구원받은 사람은 단 한 사람도 없었습니다. 하나님의 말씀은 각 사람에게 회개를 통해 하나님께 순복하고 믿음을 통해 그리스도를 붙들 것을 요구하지만, 그런 회개나 믿음을 스스로의 힘으로 해낼 수 있는 사람은 아무도 없습니다. 사람들에게 회개와 믿음을 주는 것은 오직 하나님의 주권적인 뜻과 주권적인 은혜입니다.

　종종 하나님은 자신의 절대주권 안에서 어떤 사람에게 그의 죄를 보여주시면서도 한동안 그의 구주를 보여주시지 않을 때가 있습니다. 하나님은 죄인을 발가벗기시고서, 그에게 옷을 입혀 주시기 전에 그로 하여금 추위 속에서 벌벌 떨게 놓아 두시는데, 이것은 오로지 그로 하여금 그리스도의 의(義)라는 옷이 전적인 선물이라는 것을 알게 하시기 위한 것입니다. 하나님은 그를 깨우셔서 영적으로 살아 있게 하시기 전에, 먼저 율법을 통해 그를 철저히 찌르고 죽이시며, 그에게 아무런 힘도 없다는 것을 알게 해주십니다. 사실은 하나님은 자기가 구원하시는 자들에 대하여 자신의 뜻대로 행하시는 것입니다. 번개가 치면서 거의 동시에 천둥이 울리는 경우가 종종 있듯이, 하나님은 종종 회개와 믿음을 동시에 주십니다. 또한, 하나님은 회개를 먼저 주시고 나서 우리로 하여금 많은 날을 기다리게 하신 후에 그리스도 안에서의 우리의 분깃에 대한 온전한 확신을 우리에게 주시는 경우도 있습니다. 그러나 회개가 주어졌다면, 얼마 후에는 반드시 믿음도 주어집니다. 하나님께서 어떤 사람에게 죄를 깨닫게 하시고 나서는 믿음을 주시지 않는 경우는 결코 없습니다. 하나님께서 어떤 사람을 자기 자신으로부터 이끌어 내신 후에 그리스도에게로 인도하지 않으시는 경우는 결코 없습니다. 하나님께서 어떤 사람을 절망으로 이끄셨다면, 나중에는 반드시 그를 끌어올리셔서 소망을 주십니다.

　그러나 이 둘 사이에는 시간적인 간격이 있을 수 있고, 그 기간 동안에 우리가 할 일은 다음과 같은 복된 기도를 드리는 것입니다: "나보다 높은 바위에 나를 인도하소서. 오, 나를 도우셔서 믿음을 주소서. 주여, 나로 하여금 내게 하나님의 아들이 필요하다는 것을 알게 하소서. 나로 창에 찔리신 그분을 볼 수 있게 하시고, 주께서 내게 울 수 있는 눈을 주신 것처럼 그분과 그분의 은혜를 볼 눈도 주셔서 그분을 나의 주로 모셔들여 기뻐할 수 있게 하소서." 우리가 믿을 수 없다면, 즉 의심이 우리를 짓눌러서 우리가 원하는 대로 그리스도께 나아갈 수 없다면, 우리를 그리스도께로 이끄는 것은 성령의 소임임을 기억하십시오. 그러므로 우리는 성령께 이렇게 기도할 수 있습니다: "나보다 높은 바위에 나를 인도하소서."

3. 셋째로, 우리보다 높은 바위는 바로 예수 그리스도이십니다.

이제 우리는 이제 본문 중에서 내 영혼이 가장 기뻐할 부분에 이르렀습니다. 우리는 모두 어떤 일들을 판단하기 위한 다양한 기준을 가지고 있습니다. 사람들은 결국 스스로 판단할 수밖에 없으니까요. 어떤 사람이 다른 사람을 칭찬하는 말을 들어보면, 그가 그 사람을 칭찬하는 이유는 그 사람 속에서 자기와 비슷한 면을 보기 때문인 경우가 일반적입니다. 어떤 사람이 "나는 정직하고 솔직하게 말하는 사람이 좋아"라고 말한다면, 그것은 그가 자기 자신을 상당히 정직하고 솔직하다고 생각해서 그런 자신의 모습이 다른 사람 속에서 그대로 재현되는 것을 좋아하는 것입니다. 결국 우리는 일반적으로 우리 자신의 잣대로 모든 것을 판단합니다. 우리는 우리 자신을 다른 모든 사람을 판단하기 위한 기준으로 삼습니다. 며칠 전 밤에 나는 그러한 사실을 내 자신의 경우에서 확인하였습니다. 그 날 밤에 나는 버몬지(Bermondsey)를 걷다가 몇 시가 됐는지가 궁금해서 어느 상점의 창문으로 안을 들여다보았습니다. 한 시계는 6시 50분을 가리키고 있었고, 또 한 시계는 7시 정각, 또다른 시계는 7시 10분을 가리키고 있었습니다. 그 순간 나는 내 자신의 시계가 없는 것이 아쉽다고 생각하기 시작하였습니다. 이런 생각은 내 시계는 정확하고 다른 시계들은 모두 틀릴 가능성이 있다고 생각한 것이 아니고 무엇이겠습니까? 우리에게는 우리 자신을 틀릴 리 없는 시금석으로 삼고자 하는 경향이 무척 강하고, 천국에 갈 때까지는 그리스도인이라고 해서 이러한 경향으로부터 온전히 자유로울 수는 없습니다. 그래서 하나님께서는 우리의 이런 보잘것없는 모습에 맞춰서 자신의 말씀을 전하시는 은혜를 베푸시기 위하여 예수를 우리보다 높은 바위라고 말씀하신 것입니다.

사랑하는 자들이여, 자, 오셔서 어디 한 번 "바위"이신 그리스도 예수를 우리 식으로 헤아리고 판단해 봅시다. 여기에 큰 죄인인 사람이 있습니다. 그는 이렇게 말합니다: "나는 정말 큰 죄인입니다. 나의 죄악들은 너무나 높이 쌓여서 별보다 더 높아져 있습니다. 이 죄악들이 나보다 앞서 하나님의 심판대 앞에 가서 나를 멸망시켜야 한다고 큰 소리로 외치고 있습니다." 죄인이여, 여기로 와서 이 바위를 헤아리고 판단해 보십시오. 당신의 죄악이 아주 높이 쌓여 있는 것은 사실이지만, 이 바위는 그렇게 쌓여진 당신의 죄악보다 더 높습니다. 당신 자신을 가능한 한 가장 높게 평가하십시오. 당신의 죄를 도저히 헤아릴 수 없는 높이로 쌓아 올리십시오. 당신이 자기가 죄에 있어서 골리앗이라고 생각하고서, "나는 다소의 사울처럼 큰 죄인입니다"라고 말하며, 당신의 죄를 층층이 다 쌓아 올리시고, 이웃의 죄까지 빌려 와서 그 모든 죄를 다 쌓아 올리십시오. 그런 후에 이것을 기억하십시오:

> "창세 이래로, 시간이 시작된 이래로,
> 의지와 말과 행위로
> 사람들이 행한 모든 죄들을
> 한 가엾은 죄인의 머리에 다 엎어 놓는다면,
> 오직 예수 그리스도의 피만이
> 이 엄청난 죄 덩어리를 속할 수 있고
> 그 모든 죄를 깨끗이 없애 버릴 수 있다네."

당신의 죄가 아무리 높다고 할지라도, 그 황량한 땅에 당신의 죄보다 더 높은 바위가 있고, 당신은 그 그늘 아래로 피할 수 있습니다.

여기 또 한 사람이 있습니다. 그 사람은 의심과 두려움으로 가득한 사람이 아니라 소망이 넘치는 심령을 지닌 사람입니다. 그는 이렇게 말합니다: "나는 많은 죄를 지었지만, 주 예수 그리스도께서 그 모든 죄를 없애 주시기를 소망합니다. 내게는 결여된 것들이 너무나 많지만, 나는 주께서 그 모든 것들을 공급해 주시기를 소망합니다. 나는 많은 시험들을 만나겠지만, 주께서 그 모든 시험을 다 막아 주시기를 소망합니다. 내게는 많은 난관들이 있겠지만, 나는 주께서 나를 인도하여 그 모든 난관을 다 통과하게 해주시기를 소망합니다." 여러분, 나는 여러분이 소망으로 이루어진 길고 훌륭한 잣대를 갖게 되기를 바랍니다. 소망은 키 큰 친구여서 바다에서도 익사하지 않고 거침없이 헤치고 나아갈 수 있습니다. 당신은 어떻게 해도 그 친구를 죽일 수 없습니다. 소망은 하나님이 우리에게 주시는 최후의 복들 중의 하나이고, 마지막에 우리와 함께 하는 복입니다. 어떤 사람에게 먹을 것이 없고 잘 곳이 없더라도, 여전히 그는 장차 더 나은 날들을 보게 될 소망을 지닐 수 있습니다. 죄인이여, 나는 당신의 소망들이 키가 아주 크고 대단히 높다는 것을 당신이 보게 되기를 바랍니다. 그러나 이 바위는 당신의 소망들보다도 더 높다는 사실을 기억하십시오. 당신이 원하는 것이 무엇이든 그것을 소망하십시오. 당신의 소망을 최대로 넓히십시오. 그 소망이 가장 높은 산을 올라 그 꼭대기에 자리를 잡게 하십시오. 그 소망을 점점 더 들어올려서 가장 높은 데까지 이르게 하십시오. 그럴지라도 이 바위는 당신의 소망보다 여전히 더 높습니다. 그리스도께서는 당신이 소망할 수 있는 최대한의 것보다 더 높으시고, 당신이 소망하는 것보다 더 큰 긍휼을 지니고 계시는 분입니다. 그리스도께서는 당신이 받기를 소망하는 것보다 더 큰 구원의 능력을 지니고 계시고, 당신이 받기를 소망하는 것보다 더 큰 사랑을 지니고 계시는 분입니다. 그리스도께서는 당신이 누리기를 소망하는 것보다 더 나은 천국을 당신을 위해 준비해 두고 계십니다.

그러나 여기 또 한 사람이 있어서, 그는 이렇게 말합니다: "아, 내 소망은 견고해졌습니다. 나는 내가 믿는 분을 알고, 그분이 보배로우신 그리스도이심을 깨닫고 있습니다. 나는 그분을 찬양할 수 있습니다. 왜냐하면, 그분은 내가 싸움이 있을 때마다 나의 확실한 요새이셨고, 내가 곤경에 처할 때마다 나의 피난처이셨으며, 내가 굶주릴 때마다 나의 곳간이셨고, 어두운 밤이 찾아올 때마다 나의 빛이셨기 때문입니다. 나는 그분을 찬송할 수 있습니다. 그리고 나는 그분에 대하여 알고 있기 때문에, 그분이 자기로 말미암아 하나님께로 온 모든 자들을 끝까지 구원하실 수 있으시다는 것을 믿을 수 있습니다. 나는 그분이 자기 자신에 대하여 말씀한 모든 것을 믿습니다. 나는 그분의 말씀을 믿습니다. 나는 그분을 기뻐합니다. 나는 그분이 어떤 분인지, 나를 위해 어떤 일들을 하셨는지를 생각하기 시작하면 그분을 거의 무한대로 믿고 신뢰하게 됩니다." 그렇습니다. 그러나 그분은 당신의 믿음보다 더 높은 바위이십니다. 나는 당연히 당신의 믿음이 아주 높이 날아오르는 것을 보고 싶지만, 그리스도께서는 당신의 믿음보다 더 선하시고 당신의 믿음보다 더 높으십니다. 당신의 믿음이 지금보다 두 배로 커진다고 해도, 그리스도는 당신의 믿음보다 더 크시기 때문에 당신의 믿음이 모두 참되다는 것을 보여주는 넉넉한 보증이 되어 주실 것입니다. 아니, 당신의 믿음이 지금보다 천 배는 더 커져서 주님의 신비들을 훨씬 더 많이 알게 되고 더 잘 믿게 된다고 해도, 여전히 주님은 당신의 믿음이 올라갈 수 있는 그 어떤 수준보다도 더 높이 계십니다. 나는 나의 믿음이 성장해가고 저 천상의 신비들을 더 많이 알게 되기를 진정으로 소망합니다. 나의 믿음은 지금도 여전히 보잘것없긴 하지만, 지금 나는 이전보다 나의 주님을 더 잘 믿고 있다고 생각합니다. 나는 이전보다 더 큰 평안과 고요함을 누리고 있고, 내 양심도 이전보다 더 평안하다고 확신합니다. 그리고 나는 주님을 더욱더 잘 믿게 되기를 소망합니다. 나는 나의 믿음이 끊임없이 자라가서 그리스도 예수 안에서 "장성한 분량이 충만한 데까지 이르게"(엡 4:13) 되기를 기도합니다. 그러나 내가 아는 것은 여러분이나 나의 믿음이 바울보다 더 커지고, 우리가 무화과나무에게 "뿌리째 뽑히라"고 명령하거나 산더러 "바다에 던지우라"고 명령하면 그대로 이루어지는 믿음을 가지게 되었다고 할지라도, 그때에도 그리스도는 우리의 믿음보다 더 높으시다는 것입니다. 우리는 그리스도에 대하여 많은 것을 믿게 될 수 있겠지만, 그럴 때조차도 과연 믿음이 모든 것을 파악할 수 있게 되겠습니까? 믿음은 긴 팔을 가지고 있기는 하지만, 그리스도를 다 껴안을 수 있을 정도로 길지는 못합니다. 그리스도는 믿음으로 알 수 있는 그리스도보다 더 크십니다.

여기 또 한 사람이 있습니다. 그는 이렇게 말합니다: "아, 내게 황금 잣대를 주신 하나님을 찬송합니다. 나의 잣대는 소망이나 두려움이나 믿음의 잣대가 아니라, 그런 것들보다 훨씬 더 좋은 체험(enjoyment)의 잣대니까요." 어떤 사람은 이렇게 말합니다: "나는 얼마나 깊이 그리스도를 누려 왔던가! 주님은 나를 골고다 언덕으로 데려가셨고, 거기에서 나는 주님의 보배 피가 흐르는 것을 보고서, '주님이 주시는 믿음으로 주님이 나를 하나님과 화목하게 하셨다는 것을 알게 되었죠.' 거기에서 그치지 않으시고, 주님은 나를 다볼 산 꼭대기에도 데려가셨습니다. 거기에서 나는 내 주님이 변모되시는 것을 보았고, 은혜와 진리로 충만하신 독생자의 영광을 보았습니다. 아니, 주님은 나를 비스가 산 꼭대기로 데려가셔서, '저기를 보라'고 명하셨습니다. 나는 주님이 자기를 사랑하는 자들을 위해 예비해 두신 기쁨들을 보았습니다." 신자는 말합니다: "그러나 그리스도께서는 내게 '친구여, 더 높이 올라오라'고 말씀하셨습니다. 내가 처음 잔치에 갔을 때에는 저 낮은 회개라는 방에 앉았습니다. 그때 주님이 들어오셔서 '친구여, 더 높이 올라오라'고 말씀하시고서는, 나를 믿음이라 불리는 또다른 방으로 데리고 가셨습니다. 그 후에 주님이 다시 오셔서 '친구여, 더 높이 올라오라'고 말씀하시더니, 나를 확신이라는 방으로 데려가셨고, 나중에 또 오셔서 '친구여, 더 높이 올라오라'고 말씀하시고서는 사귐이라는 방으로 데려가셨습니다. 종종 주님은 내게 '친구여, 최고의 사귐이 줄 수 있는 지복의 방으로 더 높이 올라오라'고 말씀하시는 것 같습니다. 나는 지금 주님이 '더 높이 올라오라'고 말씀하시고서 나를 그의 품으로 데려가셔서 영원히 주님 곁에 있게 되기만을 기다리고 있습니다.”

　　나는 당신이 그렇게 말하는 것을 들으니 참 좋습니다. 나는 그렇게 높은 곳
들에 자신의 초장이 있는 그런 분들, 자신의 믿음이 성장해 그러한 기쁜 일들을
많이 누리고 있는 분들이 이 교회에 많았으면 좋겠습니다. 그러나 이 바위는 여
전히 당신이 누리고 있는 것보다 더 높으시다는 것을 기억하십시오. 당신이 그
리스도로 말미암아 지금까지 누린 모든 것은 그 정상을 알 수 없는 산의 자락에
불과할 뿐입니다. 내가 스코틀랜드에 있을 때에 거기에 있는 어떤 산을 오르고
나서 이렇게 말했습니다: “이 산은 정말 높구나. 전망이 너무나 좋아. 내가 이렇
게 높은 데까지 올랐다니.” 그러자 어떤 사람이 이렇게 말했습니다: “아, 그렇죠.
그러나 당신이 알프스 산에 가본다면, 이 산은 알프스 산자락에 불과하다는 것
을 알게 될 겁니다. 당신이 이 높이까지 오른 것은 겨우 알프스 산자락에 도착한
것이 되는 것이죠.” 당신이 그리스도로 말미암아 지금까지 누려온 것이 바로 이
와 같습니다. 당신은 지금까지 체험한 것들과 누려온 것들에 비추어서 자신이
산꼭대기에 도달했다고 생각하지만, 그리스도께서는 당신에게 오셔서 이렇게
속삭이십니다: “저기 구름들의 훨씬 위를 보라. 너는 단지 오르기 시작하였을 뿐
이다. 이 사귐의 언덕은 단지 첫 걸음에 불과하다. 너는 한 걸음을 내디뎠을 뿐이
고, 앞으로 가야 할 길은 아주 멀고, 네가 생각하는 것보다 훨씬 높다.” 이것은 정
말 당신보다 더 높은 바위, 최고의 사귐, 하나님의 보좌 바로 옆 자리입니다.

　　또 한 사람은 이렇게 소리칩니다: “내가 들은 것들과 하나님의 말씀 속에서
읽은 것들에 비추어 볼 때, 나는 주님을 있는 그대로 뵙게 될 때에 주님에 대하여
아주 굉장한 것들을 기대하고 있습니다. 목사님, 주님이 성도들이 사귐을 통해
주님을 알 수 있는 것보다 더 크시고, 가장 훌륭한 설교자들이 전할 수 있는 것보
다 더 달콤하시며, 주님을 가장 잘 아는 사람들이 말할 수 있는 주님의 아름다움
들보다 더한 분이시라면, 그분의 한량없는 귀하심과 영화로우심은 우리가 도저
히 알 수 없는 것임에 틀림없습니다!’ 친구여, 나는 당신이 당신의 기대를 잣대로
삼아서 그리스도를 헤아리고 판단하는 것이 기쁩니다. 그러나 나는 당신의 기대
가 아무리 높아도, 그리스도는 당신의 기대보다 더 높으시다는 것을 말씀드리고
자 합니다. 당신이 어떤 것들을 기대하였든, 실제로 주님을 뵈었을 때에는 스바
의 여왕처럼 사람들이 “내게 말한 것은 절반도 못되니 내가 들은 소문보다 더하
도다”(왕상 10:7)라고 말하게 될 것입니다. 당신은 그리스도의 영광들과 광채들,

그가 자기 백성에게 공급해 주신 행복에 대해 앉아서 생각하다가 그 기쁜 묵상의 광대한 바닷속에 빠져서 시간 가는 줄 모를 수 있습니다. 당신의 마음속에 떨어진 약속이 동심원을 그리며 계속해서 넓어져서 그리스도의 이름을 묵상하는 가운데 한없이 드넓은 즐거움과 기쁨을 누릴 수도 있습니다. 그러나 당신이 아무리 광대한 생각을 한다고 해도, 바위이신 그리스도는 여전히 당신이 생각하고 상상한 것보다 훨씬 더 크시다는 것을 기억하십시오.

여기에서 잠시 숨을 고르고서 이렇게 물어봅시다: "우리보다 더 높은 산을 두고서 우리는 어떻게 해야 하는가?" 우리는 그 산자락에 영원히 머물면서 그 산을 오르려 시도하지 않아도 되는 것인가? 결코 그렇지 않습니다! 우리는 우리가 이미 그 산을 다 오른 체해야 합니까? 그런 것은 철면피나 하는 짓입니다. 우리는 앞으로 계속 전진해서 끊임없이 올라야 하고, 가장 높은 고지에 도달했을 때에도 이렇게 부르짖어야 합니다: "주여, 계속해서 나를 이끌어 올라가게 하시고, 나보다 더 높은 바위로 나를 이끌어 주소서. 주여, 천국에 이를 때까지 나를 계속해서 이끌어 주시고, 천국에 도착해서도 생수의 근원 옆으로 나를 이끄시고, 나보다 더 높은 바위로 나를 이끌어 주소서. 주여, 늘 나를 도우셔서 아래를 보지 않고 앞에 있는 것을 바라보며 끊임없이 오르고 또 올라서 하나님이 그리스도 예수 안에서 예비해 두신 부르심의 상을 얻는 데까지 이르게 하여 주소서."

여러분이 환난 중에서 고군분투하게 될 때, 이 바위가 여러분보다 더 높다는 것을 기억하십시오. 환난이 여러분에게 닥쳤고, 여러분이 그 환난을 피할 만큼 충분히 높지 않을 때, 바위이신 그리스도께로 올라가십시오. 여러분이 거기에 있을 때에 그 어떤 환난도 여러분에게 미칠 수 없습니다. 사탄이 여러분을 향해 짖어대고 여러분의 발꿈치를 물고자 할 때, 바위이신 그리스도께로 오르십시오. 사탄은 여러분에게 미칠 수 없고, 거기에서는 사탄이 짖는 소리도 들리지 않을 것입니다. 여러분이 자신보다 더 높은 바위에 올라가 있을 때, 사탄은 저 아래 골짜기에서 여러분을 쳐다보고 있을 것입니다. 두려움이 일어나고, 의심이 홍수처럼 밀려올 때, 높은 바위만큼 안전한 곳이 없습니다. 그러므로 바위이신 그리스도께로 오르십시오. 여러분이 자신보다 더 높은 바위 위에 있다면, 거센 파도가 포효하고 격랑으로 산들이 흔들릴지라도, 여러분은 안전할 것입니다. 세상이 여러분을 계속해서 끌어내고자 한다면, 계속해서 올라가십시오. 마귀가 "다시 내려와서 세상을 즐겨라! 내려와서 자기를 위해 살아라"고 말한다면, 언제나 이

렇게 부르짖으십시오: "주여, 나를 위로 이끌어 주소서. 나보다 높은 바위로 나를 이끌어 주소서. 나의 본향은 하늘에 있사오니, 나를 도우셔서 위로 오르게 하옵소서. 나로 절대로 내려가지 않게 하시고, 나보다 높은 바위로 나를 이끄소서."

　　여러분이 여전히 죄책감 아래 있고 아직 구주를 만나지 못했다면, "나보다 높은 바위에 나를 인도하소서"라고 기도하십시오. 여러분 자신의 잣대로 그리스도를 헤아리거나 판단하려 하지 마십시오. 하늘이 땅보다 높듯이, 하나님의 생각은 여러분의 생각보다 높고 하나님의 길은 당신의 길보다 높습니다. 사랑하는 자들이여, 여러분은 자신의 짧은 잣대가 아니라 무한한 잣대로 하나님의 은혜를 헤아려야 합니다. 하나님의 긍휼은 한이 없다는 것을 기억하십시오. 왜냐하면, 하나님의 긍휼은 우리의 홍수 같은 죄악들 위로 흘러넘치고 있기 때문입니다. 우리의 죄악이 산 같다면, 그리스도의 긍휼은 별과 같아서 골짜기 위에서는 물론이고 산 위에서도 빛나고 있습니다. 죄인이여, 사탄이 당신을 구덩이로 끌어내리고자 한다면, "주여, 나를 삼키려는 불길로부터 구하셔서 나보다 높은 바위로 나를 인도하소서"라고 부르짖으십시오. 그리스도께서 사람이 만들 수 있는 둔덕이 아니라 바위이신 것을 하나님께 감사합니다. 그 바위는 영영히 서게 될 것입니다. 내가 그 바위 위에 있다면, 바위가 흔들리면 어쩌나 하고 두려워할 필요가 없습니다. 나는 그 바위 위에서 흔들릴 수 있겠지만, 내 아래 있는 바위는 결코 흔들리지 않을 것입니다. 나의 원수들이 나를 공격하려고 하면, 나는 그들이 결코 들어올 수 없는 바위 틈새에 숨을 수 있습니다. 수만 년의 세월이 흐르면, 수많은 돌들이 제자리에서 옮겨집니다. 그러나 세월이 흐르고 흘러 결국 멈추어 설 때에도, 이 바위는 여전히 제자리에 건재할 것입니다.

제
60
장

—

오직 하나님만이 자기 백성의 구원

—

"오직 그만이 나의 반석이시요 나의 구원이시요."
—시 62:2

"나의 반석"이라는 호칭은 얼마나 고귀하고 빛나며 많은 것을 알게 해주고 저항할 수 없는 힘을 지닌 호칭입니까! "반석"이라는 비유는 오직 하나님께만 적용될 수 있습니다. 저 반석들을 보십시오. 그 반석들은 아주 오래 되어서 천대만대 저 높은 곳에서 우리를 내려다보고 있습니다. 이 거대한 도시가 아직 자리 잡기도 전에, 그 반석들은 이미 아주 오랜 세월 동안 거기에 있었습니다. 우리 인간이 아직 탄생하기도 전에, 그 반석들은 이미 아주 오랜 세월 동안 거기에 있었습니다. 그 반석들은 지나간 먼 옛 시대들의 산물입니다. 그 반석들은 자연의 첫 소생들 중 하나이기 때문에 우리는 경외심을 품고서 그 오래된 반석들을 바라봅니다. 여러분은 미지의 세계들의 잔재가 그 반석들 속에 남아 있는 것을 압니다. 지혜로운 자들은 그 잔재들에 대하여 추측하지만, 하나님이 그들에게 그들이 살기 이전에 무슨 일들이 있었는지를 가르쳐 주시지 않는다면, 그런 것들을 알 수 없습니다. 여러분이 경외심을 가지고 어떤 반석을 바라보는 이유는 그 반석이 말을 할 수만 있다면 자기가 어떻게 불과 물을 통과하는 고통스러운 과정을 거쳐 지금의 형태를 갖추게 되었는지를 얘기할 것임을 알기 때문입니다. 하지만 우리 하나님은 반석들과는 비교도 할 수 없을 정도로 오래 전부터 계셨습니다. 하나님의 머리와 머리카락은 양모처럼 희고 눈처럼 흽니다. 왜냐하면, 하나님은 "옛

적부터 항상 계신 이"(단 7:9)이시고, 성경은 우리에게 하나님이 "시작도 끝도 없는" 분임을 늘 기억하라고 가르치고 있기 때문입니다. 모든 피조물이 생겨나기 오래 전에 "영원부터 영원까지" 그분은 하나님이셨습니다(시 90:2).

"나의 반석!" 반석은 아주 오랜 세월 동안 풍파를 겪은 이야기를 여러분에게 해줄 수 있습니다. 그 발꿈치인 대양에서 폭풍우가 사납게 날뛰거나 그 머리 위에 있는 하늘에서 우렛소리가 어지럽게 지나갈지라도, 반석은 미동도 하지 않은 채 오랜 세월 그 자리를 지켜 왔습니다. 우리 하나님이 그렇습니다. 열방들이 하나님을 욕하고, "이방 나라들이 분노하며 민족들이 헛된 일을" 꾸미는데도(시 2:1) 하나님은 미동도 하지 않으시고 꿈쩍도 하지 않으십니다. 하나님은 그렇게 가만히 계신 채로 손을 뻗으시는 것조차 하지 않으시고도 원수들의 우두머리들을 깨뜨리시고 부수셨습니다. 하나님은 반석 같이 전혀 미동도 없이 그 자리에 장엄하게 계시면서, 파도들을 부수시고 원수들의 군대를 흩어 뿔뿔이 흩어지게 하셨습니다. 다시 한 번 반석을 보십시오. 반석이 얼마나 견고하고 요동치 않게 서 있는지를 보십시오. 반석은 이곳저곳을 떠돌아다니지 않고, 한 곳에 그대로 영원히 머뭅니다. 다른 것들은 변했습니다. 섬들이 바다 밑으로 가라앉기도 하였고, 대륙들이 요동치기도 하였지만, 반석은 마치 온 세계의 토대인 양 그 자리에 견고히 서 있고, 피조세계가 파괴되거나 자연을 하나로 잇는 연결고리들이 끊어지지 않는 한 결코 요동하지 않습니다. 하나님이 그렇습니다. 하나님은 자신의 약속들에 대하여 얼마나 신실하신지요! 하나님이 작정하신 일들은 결코 변개될 수 없고 요동하지 않으며 변함이 없습니다.

반석은 변함이 없습니다. 반석은 닳아 없어지지 않습니다. 저 오래된 화강암 봉우리는 태양 아래에서 빛나기도 하고 겨울에는 흰 눈의 너울을 쓰기도 합니다. 그 봉우리는 아무것도 쓰지 않은 머리로 하나님을 예배하기도 하고, 그룹 천사들 같은 구름들에 의해 반쯤 가려진 채로 자기를 지으신 분을 경배하기도 합니다. 그러나 반석 자체는 언제나 변함없이 그 자리에 서 있습니다. 겨울의 서리에 의해서도 파괴되지 않고, 여름의 열기에 의해서도 녹지 않습니다. 하나님도 마찬가지입니다. 보십시오, 하나님은 나의 반석이십니다! 하나님은 늘 동일하시고, 그의 나라는 무궁할 것입니다. 하나님은 변할 수 없는 존재로서 스스로 충족하며 견고하십니다. 하나님은 자기 자신을 언제까지나 변함없이 동일한 존재로 유지하십니다. 그래서 성경은 "나 여호와는 변하지 아니하나니 그러므로 야곱의 자손들아 너희가 소멸되지 아니하느니라"(말 3:6)고 말씀합니다. 게다가, 반석이 지닌 무수한 용도는 하나님이 어떤 분이신지에 대하여 무수한 것들을 우리에게 알게 해줍니다. 여러분은 구름도 거의 닿을 수 없고 그 깎아지른 절벽으로는 아무도 공격할 수 없는 높은 반석 위에 요새가 세워져 있는 것을 볼 수 있을 것입니다. 원수들은 그 요새를 포위할 수도 없습니다. 왜냐하면, 포위당한 요새가 도리어 높은 곳에서 포위한 자들을 내려다보며 비웃을 것이기 때문입니다. 마찬가지로, 우리 하나님도 그런 반석과 같아서, 하나님이 "우리의 발을 반석 위에 두사 우리의 걸음을 견고하게"(시 40:2) 하시면, 우리는 요동하지 않게 됩니다. 수많은 거대한 반석들은 높이 우뚝 솟아 있기 때문에 사람들에게 외경심을 불러일으킵니다. 반석 위에 서면 세상이 마치 작은 지도처럼 발 아래로 펼쳐져 보이고, 강들은 에메랄드 속에 박힌 은 광맥처럼 보입니다. 우리 발 아래 있는 열방들은 "통의 한 방울 물" 같고, 섬들은 저 멀리 피어오르는 "먼지" 같으며, 바다는 힘센 거인의 손에 들린 대야에 담긴 물 같아 보입니다. 능력이 많으신 하나님은 그러한 반석이십니다! 우리가 그 반석에 서서 세상을 내려다보면, 세상은 "먼지" 같아 보입니다. 우리가 이미 비스가 산꼭대기에 올랐다면, 우리는 그 산꼭대기에서 이 세상의 온갖 풍파를 가로질러 저 밝은 영들의 땅, 즉 육신의 눈이나 귀로는 알 수 없고 오직 성령께서 우리에게 계시해 주시는 하나님의 진리를 통해서만 알 수 있는 저 세상으로 달려갈 수 있습니다. 이 권능의 반석이 우리의 피난처이고 전망대입니다. 이 전망대로부터 우리는 눈에 보이지 않는 것들을 보게 되고, 아직 우리가 누리지 못한 것들의 증거를 갖게 됩니다.

하지만 내가 여러분에게 반석에 관한 모든 것을 전할 필요는 없습니다. 또한, 그렇게 하려면 일주일은 꼬박 말씀을 전해야 할 것입니다. 그래서 나는 여러분이 이 한 주간 동안 묵상할 내용들만을 오늘 이 시간에 전하고자 합니다. "하나님이 나의 반석"이라니, 이것은 얼마나 영광스러운 일입니까! 내가 요단 강을 헤엄쳐 나갈 때에 하나님이 나의 반석이 되어 주셔서 나의 안전을 보장해 주실 것이라는 사실을 생각하면, 이 얼마나 기쁜 일입니까! 나는 미끄러운 돌 위로 걷지 않아도 되고, 나의 발이 절대로 미끄러질 수 없는 반석 위를 걷게 될 것입니다. 그리고 나는 죽을 때에도 "하나님은 나의 반석이시고 그에게는 불의가 없으시다"고 찬송할 수 있습니다(시 92:15). 반석에 관한 얘기는 이 정도로 하고, 이제 나는 오늘 설교의 주제인 오직 하나님만이 자기 백성의 구원이시라는 것으로 넘어가고자 합니다.

"오직 그만이 나의 반석이시요 나의 구원이시요."

우리는 먼저 살펴볼 것은 오직 하나님만이 우리의 구원이시라는 큰 가르침이고, 두 번째는 "오직 그만이 나의 반석이시요 나의 구원"이시라는 것을 알고 배우는 큰 경험에 관한 것이며, 세 번째는 "우리의 반석이시요 우리의 구원"이신 유일한 분께 우리의 모든 믿음을 두고서 모든 영광과 존귀를 드려야 한다는 큰 의무에 관한 것입니다.

1. 첫째로, 큰 가르침에 관한 것입니다.

큰 가르침이란 오직 하나님만이 "우리의 반석이자 우리의 구원"이시라는 것입니다. 누가 우리에게 복음을 전하는 자들로서 우리의 모토로 삼고 싶은 것이 무엇이냐고 묻는다면, 우리는 "오직 하나님만이 우리의 구원이시다"라는 말씀이라고 대답할 것이라고 생각합니다. 고인이 되신 덴엄(Denham) 목사님은 자신의 영정 밑에 "구원은 여호와께 속하였나이다"(욘 2:9)라는 정말 좋은 성구를 두게 하셨습니다. 그 성구는 칼빈주의를 한 마디로 집약시킨 정수가 되는 요절입니다. 누가 여러분에게 칼빈주의자가 어떤 사람이냐고 묻는다면, 여러분은 "'구원은 여호와께 속하였나이다'라고 말하는 사람"이라고 대답하면 됩니다. 나는 성경 속에서 이것 외에 다른 그 어떤 가르침도 찾을 수 없습니다. 이 가르침은 성경의 핵심입니다. "오직 그만이 나의 반석이시요 나의 구원이시요." 누가 이 가르침으로부터 벗어난 어떤 것을 말한다면, 그는 이단입니다. 누가 어떤 것이 이단이냐고 내게 묻는다면, 나는 "하나님은 나의 반석이자 나의 구원"이라는 이 위대하고 근본적이며 움직일 수 없는 진리로부터 떠난 것이 이단이라고 말할 것입니다. 로마 가톨릭이 이단인 이유가 예수의 그리스도의 온전한 공로에 다른 어떤 것을 덧붙인 것, 즉 우리가 의롭다 하심을 얻기 위해서는 육체의 행위도 필요하다고 말한 것이 아니고 무엇이겠습니까? 아르미니우스주의(Arminianism)가 이단인 이유가 구속주의 온전한 대속 사역에 은밀하게 어떤 것을 덧붙인 것이 아니고 무엇이겠습니까? 모든 이단은 "오직 그만이 나의 반석이시요 나의 구원이시요"라는 시금석에 갖다 대면 그 정체가 스스로 드러나게 되어 있습니다.

이제 이 가르침을 자세하게 설명하도록 하겠습니다. "구원"이라는 것은 단지 중생과 회심만이 아니라 그 이상을 의미합니다. 나는 하나님께서 나를 거듭나게 하신 후에 내가 언약 밖으로 떨어져서 망하게 될 수도 있는 그런 상황에 두신 것을 "구원"이라고 여기지 않습니다. 강의 중간쯤까지만 놓아진 다리를 "다리"라고 할 수는 없습니다. 마찬가지로, 나를 천국까지 인도하여 온전히 깨끗하게 씻어서 영화롭게 된 자들과 함께 보좌 앞에서 끊임없이 호산나를 부르도록 하지 않는 것이 "구원"일 수는 없습니다. 따라서 "구원"을 여러 부분으로 나누어 본다면, 건져내심, 일생 동안 끊임없이 이루어지는 견인, 모든 자양분을 공급하여 성장할 수 있게 하심, 그리하여 마침내 예수 그리스도 안에서 성도들을 온전하게 하심 등이 거기에 포함될 수 있습니다.

(1) 구원은 종살이 하던 집으로부터의 건져내심을 의미합니다. 우리는 날 때부터 종으로 태어납니다. 그리스도께서는 그런 우리에게 자유를 주셔서 "우리의 발을 반석 위에 두사 우리 걸음을 견고하게" 하십니다. 그리고 이런 일은 전적으로 하나님에 의해 이루어집니다. 성경은 우리가 죄로 인하여 죽어 있다고 말씀하고 있기 때문에, 나는 이러한 결론이 옳다고 생각합니다. 죽은 사람이 자기가 다시 살아남에 있어서 어떤 힘을 보탤 수 있겠습니까? 사람은 전적으로 타락해서 하나님에 의해 변화 받는 것을 싫어합니다. 그런데 어떻게 사람이 자기가 싫어하는 그런 변화에 이루어 내거나 일조를 할 수 있겠습니까? 사람은 무지해서 거듭난다는 것이 무엇인지를 알지 못하기 때문에, 니고데모처럼 "사람이 늙으면 어떻게 날 수 있사옵나이까 두 번째 모태에 들어갔다가 날 수 있사옵나이까"(요 3:4)라고 어리석은 질문을 할 수밖에 없습니다. 사람이 알지도 못하고 깨닫지도 못한 것을 한다는 것은 불가능합니다. 거듭난다는 것이 무엇인지를 알지 못한다면, 자기 자신을 거듭나게 하는 것은 불가능합니다. 그렇습니다. 나는 사람이 먼저 나서서 자신의 구원을 이루어 내는 데에 전적으로 무력하다고 믿습니다. 사람은 자신을 결박하고 있는 사슬을 깨뜨릴 수 없습니다. 왜냐하면, 그 사슬은 쇠로 된 사슬이 아니라 바로 자신의 피와 살로 된 사슬이기 때문입니다. 사람이 자신을 결박하고 있는 사슬을 깨뜨리려면 먼저 자신의 마음을 깨뜨려야 합니다. 그런데 사람이 자신의 마음을 깨뜨리는 것이 과연 가능할까요? 내 영혼을 깨뜨릴 수 있는 망치나, 내 영혼을 녹일 수 있는 불이 있을까요? 그런 것은 없습니다. 우리를 건져내는 일은 오직 하나님만이 하실 수 있는 일입니다. 성경에서는 이러한 진리를 끊임없이 선포합니다. 그러한 진리를 믿지 않는 사람은 하나님의 진리를 받아들이지 않는 것입니다. 건져내심은 오직 하나님으로부터만 옵니다:

"구원은 여호와께 속하였나이다"(욘 2:9).

　　(2) 우리가 건져내심을 받아 그리스도 안에서 살아가게 되었다면, 그러한 삶을 계속해서 지켜 주시고 이끌어 주시는 견인도 오직 하나님에 의해서만 가능합니다. 내가 기도하고자 한다면, 하나님이 나를 기도하고 싶게 만드신 것입니다. 내게 은혜들이 있다면, 하나님이 내게 그 은혜들을 주신 것입니다. 내게 열매들이 있다면, 하나님이 내게 그 열매들을 주신 것입니다. 내가 말씀을 따라 살아가는 삶을 살고 있다면 하나님이 나를 붙들어 주셔서 내가 그런 삶을 살고 있는 것입니다. 하나님께서 친히 내 안에서 먼저 행하신 것들 외에는 내가 나의 신앙을 지키기 위해 그 어떤 것을 행한 것이 없습니다. 내가 무엇인가를 가지고 있거나 내게 어떤 선함이 있다면, 그 모든 것들은 전적으로 하나님께로부터 온 것입니다. 내가 범죄한다면, 그것은 전적으로 내게서 나온 것이지만, 내가 옳게 행한 것은 무엇이든지 전적으로 하나님으로부터 온 것입니다. 내가 원수를 무찔렀다면, 하나님이 내게 그런 힘을 공급해 주신 것입니다. 내가 대적을 고꾸라뜨렸습니까? 하나님의 힘이 내 칼을 날카롭게 하였고 내게 대적을 치고자 하는 담대함을 주신 것입니다. 내가 하나님을 말씀을 전하고 있습니까? 말씀을 전하고 있는 것은 내가 아니라 내 안에 있는 하나님의 은혜입니다. 내가 하나님 앞에서 거룩한 삶을 살고 있습니까? 거룩한 삶을 사는 것은 내가 아니라 내 안에 계시는 그리스도이십니다. 내가 거룩해져 있습니까? 내가 내 자신을 거룩하게 만든 것이 아니라, 하나님의 성령께서 나를 거룩하게 만드신 것입니다. 내가 세상에 대하여 시들해져 있고 세상이 재미가 없게 되었습니까? 내가 그렇게 된 것은 하나님의 징계 덕분입니다. 내가 지식에서 성장해 가고 있습니까? 위대한 교사께서 나를 가르치고 계시는 것입니다. 나는 내게 필요한 모든 것을 하나님 안에서 발견하고, 내 자신 속에서는 아무것도 발견하지 못합니다. "오직 그만이 나의 반석이시요 나의 구원이시요."

　　(3) 또한, 자양분을 공급받는 것도 절대적으로 필요하고 없어서는 안 되는 요소입니다. 우리의 몸은 섭리 안에서, 우리의 영혼은 은혜 안에서 자양분을 공급받습니다. 섭리에 의한 긍휼들은 전적으로 하나님께로부터 옵니다. 비가 하늘에서 내려 땅을 적시고 "소출이 나게 하며 싹이 나게 하여 파종하는 자에게는 종자를 주며 먹는 자에게는 양식을"(사 55:10) 주는 것은 사실입니다. 그러나 비는 누구의 손에서 나오는 것이며, 이슬방울들은 누구의 손가락에서 떨어지는 것입니

까? 햇빛이 비쳐서 식물들이 자라나고 싹이 나서 꽃을 피우며, 해의 열기로 나무에서는 열매들이 익는 것도 사실입니다. 그러나 해에 그 빛을 주고 따뜻한 열기를 해로부터 퍼뜨려 주는 이는 누구입니까? 내가 이마에 땀을 흘리며 수고하고 일하는 것도 사실이고, 나의 손들이 힘들게 일하느라 피곤한 것도 사실입니다. 그래서 나는 침상에 내 몸을 던지고 거기에서 편히 쉽니다. 그러나 내가 이렇게 살아가는 것은 결코 내 힘 덕분이 아닙니다. 나의 힘줄을 강하게 해주시는 이는 누구입니까? 나의 폐를 쇠 같이 만드시고 나의 신경을 강철 같이 만드시는 이는 누구입니까? "오직 하나님만이 나의 구원의 반석이십니다." 오직 하나님만이 내 몸의 구원이시고 내 영혼의 구원이십니다. 나는 하나님의 말씀을 먹고 살아가고 있는 것이 아닙니까? 만일 하나님께서 말씀을 내 영혼의 양식이 되게 하지 않으시거나 나로 하여금 그 말씀을 먹고 살아가도록 도우시지 않으신다면, 하나님의 말씀은 내게 양식이 되지 않을 것입니다. 내가 하늘로부터 내려오는 만나를 먹고 살아가고 있습니까? 그 만나가 성육신하신 예수 그리스도 자신이 아니고 무엇입니까? 나는 예수 그리스도의 살과 피를 먹고 마시고 있는 것이 아닙니까? 내가 끊임없이 새 힘을 얻어서 살아가고 있습니까? 내가 어디에서 그 힘을 얻습니까? 나의 구원은 하나님께 속한 것입니다. 하나님 없이는 나는 아무것도 할 수 없습니다. 포도나무 가지가 포도나무 자체에 붙어 있지 않으면 열매를 맺을 수 없듯이, 나도 하나님 안에 거하지 않으면 열매를 맺을 수 없습니다.

(4) 앞에서 말한 세 가지는 모두 우리가 온전하게 되어 하나님의 보좌 앞에 서도록 하기 위한 것인데, 이렇게 되는 것은 전적으로 하나님께 속한 것입니다. 우리의 이마에서 밝은 별들의 무리 같이 빛을 발하게 될 면류관은 오직 우리 하나님에 의해서만 만들어질 수 있습니다. 내가 갈 천국은 쟁기질을 한 번도 한 적이 없지만, 이 땅의 가장 좋은 초장보다 더 푸르고 이 땅에서 수확된 모든 것보다 더 풍요로운 곳입니다. 내가 갈 천국에 있는 하나님의 집은 사람이 지은 그 어떤 것보다 더 웅장한 건축물입니다. 그것은 유한한 인간이 지은 건축물이 아니라, "손으로 지은 것이 아니요 하늘에 있는 영원한 집"(고후 5:1)입니다. 내가 천국에서 알게 될 모든 것은 하나님이 주시는 것입니다. 마침내 내가 하나님을 뵈올 때에 이렇게 말하게 될 것입니다:

"내게 이루어진 모든 것이 다 영영토록 은혜라네.

　　은혜는 천국의 초석이니
　　찬송 받아 마땅하다네."

2. 둘째로, 큰 경험에 관한 것입니다.

　　모든 경험 중에서 최고의 경험은 "오직 그만이 나의 반석이시요 나의 구원"이시라는 것을 아는 것입니다. 이제까지 우리는 가르침에 대해서 자세하게 살펴보았습니다. 그러나 우리의 경험 속에서 증명되지 않는 가르침은 아무것도 아닙니다. 하나님의 가르침들 중 대부분은 오직 실천을 통해서, 즉 세상 속에서 그 가르침들을 적용하여 살아가고자 할 때에 닥쳐오는 인생의 온갖 풍파를 몸으로 겪음으로써만 배울 수 있습니다. 내가 이 자리에 계신 어떤 그리스도인에게 이 가르침이 참되냐고 묻고, 그가 이 가르침과 관련된 깊은 경험을 한 분이라면, 그는 이렇게 대답할 것입니다: "나는 이 가르침이 참되다고 말할 수 있습니다. 하나님의 성경 속에 나오는 그 어떤 말씀도 이 가르침보다 더 참될 수 없습니다. 왜냐하면, 진실로 구원은 오직 하나님께 속한 것이기 때문입니다." "오직 그만이 나의 반석이시요 나의 구원이시요." 그러나 사랑하는 자들이여, 우리가 경험을 통해서 이 가르침이 참되다는 것을 알고 그 가르침에서 결코 떠나지 않게 되는 것은 매우 어렵습니다. "구원이 하나님께 속한다"는 것을 믿기는 아주 어렵습니다. 우리가 하나님 아닌 다른 것을 의지하면서도 마치 하나님을 의지하고 있는 것처럼 여기는 죄를 범하는 경우들이 있습니다. 나는 구원이 오직 하나님께 속한다는 것을 우리에게 알게 해줄 경험에 대하여 좀 더 자세하게 살펴보고자 합니다.

　　참된 그리스도인은 구원이 오직 하나님께 속한다는 것, 즉 "하나님이 자기의 기쁘신 뜻을 위하여 그에게 소원을 두고 행하게 하신다"(빌 2:13)는 것을 진심으로 고백할 것입니다. 나의 과거의 삶을 되돌아보면, 나는 그 모든 것이 하나님에 의한 것임을 알게 됩니다. 내가 해에 불을 지핀 것도 아닌데, 해는 내게 빛을 주었습니다. 내가 영적인 삶을 살게 된 것도 내 자신이 한 것이 아니었습니다. 아니, 도리어 나는 성령의 일들을 발로 차 버리고 거기에 순종하지 않으려고 발버둥을 쳤습니다. 성령께서 나를 이끄셨을 때, 나는 한동안 성령을 따라 행하지 않았습니다. 내 영혼 속에는 거룩하고 선한 모든 것에 대한 타고난 증오심이 있었습니다. 하나님이 아무리 구애해도 나는 거부하였고, 하나님의 경고의 말씀들은 귓전으로 흘려 버렸으며, 우렛소리 같은 하나님의 말씀들은 무시하였습니다.

그리고 나는 하나님의 사랑의 속삭임들을 헛소리로 치부하여 거절하였습니다. 그러나 이제 나는 내 자신과 하나님을 아는 모든 사람을 대신해서 이렇게 말할 수 있습니다: "오직 그만이 나의 구원이시요 여러분의 구원이십니다." 여러분의 마음을 돌려놓으시고 무릎을 꿇게 하신 이는 바로 하나님이셨습니다. 그러므로 여러분은 진정으로 이렇게 말할 수 있습니다:

"은혜가 내 영혼에게 기도하는 법을 가르쳤고
은혜가 내 눈에서 눈물이 흘러 넘치게 하였나이다."

이제 와서 여러분은 이렇게 말할 수 있습니다:

"오직 은혜가 이 날까지 나를 지켜왔고
장래에도 나를 지켜줄 것입니다."

나는 내가 하나님께로 나아오게 된 때를 기억합니다. 나는 온전히 내 힘으로 하나님께 나아가고자 하였고 간절하게 하나님을 찾았지만, 하나님이 나를 찾고 계시다는 생각이 들지 않았습니다. 나는 새 신자가 처음에 이러한 사실을 알 것이라고 생각하지 않습니다. 어느 날 나는 하나님의 전에 앉아 있었고, 설교에 대해 별 신경을 쓰지 않고 있었습니다. 당시에 나는 설교를 믿지 않았으니까요. 그때 "너는 어떻게 그리스도인이 되었지?"라는 생각이 내 마음을 때렸습니다. 나는 하나님을 찾아 왔습니다. "그러나 너는 어떻게 하나님을 찾게 되었지?" 이런 생각이 순간적으로 내 마음을 스쳤습니다. 하나님께서 먼저 내게 하나님을 찾고자 하는 감동을 주지 않으셨다면, 나는 하나님을 찾고자 하지 않았을 것이 아닌가. 여러분이 신앙을 가진 지 얼마가 되었든, "내가 변화된 것은 전적으로 하나님에 의한 것입니다"라고 말하게 될 때에 비로소 여러분은 그리스도인이 됩니다. 나는 그러한 고백이 나의 영원한 고백이 되기를 원합니다. 목사님들 중에는 오전에 한 번, 저녁에 한 번 복음을 전할 때, 오전에는 성도들에게 전하기 때문에 제대로 된 복음을 전하고, 저녁에는 죄인들에게 전하기 때문에 복음이 아닌 것을 전하는 분들이 계십니다. 그러나 "여호와의 율법은 완전하여 영혼을 소성시키기"(시 19:7) 때문에, 이런 때에는 진리를 전하고 저런 때에는 거짓을 전할 필요가 없습니다. 죄인들을 구주께로 인도하기 위해 복음 속에 진리 아닌 것들을 섞을 필요가 없습니다. 형제들이여, 여러분은 "구원은 하나님께 속하였다"고 고백하여야 합니다. 지난날을 되돌아볼 때면, 여러분은 이렇게 말해야 합니다: "나의 하나님, 내가 뭔가를 가지고 있다면, 그것은 모두 다 주께서 내게 주신 것입니다. 내게 믿음의 날개가 있습니까? 전에 나는 날개 없는 짐승이었습니다. 내게 믿음의 눈이 있습니까? 전에 나는 눈먼 짐승이었습니다. 주께서 나를 살리시기 전에는 나는 죽어 있는 자였고, 주께서 내 눈을 열어 주시기 전에는 나는 눈먼 자였습니다. 나의 심령은 역겨운 거름더미였지만, 진주들은 거름더미에서 나올 수 있는 것이 아니기 때문에, 거기에 진주들을 두신 것은 하나님이십니다. 내게 있는 모든 것은 다 주께서 내게 주신 것입니다." 그렇게 할 때, 여러분이 지금의 자신의 모습을 보았을 때, 지금 자신에게 주어진 경험이 하나님의 자녀로서의 경험이라면, 여러분은 그 모든 것을 하나님이 주신 것이라고 고백할 수 있게 됩니다. 여러분이 과거에 지니고 있던 모든 것만이 아니라 지금 지니고 있는 모든 것도 다 하나님으로부터 온 것입니다. 이 아침에 여러분은 이 전에 앉아 계십니다. 나는 여러분이 자신이 어디에 서 있는지를 뒤돌아보시기를 원합니다.

사랑하는 자들이여, 여러분은 만일 하나님의 은혜가 없었다면 지금의 여러분이 있었을 것이라고 생각하십니까? 단지 어제 여러분이 어떤 강력한 시험을 만났는지를 생각해 보시면 그 해답을 알게 될 것입니다. 사람들은 "당신을 당신의 높은 자리에서 떨어뜨리기만 꾀하였습니다"(4절). 여러분은 아마도 종종 나와 같은 일을 당했을 것입니다. 마귀는 종종 나로 하여금 죄를 둘러싸고 있는 달콤함을 통해서 그 위험성을 잊게 만드는 일종의 주문을 걸어 나를 죄의 낭떠러지 끝까지 끌고 갑니다. 마귀가 나를 밀어 버리려는 찰나, 나는 내 발 밑에서 입을 벌리고 있는 깊은 구덩이을 보게 되고, 어떤 강한 손이 나와서 나를 붙들며, "내가 너를 위해 속전을 치렀으니 네가 구덩이에 떨어지지 않도록 너를 붙들어 주리라"고 말씀하는 음성을 듣게 됩니다. 여러분은 만일 은혜가 여러분을 지켜 주지 않는다면 지금 이 해가 오늘 지기 전에 여러분은 망하게 되리라는 것을 느끼지 않습니까? 여러분의 심령 속에 은혜가 여러분에게 주지 않은 그 어떤 선한 것이 있습니까? 만일 내 속에 하나님으로부터 오지 않은 어떤 은혜가 있다는 생각이 든다면, 나는 그것을 내 발로 짓밟아 뭉개 버릴 것입니다. 왜냐하면, 그것은 전혀 은혜가 아니기 때문입니다. 영광의 근원이신 분으로부터 오지 않은 것은 진짜일 수 없기 때문에, 나는 그것을 가짜라고 생각하게 될 것입니다. 가짜도 진짜와 아주 흡사할 수 있지만, 그것이 하나님으로부터 온 것이 아니라면 분명히 내게 해로운 것입니다. 그리스도인이여, 당신은 당신과 관련된 과거와 현재의 모든 것에 대하여 "오직 그만이 나의 반석이시요 나의 구원이시요"라고 말할 수 있습니까?

이제 미래를 바라보십시오. 형제들이여, 여러분에게 얼마나 많은 원수들이 있는지를 생각해 보십시오. 여러분은 얼마나 많은 강들을 건너야 하고, 얼마나 많은 산들을 올라야 하며, 얼마나 많은 용들과 싸워야 하고, 얼마나 많은 사자들의 이빨을 피해야 하며, 얼마나 많은 불을 통과해야 하고, 얼마나 많은 큰물을 건너야 합니까? 여러분은 어떻게 생각하십니까? 여러분의 구원이 하나님이 아닌 다른 것으로부터 올 수 있다고 생각하십니까? 만일 내가 기댈 영원하신 팔이 없다면, 나는 "사망이여, 나를 이 세상 밖 어딘가로 내던져다오"라고 부르짖게 될 것입니다. 만일 내게 저 하나의 소망, 저 하나의 의지처가 없다면, 나는 나의 존재가 잊혀질 수 있도록 저 깊은 땅 속에 나를 묻어 주거나 아주 먼 곳에 데려다주라고 부르짖게 될 것입니다. 왜냐하면, 내가 이 순례 길을 가는 동안 나를 도우실 하나님이 내게 없다면, 그보다 비참한 일은 없을 것이기 때문입니다. 여러분은 자신에게 하나님 없이 원수들과 싸울 힘이 있다고 생각하시는 것입니까? 나는 그렇게 생각하지 않습니다. 하나님이 여러분을 지켜 주시지 않는다면, 보잘것없고 어리석은 여종조차도 베드로를 무시하고 여러분을 무시하게 됩니다. 나는 여러분에게 이 사실을 꼭 기억하시기를 부탁드립니다. 나는 여러분이 어디를 가든 "구원은 하나님께 속하였다"는 것을 과거의 경험을 통해 알고, 미래에도 기억하게 되기를 소망합니다. 여러분의 심령 속에서 뭔가를 찾아내려고 하지도 마시고, 여러분 속에 뭔가 칭찬할 만한 것이 있는지를 살펴보려고 하지도 마시고, 오직 "구원은 하나님께 속하였다"는 것을 기억하십시오. "오직 그만이 나의 반석이시요 나의 구원이시요."

효과라는 측면에서 볼 때에 구원은 전적으로 하나님께 속하지만, 우리는 공로라는 관점에서도 구원은 전적으로 하나님께 속한다는 것을 확신할 수 있습니다. 우리는 구원이 전적으로 하나님께 속하였다는 것을 경험해 왔습니다. 내게 어떤 공로들이 있습니까? 만일 내가 지금까지 스스로의 힘으로 얻은 모든 것을 긁어 모으고, 그런 후에 여러분에게 가서 여러분이 얻은 모든 것을 달라고 해서 다 모은다고 해도, 나는 한 푼도 모으지 못할 것입니다. 가톨릭교도들은 자기가 행한 선행과 악행이 서로 상쇄되기 때문에 자기는 천국에 갈 만한 자격이 있음을 느낀다고 말합니다. 그러나 이 자리에 계신 분들 중에서 그렇게 말하는 사람은 아무도 없습니다. 그동안 나는 많은 신자들, 여러 종류의 그리스도인들, 상당수의 괴짜 그리스도인들을 보아 왔지만, 자기에게 그 어떤 공로가 있다고 말하는 신자를 만나본 적이 없습니다. 우리는 완벽한 사람들에 대해서도 들어 왔고, 완벽하게 어리석은 사람들에 대해서도 들어 왔지만, 그들의 본성은 완벽하게 똑같다고 생각해 왔습니다. 우리에게 우리 자신으로부터 난 어떤 공로가 있습니까? 나는 우리가 하나님으로부터 가르침을 받아 왔다면 우리에게 아무 공로가 없다는 것을 알게 되었을 것이라고 확신합니다. 전에는 우리도 우리에게 공로가 있다고 생각했었지만, 어느 날 밤 죄에 대한 자각(Conviction)이 우리에게 찾아와서는 우리의 자랑을 다 빼앗아 가버렸습니다. 아, 우리는 여전히 악합니다. 나는 다음과 같이 말한 쿠퍼(Cowper)가 과연 지극히 옳은 말을 한 것인지를 잘 모르겠습니다:

> "나를 주의 발 앞으로 데려다준 저 아름다운 시간 이래로
> 　나의 모든 어리석음이 다 뿌리째 끊어져서
> 　주의 팔 외에는 그 어떤 것도 의지하지 않았고
> 　주의 의로우심 외에 그 어떤 것에도 소망을 두지 않았다네."

나는 그가 조금 잘못 생각한 것이라고 생각합니다. 왜냐하면, 대부분의 그리스도인들은 종종 자기 자신을 의지하기 때문입니다. 그러나 우리는 공로라는 관점에서 볼 때에 "구원은 하나님께 속한다"는 것을 인정하지 않을 수 없습니다.

나의 사랑하는 친구들이여, 여러분은 자신의 심령 속에서 이런 것을 경험하고 있습니까? 여러분은 이 질문에 대해 "아멘"이라고 말할 수 있습니까? 여러분은 "하나님이 나를 도우시는 이라는 것을 압니다"라고 말할 수 있습니까? 나는 여러분 중 대부분이 그렇게 말할 수 있다고 감히 말하고자 합니다. 그러나 여러분이 지금은 그렇게 말할 수 없다고 하더라도, 하나님께서 여러분을 가르치시면, 가까운 장래에 그렇게 말할 수 있게 될 것입니다. 우리는 그리스도인으로서의 삶을 막 시작하였을 때에는 그것을 믿지만, 나중에는 그것을 압니다. 나이가

먹어 가면 갈수록 그것이 진리라는 것을 더욱 절실히 깨닫게 됩니다: "무릇 사람을 믿으며 육신으로 그의 힘을 삼고 마음이 여호와에게서 떠난 그 사람은 저주를 받을 것이라"(렘 17:5). 사실, 그리스도인의 경험의 최고봉은 자기 자신이나 사람을 의지하던 것으로부터 완전히 떠나서 예수 그리스도를 전적으로, 그리고 한 마음으로 의지하는 것입니다. 그리스도인이여, 당신의 최고의 고상한 경험은 당신의 부패에 대하여 신음하는 것도 아니고, 당신의 일탈들에 대하여 부르짖는 것도 아니고, "나의 모든 죄와 염려와 화에도 불구하고, 성령께서 나로 멸망하게 내버려 두지 않을 것입니다"라고 말하는 것입니다. "주여, 내가 믿나이다 나의 믿음 없는 것을 도와 주소서"(막 9:24). 나는 "그리스도께서 그 손에 칼을 뽑아들고 계신다면, 나는 그 팔로 달려갈 것이다"라고 한 루터의 말을 좋아합니다. 그런 것은 모험적인 믿음이라 불리지만, 옛적의 신학자가 말했듯이, 모험적인 믿음 같은 것은 존재하지 않습니다. 우리는 그리스도를 상대로 모험을 할 수 없습니다. 믿음은 전혀 모험이 아니고, 그 속에는 우연이라는 것은 조금도 개입되어 있지 않습니다. 우리가 폭풍우 속에서 그리스도께로 가서 "오, 예수여, 주의 피로 나를 덮어 주실 줄 믿습니다"라고 말할 수 있고, 우리 자신이 온통 누더기로 덮여 있는데도 "주여, 나는 엉망이지만 그리스도 예수로 말미암아 온전히 사함받을 줄 믿습니다"라고 말할 수 있다면, 그것은 하늘에 속한 거룩한 경험입니다. 성도의 믿음은 그가 성도로서 믿을 때는 작은 믿음이지만, 죄인의 믿음은 그가 죄인으로서 믿을 때는 참된 믿음입니다. 죄 없는 자의 믿음이 아니라 죄 있는 피조물의 믿음, 바로 그것이 하나님을 기쁘시게 하는 믿음입니다. 그러므로 그리스도인들이여, 가십시오! "오직 그만이 나의 반석이시요 나의 구원"이시라는 것을 매일매일 배우는 것이 여러분의 경험이 되게 해주시라고 구하십시오.

3. 셋째로, 큰 의무에 관한 것입니다.

우리는 큰 경험을 해 왔기 때문에, 이제 큰 의무를 감당하지 않으면 안 됩니다. 큰 의무는 이것입니다: 오직 하나님만이 우리의 반석이시고 우리가 그것을 안다면, 우리는 오직 하나님만을 의뢰하고, 오직 하나님만을 사랑하며, 오직 하나님만을 소망하고, 우리의 모든 삶을 하나님을 위해 살아야 하며, 우리의 존재 전체를 하나님께 드려야 하지 않겠습니까? 하나님이 내가 가진 모든 것이면, 분명히 내가 가진 모든 것은 하나님의 것이 될 것입니다. 오직 하나님만이 나의 소망이라면, 나는 나의 모든 소망을 하나님께 두게 될 것입니다. 나를 구원하실 수 있는 것이 오직 하나님의 사랑뿐이라면, 분명히 하나님은 내가 유일한 사랑이 될 것입니다. 그리스도인이여, 와서 잠시 내 말을 들으십시오. 나는 당신에게 두 하나님, 두 그리스도, 두 친구, 두 남편, 두 아버지를 두지 말라고 경고하고자 합니다. 두 근원, 두 강, 두 해, 두 하늘을 두지 말고 오직 하나만을 두십시오. 나는 당신에게 하나님이 자기 자신 안에 모든 구원을 두셨으므로 당신 자신을 전부 하나님께 드리라고 명하고자 합니다. 자, 내가 하는 말에 귀를 기울이십시오.

그리스도인이여, 먼저, 절대로 그리스도에 다른 무엇을 섞지 마십시오. 하나님이 주시는 새 옷에 여러분의 누더기 옷을 덧붙이려고 해서야 되겠습니까? 여러분은 새 포도주를 헌 가죽부대에 넣고자 하는 것은 아니겠지요? 여러분은 그리스도와 여러분 자신을 한데 묶으려고 하지 않겠지요? 이런 것들은 코끼리와 개미를 한데 묶어서 거기에 멍에를 메게 하는 것과 같습니다. 코끼리와 개미는 절대로 함께 멍에를 메고서 밭을 갈 수 없습니다. 여러분은 천사장과 벌레를 한데 묶고서 여러분을 하늘로 데려다줄 마차를 끌게 하고자 하는 것입니까? 그것은 말도 되지 않는 일입니다. 그것은 얼마나 어리석은 짓입니까! 그런데도 여러분은 여러분 자신과 그리스도를 한데 묶으시렵니까? 그리스도께서 웃으실 일입니다. 아니, 여러분이 그렇게 하고자 하는 것을 보시면, 그리스도께서는 우실 것입니다. 그리스도와 사람을 한데 결합시키다니요? 그리스도와 사람들의 무리를 한데 결합시키다니요? 절대로 그런 일이 있어서는 안 됩니다. 하나님께서는 그런 일을 결코 용납하지 않으십니다. 하나님은 여러분에게 전부가 되어야 합니다. 하나님에다 다른 무엇인가를 덧붙인다는 것은 언어도단입니다. 다시 한 번 그것이 얼마나 잘못된 일인지를 유념하십시오. 그리스도께서는 사람들이 그에게 다른 무엇을 덧붙이는 것을 결코 용납하지 않으십니다. 하나님 외에 다른 것을 사랑하는 자는 간음한 자요 음행한 자라 불립니다. 하나님께서는 여러분이 그를 마음을 다하여 의지하고, 목숨을 다하여 사랑하고, 힘을 다하여 공경하기를 원하십니다 (막 12:30). 여러분이 모든 열쇠를 하나님의 발 앞에 두기 전에는 하나님은 여러분의 집에 오지 않으실 것입니다. 여러분이 하나님께 다락방과 거실과 응접실과 지하실 등등을 모두 다 내드리기 전에는 여러분의 집에 오시지 않을 것입니다. 하나님은 여러분으로 이렇게 노래하게 하실 것입니다:

> "설령 내 것으로 조금 남겨 두어도 괜찮고
> 모든 것을 드릴 의무가 없다고 할지라도
> 하나님에 대한 나의 사랑이 이렇게 열렬하니
> 내 모든 것을 하나님께 드리리라."

그리스도인들이여, 하나님께 모든 것을 남김없이 드리지 않고 무엇인가를 남겨 둔다면, 그것 자체가 죄라는 것을 명심하십시오.

여러분이 그렇게 한다면, 그리스도께서는 크게 근심하시리라는 것을 기억하십시오. 여러분을 위해 피 흘리신 분을 근심하게 하고자 하는 것은 아니겠지요? 이 자리에 계신 하나님의 자녀들 중에서 찬송 받으실 맏형을 화나게 하고자 하는 사람은 분명히 한 분도 없을 것입니다. 그리스도의 피로 구속 받은 자들 중에서 우리가 가장 사랑하는 그분의 눈에서 눈물이 흘러나는 것을 보고자 하는 사람은 없을 것입니다. 여러분이 주님을 근심하게 하고 싶어 하지 않는다는 것을 나는 압니다. 그렇지 않습니까? 그러나 여러분에게 말씀드리건대, 여러분이 주님 외에 다른 것을 사랑한다면, 그것은 주님의 고귀한 영혼을 화나게 하고 고통스럽게 하는 것입니다. 주님은 여러분을 너무나 좋아하시기 때문에 여러분이 다른 것을 사랑하는 것에 대하여 질투하십니다. 성경에서는 하나님 아버지가 "질투하는 하나님"(출 20:5)이라고 말씀합니다. 여러분이 상대해야 하는 분은 질투하는 그리스도이십니다. 그러므로 병거들이나 말들을 의지하지 말고, "오직 그만이 나의 반석이시요 나의 구원이시요"라고 말하십시오.

또한, 나는 여러분이 다른 것을 보지 않아야 하는 한 가지 이유를 주목하시기를 부탁드리는데, 그것은 여러분이 다른 것을 본다면 그리스도를 볼 수 없게 되리라는 것입니다. 여러분은 "나는 그리스도께서 베푸신 긍휼들 속에서 그리스도를 볼 수 있습니다"라고 말할지 모르지만, 그리스도를 인격적으로 보거나 만날 수는 없게 됩니다. 두 대상을 동시에 바라보면서 둘 다 분명하게 볼 수 있는 사람은 아무도 없습니다. 여러분은 세상도 얼핏 보고 그리스도도 얼핏 볼 수는 있습니다. 그러나 세상을 곁눈질함과 동시에 그리스도를 온전히 보는 것은 불가능합니다. 형제들이여, 여러분은 그렇게 하지 마시기를 간곡히 부탁드립니다. 여러분이 세상을 바라본다면, 여러분의 눈은 가려질 것입니다. 여러분이 그리스도 외에 다른 것을 의지한다면, 둘 다 욕심을 내다가 아무것도 되지 않은 채 무섭게 추락하게 될 것입니다. 그러므로 그리스도인들이여, 오직 그리스도만을 바라보십시오. "오직 그만이 나의 반석이시요 나의 구원이십니다."

또한, 그리스도인들이여, 나는 여러분이 그리스도에 다른 무엇인가를 덧붙이지 마시기를 간곡히 부탁드립니다. 왜냐하면, 여러분이 그렇게 하면, 반드시 매를 맞게 될 것이기 때문입니다. 하나님의 자녀들 중에서 주님을 배반하는 마음을 품었다가 징계를 받지 않은 사람은 단 한 명도 없었습니다. 하나님께서는 우리 모두에 대하여 수색영장을 발부하셨는데, 여러분은 하나님이 자신의 수하들에게 무엇을 수색해서 찾아내라고 명하셨는지를 아십니까? 하나님은 그들에게 우리가 사랑하는 모든 것들, 우리의 모든 보화들, 우리를 돕는 모든 것들을 찾아내라고 명하셨습니다. 하나님은 우리가 지은 죄들 자체보다도 우리가 우리의 죄를 통해서든 미덕을 통해서든 그의 보좌를 찬탈하고자 한 것에 대하여 더 염려하십니다. 나는 이 세상에서 여러분이 마음을 두는 것들은 모두 다 하만에게 사용되었던 것보다 더 높은 단두대에 매달려야 마땅한 것들임을 여러분에게 말씀드립니다. 여러분이 그리스도 외에 다른 것을 사랑한다면, 그리스도께서는 반드시 여러분으로 하여금 그렇게 한 것에 대하여 후회하게 만드실 것입니다. 여러분이 자신의 집을 그리스도보다 더 사랑한다면, 그리스도께서는 그 집을 여러분의 감옥으로 만드실 것입니다. 여러분이 자신의 자녀들을 그리스도보다 더 사랑한다면, 그리스도께서는 그 자녀들을 여러분의 품 속에 있는 독사로 만드셔서 여러분을 물게 하실 것입니다. 여러분이 매일의 음식을 그리스도보다 더 사랑한다면, 그리스도께서는 여러분이 마시는 것을 쓰게 하시고 여러분이 먹는 것이 입안에서 모래 같게 하실 것입니다. 여러분이 무엇이든 그리스도보다 더 사랑한다면, 그리스도께서는 여러분이 온전히 그를 의지하게 될 때까지 그것들을 여러분을 징계하시는 매로 삼으실 것입니다.

또한, 여러분이 하나님 외에 다른 것을 바라본다면, 머지않아 죄에 빠지게 되리라는 것을 유념하십시오. 지금까지 그리스도 외에 다른 것에 눈을 돌렸다가 잘못되지 않은 사람이 없었습니다. 선원이 북극성을 바라보고 배를 조종한다면, 그 배는 반드시 북쪽으로 가게 되어 있습니다. 그러나 그가 북극성을 보다가 다른 별들도 보면서 조종한다면, 그 배는 그가 알지 못하는 곳으로 가있게 될 것입니다. 여러분이 전적으로 그리스도만을 바라보지 않는다면, 반드시 머지않아 잘못될 것입니다. 여러분이 자신의 힘의 비밀인 그리스도를 의지하는 것을 포기하거나, 세상의 들릴라와 어울려 농탕치며 자기 자신을 그리스도보다 더 사랑한다면, 블레셋 사람들이 여러분을 덮쳐서 머리카락을 잘라내고 맷돌을 갈게 만들 것입니다. 그러면, 여러분은 하나님께서 여러분의 머리를 다시 한 번 자라게 하심으로써 거기에서 건져 주셔서 구주를 전적으로 의지하게 하실 때까지 꼼짝없이 맷돌을 갈 수밖에 없게 될 것입니다. 그러므로 여러분의 눈을 예수 그리스도에 고정시키십시오. 왜냐하면, 여러분이 예수 그리스도에게서 눈을 돌린다면, 여러분의 처지는 정말 비참해질 것이기 때문입니다. 그리스도인들이여, 여러분에게 주어진 은혜들을 조심하십시오. 여러분의 미덕들을 조심하시고, 여러분의 경험을 조심하십시오. 여러분의 기도를 조심하시고, 여러분의 소망을 조심하십시오. 여러분의 겸손을 조심하십시오. 여러분이 받은 은혜라도 그 은혜를 예수 그리스도와 따로 떼어 놓는다면 그 은혜는 여러분에게 저주가 될 것입니다. 노년의 브룩스(Brooks)는 이런 말을 합니다. 한 여자에게 남편이 있었고, 그 여자는 남편이 준 아주 비싼 반지를 손가락에 끼고 다녔습니다. 그런데 그녀가 어리석어서 남편보다 반지를 더 좋아하거나, 보석을 준 남편에게는 무관심하고 오직 보석에만 신경을 쓴다면, 그 남편은 얼마나 화가 나겠으며, 그녀는 얼마나 어리석은 자이겠습니까! 그리스도인들이여, 나는 여러분에게 자신이 받은 은혜들조차도 조심하라고 경고합니다. 왜냐하면, 여러분이 받은 은혜는 여러분이 짓는 죄보다 여러분에게 더 위험할 수 있기 때문입니다. 나는 여러분에게 이 세상에 있는 모든 것을 조심하라고 경고합니다. 모든 것이 여러분을 하나님에게서 멀어지게 하는 경향을 지니고 있고, 값비싼 부동산은 더욱 그러합니다. 우리가 편안하게 살아가고 있다면, 하나님을 간절히 바라볼 가능성은 희박합니다. 그리스도인들이여, 여러분의 돈을 조심하고 여러분의 금과 은을 조심하십시오. 여러분과 하나님 사이에 끼어 있는 돈은 여러분에게 복이 아니라 저주가 될 것입니다. 여러분의 눈을 언제나 비가 아니라 구름에, 강의 품 안에서 떠다니는 배가 아니라 강에 고정시키십시오. 햇살이 아니라 해를 보십시오. 여러분에게 주어지는 모든 긍휼을 하나님께 돌리고, "오직 그만이 나의 반석이시요 나의 구원"이시라고 영원히 말하십시오.

끝으로, 지금의 여러분이나 과거의 여러분은 그리스도 밖에서는 단지 가련하고 저주 받은 죄인들일 뿐이기 때문에, 나는 여러분에게 전적으로 하나님만을 바라보고 자기 자신 속에 있는 어떤 것을 바라보지 말기를 다시 한 번 부탁드립니다. 나는 며칠 전에 목회자로서 이 설교의 전반부를 전했었습니다. 그러나 지금은 내가 가련한 죄인의 입장에 서 있기 때문에 그때와는 완전히 다르게 말씀을 전했습니다. 내가 지금까지 한 설교 중에서 최고의 설교들은 목회자로서가 아니라 한 사람의 가련한 죄인으로서 죄인들에게 전한 설교들입니다. 목회자도 결국에는 가련한 죄인 외에 아무것도 아닙니다. 공작새는 화려한 깃털을 자랑하지만 자신의 검은 발을 부끄러워한다고 합니다. 우리도 우리 자신을 부끄러워하는 것이 마땅합니다. 우리의 깃털이 때때로 아무리 밝고 아름다울지라도, 우리는 하나님이 우리에게서 은혜를 거두시면 우리의 모습이 어떠할지를 생각하여야 합니다. 그리스도인들이여, 오직 그리스도만을 바라보십시오. 그리스도 밖에서는 여러분도 지옥에 있는 저주 받은 자들과 다를 바가 전혀 없기 때문입니다. 여러분이 그리스도 밖에 있다면, 지옥에 있는 그 어떤 저주 받은 자를 보더라도 스스로 부끄러움을 느끼게 될 수밖에 없을 정도로 여러분은 초라한 자들입니다. 여러분이 낮아지게 되기를 빕니다! 심지어 하나님의 은혜가 여러분 안에 있는데도, 여러분이 얼마나 악한 마음을 지니고 있는지를 기억하십시오. 여러분에게는 은혜가 있고, 하나님은 여러분을 사랑하시지만, 여러분의 심령 속에는 여전히 더러운 암이 있다는 것을 기억하십시오. 하나님께서 여러분의 죄 가운데 많은 부분을 제거하셨지만, 부패하고 타락한 것은 여전히 남아 있습니다. 우리는 옛 사람이 어느 정도 억제되고, 성령의 감화라는 깨끗한 물에 의해 불도 어느 정도 진화되긴 하였지만, 하나님이 은혜를 거두시면 이전보다 더 거세게 타오르게 될 것임을 압니다. 그러므로 우리 자신을 자랑하지 맙시다. 노예는 그 손에 낙인이 찍혀 있기 때문에 자신의 혈통을 자랑해 보아야 헛일입니다. 교만을 버리십시오. 교만을 멀리 던져 버리십시오. 그리고 예수 그리스도만을 전적으로 의지합시다.

　이제 그리스도를 알지 못하는 믿지 않는 분들에게 한 마디 하고자 합니다. 여러분은 내가 지금까지 전한 것, 즉 구원은 오직 그리스도로부터 나온다는 것을 들으셨을 것입니다. 이것은 여러분을 위한 좋은 가르침이 아닙니까? 왜냐하면, 여러분은 가진 것이 아무것도 없기 때문입니다. 그렇지 않습니까? 여러분은 가련하고 파멸당하여 죽은 죄인들입니다. 그러므로 죄인들이여, 이것을 들으십시오. 여러분은 아무것도 가지고 있지 않고, 아무것도 필요하지 않습니다. 왜냐하면, 그리스도께서 여러분에게 모든 것이 되어 주실 것이기 때문입니다. 여러분은 "오, 나는 노예입니다"라고 말할지 모릅니다. 맞습니다. 그러나 그리스도께서는 여러분을 속량하셨습니다. 여러분은 "아닙니다, 나는 죄로 인해 검습니다"라고 말할지 모릅니다. 맞습니다. 그러나 그리스도께는 여러분을 희게 씻어줄 목욕탕이 있습니다. 여러분은 "나는 나병환자입니다"라고 말할지 모릅니다. 맞습니다. 그러나 여기에 여러분의 나병을 깨끗이 고쳐주실 수 있는 선한 의사가 있습니다. 여러분은 "나는 정죄받았습니다"라고 말할지 모릅니다. 맞습니다. 그러나 그리스도께서는 여러분이 그를 믿는다는 조건 하에서 여러분을 석방시키라는 명령서에 이미 서명을 하고 도장을 찍어 두셨습니다. 여러분은 "그러나 나는 죽어 있습니다"라고 말할지 모릅니다. 맞습니다. 그러나 그리스도께는 생명이 있고, 그는 여러분에게 그 생명을 주실 수 있습니다. 여러분에게는 그 어떤 것도 필요하지 않습니다. 오직 그리스도를 의지하는 것 외에는 아무것도 필요하지 않습니다. 이 자리에 나를 따라 진심으로 다음과 같이 말할 준비가 되어 계신 분들이 계실 것입니다: "나는 내 자신의 힘이나 공로를 의지하지 않고 그리스도를 나의 구주로 영접합니다. 나는 내 죄들을 알지만, 그리스도께서는 나의 죄들보다 더 크심을 압니다. 나는 나의 죄책을 알지만, 그리스도께서는 나의 죄책보다 더 능력이 있으시다는 것을 믿습니다." 여러분 중에서 이렇게 말할 수 있는 분이 계신다면, 그런 분들은 천국의 상속자들이 된 것이기 때문에 기뻐하고 즐거워하며 이 전을 나가실 수 있으실 것입니다.

나는 우리 교회 모임에서 한 재미있는 이야기를 하나 여러분에게 하여야 하겠습니다. 왜냐하면, 이 자리에는 아주 가난한 분들도 계시고, 그분들은 이 이야기를 통해서 구원의 길을 깨달으실 수도 있기 때문입니다. 교인 중 한 분이 교회에 나오려고 하는 어떤 사람을 만났는데, 그 사람이 "가련한 죄인이 당신에게 와서 구원의 길을 묻는다면 당신이 무슨 말을 해줄 것인지를 내게 얘기해 주실 수 있으시겠습니까?"라고 물었답니다. 그러자 그 교인이 이렇게 말했습니다: "나도 잘 몰라서 당신에게 얘기해 주기 힘들겠네요. 하지만 어제 이와 비슷한 일이 있었습니다. 한 가난한 여자가 내 가게로 왔고, 나는 그녀에게 구원의 길을 말해 주었죠. 그러나 어제 나는 실제 상황에서 아주 진술하게 얘기를 한 것이기 때문에 그 얘기를 여기에서 되풀이하고 싶지는 않습니다." 그 사람이 "그 얘기를 꼭 듣고 싶으니 말해 주십시오"라고 간청했기 때문에, 그 교인은 이렇게 얘기해 주었습니다: "그녀는 가난해서 언제나 물건들을 전당잡혔다가 다시 찾아가곤 했죠. 나는 그녀에게 이렇게 말해 주는 것이 가장 좋겠다고 생각했습니다. '보세요. 당신의 영혼이 마귀에게 전당잡혀 있는데, 그리스도께서 당신의 영혼을 다시 찾아오시기 위해 속전을 지불하시고서는, 당신에게 믿음이라는 영수증을 주셨습니다. 이제 당신은 믿음이라는 영수증을 내밀기만 하면 전당포에서 당신의 영혼을 되찾을 수 있습니다.'"

이것은 아주 간단한 것이었지만, 이 여자에게 구원의 지식을 나눠 주는 가장 탁월한 방법이었습니다. 우리의 영혼이 죄의 대가를 치르기 위해 전능자에게 전당잡혀 있었습니다. 우리는 가난해서 속전을 낼 수가 없었습니다. 그런데 그리스도께서 오셔서 속전을 다 내주셨고, 믿음은 우리가 전당포에서 우리의 영혼을 찾아오고자 할 때에 제시해야 하는 영수증입니다. 우리는 우리의 호주머니에서 한 푼이라도 낼 필요가 없습니다. 우리는 단지 이렇게 말하면 됩니다: "하나님, 나는 예수 그리스도를 믿습니다. 나는 내 영혼을 위해 지불할 돈을 한 푼도 가져오지 않았습니다. 왜냐하면, 속전은 이미 오래 전에 지불되었고, 그 영수증이 여기 있기 때문입니다. 이 영수증에는 하나님께서 '그리스도의 피가 모든 죄에서 깨끗하게 한다'고 자필로 쓰신 것이 기록되어 있습니다." 여러분은 그 영수증을 받기만 하면, 여러분의 영혼을 전당포에서 찾아올 수 있습니다. 여러분은 자신의 영혼을 전당포에서 찾았을 때에 "나는 죄 사함 받았다, 나는 죄 사함 받았다, 나는 은혜의 이적이다"라고 말하게 될 것입니다. 나의 친구들이여, 하나님께서 그리스도로 말미암아 여러분에게 복주시기를 빕니다. 아멘.

제
61
장

—

광야에서의 부르짖음

—

"하나님이여 주는 나의 하나님이시라 내가 간절히 주를 찾
되 물이 없어 마르고 황폐한 땅에서 내 영혼이 주를 갈망하
며 내 육체가 주를 앙모하나이다 내가 주의 권능과 영광을
보기 위하여 이와 같이 성소에서 주를 바라보았나이다."
— 시 63:1-2

크리소스토무스(Chrysostom)는 초대 교회의 그리스도인들 사이에서는 이 시편을 함께 찬송함이 없이는 하루를 보낼 수 없다는 것이 하나의 규례가 되어 있었다고 말합니다. 우리가 매일 이 시편을 노래했던 옛 관습을 따르지 않는다면, 그것은 그런 관습이 합당하지 않기 때문이 아니라, 그들과 같은 신앙이 우리 가운데서 사멸하였기 때문입니다. 이 시편은 일 년 내내 노래하여도 좋은 그런 시편입니다. 우리가 기쁜 나날들을 보내고 있습니까? 사랑보다 더 나은 하나님의 인자하심을 노래하십시오. 비온 후에 구름이 다시 끼었습니까? 그 오른손으로 우리를 붙드시는 분을 소리 높여 찬송하십시오. 우리의 영혼이 여름날입니까? 그렇다면, 우리는 "하나님이여 주는 나의 하나님이시라 내가 간절히 주를 찾되"라고 기쁨으로 부르짖음으로써 우리의 믿음으로 말미암은 온전한 확신을 표현할 수 있습니다. 우리가 가을의 가뭄 속에 있습니까? 오랜 동안 뜨거운 열기의 나날들이 지속되어 우리 영혼이 메말라 있습니까? 그렇다면, 우리는 "물이 없어 마르고 황폐한 땅에서 내 영혼이 주를 갈망하며 내 육체가 주를 앙모하나이다"

라고 우리 마음의 간절한 소원을 노래할 수 있습니다. 우리의 영혼이 겨울이어서 모든 것이 우리를 춥게 만듭니까? 그렇다면, 그때에도 침묵하거나 추위에 움츠러들지 마시고, "나의 평생에 주를 송축하며 주의 이름으로 말미암아 나의 손을 들리이다"(4절)라고 노래하십시오. 우리의 영혼에 봄이 다시 찾아와서 꽃들이 만발하고 온 천지에 향기가 가득합니까? 그렇다면, 우리의 기쁜 목소리를 높여서 "골수와 기름진 것을 먹음과 같이 나의 영혼이 만족할 것이라 나의 입이 기쁜 입술로 주를 찬송하리이다"(5절)라고 큰 소리로 노래하십시오. 우리의 마음에 밝은 낮이 끝나고 어두운 밤이 드리웠습니까? 그렇다면, 이 시편의 언어를 따라, 우리는 우리의 침상에서 하나님을 기억하고, 깊은 밤에 하나님을 묵상할 수 있습니다. 하나님은 우리의 "도움"이 되어 주셨기 때문에, 우리는 그 날개 그늘에서 즐거워할 수 있습니다. 우리 주변의 사람들이 우리 영혼을 죽이려고 우리를 찾는 전쟁의 나날들 속에서도 우리는 이 시편을 노래할 수 있습니다. 왜냐하면, 그들은 "칼의 세력에 넘겨져 승냥이의 먹이가 될" 것이기 때문입니다(10절). 마찬가지로, 우리는 승리의 햇살 속에서 빛나는 군기를 앞세우고 전쟁터에서 돌아오는 개선의 때에도 이 시편을 노래할 수 있습니다. 왜냐하면, "왕은 하나님을 즐거워하리니 주께 맹세한 자마다 자랑할" 것이기 때문입니다(11절). 이와 같이 믿는 자의 혀가 이 시편을 노래하기에 합당하지 않은 때는 없습니다. 이 시편의 간절함을 우리 속에 일구어 갑시다. 이 시편의 영으로 세례를 받기 위해 애씁시다. 우리가 사는 날 동안에 이 시편을 쓴 다윗 같이 거룩한 자들을 본받아 살아갑시다. 그 어떤 고난과 고통도 그의 마음의 확신을 흔들어 놓을 수 없었고, 그 어떤 황량한 광야도 그의 비옥한 마음을 시들게 할 수 없었으며, 그 어떤 고독도 그의 영혼의 기쁨을 없앨 수 없었습니다.

　　이 시편은 모든 사람이 노래할 수 있지만, 특히 환경이나 심령의 상태로 인하여 자신이 광야 가운데 거하고 있다고 느끼는 사람들이 노래한다면 더할 나위 없이 좋은 시편입니다. 그리스도인들이 걸어온 단계들 가운데는 애굽에 있던 단계가 있는데, 하나님께서는 그의 능하신 손과 편 팔로 그들을 애굽에서 이끌어 내십니다. 이것은 죄의 자각과 중생과 회심을 상징합니다. 그 단계에서 유월절과 피 뿌림이 있습니다. 우리의 원수들은 바다에 빠져 죽었고 우리의 입에는 새 노래가 주어집니다. 자신의 인생길에서 이 단계를 통과해 온 사람들은 복된 사람들입니다. 그런 후에, 광야의 경험이라고 부를 수 있는 영적인 여정의 단계가 있습니다. 이 단계에서 우리는 거의 안식을 누릴 수 없고, 많은 시험을 겪으며, 우리의 마음이 어떠한지에 대한 검증을 받으면서 우리가 얼마나 연약한지를 깨닫게 됩니다. 많은 그리스도인들이 필요 이상으로 너무나 오랜 기간 동안 이 단계에 머뭅니다. 며칠이면 끝낼 수 있는 이 단계를 불신앙으로 말미암아 40년 동안이나 질질 끄는 일이 벌어집니다. 그런 후에, 믿음이 평안과 기쁨을 낳는 복된 단계가 찾아옵니다. 이 단계에서 우리는 요단 강을 건너서 그리스도 예수 안에서 안식에 들어갑니다. 또한, 우리는 "그 안에서 기업"을 얻습니다(엡 1:11). 우리의 화평이신 그리스도 안에서 우리는 장차 천국이 주어질 것임을 보증해 주는 담보를 얻게 되고, 약속의 땅을 분배 받기 시작합니다. 왜냐하면, 하나님께서 우리를 "함께 일으키사 그리스도 예수 안에서 함께 하늘에 앉히셨기"(엡 2:6) 때문입니다. 각 사람은 언약에 의해 공급되는 것들 속에서 자신의 몫을 받고, 아무것도 두려워할 필요 없이 자신의 포도나무와 무화과나무 아래에 앉아 평화롭게 지낼 수 있습니다.

그렇지만 우리는 예수와 함께 일으키심을 받아 시온의 시민권을 얻은 후에도 광야에 있게 될 수 있습니다. 다윗이 이스라엘의 왕이었지만 압살롬의 반란을 피해 요단 강을 건너 피신해야 했던 것과 마찬가지로, 하나님의 백성 중에서 가장 믿음이 좋고 거룩함을 입은 사람들도 물 없는 메마르고 건조한 땅으로 잠시 쫓겨나서 자신의 피붙이를 피해 몸을 숨기게 될 수 있습니다. 추방당한 하나님의 사람들이 이방 땅에서 부르는 노래들이 있습니다. 그 시편들은 침묵의 땅에 활기를 불어넣는 노래들이고, 들짐승들이 울부짖는 광야를 풍요로운 동산으로 만드는 시들이며, 광야로 하여금 즐겁게 노래하며 장미처럼 꽃 피우게 하는 찬송들입니다. 이 아침에 나는 지금, 자기가 "물이 없어 마르고 황폐한 땅"에 있다고 느끼는 형제들에게 말씀을 전하고자 합니다. 이 아침에 하나님께서 자신의 말씀을 통해서 그들을 건져 주시기를 빕니다. 그들이 현세적인 고난으로부터 건지심을 받지 못한다고 할지라도 적어도 메마르고 건조한 땅에 있으면서도 성령으로 말미암아 기뻐하며 하나님의 이름을 높이게 될 것입니다.

1. 첫째로, 참된 성도들도 종종 "물이 없어 마르고 황폐한 땅"에 있게 됩니다.

하나님의 자녀들이라고 해서 늘 행복한 심령 상태 속에 있는 것은 아닙니다. 신앙 체험을 거의 하지 못한 사람들이 하는 말을 들으면, 여러분은 그리스도인의 삶은 늘 잔치를 열어 춤추는 것 같을 것이라고 상상하게 될 수 있습니다. 아이들은 사냥이라고 하면 사람들이 붉은 외투를 입고 나팔을 부는 모습을 연상할 뿐, 사람들이 말을 타고 숲속을 질주하는 것이 얼마나 힘든 일인지에 대해서는 알지 못합니다. 「천로역정」에 나오듯이, 사람들이 진주를 발견하고 천사들을 만나는 저 달콤한 "겸비의 골짜기"에서는 우리가 즐겁고 기쁜 마음으로 한가로이 걸을 수 있다는 것은 사실입니다. 우리는 「천로역정」에서 "순례자"의 길 안내자가 "보십시오, 이 골짜기는 얼마나 푸르고 백합화가 만발하여 얼마나 아름답습니까!"라고 말한 바로 그 곳을 알고 있습니다. 그러나 우리는 이 평화롭고 고요한 초장에서 "크리스챤"은 무저갱의 사자인 "아볼루온"(계 9:11)을 만나 힘겨운 싸움을 벌였다는 것을 잊어서는 안 됩니다. "순례자"는 조금 더 길을 가서 깊은 구덩이들과 수렁들이 있고 좁은 길 아래로는 지옥의 입구가 입을 벌리고 있는 "사망의 그늘 골짜기"에 당도합니다. "아름다운 궁정"에는 달콤한 안식도 있지만, 그리스도인이 올라야 할 "가파른 언덕"도 있습니다. 새 신자들은 달콤한 말에 속아 넘어가서는 안 됩니다. 그들은 순례 길에는 달콤한 일들과 마찬가지로 쓰디쓴 일들도 있다는 것을 알아야 하기 때문입니다. 그리스도인들은 자신의 평생에 늘 즐겁고 기쁜 일만 있을 것이라고 기대해서는 안 됩니다.

모든 것은 변합니다. 우리는 시시각각 변하는 세계 속에서 살고 있습니다. 우리의 온도계와 고도계는 무엇을 의미하는 것입니까? 그것들은 늘 변하는 것을 측량하는 도구들이 아닙니까? 살아 있는 것들은 살아 있지 않는 것들보다 한층 더 많이 변하고, 생기가 더 많을수록 더 예민하고, 예민할수록 더 자주 그리고 더 많이 변합니다. 대리석으로 만들어진 인물상은 그 주변에 물기가 모이면 겉표면이 촉촉해지기는 하지만, 수고하는 팔과 다리에 맺히는 땀방울에 대해서는 아무것도 알지 못합니다. 석고로 만들어진 인물상들은 피와 살로 된 사람들이 느끼는 기쁨과 슬픔을 알 도리가 없습니다. 여러분의 집 벽에 걸려 있는 미소 띤 모습의 조상들의 초상화는 자신의 재산이 다 날아가고 자신의 가문이 다 망해도 여전히 미소를 띠고 있습니다. 그러나 살아 있는 부모는 자녀들의 일이 잘되느냐 못 되느냐에 따라서 기뻐하기도 하고 슬퍼하기도 합니다. 살아 있는 부모에게는 미소도 있지만 눈물도 있습니다. 돌로 만들어진 인물상은 변하지 않지만, 살과 피로 된 사람은 세월의 흐름을 느낍니다. 세월의 쟁기질 속에서 그의 이마에는 골이 파이고, 세월의 흔적이 그의 눈가에 나타납니다. 살아 있는 사람들은 웃고 즐거워하기도 하지만 울며 고통스러워하기도 합니다. 마음과 심령의 상태가 변하는 것은 당연한 일이기 때문입니다. 그러므로 기쁜 마음을 지닌 시온의 아들들이 늘 성전에 있지 않고, 때로는 낯선 곳으로 유배되어 황폐한 땅에서 탄식하게 되는 것을 이상히 여기지 마십시오.

그러나 사람이 변할 수밖에 없다는 사실 외에도, 하나님의 백성이 종종 광야에서 떠돌게 되는 다른 이유들이 있습니다. 어떤 의미에서 그리스도인에게 이 세상은 늘 마르고 건조한 땅일 수밖에 없습니다. 하나님의 은혜가 우리 속에 심어둔 새 생명은 이 땅에서는 그 어떤 양식도 발견할 수 없습니다. 눈에 보이는 것들은 너무나 거칠고 물질적이며 육적이고 더러워서, 성령으로 말미암아 크신 아버지 하나님으로부터 오는 생명에 자양분을 공급할 수 없습니다. 우리는 썩은 고기를 먹는 독수리들이 아닙니다. 만일 그렇지 않았다면, 우리는 방주 주변에 넘쳐나는 시체들 위를 떠돌았을 것입니다. 우리는 비둘기들이기 때문에, 노아의 손을 떠났을 때에 쉴 곳을 찾지 못하고, 우리 영혼의 양식과 안식을 찾아 다시 노아에게로 돌아올 수밖에 없습니다. 지금 나는 최악의 상태에 있는 세상이 아니라 최선의 상태에 있는 세상을 상정하고 말하고 있는 것입니다. 세상에 풍부하게 비가 내리고 있다고 할지라도, 성도들에게 세상은 메마른 땅입니다. 세상이 고급스러운 비단옷들로 칭칭 감고 있다고 할지라도, 우리에게 세상은 여전히 헐벗은 세상입니다. 세상은 얼굴에 화장을 하고 머리를 예쁘게 땋습니다. 그러나 바로 그런 것들 때문에라도 세상은 이세벨입니다. 세상은 솔로몬에게 나아오듯이 우리에게 나아올지라도 여전히 속이는 자입니다. 세상이 자신의 모든 부로 우리를 현혹하고 자신의 모든 힘과 명성을 다 우리에게 준다고 해도, 위로부터 난 자들에게 세상은 여전히 우롱하고 속이는 자가 될 수밖에 없습니다. 여러분이 높은 산에 서서 여러분 앞에 펼쳐진 천하의 모든 나라와 그 영광을 보고, "이 모든 것을 네게 주리라"(마 4:9)는 음성을 들을지라도, 여러분은 사탄을 향해 돌아서서, "이 모든 것은 개에게는 먹이가 되겠지만 하나님의 자녀에게는 전혀 양식이 될 수 없으니 내게 아무것도 아니다"라고 말할 것입니다. 그런 후에, 여러분은 눈을 들어 위에 계신 아버지를 바라보며, "하늘에서는 주 외에 누가 내게 있으리요 땅에서는 주 밖에 내가 사모할 이 없나이다"(시 73:25)라고 말할 것입니다. 그렇게 하였을 때에 여러분은 활력과 힘을 되찾게 될 것입니다. 여러분은 마음이 원하는 모든 것을 갖게 될 것입니다. 그러나 어쨌든 여러분 속에 하나님의 생명의 불꽃이 있다면, 여러분의 심령은 온 땅의 기쁨 전체를 헤아려보고서 "헛되고 헛되며 헛되고 헛되니 모든 것이 헛되도다"(전 1:2)라고 말하게 될 것입니다. 천국 백성에게 이 세상은 "물이 없어 마르고 황폐한 땅"입니다. 최선의 상태에 있는 세상이 이러할진대, 최악의 상태에 있는 세상은 어떠하겠습니까? 세상이 주는 부드러운 솜털로 만든 베개도 우리에게 안식을 줄 수 없다면, 세상의 가시나무와 엉겅퀴는 어떠하겠습니까? 세상에 물이 풍부한 때조차도 우리가 살기 힘들다면, 물이 빠지고 바다가 사람의 발이 푹푹 빠지는 뻘이 되었을 때에는 오죽 하겠습니까? 따라서 우리는 세상이 최선의 상태이든 최악의 상태이든 세상으로부터 우리의 눈을 들어 위를 바라보고, 우리의 보화가 예비되어 있는 저 천국에 우리의 마음을 두는 것이 마땅합니다.

그러나 사랑하는 형제들이여, 만일 위에서 말한 것이 우리의 유일한 어려움이라면, 우리는 얼마든지 이 현재의 상태를 참아내고 만족할 수 있을 것입니다. 위에서 말한 것보다 훨씬 더 심각한 것은 우리가 우리 속에 낙원 자체에도 가뭄을 일으킬 수 있는 악을 지니고 살아간다는 사실입니다. 그리스도인이 메마른 땅에 들어가게 되는 것은 그의 본성이 메마르기 때문입니다. 그리스도인이 밖에서 황폐한 땅을 발견하는 것은 자기 자신 속에 황폐한 마음이 있기 때문입니다. 사실 우리의 경험에 비추어 볼 때에 이것보다 더 참된 가르침은 없습니다. 중생한 자들의 심령 속에조차 부패함은 남아 있어서, 우리가 선을 행하고자 할 때에 거기에 악이 함께 있습니다. 우리 속에는 하나님과 화목되지 않은 육적인 마음, 아니 실제로는 화목될 수 없는 육적인 마음이 여전히 존재합니다. 이 마음이 우리 속에서 잠시 우세하게 되면 — 우리 중에 이런 일이 일어나지 못하게 막을 수 있을 정도로 깨어 있는 사람이 누가 있습니까? — 하나님의 은혜로 인한 기쁨이 사라지고, 우리는 영적인 광야에 있게 되는 것은 이상한 일이 아닙니다. 만일 지옥의 구덩이가 메워지고 그 불이 꺼진다고 해도, 또다른 지옥을 만들어 내기에 충분할 정도의 악을 우리는 우리 속에 지니고 있습니다. 사도 바울은 "오호라 나는 곤고한 사람이로다 이 사망의 몸에서 누가 나를 건져내랴"(롬 7:24)고 말했습니다. 그가 이렇게 말한 것은 자신이 성도가 아니었기 때문이 아니라 성화의 길에서 아주 멀리 전진해 나아갔기 때문입니다. 성도가 더 성도답게 되면 될수록, 그는 자신의 본성 속에서 발견되는 내재하는 죄의 잔재들을 더욱 혐오하고 애통해하게 되고, 그것은 그로 하여금 더욱더 큰 은혜를 사모하고 갈망하게 만듭니다. 우리의 옛 불신앙이 우리의 믿음을 시들게 하기 시작하고, 우리의 본성적인 무관심이 우리의 생명을 메마르게 하기 시작하며, 우리의 의심들이 우리의 소망의 초장을 마르게 하고 우리의 죄가 우리의 위로의 샘을 마르게 할 때, 우리가 "물이 없어 마르고 황폐한 땅"에 들어가게 된다고 해도, 그것은 이상한 일이 아닙니다.

사랑하는 친구들이여, 우리는 삶 속에서 실제로 범하는 잘못들로 인해서 우리 자신을 그러한 상태로 몰아갈 정도로 부주의해 왔을 수 있기 때문에, 여러분은 내가 하는 몇 가지 질문을 듣고 잘 생각해서 대답하심으로써 자기 자신을 점검해 보시기를 바랍니다. 여러분의 기도하시는 시간이 줄어들었습니까? 여러분의 심령의 땅이 점차 메말라가는 것을 느끼고 이상하다고 느끼고 있지는 않으십니까? 여러분은 하나님의 말씀을 소홀히 하고 계십니까? 여러분은 다른 일들의 압박으로 인해서 말씀을 연구하는 것을 미루고 계십니까? 여러분의 영혼이 갈망하는 생명수가 말라 버렸다는 것을 느끼고 의아해하고 있지는 않습니까? 여러분은 세상적인 이득에 너무 몰두하다 보니 세상의 뜨겁고 황량한 바람으로 인해 여러분의 심령이 메말라 버린 느낌이 들지 않습니까? 여러분의 영적인 삶에 성령을 근심하게 해 온 일들이 있습니까? 여러분은 그리스도인으로서의 본분을 행하는 데에 게으르고 나태합니까? 여러분은 자신이 기름진 것을 먹고, 달콤한 것을 마시는 것으로 만족하고서, 다른 영혼들을 그리스도께로 인도하는 일은 전혀 하지 않고 있지 않습니까? 여러분은 하나님의 말씀으로부터 양식을 먹으면서도 복음의 달콤한 것들을 당연하다는 듯이 먹고, 그 양식을 인하여 하나님을 송축하지 않고 있습니까? 여러분은 낮아져 있지 않거나 감사함이 부족하지는 않습니까? 여러분은 그런 자신의 모습을 보면서, 여러분이 "마르고 황폐한 땅"에 있는 것은 아닐까 하는 생각이 들지는 않습니까? 여러분은 자신이 어떻게 행하고 있는지에 별 신경을 쓰지 않고 있지 않습니까? 가정생활 속에서 가족들의 죄가 용납되고 있습니까? 여러분은 자녀들의 악을 묵인하고 있지는 않습니까? 여러분은 자신의 악을 묵인하고 있지는 않습니까? 만약 그렇다면, 성경은 "여호와께서는 강이 변하여 광야가 되게 하시며 샘이 변하여 마른 땅이 되게 하시며 그 주민의 악으로 말미암아 옥토가 변하여 염전이 되게 하시며"(시 107:33-34)라고 말씀하고 있다는 것을 기억하십시오. 여러분은 더 행복했던 날들에는 하나님에 대하여 "나의 모든 근원이 주께 있다"(시 87:7)고 노래하였지만 이제는 그것을 다 잊어버렸기 때문에 영혼이 메마른 상태로 떨어지게 된 것일 수 있습니다. 여러분이 하나님을 거슬러 행해 왔기 때문에, 하나님께서도 여러분을 거슬러 행하고 계시는 것입니다. 여러분이 지금 해야 할 일은 즉시 회개하고 하나님께로 돌아오는 것입니다. 오직 그렇게 할 때에만 여러분은 평안을 되찾게 될 것입니다.

　이러한 여러 가지 이유들로도 신자가 "마르고 황폐한 땅"에 있게 된 이유가 설명되지 않는다면, 그 밖에도 몇 가지 다른 이유들이 있는데, 나는 이제 그것들에 대해 짧게 언급하고자 합니다. 종종 그리스도인들은 은혜의 방편들로부터 추방될 때에 매우 주리고 목마르게 됩니다. 우리의 목회가 별 것 아닌 것처럼 보일지라도, 하나님의 자녀들 중에는 이 전에서 예배드리는 것을 일용할 양식보다 더 사모하는 분들이 많습니다. 하나님에 의해 목회 사역으로 부르심을 받은 종들은 그들 자신에 대해서는 무익한 자로 생각해야 하지만, 그들이 무리들에게 나눠 주는 떡과 물고기는 결코 가볍게 보아서는 안 됩니다. 만약 무리들에게 그 떡과 물고기를 나눠 주지 않는다면, 그들은 돌아가다가 기진맥진하게 될 것이기 때문입니다. 어떤 성도들에게는 하나님의 전에서 예배드리는 특권으로부터 배제되는 것은 심각한 시련이자 고통이 됩니다. 나는 여러분이 건강을 위해서 또는 기분전환을 위해 바닷가에 여행을 왔더라도, 주일에 하나님의 전에 가서 영적인 양식을 먹지 못하면, 하나님의 자녀들이 양식을 풍성하게 먹고 힘을 얻어야 할 주일에 비참한 심령이 되어 탄식으로 보내게 될 것을 압니다. 다윗은 하나님의 성전 문들조차도 사랑하였습니다. 그가 목마르고 시들해진 것은 하나님의 전에서 예배를 드릴 수 없었기 때문입니다. 특히 바로 그런 이유 때문에 그는 자신이 "물이 없어 마르고 황폐한 땅"에 있다고 느낀 것입니다.

　우리가 그리스도인들과 교제하는 데서 오는 즐거움을 얻을 수 없게 되었을 때에도 똑같은 일이 일어날 수 있습니다. 다윗이 사울에게 쫓겨 광야에서 생활하여야 했을 때에 그를 따르는 무리들은 형편없는 사람들이었습니다. 그들은 건달들이나 도망자들이었기 때문에, 만일 다윗이 자신의 어쩔 수 없는 상황이나 정치적 상황으로 인해서 그들의 우두머리가 될 수밖에 없는 처지가 아니었다면, 결코 자신의 친구로 선택하지 않았을 자들이었습니다. 그들은 잡인들이 모인 집단이었습니다. 그들은 주로 빚을 지고 도망치거나 사회에 불만을 품은 자들, 사울의 폭정에 항거하는 자들, 파산하거나 충성을 의심 받고 도주한 자들로 구성되어 있었습니다. 그들 중에는 하나님의 마음에 합한 사람인 다윗의 친구가 되기에 합당한 사람은 거의 없었습니다. 다윗이 자기를 몹시 사랑했고 자신의 친족이기도 했던 스루야의 아들을 보면서도, 성도들의 거룩한 친교와 관련해서 자신의 영혼이 "물이 없는 마르고 황폐한 땅"에 있다고 느낀 것은 전혀 이상한 일이 아닙니다. 신자들은 세상에 속한 무리들 밖에 있어야 하지만, 하나님의 섭리에 의해서 하나님의 자녀가 불경건한 자들 가운데로 던져지는 경우가 종종 있습니다. 아합 가문 속에 던져졌던 오바댜, 아닥사스다 왕의 궁정에 던져졌던 느헤미야, 다리오 왕의 궁정에 던져졌던 다니엘이 그 예입니다. 여러분이 세상에 속한 자들 가운데 거하도록 부르심을 받았다면, 여러분의 운명은 가혹할 것입니다. 왜냐하면, 그들은 여러분의 경건을 해칠 힘을 갖고 있지만 여러분을 도울 수는 없기 때문입니다. 여러분의 주변에는 전능한 달러(弗)를 벌기 위해 굳은 얼굴을 하고 악착같이 살아가지만 전능하신 하나님에 대해서는 전혀 관심이 없는 사람들이 널려 있습니다. 그런 상황에서 여러분이 자기가 "물이 없는 마르고 황폐한 땅"에 있다고 느끼는 것은 전혀 이상한 일이 아닙니다. 우리는 생각보다 그리스도인 친구들의 덕을 훨씬 더 많이 보고 있습니다. 특히 우리 중에서 비교적 신앙의 연륜이 얼마 안 된 분들은 그리스도인들과의 교제를 소중히 여기고, 하나님을 경외하고 늘 생각하는 무리들과 자주 어울리는 것이 좋습니다. 그들이 새 힘을 얻을 수 있는 이러한 통로를 잃어버리면, 자신의 삶이 "물이 없는 마른 땅"이라는 것을 발견하게 될 것입니다.

그렇습니다. 그러나 다른 이유들에 의해서도 똑같은 일이 벌어질 수 있습니다. 종종 믿는 자는 매우 부당한 대우를 받아 큰 어려움을 겪게 되는 경우가 있습니다. 다윗은 잘못이 없었지만, 사울은 그를 반역자로 낙인을 찍고 잡아 죽이고자 하였습니다. 다윗은 올바르게 행하였지만, 그의 백성은 그에게 반역하였습니다. 의인은 자기가 무죄한 데도 오해를 받아 죄인 취급을 당할 때에 크나큰 고통을 당하게 됩니다. 그럴 때에 우리가 지금까지 얻어 왔던 위로와 즐거움의 수많은 원천들이 우리에게 닫히고, 우리는 위로를 얻지 못합니다. 그럴 때에 뜨겁게 타는 듯한 해 아래에서 많은 샘들이 마르게 되고, 심령은 바짝 메마르게 됩니다.

또한, 종종 가정 형편이 급변해서 우리가 원하는 대로 할 수 없는 경우가 있습니다. 나는 여러분이 어떻게 느끼고 있는지를 알지 못하지만, 여러분 중에는 자신의 집과 일상, 자신이 지금까지 늘 머물렀고 행해 왔던 것들로부터 유배를 당하게 되었을 때에 어느 때처럼 변함없이 하나님과 교제를 가질 수는 없다는 것을 인정할 수밖에 없는 분들이 많으리라고 생각합니다. 사람들은 자기가 늘 사용해 오던 성경을 읽고 싶어 하고, 자기가 늘 앉았던 의자 앞에서 무릎을 꿇고 싶어 합니다. 여러분이 그림 같이 아름다운 경관이 펼쳐져 있는 곳에서 하나님과 만날 시간이 되어 하나님을 찬송하며 경배하고 있을지라도, 거기에서는 집에서 누렸던 것과 같은 하나님과의 달콤한 교제를 누리기가 힘들다는 것을 발견하게 됩니다. 여러분이 여행자로 거기에 있을 때에는 주변의 모든 것이 너무나 아름답고 매력적이며 즐거울 수 있겠지만, 하나님을 만나고자 할 때에는 여러분에게 그곳은 "물이 없어 마르고 황폐한 땅"이 될 것입니다. 여러분의 심령은 여러분이 평소에 고요한 가운데 하나님과의 친밀한 사귐을 가졌던 시간을 갈망하게 됩니다. 그럴 때에 여러분은 모든 것을 객실에 두고 나와서 동산을 찾거나 한적한 작은 정원에서, 언제나처럼 휴대용 성경을 펼치고 앉아서 예수께서 여러분의 영혼에 말씀하시는 것을 듣기도 하며 예수께 고하기도 하는 시간을 갖고자 할 것입니다. 시간과 장소조차도 우리 마음의 상태와 많은 상관관계가 있습니다. 나는 그 상관관계가 구체적으로 어떤 것인지를 알지 못하지만, 우리는 그렇게 묘한 존재여서 장소가 바뀌면 평소에 드렸던 것과 같은 예배를 드릴 수 없게 되기 때문에, 우리의 영혼은 자기 자신을 마르고 황폐한 땅에서 떠도는 자로 느끼게 되는 것입니다.

또한, 많은 것이 건강과 몸의 상태에 의해 좌우되기도 합니다. 어떤 질병들에 걸리게 되면, 영혼은 심하게 눌려서 정상적인 상태에서 벗어나기 쉽습니다. 여러분 중에는 황금의 연사(演士)라 불린 와츠 윌킨슨(Watts Wilkinson)을 기억하시는 분들도 계실 것입니다. 얼마 전에 나는 그의 전기를 읽었습니다. 그는 자기가 오랜 세월 동안 건강하다가 병을 앓은 시기를 보내게 되었는데, 이때에 이전에 생각했던 것과는 달리 병든 때는 하나님께 가까이 나아가기에 아주 좋은 때가 아니라는 것을 경험을 통해서 배웠다고 합니다. 흔히 병은 성령의 거룩하게 하시는 감화 아래에서 사람들에게 매우 큰 유익을 주지만, 병을 앓는 당시에는 그렇지 않은 것처럼 보입니다. 병으로 인한 의의 열매는 "나중에" 나타나기 때문에, 윌킨슨이나 우리는 흔히 병을 앓고 있는 동안에 기도가 가장 둔탁해지고 성경을 읽어도 가장 감동이 없게 된다고 말하게 됩니다. 나는 흔히 몸의 상태가 심령의 상태에 영향을 주기 때문에, 몸이 약해지거나 열이 날 때에 우리가 "물이 없어 마르고 황폐한 땅"에 있는 것 같은 느낌을 받게 될 수 있다고 믿습니다. 우리에게 육정(肉情)으로 인한 쾌활함이 결여되어 있을 때에 우리는 종종 자신에게 믿음이 없다고 느낄 수 있습니다. 즉, 우리는 연약한 상태를 죄악된 상태로 착각하는 것입니다. 우리에게는 육정적으로 슬플 때도 있고, 머리를 푹 숙이고 다닐 수밖에 없을 정도로 눌리는 때도 있습니다. 또한, 육정의 체질 변화로 인해서나 지치고 힘들어서, 또는 지나친 흥분의 반작용으로 무기력이 찾아올 때도 있습니다. 나무라고 해서 언제나 푸른 것은 아닙니다. 겨울에는 수액이 나무 속에서 잠자고 있기 때문입니다. 마찬가지로, 우리에게도 겨울이 찾아옵니다. 인생이라는 것이 언제나 만조(滿潮)일 수 없습니다. 아무리 지극한 은혜 중에 있는 자들도 늘 복을 충만히 받는 것은 아닙니다. 우리는 늘 타오를 수는 있지만, 늘 활활 타오를 수는 없습니다. 우리는 늘 성장할 수는 있지만, 늘 꽃을 피울 수는 없습니다. 우리는 늘 열매를 맺지만, 그 열매가 늘 잘 익은 것일 수는 없고, 익었다고 해도 늘 맛있는 것은 아닙니다. 우리가 온전하게 될 때까지는 이 땅에서 늘 최고의 상태에 있을 수는 없습니다. 만약 그렇게 될 수 있다면, 이 땅이 천국이될 것이고, 시간도 그 유한성이 사라져서 불변하는 영원으로 바뀌게 될 것입니다. 이상으로 우리는 아무리 훌륭한 성도들이라도 종종 "물이 없어 마르고 황폐한 땅"에 있을 수밖에 없는 많은 이유들이 존재한다는 것을 살펴보았습니다.

2. 둘째로, 거기에서도 하나님은 여전히 우리의 하나님이시라는 것입니다.

두 번째 대지는 아주 짧긴 하지만 매우 위로가 되는 것입니다: "하나님이여 주는 나의 하나님이시라." 그렇습니다. 하나님은 우리가 하나님의 말씀에 의해 "천천히 흐르는 실로아 물"(사 8:6) 곁에 앉아 있을 때에나 "물이 없어 마르고 황폐한 땅"에 있을 때에나 우리의 하나님이십니다. 오, 하나님, 당신은 내가 바위에서 시원한 물이 폭포처럼 솟구쳐 오르는 것을 볼 때에도 나의 하나님이시고, 모든 강바닥이 돌 더미로 변하고 하나님을 찾아도 온통 뜨거운 모래밭에 보이지 않는 때에도 나의 하나님이십니다. 하나님이 나의 하나님이신 것은 결코 무효가될 수 없는 영원한 언약에 의한 것입니다. 왜냐하면, 성경은 "이 하나님은 영원히 우리 하나님이시니"(시 48:14)라고 말씀하기 때문입니다. 이것은 너무나 향기롭고 보배로운 하나님의 진리이고, 우리가 늘 기억해야 할 진리입니다. 물론, 어떤 사람의 영혼이 무디고 메마른 상태에 빠지게 될 때, 그는 하나님 앞에서 자신의 상태에 대하여 묻고서, 만족할 만한 응답을 받을 때까지 묻기를 그쳐서는 안됩니다. 그러나 살아 있는 믿음이 존재하는 곳에서 이 진리는 확실하고 모든 의심은 사라집니다. 나의 형제들이여, 여러분이 지금 믿음으로 나아와서 하나님을 붙들고 사랑을 담은 음성으로 하나님을 여러분의 하나님이라 부를 수 있다면, 여러분이 어떤 상태에 있든, 하나님은 여전히 여러분의 하나님이십니다. 여러분은 나를 따라 이렇게 말할 수 있겠습니까? 하나님, 나는 나의 위로들을 잃어버렸고, 나의 확신들을 잃어버렸으며, 나의 기쁨들을 잃어버렸습니다. 그러나 나는 여전히 당신을 의지합니다. 내게는 당신 외에 다른 신이 없고, 나는 다른 신을 섬기지도 않으며, 다른 것을 의지하지도 않습니다. 당신이 나를 죽이신다고 해도, 나는 당신을 의지합니다. 내 죄를 위한 예수의 상처들은 여전히 내 영혼의 유일한 소망이고, 당신의 사랑하는 아들의 보배로운 피는 내가 유일하게 의지하는 것입니다. 이것이 여러분의 심정을 표현한 말이라면, 여러분은 자신의 하나님을 잃은 것이 아닙니다. 여러분이 말하는 다른 모든 것들이 잠시 사라졌다고 할지라도, "하나님이여 주는 나의 하나님이시라 내가 간절히 주를 찾나이다"라고 여전히 말할 수 있다면, 여러분은 여전히 시온의 산 자들 가운데 있고, 여러분이 즐거워하게 될 날은 머지않아 올 것입니다.

　잠깐 한 번 생각해 보십시오. 자기 백성에 대한 하나님의 사랑이 그들의 상태에 따라 변한다는 것은 불가능한 일입니다. 그러한 신학은 하나님의 사랑이 변덕스럽다고 말하는 것입니다. 그것은 복음을 율법으로 만들고 모든 복음적인 진리를 율법적인 것으로 변질시키는 것이기 때문에 더 큰 문제가 됩니다. 내가 하나님을 사랑하기 때문에 하나님이 나를 사랑하시는 것입니까? 내가 밝고 행복해하기 때문에, 하나님이 나를 사랑하시는 것입니까? 내 믿음이 강하고 내가 하나님의 길에서 사슴 같이 뛰놀기 때문에, 하나님이 나를 사랑하시는 것입니까? 그렇다면, 내 속에 어떤 선한 것이 있기 때문에 하나님께서 나를 사랑하신 것이 됩니다. 그러나 그것은 성경에서 말씀하는 복음과 맞지 않습니다. 복음은 하나님께서 아무런 자격도 없는 자들을 사랑하셨고, 경건하지 않은 자들을 의롭다 하셨다고 말씀합니다. 그러므로 우리는 사람들의 상태에 따라 하나님의 사랑이 변한다는 생각을 마음에서 내쫓아야 합니다. 하나님께서 자기 자녀들이 영적으로 좋은 상태에 있을 때에만 그들을 사랑하신다는 것이 어떻게 참일 수 있겠습니까? 그런 말은 심지어 우리에게도 참일 수 없습니다. 우리는 내 자녀가 튼튼할 때는 사랑하고, 병들었을 때는 미워합니까? 내 자녀가 병에 걸리면, 우리는 그를 멀리하고 내쫓으면서 "너는 더 이상 내 아들이 아니다"라고 말합니까? 내 자녀가 눈이 멀었다고 해서, 우리가 그를 집에서 쫓아냅니까? 내 자녀가 불구가 되었다고 해서, 우리는 그를 내 자녀가 아니라고 합니까? 내 자녀가 청각이 상실되어서 내 목소리를 듣지 못한다고 해서, 우리가 그를 버립니까? 지금 나는 아버지들과 어머니들에게 말하고 있습니다. 여러분의 자녀들에게 무슨 일이 생겨도, 그들은 여전히 여러분의 자녀가 아닙니까? 그리고 여러분은 여전히 그들을 사랑하지 않습니까? 어떻게 여자가 자신의 젖먹이 아기를 잊을 수 있으며, 자신의 태에서 난 아들을 불쌍히 여기지 않을 수 있습니까? 하나님께서는 "그들은 혹시 잊을지라도 나는 너를 잊지 아니할 것이라"(사 49:15)고 말씀하셨습니다. 그러므로 힘을 내십시오. 우리가 어떤 참담한 상태에 빠져 헤맨다고 할지라도, 하나님의 사랑은 우리의 상태에 따라 좌우되지 않습니다. 하나님의 사랑은 기복도 없고 여름과 겨울도 없으며 썰물과 밀물도 없고 오직 영원토록 변함이 없을 뿐입니다. 하나님께서 우리로부터 얼굴을 숨기셨다고 해도 여전히 우리의 하나님이십니다. 왜냐하면, 하나님은 우리에게 "어찌 나를 버리셨나이까"라고 부르짖을 때에도 "내 하나님이여 내 하나님이여"를 덧붙이라고 가르치셨기 때문입니다(시 22:1).

하나님이 처음으로 우리를 사랑하셨을 때에 우리는 지금보다 더 안 좋은 상태에 있었습니다. 당시에는 우리가 완전히 죽어 있었지만, 지금은 그렇지 않고 단지 우리가 메마르고 우리에게 수액이 없다고만 느끼기 때문입니다. "우리가 허물과 죄로 죽었던 때조차도 우리를 사랑하신 그 큰 사랑"(엡 2:1, 4)을 기억하십시오. 우리는 원수들이었지만, 하나님께서는 우리와 화해해 주셨습니다. 지금 우리는 형편없고 냉랭한 마음을 지닌 친구들일지는 모르지만 원수들은 아닙니다. 우리는 아마도 몹시 병들어 있긴 할 것이지만, 하나님의 주권적인 은혜가 우리를 구속하여 다가올 진노에서 건지시기 위하여 처음으로 우리에게 임하였던 바로 그때처럼 정죄 아래 있지는 않습니다. 하나님께서 그때에도 우리를 사랑하셨는데, 그때보다는 더 나은 지금 우리를 사랑하지 않으시겠습니까?

우리는 하나님이 전혀 예상하시지 못한 그런 상태로 떨어진 것이 결코 아닙니다. 하나님은 우리가 어떠할 것인지를 아주 잘 알고 계십니다. 우리가 우리 자신을 여러 가지 이유로 자책할 수 있겠지만, 나는 우리가 우리 마음속에 있는 온갖 악 때문에 우리 자신을 심하게 자책하기를 소망합니다. 그렇지만 하나님은 우리가 어떠할 것인지를 미리 아시기 때문에 우리에 대하여 결코 실망하지 않으십니다. 우리 하나님이 미리 알고 계시지 않는 일이 일어나는 경우는 결코 없습니다. 하나님께서 이 모든 것을 아시고 우리를 택하신 것이라면, 자신의 뜻을 거두시고 마음을 바꾸시는 일이 어떻게 가능할 수 있겠습니까? 그런 일은 절대로 일어날 수 없습니다.

형제들이여, 우리는 이제까지 하나님의 사랑과 관련해서 큰 경험들을 해왔기 때문에, 지금도 하나님이 우리를 도우실 수 있으시고 돕고자 하신다는 것을 압니다. 성소에서 우리는 하나님의 능력과 영광을 보아 왔습니다. 또한, 우리는 하나님을 예배하면서 종종 하늘의 기쁨을 맛보아 왔습니다. 기도 모임에서는 마음이 뜨거워져서 마치 천국에 온 것 같은 행복감을 느끼곤 하였습니다. 설교를 들을 때에는 종종 새 생명을 받은 것처럼 불 같이 뜨거워지고 갑절로 힘을 받아서 다시 시작할 수 있다고 느끼곤 했습니다. 그런 일들이 이전에 우리에게 일어났다면, 지금도 우리가 마음이 무겁고 눌려 있을 때, 또다시 그런 일이 일어나지 않을 이유가 어디 있겠습니까? 하나님께서는 지치고 힘든 영혼들에게 새 힘을 주시기를 기뻐하지 않으시겠습니까? 천사들이 우리에게 찾아오는 것은 극히 드문 일일 수 있지만, 하나님의 성령의 역사는 그렇지 않습니다. 성령께서는 영원히 우리 안에 내주하시고 우리와 함께 하시기 때문입니다. 우리가 알아차리기도 전에, 하나님께서는 우리를 "암미나답의 병거들"(아 6:12 KJV, 한글개역개정에는 "내 귀한 백성의 수레"로 되어 있음) 같이 만드실 수 있으십니다. 왜냐하면, 하나님은 그런 일을 이제까지 행해오신 까닭에 지금도 분명히 또다시 그렇게 하실 수 있으시기 때문입니다. 이러한 것들은 여러분에게 위로가 되고 힘이 되지 않습니까?

게다가, 우리가 광야에 있다면, 하나님은 광야의 하나님이 아니십니까? 하나님께서는 황량한 광야에서 자기 백성을 이끄셨을 때에 너무나 기이한 일들을 행하셨고 만나로 먹이셨으며 구름 기둥과 불 기둥으로 자신을 나타내지 않으셨습니까? 사라에게 쫓겨난 하갈이 하나님을 만난 곳이 광야가 아니었습니까? 모세가 가시나무 덤불에서 하나님을 만난 곳도 광야의 뒤뜰이 아니었습니까? 엘리야가 자기에게 말씀하시는 여호와의 음성을 들은 곳도 저 먼 광야가 아니었습니까? 그리고 오늘 우리가 살펴보고 있는 시편의 기자인 다윗이 하나님을 만난 곳이 어디였습니까? 물이 없는 고적하고 외로운 땅이 아니었습니까? 오, 나의 영혼아, 네가 지금 광야에 있다면, 너의 하나님이 너를 만나 주시기를 기대하라. 지금 네가 마르고 건조한 땅 같다면, 네 눈을 열어서 하나님의 은혜가 나타나는 것을 보기를 기대하라. 네가 비어 있는 지금 하나님께서는 네게 소나기 같이 은혜를 부어 주실 것이다. 하나님께서 너를 그의 충만하심으로 충만하게 해주실 것이다. 네가 가난해져 있으니 하나님이 그의 부요하심으로 네게 채워 주실 것이다. 네가 죽어 있으니 하나님이 그의 영원한 생명을 네게 주실 것이다. 그러므로 소망을 가지고, 눌려 있는 것과 두려움에서 일어나라!

3. 셋째로, 우리가 마르고 건조한 땅에 있을 때에는 즉시 하나님께 부르짖는 것이 가장 지혜로운 일입니다.

우리는 두 번째 대지에 대해서 자세하게 살펴보았는데, 그 연장선상에서 세 번째 대지를 간단하게 살펴보겠습니다. 이제 나는 내 자신과 여러분을 위해 매우 실제적인 말씀을 전하고자 합니다. 왜냐하면, 우리 중에는 이 문제와 깊이 관련되어 있는 분들이 많을 것이기 때문입니다. 요즘 같이 여름이 되어 날씨가 더워지면 여러분의 신앙이 더 둔감해지기 쉽습니다. 날씨가 무덥고 음산하여 졸리기 때문에 하나님의 일들이 가물가물해질 수 있습니다. 그러므로 우리는 스스로 분발해서 잠의 결박을 부수어야 합니다. 오직 한 번 큰 소리로 하나님을 향하여 부르짖을 때에만 우리는 그렇게 할 수 있습니다. 우리의 친구이자 의사이신 예수께로 곧장 나아가서, "하나님이여 주는 나의 하나님이시라 내가 간절히 주를 찾되 내 영혼이 주를 갈망하며 내 육체가 주를 앙모하나이다"라고 부르짖는 것입니다. 다윗은 처음에 마르고 건조한 땅에서 건져 주시라고 기도한 다음 "그런 후에야 내가 이제 가서 하나님을 찾겠다"고 기도한 것이 아님을 주목하십시오. 다윗은 바로 그 광야 속에서 "내 영혼이 주를 갈망하나이다"라고 부르짖습니다. 우리는 다윗을 본받아서, "내 형편이 더 나아지면 하나님과 교제하겠습니다"라고 말하지 말고, 우리의 형편이 어떠하든지 바로 지금 하나님과의 교제를 갈망하여야 합니다.

마귀는 여러분에게 기도하고 싶지 않을 때에는 기도하지 말라고 말합니다. 그러나 그것은 마귀의 시험일 뿐입니다. 기도하고 싶지 않을 때에는 평소보다 두 배로 기도하십시오. 여러분에게 기도하고 싶다는 마음이 거의 없다면, 그때가 가장 기도를 필요로 하는 때이기 때문에, 더 많이 기도하여야 합니다. 하나님께 나아가고 싶은 마음이 거의 없을 때에는 이렇게 부르짖으십시오: "나의 하나님, 내 속에 지금 주를 갈망하는 것이 없는 것을 보니 내가 형편없는 상태에 있는 것이 틀림없습니다. 그러므로 내가 주를 찾고 주께 나아갈 수 있을 때까지 쉬지 않겠습니다." 여러분은 죄인들처럼 어리석게 생각하고 어리석게 행하지 마십시오. 그들은 자신의 형편이나 기분이 더 나아질 때까지 기다리겠다고 말하고, 실제로 그렇게 합니다. 그러나 그렇게 했을 때에 그들은 하나님께 절대로 나아갈 수 없습니다. 하나님의 자녀들은 "우리의 형편이나 기분이 더 나아질 때에 하나님을 찾겠다"고 말해서는 안 되고, 지금 당장 하나님을 찾아야 합니다. "있는 모습 그대로"(Just as I am)라는 복음의 원칙을 실천해서 여러분이 어떤 모습이든 있는 모습 그대로 예수께 나아가십시오. 여러분이 무기력하고 반쯤 자고 있고 영혼이 거의 죽어 있더라도, 상관하지 말고 예수께 나아가십시오. 예수께 나아가는 일에 무조건 뛰어드십시오. 이렇게 말하십시오: "나는 지금 하나님의 사랑을 느껴야 하고 가져야 하겠습니다. 나는 이 복된 주일 아침을 헛되이 보낼 수 없습니다. 나는 하나님을 만나 교제해야 하겠습니다." 무조건적으로 과감하게 하나님 앞으로 나아가십시오. 그러면 여러분은 하나님과 만나 교제하게 될 것입니다. 여러분이 마르고 건조한 땅에서 건짐 받을 때까지 기다리지 마시고, 바로 그곳에서 하나님을 갈망하며 간절히 찾으십시오.

　　사랑하는 친구들이여, 성소나 예배 같은 것들이 아니라 하나님 자신을 만나게 해주시라고 기도하십시오. 다윗은 "하나님, 당신은 나의 하나님이시니, 내가 성소에 갈 수 있게 해주십시오. 내 영혼이 기도 모임을 갈망하고 내 육체가 설교를 앙모하나이다"라고 말하지 않습니다. 그는 오직 하나님을 만나기 위해 탄식합니다. 그는 오직 하나님을 갈망하고 앙모합니다. 하나님께서는 우리에게 예전(禮典)들이 하나님 없이는 아무것도 아니라는 것을 알게 해주시기 위하여 종종 모든 예전들이 메마르게 느껴지게 하십니다. 은혜의 통로들은 하나님이 거기에 계실 때에만 우리 영혼의 복된 젖줄이 됩니다. 하지만 하나님이 거기에 계시지 않을 때에 그것들은 공허한 것들이 되고 맙니다. 평소에 여러분의 영혼에 가장 기름진 양식을 공급해 주던 설교자도 하나님이 그와 함께 하지 않거나, 여러분이 그 설교자 너머에 계시는 주님을 바라볼 준비가 되어 있지 않을 때에는 여러분을 실망시키게 될 뿐입니다. 하나님은 자기 백성이 오직 하나님만을 기다리게 하시기 위하여 이 땅의 모든 양식과 물을 그들에게서 박탈하시곤 합니다.

　　사랑하는 자들이여, 이 아침에 나는 여러분에게 여러분의 상태가 어떠하든지 지금 당장 하나님께 나아가서 직고하시기를 당부드립니다. 그러면 하나님께서는 그리스도 예수로 말미암아 즉시 여러분을 만나 주실 것입니다. 성전이나 예배 같은 신앙의 외적인 것들이 여러분에게 지금 결여되어 있다고 할지라도, 그렇게만 한다면, 여러분은 만족을 얻게 될 것입니다. 다른 것들로는 여러분이 필요로 하는 것들이 충족될 수 없습니다. 오늘의 설교가 하나도 안 들어와서 감동도 없고 무감각한데 어떻게 하느냐고요? 그럴지라도 하나님의 성령의 능력은 여러분의 심령 속에 은밀하게 역사해서 여러분의 영혼에 생명이 될 수 있습니다. 그러므로 하나님께서 채워 주실 것을 믿고서 지금 즉시 하나님 앞에 나아가 구하십시오. 하나님의 자녀는 졸고 있다가도 단번에 간절하게 될 수 있고, 무기력하게 있다가도 열심이 불붙을 수 있습니다. 하나님의 성령이 얼마나 신속하게 역사하는지를 보면 참으로 놀랍습니다. 성령께서 여러분을 또다시 활기차게 만드시는 데에 몇 주간, 몇 날, 몇 시간이 걸리는 것이 아닙니다. 성령께서 역사하실 때에는 시간을 놀라울 정도로 완벽하게 장악하셔서 그의 선하신 역사를 즉시 온전하게 하십니다. 태초에 칠흑 같은 짙은 어둠이 깔려 있었지만, 여호와께서 "빛이 있으라" 하시자마자, 그 순간 낮이 임하였고, 모든 것이 밝아졌습니다. 마찬가지로, 지금 이 순간 여러분 위에 지옥 같은 어둠이 뒤덮여 있어서 여러분의 모든 것이 암흑천지 같을지라도, 빛을 가져다주시는 성령이 임하시면, 순식간에 해보다 더 밝은 낮이 여러분 위에 떠오르게 될 것입니다.

하나님의 사랑하는 자녀들이여, 슬프고 애처로운 상태로 떨어져 있다고 할지라도 두려워하지 마십시오. 이 아침에 시편 기자의 언어로 하나님 앞에 나아가 부르짖기를 두려워하지 마십시오. 나는 우리가 기도해서는 안 될 것 같은 기분이 드는 때가 종종 있다는 것을 압니다. 우리가 너무 둔감해져 있고 생기가 없으며 형편없이 느껴져서 하나님께 나아가 부르짖는 것이 주제넘은 짓같이 생각되고, 우리가 기도해도 하나님이 응답해 주실 것 같지 않게 느껴지는 때가 있습니다. 그러나 하늘에 계신 우리 아버지는 자녀들이 온 종일 부르짖을 때에 응답하기를 기뻐하십니다. 러더퍼드(Rutherford) 목사는 이렇게 말합니다: "하나님은 그리스도의 집에서 가장 하나님을 귀찮게 하는 사람을 가장 반기고 환영하십니다. 자신의 영혼의 양식을 달라고 소리소리지르는 사람은 그리스도께 속한 자들 중에서 최고의 자녀입니다." 여러분의 자녀가 그렇게 한다면 여러분은 반기지 않겠지만, 우리 하나님은 그런 여러분을 반기고 환영하십니다. 러더퍼드는 "시간 시간마다 먹을 것과 마실 것을 달라고 늘 우는 소리를 하는 사람이 하나님의 최고의 자녀입니다"라고 말합니다. 그는 목마르고 주린 영혼은 늘 그리스도의 주방 문 주위를 끈질기게 맴도는 법이라고 말하고, 그런 사람을 칭찬합니다. 하나님께서 자기 자녀들이 하나님 곁에 붙어 있고 싶어서 온 힘을 쓰기를 원하십니다. 그러므로 그렇게 하고자 하시고, 그 소원이 점점 더 강렬해지게 하십시오. 여러분이 주님께 부르짖을 수 있다면, 주님은 여러분의 기도를 기쁘게 응답해 주실 것입니다. 여러분이 주님에게 쉴 틈을 주지 않는다면, 주님은 여러분에게 필요한 안식을 주실 것입니다. 하나님의 귀에는 자기 자녀들의 부르짖음이 음악소리로 들립니다. 여러분은 "나는 부르짖고 싶긴 하지만, 내가 부르짖는 소리는 너무 듣기 안 좋고 바보 같아 보입니다"라고 말할지 모릅니다. 여러분이 부르짖는 소리에 고통과 괴로움이 묻어 있어서 사람들의 귀에 듣기 안 좋은 때일수록, 여러분은 더욱 부르짖어야 합니다. 여러분의 자녀가 우는 소리들 중에서 여러분의 가슴에 가장 깊이 다가오는 것은 그 자녀가 너무나 고통스럽고 괴로워서 우는 소리일 것입니다. 어린아이가 죽을 것 같은 고통을 느끼고서 있는 힘을 다해 울 때에 어머니의 마음은 찢어집니다. 보십시오, 그럴 때에 어머니는 자기 아이를 품에 꼭 안고서, "내 사랑하는 아이가 죽게 생겼습니다"라고 부르짖고 통곡합니다. 마찬가지로, 여러분이 단지 신음하거나 흐느껴 울거나 탄식하기만 해도, 여러분은 영원한 사랑의 품 안에 꼭 안기게 될 것입니다.

　한 가지 주의할 것은 여러분은 "마르고 황폐한 땅에서" 행복해해서는 안 된다는 것입니다. 여러분이 하나님을 떠나 있는데 만족해서는 안 됩니다. 왜냐하면, 여러분이 하나님을 다시 만날 때까지 쉬지 않을 때에만 머지않아 하나님을 만나게 될 것이기 때문입니다. 여러분이 하나님을 만나고 싶어 탄식하고 신음한다면 반드시 하나님을 만나게 될 것입니다. 탄식이 하나님을 불러다줄 것입니다. 하나님께서 이 시간에 여러분 가운데 갈망하고 목말라하고 간절히 탄원하는 마음이 많이 있게 하시기를 빕니다.

　이 자리에 계신 분들 중에서 그 누구도 신앙에 무디어진 상태로 지내는 데도 만족하는 사람이 있어서는 안 됩니다. "하나님의 자녀도 둔감해질 때가 있을 수 있다고 말씀하지 않았습니까?"라고 말하지 마십시오. 물론, 나도 그렇다는 것을 알지만, 여러분에게 그런 상태에 빠지라고 하지는 않았습니다. 특히 나는 여러분에게 그런 상태로 살아가라고 말한 적은 더더욱 없습니다. 여러분의 자녀가 넘어져서 무릎이 다치는 일이 일어날 수 있지만, 나는 여러분의 모든 자녀에게 넘어져서 다치라고 권하지는 않을 것입니다. 마르고 황폐한 땅은 신자에게 진정으로 마르고 황폐한 땅이지만, 여러분이 거기에 거하는 것을 만족한다면, 그 곳은 이미 여러분에게 마르고 황폐한 땅이 아니게 됩니다. 그러므로 하나님의 자녀들이여, 여러분이 둔감한 상태로 떨어졌다면, 거기로부터 빠져 나오기 위해 애쓰시기를 간곡히 부탁드립니다. 내가 그렇게 부탁드리는 첫 번째 이유는 여러분은 그런 상태에 있어도 되는 사람이 아니기 때문입니다. 젖과 꿀이 흐르는 땅이 바로 여러분이 있어야 할 땅입니다. 여러분은 다윗처럼 잠시 가나안 땅에서 쫓겨날 수 있지만, 예루살렘으로 돌아올 때까지 결코 만족해서는 안 됩니다. 그럴 때에 여러분은 하나님께서 여러분을 예루살렘으로 되돌아오게 하셔서 왕의 얼굴을 뵈오며 왕의 식탁에 앉아 전에 매일 같이 먹었던 "골수와 기름진 것"(5절)을 먹으며 기뻐할 수 있게 해주시라고 부르짖어야 합니다.

여러분은 하나님 앞에서 왕이자 제사장입니다. 그런 여러분이 거지 같이 누더기 옷을 걸치고 돌아다니며 자신의 존귀함을 잊어버리고 이 비참한 세상의 빈민들과 함께 거름더미에 앉아 있겠습니까? 결코 그럴 수 없습니다. "마르고 황폐한 땅"은 여러분을 위한 것이 아닙니다. 거기에서 나오십시오. 풍요로움과 기쁨이 넘치는 땅이 바로 여러분이 있어야 할 땅입니다. 여러분이 구주께 무엇을 해야 하는지를 생각하십시오. 여러분은 그의 보배피로 사신 바된 사람들입니다. 여러분의 죄는 사함을 받았고, 여러분은 구주와 함께 공동 상속자가 되었습니다. 여러분의 영혼이 그토록 사랑하는 분을 향하여 여러분은 무관심하고 냉랭하고자 하시는 것입니까? 나는 이 세상에 있는 모든 그리스도인들 중에서 3/4은 구속주를 존귀하게 해드리기는커녕 도리어 욕을 보이는 방식으로 살아가는 것 같다고 말하고 싶은 심정입니다. 나는 그렇다고 말한 것은 아니지만, 만일 그렇게 말할 기회가 있었다면, 그 말을 취소하고 싶지는 않습니다. 그것이 사실이라는 생각이 들기 때문입니다. 우리 가운데는 그리스도의 영광에 아무런 도움이 되지 않는 사람이 많지 않나 생각이 듭니다. 세상 사람들은 우리를 보면 "저게 기독교인이 맞나?"라고 말합니다. 만일 주님이 자신의 몇몇 양을 대회에 내보내신다면, 그들은 상을 받지 못할 가능성이 큽니다. 그들이 경건한 자에게 주는 상을 탈 수 없을 것임은 너무나 분명합니다. 우리 중에는 불굴의 담대함과 강건한 마음을 지닌 자에게 주는 상을 받을 사람으로 추천할 만한 사람도 거의 없습니다. 주님의 양들 중 다수는 자기를 먹여 주는 분에게 아무런 도움도 되지 못하고, 자신의 목자를 존귀하게 해드리고자 하지도 않습니다.

형제들이여, 여러분이 거하고 있는 쓰레기더미에서 나오십시오. 여러분은 구주로부터 받은 은혜를 가지고 있으면서도 왜 어둠 속에 계속해서 앉아 계시는 것입니까? 여러분이 기쁨의 세계를 잃어가고 있다는 것을 생각하십시오. 크신 하나님과의 충만한 교제 속에서 의로우신 해를 향하여 독수리처럼 곧장 날아올라야 할 여러분이 올빼미처럼 황량한 폐허 속에서 눈을 깜빡이며 앉아 있다는 것이 말이 됩니까! 하나님께서 여러분을 "함께 일으키사 그리스도 예수 안에서 함께 하늘에"(엡 2:6) 앉히셨기 때문에, 여러분은 그룹 천사들 및 스랍 천사들 가운데서 하나님을 찬송하고 있는 것이 마땅한데도, 왜 이 땅의 동굴들과 소굴들로 들어가 용들 가운데서 울부짖고 있는 것입니까? 나는 여러분이 하나님의 자녀들이라고 말했기 때문에 여러분을 정죄하고 있는 것이 아니라, 할 수 있는 한 여러분을 부끄럽게 하여서, 여러분으로 하여금 하나님의 은혜를 받은 자들로서 마땅히 행해야 할 길로 행하도록 분발하게 하고자 하는 것입니다.

나의 사랑하는 형제들이여, 여러분과 내가 둔감하고 잠자는 상태에 빠진다면, 이 가련한 세상은 어떻게 될 것인지를 생각해 보십시오. 여러분이 오늘 오후에 수업을 하러 가야 하는데 반은 깨고 반은 자는 비몽사몽 간에 가시겠습니까? 여러분이 오후 내내 잠에서 깨어나지 못하고 해롱해롱 대며 지낸다면 어떻겠습니까? 여러분은 "우리는 그렇게 하지 않습니다"라고 말할지 모릅니다. 과연 그럴까요? 많은 설교자들이 설교할 때에 반도 깨어 있지 않습니다. 그들은 말씀을 전한다기보다는 잠꼬대를 한다고 하는 편이 더 나을 정도입니다. 우리 가운데 내내 깨어 있는 사람은 극히 드뭅니다. 우리는 반쯤 깨어 있습니다. 우리가 온전히 깨어 있고, 온전히 살아 있으며, 온전한 열심을 품게 된다면 얼마나 좋겠습니까! 성도들도 온전히 깨어 있는 사람이 드문데, 죄인들이 잠에 푹 빠져 있다는 것은 전혀 이상한 일이 아닙니다. 우리도 마치 지옥이 존재하지 않는다는 듯이 살아가는데, 회심하지 않은 사람들이 지옥을 허구라고 생각하는 것은 전혀 이상한 일이 아닙니다. 우리도 천국이 실제로 존재하지 않는 듯이 행하는데, 죄인들이 천국을 가공의 이야기로 생각하는 것은 전혀 이상한 일이 아닙니다. 오, 하나님, 우렛소리를 발하여서라도 우리를 깨어나게 해주옵소서. 오, 하나님, 예수 그리스도를 인하여 우리를 마르고 황폐한 땅에서 이끌어내 주옵소서. 하나님께서는 우리가 생명수 강물을 마신다면 우리의 배에서 생수의 강이 흘러넘쳐서 다시는 목마르지 않고, 우리 주위에 광야도 더 이상 없게 될 것이라고 말씀하지 않으셨습니까? 그러므로 우리를 도우셔서 차고 넘치도록 마시게 하옵소서.

나는 지금까지 예수 그리스도를 믿는 분들을 위하여 말씀을 전했지만, 이 말씀은 믿지 않는 분들에게도 그대로 적용될 수 있습니다. 그분들은 한층 더 마르고 황폐한 땅에 있기 때문입니다. 성례전에 참여하거나 설교를 듣거나 제사장에게로 가지 마시고, 그리스도 예수 안에서 곧장 하나님께 나아가십시오. 그리고 부르짖으십시오. 죄인이여, 하나님께 이렇게 부르짖으십시오: "오, 하나님, 당신은 나의 하나님이 아니지만, 내가 당신을 간절히 찾습니다. 내 영혼이 당신을 갈망합니다. 내게 오셔서 나를 구원하소서." 예수께서는 당신을 그의 은혜의 영광의 찬송이 되게 하시기 위하여 당신을 찾아오셔서 구원하실 것입니다. 아멘.

제
62
장

—

경험과 확신

—

"주는 나의 도움이 되셨음이라 내가 주의 날개 그늘에서 즐겁게 부르리이다." —시 63:7

환난의 때에 하나님의 자녀들은 자신들의 아버지께로 돌아갑니다. 그들이 그들을 낳으신 하나님을 찾는 것은 그들의 거듭난 본성에 따른 것입니다. 믿는 심령은 나침반의 바늘과 같습니다. 여러분은 손가락을 사용해서 그 바늘을 동쪽이나 서쪽 또는 그 어느 쪽으로도 돌릴 수 있습니다. 그러나 손가락을 치우는 순간, 바늘은 잠시 요동치다가 어김없이 북극을 가리킵니다. 마찬가지로, 중생한 심령이 하나님과 함께 있어야 원래의 자리에 있는 것입니다. 어떤 신비한 힘이 새 생명을 그 생명이 나온 근원으로 끌어당깁니다. 우리는 유혹을 받거나 사업상의 필요 때문에, 또는 무력감에 압도되어서 우리가 가장 사랑하는 분에게 무관심해질 수 있지만, 그런 상태는 오래 지속될 수 없습니다. 우리는 하나님 안이 아니면 결코 안식을 누릴 수 없기 때문입니다. 환난의 바람은 우리 영혼이라는 비둘기를 방주로 몰아넣습니다. 우리 심령이 이리저리 방황하다가 결국 물이 없는 마르고 황폐한 땅에 이르게 되면 후회하게 됩니다. 그럴 때에 우리는 하나님으로부터 오는 새 힘을 갈망하게 되고, 새 힘을 얻을 때까지 가만히 있을 수가 없게 됩니다. 그래서 "하나님이여 주는 나의 하나님이시라 내가 간절히 주를 찾나이다"(1절)라고 부르짖습니다.

영혼이 하나님께로 돌아오는 데에는 묵상이 큰 도움이 됩니다. 그런 까닭에 시편 기자는 "골수와 기름진 것을 먹음과 같이 나의 영혼이 만족할 것이라 나의 입이 기쁜 입술로 주를 찬송하되 내가 나의 침상에서 주를 기억하며 새벽에 주의 말씀을 작은 소리로 읊조릴 때에 하오리니"(5-6절)라고 말합니다. 묵상할 때에 영혼은 배불리 먹습니다. 오늘날과 같이 한기가 살을 에는 시대에는 신자들이 묵상할 여유를 갖기 힘들 수 있지만, 믿음과 사랑과 은혜에 살이 되고 피가 되는 것들 중에서 묵상만한 것이 없습니다. 다윗은 "내가 주를 기억하며 주의 말씀을 읊조린다"고 말합니다. 혈루병 걸린 여자가 구주의 옷자락만 만졌는데도 병이 나은 것처럼, 하나님을 잠시 생각하는 것이 우리에게 큰 복을 가져다줄 수 있습니다. 그러나 하나님을 묵상한다는 것은 우리의 머리를 그의 품에 기대고 그의 사랑 안에서 온전한 교제를 누리는 것입니다. 우리가 더 많은 묵상을 하게 되기를 빕니다. 그것은 더 많은 은혜와 기쁨을 받게 된다는 것을 의미합니다. 사진사가 즉석 사진을 찍을 수 있듯이, 우리는 간절한 소원으로 말미암아 잠깐 동안 터져 나오는 기도를 통해서 하늘로부터의 즉각적인 도움을 받을 수 있습니다. 그러나 어떤 상황에서는 물체가 좀 더 오랫동안 노출되어 있어야 합니다. 사실, 감광판에 피사체가 온전히 인화되기 위해서는 좀 더 오랜 시간 노출되어 있어야 하니까요. 묵상은 하나님을 좀 더 오랜 시간 동안 영혼에 노출시킴으로써 영혼으로 하여금 하나님의 형상을 더 온전히 받을 수 있게 하는 것입니다. "내가 여호와를 항상 내 앞에 모심이여"(시 16:8)라고 말할 수 있는 사람은 복된 사람입니다.

하나님에 대하여 생각하는 것은 사람이 산을 오르면서 풍경을 보고서는 기뻐서 "경치가 너무나 아름답구나!"라고 소리치는 것과 같습니다. 그러나 묵상을 할 때에는 산꼭대기에 서 계셔서 그 산의 모든 풍경을 주관하고 계시는 분을 보아야 합니다. 저쪽에 마을 교회의 첨탑이 보입니다! 교회 주변에 옹기종기 모여 있는 초가집들이 보입니다! 마을 가까이에 강이 하나 흐르는데, 넓은 종잇장 같은 강이 투명한 유리처럼 햇빛을 반사하고 있습니다. 마을과 강 사이에 멀리 뻗어 있는 산들과 삼림들과 황무지들이 보입니다. 산울타리들을 통해 여러 구획으로 나뉜 수많은 옥수수 밭으로 덮여 있는 골짜기를 보십시오. 그러한 풍경은 인상적이어서 우리의 기억 속에 남습니다. 그러한 풍경을 많이 보아 온 사람은 그곳을 가장 잘 이해할 수 있습니다. 우리는 다른 어떤 수단보다도 묵상을 통해서 성령의 도우심으로 하나님을 가장 잘 알 수 있습니다. 우리는 하나님을 한 번만 기억하는 것이 아니라, 기억이 차곡차곡 쌓여서 묵상으로 만발할 때까지 기억하고 기억하고 또 기억합니다. 하나님을 생각하는 것은 약초를 수확하는 것이지만, 묵상은 되새김질해서 약초에 들어 있는 자양분들을 섭취하는 것입니다. 하나님께서 여러분과 내가 자주 우리의 잠들지 않은 시간들을 거룩한 묵상의 시간들로 만들어서 마음이 청결한 자들이 하나님을 보고 하나님과의 친밀한 교제 속으로 들어갈 수 있게 해주시기를 빕니다.

하나님이 우리에게 은혜를 베푸신 일들이 우리의 묵상의 주제가 되어야 합니다. 다윗은 자신의 일평생을 하나님과의 관련성에 비추어서 묵상하였습니다. 그는 자신의 일기를 꼼꼼히 읽어나가면서, 자기가 눈에 보이지 않는 무한하신 분과 만나게 된 지점들을 특히 주목하였습니다. 그는 자신이 전능자로부터 받은 "도움"을 기억하였습니다. 그는 특별한 도우심을 받은 때들을 통해서 하나님을 아주 잘 알게 되었습니다. 결국, 실제로 우리로 하여금 하나님을 잘 알게 해주는 것은 우리가 성경에서 읽는 것들이 아니라 우리의 마음으로 느끼는 것들이기 때문입니다. 다른 사람들의 전기를 백 권 읽는 것보다는 우리의 인격적인 경험을 통해서 하나님을 더 잘 알게 된 것이 우리에게 더 큰 감화를 줍니다. 우리가 하나님에 대하여 "주는 나의 도움이 되셨음이라"고 말할 수 있다면, 하나님에 대하여 제대로 묵상할 수 있게 될 것입니다.

또한, 묵상의 황금 병거를 타고 심령이 하나님께 돌아갈 때에 하나님과 대화하고자 하는 것은 자연스러운 본능입니다. 따라서 오늘의 본문은 하나님의 말씀일 뿐만 아니라 하나님을 향한 말씀이기도 합니다. 시편 기자는 우리가 아니라 하나님을 향해서 본문의 말씀을 고하고 있습니다: "주는 나의 도움이 되셨음이라 내가 주의 날개 그늘에서 즐겁게 부르리이다." 사랑하는 자들이여, 하나님과 대화하는 것은 즐거운 일입니다. 여러분은 이런 습관이 몸에 배어 있습니까? 하나님이 여러분의 아버지시라면, 자녀인 여러분은 하나님과 매일매일 대화해야 하지 않겠습니까? 여러분이 그리스도와 혼인하였다면, 신부가 자신의 신랑과 대화하는 것이 마땅하지 않겠습니까? 만일 신부가 그렇게 하지 않는다면, 그것은 아주 이상한 일일 것입니다. 개인 기도는 우리 영혼과 하나님 간의 대화가 되어야 합니다. 하나님은 성경을 통해서 우리에게 말씀하시고, 우리는 기도를 통해서 하나님께 말씀드립니다. 여러분이 아시듯이, 친구와 대화할 때에 할 말이 별로 없는 경우가 종종 있습니다. 그럴 때에는 친구가 말하는 것을 잘 들어주면 됩니다. 절실하게 기도할 제목이 없는 경우에는 성경을 읽으면서 하나님께서 무슨 말씀을 하시는지를 들으십시오. 그렇게 하다가 하나님의 음성을 들었을 때에 여러분은 자신의 심령이 하나님께 기도하고 있는 것을 보게 될 것입니다. 여러분이 자신의 생각을 다 표현했는데도 그 기도가 짧게 끝난다면, 다시 하나님께서 말씀하시게 하고, 여러분은 귀 기울여 들으십시오. 그러나 일반적으로는 하나님께 말씀을 드리십시오. 하나님의 임재를 깨닫고서, 마치 친구와 대화하듯이 하나님께 말씀을 드리십시오. 하나님은 말 못하는 벙어리 자녀들을 두신 것이 아니기 때문에, 하나님과 함께 있을 때에 그의 자녀들이 입을 닫고 있는 것은 잘못입니다. 나는 하나님의 자녀들이 하나님과 함께 있을 때에는 입을 닫고, 도리어 하나님을 멀리 떠나 있을 때에는 말을 많이 하는 잘못을 저지를까 염려합니다. 형제들이여, 하나님과 함께 있을 때에 말을 하십시오. 말은 그럴 때에 하라고 있는 것입니다. 사람들과 있을 때에는 말을 반으로 줄이고 하나님과 있을 때에는 말을 열 배로 늘리는 것이 좋습니다. 모든 그리스도인에게 질문 한 가지를 하겠습니다. 여러분은 오늘 아침에 하나님과 대화하셨습니까? 여러분은 하나님과의 대화 없이 하루를 보내고 계십니까? 우리가 침묵과 무관심으로 하나님을 대해도 되는 것입니까? 절대로 그럴 수 없습니다. 우리는 자주 우리의 마음과 입술을 하늘을 향하고, "이러므로 나의 평생에 주를 송축하며 주의 이름으로 말미암아 나의 손을 들리이다"(4절)라고 말씀드려야 합니다. 우리 하나님이 우리가 말씀드리는 것을 들으시기를 좋아하지 않으시는 것입니까? 아가서에 나오는 하나님의 간곡한 사랑의 호소에 귀를 기울여 보십시오: "바위 틈 낭떠러지 은밀한 곳에 있는 나의 비둘기야 내가 네 얼굴을 보게 하라 네 소리를 듣게 하라 네 소리는 부드럽고 네 얼굴은 아름답구나"(아 2:14).

이상으로 서론을 마치고, 이제 나는 하나님께 드리는 다윗의 찬송의 한 연(聯)인 본문으로 여러분을 초대합니다. "주는 나의 도움이 되셨음이라" — 이것은 **경험**입니다. "내가 주의 날개 그늘에서 즐겁게 부르리이다" — 이것은 기대입니다. 또는, "즐겁게 부르리이다"에 초점을 맞춰서 한층 더 밝은 관점에서 본다면, 이것은 **확신**입니다. 이렇게 우리는 세 가지 주제를 집중적으로 살펴보고자 합니다. 하나님께서 우리를 도우셔서 빛의 사닥다리를 구성하고 있는 경험, 기대, 온전한 확신이라는 세 계단을 잘 오를 수 있게 해주시기를 빕니다. 우리가 사닥다리의 꼭대기에 올라서 거기에 멈춰 선다면, 그것은 나쁘지 않을 것입니다. 그러나 우리가 다시 시작해야 한다면, 동일한 순서로, 즉 더 많은 경험, 더 분명한 기대, 더 온전한 확신이라는 순서로 다시 밟아나가야 합니다.

1. 첫째로, 경험을 살펴보겠습니다.

"주는 나의 도움이 되셨음이라." 경험은 믿음이 낳은 자녀입니다. 그리고 이상하게 들릴지 모르지만, 경험은 믿음의 보모입니다. 약속을 믿을 때까지는 그 누구도 약속의 성취를 경험하기를 기대할 수 없습니다. 그러나 역으로 하나님의 신실하심을 가장 많이 경험한 사람이 약속을 가장 잘 믿습니다.

다윗은 하나님의 도우심을 경험하였습니다. 그는 자신이 건지심을 받은 일들 중 다수를 하나님의 도우심으로 돌리는 것을 조금도 주저하지 않았습니다. "주는 나의 도움이 되셨음이라"고 그는 말합니다. 다윗은 인생에 있어서 자신의 성공을 강력한 후원자 덕분으로 돌리지 않았습니다. 그에게는 후원자가 한 명도 없었습니다. 나는 사람들이 누군가가 자기를 후원해 주면 좋겠다고 생각하며 후원 받는 멍에를 메지 못해 안달하는 것을 보아 왔습니다. 사람들은 "어떤 유력인사가 나를 밀어 준다면 내가 인생에서 성공할 텐데"라고 아쉬움을 토로합니다. 다윗은 후원을 받기는커녕 도리어 강력한 반대에 직면하는 인생을 살았습니다. 그의 형들은 그를 뒷전으로 밀어놓았고, 그의 아버지조차 그로 하여금 양 떼나 돌보게 하였습니다. 나중에 요나단이 그의 친구가 되었지만, 요나단은 그의 후원자가 아니었습니다. 왜냐하면, 이 너그러운 왕자는 다윗이 자기보다 뛰어나다고 늘 느꼈기 때문입니다. 여러분이 하나님을 여러분의 친구로 삼으시면, 큰 자들 앞에서 굽실거릴 필요가 없습니다. 여러분은 기쁜 마음으로 하나님께 "주는 나의 도움이 되셨음이라"고 말하게 될 테니까요. 사람을 의지하고 육체를 자신의 힘으로 삼는 자는 저주를 받을 것입니다. 그러나 하나님을 의지하고 하나님께 소망을 두는 자는 복이 있습니다.

또한, 다윗은 인생에 있어서 자신의 성공을 자기 자신에게 돌리지 않습니다. 그가 비범한 재능을 타고났고 예술적인 감성도 갖춘 인물이었다는 것은 의심의 여지가 없고, 큰 일들을 과감하게 해나갈 수 있는 용맹스러운 인물로 태어났다는 것도 분명한 사실입니다. 또한, 그는 아주 사려 깊고 지혜로워서 전시만이 아니라 평시에도 나라를 다스리기에 적합한 인물이었습니다. 다윗이 저지른 모든 잘못들을 감안하더라도, 성경에서 이스라엘의 왕 다윗만큼 왕으로서의 품격을 갖춘 인물은 없습니다. 그러나 그는 자신의 칼이나 활을 숭상하는 사람이 아니었습니다. 우리는 성경에서 그가 자신의 힘으로 인생을 개척해 나갔다고 말하는 것을 단 한 번도 들어볼 수 없습니다. 도리어 그는 "이 하나님이 민족들이 내게 복종하게 해 주시도다"(시 18:47)라고 노래합니다. 형제들이여, 여러분의 삶 속에서 하나님이 분명하게 개입하셔서 여러분을 도우신 적이 없었습니까? 나는 다른 도움으로는 어떤 일이 해결될 수 없었던 경우들에서 하나님의 손길을 분명하게 볼 수 있습니다. 누가 내 인생을 스케치해야 한다면, 그가 그것을 온전히 완성할 수 있으려면, 나로부터 나의 은밀한 생각들을 가져가서 몇몇 틈새들을 메워야만 할 것입니다. 신자의 삶은 하나님 없이는 설명될 수 없습니다. 로마인들은 '데우스 엑스 마키누스'(Deus ex machinus), 즉 "역사의 한복판에서 영웅을 구하고 역사를 바꾸어 놓으시기 위하여 예기치 않은 방식으로 나타나시는 하나님"이라는 표현을 사용하곤 했습니다. 이것은 믿음의 삶에서 비유적인 말이 아닙니다. 우리는 시시때때로 하나님의 분명한 개입, 즉 하나님이 손을 뻗치셔서 초자연적인 힘이 유입되는 것을 목격해 왔습니다. "그가 또 하늘을 드리우고 강림하시니"(삼하 22:10)라는 말씀은 우리에게 언제나 현실이었습니다. 어떤 사람들은 우리가 그것을 마치 실제로 본 것처럼 말하는 것을 보면 우리를 광신자 취급할지도 모르지만, 우리는 그렇게 말할 수밖에 없습니다. 하나님의 이러한 개입은 하나님이 우리를 깊이 생각하고 계신다는 것을 보여주는 명백한 증거입니다. 우리의 인생을 돌아볼 때마다 아무리 냉철하게 생각해 보아도 우리는 "주는 나의 도움이 되셨음이라"는 말씀이 엄연한 사실이라는 것을 인정할 수밖에 없습니다. 우리는 우리 인생의 전환점들에서 창조주께서 자신의 피조물에게 찾아오셨다고, 즉 구속주께서 자신의 속함 받은 자를 어루만지셨고 보혜사께서 자신이 내주하시는 영혼에게 역사하셨다고 설명하는 것 외에는 그 어떤 식으로도 설명이 되지 않는 사건들을 감지하게 됩니다. 그렇습니다. "오, 삼위일체 하나님, 주는 나의 도움이셨습니다." 다윗은 그것이 사실이라는 것을 느꼈고, 주저 없이 그것을 인정하고 공언하였습니다.

또한, 이 말씀은 다윗이 자주 이 도우심을 경험했었다는 것을 의미합니다. 그는 자신의 인생의 어느 한 사건과 관련해서 이런 말을 하고 있는 것이 아닙니다. 만일 그런 의미였다면, 그는 "주는 한 번 나의 도움이셨나이다"라고 말했을 것입니다. 다윗은 "주는 나의 도움이 되셨음이라"고 고백하면서, 자신의 인생 속에서 주 하나님이 늘 끊임없이 베풀어 주신 인자하심을 보고 있는 것입니다. 따라서 이 고백은 "주는 내내 나의 도움이 되어 주셨다"는 것을 의미합니다. 소년 다윗이 아버지의 양 떼를 치고 있을 때, 사자가 와서 양 한 마리를 잡아가려고 하자, 그는 전혀 겁을 집어먹지 않고 담대하게 그 괴물에게 덤벼들어서 이빨 사이에서 그 양을 구해냈습니다. 또 어느 날은 곰이 소년 다윗이 치던 양 한 마리를 덮치자, 이 용감한 소년은 그 곰을 죽였습니다. 다윗이 광야에 홀로 있던 시절에 하나님은 이렇게 그를 도우셨습니다. 그의 용맹스러운 행위들을 본 사람은 아무도 없었지만, 그는 하나님과 교제하는 가운데 담대하게 행하여서, 하나님의 양 무리를 돌보는 목자이자 구원자가 될 준비를 할 수 있었습니다. 그의 소년 시절에 하나님은 그의 힘이요 그의 노래였습니다.

다윗이 광야에 홀로 머물던 시절을 끝내고 공적인 삶을 살게 되었을 때에도 하나님은 그의 "도움"이셨습니다. 그가 세상에 알려지게 된 것도 결코 평범하지 않았습니다. 그는 마치 자신의 물맷돌처럼 공적인 삶으로 갑자기 던져졌다고 할 수 있습니다. 한 블레셋족의 거인이 하나님의 종들에게 자기와 붙어볼 사람이 있으면 나와 보라고 큰소리치며 이스라엘의 군대를 깔보며 그 앞에서 활보하고 있었습니다. 어린 다윗은 그 거인의 도전에 응하였고, 그가 사울 왕에게 "주의 종이 사자와 곰도 쳤은즉 살아 계시는 하나님의 군대를 모욕한 이 할례 받지 않은 블레셋 사람이리이까 그가 그 짐승의 하나와 같이 되리이다"(삼상 17:36)라고 했던 담대한 말이 그대로 현실이 되었습니다. 그는 그 거인이 모욕하였던 이스라엘의 하나님 주 여호와의 이름으로 싸움에 나섰고, 곧 피가 뚝뚝 떨어지는 허풍쟁이의 머리를 들고 사울에게 돌아왔습니다. 다윗은 자기가 사자와 곰과 거인을 죽일 수 있었던 이유를 "주가 나의 도움이 되셨음이라"는 말로 설명하였습니다.

청년 다윗은 그를 시기하는 사울을 궁정에서 모시게 되었을 때에도 지혜롭게 처신하였습니다. 그는 자신이 지혜롭게 처신할 수 있었던 이유도 "주가 나의 도움이 되셨음이라"는 말로 설명할 수 있었고, 하나님께 그렇게 고백할 수 있었습니다. 그렇기 때문에 그는 난관들에 부딪쳐도 그때마다 그 난관들을 극복할 수 있었습니다. 사울 왕의 시기가 극에 달했음에도 불구하고 다윗이 조금도 빌미를 주지 않을 수 있었던 것도 하나님이 그의 "도움"이 되어 주셨기 때문이었습니다. 결국 사울 왕에게 추방당해 광야에서 한 무리의 지도자가 되어 산속의 자고새처럼 쫓기며 살아갈 때에도 그의 목숨이 보존될 수 있었던 것은 하나님이 그의 "도움"이 되어 주셨기 때문이었습니다. 정처 없이 떠도는 삶을 살아가는 동안에 그는 억장이 무너지는 고통을 겪었습니다. 그가 자신의 본거지인 시글락을 떠나 있는 동안에 한 무리의 비적들이 습격해서 여자들과 아이들을 포로로 잡아가고 그 곳을 불지르는 일이 발생하였습니다. 다윗과 그의 사람들이 시글락에 돌아왔을 때, 그들은 불타버린 집과 약탈당한 재산과 붙잡혀간 아내와 가족들 때문에 통곡하지 않을 수 없었습니다. 다윗의 휘하에 있던 사람들 중에서 거친 사람들은 너무나 가슴이 아프고 비통한 나머지 다윗을 돌로 쳐 죽이자고 말하기까지 하였습니다. 이때에 성경은 "다윗이 그의 하나님 여호와를 힘입고 용기를 얻었더라"(삼상 30:6)고 적고 있습니다. 곧이어 다윗의 애곡은 춤으로 바뀌었습니다. 다윗과 그의 부하들은 포로로 잡혀간 사람들과 약탈된 재산을 되찾고서 기뻐하였습니다. 다윗은 진정으로 "주는 나의 도움이 되셨음이라"고 말할 수 있었습니다.

내가 다윗이 평생에 걸쳐 경험한 하나님의 도우심을 여기에서 다 얘기할 수는 없지만, 여러분은 그 이야기들을 다 알고 계실 것입니다. 다윗이 나라를 사랑하는 우국지사이자 왕으로서의 자신의 의무를 다함에 있어서 하나님은 언제나 그의 "도움"이셨고 그로 하여금 나라를 바르게 다스릴 수 있게 해주셨습니다. 다윗의 온갖 고난 속에서도 하나님은 그의 "도움"이셨고 그로 하여금 평안하고 용감할 수 있게 해주셨습니다. 다윗이 위험에 처해 있을 때에도 하나님은 그의 "도움"이셨고 그를 원수의 손에서 지켜 주셨습니다. 그리고 지금 이 시편에서 다윗은 자기 아들에게 쫓겨서 유다 광야에 있었을 것이지만, 하나님을 향하여 "주는 나의 도움이 되셨음이라"고 노래합니다. 사랑하는 친구들이여, 나는 여러분이 다윗의 이야기를 듣는 것에서 그치기를 원하지 않습니다. 이제 나는 여러분에게 여러분 자신의 삶을 돌아보시기를 권합니다. 물론, 나는 이 자리에 계신 모든 분들의 삶을 다 얘기할 수는 없지만, 여러분 중에서 다수는 비슷한 길을 걸어오셨을 것입니다. 즉, 주 예수 그리스도를 믿는 신자로서 여러분의 삶은 처음에 힘겨운 싸움이었을 것이고, 죽을 뻔한 고비도 여러 차례 넘겼을 것입니다. 아마도 여러분은 미미하게 시작하였을 것이고, 좀 일어서려고 하면 좋지 않은 일들이 일어나 여러분을 끌어내렸을 것입니다. 여러분은 역경과 고난을 무수히 겪었을 것이지만, 그때마다 하나님이 여러분의 "도움"이 되어 주셨을 것입니다. 여러분이 병이 들어서 침상에서 몸을 뒤척이며 고통당하고 있을 때에도 하나님은 여러분의 "도움"이 되어 주셨을 것입니다. 여러분은 여러분의 가족 가운데서도 시련을 겪었을 것입니다. 공동묘지에는 여러분이 결코 잊을 수 없는 무덤들이 있습니다. 그 무덤 속에는 여러분의 심장도 절반 묻혀 있습니다. 그렇지만 그때에도 하나님은 여러분의 "도움"이셨습니다. 여러분이 성실하게 일해서 이제 곧 성공할 수 있겠다는 희망을 가졌을 때, 갑자기 시류가 바뀌어서 여러분의 이득이 다 날아가 버리는 일도 있었을 것입니다. 마치 여러분은 결코 형통할 수 없는 것처럼 보였을 것입니다. 하지만 여러분은 오늘 "내가 어려울 때에 주께서 나를 도우셨도다"(시 116:6 KJV, 한글개역개정에는 "내가 어려울 때에 나를 구원하셨도다"로 되어 있음)라고 고백할 수 있습니다. 지금 여러분은 구빈원에 있지 않고, 파산 법원에 있지 않습니다. 여러분은 "그의 양식은 공급되고 그의 물은 끊어지지 아니하리라"(사 33:16)는 약속이 여전히 참되다는 것을 깨닫습니다. 오늘 여러분은 기쁜 마음으로 "하나님이여 주는 나의 도움이 되셨음이라"고 말할 수 있습니다. 나의 경우에도 내가 지금 서 있는 바로 이 곳이 나에 대한 하나님의 인자하심을 증거해 줍니다. 이 강단 위에서 나는 여러분에게 말씀을 전하면서 마음의 깊은 고통을 감내해 왔고, 혹시라도 내가 하나님의 이름으로 말씀을 올바르게 전하지 못하면 어쩌나 하고 두려워해 왔습니다. 그러나 내가 목회한지 37년이 되는 지금 나는 기쁜 마음으로 "주는 나의 도움이 되셨음이라"고 말할 수 있습니다. 여러분 중에서 대다수는 다양한 인생길을 걸어오면서 여러분의 도움이신 하나님을 송축할 기회가 거듭거듭 있었을 것입니다.

다윗에게 주어진 하나님의 이러한 도우심들은 매우 특별한 것들이었습니다. 그는 흔히 특별한 도우심을 받았습니다. 하나님께서는 그를 세심하게 돌보아 주셨습니다. 다윗은 섭리의 총아였고 하늘이 애지중지하는 자였습니다. 여러분 중에도 그런 분들이 계시지 않습니까? 여러분도 대단한 경험들을 해오지 않았습니까? 여러분의 삶 속에서 여러분이 사람들의 웃음거리가 되거나 돼지 앞에 진주를 던지는 꼴이 되지 않도록 하나님이 막아 주신 일들이 있지 않습니까? 우리 중에는 아주 특별한 긍휼들을 받은 분들이 있고, 우리는 그 긍휼들을 아주 소중히 여겨 왔습니다. 나는 히브리어 원문에서 "도움"이라는 단어가 창세기에서 남자에 대한 여자의 위치를 설명하는 데 사용된 단어와 동일하다는 사실을 알고서 다소 놀랐습니다. 하나님께서는 하와를 아담의 "배필"로 지으셨는데, 본문에서는 전능하신 하나님이 우리에게 바로 그런 "배필"이 되어 주셨다고 말씀하고 있는 것입니다! 우리 중에는 이 땅에서 우리에게 최고의 도움이 되는 사람, 우리의 마음에 꼭 들게 도움이 되어 주는 사람을 가진 분들이 있습니다. 다윗은 하나님이 바로 그런 도움을 주시는 분, 즉 그의 온갖 필요를 아주 적절하고 지혜롭게 채워 주는 그런 "도움"을 주시는 분이라는 것을 발견한 것입니다. 하나님께서는 자신의 종의 필요와 소원들을 채워 주시고 그의 즉각적인 도움이 되어 주셨기 때문에, 그의 어리석음은 지혜로, 그의 연약함은 능력으로, 그의 슬픔과 근심은 위로로 바뀔 수 있었습니다. 전능하신 하나님이 모든 일에서 사람을 위한 "도움"이 되어 주신다는 것은 정말 너무나 기이하고 놀라운 일입니다. 이것은 기쁜 일이 아닙니까? 우리는 이것이 기쁜 일이라는 것을 경험하지 않았습니까? 이 소중한 사실을 여러분의 하나님께 고백하시고, 여러분의 영혼이 평안을 누리는 가운데 매일매일 즐거워하고 기뻐하면서 "주는 나의 도움이 되셨음이라"고 말하십시오.

하나님은 우리에게 적시에 도움이 되셨습니다. 하나님은 적시에 나타나지 않았습니까? 만일 거기에서 한순간만 늦었더라도, 우리를 끝장이 나버리고 말았을 것입니다. 그러나 우리의 한계가 다 드러났을 때에 하나님께는 기회가 되었습니다. 하나님은 아주 신속하게 오십니다:

> "하나님은 그룹 천사들을 타시고
> 왕의 위용으로 오신다네.
> 거센 바람 날개를 타시고
> 휘몰아치듯 날아오신다네.
> 그렇게 내 영혼을 건지시니
> 하나님 외에 누가 반석이 되시는가?
> 주는 살아 계시니, 나의 반석이시여 찬송을 받으소서.
> 나의 하나님이 높임을 받으시기를 바라나이다."

우리의 목숨이 다 빠져나가자마자, 하나님의 생명이 흘러들어 왔습니다. 기쁨이 내 안에서 죽자마자, 소망이 탄생하였고 우리 영혼이 소생했습니다.

또한, 하나님은 우리에게 지속적인 도움이 되어 주셨습니다. 지금 이 순간에 우리가 유다 광야에 있으면서 하나님을 뵈옵는 것이 아니라 갈망하고 있기 때문에 우리에게 하나님의 도우심이 끊어진 것처럼 보일지라도, 그것은 단지 그렇게 보이는 것일 뿐입니다. 사랑하는 자들이여, 지금지까지 우리를 향하신 하나님의 선하심에는 그 어떤 휴지기(休止期)도 없었습니다. 우리가 어둠 가운데 있었을 때에는 그 선하심이 계속해서 이어지고 있음을 볼 수 없었지만, 그 어둠을 벗어난 지금은 그것을 분명하게 볼 수 있습니다. 우리의 삶은 하나님이 지혜의 망치로 능력의 모루 위에서 벼리신 하나하나의 고리가 서로 끊어짐 없이 잘 연결되어 있는 사랑의 사슬이었습니다. 하나님은 우리를 실망시키신 적이 없습니다. 하나님께서 "내가 결코 너희를 버리지 아니하고 너희를 떠나지 아니하리라"(히 13:5)고 말씀하지 않으셨습니까? 그리고 실제로 그렇지 않았습니까? 높은 산에서나 깊은 골짜기에서나, 어둠 속에서나 빛 가운데서나, 여름에나 겨울에나 하나님의 도우심이 늘 변함없이 지속되었다는 것은 이미 증명되었습니다. 하나님의 신실하심은 우리에게 기쁨의 원천입니다. 하나님은 언제나 우리의 도움이셨습니다.

또한, 하나님이 우리를 훈련시키고 교육시키시는 방식으로 도움이 되어 주셨다는 것을 주목하십시오. 다윗은 "주는 나의 도움이 되셨음이라"고 말합니다. 그는 하나님께서 우리를 대신해서 모든 것을 다 해주셨다고 말하지 않습니다. 하나님은 우리를 도우셔서 우리로 하여금 스스로 일하게 하셨습니다. 여러분이 어떤 사람을 위해 어떤 일을 해준다면, 그것은 좋은 일입니다. 그러나 여러분이 그를 도와서 그로 하여금 스스로 그 일을 할 수 있게 해준다면, 그것은 그 사람에게 더욱 좋은 일이 될 것입니다. 왜냐하면, 그렇게 했을 때에 그 사람은 그 일을 하는 방법을 배울 수 있기 때문입니다. 수많은 은혜의 역사들에서 하나님은 도우시는 것이 아니라 모든 것을 혼자 다 하신다는 것은 사실입니다. 우리가 하나님을 선택하기 전에 이미 하나님은 우리를 택하셨고, 우리가 하나님을 선택하지도 않았는데 하나님은 우리를 살리셨습니다. 우리는 우리 자신을 살리는 일에 있어서 할 수 있는 것이 아무것도 없습니다. 하나님은 우리를 새롭게 하셨습니다. 우리는 우리 자신을 새롭게 하는 일에 있어서 할 수 있는 것이 아무것도 없습니다. 하나님은 자신의 능력으로 우리를 새로운 피조물이 되게 하시고 우리의 마음을 변화시키시고 우리에게 성령을 주셨습니다. 이 일에서 우리는 아무것도 할 수 없었습니다. 왜냐하면, 이 일은 오직 하나님만이 하실 수 있는 일이기 때문입니다. 하나님은 풀을 만드셨습니다. 풀은 자신을 만드는 데에 아무런 일도 할 수 없으니까요. 그러나 풀이 자라게 하실 때에는 하나님은 도우십니다. 풀은 하나님의 능력을 힘입어 자랍니다. 마찬가지로, 우리가 영적인 생명을 얻게 된 이후에는 하나님은 우리를 도우십니다. 돈(Donne)은 이렇게 말합니다: "하나님은 나를 내 자신에게 맡겨두지 않으시고 나를 구원하시기 위하여 오셨습니다. 이렇게 하나님은 나의 도움이 되셨습니다. 그러나 그런 후에 하나님은 나를 내버려 두신 것이 아니라 여전히 나의 도움이 되셨습니다. 그러나 하나님은 내가 할 일을 남겨 두셔서 나로 하여금 하나님과 함께, 그리고 하나님의 도움으로 그 일을 하게 하셨습니다." 우리가 일할 수 있는 것은 하나님이 우리로 일하게 만드시고 그 일에서 우리를 도우시기 때문입니다. 우리는 포도나무의 가지로서 열매를 맺지만, 그 수액을 공급하시는 분은 하나님이십니다. 그래서 하나님은 "네가 나로 말미암아 열매를 얻으리라"(호 14:8)고 말씀하시는 것입니다. 하나님이여, 주는 나의 도움이셨습니다. 나는 주를 위해 몇 문장을 더듬거리며 말하는 것으로 시작하였지만, 주께서 내 입을 열어 주셨기 때문에, 많은 말로 주를 찬송할 수 있었습니다. 여러분은 그리스도를 미약하게 고백하는 것으로 시작하지 않으셨습니까? 하지만 지금은 여러분이 싸움의 최전선에 서 있게 되었습니다. 하나님께서 그동안 여러분에게 도움이 되셨기 때문에, 여러분은 싸움을 위한 훈련을 받을 수 있었습니다: "그가 내 손을 가르쳐 싸우게 하시며 손가락을 가르쳐 전쟁하게 하시는도다"(시 144:1). 하나님의 도우심은 일을 촉진시킬 뿐만 아니라, 도움을 받는 사람에게 힘을 더하여 주기 때문에 그 사람 자신에게도 복이 됩니다. 하나님의 이름이 찬송 받으시기를 원하나이다! 하나님은 단순히 우리를 어린 아기처럼 안고 다니시는 것이 아니라, 우리에게 걷는 법을 가르치시고 더 힘 있게 하셔서, 결국 "주는 나의 도움이 되셨음이라"고 고백할 수 있게 하십니다.

　　나는 본문이 개인적이고 인격적인 경험이라는 점을 잠시 살펴본 후에 첫 번째 대지를 끝맺고자 합니다. 다윗은 "주는 나의 도움이 되셨음이라"고 말하는데, 나는 "나의"라는 단어를 좋아합니다. 만일 다윗이 "주는 아브라함의 도움이 되셨음이라"고 말하였다면, 그것은 좋은 논거로 사용될 수 있었을 것입니다. 왜냐하면, 다른 사람의 경험은 우리의 믿음을 격려해 주기 때문입니다. 다윗이 "주는 야곱의 도움" 또는 "모세의 도움이 되셨음이라"고 말하였다고 해봅시다. 그것은 좋은 근거가 되었을 것입니다. 그러나 이 말씀이 사람들의 마음을 더 강력하게 울리고 생생하게 전달되어 오는 이유는 다윗이 "주는 나의 도움이 되셨음이라"고 말할 수 있었기 때문입니다. 한 불신자가 가난한 여자를 비웃으며 "성경이 진리라는 것을 당신이 어떻게 압니까?"라고 말하자, 그녀는 "나는 성경이 진리라는 것을 경험하였습니다"라고 대답하였답니다. 그러자 그 사람이 "당신의 경험! 그런 것은 내게 아무것도 아니요"라고 대답했고, 그녀는 "아마 그럴 겁니다. 그러나 그런 경험은 내게는 모든 것입니다"라고 말했습니다. 나의 경험이 다른 사람을 확신시킬 수 없을 수도 있습니다. 그러나 나의 경험은 나의 확고한 뿌리요 토대가 됩니다. "그러나 분명히 당신은 확신에 대하여 열려 있지 않습니까?"라고 어떤 사람은 말할 것입니다. 그렇습니다. 나는 늘 확신에 대하여 열려 있습니다. 그러나 사람이나 천사나 마귀나 그 누구라도 어떤 것들에 대하여 이미 형성되어 있는 나의 확신들을 결코 바꿀 수 없는 경우가 있습니다. 즉, 우리가 그것들이 참되다는 것을 경험을 통해 알게 되었을 때에는 그것들에 대한 우리의 확신은 그 누구도 변경시킬 수 없고 그 어떤 논거로도 뒤집을 수 없습니다. 왜냐하면, 그것들은 확실하고 분명한 것으로 우리 안에 확고하게 뿌리를 내리고 있기 때문입니다.

나는 그리스도인들이 꼭 연구해야 하는 두 권의 책이 있다고 생각합니다. 한 권은 이 큰 책, 곧 영감으로 기록된 하나님의 말씀이고, 다른 한 권은 자신의 삶이라는 작은 책입니다. 만일 신자가 아주 충분히 오래 살아서 저 작은 책을 다 기록한다면, 그 작은 책에는 큰 책에 나와 있는 모든 내용이 오직 시제만 바뀐 채 다 들어 있게 될 것입니다. 큰 책이 "내가 이것을 행하고 저것을 행하리라"고 말씀하고 있다면, 작은 책에는 이렇게 기록되어 있을 것입니다: "하나님이 이것을 행하시고 저것을 행하셨다. 하나님의 약속이 다 내게 성취되었다." 작은 책은 영감으로 기록된 책을 그대로 옮겨 적은 것 같은 책, 하나님이 자신의 약속의 말씀대로 행하신 일들을 기록한 책이 될 것입니다. 이런 식으로 경험은 하나님의 자녀가 어둠이나 혼란 중에 있을 때에 의지처가 되고 힘이 됩니다. 하나님께서 여러분으로 하여금 개인적인 회고록을 계속해서 써가서 성령의 증언을 확증할 수 있게 하시기를 빕니다. 우리의 삶은 하나님의 신실하심을 보여주는 증거가 아닙니까? 우리의 삶은 "주는 나의 도움이 되셨음이라"는 증언의 집약체이자 실체가 아닙니까?

2. 둘째로, 기대를 살펴보겠습니다.

다윗은 당연히 하나님이 과거에 그의 도움이 되셨기 때문에 지금도 그의 도움이 되어 주실 것이라고 기대하였습니다. 나는 "-때문에"와 "그러므로"가 포함되어 있는 본문을 좋아합니다. 본문은 이러저러한 것이 사실이기 때문에, 그러므로 이러저러한 것이 사실일 수밖에 없다고 말하고 있는 연역적인 논증이자 서술문입니다. 하나님은 우리를 도와 오셨기 때문에 우리를 도우실 것입니다. 경험은 논거가 되고, 논거 속에는 확신이 담겨 있습니다.

우리가 하나님의 선하심과 관련하여 경험한 것들은 하나님이 스스로를 계시하신 것들입니다. 하나님의 행위들은 움직이는 하나님 자신입니다. 그러므로 우리가 하나님의 능력을 경험하였다면, 능력이신 하나님을 경험한 것이기 때문에, 우리는 하나님께는 불가능한 것이 없다는 것을 알게 됩니다. 내가 하나님의 신실하심을 보여주는 행위들을 경험하였다면, 나는 하나님이 언제나 신실하시다는 것, 그래서 자신의 약속과 언약을 꼭 지키실 것이고 그를 의지하는 모든 자들에게 참되실 것이라고 결론을 내리게 됩니다. 내가 40년 동안 하나님이 행하시는 일들을 지켜 본 결과, 하나님은 어제나 오늘이나 동일하시다는 것을 발견하였다고 합시다. 그렇다면, 나는 하나님은 변함이 없으신 분이라는 결론을 내리고, 하나님은 내가 젊을 때나 늙을 때나, 내가 형통할 때나 역경 속에 있을 때나 동일한 분이셨다고 고백할 것입니다. 나는 하나님이 나를 선대하셨다는 사실로부터 이후에도 나의 평생에 나를 선대하시리라는 것을 추론할 수 있습니다. 또한, 나는 적어도 나의 연약함과 궁핍함에 있어서는 어제나 오늘이나 동일한 사람이기 때문에 어제와 마찬가지로 오늘도 하나님께 나아갈 것입니다. 하나님은 모든 면에서 동일하신 하나님입니다. 나의 필요도 어제나 오늘이나 동일하고, 하나님께서 그 필요를 채워 주시는 것도 어제나 오늘이나 동일합니다. 나를 복주고자 하시는 하나님의 뜻도 여전히 동일하고, 나를 복주시겠다는 하나님의 약속도 동일합니다. 왜냐하면, 하나님의 복된 말씀이 그것을 보장하고 있기 때문입니다. 그러므로 나는 하나님 안에서 동일한 믿음과 동일한 소망을 지닐 것입니다. 나는 인생을 돌아볼 때에 하나님이 지금까지 나의 도움이 되셨다는 것을 확실히 알기 때문에, 하나님이 평생토록 나의 도움이 되실 것이라는 결론을 이끌어낼 수 있습니다.

이러한 추론이 타당한 것은 우리가 변함이 없으신 하나님을 상대하고 있기 때문입니다. 사람을 상대할 때에는 그런 추론이 통하지 않습니다. 도리어 여러분은 "내가 내 친구 브라운에게 이미 한 번 도움을 받았기 때문에 또다시 도움을 청하러 갈 수가 없어"라고 말합니다. 한 번 도움을 받았기 때문에 얼마든지 또다시 도움을 청하러 가도 된다는 추론은 타당하지 않습니다. 여러분은 그런 추론을 결코 할 수 없습니다. 도리어 여러분은 "내가 그에게서 합리적으로 기대할 수 있는 도움을 이미 다 받았으니 또다시 그에게 짐이 되어서는 안 된다"고 말할 것입니다. 그런데도 당신이 그 친구에게 가서 또다시 도와 달라고 하면, 그 친구는 당신에게 질려서 냉정하게 거절할 것이고, 당신은 그 친구에게 가보아야 소용없다는 것을 깨닫게 될 것입니다. 이 땅의 친구들은 당신이 자꾸 도와 달라고 하면 그들의 관대함이 바닥이 나서 결국에는 당신의 요청이 도가 지나치다고 느끼게 됩니다. 그러므로 여러분이 변덕스러운 인간을 상대할 때에는 우리가 앞에서 말한 추론은 통할 수 없습니다. 그러나 변함이 없으신 여호와를 상대할 때에는 그런 추론을 아무리 극대화시켜도 그대로 다 통할 수 있습니다. 하나님은 과거에도 나의 도움이셨고 지금도 나의 도움이시기 때문에, 언제까지나 나의 도움이 되실 것입니다.

이런 종류의 논거는 하나님의 도움을 경험한 사람 자신에게는 아주 확실한 논거가 됩니다. 우리는 우리가 믿는 분을 알기 때문에, 그분이 우리를 실망시키지 않으시리라는 것을 확신합니다. 우리는 우리가 무엇을 알고 있는지를 알기 때문에, 그것을 다른 사람들에게 말할 수는 없다고 할지라도, 우리 스스로는 그것을 확신합니다. 하나님은 우리에게 은혜를 베푸시고자 하신다는 것을 한 치의 의심도 없이 아주 분명하게 보여주는 방식으로 우리의 도움이 되셨습니다. 그래서 우리의 기대는 크고 그 속에 의문이 없습니다. 우리는 모든 악으로부터 무한하고 온전하고 즉각적이고 최종적인 구원을 기대합니다. 개인적인 경험에는 그 사람이 저항할 수 없는 힘이 있어서, 그 경험으로부터 도출되는 결론은 그 사람에게 하나님이 존재하신다는 사실만큼이나 확실합니다. 개인적인 경험의 힘은 지구를 부숴 버릴 수도 있는 천둥의 신 토르(Thor)의 망치보다 더 세서, 그 앞에서는 믿음의 모든 난관들이 다 산산조각이 납니다.

이것이 누적적인 논거라는 것은 분명합니다. 하나님을 안지 12달이 된 젊은이가 큰 구원을 경험하였다면, 그가 하나님을 의뢰한다는 것은 확실합니다. 그러나 그런 그가 동일한 경험을 20년이나 30년, 또는 40년을 해왔다면, 그의 확신은 갑절로 확실할 것입니다. 그리스도를 믿는 자에게는 매일매일이 하나님의 섭리들과 긍휼들로 충만합니다. 이 나무는 달마다 열매를 맺고, 그 열매는 믿음에 놀라운 자양분을 공급해 줍니다. 한 해 한 해는 하나님의 인자하심으로 관 씌워지기 때문에, 노년이 되었을 때에는 하나님의 신실하심은 전혀 논란거리가 될 수 없고 그저 누리기만 하면 되는 사실이 됩니다. 그런 신자는 죽을 때가 되면 담담히 그저 죽을 뿐입니다. 그에게는 40년 동안 보고 듣고 경험해 온 것들을 통해 탄탄하게 형성된 논거로 말미암은 확신이 있습니다. 그는 하나님이 그를 도우실 것임을 압니다. 왜냐하면, 하나님은 그를 도와 오셨기 때문입니다. 나는 어제 나의 사랑하는 오랜 친구이자 동역자였던 분의 곁을 지켰습니다. 92세인 그는 노쇠함으로 인해서 상당 기간 침상에 누워 지냈습니다. 그는 동정을 구하거나 내게 서글픈 말을 하는 것이 아니라, 즐거운 어조로 내게 이렇게 말했습니다: "자네가 보다시피, 나는 지난번에 자네가 왔을 때보다 세상에서 조금 더 높아져 있다네. 왜냐하면, 나는 집 현관을 떠나서 하늘로 오르는 계단에 와 있기 때문이지. 얼마 안 있어서 나는 세상에서 더 높아지지는 않겠지만, 세상보다 더 높아질 것일세." 그는 은혜와 기지로 충만했던 자신의 강건했던 날들에 내가 보았던 때와 똑같이 눈을 반짝이며 그렇게 말했습니다. 그에게는 죽음에 대한 두려움 따위는 없었기 때문에 그의 영혼은 전혀 주눅이 들어 있지 않았습니다. 그는 그런 감정에 대해서는 아무것도 알지 못했습니다. 그는 "이사야 선지자가 우리의 경험을 '오직 여호와를 앙망하는 자는 새 힘을 얻으리니 독수리가 날개치며 올라감 같을 것이요 달음박질하여도 곤비하지 아니하겠고 걸어가도 피곤하지 아니하리로다'(사 40:31)라는 말씀으로 설명한 것은 정말 옳았어"라고 말했습니다. "여호와를 앙망하는 자는 처음에는 날다가 다음에는 달리고 그 후에는 걷게 되지. 그러나 이사야 선지자는 이것을 그의 힘이 새롭게 되는 것이라고 했다네. 날다가 달리고 그런 후에 걷는다면, 그것은 힘과 속도를 잃는 것처럼 보이는데도 말이네. 자네도 알겠지만, 나는 것은 일상생활에는 적합하지 않아. 나는 것은 젊은이들에게는 아주 적합하겠지만, 일상의 삶에는 적합하지 않단 말이네. 또한, 달리는 것도 어느 시기에는 적합하겠지만, 지속적인 것은 될 수 없지. 평강 중에 하나님과 동행하여 걷는 것이야말로 안전하고 지속적인 일상의 걸음걸이야. 자네도 에녹처럼 그렇게 하나님과 동행하여 걷는 삶을 살다가 하나님을 따라 하늘로 걸어 올라갈 수 있어. 나는 이제 막 걷는 날을 맞이했다네." 신앙의 거인이 된 이 노인은 그렇게 말했습니다. 그런 후에, 그는 계속해서 성경으로 성경을 풀이해 나갔습니다. "요한은 '자녀들아 내가 너희에게 쓰는 것은 너희 죄가 그의 이름으로 말

미암아 사함을 받았음이요’(요일 2:12)라고 말하는데, 이것이 그들로 하여금 죄
책을 벗어 버리고 독수리의 날개를 달고서 날아오르게 만드는 거라네. 또한, 요
한은 ‘청년들아 내가 너희에게 쓰는 것은 너희가 악한 자를 이기었음이라’(요일
2:13)고 말하는데, 청년들의 경우에는 지치지 않고 달리는 것과 같은 고군분투하
는 싸움이 있었다는 얘기지. 그러나 요한은 아비들에 이르러서는 기쁨이 충만하
다거나 성공적인 싸움을 해나가고 있다고 말하는 것이 아니라, ‘아비들아 내가
너희에게 쓴 것은 너희가 태초부터 계신 이를 알았음이요’(요일 2:14)라고 말한
다네. 이것은 하나님을 아는 탄탄한 지식 가운데서 평안하고 고요하게 걷는 것
을 의미하는데, 이것이야말로 신앙의 최고봉이 아니겠나.” 우리 두 사람은 너무
나 행복한 대화를 가졌습니다! 우리 두 사람은 요단 강을 건너기 전 그 강가에 앉
아서 행복한 마음으로 함께 즐겁게 대화하였습니다. 우리가 서로 친구로 지낸
지 34년이 넘었기 때문에 나를 아주 잘 알고 있는 92세의 그는 하나님께서 우리
두 사람을 인도해 오신 모든 길에 대해 내게 말해 주었습니다. 세월이 흐를수록
은혜 안에서 자라가고, 경험이 쌓여가면서 믿음의 증거들이 늘어가는 것은 참으
로 복된 일입니다.

　　그러한 증거들은 우리가 죽더라도 결코 없어지지 않습니다. 땅이 흔들리고 별들
이 떨어지며 하늘들이 하나님의 손에 의해 헌 옷처럼 말릴 때에도, 그리고 백보
좌 심판이 시작되어 의로우신 재판장께서 심판하실 때에도, 우리의 확신은 여전
히 동일할 것입니다: “주는 나의 도움이 되셨음이라 그 어떤 것도 나를 주의 사
랑에서 끊을 수 없으리라.”

3. 셋째로, 확신에 대해 살펴보겠습니다.

　　이제 우리가 오늘 다루고 있는 주제로부터 나온 가장 풍요로운 한 아름의
열매를 얘기할 차례입니다. 시편 기자는 “내가 주의 날개 그늘에서 즐겁게 부르
리이다”라고 말합니다.

　　여기에는 먼저, 만족스러운 확신이 나옵니다. 다윗은 “나는 괴로움 가운데 있
고 거기에서 어떻게든 벗어나야 하기 때문에 원수의 손에 죽지 않으려면 죄를
지을 수밖에 없다”고 말하지 않습니다. 정반대로, 그는 평강 가운데에 참고 인내
합니다. 그는 서두르지도 않고 즉각적인 건지심을 요구하지도 않습니다. 그는
하나님이 정하신 때를 조용히 기다리면서, 모든 것에서 쉬게 해주는 날개 그늘

아래에서 안식을 취합니다. 우리는 운명에 맞서 고군분투하는 사람이 큰 소리로 부르짖는 소리 같은 것을 다윗에게서는 들을 수 없습니다. 하나님의 자녀들은 털 깎는 자 앞에 선 양들처럼 말이 없습니다. 다윗은 하나님이 과거에 그의 도움이 되어 주셨던 일을 감사하면서 하나님의 뜻을 평강 가운데서 기쁜 마음으로 기다립니다. 그에게서는 두려움이나 놀람, 초조함이나 염려를 찾아볼 수 없습니다. 또한, 그는 사람에게 눈길을 주지도 않습니다. 그는 "주는 나의 도움이 되셨음이라"고 말하고, 오직 하나님만을 바라봅니다. "나의 영혼아 잠잠히 하나님만 바라라 무릇 나의 소망이 그로부터 나오는도다"(시 62:5). 그러나 요압은 어디 갔습니까? 세 용사는 어디 갔습니까? 왕의 모든 호위병들은 어디 갔습니까? 원수는 잔인하고 피에 목말라 있습니다. 그런 상황에서 다윗은 자신의 보초들에게 잘 지키라고 신신당부를 하고 있습니까? 아닙니다. 그는 평강 가운데서 잠잠히 "주는 나의 도움이 되셨음이라 내가 주의 날개 그늘에서 즐겁게 부르리이다"라고 말합니다.

다윗은 지극히 인내하는 확신을 보여줍니다. 그는 자신을 어머니 독수리의 힘 있는 날개 아래 있는 새끼 독수리에 비유합니다: "내가 주의 날개 그늘에서 즐겁게 부르리이다." 어떤 사람들은 다윗이 "주여, 주의 날카로운 발톱으로 나의 대적들을 갈기갈기 찢어놓으소서"라거나 "주여, 독수리가 그 먹이를 공격하듯이 나의 대적들을 공격하여 찢어놓으소서"라고 기도했어야 했다고 생각할지도 모릅니다. 그러나 다윗은 하나님께 속히 행하시기를 종용한 것이 아니라, 하나님이 정하신 때를 기다렸습니다. 그는 하나님의 날개 그늘 아래 있는 것으로 온전히 만족했습니다. 그는 독수리가 무엇을 하든 그대로 맡겨놓고서, 그 날개 그늘 아래에 둥지를 틀고서 온전한 평강 가운데 있습니다. 하나님께서 늘 우리의 영혼을 품어 주셔서 우리로 온전히 인내하게 하여 주시기를 빕니다. 하나님께 원수를 갚아 달라고 재촉하거나 개인적인 승리를 원하는 것은 우리가 해서는 안 될 일들입니다. 하나님 곁으로 가까이 나아가서 지극한 평안을 누리는 것이 우리가 해야 할 일입니다.

다음으로, 우리는 본문에서 **믿음의 확신**을 볼 수 있습니다. "주는 나의 도움이 되셨음이라." 그래서요? "내가 주의 얼굴 빛 안에서 즐겁게" 부르겠다고요? 아닙니다. 그때에 다윗에게는 빛이 거의 없었습니다. 그는 "그늘" 속에 있었습니다. 광야로 쫓겨난 그는 성소에서 하나님을 뵈올 수 없었습니다. 여러분이 하나님의 얼굴을 뵈올 수 없다고 할지라도, 하나님의 그늘이 여러분에게 평안을 줄 수 있습니다. "하나님이여, 나는 주의 얼굴빛을 내게 비쳐 주시기를 기도합니다. 하지만 주께서 계속해서 자신을 숨기실지라도, 나는 여전히 주를 의지하고, 주가 동일한 은혜의 하나님이심을 믿을 것입니다. 주의 날개가 내게 완벽한 요새인 것을 알기 때문에, 나는 그 날개 안에서 즐겁게 부르겠습니다."

또한, 그것은 지속적인 확신이라는 것을 주목하십시오. 다윗은 "내가 주의 날개 그늘에서 즐겁게 불렀나이다"라고 말하는 것이 아니라, "즐겁게 부르리이다"라고 말합니다. 이것은 그가 지금도 즐겁게 부르고 있고, 앞으로도 계속해서 즐겁게 부르겠다는 것을 의미합니다. 그 누구도 그에게서 기쁨을 빼앗아갈 수 없습니다. 그는 자기가 기뻐할 수 있는 하나님이 계신 한 기뻐하고 즐거워할 것입니다.

다윗의 확신은 무엇보다도 즐거워하는 확신이었습니다. 본문은 "주는 나의 도움이 되셨음이라 내가 주의 날개 그늘을 의지하리이다"라고 말하는 것이 아니라 "내가 주의 날개 그늘에서 즐겁게 부르리이다"라고 말합니다. 이것은 묵묵히 순복하거나 겸손히 의뢰하는 것에서 한 걸음 더 나아간 것입니다. 다윗은 어둠 속에 있지만, 그 가운데서 나이팅게일(새)처럼 노래합니다. 하나님이 자신을 숨기시는 것처럼 보일 때에도 영혼은 하나님이 어떤 분이셨는지를 기억하고서, 전에 하나님을 뵈올 수 있었던 때와 마찬가지로 하나님을 즐거워하고 기뻐하기로 결심합니다. 다윗은 압살롬을 위해서는 애곡하였지만, 하나님에 대해서는 즐거워하고 기뻐하였습니다. 그는 하나님의 날개가 자기를 안전하게 지켜 주고 계시는 것을 즐거워하였고, 그 날개가 자기 위에 그늘을 드리우고 있기는 하지만 그 그늘이 날개가 진정으로 거기에 있다는 증거인 줄을 알고서 그 그늘을 기뻐하였습니다. 하나님의 자녀들이여, 어둠 속에서도 하나님을 즐거워하고 기뻐하십시오. 모든 일이 다 잘 되어갈 때에 기뻐하고 즐거워하는 것은 아무것도 아니지만, 모든 일이 잘 안 되어 괴로울 때에 하나님을 즐거워한다면, 그것은 여러분에게 참된 믿음이 있다는 증거가 됩니다. 오늘 이 자리에는 자신이 하는 일마다 다 제대로 되지 않고 엉뚱한 방향으로 흘러가서 틀어지는 것을 경험하고 있는 분이 있을 것입니다. 그렇다면, 지금이 바로 영적으로 사는 데서 오는 기쁨과 단지 자연적인 삶에서 나오는 기쁨이 어떻게 다른지 그 차이를 당신이 보여줄 때입니다. 하나님을 기뻐하셔서, 당신의 기쁨이 천국의 샘에서 흘러나오는 기쁨임을 증명하십시오. "주 안에서 항상 기뻐하라 내가 다시 말하노니 기뻐하라"(빌 4:4).

말씀을 맺기 전에 나는 아주 많은 분들이 하나님을 의뢰한다는 것이 무엇인지를 알지 못하는 것은 별로 이상한 일이 아니라는 말씀을 드리고자 합니다. 그 이유는 그들은 한 번도 하나님을 의뢰한 적이 없기 때문입니다. 기도 응답이나 하나님의 약속의 성취 같은 것들은 그들에게는 먼 나라 얘기처럼 들립니다. 우리가 하나님이 우리를 위해 어떤 일들을 하셨는지를 말해 주어도, 그들은 우리의 말을 믿으려 하지 않습니다. 윌리엄 헌팅턴(William Huntington)의 「믿음의 은행」(Bank of Faith)이라는 책이 있습니다. 나는 그 책에 나오는 모든 내용이 다 옳다고 보지는 않지만, 그 이야기가 대체적으로 옳다는 것을 부정할 이유는 없다고 봅니다. 그 책을 "몰상식의 은행"이라고 부르는 사람들도 있지만, 나는 그런 사람들에게 이렇게 대답할 것입니다: "그건 당신들이 잘 몰라서 그러는 겁니다. 다른 많은 신자들도 그 책과 똑같이 기이하고 놀라운 책들을 쓸 수 있으니까요." 불신자들은 여전히 그런 책을 조롱하겠지만, 그것은 그런 책이 자신들의 생각과 영 맞지 않기 때문일 뿐입니다.

몇 년 전에 북미 원주민 한 사람이 워싱턴에 왔다가 자기 부족에게로 돌아가서는 자기가 창백한 얼굴을 한 사람들 가운데서 보았던 기이한 것들을 부족 사람들에게 말해주었습니다. 카누가 큰 공에 단단히 묶인 채로 공중에 떠 있었다는 말을 그가 했을 때, 그의 형제 원주민들 중 한 사람이 갑자기 총으로 그를 쏘아 죽이고서는, 부족민들이 빙 둘러 앉아 있는 원 가운데로 나와서 그런 새빨간 거짓말을 하는 자는 단 일 분도 살 가치가 없다고 생각해서 죽였노라고 말했습니다. 워싱턴에서 본 것을 전했던 그 사람이 말한 것은 완전히 사실이었지만, 그것은 원주민들의 지식 밖에 있었던 것이었기 때문에 총에 맞아 죽게 된 것입니다. 마찬가지로, 그리스도인들의 경험은 세상 사람들이 도저히 알 수 없는 것이기 때문에 비웃음을 당하는 것이지만, 그들의 경험은 완전히 사실입니다. 우리 중에서 복음이 참되다는 것을 증언할 수 있는 사람은 아주 많습니다. 우리는 무엇보다도 여러분 자신이 직접 복음을 시험해 보기를 권합니다.

내게는 여러분이 하나님을 믿은 사람들이 구원을 받았다는 증언을 듣고도 우리 구주가 누구신지를 알아보려고 하지 않는다는 것이 이상하게 생각됩니다. 어제 한 가난한 여자 분이 우리 교회의 부목사님에게 와서 류머티즘을 치료하는 분에게 가서 치료 받을 수 있는 티켓을 좀 달라고 요청했습니다. 부목사님은 류머티즘을 치료하는 분에 대해서 전혀 들어본 적도 없었습니다. 그녀는 "그 치료사는 크로이든(Croydon)에서 만성적으로 류머티즘을 앓고 있는 사람들을 치료해 왔습니다"라고 말했습니다. 그 목사님은 티켓에 대해서도 들어본 적이 없었지만, 그녀는 자기 아버지가 그 치료사를 찾아내려고 애썼지만 실패했고, 자기가 다시 한 번 시도해 보고자 한다고 말했습니다. 그렇습니다. 병을 치료할 가망이 있는 곳에는 사방에서 사람들이 몰려듭니다. 그런데 사람들이 자신의 몸의 병에 대해서는 도움을 구하면서도 자신의 영혼의 병에 대해서는 도움을 구하지 않는다면, 그것은 얼마나 이상한 일이겠습니까! 영혼의 모든 병을 치료해 주실 수 있는 분이 한 분 계시는데, 왜 그분에게 가지 않는 것입니까? 우리는 고침을 받았습니다. 여러분은 왜 그것을 의심하는 것입니까? 그분은 그를 믿고 의뢰하는 모든 사람을 다 고쳐 주실 수 있는 신실하신 분입니다. 여러분은 왜 그를 찾지 않으시는 것입니까? 그분이 우리를 도우셨다는 것을 증언하고 있는 우리는 정직한 사람들입니다. 여러분은 왜 우리를 한 번 믿고 주 예수를 직접 시험해 보려고 하지 않는 것입니까? 여러분이 우리를 믿지 못하겠다면, 하나님이 친히 쓰신 책을 믿고서 "내가 예수께 도움을 청해 보리라"고 말하십시오. 그것은 금보다 더 귀한 시도가 될 것입니다. 여러분이 그런 시도를 하신다면, 여러분은 저 보배로운 믿음을 갖게 되셔서 저 귀하신 예수와 그의 보배로운 약속들과 그 보배 피를 믿게 되실 것입니다. 그런 다음에는 여러분은 이곳에서 시작해서 영광의 문에 이르기까지 내내 여러분에게 필요한 도움을 발견하게 될 것입니다. 하나님께서 예수 그리스도의 이름을 인하여 여러분을 즉시 그에게로 데려다주시기를 기원합니다. 아멘.

제
63
장

—

하늘에 계신 하나님과 바다 위에 있는 사람들

—

"우리 구원의 하나님이시여 땅의 모든 끝과 먼 바다에 있는 자가 의지할 주께서 의를 따라 엄위하신 일로 우리에게 응답하시리이다." — 시 65:5

시편 65편 전체를 읽어 보십시오. 여러분이 뭍에 사는 사람으로서 밭이랑을 평평하게 하시는 하나님에 대하여 읽든, 아니면 여러분이 뱃사람으로서 바다의 소리를 잠잠하게 하시는 하나님에 대하여 듣든, 이 시편은 여러분에게 유익을 줄 것입니다. 처음 두 절을 주목해 보십시오: "찬송이 주를 기다리오며 … 기도를 들으시는 주여." 옛적의 거룩한 사람들은 찬송과 기도를 함께 드리는 것이 몸에 배어 있었습니다. 이것은 복된 조합입니다. 우리는 어느 하나에 묶여 있지 않습니다. 우리는 기도의 돛을 올리고 찬송의 깃발을 날립니다. 하나님께 기도하지 않는데 찬송한다는 것은 불가능한 일입니다. 하나님을 찬송하지 않는데 기도하는 것은 배은망덕한 일입니다. 찬송은 만왕의 왕을 위한 황금 예물을 영혼이라는 배에 싣는 것이고, 기도는 배의 증기 기관을 점화시켜서 황금 예물을 실은 배가 하늘의 왕도를 향하여 나아가게 하는 것입니다. 형제들이여, 여러분의 삶 속에서 끊임없이 기도하고 찬송하십시오. 여러분에게 변화가 필요할 때는, 찬송하고 기도하십시오. 영혼이라는 배를 찬송과 기도라는 이 두 개의 노로 계속해서 저어가십시오.

또한, 우리가 이 시편에서 주목할 것은 옛적의 성도들이 기도와 찬송을 드릴 때에 성인들이나 천사들이 아니라 곧장 하나님께 드렸다는 것입니다. 다윗은 하나님에 관하여 말하는 것으로 만족하지 않고, 오늘의 본문에서 볼 수 있듯이, 하나님을 향하여 "우리 구원의 하나님이시여 주께서 우리에게 응답하시리이다"라고 말합니다. 그는 하나님을 향하여 곧장 항해해 나아갑니다. 마찬가지로, 우리도 하나님께 곧장 나아가야 합니다. 우리는 다른 사람들이 우리의 찬송에 대하여 무슨 말을 할지를 생각할 필요가 없습니다. 우리의 찬송이 우리 주 하나님 앞에 향기롭기만 하다면, 사람들의 귀에 소음으로 들린다고 해도, 그런 것은 중요하지 않습니다. 우리가 대표기도를 할 때에 우리의 기도가 형제들에게 어떻게 들릴지를 신경 쓰는 것은 애석한 일입니다. 우리는 오직 우리의 기도를 들으시는 하나님만을 생각하면 됩니다. 우리는 동시에 두 방향으로 키를 조종해 나아갈 수 없습니다. 우리가 하나님의 은혜의 자리로 나아가고자 한다면, 장의자에 앉아 있는 사람들을 신경 쓸 필요가 없습니다. 우리는 항구의 입구에 있는 등대에만 시선을 고정시키고, 다른 사람들이 보는 저 언덕 위의 교회나 저쪽에 있는 풍차에 눈길을 주어서는 안 됩니다. 형제들이여, 오직 여러분의 대장만을 바라보시고, 여러분의 동료들이 무엇을 생각하든지 신경 쓰지 마십시오. 우리의 항구가 어디인지를 알아내서 거기를 향해 항해해 나아가야 합니다. 기도와 찬송이라는 쌍끌이 배가 오직 우리의 심령 전체를 곧장 천국으로 데려다줄 바로 그 항로로만 가게 해야 합니다.

1. 첫째로, 하나님이 우리에게 어떤 분이신지를 생각해 봅시다.

사랑하는 친구들이여, 그분은 "우리 구원의 하나님"이십니다. 이것으로부터 분명한 것은 우리 모두가 구원을 필요로 한다는 것입니다. 그것이 오늘의 본문에 분명히 나와 있지 않다고 하더라도, 그것이 사실이라는 증거는 우리를 사방으로 둘러싸고 있기 때문에, 우리는 그것을 의심할 수 없습니다. 서글프게도 우리가 난파 상태라는 증거는 차고 넘칩니다. 인간의 본성은 물에 잠겨서 가라앉고 있습니다. 그렇기 때문에 오직 하나님만이 우리의 소망입니다.

본문은 구원이 어디에 있는지를 우리에게 말해 줍니다. 즉, 우리의 구원은 하나님 안에 있다는 것입니다. 하나님은 우리 구원의 하나님이십니다. 여러분은 날 때부터 본성적으로 하나님의 손길에 의해서 죄로부터 구원 받을 필요가 있다는 것을 알기 전에는 여러분 자신에 대해서나 하나님에 대해서 올바른 생각을 가질 수 없습니다. 이 땅에서 가장 위대한 성도도 여전히 죄인입니다. 그 성도가 60년 동안이나 인생이라는 바다를 안전하게 항해해 왔다고 하더라도, 하나님이 그에게서 구원의 손길을 거두시면, 그 배는 즉시 암초에 부딪치게 될 것입니다. 아무리 지식이 많고 오랜 세월 동안 풍부한 경험을 쌓은 사람이라도 여전히 구원 받을 필요가 있습니다. 배가 오래 되었다고 해서 바다를 항해하는 데에 더 유리해지는 것은 아닙니다. 로이드(Lloyd) 경에게 60년도 넘게 바다를 항해해 온 배이기 때문에 다른 배들보다 과연 더 안전한지 물어보십시오. 주 하나님이 늘 자신의 구원의 하나님이 되어 주시지 않는다면, 살아 있는 그 어떤 사람도 암초나 유사(流砂), 폭풍우로부터 안전하지 않고, 바다에서 침몰하는 것으로부터도 안전하지 않습니다. 우리는 모두 죄책과 죄의 권세, 그리고 죄의 저주로부터의 구원을 구할 필요가 있습니다. 하나님께서 우리에게 은혜를 베푸셔서 우리 구주이신 주 예수 그리스도 안에서 우리를 위해 이 모든 것을 공급해 주신다면, 그것은 우리의 큰 기쁨이 될 것입니다.

이 구원이 하나님을 우리에게 오시게 하고 우리를 하나님께로 데려다줍니다. 나는 자연을 보고서 그 속에서 하나님을 발견하는 사람은 별로 많지 않다고 생각합니다. 사람들은 자연 속에서 하나님이 지으신 것들을 보기는 하지만, 그것들을 지으신 하나님을 보지는 못합니다. "자연을 통해서 자연의 하나님께로 나아가는" 일이 가능은 하겠지만, 그것은 불구자들이 산을 오르는 것만큼이나 어려운 일입니다. 가장 높은 산꼭대기에서 여러분을 발을 들어올려서 하나님의 보좌가 있는 곳의 가장 낮은 계단에 올려놓으려면 엄청난 노력이 필요합니다. 인간의 본성은 그런 식으로 위로 오르는 일에 관심이 없습니다. 사람들로 하여금 하나님께로 나아가게 하기 위해 이미 마련되어 있는 통로는 우리 구주 예수 그리스도를 통하는 길이고, 그 길을 통해서 수많은 사람들이 이미 하나님께로 나아갔습니다. 그 누구도 구원의 길이신 예수를 통하지 않고 하나님께로 나아가지 못합니다. 다른 통로들이 있을 수도 있겠지만, 유일하게 통행이 가능한 길은 오직 예수를 통한 길뿐입니다. 인간의 지식이라는 얕은 해협은 물이 충분하지 못해서 우리의 배가 그 해협을 통과해서 하나님께 나아가는 것이 불가능합니다. 구속의 사랑이라는 깊은 물을 따라 하나님께로 나아가는 것이 지혜로운 일입니다. 하나님께서도 바로 그 통로를 통해서 우리에게 오셨습니다. 영광의 하나님께서는 우리를 자신과 화목하게 하셔서 구원하시기 위하여 자신의 아들을 통해 이 땅에 오셨습니다. 하나님께서 인간에게 오시기 위하여 깊이 파놓으신 길이야말로 인간이 하나님께로 향해해 나아가기에 아주 좋은 통로입니다. 주 예수께서 우리의 구원을 위해 오셨다는 것을 기억하십시오. "하나님이 그 아들을 세상에 보내신 것은 세상을 심판하려 하심이 아니요 그로 말미암아 세상이 구원을 받게 하려 하심이라"(요 3:17). 구원은 하나님을 우리에게 오시게 하고, 구원은 우리를 하나님께로 데려다주어야 합니다. 그렇지 않다면, 우리는 버림받은 자들이 될 것입니다. 우리의 은혜와 영광의 하나님께서 영원토록 찬송 받으시기를 원하나이다. 왜냐하면, 구원받은 모든 사람에게서 하나님은 그리스도 예수 안에서 그들의 구원의 하나님이시기 때문입니다.

　우리가 얻는 구원은 전적으로 하나님으로부터 옵니다. 여러분이 하나님으로부터 오지 않는 구원에 대하여 듣는다면, 틀림없이 나중에 그 배는 항해에 사용할 수 없는 배로서 벌레 먹고 낡은 배라는 것이 드러나게 될 것입니다. 나는 그런 배에는 결단코 승선하지 않겠습니다. 만일 내가 여러분에게 단지 인간적인 구원을 전하는 것이라면, 여러분은 내가 전하는 말에 한시라도 귀 기울일 필요가 없습니다. "구원은 여호와께 속하였나이다"(욘 2:9)라는 말씀은 요나가 깊은 바닷속에서 한 말입니다. 이 구원은 하나님의 영원하신 뜻, 그의 거룩한 언약, 하나님이 자기 백성을 영원 전부터 택하신 것에서 시작되었고, 우리 구주의 삶과 죽음을 통해서 성취되었습니다. 이 구원은 성령께서 우리 안에서 역사하셔서 우리를 깨워 일으키시고 조명하시고 회심시키시고 예수를 믿는 믿음을 갖게 하심으로써 이루어집니다. 구원은 처음부터 끝까지 철두철미 하나님께 속합니다. 이 구원에서 사람의 힘으로 된 것은 아무것도 없습니다. 갑판 위의 동아줄이나 돛대의 목재 하나까지 다 하나님께서 준비하시고 만드셨습니다. 그리스도는 이 구원의 처음이자 끝입니다. 그리스도는 우리 구원을 돕는 자이실 뿐만 아니라, 우리 구원의 하나님이시고, 우리 구원을 이루어 내신 분이며, 우리 구원의 모든 것입니다. 혹시 여러분 중에서 스스로 만들어 낸 구원을 가지고 계시는 분이 있습니까? 그렇다면, 그런 구원은 여러분을 멸망시킬 어뢰가 되지 않도록 가급적 빨리 내던져 버리십시오. 우리를 지옥으로부터 건져 줄 수 있는 유일한 구원은 하늘로부터 오는 구원입니다. 영원한 구원은 영원하신 하나님으로부터 와야 합니다. 여러분을 새로운 피조물로 만드는 구원은 하나님의 보좌에 앉으셔서 만물을 새롭게 하시는 분의 역사여야 합니다.

주목할 만한 것은 이 구원 속에 엄위하심과 자비하심이 이상하게 혼합되어 있다는 것입니다. "우리 구원의 하나님이시여 주께서 의를 따라 엄위하신 일로 우리에게 응답하시리이다." 우리 주 예수의 죽음 속에서 우리는 하나님의 구원을 봅니다. 예수의 죽음 속에서 하나님은 죄에 대해서는 엄위하시고, 죄인에 대해서는 지극히 자비하십니다. 하나님께서는 자신의 정의의 칼을 뽑아 드실 수밖에 없으셨고, 따라서 그 칼을 뽑아 드셨습니다. "세상을 심판하시는 이가 정의를 행하실 것이 아니니이까"(창 18:25). 정의를 행하시려면 죄를 벌하지 않으면 안 됩니다. 하나님의 아들이신 우리 주 예수께서 죄인인 온 인류를 대신해서 죽음 앞에 머리를 숙이시고, 죄 없으신 분이 온 인류의 죄 때문에 하나님의 진노를 담당하시는 모습을 볼 때, 우리는 하나님의 엄위하심을 뼈저리게 느낄 수밖에 없습니다. 우리의 어린이들이 부르는 다음과 같은 찬송은 하나님의 참되심을 정확히 표현하고 있습니다:

"주님은 사람들이 얼마나 악한지를 보셨다네.
그리고 하나님께서 죄를 벌하셔야 한다는 것도 아셨다네.
그래서 그 자비하심을 인하여 예수께서는
자신이 대신 벌을 감당하겠다고 자청하셨다네."

하나님께서는 "어린 아기와 젖먹이들의 입에서 나오는 찬미를 온전하게 하셨습니다"(마 21:16). 죄 없으신 하나님의 아들이 겟세마네 동산에서 굵은 땀방울이 핏방울이 되기까지 고통당하실 수밖에 없으셨다는 것 자체가 "의를 따라 엄위하신 일"을 보여준 것이었습니다. 예수께서 채찍을 맞으시고 얼굴에 침 뱉음을 당하시며 나무에 못 박히셔서, 아버지 하나님의 임재로 말미암은 위로도 없이 죽으시면서 고통 속에서 "나의 하나님, 나의 하나님, 어찌하여 나를 버리셨나이까"(마 27:46)라고 부르짖으셨을 때에도 "의를 따라 엄위하신 일"이 나타났습니다. 친구들이여, 아버지 하나님이 가장 사랑하시는 이가 하나님의 통치의 위엄을 세우시기 위하여 저 전대미문의 고난을 담당하신 그 날은 참으로 엄위한 날이었습니다. 자비롭고 경건한 심령이 생각할 때, 우리 주님이 "우리를 위하여 저주를 받은 바 되사 나무에 달리신"(갈 3:13) 일은 멸망 받을 자들이 겪을 고통보다 더 두렵고 엄위한 일입니다. 우리가 구원을 찾을 때, 주 여호와께서는 우리에게 응답하시고 자신의 독생자의 피 속에서 그 구원을 보라고 명하십니다: "주께서 의를 따라 엄위하신 일로 우리에게 응답하시리이다."

이렇게 하나님께서는 성령을 통하여 우리에게 오셨을 때에 두려움과 은혜를 동시에 보여주셨습니다. 여러분이 하나님께 여러분을 구원해 주시라고 기도했고, 하나님께서 그 기도에 응답해 주셨다면, 여러분은 엄위하신 일을 본 것입니다. 여러분의 죄책, 여러분이 현재 멸망으로 치닫고 있는 모습, 여러분에게 임할 장래의 심판을 보았을 때에 여러분은 두려움 가운데서 떨 수밖에 없습니다. 주 예수 그리스도께서 바다 위를 걸으셔서 우리가 타고 있는 배로 오시는 것은 풍랑 속에서 우리의 배가 뒤집히기 직전일 때입니다. 우리가 탄 배의 돛은 다 갈기갈기 찢어지고, 선체는 부서지기 직전입니다. 우리는 우리 자신이 난파되어 있는 것을 볼 때에야 비로소 은혜를 말미암아 구원을 받게 되는 것입니다! 죄에 대한 자각은 모든 죄인에게 동일한 강도로 오는 것은 아니지만, 우리가 율법 아래에서 종 노릇 하고 있었을 때에는 해와 달이 빛을 잃었고, 바다에는 거센 풍랑이 가득하여 우리가 구원을 받을 수 있을 것이라는 소망은 우리에게서 완전히 사라졌습니다. 우리는 술 취한 사람처럼 앞뒤로 휘청거리며 제대로 서 있을 수가 없었습니다. 우리는 벼랑 끝에 서 있었고, 우리 구원의 하나님이 회오리바람 가운데 오고 계시다는 사실을 알지 못했습니다. 하나님께서는 죄 사하심을 위한 은으로 된 규를 내미시기 전에 먼저 칼을 뽑아 드신 채로 우리에게 오십니다. 하나님은 우리로 하여금 자기의(self-righteousness)와 자기를 신뢰하는 것(self-confidence)을 포기하고 그리스도께로 나아와서 그리스도를 부여잡아 우리의 모든 것으로 삼게 하고자 하십니다. 사람들은 자신이 만든 배가 난파되지 않으면 구원의 구명정으로 갈아타고자 하지 않습니다. 그러나 자기가 타고 있던 배가 머리 쪽에서부터 가라앉기 시작하면, 사람들은 기쁜 마음으로 구명정으로 갈아탈 생각을 하게 됩니다.

우리 구원의 하나님은 우리에게 죄를 묵인하시는 분이 아니라 다 태워 버리시는 불로 자기 자신을 계시하십니다. 오늘날 사람들은 성경에 나오는 하나님, 또는 먼 바다에 계시는 하나님을 전하지 않습니다. 우리 하나님은 교만한 철학자들이 만들어 낸 새로운 신이 아니라 옛적부터 계신 하나님이십니다. 우리는 참 하나님께서는 자비하실 뿐만 아니라 의로우시기 때문에 자신의 율법이 멸시

당하는 것을 결코 용납하지 않으시리라는 것을 압니다. 배를 타고 먼 바다를 항해하는 분들은 산더미 같은 풍랑이 일고 파도가 포효하는 것을 볼 때에 바다의 하나님이 엄위하시다는 것을 알게 됩니다. 하나님은 자애로우시고 인자하시며 사랑이 많으신 분이시지만, 폭풍의 검은 옷을 입으신 하나님은 얼마나 두렵고 엄위하신 분인지 모릅니다!

하나님은 하늘들을 섬광으로 번쩍거리게 하시고, 그의 엄위하신 음성은 바다의 포효하는 소리보다 더합니다. 천지는 혼란 속으로 빠져 들어가고, 깊음은 깊음을 부르며, 하늘들은 큰 바다와 악수하고, 아주 큰 배조차도 조개껍질처럼 보이며 금방이라도 가라앉을 듯이 풍랑 속에서 보였다 안 보였다 하기를 반복합니다. 하나님은 두려우신 하나님이시고, 이 분이 바로 우리의 하나님이십니다. 능력과 정의에 있어서 하나님 같으신 분은 아무도 없습니다. 스랍 천사들이 "거룩하다 거룩하다 거룩하다 주 하나님 곧 전능하신 이여"(계 4:8)라고 송축하는 것은 당연한 일입니다. 이런 것들을 볼 때에 우리는 하나님께서 일단 죄를 심판하러 오시면 철장으로 모든 것을 쳐서 부수실 수 있으시겠다고 느끼게 됩니다. 홍해를 보십시오! 여호와의 대적들이 마치 돌처럼 홍해의 밑바닥으로 가라앉아 버린 일을 생각해 보십시오. 하나님은 자신의 거룩한 처소에서 나오실 때에 엄위하신 분이십니다. 하나님은 하늘의 하나님이시지만, 악인들을 위한 구덩이가 이미 준비되어 있습니다. 하나님께서는 자신의 구원받은 자들에게는 자기가 누구인지를 있는 그대로 알게 하시지만, 스스로를 성경보다 더 지혜롭다고 여기는 자들에게는 그렇지 않습니다.

나는 여러분 중에서 많은 분들이 하나님에 대하여 "주는 내 구원의 하나님, 아브라함과 이삭과 야곱의 하나님 여호와이시고, 우리 주와 구주 되시는 예수 그리스도의 하나님이자 아버지이신 분은 나의 소망이자 나의 기쁨"이라고 말할 수 있을 것이라 믿습니다. 하나님은 거룩함을 따라 영화로우시고, 의를 따라 엄위하십니다. 하나님이 죄를 미워하셔서 악을 영원히 참지는 않으실 것이기 때문에 나는 하나님을 더욱 사랑합니다.

대부분의 사람들이 겪는 어려움은, 그들이 하나님을 자신의 구주로 받아들이고자 하지 않고 스스로 자신을 구원하고자 한다는 것입니다. 대부분의 사람들은 자기가 스스로 배를 저어서 영광의 항구에 도달할 수 있다고 생각합니다. 그러나 어떻게 우리가 그렇게 할 수 있겠습니까? 우리에게 어떤 능력이나 지혜가 있습니까? 우리에게 힘이 있습니까? 우리는 교만하고 어리석은 자들이어서 스스로 속습니다. 나는 지구 반대편에 갔다가 돌아오는 배에 탄 어떤 사람에 관한 이야기를 들은 적이 있습니다. 그는 자기가 모든 것을 다 안다고 생각하는 교만한 사람이어서 모든 일에 간섭하고 참견을 했습니다. 긴 항해를 하는 배에는 그런 사람이 꼭 한두 사람 승선하기 마련입니다. 그는 계속해서 불평을 늘어놓고 문제를 일으키고 있었습니다. 기상이 악화되자, 이 참견하기 좋아하는 신사는 상황이 아주 좋지 않아서 배가 침몰할지도 모른다는 생각을 하고서는, 만나는 사람들마다 붙잡고서 그렇게 얘기하고 다녔습니다. 그러자 선장은 그를 한 쪽으로 불러서 어떤 밧줄을 가리키며, 앞으로 한두 시간 동안 저 밧줄을 꼭 붙잡고서 입을 다물고 아주 조용히 있는 것이 이 배의 생사에 직결되는 아주 중요한 일이라고 말해 주었습니다. 그리고는 선장은 그가 그 밧줄을 꼭 붙잡고 있는 이유를 아무에게도 말해 주어서는 안 된다고 신신당부를 했습니다. 그러자 이 시끄러운 친구는 자기가 대단한 일을 맡게 되었다고 생각해서, 흔들리는 갑판에서 있는 힘을 다해 발로 버티며 이를 악물고 그 밧줄을 꼭 붙잡고 있었습니다. 누군가가 옆으로 지나가도, 그는 평소와는 달리 그에게 말을 붙이지 않고 입을 꼭 다물었습니다. 사람들이 조타수에게 말을 걸어서는 안 되는 것과 마찬가지로, 그는 다른 사람들이 자기에게 말을 걸게 해서도 안 된다고 생각했습니다. 사실 그 배의 안전은 그 사람이 입을 다물고 그 밧줄을 꼭 붙잡고 있는 것과는 아무 상관이 없는 일이었습니다. 하지만 그는 바람이 잦아들 때까지 아주 진지하게 자신의 자리를 지켰습니다. 이 일이 있고 나서 그는 말수가 줄었습니다. 왜냐하면, 그는 자기가 대단한 일을 해냈다는 생각에 점잖게 행동해야 한다고 느꼈기 때문입니다. 그는 자기가 이 배를 구한 것에 대하여 사람들이 자기에게 감사패를 줄 날을 기다렸습니다. 그는 자기가 대단한 일을 해낸 것에 대하여 사람들이 자기에게 깊은 감사를 하는 것이 마땅하다고 생각했습니다. 그는 배에 탄 모든 사람들을 구하기 위해서 한두 시간 동안 입을 다물고 있는 엄청난 희생을 한 것이었기 때문에 자신의 일생에서 가장 어려운 일을 해낸 것이라고 해도 과언이 아니었으니까요! 그런데 그에게 감사하는 사람이 아무도 없자, 그는 자기가 한 일이 얼마나 대단한 일이었는지를 은근슬쩍 내비치기 시작하였습니다. 그러나 사람들은 전혀 알아차리지 못하는 것 같았습니다. 여러분도 아시다시피, 사람들은 아주 명백한 일이라고 해도 언제나 그 일을 알아차리는 것은 아니기 때문입니다. 마침내 그는 자기가 한 대단한 일을 자세하게 떠벌리고 다니면서 자기는 감사패를 받아야 마땅하다고 사람들을 괴롭히기 시작하였습니다. 그러자 선장은 다시 그를 불러서, 그로 하여금 입을 다물고 조용히 있도록 하기 위하여 그 밧줄을 잡고 있으라고 한 것뿐이고, 그가 배의 안전에 기여한 것은 아무것도 없었다고 말해 주었습니다. 자기 자신을 아주 대단한 존재로 여기고서 하나님의 일들에서 자기가 뭔가 중요한 기여를 할 수 있다고 생각하는 사람들은 바로 이 사람과 같습니다. 여러분이 자기 자신을 자랑하는 것을 그만두고, 여러분이 가로막고 있는 하나님의 길에서 비켜나 준다면, 그것이 바로 내가 여러분에게 바라는 것입니다. 하나님이 여러분을 이끄셔서 여러분 자신을 예수의 손에 맡기게 하신다면, 모든 것이 안전할 것입니다. 하나님이 우리를 구원하고자 하시는데, 두려움 없이 하나님을 의지하고 의뢰하는 것 외에 우리가 할 일이 또 무엇이 있겠습니까?

2. 둘째로, 하나님은 우리를 위해 무엇을 하고자 하시는 것인지를 살펴보겠습니다.

지금까지 나는 하나님이 우리에게 어떤 분이신지를 설명했고, 이제부터는 하나님이 우리를 위해 무엇을 하고자 하시는지를 설명하고자 합니다. 하나님께서 자기 백성의 기도를 들으시기 위하여 귀를 활짝 열어두고 계신다는 것을 의심하지 마십시오. 하나님은 반드시 우리에게 응답하십니다. 이것은 우리가 다 기도해야 한다는 것을 보여줍니다. 이 세상에 있는 모든 믿는 자는 반드시 기도하여야 합니다. 아무리 큰 은혜 가운데 있는 사람이라 할지라도, 기도할 필요가 없는 사람은 있을 수 없습니다.

그렇다면, 우리는 무엇을 기도해야 합니까? 본문에 의하면, 가장 중요한 기도 제목들 중 하나는, 죄를 놓고 기도하는 것입니다. "죄악이 나를 이겼사오니 우리의 허물을 주께서 사하시리이다"(3절). 우리가 날마다 죄에서 깨끗하게 해주시라고 기도할 필요가 있습니까? 이것은 하나님을 처음으로 찾는 사람의 기도임에 틀림없습니다. 여러분에게서 죄가 조금씩 새어나오고 있습니까? 시험이라는 해적들이 온통 둘러싸고 있어서 여러분이 거기에서 빠져 나올 수가 없습니까? 여러분은 "죄악이 나를 이겼사오니"라고 말할 수밖에 없습니까? 주 예수께 오셔서 구해주시라고 부르짖으십시오. 주께서 말씀 한 마디만 하시면, 죄가 새어나오는 것도 그치고, 여러분에게 슬금슬금 다가오던 마귀들도 다 물러갈 것입니다. 지금 즉시 주께 기도하십시오.

당신은 죄로부터 건지심을 받았다가 또다시 죄에 빠진 사람입니까? 당신은 전에 그리스도의 이름을 고백한 적이 있습니까? 당신은 이전의 깃발을 내렸습니까? 당신은 지금 다른 깃발 아래에서 살아가고 있습니까? 당신은 자신의 그런 모습을 후회하고 있습니까? 죄악이 당신을 이기고 있습니까? 그렇다면, 다시 주께로 나아오십시오. 주께 당신에게 오셔서 당신을 다스려 주시라고 기도하십시오. 해적들이 지금 배를 타고 다가오고 있고, 당신은 그 해적들을 제거할 수 없습니다. 그러나 하나님은 당신의 죄악들을 제거하실 수 있습니다. 하나님은 그 해적들을 다 쓸어 버리실 수 있습니다.

여러분이 그리스도인이 된 지 오래되었고 또다시 죄에 빠지지 않았다면, 은혜 안에서 자라가서 여러분 안에 거하는 죄를 점점 더 분명하게 깨닫게 될 것입니다. 여러분은 날마다 이렇게 부르짖게 될 것입니다: "주여, 나를 지켜 주소서. 주께서 나의 타고난 죄 및 세상과 육신과 마귀의 시험들로부터 나를 지켜 주시지 않는다면, 내가 그리스도인으로서 아무리 오랫동안 살아왔다 하더라도 결국에는 완전히 망하게 될 것입니다." 오늘 밤에 그런 식으로 하나님께 부르짖으십시오. 모든 악을 제거하셔서 주 앞에 흠 없이 나타날 수 있게 해주시라고 기도하십시오. 항구에 거의 다 도착해서 해안이 가까워질수록 이전보다 더 주의해서 배를 조종해야 합니다. 하나님께서 우리를 지켜 주시지 않으면, 우리는 강의 어귀에서 난파되고 말 것입니다. 전능자의 은혜가 우리를 다스리지 않는다면, 죄악이 우리를 이기게 될 것입니다. 우리는 사람들을 지키시는 분께 이런 식으로 늘 부르짖어 기도할 필요가 있습니다.

또한, 우리는 하나님과 더 가까이 교제할 수 있게 해주시라고 기도해야 합니다. 다음 절을 읽어 보겠습니다: "주께서 택하시고 가까이 오게 하사." 주여, 나를 도우셔서 나로 주께 가까이 가서 주의 사랑을 알고 주를 사랑하게 하옵소서. 계속해서 읽겠습니다: "주의 뜰에 살게 하신 사람은 복이 있나이다." 주여, 나를 도우셔서 나로 주의 궁정에 있게 하사 늘 주의 임재 앞에서 살게 하옵소서.

"우리가 주의 집 곧 주의 성전의 아름다움으로 만족하리이다." 여러분은 그러한 만족이 간절하게 사모되지 않습니까? 나의 사랑하는 형제들이여, 여러분의 마음속에는 하나님께 더 가까이 나아가서 하나님의 전에 거하고 싶은 간절한 소원이 없습니까?

하나님께서 우리로 하나님의 은총을 끊임없이 늘 누릴 수 있게 해주시기를 빕니다. 하나님께서 성령으로 말미암아 자신의 사랑을 우리 심령 속에 충만히 부어 주시기를 빕니다. 주 우리 하나님의 이름이 찬송 받으시기를 원하나이다. 우리가 이런 기도를 드릴 때, 하나님께서는 반드시 들으시고 응답해 주십니다. 하나님께서는 여러분을 도우셔서 죄를 이기게 하시는 것과 마찬가지로, 여러분을 도우셔서 하나님의 은혜 안에서 자라가게 하십니다. 우리가 현재보다 훨씬 더 행복하고 거룩하게 되지 못할 이유가 없습니다. 우리의 마음과 생각이 좁아져 있다면, 그것은 하나님이 우리를 좁히신 것이 아니라 우리 자신이 스스로 좁힌 것입니다. 바람이 없는 것도 아닌데, 우리는 돛을 활짝 펼치지 않습니다. 하나님께 속한 깊은 일들을 통찰할 수 있는 명철이 여러분에게 없어서 그런 것들을 기쁨으로 누리지 못하고 있다면, 모든 책임은 여러분 자신에게 있습니다. 여러분이 받지 못하는 것은 구하지 않거나 잘못 구하기 때문입니다. 사람이 밀물을 이용해서 항구로 들어올 수 있는데도, 썰물을 타고 항구로부터 더 멀어진다면, 그것은 전적으로 그 사람의 잘못입니다. 우리가 기도한다면, 하나님은 응답하실 것입니다.

그러나 우리가 죄로부터 건져 주시고 하나님께 더 가까이 나아가게 해주시라고 기도한다면, 하나님께서는 "의를 따라 엄위하신 일로 우리에게 응답하시리라"는 것을 기억하십시오. 나는 이 말씀을 모든 기도하는 사람들의 귀에 대고 속삭여 주고 싶습니다. 흔히 여러분은 자기가 무엇을 구하고 있는지를 알지 못합니다. 만일 여러분이 하나님께서 여러분의 기도에 어떻게 응답하시는지를 진정으로 안다면 지금처럼 기도하지는 않을 것입니다. 여러분은 며칠 전에 여러분을 거룩하게 해주시라고 하나님께 기도했는데, 지금 여러분의 본성 속에서 이전보다 악이 더 강력하게 역사하고 있는 것을 봅니다. 십자가들과 손해들이 여러분에게 이전보다 세 배로 두텁게 닥치고, 시험들과 악한 생각들이 이전보다 더 격렬하게 여러분을 괴롭힙니다. 그래서 여러분은 "주여, 이것이 내 기도에 대한 응답입니까?"라고 묻습니다. 그렇습니다. 하나님은 지금 "의를 따라 엄위하신 일로" 여러분에게 응답하고 계시는 것입니다. 양이 목자에게 가까이 가고자 하면, 목자는 자신의 양치기 개를 보내어 그 양을 양 우리로 몰아오게 합니다. 우리가 겪는 시련들과 곤경들, 환난들과 역경들은 우리의 위대한 의사이신 주님께서 갖고 계신 최고의 약들입니다. 시련은 간절한 간구에 대한 사랑의 응답입니다. 흔히 우리에게 역풍을 보내서서 우리가 암초를 향해 돌진해 나가는 것을 막으시는 것이 하나님의 지혜입니다.

사랑하는 친구들이여, 응답하시는 방식이 여러분에게는 이상해 보일지라도, 하나님은 여러분의 기도에 반드시 응답하십니다. 하나님의 응답은 거칠게 보이지만 제대로 된 것입니다. 하나님 이외의 그 어떤 도움도 여러분을 제대로 도울 수 없지만, 여러분이 하나님께 부르짖는다면 죄를 멸함과 동시에 은혜 안에서 자라가는 데 충분한 힘을 하나님으로부터 얻게 될 것입니다. 봄철이 된 지 이제 몇 주밖에 안 되었지만 그동안에 하나님께서 땅에 행하신 일들을 보십시오. 몇 주 전만 해도 우리는 대문 밖을 나서면 눈에 뒤덮인 땅이나 비를 머금은 둔탁하고 검은 땅밖에는 아무것도 볼 수 없었습니다. 지금 나무들을 뒤덮고 있는 저 무수한 잎사귀들은 도대체 어디에 있었던 것입니까? 초지들을 황금 옷처럼 뒤덮어서 빛나게 하고 있는 저 무수한 미나리아재비 꽃과 데이지 꽃은 도대체 어디에 있었던 것입니까? 이 모든 만발한 꽃들은 도대체 어디에 있었던 것입니까? 여기저기에서 지저귀는 저 새들의 노랫소리는 도대체 어디에 있었던 것입니까? 하나님께서 오신 것입니다! 하나님은 얼어붙은 강물을 불쌍히 여기시고 거기에 숨을 부셔서 물들을 저 얼음 사슬로부터 놓여나게 해주셨습니다. 하나님은 겨울의 쇠사슬도 다 풀어 주셨습니다. 하나님은 꽃들을 만발하게 하셔서 세상으로 하여금 위를 보고 웃게 하셨습니다. 형제들이여, 하나님께서는 우리에게도 그렇게 하십니다. 지금 우리 영혼이 슬픔과 고통의 겨울이고, 우리가 조금 더 그 겨울을 참고 견뎌야 한다고 할지라도, 하나님은 우리에게 반드시 응답하실 것이고, 휘몰아치는 폭풍우가 지나간 후에 우리를 안식과 기쁨으로 복 주실 것입니다.

3. 셋째로, 하나님은 "땅 끝"에 대하여 어떤 분이신가 하는 것입니다.

하나님은 "땅 끝에 사는 자들이 의뢰하는 이"입니다. 누구나 다 믿고 의지하는 것이 있지만, 하나님을 전폭적으로 의뢰하고 신뢰하는 사람들은 지혜로운 사람들입니다. "땅 끝"은 누구를 가리킵니까? 그들은 극한의 기후 속에서 살아가는 사람들, 즉 남극이나 북극, 또는 적도에 사는 사람들을 가리킬 것입니다. 그런 사람들은 혹독한 추위나 더위를 견뎌내야 하기 때문에, 사람들은 그들이 하나님을 의뢰하지 않는다면 그런 지역에서 살아갈 수 없을 것이라고 생각합니다. 땅 끝에서 살아가는 사람들은 가장 멀리 떨어져서 살아갑니다. 하나님은 그의 교회, 그의 복음, 소망, 그 어떤 복, 하나님 자신으로부터 가장 멀리 떨어져 있는 사람들이 의뢰할 만한 분입니다. 스스로 다음과 같이 생각하는 사람이 언젠가 이 설교를 들을 수도 있습니다: "나는 지금까지 살았던 사람들 중에서 하나님으로부터 가장 멀리 떨어져 있는 사람이라고 생각한다. 나는 저주하고 욕하는 죄를 범해 왔고, 온갖 악을 저질러 왔기 때문에, 하나님과 신앙으로부터 사람이 상상할 수 있는 한도 내에서 가장 멀어져 있다." 친구여, 당신이 그런 사람이라 할지라도, 우리 하나님은 당신이 의뢰할 만한 분입니다. 하나님께서는 당신이 하나님을 믿고 그 아들 예수 그리스도 안에서 구원을 얻는 것을 허락하시기 때문에, "땅의 모든 끝에 있는 자여, 나를 보고 구원을 받으라"고 외치고 계시는 것입니다.

또한, "땅 끝"은 거의 아무도 알아보아 주지 않는 사람들을 의미할 수도 있습니다. 세상에는 아무도 알아보아 주지 않는 사람들이 여기저기 흩어져 살고 있지 않습니까? 그들 스스로도 자신의 부모가 누구인지를 알지 못하고, 아무도 그들에게 관심을 가져주지 않습니다. 아무도 그들을 형제라 부르지 않고, 그들이 어디에서 왔는지를 알지 못합니다. 그들은 스스로 사람들로부터 망각되기를 바랍니다. 그들은 자신의 이야기를 하기를 좋아하지 않습니다. 그들은 그런 사람들이기 때문에 자기를 드러내기보다는 숨길 때에 더 잘 살아갈 수 있습니다. 그러나 예수 그리스도는 그렇게 아무도 알아보아 주지 않는 사람들이 의뢰할 만한 분입니다. 주님은 그들을 아십니다. 주님은 그들의 과거도 아시고 그들의 현재도 아십니다. 이런 식으로 아주 멀리 떨어져서 아무도 알아보아 주지 않는 죄인들이 주께로 나아와서 주를 의뢰하게 해주시기를 빕니다.

"땅 끝"은 사람들의 생각에 거의 들어 있지 않은 곳들입니다. 프랑스 하면 전시회가 생각나고, 독일 하면 그 막강한 군대가 생각납니다. 그리고 미국 하면 거기에 살고 있는 우리의 친족들이 생각납니다. 이런 나라들은 우리의 생각과 고려의 범위 내에 들어 있는 곳들이지만, 다호메이(Dahomey)나 북극해에 있는 노바 섬(Nova)과 젬블라 섬(Zembla)에 대해서 신경 쓰는 사람은 아무도 없습니다. 이렇게 "땅 끝"에 대해서는 아무도 관심을 갖지 않습니다. "아무도 내 영혼에 관심이 없어"라고 말하는 사람은 "땅 끝에 사는 사람"입니다. 사람들이 당신에게 관심을 보이지 않습니까? 당신은 뗏목에 의지해서 바다 한가운데에 떠있는데 많은 배가 옆을 지나가면서도 그 누구도 당신을 보고 구하러 오지 않는 것 같습니까? 모든 사람으로부터 버려져서 신속하게 멸망을 향하여 떠내려 가고 있는 것 같은 분이 있다면, 하나님을 의뢰하십시오. 하나님은 "땅의 모든 끝에 있는 자가 의지할" 분이시기 때문입니다. 아무도 당신을 바라보아 주지 않는다면 하나님을 바라보십시오. 그러면 당신은 하나님에게서 참된 도움을 발견하게 될 것입니다.

또한, "땅 끝"은 극심한 시련이 있는 곳들을 의미할 수도 있습니다. 따라서 추위가 혹독한 곳이나 시리우스 별이 극심하게 타오르는 곳은 "땅 끝"이라 할 수 있습니다. 여러분이 아주 가난하거나 중병에 걸려 있거나, 능력이나 재능이 거의 없는 사람이라면, 여러분은 하나님을 반드시 의지하여야 할 분들입니다. 왜냐하면, 하나님은 약한 자의 힘이 되어 주시고 없는 자를 채워 주시는 것을 기뻐하시는 분이기 때문입니다. 하나님의 은혜는 병든 영혼들의 병원입니다. 오셔서 거기로 들어가십시오. 하나님은 가난한 자들을 거름더미에서 들어올리셔서 왕족의 반열에 올려놓으십니다. 여러분이 궁지에 몰리거나 인간쓰레기로 전락하였다면, 하나님을 의지하십시오. 여러분의 모든 것이 잘 풀리기 시작할 것입니다.

"땅 끝"은 사람이 접근하기가 무척 힘든 곳입니다. 우리 주변에는 북극처럼 다가가기가 무척 힘든 사람들이 있습니다. 사람들이 너무 무지한 경우에는 우리는 그들에게 어떻게 말을 해야 그들이 우리를 이해해 줄지를 알지 못합니다. 또한, 사람들이 너무 많이 왜곡되고 비뚤어져 있는 경우에는 우리가 그들을 선하게 대하고자 해도, 그들이 우리에게 해를 입힐까봐 조금은 걱정이 되기도 합니다. 자기가 가장 잘났다고 생각하여 교만한 사람들인 경우에는 그들에게 맞대어 선한 말을 해주기가 몹시 힘들 수 있습니다. 선원들이여, 여러분은 절대 가까이 하고 싶지 않은 사람들을 종종 만났을 것임에 틀림없습니다. 여러분은 그들을 배에 태우고 싶은 마음이 조금도 들지 않는 것을 느꼈을 것입니다. 만일 배가 침몰했을 때에 그런 사람들과 함께 휩쓸리게 될 것이 염려되어서 배에서 내리려고 해도 배는 이미 항구에서 너무 멀리 떠나와서 그럴 수도 없습니다. 그렇지만 하나님께서는 그런 사람들조차 기꺼이 도우십니다. 아무도 불쌍히 여기지 않고 아무도 도울 수 없는 사람들까지도 하나님은 사랑하시고 구원하실 수 있으십니다. 죽을 수밖에 없는 유한한 존재인 사람의 팔은 이 난파당한 영혼들을 구하기에는 너무나 짧습니다. 바위가 많은 해변에 던져진 그들에게는 아무런 소망도 없는 것 같지만 구원의 하나님이 계십니다. 그들은 하나님을 의지하고 의뢰할 수 있습니다. 왜냐하면, 하나님은 "땅의 모든 끝에 있는 자가 의지할 주"이시기 때문입니다. 여러분이 최악일 때라도, 하나님은 여전히 여러분을 최선으로 대하십니다. 여러분이 온통 비참함 그 자체일 때에도, 하나님은 온통 긍휼 그 자체이십니다. 여러분이 "땅 끝"에 있다면, 여러분은 천국이 시작되는 곳에 있는 것일 수도 있습니다.

4. 넷째로, 하나님은 항해하는 사람들에게 어떤 분이십니까?

이제 마지막 대지를 살펴볼 차례이기 때문에, 조금 더 힘을 내어 말씀을 들으시기를 부탁드립니다. 우리가 끝으로 살펴볼 것은 하나님은 선원들에게 어떤 존재이냐 하는 것입니다. 하나님은 "먼 바다에 있는" 모든 사람들이 의지할 분이십니다. 우리는 항해하는 사람의 삶 속에서 신앙의 여정을 보게 됩니다. 수백 년 전에는 사람들이 바다로 나간다고 해도 그들의 배는 언제나 해안에서 볼 수 있는 가시거리 범위 내에 머물렀습니다. 그리스나 로마의 선원들은 갤리선을 아주 능숙하게 잘 다루는 사람들이었지만, 육지를 볼 수 없는 먼 바다까지는 나갈 수가 없었습니다. 당시에는 나침반도 없었고, 별을 관찰해서 방향을 아는 기술도 아직 없었기 때문입니다. 여기저기에 등대가 설치되기는 했지만, 등대를 발견하는 것은 기적으로 여겨졌습니다. 그러나 오늘날에는 배가 먼 바다에 나가서 한 달 동안 육지를 볼 수 없다고 하더라도, 지도 위에서의 그 배의 위치는 여러분이 이 교회 장의자에 앉아 있는 것만큼이나 확실하게 표시될 수 있습니다. 별을 관찰하거나 해도와 나침반으로 배를 조종해서 한 달이 지난 후에 길 없는 대양을 항해해 온 것이 아니라 궤도 열차를 타고 온 것처럼 한 번도 본 적이 없는 지점에 아주 정확하게 도달하는 것이 가능합니다. 뱃길은 마치 한 항구에서 다른 항구로 이어진 기찻길처럼 정확하고 확실합니다. 그리스도인의 삶, 즉 신앙의 삶도 마찬가지입니다. 우리는 영적인 것들을 보지 못하지만, 절대적인 확실성을 가지고서 그 영적인 것들을 향해 나아갑니다. 우리는 우리 눈으로 보기를 바라서는 안 됩니다. 왜냐하면, 우리는 "믿음으로 행하고 보는 것으로 행하지 아니하기"(고후 5:7) 때문입니다. 우리의 길을 인도하는 것은 "지도"인 하나님의 말씀과 "나침반"인 성령의 증언입니다. 우리는 눈에 보이지 않는 분을 보고, "아직 보이지 않는 일"(히 11:7)로 가득한 천국을 향합니다. 총알이 목표물을 맞히듯이 그렇게 정확하고 확실하게 우리를 항구로 데려다주실 하나님께 모든 영광을 돌리나이다! 우리는 하나님의 나라를 향하여 곧장 항해해 가고 있습니다. 우리는 우리의 길을 볼 수는 없다고 할지라도 천국을 향하여 최단코스로 날아가고 있습니다. 형제들이여, 그 코스를 조금도 바꾸지 마십시오. 여러분의 구원을 책임진 선장이 배를 조종하는 대로 맡겨 두십시오. 하나님만을 의지하면, 우리는 때가 되었을 때에 우리의 목적지인 항구에 이르게 될 것이고 결코 우리의 길을 잃지 않을 것입니다. 우리에게 영적인 바다를 항해하는 법을 가르치신 분이 영광의 땅에 도달할 때까지 우리를 안전하게 인도하실 것이기 때문에, 우리는 난파될 것을 염려할 필요가 없습니다.

　"먼 바다에 있는" 사람들은 불안정한 곳 위에 있는 것이긴 하지만, 그들이 의지하고 있는 분은 다름아닌 하나님이십니다. 그들은 편할 날이 없고, 그들이 탄 배는 늘 이리저리 요동하고 흔들립니다. 바다는 그들이 영원히 거할 도성이 아닙니다. 이것은 우리에게도 마찬가지가 아닙니까? 우리도 불안정한 곳 위에 거하고 있습니다. 우리는 땅은 견고하다고 말하지만, 그것은 어디까지나 바다와 비교해서 그렇다는 말일 뿐입니다. 달 아래 있는 모든 것은 늘 변합니다. 나는 지진이 있은 후에 내가 해마다 쉬러 가는 망통(Mentone: 프랑스 남부 요양지)에 있는 집에 가보고서는 내 주위의 모든 것이 다 불안정하다는 것을 깨닫고서 기뻤습니다. 나는 지진에 무너져 내린 교회들과 집들을 보면서, '이 땅이 얼마나 불안정한 곳인지를 이제야 알겠다'고 속으로 말했습니다. 나는 그 곳에 있는 나의 쉼터 계단을 오르내리면서, 곧 무너져 내릴 것만 같은 데도 끄떡없는 것을 보고서 이상히 여겼습니다. 우리가 모두 날마다 이런 마음으로 살아간다면 우리에게 유익이 될 것입니다. 우리는 언젠가는 사라져 없어질 세계 속에서 살아가고 있습니다. 우리의 인생은 그림자들로 이루어져 있고, 실체는 다른 곳에 있습니다. 눈에 보이는 것들은 잠시 있다고 사라지는 덧없는 것들입니다. 여러분은 견고하고 안정된 세계 속에서 살아가고 있다고 생각했을지 모르지만, 그런 생각은 몽상일 뿐입니다. 이 세계는 장차 사라지고 없어질 것이기 때문입니다. 우리의 삶을 이루고 있는 물질적인 요소들은 바다의 물과 마찬가지로 믿고 의지할 것들이 못 됩니다. 우리의 인생은 순식간에 사라질 안개가 아니고 무엇이겠습니까? 우리의 인생은 우리의 코에서 나오는 숨에 달려 있는 것이 아니고 무엇이겠습니까? 여러분은 언제라도 죽을 수 있다는 것을 기억하십시오. 죽음은 다음 경점이 오기 전에 여러분을 데려갈 수도 있습니다. 여러분은 먼 바다에 있는 사람처럼 살아가시기를 빕니다. 먼 바다에 있는 사람은 세상에 있는 그 어떤 것을 붙잡아도 다 소용이 없다는 것을 알고, 잔잔할 때는 좋지만 언젠가 폭풍우가 몰아쳐서 자기를 쓸어가 버릴 수도 있는 불안정한 바다에 의해서 자신의 운명이 결정된다는 것을 압니다. 그래서 경건한 선원은 하나님을 의지합니다. 하나님은 그에게 요동하지 않는 터입니다. 하나님은 그 선원과 우리의 견고한 땅입니다. 다른 모든 것은 변하지만, 하나님은 변하실 수 없는 분입니다.

다음으로, 바다에 있는 사람들은 큰 위험들에 **노출되어** 있습니다. 그들은 언제 북방에서 거센 돌풍이 불어오거나 남방에서 엄청난 태풍이 불어올지를 알지 못합니다. 그들은 그들 위의 하늘이 아주 맑고 푸르더라도 "사람의 손 만한 작은 구름"이라도 있으면 한 시간 이내에 하늘에 먹장구름이 끼고 잔잔하던 바다가 미친 듯이 광분할 수 있다는 것을 압니다. 선원의 삶은 그로 하여금 자기를 둘러싼 위험들을 볼 수 있게 해주지만, 여러분과 나도 언제라도 시련의 폭풍이 우리 위에 몰아칠 수 있는 세계 속에서 살아가고 있다는 것을 압니다. 나는 영적으로 충만한 시간을 누린 후에 집으로 돌아가서 최고의 행복감을 느낄 때에 내 자신에게 "지금 이렇게 편안히 있을 시간이 어디 있어. 곧 시련이 다가올 텐데"라고 말하곤 합니다. 사실, 우리는 이 세상에서 너무 지나치게 고요한 것을 두려워하는 것이 마땅합니다. 왜냐하면, 그 뒤에는 무시무시한 폭풍우가 도사리고 있을 것이니까요. 우리의 인생은 흰색 모눈 옆에는 반드시 검은 색 모눈이 있는 "체크무늬판"과 같습니다. 바다에서는 기상이 언제 어떻게 변할지 모릅니다. 그래서 배를 언제나 정돈해 두고, 돛이 바람을 잘 받도록 늘 신경을 써야 하고, 키를 조정하는 일을 결코 소홀히 해서는 안 되며, 언제나 모든 상황을 예의주시하며 깨어 있어야 합니다. 아래에는 암초들과 유사(流砂)들이 언제 나타날지 모르고, 위로는 폭풍우가 언제 몰아칠지 모르기 때문에, 선원들은 늘 깨어 있지 않으면 안 됩니다. 마찬가지로, 그리스도인들은 한편으로는 하나님을 의지하면서, 다른 한편으로는 세상에 대하여 늘 깨어 있어야 합니다. 참된 신자들이여, 여러분이 바다에 있든 해안에 있든, 늘 하나님을 의지하고 의뢰하십시오. "하나님이여 내 마음이 확정되었고 내 마음이 확정되었사오니 내가 노래하고 내가 찬송하리이다"(시 57:7)라고 고백하십시오. 마귀가 옛적의 욥에게처럼 우리를 공격해 온다면, 어떻게 해야 할까요? 그럴 때에도 여전히 하나님을 의뢰하십시오. 하나님께서 마귀에게 마음대로 해보라고 허락하시면, 마귀는 곧 우리를 공격해 올 것입니다. 그러나 우리는 마귀를 두려워할 필요가 없습니다. 그리스도께서는 마귀에 대해서도 주이신 까닭에 마귀가 우리를 공격하기 위해 돌진해 올 때에 우리를 범접할 수 없게 하실 수 있으시기 때문입니다. 두려워하지 마십시오. "먼 바다에 있는 자들"의 의지가 되어 주시는 그분은 폭풍이 몰아치는 세상 속에서 살아가는 우리에게도 의지가 되어 주실 것입니다.

　그러나 먼 바다에 있는 사람들은 환난에도 익숙합니다. 그들은 폭풍우를 만나기 쉬울 뿐만 아니라, 실제로 폭풍우가 그들을 덮칩니다. 나는 지금 아직도 끊임없이 폭풍우를 맞고 있는 많은 분들에게 말씀을 드리고 있습니다. 깊고 거친 바다를 항해하는 길에서 여러분은 폭풍우 속에서 공처럼 솟구쳤다가 떨어지기를 반복하는 일이 결코 어린아이 장난이 아니라는 것을 발견해 왔습니다. 여러분은 심지어 성난 파도 위에 떠다니기도 했고, 물고기를 잡는 도구에 매달리거나 배의 삭구(索具)에 몸을 묶어서 목숨을 건지기도 했습니다. 나는 견디기 힘든 경험을 극복해 온 여러분을 부러워하는 것이 아닙니다. 왜냐하면, 우리는 영적으로 동일한 잔을 마시고 있기 때문입니다. 우리는 거친 길을 걸어 왔고, 거의 버림받은 자들처럼 살아왔습니다.

　여러분은 바다와 하늘이 뒤엉켜서 온 세상이 엄청난 혼돈 속으로 빠져드는 것 같은 그런 밤들을 다시는 보고 싶지 않을 것입니다. 마찬가지로, 나도 거센 역풍이 불던 그런 날들을 다시 보고 싶지 않습니다. 그러나 그런 날들에 우리가 하나님을 의지할 수 있다는 것은 얼마나 큰 은혜입니까! 그런 때에 하나님을 의지해도 아무 소용이 없었다면, 우리는 어떻게 되었겠습니까? 그러나 하나님이 우리와 함께 하신다면, 우리가 살든 죽든 그런 것은 중요하지 않습니다. 우리가 죽는다면 하나님과 함께 있게 될 것이고, 우리가 살아 있다면 하나님이 우리와 함께 하실 것입니다.

　사랑하는 친구들이여, 배를 타고 바다로 나아가는 사람들은 자신이 얼마나 연약한지를 금방 깨닫습니다. 그들은 해안에 있거나 청명한 날씨에 순풍을 만나 좋은 배를 타고 미끄러지듯 항해할 때에는 뭐든지 다 할 수 있을 것 같은 기분이 들지만, 거센 폭풍우를 만나자마자 자기가 얼마나 보잘것없는 피조물인지를 깨닫게 됩니다. 거대한 파도가 갑판에 있던 당신을 마치 나무토막처럼 바닷속으로 휩쓸어가 버립니다. 외마디 비명소리가 들리고, 그것으로 끝입니다. 굶주린 깊은 바다는 한 입도 안 되는 당신을 삼켜 버리는 것으로는 결코 성이 차지 않습니다. 바람은 여전히 울부짖고, 파도는 신이 나서 춤을 춥니다. 힘이 센 사람은 이렇게 휩쓸려 바닷속으로 들어가지 않았다고 할지라도 다른 사람들을 돕기 위해서 전혀 손을 쓸 수가 없습니다. 버티고 서 있는 것조차 힘들기 때문에 남을 도울 여력이 없습니다. 그는 자신의 몸을 삭구에 묶어야 합니다. 그렇지 않으면, 휩쓸려가 버리고 말 테니까요. 아무리 용감하고 지혜로우며 힘센 자라도 폭풍우가 몰아치는 날에는 정말 보잘것없는 존재에 불과합니다. 그럴 때에 사람들에게는, "거센 파도를 따라 위아래로 넘나들며" 물속에 빠졌나 싶으면 다시 새롭게 물보라 속에서 안전하게 날아오르는 물새가 부러울 뿐입니다. 사랑하는 친구들이여, 여러분과 나는 물새의 절반도 따라가지 못할 그런 처지로 흔히 내몰립니다. 우리에게는 아무런 힘도 남아 있지 않습니다. 우리는 아무것도 아니고 정말 무력한 존재가 됩니다. 그럴 때에 하나님을 우리의 의지로 삼으십시오.

나는 이 자리에 계신 모든 신자들에게 다른 모든 것보다도 더 하나님을 의지하시기를 권합니다. 저 깊은 바다보다도 더 깊이 하나님을 믿고 신뢰하십시오. 여러분이 하나님을 아무리 깊이 믿고 잘 믿는다고 해도, 하나님을 제대로 믿기에는 한참이나 부족합니다. 친구들이 배신하고, 여러분에게 힘이 되던 모든 것들이 여러분을 실망시킬 때, 하나님을 더욱 철저하게 의지하고 신뢰하십시오. 여러분을 힘들게 하던 그 모든 일들은 여러분에게 하찮은 일들이 되어 버릴 것입니다. 여러분을 얽매고 있던 모든 것들을 벗어 버리고 진정으로 넓은 바다 위에서 떠가는 것은 참으로 멋진 일입니다. 다른 모든 것이 전혀 진전이 없고 땅 자체도 풀어져 버릴 때, 하늘에 닻을 내리고 오직 그것만을 의지하는 것은 영화로운 일입니다. 선원들은 흔히 하나님의 도우심이 없다면 바닷속으로 삼켜 버려질 수 있는 곳으로 가게 되는데, 여러분과 나도 흔히 동일한 처지에 놓이게 됩니다. 하나님은 우리의 모든 것이고, 우리는 하나님 안에서 안식합니다. 그러나 하나님을 떠나서는 우리는 난파되고 좌초되어 영원히 멸망할 수밖에 없습니다.

나와 같은 배를 탄 여러분, 하나님께서 여러분에게 복 주시기를 빕니다. 우리는 아직 평화의 바다에 도달하지 않았고, 여전히 폭풍이 이는 갑(岬)을 돌고 있지만, 그 갑의 다른 이름은 희망봉입니다! 하나님을 의지하는 한, 우리는 두렵지 않습니다. 우리는 모두 하늘의 미항(美港)에서 우리의 위대하신 선장의 기함을 만나게 될 것입니다. 우리는 오늘 밤 이 해로에서 서로 아주 가까이 인접한 채 항해하고 있지만, 현세의 항해에서 서로의 길을 다시는 방해하지 않습니다. 우리는 해가 영원히 지지 않는 복된 자들의 섬, 내세의 땅에서 만나게 될 것입니다. 주 예수께서 여러분의 배를 거기로 안전하게 인도해 주시기를 빕니다! 아멘.

제
64
장

—

소망의 노래

—

"하나님 곧 우리 하나님이 우리에게 복을 주시리로다
하나님이 우리에게 복을 주시리니" — 시 67:6-7

"하나님 곧 우리 하나님." 이것은 얼마나 기가 막히게 향기로운 호칭입니까! 이 애정이 듬뿍 담긴 호칭을 야곱의 하나님께 처음으로 사용한 사람의 마음속에는 하나님에 대한 생생한 사랑이 가득 담겨 있었을 것임에 틀림없습니다. 이스라엘의 아름다운 가인(歌人)이 만군의 하나님을 이렇게 부른 지 수천 년의 세월이 흘렀지만, "하나님 곧 우리 하나님"이라는 호칭은 오늘날에도 믿는 자들의 귀에 생생하고 새롭게 들려옵니다. 이 구절이 내 영혼을 사로잡아서 너무나 깊이 뒤흔들어 놓기 때문에, 나는 이 구절을 또다시 건드리지 않을 수가 없습니다. "우리의" 또는 "우리 자신의"라는 단어는 언제나 이 단어가 수식하는 것 주위에 향기를 발산하는 것으로 보입니다. 이 단어가 수식하는 것이 우리나라라면 이렇게 말할 수 있을 것입니다:

"이 나라에 사는 사람들 중에서
'이곳은 내 나라, 나의 조국'이라고
속으로 말하지 않는 사람은
그 영혼이 죽은 사람일 것입니다."

이 나라가 갈색 관목인 히스가 무성하고 덤불 투성이의 삼림이 있는 황야이 거나 끝없는 평원이 펼쳐진 땅이거나, 이 나라에 사는 사람들은 자신의 조국을 사랑하기 때문에, 다른 나라에 가서 살게 되면 조국에 대한 향수병으로 고생을 하게 됩니다. 우리가 자라난 집도 마찬가지입니다. 저 오래된 지붕과 농가는 억 새풀로 뒤덮여 있고 옹기종기 모여 있는 가난한 초가집들 중의 하나에 지나지 않는 것으로 보일지 모르지만, 그 집은 과거에 우리의 집이었고, 우리가 어린 시 절에 부모의 날개 아래에서 둥지를 틀었던 저 벽난로 주위에는 수많은 사연이 차곡차곡 쌓여져 있습니다. "우리 자신의!" 우리의 모든 친척들은 그들이 우리 자신의 친척들이라는 사실 하나만으로 우리에게 사랑스럽습니다. "아버지"는 늘 별로 빛나지 않는 단어입니다. 그러나 "우리 아버지"라는 단어는 어느새 풍부한 의미를 담고 금빛으로 빛나게 됩니다. "우리 아이," "우리 형제," "우리 남편," "우 리 아내"는 참으로 아름답고 훈훈한 말들입니다. 어떤 성경에 대하여 "우리의 오 래된 영어 성경"이라고 말할 수 있다면, 그 성경은 우리에게 한층 더 사랑스럽게 느껴집니다. 하나님으로부터 히브리어로 주어진 유대인들의 책인 구약과, 헬라 어로 이방인들에게 주어진 신약으로 이루어진 성경은 값으로 따질 수 없는 보배 입니다. 그러나 우리에게 친숙한 앵글로색슨어로 아주 잘 번역된 우리의 영어성 경은 우리에게 갑절로 사랑스럽습니다. "우리의"라는 말이 향기롭고 감미로워서 나는 우리가 부르는 찬송가도 "우리 찬송가"라고 부르게 되었습니다. 그런 식으 로 부르면, 여러분이 찬송가에 대해서 더 큰 애정을 갖게 되지는 않을까 소망하 면서 말이죠. 그렇다면, "우리 하나님"은 어떻습니까? "우리 하나님"이라는 말 속 에 들어 있는 기쁨과 즐거움의 깊이는 우리가 어떻게 말로 표현할 수가 없습니 다. "우리의"라는 말 속에는 하나님께서 자기 자신과 함께 자신의 모든 것을 다 우리에게 주셔서 영원히 우리의 분깃이 되게 하신 저 영원한 언약이 전제되어 있습니다. "내 심령에 이르기를 여호와는 나의 기업이시니"(애 3:24). "우리 하나 님"이라는 말 속에는 우리 자신이 멸망할 길을 택할 수밖에 없었던 우리를 하나 님께서 먼저 택하시고 성령으로 인도하셔서 우리로 하여금 자유의지 가운데에 하나님을 택할 수 있게 하셨다는 의미가 담겨 있습니다. "우리 하나님"이라는 말 속에는 우리가 의지하고 사랑하며, 모든 어둡고 괴로운 밤에 피할 수 있는 우리 의 하나님, 모든 밝고 향기로운 날에 함께 교제할 수 있는 우리의 하나님, 살아 있을 때에 우리의 인도자가 되시고 죽을 때에 우리의 도움이 되시며 영원 속에서 우리의 영광이 되어 주실 우리의 하나님이라는 의미가 담겨 있습니다. "우리 하나님"이라는 말 속에는 우리에게 지혜를 주셔서 우리의 길을 인도해 가시는 우리의 하나님, 능력으로 우리의 걸음들을 지켜 주시는 우리의 하나님, 사랑으로 우리의 삶을 위로해 주시는 우리의 하나님, 자신의 모든 충만한 것으로 우리를 왕보다 더 부요하게 해주시는 우리의 하나님이라는 의미가 담겨 있습니다. 순전한 마음으로 무한하신 여호와의 보좌를 우러러보며 "내 하나님"이라고 진심으로 부를 수 있는 사람은, 그리스의 유명한 웅변가인 데모스테네스(Demosthenes)나 키케로의 입에서 흘러나오는 그 어떤 말보다도 더 유창한 말을 한 것입니다. 여러분에게 "우리 하나님"이라는 말이 너무나 자연스럽다면, 여러분은 모든 사람 가운데서 가장 복 받은 사람입니다:

"우리 하나님! 이 얼마나 즐거운 말인가.
아무리 반복해도 질리지 않는 얼마나 향기로운 말인가.
자신의 하나님께 이런 말로 인사할 수 있는 자들의 심령은
즐거움으로 넘칠 수밖에 없다네."

나는 시편 기자가 하나님께서 복을 주실 것이라고 말한 것에 대한 일종의 근거이자 보증으로서 이 고상한 시에서 이 표현을 사용한 것이라고 생각합니다. "하나님이 우리에게 복을 주시리로다"는 말씀은 사실이고 우리가 마땅히 믿어야 할 것이지만, "우리 하나님이 우리에게 복을 주시리로다"는 말씀은 아무리 소심하고 겁 많은 사람에게도 확신을 심어 줍니다. "우리 하나님"이라는 말은 두 눈 사이의 미간처럼 확실한 보증을 해주는 말입니다. 그 말의 액면에 이미 증거가 내재되어 있습니다. 하나님께서 은혜를 베푸셔서 우리 하나님이 되어 주셨다면, 그것은 그냥 아무런 의미도 없이 그렇게 해주신 것이 결코 아닙니다. 거기에는 사랑의 의도가 존재합니다. 하나님께서 그 사랑 가운데서 우리를 불쌍히 여기셔서 "나는 그들의 하나님이 되고 그들은 내 백성이 되리라"(겔 37:27)고 말씀하셨다면, 그것은 그리스도 예수 안에서 우리에게 이루 말할 수 없는 복들로 복 주시기 위한 것임에 틀림없습니다. 이 기쁜 호칭 속에는 강력한 이유가 암암리에 내재되어 있기 때문에, 이 호칭을 더 깊이 묵상할수록, 우리는 그 이유를 더 분명하게 알게 될 것입니다.

이 아침에 나는 "하나님이 우리에게 복을 주시리로다 하나님이 우리에게 복을 주시리니"라는 말씀에 집중하고자 합니다. 이 말씀은 저 멀리서부터 종소리가 음악처럼 들려와서 내 영혼의 깊은 곳에 박히는 것 같습니다. 이 동일한 천사의 곡조가 그리스도 예수 안에서 나의 모든 형제들의 귀에도 들릴 수 있게 되기를 빕니다. "하나님이 우리에게 복을 주시리로다 하나님이 우리에게 복을 주시리니."

이 아침에 우리는 이 강단에서 세 가지 의인화된 감정을 소개하고서, 그 감정들과 대화를 나누거나, 그 감정들로 우리와 함께 대화하게 할 것입니다.

1. 첫째로, 두려움이라는 감정입니다.

창백한 얼굴을 한 두려움은 어디에서나 발견됩니다. 두려움은 믿음의 침실을 침입하기도 하고, 소망의 연회를 망쳐놓기도 하는 등 모든 일에 끼어듭니다. 어떤 사람들에게 있어서는 두려움은 상시적으로 거주하는 손님으로 묵으면서, 마치 친밀한 사랑하는 친구처럼 대접을 받습니다. 이 아침에 오늘의 기쁜 본문에 대하여 두려움은 우리에게 무엇이라고 말합니까? 두려움은 "하나님이 정말 우리에게 복을 주실까?"라고 반문합니다. "최근에도 하나님은 우리에게 손을 내밀어 주지 않으셨잖아. 희망적인 징조들은 많았지만, 결국 하나님은 우리를 실망시키셨어. 우리는 오랫동안 복을 기다렸고, 그 징조들을 보았다고 생각했지만, 결국 복은 오지 않았어. 우리는 부흥에 대하여 들었고 부흥의 소문들을 들었어. 하나님의 말씀을 능력 있게 전하는 사람들이 일어나서, 몇몇 지역들에서 많은 사람들이 회심하였다는 소문을 우리가 들었지만, 여전히 우리 대부분은 복을 받지 못했어. 하나님은 이전처럼 지금도 우리를 찾아오지 않으셨어. 우리는 구름이 이는 것을 보고 비를 기대했고, 아침 이슬을 보고 하나님이 대지를 적셔 주실 것을 기대했지만, 그 모든 것들은 허망한 기대로 끝나 버렸고, 우리는 여전히 아무런 복도 받지 못하고 있어. 너무 많이 실망하다 보니, 우리는 복이 아예 오지 않을 수도 있을 것이라는 두려움을 갖게 되었어."

오, 두려움이여, 진정하고 내 말을 잘 들으시오! 그대가 너무 성급하게 서둘러서 하나님의 뜻을 잘못 판단한 것이라면 어떻게 하겠소? 하나님께서 자기가 한 약속을 잊으시거나 기도하는 자의 목소리를 듣지 않으실 이유가 어디 있겠소? 지난 몇 달 동안 구름이 하늘 위로 지나갈 때, 우리는 자주 "분명히 이제는 비가 와서 목마른 들판을 적셔 줄 거야"라고 확신을 가지고 말했지만, 그동안 비는 한 방울도 오지 않았습니다. 그러나 머지않아 비가 반드시 올 것입니다. 하나님의 은혜도 마찬가지입니다. 은혜가 오늘 임하지 않을 수 있고, 내일도 오지 않을 수 있습니다. 그러나 하나님은 어떤 사람들의 생각과는 달리 자신의 약속을 차일피일 미루며 지키지 않으려 하시는 것이 아닙니다. 하나님께서 정하신 때가 있고, 하나님은 그 때를 정확히 지키실 것이기 때문에, 그 때보다 앞서 움직이지도 않으실 것이고 늦게 움직이지도 않으실 것입니다. 하나님은 때가 되면 자기 백성의 간구에 응답하셔서 그들에게 차고 넘치게 부어주실 것입니다. 온갖 복과 은혜가 하나님의 오른손에서 하늘로부터 내려올 것입니다. "하나님이 우리에게 복을 주시기" 위하여 하늘을 가르시고 위엄 가운데 강림하실 것입니다.

　　두려움은 이렇게 말합니다: "뭐, 그럴 수도 있겠죠. 하지만 그동안 우리가 받은 복은 가짜가 너무나 많았습니다. 우리는 우리 속에서 강렬한 흥분을 불러일으켜서 한동안 대단한 결과들을 가져다준 부흥을 경험하기도 했습니다. 그러나 흥분은 가라앉았고 결과들은 사라졌습니다. 우리는 그동안 나팔 소리와 사람들이 큰 소리로 자랑하는 소리를 들어 왔지만, 그런 것들이 하나님의 영광은 아니지 않습니까?" 유감이지만, 이 말은 대체로 사실입니다. 기독교회에서 말하는 부흥이라는 것이 대부분 가짜였다는 것은 의심의 여지가 없습니다. 그런 부흥은 바람주머니에 바람을 채우는 것과 같은 것이었고, 허풍이었습니다. 이런 일은 교회에 엄청난 해악을 끼쳐 왔습니다. 일부 지역에서는 "부흥"이라는 말은 그것과 연관된 해악들에 대한 기억으로 인하여 역겨운 말이 되어 버렸습니다. 그러나 이것은 하나님의 임재로 인한 영광스럽고 참된 부흥이 장차 오지 않을 것이라는 근거가 될 수는 없습니다. 형제들이여, 나는 그런 부흥을 간절히 소망하고 그런 부흥을 위해 뜨겁게 기도합니다. 조나단 에드워즈(Jonathan Edwards) 시절에 미국 북동부의 6개주가 있는 뉴잉글랜드 지역에서 있었던 부흥을 기억하십니까? 아무도 그 부흥을 가짜라고 할 수 없습니다. 그 부흥은 이 땅에서 있었던 하나님의 그 어떤 역사만큼이나 진짜였습니다. 또한, 그 누구도 횟필드(Whitfield)나 웨슬리(Wesley)가 일으킨 역사를 가짜라거나 일시적인 현상으로 치부해 버릴 수 없습니다. 그것은 하나님의 오른손이 나타난 것이었고, 하나님의 기이한 은혜가 임한 것이었습니다. 그 역사는 오늘날까지 영국에 남아 있고, 주 예수 그리스도께서 다시 오실 때에도 남아 있을 것입니다. 그런 역사가 이미 다른 시대에 주어졌기 때문에, 우리는 하나님이 진정한 복으로 자기 백성에게 복을 주셔서, 예수 그리스도의 복음 안에 저항할 수 없는 능력이 존재한다는 것을 원수들로 보게 하실 것임을 기대할 수 있습니다. 오, 두려움이여, 당신이 원한다면 과거의 가짜 역사들을 기억하고 참고하는 것은 상관없지만, 그것들을 근거로 해서 낙심하고 절망하지는 마시오. 왜냐하면, "하나님 곧 우리 하나님이 우리에게 복을 주실" 것이기 때문이오.

그러나 두려움은 이렇게 말합니다: "오늘날 우리에게 화가 되는 것들을 복이라고 속여서 전하는 일이 얼마나 많은지 아십니까! 복음을 담대하고 진술하게 선포하는 사람은 극소수이고, 반면에 자신의 철학이나 미신으로 복음을 대적하는 자들은 차고 넘칩니다." 그러나 두려움이여, 잘 들으시오. 복음을 제대로 전하는 사람이 극소수일지라도 "하나님이 우리에게 복을 주실" 것이오. 하나님은 많은 사람을 통해서가 아니라 극소수의 사람들을 통해서 구원을 베푸시는 분이기 때문이오. 하나님의 종 기드온을 기억하십시오. 그는 미디안 사람들과 싸우기 위하여 올라갔을 때에 수천의 군사를 데리고 간 것이 아니었습니다. 왜냐하면, 만군의 여호와께서 친히 싸우시는 싸움에서 수천의 군사는 그 수가 너무 많았던 까닭에, 하나님은 기드온에게 많은 군사들 중에서 강물을 혀로 핥아먹은 삼백의 군사만을 데리고 가라고 명하셨기 때문입니다(삿 7:7). 기드온은 다른 병기는 없이 오직 빈 항아리와 그 안에 감춘 횃불, 그리고 나팔만으로 무수한 미디안 사람들을 물리쳤습니다. 전능자가 도구로 쓰실 자들이 부족하다고 말하지 마십시오. 하나님께서는 원하시기만 한다면 바닷가의 모래들을 일으키셔서 복음을 전하는 자들로 사용하실 수 있는 분입니다. 하나님께서는 그의 사랑을 전할 자들이 필요한 경우에는 돌들을 복음 전도자로 삼으실 수 있으시고, 나무 위에서 반짝이는 잎사귀들로 예수를 증거하게 하실 수 있으십니다. 가장 먼저 필요한 것은 도구가 아닙니다. 우리에게 가장 필요한 것은, 도구를 움직이고, 가장 약한 자들조차 강하게 하는 능력입니다. 그 능력이 없이는 아무리 강한 자들도 단지 연약한 자들에 불과하게 됩니다. 우리는 얼마 전에 예수 그리스도를 믿는 신앙은 어떤 지역들에서는 공정한 경쟁을 한다면 많은 사람들이 믿기를 기대할 수 없다는 말을 들었습니다. 그런 말을 한 사람은 불신자였습니까, 아니면 주교였습니까? 만일 내가 이 질문에 대한 답을 알지 못한 상태에서 누가 이런 질문을 한다고 해도, 나는 내가 어떻게 대답할 것인지를 압니다. 진정으로 공정한 경쟁을 원하는 것은 바로 우리입니다! 예수 그리스도를 믿는 신앙은 어떤 지역에 가든 단지 자신의 병기들을 사용할 수 있는 자유만을 요구합니다. 그리고 그런 요구가 받아들여지지 않는 곳에서도 우리의 신앙은 여전히 승리합니다! 우리의 신앙은 오직 이 신앙이 본래부터 지니고 있는 힘을 발휘하게 해주고 이 세상의 군왕들이 내버려 두기만을 요구합니다. 그렇게만 된다면, 이 신앙은 저절로 자신의 길을 개척해 나가게 될 것입니다. 나는 이 신앙을 내버려 두라고 말했습니다. 그러나 세상의 군왕들이 이 신앙을 반대하고 배척한다고 해도, 여전히 우리의 신앙은 왕들의 반대와 배척을 극복하고 이길 것입니다. 세상의 왕들이 우리의 신앙을 후원하는 것은 모든 영적인 생명을 마비시키는 치명적으로 해로운 일이기 때문에, 우리는 그 후원을 거두어 주기를 요구할 뿐입니다. 인간적인 모든 속박에서 벗어난 하나님의 진리는 반드시 이기게 되어 있습니다. 그러므로 우리는 두려워 떨지 않습니다. 하나님의 종들이 가난하거나 은사가 별로 없거나 그 수가 극소수일지라도, 우리는 두려워 떨 필요가 없습니다. "하나님 곧 우리 하나님이 우리에게 복을 주실" 것입니다. 우리가 12명의 어부들처럼 그 수가 극소수이고 그들처럼 못 배웠다고 할지라도, 12명의 어부들이 옛 로마 제국 전체를 뒤흔들어 놓고 거대한 우상 숭배 체제를 무너뜨렸듯이, 오늘날의 기독교가 그렇게 하게 될 것입니다. 하나님께서 기독교회 속에 권능으로 다시 임하시기만 하신다면, 교회는 자신의 연약함 가운데서 용맹하게 싸워서 이교도들의 군대를 물리치게 될 것입니다.

　　그러나 두려움은 늘 불평할 거리를 찾기 때문에 이렇게 말합니다: "우리 앞에는 암울한 미래밖에 없어요! 우리가 이 악한 세대와 이 패역한 백성으로부터 무엇을 기대할 수 있겠습니까? 우리는 또다시 적그리스도에게 삼켜져서 멸망당하거나, 불신앙의 연무 속에서 길을 잃게 될 것이 뻔합니다. 우리의 미래는 정말 끔찍합니다." 물론 두려움이 말하는 것은 사실이 아니지만, 그 말 속에는 나름대로 일리가 있고, 나는 이 시대 속에서 그러한 징후들을 봅니다. 하지만 그 말 속에 일리 있는 부분들이 어떤 것이든 간에, 그런 것들은 "하나님 곧 우리 하나님이 우리에게 복을 주실" 것이라는 믿음에 의해서 상쇄되고 맙니다. 하나님이 어떻게 변하실 수 있겠습니까? 하나님께서는 전에도 교회를 도우셨는데, 지금이라고 해서 돕지 않으실 리가 없지 않습니까? 지금의 교회는 하나님의 도우심을 받을 만한 자격이 없다고요? 교회는 늘 그래 왔습니다. 교회가 또다시 죄에 빠져 있다고요? 전에도 교회가 또다시 죄에 빠진 일은 비일비재하게 일어났지만, 하나님께서는 다시 찾아오셔서 교회를 회복시키셨습니다. 그런데 지금이라고 해서 하나님께서 그렇게 하지 않으실 이유가 어디 있겠습니까? 우리가 하나님의 약속으로 다시 돌아가서, "하나님 곧 우리 하나님"이 오늘날과 같은 이런 시대 속에서도 옛적에 그러셨던 것처럼 우리에게 복을 주실 것이라고 믿기만 한다면, 우리에게는 불길한 예감과 두려움을 지니는 대신에 지극히 밝은 미래를 기대할 만한 이유가 있습니다. 갈릴리 호수에서 폭풍우를 만나 금방이라도 뒤집힐 것 같았던 제자들의 배가 결국 어떻게 되었는지를 생각해 보십시오. 사실, 배의 키를 잡고 조종하는 사람의 입장에서는 정말 난감한 일이었을 것입니다. 배는 머지않아 암초에 부딪쳐서 난파되어 배에 실은 짐과 함께 파도 아래로 가라앉게 될 것임에 틀림없었기 때문입니다. 그러나 결코 그렇게 되지 않았습니다. 여러분의 눈에는 배 안에 있는 무리들을 사랑하셔서 그들이 죽게 내버려 두고자 하지 않으시는 주님의 발 아래에서 거센 파도들이 유리로 변하여 그 위를 걸어오시는 주님이 보이지 않습니까? 예수께서는 바다의 파도 위를 걸어오고 계십니다! 그가 배 안으로 들어오시자, 그 즉시 마치 파도가 언제 자신의 머리를 들었고, 바람이 언제 불었느냐는 듯이 바다는 고요해졌습니다.

마찬가지로, 교회의 역사 속에서 지극히 암울한 시기들에도 예수께서는 늘 때가 되면 교회를 괴롭히던 환난의 파도 위를 걸어서 나타나셨고, 그럴 때마다 교회는 평강과 영광을 되찾곤 했습니다. 그러므로 우리는 두려워하는 것이 아니라 두려움을 떨쳐 버리고서 하나님이 우리에게 복을 주실 것이라는 기대를 가지고 즐거워하고 기뻐해야 합니다. "하나님이 우리와 함께 하시는데," 우리가 두려워할 것이 무엇이 있겠습니까? 마귀들이 도망치고 모든 악한 군대가 줄행랑치기 전에 전쟁터에서 요란한 함성이 들리는 법이 아닙니까? "임마누엘 하나님이 우리와 함께 하시는데," 누가 감히 거기에 맞서 설 수 있겠습니까? 누가 유다 지파의 사자에게 도전할 수 있겠습니까? 너희 악한 자들아, 있는 힘을 다해서 우리를 공격하거나 찔러보라. 그러나 하나님이 우리를 위하시면, 누가 우리를 대적할 수 있겠습니까? 누가 우리를 대적하고도 설 수 있겠습니까? 하나님은 우리의 하나님이십니다. 그런 하나님이 자신의 교회가 진창에서 구르며 악한 자들에게 짓밟히는 것을 그대로 내버려 두시겠습니까? 그리스도께서 자신의 신부가 포로로 끌려가는 것을 보고만 계시겠습니까? 자기 피로 사신 자신의 사랑하는 자들이 원수들의 수중에 떨어지게 하시겠습니까? 그런 일은 절대로 있을 수 없습니다. 그분은 하나님이시고 우리 편이시기 때문입니다. 하나님이 우리의 하나님이시기 때문에, 우리는 군기를 높이 세우고 기쁘게 노래할 수 있습니다:

> "하지만 나는 압니다, 내가 그분을 찬송하게 되리라는 것을.
> 그분이 내게 한없는 은혜를 베푸시니
> 내가 늘 강건하나이다.
> 그렇습니다. 그분은 나의 하나님이십니다."

2. 둘째로, 소원이라는 감정입니다.

우리는 이번에는 분위기를 확 바꾸어서 두 번째 감정인 소원에 대해서 살펴보고자 합니다. 소원은 생기발랄하게 눈을 반짝이며 따뜻한 마음으로 이렇게 말합니다: "아, 하나님은 장차 우리에게 복을 주실 것이겠지요. 그러나 우리는 그 복을 지금 주셨으면 합니다. 우리는 복에 굶주려 있고 목말라 있습니다. 광부가 금맥을 애타게 찾듯이, 우리는 복을 애타게 기다립니다." 그래서 소원은 "그런데 우리 하나님은 우리에게 어떤 복을 주시고 어떤 식으로 주시는 것입니까?"라고 묻습니다. 이 질문에 대한 대답은 이렇습니다. 하나님께서 자기 백성에게 복을 주시기 위하여 오실 때에는 온갖 은혜를 다 가지고 오신다는 것입니다. 왜냐하면, 언약의 보고(寶庫) 속에는 몇 가지 것들이 아니라 온갖 것들이 다 있기 때문입니다. 거기에는 교회가 필요한 것들 중에서 몇 가지 것들이 예비되어 있는 것이 아니라, 교회의 모든 필요를 다 차고 넘치게 채워 줄 수 있을 정도로 모든 것이 풍부하게 예비되어 있다는 것입니다. 하나님께서는 자기 교회에게 복을 주실 때에 교회의 모든 지체들에게 부흥의 은혜를 주실 것입니다. 교회의 모든 지체들은 이전보다 더 고귀하고 복된 삶을 살기 시작하게 될 것입니다. 교회로 하여금 분발하여 떨쳐 일어나게 하여 활발하게 움직이게 하시는 것은 성령의 최고의 은사들 중의 하나이고, 이것은 꼭 필요한 일입니다. 나는 그런 은사가 우리 교회에도 필요하다고 믿습니다. 우리 교회에는 하늘에서 보내준 지극히 큰 열심을 지닌 그리스도인들도 있지만, 그런 것과는 거리가 아주 멀어서 좀 더 건강한 영적 상태로 변화될 필요가 있는 분들도 있습니다. 우리 교회의 실정이 곧바로 예수 그리스도의 모든 교회의 실정이기도 합니다. 모든 교회들은 신랑이 오지 않아서 잠이 들어 버린 처녀들과 아주 흡사해서, 신앙이 냉랭하고 하나님을 사랑하는 것이 거의 없으며, 복음에 대한 헌신도 거의 찾아볼 수 없고, 사람들의 영혼을 구원하고자 하는 열심도 거의 없습니다. 하나님께서 자기 교회를 찾아오시면, 그 첫 번째 효과는 하나님이 사랑하시는 자들의 삶이 깨어나는 것이 될 것입니다. 그런 후에야 두 번째 형태의 복, 즉 교회 밖에 있던 사람들이 회심하여 교회의 지체들로 더해지는 복이 주어지게 될 것입니다. 죄인들이 구원 받는 것을 우리가 보지 못한다면, 우리는 하나님이 우리에게 복을 주고 계신다고 생각해서는 결코 안 될 것입니다. 교회에 회심하여 더해지는 사람이 없는데도 자신의 교회가 형통하고 있다고 생각하는 목회자는 지독한 망상에 사로잡혀 있는 것입니다. 우리 교회에 회심하는 사람의 수가 줄어든다면, 우리는 몹시 불안해하게 될 것이라고 나는 믿습니다. 하나님께서 우리에게 돌아오시고 자신의 모든 교회에 돌아오신다면, 사방에서 다음과 같이 외치는 소리가 들리게 될 것입니다: "내가 어떻게 하여야 구원을 받으리이까"(행 16:30). 무수한 지체들이 더해지는 것을 보고 깜짝 놀란 교회는 경이감에 사로잡혀서 이렇게 외치게 될 것입니다: "누가 이들을 낳았단 말인가? '저 구름 같이, 비둘기들이 그 보금자리로 날아가는 것 같이 날아오는 자들이 누구냐'(사 60:8)." 교회가 깨어나고 영혼들이 회심하는 이 두 가지 복이 임할 때, "여호와께서 자기 백성에게 힘을 주심이여 여호와께서 자기 백성에게 평강의 복을 주시리로다"(시 29:11)고 하신 하나님의 말씀이 이루어질 것입니다. 그렇게 되었을 때에 교회의 힘이 강해질 것입니다. 무수한 회심한 자들은 교회가 대적들을 물리치는 데에 사용될 군자금이 될 것입니다. 교회는 자신의 수고의 결과물을 보고서 담대해지게 될 것입니다. 교회는 자신의 믿음이 수많은 증거들로 밑받침되는 것을 보고서 더 이상 의심을 하지 않게 될 것입니다. 그래서 평화가 지배하게 될 것입니다. 새롭게 회심한 사람들은 넘치는 새 기쁨을 가져다줄 것입니다. 새 피를 수혈 받은 교회의 기존의 피는 혈관 속에서 약동하게 될 것이고, 새 피와 기존의 피가 함께 기뻐하며 차고 넘치는 평화를 즐거워하게 될 것입니다. 형제들이여, 이 아침에 나는 시간이 허락한다면 여러분 앞에서 하나님께 복 받은 교회의 초상화를 그려보고 싶습니다. 그러나 우리는 그럴 필요가 없습니다. 여러분 중에서 다수는 이미 그런 교회의 지체이기 때문에, 그런 교회가 어떤 교회인지를 잘 압니다. 이 복이 지속되기를 빕니다. 이 복이 더욱더 커져가기를 빕니다. 전 세계의 모든 기독교회가 이스라엘의 하나님으로부터 그런 복을 받아서 이루 말할 수 없는 기쁨으로 기뻐하고 즐거워할 수 있게 되기를 빕니다.

그러나 소원은 이렇게 말합니다: "나는 그 복이 무엇인지를 알지만, 하나님은 그 복을 어느 정도나 주시고자 하시고, 우리는 어느 정도나 기대할 수 있는 것인가요?" 우리는 소원에게 이렇게 말합니다: "오, 너그러운 마음을 지닌 자여, 하나님께서는 당신이 그를 의지하는 정도에 따라서 당신에게 복을 주실 것입니다." 복이 위로부터 주어지기 시작할 때, 우리는 너무나 빨리 만족해 버립니다. 우리는 옛적의 이스라엘 왕 요아스처럼 단지 화살 한두 개만을 쏘는 것으로 만족해 버리기 때문에, 요아스 왕처럼 선지자 엘리사에게 이렇게 꾸중 들어 마땅합니다: "하나님의 사람이 노하여 이르되 왕이 대여섯 번을 칠 것이니이다 그리하였더면 왕이 아람을 진멸하기까지 쳤으리이다 그런즉 이제는 왕이 아람을 세 번만 치리이다 하니라"(왕하 13:19). 하나님께서는 우리의 잔을 아귀까지 꽉 채워 주시고자 하시는데도, 우리는 단지 몇 방울로 만족해 버립니다. 우리에게 충분한 믿음만 있다면 하나님께서는 물동이나 통이 아니라 강이나 바다도 채울 수 있을 만한 물을 부어 주시고자 하시는데도, 우리는 어리석게도 단지 몇 방울의 물로 만족해 버립니다. 우리 교회에서 오늘 여섯 분이 회심하였다면, 우리 모두는 하나님께 감사하며 이루 말할 수 없이 기뻐하는 것이 마땅합니다. 그러나 이와 동시에, 우리는 회심한 사람이 600명이 되지 않은 것에 대해서 마음 아파하는 것이 마땅하지 않겠습니까? 우리가 도대체 누구관대 우리의 작은 믿음으로 이스라엘의 거룩하신 이를 제한한단 말입니까? 우리가 도대체 누구관대 전능자 주위에 선을 그어놓고서, "네가 여기까지 오고 더 넘어가지 못하리니"(욥 38:11)라고 말할 수 있단 말입니까? 우리가 한계나 경계를 모르시는 분을 상대하고 있는 것이기 때문에, 우리의 소원과 소망을 넓히는 것이 더 지혜로운 일이 아니겠습니까? 저 유명한 애굽의 7년 풍년을 무색하게 만드는 풍요로운 세월들을 바라지 않을 이유가 어디 있습니까? 에스골의 포도송이를 능가하는 탐스러운 포도송이들을 기대하지 못할 이유가 어디 있습니까? 왜 우리의 기대치는 너무나 초라하고 왜소하고 좁아져 있는 것입니까? 더 큰 것들을 바라십시오. 왜냐하면, 우리가 믿고 의지하는 하나님에게는 더 큰 것들을 바라고 기대하는 것이 합당하기 때문입니다. 나는 이 전에서 말씀이 선포될 때마다 하나님의 능력이 이 전을 뒤흔들어서 오순절 때처럼 듣는 자들이 수천 명씩 하나님께로 돌아오는 역사가 일어나기를 기대합니다. 오순절에 수천 명이 회심한 사건이 하나님의 능력의 최고치였겠습니까? 첫 소산을 거둔 것이 추수 때에 거두는 것보다 더 많을 리가 있겠습니까? 그런 일이 어떻게 가능하겠습니까? 하나님이 또다시 자기 교회를 찾아오셔서 그런 일을 하신다면, 우리는 하루에 몇 개의 나라가 생겨나고, 다리를 다쳐서 절뚝거리며 고통스럽게 달리는 사냥개 같았던 예수의 복음이 갑자기 날개를 얻어서 힘 있는 천사처럼 공중을 날아다니며 주(主)이시자 하나님이신 예수 그리스도를 선포하는 것을 보게 될 것이라고 나는 믿습니다. 그런 일이 일어나지 않을 이유가 어디 있겠습니까? 하나님은 우리가 구하거나 생각하는 것과는 비교할 수 없을 정도로 차고 넘치게 행하실 수 있으신 분인데, 크고 담대한 소망이 우리에게 없다면, 누가 그것을 옳다고 말하겠습니까?

소원은 이렇게 말합니다: "그래요, 나는 복이 무엇인지도 알겠고, 어느 정도 또는 분량으로 주어질 수 있는지도 알겠습니다. 그러나 어떻게 해야 그 복을 얻을 수 있고, 또 언제 그 복이 주어집니까?" 나를 따라서 오늘의 시편을 아주 간략하게 살펴본다면, 우리는 이 질문에 대답하는 데 도움을 받게 될 것입니다. "하나님 곧 우리 하나님이 우리에게 복을 주시는" 것은 언제입니까? 이 시편은 "하나님은 우리에게 은혜를 베푸사"(1절)로 시작됩니다. 이것은 자신이 과거에 저지른 잘못들을 고백하는 참회하는 사람들의 기도입니다. 교회가 자신의 잘못들을 인정하고 스스로 낮아질 때, 은혜의 자리 앞으로 나아가서 복음적인 회개를 통해서 "하나님이여 우리에게 긍휼을 베푸소서!"라고 부르짖을 때, 하나님은 자신의 교회에 복을 주실 것입니다. 우리는 하나님께서 교만하고 자고한 교회, 마음이 완악하고 냉랭한 교회에 복을 주실 것이라고 기대해서는 결코 안 됩니다. 교회가 자신의 잘못과 과오들을 알고서 먼지 가운데 앉아 참회하고 낮아져 있을 때, 하나님은 긍휼의 눈으로 자신의 교회를 바라보시게 될 것입니다. 나는 이 시편의 1절의 어조로부터 하나님은 자기 백성이 자신들의 죄를 고백함과 동시에 기도하기 시작할 때에 그들에게 복을 주신다는 결론을 얻습니다. 그 기도는 절박하고 겸손한 믿음의 기도입니다. 그러므로 응답을 받을 수밖에 없습니다. "하나님은 우리에게 은혜를 베푸사 복을 주시고 그의 얼굴 빛을 우리에게 비추사"(1절). 이 고뇌 어린 소원은 교회가 뭔가 하나님의 복을 잃어버린 것을 깨닫고서 회복될 때까지 불안해하며 애곡하는 모습의 일부입니다. 교회 전체가 절박하고 끈질기게 중보기도를 할 때, 우리는 하나님으로부터 반드시 복을 받게 되어 있습니다. 기도는 하나님에 대하여 진지하고 간절한 사람들이 최고로 의지할 방편입니다. 우리가 바로 그 증인들이 아닙니까? 우리 모두가 이 전에서 기도 모임을 갖고서 마치 바람에 흔들리는 숲의 나무들처럼 간절하게 기도하고 나면, 하나님께서는 언제나 그 후에 임재해서 영혼들의 회심이 일어나게 해오셨습니다. 우리가 간절하게 기도한 후에는 늘 많은 수확을 거두어서 기쁨으로 돌아갈 수 있었습니다. 교회들은 어느 곳에 있든 아주 간절하게 기도하여야 합니다. 그렇지 않으면, 그 땅에 흡족히 내리는 빗소리를 들을 수 있게 되기를 기대할 수 없습니다. 시온이여, 죄를 고백하는 데에 깨어 있고, 영혼에 대하여 깨어 있어서 영혼들을 얻고자 수고하십시오. 그러면 여러분의 하나님께서 높은 곳으로부터 여러분을 찾아오실 것입니다. 성령이여, 임하셔서 당신의 잠자는 백성을 깨어나게 해주옵소서! 당신의 게으른 군대를 떨쳐 일어나게 하옵소서. 왜냐하면, 당신의 능력이 느껴질 때에 승리의 밝은 날이 우리 위에 동터온 것이기 때문입니다.

　　오늘의 시편을 계속해서 읽어나가면, 거기에는 기도가 아니라 찬송에 대한 얘기가 나옵니다: "하나님이여 민족들이 주를 찬송하게 하시며 모든 민족으로 주를 찬송하게 하소서 땅이 그의 소산을 내어 주었으니"(5-6절). 하나님의 교회는 하나님을 찬송하는 것과 관련해서 더 나은 모습으로 변화될 필요가 있습니다. 하나님께서 은혜를 주시면, 우리는 그 은혜를 묵묵히 받고서는 별다른 감사를 드리지 않습니다. 그리고 그것으로 끝입니다. 그러나 아주 작은 은혜가 주어졌을 때에도 우리가 그런 은혜를 받을 자격이 없는 자들에게 은혜를 주신 하나님을 찬송한다면, 우리는 곧 점점 더 많은 은혜를 받게 될 것입니다. 모든 사람이 하나님을 찬송하는 것이 마땅합니다. "모든 민족으로 주를 찬송하게 하소서." 찬송은 진심으로 기뻐하는 것이 되어야 합니다. 각 사람이 하나님을 찬송하기를 기뻐하여 온 힘을 다해 찬송을 드려야 합니다. 언제 우리 모두가 깨어나서 그렇게 찬송을 하게 될까요? 언제 하나님의 모든 택하신 자들이 하나님의 영화로우신 이름을 높이며 찬송하게 될까요? 언제 우리가 직장에서나 가정에서나 그 어디에서나 하나님을 찬송하게 될까요? 기도와 찬송이 서로 어우러져서, 교회가 하나님의 복을 간절하게 바라게 될 때, "하나님 곧 우리 하나님이 우리에게 복을 주실" 것입니다.

　　누가 내게, 언제 우리가 하나님으로부터 복 받기를 기대할 수 있는지와 관련해서 몇 가지 지침을 주기를 바란다면, 나는 지난 목요일 저녁에 했던 설교와 동일한 맥락 속에서 그런 것들을 말씀드릴 수밖에 없습니다. 하나님의 큰 은혜가 장차 교회에 임하게 될 때, 좀 더 영적인 분들에게 모종의 징조들이 주어지고, 그 징조들은 교회에 큰 은혜가 임할 것이라는 확신을 준다고 나는 믿습니다. 엘리야는 비가 한 방울 떨어지기 전에 "큰 비 소리"(왕상 18:41)를 들을 수 있었습니다. 많은 성도들이 하나님께서 교회를 새롭게 하시기 오래 전에 이미 그런 때가 다가오고 있다는 확신을 얻었습니다. 어떤 사람들의 몸은 날씨 변화에 아주 민감해서 비가 오기 전에 그 징후를 알 듯이, 어떤 영혼들은 하나님의 역사에 특히 민감합니다. 콜럼버스(Columbus)가 낯선 새들과 바다에 떠다니는 해초들과 나뭇조각들을 보고서 육지가 가까웠다는 것을 확신하였듯이, 흔히 목회자들은 자신의 교회가 놀라운 복을 받을 때가 가까웠다는 확신을 얻습니다. 그들은 왜 자기가 그런 확신을 느끼게 되었는지를 다른 사람들에게 설명할 수는 없지만, 그 징후들은 그들에게 확실한 것들입니다. 우리의 손으로 날아 들어와서, 냉랭한 신앙과 세상적인 것의 큰물이 점점 물러가고 있음을 말해 주는 비둘기들이 있습니다. 그 비둘기들은 시온이 은혜를 받을 때가 곧 와서 우리 백성 가운데서 소망스러운 은혜들이 차고 넘치게 될 것임을 보여주는 감람나무 가지를 물어다가 우리에게 가져다줍니다. 여러분은 저 옛 선견자가 일어나서 벽에 걸어 두었던 수금을 다시 집어 들고 타기 시작하는 것을 본 적이 있습니까? 그는 수금의 모든 현을 다 조율하고 나서, 오랫동안 사람의 손이 닿지 않았던 현들에 손가락들을 올려놓고서, 기쁨의 놀라운 힘으로 그 현들을 타기 시작합니다. 여러분은 그 선견자에게 "하나님께 성별된 은백의 음유시인이여, 왜 당신은 그토록 기쁨에 차서 노래를 부르며 수금을 타고 계시는 것입니까"라고 물어본 적이 있습니까? 그는 이렇게 대답할 것입니다: "전쟁터에서 승리하고 돌아오는 개선하는 군대의 깃발을 멀리서 보기 때문이죠. 교회를 사랑하신 분이 교회로 하여금 승리하고 승리하게 하신 것이랍니다. 천사들이 날개 치는 소리가 들립니다. 회개하고 하나님께 돌아오는 자들을 보고서 천사들이 즐거워하고 교회가 기뻐하네요. 하나님의 자녀들이 무수히 더해져서 교회의 영광이 다시 돌아왔기 때문이죠." 하늘의 빛을 받은 사람들은 곧 임할 은혜의 그림자를 느끼고, 저 멀리서 들려오는 은혜의 병거 바퀴 소리를 듣습니다.

물론, 이러한 징조들은 오직 소수만이 알 수 있는 것들이지만, 많은 사람들에게 뭔가를 시사해 주는 그런 징조들도 있습니다. 사람들이 자신 속에서 하나님이 찾아와 주시기를 간절히 사모하는 마음을 느끼거나, 교회가 더 이상 이대로는 안 된다고 느끼거나, 뭔가 더 나은 것에 대한 갈망과 갈급함 때문에 초조해하고 안달하며 탄식하기 시작한다면, 그것은 하나님이 곧 자기 백성에게 복을 주실 것임을 보여주는 아주 확실한 징조입니다. 나는 하나님께서 이 교회의 모든 지체들로 하여금 더 많은 사람들이 회심하여 이 전에 나아오지 않는 것에 대하여 거룩한 불만을 품게 하시기를 빕니다. 이러한 불만이 그리스도인들의 마음 속에 일어날 때, 그것은 일반적으로 하나님이 자기 백성의 마음을 넓히셔서 그들로 더 큰 복을 받게 하고자 하신다는 것을 보여주는 확실한 증거입니다. 그럴 때에 준비된 심령 속에 강렬한 격동이 일어나서 전에는 경험해 보지 못했던 신비한 갈망이 생겨나게 되고, 이것은 그들을 저항할 수 없는 충동으로 내몰아갑니다. 전에는 별 말이 없던 사람들이 갑자기 입을 열어 열렬히 복음을 전하기 시작합니다. 지금까지 전혀 기도를 잘하지 않았던 사람들이 힘 있는 기도를 하게 됩니다. 눈물이 하염없이 흘러나옵니다. 지금까지 뒷전에 앉아서 전도에 열심을 내지 않았던 사람들이 죄인들에게 복음을 전하고 사람들이 줄줄이 회심하는 역사가 일어납니다.

　　하나님의 손이 이렇게 교회를 휘저어놓는 것, 즉 하나님의 영원히 찬송 받으실 성령께서 이렇게 거룩하고 신비한 역사를 일으키시는 것은 하나님이 자기 교회에 대단한 복을 주시고자 하신다는 것을 보여주는 징조입니다. 형제들이여, 교회의 각 지체가 이 복을 받는 데에 자기 속에 혹시 장애물은 없는지 보기 위해 스스로를 살피고, 자신의 마음을 하나님이 살피시도록 다 드러내놓으며, "주의 역사를 방해하는 모든 것을 다 내게서 제거하셔서 나로 더 크게 쓰임을 받기에 합당하게 하시고, 나는 주께 성별된 자이오니 주께서 나로 인해 영광을 받으실 바로 그 자리에 나를 두소서"라고 부르짖을 때, 우리는 옛적의 다윗처럼 "뽕나무 꼭대기에서 걸음 걷는 소리"(삼하 5:24)를 듣게 될 것입니다. 그때에 우리는 꽃들이 피는 것을 보게 될 것이고, 새들이 노래할 봄이 가깝다는 것을 알게 될 것입니다. 하나님께서 우리에게 이와 같은 은혜로운 징조들을 점점 더 많이 보내 주시기를 빕니다. 나는 그러한 징조들을 지금도 보고 있다고 생각합니다. 아마도 나의 바람은 나의 생각보다 더 앞서가고 있을 것이긴 하지만, 나는 하나님께서 자신의 시온을 지금 찾아오시고자 하신다는 것을 보여주는 기분 좋은 징조들을 보고 있다고 생각합니다. 우리가 오직 이것을 믿음으로 받아들여서 그러한 기대에 걸맞게 행하며, 합심하여 기도하고 찬송하며 애쓰고 수고한다면, 이 한 해가 그 냥 끝나 버리는 것이 아니라, 하나님의 놀라운 은혜가 나타나서 1868년을 우리 하나님의 해, 은혜의 해, 이 땅에 천국이 이루어지는 해로 만드실 것입니다.

3. 셋째로, 소망이라는 감정입니다.

끝으로, 나는 앞의 두 가지 감정보다 훨씬 더 좋은 감정, 맑은 눈을 지닌 상 냥한 처녀 같은 "소망"이라는 감정을 여러분에게 소개하고자 합니다. 여러분은 소망이 부르는 비할 바 없이 감미로운 노래에 대한 이야기를 들어 본 적이 있습 니까? 소망은 어린 시절에 그 이후로 늘 잘 조율된 수금에 맞춰 부르게 된 노래 를 배웠습니다. 소망이 부르는 매력적인 노래의 가사는 이것입니다: "하나님이 우리에게 복을 주시리로다 하나님이 우리에게 복을 주시리로다." 밤이 되고 갑 자기 별들이 캄캄한 하늘에서 나와 빛을 발할 때면, 소망이 부르는 노래가 자주 들립니다: "하나님이 우리에게 복을 주시리로다." 폭풍우 속에서도 소망이 이 노 래를 부르고, 이 안위의 노래가 들리고 나면 폭풍우가 잠잠해진다고 알려져 왔 습니다.

옛적에 큰 왕이 몇몇 힘센 일꾼들을 보내어 울창한 원시림을 개간하고 거기 에 씨를 뿌려 곡식을 거두어 자신에게 바치라고 하였습니다. 그들은 강건한 마 음을 지닌 힘센 자들이었기 때문에 기꺼이 그런 일을 하고자 하였습니다. 그 일 을 하는 데에는 당연히 힘 이상의 것이 필요하였습니다. 한 건장한 일꾼의 이름 은 "근면"이었습니다. 그는 자신에게 맡겨진 일을 어떻게든 끝까지 해내는 사람 이었습니다. "근면"의 형제인 "인내"도 함께 갔는데, 그는 강철 근육을 지니고 있 어서 아무리 힘든 일을 아무리 오래 해도 지치는 법이 없었습니다. 불굴의 정열 로 끈질기고 집요하게 일을 해내는 "열심"도 그들과 함께 갔습니다. "열심" 옆에 는 그의 친척인 "자기부인"과 그의 친구인 "집요"도 있었습니다. 그들은 자신들 이 기쁜 마음으로 일하기 위해서 그들의 사랑하는 누이인 "소망"도 데리고 갔는 데, 이것은 잘한 일이었습니다. 원시림의 나무들은 거대해서 땅에 쓰러뜨리기 위해서는 수없이 힘차게 도끼를 휘둘러야 했지만, 그들은 하나하나 나무들을 도 끼로 찍어서 쓰러뜨렸습니다. 그러나 일은 끝이 없었습니다. 밤에 휴식을 하게 되었을 때, 그들의 하루의 피로는 늘 씻은 듯이 가벼워지는 것 같았습니다. 왜냐 하면, "인내"와 "자기부인"이 하루의 일과를 끝내고 이마의 땀을 닦으며 현관을 들어설 때마다, 안에서 "하나님 곧 우리 하나님이 우리에게 복을 주시리로다 하나님이 우리에게 복을 주시리로다"라고 노래하는 감미로운 목소리를 듣고서 힘과 용기를 얻게 되었기 때문입니다. 그들은 그 곡조의 음악에 맞춰 거대한 나무들을 쓰러뜨려갔습니다. 그들은 경작할 땅을 한 에이커씩 차례로 개간해 나갔고, 나무 밑둥들에서 거대한 뿌리들도 뽑아냈습니다. 그들은 땅을 갈고 씨를 뿌리고 추수 때를 기다렸습니다. 그들은 낙심할 때도 많았지만, 여전히 끊임없이 들려오는 "하나님 곧 우리 하나님이 우리에게 복을 주시리로다"라는 감미로운 음성에 사로잡혀서 계속 일을 해나갔습니다. "소망"이 노래 부르는 것을 그만두지 않았기 때문에, 그들은 결코 일을 그만둘 수 없었습니다. 그들은 낙심하는 것을 부끄러워하였습니다. "하나님 곧 우리 하나님이 우리에게 복을 주시리로다 하나님이 우리에게 복을 주시리로다"라고 노래하는 음성이 아침과 저녁으로 낭랑하게 울려 퍼졌기 때문에, 그들은 낙심하고 절망하는 자신들의 모습을 볼 때마다 깜짝 놀라서 다시 정신을 차릴 수 있었습니다. 여러분은 이 비유를 알고 있고 이 음성도 알고 있습니다. 여러분의 영혼이 오늘 이 노래를 듣게 되기를 빕니다.

　하나님께서 우리에게 복을 주실 것입니다! 이 큰 일을 하기에는 우리의 수는 적고 너무나 적지만, 하나님께서는 우리에게 복을 주실 것이기 때문에, 이 수로도 충분합니다. 우리는 연약하고 별로 배운 것도 없으며 경험도 적고 지혜도 빈약하지만, 하나님께서 우리에게 복을 주실 것이기 때문에, 우리는 충분히 지혜롭고 충분히 힘 있게 될 것입니다. 우리는 이 큰 일을 하기에 자격이 없고 죄로 가득하며 변덕스럽고 허약하지만, 하나님께서 우리에게 복을 주실 것이기 때문에, 우리의 무력함으로 인하여 도리어 하나님의 긍휼하심이라는 귀한 다이아몬드가 더욱더 빛을 발하게 될 것입니다. "하나님이 우리에게 복을 주시리로다" — 이것은 복을 보장해 주시는 영광스러운 약속입니다. 이 약속은 반드시 지켜질 것입니다. 왜냐하면, 하나님의 약속은 그리스도 예수 안에서 언제나 "예"와 "아멘"이기 때문입니다. 이방 나라들은 메시아 앞에서 무릎을 꿇을 수밖에 없습니다. 에디오피아는 그 팔을 뻗어 자신의 왕을 영접할 수밖에 없습니다. 하나님께서 우리에게 복을 주실 것입니다! 이제까지 하나님은 자기 백성에게 복을 주어 오셨습니다. 애굽으로 하여금 하나님이 자기 백성 이스라엘의 원수들을 어떻게 무너뜨리셨는지를 말하게 하십시오. 가나안으로 하여금, 하나님이 그들의 왕들을 어떻게 죽이시고 그들의 힘 있는 왕들을 어떻게 무너뜨리시고서 그들의 땅을 자기 백성에게 기업(基業)으로 주셨는지를 증언하게 하십시오. 하나님께서 우리에게 복을 주실 것입니다! 하나님께서는 우리에게 자기 아들을 주셨습니다. 그런 하나님이 어떻게 자기 아들과 함께 우리에게 모든 것을 거저 주시지 않으시겠습니까? 하나님께서는 우리에게 성령을 주셔서 영원히 우리와 함께 계시게 하셨습니다. 그런 하나님이 어떻게 우리에게 꼭 필요한 도움이나 복을 주시지 않으시겠습니까?

여기에 거룩한 일에 참여하고 있는 모든 그리스도인들을 위한 노래가 있습니다. 이 오후에 우리의 어린아이들을 열심으로 돌보는 주일학교 교사들을 위한 노래가 있습니다. 여러분이 아무리 일해도 좋은 결과를 얻지 못해서 점점 힘을 잃어가고 있다면, 여러분의 기운을 북돋워줄 노래가 여기 있습니다: "하나님이 우리에게 복을 주시리로다." 이 노래로 갑절의 열심을 얻어서 다시 어린아이들에게로 돌아가 복음을 가르치십시오. 여기에 아무리 밭을 갈아보았지만 그 어떤 수확도 거두지 못한 목회자를 위한 감미로운 노래가 있습니다: "하나님이 우리에게 복을 주시리로다." 온 힘을 다해 수고하기를 그치지 마십시오. 여러분의 일로 다시 돌아가십시오. 왜냐하면, 여러분은 장차 주어질 복이 있는 까닭에 그 복을 기대하며 즐거워하고 기뻐하는 것이 마땅하기 때문입니다. 모든 일꾼들은 낙원의 새가 여러분의 귀에 지저귀는 노랫소리, 곧 "하나님이 우리에게 복을 주시리로다"라는 노랫소리를 들으며, 여러분의 주인이 정해 주신 섬김의 일로 나아가십시오. 다윗이 사울 앞에서 불렀던 노래처럼, 이 노랫소리는 절망을 몰아내 줍니다. 이 노랫소리는 제사장들의 은 나팔들처럼 희년을 선포하는 소리입니다. 이 노랫소리는 이스라엘의 양각나팔 소리처럼 여리고를 무너뜨릴 수 있습니다. 은둔자 페트루스(Peter the Hermit)가 사람들이 십자군에 참여하도록 하기 위하여 "하나님께서 원하십니다!"(라틴어로, Deus vult!)라고 외쳤듯이, 나에게도 이 아침에 한 번 그렇게 외칠 기회가 주어진다면, 나는 오늘의 본문에 나오는 "하나님이 우리에게 복을 주시리로다"라는 외침으로 여러분의 피를 들끓게 하고 싶습니다. 나는 "하나님이 우리에게 복을 주시리로다"라는 외침이 은둔자 페트루스가 사용한 "하나님께서 원하십니다"라는 외침과 마찬가지로 여러분의 마음을 움직여서 강력한 전사들처럼 전쟁터로 달려가게 만들 수 있을 것이라고 생각합니다. 하나님이 우리와 함께 하십니다! 하나님이 우리에게 복을 주실 것입니다! 여러분이 주저할 이유가 어디 있습니까? 여러분이 힘들어할 이유가 어디 있습니까? 여러분이 사람의 도움을 바라볼 이유가 어디 있습니까? 여러분이 원수들을 두려워할 이유가 어디 있습니까? 여러분이 나태함과 안일함을 구할 이유가 어디 있습니까? 여러분이 쉬러 침상으로 갈 이유가 어디 있습니까? 하나님께서 우리에게 복을 주실 것입니다. 그리스도의 군사들이여, 일어나십시오! 승리를 낚아채십시오! 농부들이여, 낫을 들어 희어져 추수하게 된 것들을 거두어들이십시오! 선원들이여, 닻을 올리십시오. 순풍이 불어오고 있습니다. "하나님이 우리에게 복을 주시리로다." 제단 위에서 피운 불로 우리의 입술을 정결하게 하여 주옵소서! 제단 위에서 활활 타고 있는 숯을 우리에게 가져다줄 도구로 "하나님이 우리에게 복을 주시리로다"라는 본문의 황금 부젓가락만한 것이 어디 있겠습니까? 한 가지 경계의 말씀을 전하고서, 오늘의 말씀을 마치겠습니다. 하나님께서 "우리"에게 복을 주시되 "당신"에게는 복을 주시지 않을 것이라고 가정해 보십시오. 소나기 같은 은혜가 쏟아질 것이라고 해도, 당신에게는 한 방울도 주어지지 않을 것이면, 그 은혜가 무슨 소용이 있겠습니까? 하나님께서 자기 백성에게 복 주실 증표를 주시되, 당신만 쏙 빼놓으신다면, 그 증표가 무슨 소용이 있겠습니까? 그런데 그런 일이 실제로 일어날 수 있습니다. 과거에도 그런 일이 있어왔으니까요. 그런 일이 엄연한 현실이 된다면, 당신의 형편은 더 나빠질 것입니다. 왜냐하면, 주위의 땅은 다 젖어 있는데, 양털만 말라 있다면, 그 양털만큼 메마른 것은 없을 것이기 때문입니다. 다른 사람들은 다 구원을 받았는데, 오직 당신만이 멸망을 받게 된다면, 당신만큼 비참한 사람은 없을 것입니다. 그런 일이 당신에게 일어나지 않도록 하기 위하여 두려워 떠십시오. 그렇지만 그렇게 걱정하실 필요는 없습니다. 나는 그런 일은 없을 것이라고 말할 수 있기를 바랍니다. "너희는 여호와를 만날 만한 때에 찾으라 가까이 계실 때에 그를 부르라"(사 55:6). 하나님께는 차고 넘치는 죄 사함의 은혜가 있어서, 구하는 모든 사람에게 거저 주실 것입니다. 하나님이 당신에게 요구하시는 것은 당신이 그 아들을 믿는 것뿐입니다. 하나님께서는 자기 아들을 믿는 모든 사람들에게 자신의 성령을 주십니다. 하나님의 아들을 믿고 의뢰하십시오. 그 아들의 보배로운 피의 공로를 의지하십시오. 그러면 하나님께서 은혜를 나누어 주실 때에 당신은 거기에서 배제되지 않을 것이고, 도리어 다른 모든 사람들과 마찬가지로 "하나님 곧 우리 하나님이 우리에게 복을 주시리로다 하나님이 우리에게 복을 주시리로다"라고 기쁜 마음으로 노래하게 될 것입니다.

제
65
장

—

왕적인 대권

—

"하나님은 우리에게 구원의 하나님이시라 사망에서 벗어남
은 주 여호와로 말미암거니와 그의 원수들의 머리 곧 죄를
짓고 다니는 자의 정수리는 하나님이 쳐서 깨뜨리시리로
다."—시 68:20-21

구약의 경륜에 대하여 무엇이라고 말하든, 그리고 구약의 경륜 속에 하나님
의 진리들이 아무리 희미하게 계시되었다고 하더라도, 한 가지 해처럼 분명한
것이 있었는데, 그것은 구약의 경륜 아래에서 이스라엘의 하나님 여호와가 늘
가장 두드러졌다는 것입니다. 하나님은 모든 것의 중심이었고, 모든 것을 주관
하셨습니다. 우리는 성전의 성가대의 입술로부터만이 아니라 선지자들의 글들
속에서도 "시온아 여호와는 영원히 다스리시고 네 하나님은 대대로 통치하시리
로다 할렐루야"(시 146:10)라는 노래가 큰 소리로 울려 퍼지는 것을 듣습니다. 제
사장들과 선지자들, 성도들과 선견자들의 한결같은 증언은 "여호와께서 다스리
신다"는 것이었습니다. 우리는 욥기를 읽을 때에 전능자의 위엄 있는 임재 앞에
서 두려워 떨지 않을 수 없습니다. 우리가 시편을 펼쳐서 읽을 때면, 다윗과 아삽
과 헤만이 천지와 바다를 창조하신 여호와를 찬송하는 모습을 보고서 경외감에
사로잡히지 않을 수 없습니다. 아브라함에서부터 말라기에 이르기까지 구약의
도처에서 사람의 존재감은 미미하고 하나님이 모든 것 안에서 모든 것입니다.

사람의 권리라든가 주장이라든가 하는 것들은 거의 고려의 대상이 되지 못하고, 창조주께서 사람을 생각하신다는 사실 자체에 대한 경이감이 표현되어 있습니다. 인간 본성의 존엄성이나 인간의 품성의 아름다움에 대한 내용은 찾아볼 수 없고, 오직 하나님만이 거룩하시고, 하나님께서 하늘에서 굽어보실 때에 이 땅에서는 그 어떤 선한 것도 보실 수 없습니다. 단 하나의 선한 것도 보이지 않습니다! 사람은 티끌에서 나와서 티끌 속에서 뒹굴다가 티끌로 돌아가야 합니다. 사람의 모든 자랑은 끊어지고, 사람의 아름다움은 시들며, 오직 한 분 하나님만이 모든 것 위에 우뚝 서 계시고, 하나님 외에는 아무것도 영원히 존재하지 못합니다.

그런데 우리가 신약의 더 밝은 빛 속으로 들어왔는데도 하나님의 영광을 별로 생생하게 알지 못한다면, 그것은 하나님을 크게 노여워하시게 하는 일이 될 것입니다. 율법의 상징들로 계시된 하나님보다 우리 주 예수 안에서 계시된 하나님이 더 분명하게 보이지 않는다면, 그것은 우리의 마음눈이 멀어 있기 때문입니다. 우리가 낮을 밤으로 바꾸어 버리고, 빛이 더 강해지면 올빼미처럼 도리어 잘 보지 못한다면, 그것은 우리에게 화가 될 것입니다. 우리는 그런 일이 우리 가운데 있게 해서는 안 되고, 옛적의 이스라엘처럼 우리의 교회들에서도 "하나님은 유다에 알려지셨으며 그의 이름이 이스라엘에 알려지셨도다"(시 76:1)라는 말씀이 그대로 참이 되게 하여야 합니다. 성경이 "옛적에 선지자들을 통하여 여러 부분과 여러 모양으로 우리 조상들에게 말씀하신 하나님이 이 모든 날 마지막에는 아들을 통하여 우리에게 말씀하셨으니"(히 1:1-2)라고 하고 있듯이, 하나님께서는 성육신하신 말씀을 통해서 일곱 배나 더 밝게 자신을 계시하셨기 때문에, 모든 것 속에서 하나님을 알아차리고 하나님의 임재를 즐거워하며, 하나님을 만왕의 왕이요 만주의 주로 높이는 것이 우리 영혼의 기쁨이 되는 것이 마땅합니다.

시편 기자는 여기에서 우리를 주관하시는 모든 행위와 능력을 여호와 하나님께 돌립니다. 왜냐하면, 그는 삶의 모든 은혜들과 죽음의 모든 일들을 하나님께서 하시는 것으로 돌리고 있기 때문입니다. 그는 "날마다 우리에게 은택들을 더하시는 주를 찬송할지로다"(19절 KJV, 한글개역개정에는 "날마다 우리 짐을 지시는 주를 찬송할지로다"로 되어 있음)라고 말합니다. 하나님께서는 우리가 그 횟수를 기억하기에 짐이 되고, 감사하기에도 짐이 될 정도까지 우리에게 은택들을 주셔서 산더미처럼 쌓아올리십니다. 하나님께서는 우리에게 너무나 많은 은혜들을 베풀어 주시기 때문에, 우리의 마음은 그 은혜들이 얼마나 큰 것인지를 헤아리는 데도 부담이 될 정도입니다. 우리는 하나님의 선하심에 압도되고, 하나님이 날마다 차고 넘치게 베풀어 주시는 은혜에 제대로 감사할 수조차 없다는 생각에 압도됩니다. 우리의 삶 속에서 하나님이 베풀어 주시는 것이 이 정도인데, 우리의 죽음과 관련해서 하나님은 우리에게 어떻게 하시겠습니까? 우리가 죽는 것과 관련해서 하나님이 전혀 개입을 안 하시는 일이 있을 수 있을까요? 결코 그럴 수 없습니다: "사망에서 벗어남은 주 여호와로 말미암거니와"(20절). 하나님의 나라는 사망의 그늘의 땅과 그 모든 경계들을 포함합니다. 우리는 하나님의 허락 없이, 또는 하나님의 임재 없이 죽게 되지 않을 것입니다. 이 땅에서의 긍휼과 은혜들은 우리의 삶과 함께 끝나지만, 지존자의 선하심을 우리 속에서 영생하도록 드러낼 영원한 은혜들이 우리에게 주어집니다. 그러기에 앞서, 하나님께서는 우리를 구하시고 회복하시며 피하게 하셔서, 때가 이르지도 않았는데 우리가 무덤으로 내려가는 일이 없게 하십니다.

사랑하는 친구들이여, 여러분이 사망의 문 가까이 다가갔거나, 오랜 병으로 지쳐서 거의 죽은 자와 같게 되었거나, 일종의 정신적인 죽음 속에서 여러분의 마음이 무너져 내렸다면, 여러분은 다시 힘을 차리고 건강을 되찾아서, 죽음의 문턱에서 여러분을 다시 살리신 하나님을 진심으로 송축하게 될 것입니다. 하나님은 삶 속에서의 하나님이실 뿐만 아니라 죽음을 다스리시는 하나님이기도 하십니다. 하나님은 우리의 생명을 지켜 주시고 우리의 삶을 복되게 만들어 주십니다. 하나님은 우리를 죽음으로부터 지켜 주시고, 우리를 무덤으로 끌고 가려고 하는 무서운 죽음의 사자들로부터 지켜 주십니다. 질병이나 위험이나 절망 같은 저 어두운 경계의 땅으로부터 벗어나는 일들이 있습니다. 그럴 때에 하나님은 자신의 오른손으로 우리를 이끄셔서 그 경계의 땅으로부터 벗어나게 하십니다. 하나님께서는 "내가 그들을 바산에서 돌아오게 하며 바다 깊은 곳에서 도로 나오게 하고"(22절)라고 말씀하지 않으십니까? 우리는 이런 일을 행하시는 하나님을 새 노래로 찬송하여야 하고, 찬송하게 될 것입니다.

나는 오늘의 본문으로부터 죽음은 하나님의 손에 있고, 죽음에서 벗어나는 일들은 하나님의 권능이 나타난 것들이며, 그런 일들로 인하여 하나님은 찬송을 받으시는 것이 마땅하다는 결론을 얻습니다.

본문이 보여주듯이, 이 아침에 전할 말씀의 개요는 이렇습니다. 첫 번째는, 하나님의 절대 주권에서 나오는 대권에 관한 것입니다: "사망에서 벗어남은 주 여호와로 말미암거니와." 두 번째는, 이 대권을 지니신 주권자의 성품에 관한 것입니다: "하나님은 우리에게 구원의 하나님이시라." 세 번째는, 이 크신 왕이 자신의 대권의 행사와 관련해서 주시는 엄중한 경고입니다. 이 경고의 말씀은 얼마나 엄중한지 모릅니다. 성령께서 우리로 하여금 이 말씀의 권능을 느끼게 해주시기를 빕니다: "그의 원수들의 머리 곧 죄를 짓고 다니는 자의 정수리는 하나님이 쳐서 깨뜨리시리로다."

1. 첫째로, 하나님의 절대 주권에서 나오는 대권에 관한 것입니다.

우리가 깊은 경외심을 가지고서 첫 번째로 살펴볼 것은 하나님의 절대 주권에 의한 대권에 관한 것입니다: "사망에서 벗어남은 주 여호와로 말미암거니와." 만왕의 왕이시고 절대 주권을 지니신 통치자이시며 모든 세계들의 절대적인 주이신 하나님은 사람들이 죽는 것을 허락하시거나, 자신의 선하신 뜻을 따라 죽음에서 벗어나게 하실 권한을 가지고 계십니다. 하나님은 창조하실 수도 있으시고 멸하실 수도 있으십니다. 하나님이 성령을 보내셔서 사람들을 창조하십니다. 그런 후에 자신의 기쁘신 뜻을 따라 "너희 인생들은 돌아가라"(시 90:3)고 말씀하시면, 그들은 하나님 앞에서 가을 낙엽처럼 떨어집니다.

생사의 대권은 아주 넓은 의미에서 하나님께 속합니다. 먼저, 우리의 자연적인 목숨은 모두 하나님의 선하신 뜻에 달려 있습니다. 우리는 하나님이 정하신 때까지는 죽지 않습니다. 왜냐하면, 우리가 죽을 때도 우리의 다른 모든 때와 마찬가지로 하나님의 수중에 있기 때문입니다. 하나님이 우리를 지켜 주시면, 우리의 옷깃은 죽음의 문들에 스칠 수는 있지만, 우리는 아무런 해도 입지 않은 채 철문을 통과하게 될 것입니다. 질병의 이리들은 하나님이 허락하실 때까지는 우리를 아무리 해치려 해도 다 헛수고가 될 것입니다. 아주 집요하고 지독한 원수들이 매복해 있다가 우리를 겨누어 요격한다고 할지라도, 하나님이 허락하지 않으시면, 그 어떤 총알도 우리의 심장을 꿰뚫지 못합니다. 우리의 목숨은 천사들의 보호에 달려 있는 것도 아니고, 우리의 죽음은 마귀들의 악의에 의해 좌지우지되는 것도 아닙니다. 우리가 해야 할 일이 끝날 때까지 우리는 죽지 않습니다. 영원하신 왕께서 우리를 영원한 삶을 살게 될 본향으로 부르실 때까지 우리는 죽지 않습니다. 우리의 병이 아무리 심하고 우리가 곧 죽게 될 것 같다고 할지라도, 죽음에서 벗어나는 것은 전능자의 수중에 있기 때문에, 우리는 회복할 수 없을 것 같다고 절망할 필요가 없습니다. "여호와는 죽이기도 하시고 살리기도 하시며 스올에 내리게도 하시고 거기에서 올리기도 하시는도다"(삼상 2:6). 우리의 병이 의사의 기술의 한계를 넘어서 있을 때에도, 죽음에서 벗어나게 하시는 권한이 있으신 우리 하나님의 구원하심의 한계를 넘어서 있는 것은 아닙니다.

영적으로도 이 대권은 하나님께 있습니다. 우리는 본질상 우리의 죄로 인하여 율법의 정죄 아래 있기 때문에, 재판을 받고서 사형 선고를 받은 범죄자들과 같습니다. 우리에 대한 사형 선고를 집행하시든지, 아니면 사면을 해주시든지, 그 모든 권한은 크신 재판장이신 하나님의 대권에 속합니다. 그리고 하나님은 우리에게 이 문제가 자신의 뜻에 달려 있다는 것을 알게 해주고자 하십니다. 나는 죄인인 모든 인류의 머리 위에서 "내가 긍휼히 여길 자를 긍휼히 여기고 불쌍히 여길 자를 불쌍히 여기리라"(롬 9:15)는 말씀이 우렛소리처럼 울리는 것을 듣습니다. 사람들은 자신의 죄로 인하여 꼼짝없이 죽게 되어 있지만, 누구를 사하시느냐 하는 것은 전적으로 하나님께 달려 있습니다. 그 누구도 자기를 사해 주셔야 한다고 주장할 권리가 없고, 오직 하나님의 대권에 의해서만 가능합니다. 왜냐하면, 하나님은 긍휼과 은혜가 풍성하신 여호와 하나님이시고, 사람들의 죄와 허물을 간과하시기를 기뻐하시는 분이시기 때문입니다.

마찬가지로, 하나님께서는 흔히 자신의 믿는 백성을 "내적인 사망"으로부터도 건져 주십니다. 우리는 그리스도 예수 안에서 형벌로서의 죽음으로부터 건짐을 받지만, 흔히 우리 안에서 치명적인 영향력을 행사하는 옛 본성에 의해 야기되는 내적인 사망을 느낍니다. 우리는 우리 자신 속에서 사망 선고를 느끼기 때문에 우리 자신을 의지할 수 없어서 그 안에 우리의 생명이 숨겨져 있는 예수를 의지하게 됩니다. 한동안 우리의 기쁨이 사라지고 우리의 영적 활기가 메말라 버려서, 우리는 우리 안에 과연 영적인 생명이라는 것이 존재하기나 하는 것인지를 알지 못할 정도가 되어 버립니다. 나무들은 겨울이 되면 그 속에 생명의 실체를 갖고 있긴 하지만 수액이 흐르지 않고, 안에 있는 생명을 나타내 주는 열매나 잎이 나오지 않게 되는데, 우리가 바로 그런 나무들 같이 됩니다. 이 서글픈 시기에는 우리는 우리 안에서 영적인 움직임을 거의 감지할 수 없기 때문에, 감히 우리 자신을 시온의 산 자들이라고 말하기 어려움을 느낍니다. 그런 때에 하나님은 우리에게 충만한 생명을 다시 주실 수 있으십니다. 오직 하나님만이 우리 영혼을 저 썩어질 구덩이에서 건져 내시고 회복시키셔서 우리로 하여금 생명을 가질 뿐만 아니라 더 풍성하게 가지게 하실 수 있으십니다. 죽음에서 벗어나는 것은 생명의 성령에 의한 것이고, 우리 영혼이 티끌과 결합되어 있을 때에 하나님은 우리를 다시 살리셔서 우리로 이루 말할 수 없는 기쁨으로 즐거워하게 하실 수 있으십니다.

모든 것의 절정으로서, 우리가 실제로 죽게 되어서, 우리의 몸이 냉혹한 무덤으로 내려가게 된다고 해도, "사망에서 벗어남"은 우리를 구속하시는 하나님의 수중에 있습니다. 지금도 천사장은 하나님의 신호를 기다리고 있습니다. 천사장이 그 신호를 따라 나팔을 한 번 불면, 택함 받은 자들이 동서남북 모든 땅으로부터 모여들게 될 것입니다. 그때에 사망 자체가 죽음을 맞이하게 될 것이고, 의인들은 "티끌의 침상과 침묵의 흙으로부터 영원한 땅으로" 부활하게 될 것입니다. "나는 부활이요 생명이니"(요 11:25)라고 말씀하신 그리스도께서는 자신의 모든 백성들에게 부활이요 생명이 되십니다. "무릇 살아서 나를 믿는 자는 영원히 죽지 아니하리니"(요 11:26)라고 말씀하신 이가 어떻게 생명이 아닐 수 있겠습니까? "나를 믿는 자는 죽어도 살겠고"(요 11:25)라고 말씀하신 이가 어떻게 부활이 아닐 수 있겠습니까? 성도들이 부활하여 그들의 주와 함께 있게 될 저 영화롭고 밝은 날은 "사망에서 벗어남"이 어떤 식으로 주 여호와께 속하는지를 분명하게 보여줄 것입니다.

"사망에서 벗어남"(the issues from death)이라는 구절에 대한 흠정역의 번역은 아주 많은 의미들을 내포하고 있어서, 죽음에서 피하는 것, 정죄로부터의 건짐, 영적 죽음으로부터 다시 살아남, 치명적인 정신적 눌림에서 일어나는 것만이 아니라 우리가 무덤에서 다시 부활함으로써 사망의 직접적인 타격으로부터의 회복도 의미합니다. 이 모든 것들과 관련해서 주 예수는 사망의 열쇠를 가지고 계십니다. 그가 열면 닫을 자가 없고, 그가 닫으면 열 자가 없습니다.

이 대권에 관하여 우리는 먼저 그 대권을 행사할 권리가 하나님께 속한다고 말할 수 있습니다. 이 권리는 무엇보다도 먼저 하나님이 우리의 창조주라는 사실에서 나옵니다. 하나님은 "모든 영혼이 다 내게 속한지라"(겔 18:4)고 말씀하십니다. 우리가 우리 자신을 창조한 것이 아니라 하나님이 우리를 창조하셨기 때문에, 하나님께는 우리를 자신의 뜻대로 행하실 절대적인 권리가 있습니다.

사람들은 자신이 어떤 존재인지를 잊어버리고서 큰소리치지만, 사실은 토기장이의 녹로 위에 있는 진흙덩어리에 불과하기 때문에, 하나님은 자신의 뜻을 따라 그들을 어떤 형태로 빚으실 수도 있으시고 부수실 수도 있으십니다. 사람들은 그렇게 생각하지 않지만, 하나님은 사람들의 생각이 얼마나 허망한지를 아십니다. 인간의 존엄이라는 것은 냉소적인 풍자의 주제가 될 뿐입니다! 우화 속에서 개구리가 자신이 얼마나 큰 지를 보여주기 위하여 자신의 배를 부풀리다가 터져 죽었던 것과 마찬가지로, 인간도 자신을 만든 조물주에 대항하여 교만함과 시기심을 한껏 과시하고 있는 것입니다. 그럼에도 불구하고, 하늘들의 중심에 좌정해 계시는 하나님께서는 사람들을 메뚜기 떼로 여기시고, 온 열방을 "저울의 작은 티끌"(사 40:15)로 여기십니다. 우리 인간은 하나님께 순종하고 올바르게 살았더라면 지니고 있을 수 있었던 것들조차도 다 상실해 버렸기 때문에, 하나님의 창조의 대권은 도덕적으로도 확대되었습니다. 우리 인간은 죄를 범함으로써 피조물로서의 권리들조차 다 상실해 버렸습니다. 우리 인간은 모두 대역죄를 범하였고, 우리 각자는 개인적인 패역의 죄를 지었기 때문에, 우리는 시민으로서의 권리들을 갖고 있지 못하고, 도리어 정죄를 받아 사형 선고를 받은 상태 아래 놓여 있습니다. 하나님의 무오한 음성은 무엇이라고 말씀합니까? "누구든지 율법 책에 기록된 대로 모든 일을 항상 행하지 아니하는 자는 저주 아래에 있는 자라"(갈 3:10). 우리는 이 저주 아래 놓여 있습니다. 하나님의 공의가 우리에게 유죄를 선포하였고, 우리는 나면서부터 본질상 정죄 아래에서 살아갑니다. 그러므로 하나님이 우리를 사망에서 건지시기를 기뻐하실 때, 그렇게 하시는 것은 전적으로 하나님의 뜻에 달려 있습니다. 우리에게는 그런 구원을 요청하거나 바랄 권리가 없고, 우리는 공의의 법정에서 우리에게 내려진 사형 선고를 뒤집거나 유예해 달라고 청원할 만한 그 어떤 근거도 제시할 수 없습니다. 공의의 법정에서 우리가 무죄라고 주장하고자 한다면, 우리는 난관에 부딪칠 수밖에 없습니다. 그런데도 무죄 주장을 계속한다면, 우리는 공평한 재판장으로부터 경멸을 받으며 퇴장당하게 될 것입니다. 우리의 가장 지혜로운 처신은 하나님의 긍휼하심과 그의 주권적인 은혜에 호소하는 것입니다. 왜냐하면, 우리의 소망이 오직 거기에만 있기 때문입니다. 내가 하는 말을 분명히 이해하시기 바랍니다. 하나님께서 우리 모두를 죽게 하신다면, 그것은 우리가 마땅히 받아야 할 것을 받는 것에 불과합니다. 우리 중에서 하나님의 긍휼하심을 요구할 자격이 조금이라도 있는 사람은 아무도 없습니다. 그러므로 우리는 전적으로 하나님의 수중에 있고, 죽음에서 벗어나는 것은 하나님께 속합니다.

우리를 구원하실 권리가 오직 하나님께 속한다는 것은 하나님이 자기 백성을 속량하신 일을 통해서 더욱 분명해집니다. 만일 하나님이 우리를 구원하심으로써 그의 공의가 훼손된다면, 하나님은 우리를 구원하실 권리가 없으시다고 말할 수 있을 것입니다. 그러나 하나님께서는 "능력 있는 자에게 돕는 힘을 더하여"(시 89:19) 우리 대신에 자신의 독생자를 희생양으로 삼으셔서 율법을 이루시고 존귀하게 하셨기 때문에, 독생자의 죽으심으로 속량함을 받은 자들을 사망으로부터 건지실 의심할 여지 없는 권리를 갖고 계십니다. 우리 하나님은 공의에 합당한 방식으로 자기 백성을 구원하시는 까닭에 불경건한 자들을 의롭다고 하셔도, 그 누구도 하나님이 공의에 맞게 행하고 계신다는 것에 대하여 이의를 제기할 수 없습니다. 자기 피로 사신 자들을 사망에서 벗어나게 하실 권리와 능력이 하나님께 있다는 것은 정오의 해처럼 명백하기 때문에, 이 문제를 놓고 하나님과 다툴 자는 아무도 없습니다.

하지만 오늘의 본문은 하나님이 "주"가 되신다는 이 한 가지 근거를 토대로 이 대권을 하나님께 돌리고 있고, 이제 우리는 그 근거로 되돌아가고자 합니다. "사망에서 벗어남은 주 여호와로 말미암거니와." 하나님은 절대 주권자이시기 때문에 자신이 원하는 대로 행하신다는 가르침은 오늘날 사람들의 입맛에 맞지 않는 것이긴 하지만, 그럼에도 불구하고 반드시 유지되어야 하고 가르쳐져야 하는 가르침입니다. 우리는 "이 사람아 네가 누구이기에 감히 하나님께 반문하느냐 지음을 받은 물건이 지은 자에게 어찌 나를 이같이 만들었느냐 말하겠느냐"(롬 9:20)라고 한 바울의 말을 사장시켜서는 안 됩니다. 하나님은 잘못된 것을 하실 수 없는 분입니다. 하나님의 온전하신 성품은 그 자체가 법입니다. 왕이 곧 법이라는 말은 하나님의 경우에 딱 들어맞는 말입니다. 하나님은 모든 옳음과 참됨과 규범과 질서의 원천이자 근원입니다. 스스로 절대적으로 온전하시고 만유를 포괄하시는 하나님이 옳지 않은 것을 하신다는 것은 불가능합니다. 하나님은 선하심과 참되심과 의로우심 자체이시기 때문에, 그의 보좌의 대권들은 한계가 있을 수 없고, "사망에서 벗어남"은 천지의 주이신 하나님께 속합니다.

권리의 문제와 관련해서는 충분히 다루었기 때문에, 이제 나는 계속해서 하나님은 이 대권을 행사하실 능력을 가지고 계신다는 것에 대하여 말씀드리고자 합니다. 하나님께는 사람들을 자연적인 죽음으로부터 건지실 능력이 있으십니다. 여호와는 결코 실패함이 있을 수 없는 의사이십니다. 약들은 실패할 수 있지만, 온 갖 식물과 약초와 유용한 약물들을 만드신 위대한 조물주께서는 결코 실패하는 법이 없습니다. 연구와 경험이 통하지 않는 경우는 있을 수 있지만, 사람의 모든 기관을 지으신 하나님은 그 가장 섬세한 부분들까지도 다 아시기 때문에 모든 이상들을 즉시 고치실 수 있으십니다. 수많은 병들이 한꺼번에 우리를 덮친다고 해도, 하나님은 단번에 우리를 회복시키실 수 있으십니다. 힘들어서 지쳐 있는 분들께서는 힘을 내서 위를 바라보십시오. 분명한 것은 영혼과 관련해서 하나님 이 사망에서 벗어나게 하실 수 없는 상태까지 간 사람은 아무도 없다는 것입니 다. 하나님은 일곱 귀신도 쫓아내실 수 있으시고 군대 마귀도 쫓아내실 수 있으 십니다. 아무리 흉악한 죄를 범했다고 할지라도, 그리고 범죄로 인해 야기된 상 태가 아무리 절망적이라고 할지라도, "사망에서 벗어남"은 주 여호와께 속한 일 입니다. 죽은 지 나흘이 지난 나사로를 무덤에서 일으키신 하나님은 아무리 부 패한 자들이라도 그들의 죄악의 무덤에서 일으키실 수 있으십니다. 하나님께서 죄인들을 깨어나게 하셔서 이것을 믿을 수 있게 하시기를 빕니다.

나는 수년 동안 깊은 우울증에 빠져 있던 한 나이 드신 목회자에 관한 글을 읽은 기억이 납니다. 그는 강대상을 떠나서 거의 홀로 지내다시피 하면서 자기 자신에 대하여 늘 비관적인 글들을 쓰곤 하였습니다. 결국 그는 몸져눕게 되었 고, 하나님은 그를 지혜롭게 다룰 한 종을 그에게 보내셨습니다. 그 종은 절망에 빠져 있던 그 목회자에게 "형제여, 예수께서는 '자기를 힘입어 하나님께 나아가 는 자들을 온전히 구원하실 수 있으니'(히 7:25)라는 말씀을 믿습니까?"라고 물었 습니다. 이 질문에 대하여 그 목회자가 "나는 온 마음으로 그 말씀을 믿지만, 내 가 확신하는 것은 …"이라고 말하자, 그 종은 바로 그 대목에서 그 목회자의 말 을 가로막았습니다. "나는 당신의 확신이 무엇이고 당신의 감정이 무엇인지를 물은 것이 아니고, 그 약속의 말씀을 믿는 사람은 살게 될 것임을 당신에게 말하 고 있는 것입니다." 이렇게 단순하게 복음을 선포했을 때, 그 복음은 하나님의 보혜사의 역사를 힘입어서 그 절망에 빠져 있던 목회자에게 최고의 위로의 말씀 이 되었습니다.

이 말씀을 듣는 모든 사람에게도 그와 같은 역사가 동일하게 일어나게 되기 를 빕니다. 그리스도의 무한하신 구원의 능력에 자신의 영혼을 걸고 소망할 수 있는 사람은 구원 받은 사람입니다. 그리스도를 믿는 사람에게는 영생이 있습니다. 이것은 얼마나 엄청난 복입니까! 마귀는 내가 죽어 마땅하고 그 죽음을 결코 피할 수 없으며 내가 범한 죄악들에 대한 합당한 대가에서 영원히 벗어날 수 없다고 말합니다. 내 자신의 양심도 내가 죽어 마땅하다는 것을 알기 때문에 나를 무수히 정죄합니다. 그러나 "사망에서 벗어남"은 주 여호와께 있고, 내가 하나님을 믿는다면, 하나님은 나를 사망의 떡 벌린 입에서 나를 구해 내실 수 있습니다. 하나님은 구원하시기로 작정하신 자들을 절망의 가장 깊은 구덩이에서도 구해 내실 수 있습니다. 하나님의 절대적인 권한은 전능하신 능력에 의해 밑받침되기 때문에, 하나님의 대권은 그대로 현실이 됩니다.

그뿐만이 아닙니다. 하나님께서는 실제로 이 대권을 무수히 행사해 오셨습니다. 하나님께서 사람들을 질병에서 회복시키심으로써 "사망에서 벗어나게" 하신 일은 너무나 많아서 굳이 내가 여러분에게 말씀드릴 필요조차 없습니다. 이런 일은 하나님께서 히스기야의 기도를 들어주셔서 그의 생명을 연장시켜 주신 경우나, 주님과 그의 사도들이 수많은 병자들을 고치신 경우처럼 종종 이적의 형태로 일어나기도 합니다. 사자 굴이나 물고기의 뱃속에서, 뜨거운 풀무불 속에서나 바다 깊은 곳에서 하나님은 사람들을 "사망에서 벗어나게" 해주셨습니다. 사망의 화살 통에는 하나님이 살리시기로 작정하신 자를 해칠 수 있는 화살이 없습니다. 사람이 급박한 위험에 처해 있는 경우에도 하나님은 통상적인 섭리 과정을 통해서 그 사람을 건지시는데, 오늘 아침 이 자리에 계신 분들 중에도 하나님의 그러한 개입의 증거가 되시는 분들이 분명히 계십니다. 우리 중에는 하나님의 능력으로 인하여 그 쇠약한 몸과 눌린 영혼에서 일으키심을 받은 분들도 계시고, 난파당한 배와 불 속에서 기적적으로 건지심을 받은 분들도 계십니다. 그런 우리가 지금 살아 있어서 이 자리에서 하나님을 찬송하고 있습니다.

하나님께서는 이 대권을 영적으로도 행사해 오셨습니다. 하나님이 영혼들을 사망에서 건져 내신 일이 얼마나 많은지, 그 수를 헤아릴 수조차 없습니다. 저기 하늘에 있는 흰 옷 입은 무리들에게 "하나님께서 당신들 속에서 구원의 절대 능력을 나타내 보이시지 않으셨습니까?"라고 물어 보십시오. 또한, 이 땅에서 하나님의 은혜를 맛본 무수한 사람들에게 그렇게 물어 보십시오. 그들은 한결같이 "하나님이 나를 구원하셨습니다"라고 대답할 것입니다. 하나님께서는 자신의 긍휼하심을 따라 사면장에 서명하시며 "저기 구덩이로 내려가는 자의 속전이 이미 지불되어 있으니 그를 건져 내라"고 말씀하십니다. 왜 하나님께서 자신의 절대 주권에 의거해서 우리를 사망에서 건져 내시는지, 우리는 그 이유를 알지 못합니다. 우리는 흔히 "왜 내가 하나님의 음성을 듣게 되었고, 어떻게 택함을 받아 살게 되었지?"라고 묻지만, 아무런 대답도 생각해 내지 못하고 이 구원을 경이롭게 여기고 그저 묵묵히 감사하게 될 따름입니다. 하나님의 뜻과 하나님의 능력이 합쳐져서 절대 주권에 의한 사랑을 이루어 내었고, 우리는 그 무적의 사랑으로 말미암아 저 무시무시한 사망으로부터 구원함을 받아 지금 여기에 있습니다.

그렇습니다. 진실로 "사망에서 벗어남"은 하나님께 속하기 때문에 "주 여호와로 말미암습니다." 그러므로 형제들이여, 하나님께서 이 일로 인하여 모든 영광을 받으시게 하십시오. 여러분이 오랫동안 병을 앓고 난 후에 병에서 벗어나 건강하게 살게 되었다면, 우리의 모든 죄악들을 사하시는 하나님, 우리의 모든 질병을 고치시는 하나님을 송축하십시오. 이 아침에 여러분이 정죄함으로부터 구원을 받으셨고 그 사실을 알았다면, 사랑하시는 자 안에서 우리를 받으시는 하나님을 송축하십시오. 여러분이 지금 이 순간에 은혜와 생명의 지배를 받아서 죄와 사망이 여러분을 더 이상 지배하지 못하고 있다는 것을 아셨다면, 여러분을 살리셔서 새 생명으로 이끄신 하나님을 송축하십시오. 여러분의 영혼을 사랑하셔서 여러분을 썩어짐의 구덩이에서 건져 내시고 여러분의 모든 죄들을 자신의 등 뒤로 던져 버리신 분의 이름에 영광을 돌리십시오. 또한, 여러분이 복된 부활에 대한 영광스러운 소망을 지니고 있어서 하나님이 여러분에게 미소 지으실 것임을 알기 때문에 죽음에 대하여 미소 지을 수 있다면, 여러분을 마지막 날에 일으키실 하나님을 송축하십시오. 여러분의 구속주께서 살아 계시고, 그가 살아 계시기 때문에 여러분도 살게 될 것입니다. 그러므로 거룩한 기쁨과 환희를 가지고서 박수를 치십시오. "사망에서 벗어남"에 대한 모든 권한을 지니신 분의 지극히 영화로운 이름을 송축하십시오.

2. 둘째로, 이 주권자의 성품을 살펴보겠습니다.

이제까지 나는 하나님의 대권에 대하여 설명을 드렸고, 지금부터는 그러한 대권을 지니신 주권자가 어떤 분이신지를 보여드리고자 합니다. 이 땅에서 우리는 절대적인 지배권을 주장하는 군주들을 별로 사랑할 수 없습니다. 전제주의(Imperialism)는 우리의 마음에 잘 맞지가 않습니다. 지금까지 인류가 맛보아온 가장 혹독한 저주들 중의 하나가 절대 군주들이었고, 오늘날에는 바울이 독사를 불 속에 떨쳐내었듯이 사람들은 그런 절대 군주들을 진저리를 치며 떨쳐내 버립니다. 하나님께서 모든 전제 왕조들이 종언을 고하여 열방들이 자유를 맛볼 수 있게 하시기를 빕니다. 우리는 독재자를 용납할 수 없지만, 만일 전제군주가 절대적으로 완전하다면, 그것은 최선의 통치 형태가 될 것입니다. 만왕의 왕이시고 만주의 주이신 위대하시고 영원하신 하나님은 절대적으로 완전하신 분이기 때문에, 우리는 모든 대권과 권력을 하나님의 손에 맡길 때에 안심할 수 있습니다. 하나님께서는 아무리 비천한 자의 권리도 짓밟으신 적이 없으시고, 아무리 약한 자도 무시하거나 잊어버리신 적이 없으십니다. 벌레 한 마리도 쓸데없이 죽이지 않으시고, 마음 내키는 대로 파리를 잡아 죽이지 않으시는 분이 바로 하나님이십니다. 하나님은 잘못을 범하거나 불의를 행하신 적이 없습니다. 우리는 서로를 압제하지만, 만유의 재판장이신 하나님은 그 누구도 압제하지 않으십니다. 하나님은 모든 면에서 거룩하시고, 그의 긍휼하심은 영원하시기 때문에, 모든 대권이 그의 수중에 있는 것은 안전합니다.

더 나아가, 오늘의 본문은 생사여탈권을 그 손에 쥐고 계시는 분이 어떤 분이신지를 우리에게 말해 줍니다: "하나님은 우리에게 구원의 하나님이시라." 죄인이여, 당신의 구원은 하나님께 달려 있지만, 그렇다고 해서 낙심하지 마십시오. 왜냐하면, 이 일을 맡고 계신 하나님은 구원의 하나님, 즉 히브리어 원문대로 하면 "구원들"의 하나님이시기 때문입니다. 그렇다면, "구원의 하나님"은 무엇을 의미하는 것입니까?

먼저, 성경은 구원이 하나님의 모든 계획 중에서 가장 영광스러운 것임을 보여줍니다. 이 세계가 창조된 이래로 구원을 이루어 내기 위한 역사는 세계사를 관통하여 쭉 이어져 왔습니다. 하나님께서는 세계를 창조하시고 달과 별들을 비추게 하시며 하늘과 땅과 바다를 제자리에 두시는 등 모든 것을 배치하실 때에 구원을 늘 염두에 두셨습니다. 하나님이 자신의 최고의 통치권으로 만물을 다스리실 때에도 그의 마음속에는 늘 구원에 관한 생각이 있으셨습니다. 인류의 역사 6,000년 동안 하나님의 섭리라는 큰 바퀴가 돌아가고 있을 때에도 그 뒤에서는 하나님께서 약속을 받은 자들의 구원이라는 궁극적인 문제를 늘 염두에 두시고서 자신의 손으로 섭리라는 바퀴의 모든 움직임을 통제해 오셨습니다. 이렇게 "구원"은 여호와의 마음을 온통 사로잡고 있는 문제입니다. 하나님은 구원하시기를 정말 기뻐하십니다. 하나님께서는 창조를 기뻐하셨지만, 그 기쁨은 구속의 기쁨만은 못합니다. 하나님께서 천지를 창조하셨을 때, 그것은 하나님의 일상적인 일이었습니다. 하나님은 단지 "좋다"고 말씀하셨습니다. 그러나 하나님께서 자기 백성을 구속하시기 위하여 자기 아들을 죽음에 내어주시고, 자신의 택함 받은 자들이 구원 받게 되었을 때에는 단지 "좋다"고 산문체로 짤막하게 말씀하신 것이 아니라 노래하셨습니다. 성경은 "그가 너로 말미암아 기쁨을 이기지 못하시며 너를 잠잠히 사랑하시며 너로 말미암아 즐거이 부르며 기뻐하시리라"(습 3:17)고 말씀하고 있지 않습니까? 구속은 여호와로 하여금 노래하시게 하는 일인 것입니다. 여러분은 하나님이 노래하신다는 것이 도대체 무엇일지를 상상할 수나 있겠습니까? 하나님 아버지와 아들과 성령께서 사람들이 구원 받는 것을 보시고 기뻐 노래하신다는 것입니다. 이것은 구원이 하나님의 마음을 온통 사로잡고 있는 것이기 때문이고, 하나님의 전 존재가 아주 강력하게 개입되어 있는 것이기 때문입니다. 심판은 하나님에게 생소한 일이고, 하나님은 긍휼을 베푸시기를 기뻐하십니다. 하나님께서 다른 일들을 하실 때에는 자신의 속성 중 일부가 그 일에 개입되어 있지만, 구원의 일에는 하나님의 전 존재가 개입되어 있습니다. 하나님은 자신이 구원에 능하신 하나님이심을 우리에게 보여주십니다. 하나님은 구원의 일에 자신의 팔을 걸어 부치십니다. 이 일을 위해 하나님은 자기 아들을 자신의 품에서 내어주셨습니다. 이 일을 위해 하나님은 자신의 독생자로 하여금 상하고 근심하게 하셨습니다. 구원은 하나님의 저 내밀한 마음속에 자리 잡고 있는 영원한 뜻이고, 구원을 통해서 하나님의 최고의 영광이 드러납니다. "사망에서 벗어남"이 속해 있는 하나님은 바로 그런 하나님, 즉 구원을 최고의 목적으로 삼고 계시는 하나님이십니다. 하나님의 이름을 노래하고, 하나님이 다스리신다는 것을 기뻐하십시오: "여호와는 나의 힘이요 노래시며 나의 구원이시로다"(출 15:2).

　"하나님은 우리에게 구원의 하나님이시라"는 말씀이 무엇을 의미하느냐고 여러분이 다시 묻는다면, 우리는 하나님이 행하신 일들 중에서 가장 기뻐하신 일은 구원의 일이었다는 것을 여러분에게 상기시켜 드리고 싶습니다. 에덴의 문 앞에서 우리의 첫 조상들을 구원하시고 그들이 뱀에게 승리할 것이라는 약속을 주신 것은 하나님에게 기쁨이었습니다. 노아를 방주에 들여보내신 것도 하나님의 기쁨이었습니다. 죄악이 가득 찬 세상을 물로 심판하신 것은 어쩔 수 없는 일이었지만, 노아를 구원하신 것은 우리 주 하나님에게 기쁜 일이었습니다. 하나님께서는 자신의 왼손으로 이 땅을 멸하셨지만, 오른손으로는 자신이 발견한 유일하게 의로운 자들을 지키셨습니다. 자기 백성을 구원하시는 것은 언제나 하나님의 기쁨이기 때문에, 하나님은 구원을 베푸시기를 간절히 원하십니다. 하나님은 자신의 택함 받은 자들을 건지시기 위하여 오실 때에 그룹 천사를 타고 오시고, 바람 날개를 타고 날아오십니다. 하나님께서 홍해에서 구원을 베푸실 때에 어떠한 소동이 일어났는지를 보십시오. 성경 전체는 애굽의 종살이에서의 큰 구원에 대한 암시들로 가득하고, 심지어 하늘에서조차도 하나님의 종 모세의 노래와 어린 양의 노래가 울려 퍼집니다. 구약의 도처에서는 "내가 여호와를 찬송하리니 그는 높고 영화로우심이요 말과 그 탄 자를 바다에 던지셨음이로다"(출 15:1)라는 곡조가 울려 퍼지는 것 같습니다. 하나님께서는 자기 백성을 위하여 광야에 길을 내시고, 깊은 바다에 길을 내셔서, 이 땅에서 그들을 위해 구원을 베푸시는 것을 몹시 기뻐하셨습니다. 하나님의 백성들은 나중에 구약성경 속에 하나님의 "구원들"에 관한 기록을 얼마나 충실하게 기록하고 있습니까! 그들은 우리에게 백성들을 억압한 왕들에 대해 말하면서도, 하나님이 이스라엘을 대적들로부터 구속하신 일들을 얼마나 애틋한 마음으로 소중히 기록하고 있습니까! 이새의 아들이 골리앗을 죽이고, 큰소리치던 블레셋 사람들로부터 이스라엘을 구하고서, 피가 철철 흐르는 그 거인의 머리를 들어올리는 장면에는 얼마나 큰 기쁨이 배어 있습니까! 그때에 "하나님은 우리에게 구원의 하나님이시라"는 말씀이 그들에게 얼마나 생생하게 들려왔겠습니까! 하나님은 은혜를 베푸시는 일들을 기뻐하십니다. 그런 일들은 하나님이 즐겨 하시는 일들입니다. 그런 일들은 하나님으로 하여금 새 힘을 얻게 하는 일들입니다. 하나님은 자기 백성을 구원하러 오실 때에 왕의 의복을 입으시고 보석들로 장식된 면류관을 쓰시기 때문에, 그의 종들은 이렇게 큰 소리로 외치게 됩니다: "만민들아 우리 하나님을 송축하며 그의 찬양 소리를 들리게 할지어다 그는 우리 영혼을 살려 두시고 우리의 실족함을 허락하지 아니하시는 주시로다"(시 66:8-9). 바로 이 하나님이 "사망에서 벗어남"과 관련된 모든 주권을 쥐고 계시는 하나님이십니다. 하나님은 인생들을 멸망시키시는 것이 아니라 구원하시기를 기뻐하십니다. 그러므로 구원의 대권을 맡을 이로서 하나님보다 더 적합한 이가 어디 있을 수 있겠습니까?

　　또한, "하나님은 우리에게 구원의 하나님이시라"는 지금 우리에게 말씀하고 계시는 하나님은 구원의 하나님이시라는 뜻이기도 합니다. 우리는 지금 이 순간에도 은혜의 경륜 아래에서 살아가고 있습니다. 공의의 칼은 칼집에 꽂혀 있고, 정의의 저울은 치워져 있습니다. 정의의 저울이 망가진 것도 아니고, 공의의 칼이 부러지거나 무뎌진 것도 아닙니다. 단지 잠시 저울은 치워지고, 칼은 칼집에 넣어져 있는 것일 뿐입니다. 오늘 하나님께서는 우리 모두의 머리 위로 영원한 사랑이라는 은으로 된 규를 내밀고 계십니다. 베들레헴에서 목자들이 처음으로 들었던 저 천사들의 노래는 위에서 아직도 여전히 울려 퍼지고 있고, 여러분도 들을 귀가 있다면 그 노랫소리를 들을 수 있습니다: "지극히 높은 곳에서는 하나님께 영광이요 땅에서는 하나님이 기뻐하신 사람들 중에 평화로다"(눅 2:14). 중보자이신 그리스도의 통치는 다중적인 구원의 통치입니다. "수고하고 무거운 짐 진 자들아 다 내게로 오라 내가 너희를 쉬게 하리라"(마 11:28)는 말씀은 통치하시는 하나님의 구원의 선포입니다. 기독교 시대의 하나님은 구원의 하나님입니다. 하나님은 잃어버린 자들을 찾아 구원하시기 위하여 오시는 이로 우리 앞에 제시됩니다. 하나님은 범죄자들을 벌하시는 재판장이 아니라 길 잃은 자녀를 자신의 품에 다시 안으시고서 죽은 자녀가 다시 살아 돌아왔다고 기뻐하시는 아버지로서 우리 가운데 자신의 성령으로 말미암아 내주해 계십니다. 우리 하나님이자 구주이신 예수 그리스도 안에 계신 하나님은 아버지께서 자기에게 주신 자들을 살리셔서 영생을 주시는 분입니다. 모든 권능을 안전하게 맡길 만한 이로 이런 하나님보다 더 적합한 이가 어디 있을 수 있겠습니까?

또한, "하나님은 우리에게 구원의 하나님이시라"는 말씀은 하나님의 약속을 받은 자들, 하나님을 "우리 하나님"이라 부를 수 있는 자들에게 하나님은 특별한 의미에서 구원의 하나님이시라는 것을 의미합니다. 하나님을 "우리 하나님"이라 부르는 자들에게는 멸망함이 없습니다. 왜냐하면, "이제 그리스도 예수 안에 있는 자에게는 결코 정죄함이 없기"(롬 8:1) 때문입니다. 예수께서 오신 것은 이 세상을 정죄하기 위한 것이 아니라 세상이 자기로 말미암아 구원을 받게 하기 위한 것입니다. "이 하나님은 영원히 우리 하나님이시니"(시 48:14). 그런 분이 우리를 멸하신다고요? 결코 그럴 수 없습니다. "그가 우리를 죽을 때까지 인도하시리로다"(시 48:14). 이 하나님은 우리의 해와 방패가 되어 주시고, 우리에게 은혜와 영광을 주실 것입니다. 자, 이제 이 사실을 명심하십시오. 믿음으로 하나님을 "우리 하나님"이라 부르는 우리는 이 아침에 여러분에게, 우리가 전적으로 하나님의 주권적인 은혜로 말미암아 구원 받은 것이고, 우리에게 어떤 선천적인 선함이 있어서, 또는 우리가 하나님의 은총을 받을 만한 어떤 일을 해서가 아니라는 것을 분명히 말씀드립니다. 우리가 아직 죄 가운데 죽어 있을 때에 하나님께서 우리를 불쌍히 보아 주셔서 은혜를 베풀어 주셨기 때문에 우리가 살게 된 것입니다. 우리가 피투성이가 되어 더러움 가운데 누워 있을 때, 하나님께서 우리의 그런 모습을 간과하시고 우리에게 "살아나라"고 말씀하셨습니다. 만일 하나님께서 우리를 그냥 지나치시고 죽게 내버려 두셨다고 해도, 그것은 의로운 일이 되었을 것이지만, 하나님의 마음은 다른 쪽으로 기울었습니다. 그래서 하나님은 우리를 보시고서 "살아나라"고 말씀하셨고, 우리는 살아나서 그의 이름을 송축하며, 여전히 그의 영원하시고 무한하신 긍휼을 찬송하고 있습니다. "나는 죽이기도 하며 살리기도 하며 상하게도 하며 낫게도 하나니"(신 32:39)라고 말씀하신 분이 죄와 허물 가운데 죽어 있던 우리를 살리신 분입니다. 하나님은 우리에 대하여 이렇게 인자하게 자신의 대권을 행사하신 분이기 때문에, 우리는 그의 은혜로운 초대를 따라 그에게 나아오는 모든 자에 대해서도 그 대권을 인자하게 행사하실 것이라고 믿을 수 있습니다. "하나님이 나는 구원하셨지만 다른 사람들은 죽게 내버려 두셨기 때문에 나는 하나님의 택하심을 기뻐합니다"라고 말하는 사람이 있다면, 나는 그 사람의 영혼에 대하여 그 어떤 동정심도 갖고 싶지 않습니다. 나의 기쁨은 그런 것과는 전혀 다른 것입니다. 나는 하나님이 나 같은 이런 무가치한 자를 구원하신 것을 보니 믿음으로 그에게 나아오는 자는 그 누구라도 내치지 않으실 것임을 알기 때문에 기뻐하는 것입니다. 하나님의 택하심은 결코 협소한 것이 아닙니다. 왜냐하면, 그 택하심은 사람이 헤아릴 수 없을 정도로 많은 수의 사람들, 곧 예수를 믿는 모든 사람을 포함하기 때문입니다. 하나님은 은혜 주시기 위하여 기다리고 계시기 때문에, 자기에게 나아오는 자를 결코 내치지 않으십니다. 혼인 잔치를 열려면 무수한 손님들이 필요하고, 모든 자리가 꽉 차야 합니다. 우리는 모든 인류가 다 와서 하나님의 무한하신 사랑이 차려 놓은 것들을 먹게 되기를 바랍니다. 그래서 우리는 큰 길들과 골목길들로 나가서 사람들을 강권하여 잔치 자리에 오게 하고자 하는 것입니다. 우리는 어떤 사람이 그리스도 및 소망으로부터 배제되어 있다면 스스로 그렇게 한 것이고, 어떤 사람이 그리스도 및 소망 안에 들어오게 되었다면 그것은 스스로 그렇게 한 것이 아니라 하나님의 무조건적인 은혜가 그 구원을 이루어 낸 것임을 알기 때문에 기뻐합니다. 정죄함에서는 공의가 지배하지만, 구원에 있어서는 은혜가 지배합니다. 구원에 있어서는 우리가 모든 것을 절대적이고 무조건적으로 은혜로 돌려야 합니다. 하나님의 이 진리에 대해서는 그 어떤 주저함도 있어서는 안 됩니다. 어떤 사람들은 은혜에 대하여 얘기하긴 하지만 끝까지 관철하지는 못하고, 어느샌가 은혜에 "자유의지"를 슬며시 덧붙입니다. 그렇게 해서는 결코 안 됩니다! 그것은 성경의 가르침을 따르는 것도 아니고, 사실과도 맞지 않습니다. 이 자리에 계신 분들 중에서 자기가 하나님의 강력한 은혜와는 별개로 자신의 의지의 결과로 구원을 받았다고 생각하는 분이 계신다면, 그분은 "내 자신의 선한 성품에 영광 있으라!'고 말하며 자신의 모자를 하늘 높이 날리면서 크게 기뻐하고 자신을 영원히 높이십시오. 그러나 나는 하나님의 보좌 앞에 엎드려 이렇게 고백할 것입니다: "'은혜가 의로 말미암아 왕 노릇 하여 우리 주 예수 그리스도로 말미암아 영생에 이르게'(롬 5:21) 하리로다. 하나님이여, 주께서 나를 내 자신의 자유의지에 내버려 두셨더라면, 나는 여전히 주의 사랑을 멸시하고 주의 은혜를 거부했을 것이나이다." 하나님의 모든 백성은 전체적인 진술에 있어서는 각양각색이라고 할지라도 이것이 자신의 경우에 사실이라는 것에 동의할 것이 분명합니다.

그렇습니다. 생사에 관한 대권은 가장 합당하신 분에게 맡겨져 있습니다. 그 대권은 우리의 구원의 하나님이신 분의 수중에 있으니까요. 나는 이 자리에 계신 분들 중에서 아직 구원받지 않으신 분들에게, 큰 왕의 보좌 앞에 나아가 무릎을 꿇고서, 구원하실 모든 준비를 하고 계시는 분의 은혜를 구하시기를 간곡히 부탁드립니다. 집에 가서 여러분 자신의 공로로 구원을 얻어보고자 한다면, 여러분은 헛수고만 하게 될 것입니다. 여러분이 하나님의 은혜를 받기에 합당한 자로 자신을 잘 다듬고, 하나님의 눈길을 끌 어떤 선한 일을 한 후에 하나님 앞에 나아가겠다고 생각하신다면, 그것은 여러분 자신을 속이는 일이요 하늘의 엄위하신 분을 모욕하는 일이 될 것입니다. 온통 죄악투성이이고 아무 공로도 없는 상태에서 빈 손으로 여러분의 지금 모습 그대로 하나님 앞에 나아와서, 지금까지 그토록 진노만 불러일으켜 왔던 크신 왕 앞에 엎드려, 여러분의 죄악들을 다 지워 주시고 여러분의 본성을 바꾸어 주시며 여러분을 그의 백성으로 삼아 주시라고 그의 무한하신 긍휼을 구하신 후에, 그가 과연 여러분을 내치시는지를 보십시오. 성경은 "사유하심이 주께 있음은 주를 경외하게 하심이니이다"(시

130:4)라고 말씀하고 있지 않습니까? 또한, 주님께서는 "내게 오는 자는 내가 결코 내쫓지 아니하리라"(요 6:37)고 말씀하지 않으셨습니까? 하나님의 보좌는 은혜의 보좌입니다. 하나님 앞에는 긍휼하심이 영원히 있습니다. "여호와는 긍휼이 많으시고 은혜로우시며 노하기를 더디 하시고 인자하심이 풍부하시도다"(시 103:8). 회개하는 자가 주권자의 발 앞에 엎드려서 죄 사하심을 구하였다가 퇴짜 맞은 적이 있었습니까? 그런 일은 단 한 번도 없었습니다. 땅이 존재하는 한, 그런 일은 일어날 수 없습니다. 여러분이 하나님의 은혜를 돈으로 사고자 한다면, 하나님은 거절하실 것입니다. 여러분이 자기는 은혜 받을 권리가 있다고 주장한다면, 하나님은 거절하실 것입니다. 그러나 여러분이 하나님께서 거저 주시는 구원을 받아들이고, 그리스도 예수의 대속으로 말미암은 구원을 얻고자 한다면, 하나님은 여러분에게 "사망에서 벗어남"을 주실 것입니다. 예레미야의 증언에 귀 기울여서 용기를 내어 하나님 앞에 여러분 자신을 내어맡기십시오: "여호와여 내가 심히 깊은 구덩이에서 주의 이름을 불렀나이다 주께서 이미 나의 음성을 들으셨사오니 이제 나의 탄식과 부르짖음에 주의 귀를 가리지 마옵소서 내가 주께 아뢴 날에 주께서 내게 가까이 하여 이르시되 두려워하지 말라 하셨나이다 주여 주께서 내 심령의 원통함을 풀어 주셨고 내 생명을 속량하셨나이다"(애 3:55-58).

3. 셋째로, 우리의 주권자이신 하나님의 엄중한 경고를 들을 차례입니다.

최근에 사람들 가운데에 새로운 신이 등장했는데, 그 신은 현대 기독교의 신이자 현대적인 사고의 신이고, 꿀이나 설탕으로 버무려진 신입니다. 그 신은 지극히 관대하고 온유하며 상냥하고 죄 문제에 관심이 없습니다. 그 신에게는 공의는 존재하지 않고, 그 신은 죄에 대한 형벌에 대해서도 알지 못합니다. 이 세상의 현자들은 구약이 하나님을 매우 가혹한 존재로 묘사하고 있다고 보기 때문에, 현대의 지혜는 구약의 하나님을 한 쪽으로 제쳐놓습니다. 사실, 하나님의 말씀 중에서 절반은 시대에 뒤떨어진 낡은 것이 되어서 휴지조각으로 취급받게 되었습니다. 우리 주 예수께서는 "율법이나 선지자를 폐하러" 오신 것이 아니라 "완전하게 하려" 오신 것인데도(마 5:17), 오늘날과 같은 개화된 시대의 진보적인 사상가들은 구약에 나타나 있는 하나님 개념은 잘못된 것이라고 말합니다. 우리는 우리가 옳게 행하든 잘못 행하든 그런 것에 관심이 없는 새로운 신을 믿어야 할 판입니다. 그 신에 의해서 모든 사람이 결국에는 동일한 목적지에 도달하게 될 것이라고 합니다. 다소 완강해서 구제하기 어려운 일부 사람들이 한동안 왜곡된 길을 걸을 수는 있겠지만, 결국에는 모든 사람이 다 올바르게 될 것이라고 합니다. 마음 내키는 대로 살아라! 가서 욕하고 술 마셔라. 가서 나라들을 압제하고 피비린내 나는 전쟁들을 일으키고 하고 싶은 대로 해라. 결국에는 모두가 다 올바르게 될 것이다. 대체적으로 이것이 우리의 모든 문학을 망치고 있는 현대의 신조입니다. 그러나 내가 단언컨대, 사람들이 꿈꾸는 대로 절대로 그렇게는 안 될 것입니다. 온 땅의 재판장이신 여호와께서는 모든 것을 바로잡으실 것임에 틀림없습니다. 아브라함과 이삭과 야곱의 하나님은 우리 주이자 구주이신 예수 그리스도의 하나님이십니다. 그는 온 땅의 하나님으로 불리실 것입니다. 하나님의 본성은 조금도 변하지 않았기 때문에, 하나님은 반드시 죄악된 자들을 살려두지 않으실 것입니다. 그러므로 여러분은 본문의 마지막 절을 읽으시고, 그 말씀이 처음 기록된 때와 마찬가지로 오늘날에도 그대로 참되기 때문에, 예수께서 여기에 계신다면 그 온유하시고 겸손하신 분께서는 슬프고 엄숙한 어조로 "그의 원수들의 머리 곧 죄를 짓고 다니는 자의 정수리는 하나님이 쳐서 깨뜨리시리로다"라고 말씀하실 것임을 믿으십시오.

이 말씀으로부터 분명한 것은 하나님은 사람의 성품에 대하여 무관심하지 않으시다는 것입니다. 우리 하나님은 자신의 원수들을 아십니다. 하나님이 원수를 친구로 착각하시거나 친구로 대하시는 일은 없습니다. 하나님은 죄악을 범죄로 여기시기 때문에 선악의 경계나 율법의 울타리를 무너뜨리신 것이 아닙니다. 범죄는 여전히 존재하고, 하나님은 범죄들을 눈여겨보시고 기록해 두십니다. "죄를 짓고 다니는 자들"은 하나님의 인내심을 시험하고 하나님의 공의에 도전하고 있는 것입니다. 하나님은 주무시는 것도 아니고 사람들이 범하는 죄악들을 묵인하시는 것도 아닙니다. 하나님은 어디에서나 사람들에게 회개하라고 하십니다.

또한, 하나님을 거슬러 반역하는 자들을 치실 권능이 하나님께 있다는 것도 분명합니다. 자연법이 악인들을 보호해 줄 것이라고 착각하지 마십시오: "그의 원수들의 머리를 하나님이 쳐서 깨뜨리시리로다." 그들은 그 머리를 한껏 높이 들겠지만, 하나님의 손이 닿지 않을 만큼 높이 들 수는 없습니다. 하나님께서는 그들의 발꿈치를 상하게 하시거나 등을 치셔서 고침을 받을 만한 타격을 입히시는 것이 아니라, 그들의 머리에 치명상을 가하셔서 티끌 속에 누이실 것입니다. 하나님은 그렇게 하실 수 있으시고 그렇게 하실 것입니다. 그들은 힘이 아주 강하고, 머리털로 덮인 그들의 정수리는 그들의 힘이 만만치 않음을 보여주는 것일 수 있지만, 그들은 전능자를 당해낼 수 없습니다. 그들에게 쇠약함에서 오는 대머리의 조짐이나 나이가 들어서 머리숱이 적어질 조짐이 없을지라도, 그들이 자신의 힘과 용맹함을 자랑해 보아야 헛것입니다. 왜냐하면, 하나님께서는 얼마든지 한창 때의 그들을 들의 풀처럼 시들어 버리게 만드실 수 있기 때문입니다. 교만한 자들은 자신의 아름다움을 자랑할 수 있고, 압살롬처럼 윤기 나는 머리털로 뒤덮인 머리가 자신들의 자랑일 수 있지만, 하나님께서는 압살롬의 머리털이 그의 운명을 재촉한 도구가 되게 하셨듯이, 사람들이 자랑하는 것이 그들을 파멸로 이끄는 것이 되게 하실 수 있습니다. "교만은 패망의 선봉이요 거만한 마음은 넘어짐의 앞잡이니라"(잠 16:18). 그 어떤 사람이나 나라도 하나님의 손길이 닿지 않는 곳에 숨을 수 없습니다. 큰 자들은 높은 곳에 우뚝 서서 이 땅의 경건한 자들을 "천한 무리"라 하며 멸시합니다. 한 분 하나님께서 모든 사람들을 창조하셨는데도, 그들은 자기 민족이 아닌 사람들을 얼마나 멸시하는지 모릅니다. 국민이나 민족이라는 것이 도대체 무엇입니까? 어떤 민족이 교만하여 스스로 높아진다면, 그들은 단지 총알받이가 될 뿐입니다. 나라들을 무너뜨리고, 그 나라를 지키고자 하는 자들을 도륙하며, 그 땅을 피로 물들이고, 그들의 집을 불태우며, 그들의 부녀들과 아이들을 굶어죽게 해 보십시오. 과연 하나님은 이것을 아십니까? 그리고, 지존자에게는 심판이 있는 것입니까? 우리는 큰 민족이고, 사람들과 배들과 자금이 있습니다. 누가 우리에게 책임을 물을 수 있을까요? 그러나 미세한 음성에 귀를 기울이십시오. 하나님께서 옛적의 큰 나라에 이렇게 말씀하셨습니다: "네가 네 악을 의지하고 스스로 이르기를 나를 보는 자가 없다 하나니 네 지혜와 네 지식이 너를 유혹하였음이라 네 마음에 이르기를 나뿐이라 나 외에 다른 이가 없다 하였으므로 재앙이 네게 임하리라 그러나 네가 그 근원을 알지 못할 것이며 손해가 네게 이르리라 그러나 이를 물리칠 능력이 없을 것이며 파멸이 홀연히 네게 임하리라 그러나 네가 알지 못할 것이니라"(사 47:10-11). 선하신 주여, 그러한 징계가 우리에게 임하지 않게 하옵소서!

하나님께서 일단 원수 갚는 일에 착수하시면, 하나님의 치심은 가공할 만한 것이 되어서 그 치심을 받은 자는 다시는 일어서지 못하게 될 것입니다. 왜냐하면, 하나님은 그 자의 머리를 치실 것이기 때문입니다. 하나님이 자신의 원수들을 죽을 때까지 치지 않으신다면, 그들은 그 후에 어떤 가격을 당하게 되겠습니까! 그들은 자기의(self-righteousness) 또는 자신의 위대함을 자랑하였습니다. 그러나 마지막 순간에 그들이 천국을 꿈꾸고 있을 때에 갑자기 밑도 끝도 없는 구덩이로 던져져서, 그들의 왕에게 감히 반역한 대가로 영원한 화를 당하게 된다면, 그들은 얼마나 경악하며 대경실색하게 되겠습니까! 옛적의 전사들은 전쟁터로 나갈 때면 흔히 뒷머리를 제외한 모든 머리털을 밀곤 하였습니다. 그렇지만 그들은 등을 돌려 도망치고자 했을 때에 추격자에게 뒷머리를 잡혀서 붙잡히는 일이 잦았습니다. 하나님은 많이 참고 인내하시기 때문에 흔히 악인들의 앞머리를 붙잡지 않으십니다. 젊은 사람들이 방종한 습관으로 인해서 자신의 운명을 재촉하는 특별한 경우에만 하나님은 그들을 정면에서 붙잡으시지만, 일반적으로는 긍휼을 베푸셔서 기다려 주십니다. 그렇지만 그들을 벌하지 않으시고 그냥 놓아 주시는 법은 없습니다. 마침내 하나님은 그들의 머리를 붙잡으십니다. 하나님께서는 무한한 인내심으로 어떤 사람이 반역하는 것을 80년 동안이나 참아 오셨더라도, 만약 그 사람이 계속해서 죄를 짓는다면, 마침내 자신의 손으로 그 사람의 머리를 붙잡으셔서 박살을 내시고 말 것입니다.

하나님을 알지 못하는 분들은 돌이키십시오. 이 아침에 하나님의 책망을 들으시고 돌이키십시오. 왜냐하면, 그 책망은 사랑에서 나온 것이기 때문입니다. 내가 가혹한 말들을 사용했다고 한다면, 그것은 여러분이 회개해서 여러분을 능히 죽음에서 건지실 능력이 있으신 분에게로 피하시기를 내 마음이 간절히 바라기 때문입니다. 나는, 지옥도 별것 아니고 하나님도 별것 아니니 여러분이 살고 싶은 대로 살라고 말하는 저 거짓말쟁이들과 같지 않습니다. 여러분이 그런 자들의 말을 믿는다면, 여러분이나 그들이나 다 영원히 망하게 될 것입니다. 무시무시한 지옥이 있습니다. 왜냐하면, 의로우신 하나님이 계시기 때문입니다. 하나님께서 그리스도 예수 안에서 여러분에게 아직 은혜를 베풀고 계시는 동안에 하나님께로 돌이키시기를 간절히 부탁드립니다. 그분은 구원의 하나님이시고, 여러분에게 와서 그리스도 예수 안에 있는 자신의 큰 은혜를 받아들이라고 간청하고 계십니다.

하나님께서 이 말씀에 복을 주시기를 빕니다. 하나님께서 영원토록 찬송 받으시기를 원하나이다. 아멘.

제
66
장

—

수렁에 빠진 신자

—

"나를 수렁에서 건지사 빠지지 말게 하시고"— 시 69:14

　　강변에 검은 진흙으로 이루어진 깊은 수렁들이 있는 강이 많은데, 나일 강은 특히 그랬습니다. 사람이 강변에서 뛰놀다가 모르고, 또는 운이 없어서 이 부드러운 진흙으로 된 수렁에 발을 디뎠을 때는 즉시 거기에서 빠져나오지 않으면, 그 사람은 그 수렁 속으로 완전히 빨려 들어가서 질식사하게 됩니다. 손으로 잡거나 발로 버틸 만한 것이 전혀 없기 때문에, 이 두터운 점착성 진흙 구덩이에서 빠져 나오려고 애를 쓰면 쓸수록 그 사람은 더 깊이 내려가서, 누군가가 그를 꺼내주지 않는 한 수렁 속에서 질식하여 죽습니다. 사랑하는 자들이여, 참된 신자들은 종종 깊은 수렁 속에 빠져서 완전히 삼켜져 버릴 위험에 처합니다. 이것이 시편 기자가 이 시편을 썼을 때의 상태였습니다. 그는 자기가 가라앉고 있는데도 스스로 빠져 나올 수 없다고 느꼈습니다. 그래서 그는 하나님께 도와주시라고 부르짖습니다. 본문의 표현에 의하면, 그는 "나를 수렁에서 건지사 빠지지 말게 하소서"라고 부르짖습니다.

　　개즈비(Gadsby)는 「방랑」(*Wanderings*)이라는 책에서 자신의 생각을 덧붙여서 한 사건을 얘기하는데, 나는 이 대목을 처음부터 여러분에게 읽어드리고자 합니다. "방금 말한 선착장으로 간 나는 선장을 큰 소리로 불러서 나를 태워가라고 하였습니다. 그러자 한 승무원이 작은 배를 타고 왔지만, 강의 서안은 수심이 너무 얕아서 강둑 가까이 배를 댈 수가 없었습니다. 그런 경우에 흔히 그렇듯이,

그 승무원은 나를 등에 업어서 배에 태우기 위해서 배에서 뛰어내렸습니다. 하지만 그는 배에서 뛰어내리자마자 비명을 질렀습니다. 내가 무슨 일인가 하고 보았더니, 그가 수렁에 빠져서 허우적거리고 있었습니다. 그는 마치 유사(流砂)에 빠진 것처럼 수렁 속으로 빠져 들어가고 있었습니다. 그는 몸부림치면 칠수록 더 빠르게 깊이 빠져 들어갔습니다. 지켜보고 있던 동료 승무원들은 그가 곤경에 처한 것을 즉시 알아차렸고, 그들 중 두 명이 물 속으로 뛰어들어 작은 배를 향해 헤엄쳐 가기 시작하였습니다. 나는 공포에 질려서 숨 쉬기가 어려워 거칠게 숨을 헐떡였습니다. '저 사람들이 동료를 구해낼 수 있을까? 나는 속으로 생각했습니다. '구해내지 못한다면, 저 사람은 산 채로 수렁 속으로 삼켜져 버리고 말 텐데.' 드디어 그 사람들은 작은 배에 당도해서, 동료 쪽으로 접근하였습니다. 다행히 그 사람은 작은 배의 옆 쪽을 죽을 힘을 다해 꼭 붙잡고 있었습니다. 그러나 그때는 이미 그가 가슴까지 수렁 속으로 빠진 뒤였습니다. 어쨌든 나는 그가 안전한 것을 보고서 숨을 제대로 쉴 수 있었습니다. 나는 지금 단지 그때의 사건을 얘기하고 있는 것일 뿐인 데도 새삼 그 공포가 밀려와 내 가슴이 조여드는 고통을 느낍니다."

가엾은 다윗은 어떠했습니까! 그가 자신의 영혼이 영적으로 느낀 것에 대하여 얘기하면서 "나는 설 곳이 없는 깊은 수렁에 빠지며 깊은 물에 들어가니 큰 물이 내게 넘치나이다"(시 69:2)라고 말했을 때에 문자 그대로 앞에서 말한 것과 비슷한 광경을 실제로 목격한 것이 아니겠습니까? 그것은 얼마나 고통스럽고 끔찍한 상태였겠습니까! 그렇지만 나의 독자들 중에서 많은 분들은 문자 그대로 그런 광경을 목격한 적이 없다고 하더라도, 즉 그런 광경을 육신의 눈으로 보았든 보지 않았든, 다윗처럼 그런 일에 대하여 영적으로는 어느 정도 알고 있을 것이라고 나는 믿습니다. 다윗이 자신의 영혼의 싸움 속에서 '나를 수렁에서 건지사 빠지지 말게 하시고'라고 부르짖은 것은 당연한 일입니다. 하나님, 나로 하여금 법궤를 꼭 붙잡게 하셔서 배 안으로 안전하게 끌어올려지게 하옵소서! 저 가엾은 사람의 팔(믿음의 팔?)에 힘이 다 빠져서 그가 수렁 속으로 완전히 빠져 들어가기 직전에 구원이 온 것처럼 말입니다.

우리는 본문의 기도 속에서 세 가지를 볼 수 있습니다. 첫 번째는, 참된 신자는 수렁 속에 빠져서 거의 완전히 가라앉아 버릴 지경까지 이를 수 있다는 것입니다. 두 번째는, 참된 신자가 그런 상태에 있을 때에 오직 하나님만이 그를 건지실 수 있으시다는 것입니다. 세 번째는, 신자가 어떤 상태에 있든지 기도는 영원토록 그의 안전한 피난처라는 것입니다. 자신의 힘이 다했을 때에 신자는 환난 때에 즉각적인 도움이 되시는 하나님을 바라보고서 "나를 수렁에서 건지사 빠지지 말게 하소서"라고 부르짖을 수 있습니다.

1. 첫째로, 참된 신자는 수렁 속에 빠질 수 있다는 것입니다.

여기에서 세 가지를 살펴보도록 하겠습니다: 첫 번째는, 신자는 어떤 수렁에 빠질 수 있느냐 하는 것이고, 두 번째는, 왜 하나님께서는 신자가 수렁에 빠지는 것을 허락하시는 것인가 하는 것이고, 세 번째는, 하나님이 신자를 수렁 속에 빠지게 하시지만 그가 진정으로 신자인지를 우리가 어떻게 증명할 수 있느냐 하는 것입니다.

(1) 세상에서 참된 신자는 불신앙의 깊은 수렁에 빠질 수 있습니다. 우리 중에서 여러 해 동안 하나님의 말씀을 전해 왔고 다른 사람들로 하여금 믿음을 갖게 도와주고 성경의 근본적인 가르침들을 아는 지식으로 다른 사람들을 견고히 해 온 분들도 우리가 전해 온 하나님의 진리와 복음 자체에 대하여 지독한 의심을 갖게 될 수 있습니다. 하나님의 종들 중에서 가장 훌륭한 분들조차도 그들이 사랑하며 섬겨 왔던 하나님의 존재 자체를 의심하게 될 수도 있고, 보배 피로 그들을 죄에서 구원하신 주 예수의 신성과 실재에 대하여 심각한 의심을 품게 될 수도 있습니다. 하나님을 믿는 백성들을 개인적으로 깊이 알지 못하는 사람들은 그들의 타고난 악한 불신앙과 얼마나 힘든 싸움을 벌이는지를 거의 알지 못합니다. "내가 그의 손의 못 자국을 보며 내 손가락을 그 못 자국에 넣으며 내 손을 그 옆구리에 넣어 보지 않고는 믿지 아니하겠노라"(요 20:25)고 말한 사람은 단지 도마뿐만이 아닙니다. 수많은 믿음 좋은 성도들이 불신앙의 공격을 받아서, 그들이 하나님의 확실한 진리로 받아들여서 여전히 그들의 마음 깊은 곳에서 참된 것을 알고 있는 일들에 대하여 의심을 품는 일이 일어났습니다. 그들은 어느 날에는 이러한 진리들을 위해 죽을 수도 있었고, 다음 날에도 아무런 의심 없이 그 진리들을 믿을 수 있었습니다. 그런데 그 다음 날 그들은 강력한 시험에 빠져서 땅바닥에 주저앉아 눈물을 철철 흘리며 그들을 도우시는 이를 향하여 이렇게 슬피 부르짖을 수밖에 없었습니다: "오, 하나님, 이 진저리나는 불신앙에서 나를 구해 주소서. 그 불신앙이 내게서 모든 위로를 앗아가고 내 존재의 토대를 허물어뜨리며 내 영광을 티끌 속으로 이끌어가나이다. 내가 어떻게 할 수 있겠습니

까? 토대가 무너지면, 의인이 무엇을 할 수 있겠습니까? 오, 진리의 하나님, 내 영혼이 당신의 말씀 위에 서게 하시고, 나로 당신의 진리 안에서 견고하게 하소서." 어떤 사람이 참된 신자인데도, 자기가 불신앙의 수렁과 늪 속으로 빠르게 빠져 들어가고 있는 자신의 모습을 보면서 애통해하고 낙심할 수 있습니다.

복음에 대하여 아주 확고한 믿음이 있고, 성경이 성령의 감동으로 되었다는 것과 그리스도의 대속을 비롯해서 우리 중에서 일반적으로 받아들여지고 있는 저 모든 보배로운 진리들을 전혀 의심하지 않는 신자의 경우에도 죄나 시험에 빠져서, 또는 그 밖의 다른 이유로 생명과 직결되는 저 영광스러운 진리들에 대한 온전한 확신이 흔들릴 수 있습니다. 사실, 그리스도를 믿는 참된 신자라도 흔히 자기가 지극히 진실할 때조차도 혹시 자신이 외식하는 자가 아닐까 의심이 들 수 있고, 자기가 지극히 성실하게 주님을 따르고 있을 때조차도 자신이 배교자는 아닐까 의심이 들 수 있습니다. "그 사람은 온전하고 정직하여 하나님을 경외하며 악에서 떠난 자"(욥 1:1)라는 하나님과 사람들의 증언이 있는데도, 신자는 자신이 죄인 중의 괴수라고 느낄 수 있습니다. 영적으로 아주 건강한 상태에 있는데도, 신자는 자기가 치명적으로 병들어 있다고 생각할 수 있습니다. 그는 곱고 흰 세마포를 입고 있는데도, 자기가 벌거벗었고 가난하며 비참하다고 느낄 수 있습니다. 그는 하늘 아버지의 나라에 속한 온갖 보화로 부요한 데도, 자신의 현재의 절박한 영적 필요를 채워 줄 양식을 어디에서 구할 수 있을지를 알지 못해 답답해할 때가 있습니다. 왕이 누더기를 걸치고 있는 것과 같은 일들이 일어날 수 있습니다. 지금까지 그런 일들이 있어 왔고, 지금도 하나님 나라의 왕 같은 자들이 거름더미에 앉아 있는 일이 일어나고 있습니다. 의롭다 하심을 얻고 하나님에 의해 받아들여진 수많은 성도들이 깊은 죄의식 속에서 저 가엾은 세리처럼 "하나님이여 불쌍히 여기소서 나는 죄인이로소이다"(눅 18:13)라고 탄식하지 않을 수 없었습니다. 여러분은 목회자들은 예수 그리스도 안에 자신의 분깃이 있음을 의심하는 일이 절대 없을 것이라고 생각할 것입니다. 그런 일이 일어나지 않는다면 얼마나 좋겠습니까! 형제들이여, 내게도 그런 일이 결코 일어나지 않았기를 나는 진심으로 원합니다. 하지만 실제로는 그런 일이 일어납니다. 내게도 아주 드물게이기는 하지만 그런 일이 일어납니다. 종종 나는 가장 형편없이 믿는 신자라도 좋으니 제발 내가 그런 자리에라도 있었으면 좋겠다고 생각할 때가 있습니다. 그럴 때면, 나는 하나님의 백성 중에 어떻게 해서든지 끼어서 천국의 가장자리에 앉는다고 하여도 너무나 만족스러울 것이라고 느낍니다. 참된 신자들은 종종 의기소침해진 나머지 자기가 하나님의 백성인지 아닌지를 알 수 없는 상태로까지 떨어집니다. 그들은 자신의 죄가 과연 사함 받은 것인지 아닌지에 대하여 심각한 의문을 품게 됩니다. 그들은 자기가 과연 사망에서 생명으로 옮겨진 것인지도 확신할 수 없어서 자리에 앉아 그 문제를 심각하게 생각하게 됩니다. 자기가 하나님의 백성인지 아닌지에 대해서도 뭐라 대답하기가 어려워집니다. 이것은 정말 깊은 수렁입니다. 왜냐하면, 구원의 확신을 잃어버리는 것은 무수한 화를 연달아 불러오는 근원적인 화가 되기 때문입니다.

　　이러한 수렁 외에도, 하나님의 택함 받은 자들은 종종 또다른 수렁에 빠지기도 합니다. 이 수렁은 그들을 결코 삼켜 버리지는 못하지만, 신자는 이 수렁 속에 빠지게 될 때에 아주 심각한 시련과 고통을 당하게 됩니다. 이 수렁은 이 세상에서 당하는 환난입니다. 영혼이 영적인 일들로 괴로움을 겪고 있는데 거기에 육신적이거나 금전적인 고통까지 더해지는 경우에는 인생은 정말 몹시 사나운 바다와 같습니다. 두 바다가 만날 때, 즉 모압과 암몬이 동시에 유다를 치러 오거나, 윗 샘과 아랫 샘이 동시에 말라 버릴 때, 하나님이 두 손을 다 사용하셔서 우리를 깊은 수렁 속으로 밀어넣으실 때, 그것은 정말 죽을 맛일 수밖에 없습니다. 우리 형제들 중 어떤 분들은 자주 그러한 고통을 당합니다. 그들의 일생은 하나의 수렁에서 빠져나왔다 싶으면 또다른 수렁으로 빠져 들어가는 등 몸부림치며 허우적거리는 삶으로 점철되어 있습니다. 당신은 사업을 했다 하면 늘 망해 왔습니다. 수많은 역경과 좌절과 박탈감을 겪어 왔고, 형통함이라는 단어는 당신의 인생에 없었습니다. 하지만 형제여, 여기에 위로가 될 만한 사실이 있습니다. 당신만이 그런 것이 아니라는 것입니다. 왜냐하면, 하나님의 백성들 중에서 많은 이들이 바로 그러한 환난을 통과하고 있기 때문입니다. 매튜 헨리(Matthew Henry)는 "형통은 옛 언약의 복이었지만, 역경은 새 언약에 특유한 복"이라고 말했습니다. 나는 그 말이 참인지 아닌지는 모릅니다만, 이것 하나, 즉 그리스도께서 "세상에서는 너희가 환난을 당하나 담대하라 내가 세상을 이기었노라"(요 16:33)고 말씀하셨다는 것은 알고 있습니다. 사랑하는 자들이여, 여러분이 회초리를 맞고 있다는 느끼는 것은 여러분이 하나님의 자녀가 아니라는 증거가 아닙니다. 도리어, 그것은 여러분이 하나님의 양자라는 중표입니다. 여러분은 언약에 의해서 회초리를 맞고 있는 것이고, 따라서 다윗처럼 "나를 수렁에서 건지사 빠지지 말게 하소서"라고 기도할 수 있습니다. 여러분에게는 여러분이 너무나 두려워하는 일이 일어나지 않게 해주시라고 하나님께 탄원하는 것이 허락되어 있습니다. 여러분은 "나로 돈 한 푼 없는 빈털터리가 되게 하지 마시고, 내 인품을 욕되게 하는 일이 내게 일어나게 하지 마소서"라고 부르짖을 수 있습니다. 그러나 여러분이 그 어떤 시련을 당한다고 하여도, 그 시련은 여러분이 멸망 받게되어 있는 자라는 것을 증명해 주는 것이 될 수는 없음을 기억하십시오. 형제들이여, 가난하게도 마옵시고 부하게도 마옵소서라고 구하였던 저 선한 자의 기도를 드리십시오. 여러분에게 꼭 있어야 할 양식이 있게 해주시라고 기도하십시오. "내게 오늘 일용할 양식을 주소서"라고 기도하십시오. "나를 수렁에서 건지사 빠지지 말게 하소서."

나는 가장 지독한 수렁에 대해서는 아직 말하지 않았습니다. 하나님의 백성들은 종종 내면의 부패라는 수렁 속으로 빠져듭니다. 신자들은 자신의 심령 속에서 작은 지옥을 보고서, 자기가 온전히 성화되어서 빛 가운데 성도들의 기업에참여하는 자가 될 가능성에 대하여 절망하게 되는 때가 있습니다. 우리 하나님께서는 종종 인간의 타락의 깊은 샘들을 여서서 죄악들이 봇물처럼 터져 나오게하십니다. 우리는 우리의 기만적인 심령 속에 시기, 신성모독, 살인, 욕정 등을비롯해서 어떤 것들이 은밀하게 잠복해 있는지를 거의 알지 못합니다. 만일 하나님의 억제하시는 은혜가 막아주지 않아서, 우리의 심령 속에 있는 것들이 터져 나온다면, 우리는 왕 마귀가 되기에 충분할 것입니다. 오늘 여러분은 하나님의 얼굴 빛을 누리고서는 "여호와여 주의 은혜로 나를 산 같이 굳게 세우셨사오니 내가 영원히 흔들리지 아니하리라"(시 30:6-7)고 기꺼이 노래하다가도, 내일이면 자신의 심령 속에서 그러한 작은 지옥을 보고서는 "오호라 나는 곤고한 사람이로다 이 사망의 몸에서 누가 나를 건져내랴"(롬 7:24)고 부르짖게 될 수 있습니다. 여러분 속에는 하나님의 본성만이 있는 것이 아니라 옛 아담의 본성도 있다는 것을 기억하십시오. 여러분은 그리스도와 하나가 되어서, "무릇 하늘에 속한 자들은 저 하늘에 속한 이와 같게" 되었습니다. 그러나 여러분은 아담과 하나가 되어 있어서, 여전히 "무릇 흙에 속한 자들은 저 흙에 속한 자와" 같습니다(고전 15:48). 여러분은 죽음을 맛보지 않게 될 것이지만, 지금은 죽음을 맛볼 수밖에 없는 자라는 것을 기억하십시오. 여러분은 언젠가는 영광 중에 일으키심을받게 될 것입니다. 그러나 여러분은 이 땅에 사는 동안에는 영광의 때가 오지 않는다는 것을 기억하여야 합니다. 여러분은 자신의 수치이자 연약함이고 욕된 것이자 비참한 것인 죄와 사망의 몸을 지니고 살아갑니다. 하나님의 자녀들 중에서 가장 훌륭한 사람들도 이것을 압니다. 거룩한 신자일수록 내면의 갈등을 더 깊이 느끼게 될 것이라고 나는 생각합니다. 우리나라에서는 남자들이 검은 외투를 입고 다니는 것이 보통입니다. 아마도 검은 옷은 흰 옷만큼 때가 덜 타기 때문인 것 같습니다. 흰 옷을 입으면 때가 그대로 드러나기 때문에 옷을 자주 갈아입어야 합니다. 마찬가지로, 그리스도인이 자신의 주님을 더 많이 닮을수록 자신의 잘못이 더 분명하게 보이게 됩니다. 하나님, 우리에게 은혜를 주셔서 우리의 죄를 더 많이 보고서 회개의 눈물을 흘릴 수 있게 하시고, 믿음의 눈으로 구주를 더 잘 볼 수 있게 하소서. 왜냐하면, 우리가 주님을 잘 볼 수 없게 되면 다윗과 같은 곤경에 빠져 들어가서 깊은 수렁 속에 있게 되고, "하나님이여, 나를 수렁에서 건지사 빠지지 말게 하소서"라고 부르짖을 수밖에 없게 될 것이기 때문입니다.

　사랑하는 자들이여, 하나님의 백성 중에서 가장 훌륭한 자들도 사탄의 시험이라는 수렁에 빠질 수 있다는 것을 생각하는 것은 고통스러운 일입니다. 하늘이 낸 가장 위대한 신자의 귀와 영혼 속에 사탄이 어떤 악한 생각을 집어넣을지는 아무도 모릅니다. 어느 날은 하나님께서 여러분의 귀에 속삭이시고, 다음 날은 사탄이 속삭일 수 있지만, 두 날 모두 여러분은 하나님의 자녀입니다. 사랑하는 자들이여, 나는 이 회중 속에서 이 점에 대하여 내가 아는 것을 말하기가 힘듭니다. 내가 내 자신 속에서 겪는 사탄과의 싸움과 갈등을 약간만 말씀드려도, 아마도 여러분 중에는 믿음이 흔들릴 분들도 있을 것이기 때문입니다. 그러나 내가 아는 것은 하나님의 백성이 겪어야 하는 시험과 시련들 속으로 들어가서 저 큰 원수와 맞장을 뜨고 지옥의 군주와 씨름하지 않는 사람은 참된 목회자라고 할 수 없다는 것입니다. 시험과 역경은 자신의 서재에 있는 두 권의 최고의 책이라고 말한 마르틴 루터(Martin Luther)의 말은 옳습니다. 그가 만일 자주 사탄의 시험을 받고 까불림을 당하지 않았더라면 결코 갈라디아서 주석을 쓸 수 없었을 것입니다. 그의 저 불 같이 격렬한 본성은 사탄의 일들을 부추기는 숯불과 같아서, 사탄이 단지 그 불길에 부채질만 해도, 그 숯불은 활활 타올랐습니다. 하나님의 택함 받은 백성 중에서 가장 믿음이 좋은 사람들에게도 사탄은 단지 작은 죄들만을 부추기는 것이 아니라 지독하게 악하고 더러운 죄들을 부추기기도 합니다. 심지어 사탄은 하나님의 사람이 그 영혼이 심하게 눌려서 자살하고 싶은 충동을 느끼게까지 하는 비열한 짓도 서슴지 않습니다. 성도는 자살을 생각하는 것 자체를 혐오하는데도, 자신의 미약한 힘으로는 도저히 저항할 수 없는 사탄의 힘에 휘둘려서 자살 직전까지 내몰릴 수 있습니다. "아볼루온"(계 9:11)과 싸우는 것은 두려운 일입니다. 우리는 하늘에서 이 일을 하나님의 가장 크고 기이한 은혜 중 하나로 여기고서, "하나님께서 우리의 잔인한 대적의 입으로부터 우리를 건지셨나이다"라고 노래하게 될 것입니다.

(2) 신자들이 수렁에 빠지게 되는 이유는 무엇입니까? 이 질문에 대한 대답은 신자들은 종종 자신의 죄로 말미암아 수렁에 빠지게 된다는 것입니다. 이것은 그들에 대한 징계입니다. 그들은 빛 가운데서 행하였을 때에 충분히 믿음으로 행하지 않았기 때문에 어둠 속에 두어지게 됩니다. 그들이 만일 언덕을 내려갈 때에 자신의 발걸음을 주의하였더라면 골짜기에서 그런 곤란을 겪게 되지 않았을 것입니다. 우리의 근심들 중 상당 부분은 우리 자신의 죄악의 씨로부터 생겨나는 더러운 잡초들임에 틀림없습니다. 여러분이 열매를 잘 맺는 나무였다면, 하나님께서 가지를 잘라내는 가위를 그렇게 자주 사용하실 필요는 없으셨을 것입니다. 하나님은 꼭 필요할 때가 아니면 선반 위에서 회초리를 꺼내들지 않으십니다. 우리가 회초리로 심하게 맞는 것은 그럴 필요가 절실하기 때문입니다. 하나님은 우리에게 형벌을 가하시는 것이 아니라 징계하시는 것뿐입니다. 하나님께서는 일반적으로 우리 자신의 죄로 인한 결과물을 우리로 먹게 하시는 방식으로 우리를 징계하십니다. 우리 손으로 금송아지 우상을 세웠다면, 우리는 그 우상을 갈은 분말을 마셔야 합니다. 우리는 질투하시는 하나님을 섬기고 있기 때문에 거룩한 질투심으로 행하여야 합니다. 우리로 하나님을 잘 섬길 수 있게 은혜를 주옵소서.

하늘에 계신 우리 아버지께서 이러한 환난들을 보내시거나 허락하시는 것은 우리의 믿음을 시험하시기 위한 것입니다. 우리에게 참된 믿음이 조금이라도 있다면, 그 믿음은 이 시험을 통과하게 될 것입니다. 표면만 빛을 내는 것은 늘 불을 두려워하지만, 금은 그렇지 않습니다. 모조 보석은 시험을 겁내지만, 진짜 다이아몬드는 시험을 겁내지 않습니다. 일종의 인위적인 경건을 지닌 사람들은 시험들을 겪고자 하지 않습니다. 시험들을 감당해 낼 수 없기 때문입니다. 그러나 그리스도인은 "환난은 인내를, 인내는 연단을, 연단은 소망을 이루는 줄" 알고

"우리에게 주신 성령으로 말미암아 하나님의 사랑이 우리 마음에 부은 바" 되어서 "소망이 우리를 부끄럽게 하지 아니함"을 알기 때문에(롬 5:3-5) 온갖 시험당하는 것을 기쁨으로 여깁니다. 나의 사랑하는 친구들이여, 여러분의 믿음이 단지 햇빛이 날 때에만 있는 믿음이라면, 그런 믿음은 집어치우시기 바랍니다. 왜냐하면, 여러분은 천국에 갈 때까지 이 땅에서 밝은 날들을 그리 많이 가지지는 못할 것이기 때문입니다. 그리스도께서 은으로 된 실내화를 신고 계실 때에만 여러분의 경건이 작동한다면, 그런 경건은 집어치우는 것이 좋습니다. 왜냐하면, 그리스도께서는 너무나 자주 맨발로 걸으시기 때문입니다. 친구들이 여러분 곁에서 참되고, 여러분의 몸이 건강하고, 일이 잘 될 때에만 하나님을 믿는 것은 형편없는 믿음입니다. 친구들이 떠나가고, 몸이 아프고, 우리의 영혼이 눌리고, 우리에게서 믿음의 확신들이 사라져서 광야로 내몰려 우리 아버지의 얼굴 빛을 볼 수 없을 때, 하나님의 신실하심을 굳게 붙잡는 것이 참된 믿음입니다. 지독한 환난 가운데서도 "주가 나를 죽이시더라도 내가 주를 의지하리라"(욥 13:15 KJV, 한글개역개정에는 "그가 나를 죽이시리니 내가 희망이 없노라"로 되어 있음)고 말할 수 있는 믿음이 진정으로 하늘로부터 난 믿음입니다. 내가 나의 하나님을 믿는 것은 그분은 거짓말을 하실 수 없는 하나님이시기 때문입니다. 하나님은 신실하셔서 자신의 모든 말씀을 그대로 지키실 것이기 때문에, 온 피조세계가 다 파괴되고 망한다고 할지라도, 나의 믿음은 요동하지 않을 것이고, 그 확신하는 바를 버리지 않을 것입니다.

또한, 하나님께서는 자신의 종들로 하여금 자기에게 영광을 돌리도록 하시기 위하여 수렁 속으로 빠져 들어가게 하실 수도 있습니다. 왜냐하면, 하나님은 자기 백성의 믿음 속에서 가장 큰 영광을 받으시기 때문입니다. 건축자가 그 어떤 하중도 견뎌낼 수 있을 정도로 어마어마한 힘을 지닌 다리를 세워 놓았다면, 그 어떤 시험도 마다하지 않고, 이렇게 말할 것입니다: "세상에서 가장 무거운 열차로 이 다리 위를 지나가게 해보시고, 가장 무시무시한 태풍이 사방에서 이 다리로 불어오게 해보십시오. 나는 이 다리를 아주 견고하고 튼튼하게 지어놓았기 때문에, 여러분이 이 다리를 더 가혹하게 시험하고 검증할수록 이 다리의 견고함에 놀라게 될 것입니다." 마찬가지로, 우리의 은혜로우신 하나님께서도 자기 백성에게 지독한 시련들을 허락하시고 그들로 하여금 그 압박을 견뎌낼 수 있게 하심으로써 스스로를 영화롭게 하십니다. 수금의 현들을 타지 않는다면, 수금에서 울려나오는 소리가 얼마나 아름다운지를 우리는 결코 알 수 없을 것입니다. 포도압착기에 포도들을 넣고 밟지 않는다면, 우리는 포도즙이 얼마나 맛있고 감미로운지를 결코 알지 못할 것입니다. 계피를 압착하고 두들기지 않는다면, 우리는 저 향기로운 계피향을 결코 알 수 없을 것입니다. 숯들을 활활 태우지 않는다면, 우리는 불이 얼마나 따뜻한지를 결코 알지 못할 것입니다. 그리스도인의 탁월함은 환난의 불로 말미암아 드러납니다. 위대한 장인(匠人)이신 하나님의 지혜, 그분의 솜씨와 능력의 영광은 그분의 긍휼의 그릇들이 통과하는 시련들을 통해서 드러납니다.

또한, 사랑하는 자들이여, 하나님께서는 피조물들의 본질적인 연약함을 보여주셔서 그 어떤 육체도 자기 앞에서 자랑하지 못하게 하시기 위하여 시련들을 허락하십니다. 하나님께서는 강철 같은 담력을 지닌 사람들을 일으키셔서 그들로 모든 반대를 헤쳐 나가게 하시고 어둠의 세력과 맞서게 하십니다. 그들의 증언은 결코 흔들림이 없고, 그들의 행로는 하늘의 해만큼이나 참되고 밝아서, 사람들은 그들의 빛을 기뻐합니다. 그들은 불굴의 믿음으로 사자 굴에 들어가서 악마 같은 사자와 두려움 없이 맞서고, 싸움의 날에는 가장 치열하게 싸웁니다. 지옥의 모든 마귀들도 그들을 두렵게 할 수 없고, 이 땅의 모든 적들도 그들에게서 신앙을 뺏을 수 없습니다. 그들은 바닷가의 모래알처럼 많은 영혼들을 얻고, 그들의 영적인 자녀들은 자갈 같이 무수합니다. 그들은 교회 속에서 거의 꺼져가던 불길을 되살려 냅니다. 그들은 하늘의 불로 온 세상을 활활 타오르게 합니다. 그들은 수많은 사람들을 위로하고 포로 된 많은 사람들에게 자유를 줍니다. 그런데 갑자기 마지막 순간에 그들의 기쁨이 떠나가고, 그들의 확신이 도망치며, 그들의 자신감이 사라집니다. 이것은 사람들로 하여금 그들의 엄청난 업적을 그들 자신의 본질적인 힘으로 돌리지 않게 하고, 영원한 하나님이 그들의 믿음을 밑받침해 주셔서 그들이 그런 일들을 해낼 수 있었다는 것을 알게 하기 위하여 꼭 필요한 일이 아니겠습니까? 사람들은 이 대단한 전사들이 그들을 포함한 여느 사람들과는 다르다고 생각했을 것입니다. 그러나 하나님께서 이 전사들을 낮추시자, 사람들은 그들이 특별한 사람들이어서가 아니라 하나님의 특별한 은혜 때문에 그런 놀라운 일들을 해낼 수 있었다는 것을 분명하게 깨닫게 됩니다. 사람은 질그릇에 불과하고, 하나님이 그 속에 자신의 보화를 두신 것일 뿐입니다. 하나님께서는 모든 사람이 능력의 지극히 큼이 사람인 우리가 아니라 하나님께 있다는 것을 알게 하시기 위하여 우리가 질그릇임을 분명하게 보여주십니다.

　　하나님께서 자기 백성으로 하여금 한동안 깊은 눌림 속으로 빠져들게 허락하시는 또 한 가지 이유는 그들이 장차 진주 문들로 들어갈 때에 천국이 얼마나 감미로운 곳인지를 느끼게 하시기 위한 것입니다. 그림자가 있어야 빛이 얼마나 소중한지가 드러나는 법입니다. 우리가 죄의 저주와 이 세상의 괴로움을 알지 못한다면, 천국이 지극히 복된 곳인 줄을 어떻게 알겠습니까? 쉬어라, 쉬어라, 쉬어라! 이 소리가 누구의 귀에 가장 감미롭게 들리겠습니까? 이 세상에서 늘 빈둥거리며 노느라 "땀"의 의미를 전혀 모르는 사람들의 귀가 아니라, 그날그날 땀 흘리고 수고하느라 곤하고 지친 사람들의 귀가 아니겠습니까! 평화! 영국에 "평화"라는 단어가 얼마나 복된 단어인지를 아는 사람이 있을까요? 예, 조금 있습니다. 군인들은 그것을 압니다. 그들은 총탄이 귓전에서 날아가는 소리를 들어본 적이 있습니다. 그들은 전쟁터에서 피어오르는 화약 연기와 피로 물든 옷을 보았습니다. 전쟁터의 굉음과 비명소리들과 주검들을 보고서, 그들의 마음은 요동을 쳤습니다. 그런 군인들에게 평화는 더할 나위 없이 귀한 선물입니다. 이 땅에서의 싸움을 경험하고, 죄 및 공중에 권세 잡은 세상 임금과 맞서 싸움을 벌여온 사람들 외에 누가 천국의 평화를 알겠습니까? 사랑하는 자들이여, 영광의 다이아몬드가 밝게 빛을 발하기 위해서는 슬픔과 근심이라는 겉포장이 있어야 합니다. 내가 기억하고 있는 육체적으로 가장 즐겁고 행복했던 순간은 오랜 병을 앓고 난 직후나 어떤 격렬한 고통 직후였습니다. 고통이 잠재워질 때, 얼마나 깊은 행복감이 찾아옵니까! 나는 얼마 전에 모든 육체적인 질병 가운데서 가장 고통스러운 병을 앓았던 한 형제를 만난 적이 있습니다. 그는 자기가 겪은 고통을 내게 얘기하면서, "병이 다 나은 지금 나는 너무나 행복합니다"라고 말했습니다. 나의 사랑하는 자들이여, 우리가 장차 천국에서 맛보게 될 차고 넘치는 지극한 기쁨 중 일부는 이 세상에서 겪어야 했던 고통과 비참함과 갈등과 고난과의 대비(대조)에서 생겨나게 될 것이라고 나는 생각합니다. 우리가 천국에서는 기쁨과 평화에 대하여 얘기하느라 환난에 대하여 얘기할 겨를도 없겠지만, 이 땅에서 겪은 환난을 생각하는 것만으로도 천국에서의 우리의 기쁨과 행복은 더욱 커지게 될 것입니다. 틀림없이 우리는 "더할 나위 없이 황홀한 기쁨 속에서 이 땅에서 우리의 발이 수고한 것들에 대하여 회상하게" 될 것입니다.

　　(3) 하나님께서 자기 백성으로 하여금 한동안 서 있을 곳도 없는 깊은 수렁

속으로 빠져들게 하시는 몇몇 이유들이 있습니다. 그러나 "그렇게 마음의 의심들로 말미암아 요동하고 자신의 심령의 큰 부패로 말미암아 괴로워하는 사람들이 정말 그때에도 하나님의 백성인 것이 맞습니까?"라는 질문이 제기될 수 있습니다. 분명히 그들은 하나님의 백성입니다. 만일 그들의 하나님의 백성이 아니었더라면, 그들은 자신들이 감내하여야 했던 저 시험의 고통을 아예 처음부터 겪지 않았을 수도 있었을 것입니다. 이 시험은 하나님의 자녀에게 특유한 시험이고, 불신자들은 이런 시험을 겪지 않습니다. 죄 가운데 살아가는 것이 체질화되어 있는 사람은 죄의 무게를 결코 느끼지 못합니다. 물고기는 수만 톤의 물의 무게가 자신의 머리를 짓누르는 깊은 바닷속에서 살아가지만, 그 무게를 느끼지 못합니다. 그러나 사람이 단지 한 양동이의 물을 머리에 이고 가기만 해도 그 무게를 느끼기 때문에 그 짐을 내려놓을 때에 기뻐하게 됩니다. 죄가 체질화되어 있는 죄인은 신자가 죄의 무게에 눌려 신음하는 모습을 보고 비웃습니다. 영적인 삶을 살지 않는 사람들은 내가 지금까지 말해 온 갈등과 고통을 느낄 수 없습니다. 영적인 삶은 영적인 슬픔과 영적인 통회를 위한 첫 번째 필수요건입니다. 사랑하는 자들이여, 내가 지금까지 설명한 것들을 겪는 분들은 하나님의 자녀라는 것을 믿으십시오. 그들이 그런 일들을 겪는다는 것 자체가 그것을 보여주는 것이니까요. 최악의 상황에서도 언제나 그들에게는 다른 사람들과 분명하게 구별되는 특징과 차이가 있습니다. 그들은 "승리했다!"고 소리칠 수 없는 경우에는 인내하고 참아냅니다. 자신의 입으로 하나님께 찬송을 드릴 수 없는 경우에는 마음으로 하나님을 송축합니다. 가장 어두울 때조차도 그들에게는 일말의 빛이 있어서 결국 애굽의 어둠이 되지 않습니다. 적어도 어떤 하나의 별이 그 어둠 속에서 빛납니다. 하나님의 택함 받은 자들에게는 아무리 어둡고 캄캄한 밤에도 어딘가에 여전히 촛불 하나가 있습니다. 그들은 수렁에 빠져 들어간다고 해도 거기에서 죽지 않습니다. 온갖 재앙들이 그들을 둘러싸고 있을 때에 그들이 하나님께 도움을 청하여 부르짖으면, 모든 것이 절망적인 것으로 보이는 바로 그때에 하늘에 계신 그들의 아버지가 그들을 도우러 달려 오십니다.

그리스도인들의 전기를 연구한 사람들은 하나님의 성도들 중에서 가장 뛰어난 분들도 우리가 지금까지 설명해 온 것들과 비슷한 시련들을 겪어야 했다는 것을 잘 압니다. 루터는 믿음이 아주 강한 사람이었지만, 소망이 아주 희미해지는 경험을 종종 했습니다. 그는 확고한 신자이기도 했고 그렇지 않기도 했습니다. 자신이 옹호했던 복음의 진리에 대한 그의 믿음은 결코 흔들리지 않았지만, 자신이 그리스도께 속했는지에 대한 믿음에 있어서는 온전히 확신하지 못한 때가 많았습니다. 그의 믿음의 힘은 적그리스도 및 온갖 형태의 오류에 맞선 싸움을 아주 왕성하게 해나가는 데에 사용되었습니다. 그는 하나님의 진리를 믿었고, 믿음으로 의롭게 된다는 가르침을 흔들림 없이 견지하였습니다. 그러나 그는 과연 자기가 그리스도 예수 안에서 의롭다 하심을 받은 것인지에 대해서는 종종 심각한 의심을 가졌습니다. 그는 그리스도의 보배로운 피로 말미암은 구원을 믿었습니다. 그러나 특히 마지막에는 과연 자기가 그 보배로운 피로 씻음을 받았는지에 관한 문제는 그에게 아주 심각한 문제가 되었습니다. 어떻게든 루터를 비방할 거리를 찾았던 로마 가톨릭의 전기 작가들은 그는 자기가 설파한 모든 것에 대하여 의심을 가졌고, 결국에는 자신의 믿음이 진리와 합치하지 않는다는 것을 발견한 것이라고 말합니다. 그렇지 않습니다! 이 위대한 종교개혁자만큼 자신의 증언을 끝까지 흔들림 없이 견지한 사람은 없었습니다. 그렇지만 나는 로마 가톨릭의 전기 작가들이 그렇게 얘기하는 것을 이상하게 여기지 않습니다. 루터는 자기가 설파한 모든 것들이 참되다는 것을 결코 의심하지 않았지만, 그런 것들에 비추어서 자기가 구원을 받은 것인지에 대해서는 자주 의심하였습니다. 죽을 때까지 그의 증언은 비록 차고 넘치게 충분하긴 했지만, 예수를 의지해서 소박한 초가집에서 죽은 수많은 가난한 할머니의 증언 같은 그런 빛나는 것이 아니었습니다. 성경밖에 몰랐던 가난한 농부의 아내들은 참되었기 때문에 바티칸에 알려지지도 않았고 유명세를 타지도 않았지만, 우렛소리 같이 열변을 토하며 용기 있게 바티칸에 맞서 온 세상을 뒤흔들어 놓았던 마르틴 루터보다 훨씬 더 큰 기쁨을 노래하며 영원한 평안 속으로 들어갈 수 있었습니다.

"사람의 얼굴을 결코 두려워하지 않았던 이가 여기에 잠들다"라는 문구는 존 녹스(John Knox)에게 아주 적절한 비문입니다. 그렇지만 마지막에 몇 시간 동안 그는 무시무시한 시험을 겪어야 했습니다. 여러분은 이것을 어떻게 생각하십니까? 자기의(self-righteousness)의 시험! 마귀는 죄를 빌미로 그를 고소할 수 없었습니다. 왜냐하면, 녹스의 삶은 너무나 올바르고 정직해서 그 누구도 그의 동기를 비난하거나 그의 기독교 신앙을 부인할 수 없었기 때문입니다. 그래서 마귀는 좀 더 교묘한 방법으로 그를 찾아왔습니다. 마귀는 이렇게 속삭였습니다: "존 녹스여, 당신은 주님의 칭찬을 받을 만한 삶을 살았소. 당신은 당신 자신의 공로로 말미암아 충분히 천국에 들어가게 될 것이오." 위기의 때에 오직 예수 그리스도를 믿는 믿음만을 굳게 붙잡는 것은 이 사자 가슴을 지닌 십자가 군사가 지금까지 겪어 왔던 싸움 중에서 가장 힘든 싸움에 속하는 것이었습니다. 오늘날 그 어떤 그리스도인도 루터와 녹스가 믿음의 사람들이라는 것을 부정하지 않습니다. 그렇지만 그들은 "나를 수렁에서 건지소서"라고 기도해야 했던 사람들이었습니다. 나는 이 회중을 둘러볼 때에 여러분 중에는 우리 앞에 있는 이 진리에 진심으로 공감할 수 있는 분들이 계신다는 것을 압니다. 그러나 설령 그런 분이 안 계신다고 하여도, 나는 하나님의 은혜를 힘입어서 단호하게 이렇게 말할 수 있습니다: "나는 내가 믿어 온 분을 압니다. 나는 내가 그분에게 맡긴 것들을 그분이 그 날까지 지키실 수 있다는 것을 확신합니다." 그러나 또한 나는 그리스도인의 삶은 혹독한 갈등과 싸움의 삶이라는 것도 압니다. 우리는 늘 하나님을 기뻐하지만, 우리가 그렇게 하기가 힘겨운 때들도 있습니다. 아니, 우리는 영원한 성령의 도우심이 없이는 우리의 믿음이 늘 살아 있게 할 수 없습니다. 왜냐하면, 성령의 도우심이 없을 때에 우리의 영혼은 거의 죽음의 문턱까지 가게 되기 때문입니다. 나는 의심과 두려움으로 인해서 요동하는 분들에게 힘이 되게 하기 위하여 이 문제를 자세하게 전하고자 했고, 일생의 대부분을 그림자 속에서 살아왔고 하나님의 얼굴 빛을 거의 보지 못한 분들의 얘기를 자세하게 전해 드리고자 했습니다. 밝고 빛나는 햇살이 그런 분들에게 비추기를 빕니다!

**2. 둘째로, 수렁에 빠진 신자들은 오직 하나님만이
그들을 건지실 수 있다는 것을 경험적으로 압니다.**

하나님의 말씀은 성령에 의해서 붙들려 있지 않은 경우에는 그들을 도울 수 없습니다. 여러분은 하나님의 모든 약속이 마치 경고의 말씀으로 변하여 여러분을 험악하게 노려보는 것 같은 상태에 있을 수 있습니다. 그런 때에는 성경을 펼쳐서 읽어나가면, 전에는 위로로 가득하였던 성경이 지금은 여러분에게 들짐승들이 울부짖는 광야로 변하여 황량하고 메마르게 느껴집니다. 여러분이 그동안 곤경에 처한 다른 형제들에게 들려주곤 하였던 저 하나님의 약속들조차도 지금은 여러분에게 그 문을 닫아 버린 것처럼 보입니다. 하나님의 어떤 약속은 "여기는 출입금지"라고 말합니다. 불신앙은 그 불타는 손가락으로 또다른 약속을 가리키며 "믿을 수 없어"라고 말합니다. 지난 죄는 여러분을 고소하며, "당신은 범

죄했기 때문에 이 말씀의 효력은 당신에게 상실됐어"라고 소리칩니다. 그래서 여러분은 성경의 어느 대목을 보아도, 여러분의 영혼이 쉴 만한 곳을 발견할 수 없습니다. 전에 여러분은 강가에서 배를 안전하게 묶어 놓을 수 있는 튼튼한 기둥들을 찾을 수 있었습니다. 하나님의 약속들 중 하나에 밧줄을 단단히 묶어 놓기만 해도 그리스도인은 안전하게 정박할 수 있습니다. 그러나 밧줄을 묶어 놓을 만한 기둥 하나를 발견하는 데에도 큰 어려움을 겪는 때가 있습니다. 물론, 문제는 하나님의 약속에 있는 것이 아니라 우리에게 있습니다. 그런 때에는 복음을 들어도 별 힘을 얻지 못합니다. 여러분은 속으로 이렇게 말하게 됩니다: '도대체 어떻게 된 영문인지 모르겠지만, 전에는 설교를 듣고 힘을 얻었는데 지금은 힘을 얻을 수가 없다. 전에는 하나님의 보배로운 진리들에 대하여 들었을 때에 뛸 듯이 기뻤었다. 그러나 전에는 내게 위로의 만찬을 제공해 주던 저 상에서 지금은 내가 아무런 위로도 얻지 못하고 그 자리를 나오게 되는구나.' 이것은 목회자의 잘못이 아닙니다. 그는 여전히 선한 청지기로서 새 것과 옛 것을 우리에게 가져다줍니다. 이것은 말씀의 잘못이 아닙니다. 말씀은 여전히 아기들에게는 젖이 되어 주고. 어른들에게는 딱딱한 음식이 되어 줍니다. 그러나 여러분은 자신이 변했다는 것을 고통스럽게 느낍니다. 여러분은 "나는 다른 사람들이 가는 곳에 가는데도 거기에서 아무런 위로도 발견하지 못하는구나"라고 말하며 탄식합니다. 이것은 성령께서 위로자로서의 자신의 직임을 행하셔야 하는 경우입니다. 여러분이 이 깊은 수렁에서 나올 수 있는 것은 오직 성령께서 하나님의 말씀을 여러분의 심령에 심으셔서 효력이 나타나게 하실 때뿐입니다.

또한, 그런 때에는 다른 신자들도 여러분을 도울 수 없습니다. 다른 신자들과 어울리면, 여러분이 그런 상태에 있는 것이 얼마나 어리석은 것인지가 더욱 분명해져서, 심지어 여러분의 어리석음이 스스로에게도 분명하게 보이기까지 합니다. 그런데도 여러분은 그 상태에서 도무지 빠져 나올 수가 없습니다. 그들은 여러분에게 하나님의 신실하심에 대하여 말합니다. 그들은 여러분에게 영광스러운 미래를 상기시켜 주고, 하늘 너머의 땅을 가리키지만, 여러분은 속으로 '이 하늘 아래에는 내가 쉴 곳이 없으니, 내게 비둘기 같은 날개가 있다면, 저 멀리 훨훨 날아가서 쉴 수 있을텐데'라고 말하며 한숨만 쉴 뿐입니다. 사람들의 동정은 아무런 도움이 되지 못합니다. 우리가 할 수 있는 것은 함께 울어주는 것이 전부입니다. 우리는 여러분의 눈물을 닦아줄 수 없습니다. 우리의 은혜로우신 하나님께서는 왜 이런 일이 일어나는 것을 허락하시는 것입니까? 아마도 그것은 여러분이 지금까지 하나님과 함께 살아왔고, 이제 하나님은 여러분이 지금까지 습관적으로 의지해 왔던 모든 것을 여러분에게서 제거하고자 하시기 때문일 것입니다. 또다른 이유는 하나님이 여러분을 몰아서 자기에게로 오게 하고자 하시기 때문일 수 있습니다. 근원이 되시는 분 안에서 살아간다는 것은 얼마나 복된 일입니까! 우리의 가죽 물병이 가득 차 있는 동안에는 우리는 하갈과 이스마엘처럼 광야로 간다고 해도 만족입니다. 그러나 물병이 말라 있을 때에는 "나를 살피시는 하나님"(창 16:13)을 뵙는 것 외에는 다른 도리가 없습니다. 그럴 때에 우리는 우물로 가야 합니다. 우리는 탕자와 같습니다. 우리는 쥐엄나무 열매를 사랑하고 우리 아버지의 집을 잊어버립니다. 우리는 신앙이라는 이름으로도 얼마든지 쥐엄나무 열매를 만들어 먹을 수 있다는 것을 기억하십시오. 내 말을 오해해서는 안 됩니다. 쥐엄나무 열매들은 복된 것들이지만, 그것들이 하나님의 자리에 놓여 있게 되는 경우에는 쓸데없는 것들이 된다는 것입니다. 우리를 하나님으로부터 멀어지게 하는 것은 무엇이든지 우상이 됩니다. 만일 내가 놋뱀을 하나님 대신에 섬긴다면, 그 놋뱀조차도 단순한 놋조각에 불과한 '느후스단'(왕하 18:4)으로 여겨 멸시하는 것이 마땅합니다. 탕자는 그 어디에서도 양식을 구할 수 없었기 때문에 아버지의 품 속으로 돌아왔을 때에 가장 안전할 수 있었습니다. 형제들이여, 나는 우리 하나님이 이 땅에 기근을 주셔서 우리로 하여금 구주를 더 간절하게 찾게 하신 것은 은혜라고 생각합니다. 그리스도인에게 최고의 자리는 온전히 그리고 직접적으로 하나님의 은혜로 살아가는 것입니다. 그리스도인은 "아무것도 없는 자 같으나 모든 것을 가진 자"(고후 6:10)로 살아갈 때에 최고의 자리에 있는 것입니다. 반석 위에 나무 집을 짓고서 우리 자신의 나무로 그 집을 점점 더 높이 쌓아올려서 꼭대기까지 이르러 "내가 얼마나 높은가!"라고 의기양양하게 외치는 것이 아니라, 나무 하나 없이 오로지 단단한 반석의 맨 표면을 고수하는 것이 지혜로운 일입니다. 바람이 불고 폭풍이 불 때, 우리는 우리의 힘으로 지은 건축물들이 다 무너져서 우리까지 다치게 되는 것을 보게 될 것입니다. 그러나 우리가 결코 요동하지 않는 반석 위에 서 있다면 해를 입을 수가 없습니다. 여러분과 나는 보혈로 가득한 샘만을 의지하는 것에서 떠나지 않게 해주시기를 하나님께 빕니다. 형제들이여, 그 샘 위에 견고히 서서 기뻐하십시오. 우리는 우리 자신이 늘 보혈로 씻음 받은 죄인, 탄원하는 죄인, 하나님이 열납하신 죄인임을 알게 해주시기를 빕니다. 단 한순간이라도 우리의 현재의 위치가 우리가 거룩해서라거나 죽어졌기 때문이라거나 우리의 어떤 미덕 덕분이라고 생각하지 마시고, 그리스도를 믿는 자가 구원 받는 것은 오로지 골고다에서 그리스도께서 온전하고 값없고 효력 있는 대속을 영원히 이루셨기 때문이라는 것을 아십시오. 우리 자신에게는 의지할 것이 아무것도 없고, 우리는 오직 그리스도 안에서 온전합니다. 그리스도의 수난과 삶은 우리에게 구원의 유일하게 확실한 토대이기 때문에, 우리는 오직 그리스도의 공로만을 의지합니다. 사랑하는 자들이여, 우리가 그렇게 할 때, 하나님은 우리를 도우러 오십니다. 우리가 새로운 각오로 진지하게 하나님을 바라보기 위해서는 우리의 가난함을 확실히 깨달아야 합니다. 아기들은 낯선 사람들 가운데 있어도 장난감을 주면 좋아하고 기쁘게 놉니다. 그러나 배가 고파지면, 아기들에게 필요한 것은 오직 어머니의 젖 뿐입니다. 하나님의 자녀도 마찬가지입니다. 그는 잠시는 이 세상의 것들 속에서 기쁨을 발견하고 그런 것들로 만족할 수 있지만, 오직 아버지의 품에 안겼을 때에야 영원하고 확실한 행복을 발견하게 됩니다. 날씨가 좋을 때에 아이들과 함께 산책을 나가면, 아이들은 부모를 앞질러서 저 만큼 멀리까지 뛰어가지만, 위험하다 싶으면 금세 부모에게로 돌아옵니다. 마찬가지로, 우리도 모든 일이 잘 풀려나갈 때에는 흔히 하나님으로부터 멀어지지만, 어려운 일을 만나거나 길에서 사자를 만나면, 하늘에 계신 아버지께로 돌아옵니다. 나로 하여금 수렁에 빠지게 하셔서 "오, 나의 하나님이여 나를 구원하소서 나를 수렁에서 건지사 빠지지 말게 하소서"라고 부르짖게 하시는 하나님을 송축합니다.

3. 셋째로, 기도를 의지하는 그리스도인은 결코 실망하지 않게 되리라는 것입니다.

끝으로, 오늘의 본문은 기도는 어떤 경우에나 어떤 곤경에서나 그리스도인을 결코 실망시키지 않는다는 것을 우리에게 보여줍니다. 여러분은 자신의 칼을 사용할 수 없을 때에 기도라는 병기를 의지해 보는 것이 좋습니다. 여러분의 화약이 축축해져 있고, 여러분의 활이 느슨해져 있으며, 여러분의 칼이 녹슬어 있고, 여러분의 창이 구부러져 있을 수 있습니다. 그러나 기도의 병기는 결코 고장이 날 수 없습니다. 칼이나 창은 관리를 잘해야 녹슬지 않습니다. 그러나 기도는 녹스는 법이 없습니다. 기도의 좋은 점이 또 한 가지 있는데, 그것은 기도는 아무도 닫을 수 없는 문이라는 것입니다. 마귀들이 여러분을 사방으로 에워쌀 수 있지만, 늘 한쪽 길은 열려 있습니다. 그 길이 막혀 있지 않는 한, 여러분이 원수의 수중에 떨어지는 일은 일어나지 않습니다. 원수가 모든 길을 봉쇄하거나 성벽을 기어오르거나 땅굴을 파들어 오거나 급습해 온다고 해도, 하늘의 구원자께서 곤경에 처해 있는 우리를 구하시기 위하여 야곱의 사다리를 통해서 우리에게 내려오실 수 있는 한, 우리가 원수에게 붙잡히는 일은 일어날 수 없습니다. 아무도 기도를 금할 수는 없습니다. 그리스도인들이여, 여러분이 기도하는 것은 결코 잘못이 아님을 기억하십시오. 왜냐하면, 하늘의 문은 낮이나 밤이나 열려 있기 때문입니다. 여러분의 기도는 칠흑같이 어두운 오밤중에도, 여러분의 사업이 바쁠 때에도, 정오의 뜨거운 열기 속에서도, 저녁의 추운 그늘 속에서도 하늘에 상달됩니다. 여러분은 가난이나 질병, 존재감이 없는 삶, 비방, 의심, 심지어 죄 가운데 있을 수 있습니다. 그러나 여러분의 하나님이 어느 때 어느 곳에서나 여러분의 기도를 환영하신다는 것은 여전히 변함없는 사실입니다.

또한, 기도는 결코 헛되지 않습니다. 참된 기도는 언제까지나 참된 능력입니다. 하나님께서는 여러분이 구한 것을 늘 주시는 것은 아니지만, 여러분에게 진정으로 필요한 것들을 늘 채워 주십니다. 하나님이 자기 자녀들에게 문자를 따라 응답하지 않으시는 것은 영을 따라 응답하시기 위한 것입니다. 여러분이 은을 달라고 기도하였는데, 하나님께서 금을 주셨다고 해서, 화를 낸다면 말이 되겠습니까? 여러분이 육신의 건강을 구하였는데, 하나님께서 그 육신의 질병을 여러분의 영적인 병을 치유하는 데에 사용하셨다면, 불평을 하는 것이 마땅한 일이겠습니까? 십자가를 제거해 주시는 것보다 십자가를 통하여 여러분을 거룩하게 만드시는 것이 더 좋지 않습니까? 하나님께서 사도 바울로 하여금 육체의 가시를 계속해서 견뎌내게 하시면서 "내 은혜가 네게 족하도다"(고후 12:9)라고 말씀하신 것이 사도를 더욱 부요하게 만든 것이 아니겠습니까? 육체의 가시가 제거되는 것보다 족한 은혜를 받는 것이 더 좋은 일입니다. 내 형제, 내 자매여, 당신의 모습은 어떠합니까? 여러분에게 기도를 쉬지 않기를 부탁드립니다. 여러분 속에 영적인 생명이 있는 경우에도, 마귀는 여러분을 속여서 "나는 기도할 수 없어"라고 말하게 할 수 있습니다. 그러나 여러분은 기도할 수 있습니다! 여러분은 정말 기도할 수 있고, 기도하여야 합니다. 여러분에게 영적인 생명이 있는 경우에는, 여러분이 거의 무릎을 꿇을 수도 없고 여러분에게 전에는 친숙했던 말들로 기도하기가 두렵다고 할지라도, 여러분의 영혼이 소원하고 갈망하며 주리고 목마르다면, 바로 그것이 기도의 골수요 핵심입니다. 흐느껴 울며 안타까운 표정을 짓고 있는 여러분의 모습이 바로 기도입니다. 여러분은 기도할 수 없다고 말할지라도, 반드시 기도하여야 합니다. 여러분이 그리스도인이라면 기도할 수밖에 없습니다. "나는 숨 쉴 수가 없어"라는 말은 어떤 의미에서는 참이 될 수 있습니다. 아마도 내가 천식 환자라면 숨 쉬기가 무척 곤란하고 고통스러울 것입니다. 그러나 살려면, 숨을 쉬어야 합니다. 여러분도 마찬가지입니다. 살려면, 숨을 쉬어야 합니다. 여러분이 진정으로 하나님의 자녀라면, 기도할 수 있고, 기도하여야 합니다. 이유를 불문하고, 나는 여러분이 하나님의 능력과 성령을 힘입어서, 여러분을 묶어 놓고 있는 마귀의 궤계와 그물들을 뚫고서, 있는 힘을 다해서 기도하기 시작할 수 있습니다. 여러분의 기도가 어떤 형태로 나오는가에 대해서는 신경 쓰지 마시고 기도하십시오.

나의 사랑하는 형제들이여, 이제는 모든 것이 여러분의 기도에 달려 있습니다. 사탄이 여러분의 기도를 중지시킬 수 있다면, 그것은 여러분에게서 최후의 소망이자 보루를 빼앗아 버린 것입니다. 여러분이 기도에서 떠난다면, 사탄은 여러분을 기습할 것입니다. 기도하십시오! 목숨을 바쳐서라도 기도하십시오. 기도하기 전에는 쉴 생각을 아예 하지 마십시오. 기도하기 전에는 잠을 자지도 마십시오. 기도를 통해서 하나님과 교제하기 전에는 졸지도 마십시오. 기도하지 않는다고요? 여러분은 저주를 받아 멸망에 떨어지고자 하는 것입니까? 기도하지 않겠다고요? 여러분의 침상을 지옥에 갖다놓기로 작정하셨습니까? 기도하지 않는다고요? 마귀들을 여러분의 친구로 삼으실 작정이십니까? 천국 문을 스스로 닫아 버리고자 하시는 것입니까? 기도하지 않겠다고요? 나의 형제들이여, 여러분은 지금 기도하여야 합니다. 여러분의 심령 가장 깊은 곳에서 기도를 올려드리십시오: "하나님이여 나를 수렁에서 건지사 빠지지 말게 하소서 나의 하나님이여 나를 구원하소서 이 죄인에게 긍휼을 베푸소서." 하나님께서 여러분에게 성령을 보내셔서 강권하심을 따라 기도할 수 있게 하시기를 빕니다! 하나님께서 여러분에게 기도할 마음을 주시고, 어떻게 기도해야 하는지를 지도하시고 가르치셔서, 이 밤에 여러분으로 하여금 하나님이 그 크신 선하심 속에서 들으시고 응답하실 기도를 올려드리게 하시기를 빕니다! 이렇게 기도하십시오: "하나님, 내 영혼이 포위되었나이다. 내가 내 죄들에 의해 갇혀 있나이다. 오, 하나님, 이 포위를 풀어 주시고 나를 원수에게서 구하옵소서. 하나님, 주의 전능하신 팔로 나를 도와주소서. 나의 한계 상황을 주께서 개입하실 기회로 삼아 주옵소서. 나는 거름더미에 앉아 간청하는 더러운 거지입니다. 하나님, 여기에서 오셔서 나를 들어올리셔서 왕들 가운데 두소서. 그리하시면 내가 주의 이름을 영영토록 찬송하리이다."

하나님께서 복된 동정녀 마리아의 노래가 여러분의 찬송이 되게 하시기를 빕니다: "권세 있는 자를 그 위에서 내리치셨으며 비천한 자를 높이셨고 주리는 자를 좋은 것으로 배불리셨으며 부자는 빈 손으로 보내셨도다"(눅 1:52-53). 하나님께서 자신의 선하심과 긍휼하심과 인애하심 속에서 여러분을 깊은 수렁에서 속히 건져내셔서 빠지지 않게 하시기를 빕니다. 하나님께서 이 말씀들에 복을 주셔서 여러분에게 힘과 위로가 되게 하시기를 빕니다. 나는 여러분 중에 "나는 그런 상태에 있지 않습니다"라고 말하실 분들이 있을 것임을 압니다. 여러분이 그런 상태에 있지 않은 것에 대하여 하나님께 감사합니다. 하나님께서 여러분에게 은혜를 주셔서 그렇게 해주신 것에 대하여 감사하십시오. 여러분의 온전한 확신과 넘치는 소망이 꺼져가는 심지나 기울어가는 달처럼 희미해지지 않도록 하기 위해서 그 은혜들에 대하여 감사하십시오. 그리스도인들이여, 젊은이들이 청춘 때에 젊음을 기뻐하듯이 지금 여러분이 기뻐할 수 있을 때에 기뻐하십시오. 그러나 여러분이 주의하지 않으면, 그 기쁨이 곧 시들어 버릴 수 있다는 것을 명심하십시오. 여러분이 자신의 힘이나 선함을 지나치게 의지하고 신뢰하게 된다면, 하나님은 여러분을 낮추셔서, 다윗처럼 "나를 수렁에서 건지사 빠지지 말게 하소서"라고 슬프고 고통스럽게 부르짖게 만드실 것입니다.

제
67
장

—

하나님께 간구하는 법

—

"나는 가난하고 궁핍하오니 하나님이여 속히 내게 임하소서
주는 나의 도움이시요 나를 건지시는 이시오니 여호와여 지
체하지 마소서." ─ 시 70:5

옛적에 젊은 화가들은 위대한 스승 아래에서 몹시 공부하고 싶어 하였습니다. 유명한 화가의 문도로 들어가면 더 쉽게 뛰어난 화가가 될 것이라고 생각했기 때문입니다. 오늘날에는 사람들은 자신의 아들들을 전문직종이나 장사에 능통한 사람들의 문하로 들여보내려고 큰 돈을 지불합니다. 마찬가지로, 우리 중에서 기도의 거룩한 기술과 신비를 배우고자 하는 사람이 있다면, 이 방면의 가장 훌륭한 스승들의 작품들을 연구하는 것이 좋습니다. 나는 기도를 가장 잘 이해한 사람으로 한 사람을 꼽으라고 하면 단연 시편 기자인 다윗을 꼽겠습니다. 다윗은 어떻게 찬송해야 하는지를 아주 잘 알고 있었기 때문에, 그의 시편들은 모든 시대에서 선한 자들의 언어가 되었습니다. 그는 어떻게 기도해야 하는지를 아주 잘 이해하고 있었기 때문에, 우리가 그의 영을 포착해서 그의 기도방식을 따라간다면 가장 승산이 있는 방식으로 하나님을 설득하는 법을 배우게 될 것입니다. 여러분 앞에 누구보다도 먼저, 다윗의 자손이자 다윗의 주이시며 모든 중보 기도자들 중에서 가장 능력이 많으신 분이신 그리스도를 놓으십시오. 그러면 여러분은 그리스도 다음으로 다윗이야말로 여러분이 본받아야 할 가장 바람직한 모델들 중 한 사람인 것을 알게 될 것입니다.

따라서 우리는 오늘의 본문을 영적인 문제들에 있어서 한 위대한 스승의 작품들 중의 하나로 고찰할 것입니다. 우리는 내내 하나님께서 우리를 도우셔서 다윗과 같이 기도할 수 있게 해주실 것을 기도하면서 이 본문을 연구할 것입니다.

오늘의 본문은 성공적인 간구자의 영혼을 네 가지 측면에서 우리에게 보여줍니다. 우리는 먼저, 고백하는 영혼을 봅니다: "나는 가난하고 궁핍하오니." 다음으로는, 간구하며 변론하는 영혼입니다. 왜냐하면, 그는 자신의 가난한 상태를 논거로 삼아서 "하나님이여 속히 내게 임하소서"라고 간구하는 말을 덧붙이고 있기 때문입니다. 세 번째는, 절박한 영혼입니다. 왜냐하면, 그는 "속히 임하소서"라고 부르짖은 후에, 이번에는 동일한 내용을 표현만 바꾸어서 다시 "지체하지 마소서"라고 부르짖기 때문입니다. 네 번째이자 마지막으로 나오는 것은, 하나님을 붙잡는 영혼입니다. 시편 기자는 이것을 "주는 나의 도움이시요 나를 건지시는 이시오니"라고 표현합니다. 이렇게 다윗은 두 손으로 자신의 하나님을 꼭 붙잡고서는, 복을 얻을 때까지는 놓아드리고자 하지 않습니다.

1. 첫째로, 고백하는 영혼입니다.

레슬링 선수는 시합장으로 들어가기 전에 가운을 벗는데, 하나님께 간구하고자 하는 자에게 있어서는 고백이 그런 역할을 합니다. 기도의 평원 위에서 달리는 경주자는 먼저 고백과 회개, 그리고 믿음을 통해서 온갖 무거운 죄를 내려놓지 않고서는 이기기를 기대할 수 없습니다.

죄인이 구주를 찾을 때에는 고백이 절대적으로 필요하다는 것을 늘 기억하십시오. 여러분이 하나님 앞에서 자신의 죄악을 인정하기 전에는 여러분의 괴로운 마음이 평안을 얻는 것은 불가능합니다. 여러분은 자신이 하고자 하는 것을 할 수도 있고, 심지어 예수를 믿고자 시도할 수도 있지만, 자신의 범죄를 온전히 고백하며 하나님 앞에 마음을 다 드러내놓지 않는다면, 여러분에게서 하나님의 택함 받은 자들의 믿음을 찾아볼 수는 없을 것입니다. 일반적으로 우리는 도움이 필요하다는 것을 인정하지 않는 사람들에게까지 도움을 베풀지는 않고, 의사도 자기가 병에 걸리지 않았다고 생각하는 사람에게까지 약을 처방해 주지는 않습니다. 이 세상에는 우리의 도움을 필요로 하는 사람들이 넘쳐나는데, 도움이 필요 없다고 거절하는 사람에게까지 도움을 줄 여력이 우리에게는 없습니다. 벌거벗지 않은 사람들을 입히거나 배고프지 않은 사람들을 먹인다면, 그것은 아무런 칭찬도 받지 못할 지나친 배려가 될 것입니다. 하나님께서는 그렇게 하지 않으십니다. 여러분이 먼저 스스로를 비워야, 하나님이 여러분을 채워 주실 수 있습니다. 마찬가지로, 여러분이 비어 있음을 고백하지 않으면, 하나님은 여러분을 가득 채워 주실 수 없습니다. 이미 스스로 높아져 있는 사람을 하나님이 높이실 수는 없습니다. 복음서에 나오는 맹인은 자신이 눈 먼 것을 느끼고서 길가에 앉아 구걸을 해야 했습니다. 만일 그가 자신이 눈 먼 것인지 아닌지에 대하여 의심을 품고 있었다면, 주님께서는 그를 지나쳐 가셨을 것입니다. 주님께서는 자기가 눈 멀었다는 것을 고백하는 자들의 눈은 열어 주시지만, 그런 고백을 하지 않은 자들에게는 "본다고 하니 너희 죄가 그대로 있느니라"(요 9:41)고 말씀하십니다. 주님은 자기에게 오는 자들로 하여금 자신의 필요를 공개적으로 고백하도록 하시기 위하여 그들에게 "네게 무엇을 하여 주기를 원하느냐"(막 10:51)고 물으십니다. 우리 모두도 마찬가지입니다. 우리는 고백을 하여야 합니다. 그렇지 않으면, 우리는 축복을 받을 수 없습니다.

나는, 하나님과 화목되기를 원하고 보배 피로 말미암아 구원을 얻고자 하는 분들에게 특별히 이렇게 말씀드리고자 합니다: 하나님 앞에 아주 솔직하고 진지하고 명백하게 고백하십시오. 분명한 것은 여러분이 숨길 것은 아무것도 없다는 것입니다. 왜냐하면, 여러분이 숨길 수 있는 것이 아무것도 없기 때문입니다. 하나님께서는 여러분의 죄를 이미 아십니다. 단지 여러분이 자신의 죄를 알기를 원하시기 때문에 여러분에게 죄를 고백하라고 명하시는 것뿐입니다. 하나님 앞에서 여러분이 알고 있는 죄를 상세하게 고백하시고, 온갖 핑계를 벗어 버리고, 자신을 변호하려 하지 마십시오. "내가 주께만 범죄하여 주의 목전에 악을 행하였사오니 주께서 말씀하실 때에 의로우시다 하고 주께서 심판하실 때에 순전하시다 하리이다"(시 51:4)라고 말하십시오. 죄의 악을 인정하십시오. 여러분이 죄의 악을 느낄 수 있게 해주시라고 하나님께 구하십시오. 죄를 사소한 것으로 여기지 마십시오. 죄는 결코 사소한 것이 아닙니다. 죄인을 죄의 효력으로부터 구속하시기 위하여 그리스도께서 친히 죽으셔야 했습니다. 여러분이 죄의 효력으로부터 건짐을 받지 못한다면, 여러분은 영원히 죽어야 합니다. 그러므로 죄를 가지고 놀아서는 안 됩니다. 마치 하나님이 아주 가혹하게 다루시지만 않는다면 그냥 넘어가도 괜찮은 듯이 죄를 사소한 잘못쯤으로 여기는 마음으로 죄를 고백해서는 안 됩니다. 하나님이 죄를 보시는 관점으로 죄를 보려고 애쓰십시오. 하나님은 죄를 모든 선한 것을 거스르는 거역, 모든 인자한 것에 대한 반역으로 보십니다. 죄를 하나님에 대한 반역죄요 배은망덕함이요 비열하고 야비한 짓으로 보십시오. 여러분의 상태를 원래보다 더 밝은 색으로 칠함으로써 하나님 앞에서 여러분을 더 잘 보이게 할 수 있다고 생각하지 마십시오. 할 수만 있다면 자신의 죄를 더 검게 칠하여 내놓으십시오. 그러나 그런 일은 불가능합니다. 왜냐하면, 여러분이 자신의 죄악됨을 너무나 절실히 느낀다고 해도, 그것은 자신의 죄악됨의 절반도 느끼고 있지 못한 것이기 때문입니다. 여러분이 자신의 죄를 남김 없이 다 고백했다고 생각할지라도, 그것은 여러분의 실제적인 죄의 1/10도 고백하지 못한 것입니다. 그럴지라도 여러분은 할 수 있는 한 최대한으로 자신의 마음을 깨끗이 비워 내며, "내가 하늘과 아버지께 죄를 지었나이다"(눅 15:18)라고 고백하십시오. 여러분이 청소년 때에 지은 죄들과 어른이 되어 지은 죄들, 여러분이 몸으로 지은 죄들과 마음으로 지은 죄들, 어떤 의무들을 하지 않은 죄들과 적극적으로 하나님의 법을 범한 죄들, 율법을 거슬러 범한 죄들과 복음을 거슬러 범한 죄들을 모두 인정하십시오. 모든 것을 인정하시고, 하나님의 법과 여러분 자신의 양심과 성령께서 여러분을 고소하는 죄악 중 단 한 부분도 부인하려 하지 마십시오.

여러분이 기도를 통해서 하나님과 화목을 이루고 하나님의 인정을 받고자 한다면, 여러분은 죄로 인하여 죽을 수밖에 없는 자임을 고백하십시오. 하나님의 공의가 여러분에게 어떤 벌을 선고한다고 해도 다 받아들이십시오. 여러분은 지옥의 가장 낮은 곳으로 떨어져야 마땅한 자라고 고백하십시오. 단지 입술로만이 아니라 진심으로 그렇게 고백하십시오. 다음과 같은 것이 여러분의 중심에서 울려나오는 구슬픈 노래가 되어야 합니다:

> "갑작스러운 보응이 닥쳐와서 내 숨을 끊어놓는다고 하여도
> 나는 죽어가면서 주는 의로우시다고 말할 수밖에 없나이다.
> 내 영혼을 지옥으로 보내신다고 해도
> 주의 의로운 율법은 그것을 의롭다고 하리이다."

여러분이 자신을 정죄한다면, 하나님은 여러분에게 무죄를 선고하여 방면

해 주실 것입니다. 여러분이 자신의 목에 밧줄을 걸고서 자신에게 사형을 선고한다면, 여러분에게 원래 그렇게 선고하고자 하셨던 하나님께서는 "내 아들의 공로로 말미암아 내가 너희 죄를 사하노라"고 말씀하실 것입니다. 그러나 자신의 반역죄를 고백하지도 않고 버리려고도 하지 않는 반역자까지 하늘의 왕께서 그 죄를 사해 주실 것이라고 절대로 기대하지 마십시오. 아무리 자애로운 아버지라도 자녀가 범죄했다면 스스로 낮아지기를 바랄 것이고, 자녀가 눈물을 흘리며 "아버지, 내가 죄를 범했습니다"라고 고백할 때까지는 자녀를 용서해 주지 않을 것입니다. 감히 여러분은 하나님이 여러분 앞에서 자신을 낮추시기를 기대하시는 것입니까? 하나님께서 여러분을 강권하셔서 그 앞에서 여러분 자신을 낮추게 하신 후가 아니라면, 어떻게 그런 일이 있을 수 있겠습니까? 여러분은 하나님이 여러분의 잘못들을 묵인하시고 여러분의 범죄들을 묵과해 주시기를 원하는 것입니까? 하나님께서는 기꺼이 긍휼을 베푸시고자 하시지만, 동시에 하나님은 거룩하시지 않으면 안 됩니다. 하나님은 기꺼이 죄를 용서해 주시고자 하시지만, 죄를 용납하실 수는 없습니다. 그래서 여러분이 자신의 죄들을 껴안고 있는 한, 또는 "나는 범죄하지 않았습니다"라고 말하는 한, 하나님은 여러분의 죄를 용서하실 수가 없습니다. 그러므로 하나님의 죄 사하심을 구하는 자여, 어서 빨리 은혜의 자리로 나아가서 "나는 가난하고 궁핍하며 죄악되어 망하게 되었사오니 나를 불쌍히 여기소서"라고 간구하시기를 부탁드립니다. 여러분이 그러한 고백으로 기도를 시작할 때, 여러분의 기도는 예수 그리스도로 말미암아 응답을 받게 될 것입니다.

　사랑하는 자들이여, 이 동일한 원리는 하나님의 교회에도 그대로 적용됩니다. 우리는 이 교회에 성령의 능력이 나타나기를 기도하고 있습니다. 이 기도가 응답을 받기 위해서는 우리가 한마음으로 오늘의 본문에 나오는 대로 "나는 가난하고 궁핍하나이다"라고 고백하지 않으면 안 됩니다. 우리는 영혼들을 구원하는 일에 있어서 능력이 없다는 것을 인정하여야 합니다. 구원은 여호와께 속한 것이기 때문에, 우리는 단 한 영혼도 구원할 수 없습니다. 하나님의 성령은 그리스도 안에 있기 때문에, 우리는 교회의 머리 되시는 그리스도께 구하여야 합니다. 우리는 성령을 부릴 수 없지만, 성령 없이는 아무것도 할 수 없습니다. 성령께서는 원하시는 대로 붑니다. 우리는 이것을 깊이 느끼고 정직하게 인정하여야 합니다. 형제들이여, 이 시간 이것에 진심으로 동의하지 않으시겠습니까? 이 아침에 내가 여러분에게 한 목소리로 새롭게 고백하자고 요청하지 않아도 되겠습니까? 또한, 우리는 성령께서 자신을 낮추셔서 우리 가운데 역사하시는 것을 감당할 수 없는 자들임을 인정하지 않으면 안 됩니다. 성령께서 우리를 그의 뜻에 합당한 자들로 만들어 주지 않으시면, 우리는 원래 그런 자들이 못 됩니다. 하나님께서는 우리를 변화시키시려고 애써 오셨고 우리를 향하여 인자하셨지만, 우리는 끊임없이 우리의 죄들로 하나님을 노여우시게 하였기 때문에, 하나님은 "나는 더 이상 이 교회에 빛을 비추지 않고 이 교회의 목회에 복을 주지 않으리라"고 말씀하시며 진작 떠나시는 것이 마땅했을 것입니다. 우리는 우리 자신이 얼마나 무가치한지를 알아야 합니다. 이것은 진지한 기도를 위한 좋은 준비가 됩니다. 왜냐하면, 하나님께서는 자신의 교회에 복을 주시기 전에 교회로 하여금 복이 전적으로 그에게서 온다는 것을 알게 하고자 하시기 때문입니다: "이는 힘으로 되지 아니하며 능력으로 되지 아니하고 오직 나의 영으로 되느니라"(슥 4:6). 기드온의 이력은 대단히 주목할 만한 것이었고, 그것은 두 가지 매우 의미심장한 표징으로 시작되었습니다. 나는 하늘에 계신 우리 아버지께서는 기드온에게 가르치셨던 바로 그 교훈을 우리 모두가 배우기를 바라실 것이라고 생각합니다. 우리가 그 교훈을 익혔을 때, 하나님은 자신의 뜻을 이루시는 데에 우리를 사용하실 것입니다. 여러분이 아시듯이, 기드온은 "양털 한 뭉치를 타작마당에" 두었는데, 이튿날 아침에 보니 주변 땅은 다 말라 있었고 오직 양털 뭉치만이 젖어 있었습니다. 하나님께서 양털 뭉치를 촉촉하게 적시셨기 때문에 기드온이 양털을 짜니 물이 그릇에 가득하게 나왔습니다. 그런데 그 물은 양털 뭉치를 축축한 곳에 두었기 때문이 아니었습니다. 왜냐하면, 주변의 땅은 모두 말라 있었기 때문입니다. 이것을 통해서 하나님께서는 우리에게 그의 은혜의 이슬이 우리를 하늘의 물기로 촉촉이 적셔 주셨다면, 그것은 우리가 하나님이 복 주시고 은혜를 내려 주시는 교회라는 타작마당에 있었기 때문이 아니라는 것을 알게 하고자 하시는 것입니다. 우리는 성령의 나타나심은 사람의 뜻이나 사람으로 말미암은 것이 아니라 하나님의 주권적인 은혜의 열매이자 그의 무한하신 사랑의 선물이라는 것을 알아야 합니다. 기드온에게 주어진 두 번째 표징은 앞에서와는 정반대의 이적이었습니다. 즉, 그 이튿날 아침에는 양털 뭉치는 말라 있었고, 주변의 땅은 모두 젖어 있었습니다. 이것을 두고, 토머스 풀러(Thomas Fuller)는 "하나님의 이적들은 이렇게 저렇게 아무리 뒤집어보아도 영광스러움이 어디 가지 않습니다"라고 말했습니다. 첫 번째 이적이 하나님의 이적임을 의심하는 자들은 "양털 뭉치가 물기를 흡수하는 것은 당연한 일이니, 주변 공기에 있던 물기를 밤새 흡수하여 축축하게 된 것일 뿐"이라고 말할 수도 있었을 것입니다. 그러나 두 번째 이적을 보십시오. 그들의 예상과는 달리, 이번에는 주변의 땅은 모두 축축하게 물기에 젖어 있었는데, 양털 뭉치는 물기 하나 없이 말라 있었습니다. 주변에 있던 돌은 축축했지만, 양털 뭉치는 도리어 말라 있었던 것이죠. 이렇게 하나님께서는 우리가 그의 은혜를 받기에 적합한 어떤 것을 타고 났기 때문에 은혜 주시는 것이 아님을 우리에게 알게 해주고자 하십니다. 또한, 하나님께서는 그의 은혜를 받기에 합당하도록 우리의 마음을 준비시키실 때에도, 그의 은혜와 성령은 절대주권에 의해 아주 자유롭게 역사하시고, 그는 우리가 만들어 놓은 그 어떤 법칙에도 얽매이지 않으신다는 것을 우리에게 알게 해주고자 하십니다. 하나님께서 양털 뭉치를 이슬로 촉촉하게 적셔 놓으셨을 때, 그런 일이 가능했던 것은 그것이 양털 뭉치였기 때문이었던 것이 아니라 전적으로 그가 그렇게 하시기로 작정하셨기 때문이었습니다. 따라서 하나님의 은혜로 인한 모든 영광은 처음부터 끝까지 하나님께 돌리는 것이 마땅합니다. 그러므로 나의 형제들이여, 와서 하나님의 이 진리의 제자들이 되십시오. 온갖 선하고 온전한 은사의 근원이신 크신 하나님 아버지를 묵상하십시오. 우리는 그가 지으신 자들이고, 우리 안에서 이루어지는 모든 선한 일들은 그가 행하시는 일들입니다. 하나님의 은혜는 우리 안에 내재된 어떤 자격이나 상태로 인해 주어지는 것이 아닙니다. 바람이 원하는 대로 불듯이, 하나님께서도 그렇게 역사하시고, 사람이 그 역사를 방해할 수는 없습니다. 하나님이 역사하지 않으시면, 사람이 아무리 애쓰고 힘쓰며 열심을 내어도 그 수고는 헛될 수밖에 없습니다.

　　그리스도께서 수천 명을 먹이시기 전에 제자들을 시켜서 그 무리들이 가진 모든 양식을 거두게 하신 것은 아주 의미심장합니다. 무리들이 가진 양식이 아주 적다는 것을 그들이 먼저 아는 것은 중요했습니다. 왜냐하면, 그랬을 때에만, 그리스도께서 무리들을 먹이시고 난 후에, 그들이 자신들이 지니고 있던 양식에서 먹었노라고 말할 수 없을 것이었기 때문입니다. 하나님께서는 우리로 하여금 우리가 가진 보리떡과 물고기가 얼마 되지 않는다는 것을 알고서, "그것이 이 많은 사람에게 얼마나 되겠사옵나이까"(요 6:9)라고 말하지 않을 수 없게 하고자 하십니다. 또한, 구주께서는 제자들에게 배 오른편으로 그물을 던지라고 명하셔서

서, 그들로 하여금 그물이 찢어질 정도의 물고기를 잡을 수 있게 하신 때에도, 그들이 밤새도록 수고하였지만 아무것도 잡지 못하였노라고 고백하고 나서야 그 이적을 행하셨습니다. 그랬기 때문에, 그들은 물고기를 가득 잡을 수 있었던 것이 그들의 그물이 좋아서라거나 그들이 그물을 잘 던지고 끌어올렸기 때문이라거나 배를 조종하는 그들의 기술이 좋아서라고 말할 수 없었고, 오직 이 이적이 전적으로 하나님으로부터 온 것임을 배울 수 있었습니다. 우리는 이 교훈을 배워야 하고, 그것은 빠를수록 좋습니다.

옛적의 유대인들이 유월절을 지키기 전에 먼저 무엇을 행하였는지를 눈여겨보십시오. 그들은 무교병과 유월절 어린 양을 먹게 되어 있었습니다. 그러나 무교병과 어린 양을 먹기 전에 그들에게서 눅은 누룩을 제거하지 않으면 안 되었습니다. 여러분에게 옛 힘과 자신을 믿는 마음이 조금이라도 남아 있거나 본래 여러분 자신에게 속한 어떤 것이 남아 있다면, 그런 누룩은 즉시 제거되어야 합니다. 영적인 유월절에 먹을 하늘의 양식을 하나님에게서 받으려면 먼저 여러분에게 남아 있는 옛 양식을 남김없이 치워야 합니다. 나는 하나님께서 우리에게서 모든 것을 남김없이 가져가시는 것을 감사합니다. 나는 우리 교회를 영적으로 가난하게 만드시는 하나님의 이름을 송축합니다. 왜냐하면, 그런 후에는 반드시 하나님께서 복을 부어 주실 것이기 때문입니다.

내가 지금부터 말씀드릴 한 가지 또다른 예화는 이것을 한층 더 분명하게 보여줄 것입니다. 갈멜 산에 마주선 엘리야와 바알의 제사장들을 보십시오. 이스라엘이 하나님을 따를 것인지 바알을 따를 것인지를 판가름하게 될 시험은 불로 응답하는 신이 참 신이라는 것이었습니다. 바알의 제사장들은 하늘로부터 불이 내려오기를 기원하였지만 허사였습니다. 엘리야는 불이 하늘에서 내려와 자신이 드린 제물을 태우리라는 것을 확신하고 있었지만, 거짓 제사장들과 변덕스러운 백성들이 엘리야가 스스로 불을 만들어 낸 것이라고 생각하지 못하도록 하겠다고 단단히 결심하였습니다. 그는 이 일과 관련해서 인간적인 꾀나 술수, 또는 술책이 개입되지 않았음을 그들로 하여금 분명히 알 수 있게 해주어야 한다고 생각했습니다. 불이 하나님에게서 왔다는 것에 대하여 한 치의 의구심도 없어야 했습니다. 그래서 선지자 엘리야는 이렇게 단호하게 명령합니다: "통 넷에 물을 채워다가 번제물과 나무 위에 부으라 하고 또 이르되 다시 그리하라 하여 다시 그리하니 또 이르되 세 번째로 그리하라 하여 세 번째로 그리하니 물이 제단으로 두루 흐르고 도랑에도 물이 가득 찼더라"(왕상 18:33-35). 이런 조치들로 인해서 엘리야가 준비한 제단과 번제물과 나무에 불씨가 있었을 가능성은 제거되었습니다. 설령 당시의 속이는 자들이 사용했던 술수처럼 거기에 인화물질이 있었다고 하더라도, 그것은 모두 물에 완전히 젖어 그 기능을 상실하였을 것입니다. 이렇게 해서 사람이 속임수로 번제물을 태울 수 있는 길은 절대로 있을 수 없다는 것이 확인되었을 때에야, 엘리야는 눈을 들어 하늘을 우러러보고 기도하였고, 하늘로부터 불이 내려와서 번제물과 나무만이 아니라 제단의 "돌과 흙"까지 태웠고, "도랑의 물"까지 다 핥아 버렸습니다(왕상 13:38). 모든 백성은 이것을 보고 땅에 엎드려, "여호와 그는 하나님이시로다 여호와 그는 하나님이시로다"(왕상 18:39)라고 말했습니다. 하나님께서 이 교회에 큰 복을 주시고자 하신다면 먼저 우리에게 물을 부으시는 시련을 한 번, 두 번, 그리고 심지어 세 번까지도 보내실 수 있습니다. 하나님께서는 우리 가운데 일어난 일이 설교자나 조직이나 사람으로 말미암은 것이 아니라 전적으로 모든 일을 자신의 뜻과 계획에 따라 행하시는 알파요 오메가이신 하나님으로 말미암은 것임을 분명하게 알게 될 때까지 우리를 낙심하게 하시고 근심하게 하시며 시험하시고 낮추실 수 있습니다.

이상으로 나는 여러분에게 기도 응답을 받기 위한 최고의 시작은 우리가 "가난하고 궁핍하다"는 고백이라는 것을 보여 드렸습니다.

2. 둘째로, 간구하며 변론하는 영혼입니다.

자신의 공로와 자기만족의 모든 짐을 벗어 버린 영혼은 이제 기도로 나아갑니다: "나는 가난하고 궁핍하오니 하나님이여 속히 내게 임하소서 주는 나의 도움이시요 나를 건지시는 이시오니 여호와여 지체하지 마소서." 본문을 주의 깊게 읽은 분들은 이 한 개의 절 속에서 네 가지 항변을 찾아낼 수 있었을 것입니다.

이 주제와 관련해서 나는 기도할 때에 항변들을 사용하는 것이 믿음의 습성이라는 말을 하고 싶습니다. 단지 말하듯이 기도하는 자들은 하나님과 변론해야 한다는 것을 잊어버린 자들이기 때문에 전혀 기도하는 것이 아닙니다. 기도에서 이기고자 하는 자들은 이유들과 강력한 논거들을 제시하면서 어떤 문제를 놓고 하나님과 변론합니다. 장난으로 씨름을 하는 사람들은 닥치는 대로 상대방의 여기저기를 잡아서 쓰러뜨리고자 하지만, 프로 씨름 선수들은 상대방의 어디를 잡아서 어떻게 메어쳐야 하는지를 압니다. 그들은 정해진 기술과 법칙을 따라 시합을 합니다. 믿음의 씨름은 하나님과 간구하며 변론하는 것이기 때문에 거룩한 담대함으로 "이런저런 이유가 있으니 이러저러하게 해주십시오"라고 기도합니다. 호세아는 얍복 강가에서의 야곱에 대하여 "거기에서 우리에게 말씀하셨나니"(호 12:4)라고 말합니다. 나는 이 말씀을 야곱이 자신의 모범을 통해 우리에게 교훈을 주었다는 뜻으로 이해합니다. 그런데 야곱이 사용했던 두 가지 항변은 하나님의 명령과 하나님의 약속이었습니다. 먼저, 그는 "주께서 전에 내게 명하시기를 네 고향, 네 족속에게로 돌아가라 내가 네게 은혜를 베풀리라 하셨나이다"(창 32:9)라고 말합니다. 이것은 이렇게 말한 것과 다름없습니다: "주여, 나는 지금 곤경에 처해 있지만, 주의 말씀에 순종해서 이곳에 온 것입니다. 주께서 내게 그렇게 하라고 말씀하셨습니다. 주께서 내게 이곳에 오라고, 즉 나를 맞으러 나오는 사자 같은 내 형 에서의 이빨 속으로 들어가라고 명령하셨습니다. 주여, 주께서는 신실하시오니 나를 이런 위험에 빠뜨려놓으시고 그냥 내버려 두실 수 없는 분이십니다." 이것은 타당한 추론이었고, 하나님께 통할 수 있는 항변이었습니다. 그런 후에 야곱은 하나님이 하신 약속을 들어서 항변을 시작합니다: "주께서 말씀하시기를 내가 반드시 네게 은혜를 베풀어 네 씨로 바다의 셀 수 없는 모래와 같이 많게 하리라 하셨나이다"(창 32:12). 사람들 사이에서도 상대방이 한 말을 근거로 삼아서 항변을 하는 것이 대단히 훌륭한 변론이 됩니다. 여러분이 다른 권위자들의 말을 인용해서 말한다면, 상대방은 "나는 거기에 동의하지 않습니다"라고 말할 수 있습니다. 그러나 상대방이 한 말을 인용해서 변론을 펼친다면, 상대방도 할 말을 잃고 승복할 수밖에 없게 됩니다. 여러분이 상대방에게 그가 한 약속을 상기시켜 준다면, 상대방은 자기가 신실하지 못하고 변덕스러운 사람이라는 것을 인정하고자 하지 않는다면, 자신이 한 약속을 따라 여러분의 항변을 들어줄 수밖에 없습니다. 형제들이여, 우리는 이렇게 하나님의 명령들이나 약속들, 또는 우리의 변론에 힘을 실어 줄 수 있는 모든 것을 항변으로 삼아서 하나님께 간구하는 법을 배워야 합니다. 그러나 우리에게는 언제나 근거들을 가지고 간구해야 할 것이 있어야 합니다. 여러분이 근거들을 가지고 간구하지 않았다면, 자기가 기도했다고 생각하지 마십시오. 왜냐하면, 그런 간구는 기도의 핵심이기 때문입니다. 제대로 간구할 줄 아는 사람은 하나님을 이기는 비결을 아는 사람입니다. 그런 사람은 특히 예수의 피를 근거로 간구합니다. 왜냐하면, 예수의 피는 천국의 보고를 여는 열쇠이기 때문입니다. 자물쇠마다 제각각 맞는 열쇠가 있는 법이지만, 죽으셨다가 다시 살아나 하늘에 올라가서서 우리를 구원하시기 위하여 일하시는 예수의 피와 이름은 마스터키입니다.

　　믿음이 사용할 수 있는 항변들이 많다는 것은 좋은 일입니다. 왜냐하면, 믿음은 다양한 처지에 놓여 있을 수 있어서 그 모든 항변들을 다 필요로 하기 때문입니다. 믿음은 많은 필요들을 가지고 있고 날카로운 눈을 지니고 있어서, 어떤 경우에 어떤 항변을 사용해야 하는지를 압니다. 그러므로 나는 여러분에게 믿음이 사용할 수 있는 모든 항변을 소개하는 것이 아니라, 단지 여러분으로 하여금 항변들이 얼마나 풍부한지를 알게 하는 데에 충분할 정도로만 소개하고자 합니다. 믿음은 하나님의 모든 속성들을 항변으로 사용합니다. "하나님은 의로우시니, 구주께서 위하여 죽으신 저 영혼을 살려 주소서. 하나님은 긍휼이 풍성하시니, 내 죄과들을 지워 주소서. 하나님은 선하시니, 주의 종에게 주의 너그러우심을 보이소서. 하나님은 변함이 없으시니, 주의 다른 종들에게 이러저러하게 행하신 대로 내게도 그렇게 해주소서. 하나님은 신실하시오니, 어떻게 주의 약속을 깨뜨리시며 주의 언약에 등을 돌리실 수 있겠습니까?" 하나님의 모든 온전하신 속성들은 제대로만 사용된다면 모두 다 믿음의 항변들이 될 수 있습니다.

　　믿음은 하나님의 모든 은혜로운 관계들을 담대하게 항변으로 사용합니다. 믿음은 하나님을 향하여 이렇게 말할 것입니다: "주는 창조주가 아니십니까? 주께서 주의 손으로 친히 지으신 자들을 버리시겠습니까? 주는 구속주가 아니십니까? 주께서는 주의 종을 구속해 놓으시고서는 이제 와서 버리시겠습니까?" 믿음은 일반적으로 하나님이 우리의 아버지가 되신다는 사실을 항변으로 사용하기를 기뻐합니다. 이것은 믿음의 강력한 항변들 중의 하나이기 때문에, 믿음은 이것을 제시해서 하나님을 이길 수 있습니다. "하나님은 아버지이신데, 마치 우리를 죽이실 듯이 징계하고자 하십니까? 하나님은 아버지이신데, 우리에게 필요한 것들을 공급해 주지 않으려 하십니까? 하나님은 아버지이신데, 우리를 불쌍히 여기지 않으려 하십니까? 하나님은 아버지이신데, 당신의 자녀가 구하는 것을 모른 체하실 수 있으십니까?" 내가 하나님의 위엄에 압도되어 기가 죽어서 기도할 마음이 내키지 않을 때에 나의 간단하면서도 효과적인 치료책은, 하나님은 큰 왕이시고 무한히 영화로우신 분이지만 나는 그의 자녀이고, 아버지가 아무리

높으신 분이라도, 자녀는 늘 아버지 앞에서 담대할 수 있다는 것을 기억하는 것
입니다. 그렇습니다. 믿음은 하나님과 그의 택함 받은 자들 간의 관계의 모든 측
면들을 항변으로 사용하여 기도할 수 있습니다.

또한, 믿음은 하나님의 약속들을 항변으로 내세워서 하나님께 끈질기게 간
구할 수 있습니다. 이 점에 대해서는 내가 여기에서 길게 설명할 필요가 없을 것
입니다. 여러분은 이미 끊임없이 그렇게 하고 계실 테니까요. 여러분이 하나님
께서 친히 하신 말씀들을 근거로 간구하는 것은 좋은 일입니다. "주께서 말씀하
신 대로 행하시옵소서"라는 간구는 하나님께서 승복하실 수밖에 없는 항변입니
다. "하나님께서는 그렇게 말씀하셨고, 주의 약속을 그리스도 예수 안에서 예와
아멘이 되게 하셔서 우리 가운데 이루심으로써 자신의 영광을 드러내셨습니다.
그런데도 그 약속을 이루어 주지 않으시겠습니까? 주께서 친히 하신 말씀을 나
몰라라 하시겠습니까? 주께서 친히 선언하신 것을 실천하지 않고자 하시겠습니
까? 하나님, 그런 것은 주께 있을 수 없는 일입니다." 형제들이여, 우리는 하나님
의 약속들을 항변으로 사용하실 때에 좀 더 사업하는 사람처럼 하여야 하고 상
식을 동원하여야 합니다. 만일 여러분이 롬바드 가의 한 은행에 갔는데, 어떤 사
람이 은행에 들어와서 창구에 지폐 한 장을 놓았다가는 다시 들고 가는 것을 하
루에 여러 차례 반복하는 것을 보았다고 합시다. 그런 일이 벌어졌다면, 그 사람
은 은행 직원의 시간만 낭비하게 만드는 쓸데없는 짓을 반복하고 있는 것이기
때문에, 경비가 와서 그 사람을 강제로 은행 밖으로 내보내게 될 것입니다. 은행
에 진짜 볼 일이 있어서 온 사람들은 창구에 수표를 제시하고 현금을 받아서 나
갑니다. 여기에서는 실제 거래가 이루어집니다. 그들은 수표를 제시하고서 서명
이 훌륭하다고 말하며 수표의 진위를 놓고 논의하고자 은행에 온 것이 아닙니
다. 그들은 수표를 제시하고 현금을 받아가기를 원하고, 현금을 받지 않고는 만
족하지 못합니다. 그들은 은행에서 언제나 환영 받는 사람들이고, 은행 직원의
시간을 쓸데없이 뺏는 사람들이 아닙니다. 마찬가지로, 아주 많은 사람들이 기
도를 장난하듯이 하고 그 이상으로 나아가지 못하는 것이 서글픈 현실입니다.
내가 그들이 기도를 장난하듯이 한다고 말하는 것은 그들은 하나님께 기도하면
서도 응답 받기를 기대하지 않기 때문입니다. 그래서 그들은 단지 하나님의 시
간을 뺏고 하나님을 우롱하는 사람들이 되고 맙니다. 사업하듯이 기도하는 사람
은 자기에게 진정으로 필요한 것들을 기도하고 기대하기 때문에 하나님을 존귀

하게 대하는 것입니다. 하나님은 장난으로 어떤 약속을 하시는 것이 아닙니다. 예수께서 하나님의 말씀이 옳다는 것을 자신의 피로 확증하신 것은 장난이 아닙니다. 우리는 아무것도 기대하지 않고 장난삼아 기도해서는 안 됩니다.

성령께서는 진지하시고, 우리도 진지해야 합니다. 사냥꾼이 아무리 많은 거리를 뛰어다녔다고 해도 짐승을 잡을 때까지는 결코 만족할 수 없는 것처럼, 우리는 복을 받기 위해 하나님 앞에 나아가 기도하여야 하고, 복을 받을 때까지는 결코 만족하지 않아야 합니다.

또한, 믿음은 하나님이 행하신 일들을 항변으로 사용하여 간구합니다. 믿음은 과거를 돌아보며 이렇게 말합니다: "주여, 주께서는 나를 이런저런 상황에서 건져 주셨습니다. 그런 주께서 지금 나를 건져 주지 않으시겠습니까?" 나아가, 믿음은 자신의 일생 전체를 돌아보며 이렇게 항변하며 간구합니다:

> "지난날 그토록 많은 은혜를 베푸어 주신 하나님께서
> 이제 와서 마지막 순간에 나로 무너져 가라앉게 하시겠습니까?"

"주께서는 나를 지금까지 나를 이끌어 오셨는데, 이 마지막에 나로 부끄러움을 당하게 하시려 하시는 것입니까?" 믿음은 하나님이 이전에 베풀어 주신 은혜들을 근거로 삼아 현재에서 하나님의 은혜를 얻어내는 방법을 압니다. 그러나 내가 믿음이 사용할 수 있는 항변들 중 1,000분의 1만 예로 들려도 해도, 몇날 며칠 밤을 얘기해도 부족할 것입니다.

하지만 종종 믿음이 사용하는 항변들은 대단히 특이합니다. 본문이 보여주듯이, 그 항변은 결코 인간 본성의 교만함을 따르지 않습니다: "나는 가난하고 궁핍하오니 하나님이여 속히 내게 임하소서." 이것은 다윗의 또다른 기도와도 비슷합니다: "여호와여 나의 죄악이 크오니 긍휼을 베푸소서." 이것은 사람들이 항변하는 방식과 다릅니다. 사람들은 "나는 어떤 사람들처럼 그렇게 나쁜 죄인이 아니니 내게 은혜를 베풀어 주십시오"라고 말합니다. 그러나 믿음은 모든 일을 더 참된 빛 가운데서 읽고, 진실을 자신의 항변의 토대로 삼습니다. "주여, 내 죄가 크오나, 주는 크신 하나님이시오니, 주의 크신 긍휼하심이 내 안에서 찬송을 받게 하옵소서." 여러분은 복음서에 나오는 수로보니게 여인에 관한 이야기를 아실 것입니다. 그 이야기는 믿음의 항변과 변론의 진면목을 보여주는 훌륭

한 예입니다. 그 여인은 자신의 딸의 문제로 그리스도를 찾아왔고, 그리스도께서는 그녀에게 한 마디 대답도 하지 않으셨습니다. 여러분은 그녀의 마음이 무엇이라고 말했을 것 같습니까? 그녀는 속으로 이렇게 말했습니다: '그가 내 말을 부인하지 않았으니 잘됐구나. 그가 아무 말씀도 하지 않은 것은 나를 거부하지 않은 거야.' 이런 생각에 고무되어 힘을 얻어서, 그녀는 다시 간구하기 시작하였습니다. 그리스도께서는 그녀에게 날카롭게 쏘아붙이시자, 그녀의 담대한 마음은 속으로 이렇게 말했습니다: '내가 마침내 그에게서 말씀을 이끌어 내었으니 조금 있으면 행동도 얻어낼 수 있을 거야.' 이런 생각은 그녀에게 다시 한 번 용기를 주었습니다. 그리고 이번에는 그리스도께서 그녀를 "개"라고 부르자, 그녀는 이렇게 항변하며 말하였습니다: "개도 가족의 일부이니 집 주인과 어느 정도 관련이 있겠죠. 개는 비록 상에서 먹지는 못하지만 상에서 떨어지는 부스러기를 먹으니까요. 그래요, 나는 개이고, 주는 주인이십니다. 내가 구하는 긍휼은 내게는 대단한 것이지만 주께는 부스러기에 불과한 것입니다. 그러니 내게 그 긍휼을 허락해 주시기를 간청드립니다." 그녀가 자신의 간구를 포기하는 것이 가능했을까요? 결코 가능하지 않았습니다. 믿음이 어떤 뜻을 세우게 되면 언제나 그 길을 발견하게 되고, 모든 것이 실패를 가리킨다고 해도 반드시 그 뜻을 관철해 냅니다.

믿음이 사용하는 항변들은 특이하긴 하지만 언제나 건전합니다. 우리가 가난하고 궁핍하다고 항변하는 것은 대단히 주효한 항변입니다. 이런 항변은 긍휼을 얻어내는 데에 주효한 논거가 되지 않겠습니까? 사람에게든 하나님에게든 궁핍함을 호소하는 것은 어떤 것을 후히 받기 위한 최고의 항변입니다. 우리의 궁핍함은 우리가 간절히 구할 수 있는 최고의 이유가 되지 않겠습니까? 의사로 하여금 환자에게 빨리 오게 하려면, 우리는 "의사 선생님, 응급 환자여서 생명이 위험하니 빨리 와 주세요"라고 말합니다. 소방차가 빨리 달려오게 하고자 하는데, "작은 불이니 서둘러 주세요"라고 말해서는 안 될 것입니다. 반대로, "집이 오래 되어서 인화성 물질들이 가득하고, 지하실에는 석유와 화약이 있다고도 하니 빨리 와 달라"고 해야 할 것입니다. 거기에 "가까이에는 목재 야적장과 많은 목조 건물들이 있어서, 곧 도시 절반이 불길에 휩싸이게 될 것"이라는 말을 덧붙인다면, 더욱 좋을 것입니다. 우리는 소방차가 빨리 달려오도록 하기 위해서 어떻게든 상황이 몹시 안 좋은 것으로 인식시키려 들 것입니다. 우리가 하나님께 간구할 때에도 그렇게 지혜롭고 현명했으면 좋겠습니다. 우리가 동원할 수 있는 온갖 항변들을 다 가져와서 사용하고, 특히 우리의 곤경에 알맞은 항변들을 찾아내어 간구하는 것은 아주 중요합니다.

두 세기 전에는 사람들이 거지라는 직업이 세상에서 가장 쉬운 직업이지만 벌이는 가장 형편없다고 말했었습니다. 나는 오늘날 과연 거지의 수입이 형편없는 것인지에 대해서는 확실히 알지 못합니다. 그러나 확실한 것은 하나님께 구걸하는 일은 힘든 일이기는 하지만 이 세상의 그 어떤 일보다도 수지가 맞는 일이라는 것은 의심할 여지가 없다는 것입니다. 주목할 만한 것은 사람들에게 구걸하는 거지들은 일반적으로 사람들이 자기에게 적선해야 할 많은 이유들을 준비해 두고 있다는 것입니다. 어떤 사람이 궁지로 내몰려서 굶주릴 수밖에 없게 되었을 때에는 왜 자기가 사람들에게 도움을 청할 수밖에 없는지 그 이유를 발견할 수 있습니다. 궁지에 몰린 사람이 자기가 이미 여러 번 신세를 진 사람에게 도움을 청할 때에는 "그가 나를 알고 늘 내게 호의를 베풀어 주었기 때문에 나는 마음 편하게 다시 그에게 도움을 청할 수 있다"는 논리를 내세웁니다. 그리고 이전에 한 번도 도움을 청한 적이 없는 사람에게는 "내가 이전에는 한 번도 그에게 폐를 끼친 적이 없어서, 그는 나를 위해 이미 할 만큼 했다고 말할 수 없을 것이니, 한 번 그에게 부탁해 보자"고 말할 것입니다. 또한, 친척에게 도움을 청할 때에는 "당신은 나의 친척이니까 곤경에 처한 나를 반드시 도와주어야 한다"고 말하고, 낯선 사람에게 부탁할 때에는 "피 한 방울 안 섞인 남이 혈육보다 나은 경우가 흔하다는 것을 내가 아니 제발 나를 도와주세요"라고 말합니다. 부자들에게 도움을 요청할 때에는, 그 정도 금액은 그들에게 없어도 아무렇지도 않을 것이라는 논리를 제시하고, 가난한 사람들에게 부탁할 때에는 그들도 궁핍함이 얼마나 비참한 일인지를 잘 알 것이니 큰 곤경에 처한 자기를 불쌍히 여겨 달라고 말합니다. 나는 궁지에 몰린 사람이 이렇게 있는 힘을 다해서 많은 항변을 제시하며 도움을 청하는 것을 볼 때, 우리도 그 사람의 절반만큼이라도 깨어서 그의 항변의 절반만이라도 하나님 앞에 내놓고 간구하였으면 좋겠다고 생각합니다. 그런데 우리가 그 사람의 절반만큼도 영적으로 깨어 있지 못하는 것은 도대체 어떻게 된 일입니까? 하나님께서 우리로 하여금 영원하신 하나님께 근거와 항변을 제시하며 간구하는 법을 배울 수 있게 해주시기를 빕니다. 왜냐하면, 거기에 우리가 예수 그리스도의 공로를 힘입어서 하나님을 이길 수 있는 관건이 있기 때문입니다.

3. 셋째로, 절박한 영혼입니다.

세 번째로, 우리는 절박한 영혼에 대하여 살펴볼 것인데, 이번에는 간략하게만 설명드리고자 합니다: "하나님이여 속히 내게 임하소서 여호와여 지체하지 마소서." 우리가 아직도 구원을 받지 못하였다면 하나님께 절박하게 매달리는 것이 마땅합니다. 왜냐하면, 우리의 필요가 너무나 절박하기 때문입니다. 구원 받지 못한 분들은 끊임없는 위험 속에 있는 것이고, 그 위험은 너무나 어마어마한 위험입니다. 죄인들이여, 한 시간 내로, 아니 일 분 내로 여러분은 다시는 소망을 가질 수 없는 그런 곳에 가 있을지도 모릅니다. 그러니 "하나님이여 속히 내게 임하소서 여호와여 지체하지 마소서"라고 부르짖으십시오. 여러분은 머뭇거리고 재고 빈둥거릴 수 있는 처지에 있지 않습니다. 여러분에게는 꾸물거릴 시간이 없습니다. 여러분의 필요가 너무나 절박하기 때문에, 하나님을 재촉하고 졸라야 합니다. 여러분이 진정으로 자신이 궁핍하다는 것을 알고 하나님이 여러분에게 역사하시면, 여러분은 절박해질 수밖에 없다는 것을 기억하십시오. 통상적인 죄인은 아무렇지도 않게 기다릴 수 있을지 모르지만, 일단 깨어난 죄인은 지금 당장 하나님이 은혜 주시지 않으면 못 살 것 같이 절박해집니다. 죽어 있는 죄인은 조용히 누워 있겠지만, 깨어난 죄인은 자신의 영혼이 죄 사함을 확신할 때까지는 조용히 쉴 수가 없습니다. 이 저녁에 여러분이 절박해져 계신다면, 나는 여러분의 그런 모습을 기뻐합니다. 왜냐하면, 그런 절박함은 여러분이 영적인 생명을 소유한 데서 생겨난 것이기 때문입니다. 여러분이 구주 없이는 더 이상 살 수 없을 때, 구주께서는 여러분에게 오시고, 여러분은 구주를 기뻐하게 될 것입니다.

이 교회의 지체들인 형제들이여, 내가 앞에서 다른 대지와 관련해서 말씀드렸던 것과 동일한 진리가 여러분에게 그대로 해당됩니다. 여러분의 궁핍감이 깊고 절박해질 때, 하나님께서는 여러분에게 복 주시기 위하여 속히 오실 것입니다. 이 교회의 궁핍감은 얼마나 큽니까! 우리에게 성령이 더 크게 역사하지 않으시면, 우리는 냉랭하고 거룩하지 않고 세상적인 사람들이 되어 버릴 것입니다. 회심도 없게 될 것이고, 교회에 지체들이 더해지는 것도 없게 될 것입니다. 지체들의 수는 줄어들 것이고, 분열과 파당이 생겨날 것이며, 온갖 종류의 폐단들이 생겨날 것입니다. 그래서 사탄은 즐거워하고, 그리스도께서는 욕을 당하시게 될 것입니다. 우리의 필요는 절박합니다. 우리가 그 필요를 절실하게 느낄 때에 우리에게 필요한 복을 얻게 될 것입니다. 비관적인 심령을 지닌 분은 "우리가 이렇게 안 좋은 상태에 있는데 어떻게 큰 복을 기대할 수 있겠습니까?"라고 말할지 모릅니다. 나의 대답은, 우리의 상태가 안 좋을수록 우리는 더욱더 속히 하나님으로부터 복을 얻어내야 한다는 것입니다. 내 말은 우리의 상태가 진짜 안 좋다는 뜻이 아니라, 우리의 상태가 안 좋다고 우리가 더 절실하게 느낄수록 머지않아 복을 받게 될 것이라는 뜻입니다. 우리가 안 좋은 상태에 있다고 애통해하고서 하나님을 향하여 더 절박하게 부르짖을 때에 복이 임합니다. 하나님께서는 기드온에게 용사들이 충분히 있지 않기 때문이 아니라 너무 많았기 때문에 그와 함께하는 것을 거절하셨습니다. 하나님께서는 기드온과 함께하는 용사의 수를 수천 명에서 수백 명으로 줄이셨고, 결국에는 삼백 명으로 줄이신 후에야 그들에게 승리를 주셨습니다. 여러분이 하나님의 임재가 여러분에게 꼭 있어야 한다고 느끼지만, 여러분은 그 임재를 감당할 수 없는 자라는 것을 너무나 잘 알고 있을 때, 하나님의 복은 반드시 여러분에게 임하게 되어 있습니다.

　형제들이여, 나도 하나님의 이슬 같은 은혜를 이 교회에 내려 주시라고 간구할 때에 내 영혼 속에서 간절함과 절박함을 느끼기를 원합니다. 나는 이 문제에 있어서 부끄러워하지 않습니다. 왜냐하면, 내게는 기도할 수 있는 면허가 있기 때문입니다. 길거리에서 구걸하는 것은 금지되어 있지만, 하나님 앞에서는 내가 면허 받은 거지입니다. 예수께서는 "항상 기도하고 낙심하지 말아야 할 것"(눅 18:1)이라고 말씀하셨습니다. 여러분이 여권을 지니고 있다면 외국의 해안에 상륙하여도 아무런 염려도 없이 당당할 것입니다. 하나님께서는 자신의 자녀들에게 여권을 발급해 주셨기 때문에, 하나님의 자녀들은 은혜의 자리로 담대히 나아갈 수 있습니다. 하나님은 여러분을 초대하셨습니다. 하나님은 여러분을 격려하셨습니다. 하나님은 자기에게 오라고 여러분에게 명하셨습니다. 하나님은 여러분이 기도를 통해 믿고 구하는 것은 무엇이든지 다 받게 될 것이라고 약속하셨습니다. 그러므로 절박한 마음으로 하나님 앞에 나아가서, "나는 가난하고 궁핍하오니 여호와여 지체하지 마소서"라고 끈질기게 간구하십시오. 그러면 반드시 복이 임할 것입니다. 하나님께서는 여러분에게 복 주시는 것을 지체하지 않으실 것입니다. 하나님께서 우리로 하여금 그 복을 보게 하시고, 그 복으로 인하여 하나님께 영광을 돌릴 수 있게 하시기를 빕니다.

4. 넷째로, 하나님을 붙잡는 영혼입니다.

세 번째 대지에 대해서 좀 더 상세하게 전할 필요가 있었는데도 내가 짤막하게 전한 것에 대해 죄송하게 생각합니다. 그러나 나는 네 번째 대지를 전하고 말씀을 끝맺어야 하기 때문에 어쩔 수가 없습니다. 여기에 기도의 기술과 신비의 또다른 요소가 있는데, 그것은 하나님을 붙잡는 영혼입니다. 믿음은 근거와 항변을 제시하며 간구하였고, 절박하고 간절하게 기도하였습니다. 이제 믿음은 마지막 단계에 도달합니다. 믿음은 언약의 사자를 한 손으로는 "주는 나의 도움이시요"라고 말하며 붙잡고, 다른 한 손으로는 "주는 나를 건지시는 이시오니"라고 말하며 붙잡습니다. 여기에서 "나의"라는 말은 복된 말이자 강력한 말입니다. 성경의 참 맛은 소유대명사들에 있습니다. 시편 기자처럼 소유대명사들을 사용하는 법을 배운 사람은 영원하신 하나님 앞에서 승리자로 나타나게 될 것입니다.

죄인들이여, 이 저녁에 여러분이 저 찬송 받으실 하나님의 아들 그리스도께 "주는 나의 도움이시요 나를 건지시는 이시나이다"라고 고백할 수 있게 되기를 빕니다. 아마도 여러분은 그런 고백을 할 수 없는 것에 대하여 슬퍼할지 모릅니다. 그러나 가엾은 영혼들이여, 여러분에게 그 어떤 다른 도움이 있습니까? 만일 여러분에게 다른 도움이 있다면, 여러분은 동일한 손으로 두 명의 돕는 자를 붙잡을 수는 없습니다. 여러분은 "아닙니다, 내게는 다른 도움이 없고, 그리스도 외에는 그 어떤 소망도 없습니다"라고 말합니다. 그렇다면, 좋습니다. 가엾은 영혼들이여, 여러분의 손이 비어 있다면, 그 손은 그리스도를 붙잡으라고 비어 있는 것이니 그리스도를 꼭 붙잡으십시오. 오늘 그리스도께 이렇게 말하십시오: "주여, 내가 한 쪽 다리를 절게 된 저 가엾은 야곱처럼 주를 의지하나이다. 이제 나는 스스로 아무것도 할 수 없어서 오직 주만 붙듭니다. 주께서 내게 복 주시지 않으면, 나는 주를 보내드릴 수가 없습니다." 어떤 사람은 "아, 그건 너무 담대한 것이 아닌가요"라고 말할지 모릅니다. 그러나 하나님께서는 가엾은 죄인들이 거룩한 담대함을 갖고 있는 것을 기뻐하십니다. 하나님께서 여러분을 더욱 담대하게 만들어 주시기를 빕니다. 십자가에 못 박히신 구주를 의지하고자 하지 않는 것은 더럽고 추한 부끄러움입니다. 그리스도께서는 여러분과 같은 사람들을 구원하시기 위하여 자원하여 죽으셨습니다. 그리스도를 의지하십시오. 그래서 그리스도께서 여러분에 대한 자신의 뜻을 이루실 수 있게 해드리십시오.

어떤 사람은 "오, 나는 그럴 만한 가치가 없는 사람입니다"라고 말할지 모릅니다. 그리스도께서는 무가치한 사람들을 찾아서 구원하시기 위하여 이 땅에 오셨습니다. 그리스도는 자신을 의롭다고 생각하는 자들의 구주가 아니라 죄인들의 구주이십니다. "죄인의 친구"(마 11:19)가 그의 이름입니다. 무가치한 자여, 그리스도를 꼭 붙드십시오. 어떤 사람은 "오, 내겐 그럴 자격이 없습니다"라고 말할지 모릅니다. 맞는 말입니다. 그러나 바로 그것이 여러분이 그리스도를 붙잡아야 할 이유입니다. 왜냐하면, 자격은 공의의 법정을 위한 것이고 은혜의 궁정을 위한 것이 아니기 때문입니다. 나는 여러분에게 자격 운운하며 하나님께 나아갈 자격을 갖추기 위해 애쓰지 마시라고 충고하고 싶습니다. 왜냐하면, 여러분에게는 정죄 받는 것 외에는 그 어떤 자격도 없기 때문입니다. 그러나 예수를 상대할 때에는 여러분에게 자격이라는 것이 필요하지 않습니다. 거지가 "내게는 도움을 받을 자격이 있어"라고 말한다면, 아무리 너그러운 사람이라도 "그래, 네게 자격이 있다면, 내가 네게 줄 것은 아무것도 없으니, 네 스스로 한 번 잘해보라"고 말하며, 그런 거지에게는 자선을 베풀려 하지 않을 것입니다. 여러분에게는 아무런 자격도 없기 때문에, 여러분이 내놓을 것은 오직 여러분이 궁핍하다는 사실뿐입니다.

어떤 사람은 "내가 은혜를 구하기에는 너무 늦었어"라고 말할지도 모릅니다. 그렇지 않습니다. 은혜를 구하기에 늦은 때는 없습니다. 여러분이 살아 있어서 은혜 받기를 원한다면, 은혜를 구하기에는 전혀 늦은 것이 아닙니다. 떡 세 덩이가 필요했던 사람에 관한 비유를 들어보십시오. 내가 이 비유를 읽었을 때에 무엇이 내 마음을 스치고 지나갔는지를 여러분에게 말하고자 합니다. 어떤 사람이 한밤중에 자기 친구 집에 갔습니다. 한밤중에 친구 집을 찾아간다는 것은 시간이 너무 늦은 것이 아니겠습니까? 친구는 그에게 시간이 너무 늦었다고 말했을 것입니다. 아니, 실제로 그런 취지의 말을 했습니다. 그렇지만 그는 결국 친구에게서 떡을 얻어냈습니다. 이 비유에서 때는 늦은 시간이었습니다. 더 늦을 수도 없을 정도로 늦은 시간이었습니다. 왜냐하면, 만일 그가 한밤중보다 조금 더 늦게 갔더라면, 이튿날 새벽이었을 것이고, 결국은 전혀 늦은 시간이 되지 않았을 것이기 때문입니다. 때는 한밤중이었고, 그 이상으로 늦을 수 없을 정도로 늦은 시간이었습니다. 마찬가지로, 여러분의 영혼이 한밤중이라고 하더라도, 용기를 내십시오. 예수는 때를 상관하지 않으시는 구주이십니다. 그의 종들 중에서 많은 이들이 "적절한 때를 지나서 태어난" 이들입니다. 그 어떤 때도 예수의 이름을 부르기에 적절한 때입니다. 그러므로 마귀가 여러분에게 때가 너무 늦었다는 생각을 넣어 주더라도 그 생각을 붙잡아 주지 마십시오. 바로 지금 예수께로 나아가십시오. 무모할 정도로 담대한 믿음으로 지금 즉시 가서 제단의 뿔을 붙들고 이렇게 고백하십시오: "죄인들을 위한 희생 제물이신 주는 바로 나를 위한 희생제물이십니다. 은혜를 모르는 자들을 위하여 중보기도 하시는 분이신 주는 바로 나를 위해 중보기도 하시는 분이십니다. 반역한 자들에게 은사들을 나눠 주시는 주는 바로 내게 은사들을 나눠 주십니다. 왜냐하면, 바로 내가 반역자였기 때문입니다. '우리가 아직 연약할 때에 기약대로 그리스도께서 경건하지 않은 자를 위하여 죽으셨도다'(롬 5:6). 선하신 주여, 내가 그런 자이니, 주의 죽으심의 권능이 내 속에서 역사하셔서서 내 영혼을 구원하소서."

구원을 받고 그리스도를 사랑하는 여러분, 사랑하는 형제들이여, 나는 여러분이 하나님의 성도들로서 오늘의 설교의 이 마지막 부분을 실천으로 옮기시기를 바랍니다. 기도하시는 가운데 반드시 하나님을 꼭 붙드십시오. "주는 나의 도움이시요 나를 건지시는 이시오니." 교회로서 우리는 우리 자신을 하나님의 힘에 맡깁니다. 우리는 하나님 없이는 아무것도 할 수 없습니다. 그러나 우리는 하나님 없이 살아가고자 하지 않습니다. 우리는 하나님을 꼭 붙들고자 합니다. "주는 나의 도움이시요 나를 건지시는 이시오니." 옛 이야기에 의하면, 자기가 모든 아테네 사람들을 다스리고 있다고 자랑하곤 했던 한 소년이 아테네에 살고 있었답니다. 사람들이 그에게 그게 무슨 말이냐고 묻자, 그는 "나는 내 어머니를 지배하고, 내 어머니는 내 아버지를 지배하고, 내 아버지는 아테네를 지배하니까요"라고 대답했답니다. 어떻게 기도해야 하는지를 아는 사람은 그리스도의 마음을 지배할 것이고, 그리스도께서는 자기 백성을 위하여 모든 것을 하실 수 있고, 하실 것입니다. 왜냐하면, 하나님 아버지께서 모든 것을 그의 손에 맡기셨기 때문입니다. 여러분이 기도하는 법을 안다면, 여러분은 전능할 수 있습니다. 즉, 하나님을 영화롭게 해드리는 모든 일에서 전능할 수 있다는 말입니다. 말씀 자체는 무엇이라고 말합니까? "그로 하여금 내 힘을 붙잡게 하라." 기도는 세상을 움직이는 팔을 움직입니다. 은혜로 하여금 이런 식으로 전능하신 사랑을 꼭 붙잡게 하소서! 우리에게는 하나님을 꼭 붙들고 늘어지는 기도가 더욱 필요합니다. "주께서 내게 복 주시지 않으면 내가 주를 보내드리지 않을 것입니다"라고 말하며 하나님을 꼭 붙잡고서 더욱더 끈질기게 물고 늘어지는 기도가 필요합니다.

오늘은 얍복 강가의 야곱에 대한 이야기로 말씀을 끝맺는 것이 좋을 것 같습니다. 언약의 천사가 거기에 있었고, 야곱은 그에게서 복을 얻어내고자 했습니다. 그 천사는 야곱을 단념시키고자 했던 것으로 보이지만, 야곱은 결코 단념하려 하지 않았습니다. 그러자 이 천사는 야곱을 피하고자 했지만, 야곱은 천사를 꼭 붙잡고서 놓아주지를 않았습니다. 천사가 아무리 애를 써도 자기를 붙잡고 있던 야곱의 손을 뿌리칠 수가 없었습니다. 마침내 천사가 통상적인 씨름을 그만두고, 야곱의 힘의 근원이 되는 곳에 부상을 입힙니다. 야곱은 자신의 넓적 다리가 떨어져나가거나 자신의 사지가 떨어져나가더라도, 천사를 자기에게서 떨어져나가게 할 수는 없었습니다. 이 가엾은 사람의 힘은 천사에 의해서 줄어들게 되었지만, 그는 약함 가운데서 여전히 강했습니다. 그는 사력을 다해 이 신비한 인물을 꼭 붙잡고서 놓아주지 않았습니다. 그러자 천사는 "날이 새려 하니 나로 가게 하라"(창 32:26)고 말합니다. 천사가 야곱을 떨쳐낸 것이 아니라 단지 "나로 가게 하라"고 말만 하였다는 것을 주목하십시오. 천사는 자기를 꼭 붙잡고 있던 야곱을 강제로 떼어놓은 것이 아니라, 그것을 야곱의 자발적인 의지에 맡겨둔 것입니다. 용감한 야곱은 이렇게 부르짖습니다: "안 됩니다. 나는 반드시 기도 응답을 받아야 되겠습니다. '당신이 내게 축복하지 아니하면 가게 하지 아니하겠나이다'(창 32:26)."

교회가 기도하기 시작할 때, 하나님께서는 처음에 마치 우리로 더 가게 하려고 하시는 것처럼 보이고, 우리는 기도 응답을 받지 못하는 것이 아닌가 하고 두려워하게 될 수 있습니다. 사랑하는 형제들이여, 그럴 때일수록 하나님을 꼭 붙잡으십시오. 어떤 일이 일어날지라도, 하나님을 꼭 붙잡고서 흔들리지 마십시오. 우리는 일이 잘 풀리리라고 기대했지만, 도리어 낙심되는 일들이 일어날 수 있습니다. 그럴 때에 우리는 형제들이 낙심해서 졸거나 범죄하는 것을 보게 됩니다. 다시 죄에 빠지거나 완강하게 회개하지 않는 영혼들이 많을 것입니다. 그러나 우리는 흔들려서는 안 됩니다. 한층 더 열심을 내야 합니다. 우리가 힘들고 지쳐서 낙심이 되며, 그 어느 때보다도 연약해져 있다는 것을 느낄지라도, 형제들이여, 그런 것들에 신경 쓰지 말고 계속해서 하나님을 꼭 붙드십시오. 왜냐하면, 힘줄이 힘을 잃었을 때가 바로 승리가 가까웠음을 보여주는 것이기 때문입니다. 이전보다 더 단단히 붙잡으십시오. "당신이 내게 축복하지 아니하면 가게 하지 아니하겠나이다"(창 32:26)가 우리의 각오가 되게 하십시오. 복이 늦게 임할수록 더 풍성하게 임할 것임을 기억하십시오. 단 한 번의 기도로 속히 얻은 복은 하급의 복인 경우가 종종 있습니다. 그러나 수없이 끈질기게 붙잡고 매달리고, 엄청난 씨름을 한 후에야 얻은 복은 최고로 귀한 복입니다. 하나님께 끈질기게 매달리는 자녀들은 언제나 보기가 좋습니다. 많은 것을 희생하고 간절하고 끈질기게 기도해서 얻은 복은 가장 가치 있는 복일 것입니다. 우리가 끈질기게 기도하기만 한다면, 우리는 우리 자신과 교회들과 이 세계에 폭넓게 미치는 복을 얻게 될 것입니다. 나는 여러분 모두가 떨쳐 일어나서 열렬하고 간절하게 기도하게 할 수 있는 힘이 내게 있었으면 좋겠습니다. 그러나 나는 모든 참된 간구의 근원이 되시는 분, 즉 성령께 그 일을 맡겨드릴 수밖에 없습니다. 성령께서 예수로 말미암아 우리 속에서 강하게 역사하시기를 빕니다. 아멘.

제
68
장

—

아이들의 선생님이신 하나님

—

"하나님이여 나를 어려서부터 교훈하셨으므로" — 시 71:17

다윗은 매우 위대한 인물이었고, 이 시편을 쓸 당시에 왕위에 올라 한 나라를 다스리고 있었습니다. 그러나 그는 가르침을 받을 필요가 있었기 때문에 어릴 때부터 학교에 다녔었고, 자기에게 있는 지혜는 그 학교에서 그를 가르치셨던 위대한 선생이 그에게 주신 것이었다고 우리에게 말해줍니다. 여러분 중에서 지금 학교에 다니는 분들은 여러분에게 주어진 특권을 과연 잘 사용하고 있는지를 살펴볼 필요가 있습니다. 여러분은 배우지 않고는 지혜로워질 수 없습니다. 배움은 들에 자라나는 잡초처럼 우리 마음속에서 저절로 자라나는 것이 아니기 때문에, 마치 추수를 하고자 한다면 좋은 밀과 보리 씨앗을 땅에 뿌리듯이, 우리 속에 뿌려져야 합니다.

다윗이 인생을 잘 살 수 있었던 것은 어린 시절에 잘 배웠기 때문입니다. 그는 "마땅히 행할 길을 아이에게 가르치라 그리하면 늙어도 그것을 떠나지 아니하리라"(잠 22:6)는 하나님의 말씀이 제대로 이루어진 사람들 중의 한 사람이었습니다. 여러분이 아시듯이, 아이들이 학교에 가면, 선생님은 어떻게든 그들을 잘 가르쳐서 훌륭하게 만들어 자신의 자랑거리가 되게 하고자 애를 씁니다. 온갖 정성과 수고를 기울였는데도 아이가 열등생이 되면, 선생님은 많이 실망을 하게 됩니다. 그러나 아이가 번듯하게 잘 자라서 사람들에게 큰 유익을 끼치는 성공적인 인생을 살아가는 것을 보면, 선생님은 "내가 저 아이를 키웠어"라고 자랑스럽게 말할 수 있기 때문에 아주 행복해합니다. 학생들의 성공은 선생님에게는 명예와 자랑거리가 됩니다. 따라서 다윗이 하나님께서 자기를 가르치셨다고 말하는 것은 하나님께 영광과 존귀를 돌려드리기 위한 것입니다. 다윗은 자신이 하나님의 덕을 너무나 많이 보았다는 것을 알고 있었기 때문에 그렇게 말하지 않을 수 없었습니다. 그는 이렇게 말하는 듯합니다: "하나님, 내가 어떤 것들을 배웠다면, 즉 내가 거인 골리앗과 어떻게 싸워야 하는지를 배우고, 고통과 괴로움을 어떻게 견뎌내야 하는지를 배우고, 어떻게 기도해야 하는지를 배우고, 어떻게 말하고 어떻게 왕 노릇을 해야 하는지를 배웠다면, 나는 그 모든 것들을 하나님에게서 배운 것입니다. 나는 학생이었고, 하나님은 선생님이셨습니다. 하나님의 이름에 모든 찬송을 돌려드립니다." 자, 그러면 오늘 설교의 서론은 이 정도에서 끝마치고자 합니다. 오늘은 춥고 습기 찬 밤입니다. 이런 때에는 사람들이 야외에 나가 있는 것을 좋아하지 않습니다. 이제 우리는 문고리를 잡고 문을 열고서 오늘의 설교 안으로 들어가겠습니다.

1. 첫째로, 우리가 본문 속으로 들어가자마자 맨 처음 보게 되는 것은 위대한 선생님입니다.

누가 선생님입니까? 다윗은 "하나님이여 나를 어려서부터 교훈하셨으므로"라고 말합니다. 누가 다윗을 가르치셨습니까?

아이들: 하나님이요!

스펄전 목사: 그렇습니다. 맞습니다. 하나님이 다윗의 선생님이셨습니다. 다윗은 본문에서 "하나님이여 나를 어려서부터 교훈하셨으므로"라고 말합니다. 의심할 여지 없이 다윗에게는 다른 선생님들도 있었을 것이지만, 만일 그가 하나님에게서 가르침을 받지 않았더라면, 다른 선생님들은 그에게 별 소용이 없었을 것입니다.

하나님이 선생님이시라면, 우리가 가장 먼저 알아차리게 되는 것은 하나님은 유능한 선생님이시라는 것입니다. 다윗은 좋은 어머니의 가르침을 받았습니다. 나는 다윗에게 경건한 어머니가 계셨다는 것을 압니다. 왜냐하면, 그는 "여호와여 나는 진실로 주의 종이요 주의 여종의 아들 곧 주의 종이라"(시 116:16)고 말하고 있기 때문입니다. 다윗은 자신의 어머니를 "주의 여종"이라고 부르는데, 이것은 그녀가 하나님의 종들 중 한 사람이었다는 것을 보여줍니다. 다윗이 아주 어릴 때부터, 그녀는 그를 자신의 무릎에 앉혀 놓고서 그에게 하나님의 말씀을 가르쳤을 것이 틀림없습니다. 왜냐하면, 그가 나중에 하나님의 말씀에 대한 지극한 사랑을 지니게 된 것은 아주 어릴 때부터 하나님의 말씀을 사랑하는 마음을 지녔던 까닭이었을 것이기 때문입니다. 다윗이 조금 큰 후에는 틀림없이 그의 아버지가 그를 가르쳤을 것입니다. 다윗의 아버지의 이름이 무엇이었습니까?

아이들: 이새요!

스펄전 목사: 정답입니다. 우리는 이새도 하나님의 백성 중의 한 사람으로서 분명히 자기 아들을 지혜롭게 가르치고 "마땅히 행할 길"을 가르쳤을 것이라고 믿습니다. 나는 다윗을 가르친 또다른 인물이 있었다고 생각하는데, 그 인물은 바로 선지자 사무엘이었습니다. 여러분은 다윗이 아직 어릴 때에 사무엘로부터 기름 부음을 받았다는 사실을 기억하실 것입니다. 사무엘은 다윗의 머리에 기름을 붓고서, 그가 언젠가는 하나님의 백성을 다스리는 왕이 될 것이라고 말해 주었습니다. 나는 사무엘이 다윗에게 하나님의 뜻이 무엇인지를 말해주고, 그가 장차 왕이 되었을 때에 하나님의 선하신 뜻을 올바르게 행하도록 하기 위하여, 거기에 맞춰서 그를 훈련시키고자 애썼을 것이라고 확신합니다. 그러나 만일 하나님께서 다윗을 가르치지 않으셨다면, 그의 어머니와 아버지, 선지자 사무엘 같은 이 모든 선생님들은 그를 가르칠 수 없었을 것입니다. 사랑하는 어린이 여러분, 여러분의 선생님들은 아무리 선하고 인자하시다고 하여도 단지 여러분의 귀까지밖에는 다가갈 수 없지만, 하나님은 여러분의 마음에 다가가실 수 있습니다. 그리고 여러분의 마음이야말로 반드시 가르침을 받아야 할 곳입니다. 내 시계가 고장이 나서 가지 않는다고 합시다. 내가 그 시계를 열고 고칠 수 있습니까? 내가 할 수 있는 일이라고는 고작해야 겉에 있는 금을 광내거나 유리를 깨끗하게 하는 것뿐인데, 그런 것으로는 고장난 시계가 다시 가게 할 수 없습니다. 고장난 시계를 고쳐서 잘 가게 하기 위해서는 그 안을 들여다보고서 톱니바퀴나 태엽이 잘 돌아가는지를 점검해 볼 수 있는 시계수리공을 찾아가야 합니다. 마찬가지로, 하나님이 도우시지 않으시면, 여러분의 선생님들은 여러분의 안을 원하는 대로 살필 수가 없습니다. 그러나 하나님께서는 시계의 태엽 같은 여러분의 마음속에 있는 것들에 접근하실 수 있습니다. 하나님은 시계의 톱니바퀴 같은 우리의 생각과 감정에 접근하실 수 있습니다. 사랑하는 어린이 여러분, 하나

님은 유능한 선생님이시기 때문에, 여러분은 어릴 때부터 하나님의 가르침을 받을 수 있을 것이라고 나는 믿습니다.

다음으로 말씀드릴 것은 하나님은 겸손하신 선생님이시라는 것입니다. 여러분은 이 점에 대해서 생각해 본 적이 있습니까? 크신 하나님께서는 저 푸른 하늘을 비롯해서 해와 달, 밤에 보이는 온갖 밝은 별들을 지으셨습니다. 하나님은 큰 산들을 쌓아올리셨고, 자신의 손바닥으로 물을 떠서서 큰 바다들에 부으셨습니다. 하나님은 아주 크시기 때문에, 이 세상의 모든 것들은 하나님에 비하면 아무것도 아닙니다. 그런데 그런 하나님이 자신을 낮추셔서 아이들을 가르치시는 것입니다! 하나님께서는 자신의 허리를 굽히시고서 다윗을 가르치셨습니다. 다윗은 "하나님이여 나를 어려서부터 교훈하셨으므로"라고 말합니다. 만일 여왕께서 여러분에게 수업을 가르치신다면, 여러분, 특히 소녀들은 학교에 가고 싶어 하지 않겠습니까? 만일 여왕께서 수업을 가르치신다면, 런던에 있는 거의 모든 젊은 숙녀들과 어린 소녀들이 몰려들어서 그 교실은 메어터질 것입니다. 여러분은 여왕 폐하의 가르침을 받는 것을 큰 영광으로 생각할 것입니다. 그런데 하나님께서 가르치실 때, 그것은 하나님께서 여러분을 너무나 사랑하시는 까닭에 자기 자신을 놀라울 정도로 낮추셔서 여러분을 가르치시는 것입니다. 세상을 창조하시고 자신의 영원하신 능력으로 만물을 붙들고 계시는 하나님께서 자신을 지극히 낮추셔서 어린 아이들의 선생님이 되시는 것입니다. "하나님이여 나를 어려서부터 교훈하셨으므로." 아마 여러분은 저 거룩한 인물인 존 엘리엇(John Eliot) 목사님에 대해 들어 본 적이 있을 것입니다. 그 목사님은 자신의 조국에서의 편안한 삶을 버리고 북아메리카 원주민들 속으로 들어가셔서 그들에게 복음을 전하며 일생을 사셨습니다. 목사님이 병이 들어 거의 죽게 되셨을 때에 초가집의 딱딱한 침상 위에 누워 계셨습니다. 여러분은 그 목사님이 마지막으로 하신 일이 무엇이었을 것이라고 생각합니까? 목사님은 신약성경을 들고 원주민 꼬마 아이에게 알파벳을 가르치시면서, 그 아이에게 하나님의 거룩한 말씀에 나오는 간단한 본문을 손으로 쓰게 하고 계셨습니다. 누군가가 "아니, 훌륭하신 선교사님께서 붉은 얼굴과 구릿빛 몸을 지닌 꼬마 아이를 가르치시다니요?"라고 말했더니, 엘리엇 목사님은 이렇게 대답하셨답니다: "나는 내가 쓸데없이 허송세월하며 사는 일이 없게 해주시라고 하나님께 기도해 왔습니다. 지금은 내가 사람들에게 공개적으로 말씀을 전할 수 없게 되어서, 이 작은 꼬마 아이에게 예수 그리스도를 가르치고 있는 것입니다." 하나님의 종인 이 목사님의 겸손이 이 정도였으니, 모든 별들의 이름을 각각 불러 잘 운행하게 하시는 크신 하나님이 자신을 낮추어서 우리를 가르치시는 것이 얼마마한 겸손인지를 생각해 보십시오. 사랑하는 어린이 여러분, 하나님에게서 가르침 받는 것을 거절하지 마십시오. 도리어, "나의 아버지 하나님, 내 어린 시절의 인도자가 되어 주세요"라고 말할 수 있도록 결심하기를 바랍니다. 하나님께 여러분을 가르쳐 주시기를 부탁드리십시오. 그러면 하나님께서는 다윗을 가르치셨던 것처럼 여러분도 기꺼이 가르치고자 하실 것입니다.

내가 다음으로 말하고 싶은 것은 하나님은 사랑이 충만하신 선생님이시라는 것입니다. 주일학교에 다니는 여러분은 늘 미소를 띤 선생님을 좋아한다는 것을 나는 압니다. 아주 까다롭고 성미 급하며 여러분의 뺨을 때리는 선생님은 절대로 원하지 않을 것입니다. 여러분은 아주 인자한 선생님을 원합니다. 그런데 하나님은 우리에게 얼마나 인자하시고 자애로우시며 얼마나 많이 우리를 불쌍히 여겨 주시고 많이 참아 주시는지 모릅니다. 어떤 좋은 어머니가 어린 딸에게 수없이 반복해서 한 가지 교훈을 가르치고 있었습니다. 19번이나 20번쯤 반복해서 가르친 것으로 보였습니다. 그러자 어떤 사람이 "당신은 어떻게 아이에게 똑같은 것을 20번이나 반복해서 가르칠 만한 인내심을 갖고 계실 수 있는 것인가요?"라고 물었더니, 그녀는 "19번으로는 부족해서 20번 가르친 것뿐입니다"라고 대답했답니다. 그런데 우리 하나님은 단지 우리에게 20번 가르치실 뿐만 아니라, 필요하다면 2만 번이나 반복해서 가르치십니다. 하나님께서는 선지자들을 보내서, "대저 경계에 경계를 더하며 경계에 경계를 더하며 교훈에 교훈을 더하며 교훈에 교훈을 더하되 여기서도 조금, 저기서도 조금"(사 28:10) 그렇게 우리가 알아들을 때까지 가르치십니다. 하나님은 우리가 아주 어릴 때부터 계속해서 큰 인내심을 가지시고서 우리를 가르쳐 오셨는데도, 우리는 너무나 악하거나 생각이 없어서, 매번 그 가르치심을 거의 듣자마자 잊어버립니다. 그리고서는 하나님께서 하지 말라고 하신 잘못된 일들을 계속해서 행하고, 하라고 명하신 옳은 일들은 다 잊어버립니다. 그렇지만 하나님은 우리를 죽도록 때리지 않으십니다. 하나님께서는 여전히 계속해서 자신의 책과 성령, 목회자들과 교사들을 통해서 수없이 다양한 방식으로 주일에나 평일에나 우리에게 말씀을 들려주시고 우리를 가르치십니다. 주 우리 하나님은 얼마나 인자하시고 오래 참으시는 선생님이십니까! 그러나 나는 어느 하나에 대해서 오래 다룰 수 없기 때문에 이 정도로 해두고 다음으로 넘어가겠습니다.

다음으로 말씀드릴 것은 하나님은 지혜로우신 선생님이시라는 것입니다. 여러분은 하나님이 얼마나 지혜로우신 선생님이신지에 대해서 생각해 본 적이 있습니까? 나는 여러분에게 하나님이 매우 지혜로우시다는 것을 증명해 보이고자 합니다. 여러분은 하나님이 사람만이 아니라 짐승도 가르치실 수 있으시다는 것을 압니까? 여러분은 비버라는 동물을 본 적이 있습니까? 아마도 여러분 중에는 동물원에서 비버를 본 사람도 있을 것입니다. 비버는 납작한 꼬리를 가지고 있고, 마치 미장이들이 사용하는 흙손처럼 그 꼬리를 사용합니다. 그래서 비버는 나무들을 물어뜯어서 조각을 입에 물고 강으로 내려가서 거기에 집을 짓습니다. 사람들은 그 누구도 비버가 자신에게 꼭 맞게 짓는 그런 집을 지을 수 없습니다. 그들은 마치 미장이에게 배운 것처럼 나뭇조각들에 회칠을 해서 아주 정교하게 집을 만듭니다. 누가 비버에게 집 짓는 법을 가르쳤습니까? 두말 할 필요도 없이 하나님이십니다! 하나님께서는 자신이 지으신 동물들을 가르치실 수 있을 정도로 지혜로우신 분입니다. 비버에게 집 짓는 법을 가르치신 하나님은 얼마나 지혜로우신 분이시겠습니까! 또한, 하나님은 짐승들만이 아니라 물고기도 가르치십니다. 나는 하나님처럼 물고기를 가르칠 수 있는 사람에 대해서 한 번도 들어본 적이 없습니다. 바다의 물고기들은 자신들이 어느 달 어느 날에 영국의 해안으로 돌아가야 하는지를 정확히 알고 있습니다. 아무도 종을 울려서 청어나 고등어에게 "지금은 어느 달 어느 날이니 해안으로 돌아가야 한다"고 알려주지 않는데도, 그 물고기들은 정확히 어느 때가 되면 해안으로 돌아옵니다. 그리고 돌아갈 때가 되면 정확히 그 때에 맞춰서 돌아갑니다. 물고기들은 자신들이 해야 할 모든 것들을 다 이해하고 있는 듯이 보입니다. 하나님께서 바다의 물고기도 가르치실 수 있으시다면, 하나님은 지극히 지혜로우신 선생님이심에 틀림없습니다.

오래 전에 케임브리지에 아주 지혜로운 현자가 한 분 살고 있었는데, 그는 학생들에게 라틴어와 헬라어를 비롯해서 거기에 살고 있던 사람들에게 매우 낯선 많은 것들을 가르쳤다고 합니다. 온갖 종류들에 대하여 박식하고 별에 대해서도 어느 정도 식견이 있고, 모든 것을 아는 기인이 있다는 소문이 널리 퍼져 나갔습니다. 유럽 전역에서 젊은이들이 그 사람에게로 몰려들기 시작하였고, 이것이 케임브리지 대학이 생기게 된 계기가 되었습니다. 그 사람의 학식에 대한 명성이 그의 제자가 되어 배우기를 원하는 사람들을 끌어모으게 된 것입니다. 마찬가지로, 하나님께서 짐승과 물고기조차 가르치실 수 있으시다는 것을 들었을 때, 이 자리에 있는 소년소녀들은 물론이고 성인들까지도 "하나님, 우리가 하나님의 학교에서 배우는 학생들이 되고 싶습니다"라고 말하는 것이 마땅할 것입니다. 사실 저기에 계시는 나의 사랑하는 친구인 존슨 목사님은 아주 좋은 선생님이시기 때문에, 지금도 소년소녀들이 이 주일학교를 꽉 채우고 있습니다. 만일 존슨 목사님이 나쁜 선생님이었다면, 지금 이 자리에 있는 소년소녀들의 절반도 여기에 있지 않았을 것입니다. 좋은 선생님은 반드시 학생들을 끌어모읍니다. 그런데 하나님은 가장 좋으시고 지혜로우신 선생님이십니다. 하나님의 은혜가 여러분을 하나님의 학교로 이끌어서, 여러분이 다윗처럼 "하나님이여 나를 어려서부터 교훈하셨으므로"라고 말할 수 있게 되기를 빕니다.

　첫 번째 대지와 관련해서 한 가지만 더 말씀드리고 끝낼 것이니 지루해하지 마시기 바랍니다. 하나님은 꼭 필요한 선생님이십니다. 하나님에게서 가르침을 받는 것은 우리 모두에게 진정으로 꼭 필요한 일입니다. 왜냐하면, 우리가 하나님에게서 가르침 받지 않는다면, 다른 누군가가 우리를 가르칠 것이고, 다른 누군가로부터 가르침을 받게 될 때에 우리의 영혼은 영원히 망하게 될 것이기 때문입니다. 나는 몇 년 전에 서글픈 광경을 본 적이 있습니다. 그런데 사실 나는 그런 비슷한 광경을 비일비재하게 보아 왔습니다. 어떤 목사님이 한 집을 방문했다가 여자가 아주 서럽게 울고 있는 것을 보았는데, 그 여자는 위로 받기를 거절하였습니다. 목사님이 "여사님, 무슨 일 있으십니까?"라고 묻자, 그녀는 "오, 내 아들아, 내 아들아, 내 아들아!"라고 대답하였습니다. "아드님이 아픈가요?" "아니요, 목사님, 그것보다 더 나쁜 일이 생겼어요!" "아드님이 죽었나요?" "그것보다 더 나쁜 일이요." "도대체 무슨 일입니까?" "오, 내 아들아, 내 아들아!" "아드님이 지금 어디 있나요?" "오, 목사님, 물건을 훔치다가 지금 감옥에 있어요. 다내 잘못입니다!" 목사님이 "일이 어떻게 된 것입니까?"라고 물었습니다. "내가 그아이를 극장에 데려갔는데, 세상에 아이들이 나쁜 짓을 배울 수 있는 곳이 있다면, 그 곳은 바로 거기예요!" 이렇게 말하고는 그녀는 다시 울기 시작했습니다. "내가 그 아이를 극장에 데려간 것이 그 아이가 자신의 인생을 망친 계기가 된 거죠. 이제 내 아이는 망했어요." 여러분이 하나님께로 나와서 가르침 받지 않는다면, 마귀가 여러분을 가르치게 될 것입니다. 여러분은 마귀가 무수한 선생들을 자기 휘하에 거느리고 있다는 사실을 압니까? 주일학교에서도 마귀가 부리는 선생들을 볼 수 있습니다. 다른 소년소녀들에게 나쁜 짓을 가르치는 악한 소년소녀들이 바로 그 선생들입니다. 마귀는 주일학교에서 아주 작은 꼬마 아이를 꼬드겨서 선생으로 삼아서 부릴 수 있습니다. 마귀는 "이리 와 봐라, 내가 너를 가르칠게"라고 말합니다. 마귀는 그 소년에게 악한 말을 하고 나쁜 짓을 하도록 가르친 다음에 보내서 다른 소년들에게도 그런 것들을 가르치게 합니다. 나쁜 소년은, 전염병에 걸린 채로 양 무리 속으로 들어온 양과 같아서, 그 전염병은 다른 양들에게 급속히 퍼져나갑니다:

"한 마리 병든 양이 양 무리 전체를 감염시키고
다른 모든 양에게 해독을 끼쳐 망쳐 놓습니다."

그러나 하나님을 우리의 선생님으로 모신다면, 우리는 죄 짓는 법이 아니라 온갖 선한 일을 하는 법을 가르침 받게 될 것입니다.

2. 둘째로, 크신 선생님이 다윗에게 가르치신 교훈들은 무엇이었습니까?

하나님께서 다윗에게 가르치신 교훈들 중 하나는 자신의 영혼을 소중히 여기는 것이었습니다. 우리는 모두 이 교훈을 배울 필요가 있습니다. 일반적으로 우리는 우리의 몸을 소중히 여기고 잘 보살피려 합니다. 그렇게 하는 것은 어느 정도까지는 옳습니다. 우리 중에는 거울을 보는 것을 좋아하는 사람들이 있습니다. 우리 자신이 꽤 예쁘다고 생각하기 때문입니다. 그러나 다른 것들에서와 마찬가지로 그 거울 속에도 위험이 도사리고 있습니다. 소년들이 깨끗하게 씻고 다니면 보기가 좋고, 늘 단정한 모습을 하고 있으면 좋아 보입니다. 소녀들이 옷을 너무 잘 입고 다니는 것은 보기가 별로 좋지 않지만, 단정하고 깔끔하게 입고 다니는 모습은 보기가 좋습니다. 하지만 결국 여러분이 알 듯이, 몸은 단지 껍데기일 뿐이고, 진짜 알맹이는 그 속에 있습니다. 우리가 정말 관심을 가지고 살펴야 할 것은 몸이 아니라 영혼입니다. 얼마 전에 큰 불이 났었습니다. 그 통에 길거리에는 한 바탕 큰 소동이 일어났습니다. 소방차들이 오고, 불 난 집 주변에는 사람들이 몰려들었습니다. 그때 한 여자가 울먹이며 큰 소리로 이렇게 말하는

것이 들렸습니다: "와서 나 좀 도와주세요! 제발 여기로 와서 나 좀 도와 주세요! 내가 집에서 물건을 꺼낼 수 있도록 도와주세요." 그녀는 아래층에서 침대를 꺼내고, 상자 하나를 가져오고, 장신구들과 보석을 꺼내오는 등 불 속에서 할 수 있는 한 모든 것을 꺼낸 후에, "이렇게 많은 것을 건졌으니 나는 운이 좋은 것 아닌가?"라고 혼잣말을 했습니다. 불은 계속해서 타올랐고, 집은 뿌지직 소리를 내며 무너져 내리고 있었으며, 모든 것이 불타고 있었습니다. 그때 갑자기 그 여자가 소스라치게 놀라서 "아, 이런! 내 아이는 어디 있지?"라고 소리쳤습니다. 이웃 사람들이 "뭐예요? 당신 아이를 제일 먼저 생각했어야 할 것 아니예요?"라고 야단을 쳤습니다. 그녀는 "내가 정말 어리석은 여자네, 이런 하찮은 것들을 건지자고 내 소중한 아이를 까맣게 잊고 있었다니!"라고 말했습니다. 이 여자는 자신의 몸에만 관심을 두고 살아가는 사람과 같습니다. 그런 사람은 "무엇을 먹을까 무엇을 마실까 몸을 위하여 무엇을 입을까"(마 6:25)를 염려하며 살아가다가 죽을 때가 되면 이렇게 말하게 될 것입니다: "오, 이런! 내가 내 영혼을 잊고 살아 왔다니. 이제 내 영혼은 결코 꺼지지 않고 영원히 활활 타오르는 불 속으로 던져져서 영원토록 고통을 당하게 될 것이 틀림없어." 사랑하는 어린이 여러분, 나는 하나님께서 주일학교를 통해서 여러분에게 영혼이 잘되는 것에 관심을 갖도록 가르치시고, 천하를 얻는다고 해도 여러분의 영혼을 잃어버리면 아무런 소용이 없다는 것을 기억하도록 가르치시기를 소망합니다.

　　하나님이 다윗에게 가르치신 또 한 가지 교훈은 세상을 제대로 평가하는 것이었습니다. 다윗이 "여러 사람의 말이 우리에게 선을 보일 자 누구뇨 하오니 여호와여 주의 얼굴을 들어 우리에게 비추소서"(시 4:6)라고 말하고 나서, 또다시 "하늘에서는 주 외에 누가 내게 있으리요 땅에서는 주 밖에 내가 사모할 이 없나이다"(시 73:25)라고 말하는 것으로 보아서, 나는 그가 세상을 제대로 평가했다고 확신합니다. 젊은 사람들은 일반적으로 이 세상에 대하여 생각합니다. 이제 내가 여러분에게 한 가지 이야기를 들려드리고 나서 질문 한 가지를 하고자 합니다. 복숭아 바구니를 든 한 작은 소년이 철길을 건너야 했습니다. 철길을 건너는 순간 그 소년은 기차에 치여 산산조각이 나고 말았습니다. 한 작은 소녀가 이 이야기를 듣더니 한 가지 질문을 했습니다. 그 소녀가 한 질문은 여러분이 도저히 짐작할 수도 없을 정도로 어처구니없는 질문이었기 때문에, 아마도 여러분은 그 질문을 추측할 수 없을 것이라고 나는 생각합니다. 어머니로부터 기차에 치여 산산조각이 나버린 작은 소년에 대한 이야기를 듣고서 그 소녀가 한 질문은 "엄마, 복숭아는 어떻게 됐어요?"였습니다. 정말 어처구니없는 질문이지요? 나는 하나님과 그리스도 없이 살다가 죽은 사람들에 대하여 흔히 그들의 "몸값"이 2만 파운드네 5만 파운드네 하는 말들을 듣습니다. 그리고 사람들은 그 죽은 사람이 "유산을 얼마나 남겼데요?"라고 묻습니다. 여러분은 사람들의 그러한 질문이 정말 어처구니없다고 생각하지 않습니까? 사람들은 "그 사람의 영혼은 어떻게 된 거죠? 그의 영원히 죽지 않는 영혼은 어디에 있는 거죠?"라고 질문하지 않고, 오직 유산을 얼마나 남겼느냐가 중요하다는 듯이 그런 질문을 하는 것입니다. 아까 앞에서 말한 기차에 치인 소년은 그가 들고 있던 복숭아 바구니보다 이루 말할 수 없이 더 중요했습니다. 그리고 여러분이 이 세상에서 얻을 수 있는 모든 것을 다 얻었다고 해도, 그것은 진정한 여러분 자신인 여러분의 영혼에 비하면 아무것도 아닙니다. 그래서 나는 여러분이 하나님의 은혜의 가르침을 받아서 이 세상을 올바르게 제대로 평가하는 법을 배워서 이 세상과 이 세상에 속한 것들이 여러분의 영혼을 구원하는 일에 비하면 아무것도 아니라는 것을 알게 되기를 소망합니다.

다윗이 하나님에게서 배운 또다른 한 가지는 자신의 죄를 보는 것이었습니다. 나는 여러분이 주일학교 시간에 시편 51편을 읽었다는 것을 압니다. 그 시편에서 다윗은 자신의 죄에 대하여 얼마나 많이 얘기합니까! 다윗은 "내 죄가 항상 내 앞에 있나이다"(3절)라고 말합니다. 이것은 이 자리에 있는 모든 소년소녀들이 천국에 들어가고 싶다면 반드시 배워야 할 교훈들 중의 하나입니다. 여러분은 자신이 죄인이라는 것을 배워서, 그런 사실을 깨닫고서 하나님 앞에서 슬퍼하며 부르짖어야 합니다. 지난 주일에 나는 런던의 서쪽 끝에서 두 병사가 총검을 꽂은 채로 중앙에 있는 어떤 사람의 좌우편에서 걷고 있는 것을 보았습니다. 중앙에서 걸어가고 있던 사람은 손목까지 내려오는 외투를 걸치고 있었습니다. 나는 이 광경이 무엇을 의미하는지를 알았습니다. 그 사람은 수갑을 차고 있었던 것입니다. 그는 탈영했다가 붙잡혀서 수갑을 차고 있었고, 사람들이 자신의 수갑 찬 모습을 보지 못하도록 동료 병사들에게 부탁해서 긴 외투를 입어 그 사실을 감추고자 했던 것이었습니다. 나는 그 사람이 그렇게 한 것에 대해 책망할 생각이 없습니다. 그러나 여러분이 알아야 할 것은 사람들은 모두 태어나면서부터 사슬에 묶여 살아가는 노예들임에도 불구하고, 마귀는 그 사슬 위에 뭔가를 덮어서, 사람들이 자신의 사슬을 보지 못하게 하여, 사람들로 하여금 자신들이 사실은 최악의 노예로 살아가면서도 마치 자유인인 것처럼 착각하고 살아가도록 해놓았다는 것입니다. 여러분이 배울 수 있는 최고의 교훈들 중의 하나는 여러분이 노예이기 때문에 여러분을 자유롭게 해줄 수 있는 누군가를 필요로 한다는 사실을 아는 것입니다. 여러분의 영혼이 병들어 있어서 고침을 받을 필요가 있다는 것을 깨달아야 한다는 것입니다. 하나님의 성령께서 이러한 사실을 어릴 때에 여러분에게 가르치시기를 빕니다.

그러나 하나님이 다윗에게 가르치신 교훈들 중에서 한층 더 유익한 교훈은 그의 모든 죄를 어디에서 고침 받을 수 있는지를 알게 해주신 것이었습니다. 시편 51편을 읽으면, 여러분은 다윗이 "우슬초로 나를 정결하게 하소서 내가 정하리이다 나의 죄를 씻어 주소서 내가 눈보다 희리이다"(7절)라고 말하는 것을 들을 수 있습니다. 다윗은 예수 그리스도의 피가 자신의 죄를 제거할 수 있다는 것을 알았습니다. 나는 이집트에 사는 "몽구스"라 불리는 족제비 비슷한 작은 동물은 뱀을 잡아먹고 살아간다는 말을 들은 적이 있습니다. 이 동물은 사람들에게 치명적인 해를 끼치는 뱀들을 없애주기 때문에 매우 유익한 작은 동물입니다. 그러나 종종 거꾸로 뱀들이 이 몽구스를 물어서 죽이는 일이 벌어진다고 합니다. 이 이야기의 핵심은 이제부터입니다. 이집트의 강변에는 뱀에 물렸을 때에 바르면 낫는 풀이 자라고 있어서, 몽구스는 뱀에 물려서 독이 퍼지는 것을 느끼자마자 이 풀이 있는 곳으로 달려가서 그 풀을 씹어 먹고 즉시 낫는답니다. 이 이야기가 사실이든 아니든 그런 것과는 상관 없이, 틀림없는 사실은 여러분과 내가 옛 뱀인 사탄에게 물렸고, 그 뱀에게 물린 데에는 주 예수 그리스도가 "특효약"이라는 것입니다. 우리가 그리스도께로 가서 그가 주시는 것을 먹으면, 죄로 인한 모든 상처는 곧 낫게 됩니다.

이상의 교훈들은 다윗이 하나님에게서 배운 지극히 선한 교훈들이었습니다. 나는 그 교훈들이 어떤 것들이었는지를 여러분에게 다시 한 번 상기시키고자 합니다. 하나님께서는 다윗에게 자신의 영혼을 소중히 여겨야 한다는 것, 세상을 올바르게 제대로 평가해야 한다는 것, 자신의 죄를 보아야 한다는 것, 그리고 그 죄를 어디에서 고쳐야 하는지를 가르치셨습니다. 다윗이 배운 또 한 가지 교훈은 하나님이 보시는 앞에서 살아가는 것처럼 살아가야 한다는 것이었습니다. 다윗은 자신이 쓴 시편들 곳곳에서 하나님이 자기를 보고 계시다는 것에 대하여 얼마나 기가 막히게 표현하고 있는지 모릅니다! 내가 이 자리에서 내 눈으로 보고 있는 많은 소년들 만한 나이였을 때, 내 아버지께서는 내게 저 아주 긴 시편 139편을 암송하게 하셨는데, 와츠(Watts) 박사님은 이 시편에는 하나님이 어느 곳에나 계시고 모든 사람을 보실 수 있으시다는 위대한 진리가 표현되어 있다고 다음과 같이 노래합니다:

"내가 아침 햇살을 타고
　서쪽 바다 위로 날아오르면,
　주의 더 빠른 손은 먼저 거기에 와 있어서
　거기에서 주께로부터 도망한 나를 붙잡으시네.

　내가 주의 낯을 피하려
　밤이 펼쳐놓은 장막 뒤로 숨으면
　주의 눈빛 하나, 모든 것을 꿰뚫는 빛줄기 하나가
　어둠을 불 밝혀 낮이 되게 하시네.

　밤의 장막은 모든 것을 꿰뚫어보시는 주의 눈앞에서
　위장막이 될 수 없고 가림막이 될 수 없다네.
　주의 손은 캄캄한 한밤중에도
　환한 대낮처럼 주의 원수들을 붙잡으실 수 있으시다네.

　내가 돌아다니든지 한 곳에 앉아 쉬든지
　내 마음이 이 사실을 꼭 품고 있길 바라네.
　하나님이 어디에나 계시니
　나의 연약한 감정이 죄에 동의하지 않으리."

　다윗이 배운 또다른 교훈은 **죽음을 준비하는 법**을 배웠다는 것입니다. 우리는 모두 죽어야 하기 때문에, 이것은 사람이 배울 수 있는 가장 큰 교훈들 중의 하나입니다. 왕이자 위대한 전사였던 한 위대한 왕이 있었는데, 그의 이름은 살라딘이었습니다. 그는 자신의 장막에서 심하게 병을 앓고 있었을 때에 주변에 모여 있던 휘하 장수들에게 "나의 전사들이 전쟁의 날에 도열할 때마다 늘 그 중심이 되었던 초승달 군기를 가져오라"고 말했답니다. 그래서 장수들은 긴 창 위에 달려 있던 그 군기를 가져와서는 왕 앞에서 펄럭여 보였습니다. 그러자 왕은 이렇게 말했습니다: "그 군기를 내려라. 그 군기는 내가 죽고 나서 나의 시신을 싸려고 준비해 둔 수의다. 이제 그 긴 창 위에 군기 대신 수의를 달아라." 그들은 왕의 명령대로 그렇게 하였습니다. 왕이 마지막으로 한 말은 이것이었습니다: "창 위에 저 수의를 매달고서 이제 이 도시의 모든 거리를 돌며 '이것이 천하무적 살라딘이 남긴 모든 것이다'라고 큰 소리로 외쳐라." 이것은 우리 모두에 대하여 할 말입니다: "이것이 아름다운 머리채를 지녔던 저 예쁜 소녀가 남긴 모든 것이다." "이것이 전에 늘 기쁨과 웃음이 가득했던 저 준수한 소년이 남긴 모든 것이다." "이것이 그토록 지혜롭고 박식했던 저 백발의 노신사가 남긴 모든 것이다." "이것이 막대한 부를 모은 저 상인이 남긴 모든 것이다." "이것이 유창한 언변으로 모든 사람을 사로잡았던 저 설교자가 남긴 모든 것이다." 우리는 이 세상을 뒤로 하고 더 좋은 땅으로 가라는 호출이 올 때에 아주 기꺼이 갈 수 있는 준비를 해두어야 합니다.

3. 셋째로, 다윗이라는 학생이 언제 학교에 다녔느냐 하는 것입니다.

나는 학교에 다녀야 할 소년들이 단 한 사람도 너무 늦게 취학하는 일이 없기를 바랍니다. 사람들은 "학교에 가서 뭐해, 돈 벌어야지"라고 말하지 않습니까? "늦깎이 학생"이라는 말도 있습니다. 학교에 늦게 들어가는 것은 좋은 것이 아닙니다. 하나님의 학교도 너무 늦게 다니는 사람들은 결코 썩 좋은 학생들이 아닙니다. 본문을 보면, 다윗은 하나님의 학교에 언제 다녔습니까?

아이들: "어려서요."

스펄전 목사: 맞습니다. 어려서 다녔습니다. 다윗은 "하나님이여 나를 어려서부터 교훈하셨으므로"라고 말합니다. 그는 어린 시절에 학교에 다녔습니다. 이렇게 일찍부터 학교에 다닌 것은 그가 아주 좋은 학생이 된 이유들 중 하나였습니다. 왜 우리는 일찍부터 하나님의 학교에 다녀야 하는 것일까요? 우리가 그렇게 해야 하는 이유는 하나님의 학교는 아주 행복한 학교이기 때문이라고 나는 생각합니다. 지난날의 학교는 아주 형편없는 곳이 많았습니다만, 요즘에는 정말이지 내가 다시 학교를 다니고 싶을 정도로 좋아졌습니다. 얼마 전에 나는 버로우

로드 초등학교에 갔다가 매점에 들러보니 학용품을 비롯해서 많은 것들을 팔았습니다. 매점 점원이 내게 "어떤 것을 사시겠습니까?"라고 물어서, 내가 "그것들이 무엇이죠?"라고 되물으니, 상자를 열어 보여주었습니다. "그것들은 장난감이 아닌가요?"라는 나의 물음에 그는 "아니요, 이것들은 유치원 수업에서 사용되는 보조교재들입니다"라고 대답했습니다. 내가 "그것들을 사서 집에 가져가면, 우리 아이들이 장난감으로 알고 그걸 가지고 게임을 하겠는데요"라고 말하자, 그는 "그렇겠죠, 하지만 이것들은 유치원에서 아이들이 놀면서 배울 수 있도록 고안된 부교재들이어서, 이제는 아이들이 배우면서 놀 수가 있죠"라고 말했습니다. 그때에 나는 그런 식으로 배울 수 있다면 나도 다시 한 번 학교에 다니고 싶다는 생각이 들었습니다. 하나님의 학교에 다니는 사람들은 아이들이 장난감을 가지고 놀 때보다 훨씬 더 행복해하게 됩니다. 하나님은 그들에게 진정한 즐거움을 주십니다. 여기 시가 하나 있는데, 여러분 중에서 이 시를 아는 사람이 얼마나 될는지 모르겠군요. 내가 한 행을 읽으면, 여러분이 다음 행을 읽으시기 바랍니다.

> 스펄전 목사: "우리가 살아 있는 동안에 가장 달콤한 즐거움을."
> 아이들: "줄 수 있는 것은 바로 신앙이라네."
> 스펄전 목사: "우리가 죽을 때에 가장 확실한 위로를."
> 아이들: "줄 수 있는 것도 신앙이라네."

소년소녀들이 아주 일찍부터 하나님의 학교에 다녀야 하는 또다른 이유는 그렇게 하면 나중에 후회할 일이 별로 많지 않게 될 것이기 때문입니다. 지난 2주간 동안 나는 두세 번 믿음 좋은 분들이 성전에서 이렇게 기도하는 소리를 들었습니다: "하나님, 나의 사랑하는 아이들을 구원하여 주소서. 그들은 나처럼 죄에 빠지지 않게 하셔서 나처럼 후회할 것들이 너무 많아 눈물 흘리며 사는 일이 없게 하여 주소서." 아마도 그분들은 이 자리에 있는 여러분 중의 누군가의 아버지이셨을 것입니다. 만약 그분들이 오늘 이 자리에 있었다면, "사랑하는 아들과 딸아, 나중에 너희 눈에 눈물이 나게 할 죄악에 빠지지 말거라"고 말했을 것입니다. 다음 이야기는 내가 무엇을 말하고자 하는지를 여러분에게 잘 보여줄 것입니다. 한 아이의 아버지가 한번은 아들에게 이렇게 말했답니다: "존, 네가 네 자신을 조금 보게 만들려고 내가 무엇을 하려 하는지를 말하고자 한다. 네가 잘못을 할 때마다 나는 저 기둥에 못을 하나씩 박고, 네가 착한 아이가 되어 옳은 일을 했을 때에는 그때마다 못을 하나씩 빼겠다.” 존은 ‘내가 할 수 있는 한 저 기둥에 못 하나 박혀 있지 않게 할 거야’라고 생각했습니다. 그러나 역시 아이는 어쩔 수 없이 아이여서, 그 기둥에는 많은 못이 박혀 있게 되었습니다. 아이는 그 못들을 볼 때에 마음이 몹시 아팠습니다. 그 못들이 그에게 말을 걸어서 이렇게 말하는 것처럼 들렸기 때문이었습니다: “너는 몇 월 며칠에 아버지 말씀을 안 들었고, 또 몇 월 며칠에는 어머니 말씀을 안 들었지.” 그는 착한 아이가 되겠다고 생각했습니다. 그래서 온 힘을 다해 애썼고, 그 결과 못이 반으로 줄어들었고, 결국에는 기둥에 박혀 있던 모든 못을 뺄 수 있었습니다. 여러분은 그런 후에 그가 무엇이라고 말했을 것이라고 생각하십니까? 아버지가 “존, 네가 모든 못을 다 빼냈구나”라고 말하자, 아이는 “그렇긴 하지만, 아직도 그 기둥에는 못이 박혀 있던 구멍들이 나 있는 걸요, 구멍들이요”라고 말했습니다. 어렸을 때부터 나쁜 짓을 하며 살아온 사람에게 하나님의 은혜가 임하면, 그의 죄는 사함을 받고 그의 심령 속에 박혀 있던 못들은 빠집니다. 그랬을 때에 그는 “하지만 내 심령 속에는 여전히 못들이 박혀 있던 구멍들이 남아 있어서, 비록 하나님은 내 죄를 사해 주셨지만, 나는 내가 저질렀던 죄악들과 그 죄악들이 내게 끼친 심각한 해악을 기억합니다”라고 말하게 됩니다. 한 선한 사람이 “내가 너무나 오랫동안 하나님을 섬기지 않고 살아 왔다는 것을 생각하면, 나는 내 자신을 도저히 용서할 수 없습니다”라고 말했습니다. 사랑하는 어린이 여러분, 여러분의 심령 속에 구멍들이 많이 생겨서 나중에 후회하며 살아가지 않도록 하기 위해서 어릴 때에 일찍 하나님의 학교에 들어가십시오.

　소년소녀들이 하나님의 학교에 빨리 들어가기를 내가 바라는 또다른 이유는 그렇게 했을 때에 그들이 가장 유익한 사람이 될 수 있기 때문입니다. 사람이 자신의 인생의 말년만을 하나님을 위해 사용한다면 그리 큰 유익을 끼치는 사람이 될 수 없습니다. 너무 늦게 옮겨 심어진 나무에서는 많은 열매를 기대할 수 없습니다. 그러나 어린 묘목일 때에 땅에 심어져서 거기에서 쭉 자란 나무는 해가 거듭될수록 좋은 열매를 맺는 나무가 될 가능성이 대단히 높습니다.

　여러분이 어릴 때에 하나님의 학교에 들어가기를 내가 바라는 또 한 가지 이유는 사람은 그리 오래 사는 것이 아니기 때문입니다. 여러분이 아무리 오래 산다고 해도, 인생은 아주 짧을 것입니다. 하나님의 은혜로 말미암아 여러분이 오늘 밤에라도 즉시 하나님의 학교에 들어가서, 다윗처럼 “하나님이여 나를 어려서부

터 교훈하셨으므로"라고 말할 수 있게 되기를 빕니다. 다음과 같은 것이 여러분의 기도가 되기를 바랍니다:

> "나의 어린 입술이 더듬더듬
> 주께 기도할 수 있게 되자마자
> 내 심령이 주의 은혜를 구하게 하소서.
> 선하신 주님, 나를 기억하소서."

4. 넷째로, 하나님께 배우고자 하는 사람이 어디에 있습니까?

지금부터는 오늘 밤에 전한 네 개의 대지 중에서 가장 중요한 마지막 대지를 말씀드리고자 합니다. 이 마지막 대지를 전하는 데에는 그리 많은 시간이 걸리지 않을 것입니다. 마지막 대지는 이것입니다. 다윗은 "하나님이여 나를 어려서부터 교훈하셨으므로"라고 말했습니다. 그러나 다윗은 지금 죽고 없습니다. 나는 오늘 밤 이 자리에 앉아 있는 여러분 중에 다윗과 똑같이 말할 수 있는 사람이 몇이나 될지 궁금합니다. 나는 많기를 바랍니다. 그래서 마지막 대지는 배우고자 하는 사람이 어디에 있느냐는 것입니다.

내가 이 전에 있는 모든 사람에게 그런 질문을 하면, 메리, 제인, 토머스, 윌리엄 등등 많은 사람들이 "하나님이여 나를 어려서부터 교훈하셨나이다"라고 말할 수 있기를 바랍니다. 만일 여러분이 이 강단에 서 있다면, 나는 여러분이 오늘 밤 많은 말을 할 수 없을 것이라고 생각합니다. 내가 어젯밤에 너무나 훌륭한 설교를 해주셨던 글래드스턴(Gladstone) 목사님처럼 말씀을 전하겠는지, 아니면 단지 "하나님이여 나를 어려서부터 교훈하셨나이다"라고만 말하겠는지, 둘 중에서 어느 하나를 반드시 선택해야 한다면, 나는 주저 없이 후자를 선택할 것입니다. 이 말씀 한 마디 속에는 가장 위대한 웅변가의 그 어떤 놀랍고 장엄한 웅변보다도 더 깊은 울림과 감동이 있습니다.

나는 이제 한두 가지 질문을 하고 나서 말씀을 끝맺고자 합니다. 여기에 있는 모든 어린이들은, 우리가 죽어서 이 세상을 떠나면 또다른 세상으로 가게 될 것임을 믿습니다. 여러분은 모두 여러분이 죽으면 우리가 종종 노래하는 저 복된 땅으로 가게 될 것을 소망하고 있습니다:

"복된 땅이 있다네,
 저 멀리 아주 멀리에.
 성도들이 영광 중에 있는 곳
 낮처럼 밝고 밝은 곳.
 그들이 부르는 노래는 얼마나 감미로운지.
 우리 구주께서 다스리심이 합당하도다.
 큰 소리로 주를 찬송하세.
 영원토록 찬송하고 찬송하세.

 이 복된 땅으로 오시오.
 어서 어서 오시오.
 왜 의심하며 서 있나요?
 왜 지체하나요?
 우리는 행복하게 되리,
 죄와 슬픔에서 자유하게 될 때.
 주여, 우린 주와 함께 살리이다,
 영원히 복되고 복되게!

 저 복된 땅에서는 누구나
 그 눈에서 광채가 난다네.
 아버지의 손에 이끌리니
 사랑이 끊일 수 없다네.
 그날에 우린 영광에 이르러
 면류관 쓰고 나라를 얻어
 햇빛보다 더 밝은 곳에서
 영원토록 다스리리."

　하나님께서 우리로 하여금 저 면류관과 나라를 얻게 하시기를 빕니다. 그것이 우리가 얻고자 하는 것입니다. 어떤 소녀가 주일 날 집에 가서 어머니께 질문을 하나 하였습니다. 어린 소년소녀들은 종종 어른들이 쉽게 대답할 수 없는 질문들을 하곤 하니까요. 그 소녀는 "엄마, 엄마는 오늘 주일학교 선생님이 내게 말씀하신 것을 믿어요?"라고 물었습니다. "애야, 무슨 말씀을 하셨는데?" "우리는 이 세상에 잠시 머물러 있을 뿐이고, 죽은 후에는 또다른 세상으로 간다는 거예요. 엄마는 그걸 믿어요?" "그럼, 애야, 물론이지, 난 믿어. 성경이 그렇게 말씀하고 있으니까!" "그렇다면, 엄마, 엘리사 숙모님이 호주로 가신댔잖아요?" "그래, 그런데?" "숙모님은 호주로 가실 준비를 하고 계시죠?" "그래, 네 숙모님은 지금 짐을 싸며 갈 준비를 하고 계시지." "그렇다면, 엄마, 엄마는 머지않아 또다른 세상으로 갈 것인데, 왜 준비를 하지 않는 거죠?" 이것은 어린이가 물을 수 있는 지극히 합당한 질문이고, 오늘 이 자리에 있는 여러분에게 내가 묻기에 지극히 합당한 질문입니다. 사랑하는 어린이 여러분, 머지않아 또다른 세상으로 가게 될 여러분이 성령의 도우심으로 준비를 잘하게 되기를 빕니다.

사랑하는 어린이 여러분, 나는 여러분이 하나님의 학교에서, 내세는 우리가 바라고 찾던 바로 그 세상이라는 것을 배우게 되기를 바랍니다.

아무리 좋게 얘기한다고 해도, 이 세상은 단지 아주 형편없는 세상일 뿐입니다. 어떤 위대한 인물이자 거부였던 강력한 황제가 자신의 어릴 적 친구 한 사람을 초청해서 자기와 함께 머물게 하였습니다. 이 친구는 궁정에 들어가자 사방에 장식된 대리석과 상아와 금은과 보석들 때문에 눈이 부셔서 현기증이 날 정도였습니다. 그는 황제에게 이렇게 말했습니다: "이 엄청난 부를 보니 너는 정말 행복하겠구나! 나는 이런 웅장하고 화려한 궁전과, 아름다운 옷을 입고 일하고 있는 많은 종들, 그리고 이렇게 아름다운 정원들을 본 적이 없어!" 그러자 황제는 "언제 기회를 봐서 내가 가지고 있는 모든 것에 대해 내가 어떻게 생각하는지를 네게 말해줄게"라고 대답했습니다. 얼마 후 어느 날 저녁에 한 종이 황금 쟁반에 너무나 탐스러워서 이 세상에서 날 것 같지 않은 사과 한 개를 담아서 이 친구에게 가져왔습니다. 그 사과는 너무나 기가 막히게 탐스러워서 입에서 살살 녹을 것 같았습니다. 그 친구는 그 사과를 손으로 들어서 살펴본 후에 황금 쟁반에 다시 놓았고, 종은 칼로 그 사과를 반으로 쪼갰습니다. 그러자 그 사과 속은 검은 먼지로 가득했고, 거기에서 큰 벌레 한 마리가 떨어졌습니다. 황제는 아무 말도 하지 않은 채 그 친구의 얼굴을 보았습니다. 그 친구는 황제가 말없이 이렇게 말하고 있다는 것을 알았습니다: "이게 내 인생이라네. 겉은 번지르르하게 화려하지만, 안은 더럽고 벌레가 들어 있지." 마찬가지로, 이 세상이 여러분에게 주는 모든 기쁨 속에는 벌레가 들어 있습니다. 벌레가 들어 있지 않은 사과는 오직 천국에서만 자라납니다. 사랑하는 어린이 여러분, 하나님이 우리를 가르치시면, 우리는 그 천국에 있는 나무에서 새 열매를 따먹을 수 있게 됩니다. 우리는 이 형편없는 세상을 뒤로 하고, 영원히 썩지 않는 열매들이 자라고, 지극한 평강과 안식이 있는 천국으로 가야 합니다.

　　이제 나는 한 말씀만 더하고 끝마치고자 합니다. 하나님의 학교에 가는 방법은 이것입니다. 하나님의 사랑하는 아들이신 예수 그리스도께서 너무나 좋은 그 학교로 들어갈 수 있는 문을 열어 놓기 위해서 십자가 위에서 죽으셨습니다. 나의 사랑하는 어린 친구들이여, 여러분이 구원을 받기 위하여 죄인들을 위해 죽으신 예수 그리스도를 믿고 의지한다면, 여러분은 즉시 하나님의 학교에 입학하게 된 것이기 때문에, 거기에서 가르침과 훈련을 받게 될 것입니다. 앞에서 말했던 작은 몽구스가 풀을 뜯어먹고 나음을 입는 것과 마찬가지로, 그렇게 했을 때에 여러분의 모든 죄는 용서 받고, 여러분의 영혼의 상처들은 고침을 받게 되어서, 그 이후로 여러분은 기뻐하고 즐거워하며 인생을 살아가게 될 것입니다.

제
69
장

—

노인의 설교

—

"하나님이여 나를 어려서부터 교훈하셨으므로 내가 지금까
지 주의 기이한 일들을 전하였나이다 하나님이여 내가 늙어
백발이 될 때에도 나를 버리지 마시며 내가 주의 힘을 후대
에 전하고 주의 능력을 장래의 모든 사람에게 전하기까지
나를 버리지 마소서." —시 71:17-18

나는 이번 주간에 케터링(Kettering) 교회에서 톨러(Toller) 목사님과 그 부친이 한 교회에서 목회하신 지 100주년이 된 것을 기념하기 위한 예배에서 말씀을 전하는 기쁨을 갖게 될 것 같습니다. 나의 존경하는 친구인 톨러 목사님은 55년 동안 한 교회에서 하나님의 은혜의 복음을 전해 오셨고, 그의 부친께서는 동일한 교회에서 45년 동안 목회하시고 은퇴하셨기 때문에, 두 분의 목회 기간을 합해서 100년이 된 것입니다. 이 아주 즐겁고 기쁜 일을 앞둔 나는 나이 먹는 것, 특히 신자들이 나이 먹는 것이라는 주제를 생각하게 되었고, "노인의 회고담"이 오늘 아침의 설교 주제로 알맞을 것 같다는 결론을 내리게 되었습니다. 또한, 이번 주간을 주일학교연합회에서 어린이들과 청소년을 위해 목회자가 특별 기도를 해주는 주간으로 정했기 때문에, 나는 이 주제가 더욱더 알맞을 것 같다고 생각하게 되었습니다. 즉, 이번 주간에 어린이와 청소년을 배려하는 것과 균형을 맞추기 위해서 오늘 아침 예배는 나이 드신 분들을 위한 예배로 드려졌으면 좋겠다고 생각한 것입니다.

　　본문에서 다윗은 노인으로서 말하고 있고, 그가 여기에서 한 말은 수많은 나이 든 신자들이 하고 싶은 말입니다. 다윗의 과거 경험, 현재를 위한 그의 기도, 장래를 위한 그의 열망은 모두 그와 동년배인 신자들의 심정을 대변한 것입니다. 우리 중에서 지금 중년인 분들은 머지않아 다윗이 본문에서 한 말에 대하여 "아멘"이라고 기꺼이 말하게 될 것입니다: "하나님이여 나를 어려서부터 교훈하셨으므로 내가 지금까지 주의 기이한 일들을 전하였나이다 하나님이여 내가 늙어 백발이 될 때에도 나를 버리지 마소서." 본문에서 다윗은 어려서 회심하여 오랫동안 신앙생활을 해온 나이 든 신자의 모델이라고 할 수 있습니다. 그렇기 때문에 우리는 그의 모든 표현들을 가져다가 십자가의 베테랑 군사들의 입에 두었을 때에 아주 잘 어울리는 것을 봅니다.

1. 첫째로, 다윗의 배움에 관한 것입니다.

　　이 아침에 우리가 가장 먼저 살펴볼 것은 다윗의 배움, 또는 좋은 출발에 관한 것입니다: "하나님이여 나를 어려서부터 교훈하셨으므로." 시편 기자는 가르침을 받은 신자였습니다. 그는 단지 구원만 받은 것이 아니라 가르침을 받았습니다. 회심은 교훈을 받는 것으로 이어졌습니다. 나는 모든 젊은 그리스도인들이 이 점을 주목하기를 바랍니다. 여러분이 그리스도 예수를 믿어 죄 사함을 받고 의롭다 하심을 얻고서 성령의 역사로 말미암아 여러분의 심령이 새롭게 될 뿐만 아니라, 예수의 학교에 입학해서 그의 멍에를 메고 그에게서 배운다면, 그것보다 더 바람직한 일이 어디 있겠습니까? 여러분은 이것이 주님께서 "마리아는 이 좋은 편을 택하였으니 빼앗기지 아니하리라"(눅 10:42)고 하셨던 바로 그 "좋은 편"이라는 것을 알고 계십니까? 그녀는 "주의 발치에 앉아"(눅 10:39) 그에게서 배우는 쪽을 선택하였습니다. 지옥에서 구원을 받는 것이 모든 것이라고 생각하지 마십시오. 여러분은 의로 가르침을 받을 필요가 있습니다. 여러분이 하나님을 더욱더 알고자 한다면, 수많은 올무와 덫에서 건짐을 받고 하나님의 은혜 가운데서 자라가며 더 크게 쓰임 받는 사람이 될 수 있습니다. 어릴 때에 가르침을 받아야만 열매 맺는 노년을 보낼 수 있게 됩니다. 우리는 하나님의 진리를 알고 깨달아야 합니다. 그렇지 않으면, 우리의 신앙은 늘 연약한 가운데 머물러 있게 됩니다. 성경의 영감 받은 그 어떤 기자도 결코 능가할 수 없는 가르침의 보고와 풍부한 경험을 담고 있는 그의 시편들을 보면, 우리는 다윗이 정말 훌륭하게 가르침을 받았다는 사실을 분명하게 알 수 있습니다. 어떤 사람이 다른 책들은 읽지 않고 오직 시편만을 읽고 연구한다고 하더라도, 하나님의 성령께서 역사하시기만 한다면, 그 사람은 사람들 가운데서 가장 지혜로운 자들 중의 한 사람이 될 수 있습니다. 그러므로 나의 형제들이여, 지금 즉시 그리스도의 제자가 되어 배우고자 하십시오. 그렇게 하면, 여러분은 노년이 되었을 때에 하나님의 진리들을 배우는 데에 자신의 젊은 날을 보낸 것에 대하여 기쁨으로 회고할 수 있게 될 것입니다.

시편 기자는 자기가 받은 모든 교훈을 하나님께로 돌렸습니다: "하나님이여 나를 교훈하셨으므로." 그는 그리스도의 학교에 학생으로 들어갔었습니다. 아주 지혜롭게도 그는 무한한 지혜와 그 지혜를 사용하는 기술을 가지고 계신 그리스도에게서 배우기로 선택하였던 것입니다. 하나님은 단지 가르치려고 애쓰실 뿐만 아니라 실제로 가르치십니다. 하나님은 어떻게 해야 자기 자녀들이 배우게 할 수 있는지를 아시기 때문에, 우리의 심령에 말씀하셔서 우리로 그 가르침을 통하여 교훈을 얻게 하십니다. "하나님이여 나를 교훈하셨으므로." 우리가 무엇이든지 올바르게 제대로 배우려면 하나님에게서 가르침을 받아야 한다는 것을 성령으로 말미암아 온전히 확신하게 된다면, 그것은 얼마나 복된 일입니까! 너무나 많은 사람들이 자기들에게 필요한 모든 것을 스스로 배울 수 있다고 착각하는 것으로 보입니다. 그들은 자신의 힘으로 그것을 해낼 수 있다고 생각하거나, 그들이 좋아하는 스승들의 깊은 학식을 통해서 자신이 필요한 것들을 배울 수 있다고 생각합니다. 오랜 세월 동안 주님을 섬기며 살아와서 이제 백발이 된 형제들이여, 나는 여러분이 여러분 자신의 명철을 신뢰하지 말고 어린아이처럼 천국을 기꺼이 받아들여야 한다는 것을 배우셨을 것이라고 믿습니다. 여러분은 하나님을 떠나서 배운 모든 것은 여러분에게 괴로움이나 어리석음만을 가져다주었다는 것을 경험적으로 압니다. 여러분은 저 크신 빛들의 아버지로부터가 아니면 그 어디에서도 참된 빛을 얻을 수 없었습니다. 성령께서 하늘의 진리들을 우리의 영혼 속에서 불타오르게 하지 않으시면, 우리는 그 진리들을 제대로 배울 수 없습니다. 이러한 주님의 학교에 들어간 사람들은 복 있는 사람들입니다. 그들은 궁창에 있는 광명들처럼 빛을 발하게 될 지혜로운 자들 중에 있게 될 것입니다.

하나님께서는 부분적으로는 자신의 말씀을 통해서 다윗을 가르치셨습니다.

우리는 다윗이 성경을 즐거워하여 주야로 묵상하였다는 것을 압니다. 또한, 하나님께서는 자신의 종들을 통해서 다윗을 가르치기도 하셨습니다. 다윗은 사무엘로부터 적지 않은 가르침을 받았고, 나단으로부터는 특별 수업을 받았으며, 왕의 선견자였던 갓도 그의 배움에 일조를 했을 것이 틀림없습니다. 하나님의 자녀들은 하나님의 종들로부터 기꺼이 가르침을 받고자 합니다. 또한, 다윗은 성령의 가르침을 받았습니다. 그가 양 떼를 몰고 조용히 걸을 때나 언덕의 동굴에 혼자 있을 때, 성령께서는 수많은 소중한 하나님의 진리들을 그에게 가르쳐 주셨습니다. 그는 왕이 되었을 때에도 깊은 밤에 깨어서 하나님의 음성을 들을 수 있었습니다. 또한, 하나님께서는 섭리를 통해서 다윗을 가르치셨습니다. 그는 자신의 목자의 지팡이와 막대기에서, 자신의 물맷돌에서, 자신에 대한 사울의 증오심에서, 요나단의 사랑에서 많은 것을 배웠습니다. 그리고 나중에는 자신이 직접 겪은 시련들과 자신이 저지른 어리석은 일들과 죄들로부터 자신의 심령에 대하여 많은 것을 배웠을 것임에 틀림없습니다. 그는 압살롬의 배은망덕함, 아히도벨의 배신, 요압의 잔인함, 시므이가 그를 욕한 것으로부터도 인간의 무가치함에 대해 많은 것을 배웠을 것입니다. 그의 삶 전체는 배움의 원천이었습니다. 그가 "미살 산" 위에 서 있을 때든 "눈물 골짜기"로 지나갈 때든, 푸른 초장에서 기뻐할 때든 하나님의 온갖 파도와 격랑들이 그를 덮쳐 깊은 곳으로 빠져 들어갈 때든, 할렐루야 찬송을 부를 때든 불쌍히 여겨주시라고 탄원할 때든, 그 모든 일들은 다윗을 훈련시켜서 한층 더 고귀한 신앙과 삶으로 이끄는 역할을 했습니다. 그래서 다윗은 지존자를 향하여 "하나님이여 나를 교훈하셨으므로"라고 고백할 수 있었습니다. 사랑하는 그리스도인 친구들이여, 여러분은 과거를 뒤돌아보면 여러분이 기꺼이 배우고자 했을 때에는 모든 것이 여러분에게 가르침을 주었다는 것을 알 수 있지 않습니까? 우리는 어떤 학교에서 배워 왔습니까? 그곳은 시련의 학교이자 사랑의 학교였습니다! 우리는 훈육의 딱딱한 마루에 앉아서 배웠고, 잘못을 깨우쳐 주는 따끔한 회초리도 맞아야 했습니다. 그러나 하나님과 교제하는 법을 가르쳐 주는 성령의 감동으로 된 책을 연구해서, 하나님을 경외하는 자들에게 계시해 주시는 비밀들을 꿰뚫어보게 되었을 때에는 우리의 눈이 기쁨으로 빛났습니다. "모든 자녀는 여호와의 교훈을 받을 것이니"(사 54:13)라는 저 옛 언약의 약속이 우리 가운데서 성취되었습니다.

   또한, 다윗은 어릴 적부터 시작하는 특권을 받았습니다. "하나님이여 나를 어려서부터 교훈하셨으므로." 나는 하나님의 학교에서 유아반 학생이었습니다. 나는 거기에서 하나님으로부터 알파벳을 배웠고, 내가 나의 구주이자 아버지이신 하나님의 이름을 쓸 줄 알게 되었을 때, 그것을 내게 가르쳐준 것은 하나님의 은혜였습니다. 모든 참된 배움은 그리스도의 발치에서 시작되기 때문에, 여러분은 어릴 때에 거기에 있는 것이 좋습니다. 여러분이 좋은 학생이 되고자 한다면, 먼저 어린 학생이 되어야 합니다. 다윗은 어릴 적부터 하나님에게서 가르침을 받을 필요를 느꼈습니다. 그는 자신의 한 시편에서 "여호와여 내 젊은 시절의 죄와 허물을 기억하지 마시고"(시 25:7)라고 말합니다. 경건한 다윗조차도 "젊은 시절"에 나중에 애통해할 죄를 지었기 때문에, 다른 사람들과 마찬가지로 어린 시절부터 거룩한 길로 행하는 것을 배울 필요가 있었습니다. 우리의 우매한 본성은 아주 어릴 때부터 나타나기 때문에 일찍부터 하나님의 은혜를 힘입어서 그 본성을 제어할 필요가 절실합니다. 나이가 드신 형제들이여, 지금 이 시간 여러분이 하나님의 은혜로 말미암아 어린 시절에 심각한 죄에 떨어지지 않은 것에 대하여 하나님을 송축하시기를 바랍니다.

시편 기자는 자신이 애통해하던 죄를 하나님의 가르침을 통해서 극복할 수 있었습니다. 다른 곳에서 그는 "청년이 무엇으로 그의 행실을 깨끗하게 하리이까 주의 말씀만 지킬 따름이니이다"(시 119:9)라고 말합니다. 다윗은 그렇게 했습니다. 그는 어릴 때부터 하나님에게서 잘 배웠기 때문에 지극히 순수한 신앙과 삶을 상당 부분 유지해 나갈 수 있었습니다. 특히 그는 하나님을 신뢰하는 법을 배웠습니다. 왜냐하면, 이 시편의 5절에서 그는 "주 여호와여 주는 나의 소망이시요 내가 어릴 때부터 신뢰한 이시라"고 고백하고 있기 때문입니다. 이렇게 하나님에게서 가르침을 받은 그는 아직 어렸을 때에 할례 받지 않은 블레셋 거인을 때려눕힘으로써 자신의 신앙을 증명했습니다. 하나님의 이름으로 이스라엘을 구한 것입니다. 담대한 행위들을 통해서 자기가 예수의 제자라는 것을 실제적으로 보여주는 젊은이는 복된 사람입니다. 지난날을 뒤돌아보았을 때에 자기는 어릴 때부터 하나님에게서 가르침을 받을 필요가 있었다고 고백하면서, 실제로 하나님의 가르침을 받아서 의의 길로 인도하심을 받은 것을 기뻐할 수 있는 노인은 복된 사람입니다.

나아가, 다윗은 자기가 계속해서 배웠다고 우리에게 말하고 있는 것에 주목하십시오. 그는 "하나님이여 나를 어려서부터 교훈하셨으므로"라고 말하는데, 이것은 하나님께서 계속해서 그를 가르치셨다는 것을 의미합니다. 학생인 다윗은 또다른 학교로 옮겨가지 않았고, 선생님이신 하나님은 자신의 학생을 가르치기를 거부하지 않으셨습니다. 어떤 사람들은 시작이 좋아서 약간의 진보를 보이지만, 나중에는 샛길로 새서 결국 우매한 자가 되어 버리고 맙니다. 그런 사람들은 처음에는 하나님에게서 가르침을 받겠다고 공언해 놓고서는 평범한 예수의 복음에 싫증을 느끼고, 장삿속으로 신기하고 흥미 있는 가르침들을 꾸며내어 가르치는 이단사설에 빠집니다. 우리의 심령은 하나님의 진리에 견고히 서서 오직 하나님 외에는 그 어떤 선생의 말도 듣지 않는 것이 좋습니다. 나이 드신 형제들이여, 나는 여러분이 이렇게 말할 수 있기를 바랍니다: "하나님이여, 주께서는 나를 어려서부터 가르쳐 오셨습니다. 그때에는 내 영혼이 아주 미세한 바람에도 그대로 반응하는 갈대와 같지 않아서 주의 모든 가르치심에 그대로 순종할 수 없었습니다. 그러나 점점 하나님의 은혜로 나는 진리의 말씀을 견고히 붙들고서 요동하지 않을 수 있게 되었습니다."

또한, 분명한 것은 다윗이 이 본문을 쓰고 있던 때에도 여전히 계속해서 배우고 있었다는 것입니다. 아무리 오랫동안 신앙생활을 한 성도도 여전히 주 예수의 학교에 다닙니다. 우리는 아무리 많이 아는 것 같아도 사실은 거의 모르고 있는 것입니다. 아무리 지혜로운 성도들도 조금도 주저함 없이 자신의 우매함을 고백할 수밖에 없습니다. 모든 것을 아는 사람은 아무것도 모르는 사람입니다. 더 이상 그 어떤 것도 배울 수 없는 사람은 어느 하나 제대로 배운 적이 결코 없는 사람입니다. 그리스도와 그의 부활의 능력을 알게 되면, 그리스도를 더욱더 알고자 하는 채워지지 않는 갈증이 생겨납니다. 우리의 간절한 소원은 더욱더 온전히 "그리스도를 아는" 것입니다.

나는 지금 이 강단에서 물러가고, 나이 지긋하신 어떤 형제가 올라오셔서, 하나님이 자기에게 어떤 식으로 시작하셨는지를 말해주고, 자기가 배운 최초의 교훈들을 들려주셨으면 좋겠다는 생각이 듭니다. 나는 그런 형제에게서 하나님이 자기를 오랫동안 참아 주시면서 여전히 계속해서 가르쳐 주셨다는 것, 자기가 종종 회초리를 맞고서야 비로소 그 가르침들을 배울 수 있었다는 것, 그렇지만 하나님께서는 자기에게 늘 온유하셨다는 것에 대한 간증을 들었으면 좋겠습니다. 나는 "나이가 많은 바울" 같은 분이 나오셔서, 좋은 일이든 나쁜 일이든, 궂은 일든 기쁜 일이든 자신의 일생 동안 일어난 온갖 일들을 통해서 하나님이 자기를 계속해서 가르쳐 오셨음을 간증하는 것을 듣고 싶습니다. 나는 그런 분이 나오셔서, 자기가 아주 오랫동안 인생을 살아왔지만 지금도 여전히 계속해서 배우는 자로 있는 것이 얼마나 기쁜 일인지를 여러분에게 간증해 주었으면 좋겠습니다. 우리의 나이 드신 형제들 중에서 하나님으로부터 가장 잘 가르침을 받은 분들은 "내가 모르는 것들을 내게 가르치소서! '내 눈을 열어서 주의 율법에서 놀라운 것을 보게 하소서'(시 119:18)"라고 아주 간절하게 부르짖는 분들입니다. 나이 드신 형제들은 이미 하나님을 아는 지식을 상당한 정도로 알고 있으면서도 자신의 오래된 성경과 자신이 오랫동안 섬겨온 주님을 여전히 꼭 붙들고 있습니다. 그들은 이제는 남들을 가르칠 수 있는 분들이지만 여전히 예수의 발치에 앉아 배우는 제자들입니다. 그들은 이미 많은 것들을 알고 있기 때문에 더욱더 많은 것들을 배울 수가 있습니다.

이상으로 우리는 나이 든 신자들의 모델은, 자기가 아는 모든 것을 하나님의 가르침 덕분으로 돌리는 가르침 받은 성도이고, 어릴 적부터 배우기 시작해서 지금에 이르기까지 계속해서 거룩한 것들을 배우기를 쉬지 않고 있는 성도라는 것을 살펴보았습니다.

> "하나님이여, 어려서부터 내 영혼을 훈련시키시고
> 연단시키신 분은 당신이었습니다.
> 오늘에 와서야 나는
> 당신의 기이한 진리에 영광을 돌립니다."

2. 둘째로, 다윗이 열심을 내어 해온 일에 관한 것입니다.

다윗이 그리스도의 학교에 들어가서 배우기 시작한 것이 좋은 출발이었다면, 그가 열심히 해온 일들은 좋은 후속조치였다고 할 수 있습니다: "내가 지금까지 주의 기이한 일들을 전하였나이다." 이 일은 다윗이 온 힘을 기울여 행한 주된 일이었습니다. 물론, 다윗에게는 다른 할 일들도 있었습니다. 그는 처음에는 목자였고, 그 후에는 왕의 수금을 타는 자였으며, 나중에는 전사로 성장하였고, 마침내 왕위에 올랐습니다. 하지만 그가 일생 동안 혼신의 힘을 기울여서 했던 일은 하나님이 행하신 기이한 일들을 선포해서 하나님을 높이는 것이었습니다. 형제들이여, 여러분과 내게는 각자 자신의 부르심이 있고, 그것이 합법적인 부르심이라면, 우리는 그 부르심에 거하여야 하고, 우리의 일상적인 직업을 그만두고 다른 사람들의 도움을 받아 살면서 좀 더 영적으로 하나님을 섬기는 것이 하나님을 영화롭게 하는 것이라고 착각해서는 안 됩니다. 이 땅에서 우리의 직업은 우리의 삶이 추구해야 할 알맹이인 하늘로부터 주어진 우리의 부르심을 이루기 위한 껍데기일 뿐입니다. 이 세상에서 우리가 하는 사업들은 우리의 영적인 사업에 기여하는 것이 되어야 마땅하고, 우리는 이런저런 방법으로 하나님의 영광을 선포하여야 합니다. 다윗은 자신의 시편들을 통해서 하나님을 높였습니다. 그는 자신의 시편들 속에서 하나님의 긍휼하시고 신실하신 길들을 얼마나 기가 막히게 선포하고 있습니까! 그는 자신의 삶을 통해서, 특히 하나님이 연약하지만 믿음이 있는 사람을 들어서 능력 있는 일들을 하실 수 있으시다는 것을 온 이스라엘로 알게 만든 저 영웅적인 행위들을 통해서 하나님을 영화롭게 해드렸습니다. 또한, 틀림없이 그는 신자들이나 불신자들과의 사적인 대화 속에서 자기가 경험한 하나님의 은혜들을 얘기함으로써 하나님의 기이한 일들을 전하였을 것입니다. 여러분과 내가 하나님의 학교에 다니고 있다면, 우리는 다윗이 했던 것과 동일한 일에 온 힘을 기울이는 것이 마땅합니다. 우리 중에는 복음 전하는 것을 잘하는 분들이 있습니다. 그런 분들은 부지런히 복음을 전해야 합니다. 또 어떤 분들은 주일학교에서 아이들을 가르칩니다. 나는 여러분이 그 복된 일에 온 마음을 다 기울이시기를 부탁드립니다. 여러분은 누구나 편지를 쓰거나 사적인 대화를 통해서, 특히 신앙에 합치하는 삶을 영위함으로써 하나님의 기이한 일들을 전하며 사람들로 하여금 은혜의 하나님의 영광을 알게 할 수 있습니다. 우리는 이 거룩한 일에 열심을 내야 합니다. 사람들은 하나님을 아는 일에 별 관심이 없지만, 우리는 그들을 하나님에 대하여 무지한 상태로 놓아두어서는 안 됩니다. 그들은 날마다 하나님을 거슬러 범죄하지만, 하나님은 그들을 사랑하시며 그들의 죄와 도발을 기꺼이 용서해 주시고자 하신다고 그들에게 전하십시오. 은혜로 말미암은 구원을 널리 선포하고 전하십시오. 여러분이 젊은 시절에 그렇게 했다는 것을 노년이 되어 회상하면 여러분에게 큰 위로와 힘이 될 것입니다.

　사랑하는 친구들이여, 다윗이 하나님과 관련된 주제를 선택하였다는 사실을 주목하십시오: "내가 지금까지 주의 기이한 일들을 전하였나이다." 그는 사람이 한 일들이 아니라 하나님께서 하신 일들을 전하였습니다. 그는 사람이 무엇을 할 수 있는지, 또는 무엇을 했는지에 대해 말한 것이 아니었습니다. 16절을 보십시

오: "내가 주의 공의만 전하겠나이다." 성도들의 미덕들이나 제사장들의 특권들, 또는 교황의 무오성(無誤性) 같은 것들을 전하였다면, 시편 기자의 입술은 더럽혀지고 그 품격이 떨어졌을 것입니다. 그의 입술은 오직 하나님의 영광만을 전하는 것이 마땅한 일이었습니다: "나의 혀가 주의 의를 말하며 종일토록 주를 찬송하리이다"(시 35:28).

우리는 창조와 섭리와 은혜 속에서 하나님이 행하신 일들을 전해야 하고, 특히 그 일들의 기이함을 전해야 합니다. 왜냐하면, 그 모든 일 속에는 기이함이 있기 때문입니다. 형제들이여, 우리가 전해야 할 위대한 주제는 이런 것들입니다: 우리를 택하신 사랑의 기이한 일들, 우리를 구속하신 은혜의 기이한 일들, 우리를 회심시키시는 성령의 능력과 관련된 기이한 일들, 성화의 기이한 일들, 우리 속에 죄를 없애시고 은혜를 심으시는 기이한 일들. 이와 같은 "기이한 일들"은 끝이 없습니다. 은혜의 기이한 일들은 하나님께 속하기 때문에, 거룩하고 경외하는 마음으로 다른 사람들에게 하나님이 행하신 일들을 전하여, 그들로 하여금 우리와 마찬가지로 그 일들을 기이히 여기며 하나님을 찬송하게 하는 것이 여러분과 나의 일이 되어야 합니다. 다윗에게는 전해야 할 복된 주제가 있었는데, 그 주제의 핵심은 의와 구원을 결합시키는 것이었습니다. 15절을 보십시오: "내가 측량할 수 없는 주의 공의와 구원을 내 입으로 종일 전하리이다"(시 71:15). 이것은 기독교의 최고의 가르침입니다. 예수의 대속의 희생제사 속에 은혜와 공의가 결합되어 있다는 것은 기독교 신학의 정수(medulla theologiae)입니다. 사랑하는 자들이여, 나는 오직 대속의 가르침을 전할 때에만 제단의 핀 숯으로 내 입술을 정결하게 해주시라고 청할 수 있고, 그렇게 정한 입술로 다른 주제들에 대해서 말할 수 없을 것입니다. 나는 다른 어떤 것들보다도 최우선적으로 대속의 가르침에 대해서 말하고 싶습니다. 나는 하나님은 지극히 의로우시지만 예수를 믿는 자에 대해서는 의롭다고 하신다는 것, 하나님은 죄를 치시지만 죄인을 치지는 않으신다는 것, 하나님은 엄격하셔서 그 어떤 형벌도 결코 누락시키시는 법이 없으시지만 죄 없으신 분이 그 모든 형벌을 다 짊어지셨기 때문에 죄인들이 회개하면 그 누구든 그 형벌을 다 면제해 주신다는 것을 전하고 싶습니다. 사랑하는 친구들이여, 하나님의 이 구원의 진리를 사람들에게 가르치는 것을 여러분의 평생의 직업으로 삼으십시오. 다른 모든 것들은 다 제쳐두고라도 오직 이것만은 사람들에게 가르치십시오. 여러분이 이해할 수 없는 가르침들이 있다고 하더라도, 이 가르침만은 굳게 붙잡으십시오. 여러분에게 수준이 너무 높은 가르침들이 있다고 하더라도, 그리스도께서 못 박히신 십자가 위에서 의와 평화가 서로 입 맞추었다는 가르침을 여러분이 날마다 전할 주제로 삼으십시오. 이것이 다윗의 일이었습니다. 그리스도 안에서 나이 들어온 나의 형제들이여, 이것이 지금까지 여러분의 일이었지만, 여러분은 후회가 없습니다. 여러분은 단지 더 열심을 내서 이 일을 했으면 좋았을 것이라고 생각할 뿐입니다.

다윗의 주제는 하나님과 관련된 것이었을 뿐만 아니라, 한결같은 것이기도 했다는 것을 주목하십시오. 그는 "내가 지금까지 주의 기이한 일들을 전하였나이다"라고 말합니다. 선한 사람이 비록 잠시 동안일망정 곁길로 행하여 잘못을 저지르는 것은 서글픈 일입니다. 일부 목회자들은 말씀을 너무 형편없이 전합니다. 나는 그런 목회자들은 자기가 가르치는 것을 스스로 알지 못하고 있다고 생각합니다. 왜냐하면, 그들이 전하는 메시지는 이리저리 왔다 갔다 해서, 서로 모순되고 상충되는 메시지들이 많기 때문입니다. 변화에 민감해서 새로운 질병이 나올 때마다 그것을 붙잡는 사람이 되지 않도록 조심하십시오. 나는 이렇게 말할 수 있는 사람을 보면 존경스럽다는 생각이 듭니다: "내가 젊은 시절에 가르친 것을 나는 노년이 되어서도 가르칩니다. 하나님의 성령께서 처음으로 내 입을 열어 주셨을 때에 나의 소망이자 확신이었던 바로 그것이 지금도 여전히 나의 소망이자 확신입니다." 사람은 세월이 흐르고 나이가 들어갈수록 더 깊이 생각하고 더 분명하게 이해하며 더 확신 있게 말해야 합니다. 젊은 시절의 미숙함으로 인해서 일어났던 많은 세부적인 오류들을 바로잡는 것은 지혜로운 일입니다. 그러나 하나님의 근본적인 진리들을 처음부터 굳게 붙잡는 것은 아주 중요합니다. 그리스도가 두 분이 계시거나 두 개의 복음이 있는 것이 아닙니다. 또다른 복음이 있다면, 그것은 사실 복음이 아닌 데도, 그런 것들이 있어서 우리를 괴롭힙니다. 나의 형제들이여, 하나님께서 여러분을 어릴 적에 가르치셨다면, 여러분이 배운 것에 거하십시오. 여러분의 머리가 희어져 있는 지금도 그것을 꼭 붙드십시오. "노병은 죽지만 결코 항복하지는 않는다"는 말을 명심하십시오. 여러분보다 더 나이 어린 우리조차도 하나님의 저 오래된 진리들에 거하기로 작정했습니다. 우리의 군기는 아주 오래 전에 돛대에 달려서 펄럭여 왔습니다. 분명히 베테랑들도 똑같이 말할 것입니다. 나의 모든 구원과 나의 모든 소원은 예수의 피로 말미암은 은혜의 언약과 대속의 복음이 그 중심입니다. 온갖 새롭고 신기한

가르침들에 대해서 내가 해줄 대답은 오직 하나입니다:

> "사람들이 고안해 낸 온갖 형태의 가르침들로
> 나의 신앙을 기만적으로 공격해 오라고 하라.
>   나는 그것들을 헛되고 거짓된 것들이라 부르며
> 복음을 내 심령에 단단히 묶어 놓으리."

"지금까지"라는 말은 변함없는 지속성을 보여주는 좋은 말입니다: "내가 지금까지 주의 기이한 일들을 전하였나이다." "지금까지" 우리의 나이 드신 형제들도 우리 중에서 가장 확실하게 믿어지고 있는 것들을 굳게 붙잡고 오셨습니다.

그러나 사랑하는 친구들이여, 다윗이 사용한 표현은 대단히 칭찬할 만한 것이었음을 주목하십시오. 그는 "내가 지금까지 전하였나이다"라고 말합니다. 나는 "전하다"라는 표현을 적극적이고 단순명료하며 체험적인 특성을 지닌 것으로 이해합니다. 다윗은 "만약에," 또는 "그러나," 또는 "아마도" 같은 말들이 아니라 "하나님께서 말씀하시기를" 같은 표현을 사용해서 사람들에게 하나님을 가르쳤다는 것입니다. 그는 하나님의 진리를 공개적으로 전했습니다. 다윗은 사람들에게 하나님에 관하여 애매모호하게 가르쳐서, 사람들로 하여금 자신의 취향에 따라 자기가 받아들이고 싶은 대로 해석해서 받아들일 수 있게 한 것이 아니었습니다. 그의 가르침은 결코 신비하거나 형이상학적이거나 초월적이거나 철학적이지 않았습니다. 그는 사람이 달리면서도 읽을 수 있을 정도로 아주 명료하고 단순하게 하나님의 가르침을 전하고 설명했습니다. 또한, 그는 자기 스스로 알고 있고 경험을 통해서 확인된 것들을 전하였습니다. 우리가 말씀을 전할 때에 "내가 이러저러한 경험을 했고, 하나님께서 내게 이러저러하게 행하셨다"는 개인적인 간증을 통해 하나님의 말씀에 덧붙일 수 있다는 것은 복된 일입니다. 우리의 증언이 지니는 힘의 많은 부분이 이 점에 달려 있습니다. 성숙한 노년에 다다른 사랑하는 형제들이여, 나는 여러분이 지난날을 돌아보면서 이렇게 말할 수 있을 것이라고 믿습니다: "나는 하나님의 약속들이 진리라는 것을 개인적인 경험을 통해서 확인하였기 때문에 내 속 중심으로부터 정직하고 결연하게 하나님을 증거해 왔습니다. 하나님은 언제나 내게 진실하셨습니다. 내가 이렇게 증언한다고 해서 누가 나를 이기주의자라고 말할지라도, 나는 그러한 비난을 얼마든지 감내

할 수 있습니다. 왜냐하면, 내가 하나님에 대한 감사의 고백을 억제하는 것은 불가능하기 때문입니다. 내가 전하지 않는다면, 분명히 돌들이 소리칠 것입니다. 나는 살아 계신 하나님의 신실하심을 전하지 않을 수 없습니다."

다윗의 표현 속에는 하나님에 대한 경외심과 사랑이 듬뿍 배어 있습니다. 왜냐하면, 그는 "주의 기이한 일들"이라고 말하고 있고, 이러한 표현은 다윗 자신이 이 말을 하고 있는 동안에도 하나님이 행하신 일들을 기이하게 여기고 있었음을 보여주는 것이기 때문입니다. 나는 선한 사람이 마치 하나님의 사랑에 압도된 듯이 그 사랑을 깊이 느끼며 어떻게 표현할 줄을 몰라서 그저 기이하게 여기고 눈물로 그 사랑에 대하여 말하는 것을 듣기를 좋아합니다. 다윗은 하나님의 기이한 역사를 경이롭게 여기고 감사하며, 그런 하나님을 깊이 사랑하는 마음으로 자신에게 맡겨 주신 일을 행하였습니다. 왜냐하면, 무슨 일을 하든 그에게는 늘 한 가지 목적만이 있었고, 그것은 사람들 앞에서 하나님을 높이는 것이었기 때문입니다. 내가 오랜 세월 동안 신앙생활을 해온 분들에게 한 가지 묻고 싶은 것은 여러분은 다윗처럼 이 한 가지만을 삶의 목적으로 삼아 살아오셨느냐는 것입니다. 여러분이 선생이거나 말씀을 전하는 사람이라면, 여러분은 오직 하나님을 영화롭게 하고자 하는 이 한 가지 목적을 가지고 하나님의 구원을 가르치며 전하고 계십니까? 여러분은 반드시 그래야 합니다. 왜냐하면, 이러한 동기를 가지고 행하지 않는 모든 하나님의 일은 하나님께서 받지 않으시는 쓸데없는 일이 되고 말기 때문입니다. 우리가 아볼로를 능가할 정도로 기가 막힌 언변과 천사의 말로 말씀을 전한다고 할지라도, 우리의 목적이 우리 자신을 사람들 앞에서 빛나게 하기 위한 것이라면, 우리가 전하는 말들은 "소리 나는 구리와 울리는 꽹과리"(고전 13:1)가 되고 말 것입니다. 그 동기에 불순한 것이 섞여 있다면, 약국에서 조제한 연고에 똥파리가 들어 있는 것과 같아서 고약한 냄새를 풍기게 될 것입니다. 그러나 사람들로 하여금 찬송 받으실 크신 하나님이 어떤 분이신지를 보게 만들어서 하나님을 영화롭게 하고자 하는 것이 우리의 유일한 목적이요 소원이라면, 우리의 수고는 "금 제단" 앞에 드려진 "향기로운 향"이 될 것입니다(출 39:38). 그러한 수고는 우리가 노년이 되어 감사함으로 되돌아볼 수 있는 그런 수고입니다. 나의 형제자매들이여, 여러분의 과거를 되돌아보실 때에 여러분의 심정이 어떻습니까? 한창 젊고 힘이 좋은 때를 보내고 있는 분들은 어떻습니까? 지금 여러분은 아버지 하나님의 일을 하며 온전히 하나님을 위하여 살고 계십니까? 그렇다면, 여러분은 백발이 영광의 면류관이 되어 여러분의 머리를 장식하게 될 노년에 행복해하게 될 것입니다. 왜냐하면, 여러분이 "지금까지 주의 기이한 일들을 전하여" 왔다는 것을 회상할 때, 은빛 영광은 단지 여러분의 머리에만 머무는 것이 아니라, 여러분의 마음에도 순전한 기쁨을 드리울 것이기 때문입니다.

3. 셋째로, 다윗의 기도에 대해 살펴보겠습니다.

다윗이 여기에서 기도하고 있는 것은 좋은 징조였습니다: "하나님이여 내가 늙어 백발이 될 때에도 나를 버리지 마시며." 이것은 얼마나 애처롭게 호소하는 듯한 기도입니까! 형제들이여, 이 기도는 다윗이 이제까지 자기가 하나님을 의지하여 살아온 세월을 부끄러워하지 않았다는 것을 보여줍니다.

다윗은 만일 하나님이 자기를 인도해주지 않으셨다면 자기가 이 자리까지 오는 것은 불가능했을 것이라고 느꼈습니다. 그는 자신의 지난날의 삶이 전적으로 하나님이 주신 은혜로 살아온 것임을 알았고, 자기가 늘 곤고하고 결핍되어 있었기 때문에 전능하신 하나님의 힘을 전적으로 의지하지 않았다면 결코 지금까지 살아 있을 수 없었을 것임을 알았습니다. 우리가 어릴 때부터 하나님을 의지하지 않고서는 살 수 없다는 것을 알았다고 할지라도, 분명한 것은 하나님을 의지하고자 하는 마음은 세월이 갈수록 깊어진다는 것입니다. 성숙한 그리스도인들은 자기 자신을 아무것도 아니라고 생각합니다. 더 성숙한 그리스도인들은 자기 자신을 아무것도 아닌 것보다 더 못한 존재로 생각합니다. 선한 사람들은 배와 같아서, 내용물이 채워질수록 물속에 더 깊이 잠기게 됩니다. 은혜를 많이 받은 사람일수록 하나님의 더 많은 은혜가 필요하다가 탄식합니다. 은혜는 포만감을 주는 그런 종류의 음식이 아닙니다. 먹으면 먹을수록 더 배가 고파지는 그런 음식이 있다는 말을 나는 들은 적이 있습니다. 은혜도 마찬가지여서, 더 많이 받을수록 더 갈망하게 됩니다. 다윗은 자신의 모든 복이 흘러나오는 비밀한 샘들을 알고 있었기 때문에, 모든 것을 충족시켜 주는 그 샘을 닫으시면 자기가 기진하여 죽을 것이 분명하니 결코 닫지 마시라고 하나님께 간구하고 있는 것입니다.

사랑하는 친구들이여, 이것은 다윗이 지난날에 받은 은혜가 현재를 살아가는 데에 충분하다고 생각하지 않았다는 것을 보여줍니다. 지나간 경험은 오래된 만나와 같아서 벌레가 꾀고 고약한 냄새가 나기 때문에, 과거의 경험을 의지해서 현재를 살아갈 수는 없습니다. 어떤 사람이 6년 전에 받았던 은혜를 자랑하는 순간, 그는 지나간 경험을 의지하는 것이고, 그 은혜는 그에게 지금 거의 남아 있지 않습니다. 우리는 날마다 새로운 은혜를 필요로 합니다. 어제 나와 함께 하셨던 하나님의 임재는 오늘 이 순간을 사는 데에 충분하지 않습니다. 나는 지금 하나님의 은혜를 받아야 합니다. 다윗은 자기가 바로 지금 하나님을 의지하고 있음을 고백하였고, 그렇게 한 것은 지혜로운 것이었습니다. 뒤를 돌아보며 과거를 의지해서 걷고자 할 때에는 반드시 넘어질 수밖에 없습니다. 내가 기억하는 한, 성경에 기록된 모든 넘어짐이 나이 든 사람들에게 일어난 일들이라는 것은 대단히 주목할 만합니다. 이것은 어느 정도 지혜롭게 되었고 경험도 많이 쌓여서 노련하게 되었다고 생각하는 우리에게 심각한 경고가 됩니다. 롯과 유다, 엘리와 솔로몬과 아사가 하나님 앞에서 범죄한 자들로 발견된 때는 모두 나이가 들어서였습니다. 본성이 쇠해서가 아니라 하나님의 은혜로 말미암아 혈기가 죽어진 것이 아니라면, 혈기가 죽어졌다는 것은 결코 중대한 죄들을 짓지 않을 수 있게 되었다는 보증이 되지 못합니다. 다윗은 "하나님이여 나를 버리지 마소서"라고 기도할 절실한 필요가 있었습니다. 다윗의 삶 자체가 그것을 증명해 줍니다. 나는 말을 오랫동안 탄 사람들로부터 말들은 흔히 다른 곳이 아니라 언덕을 다 내려와서 넘어지곤 한다는 얘기를 들은 적이 있습니다. 기수가 더 이상 신경 써서 말을 제어할 필요가 없다고 생각할 때에 말이 넘어진다는 것입니다. 마찬가지로, 많은 사람들이 여러 해 동안 시험을 잘 견뎌내서 드디어 시련이 끝이 나고 안전하다고 느끼는 바로 그 순간 굽은 길로 새서 하나님을 근심하시게 합니다. 이런 얘기가 여러분에게는 뜻밖의 얘기로 들리지 않습니까? 여러분은 이런 얘기가 잘 믿어지지 않을 것이지만, 사실입니다. 그러므로 우리는 일생 동안 쌓아올린 선한 이름을 한순간의 죄악된 비참한 행위 하나로 망치는 일이 없도록 조심하고 조심해야 합니다. 나의 심령은 "하나님이여 나를 버리지 마소서"라고 부르짖습니다. 시편 기자는 많은 원수들이 자기를 지켜보며 호시탐탐 노리고 있음을 보았기 때문에, "나를 버리지 마소서"라고 하나님께 간구하였습니다. 그는 하나님을 섬기면서 수많은 시험들을 만나 힘이 다 떨어지고 지쳐갔기 때문에, "나를 버리지 마소서"라고 기도하였습니다. 또한, 그는 자신의 육신의 힘이 자연스럽게 쇠약해져가는 것을 느꼈기 때문에, "내 기력이 약하여졌다"(시 31:10)고 부르짖

으며, "나를 버리지 마소서"라고 간구하였습니다:

> "세월에 눌리고 슬픔에 지쳐
> 지치고 기운이 없으며 병들고 외로워서
> 하나님이여, 내가 주께 기도하나이다.
> 나의 시든 손을 주께 들고
> 이 쇠한 눈을 들어 주를 바라보오니
> 오, 나를 버리지 마소서!"

시편 기자는 많은 원수들이 자기를 노리고 있음을 알았기 때문에 "나를 버리지 마소서"라고 간구하였습니다. 그는 주님을 섬기는 일에 지칠 정도로 많은 시험을 당하였기 때문에 "나를 버리지 마소서"라고 기도했습니다. 또한, 그는 자신의 육신의 힘이 자연적으로 쇠하여진 것을 느꼈기 때문에, "내 기력이 약하여지며"라고 부르짖으며 "나를 버리지 마소서"라고 간구하였습니다.

시편 기자는 이 기도를 통해서 자신은 아무런 자격도 없음을 고백하였습니다. 그는 자신의 죄들을 생각할 때에 하나님이 자기를 버리셔도 아무런 할 말이 없다고 느꼈습니다. 그래서 그는 시편 51편에서 "나를 주 앞에서 쫓아내지 마시며 주의 성령을 내게서 거두지 마소서"(시 51:11)라고 기도합니다. 그는 낮아진 마음으로 하나님께 버림받는 일이 결코 일어나지 않게 하리라고 결심합니다. 그는 자기가 버림받는다는 것을 생각만 해도 견딜 수 없었습니다. 그래서 그는 하나님을 결사적으로 붙들고서 고뇌 속에서 "하나님이여 나를 버리지 마소서"라고 부르짖었습니다. 그의 마음은 자신의 유일한 소망이자 위로를 붙들기 위해 필사적으로 매달려야 했기 때문에 마치 살려 달라고 애원하는 사람처럼 하나님께 간구하였습니다.

여러분은 지금 하나님 앞에 어떤 기도를 드리고 있습니다. 형제들이여, 여러분은 하나님이 그 기도에 응답하실 것이라고 생각하십니까? 나이가 들어 힘이 약해져 가는 것을 느끼는 분들은 "하나님이여 나를 버리지 마소서"라고 기도해 왔을 것입니다. 여러분은 하나님께서 여러분의 기도에 응답하실 것이라고 생각하십니까? 물론입니다. 하나님께서는 응답하실 것입니다. 하나님께서 여러분의 기도에 응답하지 않으시는 것은 불가능합니다. 만일 사람이 나이가 들었다고 해서 하나님이 버리신다면, 여러분은 그런 하나님이 우리의 하나님이라고 생각하시겠습니까? 사람인 우리라도 그렇게 하지 않을 것입니다. 나이 든 아버지가 집에서 거동을 잘 못하신다고 해서, 아들이 아버지를 집에서 내쫓겠습니까? 형이 나이가 들어 병들었다고 해서, 아우가 그 형을 버리겠습니까? 우리가 인간의 심장을 지니고 있는 한, 우리 중 그 누구도 나이 든 사람을 버리는 무정한 짓을 하지 않을 것입니다. 우리가 그렇다면, 하나님이야 두말 할 필요도 없지 않겠습니까! 하나님께서는 오랫동안 자신을 섬겨 온 나이 들고 힘없는 종들을 결코 멸시하지 않으십니다. 하나님은 지극히 쇠약하고 힘들어 하는 사람들의 미약한 기도를 지겨워하시는 것이 아니라 불쌍히 여기셔서 응답하십니다. 여러분은 하나님께서 자신의 늙은 종들을 내치실 것이라고 생각하시는 것입니까? 여러분이라면 그렇게 하시겠습니까? 사람들의 경우에는 가난하고 늙은 사람들을 거두어 부양하는 것이 아니라 스스로 알아서 살아가도록 내버려 두는 것이 보통입니다. 사람들은 조국을 위해서 자신의 생애의 한창 때를 다 바친 군인들을 나 몰라라 하기 때문에 그들은 길거리에서 구걸하거나 굶어 죽습니다. 심지어 나라를 구한 영웅들조차도 사람들의 무관심 속에서 노년이 되어 궁핍함 속에서 비참하게 살다 죽어갑니다. 또한, 왕들이 자신의 아주 충성스러운 종들을 버려서 적들의 손에 넘어가 죽는 일이 얼마나 비일비재했습니까! 세월이 흘러 아름답던 얼굴이 쭈글쭈글해지고 건장했던 어깨가 굽어졌을 때, 나이 든 신하는 궁전의 조신들 속에서 더 이상 설 자리가 없어집니다. 그러나 하나님께서는 그렇게 하지 않으십니다. 만왕의 왕께서는 자신의 나이 든 군사들이나 조신들을 버리시는 법이 없습니다. 하나님께서는 특별한 은총으로 그들과 함께 하십니다. 포도주와 친구는 오래 될수록 좋다는 속담이 있습니다. 우리는 하나님에 의해서 가장 많이 총애를 받는 성도들은 흔히 가장 나이 많은 성도들이라는 것을 확인하기 위해서 굳이 멀리까지 갈 필요도 없습니다. 하나님께서는 100세도 훨씬 지난 아브라함, 눈 먼 이삭, 지팡이를 짚고 자신을 경배하였던 야곱을 버리지 않으셨습니다.

　우리라도 누가 나이 든 종을 버리려 하겠습니까? 부끄러움을 모르는 일부 철면피들은 그렇게 할지 모르지만, 그런 사람들은 인류의 수치입니다. 나는 하나님께서 결코 그렇게 하지 않으신다는 것을 압니다. 왜냐하면, 하나님은 사랑이시고, 그의 긍휼하심은 영원하기 때문입니다. 하나님께서 젊은 시절과 중년에 우리에게 복을 주셨다면, 노년에도 우리를 버리지 않으시고 변함없이 계속해서 복을 주실 것입니다. 아니, 우리가 노년이 되었을 때, 하나님은 이전보다 더한 인자하심을 우리에게 보여주시고 우리 인생의 저녁 때에 밝은 빛이 되어 주실 것입니다. 왜냐하면, 하나님께서는 "너희가 노년에 이르기까지 내가 그리하겠고 백발이 되기까지 내가 너희를 품을 것이라 내가 지었은즉 내가 업을 것이요 내가 품고 구하여 내리라"(사 46:4)고 말씀하셨기 때문입니다.

나의 형제들이여, 하나님께서는 자신의 늙은 종 바르실래(삼하 19장)를 잊지 않으실 것입니다. 또한, 베드로의 경우처럼, 다른 사람들이 우리를 묶어서 우리가 원하지 않는 곳으로 데려간다고 할지라도, 하나님께서는 우리에게서 그 얼굴을 돌리지 않으시고 도리어 끝까지 우리를 사랑하실 것입니다.

형제들이여, 만일 하나님께서는 우리를 내치시고 버리실 생각이셨다면, 아주 오래 전에 벌써 그렇게 하셨을 것이 아닙니까? 하나님께서 우리를 내치실 빌미를 찾고자 하셨다면, 그동안 그런 빌미가 얼마나 많이 있었겠습니까? 만일 하나님께서 그렇게 하고자 하셨다면, 우리는 벌써 수백 번 짐을 쌌어야 했을 것입니다. 하나님은 여러분을 내치시고 쫓아내실 빌미를 찾으시기 위해서 오랜 세월을 기다리신 것이 결코 아닙니다. 사실, 하나님께서는 여러분을 이미 오래 전에 자신의 권속에서 제외하시고 내치시는 것이 마땅하였습니다. 만일 하나님께서 여러분을 망하게 하고자 하셨다면, 왜 그동안 여러분에게 그렇게 많은 은혜와 긍휼을 베풀어 주셨겠습니까? 만일 하나님께서 여러분을 버리시고 내버려 두시고자 하셨다면, 왜 20년 전에 여러분을 환난 속에 그대로 내버려 두지 않으신 것입니까? 하나님께서 그동안 여러분에 대하여 그토록 많은 인내와 고통과 괴로움을 감내해 오신 것은 그 모든 것 속에서 여러분을 얻고자 하셨기 때문입니다. 하나님께서 여러분을 얻지 못하실 이유가 어디 있겠습니까? 하나님께서 한 번 시작하신 일을 왜 끝까지 이루시지 못하시겠습니까? 두려워 떠는 친구들이여, 하나님께서는 여러분의 인생을 지난 70년 동안 큰 바다를 헤치며 인도해 오셨다는 것을 기억하십시오. 여러분은 남은 여러 해 동안도 하나님께서 여러분을 인도해 주시리라는 것을 믿고 신뢰할 수 있습니다. 여러분의 나이가 80세 가까운데도 여전히 하나님을 의심하고 있는 것입니까? 여러분은 얼마나 더 살기를 기대하십니까? 앞으로 10년? 여러분은 그 10년 동안 하나님을 믿고 신뢰할 수 없습니까? 하나님께서 지난 70년 동안 여러분을 인도해 오지 않으셨다면, 아마도 여러분은 이 자리에 계시지 않을 것입니다. 그토록 오랜 세월 동안 여러분을 선하게 대해

주신 하나님을 왜 여러분은 지금 의심하고 계시는 것입니까? 그렇게 하지 마십시오. 여러분의 인생은 토요일 밤에 와 있습니다. 한 주간의 일을 거의 다 끝내고, 여러분은 곧 영원한 안식일을 누리게 될 것입니다. 그러니 날이 밝아서 그림자들이 다 달아날 때까지 하나님을 의지할 수 없겠습니까? "당신은 아직 젊으니까 그런 말을 할 수 있는 거요"라고 여러분은 말하실지 모르겠습니다. 나도 그렇다는 것을 잘 알고 있습니다. 그렇지만 나는 나이가 들어갈수록 지금처럼 말할 수 있고, 지금보다 더 확신 있게 말할 수 있을 것이라 믿습니다. 왜냐하면, 나는 그때에 "어려서부터 나를 교훈하시고 이 날까지 나를 지켜주신 주께서 이제 와서 나를 버리지 않으실 것입니다"라고 말할 수 있을 것이기 때문입니다. 나의 형제들이여, 여러분이 "하나님이여 나를 버리지 마소서"라고 부르짖을 때, 하나님이 여러분을 버리실 수도 있는 것이라고 오해해서 낙심하지 마십시오. 왜냐하면, 그것은 "내가 결코 너희를 버리지 아니하고 너희를 떠나지 아니하리라"(히 13:5)고 하신 하나님의 말씀을 불신하는 것이기 때문입니다.

4. 넷째로, 다윗의 소원에 관해 살펴보겠습니다.

우리가 마지막으로 살펴볼 것은 다윗의 바람, 또는 좋은 결말에 관한 것입니다: "내가 주의 힘을 후대에 전하고 주의 능력을 장래의 모든 사람에게 전하기까지 나를 버리지 마소서." 다윗은 하나님의 복음을 전하면서 일생을 살았지만, 다시 한 번 그렇게 하기를 원하였습니다. 나이 든 성도들은 하나님을 적극적으로 섬기는 일을 그만두고 싶어 하지 않습니다. 그들 중 다수는 존 뉴턴 목사님(1725-1807년)처럼 되고 싶어 합니다. 뉴턴 목사님은 몸이 너무 쇠약해져서 세인트 메리 울노스 교구(St. Mary Woolnoth Parish) 교회의 강대상까지 걸어갈 수가 없어서 들것에 실려 가서 말씀을 전했다고 합니다. 그의 친구들은 "뉴턴 목사, 당신은 너무 쇠약해졌으니 이제 정말 그만두어야 해"라고 말했답니다. 그러자 뉴턴 목사님은 "뭐라고? 전에 아프리카에서 노예장사를 하며 하나님을 욕되게 했던 이 자가 숨이 붙어 있는 동안 어떻게 거기에서 건져 주신 주님의 은혜를 전하는 것을 그만둘 수 있겠는가? 절대로 그렇게는 못 하네"라고 말했습니다. 강단에서 말씀을 전하는 것보다 강단을 떠나는 것이 더 어려운 일입니다. 왜냐하면, 그리스도에 대한 사랑이 우리를 강권해서, 우리의 나이 든 가슴속에서 여전히 활활 타오르기 때문입니다. 그래서 오늘의 본문에서도 이 선한 사람은 하나님의 힘과 능력을 다시 한 번 사람들에게 전할 수 있게 되기를 열망합니다. 어떤 사람들은 나이 든 사람에게 "세월이 흘러서 당신의 힘이 다해가고 있기 때문에 당신이 하나님의 힘을 나타내 보이는 것은 매우 부적절합니다"라고 말합니다. 그러나 그런 말은 어리석은 것입니다. 왜냐하면, 하나님의 힘을 가장 잘 나타내 보일 수 있는 사람은 자신에게 힘이 하나도 없는 사람이기 때문입니다. 하나님으로부터의 큰 도우심을 받을 필요가 절실해서 그러한 도우심을 받기에 아주 적합하고, 따라서 하나님의 능력이 얼마나 큰 일들을 이룰 수 있는지를 보여주기에 합당한 상태에 있다는 것은 결코 작은 일이 아닙니다. 나이 든 친구들이여, 여러분의 연약함은 하나님의 힘을 밝히 드러내어 두드러지게 만드는 역할을 할 것입니다. 이 "나이 든 설교자"는 자기가 한 번 더 말씀을 증거할 수 있다면, 사람들은 누구나 다 그 말씀의 힘이 자신의 타고난 능력이나 젊음의 활력에 의한 것이 아님을 알게 될 것이라고 느낍니다. 그가 자신을 지으신 분을 증거하면, 모든 사람이 이렇게 말하게 될 것입니다: "저토록 쇠약한 노인이 자신의 하나님을 저렇게 열정적으로 힘 있게 증거하는 것 자체가 하나님의 은혜의 능력을 보여주는 최고의 증거다. 만일 하나님의 은혜의 능력이 역사하지 않는다면, 저토록 쇠약한 노인이 저런 힘을 얻을 수는 없을 것이기 때문이다."

또한, 다윗은 자기가 하나님을 증거하면, 젊은이들이 하나님의 은혜의 힘은 아주 오랫동안 지속된다는 것을 알게 될 것이고, 세월의 그 어떤 우여곡절도 하나님의 사랑을 끄거나 덮어 버릴 수 없다는 것을 알게 될 것이라고 생각했습니다. 그들은 다윗의 죄들을 도말하신 하나님의 용서하시는 은혜의 힘이 아주 오랫동안 지속되고, 자신의 종을 늘 진실하게 대하시는 하나님의 신실하심의 힘이 끝까지 이어진다는 것을 알게 되리라는 것입니다. 이 모든 이유 때문에 다윗은 다시 한 번 자기가 하나님을 증거할 수 있게 되기를 간절히 원했습니다.

그렇다면, 다윗은 어떤 회중을 상대로 말씀을 증거하고 싶어 했는지 여러분은 아시겠습니까? 그는 자신의 주변에서 자라나고 있는 "후대"에게 증거하고 싶어 했습니다. 그는 자신의 바로 이웃들과 그들의 자녀들에게 하나님의 능력을 전해서 그 빛이 다음 세대들로 전해질 수 있게 되기를 바랐습니다. 무대에서 서서히 퇴장하고 있는 모든 사람은 이런 마음을 지녀야 합니다. 그들은 자신들의 뒤를 잇게 될 다음 세대를 생각하여야 합니다. 그들은 다음 세대를 위해 기도하고, 다음 세대를 도와야 합니다. 나이 든 사람들의 생각은 자신들이 물려줄 영적

유산에 고정되어 있어야 합니다. 나이 든 야곱이 임종을 앞두고 아들들을 축복하였듯이, 나이 든 신자들은 다음 세대를 축복하여야 합니다. 여러분의 일은 거의 끝났고, 이제 남은 일은 다음 세대가 여러분을 기억할 수 있게 기념비를 남기는 것뿐입니다. 대리석과 청동은 사라질 것이지만, 하나님의 진리는 영원히 남게 될 것입니다. 신실한 증언의 기념비를 세우십시오. 여러분이 인생들 사이에 섞여 있을 날도 얼마 남지 않았습니다. 여러분의 자리는 비게 될 것이고, 오늘 여러분이 앉았던 자리는 내일이면 앉지 못하게 될 것입니다. 그러므로 복음의 보화를 전해 주십시오. 여러분은 죽지만, 하나님의 복음은 죽지 않아야 합니다. 지금 말씀을 전하십시오. 그러면 여러분이 죽고 난 후에도 사람들이 여러분에 대하여 "그는 죽었지만 여전히 말하고 있다"고 말하게 될 것입니다. 여러분의 자녀들과 손자들을 불러모아놓고, 여러분이 선하신 하나님을 어떻게 섬겨 왔는지를 말해 주십시오. 여러분에게 자손이 없다면, 이웃들과 친구들에게 전하시고, 여러분이 죽고 난 후에 다른 사람들이 읽을 수 있도록 글로 써서 전하십시오. 다음 세대에게 여러분의 손을 뻗쳐서 큰 값어치가 나가는 진주를 그들에게 선물하십시오. 하나님께서 여러분으로 하여금 다음 세대에 눈을 돌려, 기쁘고 담대하게 주저 없이 하나님의 사랑과 능력을 증거하여 젊은이들을 예수께로 인도할 수 있게 해주시기를 기도합니다. 우리는 모두 이 세상을 기꺼이 떠나고자 하여야 하지만, 하나님의 복음이 다음 세대에 확실하게 전해지고 있는 것을 확인하기 전에는 이 세상을 떠날 생각을 해서는 안 됩니다. 사랑하는 친구들이여, 여러분이 구원해야 할 영혼이 남아 있고, 위로해야 할 영혼이 남아 있으며, 구속주의 면류관을 위해 모아야 할 보석이 남아 있다면, 여러분은 "낮 동안에 내가 해야 할 일을 끝낼 때까지 기다려 주십시오"라고 기도해야 합니다:

> "마지막 숨이 넘어갈 때까지 주의 이름을 더듬거려서라도 찬송하고
> 　주를 모든 사람에게 전하며
> 　죽을 때에 '보라 어린 양이로다'라고 말할 수 있다면,
> 　　나는 행복하리라."

끝으로, 실제적인 제안을 한 가지만 하고 말씀을 맺겠습니다. 나는 나이 드신 형제들에게 여러분이 하나님을 더욱더 많이 증거하는 일로 자신의 노년을 유

익하게 보냄으로써 여러분의 황혼을 특별히 아름다운 빛으로 빛나게 하실 것을 부탁드립니다. 나는 하나님의 베테랑 용사들에게 한층 더 담대하고 용감하게 행하시라고 강력히 권면하고 싶습니다. 여러분이 젊은 시절에 다윗처럼 사자와 곰과 블레셋의 거인을 쳐서 죽이며 살아오셨다면, 지금도 힘을 내서 그렇게 담대하게 행하십시오. 왜냐하면, 하나님은 여전히 살아 계시고, 하나님의 백성은 여러분을 필요로 하기 때문입니다. 비록 여러분의 관절이 조금 녹슬고, 여러분의 사지가 약하여 전쟁터를 감당하기 힘들다고 할지라도, 절뚝거리며 싸움터로 나가십시오. 절뚝거리는 자들이 해내야 할 몫이 있으니까요. 젊었을 때에 여러분을 도우셨던 하나님은 지금 늙고 힘없게 된 여러분을 변함없이 도우실 것입니다. 여러분이 어떤 일을 하게 될지 누가 알겠습니까?

내가 지금까지 보았던 미술 작품들 중에서 사람들의 영혼을 울렸던 가장 좋은 명화 중의 하나는 베네치아의 총독인 나이 든 단돌로(Dandolo)가 공화국의 적들이 탄 배를 선두에서 공격하는 장면을 그린 그림이었습니다. 그는 인간의 통상적인 나이를 훨씬 넘긴 인물이었고 게다가 눈도 멀어 있었습니다. 그렇지만 공화국을 구하고자 하는 다른 사람들의 노력이 다 실패하자, 그는 가장 먼저 적들이 탄 배에 올라타 선봉에서 공격하였습니다. 백발이 성성한 데다 눈까지 먼 노인의 영웅적인 행동을 본 젊은 사람들은 그대로 뒤로 물러나 가만있을 수는 없다고 생각했습니다. 그의 용감한 모범은 "베네치아의 군사들이여, 등을 돌려 도망치려는가?"라고 외치는 것처럼 보였습니다. 이러한 도전에 대한 반응은 놀라운 결과를 가져왔습니다.

나이 드신 형제들이여, 여러분이 살아온 세월이 결코 헛되지 않았다는 것을 우리에게 보여주십시오. 어떻게 하면 승리를 얻을 수 있는지를 젊은이들에게 보여주십시오. 이제 사람처럼 행하기를 그치고, 예수의 피로 씻음 받은 사람들은 구속주의 복음을 위하여 자신들의 피를 흘리기를 주저하지 않는다는 것을 우리에게 보여주십시오. 여러분의 열심은 우리를 고무시키고, 여러분의 담대함은 우리에게 용기를 주어서, 우리도 주 이스라엘의 하나님을 위해 용감해지게 될 것입니다. 하나님의 성령께서 여러분과 우리 속에서 그렇게 역사하시기를 빕니다. 아멘.

제
70
장

—

가난한 자의 친구

—

"그는 궁핍한 자가 부르짖을 때에 건지며 도움이 없는 가난
한 자도 건지며" — 시 72:12

이것은 제왕 시편입니다. 이 시편에서 여러분은 십자가에 달리신 그리스도
가 아니라 보좌에 앉아 계시는 그리스도에 관한 예언들을 봅니다. 하나님으로서
만이 아니라 사람으로서도 그리스도께서는 높이 들려 계시고 아주 높이 계셔서
찬송을 받고 계십니다. 그는 왕이시고 절대적인 지배권을 지닌 왕의 아들이시
고, "그의 통치는 바다에서 땅 끝까지"(슥 9:10) 이릅니다. 그리스도의 통치 영역
과 주권을 송축하는 내용으로 가득 차 있는 이 시편에서 낮은 자들에 대한 그의
세세한 돌보심, 가난한 자들에 대한 그의 인격적인 연민, 그런 자들이 그의 나라
에서 누리게 될 큰 은택들에 그토록 많은 관심이 두어지고 있다는 것은 주목할
만한 일입니다. 지극히 높으신 그리스도와 지극히 낮은 우리가 만날 때에 "지극
히 높은 곳에서는 하나님께 영광이요 땅에서는 하나님이 기뻐하신 사람들 중에
평화"(눅 2:14)가 있습니다. 나는 이 시편을 제왕 시편이라기보다는 메시아에 대
한 충성 맹세, 또는 메시아의 가난한 신민들을 위한 위로의 보고라고 해야 더 옳
지 않나 하는 생각이 들기까지 합니다. 우리는 그리스도께서 높아지시기 때문에
그의 가난하고 궁핍한 자들도 크게 복을 받는 것이라는 말로 그러한 괴리를 완
화시켜 볼 수 있을 것입니다. 그리스도께서 높아지시는 것은 그의 백성에게 복
이고, 그의 백성이 복을 받는 것은 그가 높아지시는 것이기 때문입니다.

서론은 이 정도에서 그치고, 우리는 본문으로 바로 들어가서, 먼저, 크신 은혜의 특별한 대상들을 주목하고자 합니다: "그는 궁핍한 자가 부르짖을 때에 건지며 도움이 없는 가난한 자도 건지며." 다음으로, 우리가 주목할 것은 그런 대상들에게 주어지는 특별한 복들입니다. 본문은 하나님께서 그들을 건지실 것이라고 말씀하고 있지만, 그들을 위한 교훈과 위로로 가득한 약속들이 이 시편 전체에 걸쳐 산재되어 있습니다. 마지막으로, 하나님께서 그러한 은총들을 베푸시게 될 특별한 때에 관한 것입니다: "그는 궁핍한 자가 부르짖을 때에 건지며." 그때가 하나님이 정하신 때가 될 것입니다. 우리가 부르짖을 때가 하나님이 우리를 건지시는 때가 될 것입니다.

1. 첫째로, 누가 하나님의 크신 은혜의 특별한 대상들이 됩니까?

이 대상들에 관해서 본문은 세 가지로 설명하고 있습니다: 그들은 "궁핍하고" "가난하며" "도움이 없는" 자들입니다.

그들은 **궁핍합니다**. 이 점에서 그들은 모든 인생들과 똑같습니다. 우리는 궁핍한 상태에서 인생을 시작합니다. 어린 시절에 우리에게는 궁핍한 것들투성이이고, 우리 스스로의 힘으로는 도저히 살아갈 수 없습니다. 우리는 궁핍한 상태에서 계속해서 인생을 살아나갑니다. 우리의 코에 있는 숨은 하나님의 선하심의 선물입니다. 하나님 안에서만 우리는 살고 움직이며 우리의 존재를 유지해 갈 수 있습니다. 우리가 나이가 먹어갈수록, 우리의 궁핍들은 한층 더 분명해집니다. 우리가 의지하는 지팡이는 우리에게 우리의 궁핍들을 드러내 주고, 우리의 연약함들은 우리가 얼마나 궁핍한 존재인지를 말해 줍니다. 우리에게는 현세적인 것들도 필요하고 영적인 것들도 필요합니다. 우리의 몸도 궁핍하고 우리의 혼도 궁핍하며 우리의 영도 궁핍합니다. 우리는 악으로부터 보호를 받아야 할 필요가 있습니다. 우리는 의의 길로 인도함을 받을 필요가 있습니다. 처음부터 우리 속에 은혜가 심겨질 필요가 있습니다. 심겨진 은혜는 자라갈 필요가 있습니다. 자라가는 은혜는 온전해져서 열매를 맺을 필요가 있습니다. 우리에게는 단 한순간도 궁핍하지 않은 때가 없습니다. 우리가 아침에 깨어서 눈을 뜰 때부터 우리의 궁핍들은 드러납니다. 우리가 잠들었을 때에는 가난한 자의 베개에 채움 받아야 할 궁핍이 있습니다. 왜냐하면, 우리에게는 하나님이 밤 동안 우리를 지켜주실 필요가 있기 때문입니다. 우리가 무릎을 꿇고 기도할 때에도 우리에게는 채움 받아야 할 궁핍들이 있습니다. 그렇지 않다면, 우리가 어디에서 기도할 동력을 얻겠습니까? 우리는 노래하고자 할 때에도 채움 받아야 할 궁핍들이 있습니다. 그렇지 않다면, 우리의 할례 받지 않은 입술이 어떻게 하나님을 제대로 찬송할 수 있겠습니까? 우리가 다른 사람들의 궁핍들을 도와줄 때에도 우리에게는 채움 받아야 궁핍들이 있습니다. 만약 그 궁핍들을 채움 받지 못하면, 우리는 남들을 구제하면서 교만해질 것이기 때문입니다. 우리가 말씀을 전하거나 들을 때에도 우리에게는 채움 받아야 할 궁핍이 있습니다. 우리가 일을 하거나 고난을 받거나 쉴 때에도 우리에게는 채움 받아야 할 궁핍이 있습니다. 우리의 인생은 하나의 기나긴 궁핍이 아니고 무엇이겠습니까? 모든 사람들은 궁핍들로 가득 차 있습니다. 하나님의 백성들은 이 궁핍을 느낍니다. 그들은 자신의 궁핍을 고백할 뿐만 아니라 경험적으로도 자신의 궁핍을 압니다. 그들은 궁핍들로 가득 차 있습니다. 그들도 전에는 자신이 부요하고 많은 것을 가지고 있어서 아무것도 궁핍한 것이 없다고 생각했었습니다. 그러나 지금은 하나님의 성령의 조명을 통해서 그들은 자신이 벌거벗었고 가난하며 비참하다는 것을 느낍니다. 그들의 궁핍은 이전에도 크긴 했지만, 지금은 머리카락보다 그 수가 더 많아서 헤아릴 수조차 없어 보입니다. 그들에게는 자신의 지난날의 죄들을 씻는 것이 필요합니다. 그들에게는 현재의 시험을 이길 도움이 필요합니다. 그들에게는 장래에 보호를 받는 것이 필요합니다. 하늘 아래에서 다른 누구보다도 더 자기가 "궁핍한 자"라고 서슴없이 주장할 수 있는 사람들이 있다면, 그것은 쉼터에 있는 빈민들이나 길거리에서 구걸하는 거지들이 아니라 바로 하나님의 자녀들입니다. 왜냐하면, 그들은 자신의 힘으로 도무지 살 수 없다고 느끼는 까닭에, 하나님에게서 은혜를 더 많이 얻을수록 더 많은 것을 바라게 되기 때문입니다. 그들은 자신들에 대한 하나님의 뜻을 알아갈수록 더욱더 많은 것을 바라게 됩니다. 우리의 궁핍들은 크고 끊임이 없습니다.

　　하나님의 특별한 은혜의 대상들과 관련된 두 번째 설명은 그들은 "가난한 자"라는 것입니다. 궁핍한 사람이라고 할지라도 자신의 궁핍을 스스로 해결할 수도 있습니다. 자신의 궁핍이 생기자마자 자신이 필요로 하는 것을 손에 넣을 수 있을 정도의 충분한 부를 가진 사람들이 있습니다. 그렇지만 이런 말들은 오직 이 세상에서의 궁핍 또는 필요에만 해당됩니다. 영적인 것들과 관련해서 우리는 궁핍할 뿐만 아니라 가난해서, 우리에게 있는 것이 아무것도 없습니다. 우리 스스로의 힘으로 해결할 수 있는 것이 아무것도 없습니다. 우리는 갈증이 나서 물이 필요하지만, 우리의 본성이라는 물 항아리는 깨져서 비어 있습니다. 우리는 떡이 필요하지만, 우리의 본성이라는 곳간은 텅 비어 있습니다. 아주 먼 나라로 간 탕자처럼 그 땅에는 큰 기근이 있고 우리는 궁핍합니다. 우리에게는 입을 옷이 필요합니다. 우리는 우리 자신이 벌거벗었다는 것을 발견하고서 부끄러워하지만, 우리가 구한 무화과 나뭇잎은 별 도움이 되지 못하고, 우리는 너무나 가난해서 옷을 사 입을 수 없습니다. 우리는 너무나 가난해서, 우리의 궁핍을 안다고 해도, 그것은 단지 우리의 곳간이 텅텅 비어 있다는 것만을 확인해 줄 뿐입니다. 우리의 그 어떤 궁핍도 제대로 충족되지 못합니다. 인간의 본성 속에는 자신의 궁핍들을 충족시켜 줄 수 있는 것이 아무것도 없습니다. 자기 자신을 의지하는 것은 이 세상의 일들에서는 통하겠지만, 하나님의 일들에서는 완전히 미친 짓입니다. 우리는 자수성가한 사람이라는 말을 듣지만, 어떤 사람이 천국에 들어가고자 한다면, 그는 처음부터 끝까지 하나님이 만드신 사람이 되어야 합니다. 왜냐하면, 인간의 본성으로부터 나올 수 있는 모든 것은 온통 더러운 것밖에 없기 때문입니다. 물줄기가 그 물줄기의 원천보다 더 높이 흐를 수 없는 법인데, 인간의 본성이라는 원천은 애초부터 오염되어 있습니다. 그래서 인간의 본성이라는 원천에서 나오는 물줄기는 원천보다 더 나을 수 없습니다. 우리는 너무나 궁핍하고 너무나 가난합니다. 이 세상에서 인간의 본성이라는 이 슬픔과 고통의 잔의 쓰디쓴 요소들을 맛본 사람들이 있다면, 그들은 바로 하나님의 백성들입니다. 우리가 너무나 궁핍하고 너무나 가난하다고 늘 그렇게 생각하지 않는다고 하여도, 그것은 사실입니다. 이 사실이 우리에게 처음 밝혀졌을 때, 우리는 "더 좋은 날들을 보며 살아온" 사람들처럼 고통과 아픔을 느꼈습니다. 전에 우리 자신이 스스로의 힘으로 일을 해서 삶을 얻을 수 있다고 착각하고 있었을 때에는 우리의 선한 행실에 대하여 우리가 상을 받을 만한 자격이 있다고 여겼고, 우리의 고결한 행실에 오직 약간의 경건만 더하면, 하나님과 우리 자신의 양심을 기쁘시게 할 수 있다고 생각했습니다. 그러나 그런 어리석은 몽상에서 깨어나서 우리 자신의 비참한 가난에 직면했을 때에 우리는 얼마나 부끄러웠습니까! 우리는 차마 밝은 곳을 활보하고 다닐 수 없었습니다. 우리는 사람들이 모이는 곳을 피하여 홀로 앉아서 두려움에 사로잡혀 머리를 싸매고 고민하며 "어떻게 하지? 어떻게 하지?"라고 혼잣말을 되뇔 수밖에 없었습니다. 우리는 정말 가난합니다. 그리고 우리는 그 사실을 압니다.

또한, 본문은 그들에게는 **돕는 자가 없다**고 말씀합니다. 하나님께서 우리에게 빛을 비춰 주시기 전에는 우리에게 아주 많은 돕는 자들이 있는 것처럼 보입니다. 우리는 사제(신부)가 우리를 구원해 줄 수 있을 것이라고 착각합니다. 실제로 전에 우리가 그랬었습니다. 만약 하나님의 은혜가 우리에게 한 알갱이 정도만이라도 있었다면, 우리는 그런 생각을 버렸을 것입니다. 또한, 우리는 부모가 우리를 도와줄 것이고, 우리의 경건한 선조들이 우리를 어떻게 해줄 수 있을 것이라고 착각했습니다. 그러나 우리는 이미 오래 전에 우리 각자가 하나님 앞에 인격적으로 서야 한다는 확신을 갖게 되었습니다. 왜냐하면, 오직 인격적인 신앙만이 하나님 앞에서 통할 수 있기 때문입니다. 한때 우리는 교회를 의지했고, 때가 되면 교회가 우리를 어떻게 해줄 수 있을 것이라고 생각했었습니다. 그러나 하나님께서 우리를 일깨워 주신 지금, 우리는 강단이나 설교자보다 더 높은 곳을 바라보고 있습니다. 우리의 눈은 우리의 모든 도움이 오는 산을 바라보고 있고, 세상에 속한 그 어떤 것들 속에서 더 이상 도움을 구하지 않습니다. "여호와께서 이와 같이 말씀하시니라 무릇 사람을 믿으며 육신으로 그의 힘을 삼고 마음이 여호와에게서 떠난 그 사람은 저주를 받을 것이라 그는 사막의 떨기나무 같아서 좋은 일이 오는 것을 보지 못하고 광야 간조한 곳, 건건한 땅, 사람이 살지 않는 땅에 살리라"(렘 17:5-6). 하나님께서 우리 모두를 도울 자가 아무도 없는 그런 처지로 만들어 주시기를 빕니다. 왜냐하면, 이 땅에서 우리에게 도울 자가 아무도 없게 될 때에야 비로소 하나님께서 우리를 돕는 자와 우리의 구원이 되어 주실 것이기 때문입니다. 궁핍한 자, 가난한 자, 돕는 이가 없는 자라는 이 세 가지를 한데 합치면, 그것은 하나님의 깨어 있는 백성에 대한 매우 정확한 묘사가 됩니다.

사랑하는 자들이여, 우리 중 어떤 이들은 그리스도를 바라보기 직전에 우리 자신이 그런 자라는 것을 아주 절실하게 느꼈을 것입니다. 지금 우리는 우리의 죄가 사함 받기를 우리가 언제 원하였는지를 기억할 수 있습니다. 그때에 우리는 만일 죄 사함의 긍휼을 받을 수만 있다면 우리가 가진 모든 것을 다 내놓고 싶은 심정이었습니다. 우리는 궁핍함으로 가득했었습니다. 우리는 우리가 행해온 온갖 선한 행위들을 샅샅이 살펴보았지만, 그것들은 모두 곰팡이 냄새 나고 벌레 먹은 것들이었고 고약한 냄새를 풍길 뿐이었습니다. 우리는 기도하려고 애썼습니다. 우리는 간절히 기도하기 시작하면 모든 것이 잘될 것이라고 생각했지만, 기도는 상한 갈대처럼 우리에게 위로가 되지 못했습니다. 사방을 둘러보아도 그 어디에서도 우리는 위로를 얻을 수 없었습니다. 성경조차도 우리를 기쁘게 해주지 못하는 것처럼 보였습니다. 하나님의 약속들은 우리에게 철저히 닫혀져 있는 것처럼 보였습니다. 우리를 돕는 자는 아무도 없었습니다. 여러분은 언제 여러분이 환난과 고통 속에서 하나님께 부르짖었고 하나님이 여러분을 건지셨는지를 기억하십니까? 나는 여러분이 오늘의 본문에 나오는 "그는 궁핍한 자가 부르짖을 때에 건지며"라는 약속이 참되다는 것을 체험하셨을 것임을 압니다.

그때 이후로 우리는 이전과 마찬가지로 여전히 궁핍했습니다. 우리는 우리가 가난하다는 것을 보여주는 새로운 증거들을 계속해서 만들어 왔고, 스스로의 힘으로 결코 빠져 나올 수 없는 곤경들 속으로 빠져들어 왔습니다. 사실, 그리스도인이 하나님의 은혜 안에서 가장 부요할 때가 스스로는 가장 가난할 때입니다. 은혜 안에서 부요해지는 길은 여러분 자신의 가난함을 느끼고 아는 것입니다. 여러분이 어느 정도 힘이나 위로를 비축해 두었고, 궂은 날을 대비해서 양식도 어느 정도 비축해 두었다고 생각할 때마다, 사실 여러분은 자신이 진정으로 의지하여야 할 참된 자원들을 점차 잃어버리고 괴로움을 점점 축적해가는 것입니다. 여러분이 하나님을 전적으로 의지하고 있는지를 기준으로 삼아서 하나님 앞에서의 여러분의 참된 부요함을 평가해 보십시오. 여러분이 더 많은 것을 가지고 있을수록 더 적게 가지고 있는 것이고, 더 적게 가지고 있을수록 더 많이 가지고 있는 것입니다. 여러분 자신 속에 아무것도 가지고 있지 않을 때, 그때에야 그리스도께서는 여러분에게 모든 것이 되십니다. 하나님의 자녀에게 영속적으로 합당한 상태는 궁핍하고 가난하고 도움이 없는 자라는 상태입니다. 주님과 함께 높은 산에 올라 주님의 사랑 속에서 기뻐하고 즐거워한다고 할지라도, 그런 상태에서 자기 자신 속에는 아무것도 없습니다. 그는 여전히 가난하고 궁핍합니다.

우리가 이것을 아주 강력하게, 그리고 아마도 아주 고통스럽게 느꼈던 때들이 있었습니다. 나의 형제들이여, 사탄이 여러분을 불 같은 시험으로 괴롭힌 적이 있습니까? 틀림없이 여러분 중에서 많은 분들이 사탄의 맹렬한 공격을 받았을 것입니다. 아마도 사탄은 여러분의 마음에 불경한 생각들이나 "하나님이 나를 버리셨어” 등과 같은 불길한 예감을 집어넣었을 것입니다. 사탄은 “너는 스스로 범죄하여 언약에서 제외되었으니, 넌 버림받은 자야”라고 말했을 것입니다. 여러분의 빈약하고 작은 믿음은 그리스도를 붙들려고 애를 썼지만, 마치 그리스도께서 여러분의 믿음에서 살짝살짝 빠져나가는 듯이 보였을 것입니다. 여러분은 다른 사람들은 아주 쉽게 잘도 천국에 간다고 생각하면서, “‘의인이 겨우 구원을 받는다’(벧전 4:18)는 말씀이 맞구나”라고 생각했을 것입니다. 여러분은 한 치의 땅을 얻기 위해 싸우지 않으면 안 되었고, 자신 속에 은혜의 불꽃이나 소망의 빛줄기가 한 가닥도 없는 게 아닌가 하는 생각이 자주 떠올랐을 것입니다. 그런 때에 여러분은 가난했고 궁핍했으며, 여러분에게는 도울 자가 아무도 없었습니다. 또한, 그런 때에 이 세상에 속한 환난도 찾아왔을 것입니다. 다른 사람들은 이 세상을 환난 없이 통과할 수 있다고 할지라도, 하나님의 백성은 결코 그럴 수 없습니다:

“슬픔과 고통의 길, 오직 그 길로 갈 때에만
　슬픔과 고통이 없는 곳으로 갈 수 있다네.”

“세상에서는 너희가 환난을 당하나”라는 말씀은 “너희로 내 안에서 평안을 누리게 하려 함이라”는 약속만큼이나 확실합니다(요 16:33). 하나님의 종들이 겪는 시련들은 종종 극히 혹독할 때가 있습니다. 적지 않은 종들이 영적으로 가난할 뿐만 아니라 물질적으로도 가난합니다. 굶주림과 궁핍과 빈곤이 그들을 늘 따라다닙니다. 여러분이 가난할 때에는 도울 자가 없다는 것을 얼마나 자주 느끼게 됩니까? 여러분이 형통하여 여름날을 누리고 있을 때에는 친구들과 아는 사람들이 한여름의 숲에 있는 무성한 나뭇잎들만큼 무수히 많습니다. 그러나 여러분이 일이 잘 안 되고 눌려 있는 겨울에는 친구들은 거의 다 떠나고 별로 남아 있지 않고, 이웃들은 아는 체를 하지 않으며, 옛 동료들은 떠나갑니다. 마치 바람이 낙엽들을 휩쓸어가듯이, 여러분에게 닥친 시련이라는 삭풍이 모든 것을 다 휩쓸어가서, 여러분 곁에 남아 있는 것은 거의 없게 됩니다.

그러나 이것은 하나님께서 여러분을 인생 회초리로 징계하고 계시는 것이기 때문에, 여러분은 하나님이 여러분을 버리신 것이라고 생각해서는 안 됩니다. 그러한 환난은 여러분의 믿음을 연단시키기 위한 것이기 때문에, 그런 때에는 하나님께 나아가서 "그는 궁핍한 자가 부르짖을 때에 건지며 도움이 없는 가난한 자도 건지며"라는 약속의 말씀을 근거로 제시하며 간구하십시오.

이상으로 나는 하나님의 주권적인 은혜를 받을 특별한 대상들이 누구인지를 여러분 앞에 말씀드렸습니다. 그들은 영적으로 가난하고 궁핍합니다. 하나님께서 왜 그런 자들을 택하시는지, 여러분은 그 이유가 궁금하십니까? 나의 첫 번째 대답은, 하나님은 자신이 하시는 일들을 일일이 설명해 주지 않으신다는 것입니다. 하나님께서는 원하시는 때에만 설명해 주십니다. 하나님은 절대 주권자이신데, 누가 하나님께 "무엇을 하시나이까"(욥 9:12)라고 말할 수 있겠습니까? 하나님께서는 자신의 절대 주권을 인생들에게 분명히 알게 하시기 위하여, 우리가 생각할 때에는 당연히 택하지 않으실 것이라고 생각하는 그런 사람들을 택하시기를 기뻐하십니다. 예수께서는 눈을 들어 하늘을 우러러 보시면서 감사함으로 이렇게 말씀하지 않으셨습니까? "천지의 주재이신 아버지여 이것을 지혜롭고 슬기 있는 자들에게는 숨기시고 어린 아이들에게는 나타내심을 감사하나이다 옳소이다 이렇게 된 것이 아버지의 뜻이니이다"(마 11:25-26). 하나님께서는 육신을 따라 큰 자들이나 힘 있는 자들을 그리 많이 택하지 않으시고, 도리어 이 세상에서 가난한 자들을 택해 오셨습니다. 사도 바울의 표현을 빌리면, 이 세상에서 "멸시받는 것들"을 택하셨습니다: "하나님께서 세상의 천한 것들과 멸시 받는 것들과 없는 것들을 택하사 있는 것들을 폐하려 하시나니 이는 아무 육체도 하나님 앞에서 자랑하지 못하게 하려 하심이라"(고전 1:28-29). 영원하신 하나님께서 위로부터 병거를 타고 오실 때에는 그 병거에게 땅의 가장 아래로 내려가라고 명하십니다. 하나님은 오만한 왕들이 있는 높은 궁궐들을 지나쳐 가십니다. 하나님의 은혜의 병거는 왕족들이 사는 궁전들과 귀족들이 사는 큰 저택들도 지나쳐서 초가집들이 모여 있는 곳에 멈춰 섭니다. 거기에서 하나님은 기뻐하시는 눈으로 자신의 영원한 사랑을 받게 될 대상들이 누구일지를 살펴보십니다. "내가 긍휼히 여길 자를 긍휼히 여기고 불쌍히 여길 자를 불쌍히 여기리라"(롬 9:15)는 말씀은 하나님의 절대 주권을 선포하는 말씀입니다. 하나님은 가난하고 궁핍하며 도울 이가 없는 자들을 택하심으로써 그 말씀이 참되다는 것을 보여주십니다.

하지만 우리가 굳이 그 이유를 찾아보고자 한다면, 우리는 가난하고 궁핍하며 도울 이가 없는 자들 속에서 하나님이 그들에게 은혜를 주시는 이유를 볼 수 있습니다. 그들은 은혜를 가장 기꺼이 받아들이고자 하는 사람들이라는 것입니다. 그들은 은혜를 가장 필요로 하고 원하는 사람들이기 때문입니다. 여러분이라도 일반적으로는 가장 도움을 필요로 하는 사람들에게 도움을 주고자 할 것입니다. 하나님의 지혜로우신 긍휼은 가장 비참한 자가 누구인지를 찾아내고, 하나님은 자신의 복을 가장 필요로 하는 자들에게 주시기를 기뻐하십니다. 그래서 자기가 복을 받을 자격이 있다고 착각하는 자들은 복을 받지 못할 것이고, 복을 가장 필요로 하는 자들은 복을 받게 될 것입니다.

어떤 영혼이 자신의 가난함을 느끼게 될 때에 자신을 그리스도와 동일한 위치에 두지 않게 됩니다. 그런 영혼은 스스로의 힘으로 뭔가를 할 수 있는 체하지도 않습니다. 또한, 복음이 제시하는 여러 조건들에 대해서도 전혀 이의를 제기하지 않습니다. 죄인이 철저히 굶주렸을 때에는 식욕이 아주 왕성해서, 하나님의 긍휼이 주어지면 그 어떤 의문도 제기하지 않고 두말없이 그대로 먹습니다. 교만한 바리새인은 이렇게 말할 것입니다: "오직 믿음으로 구원을 받는다는 말에 나는 승복할 수 없다. 나는 그런 말을 받아들이지 않을 것이다. 나의 인격과는 상관 없이 하늘이 거저 주시는 선물로서의 구원을 받아들이라는 그 말을 나는 참을 수 없다." 바리새인의 높아진 영혼은 그런 은혜를 차 버립니다. 그러나 하나님께서 어떤 사람을 낮추셔서 세리처럼 "하나님이여 불쌍히 여기소서 나는 죄인이로소이다"(눅 18:13)라고 부르짖게 되었다면, 그 사람은 자신이 가련한 죄인임을 깨닫고, 자기 자신이 낮아지고 그리스도께서 높임을 받으시는 하나님의 방식으로 구원받는 것을 기쁘게 받아들이게 됩니다. 그런 구원의 방식은 그 사람의 필요와 궁핍에 적합한 방식이고, 하나님께서 그 사람의 처지에 꼭 맞춰서 그에게 베풀어 주시는 은혜입니다. 그런 까닭에 하나님께서 구원을 베푸시는 근거가 있다면, 그 근거는 사람의 공로에 있는 것이 아니라 하나님의 긍휼하심에 있습니다. 하나님의 성령의 감동과 인도하심에 의해서 사람의 비참함이 그대로 드러날 때, 가뭄에 쫙쫙 갈라진 땅이 위에서 비가 내리자마자 그대로 흡수하듯이, 영혼은 그렇게 입을 벌려 은혜를 받아들이게 되는데, 이것이 바로 하나님의 은혜가 흔히 그러한 통로를 따라서 흐르는 이유입니다.

가난하고 궁핍한 자들을 자신의 은혜로 복 주실 때에 하나님께서는 자신을 위한 따뜻한 친구들, 즉 그를 진심으로 찬송하고 그의 통치와 주권을 간절하게 바라며 그의 이름을 너무나 사랑한 나머지 그 이름을 위하여 기꺼이 핍박과 모욕을 감내하는 사람들을 얻게 됩니다. 만일 하나님이 바리새인들을 구원하신다면, 그들은 자기 자신이 아주 선하다고 생각해서 진심으로 "감사하다"는 말을 하지 않을 것입니다. 그들은 자기 자신이 아주 훌륭하다고 생각하기 때문에 자신들이 구원 받는 것은 당연한 일로 여겨서 아홉 명의 나병환자들처럼 그들을 고쳐주신 주님께로 돌아와 감사하는 일이 결코 없을 것입니다. 그러나 하나님께서 자기 자신 속에 선한 것이 아무것도 없다고 느끼는 큰 죄인을 구원하신다면, 그 사람은 진심으로 감사하며 하나님의 은혜를 자기가 만나는 모든 사람들에게 다 얘기할 것입니다. 그런 사람은 구원과 관련해서 자기가 한 일이 아무것도 없고 자기 속에 그런 구원을 받을 만한 어떤 자격도 없다는 것을 알기 때문에 그 구원이 전적으로 하나님의 은혜로 말미암은 것임을 기꺼이 인정할 수밖에 없고 자기 자신을 결코 자랑할 수 없습니다. 우리는 그런 사람이 은혜의 교리를 얼마나 완벽하게 대변하고 있는지를 볼 수 있습니다! 그런 사람은 아가서에서 "밤의 두려움으로 말미암아 각기 허리에 칼을 찬"(아 3:8) 용사들과 같습니다. 왜냐하면, 은혜의 교리는 그에게 선택의 문제가 아니라 생사의 문제이기 때문입니다. 그런 사람에게 은혜의 교리는 자신의 목숨만큼이나 소중합니다. 그는 이렇게 반문합니다: "무엇이라고요? 우리에게 구원을 주시는 분이 하나님이 아니시라고요? 구원이 처음부터 끝까지 하나님으로부터 오는 것이 아니라고요? 나는 당신들이 하는 그런 말들이 다 틀렸다는 것을 압니다." 그는 이렇게 말합니다: "내게 그런 말 하지 마세요. 당신들이 어떤 논거들을 제시하든, 당신들의 신학이 아무리 세련되고 그럴 듯해도, 그런 것들은 내가 직접 맛보고 경험하고 느낀 것과 부합하지 않아요. 구원이 처음부터 끝까지 은혜로 된 것이 아니라면, 나는 이미 멸망을 받았을 사람입니다! 내가 하나님의 자녀가 된 것은 순전히 은혜로 된 것이기 때문에, 나는 죽을 때까지 은혜의 교리를 옹호할 것입니다."

나는 지난 주일 밤에 여러분에게 구원의 어려움에 관하여 말씀을 전한 후에, 내가 천국에 간다면 내 모든 영혼을 다해서 하나님을 찬송하고 송축하고 싶은 마음이 간절해지는 것을 느꼈습니다. 어떤 나이 드신 선한 여자 분께서, 하나님이 자기를 구원해 주신다면, 하나님이 자기에게 행하신 일, 곧 하나님은 자기 같은 그런 사람에게도 긍휼을 베풀어 주신 선하시고 은혜로우신 하나님이시라는 것을 영원토록 어디에서나 널리 전하고 다닐 것이기 때문에, 자기가 하나님의 은혜를 전하는 일을 중단하는 것을 하나님이 결코 보지 못하실 것이라고 말했는데, 지난 주일 밤에 바로 내가 그런 심정이었습니다. 하나님께서는 사람들에게 은혜를 주시는 목적 중의 하나가 자신을 영화롭게 하는 것이기 때문에, 지혜로우시게도 가난하고 궁핍하며 도울 이가 없는 자들에게 자신의 은혜를 베푸시는 것입니다. 나의 사랑하는 자들이여, 하나님께서 오늘 밤에 여러분을 낮추셔서 가난하고 궁핍하며 도울 이가 없는 자들이 되게 해주시기를 빕니다. 나는 여러분 중에서 많은 분들이 이미 그렇게 낮아져 계신다는 것을 압니다. 그런 여러분에게 오늘의 본문은 힘이 되고 용기를 북돋워줄 것입니다. 하나님께서는 전능자의 사랑의 대상인 여러분이 거름더미에 앉아 있는 것을 보시고 거기에서 들어올리십니다. 하나님은 여러분을 티끌 속에서 찾아내십니다. 그러나 그것이 한나의 노래나 마리아의 노래가 아니었습니까? "권세 있는 자를 그 위에서 내리치셨으며 비천한 자를 높이셨고 주리는 자를 좋은 것으로 배불리셨으며 부자는 빈손으로 보내셨도다"(눅 1:52-53). 이것이 하나님이 가난한 자들과 길 잃은 자들을 대하시는 방식입니다. 하나님의 이러한 방식은 여러분에게 이루 말할 수 없는 힘이 되는 것이기 때문에, 기뻐하고 즐거워하십시오. 그러나 여러분 중에서 지금까지도 결코 낮아지지 않은 분들에게는 나는 이렇게 말합니다. 늘 선하게 살아와서 스스로 선한 자라고 생각하는 사람들, 어릴 때부터 율법을 다 지켜왔고 주일이면 교회에 빠진 적이 없어서 스스로 선하다고 생각하는 사람들에게 나는 이렇게 말합니다: 나는 하나님께서 여러분을 긍휼히 여기셔서 여러분으로 하여금 자신의 선함이 더러움 그 자체라는 것, 여러분의 의는 불의 그 자체라는 것, 여러분 속에 있는 가장 선한 것조차도 악한 것일 뿐이라는 것, 여러분이 한 번도 보지 않은 자신 속에 있는 악한 것이 여러분을 파멸로 몰아가게 되리라는 것, 하나님이 여러분을 낮추셔서 여러분이 하나님 앞에서 역겹고 가증스러운 존재일 뿐만 아니라 율법이 권능으로 여러분의 영혼에 임했을 때에는 자신이 보기에도 자기가 가증스러운 존재라는 것을 깨닫게 해주시기를 빕니다. 이상으로 우리는 하나님께서 은혜를 주시는 특별한 대상들에 대하여 살펴보았습니다.

2. 둘째로, 큰 왕께서 이런 백성을 위해 예비해 두신 특별한 복이 있습니다.

2절을 보겠습니다: "그가 주의 백성을 공의로 재판하며 주의 가난한 자를 정의로 재판하리니." 즉, 하나님의 가난한 자들을 위한 특별한 복들 중의 하나는 그들이 "정의"로 판단을 받게 되리라는 것입니다. 슬프게도 지금 그들은 흔히 가혹한 판단을 받고 있고, 무시를 당하고 있습니다. 그들은 공의나 정의가 아니라 악의로 판단을 받고 있습니다. 원수들은 그들을 볼 때에 "이 자들은 심령이 깨진 자들이어서 비참해하고 슬퍼하며 우울해하며 살아가고 있다"고 말하면서, 그들을 욕하고 비난하며 헐뜯고 무시합니다. 종종 정신 나간 자들이라고 말하기까지 합니다. 그렇지만 그런 말들을 함으로써 그들은 자신들이 위선자들이요 외식하는 자들임을 드러낼 뿐입니다. 하나님의 자녀들에게는 비방이 쉴 새 없이 쏟아집니다. 하나님의 자녀들은 잘못이나 허물이 없는 데도 늘 사람들로부터 비방을 받아 왔습니다. 그렇습니다. 하나님도 낙원에서 사탄의 비방을 받으셨습니다. 그러므로 우리는 독기 품은 혀를 피할 수 있게 되기를 기대하지 않아야 합니다.

하지만 하나님의 궁핍한 자들에게 늘 주어질 한 가지 복은 그리스도께서 그들을 다스리시리라는 것입니다. 그리스도께서 그들을 정의로 판단하실 것입니다. 가족들이 여러분에게 심한 말을 합니까? 화 내지 마십시오. 상대방이 욕을 한다고 해서 욕으로 되갚아 주지 마십시오. "그가 주의 가난한 자를 정의로 재판하리니." 그 일을 하나님께 맡겨 두십시오. 재판이 열릴 때까지 기다리고 기다리십시오. 지금 여러분을 판단하는 사람들은 어떤 존재입니까? 그들의 견해는 여러분에게 아무리 쓰디쓴 쓸개 같을지라도 여러분의 성품이나 운명에 실제로는 아무런 영향도 미치지 못합니다. 여러분이 그리스도를 믿는 믿음으로 말미암아 하나님 앞에서 올바르다면, 그들은 자신들의 그 어떤 말을 통해서도 여러분을 잘못되게 할 수 없습니다. 하나님께서 판단하시고, 하나님께서 아십니다. "나 여호와는 심장을 살피며 폐부를 시험하고 각각 그의 행위와 그의 행실대로 보응하나니"(렘 17:10). 다윗이 형들에게서 얼마나 멸시를 받았는지를 여러분은 기억하실 것입니다. 다윗에게는 형들이 갖고 있었던 준수한 외모와 풍모가 없어서, 심지어 하나님의 선지자였던 사무엘조차도 형들이 다윗보다 더 낫다고 생각하여 그들에 대하여 "여호와께서 이들을 택하신 것이 분명하다"고 말했습니다. 그래서 다윗은 형들로부터 멸시를 받았지만, 그것이 중요했습니까? 하나님이 보시는 것은 사람이 보는 것과 달랐습니다. 왜냐하면, 사람들은 "외모"를 보지만 하나님은 "중심"을 보시기 때문입니다(삼상 16:7). 가족 중에서 그리스도를 믿는 사람이 여러분뿐이라면, 때를 기다리십시오. 여러분이 그리스도로 말미암아 멸시를 당하고 있다면, 오늘 밤 용기를 갖고 담대해지시고 낙심하지 마십시오. "기뻐하고 즐거워하라 하늘에서 너희의 상이 큼이라 너희 전에 있던 선지자들도 이같이 박해하였느니라”(마 5:12). 왕께서 속히 오실 것이고, 그가 오시면, 이 말씀이 참되다는 것이 증명될 것입니다: “그가 주의 백성을 공의로 재판하며 주의 가난한 자를 정의로 재판하리니”(시 72:2). 여러분을 위한 한 가지 복이 준비되어 있는데, 그것은 그리스도께서 여러분의 억울함을 풀어 주시고 여러분의 누명을 벗겨 주시리라는 것입니다.

하나님의 가난하고 궁핍한 자들이여, 여러분은 조금만 더 참고 인내하면 압제로부터 벗어나게 될 것임을 압니다. 4절을 보겠습니다: “그가 가난한 백성의 억울함을 풀어 주며 궁핍한 자의 자손을 구원하며 압박하는 자를 꺾으리로다”(시 72:4). 하나님의 백성들은 이리들 가운데에 있는 양들과 같습니다. 이리들은 양들을 해칩니다. 그리스도께서는 압제와 괴롭힘을 당하셨지만 입을 열지 않으셨습니다. 주님의 백성들도 마찬가지로 압제를 당하게 되어 있습니다. 그러나 그들에게는 힘이 되고 위로가 되는 약속의 말씀이 있는데, 그것은 그리스도께서 반드시 그들을 구원하실 것이고 그들을 압제하는 자들을 산산조각 내시리라는 것입니다. 오늘 밤 여러분은 사탄에게 눌려 있습니까? 사탄이 여러분이 알지도 못하는 일들을 가지고 여러분을 비난하고 고소하며, 양심이 이미 사함 받은 죄들을 떠올려서 여러분을 짓누릅니까? 여러분은 자신이 저지른 죄들이 그리스도의 대속으로 사함 받았다는 것을 믿어 왔습니까? 다시 한 번 은혜의 자리로 나아가서 겸손히 머리를 숙이고서, 보혈의 공로를 근거로 제시하며 간구하십시오. 그러면 그리스도께서 여러분을 압제하고 억누르는 자를 산산조각 내 주실 것입니다. 사탄을 물리치는 데에는 그리스도의 보혈 외에 다른 길이 없습니다. 양심의 자책을 물리치는 데에도 보혈 외에는 다른 방법이 없습니다. 하나님 앞에서 보혈의 공로를 의지하여 간구하십시오. 여러분의 영혼에게도 보혈의 공로를 제시하십시오. 여러분은 시온의 크시고 영화로우신 왕께서 여러분의 심령 속에서 압제자를 산산조각 내시는 것을 발견하게 될 것입니다. 이렇게 가난하고 궁핍한 자들에게는 압제자를 꺾어 주시는 특별한 은혜가 주어집니다.

오늘의 본문에 나오는 세 번째 복은 “그는 궁핍한 자를 건지신다”는 것입니다. 여러분은 큰 환난 속에 들어가 있습니까? 여러분은 그 환난에서 건짐 받게 될 것입니다. 여러분은 지금 여러 가지 두려움에 잡혀 있습니까? 여러분은 그 두려움들로부터 건짐을 받게 될 것입니다. 원수가 곧 여러분을 이기고 기뻐하며 여러분의 목을 발로 밟아서 끝장낼 것처럼 보이지만, 여러분은 건짐을 받게 될 것입니다. 여러분은 새 사냥꾼의 그물에 걸린 새와 같아서, 그 사냥꾼은 여러분의 목을 비틀어 숨통을 끊어놓고자 하고 있습니다. 그러나 여러분은 새 사냥꾼의 손에서 건짐을 받아 여러분을 위협했던 위험들로부터 무사히 빠져나오게 될 것입니다. 우리 모두가 믿음을 갖게 되기를 빕니다. 우리 모두가 깊은 물속에 있을 때에 믿음을 발휘할 수 있기를 빕니다. 뭍에서 믿음에 관하여 얘기하는 것도 좋은 일이지만, 우리에게는 큰 물에 던져졌을 때에 헤엄칠 믿음도 필요합니다. 오늘 밤 여러분이 이 보배로운 말씀을 꼭 붙들고서 하나님 앞에서 "나는 가난하고 궁핍하며 도울 이가 없는 자이오니, 하나님이여, 지금 내 영혼을 건져 주소서"라고 기도할 수 있기를 빕니다.

그러나 가난하고 궁핍한 자들에게 주어질 일련의 복은 이것으로 끝난 것이 아닙니다. 오늘의 시편에서 조금 더 내려가면, 여러분은 13절에서 왕에 대한 말씀을 발견하게 될 것입니다: "그는 가난한 자와 궁핍한 자를 불쌍히 여기며." 하나님께서는 자신의 손으로 그들을 누르신다고 할지라도 머지않아 그 손을 치우실 것입니다. 하나님께서는 모진 바람을 명하여 그들에게 불게 하신다고 할지라도 또 다른 바람을 막아 주실 것입니다. 하나님께서는 털을 갓 깎인 어린 양에게 모진 바람을 보내지 않으신다는 속담과 같이, 자기 백성에게도 모진 바람을 보내지 않으실 것입니다. 그들은 환난을 당할 것이긴 하지만 정도가 있을 것입니다. 사람이 자기 아들을 아끼듯이, 하나님께서는 그들을 아끼실 것입니다. 하나님은 그들을 회초리로 징계하셔서 아프게 하실 것이지만 그들로 피 흘리게 하지는 않으실 것입니다. 그들은 고난을 당할 것이지만 죽지는 않을 것입니다. 그들은 괴로워하고 당혹해하겠지만 절망하지는 않을 것이고, 박해를 받겠지만 버림을 받지는 않을 것입니다. 여호와께서 그 손으로 자기 백성을 징계하실 때에는 그 은혜로 말미암아 늘 정하신 한계가 있을 것입니다. 우리가 하나님의 가난한 자들 중에 있어서 하나님께서 우리를 아끼실 것임을 아는 것은 얼마나 큰 은혜입니까! 하나님께서는 자신의 독생자를 아끼지 않으셨지만, 가난하고 궁핍한 우리를 아끼실 것입니다. 하나님께서는 자신의 독생자를 공의로 가차 없이 심판하셨지만, 성경은 우리에 대해서는 "내가 다시는 노아의 홍수로 땅 위에 범람하지 못하게 하리라 맹세한 것 같이 내가 네게 노하지 아니하며 너를 책망하지 아니하기로 맹세하였노니 산들이 떠나며 언덕들은 옮겨질지라도 나의 자비는 네게서 떠나지 아니하며 나의 화평의 언약은 흔들리지 아니하리라 너를 긍휼히 여기시는 여호와께서 말씀하셨느니라"(사 54:10)고 기록합니다. 하나님은 자기 백성을 아끼실 것입니다. 하나님께서는 그들을 안전하게 인도하실 것이고, 그렇기 때문에 물이 깊어져서 그들을 엄몰하는 일이 없게 하실 것입니다.

다른 모든 복을 아우르는 또 하나의 복이 있는데, 우리는 그 복을 14절에서 발견할 수 있습니다: "그들의 생명을 압박과 강포에서 구원하리니." 속량하심은 하나님의 가난한 백성들의 것입니다. 하나님은 자신의 가난한 자들을 값으로 사셨고, 속전은 이미 모두 다 지불되었기 때문에, 그들은 그리스도의 소유이고, 아무도 그들을 그리스도의 손에서 빼앗아갈 수 없습니다. 그들을 값 주고 속량하신 하나님께서는 그들의 생명도 온갖 위험에서 구원하실 것입니다. 하나님께서는 자기 백성을 구원하는 데에 필요하다면 또다시 홍해를 가르실 것입니다. 하나님은 통상적인 수단으로 자신의 종들을 구원하실 수 없는 경우에는 비상한 수단을 투입하실 것입니다. 우리는 지금 이적들이 없다고 말할지 모르지만, 하나님의 백성을 구원하는 데에 꼭 필요한 때가 되면 그 옛날처럼 적시에 풍성한 이적들이 주어질 것입니다. "천지는 없어질지언정 내 말은 없어지지 아니하리라"(마 24:35). 천지가 흔들려 없어지기 전에는 하나님께서 자신의 자녀들 중 어느 한 사람도 굶어 죽거나 완전히 멸망하게 하시는 일은 없을 것입니다. 그러니 안심하십시오. 이 모든 말씀 속에는 얼마나 영광스러운 위로가 들어 있는지 모릅니다! 우리는 죽게 되지 않을 것입니다. 우리는 구속을 받게 될 것입니다. 우리는 건짐을 받게 될 것입니다. 우리는 구원을 받게 될 것입니다. 하나님께서는 자신의 심판대 앞에서 우리의 원수를 갚아 주시고 우리의 누명을 벗겨 주실 것입니다. 이 모든 것은 크신 왕께서 가난하고 궁핍한 자들을 자신의 사랑의 특별한 대상으로 삼으셨기 때문입니다. 내 영혼은 이것을 정말 기뻐합니다! 나는 그러한 말씀들로 인해 생겨나는 생각과 기쁨을 어떻게 말로 표현할 수가 없습니다. 크신 왕, "강에서부터 땅 끝까지 다스리시는"(8절) 왕이 가난한 자의 친구라는 것은 정말 얼마나 큰 은혜입니까! 오늘 밤 나는 지극히 가난하고 궁핍하며 도움이 없는 자이지만, 왕께서 나를 자신의 총애하는 자로 삼아 주셨습니다. 그는 나를 자신의 조신들 중의 한 사람으로 여기십니다. 사랑하는 형제들이여, 여러분도 가난하고 궁핍한 자들이라면, 이것은 여러분에게도 그대로 해당됩니다. 그리스도께서는 우리를 위하여 보좌 위에서 다스리고 계십니다. 그리스도께서는 크시고 만물을 다스리시는 권세를 지니고 계시지만, 그 권세를 우리를 위해 사용하십니다. 하나님께서 애굽에서 자기 백성 야곱 집의 유익을 위하여 요셉에게 권세를 주셨듯이, 예수께서 하늘과 땅에서 모든 권세와 위엄과 통치권을 지니고 계시는 것은 자기 백성의 유익을 위한 것입니다. 그리스도께서는 그 손가락에 왕의 인장 반지를 갖고 계시지만, 자신의 사랑하는 자들을 부요하고 존귀하며 즐거워하고 온전하게 하는 데에 그 반지를 사용하십니다. 그리스도의 영광은 우리 각자와 관련되어 있습니다. 그리스도의 백성 중 가장 작은 자가 멸망 받는다고 하여도, 그의 면류관은 손상을 입게 될 것입니다. 그리스도는 양 무리의 목자이자 보증이시기 때문에, 아버지 하나님은 그에게 맡기신 모든 자들을 그의 손에서 요구하실 것입니다. 그러므로 그리스도께서는 우리가 멸망하도록 내버려 두실 수가 없습니다. 왜냐하면, 만일 그렇게 하신다면, 그리스도께서는 마지막 날에 "아버지께서 내게 주신 자 중에서 하나도 잃지 아니하였사옵나이다"(요 18:9)라고 말씀하실 수 없게 될 것이기 때문입니다. 그리스도께서는 우리를 지키실 수밖에 없고, 또한 지키실 것입니다. 우리는 그리스도의 존귀하심과 밀접하게 얽혀 있는 자들입니다. 그리스도의 능력, 즉 그의 면류관, 그의 영광, 죄인들을 구원하기 위하여 기름 부음을 받았음을 보여주는 그리스도라는 이름은 모두 그에게 맡겨진 모든 가난하고 궁핍한 영혼의 구원과 밀접하게 얽혀 있다는 것입니다.

3. 셋째로, 이 모든 것이 실현이 되는 때는 언제냐는 것입니다.

하나님께서 궁핍한 자들을 구원하시는 때는 그들이 "부르짖을 때"입니다.

내가 이 자리에서 말씀을 전하고 있는 동안에 여기에 계신 하나님의 가난한 자녀들 중에서 이렇게 말하는 분이 있을 수도 있습니다: "나는 가난하고 궁핍합니다. 그리고 나는 큰 곤경에 빠져 있지만 이제까지 건짐을 받지 못했습니다." 또한, 이 자리에 있는 어떤 죄인은 이렇게 말할지도 모릅니다: "하나님께서 나의 가난함과 궁핍함을 내게 가르치셨고, 나는 내게 돕는 자가 아무도 없다는 것도 알지만, 건짐을 받은 기억이 없습니다." 사랑하는 친구들이여, 아마도 여러분은 여러 달 동안 아주 비통한 심정으로 기도해 왔고, 은혜 주시기를 간절히 원했을 것입니다. 그렇다면, 하나님이 응답하시는 때는 도대체 언제란 말입니까? 여러분이 부르짖을 때, 그 때가 바로 하나님의 때입니다. 부르짖는 기도는 통상적이고 평범한 기도 이상의 것을 의미합니다. 자녀가 여러분에게 어떤 것을 달라고 했을 때, 여러분은 그것을 주지 않을 수 있습니다. 그러나 여러분은 어떤 것을 그저 달라고 하는 것과 울며 부르짖는 것의 차이를 압니다. 여러분이 어떤 것을 꼭 가지지 않으면 안 되겠다는 심정이 될 때, 그것을 갖고 싶어서 여러분의 심장이 찢어질 때, 여러분의 궁핍이 너무나 심해서 도저히 그 상태로는 살아갈 수 없을 때, 그리스도를 만나지 않으면 죽을 것 같아서 "내게 그리스도를 주시지 않으면 내가 죽겠습니다"라는 부르짖음이 절로 나올 때, 여러분이 할 수 있는 것이 십자가 앞에 무릎 꿇고서 "하나님, 나는 기도할 수 없지만, 내 영혼이 탄식하며 주의 은혜를 구합니다"라고 기도하는 것뿐일 때, 그때가 바로 하나님이 응답하시는 때입니다. 바로 그때가 하나님이 여러분을 건지실 때입니다. 여러분이 그렇게 되지 않았다면, 아직 때가 되지 않은 것입니다. 하나님께서는 자기 백성의 기도를 들어주시는 것을 기뻐하시지만, 그들로 하여금 더 기도하게 하시기 위하여 종종 자신의 문 앞에서 기다리게 하십니다. 기도 응답을 받는 것과 마찬가지로 기도하는 것 자체도 우리에게는 늘 복입니다. 기도는 그 자체로 복입니다. 하나님께서는 우리가 문을 살살 두드리는 것을 들으실 때에는 문을 열지 않으십니다. 우리는 계속해서 문을 두드립니다. 하나님은 우리가 문을 두드리는 것을 기뻐하시기 때문에, 문을 두드리는 것 자체가 우리에게는 복입니다. 그러나 우리의 존재 전체로 문을 두드려서, 우리의 영혼과 육체가 문을 두드리고, 우리의 마음과 육체가 살아 계신 하나님을 찾아 부르짖게 될 때, 그렇게 해서 우리가 하나님 앞에 나아가서 입을 열어 하나님이 약속하신 은혜를 아주 간절하게 구하게 될 때, 그때에야 비로소 우리는 건지심을 받게 됩니다.

여러분이 하나님께서 도저히 거절을 못하시게 만들 때, 하나님은 여러분의 기도에 응답하시는 것을 거절하지 못하게 되실 것입니다. "천국은 침노를 당하노니 침노하는 자는 빼앗느니라"(마 11:12). 죽을 정도로 궁핍한 사람만큼 양식이 있는 곳을 필사적으로 침노하는 사람은 없을 것입니다. 여러 날을 굶은 사람이 길거리에서 여러분에게 구걸한다고 합시다. 여러분은 그 사람을 지나치고자 하지만, 그 사람은 너무나 배가 고파서 "내게 빵 사먹을 돈 좀 주세요. 그렇지 않으면 난 죽고 말 거예요"라고 말하며, 여러분을 강하게 압박할 것입니다. 하나님을 이기는 기도는 바로 그런 기도입니다. 영혼이 자신의 눈을 감았다가 다시 떴을 때는 지옥에 있게 될 것이 두려워서 도저히 더 이상 기다릴 수 없을 때, 하나님께서는 그런 영혼을 더 오래 기다리도록 내버려 두지 않으십니다. 나는 자신의 죄를 깨달은 영혼들이 "내가 구주를 만나기 전에는 내려오지 않을 작정으로 골방에 들어갔습니다"라고 말하는 것을 들을 때에 늘 기쁩니다. 나는 사람들이 "나는 무릎을 꿇고, 하나님이 내게 복 주시지 않으면 보내드리지 않겠다고 부르짖어 기도했습니다"라고 말하는 것을 들으면 늘 기쁩니다. 하나님께서는 그런 분들에게 반드시 복 주실 것입니다. 그러나 여러분이 하나님을 그냥 보내드리면, 하나님은 그냥 가실 것입니다. 여러분이 하나님을 그냥 보내드릴 수 없다고 필사적으로 붙들면, 하나님은 여러분의 요구를 들어주실 수밖에 없습니다.

그런데 이렇게 말하는 분이 있습니다: "하지만 내가 하나님께 그런 식으로 막무가내로 떼를 써도 되는 건가요? 내게는 하나님을 그런 식으로 붙들 권리가 없잖아요." 맞습니다. 그러나 사람이 여러 날을 굶어서 거의 죽게 되었다면, 그 사람은 권리 따위는 생각하지 않을 것입니다. 그 사람은 어떻게든 빵을 살 돈을 얻기 위해 옳든 그르든 당신을 붙잡고 늘어질 것입니다. 그 사람의 절박함이 그의 권리입니다.

가난한 영혼들이여, 하나님 앞으로 나아가서 여러분의 절박함을 아뢰고 사정하십시오. 여러분의 죄를 아뢰고, 여러분이 너무나 비참해서 하나님의 주권적인 은혜가 없이는 망하게 되었다고 사정하십시오. 다윗이 사용하였던, 세상에서 가장 기이한 논거를 사용하십시오: "여호와여 나의 죄악이 크오니 주의 이름으로 말미암아 사하소서"(시 25:11). 여러분의 죄가 크다는 것, 바로 그 사실을 하나님이 여러분에게 은혜를 베풀어 주셔야 할 이유로 제시하십시오. 여러분의 죄가 너무 지독해서 꼭 사하심을 받아야 한다고 사정하십시오. 여러분의 죄를 사함 받지 못한다면 여러분은 틀림없이 머지않아 지옥에 던져지게 될 것이라고 하며 사정하십시오. 하나님께서 여러분을 자신의 임재 앞에서 영원히 쫓아내셔도 여러분은 아무런 할 말이 없는 존재라고 고백하십시오. 하나님 앞에 나아가서 이렇게 사정하십시오: "하나님, 주께서 도저히 은혜 받을 자격이 없는 영혼을 구원하심으로써 주의 크고 깊은 은혜를 드러내고자 하신다면, 거기에 가장 적합한 사람인 바로 나입니다. 인류 역사상에서 가장 은혜 받을 자격이 없고 지옥에 떨어져야 마땅한 죄인을 구원하심으로써 주의 은혜가 빛나게 하고자 하신다면, 거기에 적합한 사람이 바로 나입니다. 주께서 그 무한하신 은혜를 보여주는 기념비를 세워서 모든 사람이 보고 기이히 여기며 천사들조차도 깜짝 놀라며 바라볼 수 있게 하고자 하신다면, 거기에 가장 적합한 사람이 바로 나입니다. 하나님, 그런 자가 여기 있습니다. 주께서 아무것도 가진 것이 없는 자를 찾으신다면, 바로 여기에 온통 빈털터리인 자가 있습니다. 선하신 의사이신 주께서 가장 절망적인 병에 걸린 자를 수술하고자 하신다면, 내가 바로 그런 병자입니다. 그러하오니, 하나님이여, 나를 돌아보시고 불쌍히 여기셔서 그 크신 능력을 내게 나타내소서."

　　이것이 여러분이 하나님께 드릴 간구입니다. 여러분의 공로나 잘났다고 생각되는 것들을 제시하며 간구하지 마십시오. 하나님은 그런 간구를 듣지 않으십니다. 반대로, 여러분의 죄와 비참한 처지, 하나님 앞에서 큰 죄인이라는 사실을 간구의 이유로 제시하십시오. 여러분이 믿음으로 보혈을 의지해서 "하나님께서는 죄인들을 구원하시기 위하여 자기 아들을 보내신 것이 아닙니까?"라고 간구하고, "그리스도께서는 의인들이 아니라 죄인들을 불러 회개하게 하시기 위하여 오신 것이 아닙니까?"라고 항변하며, "인자가 온 것은 선한 자들을 구원하기 위한 것이 아니라 잃어버린 자들을 찾으시기 위한 것이라고 성경에 기록되어 있지 않습니까?"라고 간구한다면, 여러분은 반드시 응답을 받게 될 것입니다. 그리스도의 이름은 구주이십니다. 그는 자기 백성을 죄에서 구원하시기 위하여 오셨습니다. 그는 경건하지 않은 자들을 위하여 죽으셨습니다. 그는 경건하지 않은 자들을 의롭다 하시고, 자신의 공로로 말미암아 불의한 자들을 의로운 자들로 만드십니다. 여러분이 이런 사실들을 의지해서 간구한다면, 여러분은 오래 기다리지 않아도 될 것입니다. 왜냐하면, 하나님은 우리가 부르짖을 때까지는 건지시지 않지만, 우리가 부르짖을 때에는 즉시 건져 주시기 때문입니다. "그는 궁핍한 자가 부르짖을 때에 건지며 도움이 없는 가난한 자도 건지며."

　　여러분에게서 썰물처럼 모든 것이 빠져 나가서 아무것도 남지 않게 되었을 때, 그것은 얼마나 큰 은혜입니까! 그때에 은혜의 물줄기가 여러분에게 쏟아져 들어올 것입니다. 여러분이 텅 비어 있을 때, 여러분이 궤멸되어 있을 때, 여러분이 잘 닦여진 접시처럼 여러분 속에 선한 것이 아무것도 남아 있지 않을 때, 하나님께서는 여러분에게 오실 것입니다. 새벽에 동이 트기 직전이 가장 어둡다고 합니다. 하나님께서 여러분을 죽이셨다면, 머지않아 여러분을 살리실 것입니다. 하나님께서 여러분을 만신창이가 되게 하셨다면, 머지않아 여러분을 고치시기 위하여 오실 것입니다.

"오직 온전한 가난만이
영혼을 비울 수 있다네.
조금이라도 우리 것이라고 할 수 있는 것이 남아 있다면
우리는 은혜로 충만해질 수가 없다네.

아무리 크든 작든
우리의 빚을 그대로 인정하면서도
그 빚을 갚을 힘이 우리에게 하나도 없다는 것을 인정할 때
우리 하나님은 우리의 모든 빚을 탕감해 주신다네."

그리스도의 이름을 인하여 이런 은혜가 여러분에게 지금 임하게 되기를 빕니다. 아멘.

제
71
장

—

기도합시다

—

"하나님께 가까이 함이 내게 복이라 내가 주 여호와를 나의
피난처로 삼아 주의 모든 행적을 전파하리이다."
— 시 73:28

　　참된 신자가 하나님께 가까이 나아가는 방법은 많습니다. 왕의 궁정으로 통하는 문들은 많습니다. 예수의 사랑과 성령의 풍성한 은혜를 통해 하늘에 계신 우리 아버지께로 가까이 나아가는 것은 즐거운 일입니다. 그 문들 중에서 무엇보다도 가장 중요한 문은 사람이 하나님과 갖는 달콤한 교제, 즉 하나님께 가까이 나아가서 우리의 마음을 하나님께 열고 하나님의 마음이 우리에게 계시되어서 서로의 은밀한 것들을 나누는 영적 친교(communion)입니다. 영적 친교를 통해서 우리는 눈에 보이지 않는 것들을 보고 말로 다할 수 없는 것들을 듣습니다. 이러한 교제의 외적인 상징이 주의 성찬입니다. 성찬에서 우리는 간단한 상징들을 통해 구속주의 살과 피를 영적인 방식으로 먹을 수 있게 됩니다. 성찬은 하나님과의 교제로 들어가기 위한 진주 문이고, 우리의 발이 밟기를 기뻐하는 왕의 도로입니다. 또한, 우리는 탄식과 눈물로도 하나님께 가까이 나아갈 수 있습니다. 그럴 때에 우리의 절박한 영은 하나님의 임재를 갈망하며, "하늘에서는 주 외에 누가 내게 있으리요 땅에서는 주 밖에 내가 사모할 이 없나이다"(25절)라고 부르짖습니다. 그리고 우리가 성경에 기록되어 있는 약속의 말씀을 언약의 하나님의 말씀으로 읽고 받아 의지할 때마다, 그것은 실제로 "하나님께 가까이 하는"

것입니다.

그럼에도 불구하고 기도는 하나님께 가까이 나아가기 위해 사용되어 온 최고의 통로였습니다. 그러므로 이 아침에 내가 오늘의 본문을 상고하면서 전적으로 기도라는 주제로 한정해서 말씀을 전하는 것이 어느 정도는 용서될 수 있을 것입니다. 우리는 주로 기도를 통해서 하나님께 가까이 나아가게 됩니다. 기도가 이 하늘에 속한 기술을 어떻게 사용하는지를 아는 사람들이 하나님께 가까이 나아갈 때에 사용할 수 있는 아주 좋은 통로라는 것은 의심의 여지가 없다고 할 수 있습니다. 이 설교가 나중에까지 여러분의 마음속에 남아 있을 수 있도록 여러분이 기억하기 좋게 나는 오늘 아침에 전할 말씀을 평소와는 달리 약간 독특하게 구분해서 전하고자 합니다. 먼저, 나는 오늘의 본문을 우리의 기도와 우리 자신을 검증해 보는 시금석(touchstone)으로 사용해 볼 생각입니다. 다음으로, 나는 본문을 우리의 소원들을 날카롭게 하고 우리로 더욱 부지런하고 간절하게 간구할 수 있게 만들 숫돌(whetstone)로 사용할 것입니다. 왜냐하면, "하나님께 가까이 함이 복"이기 때문입니다. 그런 후에, 나는 마지막으로, 오늘의 본문을 하나님을 가까이 하는 것이 무엇인지를 알지 못하는 사람들에 대한 다음과 같은 무시무시한 묘비명이 있는 묘비(tombstone)로 사용하는 엄숙한 작업을 행하고자 합니다. "기도 없는 영혼은 그리스도 없는 영혼이다."

1. 첫째로, 본문은 여러분의 기도와 여러분 자신을 검증해 볼 수 있는 시금석입니다.

하나님을 가까이 하는 것이 그 속에 없는 기도는 기도라고 할 수 없습니다. 여러분의 기도는 어떠한지 한 번 가지고 나와 보십시오. 어떤 사람은 이렇게 말합니다: "아침과 저녁으로 일정한 기도문으로 기도하는 것이 나의 매일의 습관입니다. 나는 먼저 아침 기도문으로 기도하고 나서 집을 나서지 않으면 마음이 불안하고, 저녁에도 그 기도문으로 기도하고 잠자리에 들지 않으면 잠자리가 편하지 않습니다. 목사님, 내가 사용하는 기도문은 순교의 영광을 얻어서 불병거를 타고 하나님께로 올라가신 어떤 유명한 주교님이 쓰신 최고의 기도문입니다." 내 친구여, 당신이 기도문을 사용하여 기도하는데, 최고의 기도문을 사용한다는 말을 들으니 기쁩니다. 우리가 기도문을 사용해야 한다면 당연히 훌륭한 기도문을 사용하는 것이 좋습니다. 여기까지는 아주 좋습니다. 나는 당신이 기도문을 사용하는 것에 대하여 당신을 나무랄 생각이 전혀 없습니다. 그러나 한 가지만 묻고자 합니다. 지금 당신의 심령 깊은 곳으로부터 정직하게 내게 말해 주십시오. 당신은 그 기도문을 사용해서 기도하는 동안에 하나님을 가까이 하게 됩니까? 만일 그렇지 않다면, 그건 아주 심각한 일입니다. 왜냐하면, 당신이 지금까지 드린 모든 기도는 하나님을 우롱한 것이 되고 말기 때문입니다. 당신은 입으로는 기도를 드렸지만, 당신의 삶 속에서는 전혀 기도한 것이 아닙니다. 혹시라도 기도문의 어떤 특정한 문구에 주문 같은 효력이 있을 것이라고 착각하지 마십시오. 세상에서 최고의 기도문이라고 해도, 그 기도를 통해서 하나님께 가까이 나아간 것이 아니라면, 그 기도문으로 기도하는 것은 알파벳을 거꾸로 외우거나, 마술사의 주문인 "아브라카다브라"를 외우는 것과 마찬가지입니다. 당신은 하나님께 가까이 나아갔습니까?

　우리가 하원에 청원서를 제출하려고 어떤 식으로 써야 할 것인지를 지혜롭게 생각해서 정확한 표현을 사용하여 청원서를 썼다고 합시다.그러고 나서 아침과 저녁으로 그 청원서를 읽고는 "청원자들이 이렇게 탄원하오니 선처해 주시기 바랍니다"라는 말로 끝맺는 일을 여러 달 동안 계속해 나갔다고 합시다. 그러던 어느 날 우리가 한 하원 의원을 만나서 다음과 같이 말하였다고 합시다: "의원님, 우리가 아직 하원으로부터 아무런 대답도 받지 못했는데 어떻게 된 일입니까? 우리는 지난 여섯 달 동안 청원해 왔고, 우리가 쓴 청원문은 아주 정확한 것이었습니다." "청원서를 어떻게 제출하셨습니까?" "제출하다니요? 우리는 그런 생각은 하지 못했습니다. 단지 반복해서 읽었을 뿐이죠." 그러면 그 하원 의원은 이렇게 말할 것입니다: "여러분이 그 청원서를 아무리 오랜 날 동안 반복해서 읽었다고 해도 거기에서 어떤 좋은 결과가 나올 수는 없습니다. 청원서는 반복해서 읽는 것이 아니라 하원에 제출해야 하고, 여러분이 원하는 것에 동조하는 의원들을 통해서 하원의 승인을 얻어낼 수 있게 해야 하는 것이죠."

　나의 친구여, 당신은 훌륭한 기도문을 매일같이 반복해서 읽은 것은 기도한 것이라고 착각한 것은 아닌가요? 그렇다면, 사실 당신은 단 한 번도 하나님 앞에 기도한 것이 아닙니다. 당신은 피 흘리신 하나님의 어린 양 앞에 그 기도를 올려드린 것도 아니고, 그에게 자신을 대신해서 그의 공로로 말미암아 자신의 기도를 아버지 하나님의 거룩한 보좌 앞에 올려드려 주도록 부탁한 것도 아닙니다. 나는 당신에게 그 기도문을 사용하는 것을 반드시 중지해야 한다고 말하는 것은 아니지만, 그 기도문으로 기도하는 것을 중지하든지, 아니면 그 기도문을 통해서 하나님께 가까이 나아갈 수 있게 해주시라고 성령께 간구하든지 할 것을 살아 계신 하나님의 이름으로 부탁드립니다. 내가 하는 말을 비난으로 받아들이지 않으시기를 바랍니다. 나는 지금 이 일에 있어서 하나님의 사자로서 말씀드리고 있는 것입니다. 당신이 그동안 드린 기도는 하나님이 듣지 않으셨습니다. 그 기도 속에 하나님께 가까이 나아가고자 하는 참되고 진실한 소원이 들어 있지 않다면, 그런 기도는 응답을 받을 수 없습니다.

또 어떤 사람은 이렇게 말합니다: "그런 말씀을 들으니 좋습니다. 왜냐하면, 나는 매일 아침과 저녁으로, 그리고 수시로 즉흥적인 기도를 드리는 습관이 있으니까요. 기도문을 사용하는 것에 대하여 목사님이 그렇게 부정적으로 말씀하시는 것이 듣기가 좋습니다." 주의하실 것은 나는 기도문을 사용하는 것에 대하여 부정적으로 말한 것이 아니었습니다. 내가 말한 핵심은 기도문과는 상관이 없습니다. 서로 다른 부류의 죄인들은 서로 상대방이 쓴 소리를 들으면 좋아합니다. 당신은 즉흥적인 기도를 드린다고 말했습니다. 나는 앞에서와 동일한 시금석을 가지고 당신의 기도를 검증해 볼 것입니다. 당신이 즉흥적으로 만들어 내는 기도문은 어떻습니까? 그 기도문은 하나님의 어떤 경건하고 거룩한 인물이 만든 기도문보다 낫습니까? 아마도 당신이 즉흥적으로 만들어 낸 기도문은 정말 형편없는 것일 수 있고, 만일 그것을 글로 쓴다면, 기도하는 사람들에게 망신거리가 될 수도 있을 것입니다. 나는 당신의 기도를 지체 없이 검증하겠습니다. 당신은 기도할 때마다 하나님께 가까이 나아갔습니까? 당신은 아침에 무릎을 꿇었을 때에 하늘과 땅의 주재이신 왕과 대화를 하였습니까? 당신은 공허한 말들이 아니라 자신의 진실한 소원들을 영원하신 분의 귀에 들려드렸습니까? 당신은 하나님께 나아가서 자신의 필요와 궁핍들을 말씀드리고 거기에 응답해 주시기를 간절히 바랐습니까? 당신이 기도를 통해서 하나님께 가까이 나아가고자 하지 않았다면 하나님이 받으실 만한 기도를 드린 것이 아님을 기억하십시오.

예를 들어, 지금 내가 어떤 친구에게 부탁해서 어떤 것을 얻어내고자 한다고 합시다. 나는 혼자 골방에 틀어박혀서, 그 친구에게 내가 얻고자 하는 것을 간절하게 부탁하면서 열변을 토하기 시작합니다. 나는 이러기를 매일 밤 쉬지 않고 여러 달 동안 계속해 나갑니다. 마침내 나는 그 친구를 만나서, 내가 그에게 여러 달 동안 부탁을 했는데도 그가 자신의 청을 들어주지 않았다고 말합니다.

그러면, 그 친구는 "무슨 소리야, 나는 그동안 너를 본 적도 없고, 넌 내게 말한 적도 없는데"라고 말합니다. "아, 그렇지. 그러나 너는 내가 그동안 한 말을 들었어야 했어. 만일 네가 들었더라면, 너는 분명히 감동해서 들어주었을 거야." "하지만 넌 그 말을 내게 들려주지 않았어. 넌 감동적인 편지를 썼다고 말하지만, 그 편지를 정말 부친 거니? 그 편지가 내게 배달된 것을 네가 확인한 거니?" "아니, 아니야. 나는 편지를 다 쓴 후에 그대로 가지고 있었고, 네게 부친 적이 없어."

즉흥적인 기도는 이 예화와 같다는 것을 명심하십시오. 당신은 간구를 합니다. 그러나 당신이 하나님께 간구하고 있는 것이 아니라면, 당신의 간구가 무슨 소용이 있겠습니까? 당신은 말을 합니다. 그러나 당신이 분명하게 임재해 계시는 하나님을 향하여 말씀드리고 있는 것이 아니라면, 당신이 한 말들이 무슨 소용이 있겠습니까? 당신이 하나님께 가까이 나아가고자 하지 않았다면, 도대체 당신은 무엇을 한 것입니까? 당신은 아마도 제사를 드렸을 것입니다. 그러나 그 제사는 당신 자신의 산당에 드려져서 가증스러운 것이 되어 버리고 말았습니다. 당신은 하나님이 정하신 한 제단(예수 그리스도)으로 그 제물을 가져오지 않았고, 하나님의 임재가 계시는 속죄소로 올라오지 않은 것입니다. 당신은 하나님께 가까이 나아오지 않았습니다. 그래서 당신은 수없이 기도를 드렸지만, 당신의 기도들은 당신의 영혼에 전혀 복이 될 수 없었습니다. 하나님께 가까이 나아오는 것은 하나님께 받아들여지는 기도에 있어서 필수불가결한 요소입니다.

그러나 하나님께 가까이 나아가는 것이 무엇인지에 대하여 여러분이 오해하지 않도록 하기 위해서, 나는 그것을 여러 단계로 나누어서 설명을 하고자 합니다. 왜냐하면, 모든 사람이 동일한 정도로 하나님께 가까이 나아갈 수 있는 것이 아니기 때문입니다. 은혜의 삶이 영혼 속에서 처음 시작될 때, 여러분은 하나님께 가까이 나아가게 되지만, 큰 두려움과 떨림 가운데서 나아가게 됩니다. 영혼은 자신의 죄책을 의식하고 낮아져서 이 엄청난 일로 인해 두려움에 사로잡히고 하나님의 엄위하신 임재 앞에서 떨며 땅에 엎드러집니다. 나는 나의 삶에서 처음으로 진지하게 기도했던 때를 기억하지만, 그때에 무슨 기도를 드렸는지는 기억이 나지 않습니다. 분명한 것은 그때에 나의 심정을 충분히 말로 표현해서 기도할 수 없어서 기도문을 사용해 기도한 적이 많았습니다. 나는 그 기도문을 끊임없이 반복하였고, 마침내 진정으로 기도할 수 있게 되었습니다. 그때에 나는 내 자신이 마음을 감찰하시는 여호와의 직접적인 임재 앞에 서 있는 것을 보고서, "내가 주께 대하여 귀로 듣기만 하였사오나 이제는 눈으로 주를 뵈옵나이다 그러므로 내가 스스로 거두어들이고 티끌과 재 가운데에서 회개하나이다"(욥 42:5-6)라고 속으로 기도했습니다. 나는 내가 두려움에 사로잡혀서 정신이 혼미한 가운데 왕 앞에 서 있었던 에스더 같다고 느꼈습니다. 나는 하나님의 엄위하심과 나 자신의 죄악됨으로 인하여 참회하는 마음으로 가득하였습니다. 그때에 내가 할 수 있는 말은 오직 "오, 아" 같은 것뿐이었습니다. 내 입에서 나온 유일한 문장은 "하나님이여 불쌍히 여기소서 나는 죄인이로소이다"(눅 18:13)라는 말이었습니다. 하나님의 엄위하심의 엄청난 광채, 하나님의 능력의 크심, 하나님의 공의의 엄격하심, 하나님의 티 없는 거룩하심, 하나님의 두려우신 위엄 ─ 이 모든 것들이 내 영혼을 압도하였기 때문에, 나는 땅에 엎드러질 수밖에 없었고, 내 영혼도 완전히 부복하였습니다. 그러나 거기에는 하나님께 진정으로 가까이 나아가는 것이 있었습니다. 여러분이 교회나 예배당에 있을 때에 자신이 하나님의 임재 앞에 있다는 것을 깨닫기만 한다면, 분명히 여러분은 아일랜드에서의 폭발적인 부흥보다 더 놀랍고 기이한 장면들을 보기를 기대할 수 있습니다. 나의 친구들이여, 만일 하나님이 그 성전에 계시고, 여러분이 하나님께 아뢰고 있으며, "우리가 하지 않았어야 할 일들을 행하여 왔고, 했어야 할 일들을 행하지 않아 왔나이다"라는 우리가 자주 반복해서 드려왔던 고백을 하나님의 귀에 고하고 있다는 것을 안다면, 그 성전에는 영혼의 깊은 낮아짐과 엄숙한 겸비가 있을 것입니다. 하나님께서 우리가 어떤 종류의 기도를 드리든지 우리로 하여금 이 정도만이라도 진실로 하나님께 가까이 나아갈 수 있게 해주시기를 빕니다.

그리스도인이 새 생명을 얻은 후에 은혜 안에서 자라감에 따라, 비록 자기가 창조하실 수도 있으시고 멸하실 수도 있으신 하나님의 임재 앞에 있다는 엄중함을 결코 잊지 않고, 거룩한 경외심을 잃어버리지 않긴 하지만(이 두 가지는 은혜 가운데 살아가는 사람에게 없어서는 안 되는 것들입니다), 그 두려움에서 모든 공포는 제거됩니다. 그것은 종으로서의 비굴한 두려움에서 거룩한 경외심으로 바뀝니다. 그때에 하나님의 광채 가운데서 행하게 된 하나님의 사람은 그룹 천사들처럼 자신의 얼굴을 예수 그리스도의 피와 의라는 두 날개로 가리고서, 겸비하고 경외하는 영으로 하나님의 보좌 앞으로 나아가게 됩니다. 그리고 그는 거기에서 사랑과 선하심과 은혜의 하나님을 뵈옵고서, 절대적인 신성을 지니신 하나님이 아니라 언약의 하나님이 거기에 계신다는 것을 깨닫습니다. 그는 그런 하나님에게서 그의 위대하심이 아니라 그의 선하심을, 그리고 그의 엄위하심이 아니라 그의 사랑을 봅니다. 그때에 영혼은 이전처럼 다시 한 번 경외함으로 머리를 숙이며 그리스도의 중보로 인한 거룩한 자유함을 누립니다. 왜냐하면, 영혼은 무한하신 하나님의 임재 앞에서 낮아져 있는 동안에도 여전히 무한한 은혜와 사랑의 임재 앞에 있다는 신적인 의식에 의해서 지탱되기 때문입니다. 이것은 사람들이 죄 사함을 받고서 사망에서 생명으로 옮긴 후에 도달하게 되는 상태입니다. 그때에 사람들은 확신을 가지고서 담대하게 하나님을 기뻐하고, 하나님께 가까이 나아가게 됩니다.

그렇지만 세 번째이자 더 높은 단계가 있고, 우리 중 극소수만이 이 단계에 도달합니다. 하나님의 광채에 의해 경외심을 갖게 되고 하나님의 선하심을 기뻐하게 된 하나님의 자녀가 이 두 가지보다 자기에게 더 매력적인 것, 즉 하나님과 자신의 관계를 보게 될 때, 그는 하나님의 보좌 위에서 단순한 선하심이 아니라 자신의 아버지의 선하심을 보게 되고, 단순한 사랑이 아니라 영원 전부터 자신에게 예비된 사랑, 자신을 아버지의 자녀가 되게 한 그 사랑, 자신의 이름을 아버지의 가슴에 새기게 만든 그 사랑, 자신을 위하여 죽음도 마다하지 않았던 그 사랑을 보게 됩니다. 그때에 하나님의 자녀는 보좌 앞으로 가까이 나아가서 아버지의 무릎을 붙듭니다. 이때에 그에게는 하나님의 위대하심이 의식되기는 하지만, 아버지의 사랑이 한층 더 생생하게 다가오기 때문에, 그는 "나의 아버지여, 예수를 인하여 내 기도를 들으시고 내 청을 허락하소서"라고 부르짖게 됩니다. 이 단계에 도달하면, 하나님의 자녀는 다른 사람들이 도무지 이해할 수 없는 방식으로 기도하는 일이 종종 일어납니다. 만일 여러분이 마르틴 루터가 기도하는 것을 들으셨다면, 어떤 분들은 분명히 충격을 받았을 것입니다. 만일 그분들이 루터처럼 기도했다면, 그것은 주제넘은 기도가 되었을 것입니다. 왜냐하면, 마르틴 루터는 하나님의 자녀였고, 그분들은 유감스럽게도 지금 자녀의 지위에 있지 않기 때문입니다. 루터는 다른 사람들과 다르게 하나님께 아뢸 자유를 지니고 있었습니다. 당신이 하나님의 자녀가 아니고, 당신의 양자됨을 깨닫지 못하고 있다면, 당신이 할 수 있는 최대한은 겸손한 거지로서 왕의 궁정으로 나아가는 것입니다. 하나님께서 여러분에게 자녀로서 나아갈 수 있는 은혜를 주시기를 빕니다. 여러분이 단지 간구하는 자가 아니라 하나님의 아들을 따르는 종으로 나아갈 수 있게 되기를 빕니다. 하나님이 자신을 온전히 양자로 삼으셔서 자신이 자너가 되었음을 아는 사람은 복 있는 사람입니다. 만일 자녀가 아닌 사람이 오직 왕의 자녀만이 할 수 있는 것을 왕에게 한다면, 그것은 무례한 짓이 될 것입니다. 왕의 자녀는 자기 부모에게 친밀하게 말할 수 있습니다. 하나님과 그의 양자 간에 이루어지는 거룩한 친밀함에서 나오는 사랑의 행위와 말들, 친밀하고 거룩한 친교가 있지만, 내가 여기에서 그런 것들에 대해 여러분에게 말할 수는 없습니다. 바울이 낙원에서 들었던 것과 같은 그런 것들이 존재하고, 사람이 그런 것들을 혼자서 누리는 것은 가능하지만, 공공연히 말하는 것은 허락되어 있지 않습니다. 나의 사랑하는 자들이여, 여러분 중에는 이런 것들에 대하여 나보다 더 많이 아는 분들이 있다는 것을 나는 의심하지 않지만, 내가 아는 것은 우리가 그리스도 예수 안에서 우리의 아버지 하나님께로 나아가서, 아버지의 무한하신 사랑이 우리 위에 있고 우리의 사랑이 아버지께 전해지고 있다는 것을 확실하게 알 수 있게 될 때가 우리의 삶 속에서 최고로 행복한 순간이라는 것입니다. 우리가 아버지 하나님과 포옹하는 바로 그때가 우리의 인생에서 최고로 황홀한 때입니다. 피조물이 하나님을 포옹하고 하나님이 피조물을 포옹할 때의 신비, 하늘에 속한 그 황홀경의 깊이와 높이와 너비는 암미나답의 병거라는 비유나 정말 놀라운 묘사를 보여주는 솔로몬의 아가 자체로도 표현할 수 없습니다. 하지만 나는 이 마지막 단계에 도달하는 것이 여러분의 기도에 있어서 필수적인 것은 아니라는 말씀을 다시 한 번 드립니다. 아마도 여러분은 이 높은 수준의 하나님의 은혜에 결코 도달하지 못할 수도 있습니다. 또한, 나는 여러분의 기도가 두 번째 단계에 도달하는 것이 절대적으로 필요하다고도 생각하지 않습니다. 여러분이 은혜 안에서 자라간다면, 여러분의 기도는 저절로 그런 단계에 도달하게 될 것입니다.

그러나 여러분이 명심할 것은 이 세 단계 중 어느 단계로든, 즉 하나님의 엄위하심을 인식하고서 두렵고 떨리는 마음으로든, 또는 하나님의 선하심을 인식하고서 기쁜 마음으로든, 또는 하나님과 여러분 자신의 관계를 인식하고서 황홀한 기쁨 가운데서든 하나님께 가까이 나아가야 하고, 그렇지 않으면 여러분의 기도는 바람에 나는 겨처럼 쓸모없게 되리라는 것입니다. 그런 기도는 아무도 듣지 않고 도울 자도 없는 광야에서 허공에 대고 부르짖는 것이거나, 혼자 속삭이는 말에 불과하게 됩니다. 그러므로 여러분의 기도를 이 시금석에 비추어 살펴보시기 바랍니다. 하나님께서 도우셔서 여러분으로 하여금 자신의 영혼을 위하여 정직하게 여러분의 기도와 여러분 자신을 살펴보게 하시기를 빕니다.

2. 둘째로, 본문은 숫돌로 사용될 수 있습니다.

앞에서 나는 본문을 시금석으로 사용할 수 있다는 것에 대하여 살펴보았고, 이제는 두 번째 대지로 넘어가서, 오늘의 본문은 여러분의 소원을 더 간절하게 하여 여러분으로 하여금 더 간절하게 기도하게 만드는 숫돌로 사용하는 것에 대하여 살펴보고자 합니다. "하나님께 가까이 함이 내게 복이라."

이제 무엇보다도 먼저, 나는 기도의 "복"은 기도 자체가 지닌 그 어떤 공로에 있는 것이 아님을 말씀드리고자 합니다. 기도 속에는 그 어떤 공로도 존재하지 않습니다. 기도의 공로라는 생각이 어디에서 나왔는지를 알면, 여러분은 황당해할 수밖에 없습니다. 왜냐하면, 그런 생각은 이탈리아 어딘가에 살고 있는 "거짓의 아비"의 가까운 친척으로부터 나왔기 때문입니다. 옛 로마가 이 생각의 탄생지였다는 것은 의심의 여지가 없습니다. 이러한 생각은 너무나 어처구니없고 사악해서, 그곳보다 덜 가증스러운 곳에서 나올 수가 없었을 것입니다. 어떤 거지가 늘 여러분의 집 대문 앞에 진치고 있거나, 길거리에서 늘 여러분을 마주치거나, 여러분이 가는 길을 막아서서 구걸한다고 할 때, 여러분은 그의 구걸에 어떤 공로가 있다고 절대로 생각하지 않을 것입니다. 도리어 여러분은 이렇게 말할 것입니다: "그 거지가 뻔뻔스럽다는 것도 알겠고, 악착같다는 것도 알겠으며, 끈질기다는 것도 알겠지만, 공로라니요? 그 거지가 내게서 뭔가를 얻어내기 위해 기를 쓰는데, 거기에 그 무슨 공로가 있을 수 있단 말인가요?" 여러분의 기도는 아무리 좋게 봐주어도 거지가 악착같이 구걸하는 것 외에 아무것도 아니라는 것을 기억하십시오. 여러분은 긍휼의 문 앞에 서서 예수의 사랑을 들먹이며 하나님이 자비를 베풀어 주시기만을 구걸하는 거지와 같습니다. 하나님께서는 거저 값없이 주시지만, 여러분이 기도해서가 아니라 그리스도의 피와 공로로 인해서 주시는 것입니다. 여러분의 기도는 하나님이 자비를 베푸셔서 뭔가를 넣어 주시는 신성한 그릇이 될 수는 있지만, 하나님의 자비를 가져온 원인이 된 공로는 그리스도의 피 외의 다른 곳에 있을 수 없습니다. 거지의 구걸 속에는 그 어떤 공로도 있을 수 없다는 것을 기억하십시오.

그럼에도 불구하고 우리가 기도를 통해서 하나님께 가까이 나아가는 것은 여전히 복입니다. 기도하고자 하는 우리의 소원을 간절하게 만들어 주는 첫 번째의 것은 기도는 불가해한 신비들을 설명해 준다는 것입니다. 내가 이것을 가장 먼저 말하는 것은 이것이 오늘의 시편 속에 나오기 때문입니다. 가련한 아삽은 큰 고통과 괴로움에 빠져 있었습니다. 그는 악인들을 번성하게 하고 경건한 자들로 하여금 괴로움을 겪게 하는 하나님의 섭리가 과연 의로운 것인지에 관한 난제를 풀고자 애를 썼었습니다. 하지만 그는 이 매듭을 풀 수 없었기 때문에 잘라내 버렸고 그 과정에서 자신의 손가락을 베여 큰 고통을 당하게 되었습니다. 그는 하나님이 악인들은 부유하게 하시는 반면에 자기 백성은 가난하게 하시는 것이 어떻게 의로울 수 있는지를 이해할 수 없었습니다. 마침내 아삽은 이 모든 신비를 깨달을 수 있었습니다. 왜냐하면, 그는 하나님의 전으로 가서 이 모든 섭리의 목적을 이해하였기 때문입니다. 자신이 이 미로에 대한 실마리를 발견한 과정을 되돌아보면서, 그는 "하나님께 가까이 함이 내게 복이라"고 말합니다. 나의 사랑하는 자들이여, 여러분이 하나님의 말씀 중에서 난해한 부분들을 이해하고자 하고, 그리스도의 복음의 신비를 깨닫고자 한다면, 그리스도의 문도들은 무릎으로 배워야 한다는 것을 기억하십시오. 하나님의 말씀에 대한 최고의 해설자는 그 저자이신 성령이시라는 것은 틀림없는 사실입니다. 그러니 여러분이 그 의미를 알고자 한다면, 기도를 통해서 성령께 나아가야 합니다. 나는 어떤 시편을 읽다가 잘 이해가 되지 않는 부분이 있어서 주춤하게 될 때, 무릎을 꿇고 그 부분을 여러 번 반복해서 읽어서 마음으로 그 의미를 깨닫고자 하면, 본문에 있는 어느 한 단어에서 빛이 나는 것을 보게 되는데, 바로 그 단어가 그 시편 전체의 열쇠가 된다는 것을 발견한 적이 비일비재합니다. 존 번연(John Bunyan)은 자신의 신학은 자기가 무릎을 꿇었을 때에 불로 자신의 심령 속으로 들어온 것을 배운 것이기 때문에 결코 잊어버리는 법이 없었다고 말합니다. 이것이 바로 복음을 배우는 방법입니다. 여러분이 복음을 무릎으로 배운다면, 잊어버리는 일은 결코 없게 될 것입니다. 사람들이 여러분을 가르친다면, 잘못된 것들을 가르칠 수 있습니다. 내가 단지 이성적인 추론으로 말미암아 확신하게 된다면, 이성적으로 더 잘 추론하는 사람이 나를 속일 수도 있을 것입니다. 내가 내 생각에 옳게 보이는 것들을 나의 교리적인 견해로 채택한다면, 시간이 가면 나의 견해는 달라지게 될 수 있습니다. 그러나 순수한 진리 자체이신 하나님께서 내게 복음을 가르치셨다면, 나는 잘못 배웠을 리가 없기 때문에 결코 잊어버리지 않게 될 것입니다.

믿는 자들이여, 여러분은 미로를 걷다가 두 갈래 길이 나와서 오른쪽으로

가야 할지 왼쪽으로 가야 할지를 알 수 없을 때마다 어느 쪽으로 가야 할지를 알고자 한다면 무릎을 꿇으십시오. 그리고 그런 후에 계속해서 길을 가십시오. 그렇게 길을 가다가 또다시 갈림길이 나오면, 또다시 무릎을 꿇고 기도한 후에 다시 길을 가십시오. 하나님의 섭리와 참된 가르침과 거룩한 생각에 대한 유일한 실마리는 기도라는 저 거룩한 경건 행위 속에서만 발견될 수 있습니다. 늘 기도하십시오. 그러면 사탄이나 세상이 여러분을 많이 속이지 못하게 될 것입니다. 여러분 앞에 하나님의 진리의 신성한 법궤가 있습니다. 하지만 열쇠는 어디에 있습니까? 열쇠는 기도라는 은색 못에 걸려 있습니다. 가서 그 열쇠를 가져다가 보물함을 여셔서 부요해지십시오.

여러분의 기도를 위한 두 번째 숫돌은 기도는 구원을 가져다준다는 것입니다. 어떤 옛 글에서 나는 다음과 같은 우화를 읽었는데, 그것을 여기에서 그대로 인용하겠습니다. 옛적에 예루살렘의 왕이 "열심"이라는 이름을 지닌 한 유명한 장수에게 자신의 도성을 맡겼습니다. 왕은 "열심"이라는 장수로 하여금 도성을 지키게 하기 위해서 많은 정예병들을 그에게 주었습니다. "열심"은 올바른 마음을 지닌 인물이었고, 온 종일 싸워서 피가 팔에 흘러내려 칼이 손에 붙어 버려도 전쟁터에서 결코 지치지 않고 싸우곤 했던 장수였습니다. 그러나 이번에는 아라비아의 왕이 엄청난 대군을 이끌고 와서 도성을 포위하고서 군사들이 먹을 양식이나 전쟁을 수행하는 데에 필요한 군수물자가 반입되는 것을 막는 일이 벌어졌습니다. 궁지에 몰린 "열심"이라는 장수는 참모회의를 소집해서 어떻게 하면 좋겠느냐고 물었습니다. 많은 제안들이 있었지만, 모두 다 신통치 않은 것들이어서, 그들은 비록 아주 혹독한 조건이긴 하지만 항복할 수밖에 없다는 서글픈 결론에 도달하게 되었습니다. "열심"은 참모회의의 결정을 수용했지만, 그 상소문을 읽었을 때에 도저히 견딜 수가 없었습니다. 그의 마음은 그 상소문을 읽을 때에 진저리를 쳤습니다. 그래서 그는 이렇게 말했습니다: "항복하느니 차라리 갈기갈기 찢기는 편이 더 낫겠다. 이 왕도의 열쇠를 넘기느니 차라리 충성을 다하다가 죽는 편이 더 낫겠다." 큰 고민에 빠진 그는 "기도"라고 하는 한 친구를 만났습니다. "기도"가 "열심"에게 "장군, 내가 이 도성을 구할 수 있네"라고 말하였습니다. "기도"는 군사가 아니었고, 제사장의 옷을 입고 있었기 때문에 전사처럼 보이지도 않았습니다. 사실 그는 성도 예루살렘의 제사장이자 왕을 모시는 제사장이었습니다. 그럼에도 불구하고 이 "기도"는 용맹스러운 인물이었고 제사장의 의복 아래에 갑옷을 입고 있었습니다. 그는 이렇게 말했습니다: "장군, 내게 세 명만 붙여 주시게. 내가 이 도성을 구해 내겠네. 내게 필요한 세 명은 진실, 끈기, 믿음이어야 하네." 이 네 명의 용감한 자들은 예루살렘 전역이 칠흑 같이 어두운 야밤에 도성을 빠져나갔습니다. 그들은 도성을 둘러싼 적의 대군의 포위망을 뚫기 위해 많은 상처를 입긴 했지만, 간신히 포위망을 빠져나와 있는 힘을 다해 밤새 달려서 예루살렘 왕이 있는 진영에 도착했습니다. 그들이 지쳐서 포기하고 싶어질 때에는 "끈기"가 그들을 독려하였고, 기진맥진하였을 때에는 "믿음"이 자신의 물병에 있는 물을 그들에게 마시게 해서 그들로 다시 힘을 차리게 해주었습니다. 그들은 마침내 큰 왕의 궁정에 도착했습니다. 문은 닫혀 있었지만, "끈기"가 계속해서 문을 두드렸고, 마침내 문이 열렸습니다. "믿음"이 그 문으로 발을 들여놓았습니다. "진실"이 큰 왕의 보좌 앞에 엎드렸습니다. 그런 후에 "기도"가 말하기 시작하였습니다. "기도"는 왕의 도성이 지금 어떤 큰 곤경에 처해 있는지를 고하였고, 도성을 에워싼 위험들이 어떠한지도 아뢰고, 내일이면 성안의 모든 용맹스러운 전사들이 다 전멸할 것이 거의 확실하다는 것도 아뢰었습니다. "끈기"는 도성의 절박한 상황을 계속 반복해서 고하였습니다. "믿음"은 왕의 약속을 근거로 왕에게 간청하였습니다. 마침내 왕은 "기도"에게 "너는 군사들을 이끌고 가서 도성을 구하라"고 말하였습니다. 길은 멀었지만, 그들은 예루살렘 왕에게 갔을 때는 포위망을 뚫느라 시간을 지체하였지만 돌아오는 길에는 그럴 필요가 없었기 때문에 아주 신속하게 군사를 이끌고 달려올 수 있었습니다. 동이 틀 무렵에 그들은 아라비아 왕의 대군을 쳐서 왕을 사로잡고 그의 대군을 궤멸시키고 노략물을 나눈 후에 예루살렘 도성으로 개선하였습니다. "열심"은 "기도"의 머리 위에 금 면류관을 씌워주고, 이후로 자기가 전쟁터로 나갈 때마다 깃발을 들고 선봉을 지휘하라고 명령하였습니다. 이 우화는 하나님의 진리로 가득합니다. 듣고 깨달으시기 바랍니다. 우리가 위급한 때에 구원받고자 한다면, "기도합시다." 기도는 우리의 신실하신 하나님의 보좌로부터 달콤하고 자비로운 구원을 가져다줄 것입니다. 이것이 여러분의 소원을 간절하게 해주는 이 숫돌의 두 번째 역할입니다.

이제 세 번째로 넘어가겠습니다. 히브리서에 나오는 저 강력한 "믿음" 장에는 믿음이 사자의 입을 막았다는 말씀이 나옵니다. 그러나 믿음이 한 특별한 일, 다른 그 어떤 이적만큼이나 큰 이적은 믿음이 약속들을 얻었다는 것입니다. 그런데 우리는 기도에 대해서도 동일한 말을 할 수 있습니다. 기도는 약속들을 얻습니다. 그러므로 "하나님께 가까이 함이 복"이 되는 것입니다. 사실인지 아닌지는 알 수 없지만, 영국 역사를 읽다 보면, 엘리자베스 여왕이 에섹스(Essex)의 백작에게 자신의 호의의 표시로 반지를 선물했다는 이야기가 나옵니다. 여왕은 이렇게 말했습니다: "당신이 나의 총애를 잃게 되었을 때에 이 반지를 내게 보내세요. 그러면 내가 그 반지를 보고서 당신을 용서하고 다시 당신을 총애할 테니까요." 여러분은 이 지독하게 운이 나쁜 귀족에게 후일에 어떤 일이 있었는지를 알 것입니다. 백작은 자신이 위험에 처했을 때에 신실하지 못한 사자를 통해 그 반지를 보냈지만, 그 사자는 반지를 여왕에게 전하지 않았습니다. 결국, 백작은 단두대 위에서 죽임을 당하고 말았습니다. 하나님께서는 자기 백성 한 사람 한 사람에게 거룩한 약속의 반지를 주시면서, "네가 곤경에 처하거나 고통 중에 있게 될 때마다 그 반지를 내게 보이면 내가 너를 구하리라"고 말씀하셨습니다. 그런데 믿는 자들이여, 여러분은 백작과는 달리 주의를 기울여서 신실한 사자를 보내야 하지 않겠습니까? 그리고 참되고 진실하고 간절한 기도만큼 신실한 사자가 어디 있겠습니까? 여러분이 드리는 기도가 진심에서 우러나오는 기도가 되도록 주의하십시오. 왜냐하면, 여러분의 사자인 기도가 신실하지 않아서 약속의 반지가 하나님께 전달되지 않으면, 여러분은 결코 구원을 받을 수 없을 것이기 때문입니다. 하나님을 사랑하는 진실한 마음으로 드리는 기도를 가지고서 하나님께 가까이 나아가서서 하나님이 전에 하신 약속을 내미십시오. 그러면 하나님께서는 여러분에게 그 약속을 반드시 지키실 것입니다. 나는 기도에 대해서 많은 말을 할 수 있습니다. 우리의 옛적의 신학자들의 글은 기도에 관한 찬사로 가득합니다. 초기 교부들은 마치 14행의 단시를 쓰듯이 기도에 대해 말합니다. 크리소스토무스(Chrysostom)는 마치 기도가 어떤 하늘에 속한 형체를 입는 것을 본 듯이 기도에 대하여 설교하였고, 기도의 능력, 아니 전능함을 묘사하는 데에 한 치라도 부족함이 있을까봐 온갖 최고의 은유들을 다 동원하였습니다. 하나님께서 우리의 믿음의 선조들이 옛적에 그랬듯이, 우리도 그 정도로 기도를 사랑하게 해주시기를 빕니다. 야고보 2세는 기도를 너무 많이 해서 그의 무릎이 낙타 무릎처럼 딱딱해졌다는 일화도 있습니다. 이것은 틀림없이 전설이긴 하지만, 전설도 흔히 진실에 토대를 두고 있는 경우가 많습니다. 우리 하나님의 복된 성도이자 순교자였던 휴 래티머(Hugh Latimer, 1485-1555년)는 노년에 감옥에 있을 때에 기도를 얼마나 열심으로 간절하게 했던지, 일어설 힘도 없을 정도까지 기도를 하는 적이 많았기 때문에, 그때마다 간수들이 무릎 꿇은 그를 부축해서 일으켜야 했다고 합니다. 이 같은 사람들이 지금은 다 어디에 있나요? "언약의 사자"(말 3:1)여, 주께서는 그런 사람들을 어디에서 발견할 수 있나요? 인자가 다시 오실 때에 과연 이 땅에서 기도하는 사람을 발견할 수 있을까요? 우리가 드리는 기도들은 기도라는 이름을 붙이기도 부끄러운 것들입니다. 우리가 저 거룩한 기술을 익혀서 하나님께 가까이 나아가서 하나님이 친히 하신 약속을 내밀며 간구할 수 있게 되기를 빕니다. 와츠(Watts)는 하나의 찬송 속에서 이 몇 가지 것들을 표현해 놓았습니다. 첫째, 기도는 하늘을 개이게 한다는 것입니다: "기도는 먹장구름을 물러가게 만든다네." 둘째, 기도는 천국에 올라간다는 것입니다: "기도는 야곱이 보았던 사닥다리를 오른다네." 셋째, 기도는 사탄조차도 떨게 만든다는 것입니다: "지극히 연약한 성도가 무릎을 꿇을 때에도 사탄은 그 모습을 보고 두려워 떤다네."

이상으로 나는 우리가 왜 부지런히 기도를 해야 하는지 그 세 가지 이유를 여러분에게 전하였습니다. 이제 거기에 한 가지만 더 추가하고자 합니다. 왜냐하면, 우리는 그 이유들을 철저하게 다 살펴보기 전에는 본문을 숫돌로 이해하는 두 번째 대지를 끝마쳐서는 안 되기 때문입니다. "하나님께 가까이 함이 우리에게 복입니다." 내가 말하고자 하는 것은, 기도는 우리가 그 어떤 곤경과 고통 속에 있더라도 우리의 영혼을 붙들어 줄 수 있는 강력한 능력을 지니고 있다는 것입니다. 영혼이 연약해질 때마다 하늘의 강장제인 기도를 활용하십시오. 천사가 주님에게 나타나서 힘을 더해준 것도 주님이 기도하실 때였습니다. 그 천사는 우리 중 다수에게도 나타났고, 우리는 무릎을 꿇고 기도할 때에 우리가 받은 힘을 결코 잊지 않고 있습니다. 여러분은 고대 신화에서, 내던져질 때마다 자신의 어머니인 "대지"와 접촉함으로써 다시 기운을 차리게 되는 인물에 관한 이야기를 기억하실 것입니다. 믿는 자도 마찬가지여서, 무릎을 꿇을 때마다 힘을 회복합니다. 왜냐하면, 믿는 자는 자신의 힘의 근원인 속죄소, 곧 은혜의 자리와 접촉하게 되기 때문입니다. 여러분이 짊어진 짐이 무겁게 느껴진다면, 기도하십시오. 여러분이 기도할 수 있다면, 그 짐을 넉넉히 질 수 있게 될 것입니다. 「천로역정」에서 "크리스챤"은 한 번은 자신의 등에 진 너무나 무거운 짐 때문에 짓눌려 땅에 찌부러질 것 같아서 도저히 그 짐을 질 수 없었습니다. 그는 손과 무릎으로 엉금엉금 기어갔습니다. 그때에 아름다운 처녀가 그의 눈 앞에 나타났는데, 그녀는 자신의 손에 들린 지팡이로 그의 짐을 건드렸습니다. 짐은 여전히 그의 등에 있었고 없어지지 않았지만, 이상하게도 전혀 무겁지가 않게 되었습니다. 그 짐은 외적으로는 전혀 변하거나 달라진 것이 없었지만, 무게가 느껴지지 않았습니다. 그를 짓눌려 땅에 찌부러뜨릴 것 같았던 그 짐은 이제는 너무나 가벼워져서, 그는 그 짐을 등에 지고 뛰어갈 수 있었습니다. 사랑하는 자들이여, 여러분은 이것이 무엇을 뜻하는지를 깨달을 수 있겠습니까? 여러분은 여러분의 어깨에 들려진 짐이 태산처럼 무거워서 도저히 지고 갈 수가 없어서 하나님께 나아갔는데, 이상하게도 그 짐은 그대로인데 무게가 달라져 있는 것을 발견하지 않았습니까? 여러분의 짐은 저주가 아니라 복이 되었습니다. 여러분이 쇠로 된 십자가라고 생각했던 것이 갑자기 나무 십자가가 되어서, 여러분은 기쁨으로 그 십자가를 지고 주님을 따를 수 있게 되었습니다!

　　나의 의도는 여러분을 지치게 하는 것이 아니라 깨어나게 하는 것이기 때문에, 여러분이 지치지 않도록 이제 한 가지 이유만 더 말씀드리고 두 번째 대지를 마무리하고자 합니다. 사랑하는 자들이여, 어떤 식으로든 하나님의 일을 하고 있는 우리가 기도를 해야 할 이유가 한 가지 더 있는데, 그것은 기도가 일의 성공을 보장해 준다는 것입니다. 옛적에 하나님의 밭에서 일하는 두 일꾼이 만나 서로의 농사 기록을 비교해 보기 위해 앉았습니다. 한 사람의 영혼은 슬픔에 젖어 있었고, 다른 사람의 영혼은 하나님이 그에게 마음의 소원을 주셨기 때문에 기뻐하고 있었습니다. 슬픔에 젖어 있는 형제가 이렇게 말했습니다: "친구여, 나는 자네가 하는 일마다 어떻게 모두 다 형통하는지 도무지 이해할 수가 없어. 자네는 두 손으로 아주 부지런히 씨를 뿌리는데, 뿌리는 즉시 열매가 맺혀서, 거두는 자가 뿌리는 자 바로 뒤에서 열매를 거두고, 뿌리는 자는 거두는 자 바로 뒤에서 또다시 뿌리지 않는가! 나도 자네가 하는 것과 똑같이 씨를 뿌렸고, 나도 자네 못지않게 부지런하였다고 말할 수 있다고 생각한다네. 또한, 우리는 같은 지역에서 나란히 일했기 때문에 땅도 동일하였고, 씨앗도 동일한 곳에서 난 것들을 사용했기 때문에 품질이 똑같았을 것이라고 생각하네. 그런데 친구여, 내가 뿌린 씨는 싹이 나질 않아! 나는 씨를 뿌렸지만 마치 파도 위에 뿌린 것처럼 추수할 것을 발견할 수 없다네. 부지런히 눈에 불을 켜고 찾아보면 여기저기에 병든 싹이 약간씩 나긴 하지만, 나의 수고에 대한 보상을 거의 받을 수 없다네." 성공적으로 일하고 있던 형제는 따뜻한 마음씨를 지닌 사람이어서 슬퍼하는 형제를 위로하고자 했기 때문에, 두 사람의 대화는 한참 길어졌습니다. 그들은 서로의 농사 기록을 비교해 보면서 어디에서 농사가 차이가 났는지를 알아내기 위해서 하나하나 다 점검을 해보았지만, 왜 한 사람은 기가 막히게 잘 되고 또 한 사람은 헛수고만 하고 있는 것인지 그 수수께끼를 풀 수 없었습니다. 결국 기쁨에 충만한 형제가 "나는 그만 가봐야겠다"고 말했습니다. 다른 형제가 "왜?"라고 묻자, 그형제는 "지금이 내가 뿌릴 씨를 물에 담가두어야 할 때이거든"이라고 대답했습니다. "자네가 사용할 씨를 물에 담가둔다고?" "그래, 난 언제나 씨를 뿌리기 전에 물에 담가두거든. 씨를 물에 불려 싹이 트게 해서 파란 싹이 나오는 것을 확인한 후에 땅에 뿌리면 빨리 자라는 것을 자네도 알잖나." 슬픔에 젖어 있는 형제가 말했습니다: "하지만 난 자네가 무엇을 말하는지를 이해할 수가 없네. 자네가 사용할 씨를 어떤 물에 담가둔다는 말인가?" "그 물은 한편으로는 사람들의 영혼을 위한 고통어린 눈물, 다른 한편으로는 기도를 통해서 하나님과 씨름하는 거룩한 고통의 눈물로 이루어진 혼합물이라네. 거기에 씨를 담가두면, 그 혼합물은 모든 씨를 온전한 생명력으로 충만하게 하는 효능을 지니고 있어서, 열매를 맺지 못하는 씨가 하나도 없게 된다네." 슬픔에 젖어 있던 형제도 일어나 자기 집으로 가서, 자기가 배운 것을 잊어버리지 않고 씨를 물에 담가두기 시작했습니다. 그 형제는 농사짓는 법을 연구하는 시간을 줄이고 골방에서 보내는 시간을 늘렸습니다. 그는 밖에 나가는 것을 줄이고 집에서 더 많은 시간을 보냈고, 사람과 함께 있는 시간을 줄이고 하나님과 함께 하는 시간을 늘렸습니다. 그런 후에 그는 밭으로 나가 씨를 뿌렸고, 이번에는 풍성한 수확을 거둘 수 있었습니다. 하나님께서는 이 두 사람 모두로부터 영광을 받으셨습니다.

　　형제들이여, 이 이야기는 내 얘기 같기 때문에, 나는 결코 남의 얘기 하듯이 냉정하게 얘기하고 있는 것이 아닙니다. 오늘날 교회와 목회가 제대로 부흥하지 못하는 이유(오순절에 비교하면, 우리 교회의 성공은 성공이라고 할 수도 없기 때문에)는 기도를 하지 않기 때문입니다. 만일 내가 신학생들에게 지금 말씀을 전하고 있는 것이라면, 나는 그들에게 이렇게 말할 것입니다: 여러분은 무엇보다도 기도에 힘쓰십시오. 학과도 잘 준비해야 하고 설교 준비도 잘해야 하겠지만, 무엇보다도 그런 것들을 두고서 기도하십시오. 무릎으로 공부하십시오. 나는 지금 주일학교 교사들을 비롯해서 그리스도를 위해 각자의 위치에서 수고하는 분들을 포함한 회중에게 이 말씀을 전하고 있는 것이기 때문에, 여러분이 무엇을 하든지 먼저 기도해서 하늘의 이슬이 여러분이 뿌릴 씨를 촉촉이 적신 후에 그 일을 하러 가시라고 간곡히 부탁을 드립니다. 여러분의 씨를 하늘의 이슬로 촉촉이 적시십시오. 그러면 그 씨는 반드시 싹을 틔우게 될 것입니다. 이 시대는 더 많은 일꾼들을 필요로 하고, 이것은 우리가 기도해야 할 제목입니다. 우리는 최상의 품질에 속한 씨를 구하고자 하고, 이것은 우리에게 꼭 필요한 것입니다. 그러나 우리가 사람들의 영혼을 불쌍히 여기며 간절한 마음으로 말씀을 전하기 위해서는, 앞에서 말한 것들보다 훨씬 더 절대적으로 필요한 것 한 가지를 우리는 잊어서는 안 되는데, 그것은 하나님께 구하는 것입니다. 나는 내 심령 속에 짐을 지고 말씀을 전하는 것을 좋아합니다. 내가 지는 짐은 다른 사람들의 죄라는 짐, 그들의 완악한 마음이라는 짐, 그들의 불신앙이라는 짐, 머지않아 파멸로 끝나게 될 그들의 절박한 상황이라는 짐입니다. 나는 마치 "죽어가는 사람들이 죽어가는 사람들에게 말씀을 전하는 것이어서, 우리가 다시는 말씀을 전할 수 없다는 듯이" 말씀을 전해야 한다고 생각합니다. 여러분 모두가 자신의 영역에서 늘 여러분이 하는 일을 하나님께 온전히 맡기는 가운데 마치 기회가 이번 한 번만 주어져 있다는 듯이 그렇게 수고하시기를 바랍니다.

　나는 여기에서 부흥의 한 사건을 여러분에게 말씀드리고자 합니다. 이 이야기는 사실이 아닌 것을 한 단어라도 첨가하지 않을 선한 형제로부터 들은 이야기이기 때문에 정확할 것이라고 나는 확신합니다. 얼마 전에 아일랜드의 북부에 있는 런던 시가 운영하는 한 학교에서 아이들 중 하나가 하나님께로 회심하는 사건이 있었습니다. 어느 날 학교에서 나이 어린 학생이 죄의식으로 몹시 눌려 괴로워하고 있었습니다. 그는 너무나 눌려 있었기 때문에, 선생님은 그가 공부할 수 있는 상태가 아니라는 것을 금방 알아차리고서는, "집에 가서 혼자 하나님께 기도하는 게 낫겠다"고 그 학생에게 말했습니다. 그리고서는 늘 소망 가운데서 기뻐하던 좀 더 큰 학생에게 "그 애를 집으로 데려가서 함께 기도해라"고 말했습니다. 두 소년은 함께 학교를 나와 길을 걷다가 빈 집을 발견했고, 거기로 들어가서 기도하기 시작했습니다. 어린 친구의 서글픈 부르짖음은 얼마 후에 기쁨으로 바뀌었고, 갑자기 일어나서 이렇게 말했습니다: "나는 예수님 안에서 안식을 발견했어. 나는 이런 느낌을 한 번도 가져본 적이 없어. 나의 그 많던 죄를 모두 다 용서받았어." 선생님은 집으로 가는 게 좋겠다고 했지만, 이 어린 친구는 그렇게 하지 않고, 학교로 다시 가서 선생님께 자기가 그리스도를 발견했다는 것을 알리고 싶었습니다. 그래서 그는 쏜살같이 학교로 되돌아와서, "내가 주 예수 그리스도를 발견했어요"라고 외쳤습니다. 그가 운동장에 있는 긴 의자에 슬프고 괴로운 표정으로 앉아 있는 것을 보았던 학교의 모든 소년들은 "내가 그리스도를 발견했어요"라고 외치는 그의 눈에서 광채처럼 빛나는 기쁨을 볼 수 있었습니다. 그 효과는 감전된 것과 같았습니다! 소년들은 갑자기 불가사의하게 사라졌고, 선생님은 그들이 어디로 갔는지를 알지 못했습니다. 그러나 선생님이 운동장을 훑어보았을 때에 학교 담벼락 옆에서 상당수의 소년들이 하나님의 은혜를 구하며 기도하고 있는 것을 보았습니다. 선생님은 좀 나이가 있는 소년에게 "네가 가서, 저 아이들에게 어떻게 해야 구원을 받을 수 있는지 구원의 길을 말해줄 수 있겠니?"라고 말했습니다. 그 소년은 그렇게 하였고, 조용하던 기도는 갑자기 큰 소리로 울며 부르짖는 기도로 바뀌었습니다. 학교에 있던 소년들은 이 상황을 이해하였고, 성령의 강권하심을 따라 모두 무릎을 꿇고서 그리스도의 피로 말미암아 은혜를 부어 주시라고 큰 소리로 부르짖기 시작했습니다. 그러나 이것이 전부가 아니었습니다. 동일한 건물의 위층에는 여학생들의 교실이 있었습니다. 여학생들은 선생님의 가르침을 잘 받아서 그 부르짖음이 무엇을 의미하는지를 금방 이해하였고, 동일한 성령의 감동을 따라 무릎을 꿇고서 자신의 죄를 용서해 주시라고 큰 소리로 부르짖기 시작하였습니다. 학교 전체가 완전히 뒤집어진 것이었습니다! 과연 이전에도 학교에서 이런 일이 있었을까요? 학생들은 수업이나 학과목 책들 같은 모든 것들을 다 제쳐두고, 가련한 죄인들로서 십자가 앞에서 무릎을 꿇고서 죄 사함을 구하고 있었습니다. 학생들의 부르짖는 기도 소리는 이 큰 학교에 인접해 있던 여러 사무실만이 아니라 길거리에도 울려 퍼져서 지나가던 행인들의 이목을 끌었고, 이웃의 하나님의 사람들과 목회자들이 거기에 합류해서, 하루 종일 기도가 이어졌고, 이런 장면은 거의 자정까지 계속되다가, 기쁨의 찬송을 부르며 헤어졌습니다. 왜냐하면, 두 개의 교실을 가득 채웠던 많은 소년소녀들과 성인 남녀들은 모두 다 구주를 발견하였기 때문입니다.

  우리의 선한 형제인 아더(Arthur) 박사는 자기가 아일랜드를 여행하는 중에 한 청년을 만나서 "구주를 사랑하나요?"고 물었더니, 그 청년이 "내가 구주를 사랑한다고 나는 믿습니다"라고 대답하더랍니다. "어떻게 구주를 사랑하게 되었나요?'라고 묻자, 그 청년은 이렇게 말하더랍니다: "나는 그날 밤 그 큰 교실에서 회심을 하였습니다. 어머니께서 학교에서 부흥이 계속 이어지고 있다는 말씀을 들으시고서, 내 동생을 데려오라고 나를 보내셨어요. 어머니는 내 동생이 자신의 죄를 깨닫게 되는 것을 원하지 않으셨으니까요. 동생을 데리러 갔더니, 동생은 무릎을 꿇고서 '주님, 이 죄인을 불쌍히 여겨 주세요'라고 부르짖고 있었어요. 나도 그 자리에 멈춰 서서 기도했고, 주님은 우리 두 형제를 구원해 주셨죠."

우리는 이 사건을 어떻게 설명할 수 있을까요? 나는 이 자리에는 장로교인도 있고 다른 교파에 속한 형제들도 있다는 것을 알지만, 런던에 있는 교회들과 아일랜드의 교회들 사이에 어떤 차이나 우열이 존재한다고 생각하지 않습니다. 나는 아일랜드의 교회들이 내가 전하는 진리에 동의할 것이라고 생각합니다. 차이가 있다면, 기도가 있었다는 것입니다. 아일랜드에 사는 사람들에 의해서든, 아니면 다른 지역에 사는 사람들에 의해서든 아일랜드를 위한 진심 어린 기도가 끊임없이 드려졌다는 것입니다. 아일랜드에서의 부흥이 진짜 어디에서 시작되었는지는 오직 하나님만이 아십니다. 어떤 여자가 자신의 침상에서 밤마다 아일랜드를 위해 기도하며 하나님과 씨름해 왔고, 그 결과 그 지역에 축복이 임한 것일 수도 있습니다. 하나님께서 도우셔서 여러분과 내가 우리가 접하는 이웃들, 우리와 함께 살아가는 가족들, 우리와 함께 하는 회중, 우리가 가르치는 학생들, 우리가 고용한 일꾼들을 마음에 두고서 기도한다면, 우리는 강력한 기도를 통해서 위로부터 큰 복이 그들에게 임하게 할 수 있습니다. 왜냐하면, 기도는 결코 땅에 떨어지는 법이 없기 때문입니다. 설교는 땅에 떨어질 수도 있지만, 기도는 결코 땅에 떨어지지 않습니다. 기도하는 호흡은 결코 헛될 수 없습니다. 하나님께서 영국의 모든 교회에 무엇보다도 기도의 능력을 주셔서, 이스라엘의 거룩한 자가 부어 주시는 능력으로 말미암아 무수한 영혼들이 회심하는 일이 일어나게 해주시기를 빕니다.

3. 셋째로, 본문을 묘비로 사용할 수 있습니다.

세 번째 대지를 자세하게 설명할 시간이 없기 때문에, 내가 지금까지 말씀을 전하는 동안에 여기에 계신 분들이 스스로 잘 알아들으셨기를 나는 바랄 뿐입니다. 회중 여러분, 신앙은 어떤 사람들이 생각하는 것보다 더 엄숙한 일입니다. 나는 사회의 하층민들이라 불리는 사람들의 야만성과 그들의 거친 신성모독을 보고서 종종 충격을 받습니다. 그러나 사람들의 눈치를 안 보고 여기에서 솔직하게 말하자면, 그런 것보다 내게 더 큰 충격을 주는 것이 하나 있는데, 그것은 사회의 중산층이나 상류층에 속한 많은 사람들이 자신의 모든 시간을 쓸데없는 일들에 허비하고 있다는 것입니다. 여러분의 모닝콜은 시간을 낭비하기 위한 핑곗거리가 아니면 무엇입니까? 여러분의 오락은 여러분의 손에 힘겹게 매달려 있는 시간을 죽이기 위한 것이 아니면 무엇입니까? 그리고 여러분의 직업 중 대다수는 여러분이 임종 때에 되돌아보면 정말 너무나 짧은 귀한 시간들을 쓸데없는 일에 열심을 내어 허비하고 공회전시키는 것이 아니면 무엇입니까? 여러분이 만일 하나님이 여러분을 지으신 목적과 여러분의 고귀한 사명을 알았더라면, 하찮은 일들에 수고하고 몰두하여 여러분의 시간을 낭비하지는 않았을 것입니다. 전능하신 하나님께서 그리스도인인 여러분이 다른 사람들의 유익을 위하여 사용하여야 할 시간들을 허비한 죄를 용서해 주시기를 빕니다. 하나님께서 여러분이 기도에 사용했어야 할 시간을 쓸데없는 일들을 하느라 허비한 죄를 용서해 주시기를 빕니다. 이 자리에 있는 수많은 회중이 깨어 있어서 이 땅의 빈곤함과 비참함과 사악함을 엄중하게 느낄 수만 있다면, 얼마나 많은 복이 우리에게 임하겠습니까! 그렇게만 된다면, 이 회중은 자애로움과 사랑으로 넘쳐서 죄인들을 그리스도께로 인도하고자 하는 열망으로 심장이 힘 있게 박동하는 수많은 심령들로 이루어진 최고의 선교 단체가 될 것입니다. 우리는 로마 가톨릭 교회의 교리들을 인정할 수 없지만, 종종 그들의 열심 앞에서 부끄러워하지 않을 수 없습니다. 하나님께서 긍휼에 풍성해서 멋진 옷을 입는 데에 마음을 쓰는 것이 아니라 이집 저집 돌아다니며 병든 자들을 위로하고 궁핍한 자들을 돕는 그런 자매들을 우리에게 주시기를 빕니다. 하나님께서 여러분 모두가 예수의 심장을 지닌 형제들이 되게 하시고, 여러분 모두가 어머니의 마음이 고통으로 찢어지게 될 것을 아시면서도 우리를 구원하시기 위하여 자신을 죽음에 내어주신 예수의 자매들이 되게 해주시기를 빕니다. 나의 사랑하는 자들이여, 나는 오늘 내가 전하는 말씀이 앞으로 더 나은 세대가 등장하게 되리라는 예언이 되게 하고자 하는 간절한 열망으로 이 말씀을 전하고 있습니다.

그러나 이 자리에 있는 여러분 중에는 아마도 여러분의 삶 속에서 한 번도 진심으로 기도한 적이 없이, 빛나는 곤충들을 갖고 놀 듯이 기도하면서 여러분의 짧은 하루하루를 허비해 온 분들이 있을 것입니다. 여러분은 죽음이 여러분 가까이에 있다는 것을 알지 못합니다. 만일 여러분이 단 한 번도 구주를 찾은 적도 없고 발견한 적도 없었다면, 그리고 여러분의 눈이 아무리 밝더라도, 그 눈으로 그리스도의 상처를 한 번도 본 적이 없고 그리스도를 바라본 적이 한 번도 없었다면, 여러분이 죽었을 때에 그 눈은 단지 감겨 버리는 데서 그치는 것이 아니라, 무시무시한 광경들을 영원토록 보지 않으면 안 되게 될 것입니다. 하나님께서 여러분에게 은혜를 주셔서 기도할 수 있게 하시기를 빕니다. 하나님께서 여러분이 집에 도착했을 때에 무릎을 꿇고 난생 처음으로 "하나님이여 나를 불쌍히 여기소서"라고 부르짖을 수 있게 하시기를 빕니다. 여러분에게는 고백해야 할 죄들이 있다는 것을 기억하십시오. 만약 여러분에게 그런 죄들이 없다고 생각한다면, 그것은 여러분의 심령 상태가 비참하다는 것, 여러분이 죄와 허물 가운데서 죽어 있다는 것을 증명해 주는 것입니다. 집에 가서서, 여러분에게 새 마음과 바른 영을 주시라고 하나님께 구하십시오. 하나님께서 여러분의 기도를 은혜로 들어주시기를 빕니다. 이 세상에서의 삶이 지나가서 시간이 영원으로 바뀌어 있을 때에 결국 여러분과 내가 하나님의 보좌 앞에 서 있게 해주시기를 빕니다.

　　나는 술주정뱅이들과 욕하는 자들 같은 이들이 많이 섞여 있는 회중을 상대로 계속해서 말씀을 전하지 않으면 안 됩니다. 그리고 하나님은 내게 그런 사람들을 성공적으로 잘 다룰 수 있게 해주셨기 때문에, 나는 그런 사람들을 어떻게 다루어야 하는지를 압니다. 그러나 나는 종종 자신의 아버지의 집의 자랑이자 기쁨인 사랑스럽고 뛰어나고 반듯한 딸들과 자녀들을 잘 키우고 있는 부인들을 볼 때에 두려워 떨게 됩니다. "사람이 거듭나지 아니하면 하나님의 나라를 볼 수 없느니라"(요 3:3)는 말씀을 기억하십시오. 우리는 가난한 자들에 대해서 정직해야 하는 것과 마찬가지로, 부자들에 대해서도 정직해야 합니다. 우리는 술주정뱅이들과 욕하는 자들에게 도끼를 대지 않을 수 없는 것과 마찬가지로, 그런 딸들과 부인들에게도 도끼를 대지 않을 수 없습니다. 아무리 고상한 부녀들이라도, 그들도 거듭나지 않는다면, 술주정뱅이들이나 욕하는 자들과 마찬가지로 멸망을 받게 됩니다. 우리 각 사람이 천국으로 가는 길은 오직 하나이고, 거기에는 차별이 없습니다. 복음의 사역자인 나는 부자도 모르고 가난한 자도 모르며, 노동자도 모르고 신사도 모릅니다. 내가 아는 것은 그들이 모두 다 하나님의 죄악된 피조물들이라는 것입니다. 그래서 나는 그들 모두에게 똑같이 그리스도께로

와서 그의 대속으로 말미암아 은혜를 받으라고 권합니다. 그리스도께서는 여러분을 결코 배척하지 않으실 것이기 때문에, 부정적인 생각은 버리십시오. 그리스도께서는 구원하실 수 있으십니다. 그를 의심하지 마십시오. 그에게 오십시오. 여러분이 오시면 환영을 받게 될 것입니다. 하나님께서 도우서서 여러분이 그리스도께로 나아오게 되기를 빕니다.

전능하신 하나님께서 예수를 인하여 여러분에게 복 주시기를 빕니다. 아멘.

제
72
장

—

시온에서 부러진 화살들

—

"거기에서 그가 화살과 방패와 칼과 전쟁을 없이하셨도다."
— 시 76:3

이 승리의 노래를 쓴 사람은 한편으로는 애국자로서 자신의 조국의 원수들을 무찌르신 하나님을 찬미하고, 다른 한편으로는 여호와 하나님을 믿는 신자로서 자신의 주 하나님의 권능으로 말미암아 이루어진 승리를 기뻐합니다. 나는 종종 우리 영국의 그리스도인들이 우리 자신 속에 애국자와 신자라는 두 가지 모습을 어느 정도 함께 지니게 되기를 바라왔습니다. 나는 만일 우리의 시인들이 거룩하고 경건한 사람들이었을 뿐만 아니라, 동시에 다윗처럼 공공연한 애국자들이었다면, 우리나라에 대단히 영광스러운 국가에 관한 찬송들이 부족하지 않았을 것이라고 확신합니다. 영국 역사상에서 일어난 사건들은 유다와 이스라엘의 연대기 못지않게 감동적입니다. 교만한 스페인의 무적함대를 무찌른 사건, 11월 5일에 있은 로마 가톨릭의 악당 같은 술수들을 좌절시킨 사건, 올리버 크롬웰(Oliver Cromwell, 1599-1658년)이 호국경으로서 저 용맹스러운 철기군을 이끌고 영국의 군주정을 폐지하고 신앙의 자유를 지켜낸 사건, 윌리엄 3세가 들어와 복음의 원수들을 전복시킨 사건 등은 얼마든지 위대한 찬송의 주제가 될 만한 사건들입니다. 우리나라의 시인들은 마땅히 나라를 생각하는 마음이 각별했어야 함에도 불구하고 그렇지 못했기 때문에, 우리나라에는 히브리인들에 비해 국가와 관련된 찬송이 빈약합니다. 다음 세대는 이 점에서 더 나아지게 되기를 빕니다. 우리는 우리 시대에서 일어나는 사건들 속에서 하나님의 손길을 보아야 합니다. 우리는 비록 찬송과 시편들을 쓸 수 없다고 할지라도, 우리나라를 대양으로 두르서서 놋이나 삼중 강철로 된 성문들보다 더 강력한 방어물로 보호하신 하나님께 열렬하게 감사하는 마음을 가져야 합니다. 지금까지 전능의 방패로 이 나라를 지켜 주시고 자유의 성채, 압제 받는 자들의 피난처, 그리스도의 복음의 요새로 만들어 주신 우리 주 하나님께 찬송을 드립니다.

하지만 우리는 여러분을 그러한 주제들로 잡아두고자 하는 것이 아니라, 더 영적인 주제들로 초대하고자 합니다. 우리의 "살렘"은 하나님의 평화로운 교회이고, 우리의 "시온"은 장자들의 총회가 거룩한 기쁨으로 하나 되는 복음 예배의 처소입니다.

이스라엘의 시편 기자들은 자기 민족 가운데서의 하나님의 권능의 역사들을 읊을 때에 홍해에서 애굽 왕 바로의 군대가 몰살당한 것에 대하여 말하였습니다. 예수를 믿는 우리는 모세의 노래를 어린 양의 노래로 대체할 수 있습니다. 우리는 지극히 영광스러운 우리의 대장에 의해서 죄와 사망과 음부의 권세가 무너져 내리는 것을 보고서, 온 마음으로 "내가 여호와를 찬송하리니 그는 높고 영화로우심이요 말과 그 탄 자를 바다에 던지셨음이로다"(출 15:1)라고 노래합니다. 이스라엘은 여호수아가 저 저주받은 가나안 족속들을 도륙하고 승리하였을 때에 기쁨의 노래를 불렀습니다. 가나안 족속들은 오랜 세월 동안 자신의 땅에 깊이 뿌리박고 정착해 살아 왔습니다. 하늘까지 닿을 만큼 성벽들을 높게 쌓아 올리고 성들 안에서 거주하던 그들은 굴대에 전차 낫을 장착한 철병거를 몰고 전쟁터로 쇄도하였고, 창을 쓰는 군사들은 자신들의 긴 창들을 멀리까지 던졌습니다. 그들의 전사들은 빠르고 용맹하였으며, 그들의 수는 바다의 모래알 같이 많았습니다. 그러나 보십시오. 산과 들을 덮고 있던 서리가 해 앞에서 녹아내리듯이, 여호수아의 진군 앞에서 가나안 사람들이 자랑하던 군대는 뿔뿔이 흩어졌습니다. 헷 족속과 아모리 족속, 히위 족속과 여부스 족속은 하나님의 칼 앞에서 무너졌고, 이스라엘은 "큰 왕들을 치시고 유명한 왕들을 죽이시며 그들의 땅을 기업으로 주시되 그 종 이스라엘에게 기업으로 주신 이"의 "인자하심이 영원하다"고 찬송하였습니다(시 136:17-22). 우리의 눈 앞에는 옛적보다 더 나은 가나안이 있고, 우리 구원의 대장이신 예수께서는 옛적보다 더 무시무시한 원수들을 제압하였습니다. 그러므로 우리는 주의 이름을 찬송하기를 더디하여서는 안 될니다. 유대인이라면 다윗의 영도 하에 블레셋 족속에 대하여 승리를 거둔 일들을 잊을 수 없을 것입니다. 블레셋 족속에는 거인들이 있었고, 그들의 군대는 어릴 때부터 전쟁터에서 뼈가 굵은 노련한 정예병들이었습니다. 하지만 물맷돌이 거인 골리앗을 무너뜨렸고, 하나님의 군대는 전쟁터에서 용맹함을 발휘하여 이방 군대를 무찔렀습니다. 권능의 하나님께 영광과 능력을 돌리십시오. 하나님께 그 이름에 합당한 영광을 돌리십시오. 왜냐하면, 예수께서는 이렇게 악을 정복하시고, 자신의 종들에게 은혜를 주셔서 자신의 피를 힘입어서 이기게 하셨기 때문입니다. 이 시편은 하나님이 산헤립의 군대를 궤멸시키신 일을 송축합니다. 하나님께서는 칼이나 창을 사용하지 않으시고, 한 천사를 보내어 산헤립의 군대 중에서 용맹한 자들과 장수들과 지휘관들을 다 죽이셨습니다. 교만한 앗수르 군대는 수치를 안고 자기 땅으로 돌아갔습니다. 이 승리는 유다의 복된 땅에서 수많은 찬송의 주제였습니다. 그러나 은혜 언약의 사자가 형제들을 고소하는 자를 영원히 패배시키신 일은 살아 계신 하나님의 교회의 찬양대 가운데서 한층 더 감격적인 찬송을 불러일으키는 것이 마땅합니다.

하나님의 전쟁기에 기록된 모든 경이로운 일들은 복음의 연대기에서는 빛을 잃습니다. 왜냐하면, 그 일들은 단지 사람들의 육신을 죽이는 일이자 도시와 나라들을 전쟁의 압제로부터 일시적으로 구해내는 일이기 때문입니다. 그러나 복음은 영원한 구속(救贖, redemption)에 대하여 말합니다. 영적인 일들이 물질적인 이해가 걸려 있는 일들보다 훨씬 더 중요한 것과 마찬가지로, 하나님이 자신의 교회에서 거두시는 영적인 승리들은 이스라엘의 원수들을 무찌르고 승리하신 일들보다 훨씬 더 영광의 광채로 충만합니다. 우리가 하나님께서 자신의 교회 가운데서 행하셨거나 행하시고 계시는 일들을 묵상할 때, 성령께서 우리를 살아나게 하시고 우리로 담대하게 하시며 우리의 믿음을 견고하게 하시고 하나님에 대한 우리의 신뢰를 더욱 강화시켜 주시기를 빕니다. "거기에서 그가 화살과 방패와 칼과 전쟁을 없이하셨도다." 우리를 위하여, 그리고 우리 안에서 이렇게 용맹하게 일하신 하나님께서는 우리를 통해서도 큰 일들을 하실 것입니다.

1. 첫째로, 하나님께서는 우리를 위해 승리하셨습니다.

우리 하나님은 우리의 수많은 대적들의 온갖 독창적인 무기들을 다 꺾어 버리시고, 우리를 위해 큰 영적 승리들을 거두셨습니다. 사랑하는 자들이여, 나는 먼저 주 우리 하나님이 그리스도의 고난을 통한 우리의 구속의 날에 어떤 일을 행하셨는지를 상기시켜드리고자 합니다. 하나님께서 골고다에서 거두신 승리를 송축합시다. 천사들의 주께서 아버지의 보좌의 영광을 버리시고 하늘로부터 강림하셔서 종의 형체를 입으시고 사람과 같은 모양이 되셨습니다. 그는 낮아지신 삶을 사는 모든 날 동안 원수의 공격을 받으셨지만 그때마다 승리하셨습니다. 음부는 자신의 모든 "화살"을 다 쏘아 그를 죽이고자 하였고, 사탄의 악의적인 "칼"은 그 날카로운 날로 그에게 부상을 입히고자 하였지만, 그는 두려워하지도 않으셨고 흔들리지도 않으셨습니다. 그는 모든 불화살과 독화살을 다 소멸시키셨습니다. 이 세상의 임금이 질시하는 눈으로 그를 지켜보았고 머리부터 발끝까지 샅샅이 살펴보았지만, 죄가 들어갈 여지를 그에게서 발견할 수 없었습니다. 그의 영혼 속에는 악이 발붙일 수 있는 여지가 전혀 없었습니다. 죄악이 이길 수 없는 예수의 이런 모습은 사람이 하나님의 은혜의 능력을 힘입으면 악의 칼을 이길 수 있고 시험의 화살들을 꺾어 버릴 수 있다는 것을 우리에게 보여주기 위한 것이었습니다. 마침내 때가 차서 저 무시무시한 밤이 왔고, 어둠의 모든 세력은 이 마지막 결전을 위해 자신들이 가진 모든 마귀적인 힘을 결집시켰습니다. 지옥 연합군은 창과 칼, 화살을 비롯해서 공격과 방어를 위한 온갖 무기들을 휘두르며 예수를 공격했지만, 모든 것이 다 허사였습니다. 우리의 대장 예수께서는 혹독한 고난을 당하셨습니다. 그는 동산에서 땀방울이 핏방울이 되도록 땅에 엎드려 기도하셨습니다. 그는 범죄자들 중 하나로 취급받았습니다. 그는 범죄자 같이 끌려가서 재판에 회부되어 사형 선고를 받으셨습니다. 주 여호와께서는 우리 모두의 죄악을 그에게 담당시키셨지만, 그는 그 모든 것들을 넉넉히 이기셨습니다. 이 일은 여러분의 심비에 새겨져 있기 때문에, 여러분은 이 일을 결코 잊을 수 없습니다. 원수들은 그를 골고다 언덕으로 끌고 가서 저주 받은 나무에 못 박았고, 그는 따가운 햇빛 아래 십자가 위에서 피 흘리시며 고통을 당하셨으며, 그의 모든 뼈는 다 탈구되었습니다. 로마 군인들은 주위에 앉아 그를 응시하며 그의 비참한 모습을 조롱하였습니다. 그러나 이 모든 일 속에서 그는 여전히 굴하지 않으셨습니다. 우리의 눈에 보이는 이러한 외적인 고통과 슬픔들은 그가 겪은 고뇌의 작은 일부에 불과한 것이었습니다. 내면의 싸움, 내적인 갈등, 자신의 영혼이 하나님으로부터 버림받으신 것, 지독한 짓눌림은 그에게 훨씬 더 고통스러운 것이었습니다. 죄의 엄청난 무게, 하나님의 원수 갚으심의 맹렬하심,

율법의 저주, 공의의 칼, 사탄의 악의, 사망의 쓴 맛 — 이 모든 것을 그는 자신의 온 존재로 다 받으셨습니다. 그렇지만 그는 홀로 이 싸움을 싸워 나가셨고 마침내 승리를 거두셨습니다.

"다 이루었다"(요 19:30)는 저 영광스러운 부르짖음은 자기 백성의 모든 대적들에게 치명타였고, "화살과 방패와 칼과 전쟁"을 다 꺾어 버리신 일갈이었습니다. 골고다의 영웅이 자신의 십자가를 모루로, 자신의 고난들을 해머로 사용하시는 모습이 내 눈 앞에 선합니다. 그는 우리의 죄악들의 무더기들, 저 독이 발라진 "화살들"을 하나하나 다 꺾고 계셨던 것입니다. 그는 우리에 대한 모든 비난을 뭉개버리시고, 모든 고소를 파하고 계십니다. 우리를 대적하는 모든 것들을 여지없이 분쇄해 버리시는 분의 타격은 얼마나 통쾌한 것인지 모릅니다! 적들의 무기는 산산조각이 나서 타작마당에 이는 티끌처럼 가루가 되어 버립니다. 내 눈에는 그가, 지옥에서 만들어진 적들의 무시무시한 칼집에서 지옥의 힘을 지닌 무시무시한 칼을 빼내셔서 무릎에 대시고 마치 장작을 쪼개듯이 꺾으셔서 불 속에 던지시는 것이 보입니다. 그는 다윗처럼 이렇게 소리치십니다: "하나님이 내 손을 가르쳐 싸우게 하시니 내 팔이 놋 활을 당기도다 … 내가 내 원수를 뒤쫓아 멸하였사오며 그들을 무찌르기 전에는 돌이키지 아니하였나이다 내가 그들을 무찔러 전멸시켰더니 그들이 내 발 아래에 엎드러지고 능히 일어나지 못하였나이다 내가 그들을 땅의 티끌 같이 부스러뜨리고 거리의 진흙 같이 밟아 헤쳤나이다"(삼하 22:35, 38-39, 43).

사랑하는 자들이여, 이제 신자의 그 어떤 죄도 그에게 치명적인 부상을 입히는 화살이 될 수 없습니다. 이제 그 어떤 정죄도 그를 죽일 칼이 될 수 없습니다. 왜냐하면, 그리스도께서 우리의 모든 죄에 대한 형벌을 대신 짊어지셨기 때문입니다. 우리의 찬송 받으실 대속자이시자 보증이신 그리스도께서 우리의 모든 죄악들을 온전히 속하셨기 때문입니다. 그러므로 이제 누가 우리를 고소할 수 있겠으며, 누가 우리를 정죄할 수 있겠습니까? 그리스도께서 우리를 위해 죽으셨다가 다시 부활하셨습니다. 지옥에게, 어디 한 번 할 수 있다면, 하나님의 사랑하는 자들을 쏠 화살을 단 하나라도 찾아보라고 하십시오. 그들이 가진 모든 화살은 다 부러져서, 단 하나도 남아 있지 않습니다. 그리스도께서는 지옥의 모든 화살을 다 없애 버리셨고, 모든 불화살을 꺼버리셨으며, 모든 분노의 화살에 달린 화살촉을 다 꺾어 버리셨습니다. 지옥의 전쟁 무기들의 부러진 조각들과

잔해들이 땅에 널려 있고, 그것은 우리에게 우리가 전에 얼마나 위험했고 우리가 받은 구원이 얼마나 엄청난 것인지를 상기시켜 줍니다. 죄는 더 이상 우리를 지배하지 못합니다. 예수께서는 죄를 없이하셨고 영원히 제거하셨습니다. 우리의 원수는 완전히 멸망을 받아서 영원토록 일어설 수 없게 되었습니다. 우리는 하나님의 모든 기이한 일들을 전해야 하고, 하나님의 이름을 부르는 모든 사람들은 침묵해서는 안 됩니다.

우리 주님께서 무덤에 잠시 머무신 후 제3일에 다시 살아나셨을 때, 그의 부활은 지옥의 마지막 남은 희망들을 다 산산이 부숴 버리셨습니다. 주님이 무덤에 계시는 동안에는 그의 백성은 풍전등화의 위기에 처해 있는 것처럼 보였을 것입니다. 그러나 그가 "우리를 의롭다 하시기 위하여 살아나셨을"(롬 4:25) 때, 우리의 안전은 더 이상 의심의 여지가 없는 것이 되었습니다. 그는 죽으심으로써 우리가 진 빚을 모두 다 대신 갚으셨고, 부활하심으로써 영수증을 받으셔서, 율법의 채무증서를 자신의 십자가에 못 박으심으로써 하늘과 땅과 음부에 그 영수증을 제시하셨습니다. 그리스도께서 무덤에서 다시 일어나신 것은 우리의 믿음이 결국 구원으로 이어지게 되리라는 것을 보여주는 보증입니다. 주님께서 친히 "내가 살아 있기 때문에 너희도 살아 있게 될 것"(요 14:19 KJV, 한글개역개정에는 "이는 내가 살아 있고 너희도 살아 있겠음이라"로 되어 있음)이라고 말씀하지 않으셨습니까? 주님의 부활은 우리의 부활에 대한 보증입니다. 왜냐하면, 머리가 부활하였으므로 몸의 모든 지체가 부활하는 것은 당연한 일이기 때문입니다. 만일 예수께서 썩어짐을 보셨고, 무덤이 여전히 부당하게 그의 시신을 감금하고 있다면, 우리에게 소망은 없었을 것입니다. 그러나 예수께서는 지금 살아 계시고 사망이 더 이상 그를 지배하지 못하기 때문에, 우리는 그가 자신의 단번의 희생 제사를 통해서 믿음으로 성별된 모든 자들을 영원히 온전하게 하신 것을 기뻐합니다. 우리의 부활하신 주님은 원수들의 부러진 칼들과 창들에 둘러싸여 빈 무덤 옆에서 놀라운 엄위하심으로 빛을 발하고 계십니다:

"너희 스랍들아, 외칠지어다!
가브리엘아, 영원한 찬송의 나팔소리를 울려라!
저 먼 땅 끝으로 하여금
기쁨에 찬 '할렐루야'를 듣게 하라.

　　우리의 영광의 왕께서 다시 사셨노라!
　‘사망아 네가 쏘는 것이 어디 있느냐?
　　주께서 우리 영혼을 구원하시기 위하여 죽으신 지금
　‘사망아 너의 승리가 어디 있느냐?”

　　한 걸음 더 나아가서, 40일 후에 우리 주님께서 우리의 이름으로 사신 것들을 인수하셔서 아버지 하나님의 오른편에 우리가 있을 곳을 마련하시기 위하여 승천하신 바로 그 날에 지옥의 세력에 다시는 회복할 수 없는 패배를 또다시 안겨 주셨습니다. 만일 예수 그리스도께서 여전히 이 땅에 계셨다면, 천국은 여전히 신자들에게 닫혀 있었을 것이고, 우리는 우리와 천국 문 사이에 무수한 원수들이 진치고 있어서 우리의 안식처로 갈 길을 도저히 헤쳐 나갈 수 없을 것이라는 두려움을 품게 되었을 것입니다. 그러나 예수께서 모든 성도가 영광을 향하여 나아갈 수 있는 왕의 대로를 온전히 닦아 놓으셨기 때문에, 그들은 천국 문에 이르는 길을 안전하게 갈 수 있습니다. 주님께서 부활하셨을 때에 보초 서던 자들이 무덤 입구에서 다 도망쳤고, 무덤 입구를 막고 있던 돌이 옆으로 굴려져 치워졌듯이, 우리가 천국에 들어가지 못하도록 가로막고 있던 모든 원수들도 도망쳤고, 천국 문을 막고 있던 모든 장애물도 효과적으로 제거되었습니다. 성육신 하셨던 하나님께서 자신의 보좌로 돌아가신 것을 보십시오. 여러분은 그리스도의 영광스러운 개선 장면을 그려볼 수 있을 것입니다. 모든 천사가 기쁜 소리로 그를 향하여 환호하고, 오래 전에 그리스도를 미리 보고 구속 받았던 이미 죽어 몸이 없는 영들이 그를 만나 축하하고, 아버지 하나님께서는 “잘 했다”고 말씀하시며 상으로 자신의 오른편에 앉으라고 명하십니다. 그때에 그리스도께서는 사망 권세의 포로가 되어 있던 자들을 사로잡으셔서 구출하시고, 원수들로 공개적으로 수치를 당하게 하셨습니다. 그때에 그리스도께서는 “화살과 방패와 칼과 전쟁”을 최종적으로 꺾으시고, 자기 백성의 언약의 머리이신 그가 “양자 될 것 곧 우리 몸의 속량”(롬 8:23)을 받을 때까지 그들을 안전하게 지켜 주실 것이기 때문에 그들 중 단 한 사람도 영원한 안식을 얻지 못하는 일이 없게 하실 것이라는 확신을 그들에게 주셨습니다.

　　하지만 이 이야기는 아직 끝난 것이 아닙니다. 예수께서는 지금 “모든 통치와 권세와 능력과 주권과 이 세상뿐 아니라 오는 세상에 일컫는 모든 이름 위에”

(엡 1:21) 높아져 계십니다. 그러나 우리 영혼의 원수는 패배하기는 했지만 여전히 계속해서 악의적으로 우리를 멸망시키려 하고 있습니다. 사탄은 머리를 상하긴 했지만 여전히 살아서 하나님의 성도들을 끊임없이 공격하고 있습니다. 우리가 천사 앞에 설 때마다 거의 예외 없이 사탄이 우리를 고소하는 자로 나섭니다. 형제들을 고소하는 사탄은 끊임없이 성도들에게 해악을 끼치려고 아우성을 치지만, 우리의 기쁨은 여기에 있습니다. 즉, 사탄이 우리를 해치려고 그 어떤 화살을 쏘고 칼을 휘두른다고 하여도, 우리의 크신 대장, 우리의 방패, 하나님의 기름 부음 받은 자이신 그리스도께서 거기에 서 계신다는 것입니다. 사탄이 고소의 화살을 쏘자마자, 그리스도께서는 그 화살을 꺾어 버리십니다. 사탄이 참소의 칼을 칼집에서 빼들자마자, 그리스도께서는 그 칼을 산산조각 내 버리십니다. 그리스도인들이여, 담대하십시오. 여러분의 적들은 끊임없이 공격해 올 것이지만, 예수 그리스도께서 여러분을 지켜 주지 못하시는 일은 결코 없습니다. 그는 시온을 위하여 잠자코 계시지 않으시고 예루살렘을 위하여 쉬지 않으십니다. 그의 중보기도는 영원한 보좌 앞으로 끊임없이 올라가고 있습니다. 모든 것을 해결하시는 그의 공로가 하나님의 보좌 앞에 끊임없이 올라갈 때, 시험당하는 자들이 시험을 이기게 되고, 곤경에 빠진 자들이 건짐을 받으며, 넘어질 위험에 처한 자들이 넘어지지 않게 됩니다. 우리의 수고하는 영혼이 갈망하는 새 예루살렘에서 예수의 중보기도가 "화살과 방패와 칼과 전쟁"을 부수고 있기 때문에, 우리는 안심해도 됩니다.

이것이 전부가 아닙니다. 왜냐하면, 이 아래 세상에서도 우리의 높아지신 주님이 모든 일들을 주관하고 계시기 때문입니다. 모든 섭리는 그 머리에 가시면류관을 쓰셨던 분에 의해서 주관됩니다:

> "보라, 하늘과 사망과 음부의 열쇠가
> 그의 손에 있도다."

지금 이 시간에도 하나님의 진리를 대적하는 원수들은 하나님의 교회를 무너뜨리려 하고 있습니다. 우리는 종종 나태하고 게으르지만, 그들은 항상 부지런합니다. "너희 대적 마귀가 우는 사자 같이 두루 다니며 삼킬 자를 찾나니"(벧전 5:8). 마귀는 광분함과 교활함 가운데서 모든 세대의 하나님의 백성을 여기저기 공격해 오고 있습니다. 만일 우리 주님이 자신의 영원한 성령을 통해 임재해 계시고 자신의 섭리에 의한 통치를 통해 만물을 다스리지 않으셨다면, 수많은 이리 가운데 있는 소수의 어린 양 같은 우리는 이미 마귀에게 삼켜졌을 것입니다. 주님께서는 날카로운 칼날들이 박혀 있는 무시무시한 거대한 바퀴들을 만들어 돌리셔서, 교회의 가장 큰 원수들을 죽이시거나 회심시키실 수 있으십니다. 그렇게 해서 그는 이스라엘 중에서 왕들이 될 자들을 거름더미에서 일으키셔서 진리를 옹호하게 하시고 자기 백성의 목자가 되게 하실 수 있으십니다. 그는 숲속의 허름한 오두막집에서 열방들의 족쇄를 풀어줄 루터 같은 인물을 태어나게 하실 수 있으십니다. 그는 프랑스의 인적 드문 촌락에서 "잘 박힌 못 같은 회중의 스승들의 말씀"(전 12:11)을 전할 칼빈 같은 인물을 태어나게 하실 수 있으십니다. 그는 신앙의 불타는 열정을 지녔던 존 녹스 같은 인물을 일으키셔서, 스코틀랜드가 그를 부를 때까지 제네바에서 그의 열정을 키울 수 있게 하실 수 있으시고, 러터워스(Lutterworth)의 조용한 목사관에서 영국의 종교개혁 때에 새벽별처럼 빛났던 위클리프 같은 인물을 일으키실 수 있으십니다. 하나님께서는 결코 사람들이 부족한 것이 아닙니다. 하나님은 쓸 만한 수단이 부족하다고 걱정하시는 분이 아닙니다. 하나님은 어려움이나 딜레마를 모르십니다. 교회가 필요로 하기만 한다면, 하나님께서는 내일이라도 황제들로 하여금 자신의 죄를 회개한 후에 왕관을 벗어던지고 말씀의 사역자가 되게 하실 수 있으시고, 교회를 가장 극렬하게 박해하던 자들을 자신의 발 앞에 엎드려 먼지를 핥게 하실 수 있으십니다. 우리가 영원히 사랑하는 구주의 다스리시는 권세를 우리는 믿고 신뢰하여야 합니다. 우리는 교회의 과거 역사를 통해서 확신을 갖고, 우리 시대에서도 하나님이 개입하실 것을 기대하여야 합니다. 시온에 대해서 우리가 "거기에서 그가 화살과 방패와 칼과 전쟁을 없이하셨도다"라고 말하게 될 것이기 때문에 두려워하지 마십시오. 주 예수께서는 원수들의 화살들이 빗나가게 하실 뿐만 아니라 그 화살들을 꺾으셔서 자신의 구속받은 자들로 하여금 넉넉히 이기게 하십니다. 그는 자기 백성들이 원수의 칼과 창을 피하게 하실 뿐만 아니라 그 칼과 창 자체를 부러뜨리시고 원수에게서 공격과 방어를 위한 모든 무기를 다 제거하심으로써 원수에게 재기가 불가능할 정도로 철저한 패배를 안겨 주십니다. 저 위대한 로마 시인 베르길리우스(Virgil)은 "전쟁과 영웅을 난 노래하네"라고 읊었지만, "전쟁과 하나님의 아들"이라는 주제가 훨씬 더 고상한 주제가 될 것입니다.

2. 둘째로, 예수 그리스도께서 우리 안에서 이루신 승리들을 생각해 봅시다.

형제들이여, 그리스도의 교회의 지체들인 우리는 주권적인 은혜로 말미암아 순복하게 되었습니다. 우리도 전에는 하나님의 원수들이었지만, 지금은 하나님의 아들의 죽으심으로 말미암아 하나님과 화목하게 되었습니다. 우리가 각자 어떻게 회심하게 되었는지를 말한다면, 하나님의 자녀들은 주님이 교회 가운데서와 자기 백성의 심령 속에서 원수의 화살을 꺾으셨다는 것을 알고서, 한 목소리로 동시에 기쁨의 탄성을 발하게 될 것입니다. 여러분이 처음으로 회심하게 된 때로 거슬러 올라가 보십시오. 우리 중 어떤 이들은 아주 완고하고 고집이 센 사람들이었습니다. 우리는 하나님의 진리를 알았지만 사랑하지는 않았습니다. 우리는 복음을 이해하긴 했지만 몹시 싫어했습니다. 우리는 자주 우리 영혼이 잘되는 길을 깊이 생각해 보라는 권유를 받았지만, 그때그때의 하찮은 일들에만 관심을 갖고 영원한 삶에 대해서는 생각하지 않았습니다. 우리는 율법의 우렛소리 같은 음성을 들었습니다. 우리는 복음이 자애롭게 구애하는 소리도 들었습니다. 어머니의 눈물, 선생님의 간절한 경고, 목사님의 권면 — 이 모든 것은 잠자고 있던 우리의 양심 앞에서 무력했습니다. 우리 중 어떤 이들은 반역의 길로 한참이나 가 있었고, 우리 주 하나님을 그 이상으로 대적하는 것이 불가능하게 보일 때까지 점점 더 완악해갔습니다. 우리는 극악무도한 죄인들에 대하여 말할 때, 우리가 그런 자들이었지만 씻음을 받았다는 사실을 기억하고서 눈물을 흘립니다. 형제들이여, 큰 죄인들이 돌아오는 것은 정말 그리스도께 영광이 됩니다. 도덕적으로 고결하게 살아온 사람들이 구원받는 것은 결코 덜 영광스러운 승리가 아닙니다. 왜냐하면, 죄악된 심령이 아니라 스스로 의롭다고 자처했던 심령을 굴복시키는 것이 더 어려운 일이기 때문입니다. 겉으로 흠 없이 살아온 사람들로 하여금 자신들의 내면의 더러움을 깨닫게 하여 자신의 그런 모습을 보고 애통해하게 만드는 것은 대단한 승리입니다. 창기가 마음을 찢으며 구주 앞에 엎드릴 때, 여러분은 기뻐하고 즐거워하십시오. 그리스도인들을 박해했던 다소의 사울이 구주의 규 앞에서 굴복할 때, 여러분은 기뻐하십시오. 그러나 하나님의 모든 계명을 어릴 적부터 다 지켜왔던 청년이 자기에게 한 가지 부족했던 것을 구하여 지체 없이 예수 그리스도께 자신의 심령을 의지할 때에도 여러분은 마찬가지로 하나님 사랑의 위대하심을 찬송하여야 합니다. 우리가 천국에 이르러 그동안 하나님이 우리에게 하신 일들, 즉 우리가 얼마나 깊은 죄악에서 건짐을 받았고, 얼마나 불 같은 정욕에서 건짐을 받았으며, 하나님이 얼마나 뻣뻣한 우리의 목과 무릎을 굽히고 꿇게 하셨는지를 말하면, 천사들은 깜짝 놀라게 될 것입니다. 하나님께 영광이 있으시기를 바라나이다! 나는 이 찬송을 계속해서 드릴 수밖에 없습니다: 하나님께 영광이 있으시기를 바라나이다! 나는 이곳을 둘러보면서, 여러분에게서 하나님의 크고 기이한 팔이 나타나 여러분을 모든 죄악 가운데서 구속하셨음을 생각할 때, 여러분 속에서 하나님이 "화살과 방패와 칼과 전쟁"을 꺾으신 것을 감히 나의 자랑으로 삼을 수 있습니다.

사랑하는 친구들이여, 우리의 회심 이래로 저 크신 승리자께서 하나님을 반역하고자 하는 우리의 정욕에서 우리를 구원하시기 위하여 얼마나 자주 개입하셔야 했습니까? 나는 여러분이 그런 사실을 어떻게 알아내는지를 알지 못하지만, 천국에 가기 전까지 이 땅에서의 그리스도인의 삶의 주된 특징은 바로 그러한 갈등(conflict)입니다. 우리는 하나님과의 친교가 무엇인지를 압니다. 우리는 사랑의 깃발이 펄럭이는 연회장에서 결코 객들이 아닙니다. 그런데도 영생의 길에서 한 걸음을 전진하기 위하여 죄들과 힘든 싸움을 싸울 때에 우리 속에서 의심과 두려움이 일어나는 것은 우리가 일상적으로 겪는 일입니다. 우리는 종종 그런 갈등을 뛰어넘어 있기도 하지만, 오래 가지 못합니다. 우리는 곧 또다시 사자들이나 "아볼루온"과 싸워야 하거나 "고난의 언덕"(the Hill Difficulty)을 올라야 하거나, "사망의 그늘 골짜기"(the Valley of the Shadow of Death)를 지나야 하거나, "허영의 시장"(Vanity Fair)을 통과해야 하거나, 주문이 걸려 있는 땅에서 올라오는 졸음을 견뎌내야 하거나, "의심의 성채"(Doubting Castle)에 있어야 합니다. 천국으로 가는 길은 결코 쉽지 않아서 처음부터 끝까지 싸움입니다. 우리가 극심한 시험에 들어서 거의 넘어질 뻔했던 때들이 있습니다. 만일 하나님의 팔이 우리를 붙들어 주지 않으셨다면, 우리는 이미 오래 전에 넘어져서 수치를 당하고 당혹해하였을 것입니다. 우리가 얼마나 강력한 시험들을 견뎌내 왔는지를 보십시오! 우리 중에서 열정적이고 불 같으며 의지가 강하고 강건한 본성을 지닌 분들은 다른 사람들에게는 거의 오지 않는 그런 시험들에 맞서 싸워야 할 때가 자주 있습니다. 그런데도 그런 분들은 그런 시험들을 이겨냈습니다. 그들은 지금까지 넘어지지 않고 견고히 서 있습니다. 그러나 만일 하나님께서 그들을 붙들어 주지 않으셨다면, 그들이 어떻게 이날까지 넘어지지 않고 서 있을 수 있겠습니까? 우리가 만나는 시험들은 너무나 교묘하게 상황에 아주 딱 맞게 찾아오고, 우리의 건강이나 사업의 상태에 정확히 맞춰서 찾아오기 때문에, 우리가 그런 시험들에 굴복하지 않은 것은 기적입니다. 그렇습니다. 우리는 거의 굴복할 뻔했다는 것을 인정하지 않을 수 없습니다. 그때에 "아볼루온"은 우리에게 이렇게 속삭였습니다: "너는 이미 마음으로 네 주를 배신했어. 네 영혼이 언약을 깨뜨리고 예전으로 되돌아간 것을 네 스스로 알잖아. 그런 네가 어떻게 받아들여지기를 바랄 수 있겠어? 지금 넌 위선자로 행하고 있고, 네 진면목이 무엇인지 네 스스로 아니까, 어서 세상으로 돌아가라. 넌 네 마음을 속이고 있잖아. 그러니 이제 네 마음에 있는 것을 그대로 밖으로 나타내어 예전처럼 살아가는 게 정직한 거야." 우리는 여전히 하나님이 사용하시는 성령의 검을 휘두를 수 있었고, 기도라는 무기도 손에 쥐고 있었지만, 이런 속삭임에 거의 넘어갈 뻔하다가 간신히 피할 수 있었습니다. 우리는 새 사냥꾼의 올무에서 벗어난 새처럼 간발의 차이로 그런 시험에서 벗어나게 된 것을 하나님께 감사하여야 합니다. 우리는 화살들을 꺾지 못했습니다. 우리는 원수의 칼을 꺾을 수 없었습니다. 그러나 그리스도께서는 그렇게 하셨습니다. 그리스도의 이름이 찬송을 받으시기를 바라나이다! 우리는 그의 십자가 앞으로 피하였습니다. 우리는 그의 흐르는 보혈을 바라보았습니다. 우리는 대속의 그늘 아래에로 들어가서, 우리의 부패한 것들과 싸우고 우리를 괴롭히는 죄들을 이길 힘을 얻게 되었습니다.

한 걸음 더 나아가서, 내면의 삶에 대하여 어느 정도 알아서 나처럼 내적인 싸움을 하는 분들은 의심과 두려움, 의구심과 불길한 예감 등과 자주 싸워야 합니다. 그런 일이 늘 있는 것이 아니라는 것에 대하여 하나님께 영광을 돌립니다. "내가 또 이 고난을 받되 부끄러워하지 아니함은 내가 믿는 자를 내가 알고 또한 내가 의탁한 것을 그 날까지 그가 능히 지키실 줄을 확신함이라"(딤후 1:12). 나의 형제들이여, 우리는 흔히 어둠 속에서 행하고 빛을 보지 못합니다. 하나님의 백성 중에는 자신이 정말 그리스도 안에서 구원을 받은 것인지에 대한 의심 때문에 곤혹스러워하거나 영혼의 깊은 우울함으로 인해 고통당하는 분들이 많습니다. 그럴 때에 우리가 그런 분들을 위로하려고 한다면, 그것은 너무나 어려운 일이 됩니다! 나는 심각하게 고통당하는 분들에게 내가 기억하고 있는 성경의 모든 약속들을 다 들려드리곤 합니다. 나는 그런 분들에게 그리스도가 누구신지, 그의 능력이 어떠한지를 일깨워드립니다. 그리스도께서 고난당하심으로 말미암아, 죄를 깨끗하게 하시는 능력이 그에게 주어졌다는 말씀도 드립니다. 그럴 때에 나는 흔히 "하나님께서 날 가두어놓고 계시는데, 누가 나를 건질 수 있겠습니까?"라는 대답을 듣고, 그럴 때마다 목회자로서 내가 다른 사람들을 위하여 원수의 불화살을 막을 수 없고, 심지어 나 자신을 위해서도 원수의 칼을 꺾을 수 없다는 것을 뼈저리게 실감할 때가 많습니다. 예수께서 원수의 화살들을 꺾으실 수 있으시고, 우리의 의심들을 잠재울 수 있으시며, 자기 백성으로 하여금 다시금 힘을 얻어 "나의 대적이여 나로 말미암아 기뻐하지 말지어다 나는 엎드러질지라도 일어날 것이요"(미 7:8)라고 담대하게 말할 수 있게 하실 수 있으시다는 것을 우리가 확신할 수 있다는 것은 얼마나 다행스럽고 안심이 되는 일입니까!

나는 우리 모두에게 귀감이 되는 신앙의 삶을 산 많은 뛰어난 신자들이 이렇게 말하는 것을 보아 왔습니다: "여러분이 내 마음속에 무엇이 있는지를 안다면, 차마 나를 그리스도인이라고 말하지 못할 것입니다. 나의 죄가 얼마나 큰지 모릅니다! 나는 하나님으로부터 아주 멀리 떨어져서 살고 있다고 느낍니다. 나는 하나님의 교회를 거의 섬기지 못합니다. 나는 환난 가운데에 있을 때에 신자처럼 행동해서 내 짐을 하나님께 다 맡기는 것이 아니라, 내 영혼이 그 짐을 지느라 거의 쓰러지기 일보 직전까지도 내 힘으로 그 짐을 지려고 합니다." 그럴 때면 나는 그런 분들에게 오늘의 본문 다음에 나오는 시편에서 다윗이 다음과 같이 말하고 있는 대목을 읽어 줍니다: "나의 환난 날에 내가 주를 찾았으며 밤에는 내 손을 들고 거두지 아니하였나니 내 영혼이 위로 받기를 거절하였도다 내가 하나님을 기억하고 불안하여 근심하니 내 심령이 상하도다 주께서 내가 눈을 붙이지 못하게 하시니 내가 괴로워 말할 수 없나이다 … 주께서 영원히 버리실까, 다시는 은혜를 베풀지 아니하실까, 그의 인자하심은 영원히 끝났는가, 그의 약속하심도 영구히 폐하였는가, 하나님이 그가 베푸실 은혜를 잊으셨는가, 노하심으로 그가 베푸실 긍휼을 그치셨는가 하였나이다"(시 77:2-4, 7-9). 나는 그런 영혼들이 처음에 그랬던 것처럼 그리스도께로 나아갔을 때에 위로를 얻게 되는 것을 늘 보아 왔습니다. "내가 그리스도께 한 번도 나아간 적이 없었을까봐 걱정입니다"라고 말하던 분들이 "만약 내가 한 번도 나아간 적이 없었다면, 지금 나아가겠습니다"라는 말을 덧붙이는 순간, 그들은 이내 하나님의 얼굴 빛 가운데서 기뻐하고 즐거워하게 됩니다:

"난 많은 갈등들, 많은 의심들로 요동하고 있고
안으로 싸움이요 밖으로 두려움이지만
하나님의 어린 양이여, 이 모습이 대로 당신께 지금 나아가나이다."

마치 땅이 입을 벌려 여러분을 삼킬 것 같을 때, 엉금엉금 기어서 십자가 앞으로 나아가, 여러분이 죽는다면 대속의 십자가를 부둥켜안고 속죄의 희생 제물에 의지해서 죽겠다고 결심한다면, 그것은 여러분이 위로를 받을 수 있는 확실한 길입니다. 환난 가운데 있는 여러분이 십자가 아래로 간다면, 그 아래에서 죽는 법은 없습니다. 여러분은 거기에서 안전할 수밖에 없습니다. 십자가 아래에 서 있을 때, 여러분은 거기에서 예수께서 "화살과 방패와 칼과 전쟁"을 겪으셨다는 것을 깨닫게 될 것입니다.

이 주제를 잠시 미뤄놓고, 나는 내면의 삶 속에서 장차 일어날 모든 일은 우리 주 예수 그리스도에 의해서 이미 해결되었다는 것을 말씀드리고자 합니다. 지금까지 우리가 치명적인 해악을 입지 않았고, 우리의 확신을 전부 다 던져 버린 것이 아니라면, 그 상태는 끝까지 가게 될 것입니다. 의심할 여지 없이 다른 갈등들이 생겨날 것입니다. 우리의 과거의 삶은 우리의 미래도 결코 고요하고 평화롭지는 않을 것이라는 우리의 예언이 옳음을 보장해 주는 것으로 보입니다. 노년과 그 결과물인 노쇠함이 신속하게 찾아오고 있습니다. 병들어 누워 있게 될 날들과 거기에 따른 온갖 우울함이 다가오고 있습니다. 그리고 마침내 어떤 사람들이 지독하게 두려워하는 죽음이 다가오고 있습니다. 그들은 죽음이야말로 살아 있는 사람에게 가장 무시무시한 일이라고 말합니다. 죽음의 강은 차가워서, 사람이 그 강에 뛰어들려면 보통 이상의 용기가 필요합니다. 그러나 우리는 그냥 주저앉아서 우리의 암울한 미래를 한탄하거나, 인생의 시련들을 어떻게든 피하려고 초조해하지 말고, 우리 앞에 있는 모든 대적은 이미 그리스도에 의해 패배를 당하였다는 것을 믿고서, 굳은 결심으로 얼굴을 들고 예루살렘을 향하여 전진해 나가야 합니다. 그리스도 예수께서 그 길을 인도하십니다! 그 어떤 원수도 그리스도를 대적하여 설 수 없었고, 그리스도께서 살아 계시는 한 우리를 대적하여 설 수도 없을 것입니다. 예수께서 죽으셨기 때문에, 사망은 그 독침을 상실했습니다. "사망이 쏘는 것은 죄요 죄의 권능은 율법이라 우리 주 예수 그리스도로 말미암아 우리에게 승리를 주시는 하나님께 감사하노니"(고전

15:56-57).

　　나는 이런 것들을 제대로 전할 수 있는 능력이 내게 있기를 바라기는 하지만, 이런 것들을 여러분이 감사할 제목으로 남겨 두고자 합니다. 나의 형제들이여, 우리는 첫 날부터 지금까지 하나님이 우리 안에서 행하신 모든 일로 인하여 하나님을 찬송하고 송축하는 것이 마땅합니다. 한 사랑하는 친구가 예배 전에 이렇게 말하더군요: "나는 하나님께 정말 감사합니다. 만일 내가 감사하지 않는다면, 나는 마땅히 감사해야 합니다. 왜냐하면, 나는 하나님께 빚진 것이 너무 많으니까요." 내가 천국에 간다면, 거기에서 누구보다도 더 큰 소리로 찬송할 것입니다. 왜냐하면, 나는 어느 누구보다도 내가 하나님께 더 많은 빚을 졌다고 확신하기 때문입니다. 내게 주어진 직분으로 인한 책임의 막중함이 나를 압도합니다. 나는 책상에 앉아서, 나를 "목사님"이라고 부르는 수많은 분들과, 내가 매주 전하는 말씀을 읽는 수많은 분들을 생각하면, 그 중압감이 내게 밀려옵니다. 내가 인생의 끝에서 퀘이커 교도였던 조지 폭스(George Fox)가 마지막 설교에서 "나는 다 마쳤다"고 했던 것처럼 그렇게 말할 수만 있다면, 나는 더 이상 바라는 것이 없을 것입니다. 왜냐하면, 내가 그리스도를 얻고 그리스도 안에서 발견되는 것, 내 자신의 의를 갖는 것이 아니라 그리스도의 의라는 세마포에 싸이는 것이 나의 유일한 소원이기 때문입니다. 내가 마지막까지 안전하다면, 나는 나를 수많은 시험에서 건지시고 미끄러운 곳에서 내 발을 안전하게 붙들어 주신 그리스도를 찬송해야 할 것입니다. 나는 여러분도 각각 나처럼 자신의 위치에서 받은 사명과 직분이 있다는 것을 압니다. 나는 나의 모습이 나의 직분에 최적화되어 있듯이 여러분도 여러분의 직분에 최적화되어 있다는 것을 의심하지 않습니다. 그래서 나는 여러분 각자에게도 나름대로의 위험들이 있다고 믿고, 여러분도 하나님으로부터 특별한 도우심과 건지심을 받고 계신다는 것을 의심하지 않습니다. 그러므로 우리 주님께 드려야 할 감사를 빼먹지 마시기를 바랍니다. 여러분의 마음을 주님께 드리십시오. "여호와는 하나님이시라 그가 우리에게 빛을 비추셨으니 밧줄로 절기 제물을 제단 뿔에 맬지어다"(시 118:27). 하나님이 우리에게 행하신 일들이 우리를 하나님께 단단히 묶고 우리로 하여금 더욱더 하나님께 소망을 두게 하십시오. "주는 나의 도움이 되셨음이라 내가 주의 날개 그늘에서 즐겁게 부르리이다"(시 63:7).

3. 셋째로, 이러한 승리는 우리에 의해서 이루어질 것입니다.

이제 마지막으로 우리가 살펴볼 것은 예수 그리스도의 승리는 우리를 위해서, 그리고 우리 안에서 이루어진 것과 마찬가지로, 우리도 그러한 승리를 거두게 되리라는 것입니다. 하나님의 교회는 하나님이 진리와 의를 위하여 싸우실 때에 사용하시는 전쟁용 도끼와 병기들입니다. 지금까지의 인류 역사는 하나님의 백성 가운데 계시는 하나님과 맞서서 설 수 있었던 사람은 단 한 사람도 없었다는 것을 보여줍니다. 나는 교회사를 핵심만 짤막하게 여러분에게 말씀드렸으면 좋겠지만, 이 아침에는 그럴 시간이 없습니다. 그랬다가는 예배가 한없이 길어지게 될 테니까요. 그러나 어쨌든 영적인 모든 싸움에서 항상 하나님의 백성이 승리해 왔다는 것은 사실입니다. 처음에는 원수들이 교회를 공격하고 박해했습니다. 영국의 최대 극장인 콜리시움(the Coliseum)에서는 교회를 박해하는 데에 사용되었던 잔혹하고 야만적인 전쟁 무기들, 야수들, 잔인한 사람들, 도끼와 말뚝, 형틀 등이 발견되었습니다. 지금은 사람들의 술수가 더 교묘해졌지만, 당시에는 사람들과 마귀들은 성도들을 죽임으로써 우리 하나님의 말씀을 없애 버리고자 하는 야만적인 방법을 사용하였습니다. 그 결과는 무엇이었을까요? 오, 박해여, 너의 승리의 트로피는 어디에 있느냐? 처녀 딸 시온은 너를 향해 머리를 절레절레 흔들며 비웃었느니라. 교회는 거센 파도를 헤쳐 나가는 튼튼한 배처럼 온갖 격랑을 헤쳐 나왔고, 도리어 그 폭풍우로 말미암아 더욱 신속하게 천국을 향해 항해해 가고 있습니다. 교회는 박해와 반대에 의해서 더욱 정화되기 때문에 박해를 받으면 받을수록 더욱더 영광스럽게 빛을 발하여 왔습니다. 하나님께서 교회 가운데에 계셔서 도우셨습니다. 하나님은 교회를 제때에 도우셨습니다. 로마가 이교 국가였던 저 옛날에 일어났던 박해들에 대하여 읽을 때에 우리의 심장 박동은 빨라지고 우리의 피는 뜨거워집니다. 종교개혁의 역사를 펼쳐서, 알프스 산맥 가운데서 사냥을 당한 성도들(발도파), 프랑스에서 쫓겨난 위그노파, 영국의 위클리프파, 스코틀랜드의 맹약자들(Covenanters)에 관한 이야기를 읽을 때, 우리는 우리가 그러한 족속에 속하였다는 사실에 자부심을 느낍니다. 우리는 그런 혈통이 자랑스럽습니다. 그러면서 한편으로는, 영악하고 똑똑했던 박해자들이 하나님의 교회는 박해를 받을수록 더욱더 왕성하게 부흥한다는 사실을 분명하게 보면서도 그토록 오랫동안 박해를 이어갔다는 것에 놀랍니다. 하나님께서는 박해의 때에 자기 백성을 붙들어 주시는 방법으로 "화살과 방패와 칼과 전쟁"을 꺾어 오셨습니다.

　　또한, 교회는 치명적인 오류들의 공격을 받아 왔습니다. 우리의 거룩한 신앙의 가르침 중에서 한 번이라도 부정당하지 않은 것은 하나도 없었습니다. 각 세대마다 새로운 이단과 불신앙이 출현합니다. 시대의 흐름이 바뀌면, 불신앙의 모습도 바뀝니다. 우리가 살아온 몇 십 년이라는 세월 동안에만도 서너 종류의 무신론자들과 이신론자(理神論者)들이 나타났다고 사라졌습니다. 왜냐하면, 그런 이단사설들은 단명하기 때문입니다. 우리는 교회가 지질학과 인류학과 해부학에서 가져온 병기들로 공격을 받는 것도 보아 왔습니다. 그런 후에는, 비평학에서 사나운 전사들이 나타나서 교회를 공격했지만, 이 모든 대적자들에도 불구하고 교회는 살아 남아 있습니다. 교회는 거의 모든 진영으로부터 공격을 당해 왔지만, 오늘 교회에 있던 두려움은 내일이면 언제 그랬느냐는 듯이 다 바람에 날아가 버렸습니다. 교회는 수많은 공격들에 의해서 부요해져 왔습니다. 왜냐하면, 교회의 신학자들은 모호했던 부분들을 연구하고, 약했던 성벽들을 보강하려고 애를 쓸 수밖에 없었던 까닭에, 교회의 망루들은 더 견고해졌고 그 보루도 공고해졌기 때문입니다. 하나님의 말씀이 틀렸음을 입증하고자 하고 기독교를 무너뜨리고자 하는 것은 여전히 악한 자들이 꿈꾸는 것이기 때문에, 우리는 앞으로도 더 격렬한 공격들이 있을 것을 예상할 수 있습니다. 오늘날에는 장래에 회의론이라는 새로운 구름이 형성될 것이라는 조짐이 보이지만, 하나님께서는 지난 세월에 그러한 것들을 바람 앞에 겨처럼 다 날아가 버리게 하셨던 것처럼, 장래에도 그렇게 하시리라는 것은 의심의 여지가 없습니다.

　　승리는 일반적으로 교회 자체 속에서 얻어집니다. 나는, 여러 이단들을 공격하는 글을 쓰는 사람들은 아무리 최선을 다한다고 해도 상대적으로 소수만을 설득할 수 있을 뿐이고, 학식 있는 사람들이 새로운 형태의 회의주의를 공격한다고 해도 역시 소수에게만 영향을 미칠 뿐이라고 생각합니다. 진정으로 승리를 거둘 수 있는 곳은 학자들의 연구실이나 신학교의 교실이 아니라 교회 자체입니다. 여러분이 불신자에게 뭔가를 대답해 주고자 한다면, 거룩한 삶을 사십시오. 여러분이 회의론자의 입을 막고자 한다면, 여러분의 믿음이 인내를 낳고, 인내가 연단을, 연단이 부끄럽지 않은 소망을 낳게 하십시오. 악한 자들의 비방과 중상모략을 이기는 데에는 이성이 만들어 낼 수 있는 가장 설득력 있는 변증들이 아니라 예수 안에 있는 하나님의 진리에 대한 열심, 구속주의 나라가 확장되기를 바라는 간절한 기도, 진리를 전파하기 위한 꾸준하고 끈기 있는 수고와 노력이 훨씬 더 효과적일 것입니다. 폐병에 걸려서 거의 말을 할 수 없을 정도로 기력이 쇠한 소녀가 임종 때에 그리스도가 정말 소중한 분이고 그분의 사랑은 그녀가 이 세상을 떠나는 마지막 순간에 달콤한 향기라고 증언한다면, 바로 그곳이 우리의 보배로우신 예수께서 원수들의 "화살"을 꺾으시는 현장이 됩니다. 전에는 술 취해서 난동을 부리는 등 악의 소굴이요 불행의 온상이었던 어떤 노동자의 오두막집이 지금은 아이들이 천국을 가기 위한 훈련을 받고 아버지와 어머니가 서로 사랑으로 묶여 있는 작은 낙원이 되었다면, 바로 그곳이 하나님의 은혜가 "방패와 칼과 전쟁"을 꺾으시는 현장입니다. 바로 거기에서 울며 애통해하던 죄인은 평안을 발견할 수 있습니다. 바로 거기에서 괴로움에 사로잡혀 있던 상인이 그 영혼에 안식을 발견할 수 있습니다. 시험을 당하는 젊은이가 그 시험을 이기고 환난 날에 견고히 서 있게 된 바로 그곳이 인내로써 고난을 감당하고, 끝까지 믿음을 잃지 않고 수고하며, 거룩함으로 하나님의 명령에 순종하고, 견고한 믿음으로 죄를 대항하는 곳입니다. 바로 그곳에서 예수의 복음은 "화살과 방패와 칼과 전쟁"을 꺾습니다.

나의 사랑하는 친구들이여, 우리는 교회로서 그 어떤 것에도 굴하지 않아야 합니다. 하나님께서는 우리에게 흉악한 죄들이 회심하고 돌아오는 역사를 통해서 승리의 조짐들을 보여주셨습니다. 그러므로 우리는 그 어떤 것에도 굴하지 않고 사람들을 회심시키는 일에 전념하여야 합니다. 여러분 중에는 사람들을 그리스도께로 돌아오게 하기 위하여 날마다 수고하고 계신다는 것을 나는 압니다. 비웃음밖에는 얻는 게 없거나 여러분의 얼굴 앞에서 사람들이 문을 쾅 하고 닫아 버리는 너무나 절망적인 상황에서도 결코 포기하지 마십시오. 사람들이 여러분을 쫓아내거나 하나님을 욕해도 포기하지 마십시오. 기독교 신앙을 거부하는 사람들은 처음에 흔히 그런 반응들을 보이는 법이니까요. 회심시키기가 가장 어려운 사람들은 여러분 앞에서는 "예, 예, 예"라고 말하면서 여러분이 하는 말에는 전혀 신경을 쓰지 않는 사람들입니다. 우리에게 욕하고 우리를 잡아먹을 듯이 달려드는 사람들보다도 그런 사람들이 더 절망적입니다. 십자가의 군사들인 여러분, 하나님의 이름으로 돌진하십시오. 그렇게 했을 때에 가장 어두운 골목길도 밝아질 수 있습니다! 런던의 뒷골목들이 왕이신 예수의 궁정이 될 수 있습니다. 지금은 악명 높은 범죄의 소굴인 집이 깨끗하게 정화되어 그 담장 안에 교회가 생길 수도 있습니다. 하나님께서 영원하신 성령의 능력으로 완악한 자들의 심령을 굴복시키실 수 있으시다는 것을 믿으십시오. 목회자의 직무를 꾸준히 해 나가고 복음을 전하는 일을 계속해 나가십시오. 왜냐하면, 우리는 성령을 힘입어서 말씀을 전함으로써 사람들을 구원할 수 있기 때문입니다.

형제들이여, 우리는 온 세계가 회심하여 그리스도께로 돌아올 복된 날을 기대합니다. 우리는 이교의 신들이 두더지와 박쥐들에게 던져질 그 날, 로마 가톨릭이 무너지고 마호메트의 초승달이 다시는 그 재앙의 빛을 열방들에게 비추지 않게 될 그 날이 오기를 기대합니다. 우리는 오대양을 누비는 모든 배의 돛에 십자가가 걸리는 그 날이 오기를 기대합니다. 우리는 왕들이 평화의 왕이신 그리스도 앞에 절하고, 모든 열방이 그들의 구속주를 찬송 받으실 이라 부르게 될 그 날이 오기를 기대합니다. 나는 어떤 분들은, 그런 날은 오지 않을 것이라고 생각하고 있다는 것을 압니다. 그들은 세상을 결코 다시는 제대로 항해할 수 없는 파선된 배로 여깁니다. 그래서 그들은 우리가 할 일은 세상에서 택함 받은 자들을 건져내는 것이고, 세상 자체는 철저히 타락하여 버려지고 멸망하게 될 것이라고 말합니다. 하지만 우리의 생각은 다릅니다. 우리는 그러한 의기소침한 관점보다 더 큰 영광을 하나님께서 받게 되실 그런 일이 일어날 것을 기대합니다. 우리는 세상과 세상에 속한 모든 것이 언젠가는 다 불타 없어지고, 새 하늘과 새 땅을 보게 될 것임을 압니다. 그러나 우리는 성경을 읽을 때에 다음과 같은 확신을 갖게 됩니다:

> "해 뜨는 곳에서부터 해지는 곳까지
> 어디에서나 예수께서 다스리시리."

우리는 그리스도의 재림이 지체된다고 해서 낙심하지 않습니다. 우리는 그리스도께서 교회가 그토록 고군분투하면서도 많이 패배하고 적게 성공하는 그런 기간을 정하셨다고 해서 낙심하지 않습니다. 우리는 하나님께서 그리스도의 피가 뿌려진 이 세상을 언제까지나 마귀의 성채로 두지는 않으실 것이라고 믿습니다. 형제들이여, 그리스도께서는 사자를 잡아 죽이고서, 흑암의 세력의 끔찍한 지배로부터 이 세상을 온전히 건져 내시기 위하여 이 세상에 오셨습니다. 반드시 그렇게 될 것입니다. 왜냐하면, 예수께서는 자신의 상을 잃으실 수 없으시기 때문입니다. 우리는 하나님의 산이 높이 솟아오르는 것을 보기를 기대합니다. 그 산은 이미 상당한 높이로 솟아올라 있습니다. 그러나 우리는 그 산이 점점 더 높이 솟아올라서 세상의 모든 산 위로 솟아올라서, 열방들이 거기로 몰려오는 것을 보게 되기를 기대합니다: "산 꼭대기의 땅에도 곡식이 풍성하고 그것의 열매가 레바논 같이 흔들리며 성에 있는 자가 땅의 풀 같이 왕성하리로다"(시 72:16). 사람들과 천사들이 함께 "할렐루야 주 우리 하나님 곧 전능하신 이가 통치하시도다"(계 19:6)라고 찬송할 때에 그 소리는 얼마나 크게 울려 퍼지겠습니까! 우리가 이 싸움에 동참하였고, 화살을 꺾는 데에 일조하였으며, 우리 주 예수께서 승리하시는 데에 조력하였다는 사실이 그 날에 우리에게 얼마나 큰 만족감을 주겠습니까!

끝으로, 나는 악의 편에 선 자들이 얼마나 불행한 자들인지를 엄중하게 말씀드리지 않을 수 없습니다. 악의 편은 지는 편이고, 영원히 지는 편입니다. 하나님과 화목하십시오. 이것이 복음의 메시지입니다. "그의 아들에게 입맞추라 그렇지 아니하면 진노하심으로 너희가 길에서 망하리니"(시 2:12).

반면에, 승리하시는 그리스도께 자신을 의탁하고서, 그리스도의 이름과 능력으로 그와 더불어서 자신의 작은 힘을 보태어 싸우는 자들은 얼마나 복된 자들이겠습니까! 나의 형제들이여, 우리가 영혼들을 그리스도께로 인도하는 영광을 얻게 된다면, 우리는 세 배로 복된 자들이 될 것입니다. 그러한 영광을 더 많이 얻으려고 애씁시다. 우리는 아무리 그리스도의 복음을 널리 전한다고 해도 결코 배부를 수 없습니다. 우리는 구속주의 나라를 확장하는 일에 전력을 다하고자 하는 야망을 가져야 합니다. 여러분이 하나님의 영광과 사람들의 유익을 위하여 그렇게 하고자 할 때, 하나님께서 여러분에게 그렇게 할 수 있는 은혜를 주시기를 빕니다. 아멘.

제
73
장

—

세상에서 가장 비참한
사람들을 위한 설교

—

"내 영혼이 위로 받기를 거절하였도다." — 시 77:2

　　다윗이 이렇게 위로 받기를 거절한 것을 우리는 본받아서는 안 됩니다. 이 경우에 있어서 다윗의 경험은 우리의 모범이 아니라 경계(警戒)를 위해 기록되었습니다. 이것은 사랑하는 사람을 사별하거나 세상적인 손해를 입은 사람들이 모든 위로를 거절하고 몹시 상심하여 쇠약해가는 것을 정당화해주는 말씀이 결코 아닙니다. 어떤 사람들은 자신이 사랑하던 혈육이 저 세상으로 간 후에도 몇 년 동안이나 그 죽은 사람을 위해 애곡하는 것을 자신의 주된 일로 삼고 살아가는데, 이것은 이교도들처럼 죽은 자들의 영을 숭배하는 것입니다. 고통을 받는 사람은 애곡할 권리가 있습니다. 예수 그리스도께서도 친히 "눈물을 흘리셨기"(요 11:35) 때문에 그것은 공인된 권리입니다. 그러나 슬픔이 너무 오랫동안 지속되어서 심령에 독이 되어 일상생활에서 해야 할 일들을 하지 못할 때에는 그 권리가 오용되고 있는 것입니다. 슬퍼하는 데에도 "여기까지"(욥 38:11)라는 한계가 있고, 그 한계를 넘어설 때에는 불법이 됩니다. 어떤 여자가 자신의 아이가 죽은 후 여러 해가 지났는데도 여전히 슬퍼하며 그 상처에서 벗어나지 못하자, 한 퀘이커교도가 그 여자에게 이렇게 말했답니다: "뭐 하는 것입니까? 친구여, 당신은 아직도 하나님을 용서하지 못했습니까?" 지존자에 대한 불경한 반역의 다수가 우리 심령의 가장 깊은 곳에 남아 있는 앙금에서 발견됩니다. 화가 나서 오랫동안 슬픔을 이어가며 파리하게 쇠약해져가는 것은 그 심령 속에서 우상을 숭배하고 있다는 증거입니다. 왜냐하면, 그것은 오직 하나님만이 계셔야 할 그 심령의 보좌에 그가 사랑하는 대상이 자리 잡고 있음을 보여주는 것이고, 만일 그 사랑하는 대상을 심령 깊은 곳에서 제거하는 것이 비록 뼈아픈 고통이라고 할지라도 실제로 그렇게 하였더라면, 그 사람은 하나님께 불순종하는 영을 지니게 되지 않았을 것이기 때문입니다. 오랜 시간 동안 계속해서 지나치게 슬퍼하는 것은 반역과 우상 숭배라는 두 가지 치명적인 죄를 범하는 것이기 때문에, 하나님의 자녀라면 그런 일을 피하는 것이 마땅하지 않겠습니까? 슬픔은 동정을 받아 마땅하지만, 그 슬픔이 포기하지 못해서 일어나는 것인 경우에는 비난 받을 만한 일이 됩니다. 신자들이 위로 받기를 거절한다면, 그것은 하나님을 믿지 않는 세상 사람들과 똑같이 행하는 것입니다. 왜냐하면, 불신자들은 세상적인 위로들을 잃을 때에 자신이 가진 모든 것을 잃는 것이기 때문입니다. 그러나 그리스도인이 피조물인 어떤 것을 잃었다고 해서 위로 받기를 거절하고 끊임없이 슬퍼하며 쇠약해져간다면, 그것은 자신의 신앙을 배신하는 것이고 그리스도인이라는 이름을 욕되게 하는 것입니다. 그리스도인은 자신에게 닥친 시련이 하나님께서 주신 것이라고 믿고, 하나님을 자신의 아버지라 부르며, "그의 뜻대로 부르심을 입은 자들에게는 모든 것이 합력하여 선을 이룬다"(롬 8:28)는 것을 아는 사람입니다. 그리스도인은 고난과 환난을 통해서 지극히 크고 중한 영광이 자기에게 만들어져 가고 있다는 것을 확신하는 사람입니다. 그런데 어떻게 화가 나서 말도 않고 주저앉아서 "나는 위로 받지 않겠다"고 말할 수 있습니까? 그런 사람은 분명히 자기가 믿는다고 공언하는 하나님의 진리들이 그의 영혼 속에 들어와 있지 않은 것입니다. 그런 사람은 망상 속에서 자신이 그리스도인이라고 착각하고 있는 것임에 틀림없고, 결코 참된 신자가 아닙니다. 사랑하는 자들이여, 믿음을 갖고 있다고 하는 우리가 비겁하게 행한다면, 그것은 부끄러운 일입니다. 용광로가 뜨겁다면, 우리의 믿음을 강하게 하여야 합니다. 짐이 무겁다면, 우리의 인내로 참아내야 합니다. 우리는 우리에게 모든 것을 주신 이가 우리에게 모든 것을 가져가실 권한도 있으시다는 것을 인정해야 합니다. 따라서 우리는 주실 때에 찬송하였듯이 가져가실 때에도 찬송하는 것이 마땅합니다. 어느 경우든지 우리는 주 우리의 하나님을 찬송하여야 합니다. 하나님이 우리를 죽이신다고 해도, 우리는 하나님을 신뢰하여야 합니다. 한 걸음 더 나아가서, 하나님께서 오직 회초리만을 사용하실 때에도 우리는 하나님을 송축하여야 합니다.

　　하지만 오늘의 본문은 외적인 시련이나 사별 같은 것들로부터 자유롭지만 심령에 깊은 눌림이 있는 사람들에 대해서는 아주 적절한 묘사입니다. 아주 밝은 눈을 지닌 그리스도인들이라도 눈물을 흘릴 수밖에 없는 때들이 있습니다. 강한 믿음과 기쁜 소망이 영혼 속에서 소망과 믿음의 불꽃을 거의 유지할 수 없을 정도의 두려움으로 바뀌는 경우가 종종 있습니다. 그렇습니다. 나는 사람이 어느 때에 더 기뻐하면 할수록 또다른 때에 느끼는 슬픔은 더 커진다고 생각합니다. 가장 높이 올라간 사람들은 가장 낮게 내려갑니다. 이루 말할 수 없는 기쁨으로 기뻐하지도 않고 말로 표현할 수 없을 정도로 큰 괴로움으로 신음하지도 않는 차가운 피를 가진 사람들이 있습니다. 그러나 감성이 풍부한 사람들은 아주 큰 기쁨을 누릴 수 있는 반면에 심령의 끔찍한 침체도 경험하게 됩니다. 그런 사람들은 황홀경 속에서 진주 문들 안을 보았기 때문에, 사망의 그늘의 땅으로 내려가서 지옥의 입구에서 떨며 서 있기도 쉽습니다. 나는 이것을 너무도 잘 압니다. 우리의 영혼이 심하게 눌리는 암울한 때에는 하나님의 약속의 말씀을 붙잡고서 하나님을 기뻐하는 것이 우리가 해야 할 일입니다. 그러나 그렇게 하기가 쉽지는 않습니다. 그렇게 해야 한다는 것은 이론의 여지가 없지만, 실제로 그렇게 하는 것은 불가능합니다. 그런 때에는 하나님의 약속이라는 별이나, 경험의 촛불은 별 소용이 없게 됩니다. 우리가 느끼는 어둠은 우리를 유쾌하게 해줄 모든 빛을 다 꺼버리는 것 같습니다. 위로의 사람 바나바가 살아 돌아온다고 해도 영혼이 눌려서 우울감에 사로잡혀 있는 사람들을 유쾌하게 만들기는 어려울 것입니다. 우울의 티끌과 재를 머리에 잔뜩 뒤집어쓴 사람들에게는 기쁨의 기름을 부어도 별 소용이 없습니다. 형제들이여, 그런 때에는 모든 일에서 떠나서 흐트러진 마음을 추스르고 쉴 수 있는 시간을 갖는 방법을 지혜롭게 고려하여야 합니다. 모든 사람이 급행열차처럼 다니고 증기기관처럼 일하는 날들에 정신적인 공황 상태가 찾아왔을 때에는, 한적한 곳으로 가서 좀 쉬라고 주님께서 제자들에게 하신 것은 아주 지혜로운 권면이기 때문에, 우리가 진지하게 고려하여야 합니다. 어떤 일에 몰두해 있어서 자주 그 심령이 눌리는 사람들에게는 쉬는 것이 유일한 처방은 아니지만 최선의 처방입니다. 슬픔에 빠져 있는 분들은 가급적 잠시 일상의 일들에서 떠나서 조용히 쉬는 시간을 가지시고, 무엇보다도 모든 염려를 하나님께 맡기고 그 염려에서 벗어나는 것이 좋습니다. 여러분이 염려들을 스스로 감당하고자 한다면, 여러분의 마음은 심하게 분산되어서 여러분의 영혼이 위로 받기를 거절하게 될 것입니다. 그러나 모든 염려를 하나님께 맡기고 오로지 한 마음으로 하나님을 섬기고자 한다면, 여러분의 심령이 눌리는 것에서 벗어나는 것은 물론이고, 여러분은 기쁨의 노래로 하나님의 제단을 두르게 될 것입니다. 화가 나고 초조해지며 불평하고 슬퍼지는 기분에 자신을 맡기지 마십시오. 그런 기분에 자신을 맡기는 것이 가장 큰 재앙입니다. 왜냐하면, 이 마귀가 우리에게서 도망치게 하려면, 우리가 이 마귀에게 대적하는 것이 유일한 길이기 때문입니다. 여러분의 마음이 괴롭힘을 당하게 내버려 두지 마십시오. 여러분의 영혼 밖에 있는 격랑들이 여러분의 배를 흔들어서 이리저리 끌고 다닐 때, 온 힘을 다해서 적어도 그 격랑들이 배에 들어와서 배가 완전히 침몰하는 일이 없게 하여야 합니다. 다윗처럼 "내 영혼아 네가 어찌하여 낙심하며 어찌하여 내 속에서 불안해 하는가"(시 43:5)라고 부르짖으십시오. 쓸데없이 슬퍼하거나 울지 마십시오. 여러분이 왜 눈물을 흘리고 있는지 그 이유를 찬찬히 살펴십시오. 여러분이 시편 기자처럼 "너는 하나님께 소망을 두라 내 하나님을 여전히 찬송하리로다"(시 43:5)라고 결론을 내리게 될 때까지 이치를 따라 잘 살펴보십시오. 여러분에게 하나님을 믿는 믿음이 실제로 있다면, 여러분은 영혼의 밤 가운데서도 슬퍼할 이유보다는 기뻐할 이유가 10배는 더 많다는 것을 믿으십시오. 여러분이 예수의 발 앞에 있다면, 여러분이 가는 길에 가시와 엉겅퀴가 아니라 꽃들이 필 가능성이 훨씬 더 많습니다. 기쁨이 숨어서 여러분을 기다리고 있습니다. 하나님께서 여러분을 구원의 노래로 두르시게 될 것입니다. 그러므로 환난 가운데 있는 친구들이여, 절망적인 슬픔과 근심에 여러분 자신을 내맡기지 마십시오. 여러분 자신을 결코 비관적으로 생각하고 바라보지 마십시오. 소망의 천사에게 감사함으로 인사를 건네고, 더 이상 "내 영혼이 위로 받기를 거절하였도다"라고 말하지 마십시오.

이 아침에 내 마음속에 두고 있는 분들은 그리스도를 찾고 있지만 아직 만나지 못해서 애통해하는 사람들입니다. 그들은 죄를 깨닫고서 깨어나 깜짝 놀라서 초대받은 연회장에 들어가기를 바라면서도 은혜의 문 밖에서 오랫동안 추위 속에서 떨며 머뭇거리며, 그들에게 활짝 열려 있는 문으로 들어가기를 거절하는 사람들입니다. 무한한 사랑 자체이신 분이 그들에게 "와서 환영을 받으라 들어

와서 복을 받으라"고 외치고 계시는데도, 그들은 시무룩한 채로, 아니 두려워 떠느라 자기 앞에 열려져 있는 은혜의 문 안으로 들어가기를 거절하고 있습니다.

1. 첫째로, 이러한 비참한 심령 상태는 정말 기이한 일이라는 것입니다.

너무나 기가 막힌 위로가 바로 가까이 있는데도 그 위로를 받기를 고집스럽게 거절하는 사람들이 이 세상에 있다는 것은 그 자체가 정말 놀라운 일이고 의외입니다. 이 일은 너무나 부자연스러운 일로 보여서, 만일 우리가 아주 많은 관찰을 통해서 확인한 사실이 아니었다면, 아마도 우리는 비참한 상태에 있는 심령이 위로 받기를 거절한다는 것을 불가능한 것으로 여겼을 것입니다. 황소가 여물을 거절하는 법도 있습니까? 사자가 자신의 먹이를 마다하는 경우도 있습니까? 독수리가 자신의 보금자리를 싫어하는 일도 있습니까? 그들의 바로 옆에 있는 위로가 더할 나위 없는 최고의 위로라는 사실 때문에, 그들이 이 위로를 거절한다는 것은 한층 더 특이한 일이 됩니다. 죄는 사함 받을 수 있고, 이미 사함을 받았습니다. 그리스도께서 이미 죄를 속하셨습니다. 하나님께서는 자신의 죄악을 고백하고 주 예수의 피를 믿고서 그에게 나아오는 모든 죄인을 값없이 기꺼이 받아주실 준비가 다 되어 계십니다. 하나님께서는 은혜 베푸실 기회만을 기다리고 계십니다. 하나님은 완고하지도 않으시고 가혹하지도 않으십니다. 하나님은 긍휼에 풍성하신 분입니다. 하나님께서는 회개하는 자들을 용서하기를 기뻐하시고, 하나님의 영광은 예수 그리스도의 의로 말미암아 아무런 자격도 없는 자들을 받아들이실 때에 가장 크게 나타납니다. 하나님의 말씀 속에는 아주 많은 위로가 있어서, 성경 속에 계시된 하나님의 은혜를 측량하는 것은 위의 하늘들을 측량하거나 공간에 한계를 설정하는 것만큼이나 어려울 것입니다. 여러분은 하나님의 사랑이 얼마나 향기로운 것인지를 다 알려고 시도할 수는 있겠지만, 그것은 불가능합니다. 왜냐하면, 하나님의 사랑은 우리의 지식을 뛰어넘기 때문입니다. 예수 그리스도 안에서 나타난 하나님의 그 풍성하신 선하심은 그 끝을 알수 없는 대양과도 같습니다. 그러므로 사람들이 이렇게 아낌없이 주어지는 것을 받기를 거절하는 것은 참으로 기이한 일입니다. 몇 해 전에 남아메리카의 북부 해안을 항해 중이던 배가 구조 신호를 보내는 것이 목격되었다고 합니다. 또 다른 배가 다가가서 말을 건네자, 그 배에 타고 있던 사람들이 "물이 없어서 목말라 죽을 지경이요"라고 말했고, 다른 배에 타고 있던 사람들은 "당신들은 아마존

강 입구에 있으니 그 물을 떠 마시면 돼요"라고 대답했습니다. 주위가 온통 신선한 물이었기 때문에 그들은 단지 그 물을 떠서 마시기만 하면 되었습니다. 그러나 그들은 자신들이 바다 한가운데에 있다고 생각했기 때문에 목말라서 죽어가고 있었던 것입니다. 사람들이 자신에게 주어진 은혜를 모르고 있는 경우가 허다합니다. 사람들이 지식이 없어서 죽어가는 것은 얼마나 서글픈 일입니까!

그러나 선원들이 기쁜 정보를 얻은 후에도 여전히 주변에 지천으로 널려 있는 물을 길어서 마시기를 거절하였다고 합시다. 그런 일이 실제로 일어났다면, 그것은 정말 이상한 일이 아니었겠습니까? 여러분은 즉시 선장을 비롯해서 선원들이 전부 다 미친 것이 틀림없다고 생각하지 않겠습니까? 그런데 복음을 듣는 사람들 중에는 미친 사람들이 너무나 많아서, 죄인들을 위한 은혜가 준비되어 있다는 것을 알고서도 그 은혜를 거절하기 때문에, 만일 성령의 개입이 없다면, 그들은 다 죽고 말 것입니다. 그들은 무지해서가 아니라, 옛적의 유대인들처럼 이런저런 이유로 자신들이 "영생을 얻을 자격이 없다"고 판단해서 스스로 복음을 거부하고 위로 받기를 거절하는 것입니다. 하나님께서 마련해 놓으신 위로는 아주 안전하기 때문에, 사람들이 그렇게 거절하는 것은 더더욱 이상한 일이 됩니다. 만일 하나님이 마련해 놓으신 위로가 기만적인 것이어서 실제로 위로는 받지 못하고 망상에 빠져서 자신의 영혼을 멸망에 빠뜨리게 될 것이라는 의구심이 있다면, 사람들은 그 독배를 거절하는 것이 지혜로운 일일 것입니다. 그러나 수많은 사람들이 이 생명수를 마시고서 만족을 얻어 왔습니다. 그 중에 단 한 사람도 해악을 입은 사람이 없었고, 그 생명수를 마신 모든 사람이 영원한 복을 받았습니다. 그런데 수정처럼 맑은 강물이 자신의 발 앞에서 흐르고 있는데도, 왜 갈급한 심령은 그 물을 마시기를 주저하고 있습니까? 게다가, 복음이 주는 위로는 대단히 적절한 것입니다. 이 위로는 죄악되고 연약하며 통회하는 심령에 정확히 맞춰져 있습니다. 이 위로는 은혜에 갈급하여 어쩔 줄 몰라 하는 사람들에게도 적합하고, 조금이라도 은혜를 갈급해하는 사람들에게도 적합합니다. 복음 속에는 죄악의 상태에 있는 죄인, 즉 자신에게 그 어떤 선한 것도 없고 자신 안에 소망의 근거가 될 수 있는 것이 전혀 없는 그런 죄인에게 적합한 연고가 들어 있습니다. 복음은 그리스도께서 경건하지 않은 자들을 위하여 죽으셨다고 분명하게 말씀하고 있지 않습니까? 그리스도 예수께서 죄인들을 구원하시기 위해 세상에 오셨다고 하신 말씀과 사도 바울이 "죄인 중에 내가 괴수니라"(딤전 1:15)라고 한 말씀은 우리 모두가 받을 만한 신실한 말씀이 아닙니까? 복음은 죄 가운데서 죽어 있던 자들을 위한 것이 아닙니까? 성경에는 사도 바울이 "긍휼이 풍성하신 하나님이 우리를 사랑하신 그 큰 사랑을 인하여 허물로 죽은 우리를 그리스도와 함께 살리셨고 너희는 은혜로 구원을 받은 것이라"(엡 2:4-5)는 말씀이 나오지 않습니까? 복음의 초대장은 최악의 긴급 상황에 처해 있는 죄인에게 보내질 수 있는 가장 인자하고 자애로우며 매력적인 글이 아닙니까? "오호라 너희 모든 목마른 자들아 물로 나아오라 돈 없는 자도 오라 너희는 와서 사 먹되 돈 없이, 값 없이 와서 포도주와 젖을 사라"(사 55:1). "악인은 그의 길을, 불의한 자는 그의 생각을 버리고 여호와께로 돌아오라 그리하면 그가 긍휼히 여기시리라 우리 하나님께로 돌아오라 그가 너그럽게 용서하시리라"(사 55:7). 초대받은 사람들에게 그 어떤 선한 것이 있음을 보여주는 수식어는 전혀 사용되고 있지 않고, 초대장에서는 단지 "악인"과 "불의한 자"에게 하나님께 돌아오라고 권합니다. 초대장은 누가 보아도 오직 죄인일 뿐인 자들에게 보내집니다. 은혜는 다름 아니라 오직 비참한 자, 무가치한 자, 죄악된 자, 아무런 소망도 없는 자에게 제시됩니다. 초대장에서 우리에게 그리스도 예수 안에서의 하나님의 무한하신 긍휼을 믿고서 위로를 받으라고 권하는 것은 우리가 선하기 때문이 아니라 전적으로 하나님이 은혜로우시기 때문입니다. 너무나 풍성하고 아주 안전하며 마음을 기쁘게 하는 데에 아주 적합한 위로가 마련되어 있는데도, 위로 받기를 거절하는 영혼이 많다는 것은 이상한 일입니다.

　그들이 말하는 것이나 느끼는 것을 통해서 판단해 볼 때, 이 사람들이 위로를 너무나 절실하게 필요로 하는 사람들이어서, 마치 물에 빠진 사람이 줄을 꼭 붙잡고자 하듯이 그렇게 절실하게 위로를 붙잡아야 할 처지인데도 위로를 거절하고 있다는 사실을 생각하면, 이것은 한층 더 이상한 일입니다. 그들은 두려움 때문에 밤에 잠을 잘 자지 못합니다. 낮에는 그들의 얼굴에 슬픔이 있고, 그 슬픔은 그들의 내면에서 흉용한 바다처럼 거칠게 요동합니다. 그들은 즐거운 말을 거의 한 마디도 할 수가 없습니다. 그들은 자신의 가정을 암울한 곳으로 만듭니다. 그들의 슬픔은 다른 사람들에게도 그대로 전염됩니다. 여러분은 "소망"이라는 단어를 그들의 귀에 속삭이자마자 그들은 곧 뛸 듯이 기뻐할 것이라고 생각할 것입니다. 그러나 실제로는 그렇지 않습니다. 여러분이 복음을 여러 가지 형태로 제시해도, 여러분의 동정은커녕 책망을 받아야 마땅한 이 가엾은 심령들은 위로 받기를 거절합니다. 음식이 그들 앞에 놓여 있는데도, 그들의 영혼은 온갖 음식을 마다하고 죽음의 문으로 가까이 나아갑니다. 여러분이 하늘의 강장제를 그들의 입에 넣어 주려고 해도, 그들은 영적인 자양분을 섭취하려 하지 않습니다. 그들은 하나님의 사랑이 주는 위로에 참여하기보다는 굶주림 속에서 죽어가는 쪽을 택합니다.

내가 이 이상한 고집에 대해서 더 자세하게 말할 필요가 있겠습니까? 그것은 자연에서도 그 유례를 찾아볼 수 없는 기괴한 일입니다. 대홍수 때에 비둘기도 날기에 지쳤을 때에 방주를 기억하고서 즉시 노아의 손으로 날아들었습니다. 마찬가지로 그들도 지쳐 있고 방주도 알지만, 거기로 피하고자 하지 않습니다. 이스라엘 사람은 부주의로 자신의 동포를 죽였을 때에 도피성으로 피해야 한다는 것을 알고 있었습니다. 그는 피의 복수를 두려워하여, 길을 재촉해서 안전한 곳으로 피했습니다. 그러나 그들은 도피성도 알고, 우리도 주일마다 길에 안내 표지를 세우지만, 그들은 구원을 발견하기 위해서 이곳에 오지 않습니다. 잠 잘 곳이 없는 런던 거리의 부랑자들은 밤에 잠을 재워줄 곳이 어디 있는지를 찾아내서 잠시 묵어가기를 요청합니다. 그들은 비 오는 날에 처마 밑에 모이는 참새들처럼 우리의 구빈원 주위로 모여듭니다. 그들은 잠 잘 곳과 한 덩이의 빵을 가련할 정도로 절실하게 원합니다. 그렇지만 은혜의 집에 불이 켜지고, "누구든지 원하는 사람은 이리로 들어오십시오"라는 초대장이 큼지막하게 나붙어도, 구빈원에서 잠을 잔 많은 가련한 영혼들은 이리로 들어오려 하지 않습니다. 그들은 와츠(Watts)가 지은 찬송이 참임을 증명해 줍니다:

"수많은 사람들이 하나님께 나아오기보다는
　차라리 굶어 죽는 쪽을 택하는 최악의 선택을 한다네."

이것은 이상하게 너무 이상하고, 기가 막힐 정도로 이상한 일입니다.

2. 둘째로, 이 이상한 광기는 여러 가지 이유에서 나옵니다.
이 광기는 그 안에 나름대로의 논리를 지니고 있습니다. 많은 경우에 있어서 사람들이 위로 받기를 거절하는 것은 육체적·정신적 질병에서 생겨납니다. 치료약이나 풍성한 음식, 또는 환경의 변화 같은 것이 더 절실히 필요한 사람들에게 성경의 말씀들을 먹어보아야 별 소용이 없습니다. 육신을 치료하는 의사와 영혼을 치유하는 목회자 사이에는 아주 밀접한 연관성이 있기 때문에, 병들어 있는 인간의 망상을 쫓아낼 때에는 두 사람이 협력해서 일하는 것이 좋습니다. 어떤 사람에게 의사가 먼저 자신의 역할을 다 수행하기 전에는 목회자가 별 역할을 하지 못하는 경우가 꽤 많다고 나는 확신합니다. 이 아침에 나는 내 소관에서 벗어나 있는 사례들에 대해서는 더 이상의 언급을 자제하고, 육신의 질병이 아니라 영적인 질병으로 인해서 위로 받기를 거절하는 사람들에 대해서 집중적으로 다룰까 합니다.

어떤 사람들의 경우에는 위로 받기를 거절하는 저 이상한 태도는 그 사람이 교만해서 구원의 계획을 싫어하는 데서 나옵니다. 그들은 위로 받고자 합니다. 그러나 그들은 영생을 얻기 위해서 그들 스스로도 뭔가를 하고자 합니다. 그들은 적어도 감정으로라도 기여하고 싶어 합니다. 그들은 그리스도를 위하여 자기 자신을 준비하고자 합니다. 구원은 꼭 전적으로 은혜로 거저 이루어져야만 하는 것입니까? 꼭 자신을 거지로 인정하고서 은혜의 집으로 받아들여져야만 하는 것입니까? 꼭 "하나님이여 불쌍히 여기소서 나는 죄인이로소이다"(눅 18:13)이라고 부르짖어야만 하는 것입니까? 꼭 행위의 의(義)이든 감정의 의이든 우리 자신의 의는 모두 다 넝마와 같기 때문에 다 갈기갈기 찢어 버리고 벌거벗은 채로 나아가야만 하는 것입니까? 꼭 우리의 머리 전체와 마음 전체가 다 병들어 있어서, 사람은 철저하게 멸망 받을 자로 예수 앞에 나아가서, 모든 것을 십자가에 못 박히신 구주로부터 받아야만 하는 것입니까? 꼭 그래야만 한다고 하면, 혈과 육은 "그런 구원은 내게 필요 없어"라고 말합니다. 투구는 둘로 쪼개기가 쉽지 않고, 거대한 자아의 깃발이 높이 들려 있으며, 그 깃발은 전쟁에서 진 후에도 오랫동안 높이 들려져 있습니다. 그러나 이것은 얼마나 어리석은 짓이니까! 사실, 우리는 어리석은 자존심을 세우기 위해서 위로 받기를 거절하고 있는 것입니다. 여러분, 자존심을 내려놓으십시오. 지금 예수의 발 앞에 엎드려서, 여러분의 죄를 위해 못 박히신 발에 입 맞추시기를 간곡히 부탁드립니다. 여러분 자신과 자랑을 티끌 속으로 던져 버리십시오. 여러분은 단지 부정한 존재가 아닙니까? 여러분의 의는 단지 더러운 넝마가 아닙니까? 그리스도를 여러분의 모든 것으로 받아들이십시오. 그러면 여러분은 바로 이 아침에 위로를 얻게 될 것입니다. 여러분의 교만이 발동해서 또다시 위로 받기를 거절하지 마시고, 지혜로운 마음으로 하나님의 주권적인 은혜에 순복하십시오.

또 어떤 사람들에게는 그 이유가 교만이 아니라, 자기가 좋아하는 어떤 죄를 유지하기 위한 거룩하지 못한 결심 때문입니다. 대부분의 경우에 그리스도인 목회자는 오랫동안 피를 흘려 왔던 상처를 치유하고자 할 때에 왜 상처가 낫지 않는지를 의아해하며 자신의 작은 창으로 상처를 계속해서 헤집어 면밀히 조사합니다. 그렇게 했을 때에 그에게는 모든 정황으로 보아 그 상처는 성공적으로 치유될 것처럼 보입니다. 그는 왜 자신의 상처에서 계속해서 피가 흘러나오고 있는지를 알 수 없어 하다가 마침내 그 비밀을 찾아냅니다. "아, 드디어 알겠군. 나의 상처를 끊임없이 건드려서 악화시켜 온 원흉이 여기 있었네. 죄라는 이 티가 여전히 그 상처 안에 있었기 때문에 나을 수가 없었던 것이로군." 어떤 경우들에서는 우리는 어떤 사람이 여전히 은밀한 악에 빠져 있거나, 불경건한 자들과 계속해서 어울리거나, 부모님을 제대로 봉양하지 않고 있거나, 다른 사람들을 용서하지 않고 있거나, 나태하거나, 몰래 술을 즐기는 저 소름끼치는 죄를 행하고 있어서 근심과 슬픔에서 벗어나지 못하는 것을 발견하곤 합니다. 어떤 경우이든 사람이 "나는 이 죄를 포기하지 않을 거야"라고 결심한다면, 그 사람이 위로를 받지 못하는 것은 전혀 이상한 일이 아닙니다. 도리어, 만일 그런 사람이 위로를 받는다면, 그것은 끔찍한 일이 아니겠습니까? 어떤 사람이 자신의 심령 속에 모든 것을 부패시키는 물질을 지니고 있는데, 위로를 받아서 자신의 상처를 덮고 살아간다면, 그 상처는 내부에서 썩어서 치명적인 병으로 발전하게 될 것입니다. 나는 여러분 중 그 누구도 여러분 자신이 알고 있는 모든 죄를 제거하고 다음과 같이 말할 수 있을 때까지는 결코 위로를 받을 수 없도록 해주시기를 하나님께 기도합니다:

> "내게 가장 아끼는 우상이 있다면 그 우상이 무엇이든지
> 하나님, 나를 도우셔서 나로 그 우상을
> 내 심령의 보좌에서 끌어내리게 하시고
> 오직 하나님만 섬기게 하소서."

우리가 영생을 기업으로 물려받고자 한다면, 우리의 오른쪽 눈을 뽑아 버리고 우리의 오른팔을 잘라낼 각오가 되어 있어야 합니다. 자기가 멸시하는 쓰레

기 같은 죄, 남에게 얘기하기에도 부끄러운 그런 죄를 위해서 계속해서 그리스도를 거절하는 것은 참으로 어리석은 일입니다. 그런 사람이 있다면, 나는 그의 손을 잡고 이렇게 말할 것입니다: "나의 형제여, 나의 자매여, 그 죄를 버리십시오. 하나님을 인해서 그 저주 받은 것을 미워하시고, 이 아침에 당신의 어리석음을 용서하시고 당신을 받아주실 예수께로 나와 함께 나아가서 그 죄를 고백하십시오. 그러면 당신은 더 이상 위로 받기를 거절하지 않게 될 것입니다."

어떤 사람들은 오직 자신이 선택한 방식으로만 위로 받기로 단단히 결심한 까닭에 위로 받기를 거절합니다. 그들은 특정한 경험을 통해 구원 받은 어떤 선한 사람의 삶에 관한 이야기를 읽은 적이 있기 때문에, "내가 그 사람과 같은 경험을 하고 그 사람과 동일하게 느낀다면, 나는 내가 구원 받았다는 확신을 갖게 될 것입니다"라고 말합니다. 지금까지 많은 사람들이 존 번연의 「천로역정」에 나오는 "풍성한 은혜"라는 인물이 경험한 것에 감명을 받고서, "내가 그런 은혜를 받지 않는다면, 나는 결코 믿지 않을 거야"라고 말해 왔습니다. 또 어떤 사람들은 이렇게 말해 왔습니다: "나는 존 뉴턴이 걸어간 길을 걸어가야 해. 내 발걸음이 그가 걸었던 그 걸음들과 정확하게 동일하지 않으면, 나는 예수 그리스도를 믿을 수 없어." 그러나 나의 사랑하는 형제들이여, 여러분이 하나님께서 여러분이 세워 놓은 계획에 맞추셔야 한다고 강요하고 그런 것을 기대하는 것이 과연 옳은 일입니까? 위대한 의사이신 하나님께 여러분이 생각해 낸 치료법과 처방을 내밀며 그런 식으로 여러분을 고쳐 달라고 한다면, 그것이 과연 옳은 일입니까? 하나님께서 나를 지옥의 문을 통과하는 길로 인도하신다고 하여도 결국 천국으로 데려가 주시기만 하신다면, 나는 하나님을 송축할 것입니다. 내가 아주 먼 저 땅에 가서 거기에 계신 왕의 아름다우심을 뵈올 수만 있다면, 그가 나를 어떤 식으로 거기로 인도하시든, 나는 조금도 개의치 않을 것입니다. 여러분이 스스로 선택한 그 어리석은 방법을 다 내려놓으시고, 이렇게 기도하십시오: "하나님, 부디 나를 불쌍히 여겨 주시기만을 빕니다. 나로 하여금 나의 변덕과 망상을 다 버리고 하나님의 아들을 의지하게 하여 주시기만을 빕니다."

또한, 너무나 많은 사람들이 위로 받기를 거절하는 또다른 이유가 있는데, 그것은 하나님의 사랑과 선하심과 진실하심을 믿지 않는 불신앙입니다. 그들은 하나님이 은혜로우시다는 것을 믿지 않습니다. 그들은 하나님을 폭군으로 생각하거나, 그 정도는 아니라고 할지라도 아주 엄한 분이라고 생각하기 때문에, 하나님의 독한 마음을 움직이려면 죄인들이 오랜 날 동안 사정하고 구걸해야 한다는 인식을 갖고 있습니다. 그러나 그런 분들은 하나님을 몰라도 너무 모르는 것입니다. 하나님은 어떤 분이십니까? 하나님은 사랑이십니다. 해로 하여금 햇빛을 비추게 하고 샘으로 하여금 맑은 물을 솟구쳐 내도록 하기 위해 여러분이 해와 샘을 설득할 필요가 없듯이, 하나님으로 하여금 은혜를 베푸시도록 하기 위해서 여러분이 하나님을 설득할 필요가 없습니다. 은혜를 베푸시고자 하시는 것은 하나님의 본성입니다. 은혜를 베풀고 계실 때만큼 하나님이 하나님다우신 때는 없습니다. "심판은 하나님께 서먹서먹한 일입니다." 그것은 하나님이 마지못해 하시는 일입니다. 그러나 은혜는 하나님의 성품에서 그대로 흘러나오는 것으로서 그의 "베냐민," 곧 그의 오른손의 아들입니다. 하나님은 은혜 베푸시는 것을 기뻐하십니다. 성경에서는 하나님은 "인애를 기뻐하신다"(미 7:18)고 말씀하고 있지 않습니까? 하나님께서 그토록 사랑을 가득 품으시고서 말씀하시는데도, 사람들이 하나님을 비방하는 것은 너무나 가슴 아픈 일입니다. 하나님께서 "내 삶을 두고 맹세하노니"라고 맹세하시며 말씀하시는데도, 여러분은 하나님을 믿지 않으려 하는 것입니까? "나의 삶을 두고 맹세하노니 나는 악인이 죽는 것을 기뻐하지 아니하고 악인이 그의 길에서 돌이켜 떠나 사는 것을 기뻐하노라 이스라엘 족속아 돌이키고 돌이키라 너희 악한 길에서 떠나라 어찌 죽고자 하느냐"(겔 33:11). 하나님께서는 자신이 지으신 피조물들에게 마치 구걸하시듯이 자기에게 돌아오라고 사정하시는 듯합니다. 하나님의 마음이 얼마나 간절한지는 다음과 같은 절규가 잘 보여줍니다: "에브라임이여 내가 어찌 너를 놓겠느냐 이스라엘이여 내가 어찌 너를 버리겠느냐 내가 어찌 너를 아드마 같이 놓겠느냐 어찌 너를 스보임 같이 두겠느냐 내 마음이 내 속에서 돌이키어 나의 긍휼이 온전히 불붙듯 하도다 내가 나의 맹렬한 진노를 나타내지 아니하며 내가 다시는 에브라임을 멸하지 아니하리니 이는 내가 하나님이요 사람이 아님이라"(호 11:8-9). 제발 더 이상 이제 불신에 있지 마시고, 하나님의 말씀과 맹세를 믿으시고, 하나님이 이 아침에 복음의 말씀을 통해서 여러분에게 거저 주시고자 하시는 위로를 받아들이십시오.

하지만 어떤 사람들은 너무나 오랫동안 위로 받기를 거절해 왔기 때문에 절망이 몸에 배어 습관이 되어 있습니다. 이것은 지옥의 문전에서 두려워 떨고 있는 위험한 습관입니다. 사람은 절망할 때마다 점점 더 거기에 익숙해져갑니다. 그것은 북극의 추위와 같이 사람을 무감각하게 만들어서, 그 사람으로 하여금 얼마 후에는 아무것도 느끼지 못한 채 잠에 빠져서 그대로 죽게 만들어 버립니다. 어떤 사람들은 절망할 이유를 발견해 낼 때까지, 그리고 절망이 그들을 지옥으로 데려다줄 때까지 계속해서 절망하고 절망합니다. 절망은 사람들의 마음을 완악하게 만들어서, 그들이 소망을 지녔더라면 결코 범하지 않았을 죄들을 아무렇지도 않게 범하게 만듭니다. 절망이나 낙망을 키우지 않도록 조심하십시오. 오늘 절망이 불신앙을 통해서 여러분에게 스멀스멀 다가오고 있습니까? 그렇다면, 빨리 그 절망을 떨쳐내 버리십시오. 여러분을 이 새 사냥꾼의 올무에서 건져 주시라고 보혜사 성령께 부르짖으십시오. 왜냐하면, 하나님을 의심하는 것은 사탄의 올무이고, 그 덫을 피하는 사람은 복 있는 사람이기 때문입니다. 하나님을 믿을 때에 우리의 영혼은 힘을 얻고, 우리는 거룩하고 행복한 사람이 됩니다. 그러나 하나님을 불신하고 의심하며 두려워하면, 우리의 마음은 완악해져서 하나님께 나아가기가 힘들어집니다. 절망을 조심하십시오! 여러분이 이 악한 습성에 빠져 있다면, 갇힌 자를 풀어 주시는 하나님께서 마치 불 속에서 타고 있는 장작을 꺼내듯이 여러분을 그 습성에서 꺼내 주시기를 빕니다.

3. 셋째로, 위로 받기를 거절하는 이 어리석음은 다양한 형태로 나타납니다.

만일 내가 지금까지 보아왔고 내 기억 속에 저장되어 있는 이 질병의 징후들의 목록을 제시하고자 한다면, 한 시간이 아니라 한 달이 필요할 것입니다. 왜냐하면, 모든 사람이 다 각기 서로 다르듯이, 이 질병도 거기에 맞춰서 각기 약간씩 다른 형태를 띠기 때문입니다. 그 형태들은 너무나 많고 서로 복잡하게 섞여 있어서, 몇 가지 종류로 분류해서 설명하기조차 힘듭니다. 사람들은 양이 걸릴 수 있는 병은 너무 많아서 그 수를 헤아리는 것은 불가능하다고 말합니다. 그런데 사람들이 걸릴 수 있는 심령의 병은 훨씬 더 많아서, 우리가 도저히 셀 수가 없습니다. 여러분이 만일 해변의 모래의 수를 셀 수 있다면, 우리 영혼의 질병의 수도 셀 수 있을 것입니다. 그러나 사람들에게 아주 흔하게 나타나는 이 질병의 몇몇 형태들이 있습니다. 예를 들면, 그 중 한 가지는 **복음을 끊임없이 오해하는 것**입니다. 즉, 사람들은 마치 복음이 아주 가혹한 것을 요구한다는 듯이 오해하는 것입니다. 사람들은 이 자리에 앉아서 여러 해 동안 우리가 전하는 하나님의 말씀을 들어왔기 때문에, 그 말씀이 진리라는 것을 알고, 하나님이 죄인에게 요구하시는 것은 예수 그리스도께서 우리를 위해 행하신 일과 예수 그리스도를 믿는 것이 전부라는 것도 압니다. 우리는 우리가 할 수 있는 한 온갖 다양한 방법을 다 동원해서, 죄인이 할 것은 아무것도 없기 때문에, 단지 자신이 뭔가를 하려고 하지 말고, 오직 그런 생각에서 빠져 나와서 그리스도와 하나님의 은혜를 자신의 모든 것으로 받아들이면 된다는 것을 보여주고자 해왔습니다. 지금까지 우리는 그리스도를 바라보고 믿고 의지하는 것이 우리를 구원으로 이끄는 놀라운 것임을 보여주고자 애를 써왔습니다. 우리는 온갖 비유와 상징들을 동원해서 이 진리를 여러분에게 분명하게 제시하기 위하여 노력해 왔습니다. 그런데도 우리가 위로 받기를 거절하는 사람들에게 그런 진리를 전하자마자, 그들은 "그러나 목사님, 나는 내가 죄의 악성을 아직도 충분히 느끼지 못한다는 것이 마음에 걸립니다"라고 말합니다. 우리가 언제 죄를 느끼는 것이 우리에게 구원을 가져다주는 것이라고 말한 적이 있었습니까? 하나님께서는 느끼는 것이 아니라 믿는 것이 영혼을 구원하는 것이라고 거듭거듭 말씀하고 계시지 않습니까? 그런데도 이 사람들은 복음을 실질적으로 부인하면서 또다른 복음을 세웁니다. 즉, 믿음의 복음을 거부하고 느낌의 복음을 붙잡는다는 것입니다. 우리가 이렇게 말하면, 그들은 "내가 전에는 그런 소원을 무수히 지니고 있었지만, 지금은 모두 다 사라져 버려서, 나는 하나님이 나를 지금 받아주시리라고 기대할 수 없습니다"라고 말합니다. 이것은 복음을 부인하는 또다른 형태입니다. 그들은 하나님께서는 선한 소원을 계속해서 지니고 있는 사람들만을 받아주실 것이라고 우기고 있는 것입니다. 그들은 하나님의 복음을 제멋대로 제한해서, "선한 소원을 지니고 있는 사람만이 구원을 받을 수 있다"는 또다른 복음을 제시하고 있는 것입니다. 그러나 복음은 이렇게 말합니다: "원하는 자마다 와서 생명수를 거저 마시라." 나는 사람들이 복음을 교묘히 회피하고 이상한 것으로 만들어 버리는 온갖 방식들을 여러분에게 다 제시할 수는 없지만, 분명한 것은 그들은 인류 역사상에서 위대한 발견을 하거나 왕위를 얻기 위해 가장 열정적으로 활동했던 사람들 못지않은 열정을 그들 자신을 불행하게 만드는 데에 쏟고 있다는 것입니다.

이 질병의 또다른 형태는 많은 사람들이 예수의 보혈의 능력을 끊임없이 고집스럽게 과소평가한다는 것입니다. 그들은 예수께서 구원하실 수 없다거나 그의 피가 죄를 사할 수 없다고 감히 단언하지는 않지만, 실제로는 그렇게 하고 있는 것이나 마찬가지입니다. "아, 나는 정말 죄인입니다!" 그래서요? 그리스도께서는 아무리 극악무도한 죄를 저지른 사람들일지라도 온갖 죄인들을 구원하시기 위하여 오신 것이 아닙니까? 당신이 지은 죄가 아무리 크다고 해도, 그것이 무슨 상관이 있단 말입니까? 그리스도께서는 그 어떤 큰 죄를 저지른 사람도 다 구원하실 수 있는 그런 위대하신 구원자가 아니십니까? 그리스도의 은혜라는 산은 여러분이 죄를 아무리 높이 쌓아도 그 죄의 산들보다 훨씬 더 높습니다. 그런데도 여러분은 그렇게 생각하지 않습니다. 여러분의 그런 태도는 무한한 대속의 효력을 제한함으로써 예수 그리스도의 피를 욕되게 하는 것입니다. 어떤 사람들은 "그러나 나는 이러저러한 죄를 지었어요"라고 말합니다. 그래서요? 그것이 무슨 상관이란 말입니까? 예수의 피가 그런 죄를 깨끗하게 할 수 없다는 말인가요? "사람에 대한 모든 죄와 모독은 사하심을 얻되"(마 12:31). 여러분이 그리스도께로 나아와서 그를 믿는다면, 여러분이 범한 죄 중에서 그리스도께서 사하실 수 없는 그런 죄는 없습니다. 왜냐하면, "그 아들 예수의 피가 우리를 모든 죄에서 깨끗하게 하실 것"(요일 1:7)이기 때문입니다. 죄인들이여, 내 말을 믿으십시오. 여러분의 죄는 여러분을 아무런 소망도 없이 영원한 멸망으로 이끌어갈 것이고, 여러분이 영원토록 눈물을 하염없이 흘린다고 해도 그 죄는 한 조각도 씻겨나가지 않을 것입니다. 그러나 여러분이 바로 지금 여러분을 위해 피 흘리신 구주를 믿는다면, 그 죄는 즉시 사라지게 될 것입니다. 여러분의 죄 속에는 여러분을 위해 피 흘리신 구주의 능력을 가로막을 수 있는 것이 아무것도 없습니다. 여러분이 믿는 순간, 하나님께서는 즉시 여러분의 죄를 사해 주십니다. 그러나 나는 여러분이 여전히 나의 주 예수를 비방하고 그의 위로를 거절할 것임을 압니다. 그러므로 나는 하나님께서 여러분의 그러한 잘못을 용서하시고, 그의 성령으로 말미암아 여러분에게 올바른 지각을 주셔서, 그리스도께서 여러분의 죄를 사하실 수 있으시고 그렇게 하기를 원하고 계신다는 것을 믿고 더 이상 의심하지 않게 해주시기를 기도합니다.

　　많은 사람들이 예정론으로부터 잘못된 결론들을 이끌어 내어서는 그 어리석은 결론들에 의지해서 위로 받기를 거절합니다. 예정론이 사람들로 하여금 신앙을 갖게 하는 쪽이 아니라 도리어 절망하게 하는 쪽으로 작용하고 있다면, 그것은 예정론을 잘못 해석하고 있는 것입니다. 사람들은 너나 할 것 없이 자신의 운명은 예정되어 있다고 믿으면서도, 도박의 영은 도처에 횡행하고 있고, 수많은 사람들이 여전히 부끄럽게도 우리나라에서 용인되고 있는 복권을 삽니다. 사람들은 단지 두세 사람만이 큰 금액에 당첨될 수 있다는 것을 알면서도 복권을 사는 데에 돈을 씁니다. "내가 큰 돈을 벌게 될 운명이면 그렇게 될 것이고 큰 돈을 벌지 못할 운명이면 또한 그렇게 될 것이기 때문에 나는 복권을 사는 데에 돈을 쓰지 않을 거야"라고 말하는 사람은 아무도 없습니다. 사람들은 어리석은 자들이 아니어서, 신앙을 접근할 때와 똑같은 방식으로 일상생활을 접근하지 않습니다. 그런데 사람들이 하나님의 일에 접근할 때에는 예정론이 그들에게 거대한 걸림돌이 되어 그들을 가로막습니다. 사실, 예정론 속에는 사람을 걸려 넘어지게 하는 것이 아무것도 없습니다. 단지 사람들이 예정론을 제멋대로 해석하기 때문에, 예정론이 그들에게 걸림돌이 되는 것일 뿐입니다. 사람들이 개를 때리고자 한다면 어떻게든 개를 때리기 위한 막대기는 구해진다는 말이 있습니다. 마찬가지로, 사람들은 그리스도를 믿지 않고자 하는 핑곗거리를 찾고자 하면 얼마든지 이런저런 핑곗거리를 찾을 수 있는데, 그럴 때에 사람들이 흔히 손쉽게 찾는 것이 바로 예정론입니다. 하나님이 자기가 원하는 특정한 사람들을 택하셔서 그리스도의 피로 구속하신다는 것은 사실입니다. 그러나 그런 사실이 예수 그리스도를 믿는 자는 누구든지 정죄를 받지 않는다는 또다른 위대한 진리를 부정하는 것은 아닙니다. 이것은 마치 에티오피아가 아프리카에 있다는 사실이 인도가 아시아에 있다는 사실과 모순되는 것이 아님과 같습니다. 이 두 가지는 똑같이 옳은 하나님의 진리들이고, 우리가 이 두 진리를 조화시키는 것이 언제나 쉬운 일은 아니지만, 이 두 진리가 서로 상충되는 것으로 만드는 것은 더욱 어려운 일이 될 것입니다. 사실, 내게는 이 두 진리를 조화시키고자 애쓸 필요가 있는지조차 의문입니다. 왜냐하면, 이 두 진리가 둘 다 옳다는 것은 실제로 아무런 문제가 없고 그 자체로 자명하기 때문입니다. 어려움이 있다면, 그것은 형이상학적인 것인데, 멸망 받게 되어 있는 죄인들에게 형이상학이 무슨 상관이 있겠습니까? 여름 바람에 흩날리는 티끌의 움직임에서부터 행성이 궤도를 따라 도는 것에 이르기까지 모든 것이 고정되어 있지만, 사람은 마치 하나님이 안 계시다는 듯이 자유롭고, 마치 모든 것이 우연에 맡겨져 있다는 듯이 독립적인 행위자입니다. 나는 하나님이 지으신 만유 그 어디에서나 예정과 자유의지의 두 축을 보여주는 지울 수 없는 흔적들을 봅니다. 그런데도 왜 여러분은 하나님이 "원하는 자마다 누구든지"라고 말씀하실 때에 여러분이 택함 받은 자라는 것에 대하여 의문을 갖는 것입니까? 하나님께서 여러분을 오라고 초대하실 때에 여러분이 즉시 거기에 가지 않고 머뭇거리며 과연 자기가 거기에 가도록 예정되어 있는지를 묻는 것은 어리석은 일입니다. 하나님께 나아가십시오. 여러분은 거기에 나아오도록 예정되어 있으니까요! 계속해서 머뭇거리며 하나님께 나아가지 않는다면, 오직 멸망만이 여러분을 기다리고 있을 것입니다. 병든 영혼을 고치는 병원 문이 저기에 있고, 그 문 위에 "원하는 자는 누구든지 오십시오"라고 씌어져 있는데도, 여러분이 그 은혜의 집 문밖에 서서, "내가 들어가도록 예정되어 있는지 어떤지를 모르겠습니다"라고 말하겠습니까? 하나님은 여러분에게 초대장을 보내셨습니다. 그런데도 여러분은 왜 정신병원에 입원해 있는 사람들처럼 말하고 있는 것입니까? 여러분이 미친 사람입니까? 여러분은 지병이 도져서 길거리에서 쓰러진 여러분을 병원까지 데려다준 친절한 사람들에게 "내가 입원하도록 예정되어 있는지 어떤지를 모르겠으니 제발 나를 병원 안으로 데려가지 말아 주세요"라고 말할 참입니까? 여러분은 병들거나 부상당한 자들을 위해 병원이 지어졌음을 알기 때문에, 병원 안으로 들어가기만 하면 여러분이 있어야 할 곳에 있다는 것을 알게 될 것입니다. 여러분이 병원 안으로 들어가 보지도 않고서 자기가 병원에 들어가도록 예정되어 있는지의 여부를 어떻게 알 수 있겠으며, 여러분에게 믿으라고 권하시며 믿기만 하면 구원을 받으리라고 약속하신 예수 그리스도를 믿으려고 하지도 않으면서 어떻게 여러분이 구원 받기로 택함 받은 자인지 아닌지를 알 수 있겠습니까! 여러분은 내가 이렇게 말하는 것을 웃어넘길 수 있을지 모르지만, 우리에게는 거미줄에 불과한 것들이 의기소침해 있어서 위로 받기를 거절하는 사람들에게는 쇠 그물처럼 느껴집니다.

　　나는 한 가지 더 말씀드리고 이 목록을 끝내고자 하는데, 그들은 자기가 사함 받을 수 없는 죄를 저질렀다고 생각해서 위로 받기를 거절하고 구멍 속으로 숨고자 하는 부류입니다. 지금까지 이 주제에 대해 글을 쓴 가장 위대한 신학자들은 다른 모든 신학자들이 틀렸다는 것 외에는 그 어떤 것도 결코 증명할 수 없었습니다. 나는 이 주제에 대하여 쓴 책들 중에서 이전의 모든 견해들이 이 주제에 대하여 아무것도 몰랐었다는 것을 증명하는 데에 절반 이상을 할애하지 않은 책을 아직 읽어본 적이 없습니다. 나는 이 주제에 관한 책들을 한 권 한 권 다 읽어 나갈 때마다, 그들이 틀리다는 것을 증명한 이전의 견해들을 뛰어넘어서 뭔가 올바른 것을 제시한 책이 단 한 권도 없다는 결론에 도달했습니다. "사함 받을 수 없는 죄"라는 것은 죄의 분량이 다 차서 더 이상 은혜를 받을 소망이 없는 상태를 의미하는 것일 가능성이 있지만, 어쨌든 이 표현에 대한 이해는 신학자마다 다르기 때문에, 그것이 무엇이든지 간에, 한 가지 확실한 것은 자기에게 그리스도가 필요하고 진심으로 구원 받기를 소원하는 사람은 결코 그런 죄를 범할 수 없다는 것입니다. 만일 여러분이 그런 죄를 범하였다면, 그 죄는 여러분에게 사망이 될 것입니다. 성경은 "사망에 이르는 죄가 있으니"(요일 5:16)라고 말씀합니다. 그런데 사망이 이르면 영적 감각이 없어져서 완악해지고 회개가 불가능해집니다. 그럴 때에 여러분이 구원 받을 수 없는 이유는 여러분의 의지가 모든 선한 것을 증오하게 되어서 결코 구원받고자 하지 않게 되기 때문입니다. 여러분의 의지가 제대로 작동될 때에는 구원받는 데에 아무런 어려움도 없습니다. 여러분에게 의지가 있고, 하나님께서 여러분으로 하여금 그리스도께로 나아가서 구원받고자 하게 하셨다면, 여러분이 사함 받을 수 없는 죄를 범하지 않았다는 것은 가브리엘 천사장이 하나님의 오른편에 서 있는 것만큼이나 확실한 사실입니다. 여러분의 심장이 여전히 두려움에 떨고, 여러분의 영혼이 여전히 하나님의 법 앞에서 두려워 떨며 하나님의 진노를 두려워하고 있다면, 여러분은 여전히 하나님의 은혜를 받을 수 있는 테두리 안에 있는 것입니다. 이 아침에 은 나팔이 감미롭고 높은 음으로 울려 퍼지며, "원하는 자는 값없이 생명수를 받으라"(계 22:17)고 말하고 있습니다. "주 예수를 믿으라 그리하면 너와 네 집이 구원을 받으리라"(행 16:31).

4. 넷째로, 위로 받기를 거절하는 것 속에는 많은 잘못이 내포되어 있습니다.

이제 우리는 저 서글프고 비참한 목록을 나열하는 일은 여기에서 그치고, 네 번째 대지로 넘어가서, 위로 받기를 거절하는 것은 많은 잘못을 저지르는 것임을 살펴보고자 합니다. 우리는 그 잘못들 중 대부분을 그냥 용서하고 넘어갈 수도 있겠지만, 한 번쯤 짚고 넘어가는 것이 좋을 것 같습니다. 여러분이 복음을 듣고도 위로 받기를 거절한다면, 그것은 하나님의 사역자에게 잘못하는 것이 됩니다. 사역자는 여러분을 불쌍히 여겨 위로하고자 해서 여러분 앞에 구원의 잔을 놓았는데, 여러분이 그 잔을 마시기를 거절한다면, 그것은 그를 괴롭게 하는 것입니다. 나는 사역자들이 개인적으로 여러분으로부터 존경을 받을 권리가 있다고 말하는 것이 아니라, 하나님의 대사(大使)를 거부하는 것은 가벼운 죄가 아니라고 말하는 것입니다. 하나님께서 은혜의 말씀을 전하라고 여러분에게 보내신 사람을 여러분이 거듭거듭 무거운 마음으로 돌아가게 하고도 회개하지 않는다면, 그것은 이후에 여러분의 영혼을 좀먹고 곪아 터지게 만들 그런 죄가 될 수 있습니다.

그러나 이것보다 더 좋지 않은 것은 위로 받기를 거절하는 것은 하나님의 복음을 모욕하는 잘못을 저지르는 일이라는 것입니다. 여러분이 위로 받기를 거절할 때마다, 여러분은 "복음은 내게 아무 쓸데없는 것이니, 내가 복음을 존중해서 받아들일 이유가 없다"고 말하는 것이나 다름없고, 휴지조각으로 여겨 버리는 것과 같습니다. 여러분은 이 귀한 성경을 쓰레기로 여기는 잘못을 범하고 있는 것입니다. 성경 속에는 여러분에게 위로가 될 약속들이 가득한데, 여러분은 성경을 읽고서, "이건 완전 쓰레기네"라고 말하는 것입니다. 그것은 마치 성경을 샅샅이 다 뒤졌지만 쓸 만한 것을 단 하나도 건지지 못했다는 듯이 행동하는 것입니다. 성경은 여러분에게 그 어떤 쓸 만한 열매도 열리지 않는 황무지입니다. 그러나 성경은 여러분이 그런 오명과 치욕을 안겨 주어도 괜찮은 그런 책이 아닙니다.

또한, 위로 받기를 거절하는 것은 여러분을 위로하고자 하는 사랑하는 친구들을 모욕하고 박대하는 것입니다. 그들은 날이면 날마다 사랑의 손길로 여러분에게 위로의 말씀을 가져오는데, 여러분은 왜 그들을 거절하는 것입니까?

무엇보다도, 위로 받기를 거절하는 것은 여러분의 하나님 아버지와 예수와 성령을 모욕하는 것입니다. 여러분이 그리스도를 거절할 때마다, 그것은 그리스도를 십자가에 못 박는 일입니다. 그리스도께서 여러분의 죄를 사해 주시고자 하지 않으신다고 편협하고 나쁘게 생각할 때마다, 그것은 그리스도를 또다시 십자가에 못 박는 일입니다. 성령을 근심하게 하지 마십시오:

"성령께서는 오랫동안 기다리셨고 지금도 기다리고 계십니다.
　다른 친구들이었다면, 당신은 그토록 심하게 박해하진 않았겠지요."

그는 위로의 성령이십니다. 여러분이 위로 받기를 거절하는 것은 실제로는 성령을 거절하는 것이고, 그것은 참으로 부끄러운 일입니다.

사랑하는 친구들이여, 이 아침에 여러분이 어디에 있든지, 여러분이 위로 받기를 거절하는 것은 아주 잘못된 일이라는 것을 생각하십시오. 왜냐하면, 그것은 여러분이 교회를 위해 할 수 있는 일을 교회로부터 빼앗는 것이기 때문입니다. 여러분이 만일 기뻐하는 그리스도인이 되었다면 "이스라엘의 어머니"(삿 5:7)가 되었을 것이 아닙니까! 그랬다면, 여러분은 옛적의 동정녀 마리아처럼 "그의 여종의 비천함을 돌보셨음이라"(눅 1:48)고 노래하지 않았겠습니까! 그리고 한나처럼 "가난한 자를 진토에서 일으키시며 빈궁한 자를 거름더미에서 올리사 귀족들과 함께 앉게 하시며 영광의 자리를 차지하게 하시는도다"(삼상 2:8)라고 즐거워하지 않았겠습니까! 또한, "주리는 자를 좋은 것으로 배불리셨으며 부자는 빈 손으로 보내셨도다"(눅 1:53)라고 기뻐 외치는 여러분의 찬송이 하늘로 올라가지 않았겠습니까!

여러분이 위로 받기를 거절하는 것은 세상에 대해서도 잘못하고 있는 것입니다. 왜냐하면, 세상에서 여러분을 아는 사람들은 이렇게 말하게 될 것이기 때문입니다: "저 여자는 신앙 때문에 비참해졌어. 신앙이 저 남자를 저렇게 슬픈 사람으로 만들어 버렸어." 여러분은 신앙이 그런 것이 아님을 압니다. 그러나 여러분을 아는 사람들은 "신앙이라는 것이 사람들을 망쳐놓는 것이로구나"라고 말하며, 신앙을 멸시하게 될 것입니다. 나는 내가 지닌 신앙이 그런 말을 듣게 하느니 차라리 내 오른손과 오른쪽 눈을 잃는 편이 더 낫습니다. 나는 내가 어떤 잘못을 해서 사람들로부터 "그게 당신의 기독교 신앙인가?"라는 야유를 받게 되는 것을 참을 수 없습니다. 사람들이 나를 비난하고 책망한다면, 나는 그런 비난이나 책망을 들어도 마땅한 사람이기 때문에 얼마든지 참을 수 있습니다. 그러나 나의 잘못으로 인해서 그리스도의 십자가가 사람들로부터 욕을 먹는 것을 내 눈으로 보는 것은 정말 치가 떨리게 두려운 일입니다.

5. 다섯째로, 위로 받기를 계속해서 거절해서는 안 됩니다.

마땅히 기뻐하고 즐거워해야 할 여러분이 슬퍼하는 것은 이치에 맞지 않습니다. 하나님이 은혜를 주셔서 모든 면에서 여러분을 복되고 행복하게 하셨는데도, 여러분이 슬퍼하며 초라하고 비참한 모습으로 있다면, 그것은 이치에 맞지 않는 일입니다. 왜 여러분은 슬퍼하고, 왜 여러분은 얼굴을 푹 숙이고 다니는 것입니까? 만일 여러분의 죄를 기꺼이 사해 주시고자 하시는 구주와 성령과 아버지 하나님이 계시지 않는 것이라면, 여러분이 어떻게 하든, 그것은 여러분의 마음일 것입니다. 그러나 하나님의 모든 은혜가 여러분을 위해 준비되어 있는데, 여러분은 왜 그 은혜를 붙들지 않는 것입니까? 사람들은 목까지 물에 잠겨서 물을 마시고자 해도 물이 입술에서 물러나서 마실 수 없는 탄탈루스(Tantalus) 같다고 생각할 것입니다. 그러나 실제로는 여러분은 그런 상태에 있는 것이 아닙니다. 만일 여러분이 물을 마시고자 한다면, 물은 여러분에게서 물러가기는커녕 여러분의 입술 앞에서 넘실거리고 있어서 얼마든지 마실 수 있습니다. 물은 입을 열어 받아 마시라고 여러분을 초대하고 있습니다.

위로 받기를 계속해서 거절하는 것은 이치에 맞지 않는 일일 뿐만 아니라, 여러분의 힘을 지독하게 약화시키는 일이기도 합니다. 여러분이 슬퍼하고 있는 시간이 길어질 때마다, 그 슬픔에서 빠져나올 가능성은 점점 줄어들게 됩니다. 여러분에게 있던 육신의 힘이 점점 빠져나가고, 여러분의 영혼을 떠받치고 있는 기둥들도 흔들흔들하게 됩니다.

그것은 매우 위험한 상태라는 것을 명심하십시오. 여러분에게 빛을 주시는 하나님은 여러분이 계속해서 눈을 감는 것을 보시면 이렇게 말씀하실 수도 있습니다: "그의 해가 어두워지고 그의 달이 핏빛 같이 변하게 하라. 내가 빛 가운데에 살아가라고 만든 피조물이 빛을 거절하니, 그에게 영원히 빛이 비치지 않게 하라." 나는 여러분에게 그런 일이 일어나지 않기를 기도합니다. 기름진 짐승들을 잡아 잔치를 준비해서 여러분을 초대하여 함께 먹고자 하신 왕은, 여러분이 계속해서 잔치에 참여하기를 거절하는 것을 보시면 진노하셔서 여러분이 자신의 식탁에서 영원히 먹지 못하게 하실 것이라고 맹세하실 수 있습니다. 부모님들은 아이가 아무것도 먹지 않겠다고 울면 먹을 것을 달라고 울 때까지 아무것도 주지 않는 방법을 자주 사용합니다. 여러분이 아무런 이유도 없이 슬퍼한다면, 하나님께서는 여러분에게 진짜 슬퍼할 일이 일어나게 하실 수 있습니다. 진짜 슬퍼할 일은 무수히 널려 있으니까요. 예수의 피와 상처, 하나님의 차고 넘치는 긍휼하심, 하나님의 은혜의 영원하신 약속들, 하나님이 자기 아들 안에서 죄인들에게 주신 언약을 통해서 하나님이 주시는 위로를 거절하지 마십시오. "내 영혼이 위로 받기를 거절하였도다"라고 더 이상 말하지 말고, 예수의 발 앞에 엎드려 여러분 자신을 맡기고 그를 의지하십시오. 그러면 여러분은 구원을 받게 될 것입니다. 하나님께서 예수로 인하여 여러분에게 복 주셔서 이제는 위로 받기를 거절하지 않도록 해주시기를 빕니다. 아멘.

제
74
장

—

전쟁의 날에 물러감

—

**"에브라임 자손은 무기를 갖추며 활을 가졌으나 전쟁의 날
에 물러갔도다." — 시 78:9**

이 시편을 쓴 아삽이 여기에서 어떤 특정한 역사적 사건을 언급하고 있는
것인지는 아직 분명하게 확인되지 않았고, 나는 역대상에 나오는 아주 모호한
구절이 이 시편을 설명해 줄 수 있다고 생각하지만, 내가 알기로는 그 어떤 주석
가도 그런 언급을 하고 있지 않습니다. 역대상 7:20-21에는 이런 구절이 나옵니
다: "에브라임의 아들은 수델라요 그의 아들은 베렛이요 그의 아들은 다핫이요
그의 아들은 엘르아다요 그의 아들은 다핫이요 그의 아들은 사밧이요 그의 아들
은 수델라며 그가 또 에셀과 엘르앗을 낳았으나 그들이 가드 원주민에게 죽임을
당하였으니 이는 그들이 내려가서 가드 사람의 짐승을 빼앗고자 하였음이라."
이 사건은 이스라엘 자손이 여전히 애굽에 있던 동안에 일어났던 것으로 보입니
다. 어떤 사람들은 에브라임의 이 아들들이 약속의 땅을 급습해서 가드 사람들
을 공격한 것이라고 추정해 왔습니다. 그들은 그 땅이 자신들에게 주어졌다는
하나님의 약속을 믿고, 하나님의 허락을 받지도 않고서 그 땅을 차지하러 갔다
는 것입니다. 그들은 하나님의 계시된 뜻이 아니라 하나님이 작정하신 일들을
자신들의 삶의 준칙으로 삼았기 때문에, 그런 실수를 하는 사람들이 늘 그렇듯
이, 이내 곤경에 빠지게 되었고, 그들의 아버지 에브라임은 그들을 위해 여러 날
동안 애곡하였다는 것입니다. 그러나 에브라임의 아들들은 몇몇 가드 사람들에

게 습격을 당해서 죽은 것으로 보입니다. 이 사람들 중 일부는 애굽 출신이었던 것으로 보이고, 그들은 에브라임 사람들의 가축을 빼앗고자 했을 가능성이 높습니다. 에브라임의 아들들은 한동안은 자신들의 가축을 잘 지켰지만, 결국 등을 보이고 도망치다가 죽임을 당한 것으로 보입니다 — 이 사건이 이 시편이 언급하고 있는 바로 그 사건이라면.

사건의 이러한 재구성은 사실일 수도 있고 사실이 아닐 수도 있습니다. 그리고 오늘의 시편의 본문을 설명해 주는 데에 도움이 될 수 있을 또다른 구절들이 역사서에 나옵니다. 여러분이 아시듯이, 여호수아는 에브라임 지파 사람이었고, 하나님의 법궤가 처음에 실로에 안치된 것은 바로 그런 이유 때문이었던 같습니다. 홉니와 비느하스가 죽임을 당했을 때, 이스라엘 자손은 도망쳤다고 성경은 말씀합니다. 실로가 에브라임 지파에 속한 땅이었기 때문에 법궤를 지키는 일은 에브라임 사람들에게 특별히 맡겨진 임무였던 것으로 보입니다. 그들은 법궤를 지키기 위해 그 주변에 거주하고 있었지만, 블레셋 사람들이 접근해오자 저 끔찍한 재앙의 날에 홉니와 비느하스와 함께 죽임을 당했을 것입니다. 이 시편에 언급된 사건일 가능성이 있는 이 이야기는 사무엘상 4장에 나옵니다. 하지만 이 시편은 에브라임 지파의 역사 전체를 언급하고 있는 것일 가능성도 있습니다. 그들은 잘 무장되어 있었고 활 쏘는 것에 아주 능한 사람들이었지만, 전쟁의 날에 등을 보이고 도망치는 일이 잦았습니다. 이러한 설명들 중 어떤 것이 이 시편에 언급된 것인지는 정확히 알 수 없지만, 이 시편에 나오는 내용 자체가 우리에게 묵상할 주제를 제공해 줍니다.

1. 첫째로, 이 사람들은 무엇을 했습니까?

우리는 이 사람들이 무슨 짓을 했는지를 먼저 살펴보고자 합니다.

그들은 등을 보이고 도망쳤습니다. 싸워야 할 때가 왔을 때, 그들은 정면을 보지 않았습니다. 그들은 담대하게 적군을 노려보아야 했고, 가슴을 펴고 적군을 대적하여야 했습니다. 그러나 부끄럽고 수치스럽게도 그들은 등을 보이고 달아났습니다. 안타깝게도, 이것은 신앙을 고백한 그리스도인들 가운데서 드문 일이 아닙니다. 그들은 전쟁의 날에 등을 보이고 뒤돌아섭니다. 어떤 이들은 처음으로 어려움이 나타나자마자 그렇게 합니다. 게으른 자들은 "사자가 밖에 있은즉 내가 나가면 거리에서 찢기겠다"(잠 22:13)고 말합니다. 그런 사람들은 하나님을 섬기면 고난을 당하게 되어 있다거나, 하나님의 진리를 따르면 박해를 당할 수 있다는 말을 듣고, 세상 사람들처럼 그 길로 달려가기도 전에 먼저 지레 겁을 먹고서는, 안전하다고 생각되는 길로 뒤돌아서 버립니다. 비겁함과 불신이 "사자다, 사자다"라고 외치며 언덕을 따라 내려오면, 순례자는 "멸망의 성"을 향하여 뒤돌아설 수 있습니다.

어떤 사람들은 앞에서 말한 사람들보다 다소 더 용감합니다. 그들은 첫 번째 공격의 예봉을 견뎌냅니다. 전초전이 시작될 때, 이 사람들은 어느 누구 못지않게 담대합니다. 그들은 적들이 공격해오면 거기에 대응해서 역공을 펴기도 합니다. 여러분은 그들이 무장을 하고 전투 준비를 하면서 큰소리치는 것을 들으면, 큰소리치는 사람치고 제대로 싸우는 싸움이 별로 없다는 것을 잊어버리고 있을 경우에는, 그들이 분명히 승리할 것이라고 생각하게 될 정도입니다. 그들은 최초의 전투에서는 순교자처럼 의연히 맞서고 영웅처럼 행동합니다. 그러나 적들의 공격에 의해서 그들의 무기나 투구에 있는 깃털장식이 조금 금이 가거나 손상되면 겁을 집어먹고서 전쟁의 날에 뒤돌아섭니다.

신앙인들 중에는 싸움에서 좀 더 오래 버티는 사람들도 있습니다. 그들은 비웃음을 당한다고 해서 금방 신앙을 버리려 하지 않습니다. 그들은 옛 동료들과 친구들의 조롱과 비웃음을 견뎌냅니다. 그들은 전에 그들을 그토록 사랑했던 사회가 그들을 미워하는 것을 볼 때에 그것을 참아낼 수 있고, 그런 것을 참아내는 자기 자신을 무척 대견스러워합니다. 그들은 이렇게 말합니다: "도망치는 사람들은 겁쟁이들이야. 우리는 절대로 그렇게는 안 해." 그러나 전초전이 차츰 끝나고 백병전이 벌어지면서 싸움이 더 치열해지기 시작하면, 이제 우리는 그들의 진면목을 보게 될 것입니다. 적들의 포위망은 좁혀져 옵니다:

> "놋 빗장들과 삼중 철문으로 인해서
> 그들의 영혼은 숨통이 조여져 오는 절망감을 느낀다네."

그때에 그들은 자기가 있지 않아야 할 곳에 있다는 것을 깨닫습니다. 적들이 그들의 아픈 곳을 건드렸기 때문에, 그들은 전쟁의 날에 뒤돌아섭니다.

이렇게 말하는 것이 안타깝긴 하지만, 우리는 하나님의 모든 자녀가 안전하다고 굳게 믿고 있는 것 같지만, 그렇게 고백하는 사람들 중에서 다수가 오랜 싸움 후에 이제 승리를 눈앞에 두어서 면류관을 쓸 날이 코앞에 다가온 바로 그 순간에 실족하여 뒤돌아서 버리고 맙니다. 우리는 젊은 배교자들만이 아니라 머리가 희끗희끗한 배교자들도 보아 왔습니다. 상당 기간 동안 잘 견디는가 싶었는데, 적들이 마지막으로 발악을 하며 일격을 가할 때에 그것을 견뎌내지 못하고 그 앞에서 굴복하는 사람들이 있어 왔습니다. 형제들이여, "끝까지 견디는 자"만이 "구원을 얻는다"(마 10:22)는 것을 명심하십시오. 예수 그리스도를 믿는 참된 믿음을 지닌 사람들만이 하나님께서 그들을 택하셨다는 확실한 증거를 갖고 있는 것입니다. 오직 그들만이 장차 흰 옷을 입고서 영원히 보좌에 앉아 있게 될 사람들입니다. 그러나 끝까지 믿음을 지키겠다고 고백한 사람들 중에서 결국 뒤돌아서고 마는 사람이 얼마나 많습니까?

내가 지금 여기에서 드는 예화는 실제로 일어날 수 있는 일이지만, 나는 그런 일이 여러분 가운데서 일어나지 않기를 바랍니다. 여러분 중에는 지난날을 곰곰이 생각해 보면 "나는 거의 넘어질 뻔하였고 나의 걸음이 미끄러질 뻔하였으니"(시 73:2)라고 말할 수 있는 분들이 계실 것입니다. 저쪽에 있는 저 청년은 요전에 같은 직장에 다니는 사람들로부터 너무나 많은 조롱과 비웃음을 당해서 비참함을 느껴 신앙을 때려치워 버릴까 하는 생각을 했습니다. 저쪽에 있는 또 다른 나의 형제는 너무나 많은 손실을 입어서, 자기가 지금까지 결코 가져본 적이 없고 그 누구도 가져본 적이 없을 것이라고 생각되는 시간을 최근에 보냈습니다. 그는 "하나님이 나를 버리셨다!"고 절규하며, 이제는 "하나님이 나를 죽이실지라도 내가 주를 의지하겠나이다"(욥 13:15 KJV)라고 고백할 수가 없습니다. 그는 이렇게 생각합니다: "틀림없이 나는 차라리 세상으로 돌아가는 게 나아. 내가 도저히 이길 수 없는 끔찍한 싸움에 휘말려들었으니 신앙을 버리는 게 나아." 형제들이여, 그들에게 일어난 일들은 하나님이 보내신 시련들입니다. 하나님은 그러한 시련들을 통해서 알곡으로부터 겨를 분리해내서서, 우리로 하여금 누가 진짜 군사들이고, 누가 군복만 입었지 실제로는 시늉만 하고 있는 자들인지를 보게 하십니다. 하나님께서 우리에게 은혜를 주셔서 우리로 전쟁의 날에 뒤돌아서는 자들로 발견되지 않게 해주시기를 빕니다.

에브라임 자손들에 관한 이야기로 다시 돌아가 보면, 그들은 전쟁의 날에 뒤돌아섰고 법궤를 지키는 데에 실패했습니다. 하나님의 진리를 옹호하고 변호할 때에 논쟁을 피하는 사람들이 있습니다. 그런 사람들은 소심하고 겁 많은 성품

(그들 자신은 이것을 사랑이 많은 성품이라고 부릅니다)을 지닌 자들이기 때문에, 전쟁나팔 소리가 울려 퍼지자마자 자신들이 할 일은 후방에서 군수품을 지키는 일이라고 생각합니다. 그들은 격렬한 접전이 벌어지지 않는 후방에서는 아주 용감한 사람들처럼 보입니다. 그러나 시체들이 무더기로 쌓이고 전쟁용 도끼가 홍건한 피에 젖어 있는 전방에서는 그들의 모습을 전혀 찾아볼 수 없습니다. 그들에게는 예수를 위해 싸워 이기고자 하는 용기가 없기 때문입니다. 전쟁의 날에 그들이 등을 보이고 뒤돌아서기 때문에, 하나님의 법궤를 블레셋 사람들에게 빼앗기게 됩니다.

이 에브라임 사람들은 여호수아를 본받아서 가나안을 정복하고서 아직도 거기에 남아 있는 가나안 사람들을 쫓아내야 했습니다. 나의 형제들이여, 여러분 중에는 죄와 싸우는 전쟁에서 등을 보이고 뒤돌아섰기 때문에 여전히 자신 속에 죄들이 살아 있는 분들이 계십니다. 여러분이 죄에게 재갈을 물리기를 포기한 것은 정말 악한 기질입니다. 여러분은 "당신도 아시다시피, 하나님의 많은 자녀들에게 그런 악한 기질이 있지 않습니까?"라고 말하는 것이 너무나 악한 일임을 알면서도 그런 말을 서슴지 않고 합니다. 여러분은 그 "아각"을 베어야 합니다. 여러분은 그런 악한 기질을 용납해서는 안 됩니다. 여러분은 앙심이나 조급함 같은 악한 기질과 평화협정을 맺어서는 결코 안 됩니다. 여러분이 그 악을 다스리지 않는다면, 그 악이 여러분을 다스리게 될 것입니다. 여러분이 그 악을 이기지 못한다면, 그 악이 여러분을 이기게 될 것입니다. 여러분이 죄악 가운데 있는데도, 그 죄악과 싸우려 하지 않는다면, 여러분은 등을 보이고 뒤돌아선 것임을 명심하십시오. 여러분에게 있는 세상적인 성향이나 기도의 영이 결여되어 있는 것에 대해서도 마찬가지입니다. 나의 형제들이여, 여러분이 "나는 지금의 내 모습으로 만족하고, 더 높은 수준의 경건에 이르고 싶지 않아"라고 말한다면, 여러분은 전쟁의 날에 등을 보이고 뒤돌아서는 것입니다. 여러분은 이 모든 가나안 족속을 다 죽여야 합니다. 여러분은 그리스도의 이름으로 그들 중 단 하나도 살려두어서는 안 됩니다. 그리고 "그들이 벌처럼 나를 에워싸고 에워쌌으나 내가 여호와의 이름으로 그들을 끊으리로다"(시 118:12)라고 말해야 합니다.

에브라임 자손들은 등을 보이고 뒤돌아섰기 때문에 가나안을 얻지 못했습니다. 여러분도 마찬가지입니다. 여러분이 등을 보이고 있기 때문에, 주의 나라가 아직도 온전히 확장되지 못하고 있습니다. 여러분은 십자가에서의 승리를 훨씬 더 확대시켜서 이 큰 도시로 하여금 구원에 능하신 왕이 다스리신다는 사실을 알게 해야 하는데도 전쟁의 날에 등을 보이고 뒤돌아서 있습니다. 이 자리에 계신 그리스도인들 중에는 아무것도 하지 않고 있는 분들이 있습니다. 만일 내가 주일 설교를 하고 있는 것이라면, 이런 말을 할 필요가 없습니다. 왜냐하면, 우리 교회의 지체들은 자신의 힘이 닿는 데까지 최선을 다하고 있다고 나는 믿기 때문입니다. 만일 그렇지 않다면, 나는 그들이 곧 그렇게 되기를 소망합니다. 그러나 그리스도인들 중에는 자신이 마땅히 해야 할 일을 하지 않고 있는 분들이 많다고 나는 확신합니다. 그런 사람들은 실제적인 섬김의 일을 하기를 꺼립니다. 그들은 목요일 밤에는 여기로 와서 뭔가를 조금 얻어가고, 다른 날에는 다른 교회로 가서 달콤한 사탕과 빵 부스러기를 얻어갑니다. 그들은 좋은 것들로 배불리 먹는 것은 좋아하지만, 일하는 것은 좋아하지 않습니다. 평일 저녁에 여기에 오는 어떤 작은 무리가 있는데, 나는 그들의 귀에다 그들이 그리스도를 위하여 무엇을 하고 있느냐고 묻고 싶습니다. 그런 사람들은 한 곳에 정착해서 주님을 위해 일하려 하지는 않고, 이곳저곳을 떠돌며 먹을 것만을 챙기고자 하는 영적인 부랑자들입니다. 그런 사람들은 누구에게도 거의 덕이 되지 않습니다. 우리 모두는 일할 곳을 가져야 합니다. 나는 여러분이 여기에 오는 것을 보는 것이 기쁘지만, 여러분이 일할 곳을 찾아 열심히 일함으로써, "전쟁의 날에 물러간" 에브라임 자손들과 같이 되지 않기를 기도합니다.

2. 둘째로, 그들은 그 일을 언제 했습니까?

우리는 지금까지 에브라임 사람들이 무엇을 했는지를 살펴보았기 때문에 이제는 그들이 부적절한 때에 그렇게 행하였다는 것을 살펴보고자 합니다. 그들은 뒤돌아서서 물러갔습니다. 만일 그들이 잔치의 날에 그렇게 했더라면, 그들의 그런 행동은 별 문제가 되지도 않았을 것이고, 그들의 목숨이 위태로워질 일도 없었을 것입니다. 그러나 실제로는 그들이 그렇게 한 때는 잔칫날이 아니었습니다. 설령 잔치가 벌어지고 있었다고 하더라도, 그들은 얼굴을 전방으로 향하고 계속해서 앞을 주시하고 있었어야 했습니다. 그들은 뒤돌아섰습니다. 언제요? 높이 걸린 깃발들이 펄럭이고, 은 나팔들이 울려 퍼지는 휴일이었습니까? 그렇지 않았습니다. 그들은 전선에 있었고, 거기에서 뒤돌아섰습니다. 엑서터(Exeter) 시청! 오월의 집회들! 그때 그 전선에는 얼마나 많은 사람들이 있었습니까? 뭔가 먹을 만한 달콤한 것이 있을 때에는 사람들은 뒤돌아설 생각을 하지 않습니다. 그러나 그 사람들은 "전쟁의 날"에 등을 보이고 뒤돌아섰습니다. 그들은 그때에 시험이 다가오려 하자 뒤돌아섰습니다. 우리 중에는 시험을 감당하고자 하지 않는 사람들이 얼마나 많습니까! 우리가 지닌 경건 중에는 평소에는 잘 작동하는 것 같다가도 꼭 필요할 때에는 전혀 작동하지 않는 경건이 얼마나 많습니까! 비옷을 파는 사람이 이 비옷은 비가 스며드는 것 빼고는 다 좋다고 말한다면, 얼마나 황당하겠습니까! 사실, 그런 비옷은 아무짝에도 소용없는 것이 아닙니까! 마찬가지로, 시련이 올 때를 제외하고는 아무 문제가 없는 신앙을 갖고 있는 그리스도인들이 있습니다. 그런 신앙은 아무짝에도 소용없는 신앙입니다. 해변에 아주 예쁜 닻이 하나 있어서, 그 닻은 배의 갑판에 놓여 있거나 배의 옆면에 걸려 있을 때에는 아주 보기 좋은 장식품이 됩니다. 그러나 바람이 거세게 불 때에 배가 파도에 떠내려가지 않도록 견고하게 붙잡아 주는 역할을 하지 못한다면, 그 닻은 무슨 소용이 있겠습니까? 시련의 날에 아무런 소용도 없는 신앙과 경건을 지닌 사람들이 많은데, 사람들은 아무렇지도 않게 그런 것을 신앙과 경건이라고 부릅니다. 전쟁 나팔이 울렸을 때에 포화 속으로 뛰어드는 군사만이 진정한 군사입니다. 총검들이 서로 부딪치기 시작할 때, 우리는 진정한 군사의 피가 흐르고 있는 사람이 누구인지를 알게 됩니다. 그러나 시련의 날은 그들에게 너무나 감당하기 버겁기 때문에, 실제로 전쟁이 시작되면 등을 보이고 뒤돌아서는 사람이 얼마나 많습니까!

그들은 자신들을 필요로 하는 유일한 때에 뒤돌아섰습니다. 싸우는 것을 직분으로 받은 사람들은 싸워야 할 때를 제외하고는 별 소용이 없습니다. 다른 직업에 종사하는 사람들도 그렇듯이, 그들을 필요로 하는 때가 있습니다. 그런데 그리스도의 군사들이 싸우고자 하지 않는다면, 그들이 무슨 소용이 있겠습니까? 한 예언서에는 하나님이 자기 백성을 포도나무에 비유하시면서, 내가 앞에서 말한 것과 똑같은 취지의 말씀을 하시는 매우 주목할 만한 대목이 나옵니다: "열매 맺는 포도나무는 아주 귀하지만 열매 맺지 않는 포도나무는 아무 데도 소용이 없느니라." 상수리나무는 열매를 맺지 않아도 목재로 유용하게 쓰일 수 있고, 가시나무조차도 울타리를 만드는 데에 유용하게 쓰일 수 있으며, 작은 식물들은 약용으로 사용될 수 있습니다. 그러나 포도나무는 열매를 맺지 않으면 아무짝에도 쓸모가 없습니다. 선지자는 "포도나무로 말뚝을 만들어 거기에 배를 매어 두겠느냐"고 말합니다. 결코 그럴 수 없습니다. 열매 맺지 않는 포도나무는 그 어디에도 쓸모가 없습니다. 그리스도인도 마찬가지입니다. 그리스도인은 철저하게 참되지 않으면 아무짝에도 소용이 없습니다. 여러분은 그런 그리스도인을 그 어디에도 쓸 수가 없습니다. 그리스도께서는 그런 그리스도인에 대하여 사람들이 "땅에도, 거름에도 쓸 데 없어 내버리느니라"(눅 14:35)고 의미심장한 표현을 사용하십니다. 누가 전쟁의 날에 뒤돌아설 사람을 군사로 쓰고자 하겠습니까? 우리 중 누가 그런 사람이 속한 연대에 있고 싶어 하겠습니까? 그의 기장(紀章)을 떼어 버리고, "악당 행진곡"을 연주하는 가운데 병영에서 추방하십시오. 이것이 전쟁의 날에 뒤돌아서는 신앙인들에게 일어나게 될 일입니다. 그들의 군복은 찢겨질 것이고, 하나님의 교회에서 추방될 것입니다. 왜냐하면, 그들은 시련의 날에, 그리고 그들을 필요로 하는 때에 뒤돌아섰기 때문입니다.

　또한, 그들은 승리를 눈앞에 둔 날에 어리석은 자들처럼 뒤돌아섰습니다. 군사들은 눈에 띄는 공을 세우기를 원합니다. 그들은 일반 병사에서 장교가 되기를 원합니다. 그들은 진급하기를 원합니다. 그들은 평화로운 시절에는 그럴 기회를 거의 얻기가 힘듭니다. 그러나 전시에 임무를 성공적으로 수행했을 때에는 그럴 기회를 얻을 수 있습니다. 그리스도의 군사들도 마찬가지입니다. 싸우지 않으면, 진보할 수 없습니다. 싸우지 않으면, 이길 수 없습니다. 내가 승리의 기회를 얻을 수 있는 것은 오직 싸울 때입니다. 우리가 면류관을 얻을 기회가 있을 때에 도망친다면, 그것은 순풍이 부는데도 항구에서 나오려 하지 않는 배와 같고, 밀물이 밀려와서 자신의 배를 항구에 댈 수 있는 좋은 기회를 잡고도 그렇게 하지 않는 사람과 같습니다. 나는 싸우지 않고는 이길 수 없기 때문에, 시련을 주시는 것을 하나님께 감사하고, 여러 가지 시험을 만나는 것을 기쁨으로 여깁니다. 왜냐하면, 그리스도인으로서의 나의 성품이 온전하게 될 때까지 나는 나의 믿음에 덕목들을 하나씩 더해갈 수 있기 때문입니다. 싸워야 할 때에 싸움을 포기하는 것은 면류관을 내팽개치는 것과 같습니다. 어리석은 심령이여, 예수를 위해 고난 받기를 두려워하지 마십시오. 사실, 여러분이 그리스도를 위해 고난 받기를 두려워한다면, 그것은 여러분이 그리스도와 함께 다스리는 것을 두려워하는 것입니다. 왜냐하면, 여러분이 그리스와 함께 다스리고자 한다면, 반드시 그리스도를 위해 고난을 받아야 하기 때문입니다. 조금만 비웃음을 당해도 기겁을 하는 젊은 자매여, 만일 당신이 당신의 생활 반경에 있는 사람들이나 당신의 가족 속에서 종종 비웃음을 당하지 않는다면, 당신은 천국에 갈 수 없다는 것을 기억하십시오. 그리스도 예수 안에서 경건한 삶을 살고자 하는 사람은 박해를 당할 수밖에 없습니다. 그것이 천국으로 가는 길인데도, 여러분은 왜 그것을 피하고자 하시는 것입니까? 면류관을 얻을 기회가 주어졌는데도 뒤돌아서 버린 이 에브라임 자손들처럼 하지 마십시오.

또한, 그들은 아주 참혹한 패배를 당하고 하나님의 법궤를 빼앗길 상황에서 뒤돌아섰습니다. 그 직후에 비느하스의 아내는 아들을 낳고, 그 이름을 "이가봇"이라 했습니다. 왜냐하면, 에브라임의 자손들이 전쟁의 날에 뒤돌아서는 바람에 "영광이 이스라엘에서 떠났기" 때문이었습니다(삼상 4:21). 사랑하는 친구들이여, 하나님께서 여러분에게 은혜를 주셔서 끝까지 믿음을 지키게 해주시지 않는다면, 여러분은 자신이 어디를 향하여 뒤돌아서고 있는 것인지 아십니까? 여러분은 단지 세상을 향하여 뒤돌아서고 있는 것이 아니라, 영원한 멸망을 향하여 뒤돌아서고 있는 것입니다. 여러분은 자기가 세상을 향하여 뒤돌아서고 있다고 할지라도, 사실은 지옥을 향하여 뒤돌아서고 있는 것입니다. 일단 쟁기를 손에 잡은 후에 뒤를 돌아본다면, 그 사람은 하나님 나라에 합당치 않은 사람입니다. 그렇다면, 만일 여러분이 전쟁의 날에 뒤돌아선다면, 여러분은 어디에 합당한 사람들이 되겠습니까? 여러분은 지옥에 "자리를 예약해 놓은" 사람들이 되고 말 것입니다. 여러분은 이런 생각을 한 번이라도 해 보신 적이 있습니까? 내가 그것을 증명해 주는 성경 구절을 하나 인용하겠습니다. 성경은 그런 사람들에 대하여 "영원히 예비된 캄캄한 흑암으로 돌아갈 유리하는 별들이라"(유 1:13)고 하며, 그들을 위하여 흑암의 한 곳이 "예비되어" 있다고 말씀합니다. 여러분이 뒤돌아설 때, 여러분은 "캄캄한 흑암" 가운데서 훨씬 더 끔찍한 고통을 겪게 될 저 예약된 곳으로 뒤돌아서 물러가는 것입니다. 하나님께서 여러분을 지키셔서 전쟁의 날에 뒤돌아서지 않게 해주시기를 빕니다. 이상으로 우리는 그들이 전쟁의 날에 뒤돌아선 것이 어떤 상황에서 이루어진 것인지를 살펴보았습니다.

3. 셋째로, 뒤돌아선 자들은 누구였습니까?

그들은 "에브라임 자손"이었습니다. 본문은 그들을 "무기를 갖추며" 날카로운 화살들을 쏠 수 있는 "활을 가진" 자들로 묘사합니다. 그들은 고귀한 혈통을 지닌 자들이었습니다. 그들은 에브라임 자손들이었습니다. 이스라엘 백성을 약속의 땅으로 이끈 가장 위대한 정복자 중 한 사람이었던 여호수아가 그들의 조상이었습니다. 기독교 신앙을 고백한 여러분은 우리의 "여호수아," 곧 이기신 자 예수의 자손이라고 고백하면서도, 전쟁의 날에 뒤돌아서고자 하십니까? 여러분은, 채찍을 든 자들에 등을 내어주시고 자신의 머리카락을 뽑은 자들에게 뺨을 내어주신 구주를 따르는 자들인데, 그 무엇을 두려워하거나 부끄러워하는 것입니까? 그리스도께서는 자신의 얼굴을 침 뱉음에 내어주셨는데, 여러분은 어리석은 자들이 그리스도를 믿는 여러분을 비웃는다고 해서 그리스도의 이름이 나올 때에 얼굴을 돌리고자 하는 것입니까? 여러분은 여호수아를 따르는 자들인데도 두려워하고, 예수를 따르는 자들인데도 부끄러워하는 것입니까? 하나님께서 우리로 하여금 하나님의 아들을 생각할 때 외에는 결코 부끄러워하지 않도록 해주시기를 빕니다. 멸시받고 박해받으신 주님, 나는 오만한 자들이 주님을 비웃는데도 주님이 자신의 길을 묵묵히 가시는 것을 봅니다. 주님의 수염을 뽑는 자도 있고, 주님의 머리카락을 잡아당기는 자도 있습니다. 어떤 자들은 주님을 욕하며 얼굴에 침을 뱉기도 합니다. 주님을 때리는 자도 있고, "십자가에 못 박으라"고 소리치는 자도 있습니다. 그들은 온갖 방법을 다 동원해서 주님을 조롱하고 비웃습니다. 그들은 주님 위에 조롱과 비웃음을 산더미처럼 쌓습니다. 그들은 주님의 입을 "쓸개 탄 포도주"(마 27:34)로 채웁니다. 그들은 주님의 손과 발에 못을 박습니다. 하지만 주님은 인자하심과 긍휼하심의 길을 묵묵히 가십니다. 주님이 받으신 고난에 비하면, 내가 겪은 고난은 아무것도 아닙니다. 주께서 겪으신 이 모든 고난에 비하면, 주의 백성이 겪은 고난은 아무것도 아닙니다. 주의 순교자들이 주님의 뒤를 따릅니다. 그들은 화형을 당하는 자리에서 자신의 보좌로 올라갑니다. 신앙을 고백한 자들도 주님의 뒤를 따릅니다. 지하 감옥과 고문 형틀에서 그들의 증언이 울려 퍼집니다. 그런데 이제는 땅 끝에서도 주님을 고백하게 된 한층 더 평화로운 때에 있는 우리가 전쟁의 날에 뒤돌아서서 주님을 모른다고 해서야 되겠습니까? 오, 하나님, 그런 일이 결코 없게 해주시기를 빕니다. 우리로 계속해서 주님께 충성하게 하셔서, 에브라임 자손들인 우리가 전쟁의 날에 뒤돌아서지 않게 해주소서.

또한, 그들은 "무기를 갖추었고," 전쟁 때에 필요한 병기들을 지니고 있었으며, 그 병기들을 어떻게 사용하는 줄을 알고 있었습니다. 그리스도인으로서 우리는 어떤 병기들을 가지고 있습니까? 여기에 "성령의 검 곧 하나님의 말씀"(엡 6:17)이 있습니다. 여기에 무수한 화살들로 가득 채워진 화살통이 있습니다. 하나님께서는 기도의 활을 우리 손에 쥐어 주셨고, 우리는 믿음의 팔로 그 활을 잡아당겨서 우리의 무수한 적들을 쏠 수 있습니다. 거룩한 전쟁을 수행할 때에 이 거룩한 무기고에 있는 병기들보다 더 좋은 병기는 없는데, 여러분은 또 어떤 다른 병기를 원하십니까? 에베소서의 마지막 장을 읽어 보십시오. 거기에서 사도는 의기양양하고 자랑스러워하는 가운데 여러분을 하나님의 무기고로 데려가서, 여러분을 위해 준비되어 있는 다양한 병기들을 보여줍니다. 여러분이 전쟁에서 진다면, 그 것은 무기가 빈약하거나 없어서가 아닙니다. 여러분이 진영에서 이탈한다면, 그 것은 화살이 부족해서가 아닙니다.

게다가, 또다른 번역은 이 에브라임 자손들이 활을 쏘는 데에 아주 능한 자들이 었는데도 뒤돌아서 도망쳤다는 것을 보여주는 것으로 보입니다. 하나님께서 우리 자신의 병기들이 다른 사람들에게 열심으로 복음을 전해 왔던 우리를 치는 데에 사용되는 일이 없게 해주시기를 빕니다. 내가 여기에서 지금 고백할 것이 하나 있습니다. 나는 가끔 지난날에 내가 전한 말씀들 중 일부를 읽으면서 두려워 떨면서 눈물을 흘리곤 합니다. 내가 우는 것은 그것들을 수정하고 싶거나 그렇게 말씀을 전한 것을 후회해서가 아니라, 내가 전한 말씀이 저 마지막 날에 나를 쳐서 심판하는 데에 사용된다면 얼마나 끔찍할지가 느껴져서 두렵고 떨리기 때문입니다. 하나님의 말씀을 안다고 생각해서 다른 사람들에게 전한 사람이 나중에 하나님의 심판대 앞에 섰을 때에 주님께서 "이 악한 종아, 네 입으로 말한 것에 의거해서 내가 너를 단죄하노라"고 말씀하시는 것을 듣는다면, 그것처럼 무시무시한 일은 없을 것입니다. 오, 하나님, 장차 저 마지막 날에 내가 내 입으로 말한 것이 아니라 다른 사람의 입에서 나온 말에 의거해서 나를 판단해 주소서. 활을 사용하는 법을 알면서도 승리를 얻지 못하거나, 하나님의 백성의 훈련 조교가 되어서 그들에게 병기들을 사용하는 법을 가르쳐놓고서는 정작 전쟁의 날에 자기는 싸우지 않는다면, 그것은 끔찍한 일이 될 것입니다. 여러분 중에는 이 성경을 어떻게 사용하는지를 아는 분들이 있습니다. 여러분은 성경을 잘 압니다. 여러분은 성경에 나오는 가르침들을 연구해 왔습니다. 여러분은 신앙과 신학의 핵심들을 압니다. 여러분은 하나님의 말씀의 가르침들에 해박합니다. 여러분은 어떻게 활을 사용하는지를 압니다. 여러분 중에는 기도모임에서 기도를 아주 잘하는 분들이 있습니다. 사랑하는 자들이여, 내 자신에 대하여 내가 말한 것이 당연히 여러분에게도 그대로 적용됩니다. 여러분 중에는 주일학교 교사들도 있고, 전도책자를 돌리는 분들도 있습니다. 여러분은 모두 활을 어떻게 사용해야 하는지를 압니다. 나는 여기에 앉아 있는 여러분에게 내가 사울처럼 어떻게 활을 사용해야 하는지를 가르쳤노라고 말할 수 있기를 소망합니다. 우리는 청년들에게 하나님의 말씀을 기도를 비롯한 거룩한 신앙의 행위들 속에서 어떻게 사용해야 하는지를 가르치려고 노력해 왔습니다. 그러나 사랑하는 자들이여, 여러분이 뒤돌아선다면, 여러분이 지금까지 배워온 것들이 심판 날에 일어나서 여러분을 쳐서 정죄하게 될 것입니다. 하나님의 말씀을 배운 신앙인인 여러분이 싸우러 나갔다가 용기가 없어서 싸우지 않고 뒤돌아서서 슬금슬금 도망쳐서 수치스러운 안락함이나 헛된 자기의(自己義)나 거짓된 자랑이나 쾌락 속에 몸을 숨긴다면, 마지막에 여러분의 파멸은 끔찍할 것임에 틀림없습니다. 여러분은 활을 쏘는 데에 능했으면서도 전쟁의 날에 뒤돌아선 에브라임 자손 같이 되지 않기를 바랍니다. 이상으로 우리는 그들이 누구였는지를 살펴보았습니다.

4. 넷째로, 그들은 왜 그렇게 했습니까?

도대체 그들은 왜 그렇게 한 것입니까? 우리는 그들이 왜 뒤돌아선 것인지를 도무지 알 수가 없습니다. 왜냐하면, 그들은 무기를 갖추고 있었고 활도 지니고 있었기 때문입니다. 그렇다면, 정말 그 이유는 무엇이었을까요? 하나님의 말씀은 우리에게 세 가지 이유를 보여줍니다. 우리는 그 세 가지를 본문 다음에 나오는 절들에서 볼 수 있습니다: "그들이 하나님의 언약을 지키지 아니하고 그의 율법 준행을 거절하며 여호와께서 행하신 것과 그들에게 보이신 그의 기이한 일을 잊었도다"(시 78:10-11).

"그들이 하나님의 언약을 지키지 아니하고." 이 언약은 어떤 것입니까? 성경은 이 언약에 대하여 "하나님이 영원한 언약을 세우사 만사에 구비하고 견고하게 하셨으니"(삼하 23:5)라고 말씀합니다. 여러분이 이 언약을 의지한다면, 이 언약은 여러분을 정말 "견고하게" 해줄 것입니다. 여러분이 이 언약 속에서 여러분을 향한 하나님의 영원한 사랑을 읽고, 예수께서 "내가 그들에게 영생을 주노니 영원히 멸망하지 아니할 것이요 또 그들을 내 손에서 빼앗을 자가 없느니라"(요 10:28)고 말씀하시는 것을 들을 수 있다면, 이 언약은 여러분에게 담대함을 주어서 앞으로 전진할 수 있게 해줄 것입니다. 여러분은 죽임을 당하지 않을 것이고,

상처를 입지도 않을 것입니다. 왜냐하면, 여러분은 머리부터 발끝까지 하나도 상처를 입지 않게 해주는 언약의 물줄기 속에 잠겨 있기 때문입니다. 그런 상황에서 여러분이 원수와 맞서는 것을 두려워할 이유가 어디 있겠습니까? 만일 여러분이 그 언약을 잊는다면, 이내 뒤돌아서게 될 것이고, 그것은 여러분이 언약 속에 있지 않다는 것을 증명해 줄 것입니다. 그러나 하나님의 언약을 기억하고 있는 한, 하나님의 백성들은 그들을 끝까지 지키셔서 승리를 얻게 하는 것이 하나님의 뜻임을 느끼기 때문에 자신의 신앙을 끝까지 지켜나갈 힘을 얻게 됩니다. 하나님의 언약은 안전을 보장해 줄 뿐만 아니라, 온갖 종류의 복도 제공해 줍니다. 그리스도인이 이 언약의 보고(寶庫)를 늘 주시하고 있기만 한다면, 그는 무슨 일이 있어도 하나님을 절대로 버릴 수 없습니다. 사람이 금은보화가 가득한 보물창고를 놔두고 돈을 얻기 위해 거지의 움막으로 찾아가겠습니까? 사람이 레바논 산봉우리에 있던 눈이 녹아내려서 만들어진 시원하고 맑은 풍부한 물줄기를 놔두고 더럽고 악취 나는 웅덩이를 찾아가 거기에서 물을 마시고자 하겠습니까? 절대 그렇게 하지 않을 것입니다. 사람이 그리스도 예수 안에 있는 하나님의 은혜의 보고를 알고, 아버지 하나님께서 그리스도 예수 안에 모든 충만이 거하게 하시고 그를 자기 백성을 위한 언약이 되게 하신 것을 기억한다면, 그런 사람이 뒤돌아서겠습니까? 그는 절대로 뒤돌아서지 않을 것입니다. 도리어, 하나님의 언약에 속한 모든 약속이 그에게 원수와 맞설 수 있는 힘을 줄 것이기 때문에, 그는 전쟁의 날에 결코 뒤돌아서지 않게 될 것입니다. 하지만 우리가 잊고 있는 그 언약은 우리가 "내 사랑하는 자는 내게 속하였고 나는 그에게 속하였도다"(아 2:16)라고 말했던 날에 그리스도와 더불어 맺었던 바로 그 언약입니다. 우리는 우리 자신의 몸과 혼과 영을 다 하나님께 맡기고 온전히 순복하던 날에 맺은 저 언약을 결코 잊어서는 안 됩니다. 우리가 그리스도를 위하여 우리에 대한 좋은 평판을 잃었다고 합시다. 무엇보다도 먼저, 우리는 우리의 평판을 그리스도께 드린 것이 아니었습니까? 나의 사랑하는 형제들이여, 만일 여러분이 바보라거나 도둑이라거나 마귀라고 불리는 것을 기꺼이 감내하고자 하지 않는다면, 여러분은 하나님의 일을 하는 데에 결코 쓰임을 받지 못할 것입니다. 여러분이 욕을 먹거나 중상모략을 당하는 것을 두려워한다면, 하나님의 일을 결코 성공적으로 할 수 없게 될 것입니다. 참된 목회자는 흔히 자신의 강단이 죄인의 형틀처럼 결코 좋아할 수 없는 자리라는 것을 발견합니다. 그는 사람들이 자기에게 퍼붓는 온갖 욕과 중상모략이 자기가 하나님이 보내신 사람임을 세상이 알아보고 증명해 주는 것일 뿐임을 알기 때문에, 그것으로 만족하고서 강단에 섭니다. 하나님께서 우리로 하여금 은혜 속에서 맺어진 언약을 의지하고, 그리스도께서 우리를 강권하여 자기와 맺게 하신 언약을 굳게 붙잡고서, 그리스도께서 우리에게서 기쁨과 위로, 안락함 등등 모든 것을 앗아가신다고 할지라도, 여전히 그 언약을 꼭 붙들겠노라고 단단히 결심하게 해주시기를 빕니다.

에브라임 자손들이 뒤돌아서게 된 또 하나의 이유는 "그들이 그의 율법 준행을 거절하였기" 때문입니다. 우리의 마음이 교만해지면, 이내 우리는 패배하게 됩니다. 사자의 얼굴을 하고 있으면서도 사슴의 마음을 가지고 있는 사람은 세상을 두려워합니다. 하나님께서 내게 말씀하실 때, 하나님이 내게 말씀하셨다는 이유로, 하나님이 말씀하신 그대로 내가 기꺼이 행하고자 한다면, 나는 전쟁의 날에 뒤돌아서지 않게 될 것입니다.

또한, 그들은 나쁜 기억을 갖고 있었기 때문에 뒤돌아섰던 것으로 보입니다: "여호와께서 행하신 것과 그들에게 보이신 그의 기이한 일을 잊었도다." 나의 사랑하는 친구들이여, 이 교회의 지체들인 우리는 하나님의 기이한 일들을 많이 보아 왔고 기뻐해 왔습니다. 그러나 만일 우리가 그 일들을 잊어버린다면, 우리는 어둠 속에서 위로를 받을 수 있는 한 가지 통로를 잃게 됩니다. 여러분 중에는 하나님의 인자하심이 너무나 기이하게 나타난 일들을 경험한 분들이 있습니다. 그러나 여러분이 그 모든 일들을 잊어버린다면, 여러분의 신앙은 껍데기뿐이기 때문에 전쟁의 날에 여러분이 뒤돌아선다고 해도, 나는 이상히 여기지 않을 것입니다. 하나님의 참된 백성들은 "만세에 복이 있다"고 일컬음을 받게 될 저 마리아와 같습니다(눅 1:48). 그들은 그러한 일들을 자신의 마음속에 소중히 간직합니다. 우리는 하나님의 인애하심에 대한 우리의 기억들을 늘 떠올려야 합니다. 그렇게 하지 않는다면, 그것은 우리가 이내 전쟁의 날에 뒤돌아서게 될 수 있는 강력한 이유가 될 것입니다. 왜 지난날에 잘 싸워놓고서 이제 와서 두려워하는 것입니까? 우리는 자기밖에 모르는 저 오래된 거인 "냉혹"(Grim)을 죽였지 않습니까? 우리는 용들이나 사자들과 싸웠지 않습니까? 우리는 "사망의 음침한 골짜기"도 통과했지 않습니까? 우리는 "아볼루온"과도 일대일로 붙어 싸웠는데, "절망"(Despair)이라는 거인이나 그의 부인인 "자신 없음"(Diffidence)이 우리에게 두려움을 줄 수 있겠습니까? 결코 그럴 수 없습니다. 우리는 전에 우리가 휘둘렀던 저 좋은 옛 칼과 예루살렘의 진검을 하나님의 이름으로 사용해서, 우리를 사랑하시는 이로 말미암아 또다시 넉넉히 이기게 될 것입니다. 그러므로 우리는 장래에 하나님을 의지하지 못하게 되는 일이 벌어지지 않도록 하기 위해서는, 지난날에 하나님이 행하신 일들을 잊지 않아야 합니다. 이상으로 우리는 그들이 뒤돌아서게 된 이유를 살펴보았습니다.

5. 다섯째로, 그들이 뒤돌아선 결과는 무엇이었습니까?

그들이 뒤돌아선 결과 중의 하나는 그들의 아버지가 그들을 놓고 애곡하였다는 것입니다. 우리가 처음에 인용한 구절에서는 "그의 아버지 에브라임이 여러 날 슬퍼하므로"(대상 7:22)라고 말씀합니다. 기독교회는 신앙을 고백한 사람이 실족하는 것을 볼 때마다 애통해하고 슬퍼하게 되지만, 그 중에서도 가장 마음 아파하는 사람이 있는데, 그는 그 넘어진 사람의 영적 아버지였던 사람입니다. 우리의 사역과 관련된 그 어떤 슬픔도 실족한 신앙인들에 대하여 애통해하는 슬픔만한 것이 없습니다. 그런 일이 무기를 갖추고 있고 활을 가지고 있는 목회자들에게 일어난 경우에는 그 슬픔이 특히 심합니다. 잘 무장되어 있고 전쟁에 능한 목회자들이 실족하는 것은 정말 가슴이 찢어지는 일입니다. 이것은 과장이 아닙니다. 이 교회의 지체들이나, 우리 신학교에서 교육 받은 청년들, 특히 한동안 양 무리들을 돌보는 일을 했던 목회자들이 실족하는 것을 볼 때에 내가 종종 느끼는 고통은 너무나 극심해서, 나는 그런 고통을 당하느니 차라리 내가 듣지도 보지도 못했던 어떤 육신의 고문을 당하는 편이 더 낫겠다는 생각이 듭니다. 이것은 결코 과장이 아니고 사실입니다. 언제라도 여러분이 자신의 영적 아버지로 여기는 분을 괴롭혀 주기를 원하거나, 화살을 쏘아서 그의 심장을 관통시키거나 그의 심장에 비수를 꽂고자 한다면, 여러분은 전쟁의 날에 뒤돌아서기만 하면 됩니다. 그것으로 충분합니다! 여러분이 세상으로 되돌아가느니 아예 태어나지 않은 편이 더 낫습니다. 여러분이 고백한 신앙을 욕되게 하며 사느니 차라리 이전에서 시체가 되어 실려 나가는 편이 더 낫습니다. 교회에서 직분을 맡아 다른 사람들을 돌보았던 사람의 경우에는 더더욱 그렇습니다. 하나님이여, 많은 사람들 앞에서 말씀을 증거하는 우리를 지켜 주소서! 하나님의 영원한 능력으로 우리를 지켜 주소서! 하나님의 눈동자처럼 우리를 지켜 주소서! 우리를 하나님의 날개 그늘 아래 숨겨 주소서. 그렇지 않으면, 무기를 갖추고 활을 가진 우리라도 전쟁의 날에 뒤돌아서게 될 것입니다.

여러분이 아마도 더 중요하게 생각할 수 있는 또 하나의 결과는 여러분이 뒤돌아선 덕분에 원수가 건재하게 되었다는 것입니다. 많은 그리스도인들이 전쟁의 날에 자기가 마땅히 해야 할 일을 하지 않은 덕분에, 이 나라에는 여전히 로마 가톨릭이 건재하고, 불신앙이 팽배해 있습니다. 만일 엘리자베스(Elizabeth)와 크랜머(Cranmer, 1489-1556년, 영국의 종교개혁자)의 시대에 사람들이 당시에 그들에게 비추었던 빛을 따라 행동했더라면, 우리는 지금과 같이 절반 정도는 교황에 의한 지배를 받는 나라가 되지는 않았을 것입니다. 우리는 루터에 의한 종교개혁과 관련해서 여전히 하나님께 감사하고 늘 루터를 소중히 기억하긴 하지만, 만일 루터가 자기에게 주어진 빛 중 일부에 눈을 감지 않고 충실했더라면, 그는 지금보다 더 온전한 종교개혁을 이루어내었을 것입니다. 그런 날조차도 철저함이 필요하였습니다. 오늘날에도 우리 형제들이 자신의 확신에 충실하기만 하다면, 그들은 국가와 부패한 교회의 야합을 결코 그냥 보고만 있지는 않을 것이고, 지독하게 악한 몇몇 예식들에 참여할 엄두도 내지 못할 것입니다. 또한, 만일 우리가 내면의 양심을 따라 행동한다면, 우리 중 다수는 우리가 지금 행하고 있는 많은 것들을 다시는 행하지 않게 될 것입니다. 하나님께서 우리에게 은혜를 주셔서 원수를 쳐부술 수 있게 해주시기를 빕니다. 죄는 이 세상에서 설 자리가 없어야 합니다. 그리스도께서는 자신의 피로 세상을 사셨으니, 하나님의 은혜로 말미암아 그리스도의 기업에서 죄가 사라지게 하소서! 온 세상은 주님의 것이고, 세상 나라들과 거기에 거하는 사람들도 주님의 것입니다. 우리가 하나님께 신실하기만 한다면, 우리는 전쟁의 날에 뒤돌아서지 않게 될 것이고, 로마 가톨릭을 비롯한 우리의 모든 원수들은 베임을 당하게 될 것입니다.

또한, 우리가 뒤돌아서지 않았다면, 그리스도께서는 이미 이 나라를 정복하셨을 것입니다. 어떤 형제들은 우리가 좀 더 충성스럽다면 런던의 절반은 구원을 받을 것이라고 말하지만, 나는 그런 말을 좋아하지 않습니다. 나는 하나님의 뜻이 이루어지고 있다는 것을 믿는다고 말합니다. 그러나 여전히 우리는 우리의 죄에 대하여 말하지 않을 수 없습니다. 우리에게 하나님에 대한 신뢰가 부족하고 담대하게 신앙을 지켜 나가지 않는 성향이 있는 것이 영혼들을 죽이고 있다고 말입니다. 바울은 그리스도께서 형제를 위하여 죽으셨는데 우리가 먹는 것으로 인해서 그 형제를 멸망에 빠뜨리는 것은 옳지 않다고 말한 적이 있습니다. 이렇게 먹는 것을 가지고 다투는 것조차도 영혼들을 죽이는 결과를 가져온다는 것입니다. 인간적으로 말한다면, 세상이 지금 어두운 것은 교회가 충성되지 못한 탓입니다. 만일 지금의 교회가 초대교회처럼 그리스도께 충성되었다면, 이미 오래전에 복음이 없는 마을이 한 군데도 없었을 것이고, 이 세상에 하나님의 진리가 선포되지 않은 제국이 하나도 없었을 것입니다. 가나안이 우리 주님에 의해 정복되지 않은 채로 건재해 있게 된 것은 우리가 자꾸 전쟁의 날에 뒤돌아서기 때문입니다.

그러나 이런 것들보다 더 좋지 않은 결과는 법궤를 실제로 빼앗겼다는 것입니다. 나의 사랑하는 친구들이여, 여러분 중에서 무기를 갖추고 활을 지닌 분들, 많이 배운 분들, 성경을 잘 아는 분들은 이제는 뒤돌아서지 마시기를 부탁드립니다. 왜냐하면, 바로 지금이야말로 하나님의 법궤를 되찾아올 때인 것으로 보이기 때문입니다. 사실 우리는 결코 뒤돌아설 수 없는 자들이지만, 뒤돌아서고자 하는 마음이 우리 속에 자리 잡지 않도록 늘 조심하지 않으면 안 됩니다. 우리는 많은 사람들이 그리스도를 믿고자 하지 않는 것을 보면 신앙이 흔들릴 위험이 있는데, 이 나라에서 가톨릭의 교세가 놀라울 정도로 증가하고 있다는 것은 분명한 사실입니다. 어떤 형제들은 우리가 질릴 때까지 이 한 대목을 계속해서 연주합니다. 그러나 그들이 너무 겁을 집어먹는 것을 옳다고 할 수는 없더라도, 나는 대단한 확신 가운데서 평안한 심령일지라도 그런 추세에 대하여 경각심을 가질 필요는 있다고 믿습니다. 일이 기괴하게 되어가고 있기 때문에, 하나님의 교회는 경각심을 가지고서 깨어 진지하게 애쓰고 노력하여야 합니다. 여러분은 하나님의 교회가 그럴 필요가 있다는 증거를 머지않아 보게 될 것입니다. 내가 우려하는 것은 로마 가톨릭이 영국을 다시 장악하기 위하여 온갖 노력을 다하고 있고, 나라 전체로는 새로운 이론과 온갖 종류의 회의주의가 감소하였지만, 하나님의 교회 내부에서는 도리어 증가하였다는 것입니다. 10년 전에는 그 누구도 결코 의문을 제기하지 않았던 많은 가르침들에 대해서 지금은 성도들이 의문을 제기합니다. 이런 일이 벌어지고 있는 것이 전적으로 부정적인 것만은 아닙니다. 왜냐하면, 사람들이 의문을 제기한 결과로, 지금은 설교되고 있지 않은 몇몇 가르침들이 앞으로는 더 많이 설교되게 될 것으로 전망되는 것은 한편으로는 좋은 일이기 때문입니다. 그러나 우리가 지금까지 기독교의 공인된 정통 신앙으로 받아들여 왔던 하나님의 진리들 중 대부분에 대하여 사람들이 의문을 제기하고 있을 뿐만 아니라, 무시할 수 없는 사람들, 곧 비록 영적인 면에서는 주목을 받을 만하지 못하다고 할지라도 대단한 성실성과 깊은 학식을 가지고 이 문제에 대해 면밀한 검토를 했기 때문에 대중적인 영향력이 큰 사람들에 의해서도 의문이 제기되고 있다는 것은 시대의 매우 불길한 징조입니다. 우리는 모두 하나님의 진리를 굳게 붙잡아야 합니다. 하나님의 진리를 갖고 있는 사람이 있다면, 그는 자신의 활을 당겨서 화살들을 쏘아야 하고, 전쟁의 날에 뒤돌아서서는 안 됩니다. 지금이 바로 여러분의 화살들이 필요한 때입니다. 우리의 대적들이 공모하여 더 심하게 그리스도를 대적할수록, 우리는 그들에 맞서서 더욱 치열하게 전쟁을 벌이지 않으면 안 됩니다. 그들이 공격해오면, 우리는 갑절로 돌려 주어야 합니다. 그들이 한 그대로 그들에게 갚아 주어야 합니다. 바벨론을 향하여 화살을 아끼지 마십시오. "멸망한 딸 바벨론아 네가 우리에게 행한 대로 네게 갚는 자가 복이 있으리로다 네 어린 것들을 바위에 메어치는 자는 복이 있으리로다"(시 137:8-9). 작은 오류라도 다 베어 버리는 자, 조그만 거짓조차도 다 죽이는 자, 온갖 형태의 교황주의와 불신앙에 맞서 싸우는 자는 복이 있을 것입니다. 우리가 지금 전선으로 나아간다면, 우리는 하나님의 법궤를 되찾아오게 될 것입니다.

그런데 에브라임 자손들이 뒤돌아섬으로써 생겨난 최악의 결과는, 하나님의 교회가 울며 통곡하고 있는 반면에 블레셋 사람들은 기뻐서 크게 외치는 소리를 우리가 듣게 되었다는 것입니다. 블레셋 사람들은 크게 외치며 기뻐하는 데에 능합니다. 그들은 아무것도 아닌 일에 크게 외치며 기뻐하고, 조금만 성과가 있어도 와자지껄하게 떠들며 기뻐서 어쩔 줄 모릅니다. 그들은 단지 한 사람의 그리스도인이 뒤돌아서는 것을 보고도 뛸 듯이 기뻐합니다. 그들은 우리 중에서 아주 작은 자가 실족해도 종을 울리며 이루 말할 수 없이 기뻐합니다. 그러니 만약 우리 중에 무기를 갖추고 활을 지닌 자들이 전쟁의 날에 뒤돌아선다면, 그 일이 블레셋 사람들의 귀에 들어가게 하지 마십시오: "이 일을 가드에도 알리지 말며 아스글론 거리에도 전파하지 말지어다 블레셋 사람들의 딸들이 즐거워할까, 할례 받지 못한 자의 딸들이 개가를 부를까 염려로다"(삼하 1:20). 하나님께서 우리로 하여금 지옥이 기뻐하는 일을 하지 않도록 해주시기를 빕니다. 사탄이 기뻐할 일이 있어야 한다면, 그가 우리에게서가 아니라 다른 곳에서 그 기쁨을 발견하게 해주시기를 빕니다. 우리가 모든 일을 다 한 후에 마지막에도 여전히 서 있게 해주시기를 빕니다.

형제들이여, 이제 말씀을 맺겠습니다. 이제 여러분은 우리가 견고히 서 있지 않으면 어떤 결과가 생기게 될 것인지를 압니다. 우리가 속해 있는 교회들이 견고히 서 있지 않다고 합시다. 그러면 여러분과 내게 무슨 일이 생기겠습니까? 실로가 어떻게 되었습니까? 에브라임이 어떻게 되었습니까? 하나님께서는 법궤를 더 이상 에브라임의 관할 아래 두지 않으시고 실로로부터 법궤를 가져다가 유다에게로 옮기셔서 다윗 왕의 치하에 있던 시온 산에 두셨습니다. 마찬가지로, 교회가 충성스럽지 못하게 되어서 전쟁의 날에 뒤돌아설 때마다, 하나님은 법궤를 모시는 일을 그 교회로부터 빼앗으셔서 다른 교회에 맡기십니다. 하나님은 "내가 너보다 더 나은 네 이웃을 보았노라"고 말씀하시며, 그 칼을 집어서 다윗에게 주십니다. 마찬가지로, 하나님께서는 우리에게도 그렇게 하실 수 있으십니다. 한때는 흥왕했지만 지금은 완전히 버려진 교회들이 많습니다. 마찬가지로, 우리가 하나님께 신실하고 충성되지 못한다면, 하나님은 우리 각 개인에게와 우리의 교회들에도 똑같이 그렇게 하실 수 있으십니다.

지금까지 나는 회심하지 않은 분들에게는 아무것도 말하지 않았습니다. 내가 지금까지 전한 말씀은 신앙을 고백한 신자들을 향한 것으로 보였을 것입니다. 여러분 중에는 아예 전쟁에 나가지도 않았기 때문에 뒤돌아서는 일도 없었을 분들이 있습니다. 여러분은 한 번도 신앙을 고백해 본 적이 없습니다. 사랑하는 친구들이여, 저 마지막 날에 "나는 한 번도 신앙을 고백한 적이 없습니다"라고 말하는 것은 전혀 변명이 될 수 없습니다. 여러분은 런던 시장의 사택에서 시장 앞으로 끌려온 도둑이 절도로 고소를 당했을 때에 한 말을 들은 적이 있습니까? "시장님, 나는 그리 정직한 사람이 아닙니다. 나는 정직한 사람이라고 공언한 적이 없습니다. 나는 소매치기를 하지 않겠다고 공언한 적도 없습니다. 나는 기회가 있을 때에 시계를 훔치는 일을 하지 않겠다고 공언한 적도 없습니다. 나는 도둑으로 알려져 있지만, 내가 도둑이 아니라고 공언한 적이 없습니다. 그러니 당신은 내게 책임을 물을 수 없습니다." 어떤 도둑이 이런 식의 변명을 늘어놓는다면, 아마도 시장은 그 도둑에게 일반적인 형량에다 6개월의 형기를 추가로 언도할 것이고, 나는 그렇게 하는 것이 그 도둑에게도 도움이 될 것이라고 생각합니다. 여러분은 이 예화를 들으시고 웃으실지 모르지만, 이 동일한 논리가 여러분에게도 그대로 적용될 수 있습니다. 여러분은 "내가 신앙 고백을 한 번도 하지 않은 것을 주께서 아십니다"라고 말한다면, 그것은 여러분을 지으셨고 여러분에게 생명을 주시고 일생 동안 지켜 주신 하나님을 섬기고 사랑하려고 단한 번도 시도해 보지 않았다고 말하는 것과 같습니다. 여러분은 그리스도의 보혈로 씻음을 받았다는 고백을 하지 않고 있습니다. 여러분은 지옥으로 가는 길위에 있다는 것도 고백하고 있지 않습니다. 하나님께서 여러분으로 하여금 그런핑계를 대지 않게 해주시고, 도리어 은혜를 주셔서 사실을 직시하고서 "나는 내가 구원받았을 것이라는 소망조차 감히 가질 수 없으니, 내가 구원받지 못하였다는 것을 압니다"라고 말할 수 있게 해주시기를 빕니다. 나의 친구들이여, 여러분이 구원받지 않았다면, 여러분은 "잃어버린 자"입니다. 나는 여러분이 생각을바꾸시는 동안 잠시 기다리겠습니다. 이제 여러분이 생각을 바꾸셨다면, 나는여러분에게 "인자가 온 것은 잃어버린 자를 찾아 구원하려 함이니라"(눅 19:10)는 말씀을 전해 주고자 합니다.

　　하나님의 영원하신 은혜가 여러분을 찾아 구원해 주시고, 그의 뜻이라면 여러분으로 하여금 예수 그리스도를 믿고 의지할 수 있도록 인도해 주시기를 빕니다. 그리스도를 의지하고 그의 십자가를 바라볼 때, 여러분은 에브라임 자손과는 달리 "전쟁의 날에 물러서지" 않게 될 것입니다.

제
75
장

—

많은 질병들을 고치는
한 가지 해독제

—

"만군의 하나님 여호와여 우리를 돌이켜 주시고 주의 얼굴
의 광채를 우리에게 비추소서 우리가 구원을 얻으리이다."
— 시 80:19

이것은 시편 기자가 자기가 애통해하는 모든 질병들을 제거하기에 충분하
다고 생각하여 이 시편에 포함시킨 유일한 기도문인 것으로 보입니다. 그는 자
신이 이웃들에게 다툼거리가 되고 원수들의 비웃음거리가 되고 있는 것에 대하
여 한숨 쉬고, 아주 멋진 포도나무가 박대를 당하고 있는 것에 대하여 탄식하며,
포도원의 울타리가 훼파되어 들짐승들이 포도원을 망쳐 놓고 있는 것에 대하여
한탄하긴 하지만, 자신이 당하고 있는 이러한 해악들을 상세하게 지존자께 간구
하는 것이 아니라, 자신의 모든 소원을 이 하나의 기도문에 담아서 계속 반복합
니다: "만군의 하나님 여호와여 우리를 돌이켜 주시고 주의 얼굴의 광채를 우리
에게 비추소서 우리가 구원을 얻으리이다." 그 이유는 분명합니다. 즉, 그는 자
신에게 닥친 이 모든 재난들이 단 하나의 근원지에서 나온 것임을 알았던 것입
니다: "만군의 하나님 여호와여 어느 때까지 노하시리이까"(시 80:4). 그래서 그
는 지금 그 샘으로부터 다시 한 번 새롭게 힘을 얻기를 구합니다: "하나님, 우리
를 향하여 주의 얼굴을 더 이상 찌푸리지 마시고 그 얼굴빛을 비추사 우리를 보

고 웃어 주소서 그리하면 모든 것이 다 잘 될 것이나이다." 이것은 그리스도의 교회를 위한 정선된 교훈입니다. 여러분이 환난이나 시련이나 역경에 처해 있다면, 다른 무엇보다도 먼저, 여러분 자신의 마음속에서 신앙이 다시 불붙고 하나님의 임재를 회복하게 해주시라고 기도하십시오. 그 기도만 응답받는다면, 여러분은 다른 것들에 대해서는 거의 기도할 필요가 없습니다. 그렇게만 된다면, 여러분에게 그 어떤 일이 일어난다고 할지라도, 그것들은 모두 합력하여 여러분에게 선을 이루게 될 것입니다. 여러분의 길을 방해하고 가로막는 것 같이 보이는 일들조차도 모두 사실은 여러분을 여러분이 그토록 원하던 항구로 데려다줄 형통의 산들바람임이 증명될 것입니다. 오직 여러분이 하나님을 구하고 있는지에만 신경 쓰십시오. 여러분이 정말 하나님께로 돌이켜져 있고, 하나님이 여러분에게 그 얼굴빛을 비추고 계시는지만을 확인하십시오. 그러면 여러분은 구원을 얻게 될 것입니다.

그래서 오늘 아침 내가 준비한 말씀은, 특히 우리 속에 참된 신앙이 생겨나서 온갖 무관심과 무감각에서 벗어나 열심으로 하나님을 섬기는 것이 너무나 필요한 우리 교회를 위한 것입니다. 우리는 하나님께 다른 많은 것들을 구할 수 있지만, 그 모든 것들보다도 "주여, 우리를 부흥시키소서"라는 기도가 우리의 주된 기도가 되어야 합니다. 우리는 이 기도를 앞서 찬송으로 부른 바 있습니다. 나는 여러분이 이 기도를 골방에서 은밀하게 행하시고, 여러분의 영혼의 매일의 갈망으로 삼으시라고 말씀드리고자 합니다. 사랑하는 자들이여, 나는 우리가 우리 자신과 하나님에 대하여 진실하기만 한다면, 모든 반대에도 불구하고 하나님께서 우리를 도우셔서 "우리를 사랑하시는 이로 말미암아 우리가 넉넉히 이기게"(롬 8:37) 하실 것이라고 느낍니다. 그러나 모든 일들이 순조롭게 잘 풀려 나가고 해가 우리의 머리 위에서 늘 빛난다고 하여도, 만일 우리가 우리 자신의 경건에서 실패해서, 우리 속에서 성령의 능력이 나타나지는 않고 단지 "경건의 모양"(딤후 3:5)만 유지하고 있다면, 우리는 결코 형통하지 못할 것입니다.

이 아침에 나는 먼저, 신앙 부흥의 유익들에 대하여 말씀을 전하고자 합니다. 그러한 유익들 중 일부는 우리가 오늘의 시편 속에서 발견할 수 있습니다. 그리고 두 번째로는, 신앙 부흥의 수단들에 대해서 알아볼 것입니다: "만군의 하나님 여호와여 우리를 돌이켜 주시고." 세 번째로, 나는 여러분에게 이러한 수단들을 사용해서 앞에서 말한 유익들을 얻으라고 권면할 것입니다.

1. 첫째로, 신앙 부흥의 유익들에 대해 살펴보겠습니다.

이 세상에 있는 어느 교회든 신앙 부흥의 유익들은 지속적인 복이 될 것입니다. 나는 여기에서 몇 년 전에 유행하였던 저 거짓된 사이비 신앙 부흥을 말하고 있는 것이 아닙니다. 또한, 나는 신앙에 수반되는 온갖 흥분을 의미하는 것도 아닙니다. 이러한 흥분은 감각의 토대 위에서 사람들에게 일종의 발작적인 경건을 가져다주고, 자신이 알지도 못하는 신앙에 대하여 열정적으로 말할 수 있게 만들어 주지만, 그런 것은 진정하고 참된 신앙 부흥이 아닙니다. 하나님이 주시는 신앙 부흥은 경건의 큰 열기와 뜨거움을 수반하기는 하지만, 생명과 더불어 지식도 가져다주고, 능력과 더불어 명철도 가져다줍니다. 우리가 참된 것이라고 말할 수 있는 신앙 부흥의 예들로는 미국에서는 조나단 에드워즈(Jonathan Edwards), 영국에서는 휫필드(Whitefield)가 이끈 부흥운동이 있는데, 그들은 값없이 거저 주시는 은혜의 복음을 온전히 전한 인물들이었습니다. 나는 그러한 신앙 부흥들이 진정한 것이라고 생각하고, 다시 한 번 말하지만, 그런 신앙 부흥은 하늘 아래 있는 어느 교회에든 유익이 됩니다. 아무리 좋은 교회라도 더 이상 좋아질 수 없는 그런 교회는 없습니다. 그리고 많은 교회들이 너무나 가라앉아 있어서 신앙 부흥의 필요성은 정말 절실합니다. 그들이 영적인 죽음을 피하고자 한다면, "주여, 우리를 부흥시키소서"라고 큰 소리로 외쳐야 합니다.

그리스도인들의 신앙 부흥이 가져다주는 복들 중에서 우리가 가장 먼저 들 수 있는 것은 죄인들이 구원을 받는다는 것입니다. 하나님께서 평소보다 더 풍성하게 어떤 교회에 성령을 부어 주시는 경우에는 반드시 영혼들이 구원받는 역사가 수반됩니다. 영혼들이 구원받는 것은 정말 중요한 일입니다. 어떤 사람들은 영혼이 구원받는 것이 아무것도 아니라고 생각하여 웃어넘깁니다. 그러나 사랑하는 자들이여, 여러분은 영혼의 가치를 아주 잘 알기 때문에, 한 영혼을 사망에서 건지는 일에 여러분이 쓰임 받을 수 있다면 목숨이라도 바칠 각오가 되어 있다고 나는 믿습니다. 사람이 일단 죽어가는 죄인들을 향한 사랑과, 자신의 찬송 받으실 주님을 향한 사랑으로 불붙게 되면, 영혼을 구원하는 일은 그에게 자신의 모든 것을 바치고자 하는 일이 됩니다. 그는 그 일에 완전히 사로잡혀서, 거의 자기 자신은 잊어버린 채로 다른 사람들을 구원하는 일에 열중하게 됩니다. 그는 불 속에 있는 가엾은 사람들을 보는 순간 인간성이 활활 타올라서, 불에 그슬리거나 열기에 화상을 입는 것을 개의치 않고 사람들을 구해내는 다부지고 용감한 소방대원 같게 될 것입니다. 그는 어떤 대가나 희생을 치르고서라도 불 속에서 한 사람이라도 더 구해내고자 할 것입니다. 바로 이것이 내가 앞에서 언급한 휫필드 같은 그런 인물들의 열심이었습니다! 그는 자신의 한 설교에서 이렇게 말했습니다: "나의 하나님, 나는 영혼들을 구원받게 하여야 한다는 생각에 날마다 탄식하고 신음합니다. 나는 종종 런던 길거리에 있는 모든 마차 꼭대기에 서서 하나님의 말씀을 전할 수 있었으면 좋겠다는 생각을 합니다. 내가 지금 밤낮으로 글을 쓰거나 말씀을 전해서 영혼 구원을 위해 끊임없이 애쓰는 것으로는 충분하지 않습니다. 나는 내게 천 명의 분신이 생겨서 천 개의 혀로 나의 찬송 받으실 구속주에 대한 이 복음을 전했으면 정말 좋겠습니다."

하지만 너무도 많은 그리스도인들이 죄인들이 구원받는 일에 대하여 신경을 쓰지 않습니다. 목회자들도 말씀을 전하기는 하지만, 그 결과에 대해서는 별 신경을 쓰지 않습니다. 교양 있고 점잖은 회중들이 계속해서 교회에 출석하고 있다면, 그것으로 충분하다고 여깁니다. 나의 친구들이여, 나는 우리가 영혼들이 구원받는 일이 일어나지도 않는데 아무렇지도 않게 평안하게 예배를 드리는 그런 형편없는 상태로까지 우리 교회가 침체되는 일은 결코 없을 것이라고 믿습니다. 내가 나의 하나님께 무수히 기도드려 온 것이 있는데, 나는 그 기도를 여기에서 다시 한 번 반복하고자 합니다: "주님, 주를 위해 구원할 더 이상의 영혼이 없고, 이 전으로 모을 주의 택하신 자가 더 이상 없을 때, 나를 주께로 데려가 주셔서, 내가 포도원에서 더 이상 맺을 열매도 없는 것을 알면서도 쓸데없이 방해물로 있지 않게 해주소서." 나는 영혼들이 회심하기를 여러분이 간절히 바라고 있다는 것을 압니다. 교회 집회들에서 매일 밤에 죄인들이 우리에게 하나님이 자신에게 어떤 일을 하셨는지를 말할 때마다 여러분의 눈에 기쁨이 어리는 것을 나는 보아 왔습니다. 술주정뱅이들과 하나님을 욕하던 자들을 비롯해서 아무 생각 없이 인생을 살아가던 온갖 부류의 사람들이 진심으로 하나님께 돌아와서 새로운 삶을 영위하는 것을 볼 때마다 여러분이 크게 기뻐하는 것을 나는 보아 왔습니다. 이제 그러한 일들을 지속시키고자 하고, 무엇보다도 그런 일들이 더욱 더 많이 일어나게 하고자 한다면, 우리의 신앙은 다시 한 번 부흥되어야 하고, 이것을 위해서 "오, 주 우리 하나님, 주의 농장에 찾아오셔서 권능의 성령을 우리에게 다시 한 번 부어 주소서"라고 부르짖어야 합니다.

교회에서 신앙 부흥의 또 하나의 효과는 일반적으로 신자들이 한마음이 되고

서로 참되게 사랑하게 된다는 것입니다. 여러분이 내게 영국에서 가장 게으른 교회들을 보여준다면, 나는 여러분에게 가장 잘 다투는 교회들을 보여드리겠습니다. 이것은 오늘날에는 거의 속담이 되다시피 하였습니다. 사람들은 어떤 사람이 아주 잘 자는 것을 보면, "이 사람이 교회처럼 아주 잘 자네"라고 말합니다. 이것은 사람들이 교회가 이 세상에 존재하는 것들 중에서 가장 잘 자는 존재라고 생각한다는 것을 보여주는 것입니다. 그런데 안타깝게도 이 속담은 상당 부분 사실입니다. 사업을 하기 위해 설립된 기업은 그 모든 눈을 부릅뜨고 있고, 부의 축적을 목표로 하는 회사는 늘 깨어 있는 반면에, 교회들은 대체로 선한 일을 하거나 주님의 나라를 확장시킬 기회들을 소홀히 하거나 넘겨 버리는 것으로 보입니다. 이런 이유로 우리 중 다수는 둘로 쪼개져 있습니다. 신자들은 서로 다투고 상처 주며 마음 아파하고 속으로 부글부글 끓습니다. 일하는 교회는 하나 된 교회일 것이고, 잠자는 교회는 다투고 싸우는 교회일 것입니다. 교회의 상처를 치유하고 지체들을 한마음이 되게 하고 싶은 목회자가 있다면, 그는 그들 모두가 부지런히 일해도 손이 부족할 정도로 교회에 충분한 일을 주시라고 하나님께 기도하십시오. 신자들이 주님의 일을 하느라 눈코 뜰 새 없게 되고, 그들의 입이 찬송으로 가득하게 될 때, 그들에게는 서로를 헐뜯고 비방할 시간이 없게 될 것입니다. 하나님께서 우리에게 신앙의 부흥을 주신다면, 우리는 온전히 한마음이 될 것입니다. 우리를 상당 부분 그렇게 만들어 주신 하나님을 찬송합니다! 그러나 하나님께서 우리에게 더욱더 신앙의 부흥을 주셔서, 우리의 마음이 마치 한 사람의 마음인 것처럼 더 촘촘하게 하나가 되게 하시고, 살아 계신 하나님의 군대로서 우리 중 그 누구도 서로에 대하여 화나 악의를 지니는 것이 아니라, 도리어 그리스도 예수 안에서 형제와 자매가 되게 하셔서, 거기에 합당하게 살게 해주시기를 빕니다. 그리스도께서 우리에게 모두를 사랑하고 모든 것을 소망하며 모든 사람을 위해 짐을 지고 판단과 의견의 사소한 차이들을 용납하는 영을 주셔서, 우리로 하여금 그 누구도 결코 끊을 수 없는 삼겹줄로 하나가 되게 해주시기를 빕니다. 신앙의 부흥은 그리스도의 교회가 하나 되는 데에 필수적입니다.

또한, 하나님의 진리를 대적하는 원수들의 입을 막기 위해서도 신앙 부흥은 꼭 필요합니다. 원수들이 그 입을 넓게 벌려서 우리를 대적하고 욕하고 있습니까? 그들이 우리를 대적하여 험한 말들을 하고 중상모략과 비방을 계속하고 있습니까? 그들은 단지 우리만이 아니라 우리가 전하는 하나님의 진리와, 우리가 섬기는 하나님을 대적하여 그렇게 하고 있는 것입니다. 그렇다면, 우리가 어떻게 해야 그들의 입을 막을 수 있습니까? 우리가 그들의 비방이나 중상모략에 맞서서 우리 자신을 변호한다면, 그들이 입을 다물게 될까요? 결코 그렇게 되지 않습니다. 우리의 행실이 누가 보아도 칭찬할 만한 정도로 충분히 올바르지 않다면, 우리는 우리 자신을 변호하는 말을 입 밖에 꺼내서는 안 됩니다. 원수들의 입을 다물게 할 수 있는 유일한 길은 우리 가운데 신앙의 부흥을 주시라고 하나님께 구하는 것입니다. 무엇이라고요? 그들이 우리의 사역을 헐뜯고 욕한다고요? 더 많은 영혼들이 구원받는다면, 과연 그들이 우리의 사역을 헐뜯을 수 있겠습니까? 그들이 원한다면 헐뜯게 내버려 두십시오. 그들이 하나님의 가르침들을 비방합니까? 그들이 비방하도록 내버려 두고, 우리는 우리의 삶을 더욱 거룩하게 해서, 우리의 가르침들이 사람들을 죄악으로 이끈다고 말하는 것이 거짓말임이 만천하에 드러나게 하는 데에 집중하여야 합니다. 우리는 하나님이 우리를 더욱 진실하고 거룩하여 하나님과 그리스도를 닮은 자들로 만들어 주셔서, 그들이 말하는 모든 것에 대하여 그들 자신의 양심이 그들에게 "네가 그들을 비방하는 것은 모두 다 거짓이야"라고 증거할 수 있게 해 달라고 구하여야 합니다. 이것은 청교도들의 영광이었습니다. 그들은 자신들이 전한 가르침들로 인해서 사람들로부터 비방을 받았습니다. 나는 내가 청교도들의 가르침을 전했다고 자신 있게 말할 수 있고, 나의 설교들 중에서 가장 반대를 많이 받은 부분들은 흔히 옛적의 교부들이나 청교도들의 글에서 인용한 것들이었다는 것을 자신 있게 말할 수 있습니다. 나는 흔히 사람들이 내가 전한 말씀들을 단죄하는 것을 볼 때에 웃으며 이렇게 말했습니다: "선생님께서는 스테판 차녹(Stephen Charnock, 1628-1680), 존 번연, 하위(Howe), 필립 도드리지(Philip Doddridge, 1702-1751) 등과 같은 위대한 신앙 인물들을 단죄하신 겁니다." 내가 전하고 사람들이 단죄한 그 말씀은 이러한 위대한 신앙 인물들이 한 말이기 때문에, 사람들의 비방은 내게 별 영향을 미치지 못합니다. 사실 그들은 살아 있을 때에 비방을 받았습니다. 그들은 자신을 비방하는 사람들에게 어떤 식으로 대답하였을까요? 그들은 흠 없고 거룩한 삶으로 대답하였습니다. 그들은 에녹처럼 하나님과 동행하였습니다. 그들은 세상 사람들이 그들에 대하여 뭐라고 말하든 그런 것에 신경 쓰지 않고, 그저 자신과 자신의 가족들이 이 세상에서 가장 엄격하게 경건하고 올바르게 살아가는 데에만 관심을 가졌습니다. 그래서 사람들은, 그들의 원수들은 "선한 일들에 대하여 말한" 반면에 그들은 "선한 일들을 직접 행하였다"고 말하였습니다. 아르미니우스주의자들(the Arminians)은 당시에 죄 가운데 살았던 반면에, 칼빈주의자로 불리며 비웃음을 받았던 사람들은 의로움 가운데 살았기 때문에, 죄를 부추기는 것이라고 비방을 받았던 가르침들은 나중에 거룩함을 가져다주는 가르침들임이 증명되었습니다. 우리는 세상 사람들에게 인류 역사상에서 하나님의 값없는 은혜에 관한 가르침을 받아들인 사람들보다 더 거룩한 사람들을 한 번 찾아볼 테면 찾아보라고 도전합니다. 값없이 거저 주어지는 은혜의 가르침을 받아들인 사람들은 모든 세대에서 원수들에 의해서조차 하나님의 말씀을 열심히 읽고 하나님의 법을 행하는 데에 열심인 가장 경건한 사람들로 유명하였습니다. 그들은 그리스도의 피로 말미암아 오직 믿음으로 의롭게 된다고 말하였지만, 인류 역사상 그들만큼 "선한 일을 열심히 하는" 하나님의 "백성"(딛 2:14)이 되어서 모든 경건의 행위들을 통해서 하나님께 영광을 돌리는 사람들은 없었습니다. 우리는 그들의 신앙을 따르고, 그들의 경건을 본받아야 합니다. 우리는 거기에서 신앙의 부흥을 구하여야 합니다. 그래서 우리의 원수들의 입이 완전히는 아닐지라도 많이 닫히게 하고, 그들이 우리를 비방할 때마다 그들의 양심이 그들을 쳐서 증거하게 하여야 합니다. 우리는 그들의 비방을 잠재우기 위해서 훌륭한 답변을 준비할 필요도 없고, 우리의 정당성을 입증하기 위해서 훌륭한 논문들을 뒤적일 필요도 없으며, 우리가 옳다고 목소리를 높여 얘기할 필요도 없습니다. 나는 나의 형제들이 그렇게 행하는 것에 대하여 감사하지만, 사실 그런 것들은 효과는 별로 없습니다. 우리는 올바른 삶을 살아 나가고, 올바르게 일해 나가야 합니다. 우리는 올바르게 말씀을 전하고 이전보다 더 잘 우리 하나님을 섬겨야 합니다. 그럴 때에 지옥과 땅이 요동하며 진동한다고 할지라도, 우리의 영혼의 흠 없음으로 인해서 우리는 놀라지 않게 될 것이고, 지존자께서 친히 그런 흑암의 세력으로부터 우리를 지켜 주실 것입니다. 그러므로 이 세 가지 아주 중요한 이유로 인해서 우리에게는 신앙의 부흥이 필요합니다.

그렇지만 무엇보다도 우리가 하나님께 더 큰 영광을 돌리기 위해서 우리에게 신앙의 부흥이 필요합니다. 그리스도인의 삶의 제대로 된 목표는 하나님의 영광입니다. 교회는 하나님을 영화롭게 하기 위한 목적으로 세워졌습니다. 그러나 하나님을 영화롭게 할 수 있는 것은 오직 신앙 부흥이 이루어져서 살아 있는 교회뿐입니다. 여러분은 모든 교회가 하나님을 영화롭게 한다고 생각하십니까? 결코 그렇지 않습니다. 도리어, 하나님을 욕되게 하는 교회들도 있습니다. 이것은 그들의 잘못된 가르침이나 예전들에 어떤 결함이 있기 때문이 아니라, 그들의 신앙 속에 생명이 없기 때문입니다. 목회자 외에 여섯 분이 함께 하는 기도 모임이 있습니다. 이러한 모임이 하나님에 대한 그들의 충성된 마음을 보여주는 것일까요? 이러한 모임이 기독교 신앙에 영광을 가져다주는 것일까요? 그 사람들의 집에 가서서, 그들이 혼자 있을 때에 어떻게 행하는지를 보십시오. 그들이 하나님 앞에서 어떻게 행하는지를 보십시오. 그들의 성소로 가서 그들이 드리는 찬송들을 들으십시오. 거기에는 아름다운 음악이 있습니다. 그러나 그들의 그 어디에 생명이 있습니까? 설교를 들어보십시오. 설교가 정교하고 빛이 나며 완전해서 웅변의 진수를 보여주는 것 같습니다 그러나 여러분 스스로 자문해 보십시오: "이적이 일어나지 않는 한, 그러한 설교를 듣고 구원 받을 영혼이 과연 있겠습니까? 그 설교 속에 사람들로 하여금 선하게 살아야 하겠다고 결심하게 만드는 그 무엇이 있었습니까? 그 설교는 사람들의 귀를 즐겁게 해주었고, 어느 정도 교훈도 주었지만, 과연 그 설교 속에 사람들의 심령을 가르치는 그 무엇이 있었습니까?" 그러한 설교자들이 많다는 것을 하나님은 아십니다. 그들의 박학다식함과 현란한 언변에도 불구하고, 그들은 복음을 단순하고 명료하게 전하지도 않고, 우리 아버지 하나님께로 가까이 나아가지도 않습니다. 우리가 교회를 통해서 하나님을 영화롭게 하고자 한다면, 우리 교회는 하나님의 진리들을 뜨겁게 사랑하여 삶 속에서 열심으로 실천하는 교회가 되어야 합니다. 하나님께서 우리에게 위로부터 오는 생명을 주셔서, 우리로 하여금 하나님으로부터 "네가 살았다 하는 이름은 가졌으나 죽은 자로다"(계 3:1)라는 말씀을 들은 저 옛적의 교회 같이 되지 않게 하여 주시기를 빕니다. 이상으로 우리는 신앙이 부흥되었을 때의 유익들 중 일부를 살펴보았습니다.

2. 둘째로, 어떻게 하면 신앙 부흥이 가능합니까?

신앙의 부흥을 가능하게 해주는 것으로는 두 가지가 있습니다. 그 중 하나는 "만군의 하나님 여호와여 우리를 돌이켜 주시고"이고, 다른 하나는 "주의 얼굴의 광채를 우리에게 비추소서"입니다. 이 두 가지가 없이는 신앙의 부흥은 있을 수 없습니다. 나의 사랑하는 자들이여, 나는 이 두 가지 중 전자를 여러분에게 적용해서 말씀드리기 위해서 이 둘을 하나씩 분리해서 따로 살펴보고자 합니다.

"만군의 하나님 여호와여 우리를 돌이켜 주시고." 여러분의 목회자는 자신의 주 하나님께로 더 철저히 돌이킬 필요가 있음을 느낍니다. 그는 이런 기도를 드립니다: "하나님, 나를 도우셔서 나로 이전보다 더 두려움 없이 충성되게 해주시고, 내가 말씀을 전할 때에 사람들이 그것에 대하여 어떻게 생각하고 무슨 말을 할지를 단 한순간도 결코 생각하지 않고, 오직 나의 주이신 하나님이 그것에 대하여 어떻게 생각하실지만을 생각하게 해주시고, 내가 강단에 설 때마다 하나님의 진리에 대한 사람들의 의견이 아니라 오로지 주 하나님께서 내게 말씀하시는 것만을 받아서 그것이 나에게 손해가 되든 이익이 되든 그대로 전하겠다는 결심을 하게 해주소서." 또한, 그는 자신의 주 하나님께 다음과 같이 구합니다: "하나님, 나로 이전보다 더 많은 기도를 하고 난 후에 이 자리에 서게 해주시고, 내가 어떤 말씀을 전하든 내 영혼이 그 말씀으로 인하여 불타올라서, 하나님의 말씀을 진리로 생각하지 않는 사람들조차도 적어도 내가 그 말씀을 저 깊은 중심에서 진리로 믿는다는 것을 알게 해주소서." 나는 내가 말씀을 전할 때에 하나님의 강력한 권능이 함께 해주시라고 하나님께 구합니다. 나는 말씀을 전하는 일에 있어서 내게 아무런 능력도 없다는 것을 너무나 잘 압니다. 나는 영혼을 구원할 수 있는 어떤 능력이나, 매력 있는 언변으로 사람들을 끌 수 있는 그 어떤 능력이 내게 조금도 없다는 것을 너무나 잘 압니다. 나는 여러분이 내가 전하는 말씀을 듣고서 유익을 얻었다면, 그것은 전적으로 하나님의 역사임에 틀림없다는 것을 느낍니다. 그리고 나는 하나님께서 나를 가르치셔서 내 자신의 약점을 더욱 잘 알게 해주시라고 기도합니다. 나의 원수들이 나를 쳐서 무엇을 말하든, 나의 연약한 점들을 지적하는 그들의 말이 옳다는 것을 나는 믿습니다. 그렇지만 그럴 때에 나는 이렇게 외칩니다:

"나는 비록 약하지만 주의 능력을 힘입어
　　모든 것을 할 수 있다네."

내가 더욱더 하나님을 향하여 돌이키게 하셔서 여러분이 더욱 영적으로 잘되게 해주시라고 여러분도 나를 위해 기도해 주지 않으시겠습니까?

그러나 여러분 중에는 교회의 일꾼인 분들이 있습니다. 많은 분들이 그리스도를 위하여 열심으로 일하고 계십니다. 그분들은 주일학교에서, 전도책자들을 나누어 주는 일로, 여러 마을들과 이 큰 도시의 여러 지역에서 말씀을 전하는 일로 하나님을 섬기며 열심히 수고하고 계십니다. 이제 내가 그런 분들에게 권하는 것은 "하나님이여, 우리를 돌이켜 주소서"라고 부르짖으라는 것입니다. 하나님을 위해 수고하고 일하시는 나의 사랑하는 친구들이여, 여러분이 수고하는 모든 일을 통해 하나님께 더 큰 영광을 돌리기 위해서는 여러분은 더 많은 성령의 충만함을 받아야 합니다. 나는 우리가 성령을 너무 잊고 있는 것이 아닌가 우려가 됩니다. 우리는 성령을 더 많이 기억할 필요가 있습니다. 주일학교 교사들은 여러분이 하나님의 힘을 전적으로 의지해서 하나님께 더 큰 영광을 돌리고자 하는 진실한 소원을 가지고서 주일학교에 참석하게 해주시라고 하나님께 부르짖으십시오. 아이들을 주일학교에 모았다가 정해진 예배를 드리고 다시 집으로 돌려보내는 등 늘 하던 일들로 만족하지 마시고, "하나님, 교사로서 아이들의 영혼에 대하여 마땅히 느껴야 할 고민과 괴로움을 내게 주소서"라고 부르짖으십시오. 여러분이 아이들의 심령에 대한 사랑의 고통과 진심을 가지고서 주일학교에 참석하여 눈물로 가르치며 아이들이 구원 받고 사망에서 건짐을 받는 데에 여러분이 통로가 될 수 있게 해주시라고 하나님 앞에서 탄식하며 신음하며 기도하십시오. 다른 일들로 하나님을 섬기고 계시는 분들에게도 나는 여러분이 지금까지 해왔던 것에 만족하지 마시기를 부탁드립니다. 여러분은 자신이 맡은 일을 아주 잘하여서 다른 형제들로부터 인정을 받고 있을지도 모릅니다. 그럴지라도 하나님 앞에서 그 일을 하고 있음을 생각해서 더 큰 열심으로 행하십시오. 나는 외적으로 더 큰 열심을 내라고 하는 것이 아니라, 내적으로 하나님의 은혜를 더 열심으로 구하여 그렇게 해서 주어진 은혜로 열심을 내라고 하는 것입니다. 여러분이 순전한 동기와 오로지 그리스도만을 믿는 믿음을 가지고서, 그리스도를 더 견고하게 의지하여, 여러분의 일의 형통을 위해 더 간절하게 기도하면서 여러분에게 주어진 일들을 해 나갈 수 있게 해주시라고 하나님께 구하십시오. 나는 예수를 위하여 일하는 모든 사람이 "우리를 돌이켜 주소서"라고 부르짖기를 소망합니다.

　　여러분 중에는 중보기도자들도 있습니다. 여기에서 나는 하나님을 사랑하는 모든 사람에게 중보기도자가 되시라고 권하고 싶습니다. 교회의 힘은 이 중보기도자들에게 얼마나 많이 달려 있는지 모릅니다! 교회에 중보기도자들이 없는 것보다는 차라리 일꾼들이 없는 편이 더 낫다고 말할 수 있을 정도입니다. 어느 교회든 형통하려면 하나님께 매어달리는 중보기도자들, 어떻게 하면 하나님을 설득하고 간구하여 이길 수 있는지를 아는 분들이 반드시 있어야 합니다. 사랑하는 자들이여, 나는 다시 한 번 여러분에게 이 점을 강조하지 않을 수 없습니다. 여러분이 이 전에서나 다른 곳들에서 영혼들이 구원받는 큰 일들이 일어나는 것을 보고자 한다면, 지금보다 더 간절하게 중보기도를 하여야 합니다. 나는 우리 교회의 기도회들에 언제나 사람들이 꽉 차게 참석하는 것에 대하여 하나님께 감사합니다. 그러나 여러분 중에는 내가 원하는 것만큼 자주 모습을 보이지는 않는 분들이 있습니다. 여러분 중에서 몇몇 장사하시는 분들은 기도회가 끝나기 30분 전쯤에 오셨다가 가시는 분들도 있습니다. 그분들은 내가 직접 만나서 꼭 기도하시라고 부탁드린 분들입니다. 또 어떤 분들은 내가 기도회에서 6개월 동안이나 보지 못했습니다. 하지만 지금 여기에 계시는 여러분들처럼 어떻게든 기도회에 참석하려고 애를 쓰는 분들도 있습니다. 여러분이 기도하는 것을 좋아하지 않는다면, 나는 여러분이 그렇게 될 때까지 기도회에 오지 않았으면 좋겠습니다. 그러나 나는 여러분이 더욱 철저히 하나님의 교회와 함께 하고, 더욱 철저히 하나님을 섬기는 일에 헌신하고자 하는 그런 마음 상태가 되게 해주시라고 하나님께 구합니다. 우리의 기도회에는 많은 분들이 참석하고 계시지만, 앞으로는 더 많은 분들이 참석하게 될 것입니다. 사람들은 "여호와를 도와 용사를 치러"(삿 5:23) 올라오게 될 것입니다. 우리는 더 많은 기도를 할 필요가 있습니다. 나는 여러분이 집에서 드리는 기도가 지난 3주 동안에 이전보다 더 간절해졌을 것이라고 믿습니다. 여러분의 기도는 더욱더 간절해져야 합니다! 우리가 하나님께 의지하는 것은 기도를 통해서입니다. 하나님께서 우리에게 힘을 공급해주시는 것도 기도를 통해서입니다. 나의 사랑하는 친구들이여, 하나님과 씨름하시기를 간곡히 부탁드립니다. 나는 형제들과 하나님의 진리에 대한 여러분의 사랑을 압니다. 골방에서도 공중기도회 가운데서도 하나님과 씨름하셔서, 하나님께서 하늘 문을 여시고, 우리가 받기에 벅찰 정도로 우리에게 복을 부어 주시게 하십시오. 그런 복을 받기 위해서는 중보기도자들이 기도를 통해 하나님께로 돌이켜야 합니다.

또한, 여러분 중에 예수와의 거룩한 교제에 익숙해 왔었지만 최근에 저 거룩하고 신령한 습관을 한동안 끊어 버린 분들이 있다면, 그들은 하나님께로 다시 돌이켜야 합니다. 사랑하는 자들이여, 여러분 중에는 날마다 하나님과 동행해 왔던 분들이 있지 않습니까? 여러분의 아침은 기도로 거룩해졌고, 여러분의 저녁은 찬송으로 마무리되었습니다. 여러분은 매일매일의 일 속에서 예수와 동행하였습니다. 여러분은 정말 에녹이었고 요한이었습니다. 여러분은 자신의 머리를 주님의 품에 기대고 살았습니다. 그러나 그랬던 여러분 중에서 최근에 그러한 거룩한 교제를 중단한 분들이 없습니까? 우리는 다른 사람들을 향해 말하기보다는 우리 자신에게 말해야 합니다. 우리 자신은 예수와의 거룩한 교제를 요즘에 별로 갖고 있지 않은 것은 아닙니까? 하나님께 드리는 우리의 기도나 우리에게 나타난 하나님의 계시들이 좀 뜸해지지 않았습니까? 우리는 우리의 마음 속에 임마누엘이 없는데도 별 일 없다는 듯이 살아오지는 않았습니까? 우리의 떡 조각을 거룩한 교제의 꿀 속에 담근 지가 오래 되지는 않았습니까? 여러분 중에는 사랑하는 마음으로 예수를 찾은 지가 수 주 또는 수 개월이 된 분들도 있을 것입니다. 사랑하는 자들이여, "우리를 다시 돌이켜 주소서"라고 하나님께 부르짖으시기를 부탁드립니다. 거룩한 교제 없이 살아가는 일이 우리에게 있어서는 결코 안 됩니다. 예수와의 거룩한 교제가 중단된 채로 살아간다는 것은 우리에게 있어서는 결코 안 되는 일입니다. 나는 이 문제에 있어서 여러분의 분발을 촉구하고자 합니다. 여러분의 눈이 예수에 대한 사랑으로 가득한 것을 다시 회복해서, 여러분이 예수의 눈에 더욱더 사랑스럽게 되었다는 것을 알게 해주시라고 하나님께 구하십시오.

    사랑하는 자들이여, 나는 "우리를 돌이켜 주소서"가 기독교 신앙을 위해 여러분이 수고하는 일들에서만이 아니라 여러분의 매일의 삶 속에서도 여러분의 기도가 되어야 한다는 것을 다시 한 번 말씀드립니다. 나는 여러분 각자, 특히 그리스도 안에서 나의 자녀들인 분들, 하나님께서 나를 통해서 어두운 본성에서 나와 하나님의 기이한 빛으로 들어가게 하신 분들의 삶이 여러분의 신앙 고백을 존귀하게 해드리는 것이 될 수 있게 해주시라고 하나님 앞에서 매일 눈물로 기도합니다. 나의 사랑하는 자들이여, 신앙을 고백한 여러분 중에서 그 누구도 하나님과 사람 앞에서 거짓말쟁이로 발견되지 않게 되기를 빕니다. 세례를 받았지만 속임의 물로 세례를 받은 사람들이 많고, 성찬의 포도주에 참여하지만 자신이 출석하는 교회에 욕과 수치가 되는 사람들이 있습니다. 이 자리에서 지금 우리와 함께 찬송을 부르지만 다른 데 가서는 사탄의 노래를 부르는 사람들도 있습니다. 여러분 중에는 자신이 하나님의 교회의 지체로서 합당하지 않다는 것을 나도 모르고 집사님들도 모르고 성도들도 모르지만 자신의 양심이 말해 주는 그런 사람들이 있지 않습니까? 그런 분들은 우리를 속이고 우리의 회중 속으로 몰래 들어온 사람들로서 우리 중의 암과 같습니다. 하나님께서 여러분을 용서하시고 여러분의 마음을 바꾸어 주시기를 빕니다. 하나님께서 여러분으로 하여금 진정으로 돌이켜서 하나님을 참되게 믿게 해주시기를 빕니다. 나의 형제들이여, 우리는 우리 자신이 이 문제에 있어서 부끄러움이 없기를 소망하지만, 우리 속에는 여전히 개선되고 고쳐져야 할 것들이 얼마나 많습니까? 여러분은 자신의 가족들에 대하여 어떻게 행하고 있습니까? 여러분의 아이들을 위하여 진심으로 간절하게 기도하고 있습니까? 여러분의 직업이나 사업에 대해서는 어떻게 행하고 있습니까? 여러분은 사업이나 장사를 하면서 속임수를 쓰지 않고 정말 정직하게 하고 있습니까? 여러분은 세상 사람들의 풍속을 거부하며, "모든 사람이 나쁜 짓을 한다고 해서, 그것이 나도 나쁜 짓을 해야 하는 이유가 될 수 없으니, 나는 올바르게 행하리라"고 말하고 있습니까? 여러분은 어떻게 말해야 하는지도 알고 있습니까? 여러분은 천국 방언을 다 익혀서 사용하고 있습니까? 여러분은 온갖 어리석은 말과 온갖 더러운 행실을 피하여, 이 세상에서 예수 그리스도의 형상을 지니고자 하고 있습니까? 나는 여러분에게 외적으로 겸손한 태도를 취하며 자신을 "저"라고 낮추는 등과 같은 행동과 말을 보이고 있는지를 묻고 있는 것이 아니라, 여러분이 하는 말을 하나님의 말씀으로 다스리는 법을 익혀서 알고 있는지를 묻고 있는 것입니다. 여러분은 원하는 것만큼 그렇게 하지 못하고 있다는 것을 나는 압니다. 그러므로 그리스도인들이여, "하나님이여, 우리를 돌이켜 주소서"라고 부르짖으십시오. 다른 사람들이 죄를 짓는다고 해도, 여러분은 죄를 짓지 마시기를 부탁드립니다. 여러분이 죄를 짓는 것이 하나님을 얼마나 욕되게 하는 것인지를 기억하십시오. 여러분은 자신이 고백하는 그리스도와 그의 가르침들을 욕되게 하고자 하십니까? 우리가 욕을 끼치지 않아도, 사람들은 지금도 충분히 그리스도와 그의 가르침을 비방하고 있습니다. 사람들이 우리를 진짜 욕할 이유를 우리가 제공하지 않아도, 사람들은 우리의 신앙을 비방하기 위하여 온갖 거짓말을 만들어 냅니다. 그리스도 예수 안에서 나의 형제들인 여러분, 나는 필요하다면 얼마든지 여러분 앞에 무릎을 꿇고서, 여러분이 예수와 동행하며 살아가시라고, 마치 내 목숨을 구걸하듯이 애걸할 것입니다. 나는 성령께서 여러분이 어디에 있든지 여러분에게 임하셔서, 여러분이 "그리스도의 복음에 합당하게 생활할"(빌 1:27) 수 있게 해주시라고 기도합니다. 또한, 크든 작든 여러분의 모든 행위에서와 여러분의 온갖 말에서 하늘로부터의 감화로 인하여 늘 올바르게 하시고, 모든 일에서 여러분이 점점 더 경건의 능력이 있게 하시며 예수 그리스도의 형상을 본받게 하시기를 기도합니다.

　사랑하는 친구들이여, 우리는 지금 정말 그리스도인으로서 합당하게 살고 있습니까? 우리는 가슴에 손을 얹고, "하나님, 나는 영적인 일들에 있어서 합당하게 행하고 있습니다"라고 말할 수 있습니까? 결코 그럴 수 없습니다. 나는 우리 중에서 그렇게 말할 수 있는 사람은 한 사람도 없을 것이라고 생각합니다. 우리가 지금 이 전의 장의자에서 죽고자 하는 결의를 지니고 있다면, 우리는 합당하게 살고 있는 것입니까? 우리는 지난 한 주간이 우리의 일생 전체의 본보기가 되기를 원할 정도로 그렇게 지난 주를 살았습니까? 나는 그렇지 못한 것 같습니다. 사랑하는 자들이여, 여러분은 어떠셨습니까? 여러분의 행실은 하늘을 우러러 부끄러움이 없을 정도로 깨끗하고 정결하였습니까? 여러분의 마음은 어떠했습니까? 전적으로 오직 예수만을 바라보았습니까? 여러분의 믿음은 어떠했습니까? 오직 하나님만을 의지하고 의뢰하였습니까? 여러분의 영혼은 병들어 있었습니까, 아니면 건강하였습니까? 여러분은 꽃을 피우고 열매를 맺어가고 있었습니까, 아니면 메말라 있고 아무런 열매도 맺지 못하였습니까? "시냇가에 심은 나무" 같아서 "철을 따라 열매를 맺는"(시 1:3) 사람은 복 있는 사람이라는 것을 기억하십시오. 그러나 여러분 자신은 어떻습니까? 여러분 중에는 기도에 있어서 냉담하고 무기력해서 기도 자체가 짐이 되는 분들은 없습니까? 여러분이 겪고 있는 시련들은 어떻습니까? 그 시련들이 이전보다 더 여러분의 마음을 찢어놓습니까? 그렇다면, 그것은 여러분이 여러분의 짐을 하나님께 맡기는 법을 잊었기 때문입니다. 여러분의 매일의 삶은 어떻습니까? 여러분은 자신의 삶이 그리스도인으로서 합당한 삶이 아님을 보는데도 슬퍼하고 탄식하지 않고 있습니까? 사랑하는 자들이여, 뒤로 물러나는 것을 가벼운 일로 여기지 마십시오. 여러분의 열심이 이전보다 줄어든 것을 작은 일로 여기지 마십시오. 신앙의 퇴보를 시작하는 것은 서글픈 일입니다. 그런데도 여러분 중에서 그렇게 퇴보하는 분들이 얼마나 많습니까! 이제 우리는 이렇게 기도해야 합니다:

"하나님이여, 우리를 부흥시키소서. 하나님이여 우리를 부흥시키소서!

우리의 모든 도움은 하나님으로로부터 와야 하나이다."

나는 우리 아버지 하나님과 우리 형제이신 예수 그리스도의 이름으로 여러분에게 여러분의 마음을 낱낱이 살펴서 이렇게 기도하기를 간절하게 부탁드립니다: "하나님, 내가 올바르게 행하는 것들이 있다면, 모든 반대와 싸움에 맞서 그것들을 계속해 나가게 해주소서. 그러나 내가 잘못하고 있는 것들이 있다면, 하나님께서 예수를 인하여 그것들을 바로잡아 주소서." 우리의 심령이 부흥되고자 한다면, 우리는 이렇게 하나님께 돌이켜야 합니다. 모든 거룩하지 못한 삶, 모든 냉랭한 심령, 하나님께 전적으로 헌신되지 못한 것이 우리의 신앙의 부흥을 가로막습니다. 우리의 영혼이 전적으로 하나님께 돌이키게 되면, 바로 그때서야 하나님은 우리로 하여금 구속주의 영혼의 산고(産苦)를 보게 해주시고, "하나님이 우리에게 복을 주시리니 땅의 모든 끝이 하나님을 경외하게"(시 67:7) 될 것입니다.

신앙 부흥의 또다른 수단은 아주 귀한 것, 즉 "주의 얼굴의 광채를 우리에게 비추시는" 것입니다. 사랑하는 자들이여, 우리는 하나님께 우리가 모두 헌신되어서, 하나님의 모든 종들이 간절히 기도하고 그리스도인에 합당한 삶을 살아가게 해주시라고 구한다고 할지라도, 이 두 번째 기도가 응답되지 않는다면, 그런 일은 결코 일어나지 않을 것입니다. 첫 번째 기도가 응답되어서 이루어졌다고 할지라도 두 번째 기도가 응답되지 않는다면, 어디에 복이 있겠습니까? 교회가 흥왕하게 되는 것은 하나님의 얼굴의 광채가 그의 교회에 비칠 때입니다. 하나님의 얼굴의 광채가 교회에 없다고 할지라도, 이 땅에서 아주 부유하고 지혜로운 자들이 무수히 교회에 더해진다면, 교회가 진정으로 형통하고 흥왕하게 될 것이라고 여러분은 생각하십니까? 사랑하는 자들이여, 하나님이 우리 교회에 오신다면, 그런 부유하고 지혜로운 자들이 없어도 우리 교회는 흥왕하고 형통하겠지만, 그런 자들이 무리지어 몰려온다고 해도 하나님이 계시지 않는다면, 그것은 교회에 저주가 될 것입니다. 교회에 하나님의 은혜가 점점 더 크게 부어지지도 않는데, 많은 사람들이 교회에 더해진다면, 그것이 복이라고 여러분은 생각하십니까? 절대로 그럴 수 없습니다. 그런 것은 배에 탄 사람들이 먹을 양식을 싣지는 않고서 배가 가라앉을 지경이 되도록 사람들을 많이 배에 싣는 것과 같습니다. 교회에 더해지는 사람들의 수가 많을수록, 교회에는 하나님의 은혜가 더 많이 필요합니다. 우리에게 날마다 필요한 것은 바로 이것, 즉 "주의 얼굴의 광채를 우리에게 비추시는" 것입니다. 이 기도하는 집에서 하나님의 얼굴의 광채가 우리에게 비친 때들이 있어 왔습니다. 나는 목회자로부터 주일학교 아동에 이르기까지 거의 전 교인이 눈물을 흘리며 울었던 때들을 기억합니다. 한 번 설교할 때마다 수십 명이 회심했던 때들이 있었습니다. 우리가 그때 누렸던 그 복은 지금 어디에 있습니까? 우리가 그때 이 전에서 누렸던 기쁨은 지금 어디에 있습니까? 형제들이여, 그 복과 기쁨이 지금 모두 다 사라져 버린 것은 아닙니다. 많은 사람들이 지금도 여전히 하나님을 알기 위해 이 전에 옵니다. 그러나 나는 하늘로부터 오는 새 생명과 힘이 소나기처럼 내렸던 그때들을 다시 보고 싶습니다. 여러분은 횟필드(Whitefield)가 설교할 때에 한 번에 2천 명이 구원을 받았다는 이야기를 들은 적이 있습니까? 그는 위대한 인물이었습니다만, 하나님은 큰 자와 마찬가지로 작은 자를 사용하셔서도 동일한 역사를 이루실 수 있으십니다. 왜 우리 교회에서는 우리가 꿈꾸는 것 이상으로 많은 사람들이 구원받는 역사가 일어나지 않는 것이겠습니까? 왜 그럴까요? 하나님이 그 얼굴의 광채를 비추시기만 하신다면, 그런 역사가 일어나지 않을 이유가 없다는 것이 우리의 대답입니다. 우리 주 하나님께서 그 얼굴의 광채를 비추어 주신다면, 사람들의 얼굴이 우리에 대한 적대감으로 일그러져 있고 그들의 마음이 악의로 검게 물들어 있다고 할지라도, 우리는 그것으로 충분합니다:

> "하나님이 팔을 걷어붙이시면,
> 누가 하나님에게 맞설 수 있을까?
> 하나님이 자기 백성을 지키시면,
> 누가 그 손에서 그들을 빼앗을 수 있을까?"

우리에게 필요한 것은 하나님의 선하신 손길이 우리와 함께 하는 것입니다. 나는 사람들이 지난 오랜 세월 동안 볼 수 없었던 하나님의 특별한 손길이 이 시대에 나타날 가능성이 있다고 생각합니다. 하나님께서 어떤 역사를 이루신다면, 모든 영광은 오직 하나님께 돌려져야 합니다. 우리는 연약한 인간일 뿐인데, 우리가 무엇을 할 수 있겠습니까? 따라서 하나님께서 어떤 역사를 이루신다면, 모든 영광은 전적으로 하나님께 돌아가게 될 것입니다. 하나님이여, 역사하소서!

하나님이여, 스스로 영광을 나타내소서. 하나님이여, 우리에게 돌아오셔서 우리로 하나님께 돌이키게 하시고, 하나님의 얼굴의 광채가 우리를 비추게 하소서. 하나님의 자녀들이여, 나는 이 말씀의 의미를 상세하게 설명할 필요는 없을 것입니다. 여러분은 하나님의 얼굴의 광채를 우리에게 비추는 것이 무엇인지 그 의미를 압니다. 여러분은 그것이 여러분의 어두운 영혼에 부어진 밝은 지식의 빛, 위로의 따뜻한 빛, 생명의 빛이라는 것, 그것이 여러분을, 시내 산에서 내려왔을 때에 그 얼굴에서 광채가 나서 사람들이 감히 그를 쳐다볼 수 없었던 모세와 같이 보이게 만들어 주게 될 영광의 빛이라는 것을 압니다. "주의 얼굴의 광채를 비추소서." 사랑하는 자들이여, 이것을 여러분의 기도 제목으로 삼지 않으시겠습니까? 나의 믿음의 형제들 중에서 "주의 얼굴의 광채를 비추소서"라고 하나님께 부르짖기 위해서 오늘 집으로 돌아가지 않겠다고 결심하는 형제가 적어도 한 명쯤은 이 자리에 있을 것입니다. 먹장구름이 우리 위에 짙게 덮여 있습니다. 우리에게 필요한 모든 것은 하나님의 아들이 오셔서 그 구름을 걷어내시는 것입니다. 무섭고 비참한 일들이 있어 왔습니다. 그러나 하나님, 우리 하나님이 나타나시면, 그런 일들이 대수겠습니까? "주의 얼굴의 광채를 비추소서"가 우리의 부르짖음이 되게 합시다. 사랑하는 자들이여, 하나님께서 "만군의 하나님 여호와여 우리를 돌이켜 주시고 주의 얼굴의 광채를 우리에게 비추소서 우리가 구원을 얻으리이다"라고 부르짖는 우리의 기도에 응답하실 때까지, 우리 하나님을 쉬지 못하게 합시다.

3. 셋째로, 이러한 신앙 부흥을 간절하게 구하십시오.

자, 이제 나는 구주를 사랑하는 여러분 모두에게 이러한 신앙 부흥을 간절하게 구할 것을 촉구합니다. 여러분 중에는 집에 가자마자 하나님 앞에 무릎을 꿇고 하나님께서 자신의 교회에 복을 내려 주시라고 간절하게 부르짖어야 하겠다고 마음속으로 결심하고 계시는 분들이 있을 것입니다. 반드시 그렇게 하시기를 부탁드립니다. 우리는 설교를 듣는 동안에는 결심을 하지만, 설교가 다 끝난 후에는 그 결심이 약해지는 경우가 비일비재합니다. 여러분은 하나님의 전을 나설 때에 "목사님의 권면을 실행에 옮겨서 기도를 많이 해야지"라고 말했던 적이 많았을 것입니다. 여러분은 집에 도착하자마자 그렇게 하겠다고 생각했지만, 막상 집에 도착해서는 그렇게 하지 않았고, 그런 식으로 그 문제는 갑자기 끝나 버러서, 여러분이 결심한 것을 하나도 실행할 수 없었습니다. 그러나 이번에는 결연하게 결심하시기를 부탁드립니다. "이제 내가 하나님께 더 많이 헌신하고 더 많은 영광을 돌려야지"라고 말만 하지 마시고, 즉시 실행에 옮김으로써 자신의 결심을 나타내 보이십시오. 하나님의 힘을 덧입는다면, 여러분은 인간으로서 낼 수 있는 최대한의 힘을 다 내서 스스로 해 보겠다고 생각한 것보다 더 큰 일을 할 수 있습니다. "결심"은 양심을 잠시 편안하게 해줄 뿐이고 실제로는 아무런 유익도 가져다주지 못하는 경우가 비일비재합니다. 여러분이 자기가 마땅히 해야 할 일을 하겠다고 결심하면, 양심은 여러분이 하나님의 명령에 불순종하고 있다고 여러분을 책망할 수 없습니다. 그러나 그 후에 여러분이 실제로 그 결심대로 행하지 않으면, 그런 효과는 사라지고 맙니다. 그러니 여러분이 지금 어떤 거룩하고 경건한 결심을 하였다면, 그 결단을 즉시 기도로 바꾸십시오. "내가 어떤 것을 하겠다"고 말하지 말고, "하나님께서 내게 은혜를 주셔서 그것을 하게 해주소서"라고 기도하십시오. 한 번의 기도는 만 번의 결심이나 결단보다 더 가치가 있습니다. 십자가의 군사인 여러분이 여러분의 머리 위에서 펄럭이고 있는 군기를 결코 욕되게 하지 않도록 해주시라고 하나님께 기도하십시오. 여러분이 전쟁의 날에 뒤돌아서 버린 에브라임 자손 같이 되는 것이 아니라, 상황과 여건이 어떠하든 견고하게 서 있을 수 있게 해주시고, "낮에는 더위와 밤에는 추위를 무릅쓰고 눈 붙일 겨를도 없이 지냈나이다"(창 31:40)라고 말했던 저 옛적의 야곱처럼 여러분에게 주어진 부르심을 인하여 여러분에게 닥쳐오는 온갖 고난과 괴로움에도 불구하고 하나님을 섬길 수 있게 해주시라고 하나님께 구하십시오.

　여러분 중에는 아마도 자기는 지금도 충분한 은혜 가운데에 있기 때문에 그 이상의 신앙 부흥은 필요 없다고 생각하는 분들도 있을 것이지만, 나는 그렇게 생각하는 사람들이 여러분 가운데 거의 없기를 바랍니다. 그러나 당신이 그렇게 생각하고 있다면, 나는 당신에게 당신은 자기가 올바르다고 착각하고 있고, 그것은 당신이 잘못되어 있다는 증거라는 것을 경고합니다. 마음속으로 "나는 부자라 부요하여 부족한 것이 없다"고 말하는 사람은 "네 곤고한 것과 가련한 것과 가난한 것과 눈 먼 것과 벌거벗은 것"을 알아야 합니다(계 3:17). 자기에게는 신앙의 부흥 같은 것은 필요하지 않다고 말하는 사람은 자기가 무슨 말을 하고 있는지를 모르는 것입니다. 사랑하는 자들이여, 하나님의 백성들 중에서 아주 훌륭한 신앙을 지닌 자들로 유명한 사람들도 신앙의 부흥이 필요합니다. 자신의 심령 속에서 모든 것이 다 잘 되어가고 있다고 착각하는 사람들은 자기는 평안과 형통의 길로 계속해서 가고 있다고 착각하지만, 실제로는 자신의 심령 깊은 곳에 있는 악의 도도한 물결이 그들을 자신이 원하지 않는 곳으로 실어가고 있다는 것을 거의 알지 못합니다.

사랑하는 자들이여, 내가 위에서 한 권면을 실행에 옮기십시오. 나는 내가 별 능력 없이 말씀을 전했음을 알지만, 지금으로서 내가 할 수 있는 최선을 다한 것입니다. 나는 단지 여러분에게 그런 것들을 상기시키는 방식으로 여러분의 분발을 촉구했을 뿐입니다. 하지만 나의 소원도 내가 한 말처럼 연약하다고는 생각하지 마십시오. 여러분을 향한 나의 염려와 소원이 나의 말로 다 표현되었다고 생각하지 마십시오. 형제들이여, 여러분을 내 자신의 목숨만큼이나 사랑하는 나의 단순한 권면이 여러분 각자에게 복이 되게 해주시기를 하나님께 빕니다. 내가 오직 하나님을 위해 살기 원하고, 이 세상에서 오직 하나님을 영화롭게 하는 것 외에 다른 동기가 내게 없다는 것을 하나님이 아시고, 하나님이 나의 증인이십니다. 그러므로 나는 여러분이 이 동일한 하나님을 사랑하고 섬기고자 한다는 것을 알기 때문에, 이 위험한 시기에 원수에게 하나님을 모독할 최소한의 빌미도 주지 않기를 부탁드립니다. 나는 십자가에 달리시고 지금은 높아지셔서 하늘에 계시며 여러분을 속량하기 위하여 자신의 피로 희생 제사를 드리신 그리스도, 여러분을 계속해서 지켜 주시는 하나님의 영원하신 사랑에 의지해서 여러분에게 부탁을 드립니다. 또한, 나는 그리스도 예수 안에서 여러분의 형제이자 여러분의 목자로서 여러분이 대적들로 인하여 조금도 요동하지 마시기를 부탁드립니다. "나로 말미암아 너희를 욕하고 박해하고 거짓으로 너희를 거슬러 모든 악한 말을 할 때에는 너희에게 복이 있나니 기뻐하고 즐거워하라"(마 5:11-12). 여러분의 삶과 행실이 여러분의 주이자 선생이신 그리스도께 영광이 되게 하시기를 기도하십시오. 무슨 일에서나 원수에게 우리의 복음을 비방할 빌미를 주지 말고, 모든 일에서 여러분의 행실이 "돋는 햇살 같아서 크게 빛나 한낮의 광명에 이르게"(잠 4:18) 되도록 하십시오.

그러나 여러분이 이 자리에 와서 여러분의 생각과 판단 속에서 하나님의 진리들을 시인할 뿐이고, 여러분의 마음이나 삶 속에서 그 진리들의 능력이나 감화력을 한 번도 느끼지 못했다면, 우리는 그런 여러분을 위해 탄식합니다. 나는 그런 여러분을 위해서 우리 가운데 있는 성도들에게 중보기도를 해주시도록 분발을 촉구해 왔습니다. 여러분 중에는 자신의 양심과 마음에 무수히 찔림을 받아 온 분들이 아주 많습니다. 여러분은 너무나 많이 울었기 때문에, "우리 같이 많이 운 영혼들은 없었다"고 생각할 정도였습니다. 그러나 여러분은 온갖 엄중한 경고의 말씀들을 듣고, 골고다 십자가 위에서 주님이 안타까운 마음으로 부탁하신 모든 것들을 다 들었으면서도 또다시 죄로 되돌아갔습니다.

　죄인들이여! 여러분 자신을 위해서는 하나님의 말씀에 귀를 기울이려 하지 않으니, 우리가 여러분을 얼마나 생각하는지를 들어보십시오. 여러분은 우리가 여러분의 영혼을 위해 얼마나 탄식하며 우는지를 거의 알지 못할 것입니다. 여러분은 자신의 영혼이 무가치하다고 생각하지만, 우리는 새벽과 정오와 밤중에 여러분이 멸시하는 저 영원히 죽지 않는 귀한 존재인 여러분의 영혼을 위해 눈물을 흘리며 탄식하고 기도합니다. 여러분은 자신의 영혼이 저주를 받아 영원한 멸망에 처해지게 될 것을 별 일 아니라고 생각합니다. 여러분은 우리가 바보들이라서 여러분의 영혼을 위해 그토록 울며 기도한다고 여기는 것입니까? 여러분은 우리가 제정신이 아니어서 당사자는 별 관심도 없는데 우리는 여러분의 영혼에 그토록 큰 관심을 갖는 것이라고 생각하는 것입니까? 이 자리에 하나님의 백성들이 있습니다. 그들은 여러분의 영혼을 생각하고서 눈물을 흘리며 부르짖고 있습니다. 그들은 여러분을 구원하기 위하여 하나님과 씨름하고 있습니다. 여러분은 하찮은 쾌락을 누리기 위해서 자신의 영혼을 괴롭히고 죽이거나, 도저히 소망이 없을 지경이 될 때까지 자신의 영혼을 위한 싸움을 하지 않는 것을 아무렇지도 않게 생각하는 것입니까?

　죄인들이여, 여러분이 자기 자신을 사랑한다면, 하나님의 백성들이 사랑하고 애쓰고 수고하는 것, 그들이 예수께서 이미 지불하신 것과 같은 그런 무한한 가치의 속전을 지불할 가치가 있다고 여기는 것이 하늘에서 정말 가치 있는 것은 아닐까 하고 한 번쯤 생각해 보십시오. 잠깐 멈춰 서서 한 번쯤 생각해 보시기를 다시 한 번 부탁드립니다. 여러분의 영혼이 얼마나 가치 있는 존재인지를 생각하십시오. 여러분의 영혼이 멸망 받는다는 것이 얼마나 무시무시하고 끔찍한 일인지를 생각하십시오. 영원을 생각해 보시고, 여러분이 얼마나 덧없고 연약한 존재인지를 생각해 보십시오. 여러분 자신의 죄를 생각해 보시고, 여러분이 어떤 벌을 받아야 마땅할지를 생각해 보십시오. 하나님께서 여러분에게 은혜를 주셔서 여러분이 지금까지 걸어온 악한 길들을 버리게 해주시기를 빕니다. 하나님께 돌이켜서 사십시오. 왜냐하면, 하나님은 "죽을 자가 죽는 것도 내가 기뻐하지 아니하노니 너희는 스스로 돌이키고 살지니라"(겔 18:32)고 말씀하시고, "너희는 돌이켜 회개하고 모든 죄에서 떠날지어다 너희가 어찌하여 죽고자 하느냐"(겔 18:30-31)고 말씀하시기 때문입니다.

만군의 하나님 여호와여, 우리가 주의 보좌 앞에 간절히 드리는 호소를 들어주셔서, "우리를 돌이켜 주소서." 주의 눈으로 인도하셔서 우리의 길을 밝히시고, 주의 얼굴의 미소로 우리의 마음을 기쁘게 하소서. 만군의 하나님, 주의 전투하는 교회에 속한 모든 군대가 지위 여하를 막론하고 합심하여 주를 섬기게 하소서. 주의 모든 자녀들에게 큰 은혜가 늘 임하여 있게 하소서. 모든 민족에게 큰 두려움이 임하게 하소서. 주저하는 많은 심령들이 하나님께 돌아오게 하소서. 지금이 주의 임재하심으로부터 새 힘을 받는 때가 되게 하소서. 주의 이름에 모든 영광이 돌아가기를 원하나이다: "주는 약탈한 산에서 영화로우시며 존귀하시도다"(시 76:4). 아멘.

제
76
장

—

입을 열라

—

"네 입을 크게 열라 내가 채우리라." ― 시 81:10

어떤 이들은 오늘의 본문 속에는 동방의 군주들이 신하들에게 은총을 내리고자 할 때에 종종 행하였던 독특한 관습에 대한 암시가 들어 있다고 생각해 왔습니다. 이전에 페르시아의 왕이었던 사람이 자기가 무척 총애하던 한 대사에게 입을 벌리라고 명하고서는, 그 벌린 입에 진주를 비롯한 아주 값진 보석들을 하사품으로 가득 채운 일이 있었는데, 이 일은 지금부터 아주 오래 전의 일이 결코 아니었습니다. 본문 속에는 이런 일에 대한 암시가 들어 있지는 않지만, 어쨌든 이 일은 본문에 대한 적절한 예화입니다. 우리가 입을 열어 우리의 소원을 말하기만 한다면, 하나님께서는 세상에서 가장 귀하다고 하는 보석들과는 비교할 수 없을 정도로 귀한 은혜를 우리에게 주실 것입니다. 내가 장담하건대, 어떤 황제나 왕이 여러분이 입을 크게 벌린 만큼 거기에 다이아몬드를 가득 채워 주겠다고 말한다면, 여러분은 틀림없이 있는 힘을 다해서 최대한으로 입을 벌리고자 할 것입니다. 그러므로 위에서 언급한 관습은 본문의 의미를 아주 잘 보여준다고 할 수 있습니다. 여러분의 입을 크게 여십시오. 왜냐하면, 하나님께서는 그 입에 하찮은 것들이 아니라 지극히 귀한 하나님의 은혜로 채워 주실 것이기 때문입니다.

하지만 위에서 언급한 예화는 사람들에게 그리 잘 알려져 있지 않은 곳에서 행해지던 것이고, 나는 아주 희귀하고 드문 일을 가져와서 성경 구절을 설명하는 것을 별로 좋아하지 않습니다. 성경에서 예화들은 우리를 뭔가 뭔지 아리송하게 만들기 위해서 사용되는 것이 아니라, 하나님의 가르침을 한층 더 분명하게 보여주기 위하여 사용됩니다. 따라서 우리는 본문을 설명하는 데에 적합한 동방의 좀 더 일상적인 예를 찾아보고자 합니다. 동방 사람들의 식탁에 앉아 본 경험이 있는 사람들은 본문을 설명해 줄 수 있는 아주 일상적인 또다른 관습이 있다는 것을 압니다. 여러분이 식사 초대를 받았고 집 주인이 어린 양을 잡았다면, 그는 가장 맛있고 살이 많은 부위를 잘라서 여러분 앞에 놓을 것입니다. 심지어, 집 주인은 가장 맛있고 살진 부위를 자신의 손에 들고서는, 여러분에게 입을 벌리라고 한 후에 직접 그 고기를 입에 넣어주기도 합니다. 이것은 동방의 나라에서 행해지는 일반적인 관습으로서 성경의 많은 표현들의 토대가 되고 있습니다: 그가 "좋은 것들로 네 입을 가득 채우사 네 청춘을 독수리 같이 새롭게 하시는도다"(시 103:5 KJV, 한글개역개정에는 "좋은 것으로 네 소원을 만족하게 하사 네 청춘을 독수리 같이 새롭게 하시는도다"로 되어 있음). "골수와 기름진 것을 먹음과 같이 나의 영혼이 만족할 것이라 나의 입이 기쁜 입술로 주를 찬송하되"(시 63:5). 이 두 본문 외에도 그러한 관습을 암시하는 성경 본문은 아주 많습니다. 집 주인이 자신이 지극히 사랑하는 사람을 식사에 초대하여 입을 크게 벌리라고 하는 것은 자신의 식탁에 차려진 진수성찬을 그의 입에 넣어 주기 위한 것입니다.

하지만 나는 솔직히 동방 사람들의 이 두 번째 관습을 예화로 사용하는 것조차도 별로 마음에 들지 않습니다. 나는 그 예화가 본문을 어느 정도 조명해 주는 가치 있는 것이라고 생각하긴 하지만, 순전히 동방적인 것이어서, 서양의 취향에는 맞지 않는 관습에 집중하기보다는 자연에서 예화를 찾아보는 것이 더 나을 것이라고 봅니다. 그러므로 나와 함께 숲의 음유시인들이 자신의 거처를 지어 놓은 숲으로 가봅시다. 둥지 속에 있는 새끼 새들을 보십시오. 왜냐하면, 거기에서 여러분은 오늘의 본문이 말씀하고 있는 것을 볼 수 있기 때문입니다. 갓 부화된 새끼 새들은 스스로 먹이를 먹을 수 없기 때문에, 어미 새를 온전히 의지해야만 합니다. 내가 새들의 보금자리를 들여다보았을 때에 내 눈에 보인 것은 온통 새들의 입과 부리뿐이었고, 새들의 날개는 거의 보이지 않았습니다. 여러분이 손가락이나 벌레를 그 새들 앞에 내밀어 보십시오. 그러면 입을 크게 벌리고 게걸스럽게 먹고자 하는 입들만이 여러분의 손에 닿을 것입니다. 어미 새는 먹이를 물고 와서, 새끼들에게 입을 크게 열라고 말할 필요가 없습니다. 도리어 어미 새의 고민은 새끼들이 크게 벌린 저 입들을 어떻게 다 채워 주어야 하느냐 하는 것뿐입니다. 새끼 새들은 너무나 간절하게 먹이를 먹고자 하기 때문에 먹고자 하는 욕구는 결코 부족하지 않습니다. 여러분이 오늘의 본문을 여러분의 눈앞에서 일어나는 생생한 현실로 인식하고자 한다면, 새끼 새들이 있는 힘을 다해서 입을 크게 벌리고 먹이를 달라고 아우성치는 숲속의 둥지를 상상해 보시기만 됩니다. 어미 새는 새끼들에게 먹일 얼마 안 되는 먹이를 구하기에도 버겁지만, 여러분에게는 여러분이 아무리 입을 크게 벌려도 다 채워 주실 뿐만 아니라 더 크게 벌리라고 명하시는 무한하신 하나님이 계십니다. 아무리 많은 사람들이 입을 크게 벌리고, 그들의 필요가 아무리 크다고 하여도, 하나님은 그 모든 것을 채워 주실 수 있는 분이십니다. 성경에서는 우리의 크신 하나님에 대하여 "그가 너를 그의 깃으로 덮으시리니 네가 그의 날개 아래에 피하리로다"(시 91:4)고 말씀하는데, 바로 그 하나님이 지금 새끼 새들 같은 우리에게 "네 입을 크게 열라 내가 채우리라"고 말씀하시는 것입니다. 새끼 새들에 관한 예화는 시편 기자의 마음속에 있었던 바로 그 예화는 아니었겠지만, 어쨌든 오늘의 본문에 대한 기분 좋은 예화임에는 틀림없습니다.

　본문은 권면과 약속으로 나누어져 있습니다.

1. 첫째로, 본문의 권면은 "네 입을 크게 열라"는 것입니다.

　우리는 어떻게 해야 이 권면을 따라 행하는 것이 될까요? 이 권면은 기도와 소원 등등과 연관되어 있습니다. 그러나 이것은 절실한 필요를 인식하고서 구하라는 권면이기도 합니다. 새끼 새들이 배가 고프지 않다면 무엇 때문에 그 입을 크게 벌리겠습니까? 새끼 까마귀들이 우는 것은 먹을 것이 필요해서입니다. 마찬가지로, 하나님 앞에서 자신의 필요에 대한 아주 깊고 절실한 인식이 없을 때에는 영적인 복을 얻기 위하여 입을 크게 벌릴 사람은 아무도 없을 것입니다. 죄인들인 여러분은 뭔가가 필요하다는 것을 알기 전까지는 결코 기도하려 하지 않을 것입니다. 필요한 것이 없는데, 왜 기도하겠습니까? 아무것도 필요하지 않은 사람들이 드리는 모든 기도는 하나님의 비위를 맞추기 위한 것일 뿐입니다. 여러분의 궁핍이나 필요에 대한 인식이 전혀 없는데, 여러분이 어떻게 기도할 수 있겠습니까? 여러분이 어떤 선한 집주인의 문을 두들기고 난 후에, 그 집주인에게 여러분이 필요로 하는 것이 아무것도 없다고 말한다면 어떻겠습니까? 그런 사람은 119로 긴급전화를 한 후에 구급대원이 오면 자기에게는 아무 일도 없다고 말하는 골치 아프고 실없는 사람과 같지 않겠습니까? 아무런 필요도 느끼지 않는데 기도하는 것은 하나님을 우롱하는 것입니다.

나는 그리스도인들에게도 이런 말을 하고자 합니다. 형제들이여, 여러분에게 어떤 필요가 있을 때 외에는 기도하지 마십시오. 여러분이 더 이상 그 어떤 필요도 느끼지 못한다면, 여러분은 기도를 하기 위한 가장 강력한 동기이자 기도의 능력의 주된 요소를 상실한 것입니다. 여러분은 하나님께서 한동안 여러분의 모든 필요를 다 채워 주셔서 이제는 더 이상 자신을 위해서 기도할 것이 거의 없다고 느낄 때가 있을 수 있습니다. 그러나 그런 때에도 교회와 세상의 필요들은 여전히 존재합니다. 그러므로 여러분은 교회와 세상의 필요들이 마치 여러분 자신의 필요인 듯이 마음이 눌리고 아파야 합니다. 여러분이 필요를 느끼지 못한다면 기도할 수 없다는 것은 의문의 여지가 없습니다. 어떤 사람이 밤에 잘 곳이 없다거나 온 종일 아무것도 먹지 못해서 여러분에게 구걸하기 위해 왔다면, 그 사람은 얼마나 잘 구걸을 하겠습니까! 그런 사람은 구걸하는 법을 배울 필요가 없습니다. 그의 굶주린 배가 그를 최고의 웅변가로 만들어줄 것이니까요! 마찬가지로, 어떤 사람이 자기가 하늘의 복을 받지 않으면 멸망하고 말 것이라고 느끼거나, 자기가 구원을 받았지만 날마다 하나님의 은혜를 받지 않으면 곧 어그러진 길로 가게 될 것이라고 느끼거나, 하나님이 복주시지 않으면 자신의 믿음의 일과 사랑의 수고가 헛일이 되고 말 것이라고 느끼거나, 교회가 거룩하신 이의 기름 부음을 받아야 하고 세상은 하나님의 심판을 받아야 한다고 느껴서, 이러한 필요들이 그의 영혼을 심하게 누른다면, 그는 이미 기도하고 있는 것입니다. 사람은 큰 필요나 궁핍을 인식하기 전에는 입을 벌리지 않는데, 그러한 필요에 대한 인식은 오직 하나님이 주실 수 있습니다. 그러므로 사랑하는 형제들이여, 나는 여러분이 물질적으로 풍부하고 모든 것을 다 가지고 있어서 필요한 것이 하나도 없다는 생각을 떨쳐 버리시기를 권합니다. 왜냐하면, 그러한 교만한 생각이 기도를 목 졸라 죽이게 될 것이기 때문입니다. 여러분이 여러분의 아버지이신 하나님과 여러분의 구속주이신 그리스도와 여러분 속에 내주하시는 성령을 떠나 있다면, 여러분은 연약함 그 자체이고 빈껍데기 그 자체이며, 죄와 불행의 덩어리일 뿐입니다. 여러분이 이것을 알게 될 때, 그때에는 여러분의 입을 크게 벌리게 될 것입니다. 여러분이 자기가 더 고귀한 삶에 이르러서 온전하게 되었다는 허황된 생각을 갖게 되면, 여러분은 자기가 아주 점잖고 품위 있은 사람이 되었다는 만족감을 얻게 되기는 하겠지만, 하나님의 은혜의 자리에 나아가서 구걸하는 자가 되지는 못할 것입니다. 하나님께서는 절박한 심정으로 벌리는 입은 항상 채워 주시지만, 교만한 마음은 하나님으로부터 아무것도 얻을 수 없습니다. 왜냐하면, "주리는 자를 좋은 것으로 배불리셨으며 부자는 빈 손으로 보내셨도다"(눅 1:53)라는 말씀은 하나님 나라의 잠언들 중 하나이기 때문입니다.

그러므로 사랑하는 친구들이여, 간절하고 절박한 소원을 따라 구하십시오. 왜냐하면, 소원이 간절할 때에만 입을 크게 벌리게 되기 때문입니다. 여러분이 아시듯이, 다윗은 "내가 입을 열고 헐떡였나이다"(시 119:131)라고 말합니다. 여러분은 개가 오래 달리고 난 후에는 숨을 크게 쉬고 살기 위해서 입을 벌리고 헐떡이며 서 있는 모습을 보아 왔을 것입니다. 우리가 그렇게 우리의 입을 벌리고 헐떡일 정도로 하나님과 신령한 일들에 대하여 간절한 소원을 가졌으면 좋겠습니다. 우리는 극단적인 곤경에 처한 사슴을 본 적이 없을 것이지만, 다윗은 그런 사슴을 보았던 것 같습니다. 그는 사냥을 나가서 사슴을 쫓다가, 사슴이 한참을 도망치다가 온 몸에서 김이 날 정도로 갈급해서 시냇물을 찾는 모습을 보고서, 이렇게 고백했습니다: "하나님이여 사슴이 시냇물을 찾기에 갈급함 같이 내 영혼이 주를 찾기에 갈급하니이다"(시 42:1). 간절하고 절실한 소원만큼 기도에 강력한 힘을 더해 주는 것은 없습니다. 소원은 필요와 궁핍에 대한 인식으로부터 생겨나기 때문에, 필요가 절실할수록 거기에 비례해서 소원도 간절해집니다. 나의 형제들이여, 우리에게는 그런 필요가 없기 때문에, 우리는 하나님께 구하고 기도하는 것 같지만 사실은 구하지 않는 것이나 마찬가지가 되는 것입니다. 옛적의 한 청교도는 이렇게 말했습니다: "간절함이 없이 하나님께 기도하는 사람은 기도 응답을 해주지 마시라고 요구하는 것입니다." 간절함이 없이 뭔가를 구하면, 상대방은 그 요청을 거절하기가 아주 쉬워집니다. 그러나 절실한 필요 가운데에 있는 사람들은 간절하게 구하기 때문에, 오직 대단히 완악한 마음을 가진 사람만이 그 요청을 거절할 수 있습니다. 그런 사람들이 요청하면, 상대방은 단지 그 사람이 요청하는 것이 옳기 때문만이 아니라 그 간절함 때문에 그의 요청을 거절할 수 없게 됩니다. 우리는 통곡하고 부르짖으며 기도하는 법을 배워야 합니다. 왜냐하면, 이렇게 기도하는 것 말고 다른 식으로 기도하는 것을 통해서는 결코 얻을 수 없는 은혜들이 있기 때문입니다. 여러분은 자신의 아이가 원하는 것을 여러분의 손에 꼭 쥐고서 그 아이가 어떻게 하는지를 지켜본 적이 있습니까? 그 아이가 있는 힘을 다해서 끈질기게 여러분의 손가락들을 하나씩 다 펴서 결국 자기가 원하는 것을 얻는지를 살펴보기 위해서 말입니다. 여러분이 손가락들을 펴지 않고 계속해서 오랫동안 꼭 쥐고 있으면, 마침내 아이는 큰 소리로 울게 되고 그의 눈에서는 굵은 눈물방울들이 뚝뚝 떨어집니다. 그렇게 되면, 여러분은 손가락들을 스스로 펴지 않을 수 없게 됩니다. 아이의 눈물이 여러분의 손을 펴게 만드는 것입니다. 나는 하늘에 계신 우리 아버지께서도 종종 우리에게 그렇게 하시는 경우가 있다고 믿습니다. 하나님께서는 우리에게 어떤 약속을 주시고, 하나님의 영광을 위하여 그 약속을 꼭 이루어 주시라고 우리가 죽기까지 끈질기게 구하도록 이끌어 가십니다. 우리의 심령이 그런 상태에 되었을 때, 우리는 하나님이 원하시는 지점에 와 있게 된 것입니다. 하나님께서는 우리를 그 지점으로 데려오신 후에야, 우리의 소원을 들어주십니다. 하지만 사실은 하나님이 우리로 하여금 그런 간절한 소원을 지닐 수 있게 하신 것 자체가 큰 복이기 때문에, 우리는 갑절로 복을 받게 된 것입니다. 여러분의 입을 크게 벌리십시오. 기도하는 것을 가지고 장난치지 마십시오! 자고 깨고를 반복하는 것으로는 아무도 구원받지 못합니다. 미지근해 가지고는 아무도 큰 복을 받을 수 없습니다. 나는 어머니들이 자신의 아이가 "계속해서 울어댔다"고 말하는 것을 듣습니다. 그것이 바로 기도하는 올바른 방식입니다. 여러분의 전 존재로 지존자와 씨름하십시오. "네 입을 크게 열라 내가 채우리라." 절실한 필요와 간절한 소원은 기도의 입을 크게 열어 주는 두 가지 요소입니다.

내 생각에는 본문의 핵심은 **큰 것들을 구하라**는 말로 요약될 수 있다고 봅니다. 여러분이 구하는 것들을 제한하거나 숨을 고른 채로 기도하지 마시고, 크신 하나님께 큰 것들을 구하시되, 그것들을 여러분에게 주셔야 할 이유를 제시하며 구하십시오. 예컨대, 그것들을 여러분에게 주시는 것이 하나님께 영광이 될 것이라는 등의 이유를 제시하십시오. 우리는 이 점에서 그렇게 하지 못하는 경우가 비일비재합니다. 일전에 나는 어떤 마을에서 말씀을 전하기 전에, 적어도 한 영혼은 그리스도를 영접할 수 있게 해주시라고 하나님께 기도했습니다. 집회가 끝난 후에 나는 아주 귀한 한 형제와 차를 마시기 위해 그의 집에 갔는데, 거기에서 한 나이 드신 점잖은 그리스도인 신사께서 내게 아주 온유한 목소리로 이렇게 말했습니다: "나는 오늘 오후에 목사님 같이 믿음이 좋으신 분이 왜 이 집회에서 한 영혼을 주시라고 하나님께 기도하셨는지 잘 이해가 가지 않습니다. 목사님의 설교는 천 명을 회심하게 해주시라고 기도해도 좋을 만큼 은혜로웠는데 말입니다. 나는 목사님이 드린 기도 같이 그렇게 아주 협소한 기도에는 '아멘'을 할 수가 없습니다. 목사님이 전하신 복음과 거기에 모인 수많은 무리를 생각하면, 목사님은 한 사람이 아니라 천 명을 구원해 주시라고 기도하셨어야 한다고 나는 생각하기 때문입니다." 사실 그 신사분이 지적하신 것은 내 생각과 같은 것이었습니다. 그래서 나는 나의 기도가 빈곤했다는 것을 시인했습니다. 형제들이여, 우리 중 다수는 그동안 큰 실수들을 저질러 왔기 때문에, 우리는 큰 방에 서 있는데도 우리 자신을 형편없이 작은 방에 가두어 두었습니다. 우리는 하나님이 주실 큰 복의 차고 넘치는 물줄기를 우리에게 끌어오기에는 너무나 작은 수도관을 깔아놓았습니다. 마치 어리석은 어머니들이 자신의 딸들을 목조이듯이, 우리는 우리가 드리는 기도의 목을 너무 조여서 반쯤 죽여 놓았습니다. 우리는 너무나 작은 잔을 우리의 손에 들고서는, 샘을 탓합니다. 이 시편에 의하면, 이스라엘 사람들은 하나님을 제대로 믿지 않았습니다. 그들은 하나님이 자신들의 원수를 몰아내 주실 것이라고 기대하지도 않았고, "기름진 밀"을 먹여 주실 것이라고 바라지도 않았습니다. 그들은 자신들의 하나님을 애굽의 신들 같은 평범한 신이라고 생각했습니다. 그들은 하나님이 얼마나 부요하시고 너그러우시며 마음이 넓으시고 후하게 주시는 분이심을 알지 못하였기 때문에 구하지 않았고, 그 결과 지극히 풍성한 은혜의 복들을 얻지 못하였습니다. 그리스도인들은 큰 것들을 구하고, 구하지 않아서 복을 받지 못하였다는 말을 듣지 않아야 합니다.

　　사랑하는 형제들이여, 우리는 큰 것들을 구하는 것이 마땅합니다. 왜냐하면, 우리는 온 우주를 채우고 계시고 모든 능력을 갖고 계시며 그 창고에 모든 복을 쌓아두고 계시는 크신 하나님께 구하고 있는 것이기 때문입니다. 우리가 하나님께 세상 전체를 주시라고 구해서 하나님께서 우리에게 세상 전체를 주신다고 해도, 그것은 우리가 빵 한 조각을 다른 사람에게 주는 것과 같습니다. 가난한 과부가 가진 돈이 두 렙돈이 전부인 경우에는, 사람들은 그녀에게 아주 작은 것을 요청할 것이고 한층 더 작은 것을 기대할 것입니다. 그러나 여러분이 왕에게 요청하는 경우에는 왕으로부터 두 렙돈을 얻기를 기대하지는 않을 것입니다. "주여 옳소이다마는 개들도 제 주인의 상에서 떨어지는 부스러기를 먹나이다"(마 15:27)라고 말한 가나안 여자는 우리 대다수보다 훨씬 더 정확한 진상을 파악하고 있었습니다. 왜냐하면, 그녀는 자기는 헤아릴 수 없이 큰 복을 구했지만 그 복은 하나님께는 "부스러기"에 불과한 것으로 여겼기 때문입니다. 비록 우리는 예수 그리스도로 말미암아 우리가 받을 수 있는 가장 큰 복들의 가치를 제대로 모르고 헤아릴 수도 없지만, 그 복들은 하나님께서 우리에게 이미 주신 이루 말할 수 없는 선물인 하나님의 아들 예수 그리스도에 비하면 아주 하찮은 것들입니다. 여러분의 입을 넓게 여십시오. 왜냐하면, 지극히 크신 하나님의 사랑과 주권적인 은혜는 우리의 생각으로는 도저히 가늠할 수 없을 정도로 무한히 부요하기 때문입니다.

하나님의 크심 외에도 하나님의 선하심을 기억하십시오. 선하신 하나님께서는 주시기를 기뻐하십니다. 하나님께서 우리에게 아무리 후하게 차고 넘치게 주신다고 해도, 하나님의 소유는 줄어드는 것이 결코 아니고, 그것은 다만 하나님께 흡족함만을 드릴 뿐입니다. 해는 아무리 그 빛을 비추어도 마치 자신의 빛을 쌓아둔 양 늘 변함없이 밝습니다. 빛을 비추는 것은 해의 본성이기 때문에, 해는 다른 모든 곳과 마찬가지로 우리에게도 빛을 비추는 것이 합당합니다. 자신의 선하심을 따라 나누어 주셔서 자신의 피조물들을 복 주시는 것은 하나님의 기쁨입니다. 그러므로 자신의 충만으로부터 모든 것을 흩어 가난하고 궁핍한 자들에게 나누어 주시는 것을 본성으로 하시는 분에게 우리가 큰 것들을 구하는 것이 마땅합니다. 사랑하는 형제들이여, 하나님께서 이미 우리를 위해 행하신 일들을 기억하십시오. 하나님은 "나는 너를 애굽 땅에서 인도하여 낸 여호와 네 하나님이니 네 입을 크게 열라 내가 채우리라"고 말씀하십니다. 하나님께서 지난날 어떤 일들을 행하셨는지를 보십시오. 하나님의 사랑하시는 아들의 보혈로 말미암아 여러분이 죄 사함과 구원함을 받고 새 마음과 새 영을 받은 것이 작은 일입니까? 만일 우리가 하나님이 지난날 우리에게 베풀어 주신 은혜의 크기에 비례해서 기도한다면, 우리가 드리는 기도는 얼마나 넓어지고 커지겠습니까! 나는 웅장한 규모의 복음을 좋아합니다. 나는 엄청나고 대단한 복음을 축소시키거나 왜소하게 만드는 것을 참을 수 없습니다. 심지어 복음에 내포된 두려움조차도 축소되어서는 안 됩니다. 나는 악인들에 대한 벌을 소극적으로 구하는 자들은 머지않아 대속의 영광에 대한 관심도 줄어들고 하나님을 생각하는 마음도 줄어들게 될 것임을 확신합니다. 왜냐하면, 그것들은 모두 다 연결되어 있기 때문입니다. 그러나 여러분과 나는 하나님께서 하시는 일들이 어마어마하고 무한하다는 것을 알기 때문에, 우리 주변의 심각한 상황에 비례해서 우리의 입을 크게 벌려 기도해야 할 것입니다.

사랑하는 형제들이여, 여러분이 하나님 앞에 나아갈 때에는 하나님께서 지난 날에 행하신 놀랍고 대단한 일들을 근거로 제시하며 강권해야 한다는 것을 기억하십시오. 여러분이 일차적으로 제시해야 할 근거는 하나님께서 우리를 위하여 그의 사랑하는 아들을 우리에게 주셨다는 것입니다. 여러분이 그런 근거를 제시하며 기도한다면, 다음과 같은 말씀이 여러분의 기도를 강력하게 밑받침해 줄 것입니다: "자기 아들을 아끼지 아니하시고 우리 모든 사람을 위하여 내주신 이가 어찌 그 아들과 함께 모든 것을 우리에게 주시지 아니하겠느냐"(롬 8:32). 하나님께서는 무엇이라고 말씀하십니까? "모든 것"을 주시겠다고 하시지 않습니까? 여러분이 그 어떤 큰 것들을 주시라고 기도한다고 해도, 여러분의 기도는 "모든 것"에서 벗어날 수 없습니다. 그러니 여러분은 입을 크게 벌려야 하지 않겠습니까? 여러분은 하나님 앞에 그 사랑하는 아들의 속죄의 피라는 어마어마한 일을 근거로 제시하고서는, 헤아릴 수 없이 큰 부요함을 구하여야 마땅한데도, 갑자기 소심해져서 동전 한 닢을 구하시렵니까? 여러분은 여러분으로 하여금 늘 천국 근처에 있게 할 정도로 충분한 은혜를 받을 수 있는데도, 여러분을 지옥에서 벗어나게 해줄 은혜만을 구하고자 하는 것입니까? 여러분은 수천 명이나 수만 명에게 영적으로 은혜를 끼칠 수 있는데도, 겨우 두세 사람에게 은혜를 끼치게 해주시라고 기도하고자 하십니까? 부요하고자 하는 소원을 가지고 있지 않고 심지어 부요함을 구하는 수고조차 하지 않으려 하는 사람은 가난하고 궁핍하게 살아가는 것이 당연합니다. 입을 벌리고자 하지 않는 사람은 굶주려 죽게 생겼어도 사람들로부터 동정을 받을 것을 기대하지 말아야 합니다. 사랑하는 자들이여, 여러분 자신을 좁은 곳에 가두어 두지 마시고, 여러분이 생각할 수 있는 가장 큰 복들을 구하십시오. 가장 넓고 큰 그물을 던지십시오. 하나님께서는 그 그물에 물고기를 가득 채워 주실 것입니다. 물웅덩이를 가장 깊게 파십시오. 하나님께서는 비를 내리셔서 그 물웅덩이의 아구까지 채워 주실 것입니다. 여러분의 모든 빈 그릇들을 하나님 앞에 가져오십시오. 하나님께서는 그 모든 빈 그릇들이 가득 채워질 때까지 기름을 한없이 부어주실 것입니다.

사랑하는 자들이여, 우리 자신을 위해서 큰 것들을 구하십시오. 나는 세상적인 큰 복들을 구하라고 하는 것이 아닙니다. 우리는 그런 것들은 모두 다 하나님께 맡길 수 있습니다. 하나님께서는 그런 기도에는 제한을 가하십니다: "우리에게 날마다 일용할 양식을 주시옵고"(눅 11:3). 우리는 먹을 것과 입을 것이 있는 것으로 만족해야 합니다. 그러나 영적인 일들에 있어서는 여러분이 원하는 것들을 모두 구하십시오. 그 모든 것들이 여러분에게 주어질 것입니다. 그런 것들을 담아둔 하늘의 곳간은 자물쇠로 잠겨 있지도 않고 열쇠로 열 필요도 없습니다. 여러분이 스스로 보석상자의 뚜껑을 여시면 됩니다. 여러분이 좁아져 있다면, 하나님이 여러분을 좁아지게 하신 것이 아니라, 여러분의 마음이 스스로 좁아진 것입니다. 젊은 그리스도인들이여, 여러분 주위에 있는 그리스도인이라 고백하는 사람들이 받고 있는 그런 은혜로 만족하지 마십시오. 왜냐하면, 그런 사람들 중 대부분은 내가 그들을 위하여 내 목숨을 걸고 싶지 않은 사람들이기 때문입니다. 나는 그들을 판단하는 심판자가 아닙니다. 그러나 나는 그들이 천국에 들어간다면 그것은 기적이라고 생각합니다. 나는 입만 크게 벌리고 행실은 형편없는 그런 사람들을 알고 있습니다. 그런 사람들은 입을 작게 벌릴수록 더 좋습니다. 나는 지금 불신자들이 아니라 신앙이 있다고 말하는 사람들에 대해서 이렇게 얘기하고 있는 것입니다. 교회에 다니는 사람들 중에 그런 사람들이 아주 많다는 것입니다. 청년들인 여러분은 그런 어른들을 기준으로 삼지 마시고, 그들을 훨씬 뛰어넘어야 합니다. 착실하지만 그 이상으로 큰 열심을 내지는 않는 그리스도인들을 뛰어넘으십시오. 나는 여러분에게 그런 사람들이 지니고 있는 것보다 훨씬 더 높은 것들을 구하라고 강권하고자 합니다. 사람들은 그런 사람들을 "착실하다"고 말하지만, 나는 도대체 그들이 무엇에 착실한 것인지를 모르겠습니다. 그들은 큰 잘못을 절대로 저지르지 않고, 선하고 평범하며 존경할 만한 사람들이지만, 하나님을 기뻐하고 성령으로 충만하며 무모할 정도의 참된 신앙과 사랑, 그리고 하나님의 영광을 위한 열심을 갖고 있지 않고 영혼들을 회심시키기 위해 고뇌하지도 않습니다. 왜냐하면, 그런 착실한 사람들 중 대다수는 그런 것들을 성경에서 읽었을 뿐이고 현실에서는 전혀 알지 못하기 때문입니다. 따라서 그들은 새 예루살렘에서가 아니라 라오디게아에서 착실한 사람으로 통할 것임에 틀림없습니다. 그들은 하나님의 뜻에 착실한 것이 아니라, 애석하게도 그들 자신의 죽은 신앙에 대하여 착실한 것입니다. 하나님 안에서 신령한 삶을 시작한 젊은 그리스도인들이여, 나는 여러분이 여러분의 조상들처럼 되지 않기를 기도합니다. 우리 중 그 누구를 여러분의 신앙의 기준으로 삼지 마십시오.

우리 모두를 아무리 둘러보아도, 우리는 아무짝에도 쓸모없는 세대입니다. 진정으로 참된 신앙을 가지고서 그 믿음을 행동으로 실천하는 훨씬 더 나은 세대가 출현해야 합니다. 우리에게는 하나님에 대하여 온전히 살아 있어서, 우리 중 대다수가 지금까지 살아왔던 것보다 더 힘 있고 능력 있으며 열심 있는 삶을 살아갈 세대가 필요합니다. 젊은 그리스도인들이여, 여러분의 입을 크게 벌려서, 성령의 더 큰 충만함과 하나님의 생명과 권능의 충만함이 여러분에게 임하여, 여러분 속에서 생명 샘이 영생하도록 솟아나게 해주시라고 기도하십시오.

　　사랑하는 친구들이여, 여러분의 입을 크게 벌려서 교회를 위해서 큰 것들을 구하십시오. 하나님의 교회는 몇 년 전보다는 더 나은 상태에 있긴 하지만, 하나님께서 자신의 영광을 위하여 큰 일들을 행하실 것임을 믿는 것이 무엇인지를 아직 배우지 못했습니다. 일 년에 몇 사람이 더해지면, 너무나 적은 수가 그리스도께로 나아온 것에 대하여 재를 뒤집어쓰고 금식하며 기도할 것을 요청하는 것이 아니라, 도리어 몇 사람이라도 더해진 것에 대하여 너무나 기뻐하고 만족해 버리는 교회들이 여전히 있습니다. 우리 주변의 교인들 가운데는 많은 사람들이 한 번에 회심할 수 있다는 사실을 믿지 못하는 분들이 있습니다. 그런 사람들은 신약, 특히 사도행전에서 그런 일들이 실제로 일어난 것을 알면서도, 복음을 전했을 때에 한 번에 몇 사람이 회심하면, 그것이 성령의 역사라는 것을 믿지 못하고, 그들이 분위기에 휩쓸려서 그렇게 된 것이라고 생각합니다. 설령 하나님께서 한 번에 백 명을 회심시키셨다고 해도, 그들을 기뻐하며 받아들이는 것이 아니라, 도리어 그들이 정말 회심했는지를 의심하며 엄격하게 심사하려고 들 교회들이 있습니다. 하늘에 계신 우리 아버지께서는 자신의 갓 태어난 아기들을 기쁜 마음으로 받아들이고자 하지 않는 곳들로 그들을 보내지 않으실 것입니다. 어떤 교회들은 새 신자들을 시험하고 훈련시키는 것이 너무나 혹독해서, 어린 양들은 푸른 초장으로 들어가기도 전에 만신창이가 되어 버려서, 시험을 통과하고 난 후에는 두 다리와 귀 한 쪽은 잘려나간 상태가 됩니다. 선한 목자께서는 그러한 이리 같은 족속이 먹잇감을 구하려 혈안이 되어 있는 그런 곳으로 자신의 어린 양들을 보내지 않으실 것입니다. 하나님에 대한 더 큰 믿음, 자신이 전하는 복음에 대한 더 큰 믿음, 예수와의 더욱 친밀한 동행, 주님의 명령을 순종하고자 하는 더 큰 열심이 교회 속에서 생겨나게 해주시라고 교회를 위하여 기도하십시오. 그랬을 때에 여러분은 여러분의 입을 크게 벌려서, 그리스도의 나라가 더 온전히 임하는 것을 보게 될 기대를 가질 수 있게 될 것입니다.

이 큰 도시를 위해 여러분의 입을 여십시오. 우리가 이런 큰 도시에 살고 있으면서도 이 도시를 위해 간절하게 기도하지 않는다면 말이 되겠습니까? 오늘날 스코틀랜드는 신앙이 막강한 영향력을 지닌 땅이 되었는데, 그것은 주로 존 녹스(John Knox)의 기도 덕분입니다. 그가 하나님께 간절히 간구했기 때문에 스코틀랜드는 복음에 견고히 닻을 내려서 복음을 떠날 수 없는 땅이 된 것입니다. 오늘날과 같은 이 악한 때에 우리가 잉글랜드를 위해 기도할 필요성은 너무나 절실합니다. 잉글랜드를 먹잇감으로 삼아 갈기갈기 찢어 놓고자 하는 사람들이 많기 때문에 잉글랜드를 위해 기도할 사람들이 필요합니다. 어둠이 아주 짙게 깔려서, 잉글랜드는 배운 사람들 가운데서는 애굽의 밤과 같이 어두워져 있고, 배우지 못한 사람들 가운데서는 사망의 음침한 골짜기 같이 되었습니다. 신앙은 뼛속까지 냉랭해지고, 회의주의는 어둡고 짙은 안개처럼 우리 위로 내리고 있습니다. 잘못된 신앙은 공장에서 내뿜은 매연처럼 공기를 오염시키고 있습니다. 우리는 이러한 날에 하나님께서 뭔가 큰 역사를 베푸시도록 부르짖어야 합니다. 하나님께서 원수들의 광대뼈를 치시고, 자기 백성에게는 능력을 주시도록 기도할 필요가 있습니다.

나는 오늘의 본문이 큰 것들을 구하라는 의미라는 것을 지금까지 충분히 설명했다고 생각합니다. 그러나 한 가지만 더 말씀드리자면, 우리는 우리의 그릇을 넓혀 주시라고 구할 필요가 있다는 것입니다. 하나님이 차고 넘치게 부어 주신다고 하여도, 여러분이 그것들을 다 삼킬 수 없거나, 삼킨 후에 소화시킬 수가 없다면, 여러분의 입을 크게 벌려도 별 소용이 없게 될 것입니다. 복음의 귀한 진리들 중에는 연약한 신자들이 안다고 할지라도 소화시킬 수 없는 것들이 많이 있습니다. 따라서 그들의 지각이 힘을 얻어서 딱딱한 음식도 먹을 수 있게 될 필요가 있습니다. 언약에 관한 위대한 진리들, 택하심과 예정에 관한 가르침들, 하나님의 변함없는 사랑과 성도들이 그리스도와 뗄래야 뗄 수 없게 하나가 되어 있다는 것에 관한 영광스러운 사실들, 그 결과 성도들은 영원히 안전하다는 것 등 이 모든 진리들은 모든 새 신자가 즉시 알 수 있는 것들이 아니고, 영적인 가르침을 받은 사람들만이 누릴 수 있는 고상한 진리들입니다. 많은 신앙인들이 이러한 영원한 진리들을 비웃는 것은 영혼을 크게 살찌우는 그런 딱딱한 음식을 소화할 수 있는 영적인 지각이 없기 때문입니다. 이것은 단 건포도와 스펀지케이크 같

은 것들만이 맛있는 꼬마 아이들이 어른들이 먹는 자양분 가득한 음식들을 보고
는 비웃는 것과 같습니다. 사람들이 구하는 은혜들 중에는 실제로 하나님이 그
들에게 그런 은혜들을 주시면 그들이 어떻게 해야 할지 모르게 될 것들이 많이
있습니다. 그것은 흰 코끼리를 어디에서 어떻게 길러야 하는지를 모르는 사람에
게 흰 코끼리를 주는 것과 같습니다. 저기 있는 저 형제는 더 많은 달란트를 달라
고 하나님께 구하지만, 사실 그는 자기에게 이미 있는 달란트조차도 사용하고
있지 않습니다. 또 어떤 형제는 자기가 지금 하고 있는 일이 성공하게 해주시라
고 하나님께 간절히 구하지만, 만일 그 일에서 조금만 성공을 거두게 된다면, 분
수를 모르고 도가 지나치게 교만해지게 될 것입니다. 어떤 사람은 하나님이 그
에게 지식을 주시기를 갈망하지만, 만일 그가 그 지식을 얻게 되면, 그 지식은 그
를 교만하게 만들 것입니다. 어떤 사람은 하나님이 그에게 느낌을 주시라고 기
도하지만, 만일 하나님이 그에게 느낌을 주시면, 그 느낌은 그의 신앙을 잡아먹
어 버리고 말 것입니다. 우리의 그릇이 아직 하나님의 은사들을 받을 여지가 있
다면, 우리는 더 많은 은사를 받아야 합니다. 나는 여러분에게 자신의 곳간들을
다 헐고서 더 큰 곳간들을 지은 저 어리석은 부자를 부분적으로는 본받으라고
권하고 싶습니다. 그 부자가 어리석었던 것은 이 땅의 썩어질 양식을 쌓아둘 곳
간들을 더 크게 짓고자 했기 때문입니다. 그러나 여러분이 영적으로 더 큰 곳간
들을 지어서 하늘로부터 오는 귀한 은혜를 담아둘 수 있다면, 여러분은 진정으
로 지혜로운 자가 될 것입니다. 하나님께서는 여러분이 받을 수 없는 것이나 건
강하게 사용할 수 없는 것은 여러분에게 주시지 않으실 것입니다. 그러나 하나
님께 이렇게 기도하십시오: "하나님, 내 마음과 영혼을 넓히셔서, 이기심으로부
터 자유롭고 나의 이해관계로 인해서 별로 좁아지지 않는 좀 더 고상한 심령을
주소서. 나로 하여금 내 자신을 덜 중요하게 여기게 하시고, 다른 사람들의 영혼
을 더 큰 사랑으로 세심하게 돌보게 하시며, 하나님의 영광을 위하여 더 큰 야망
을 가지게 하시고, 하나님의 말씀과 뜻에 더 철저히 헌신되게 하소서." 우리의
심령에 자신을 위한 보화를 자꾸 쌓다 보면, 거기에는 신령한 것들을 쌓을 곳이
없어집니다. 우리의 그릇을 넓히는 가장 확실한 방법은 악한 것들을 우리의 심
령에서 내쫓는 것입니다. 도비야의 세간이 여호와의 전에 속한 방에 있다면, 그
것들을 "방 밖으로 다 내어 던져야" 합니다(느 13:8). 그럴 때에 하나님이 주시는
보화를 둘 공간이 우리의 심령 속에 생겨나게 될 것입니다.

2. 둘째로, 본문의 약속은 "내가 채우리라"는 것입니다.

우리가 두 번째로 살펴볼 대지는 약속입니다: "네 입을 크게 열라 내가 채우리라." 여러분은 이러한 약속을 충분히 예상했을 것입니다. 설마 여러분은 하나님께서 "네 입을 크게 열어보아야 아무것도 얻지 못하리라"고 말씀하시는 것이 가능할 것이라고 생각하지는 않았겠지요. 왜냐하면, 그런 것은 하나님께서 늘 보여주신 것과 다른 것이기 때문입니다. 하나님은 자신의 종들로 하여금 기도하게 하시고서는, 뒤로 가서는 "너희가 아무리 내 얼굴을 구해보아도 다 헛일이다"라고 말씀하시는 그런 분이 아닙니다. 탄탈루스(Tantalus)는 그리스도인의 경험과는 아무 상관이 없는 이교의 신화일 뿐입니다. "네 입을 크게 열라 내가 채우리라."

내가 이 약속으로부터 이끌어낼 수 있는 첫 번째 결론은, 이것은 오직 입을 크게 여는 자들에게만 주어진 약속이라는 것입니다. 어떤 형제들의 입이 채움을 받지 못하는 것은 그들이 입을 조금도 벌리지 않고 꼭 닫고 있기 때문입니다. 그들은 약간의 은혜를 구하고, 그 은혜를 받기도 하고 받지 못하기도 합니다. 그렇게 입을 꼭 닫고 기도하는 사람들에 대해서는 그 어떤 약속도 주어지지 않습니다. 만일 그들이 입을 크게 벌렸더라면, 하나님께서는 틀림없이 그들의 입을 복으로 가득 채워 주셨을 것입니다. 세상에서는 여러분이 적게 구했어도 더 많은 것을 얻게 될 가능성이 있지만, 하나님의 생각은 우리의 생각과 다릅니다. 하나님에게 있어서는 여러분이 더 많이 구할수록 더 많은 응답을 받을 가능성이 있습니다. 여러분의 입을 절반쯤 벌린다면, 그 입은 채워질 수도 있고 그렇지 않을 수도 있습니다. 그러나 하나님은 "네 입을 크게 열라 내가 채우리라"고 약속하십니다. 우리가 하나님의 성령의 능력을 덧입어서 높은 곳에 서서 여호와의 무한한 후하심에 걸맞은 가치와 수와 크기의 복들을 간구할 때, 우리는 언제나 성공적으로 그리고 잘 기도할 수 있게 됩니다. 그럴 때에 우리는 하나님께서 기뻐하시는 방식으로 하나님을 대하게 됩니다. 왜냐하면, 하나님은 부요하시고 크셔서, 우리가 큰 기도와 큰 요구를 가지고 그에게 나아가는 것을 기뻐하시기 때문입니다. 우리가 그런 식으로 하나님 앞으로 나아갈 때에 우리의 기도는 반드시 응답을 받게 될 것입니다. 사랑하는 형제들이여, 나는 여러분이 기도 응답을 받지 못한 것처럼 보인다면, 혹시 여러분이 구한 것이 너무나 작은 것이어서 응답을 받지 못한 것은 아닌지를 살펴볼 것을 권합니다. 하나님께서는 자신의 종에게 이렇게 말씀하는 것으로 보입니다: "너는 충분히 큰 것을 구하지 않았다. 그렇게 하는 것은 나를 우습게 보는 것이다. 여기에 내가 은혜를 베푸는 자리가 있다. 나는 부요하되 무한히 부요해서 네가 그 어떤 큰 것을 구하든 다 주려고 하는데, 너는 내게 단지 자질구레한 것들만을 구하고 있구나. 그런 식으로 나를 가지고 장난치지 말고, 내가 네게 주어서 기쁨을 느낄 수 있을 만한 것, 하나님이라는 존재에 걸맞은 것을 내게 구하라." "네 입을 크게 열라 내가 채우리라." 이 말씀은 우리가 다음 번에 기도를 통해 하나님께 가까이 나아갈 때에 우리에게 정말 큰 힘이 되어 주지 않겠습니까?

또한, 이것은 자기가 한 약속을 얼마든지 지키실 수 있으시고, 지키고자 하시는 분이 하신 약속이라는 것입니다. "네 입을 크게 열라 내가 채우리라"는 말씀은 일종의 도전입니다. "내가 너에게 줄 수 있는 것 이상으로 네가 구할 수 있는지 어디 한 번 보자." 여러분의 믿음이 여러분이 믿는 하나님을 능가할 수 있는지를 시험해 보십시오. 하나님이 주시고자 하시는 것보다 더 큰 것을 여러분이 구할 수 있는지를 보십시오. 하나님의 약속을 붙잡고서 하나님께 도전하십시오. 그리고 하나님이 자신의 약속을 지키시는지 안 지키시는지를 보십시오. 하나님께서는 우리가 도저히 헤아릴 수조차 없는 큰 것들을 약속하셨으니, 여러분이 자신의 영혼에게 필요한 가장 큰 복들을 구하시고, 하나님이 자신의 약속을 지키시는지 안 지키시는지를 보십시오. "만군의 여호와가 이르노라 … 나를 시험하여 … 보라"(말 3:10). 만일 이스라엘이 하나님의 약속이 과연 참인지 아닌지를 실험해 보고자 하는 마음을 지니고 있었더라면, 그들은 얼마나 많은 기이한 일들을 보게 되었겠습니까! 천국의 문들이 활짝 열리고, 무한한 복이 소나기처럼 내리지 않았겠습니까! 그러나 그들은 그렇게 실험해 보고자 하는 마음이 없었기 때문에 기도하려고도 하지 않았습니다. 하나님께서는 그들에게 자기가 지금까지 그들에게 수없이 많은 은총을 베풀었다는 사실에 의지해서 자기에게 구하라고 용기를 북돋워 주셨습니다. 왜냐하면, 옛적에 하나님께서는 그들의 거처 주위에 만나를 내려 주시고 반석에 물줄기가 솟구쳐 나오게 하셔서, 그들로 먹고 마시게 해주셨기 때문입니다. 따라서 하나님은 그들에게 이렇게 말씀하신 것으로 보였습니다: "오, 이스라엘아, 내가 너희를 어떠한 이적들로 둘러싸고 있는지를 보라. 내가 하늘과 땅으로 하여금 너희를 시중들게 하고 있지 않느냐! 내게는 불가능한 일이 없다. 나는 높은 곳들에 강들을 흐르게 만들고, 사막 한복판에 샘들이 솟아나게 하는 자니라. 나를 믿고, 너희는 내가 네게 행하고 있는 그런 규모의 것들을 구하여서, 내가 과연 그 중 하나라도 이루지 않는 것이 있는지를 보아라." 사랑하는 형제들이여, 하나님이 이렇게 말씀하시고 약속하시는 것은 결코 허풍이나 허세가 아닙니다. "하나님은 사람이 아니시니 거짓말을 하지 않으시고 인생이 아니시니 후회가 없으시도다 어찌 그 말씀하신 바를 행하지 않으시며 하신 말씀을 실행하지 않으시랴"(민 23:19). "네 입을 크게 열라 내가 채우리라."

나는 여기에서 내가 잘난 체하는 것처럼 보이지만 않는다면 내가 경험한 것들을 여러분에게 얘기할 수도 있을 것입니다. 나는 늘 책을 읽고 있는데, 책들 속에서 많은 사람들이, 기도에 응답하시는 우리 하나님을 비방하여 마치 기도 응답 같은 것은 실제로는 존재하지 않는다는 말을 아무렇지도 않게 하는 것을 보면 화가 납니다. 여러분이 지금 여기에서 나의 설교를 듣고 계시는 것이 확실한 사실인 것과 마찬가지로, 하나님께서 나의 기도들을 듣고 계신다는 것도 그 정도로 확실한 사실입니다. 내게는 기도의 능력은 물질의 무게나 원동력이 지닌 힘만큼이나 자명합니다. 나는 만유인력에 대해서는 의심할 수 있을지 모르지만, 하나님이 기도를 들으신다는 법칙을 의심할 수는 없습니다. 내가 이상하게 생각하는 것은 사람들은 자기가 모든 것을 다 아는 것도 아니고, 기도의 결과를 계산할 수 있을 정도로 기도에 대하여 아주 잘 아는 것이 아닌데도, 아무렇지도 않게 사람들 앞에서 하나님은 기도를 듣지 않는다고 단언한다는 것입니다. 기도의 능력을 부정하는 사람들은 결코 기도하지 않습니다. 아니, 그런 사람들은 응답 받는 기도를 할 수가 없습니다. 그런데도 왜 그들은 그토록 자신만만하게 기도에 대하여 단언하는 것일까요? 그들이 기도에 대하여 알고 있는 것이 무엇입니까? 그들은 마치 철학자들처럼 자신들이 결코 실험하거나 검증해 보지도 않은 것에 대하여 독단적으로 말하고 있는 것이 아닙니까? 나는 온갖 종류의 것들에 대하여 나의 사정을 하나님께 아뢰어서 내 마음이 원하던 것이나 그런 것보다 훨씬 더 좋은 것을 얻은 적이 수백 번은 되고, 그것도 기도를 폄하하는 자들이 단언하듯이 우연에 의해서가 아니라 아주 분명하게 나의 간구에 대한 응답으로 그런 것들을 하나님으로부터 받았다는 것을 정직하게 말할 수 있습니다. 그리고 이 자리에는 자신의 경험을 근거로 나와 동일한 간증을 할 수 있는 형제자매들이 많이 있습니다. 그런데도 한 번도 기도를 실험해 보지 않은 사람은 자리에서 일어나서 기도해 보아야 아무 소용이 없다고 여전히 말합니다. 우리는 그런 사람에게 인내심을 갖기가 힘듭니다. 도대체 기도를 해보지도 않은 사람이 기도가 아무 소용이 없다는 것을 어떻게 안 것일까요?

나는 그런 사람을 보면, 살인죄로 잡혀온 한 아일랜드인 죄수가 재판정에서 한 말이 생각납니다. 대여섯 명의 사람들이 그가 살인한 것을 보았다고 증언했는데도, 그는 이렇게 주장했습니다: "재판장님, 저 사람들은 내가 살인을 한 것을 보았다고 증언하고 있지만, 나는 내가 살인하는 것을 보지 않은 사람들을 저 사람들보다 열 배도 더 많이 데려올 수 있습니다." 물론, 그 죄수가 한 말은 사실이지만, 그런 것이 그가 살인을 하지 않았다는 증거가 되지는 않습니다. 마찬가지로, 이 사람들은 자신들이 기도를 하지 않는다는 사실과 하나님이 자신들의 기도에 응답하지 않았다는 사실을 근거로 하나님은 기도를 듣지 않으신다고 주장하는 뻔뻔스러움을 보이고 있습니다.

도대체 그들이 제시하고 있는 증거가 어떤 점에서 타당한 것입니까? 우리는 그들이 기도하지 않았기 때문에 하나님이 그들을 듣지 않으셨다는 것을 압니다. 하나님께서는 정직하고 죄에서 떠난 사람들의 기도를 들으셨고, 그런 사람들은 법정이 증언대에 세울 수 있는 증인들 중에서 최고의 증인이라고 할 수 있는데, 그들의 증언은 아무것도 아니란 말입니까? 우리 중에서 아무리 샅샅이 살펴보아도 흠이 없고 정직한 사람들이 하나님께서 자신들의 기도에 응답해 오셨다고 단언하고, 자신들의 진실성을 증명하기 위해서 필요하다면 기꺼이 죽을 각오가 되어 있다고 하는데도, 기도를 제대로 한 적도 없으면서 철학자들처럼 독단적으로 하나님은 기도에 응답하지 않는다고 주장하는 사람들의 말이 그들의 말보다 더 신뢰할 수 있다는 말입니까? 우리는 철학자들은 아니지만 정직한 사람들이고, 우리의 증언을 신뢰할 수 없게 만들 그 어떤 일도 행한 적이 없는 사람들입니다. 우리를 어리석은 자들이라고 말하는 것은 쉽지만, 비방하고 욕하는 것은 단지 그렇게 하는 사람들이 비열하다는 것만을 증명해 줄 뿐입니다. 그리스도인들도 회의주의자들 못지않게 명민하고 빈틈이 없습니다. 심지어 광신적인 그리스도인들조차도 회의주의적인 철학자들이 주장하고 실행하고자 시도해 온 것과 그런 지혜롭지 못한 것들을 말하거나 행한 경우는 극히 드물었습니다. 경건하지 않은 자들이 어떤 말을 해도, 그런 것은 별로 중요하지 않습니다. 하나님의 터는 견고히 서 있습니다.

형제들이여, 우리는 기도의 능력을 이전보다 더 분명하게 증명할 것입니다.

우리는 이전보다 더 큰 것들을 구하여 그런 것들을 갖게 될 것입니다. 전에 우리가 입을 열어서 하나님이 그 입을 채워 주셨다면, 이제 우리는 입을 더 크게 열어서 더 큰 복을 얻을 것입니다. 철학적인 무신론자들의 거짓을 무너뜨리는 가장 좋은 방법은 참된 기도를 더 많이 더 간절하게 드리는 것입니다. 어리석은 자들에게는 말로 대응해 보아야 아무 소용이 없기 때문입니다.

그리스도인 형제들이여, "네 입을 크게 열라 내가 채우리라"고 하신 하나님의 약속을 다시 한 번 보시고, "하나님께서 우리의 입을 어떻게 채우실까요?"라는 질문에 대답해 보십시오.

첫째, 하나님은 우리의 입을 기도들로 채우십니다. 여러분은 기도할 수 없을 것 같다고 느낍니까? 그런 느낌에 굴복하지 마십시오. 왜냐하면, 바로 그때가 기도할 때이기 때문입니다. 여러분이 기도할 수 없을 때에 기도하여야 합니다. 성령께서 여러분의 입에 기도를 넣어 주시도록 여러분의 빈 입을 하나님 앞에서 벌리고 있으십시오. 나도 기도하려고 아무리 애를 써도 잘되지 않아서 기도하지 못했다고 느끼는 때가 있습니다. 그러다가 다음 번에 무릎을 꿇었을 때에는 기도가 아주 잘 나옵니다. 그런데 사실은 기도가 잘된다고 생각한 때보다도 기도가 잘되지 않아서 신음하며 탄식하고 몸부림을 칠 때가 더 진정한 기도를 한 것입니다. 사랑하는 형제들이여, 여러분의 입을 크게 벌리십시오. 하나님께서는 받으실 만한 찬구들로 여러분의 입을 채워 주실 것입니다. 성령께서 여러분에게 "말할 수 없는 탄식"(롬 8:26)을 주실 것입니다. 피조물인 사람이 자기가 기도할 수 없고 기도하지 못했다고 생각하지만 창조주께서 친히 그 사람 안에서 탄식하시는 그런 기도야말로 최고의 기도입니다.

다음으로, 여러분이 입을 크게 벌리면, 하나님이 실제적인 복들로 그 입을 채워 주실 것입니다. 하나님께서는 단지 여러분의 손에만 복들을 두시는 것이 아니라, 여러분의 입에도 복들을 채워 주실 것입니다. 여러분의 손에 축복의 잔을 들고 있는 것과 그 잔을 마시는 것은 전혀 다릅니다. 소유는 하고 있지만 누리지는 못하는 사람들이 많습니다. 그런 사람들은 나무에 달려 있는 열매는 분명히 자신의 것이지만, 그 열매를 입으로 가져와서 먹음으로써 그 달콤한 맛과 향을 누리지는 못합니다. 하나님께서는 사랑 가운데서 우리에게 복을 주실 때에는 그 복을 어떻게 누릴 수 있는지도 우리에게 가르쳐 주십니다. 하나님은 우리에게 최고의 양식, 최고의 위로, 최고의 기쁨과 즐거움을 주십니다. 단지 그런 것들에 대한 법적인 소유권만을 주시는 것이 아니라, 그런 것들을 실제로 누리게 하십니다. 이것은 하나님이 우리에게 주시는 최고의 것들이고, 은혜 중의 은혜이며, 하나님이 약속하신 복으로 우리의 입을 채워 주시는 것입니다.

또한, 하나님께서는 우리의 입을 찬송들로 채워 주십니다. 여러분이 입을 크게 벌리시면, 하나님은 찬송들과 기뻐 외치는 것들과 말로 표현할 수 없는 감사함을 그 입에 채워 주실 것입니다. 우리 중에는 우리의 입이 온 종일 하나님에 대한 찬송으로 가득 채워진다는 것이 무엇을 의미하는지를 아는 분들이 있습니다. 그때에 우리는 온 인류와 모든 천사들이 우리를 도와서 함께 하나님을 찬송하기를 원하게 됩니다. 그러므로 여러분의 입을 크게 벌리십시오. 하나님께서 기도와 복과 찬송으로 그 입을 채우실 것입니다.

끝으로, 본문 속에는 우리 중 대다수에 대한 아주 심한 책망이 들어 있지 않습니까? 부모들이여, 여러분은 자녀들의 구원을 위해서 간절히 기도하고 계십니까? 여러분의 모든 자녀들을 위해서 말이죠. 교사들이여, 여러분은 자신에게 맡겨진 모든 아이들의 회심을 기대하고, 그것을 위하여 기도하고 계십니까? 복음을 전하는 자들이여, 여러분은 많은 사람들이 회심하기를 바라고 그들을 위하여 기도하고 계십니까? 어떤 식으로든 그리스도를 위하여 수고하는 형제들이여, 여러분은 런던이 하나님께로 돌아오기를 기대하고 바라며, 그것을 위해 일하고 있습니까? 복음의 낚시에서는 일반적으로 우리가 잡고자 하는 것들을 잡게 되어 있습니다. 낚싯대로 물고기를 잡고자 한다면 한 마리밖에는 잡을 수 없지만, 큰 그물을 사용하는 법을 안다면 그 그물을 이용해서 강력한 믿음으로 153마리의 많은 물고기를 잡을 수 있습니다. 그렇게 많은 고기를 잡는다고 해도, 그 그물은 결코 터지지 않을 것입니다. 형제들이여, 여러분의 입을 크게 벌리시고, 전에 여러분이 입을 크게 벌리지 않은 것을 회개하십시오.

그러나 본문 속에는 죄인에 대한 위로의 말씀도 들어 있습니다. 하나님께서는 죄인에 대해서조차 "네 입을 크게 열라 내가 채우리라"고 말씀하십니다. 죄인이여, 당신에게는 무엇이 필요합니까? "내게는 약간의 위로가 필요합니다." 형제여, 그런 약간의 위로를 구하지 말고, 지금 당장 주 예수 그리스도를 구하십시오. "네 입을 크게 열라." "아, 나는 약간의 평안을 원합니다. 내가 지금 몹시 괴롭거든요." 형제여, 그런 것을 구하지 말고, 지금 당장 그리스도와 온전한 구원을 구하십시오. "나는 오늘 설교를 통해서 어느 정도 감화를 받기 원합니다." 자매여,

그런 것을 위해 기도하지 말고, 지금 당장 새 마음과 정직한 영을 하나님께 구하십시오. "네 입을 크게 열라." "내가 구하면 받게 될까요?" 성경에는 "구하는 이마다 받을 것이요 찾는 이는 찾아낼 것이요 두드리는 이에게는 열릴 것이니라"(마 7:8)고 씌어 있습니다. 여러분이 주 예수 그리스도를 믿는다면, 즉시 구원을 받는 이 이루 말할 수 없이 큰 복이 여러분의 것이 될 것입니다. 왜냐하면, "아들을 믿는 자에게는 영생이 있기"(요 3:36) 때문입니다. "네 입을 크게 열라." "그러나 나는 너무나 큰 죄인입니다." 그런 말씀 하지 마시고 입을 여십시오. 본문에 나오는 약속은 당신이 누구이든지 그 어떤 제한도 두고 있지 않습니다. 그래서 나도 당신이 어떤 사람인지에 대해서는 전혀 상관하지 않습니다. 그저 당신의 입을 여시고, 크게 여십시오! 만일 우리가 런던 거리의 모든 부랑아들을 한 곳에 모아놓고서, "얘들아, 우리는 너희들에게 좋은 식사를 제공해 주려고 하고, 너희들이 해야 할 일은 단지 입을 벌리는 것뿐"이라고 말한다면, 나는 그 배고픈 아이들 중에서 입을 벌리지 않거나, "나는 그럴 자격이 없어요"라고 중얼거리며 돌아설 아이는 단 한 명도 없을 것이라고 생각합니다. 절대로 그런 일은 없을 것입니다. 그들에게 입을 벌리라고 힘주어 말하지 않아도, 배고픈 그들은 한 사람도 빠짐없이 입을 벌릴 것입니다. 하나님께서 여러분으로 하여금 의에 주리고 목마르게 하셨다면, 여러분도 마찬가지로 그렇게 될 것입니다. 예수께서 그리스도이심을 믿고서 여러분의 입을 크게 벌리십시오. 여러분의 영혼을 그리스도께 맡기시고, 그의 보혈을 의지해서 즉시 죄 사함을 주시라고 구하십시오. 그러면 하나님께서는 여러분의 기도를 거절하지 않으실 것입니다. 성령께서 여러분을 의에 주리고 목마르게 하셔서, 하나님께서 여러분의 주리고 목마른 입을 가득 채워 주시고, 모든 영광을 받으시기를 빕니다.

하나님께서 주시는 복이 그리스도로 말미암아 여러분 위에 임하시기를 기도합니다.

제
77
장

—

구원에 이르게 하는 수치

—

"여호와여 그들의 얼굴에 수치가 가득하게 하사 그들이 주
의 이름을 찾게 하소서." — 시 83:16

이 시편은 아주 무시무시한 시편입니다. 여기에는 하나님께서 하나님과 그
백성의 원수들을 우레 같은 진노로 치셔서 모두 다 와르르 무너지게 해주시라는
기도들이 나옵니다. 여러분이 아시듯이, 하나님께서는 우리에게 우리의 원수들
을 사랑하라고 명하셨지만, 결코 하나님의 원수들을 사랑하라고 명하시지는 않
으셨습니다. 우리는 사람들을 미워해서는 안 되지만, 우리 자신이 올바른 마음
을 지니고 있다면, 하나님과 진리, 의와 순전함을 대적하는 자들에 대해서는 불
같은 분노를 느끼는 것이 마땅합니다. 여러분은 아프리카에서 노예무역이 성행
할 당시에 이용되던 "대서양 중앙항로"에서 흑인들이 수백 명씩 죽어 나가거나
배의 중량을 가볍게 하기 위해서 흑인들을 바다로 던지는 일들이 비일비재하게
일어났다는 이야기를 들은 적이 있겠지요? 여러분은 그런 끔찍한 이야기를 들을
때에 "하나님, 그런 극악무도한 짓을 밥 먹듯이 저지르는 자들 위에 우레 같은
진노를 부으소서"라고 기도하지 않을 수 없었겠지요? 여러분은 불가리아에서 일
어난 잔인무도한 학살에 관한 이야기를 들었을 때에 하나님의 소매를 붙잡고서
"하나님, 주의 공의를 더 이상 미루지 마시고, 불의를 행하는 괴물들을 주의 공
의로 다스리셔서 합당한 벌을 받게 하소서"라고 기도하지 않을 수 없는 심정을
느끼셨겠지요?

바로 그런 심정이 이 시편에 표현되어 있습니다. 그러나 나는 이 시편 중에서도 내가 오늘의 본문으로 택한 이 절을 가장 좋아합니다. 왜냐하면, 이 절은 악인들에 대한 의로운 분노를 표현하고 있으면서도, 자애로운 사랑이 거기에 배어 있기 때문입니다. 시편 기자는 "여호와여 그들의 얼굴에 수치가 가득하게 하시되, 주께서 그들에게 혹독하게 하신 일이 그들의 영원한 복을 위한 것이 되게 하셔서, 그들이 주의 이름을 찾게 하소서"라고 기도합니다. 나는 나의 설교를 듣는 여러분이 이 세상에서 하나님도 없고 소망도 없이 살아가는 사람들을 위하여 사랑이 가득하고 정직한 마음으로 이렇게 기도할 수 있기를 바랍니다: "여호와여 그들의 얼굴에 수치가 가득하게 하사 그들이 주의 이름을 찾게 하소서."

1. 첫째로, 불경건한 사람들은 수치스러워 하는 것이 마땅하다는 것입니다.

먼저, 나는 그들이 자신들을 지으신 이에게 어떤 잘못을 저지르고 있는지에 대해서 조금 말씀드리고자 합니다. 나는 여러분 한 사람 한 사람의 손을 붙잡고서 이렇게 말하고 싶습니다: "친구여, 당신은 당신을 지으신 하나님이 존재하신다는 것을 믿습니다, 그렇지 않습니까? 그런데 여러분은 하나님을 제대로 대우해 오셨습니까? 여러분이 이 세상에서 20년, 또는 40년이나 50년을 살아오셨으면서도 하나님을 한 번도 섬긴 적이 없다면, 그것이 하나님을 제대로 대우한 것이라고 여러분은 생각합니까? 하나님께서는 여러분을 지으신 후에 지금까지 내내 먹이시고 살게 해오셨는데, 그런 하나님이 여러분에게 약간의 섬김을 기대하는 것이 잘못된 것입니까? 아니, 거기에서 한 걸음 더 나아가서, 그런 하나님이 여러분의 사랑을 기대하신다고 해서, 그것이 잘못입니까? '너는 마음을 다하고 뜻을 다하고 힘을 다하여 네 하나님 여호와를 사랑하라'(신 6:5)는 것이 지나친 요구입니까? 그런데도 여러분은 오랜 세월 동안 하나님을 거의 생각하지도 않고 살아 왔습니다. 분명히 여러분은 하나님을 향하여 말한 적도 없었고, 자신의 잘못을 하나님께 고백한 적도 없었으며, 죄 사함을 구한 적도 없었습니다. 모든 점에서 사실상 여러분은 마치 하나님이 전혀 계시지 않는다는 듯이 살아 왔습니다. 그런데도 여러분은 이 세상에서의 일들과 관련해서는 아주 정직한 사람이었고, 모든 사람에게 잘해 왔습니다. 그런 여러분이 왜 하나님께는 하나님이 마땅히 여러분에게서 받아야 할 것들을 드리지 않았습니까? 이 세상에는 여러분이 하나님을 부당하게 대우해 왔다고 말할 수 있는 사람은 아무도 없습니다. 여러분에게는 자신이 바르고 정직하게 흠 없이 살아왔다는 자부심이 있습니다. 그런데 왜 오직 하나님만이 여러분의 불의함과 부당함으로 인하여 고통을 받으셔야 하는 것입니까? 존재하는 모든 것들 중에서 모든 존재들을 지으신 하나님만이 여러분에게서 무시를 당해야 하는 것입니까? 만유 중에서 가장 존중을 받으셔야 할 분이 여러분에게서는 왜 만유 중에서 가장 존중을 못 받고 계시는 것입니까? 여러분이 그렇게 하고 있다면, 나는 그런 행동이야말로 정말 부끄러워하고 수치심을 느껴야 할 일이라고 생각하기 때문에, 여러분이 자신의 그런 행동에 대해서 진심으로 부끄러워하게 되기를 기도합니다."

　　그런 얘기는 이쯤에서 그치기로 하고, 다음으로 내가 여러분에게 상기시켜 드리고자 하는 것은, 빛과 참된 지식을 대적하고 자신의 양심과 더 선한 판단들을 거슬러 행하고 있는 것을 부끄러워해야 할 불경건한 자들이 많다는 것인데, 이 자리에도 그런 사람들이 있을 것입니다. 아직 회심하지 않은 사람들 중에는 자신의 지난 날 중 단지 어느 한 날만을 뒤돌아보아도 자기가 잘못 살았다는 것을 느끼지 않을 수 없는 사람들이 많습니다. 그런 사람들은 그리스도인이 아니지만, 거의 자신의 잘못을 정당화하고자 하지 않습니다. 그런 사람들은 잘못했을 때에 그들 속에서 그들이 잘못하고 있다는 것을 말해주는 음성이 있습니다. 그들은 눈 먼 사람들이 아니기 때문에, 보려고 하기만 했다면 볼 수 있었을 것입니다. 그들은 귀가 먹은 사람들도 아닙니다. 단지 들으려고 하지 않아서 못 들은 것뿐입니다. 왜냐하면, 들으려고 하지 않는 사람보다 더 귀 먹은 사람은 없는 법이기 때문입니다. 경찰이 미친 개를 제압하는 것이 끔찍한 일이듯이, 사람이 자신의 양심을 제지하고 제압하는 것도 끔찍한 일입니다. 사람이 그런 식으로 자기 자신과 전쟁을 벌여서 자기 자신을 멸망시키는 것은 끔찍한 일입니다. 사람의 선한 자아는 어떻게든 구원을 받으려고 죄에 저항하며 고군분투하지만, 악한 자아는 선한 자아를 밀어내고 양심을 짓밟으며 죄에 저항하여 아우성치는 것들을 눌러 버립니다. 사람들이 그런 식으로 행하여서, 빛과 참된 지식을 거슬러 범죄하는 것은 결코 있어서는 안 되는 일입니다. 나는 그렇게 행하고 있는 사람들에게 그들이 그렇게 행하는 것을 부끄러워해야 한다고 아주 조용히, 그러나 아주 단호하게 말하고자 합니다. 그들은 자신 속에 있는 빛과 자신의 양심의 확신을 거슬러 그런 식으로 행하고 있는 것에 대하여 얼굴을 붉히는 것이 마땅합니다.

　　여러분 중에는 어떤 것이 옳다는 것을 알면서도 실행하기를 미루고 있기 때문에 부끄러워해야 할 사람들도 있습니다. 나는 이런 사람들에 대해서는 아주 명백하게 말하고자 합니다. 그런 사람들은 자신들에게 부과되어 있다는 것을 알고 인정하는 의무들을 지키거나 실행하는 것을 자꾸자꾸 미루어 왔습니다. 그런 사람들은 "나는 죄를 회개해야 해"라고 말하지만, 그런 후에 "언젠가는 그렇게 할 거야"라는 말을 덧붙입니다. 그런 사람들은 "나는 그리스도를 믿어야 해"라고 말하지만, 그런 후에 "내가 죽기 전에 그렇게 되겠지"라는 말을 덧붙입니다. 이렇게 미루는 사람들이 하는 말은 아주 그럴 듯합니다. 하지만 여러분은 당장에 그렇게 해야 한다는 것을 알면서도, 다음으로 미루고 있습니다. 여러분은 사람이 어떤 의무를 행하지 않을 때마다 죄를 범하고 있는 것임을 알지 못하십니까? 여러분은 자신의 의무를 알고 인정하고 있기 때문에 그 의무를 미룰 때마다 죄를 범하고 있는 것입니다. 미룰수록 순종은 더 어려워지고, 여러분은 계속해서 한층 더 큰 죄를 범하게 됩니다. "나는 그리스도를 믿어야 하고, 죄를 회개해야 하고, 하나님을 사랑해야 한다"고 말하면서도 "언젠가는 그렇게 할 것"이라는 말을 덧붙이는 사람은 그런 악한 방식으로 말하고 행하는 자신을 부끄러워하여야 합니다. 나는 그런 사람들이 부끄러워하고 수치스러워하게 해주시라고 하나님께 기도합니다.

어떤 사람들은 자기가 한 서원을 저버리는데, 나는 그런 사람들에게 자신의 그런 행동을 부끄러워하는 것이 마땅하다는 것을 역설하고자 합니다. 여러분 중에는 얼마 전만 해도 많이 아파서, "하나님, 내 목숨을 살려주시고 나를 건강하고 힘 있게 해주시면, 내가 이 병상에서 일어날 때에는 더 선한 사람이 되겠습니다"라고 말해놓고는, 정작 하나님께서 여러분을 병상에서 일으켜 주셨을 때에는 더 선한 사람이 되겠다는 자신의 서원을 지키지 않은 분들이 있을 것입니다. 또한, 여러분 중에는 사고로 심하게 다쳐서 거의 죽을 고비를 맞게 되었을 때에 몹시 괴로워하면서, "하나님, 나의 이 무가치한 목숨을 연장시켜 주시면, 내가 이전과는 완전히 다른 사람이 되겠습니다"라고 기도해놓고는, 정작 죽을 고비에서 벗어나자, 언제 그랬냐는 듯이 아무렇지도 않게 살아가고 있는 분들도 있을 것입니다. 아니, 그런 분들은 분명히 다른 사람이 되었습니다. 왜냐하면, 그들은 사고 이전보다 더 악한 자들이 되었기 때문입니다. 그것이 그들 속에서 일어난 변화의 전부입니다. 하나님께서는 우리가 한 모든 서원을 다 기록해 놓으십니다. 사람들은 그 서원들을 지키지 않고도 아무렇지도 않지만, 그들의 그런 행태들은 하늘에 다 기록되었다가, 우리 모두가 마지막 날에 심판대 앞에 설 때에 우리가 서원했다가 지키지 않은 것들에 대하여 단죄를 받게 될 것입니다. 여러분이 거짓말쟁이가 되고자 결심했더라도, 하나님께는 거짓말하지 마시기 바랍니다. 여러분이 지키지도 않을 약속들을 할 작정이라도, 적어도 여러분의 목숨을 그 수중에 쥐고 계시고 여러분의 모든 행실을 주관하시는 분이신 하나님을 상대로는 그렇게 하지 마십시오. 여러분이 누군가를 우롱하고자 작정했다면, 사람들을 우롱하는 데에서 그치고, "하늘을 타고" 다니시는 "그의 이름"이 "여호와"이신 분(시 68:4)을 우롱하여 그분 앞에서 여러분의 어리석음을 드러내지는 마십시오. 그러므로 사랑하는 친구들이여, 여러분이 지난날 서원을 했다가 어긴 일들을 생각해 내어서 그 일들로 인하여 얼굴을 붉히며 부끄러워하십시오.

또한, 나는 주 예수 그리스도를 사랑하지 않고 주 예수 그리스도 같으신 구주를 믿고 의지하지 않는 사람들은 누구나 다 부끄러워하는 것이 마땅하다고 생각하는데, 나의 이 말이 과연 옳은지에 대해서는 여러분이 직접 잘 숙고해서 판단하시기를 바랍니다. 예수 그리스도는 인간의 육체를 입으시고, 인류의 죄에 대한 형벌을 짊어지시고, 자신을 우리를 대신한 속죄 제물로 드리셔서 피 흘려 죽으시고서는, 그를 믿는 자는 누구든지 멸망하지 않고 영생을 얻게 될 것이라고 말씀하신 하나님이십니다. 여러분은 그런 예수 그리스도를 여전히 자신에게서 밀어내고 있습니까? 여러분은 그런 예수 그리스도의 피를 여전히 짓밟고 거룩하지 않은 것으로 치부하시겠습니까? 여러분은 그런 예수 그리스도의 십자가를 여전히 멸시하시겠습니까? 종종 나는 신성모독과 간음과 살인은 엄청난 죄악임에 틀림없지만, 그럼에도 불구하고 그리스도의 큰 사랑을 거부하는 죄, 인류를 살리시기 위하여 하나님이 자신의 품에서 꺼내셔서 죽음에 내어주신 그리스도를 밀쳐내는 죄에는 미치지 못하는 것이 아닌가 하는 생각이 들 때가 있습니다. 여러분이 누군가를 화나게 하지 않으면 직성이 풀리지 않을 것 같더라도, 하나님의 그리스도를 화나게 하는 일은 절대로 하지 마시기 바랍니다. 여러분이 자신의 모든 친구를 다 거절하고자 한다고 할지라도, 죄인들을 구원하시기 위하여 자신의 목숨을 아끼지 아니하시고 진심으로 죄인들을 위하여 피를 흘리신 구주만은 거부하지 마십시오.

그러므로 사랑하는 친구들이여, 여러분도 이미 아셨겠지만, 그리스도를 사랑하지 않고, 그리스도를 믿고 의지하지 않는 자는 부끄러워하는 것이 마땅합니다.

이 첫 번째 대지에 대해서는 이제 이 정도로 하고, 한 가지만 더 말씀드리고자 하는데, 그것은 이러한 것들을 생각조차 하지 않은 사람들도 자기 자신을 부끄러워해야 한다는 것입니다. 런던만이 아니라 전 세계에 걸쳐서 기독교 신앙이라는 것 자체를 아예 생각조차 하지 않기로 작정한 사람들이 무수히 많습니다. 하나님의 전이 서 있는 바로 그 거리에서 그 전으로 들어가는 사람이 거의 한 사람도 없습니다. 거의 모든 가정에 성경책이 있지만, 오늘날에는 많은 사람들이 성경을 읽고자 하거나 알고자 하지 않습니다. 그래서 나는 많은 사람들이 단순한 호기심에서라도 기독교 신앙, 즉 십자가에 못 박히신 구주로 말미암은 구원에 대하여 궁금해했으면 좋겠다는 생각이 들고, 우리가 드리는 예배가 도대체 어떤 것일까를 엿보기 위해서 교회에 살짝 들르기라도 했으면 좋겠다는 생각이 들기까지 합니다. 만일 서아프리카 흑인이 숭배하는 귀신인 멈보 점보(Mumbo Jumbo)를 숭배하는 의식이었다면, 사람들은 궁금해서 와 보고자 했을 것이지만, 우리가 드리는 예배는 전능하신 하나님 여호와와 그 아들 예수 그리스도를 섬기는 예배이기 때문에, 많은 사람들이 이 예배에 대하여 철저히 무관심한 것으로 보입니다. 나의 주께서 돌아가시면서 십자가에서 이렇게 부르짖으시는 음성이 내게 들리는 듯합니다: "이 십자가가 너희에게는 아무것도 아닌 것처럼 보여서 너희 모두가 그냥 지나가는 것이냐? 나만큼 너희를 위하여 슬퍼하는 존재가 과연 또 있는지 어디 한 번 찾아보아라." 심지어 그의 쩍 갈라진 상처들이 내는 소리, 핏방울로 변한 그의 땀방울이 지르는 소리, 그의 찢어진 가슴에서 나는 소리가, 들어도 듣지 못하는 마음들과 돌처럼 딱딱하게 굳어져 있는 귀들에 하염없이 내리는 것 같습니다. 복음을 들으러 오는 많은 사람들이 자신의 농장이나 상점으로 바삐 돌아가지만, 그 모든 것들보다 훨씬 더 가치 있는 예수 그리스도에 대해서는 전혀 관심이 없습니다. 여러분, 이 견고한 땅이 흔들리고 말리며, 하늘들이 불타서 풀어지고, 별들이 낙엽처럼 떨어지며, 모든 사람이 보는 앞에서 백보좌가 하늘 위에 펼쳐지고 그 위에 사람들에게서 멸시받던 구속주께서 앉으시게 될 그 날에는, 여러분이 회개하고 그리스도를 생각하며 신앙의 일을 생각하려고 해도 이미 때가 너무 늦을 것입니다. 이 문제를 철저히 살피고 조사해 보시라고 나는 여러분에게 부탁드립니다. 어떤 사람들이 주장하는 것과는 달리 영원한 천국과 결코 끝이 없는 지옥이 존재하기 때문에, 여러분의 영원히 썩지 않을 영혼이 어디에 있어야 할 것인지를 곰곰이 숙고해 보시기 바랍니다. 나는 여러분에게 화목을 가져다줄 일들에 진지하게 관심을 가지시고, 하나님과 그리스도께서 말씀하시는 것들을 진지하게 생각해 보시기를 부탁드립니다. 나는 분명히 여러분에게 이런 부탁을 드렸기 때문에, 심판대에서 여러분을 만날 그날에 여러분의 피에 대하여 나의 손이 깨끗할 것입니다. 예수를 믿는 믿음으로 말미암은 구원의 길을 발견하고자 하시기를 다시 한 번 부탁드립니다.

　　이상으로 나는 경건하지 않은 자들은 부끄러워하는 것이 마땅하다는 취지의 첫 번째 대지에 대해서 충분히 얘기했습니다.

2. 둘째로, 수치를 당하는 것은 불경건한 자들을 하나님께로 몰아가는 것이기 때문에 매우 바람직한 것입니다.

　　그래서 시편 기자는 "여호와여 그들의 얼굴에 수치가 가득하게 하사 그들이 주의 이름을 찾게 하소서"라고 기도하는 것입니다. 나는 "수치"가 사람들을 하나님께로 몰아가는 여러 방식들을 알고 있습니다. 종종 수치는 자기의(self-righteousness)를 부숩니다. 내가 아는 한 청년은 자기가 살아온 날 동안 내내 도덕적으로 아주 올바르게 살아왔습니다. 그는 자신은 자기가 지금까지 행해 온 선한 일들로 말미암아 당연히 천국에 갈 수 있을 것이라고 생각했기 때문에, 구주에 대한 개념이나 그리스도께서 하신 일들에 대한 관심은 없는 듯이 보였습니다. 어느 날 그 청년은 자신의 직장에서 기름통을 엎질렀고, 다소 악한 성품이었던 사장이 누가 기름을 엎질렀느냐고 호통을 쳤습니다. 그때까지 늘 정직했던 그 청년은 이번에는 자기는 기름통을 엎지르지 않았다고 거짓말을 했고, 여러분도 짐작하시겠지만, 아무도 그가 거짓말을 했으리라고는 꿈에도 생각하지 않았습니다. 그 청년은 대단히 존경을 받는 사람이었기 때문에, 사장도 그가 그런 짓을 하지 않았을 것이라고 완전히 믿었습니다. 그러나 그 청년은 자긍심이 많이 상했습니다. 그는 내게 이렇게 말했습니다: "목사님, 나의 의가 한순간에 산산조각이 나고 말았습니다. 나는 내가 거짓말을 했다는 것을 알고 있었으니까요. 나는 내 자신에 대하여 역겨움을 느꼈고, 직장에서 나와서는 내 생애 최초로 하나님께 긍휼을 베풀어 주시라고 부르짖었습니다. 왜냐하면, 나는 내 자신이 죄인임을 보았기 때문입니다." 물론, 나는 여러분이 하나님 앞에서의 자신의 참 모습을 깨닫기 위해서 더 이상의 죄를 짓기를 바라지 않습니다. 왜냐하면, 여러분은 더 이상 죄를 짓지 않아도 이미 너무나 충분한 죄를 저질렀기 때문입니다. 내가 바라는 것은 여러분이 지금까지 지은 죄들 중에서 어떤 죄가 갑자기 여러분에게 아주 날카롭고 생생하게 다가와서, 여러분이 그동안 지니고 있던 자기의가 깨지고 수치를 느껴서 믿음으로 그리스도께로 나아와 그의 의를 붙잡아서 하나님 앞에서 여러분의 죄를 다 덮어 주는 보호막으로 사용하시라는 것입니다.

나는 어떤 사람들의 경우에는 그들이 잘못을 저질러서 그동안 자신이 사람들 가운데서 누려 왔던 명성과 좋은 평판을 상실하게 되었을 때에 본문에서 말하는 "수치"가 그들에게 작용한다는 것을 압니다. 그들이 잘못을 저질렀음이 드러난 것은 그들에게는 서글프고 애석한 일이지만, 그들이 더 이상 이전처럼 앞에 나서서 사람들을 이끌 수 없게 되었다고 느꼈을 때, 자신의 진면목이 드러나서 사람들이 자기를 피할 것임을 알기 때문에 뒷전으로 물러나지 않을 수 없다고 느꼈을 때, 바로 그때가 그들이 탕자처럼 "내가 일어나 아버지께 가리라"(눅 15:18)고 말한 때였습니다. 많은 사람들의 존경을 받는 위치에 있지만 구원받을 가능성이 전혀 없는 사람들이 많습니다. 왜냐하면, 그런 사람들은 너무나 교만하고 자부심이 강해서 구주를 찾지 않기 때문입니다. 그러나 그런 사람들 중에는, 어느 날 중대한 잘못을 저질러서 지금까지 쌓아온 자신의 모든 영광이 하루아침에 진흙탕 속으로 던져지고 난 후에 그리스도의 얼굴을 구한 사람들도 일부 있어 왔습니다. 나는 사람들이 저 찬송 받으실 그리스도의 얼굴을 발견하고서 구원을 받는다면, 그들이 어떻게 또는 왜 그 얼굴을 구하게 되었는지에 대해서는 관심이 없습니다.

또한, "수치"가 사람들을 하나님께로 몰아가는 두 경우가 있습니다. 하나는 사람들 가운데서의 자신에 대한 좋은 평판을 상실한 경우이고, 다른 하나는 자신이 좋게 생각하거나 존경했던 다른 사람들에 대하여 실망한 경우입니다. 그런 경우에 그들은 수치를 잔뜩 뒤집어쓰고서 흔히 그리스도께로 피합니다.

또한, 나는 사람이 실패했을 때에 힘을 얻기 위해서 강한 자이신 그리스도께로 달려가는 경우도 보아 왔습니다. 시골에서 런던으로 올라온 지 얼마 안 된 한 청년이 있었습니다. 그는 런던의 유혹들을 알고 있었지만, 자신의 부모에게 "부모님의 아들 존에게 그런 일들이 일어났다는 것을 부모님은 절대 들으시게 되지 않을 겁니다"라고 말했습니다. 아, 존이여! 정말 부모님은 존이 그런 유혹들에 빠졌다는 얘기를 듣지 못했지만, 존은 지금까지 너무나 많은 악을 행해 왔습니다. 존, 당신은 그런 자신을 부끄러워하는 것이 마땅합니다. 당신의 아버지가 이것을 알게 될 가능성이 아주 높고, 그래서 아버지가 이것을 실제로 알게 되면, 당신은 부끄러워하게 되겠지요. 그러나 나는, 당신은 이미 자신이 어떤 악들을 행해 왔는지를 알고 있으니까 스스로 하나님 앞에서 자신을 부끄러워하기를 바랍니다. 저 말없던 청년, 저 사랑스러웠던 젊은이, 저 고결했던 존! 당신은 이제 교회에 나오려고 하고 있습니다, 그렇지 않은가요? 당신은 지난 밤에 어디에 있었습니까? 내가 장담하건대, 당신은 성찬의 잔을 마시지 않았습니다. 지금은 당신이 어디에 있습니까? 존이여, 만일 당신이 여섯 달 전에 지금처럼 당신의 진면목을 볼 수 있었더라면, 당신은 고향을 떠나올 때에 머리를 그렇게 꼿꼿이 쳐들고 나오지는 않았을 것입니다. 그러나 당신의 실패, 즉 당신이 꼿꼿이 세우고 나왔던 그 등이 어이없게 부러져 버린 것은 당신이 부모님들의 하나님께로 돌아오는 데에 틀림없이 큰 도움이 될 것입니다. 나의 사랑하는 친구여, 나는 당신이 지존자의 얼굴을 구하고 다시 시작하기를 기도합니다. 왜냐하면, 존, 당신은 스스로 설 수 없지만, 하나님은 당신을 서게 하실 수 있으시기 때문입니다. 새 마음과 바른 영을 지니게 될 때, 당신은 연약함 그 자체인 당신 자신의 힘으로 과거에 행하였던 것보다 모든 일을 더 잘해나 갈 수 있습니다. 내가 아는 어떤 절대 금주자는 자기가 푸른 리본(금주 협회의 배지)을 달고 있기 때문에 절대로 술을 마시고자 하는 유혹에 넘어가지 않을 것이라고 확신하였지만, 그 아주 자랑스러운 리본에도 불구하고 술주정뱅이가 되었습니다. 나의 형제들이여, 이것이 여러분의 경우라면, 여러분이 그런 자기 자신을 부끄러워하고서, 새 마음과 바른 영을 얻기 위하여 하나님께로 나아가서 다시 시작할 때, 여러분은 자신이 진정으로 원하던 모습, 다른 사람들에게 모범이 되는 존재가 될 수 있습니다. 이렇게 여러분이 보셨다시피, 사람이 실패했을 때에 느끼는 수치는 그 사람을 그리스도께로 데려다줄 수 있습니다.

　또한, 나는 또다른 종류의 수치, 즉 겸손한 믿음으로 이어지는 정신적인 공포로 인한 수치가 사람들을 그리스도께로 인도해 준다는 것을 알고 있습니다. 어떤 젊은 신사가 자기는 구태의연한 복음에 대해서는 너무나 오랫동안 들어왔기 때문에 이제는 새로운 복음을 들어보고 싶다고 생각했습니다. 최근에 그에게 더 큰 빛이 비쳤다는 것입니다. 나는 그런 빛은 아주 어두운 곳들로부터 온다는 것만을 여러분에게 말할 수 있습니다. 나는 그런 빛 속에 많은 빛이 존재한다고 생각하지 않습니다. 그러나 이 신사는 자기가 이 새로운 빛에 대하여 알아야 한다고 생각해서, 그 빛을 따라 점점 더 깊이 계속해서 갔습니다. 이 새 빛은 마치 도깨비불처럼 그를 온갖 종류의 늪지대들로 인도했습니다. 그는 자기가 전에는 엄두도 내지 못했던 많은 큰 일들을 해낼 수 있다고 느끼기 시작했는데, 그때에 갑자기 문득 그에게 "내가 지금 어디에 와 있는 거지?"라는 생각이 들었습니다. 그는 완전히 불신자가 되어 있었습니다! 전에는 자기가 그리스도인이라고 거의 확신하였던 그가 지금은 너무나 거친 길들 속으로 치닫다 보니, 그에게 확실한 것은 아무것도 남지 않게 되었습니다. 모든 것들이 자기 앞에서 파도처럼 왔다 갔다 하고 흔들흔들해서, 요동하지 않고 견고한 것은 아무것도 남아 있지 않았습니다. 지금 당신은 부끄러워하기 시작하고 있습니다, 그렇지 않습니까? 당신은 당신이 생각했던 것과는 달리 결국 지혜로 가득한 사람이 되어 있지 않았습니다. 그러므로 돌아오십시오! 이제 돌아오셔서, 해묵은 옛 책을 믿고, 오랜 세월 동안 너무나 많은 사람들을 영원한 나라로 데려다주신 구주를 믿으십시오. 그의 말씀들을 믿으시고, 그가 가신 길을 따라가십시오. 결국 모든 것이 너무나 어리석은 짓이었음이 밝혀진 당신의 무모하고 허무맹랑한 지적 만용으로 인한 바로 그 수치가 장차 당신을 단순한 그리스도의 십자가에 단단히 묶어 주어서, 당신은 그 십자가로부터 다시는 결코 떠나지 않게 될 것입니다.

나는 오늘의 주제 중 이 부분을 마치기 전에 한 가지만 더 말씀드리고자 합니다. 이 회중 속에는 자신의 지난날의 삶을 되돌아볼 때마다 그 삶이 얼마나 무가치하고 무익했는지를 실감할 수밖에 없는 선한 분들이 많이 계실 것입니다. 나는 아주 많은 사람들이 앉아 계시는 이 예배당을 둘러보면서, "지금 이 자리에는 다른 사람들에게 선을 행하고 선한 감화를 끼치며 하나님의 교회에 무한히 가치 있는 분들이 얼마나 많은가!"라는 생각을 했습니다. 그러나 그런 분들조차도 자신의 지난날의 삶을 되돌아볼 때에는 자기가 아무것도 하지 않았다고 말할 수밖에 없습니다. 사랑하는 친구들이여, 여러분이 무엇을 이루었습니까? 자신에게 필요한 것보다 훨씬 많은 거금을 소유한 한 숙녀가 있었습니다. 그녀는 그리스도인으로서 해변에서 평온하고 편안한 삶을 살고 있었습니다. 어느 날 밤 그녀는 바닷가를 산책하면서 이렇게 자기 자신에게 말했습니다: "내가 지금까지 나를 위해 죽으신 분을 위해 한 일이 도대체 뭐지? 만일 내가 지금 죽는다면, 나를 그리워할 사람이 과연 한 사람이라도 있을까? 내 삶이 끝났을 때, 내가 이루었다고 말할 수 있는 게 과연 무얼까?" 그녀는 자기가 아무것도 한 것이 없다고 느꼈기 때문에, 집으로 가서, 자기가 무엇을 할 수 있는지를 곰곰이 생각해 보았습니다. 그녀는 할 수 있는 한 최대한으로 절약하기 위해서 아주 검소하게 살기 시작하였고, 꽤 거금을 모을 수 있었습니다. 그녀에게는 삶의 목표가 생겼기 때문이었습니다. 저 스톡웰(Stockwell) 고아원은 바로 이 선한 여자가 바닷가에서 한 생각의 산물입니다. 그녀는 부모를 잃은 소년소녀들의 보금자리가 되어줄 집을 세우는 데에 자신이 그렇게 모은 재산을 다 기부하였습니다. 나는 그녀를 생각할 때마다 내 자신에게 이런 말을 하게 됩니다: "거리를 오가는 수많은 신사숙녀 분들, 많은 남자와 여자들 중에는 '내가 죽으면 나를 그리워할 사람이 과연 있을까'라고 자문하는 사람들이 많지 않겠는가?" 나는 그리스도인이라 자처하는 사람들 중에는 손발이 묶인 채 대서양에 던져져 죽는다고 해도 가족 중 한두 사람 외에는 그 누구도 그들을 그리워하지 않을 그런 사람들이 꽤 있을 것이라고 생각합니다. 그런 사람들은 이 땅에 태어나서 아무것도 하지 않고 아무 의미도 없이 살아가고 있는 사람들입니다. 그들은 "그러나 우리는 돈을 모으고 있습니다"라고 말합니다. 물론, 그럴 겁니다. 자기가 얻은 모든 것을 쌓아 두기만 하는 그런 사람들은 쓰레기를 문 뒤에 숨기는 갈가마귀들과 같습니다. 가엾은 갈가마귀들이여! 여러분이 하고 있는 일이 바로 그런 것이고, 결코 그 이상이 아닙니다. 여러분이 선하게 사용하기 위하여 돈을 모은다면, 그것은 좋은 일입니다. 여러분이 다른 사람들을 가르치려고 배운다면, 그것은 정말 좋은 일입니다. 우리의 인생을 허비하고자 하지 않는다면, 고상한 목적을 지니고서 하나님을 향한 삶을 살아야 합니다. 선한 일을 할 많은 기회들을 헛되이 보내 버리며 살아온 사람들은 부끄러워하는 것이 마땅합니다. 그들은 그러한 수치를 통해서 구주의 발 아래 무릎을 꿇고 겸손하게 회개하여야 합니다. 하나님께서 이 자리에 계신 분들 중에서 마땅히 부끄러워해야 할 사람들에게 그런 수치를 주신다면, 그것은 그들로 하여금 당장 하나님의 이름을 부르며 하나님을 찾게 하시기 위한 것입니다.

3. 셋째로, 하나님은 자기 자신을 부끄러워하는 자들을 기꺼이 받으십니다.

이제 내가 오늘 전할 말씀 중에서 마지막 대지를 간단하게 살펴보고 말씀을 끝맺고자 합니다. 내가 여러분에게 다시 한 번 말씀드리고 싶은 것은 하나님은 지금 이렇게 자기 자신을 부끄러워하는 사람들을 진실한 사랑으로 기꺼이 받으시고자 기다리고 계신다는 것입니다. 나는 여기에서 많은 말을 통해서 하나님의 이 위대한 진리를 역설할 필요는 없을 것이라고 생각합니다. 이 자리에 자신의 지난날의 죄 때문에 자기 자신을 부끄러워하는 분이 계십니까? 그렇다면, 당신이 내가 십자가 위에서 친히 당신의 수치를 짊어지신 구주께로 나아오라고 초대하는 바로 그 사람입니다. 구주께서는 바로 당신 같은 사람을 위해 죽으셨습니다. 구주께서 친히 "인자가 온 것은 잃어버린 자를 찾아 구원하려 함이니라"(눅 19:10)고 말씀하셨다는 것을 기억하십시오. "잃어버린 자"임을 보여주는 한 가지 표지는 자기 자신이 너무나 부끄러워서 사람들의 눈길을 피하고자 할 정도로 깊은 수치심입니다. 당신이 자기 자신을 부끄러워한다면, 그리스도께서는 기꺼이 당신을 받으실 것입니다. 보십시오. 그가 팔을 벌리시고 당신 앞에 서 계셔서, 당신에게 자기에게 와서 쉼을 얻으라고 명하십시다.

당신이 그리스도께로 나아갈 그런 부류의 사람인 것은 먼저 당신에게는 그리스도가 너무나 절실히 필요하기 때문입니다. 기근이 들면, 나라에서는 가장 굶주린 가족에게 가장 먼저 양식을 배급해 줍니다. 가난한 자들에게 나누어 줄 양식을 지닌 사람이라면, 가장 굶주린 사람들을 아주 신속하게 구제하는 것이 지혜로운 일일 것입니다. 나의 사랑하는 형제여, 당신이 자기 자신을 부끄러워한다면, 당신은 가장 굶주린 사람입니다. 당신은 파산해서 거지가 되었습니다. 당신은 예수께서 구원하시러 오신 바로 그 죄인입니다. 하나님의 택함 받은 자들임을 보여주는 표지는 그들의 심령이 가난 그 자체일 정도로 가난하다는 것입니다. 당신이 비어 있다면, 그리스도께서 당신에게 들어가 그 빈 곳을 채워 주실 것입니다. 당신의 마지막 한 푼조차 다 없어졌다면, 천국의 보화가 당신을 위해 열릴 것입니다. 그리스도 앞으로 나아와서, 당신이 공기를 호흡하고 흐르는 강물에서 마시듯이 그렇게 값없이 그리스도를 영접하시고 그 보화를 취하십시오. 그리스도 앞으로 나아와서, 지체 없이 의심하지 말고 그리스도를 영접하십시오. 지금 그리스도를 영접하셔서 행복하게 되십시오. 그리스도를 영접하는 방법은 그를 믿고 의지하며 당신 자신을 온전히 그에게 맡기는 것입니다. 그는 구주이십니다. 그로 하여금 당신을 구원하시도록 허락하십시오. 구원의 역사 속에서 당신은 손가락 하나 까딱 하지 마시고, 모든 것을 그리스도께 맡기십시오. 천지를 조성하신 저 능하신 손과, 십자가에 못 박히신 저 사랑의 손에 당신 자신을 온전히 의탁하십시오. 예수께서는 당신을 구원하실 수 있으십니다! 예수께서는 당신을 구원하시고자 하십니다! 예수께서는 당신을 구원하셔야 합니다! 예수께서는 당신을 구원하시겠다고 맹세하셨습니다! 당신이 그를 믿었다면, 그는 당신을 구원하신 것이기 때문에, 당신은 이루 말할 수 없는 기쁨과 충만한 영광으로 기뻐해도 됩니다.

다음으로, 당신이 자기 자신을 부끄러워한다면, 당신은 그리스도와 협상하고자 하지 않을 것이기 때문에 그리스도께로 나아올 수 있는 사람입니다. 당신은 "주여, 내가 어떤 대가를 치러도 좋사오니 어떤 식으로든 나를 구원하소서"라고 말할 것입니다. 또한, 당신은 구원을 받고난 후에 모든 영광을 그리스도께 돌릴 사람입니다. 예수께서는 죄인들 중에서 바로 그런 사람을 구원하기를 기뻐하십니다. "나는 그리스도께서 나를 구원하시기 전에도 언제나 선했고 탁월한 성품을 지니고 있었다"고 말하며, 그리스도께서 베풀어 주신 구원에 대하여 감사하지 않고 가버릴 그런 사람은 구원의 영광을 그리스도와 나누어 가지려고 할 것이기 때문에 구원 받을 가능성이 희박합니다. 하나님은 선한 흔적도 없고 선할 소망도 없고 선함의 그림자도 없는 사람들, 하나님이 그들을 부끄러워하시는 것이 당연하다고 생각할 뿐만 아니라 스스로도 자기 자신을 절대적으로 부끄러워하는 사람들을 구원하시기를 기뻐하십니다.

나는 이 중요한 주제에 관하여 말씀을 전하면서, 우아한 언변이나 화려한 웅변을 사용하지 않았습니다. 지금까지 나는 여러분 중에서 복음을 깊이 생각한 적이 없는 분들에게 복음 메시지를 단도직입적으로 솔직하게 전하고 설명했습니다. 나는 하나님의 은혜로 말미암아 이 밤이 지나기 전에 여러분이 그리스도 앞에 나아와서 자기 자신을 맡기시기를 바랍니다. 성령께서 지금 이 자리에서 몇몇 심령들에게 역사하고 계십니다. 다른 분들에게는 성령께서 아직 역사하고 계시지 않고 있다면, 나는 성령께서 다른 분들에게도 역사하시기를 기도합니다. 나의 사랑하는 형제들이여, 우리는 모두 언젠가는 죽을 존재들이고, 여러분 중의 어떤 분들은 머지않아 이 세상을 떠나게 되실 것임을 기억하십시오. 지난 주간 동안에 나는 개인적으로 몇몇 아주 소중한 친구들을 잃었습니다. 그들은 너무나 갑자기 세상을 떠났습니다. 일주일 전쯤에 이 자리에 참석하였던 한 젊은 친구가 있었습니다. 그는 지난 주일 오후에 병에 걸렸고, 불과 몇 시간만에 세상을 떠났습니다. 그의 죽음을 슬퍼하는 친구들이 오늘 이 자리에 없습니다. 왜냐하면, 그는 어제 오후에 부모님들과 친지들이 오열하는 가운데 어제 오후에 노우드(Norwood) 공동묘지에 묻혔기 때문입니다. 또한, 내가 망통(Mentone: 프랑스 남부 요양지)에 있을 때에 자주 머물곤 했던 한 사랑하는 나이든 친구가 있었습니다. 그녀는 지난 월요일에만 해도 평소처럼 좋아보였지만, 수요일에 세상을 떠났습니다. 지난 주 금요일에 나는 플리머스(Plymouth)에 사는 한 친구로부터 편지를 받았는데, 그가 나를 만나러 오고 싶은데 어느 시간이 좋겠냐는 것이었습니다. 나는 "오후 5시"라고 답장했습니다. 그분은 우리의 존경하는 친구인 서펠(Serpell)입니다. 그는 오지 않았고, 대신에 나는 그의 상태가 별로 좋지 않다는 전갈을 받았습니다. 월요일에 그는 상공회의소에서 연설을 하는 도중에 쓰러져서 그대로 돌아가셨습니다. 이렇게 나는 내게 늘 좋은 조력자들이었고 선한 친구들이었던 몇몇 분들을 잃었습니다. 그래서 나는 어느 때보다도 더 내가 죽음의 세상 속에서 살아가고 있다는 것을 느낍니다. 오늘 세상을 떠날 사람이 바로 여러분 중의 한 사람일 수도 있고 내 자신일 수도 있습니다. 그러므로 오셔서 지금 당장 하나님을 찾으십시오. 우리 각자가 지금 하나님을 찾아야 합니다: "네가 만일 그를 찾으면 만날 것이요"(대상 28:9). 하나님께서 예수 그리스도로 말미암아 우리로 그렇게 하게 해주시기를 빕니다. 아멘.

제
78
장

—

참새와 제비

—

"나의 왕, 나의 하나님, 만군의 여호와여 주의 제단에서 참새
도 제 집을 얻고 제비도 새끼 둘 보금자리를 얻었나이다."
— 시 84:3

　　다윗은 성막의 제사들로부터 멀리 떨어져 있었을 때에 그 거룩한 성소 가까
이에 둥지를 튼 새들을 부러워하였습니다. 마찬가지로, 그리스도인들은 성도들
과 함께 모여 하나님을 예배할 수 없게 된 때에는 언제나 그리스도 안에서 형제
자매들과 함께 모여 예배하는 특권을 상실하게 된 것에 대하여 탄식을 할 수밖
에 없습니다. 그런데 그런 것보다 한층 더 탄식하게 되는 경우가 있는데, 그것은
그리스도인이 "주께서 세우신 것이요 사람이 세운 것이 아닌 성소와 참 장막에
서 섬기는 이"(히 8:2)이신 주 예수 그리스도의 임재를 잃어버린 때입니다. 그럴
때에 그는 그리스도와의 교제가 회복되기를 갈망하며 다른 그 어느 때보다도 더
탄식하고 부르짖습니다. 어떤 사람이 아무리 가난하고 보잘것없는 사람일지라
도 하나님과의 끊임없는 교제를 누리고 있다면, 우리는 그 사람을 부러워합니
다. 우리 자신의 죄나 소홀함으로 인해서, 또는 하나님의 헤아릴 수 없는 주권적
인 은혜로 말미암아 우리가 한동안 영적으로 어둠 가운데 있어서 구주를 찾아도
발견할 수 없게 될 때, 우리는 주님의 임재를 다시 한 번 누릴 수만 있다면, 박해
자들에게 잡혀서 지하 감옥에서 고초를 겪거나 순교하면서도 주님과의 황홀한
교제를 누리는 성도들과 기꺼이 자리를 바꾸고 싶은 심정이 됩니다. 이것은 다

윗이 옛 성막의 제사들을 몹시 그리워하였을 때, 또는 그가 하나님의 전에서 공 예배를 드리지 못하면서 완전히 끊겨 버린 하나님과의 교제를 몹시 갈망했을 때에 그의 심정이었습니다. 나는 다윗이 바로 그런 때에 내가 오늘 전하고자 하는 본문을 포함하고 있는 이 시편, "시편들 중의 진주"라고 불리는 이 시편을 썼다고 믿습니다. 성령께서 나로 하여금 오늘 내가 전하는 말씀이 듣는 자들이나 읽은 자들에게 유익이 될 수 있게 해주시기를 빕니다.

다윗이 이 시편을 썼을 때에 그의 마음에 들어왔던 새들은 두 종류였는데, 한 종류는 그들 자신을 위한 집이 있는 새였고, 다른 한 종류는 자신의 새끼들을 위한 보금자리가 있는 새였던 것으로 보입니다. 그리스도인들은 그리스도 안에서, 그리고 어떤 의미에서는 그리스도의 종들이 그의 이름으로 모여 예배를 드리는 곳에서 이 두 가지를 발견합니다.

1. 첫째로, 그리스도인들은 그리스도 안에서와 신실한 자들의 모임 속에서 제 집을 발견합니다.

본문을 읽어 보겠습니다: "참새도 제 집을 얻고." 이 본문과 관련해서 우리의 첫 번째 질문은 "주의 제단에서 제 집을 얻은" 존재들은 도대체 어떤 존재들이었느냐 하는 것입니다.

그들은 단지 "참새"에 불과한 존재들이었습니다. 그러나 그들은 하나님의 제단 가까이에서 제 집을 얻었습니다. 그래서 다윗은 그들을 부러워하였습니다. 참새들은 너무나 하찮은 존재들입니다. "참새 다섯 마리가 두 앗사리온에 팔리는 것이 아니냐"고 그리스도께서는 제자들에게 말씀하셨습니다. 사랑하는 친구들이여, 여러분과 나도 하나님이 우리를 보시는 대로 우리가 우리 자신을 정직하게 본다면, 우리는 우리의 죄로 말미암아 참새보다 훨씬 더 하찮은 존재들이기 때문에, 우리가 없어지는 것이 온 우주에 손실이 아니라 이익이 될 것임을 깨닫게 됩니다. 하나님께서 우리에게 말씀의 밝은 빛을 부어 주시면, 우리는 우리 자신이 얼마나 무가치한 존재들인지를 볼 수 있게 됩니다. 그렇게 되었을 때에 우리는 티끌만한 은혜나 복조차도 우리에게는 너무나 과분하다고 생각하게 됩니다. 그렇지만 참새들도 하나님의 옛 성막의 처마 아래에 제 집을 짓는 것이 허락되었기 때문에, 우리 같이 하찮고 무가치한 존재들도 하나님의 크신 은혜의 집이라는 피난처 아래로 가서 거기에 우리의 집을 지을 수 있습니다. 거기에서 우리는 온갖 위험으로부터 안전한 피난처, 언제까지나 영원토록 온전히 우리를 안전하게 지켜 줄 곳을 발견할 수 있습니다. 여러분이 자기는 멸시를 받아 잊혀진 존재라고 생각한다면, 참새도 하나님의 제단에서 제 집을 얻었다는 것을 기억하십시오. 그러므로 하나님의 제단으로 나아와서, 거기에 여러분을 위한 공간이 있는지 없는지를 살펴보십시오. 예수께서는 "내게 오는 자는 내가 결코 내쫓지 아니하리라"(요 6:37)고 말씀하셨습니다. 사도 바울은 성령의 감동을 따라 이렇게 말합니다: "하나님께서 세상의 미련한 것들을 택하사 지혜 있는 자들을 부끄럽게 하려 하시고 세상의 약한 것들을 택하사 강한 것들을 부끄럽게 하려 하시며 하나님께서 세상의 천한 것들과 멸시 받는 것들과 없는 것들을 택하사 있는 것들을 폐하려 하시나니 이는 아무 육체도 하나님 앞에서 자랑하지 못하게 하려 하심이라"(고전 1:27-29). 그러므로 가난하고 멸시 받는 자여, 비록 당신이 별 볼 일 없는 존재라고 생각이 든다고 할지라도, 기쁜 확신을 가지고서 구주께로 나아오십시오. 구주께서는 당신을 환영하실 것입니다. 왜냐하면, 구주께서는 당신을 거절하고자 하지도 않으시고, 거절하실 수도 없으시기 때문입니다.

　참새들은 단지 하찮은 존재들이었을 뿐만 아니라, 절실한 필요를 지닌 존재들이었습니다. 그들에게는 집이 필요했고, 피난처가 필요했습니다. 그리고 그들은 그것을 하나님의 제단에서 발견했습니다. 마찬가지로, 우리도 몹시 절박합니다. 우리는 하찮은 존재들이지만, 우리의 필요들은 결코 하찮은 것들이 아닙니다. 우리의 필요는 너무나 절실합니다. 우리에게 필요한 것이 없다고 말할 사람이 누가 있겠습니까? 만일 하나님의 차고 넘치는 은혜가 없었다면, 우리는 모두 이미 지옥에 가 있어야 할 사람들입니다. 만일 하나님의 이루 말할 수 없는 선하심이 없었다면, 오늘날 우리에게는 은혜를 받을 소망이나 죄 사함의 기대나 장차 천국에서 거룩하고 복된 삶을 살게 되리라는 확신이 있을 수 없습니다. 우리의 필요들은 헤아릴 수 없이 많습니다. 매 순간마다 새로운 필요가 생겨납니다. 과거와 현재에 하나님이 우리에게 공급해 주신 것들만으로는 미래에 우리에게 생겨날 엄청난 요구들을 해결하기에 충분하지 않습니다. 궁핍한 존재인 참새가 하나님의 전에 가져간 것이 아무것도 없었지만 거기에서 자기에게 값없이 주어진 집을 얻었듯이, 여러분의 궁핍한 영혼들도 하나님이 주 예수 그리스도 안에서 무한히 공급해 주시는 은혜를 값없이 받습니다. 여러분이 그리스도께로 나아갈 때에는 그 어떤 것도 가져갈 필요가 없습니다. 단지 그냥 그리스도께로 나아가서 그를 믿고 의지하십시오. 그러면 하나님께서 여러분의 모든 필요를 채워 주실 것입니다. 여러분의 영혼이 이 땅의 환난을 안전하게 통과하여 천국의 지극한 복에 이르기까지 어떤 것들이 필요하든, 여러분이 단지 믿음의 날개를 가지고 날아가서 예수 그리스도 안에서 집과 거처를 얻기만 한다면, 그 모든 것들이 여러분에게 값없이 주어질 것입니다. 지금까지 지면에 살았던 사람들 중에서 가장 궁핍한 영혼이라도 그리스도께서 인류의 죄를 위하여 자신을 단번의 제사로 드리신 바로 그 제단에서 진심으로 환영을 받게 될 것입니다.

이 참새들은 **불청객들**이었지만, 그럼에도 불구하고 하나님의 제단에서 제 집을 얻었습니다. 그리고 그들은 그렇게 한 것에 대하여 전혀 책망을 듣지 않았습니다. 아니, 본문에서 다윗은 참새들을 칭찬하는 것으로 보입니다. 그는 분명히 그들을 부러워했으니까 말이죠. 그러나 나의 사랑하는 형제들이여, 여러분은 주 예수 그리스도께로 한 번도 나아간 적은 없지만, 그럼에도 불구하고 결코 불청객들이 아닙니다. 복음이 여러분을 초대하는 음성은 매 주일마다 이 건물 전체에 울려 퍼집니다: "죄인이여, 오세요, 환영합니다, 예수께로 오세요, 지금 오세요!" 우리는 단지 여러분을 초대할 뿐만 아니라, 여러분이 오셔서 그리스도의 저 희생 제사를 믿기만 한다면 여러분의 영혼이 영원하고 복된 거처를 얻게 될 것을 약속하며 그리스도의 이름으로 여러분에게 간절하게 호소합니다. 참새들은 초대받지 않았는데도 하나님의 전으로 왔는데, 여러분은 초대를 받고서도 그리스도께로 나아오지 않으려 하십니까? 참새들은 그 누구도 그들에게 그렇게 하라고 권하거나 명하지 않았는데도 하나님의 제단에서 제 집을 얻을 만큼 용감하고 담대했습니다. 그러니 여러분도 비록 떨리기는 하겠지만 한 번 용기를 내서 담대하게 하나님께서 은혜로 여러분에게 내미시는 손을 잡아보지 않으시겠습니까? 여러분은 아굴이 "거미는 자신의 손으로 지탱하지만 왕궁에 있느니라"(잠 30:28 KJV, 한글개역개정에는 "손에 잡힐 만하여도 왕궁에 있는 도마뱀"으로 되어 있음)고 말하며 거미를 땅에서 작으면서도 "가장 지혜로운 것"(잠 30:24)이라고 칭찬한 것을 기억하고 계시겠지요? 거미에게 왕궁으로 들어가라고 한 사람은 아무도 없었습니다. 거미는 왕궁에 있는 것이 전혀 어울리지 않는 혐오스러운 존재였고, 거미가 쳐놓은 거미줄은 왕궁의 미관을 해쳤을 것입니다. 그렇지만 거미는 폭풍이 몰려올 것임을 본능적으로 알고서는 왕궁에 자신의 피신처를 마련했던 것입니다. 레바논 숲에는 솔로몬의 별궁이 있었는데, 거미는 속으로 이렇게 말했을 것

입니다: '내가 비록 거미이지만, 여기에 머물며 살지 못할 이유가 어디 있어?' 그
래서 거미는 자신의 손으로 몸을 지탱하며 성벽을 기어올라 열린 창문을 통해
별궁으로 들어가서 거기에 거미줄을 치고 자신만의 안락한 거처를 마련했습니
다. 그러자 어떤 사람이 지나가다가 "저 거미와 거미줄이 여기에 왜 있는 거지,
없애 버려야겠군"이라고 말했습니다. 그러나 솔로몬의 생각은 달랐습니다. 그는
거미가 자신의 손만으로 왕궁의 성벽을 기어오른 지혜를 가상히 여겨서, 영원한
책인 성경의 잠언에서 거미의 지혜를 칭찬했습니다. 여러분은 아마도 자신을 저
거미처럼 혐오스러운 존재로 여겨서, 자기가 만왕의 왕이 계시는 저 은혜의 집
에 들어간다는 것은 천부당만부당한 일로 생각하고 있을지 모릅니다. 여러분은
복음의 약속을 믿지 못하고서, "내가 성도가 되고, 죄로부터 깨끗함을 받으며,
천국에 들어가서 저 크신 왕과 함께 거한다는 것이 가당키나 한 일일까?"라고 자
문합니다. 그런 말일랑 하지 마시고, 여러분이 과연 왕의 궁전으로 통하는 입구
를 발견할 수 있을지나 살펴보십시오. 그리고 그 입구를 발견할 수 있다면, 주저
없이 그 입구로 들어가십시오! 내가 방금 여러분에게 상기시켜 드린 대로, 분명
히 만왕의 왕께서 친히 "내게 오는 자는 내가 결코 내쫓지 아니하리라"(요 6:37)
고 써놓으신 창문이 여러분을 위해 열려 있을 것입니다. 그런 후에 여러분은 조
금 있다가 만왕의 왕께서 "수고하고 무거운 짐 진 자들아 다 내게로 오라 내가
너희를 쉬게 하리라"(마 11:28)는 초대장을 걸어놓으신 또다른 창문을 발견하실
것입니다. 그 초대장은 여러분을 초대하고 있는 것이 아닙니까? 보잘것없는 거
미 같은 죄인들이여, 들어오십시오! 사랑과 은혜로 충만한 그리스도의 집으로
통하는 담벼락을 여러분의 손으로 붙잡고서 오르십시오. 나는 여러분에게 나의
왕이신 주님께서 여러분에게 결코 화내지 않으실 것임을 보증할 수 있습니다.
도리어, 그리스도께서는 여러분이 거기에 있는 것을 보시면, 여러분의 이름을
자신의 "생명책"에 기록하시고, 여러분의 거처를 거기에 영원히 있게 하실 것입
니다. 그리스도께서는 거미 같이 보잘것없는 죄인인 여러분이 담대하게도 그를
믿고서 그의 왕궁으로 들어온 것을 불법침입으로 보시는 것이 아니라 지혜로운
일로 보실 것입니다. 그리스도께서는 여러분이 그를 그토록 소중하게 생각한 것
을 아시고 기뻐하실 것입니다. 여러분이 그의 사랑과 은혜를 정말 소중하고 귀
한 것으로 생각하기만 한다면, 나는 여러분이 생각한 것보다 훨씬 더 큰 사랑과
은혜를 실제로 받게 될 것임을 보증합니다. 왜냐하면, 그리스도께서 "하늘이 땅

보다 높음 같이 내 길은 너희의 길보다 높으며 내 생각은 너희의 생각보다 높으니라"(사 55:9)고 하신 말씀은 참되기 때문입니다.

그러므로 우리는 참새가 하나님의 제단에서 제 집을 얻은 것으로부터 교훈을 배워서, 비록 우리가 하찮고 보잘것없는 존재들이고, 모든 것이 결여되어서 결핍된 것들뿐이며, 심지어 우리 자신이 불청객들로 여겨진다고 할지라도, 주저 없이 구주께로 나아가서 거기에서 우리의 영원한 거처를 얻어야 합니다.

다음으로, 본문은 이 참새들이 무엇을 했다고 우리에게 말해주고 있습니까? 우리는 참새들이 한 일로부터 무언가를 배우는 것이 마땅합니다.

본문은 "참새도 제 집을 얻고"라고 말씀합니다. 그러므로 참새는 무엇보다도 먼저 "제 집"을 찾았습니다. 참새는 집이 필요했고, 그래서 어디에서 그 집을 얻을 수 있는지를 부지런히 살피고 찾았습니다. 많은 사람들이 구원을 얻지 못하는 한 가지 큰 이유는 구원을 찾지 않기 때문입니다. 그런 사람들 중 다수는 심지어 자기에게 구원이 필요하다는 것을 알지조차 못합니다. 또는, 그들이 교리적으로는 그 사실을 알고 있더라도, 현실적으로 자기에게 정말 구원이 필요하다고 믿지는 않습니다. 나는 예수 그리스도로 말미암은 구원을 진심으로 구하지 않고도 구원을 얻은 사람은 단 한 사람도 없었다고 확신합니다. 또한, 나는 모든 "잃어버린 자들" 중에서 자기는 하나님의 은혜를 정직하고 간절하게 구했는데 얻지 못했다고 하나님께 말할 수 있는 사람은 단 한 사람도 없을 것임을 믿습니다. 나의 사랑하는 형제들이여, 여러분이 그리스도를 만나지 못하였다면, 그것은 그리스도를 찾지 않았기 때문입니다. 왜냐하면, 그리스도께서는 "구하는 이마다 받을 것이요 찾는 이는 찾아낼 것이요 두드리는 이에게는 열릴 것이니라"(마 7:8)고 말씀하셨기 때문입니다. 나는 여러분에게 복이 주어지는 시기가 어느 정도 미루어질 수는 있다는 것을 인정합니다. 여러분은 자신의 무지 때문에, 또는 자신이 버리지 않고 숨겨 놓은 죄 때문에 평안을 얻는 데에 좀 시간이 걸릴 수도 있습니다. 그러나 여러분이 은혜의 보좌 앞으로 진심으로 나아와서, 간절하게 부르짖으며 은혜를 구한다면, 하나님께서 여러분에게 규를 내미셔서 만지게 하심으로써 자신의 면전에서 은혜를 얻게 하시리라는 것은 하나님이 그리스도 예수 안에 계시는 것만큼이나 확실합니다. 하나님의 은혜를 구하는 여러분이여, 담대하게 끈기를 가지고서 구원을 구하십시오. 성령께서 여러분을 도우셔서 여러분이 지혜롭고 올바르게 믿음의 길을 구하여 속히 그 길을 발견할 수 있게 해주시라고 기도하십시오.

또한, 본문은 "참새도 제 집을 얻고"라고 말씀하고 있기 때문에, 우리는 참새를 위한 집이 거기에 있었다는 것을 알 수 있습니다. 만일 그렇지 않았다면, 참새는 제 집을 얻을 수 없었을 것입니다. 팔레스타인을 여행하던 한 여행객이 쓴 일기를 보면, 예루살렘에서 성전 터에 쌓여 있는 폐허더미를 거닐다가 한 작은 새, 히브리어로 '칩포르'라고 하는 참새가 두 개의 큰 돌을 붙여놓았던 회반죽이 떨어져 나간 틈새에서 날아오르는 것을 보았을 때에 "주의 제단에서 참새도 제 집을 얻고"라는 말씀이 퍼뜩 떠올랐다는 얘기가 나옵니다. 이것이 다윗의 이 글이 의미했던 바로 그것이었을 것입니다. 참새는 자기가 원했던 작은 빈 공간을 발견하고서는 거기로 들어갔고, 그 곳은 마치 참새를 위한 맞춤식 "집"으로 만들어져 있는 것인 양 미리 준비되어 있었습니다. 하나님의 은혜를 구하는 여러분에게 내가 말하고자 하는 것은 여러분이 그리스도 안에서 안식을 얻는다면, 그것은 그리스도 안에 이미 여러분을 위한 안식이 준비되어 있기 때문이라는 것입니다. 하나님을 찾도록 여러분의 마음을 준비시키시는 분은 여러분이 얻고자 하는 것을 이미 준비해 두십니다. 여러분이 자신의 구원을 만들어가는 것이 아닙니다. 여러분의 구원은 이미 다 준비되어 있고, 여러분은 단지 그 구원을 발견해서 얻기만 하면 되는 것입니다. 여러분이 자신의 속죄를 만들어가는 것이 아닙니다. 모든 인류의 죄를 위한 속죄는 이미 골고다 언덕 위에서 단번에 온전히 이루어졌습니다. 여러분이 자신을 위한 의를 만들어가는 것이 아닙니다. 그리스도 예수께서 여러분을 위해 이미 이루신 의는 온전하기 때문에, 여러분은 거기에 여러분 자신의 의라고 생각되는 것을 더할 필요가 없습니다. 여러분이 그리스도를 정직하게 찾는 자라면, 여러분을 저 깊은 죄에서 저 높은 영광으로 들어올릴 구원은 전에 여러분을 위해 피 흘리셨던 저 사랑의 손에 의해서 이미 여러분을 위해 준비되어 있습니다. 존 번연(John Bunyan)은 이렇게 말했습니다: "여러분은 이런 말을 들었을 때에 입을 다물지 못하지 않겠습니까? 여러분은 '이 모든 것이 이미 나를 위해 준비되어 있단 말인가'라고 말하지 않겠습니까? 그렇다면, 내가 이 모든 것을 취하지 않을 이유가 어디 있겠습니까?" 정말 그렇습니다. 여러분이 그 구원을 취하지 않을 이유가 도대체 어디 있겠습니까? 내 주님의 이름으로 나는 여러분에게 그리스도를 찾고자 하는 모든 자들, 그리스도를 믿고 의지하고자 하는 모든 영혼들을 위해 "모든 것이 준비되어 있다"는 것을 보증합니다. 그런데도 여러분이 그리스도를 찾지 않고 믿지 않는다면, 여러분에게는 그 어떤 긍휼도 없을 것입니다. 그러나 여러분이 진심으로 찾는다면, 반드시 얻게 될 것입니다. 왜냐하면, 우리의 거처를 준비하시기 위하여 먼저 천국에 가신 그리스도께서 이미 오래 전에 여러분을 위한 은혜를 다 준비해 두셨기 때문입니다.

또한, "참새도 제 집을 얻고"라는 말씀은 참새가 집을 발견하고 나서 그 집을 자신의 것으로 삼았다는 것을 의미합니다. 성막의 따뜻한 면에는 남풍이 불어서 참새를 추위로부터 지켜줄 아주 아늑하고 포근한 작은 공간이 있었고, 참새는 작은 새였기 때문에 거기로 들어갈 수 있었습니다. 참새는 그 곳을 발견하고서는 거기를 차지하여 자신의 것으로 만들었습니다. 우리는 그리스도에 대하여 많은 것을 읽고 들어서 잘 알고 있고 그리스도에 대하여 많은 것을 깨닫고 있을 수도 있지만, 그것이 사실은 진정으로 그리스도를 얻은 것이 아닐 수 있습니다. 이 문제의 근원은 그리스도를 여러분 자신의 것으로 삼는 것입니다. 이 일과 관련해서 여러분은 이기적이어야 하고, 이 경우에는 죄악되지 않으면서도 이기적일 수 있습니다. 여러분은 구원받고자 한다면 인격적으로 그리스도를 붙들어야 합니다. 한 어린 소녀에게 이 교훈을 가르치고자 했던 어떤 사람이 병석에 누워 있는 자신을 그 소녀가 간호하고 있는 동안에 이 교훈을 가르치기를 시도했습니다. 그 환자는 "제인, 내 약을 꺼내다오"라고 말했습니다. 소녀가 약을 꺼내자, 그는 "제인, 이제 나를 위해 네가 대신 그 약을 먹으렴"라고 말했습니다. 그러나 소녀는 "선생님, 그렇게 하는 것이 옳은 일이라면, 제가 기꺼이 그렇게 하겠지만, 제가 약을 대신 먹는다고 해도, 그 약은 선생님께는 아무런 효력이 없을 거예요"라고 말했습니다. "네 말이 맞다. 애야, 내가 직접 그 약을 먹어야 효력이 있는 것과 마찬가지로, 너도 네 자신이 주 예수 그리스도를 믿어야 한단다. 다른 사람의 믿음은 네게 아무런 효력도 없을 테니까 말이다." 그는 소녀에게 그렇게 말해 주었습니다. 신앙에 있어서 누구를 대신한다는 생각, 즉 어떤 사람이 다른 누군가의 구원을 위해 어떤 것들을 서원하고 약속하는 것은 하나님의 말씀 속에서 전혀 근거가 없는 일입니다. 신앙은 전적으로 개인적인 것입니다. 여러분은 자신이 회개해야 하고 자신이 믿어야 하며 자신이 그리스도를 붙들어야 합니다. 만일 다른 모든 참새들이 제 집을 얻었다고 할지라도, 한 참새가 집을 얻지 못하여 폭풍 속에서 피할 곳도 없이 노출되어 있다면, 그것은 그 참새에게 아무런 도움도 되지 못할 것입니다. 그래서는 결코 안 됩니다. 참새는 반드시 "제 집"을 얻어야 하고, 제비는 반드시 새끼를 둘 자신만의 보금자리를 얻어야 합니다.

　　사랑하는 친구들이여, 여러분과 내가 이 참새처럼 행한다면, 우리는 지혜로운 자들이 될 것입니다. 참새가 제 집을 얻게 된 것은 스스로 제 집을 구하였기 때문입니다. 참새가 제 집을 얻게 된 것은 자기를 위한 집이 이미 거기에 준비되어 있었기 때문입니다. 참새가 제 집을 얻게 된 것은 집을 발견한 후에 그 집을 제 집으로 만들었기 때문입니다. 이렇게 우리도 믿음으로 말미암아 주 예수 그리스도를 우리 자신의 것으로 삼아야 합니다.

　　나는 여러 상황들 속에서 믿음으로 사는 것과 관련해서 몇 가지 교훈을 배워 왔습니다. 자기가 직접 모는 마차에 나를 태워서 자주 런던 거리를 구경시켜 주는 한 친구가 있는데, 거리에 마차들이 꽉 들어차서 우리가 탄 마차가 움직일 수 있는 공간조차 없게 될 때에는 내가 종종 그 친구에게 "사고 날까봐 걱정이야"라고 말하곤 했습니다. 아마 내가 그 친구에게 그런 말을 세 번째로 했던 때였던 것 같습니다. 그 친구는 말고삐를 내 손에 쥐어 주고서는, "자네가 나를 믿을 수 없다면, 마차를 자네가 직접 몰게나"라고 말했습니다. 마찬가지로, 우리가 하나님을 믿지 못하고 곤경에 빠질까봐 두려워한다면, 하나님께서는 "네가 나를 믿지 못한다면, 스스로 해보아라"고 말씀하지 않으시겠습니까? 그렇게 된다면, 우리는 얼마나 곤란한 처지에 빠지게 되겠습니까! 하나님께서 단 한 시간 동안 우리의 손에 말고삐를 맡기신다고 할지라도, 우리는 해 병거를 몰아서 세상을 불덩이처럼 타오르게 만들고자 했던 자와 같게 될 것입니다. 우리는 원하든 원하지 않든 모든 것을 하나님께 맡겨드려야 합니다. 우리가 모든 것을 하나님의 손에 맡길 때, 우리는 참새가 늘 부른다고 루터가 말했던 감미로운 짧은 노래를 부를 수 있습니다:

　　"죽을 수밖에 없는 자야, 염려와 근심을 그치라.
　　　내일 네게 필요한 모든 것을 하나님께서 공급해주시는 것이 아니냐."

　　우리 모두가 이 짧은 노래를 부를 수 있게 되고, 이 노래를 우리 자신을 향하여서도 부를 수 있게 되기를 빕니다.

　　우리는 이 참새가 무엇을 얻었는지를 주목함으로써 이 비유를 계속해서 살펴 나가고자 합니다.

"참새도 제 집을 얻고"는 아주 간단한 말씀이지만, 그 속에는 많은 의미가 담겨 있습니다. 우리가 주 예수 그리스도 안에서 우리 영혼을 위한 "집"을 발견했을 때, 참새가 "제 집"에서 안전함을 얻은 것과 마찬가지로, 우리는 그리스도 안에서 안전함을 얻습니다. 사방에서 거센 폭풍이 불어왔을 때, 참새는 하나님의 옛 성막에 있는 제단에서 "제 집"을 발견하고 거기에서 안전함을 느꼈습니다. 양심의 폭풍이 우리에게 불어닥칠 때, 우리는 예수께서 우리를 위해 고난당하신 곳인 그 제단에서 우리의 피난처를 발견하고 거기에서 안전함을 느낍니다. 마지막 날에 하나님의 심판의 폭풍이 닥칠 때, 우리는 그리스도께서 골고다에서 드리신 속죄의 피난처 아래에서 안전할 것입니다. 예수를 믿는 사람은 영원토록 안전합니다. 땅과 거기에 속한 모든 것이 불타버리고 하늘들이 큰 소리를 내고 떠나가 버릴 때에도, 예수를 "광풍을 피하는 곳, 폭우를 가리는 곳"(사 32:2)으로 삼은 사람에게는 그 어떤 해악도 미치지 않게 될 것입니다.

안전함 다음으로 우리가 그리스도 안에서 얻는 것은 안식입니다. 그리스도 밖에 있는 영혼은 참된 안식이 무엇인지를 알지 못하고, "이미 믿는 우리들은 저 안식에" 들어가게 됩니다(히 4:3):

"이루어졌다네! 큰 일이 이루어졌다네!
난 내 주님의 것이 되었고, 그분은 내 주님이 되셨다네."

하나님께서 영원한 언약의 피로써 인치신 약속과 맹세로 말미암아 나의 구원은 이미 준비되어 있고, 나의 죄는 이미 사함 받았으며, 나의 안전함은 견고하게 보장되어 있습니다. 이것이 여러분의 복된 상태라면, 여러분은 하나님이 자기가 사랑하는 자들에게 주시는 저 지극히 달콤한 잠을 잘 수 있을 것이고, "모든 지각에 뛰어난 하나님의 평강이 그리스도 예수 안에서 너희 마음과 생각을 지키시리라"(빌 4:7)는 말씀도 여러분에게 이루어질 것입니다. 작은 참새가 성막에서 "제 집"을 얻고 나서 온전한 쉼을 얻었듯이, 우리도 우리의 주님이자 구주이신 예수 그리스도를 진심으로 믿었을 때에 그 어떤 일이 생겨도 온전하고 절대적인 안식을 누릴 수 있습니다. "주께서 심지가 견고한 자를 평강하고 평강하도록 지키시리니 이는 그가 주를 신뢰함이니이다"(사 26:3).

또한, 집은 거처하는 곳입니다. 참새는 성막에 있는 제 집에서 살았습니다.

주 예수 그리스도를 발견한 사람들은 그리스도 안에서 영적인 거처를 발견하고
서 거기에서 살아갑니다. 그런 사람들은 "내 안에 거하라"(요 15:4)는 주님의 저
복되신 명령을 청종해서, 예수의 피 흘리신 심장 바로 곁에 머물고 싶어 합니다.
그리스도 안에서 나의 형제요 자매인 여러분, 여러분은 단지 임시 거처를 마련
한 것이 아닙니다. 여러분은 조금 있다가 다시 찬바람이 쌩쌩 부는 세상 속으로
다시 돌아가서 거기에서 다시 살아야 하는 것이 아닙니다. 만일 그렇다면, 여러
분은 정말 불쌍한 존재들일 것입니다. 그러나 여러분의 미래는 그런 서글프고
우울한 것이 결코 아닙니다. 왜냐하면, 우리는 모세처럼 "주여 주는 대대에 우리
의 거처가 되셨나이다"(시 90:1)라고 말할 수 있기 때문입니다. 하나님은 늘 우리
의 거처가 되어 주실 것입니다. 그의 거룩하신 이름을 찬송합니다!

　　또한, 집은 기쁘고 즐거운 곳이고, 그런 곳이 되어야 합니다. 사람이 집에 도착
하면 마음이 편안해져서 긴장이 풀립니다. 사람이 집에서 편안하고 행복하지 않
다면, 어디에서 편안하고 행복할 수 있겠습니까? 작은 참새도 집에 도착하면 안
도감이 들게 됩니다. 하루의 일이 끝나고, 그 날에 필요한 것들도 다 충족이 되어
서, 참새는 짹짹 울어대며 온갖 기쁨의 노래를 부릅니다. 마찬가지로, 우리도 그
리스도 안에 거처를 마련하게 되면, 우리 영혼은 기쁨으로 충만하게 되어서, 가
장자리까지 가득 찰 뿐만 아니라 넘칠 정도의 지극한 행복을 맛보게 됩니다. 그
리스도의 종이 된 사람들은 진정으로 행복하고, 자신의 구원을 바라고 오직 그
리스도의 십자가만을 바라보고 있는 사람들은 세 배로 행복합니다.

　　그러나 다윗이 가장 강조하고 있는 것은 참새의 집이 지상에 있는 하나님의 거
처 옆에 있다는 것이었습니다. 마찬가지로, 우리가 그리스도 안에 거할 때, 우리는
하나님께 가장 가까이 있는 것입니다. 그리스도께서 자신의 제자들을 놓고서 아
버지 하나님께 어떻게 기도하셨는지를 여러분도 기억하실 것입니다: "아버지여,
아버지께서 내 안에, 내가 아버지 안에 있는 것 같이 그들도 다 하나가 되어 우리
안에 있게 하사 … 이는 우리가 하나가 된 것 같이 그들도 하나가 되게 하려 함이
니이다"(요 17:21-22). 그리스도와 아버지 하나님의 사이만큼 가까운 것은 없습
니다. 그렇지만 우리가 그리스도 안에 있게 될 때, 우리는 그리스도의 인격을 통
해서 그만큼이나 하나님과 가까이 있게 됩니다.

　　오늘의 본문에 들어 있는 두 번째 의미에 대해서는 조금만 살펴보도록 하겠
습니다. 어떤 의미에서 그리스도인들은 참새 같이 성도들의 회중 속에서 집을 얻습니다.

참새가 성막에 있는 자신의 집에 갔을 때에 강제로 간 것이 아니라 자발적으로 갔습니다. 마찬가지로, 우리도 성도들의 회중 가운데로 갔을 때, 누군가가 우리에게 다시 거기로 오라고 강요할 필요가 없습니다. 지난날들에 하나님과의 교제에 대한 우리 자신의 기쁜 회상들이 우리로 하여금 그런 날들이 계속해서 다시 오기를 갈망하게 만들기 때문입니다. 나는 사람들이 마치 감옥으로 끌려가는 듯이 성전으로 오는 모습을 보면 마음이 아픕니다. 하지만 나는 사람들이 마치 형제자매들과 하나가 되어서 지존자이신 하나님의 보좌 앞에서 또다시 예배를 드릴 때가 왔다는 생각에 기쁨이 넘쳐흘러서 거룩한 기쁨과 가벼운 발걸음으로 경쾌하게 하나님의 전으로 올라오는 모습을 보면 기쁩니다. 여러분이 참새처럼 하나님의 전에서 제 집을 얻었다면, 분명히 기쁜 마음으로 거기로 올라오게 될 것입니다. 여러분이 거기에 있을 때에 거기에 있다는 것 자체가 행복할 것입니다. 예배가 끝나면, 여러분은 다시 또 예배를 드렸으면 좋겠다고 생각할 것이고, 하나님의 성에 이를 때를 또다시 갈망하게 될 것입니다:

> "회중이 흩어지는 일이 없었으면,
> 안식일이 지나지 않았으면 얼마나 좋으랴!"

이 기도하는 집에 앉아 있을 때 외에는 평안을 거의 누리지 못하고, 이 자리에서는 지극한 부요함을 느끼는 사람들이 많습니다. 나는 환난 중에 있는 하나님의 자녀들 중에서 거룩한 찬송이 울려 퍼져서 하늘로 올라가고 있는 동안에 거기에 참여할 때 외에는 거의 거룩한 기쁨을 누리지 못하는 몇몇 분들을 알고 있습니다. 성도들의 회중에 대한 여러분의 사모하는 마음을 더욱더 크게 하십시오. 우리는 성전을 이루고 있는 벽돌과 회반죽, 돌들과 나무, 유리와 쇠를 소중히 여기는 것도 아니고, 세상에서 어떤 장소가 다른 장소들보다 더 신성하다는 것을 믿지도 않습니다. 그러나 우리는 그 심령이 성령으로 말미암아 거룩하게 된 사람들로 지어진 하나님의 살아 있는 성전을 소중히 여기고 그 성전에 대하여 경외감을 갖습니다. 우리는 성도들의 회중에 대하여 이렇게 말할 수 있습니다:

> "나는 거기에 있어 왔고 앞으로도 거기에 있으리니
> 그곳은 하늘 아래의 작은 천국과 같다네."

또한, 우리는 이렇게 말할 수도 있습니다:

"거기에 나의 최고의 친구들과 나의 형제들이 거하고
    거기에서 하나님 나의 구주께서 다스리신다네."

참새가 제 집을 얻었듯이, 우리도 하나님의 백성들이 만나는 바로 그곳에서 우리 집을 얻었기 때문에, 그 집에 대하여 이렇게 노래합니다:

"여기서 나는 아늑한 보금자리를 얻었네.
    다른 사람들은 왔다가 갈지라도
    나는 더 이상 나그네나 객이 아니고
    제 집에 있는 자녀라네."

**2. 둘째로, 그리스도인들은 그리스도 안에서와 신실한 자들의
모임 속에서 자기 자녀들을 위한 집을 발견합니다.**

어떤 사람이 가장일 때에 그가 구원을 받게 된 후에는 가장 먼저 자녀들을 염려합니다. 본문의 다음 구절은 그러한 부모에게 도움이 될 것입니다: "나의 왕, 나의 하나님, 만군의 여호와여 주의 제단에서 제비도 새끼 둘 보금자리를 얻었나이다." 그리스도인들은 자기 자신에게 유익하고 복된 것은 자신의 자녀들에게도 유익하고 복될 것이라고 생각할 수밖에 없습니다. 자신의 자녀의 구원을 위해 애쓰지도 않고 기도하지도 않는 부모는 자기가 과연 하나님의 은혜를 알고 있는 것인지를 의심해 볼 충분한 이유가 있습니다. 믿는 부모들은 토마스 헤이스팅스(Thomas Hastings)처럼 이렇게 부르짖습니다:

"긍휼의 하나님, 우리의 기도를 들으소서.
    우리에게 자녀들을 주신 분은 바로 주이시오니
    땅에서의 은혜와 하늘에서의 지극한 복
    주의 온갖 복을 그들에게 내려주소서."

여러분은 자녀들을 아주 어릴 때부터 하나님의 전으로 데려와야 합니다. 본

문의 비유를 사용하자면, 성도들의 회중은 우리의 아이들을 위한 보금자리가 되어야 합니다.

첫째, 그들은 거기에 있어야 안전하기 때문입니다. 성도들이 "영과 진리로 예배하는"(요 4:23) 곳에 그들이 있다면, 여러분은 그들이 해악을 당하지는 않을까 염려할 필요가 없습니다. 주일학교에서 그들은 경건한 사람들의 사랑의 가르침 아래에서 안전할 것입니다. 그리스도가 전파되고 그의 복음이 진실하고 신실하게 선포되는 곳에 그들을 데려다 놓았을 때, 우리는 그들이 위험한 곳에 있지는 않을까 염려할 필요가 전혀 없습니다. 그러므로 하나님의 전에 오실 때에 자녀들을 데려오십시오. 하나님의 전은 여러분과 마찬가지로 여러분의 자녀들도 축복을 받을 수 있는 곳입니다.

"제비"는 히브리어에서 "자유"를 의미합니다. 제비는 자유의 새입니다. 제비를 새장에 가두어 둘 수는 없습니다. 제비는 지치지도 않고 빠르게 날아서 구릉과 골짜기, 산들과 평야를 건너고 대양을 횡단하여 아주 멀리 있는 땅에도 가기 때문에, 한 대륙 전체도 제비를 위한 새장으로는 좁기 때문입니다. 제비는 자유의 새이지만, 다윗은 제비를 하나님의 제단에서 "새끼 둘 보금자리를 얻은" 새로 묘사합니다. 여러분의 자녀로 하여금 진정한 자유를 얻게 하고자 한다면, 그들을 하나님을 경외하고 하나님의 진리를 사랑하는 자로 키우십시오. 우리가 가정 제단을 쌓고 거기에 성경을 늘 펼쳐두고서 자녀들에게 마땅히 행할 길을 가르치는 한, 자유의 영은 이 땅에 항상 있게 될 것입니다. 그러나 그러한 것들을 다 치워 버리면, 교황이 다시 우리나라를 쇠사슬로 결박하여, 우리 조상들이 목숨 바쳐서 쟁취해 낸 자유를 파괴하고 우리에게 저주를 또다시 가져다줄 것입니다.

또한, "보금자리"는 새끼 새들에게 기쁨을 주는 곳입니다. 마찬가지로, 하나님의 전(殿)도 자녀들에게 기쁨을 주는 곳이 되어야 합니다. 설교자들이 늘 쉬운 표현을 사용하고 예화를 많이 사용해서, 자녀들이 하나님의 말씀을 잘 이해할 수 있게 한다면, 하나님의 전은 그런 곳이 될 것입니다. 자녀들이 어떤 사역자가 하는 말을 이해하지 못한다면, 그것은 사역자의 사역에 문제가 있음을 보여주는 나쁜 징조입니다. 나는 집중하기가 어려워서 산만하기 쉬운 어린 소년소녀들이 눈을 반짝이며 내가 전하는 말씀에 집중해서 그 말씀을 먹는 모습을 보는 것을 내가 받을 수 있는 최고의 찬사 중 하나로 여깁니다. 오늘날의 설교자들에게는 이런 점이 크게 부족합니다. 우리는 주님께서 베드로에게 "내 양을 먹이라"(요 21:17)

고 명령하셨을 뿐만 아니라 "내 어린 양을 먹이라"(요 21:15)고도 명령하셨다는 것을 명심할 필요가 있습니다. 사랑하는 자들이여, 자녀들을 위해 기도할 곳을 정하셔서, 자녀들을 함께 데리고 가서 거기에서 기도하시고, 자녀들과 함께 하나님을 예배하십시오.

내가 이미 앞에서 잠깐 말씀드렸듯이, 여러분이 자녀들을 거기로 데려갈 때, 자녀들은 복을 받는 자리에 있게 될 것입니다. 나는 그들이 하나님께 나온다고 해서 모두 다 구원을 받게 될 것이라고 말하는 것은 아니지만, 여러분이 있는 곳에 자녀들이 있게 된다면, 여러분을 은혜로 부르신 이가 그들도 부르시게 될 수도 있다는 것입니다. 여러분을 이끄셔서 구주를 만나게 하신 성령께서 여러분의 자녀들도 구주께로 이끌어 주실 것입니다. 여러분의 자녀들을 "긍휼의 집"인 베데스다 연못으로 데려오셔서, 서른여덟 해 된 병자에게 "네가 낫고자 하느냐 일어나 걸어가라"(요 5:6, 8)고 말씀하셨던 그리스도께서 여러분의 자녀들에게도 그렇게 말씀해 주시도록 기도하십시오. 어쨌든 여러분은 하나님께서 여러분을 비롯해서 수많은 사람들에게 복 주실 때에 사용해 오셨던 수단들을 여러분의 자녀들이 접하지 못함으로써 복을 놓치는 일이 없게 하여야 합니다.

여러분이 자녀들을 하나님의 전으로 데려온다면, 그들은 한동안 떠나 있다가도 거의 반드시 자신의 보금자리인 하나님의 전으로 돌아오게 될 것이라는 점에서 제비들과 같다고 할 수 있습니다. 제비들은 깊은 푸른 바다를 건너 저 멀리 떨어져 있는 땅으로 날아갔다가도, 이듬해 때가 되면 다시 옛 보금자리를 찾아 돌아옵니다. 마찬가지로, 우리의 아들과 딸들 중 일부는 성장해서 한동안 하나님의 전을 떠나 있을 수 있겠지만 완전히 잊을 수는 없습니다. 그들이 어느 곳을 방황하든지, 아버지의 기도와 어머니의 눈물이 그들을 뒤따라 다닐 것입니다. 사랑하는 어머니들이여, 눈물을 그치십시오. 여러분의 아들과 딸들은 반드시 다시 돌아올 것입니다. 아마도 그들은 골짜기의 흙덩이 아래에서 잠을 자면서, 자기가 어린아이였을 때에 여러분과 함께 하나님의 전에 가서 들었던 말씀을 떠올리게 될 것입니다. 50년 동안이나 잊고 살았던 하나님의 말씀이 그들의 영혼 속에서 들려져서 그들을 영원한 구원으로 이끌 수도 있습니다. 어쨌든 제비들이 하나님의 제단에서 "새끼 둘 보금자리"를 얻었듯이, 그리스도인 부모들인 여러분은 하나님의 전을 자녀들의 보금자리로 만드는 데에 마음을 써야 합니다. 여러분의 자녀들로 하여금 하나님의 전에서 행해지는 모든 것에 참여시켜서, 그들이 여러분과 함께 하나님을 예배하는 곳으로 올 때에 편안함을 느끼게 하십시오.

그러나 우리의 자녀들을 단지 하나님의 전으로 데려오는 것이 능사는 아닙니다. 우리가 우리의 자녀들을 그리스도 앞으로 데려올 수 있다면 얼마나 좋겠습니까! 바로 그곳이야말로 우리가 우리의 "새끼"를 두고자 하는 곳입니다. 왜냐하면, 오직 거기에서만 우리의 자녀들은 진정으로 안전하고 행복하고 복될 것이기 때문입니다. 그리스도인 부모들이여, 자녀들이 회심하지 않고 있는데, 여러분의 마음이 편할 수 있겠습니까? 만일 여러분이 그럴 수 있다면, 그것은 부끄러운 일입니다. 여러분은 자녀들이 장차 회심하게 되기를 소망한다고 말하시겠습니까? 나도 그렇게 되기를 소망합니다. 그러나 그들이 지금 그리스도 밖에 있는 것에 대하여 여러분은 염려가 되지 않으십니까? 아마도 여러분은 내가 방금 한 말, 즉 자녀들이 내가 지금 전한 말씀들을 먼 훗날에야 기억하고서 구원을 받게 될 수도 있다는 말을 내게 상기시켜 주려 할지도 모르겠습니다. 물론, 나는 내가 그렇게 말한 것을 기억하고 있고, 그 말을 취소하고 싶은 생각도 없습니다. 그렇지만 나는 여러분에게 여러분의 자녀들이 구원 받지도 못한 채로 죽을 수도 있는 그런 끔찍한 위험성을 감수하고자 하시는 것이냐고 묻고 싶습니다. 부모와 설교자와 교사들의 목표는 자녀들이 어릴 때에 구원받게 하는 것이 되어야 합니다. 그들이 아직 어릴 때에 전투하는 교회의 군대에 그 이름이 등재되어 있어야 한다는 것입니다.

제비가 하나님의 제단 앞에 새끼를 두었듯이, 우리는 어떻게 해야 우리의 자녀들을 그리스도 앞에 둘 수 있습니까? 나의 대답은 먼저 기도를 통해서라는 것입니다. 하나님께서는 우리를 위한 우리 아버지들의 기도를 들으셨듯이, 우리 자녀들을 위한 우리의 기도도 들으실 것입니다. 또한, 가정에서 경건한 모범을 보이는 것도 우리의 목적을 이루는 데에 도움이 될 것이고, 개인적으로 교훈하는 것도 도움이 될 것입니다. 우리는 자녀들에게 그들의 영혼의 문제에 대하여 차근차근 하나씩 얘기해 주어야 합니다. 부모들 중에는 그렇게 하지 않는 분들도 있는 것 같습니다. 자녀들이 옳은 일들을 행함에 있어서 점점 더 성장해가지 않는다면, 여러분은 자기 자신을 책망하여야 합니다. 왜냐하면, 여러분은 그들을 개인적으로 설득해서 다가올 진노를 피하게 하지 못한 것이기 때문입니다. 나의 아버지께서 나를 위해 기도하시면서 내게도 기도하라고 하시고서는, 어떤 기도문을 사용하는 것이 아니라 내게 진정으로 필요하다고 느끼는 것을 하나님께 구하라고 하신 말씀이 지금까지도 내 마음에 그대로 새겨져 있습니다. 어떤 백치가 어느 날 놋그릇에 새겨진 이름을 지우려고 그 놋그릇을 빡빡 문질렀답니다. 그러나 문질러 닦으면 닦을수록, 그 이름은 지워진 것이 아니라 점점 더 밝게 빛났습니다! 마귀는 내 어머니의 눈물과 내 아버지의 기도를 내 마음에서 지우려고 애를 쓰지만, 마귀가 하는 짓은 앞에서 말한 백치와 똑같습니다. 왜냐하면, 마귀가 내 마음에 새겨진 그것들을 문질러서 지우려고 하면 할수록, 그것들은 점점 더 밝게 빛을 발하게 될 것이기 때문입니다.

　　사랑하는 그리스도인 부모들이여, 자녀들이 멸망한다고 해도, 그것이 여러분의 잘못으로 인한 것이 되지 않게 하겠다고 결심하십시오. 그러나 자녀들이 왜 멸망해야 합니까? 그런 일이 가능할 것이라고 왜 내가 가정해야 합니까? "이 약속은 너희와 너희 자녀와 모든 먼 데 사람 곧 주 우리 하나님이 얼마든지 부르시는 자들에게 하신 것이라"(행 2:39). 바울과 실라는 빌립보 감옥의 간수에게 "주 예수를 믿으라 그리하면 너와 네 집이 구원을 받으리라"(행 16:31)고 말하지 않았습니까? 여러분 자신이 구원받은 것으로 만족하지 마십시오. "나의 주님, 나는 주의 약속이 반만 이루어진 것으로 만족할 수 없나이다. 주께서는 '네 집'도 구원을 받으리라고 약속하셨사오니, 나의 자녀들도 구원받아 그 약속이 온전히 이루어지는 것을 보아야 만족할 수 있겠나이다. 내가 살아 있는 동안에, 나의 자녀들도 주의 사랑의 품 속에 안겨 모두 다 구원받게 해주옵소서"라고 기도하십시오. 형제자매들이여, 여러분이 참새 같이 "제 집"을 얻었다면, 이제 여러분 자신을 위한 보금자리만이 아니라, 그리스도께서 대속의 제사를 드리신 곳인 하나님의 제단에서 제비 같이 "새끼 둘 보금자리"도 얻으십시오.

　　나는 오늘의 본문이 왜 참새와 제비에 대해서 말하고 있는 것일까를 생각해 봅니다. 안타깝게도, 이 자리에는 내가 전하고 있는 말씀이 자기와는 별 상관이 없다고 느껴서 주의 깊게 듣지 않는 사람들도 있을 것입니다. 그들은 참새나 제비 같은 사람들이 아닙니다. 아마도 그들은 독수리 같이 너무나 야심이 크고 높고 고상한 것들을 좋아하여 높이 솟아오르고자 하기 때문에 하나님의 제단 가까이에 자신의 보금자리를 지을 생각을 아예 하지 않는 사람들일 것입니다. 그러나 그들의 교만이 무너질 날이 올 것입니다. 여러분 중에서 독수리 같은 사람들은 정말 조심하고 조심하십시오. 아마도 이 자리에는 콘도르 같이 너무나 더러워서 하나님의 전에 자신의 보금자리를 지을 엄두를 내지 못하는 사람들도 있을 것입니다. 그런 사람들은 악한 오락이나 죄악된 쾌락 같은 "즐거움"이라고 잘못 불리는 온갖 더러운 것들을 좋아합니다. 지금은 그들에게 너무나 달콤한 죄악들이 쓰디쓰게 느껴지게 될 날이 올 것입니다. 아니, 죄악들은 "악성 종양" 같이 그들을 먹어치울 것이기 때문에, 단지 쓰디쓴 것에서 그치지 않을 것입니다. 여러분은 죄악된 쾌락의 잔을 마시다가 그 찌꺼기에 도달하게 될 때에 거기에 영원한 지옥이 있다는 것을 발견하게 될 것입니다. 또한, 이 자리에는 가마우지 같아서 세상을 따르고자 하는 탐욕이 너무 크고 금은과 재물을 축적하고자 하는 욕심이 너무 커서 하나님의 전에 자신의 보금자리를 짓고자 하지 않는 사람들이 있을 것입니다.

여러분은 성경에서 자신의 부를 자랑하던 바로 그날 밤에 하나님께서 그의 영혼을 되찾아 가신 저 어리석은 부자에 관한 이야기를 들어보지 않으셨습니까? 여러분은 어리석은 짓들을 하지 마시고, 이 모든 것들을 다 버리고 하나님께로 나아와서 영원한 부를 얻고자 하십시오. 여러분에게 자신의 영혼을 돌보고자 하는 마음이 없다면, 내가 여러분의 자녀들에 대하여 하고 있는 말들은 여러분에게 실없는 소리처럼 들릴 것이 틀림없습니다. 그러나 나는 이 자리에 있는 회심하지 않은 모든 분들에게, 자녀들이 여러분을 본받아 멸망 받는 자들이 되는 것을 본다면 여러분의 비참함은 참을 수 없을 정도로 증폭될 것이라고 감히 말씀드리고자 합니다. 여러분이 멸망 받아야 한다면, 아니 여러분이 멸망 받기로 결심하였다면, 왜 여러분의 자녀들까지 거기에 끌어들여 멸망 받게 하고자 하시는 것입니까? 여러분이 술주정뱅이가 되었다고 해도, 여러분의 자녀들에게 그런 악한 습관을 가르쳐서 여러분과 똑같이 멸망 받게 할 필요가 도대체 어디 있습니까? 여러분이 욕을 한다고 해도, 자녀들에게는 여러분의 그런 모습을 보이지 마십시오. 나는 여러분에게 욕을 아예 하지 마시라고 하지는 않겠지만, 여러분이 욕을 한다고 해서, 하나님을 욕하는 것을 자녀들에게까지 가르칠 필요는 없지 않겠습니까? 여러분은 자신이 멸망 받는 것만으로도 충분히 끔찍한 일임을 아실 텐데, 여러분의 자녀들을 하나씩 저 영원한 멸망의 끔찍한 곳으로 끌어들인다면, 그것은 여러분 자신의 비참함을 이루 말할 수 없이 증폭시키지 않겠습니까! 여러분이 사랑하는 자녀의 얼굴들을 똑바로 본다면, 도저히 그들에게 그런 해악을 끼칠 수 없을 것입니다. 나는 여러분이 자녀들의 뼈를 부러뜨리거나 그들의 몸을 해하고자 하지 않으리라는 것을 압니다. 아니, 도리어 여러분은 그들의 곱슬머리를 쓰다듬으며 "하나님께서 너희에게 복 주시기를 바란다"고 말할 것입니다. 그런 여러분이 왜 여러분의 악한 모범을 통해서 그들의 영혼에 해악을 끼치고 있는 것입니까? 왜 여러분은 자녀들이 거기에서 선한 것은 하나도 배우지 못하고 온갖 못된 것들만을 배울 것임을 뻔히 알면서도 그들을 거기로 데려가는 것입니까? 어떻게 여러분은 오락으로 사람들을 더럽히고 방탕하게 하고 부정하게 만드는 곳들로 자녀들을 데리고 갈 수가 있는 것입니까? 여러분이 자녀들에게 "하나님께서 내 아이에게 복 주시기를 빕니다"라고 축복한 것이 진심이라면, 여러분의 모범을 통해서 자녀들이 복을 받도록 그렇게 살아가십시오. 여러분 자신이 구원 받은 후에는 자녀들에게 이 땅에서만이 아니라 영원토록 참된 부모가 될 수 있도록 행하시기를 바랍니다. 오늘 내가 전한 말씀이 그리스도로 말미암아 여러분 속에 거하고, 하나님이 복 주셔서, 우리와 우리의 자녀들이 하늘에서 함께 만날 수 있게 되기를 빕니다. 아멘.

제
79
장

—

화평은 어떻게 얻어지고 어떻게 깨지는가

—

"내가 하나님 여호와께서 하실 말씀을 들으리니 무릇 그의 백성, 그의 성도들에게 화평을 말씀하실 것이라 그들은 다시 어리석은 데로 돌아가지 말지로다." — 시 85:8

"내가 하나님 여호와께서 하실 말씀을 들으리니." 음성들이 있었습니다. 하나님께서 자기 백성에게 기이한 은혜를 베푸신 일에 관하여 말해 주는 과거의 음성들이 있었습니다: "여호와여 주께서 주의 땅에 은혜를 베푸사 야곱의 포로 된 자들이 돌아오게 하셨으며"(1절). 그러나 그러한 음성들은 현재의 서글픈 음성들과 뒤섞여 있었습니다. 시편 기자는 "주께서 우리에게 영원히 노하시며 대대에 진노하시겠나이까"(5절)라고 말하는 자들의 통곡소리와 간구하는 소리를 들었습니다. 그는 이렇게 찬송과 탄식이 뒤섞인 소리를 뒤로 하고 이렇게 부르짖었습니다: "내가 하나님 여호와께서 하실 말씀을 들으리니, 지존자의 성소의 은밀한 곳으로 가서, 그룹 사이에서 내 영혼에게 화평을 말씀하시는 저 음성을 들으리라." 사랑하는 자들이여, 지혜가 여기에 있습니다. 하나님의 성소로 가서 도움을 청하십시오. 여러분이 길거리의 음성들 속에서나 교회에서 들리는 음성들 속에서 화음을 발견할 수 없을 때에는 "그의 백성에게 화평을 말씀하실" 저 한 음성에 귀를 기울이십시오.

또한, 시편 기자는 기도하고 있었습니다. 시은좌(施恩座) 또는 은혜의 자리에서 그는 이렇게 간구했습니다: "주께서 우리를 다시 살리사 주의 백성이 주를 기뻐하도록 하지 아니하시겠나이까 여호와여 주의 인자하심을 우리에게 보이시며 주의 구원을 우리에게 주소서"(6-7절). 그는 이렇게 기도한 후에 응답 받기를 원했기 때문에, 하나님이 그에게 대답해 주실 때까지 주시하며 기다렸습니다. 어떤 친구는 친절하게도 내게 서신을 보낼 때에 내 시간을 아껴주기 위해서 자신의 서신 말미에 "답장은 안 해도 됨"이라는 추신을 달아놓습니다. 사람들은 기도를 한 후에 이런 추신을 달아놓는 경우가 너무나 많습니다. 다윗은 기도하면서 그런 추신을 달지 않았습니다. 그는 하나님의 입으로부터 나오는 대답을 기다렸습니다. 그는 속으로 이렇게 말했습니다: '내가 지금까지 아뢰었으니, 주 하나님께서 무엇이라고 말씀하실지를 들은 후가 아니면 이제 더 이상 아뢰지 않으리라.' 언제나 거룩한 기대를 가지고서 기도하십시오. 전혀 응답을 기대하지 않으면서 하는 기도는 "하나님 여호와의 이름을 망령되이 일컫는"(신 5:11) 죄를 범하는 것입니다. 그런 기도들은 간구라는 거룩한 규례를 오용하는 것입니다. 그리고 그런 기도들은 하나님을, 귀가 있어도 듣지 못하고 입이 있어도 말을 못하는 이교도들의 우상과 동등하게 취급하는 것이라는 점에서 하나님의 존재에 의문을 제기하는 것이기도 합니다. 믿음이 없는 기도는 하나님의 성품들을 모욕하는 것이고 하나님의 거룩하신 이름을 모독하는 것입니다. 여러분이 예수의 이름으로 제대로 기도하는 것이라면, 마치 여러분이 떡을 달라고 하는 자녀에게 그 청을 들어주듯이 하나님께서 여러분의 기도를 들어주실 것을 기대하십시오.

아울러, "내가 하나님 여호와께서 하실 말씀을 들으리니"는 모든 그리스도인들의 매일의 결심이 되어야 합니다. 우리가 다른 목소리들로 인해서 혼란스럽고 어찌 할 바를 모를 때나 기도를 통해서 우리 마음을 표현했을 때만이 아니라, 언제든지 모든 때에 하나님 여호와께서 하실 말씀을 듣겠다고 우리는 결심하여야 합니다. 많은 가르침들과 논쟁들이 있습니다. 그러나 "나는 하나님 여호와께서 무엇이라 말씀하시는지 듣고자" 합니다. 하나님께서 선지자들과 사도들을 통해서 들려주시는 음성은 모든 논쟁에 종지부를 찍어줄 것입니다. 또한, 나는 나의 마음이 하나님의 가르침으로 교훈을 받기 위해서만이 아니라 나의 일상적인 삶의 규범으로 삼기 위해서도 하나님의 말씀으로 눈을 돌립니다. 나는 하나님의 약속들만이 아니라 하나님의 명령들도 주목합니다. "주의 말씀은 내 발에 등이요 내 길에 빛이니이다"(시 119:105). 나는 나의 도리를 알고자 할 때에 "하나님 여호와께서 무엇이라 말씀하시는지를 듣고자" 합니다. 하나님의 명령을 들었을 때, 내게는 채찍이나 박차가 필요하지 않을 것입니다. 나는 서둘러서 하나님이 명하신 길로 갈 것이니까요. 나는 사람들의 교훈이나 명령에 대하여 어떻게 해야 할지를 알기 위하여 하나님의 말씀에 귀를 기울입니다. 하나님께서 말씀하셨습니까? 태초의 어둠도 하나님이 말씀하신 것을 들었지 않습니까? 하나님이 내게 주신 빛이 하나님이 하신 말씀에 귀를 쫑긋 세우고 듣지 않겠습니까? 죽은 자들조차도 그 음성을 들을 수 있고, 듣는 자들은 살아날 것입니다. 성령으로 말미암아 살아난 나는 "내가 주의 명령들을 결코 잊지 아니하오리니 주께서 이 명령들로 나를 살리심이니이다"(시 119:93 KJV, 한글개역개정에는 "내가 주의 법도들을 영원히 잊지 아니하오니 주께서 이것들 때문에 나를 살게 하심이니이다"로 되어 있음)라고 기쁨으로 말하지 않겠습니까?

우리 구주께서는 육신이 멀쩡한 채로 지옥에 떨어지는 것보다는 한 쪽 다리나 손, 또는 눈이 없어지더라도 영생에 들어가는 것이 낫지 않겠느냐고 말씀하시지만, 귀가 없어지더라도 영생에 들어가는 것이 낫지 않겠느냐고 말씀하시지는 않습니다. 왜냐하면, 성경은 "듣는 자는 살아나리라"(요 5:25)고 말씀하는 까닭에, 우리는 하나님의 음성을 들어야 하기 때문입니다. 믿음은 들음, 곧 하나님의 말씀을 들음에서 옵니다. "임마누엘 왕"은 "귀"라는 성문을 통해서 "인간의 영혼"이라는 성으로 들어오십니다. 사람들은 자신이 만지거나 보거나 맛보거나 냄새 맡는 것을 통해서가 아니라 듣는 것을 통해서 구원을 받습니다. 우리 모두가 두 귀를 쫑긋 세우고 그리스도의 음성을 듣게 되기를 빕니다. 우리 주님은 "들을 귀 있는 자는 들으라"(막 4:9)고 말씀하십니다. "내가 하나님 여호와께서 하실 말씀을 들으리니"가 우리의 결심이 되어야 합니다. 우리 각자는 어린 사무엘처럼 "여호와여 말씀하옵소서 주의 종이 듣겠나이다"(삼상 3:9)라고 말해야 합니다.

시편 기자는 하나님의 백성이 하나님 여호와께서 무엇이라고 말씀하시는지를 아주 적극적으로 자원하여 열심으로 듣고자 해야 하는 한 가지 특별한 이유를 제시하는데, 그것은 하나님이 "그의 백성, 그의 성도들에게 화평을 말씀하실" 것이기 때문이라는 것입니다. 사랑하는 자들이여, 여러분은 하나님으로부터 오직 여러분의 두려움을 잔잔하게 해주고 여러분의 마음을 기쁘게 해줄 것들만을 듣게 될 것입니다. 하나님께서는 여러분에게 청천벽력 같이 말씀하지 않으십니다. 하나님의 음성은 부드럽고 온화하며, 그의 말씀은 긍휼에 풍성하고, 그의 성령은 사랑이시며, 그의 메시지는 "화평"입니다. 나는 하나님 여호와께서 하실 말씀을 듣고자 합니다. 왜냐하면, 하나님은 자기 백성에게 화평만을 말씀하시고 화평 이외의 다른 것들은 말씀하지 않으실 것이기 때문입니다. 이것이 우리가 오늘 아침에 상고하게 될 주제입니다. 주 여호와께서는 그의 거룩하신 자들에게 화평을 주십니다.

　　먼저, 우리는 하나님께서 무엇을 말씀하실지를 알고 있다는 것에 대해서 살펴보겠습니다. 다음으로는, 하나님께서 우리에게 말씀하시는 복을 우리로 하여금 누리지 못하게 방해하는 것이 무엇인지를 살펴보고자 합니다: "그들은 다시 어리석은 데로 돌아가지 말지로다." 이것은 우리가 경청하는 것이 마땅한 경고의 말씀입니다.

1. 첫째로, 하나님께서 무엇을 말씀하실지를 우리는 알고 있습니다.

　　"내가 하나님 여호와께서 하실 말씀을 들으리니 무릇 화평을 말씀하실 것이라." 본문의 첫 번째 요지는 하나님께서는 특정한 무리, 곧 "그의 백성, 그의 성도들에게" 화평을 말씀하신다는 것입니다. 그러므로 하나님께서 우리에게 화평을 말씀하신 적이 있는지, 또는 그렇게 하실 것인지를 자문해 보십시오. 우리에게 하나님의 음성을 들을 귀가 있다면, 하나님은 반드시 그렇게 하실 것입니다. 왜냐하면, 하나님은 귀를 막고서 그에게로 향하는 자들에게 달콤한 말씀을 하지는 않으실 것이기 때문입니다. 화평의 복음을 듣고자 하지 않는 자들은 복음이 주는 화평을 결코 알 수 없습니다. 여러분이 자신의 죄악들에 대한 성령의 경고를 듣고자 하지 않는다면, 성령께서 죄 사함으로 말미암은 화평을 계시하시는 음성도 듣지 못하게 될 것입니다. 여러분이 하나님의 사랑하시는 아들의 희생 제사로 말미암은 화목을 말씀하시는 하나님의 음성을 듣고자 하지 않고, 여러분의 죄를 회개하고 그리스도를 믿어서 어린 양의 피로 씻음을 받으라고 명하시는 하나님의 음성을 듣고자 하지 않는다면, 하나님은 여러분의 영혼을 향하여 결코 화평을 말씀하지 않으실 것입니다. 우리의 화평이신 그리스도를 떠나서는 화평은 없습니다. 오직 한 분의 대사가 계시고, 오직 한 분의 중보자가 계십니다. 피로 말미암은 대속은 오직 하나만 존재합니다. 화평의 언약도 오직 하나이기 때문에 또다른 화평의 언약은 있을 수 없습니다. 하나님과의 화목은 오직 예수 그리스도로 말미암아 오고, 다른 통로는 없습니다. 여러분이 우리의 죄들을 위한 화목제물이신 하나님의 사랑하시는 아들에 대하여 말씀하시는 하나님의 음성을 듣고자 하지 않는다면, 하나님께서는 여러분의 심령에 결코 화평을 말씀하지 않으실 것입니다. 하나님의 음성을 들을 수 있도록 우리의 귀를 열어 주시기를 빕니다. 왜냐하면, 이것이야말로 하나님의 은혜를 보여주는 확실한 증표이기 때문입니다. 예수께서 "내 양은 내 음성을 들으며"(요 10:27)라고 말씀하지 않으셨습니까?

하나님께서 화평을 말씀하시는 것을 들을 수 있는 사람들만이 하나님의 백성이고, 그런 사람들은 하나님을 자신의 하나님이라고 고백하게 됩니다. 하나님이 없는 사람들이 많습니다. 그들은 무신론자라는 말을 듣기를 좋아하지 않지만, 사실은 무신론자나 다름없는 사람들입니다. 그들의 생각, 그들의 계획, 그들의 행위, 그들의 직업, 그들의 삶 속에는 하나님이 없습니다. 그러나 하나님이 계시다는 것을 의심의 여지 없이 믿는 사람에게는 화평이 있습니다. 자신이 하는 모든 일의 처음부터 마지막까지 거기에 하나님이 계시는 그런 사람은 복 있는 사람입니다. 그런 사람을 자세하게 살펴보십시오. 그러면 여러분은 마치 색이 스테인드글라스를 물들이고 있는 것처럼 하나님을 믿는 믿음이 그 사람의 삶 전체를 물들이고 있음을 알게 될 것입니다. 그가 혼자 있을 때나 무리들 가운데 있을 때나 하나님은 그와 함께 하십니다. 하나님은 그의 위에서 그를 다스리고 계시고, 그의 아래에서 그를 떠받치고 계시며, 그의 안에서 그를 살아 움직이게 하십니다. 그 사람에게는 예배드릴 하나님이 계시고, 믿고 의지할 하나님이 계시며, 그가 즐거워하고 기뻐할 하나님이 계십니다. 하나님이 당신의 모든 것이라면, 당신은 하나님의 백성 중에 있는 것이기 때문에, 하나님은 당신에게 화평을 말씀하실 것입니다. 하지만 그 화평은 언제나 거룩함과 연결되어 있습니다. 왜냐하면, 본문에는 "그의 성도에게"라는 말씀이 더해져 있기 때문입니다. 하나님의 백성과 하나님의 성도들은 동일한 사람들입니다. 하나님이 계시는 사람들은 하나님이 거룩하신 분임을 알기 때문에 그들도 거룩한 삶을 살기 위해 애씁니다. 성도가 아닌 사람에게는 화평도 없습니다. 여러분이 큰 잘못을 범하며 아무렇게나 경건하지 않은 사람으로 살아가고 있다면, 여러분의 삶은 심하게 요동칠 것이고, 여러분의 마음속에는 많은 의문과 의구심들이 끊이지를 않을 것입니다. "여호와께서 말씀하시되 악인에게는 평강이 없다 하셨느니라"(사 48:22). 그러나 하나님의 백성, 하나님의 성도들, 하나님의 거룩함을 입은 자들, 의를 따르는 백성에게는 하나님이 친히 자신의 입으로 화평을 보장해 주실 것입니다.

　　"내가 어떻게 성도들 축에 낄 수가 있겠어"라고 말하는 분이 이 자리에 있습니까? 잠깐만 들어 보십시오. 하나님의 성도들은 지금은 하나님의 백성이고 하나님의 은혜로 말미암아 거룩하게 되었지만 전에는 어리석기 짝이 없는 자들이었습니다. 내가 그것을 어떻게 아느냐고요? 왜냐하면, 본문은 "그들은 다시 어리석은 데로 돌아가지 말지로다"라고 말하고 있고, 이것은 그들이 전에는 어리석은 것들을 추구한 자들임을 보여주는 것이기 때문입니다. 전에 그들은 온 마음을 다해서 죄를 추구했습니다. 그들은 하나님을 알지도 못했고 섬기지도 않았습니다. 그러나 그들은 어리석은 것과 죄와 부끄러운 것으로부터 돌이켰고, 하나님의 은혜로 말미암아 그들 속에서 회심과 변화가 일어났습니다. 그러므로 사랑하는 형제들이여, 여러분이 지금 하나님께 나아오고자 한다면, 여러분이 과거에 저지른 어리석은 짓들로 인해서 낙심하지 마십시오. 여러분이 아무리 어리석었을지라도, 하나님께서는 여러분을 어리석음으로부터 돌이키고 계십니다. 그리고 하나님께서 여러분을 자기 백성과 성도 중에 들게 하시고서는 여러분에게 화평을 말씀하실 것입니다.

　　어떤 사람은 "나는 어리석은 것으로부터 돌이켰지만, 내 마음속에 거기로 되돌아가고자 하는 성향이 있다는 것을 느낍니다"라고 말합니다. 나도 그것이 무엇인지를 압니다. 나도 종종 옛 아담이 나의 소매를 잡고서 옛 길로 끌어가는 것을 느껴 왔습니다. 이스라엘 백성들도 마찬가지였습니다. 만일 그렇지 않았다면, 하나님께서는 "그들은 다시 어리석은 데로 돌아가지 말지로다"라고 말씀하실 필요가 없으셨을 것입니다. 그들은 하나님의 백성이었고 그의 성도들이었습니다. 그래서 하나님께서는 그들에게 화평을 말씀하셨습니다. 그러나 옛 본성이 그들 안에 매복해 있었기 때문에, 그들의 심령은 "다시 어리석은 데로 돌아갈" 위험에 처해 있었습니다. 묵은 누룩이 여러분 속에서 역사하여 악한 성향을 부풀려서 여러분으로 하여금 악한 것들을 생각나게 한다면, 구주의 발 앞에 납작 엎드려서 세리와 같이 "하나님이여 불쌍히 여기소서 나는 죄인이로소이다"(눅 18:13)라고 부르짖으십시오. 그러나 그런 경우에도 여러분은 여전히 하나님의 백성이고, 하나님께서는 여러분에게 화평을 말씀하실 것임을 잊어서는 안 됩니다. 그러나 여러분에게 죄에 대한 두려움이 없고, 악과의 싸움이 없으며, 의에 대한 갈망과 하나님의 음성을 들을 수 있는 귀가 없다면, 하나님은 여러분에게 화평을 말씀하지 않으실 것입니다. 도리어, 언젠가는 하나님께서 벽력 같고 불 같은 음성으로 "저주를 받은 자들아 나를 떠나 마귀와 그 사자들을 위하여 예비된 영원한 불에 들어가라"(마 25:41)고 말씀하실 것입니다. 여러분은 하나님의 그런 진노의 음성을 결코 듣게 되지 않으시기를 빕니다. 도리어, 하나님께서 여러분의 영혼에 화평을 말씀하시기를 빕니다.

그러나 사랑하는 친구들이여, 내가 본문에서 주목하는 것은 우리가 원해야 하는 화평은 하나님이 말씀하시는 화평이라는 것입니다. 그 밖의 다른 모든 화평은 악한 것입니다. 사람들은 종종 "악인들은 화평을 누리고 선한 사람들은 거의 화평을 누리지 못하는 것이 현실이 아닌가요?"라고 말하곤 합니다. 그것은 인생의 불가사의들 중 하나입니다. 그러나 전반부에 대해서는 대답하기가 그리 어렵지 않습니다. 악인들이 왜 일종의 화평 같은 것을 누리는 것일까요? 나의 대답은 그들이 누리는 화평은 종종 순전히 무심함(carelessness)로부터 생겨난다는 것입니다. 그들은 생각하고자 하지도 않고 반성하고자 하지도 않고 깊이 생각하고자 하지도 않습니다. 그들은 자기 앞이나 주변을 둘러보고자 하지 않습니다. 왜냐하면, "그들은 모든 염려를 다 버리고 살아가는 것이야말로 최고로 지혜로운 삶 중의 하나로 여기기" 때문입니다. 그들은 눈 먼 사람들처럼 세상을 살아갑니다. 그들 앞에 낭떠러지가 있는데도, 그들은 그 위험을 알지 못합니다. 아니, 알고 싶어 하지 않습니다. 그들은 조금만 더 가면 낭떠러지에서 떨어져서 산산조각이 나고 말 것입니다. 그러나 그들은 지금까지 자신의 목을 뻣뻣이 하고 살아왔기 때문에, 여러분이 그들에게 위험을 경고하면, 도리어 여러분을 미워할 것입니다. 그들은 어떤 말에도 귀를 막고 살아가기 때문에, 여러분이 무슨 말을 해도, 그것은 쇠귀에 경을 읽어 주는 것과 마찬가지입니다. 그들은 당장에는 즐겁게 살아갑니다. 노아 시대의 사람들처럼, 그들은 시집가고 장가가며 술 마시고 흥청대며 살아가지만, 홍수가 났을 때에는 피할 길이 없습니다.

세상에 푹 빠져 살아가기 때문에 양심이 조용한 사람들이 많습니다. 그런 사람들은 세상적인 일에 골몰하느라고 자신의 영혼을 돌볼 생각을 전혀 하지 않습니다. 그들은 사업을 하느라 정신이 없습니다. 아침부터 저녁까지 그들은 돈 버는 일에 골몰하다 보니 새벽에 집을 나갔다가 밤중에 돌아옵니다. 그들은 자신의 돈을 세거나 주식의 동향을 살피는 일 말고는 그 어떤 일에도 사용할 시간이 없습니다. 아담은 에덴 동산에 골몰했습니다. 그러나 이 사람들은 자신의 상점에 골몰하고, 자신의 공장에 골몰하며, 자신의 배(船)에 골몰하고, 자신의 농장에 골몰하며, 자신의 시장에 골몰합니다. 그들은 이 세상에 골몰하기 때문에 내세에 대해서는 전혀 생각하지 않습니다. 우리가 이런 종류의 화평이나 평강으로부터 건짐 받게 되기를 빕니다.

어떤 사람들은 무감각한 양심을 지니고 있습니다. 즉, 그들의 양심은 딱딱하게 굳어져 있어서 아무것도 느끼지 못합니다. 건강한 양심은 만지기만 해도 아픈 새로 난 상처처럼 부드럽습니다. 그러나 어떤 사람들의 양심은 두터운 딱지가 덮여 있어서 느끼지를 못합니다. 어떤 죄인들은 뜨거운 인두로 지진 양심을 가지고 있고, 그런 사람들에게는 영원한 멸망의 전조(前兆)인 저 소름끼치는 화평 또는 평강이 있습니다.

우리 주변에는 사탄에 의해서 유지되는 화평을 지닌 사람들이 있습니다. "강한 자가 무장을 하고 자기 집을 지킬 때에는 그 소유가 안전하되(in peace)"(눅 11:21). 사탄이 어떤 사람을 완전히 사로잡고 있을 때에는 그런 상태를 흐트러 놓을 수 있는 그 어떤 생각도 들어올 수 없기 때문에, 죄악으로 가득한 마음은 대단히 만족한 상태에 있게 됩니다. "사람들이 당하는 고난이 그들에게는 없고 사람들이 당하는 재앙도 그들에게는 없나니"(시 73:5). 그들은 심지어 평안한 상태에서 죽음을 맞이하기도 합니다. 그래서 시편 기자는 "그들은 죽을 때에도 고통이 없고 그 힘이 강건하며"(시 73:4)라고 탄식합니다. 사탄이 그들을 "거짓 것을 믿게 하는 강력한 미혹"(살후 2:11 KJV)으로 가득 채웠기 때문에, 그들은 평안하게 죽을 수 있게 된 것입니다. 그들은 도살장으로 가는 양들처럼 자원해서 멸망으로 나아갑니다.

어떤 사람들에게는 음울한 평안이 있습니다. 이것은 사람이 자신의 운명에 맞서 철저하게 냉혹한 자가 되었을 때에 생겨나는 끔찍한 절망에서 오는 평안입니다. 어떤 사람은 이렇게 말합니다: "나는 내가 멸망에 처해질 것을 안다. 나는 너무나 죄를 많이 지어서 이제는 그 어떤 소망도 없다. 그러니 내가 그런 것 가지고 괴로워할 이유가 어디 있겠는가?" 그들은 사형을 언도하는 재판장의 망치 소리를 듣고 "나는 다 끝났다"고 느끼며 침묵 가운데서 자신을 절망에 내어주는 사형수와 같습니다. 나의 친구들이여, 여러분의 생각은 옳지 않습니다. 그것은 사탄이 만들어 낸 거짓말일 뿐입니다. 여러분이 살아 있는 한 소망이 있습니다. 사람들이 그리스도를 전하는 땅에 여러분이 아직 살고 있다면, 여러분은 그리스도께로 나아와서 살 수 있습니다. 무감각, 절망적인 암울함, 완악함은 여러분의 최악의 원수들입니다. 하나님을 대적하는 물은 아주 깊기 때문에 조용히 흐릅니다. 하나님에 대하여 깊은 앙심을 지닌 사탄은 이를 갈며 하나님의 사람들을 멸망시키려는 굳은 각오로 전능자에게 도전합니다. 하나님께서 여러분을 이 악한 자에게서 건지시기를 빕니다. 여러분은 하나님으로부터 오는 저 화평 외에는 그 어떤 화평도 거절하게 되시기를 빕니다. 이제 하나님으로부터 오는 화평에 대하여 말씀드릴 차례가 되었습니다.

오직 하나님만이 우리 영혼을 향하여 참된 화평을 말씀하실 수 있습니다. 일단 우리의 영혼이 자신의 죄악됨을 느끼고서 다가올 진노를 예감하고 두려워 떨기 시작할 때, 오직 하나님만이 그 영혼을 향하여 화평을 말씀하실 수 있습니다. 목회자들도 우리 영혼을 향하여 화평을 말할 수 없습니다. 내가 환난 가운데 있는 심령들을 위로하고자 했을 때마다 실패로 돌아가는 경우가 많았습니다. 가장 지혜롭고 은혜로운 책들도 그렇게 할 수 없습니다. 하나님의 성령의 역사가 없이는 성경도 그렇게 할 수 없습니다. 하나님의 전의 규례들, 즉 세례나 성만찬이나 기도나 설교 등 그 어느 것도 거기에서 들려오는 하나님의 세미한 음성이 없다면 우리의 심령에 화평을 가져다줄 수 없습니다. 나는 여러분 중에서 누구라도 하나님이 여러분에게 주시는 구원의 약속 이외의 다른 것에서 안식을 찾지 않게 되기를 기도합니다. 악의 파도가 얼마나 높이 치고 있는지를 보십시오. 광풍이 부는 소리를 들어 보십시오. 베드로여, 일어나서 파도를 향하여 잔잔하라고 명해 보라. 요한이여, 깨어서 파도에 기름을 부어 보라. 아, 그렇지만 사도들도 그들보다 더 크신 이가 개입하지 않으신다면 가라앉을 수밖에 없게 될 것입니다. 오직 배의 고물에서 주무시고 계시는 분만이 "잠잠하라(peace) 고요하라"(막 4:39)고 말씀하실 수 있습니다. 자신의 죄로 인하여 고통을 받고 계시는 이 자리에 있는 모두에게 주님께서 그렇게 말씀해 주시기를 빕니다. 예수의 피는 "모든 지각에 뛰어난 하나님의 평강"(빌 4:7)을 말씀합니다. 우리는 폭풍이 몰아치던 호수가 순식간에 "아주 잔잔하게"(마 8:26) 되었다는 말씀을 읽게 됩니다. 대속의 희생 제사의 권능을 보고 느낀 영혼이 얼마나 깊은 평안을 누리게 되는지 보십시오.

지금까지 나는 여러분에게 오직 하나님만이 이 화평을 말씀하실 수 있다고 했는데, 이제 여기에서는 하나님께서는 "말씀"을 통해서 그러한 화평을 여러분에게 주실 수 있으시다는 것을 상기시켜드리고자 합니다. 하나님에게서 나오는 한 마디 말씀은 모든 환난을 잠재우는 결정타가 됩니다. 하나님의 말씀 한 마디면 되고, 다른 것은 전혀 필요하지 않습니다. 화평은 어떤 상황에서 현재적으로 만들어져야 하는 것이 아닙니다. 이미 1,800년 이전에 저 십자가 위에서 화평은 이루어졌습니다. 우리의 "화평"이신 주 예수께서 우리의 죄악을 짊어지시고서 그 나무에 오르셔서, 하나님과 인간 사이의 큰 전쟁의 원인이 된 저 무시무시한 것을 제거하셨습니다. 거기에서 주님은 언약을 둘러싼 다툼에 종지부를 찍으셨습니다. "그가 징계를 받으므로 우리는 평화를 누리고"(사 53:5)라는 말씀에 귀를 기울여 보십시오. 그리스도께서는 자신의 십자가의 피로 화평을 이루셨습니다. 우리는 그리스도의 죽음으로 말미암아 믿음으로 의롭다 하심을 얻고 하나님과 화목을 이루게 됩니다. 그리스도께서 십자가 위에서 "다 이루었다"(요 19:30)고 하셨을 때, "의와 화평이 서로 입맞추었습니다"(시 85:10). 그리스도의 희생 제사로 말미암아 이루어진 화목으로 인하여 이제 사람이 하나님께로 돌아갈 길이 열려 있습니다. 더 이상 피를 흘릴 필요도 없고, 더 이상 희생 제사를 드릴 필요도 없습니다. 화평은 최종적으로 이루어졌고, 이제 남은 일은 주 하나님께서 성령으로 말미암아 우리의 양심과 마음에 화평을 말씀하시는 것뿐입니다. 그렇지만 한 가지 남은 것, 즉 하나님이 화평을 말씀하시는 것이 작은 일이라고 생각하지 마십시오. 하나님의 음성은 모든 것을 이루는 능력입니다. 하나님께서는 말씀으로 무에서 만유를 창조하셨고, 어둠에서 빛을 만들어 내셨습니다. 우리 왕의 말씀이 있는 곳에는 능력도 있습니다. 하나님께서 말씀하시면, 그 말씀은 그대로 이루어집니다. 하나님께서 화평을 말씀하시는데, 누가 감히 분란을 일으킬 수 있겠습니까? 예수 그리스도 안에는 죄 범한 영혼을 위한 하나님의 화평이 있습니다. 그리스도께서는 "수고하고 무거운 짐 진 자들아 다 내게로 오라 내가 너희를 쉬게 하리라"(마 11:28)고 말씀하십니다. 화평의 하나님께서 말씀하시면, 우리는 고통의 폭풍에서 온전한 화평으로 즉시 옮겨질 수 있습니다.

조만간 하나님께서는 자기 백성에게 화평을 말씀하실 것입니다. 주 하나님과 관련된 미래 시제의 문장은 얼마나 복된 것인지 모릅니다: "무릇 그의 백성에게 화평을 말씀하실(will) 것이라." 의심하지 마십시오. 하나님께서는 반드시 그렇게 하실 것입니다. 여러분 중에는 한동안 화평을 잃어버린 분들도 있을 것입니다. 그렇지만 여러분이 신자라면, 하나님께서는 "그의 백성에게 화평을 말씀하실" 것입니다. 여러분은 그리스도께로 나아와서 그를 믿고 의지하고 있는데도, 여러분이 원하는 화평을 누리지 못하고 있습니다. 하나님께서는 "그의 백성에게 화평을 말씀하실" 것입니다. 여러 달 동안 싸우고 고군분투하느라 전쟁의 소란함으로 인하여 화평이 깨졌을 수 있지만, 결국에는 하나님께서 "그의 백성에게 화평을 말씀하실" 것입니다. 나는 하나님의 참된 백성 중에서 여러 해에 걸쳐서 큰 환난과 시련을 겪는 분들을 보아 왔습니다. 어떤 사람은 야만의 해변에 좌초되어 해나 달이 뜨지 않는 캄캄한 어둠 속에서 아주 오랜 시간을 보내야 했습니다. 나는 그가 그 오랜 세월 동안 낙담해 온 것의 책임이 부분적으로는 그에게 있기 때문에 그를 두둔하고 싶지는 않습니다. 의심할 여지 없이 그에게는 잘못이 있었을 것이고, 그것으로 인해 생각이 어두워져 있었을 것입니다. 그러나 그는 하나님의 참된 자녀였기 때문에, 마침내 어둠에서 벗어나 빛으로 나와서, 많은 사람들을 유쾌하게 한 책을 썼습니다. 여러분 앞에 화평이 아직 오지 않았다면, "온전한 사람을 살피고 정직한 자"(시 37:37)를 보십시오. 왜냐하면, 그런 사람의 결국은 화평일 것이기 때문입니다. 하나님께서는 자신의 자녀가 더움 속에서 잠자게 하지 않을 것이기 때문에, 그가 사망의 잠을 자기 전에 그 앞에 촛불을 비추실 것입니다. 육신의 병과 마음의 연약함, 또는 그 밖의 다른 원인이 기쁨을 앗아갈 수 있습니다. 그러나 결국에는 하나님께서 "그의 백성에게 화평을 말씀하실" 것입니다. 하나님은 그를 믿고 의지하는 영혼을 결국에는 내버려 두실 수 없으시기 때문입니다. 그 어떤 믿는 자도 절망 가운데서 죽게 되지 않을 것입니다. 여러분은 아주 깊이 가라앉을 수 있지만, 그렇게 가라앉은 여러분 밑에는 영원하신 팔이 있어서, 그 팔이 여러분을 다시 수면 위로 올리실 것입니다. 슬픔에 젖어 있는 많은 여자들은 힘든 시간을 갖지만, 하나님께서는 슬퍼하는 그들에게 "화관을 주어 그 재를 대신하게"(사 61:3) 하실 것입니다. 포로 된 딸들이여, 여러분을 묶고 있는 쇠사슬은 결코 영원하지 않을 것입니다. 여러분의 소망을 굳게 붙잡으십시오. 밤이 아무리 어둡고 깊다고 할지라도, 아침은 반드시 오게 되어 있습니다. 왜냐하면, 하나님이 빛이신 것과 마찬가지로, 그의 자녀들도 빛이기 때문입니다.

사랑하는 자들이여, 하나님께서 자기 백성에게 화평을 말씀하실 때, 그것은 어떤 화평이겠습니까! 그 화평은 건전하고 안전합니다. 그 화평은 여러분이 원하는 만큼 누린다고 해도 아무런 해가 없습니다. 하나님의 화평 속에는 주제넘거나 뻔뻔함이 없습니다. 그것은 거룩한 화평입니다. 여러분이 이 화평을 더 많이 가질수록, 여러분은 주 예수 그리스도처럼 되고자 더 애쓰게 될 것입니다. 하나님이 주시는 화평은 단지 얼굴과 혀만이 아니라 마음과 생각을 다스리는 화평입니다. 그것은 환경을 뛰어넘는 화평입니다. 여러분은 아무리 가난해도, 내적인 부요함과 만족을 얻게 될 것입니다. 여러분은 아무리 고독할지라도, 하나님과의 사귐이 여러분에게 있을 것입니다. 여러분의 육신이 아무리 병들고 아파도, 여러분은 영혼의 화평으로 인하여 아무런 불평 없이 고통을 참아낼 수 있습니다. 여러분이 영적으로 상당한 정도로 눌림이 있다고 할지라도, 내적인 화평으로 인하여 여러분은 "내 영혼아 네가 어찌하여 낙심하며 어찌하여 내 속에서 불안해하는가"(시 42:5)라고 말할 수 있습니다. 하나님이 여러분에게 화평을 주시면, 마귀는 그 화평을 빼앗아 갈 수 없습니다. 하나님이 여러분의 영혼에 화평을 불어넣으시면, 이 땅이나 지옥에서 불어오는 그 어떤 거센 바람도 그 화평을 여러분에게서 날려 버릴 수 없습니다. 이 화평을 누려온 사람들은 이것이 천국의 서막이라고 여러분에게 말할 것입니다. 하나님의 얼굴 빛 가운데서 행하는 사람들은 만왕의 왕의 조신들과 같아서, 그들에게는 낙원이 이미 회복되어 있습니다. 온전한 화평은 사람의 혀로는 제대로 표현할 수 없는 기쁨을 가져다줍니다. 성부와 성자와 성령께서 모두 우리와 화목하셨기 때문에, 위와의 싸움이 없습니다. 양심이 깨끗해지고 심령이 온갖 염려에서 건짐을 받았기 때문에, 안으로도 싸움이 없습니다. 또한, 아래로는 큰 원수에 대한 두려움이 없습니다. 큰 원수는 우리를 보고 이를 갈겠지만, 우리를 멸망시킬 수는 없습니다. 심지어 자연계조차도 우리와 화목합니다. "들에 있는 돌이 너와 언약을 맺겠고 들짐승이 너와 화목하게 살 것이니라"(욥 5:23). "하나님을 사랑하는 자 곧 그의 뜻대로 부르심을 입은 자들에게는 모든 것이 합력하여 선을 이루느니라"(롬 8:28). 깊은 화평, 높은 화평, 넓은 화평, 끝없는 화평이 우리의 것입니다. "누가 능히 하나님께서 택하신 자들을 고발하리요 의롭다 하신 이는 하나님이시니 누가 정죄하리요 죽으실 뿐 아니라 다시 살아나신 이는 그리스도 예수시니 그는 하나님 우편에 계신 자요 우리를 위하여 간구하시는 자시니라"(롬 8:33-34). "그러므로 우리가 믿음으로 의롭다 하심을 받았으니 우리 주 예수 그리스도로 말미암아" 가장 강조되고 무제한적인 의미에서 "하나님과 화평"을 누리고 있습니다(롬 5:1). 사랑하는 친구들이여, 끊임없는 화평을 늘 지니고 있지 않다면 만족하지 마십시오. 여러분은 그런 화평을 지닐 수 있습니다. 여러분은 그런 화평을 지니는 것이 마땅합니다.

그 화평은 여러분을 왕들보다 더 크고, 갑부보다 더 부요한 자로 만들어 줄 것입니다. 이 화평의 신발을 신으면, 여러분은 순종의 길이나 고난의 길을 얼마든지 걸어갈 수 있게 될 것입니다. "하나님의 평강이 그리스도 예수 안에서 너희 마음과 생각을 지키시리라"(빌 4:7).

2. 둘째로, 어떤 것들이 이 화평의 복을 방해하는지 살펴보겠습니다.

이제 우리는 높은 곳에서 좀 더 낮은 곳으로 내려와서 화평의 복을 방해할 수 있는 것들이 무엇인지에 대하여 얘기해 보고자 합니다: "무릇 그의 백성, 그의 성도들에게 화평을 말씀하실 것이라 그들은 다시 어리석은 데로 돌아가지 말지로다." 신자의 화평의 근거는 늘 동일하지만, 신자가 그 화평을 누리는 정도는 천차만별입니다. 우리는 늘 하나님이 주신 기업에 대한 권리를 지니고 있긴 하지만, 그 기업의 열매들을 늘 누리는 것은 아닙니다. 우리의 믿음이 그리 강하지 않다면, 우리가 지니고 있던 화평은 큰 환난이 왔을 때에 무너질 수 있습니다. 하지만 그리스도인들이 누구나 그런 것은 아닙니다. 지극히 큰 환난과 싸우면서도 그리스도 예수 안에서 지극히 달콤한 화평을 누리는 사람들도 있습니다. 또한, 화평은 심신을 갉아먹는 질병으로 인해서도 무너질 수 있습니다. 영적인 원인들이 아니라 육신적인 원인들로 인해서 마음이 약해지고 눌릴 때, 육신의 질병이나 쇠약함은 영적인 화평을 무너뜨리기 쉽습니다. 그렇지만 반드시 늘 그런 것은 아닙니다. 왜냐하면, 마음과 육신이 쇠약해져 있을 때에도 종종 우리의 영원한 분깃이신 하나님께서 여전히 우리 심령의 힘이 되시는 경우가 있기 때문입니다. 또한, 내적인 갈등도 우리가 화평을 누리는 것을 방해할 수 있습니다. 사람이 죄에 맞서서 힘겨운 싸움을 벌이고 있을 때, 어떤 옛 습성을 하나님 앞에서 처리해야 할 때, 부패한 본성이 아주 강하고 활발하게 활동할 때, 신자는 자신이 원하는 화평을 누리지 못할 수 있습니다. 그렇지만 나는 내적으로 그런 싸움이 벌어지고 있을 때조차도 내가 누리는 화평이 전혀 영향을 받지 않는 것을 자주 체험해 왔습니다. 여러분은 "어떻게 그렇게 될 수 있느냐?"고 물을 것입니다. 나는 내가 싸우고 있다는 바로 그 사실에서 화평을 발견하였습니다. 왜냐하면, 만일 내가 하나님의 자녀가 아니라면, 죄에 맞서서 싸우는 일은 없을 것임을 내가 분명히 알기 때문입니다. 내가 죄를 나의 철천지원수로 여기고 맞서 싸우고 있다는 바로 그 사실은 내가 죄의 지배 아래 있지 않다는 증거입니다. 그리고 바로 그런 사실은 내 영혼에 일정 정도의 화평을 가져다줍니다. 또한, 사탄의 공격을 받고 있는 동안에 화평을 유지하기는 정말 어렵습니다. 사탄은 신자로 하여금 화평을 유지할 수 없도록 만드는 방식으로 지옥의 북을 두드리는 법을 알고 있습니다. 사탄은 지독하게 속되고 불경한 생각들을 신자의 마음과 생각 속에 주입시킬 수 있습니다. 사탄은 우리로 하여금 그런 생각들이 우리 자신의 것이라고 믿게 해서 안절부절 못하며 근심하게 만들 수 있습니다. 하지만 그런 속되고 불경한 생각들은 사탄의 것이지 우리의 것이 아닙니다. 그럴 때에 우리가 "나의 대적이여 나로 말미암아 기뻐하지 말지어다 나는 엎드러질지라도 일어날 것이요"(미 7:8)라고 말할 수 있다는 것은 정말 멋진 일입니다.

우리가 하나님에 대하여 중대한 범죄를 저질렀을 경우에는 하나님께서 그 얼굴을 감추실 수 있는데, 그럴 때에 우리는 화평을 누릴 수 없습니다. 우리가 다시 죄에 빠져 있는 동안에는 화평은 최저 수준으로 떨어지고 맙니다. 그럴 때에 우리는 "내가 어찌하면 하나님을 발견하고 그의 처소에 나아가랴"(욥 23:3)고 부르짖게 되고, 하나님의 얼굴의 미소를 다시 보고 우리가 다시 하나님의 자녀들 가운데 자리를 잡기 전에는 결코 화평을 누릴 수 없습니다.

그러나 결국 그리스도인이 화평을 잃게 되는 주된 이유는 "어리석은 데로 돌아가기" 때문입니다. 어떤 종류의 어리석음인가요? "어리석음"은 죄이자 오류이고, 하나님의 지혜를 거스르는 모든 것입니다. 나는 여러분에게 이 어리석음의 몇 가지 형태를 짤막하게 보여드리고자 합니다.

성급한 판단이라는 어리석음이 있습니다. 여러분은 어떤 일의 모든 사정과 정황을 다 알아보고 깊이 숙고함이 없이 판단한 적이 있습니까? 여러분은 하나님께서 여러분에게 행하신 일들을 감히 판단하고자 했을 때에 잘못된 결론에 이르지 않았습니까? 여러분은 이렇게 말했습니다: "이것은 지혜로운 것일 수 없고 옳은 것일 수 없어. 어쨌든 이것은 사랑에서 나온 것일 수 없어." 그러나 여러분은 나중에 여러분의 판단이 완전히 잘못 되었다는 것, 하나님께서 여러분에게 그토록 심한 시련을 보내신 것은 하나님이 여러분에게 지극히 신실하셨기 때문이라는 것을 알게 되었습니다. 여러분의 성급한 판단이 어리석었다는 것은 너무나 자명한 것이었습니다. 여러분이 다음 번에 환난을 당할 때에도 또다시 그런 어리석은 데로 돌아간다면, 여러분은 반드시 화평을 잃게 될 것입니다. 왜냐고요? 그것은 여러분이 하나님의 무한한 지혜를 여러분의 짧은 식견의 잣대로 재려고 하는 것이기 때문입니다. 하나님의 영원한 계획을 재깍거리며 가고 있는 시간을 잣대로 삼아 판단하려고 하는 것이 가당키나 한 일이겠습니까? 우리가 분수를 모르고 주제넘게 심판 자리에 앉아서, 천지의 주재이신 하나님을 무자비하다거나 잘못하신 것이라고 판단할 때, 그런 우리에게 화평이 있을 수가 없습니다:

"허약한 지각으로 하나님을 판단하지 말고,
　도리어 하나님을 의지하여 은혜를 바라라."

여러분이 하나님이 행하시는 일들을 평가하고자 할 때에는 장기적인 관점에서 바라보고 깊이 숙고하십시오. 하나님은 영원 속에 거하시기 때문에, 하나님이 하시는 일들은 오직 저 무한한 미래에 비추어볼 때에만 올바르게 판단될 수 있습니다. 우리는 하나님이 행하시는 일들을 영원한 법에 의거해서 판단하여야 합니다. 그렇게 할 수 없다면, 우리는 판단 자체를 아예 중지해야 합니다. 내 영혼아, 너는 하나님 앞에서 어린아이와 같아라. 그러면 너는 화평을 얻게 될 것이다.

또다른 종류의 어리석음도 앞에서 말한 것과 동일선상에 있는 것인데, 그것은 지존자에게 불평하며 싸우는 것입니다. 어떤 사람들은 하나님을 기뻐하지 않습니다. 그런데 어떻게 하나님이 그런 사람들을 기뻐하실 수 있겠습니까? 우리를 지으신 이와 싸우고 다투어 보아야 아무 소용이 없습니다. 왜냐하면, 하나님은 창조주이시고 우리는 피조물이기 때문입니다. 설령 풀이 낫과 싸우고, 볏짚이 불과 싸운다고 해도, 사람은 하나님과 싸워서는 안 됩니다. 게다가, 여러분은 누구입니까? "이 사람아 네가 누구이기에 감히 하나님께 반문하느냐"(롬 9:20). 여러분은 욥처럼 몹시 두들겨 맞고 이루 말할 수 없이 비참하게 되고서도, 그 이유를 알 수 없는 경우가 있을 수 있다는 것은 사실입니다. 그러나 나는 여러분에게 그런 경우에도 하나님께 머리를 숙이고 기꺼이 순복하시기를 부탁드립니다. 왜냐하면, 하늘에 계신 여러분의 아버지께서는 여러분에게 가장 복되고 유익한 일을 하고 계시는 것임에 틀림없기 때문입니다. 여러분을 가장 복된 길로 몰아가기 위해 하나님이 사용하시는 "가시채"를 싫다고 발길질하지 마십시오. 쟁기질을 하기 위해 이제 막 멍에를 메게 된 황소가 소몰이용 "가시채"를 발로 차면, 그 결과는 무엇이겠습니까? 그 날카롭고 따가운 "가시채"가 황소의 옆구리에 박히지 않겠습니까? 만일 황소가 소 모는 사람에게 도전하지 않았더라면, 그런 해를 입는 일은 일어나지 않았을 것입니다. "가시채를 뒷발질하기가 네게 고생이니라"(행 26:14). 하나님과 싸우거나 다투어서 조금이라도 유익을 얻을 수 있는 사람은 아무도 없습니다. 왜냐하면, 옳은 쪽은 언제나 하나님이고, 하나님의 통치는 영영히 견고하기 때문입니다. 배가 암초와 싸운다면, 어느 쪽이 피해를 볼 것인지는 너무나 자명한 일입니다. 나의 형제들이여, 사랑의 하나님께 순복하십시오. 여러분의 꿇은 무릎에서만이 소망이 생겨날 수 있고, 여러분의 숙인 머리 위로만 화평이 다시 돌아올 수 있습니다. 왜냐하면, 교만한 반역은 가장 지독하게 어리석은 일이어서, 거기에는 화평이 있을 수 없기 때문입니다.

　사람들이 자주 돌아가는 또다른 종류의 어리석음은 의심과 불신입니다. 여러분이 지닌 화평은 믿음으로 말미암아 온 것이기 때문에, 믿음이 떠나가면 화평도 떠나갑니다. 하나님을 의심하는 것은 어리석은 짓입니다. 심지어 일말의 의심조차도 최악의 어리석음입니다. 여러분이 "하나님은 참되시니 내가 그를 의지하리라"고 했을 때, 여러분의 화평은 강물과 같았습니다. 어떤 사람이 임종이 가까워서 병상에 누워 있는데도 기뻐하는 것을 보고서, 그의 친구들이 "자네는 지금까지 수많은 시련을 겪으며 살아 왔는데, 뭐가 그렇게 행복한 것인가?"라고 묻자, 그 사람은 "성경에 '주께서 심지가 견고한 자를 평강하고 평강하도록 지키시리니 이는 그가 주를 신뢰함이니이다'(사 26:3)라는 말씀이 있는데, 나의 기쁨은 거기에서 오는 것이라네"라고 대답하더랍니다. 그가 하나님을 신뢰하고 있기 때문에, 하나님께서는 그를 온전한 평강 가운데 지키시고 계신 것이었습니다. 하나님으로 만족하십시오. 그러면 여러분은 하나님 안에서 만족하게 될 것입니다. 여러분의 이전의 의심과 두려움들로 다시 돌아가지 마십시오. 그런 것들은 가시덤불과 같습니다. 여러분 중에는 태어날 때부터 의심하고 지금까지도 그 의심에서 벗어나지 못하는 분들이 계신 것으로 보입니다. 그런 분들은 하나님이 우리에게 평강과 기쁨을 주신다는 것을 잘 믿지 못하기 때문에 자신에게 아무 일이 없으면 오히려 불안해합니다. 나는 그들이 의심하는 자인지 믿는 자인지 모르겠습니다. 나는 그들이 진정으로 믿는 자가 되기를 바라지만, 그들은 불쌍하게도 여전히 의심하는 자로 남아 있습니다. 그들은 천국에 가기는 가겠지만, 그들의 몸에 밴 저 유해한 의심하는 습관을 떨쳐 버리지 않는다면, 천국 길을 가는 동안에는 천국을 맛보지 못할 것입니다. 하나님을 의심하고, 그의 약속들에 의문을 제기하고, 그의 섭리를 불신하는 사람들이 어떻게 천국을 맛볼 수 있겠습니까? 하나님께서는 언제까지나 신실하시고, 절대로 식언하지 않으십니다. 하나님을 믿으십시오. 그러면 여러분은 견고히 서게 될 것입니다. 하나님께서는 "그의 백성에게 화평을 말씀하실" 것입니다. 그러므로 그들은 결코 거짓말을 하실 수 없으신 하나님이 하신 말씀을 의심하는 이 변명의 여지가 없는 "어리석은 데로 돌아가지" 않아야 합니다.

어떤 사람들은 율법에서 생명을 찾는 저 옛적의 어리석은 데로 돌아갑니다. 바울이 그러한 고집스러운 행태를 보고서 얼마나 화들짝 놀랐는지를 여러분도 기억하실 것입니다. 바울은 "어리석도다 갈라디아 사람들아 누가 너희를 꾀더냐"(갈 3:1)라고 소리친 후에, "너희가 이같이 어리석으냐 성령으로 시작하였다가 이제는 육체로 마치겠느냐"(갈 3:3)라고 반문합니다. 여러분이 여러분 자신의 존재나 여러분이 행하는 것으로부터 위로를 얻고자 한다면, 그것은 어리석은 일입니다. 자아(self)는 아무리 좋게 말해도 기껏해야 마른 우물일 뿐입니다. 여러분 자신이 이룬 거룩함으로부터 위로를 얻고자 하는 것은 위험합니다. 여러분이 자신의 거룩함을 그리스도의 자리에 놓는다면, 그 순간 그 거룩함은 적그리스도가 되어 버립니다. 하나님께서는 "내가 거룩하니 너희도 거룩할지어다"(레 11:45)라고 말씀하셨지만, 여러분에게 자신의 거룩함을 의지하라고 명하신 적은 없으십니다. 여러분이 아무리 거룩해졌다고 할지라도, 심지어 여러분이 온전함에 이를 수 있었다고 하더라도, 여러분은 욥처럼 "내가 온전하다고 할지라도 내가 나를 돌아보지 아니하고 내 생명을 천히 여기리라"(KJV, 한글개역개정에는 "나는 온전하다마는 내가 나를 돌아보지 아니하고 내 생명을 천히 여기는구나"로 되어 있음)고 말하는 것이 지혜로운 일입니다. 그리스도께서 이루신 일 위에 굳게 서는 것이야말로 여러분의 지혜입니다. 그 토대를 떠나는 순간, 여러분은 살얼음판 위를 걷게 되고, 얼마 안 있어서 얼음이 깨져 그 속에 빠지거나 미끄러져 넘어지게 될 것입니다. 하나님의 일에 인간에게 속한 어떤 것을 섞어 보십시오. 그러면 여러분은 어리석은 데로 다시 돌아가게 될 것이고, 이전에 그랬던 것처럼 또다시 얽매이고 묶여서 괴로움을 당하게 될 것입니다. 오직 그리스도께만 소망을 두고, 그리스도 외에는 그 어떤 것에도 소망을 두지 마십시오. 여러분이 오직 하나님만을 바랄 때, 여러분의 화평은 강물과 같게 될 것입니다.

어떤 사람들은 지적인 사변(思辨)의 어리석음으로 다시 돌아감으로써 화평을 잃습니다. 우리 친구들 중에는 전에는 빛 가운데서 행하여 빛이신 하나님으로 인하여 공중의 새처럼 행복한 삶을 살다가 지금은 기쁨을 잃어버린 사람들이 있습니다. 그런데 이 모든 것은 그들이 어떤 해로운 책 한 권을 읽으면서, 전에는 생각한 적도 없었던 신앙과 관련된 온갖 난제들을 생각하게 되면서 시작된 것이었습니다. 여러분은 내가 그러한 난제들에 대하여 대답해 주기를 바라십니까? 내가 애써서 그런 난제들에 대하여 성공적으로 대답해 주었다고 합시다. 여러분은 그것으로 모든 것이 잘 해결될 것이라고 생각하십니까? 여러분은 내일은 또다른 책을 읽고서, 내게 또다른 의문들을 가져올 것입니다. 내가 여러분 속에 들어온 그 모든 의문들을 다 칼로 베어 버린다고 해도, 또다른 한 무리의 침략자들이 여러분의 마음속으로 쳐들어올 것입니다. 그러므로 나는 그런 끝도 없는 일을 하는 것을 정중히 사양합니다. 망통(Mentone)에 사는 우리 친구들에게 성가신 일이 한 가지 있는데, 그것은 그들을 괴롭히는 모기를 잡는 것입니다. 그런데 아무리 모기를 잡아도 별 소용이 없습니다. 오늘 열두 마리의 모기를 잡으면, 내일은 스물네 마리의 모기가 자기 동족의 장례식을 치르기 위해 몰려옵니다. 신앙과 관련된 난제들도 마찬가지입니다. 여러분이 그 난제들 중 일부를 해결하였다고 해도, 내일이면 그것들보다 더 악성인 또다른 난제들이 몰려올 뿐입니다. 트집을 잡고 시비를 걸고자 하는 사람 앞에서는 아무리 확실한 사실도 소용이 없습니다. 내가 온갖 종류의 궤변들에 대해서 다 성공적으로 대답해 주었다고 합시다. 내일이면, 사람들은 내게 와서 이렇게 말합니다: "목사님, 새로 나온 책 보셨어요? 그 책은 우리의 신앙을 통째로 뒤흔들어 놓는다니까요." 그 책은 나의 신앙을 뒤흔들어 놓지 못할 것입니다. 첫 번째 이유는 나는 내가 무엇을 아는지를 알기 때문이고, 두 번째는 불신자들이 무엇이라고 말하든 나는 그런 것들에는 조금도 신경을 쓰지 않기 때문입니다. 실제로 나는 불신자들이 말하는 것들에 거의 신경을 쓰지 않기 때문에, 그들의 광기가 오늘은 어떤 식으로 발동하여 나타나고 있는지에 대해서 전혀 궁금해하지 않습니다. 왜냐하면, "내가 믿는 자를 내가 알기"(딤후 1:12) 때문입니다. 나는 성령께서 하나님의 무오(無誤)한 말씀을 통해서 내게 가르치신 것 이상으로 나아가고자 하지 않습니다. 게다가, 나는 하나님을 의심하는 자들이 쓰고 싶어서 쓴 글을 읽는 일에 나의 시간을 낭비하고 싶지 않습니다. 나는 이제까지도 그런 독약들을 충분히 마셔 왔기 때문에,

앞으로는 더 이상 마시고 싶지 않습니다. "우리는 모든 것을 골고루 독서하여야 한다"고 말하는 사람이 있을 것입니다. 아니요, 결코 그렇지 않습니다. 음식점에 식사하러 갔다가 썩은 스테이크가 나온다면, 우리는 그 스테이크를 먹지 않을 것입니다. 스테이크를 칼로 자르는데, 썩은 음식 냄새가 난다면, 우리는 그 스테이크를 단 한 조각도 먹고자 하지 않을 것입니다. 다른 사람들은 불신앙의 썩은 고기를 좋아하며 잘 먹을 수 있습니다. 그러나 오랫동안 복음의 향기로운 음식을 먹어온 나는 내 영혼으로 하여금 너무나 더러워서 개들이나 먹을 법한 그런 음식을 먹게 할 수는 없습니다. 성경을 부정하고 주 예수의 피를 욕되게 하는 책들은 읽는 것이 아니라 불태워 버리는 것이 더 합당합니다. 여러분의 신앙이 전에 현대적인 사상으로 인해서 비틀거린 적이 있다면, 그러한 어리석음으로 다시 돌아가지 마십시오. 진흙탕 속이 어떤지를 알아보기 위하여 진흙탕 속으로 들어가는 듯이 보이는 어리석은 자들과 같이 되지 마십시오. 올바른 길이 있어서 거기로 바로 가면 되는데, 올바른 길을 놓아두고서 굳이 안개 속으로 들어가서 오랜 시간을 헤매고 방황할 필요가 어디 있겠습니까? 성경을 깊이 파십시오. 여러분이 성경을 너무나 많이 읽어서 더 이상 읽지 않아도 될 정도가 되었을 때에 다른 책들을 읽고 연구하는 일에 여러분의 시간을 할애할 수 있을 것입니다. 그러나 지금은 지혜의 근원 되시는 여호와께서 지으신 책을 깊이 상고하십시오. 그 책의 앞표지와 뒤표지 사이에서 여러분은 온갖 지혜를 발견하게 될 것입니다. 나는 여러분이 무오한 것을 반대하고 온전한 것을 비난하는 어리석음으로 다시 돌아가지 않기를 기도합니다. 하나님께서 우리에게 은혜를 주셔서 또다시 인간의 지혜의 어리석은 것으로 돌아가서 우리의 화평을 무너뜨리는 일이 없게 해주시기를 빕니다.

그러나 최악의 어리석음은 죄입니다. 성경은 끊임없이 죄인들을 어리석은 자들이라 부르고, 실제로도 그렇습니다. "무릇 그의 백성에게 화평을 말씀하실 것이라 그들은 다시 어리석은 데로 돌아가지 말지로다"라는 말씀은 얼마나 감동적입니까! 그 말씀은 이렇게 말하고 있는 것이나 다름없습니다: "빗나가는 것은 나를 근심하게 할 뿐만 아니라 너희에게도 해가 될 것이다. 죄는 잘못일 뿐만 아니라 어리석음이기 때문에, 나의 진노를 불러일으킬 뿐만 아니라 너희에게도 해를 입히게 될 것이다." 사랑하는 하나님의 자녀들이여, 여러분은 지금 폭풍우가 몰아치는 밖에 있습니까? 여러분에게 안식이 없습니까? 그렇다면, 나는 여러분의 귀에 대고 이렇게 속삭일 것입니다: 그럴 만한 이유가 없습니까? 여러분의 배에 탄 누군가가 이 폭풍우를 불러왔을 것입니다. 그 사람은 어디에 있습니까? 그 사람은 배에서 일하는 선원들 중 한 사람이 아닙니다. 그 사람은 선장도 아니고 동료도 아닙니다. 그 사람은 외인(外人)입니다. 갑판 아래에 요나라 하는 사람이 있습니다. 그가 이 폭풍우를 불러온 장본인입니까? 여러분은 말합니다: "아니요, 그는 아무 잘못이 없는 사람입니다. 배 삯을 지불했으니까요." 이것은 나로 하여금 더욱더 의구심을 갖게 만듭니다. 그는 이 재앙을 불러온 장본인입니다. 죄라는 요나를 배 밖으로 던져 버리기 전에는 여러분은 결코 화평을 얻지 못할 것입니다. 그를 바닷속으로 던지십시오. 그러면 바다는 잔잔해질 것입니다. 하나님의 자녀들 중에는 배신자를 키우고 있으면서도 자기가 그렇게 하고 있다는 사실을 거의 모르는 사람들이 많습니다. 하나님께서는 하나님의 자녀들이 키우고 있는 그 배신자 때문에 그들과 싸우고 계시는 것입니다. 요압이 비그리의 아들 세바를 잡으려고 그가 피신해 있던 아벨로 갔을 때, 한 지혜로운 여인이 요압에게 성의 주민들을 살려 달라고 청하였습니다. 요압은 자기는 성의 주민들과 싸우러 온 것이 아니라 단지 역도를 붙잡기 위해서 왔다고 그녀에게 설명하고서는, "너희가 그만 내주면 내가 이 성벽에서 떠나가리라"(삼하 20:21)고 말합니다. 그러자 성의 주민들이 세바의 목을 베어서 요압에게 던져 주었고, 요압은 나팔을 불어 군대를 성읍에서 물러나 각기 장막으로 돌아가게 하였습니다. 하나님께서는 시련들과 괴로움들을 동원하셔서 여러분을 포위하시고 여러분의 성벽을 공격하십니다. 그럴 때에 하나님이 원수를 갚으시도록 여러분이 배신자인 죄를 내어드리기 전에는 여러분에게 화평이 있을 수 없습니다. 나는 여러분의 구체적인 죄가 무엇인지를 알지 못하지만, 여러분은 그 죄의 목을 베어서 성벽 밖으로 던져야 합니다. 그래야만 하나님의 군대가 그 성벽에서 물러갈 것입니다. 아간과 그 저주 받은 물건을 끌어와서, 온 이스라엘로 하여금 돌로 그를 치게 하십시오. 여러분 속에 숨어 있는 적을 찾아내 붙잡아서 끌어 내십시오. "하나님의 위로가 성이 안 차서 네가 은밀한 것을 숨겨두고 있는 것이냐"(욥 15:11 KJV, 한글개역개정에는 "하나님의 위로와 은밀하게 하시는 말씀이 네게 작은 것이냐"로 되어 있음). 하나님께서 우리를 도우셔서 이 아침에 우리 안의 침입자를 철저하게 수색하여 찾아내서 죽이게 하여 주시기를 빕니다.

　사랑하는 자들이여, 여러분 중에는 어리석은 데로 돌아가는 사람이 단 한 사람도 없기를 바랍니다. 우리가 하나님의 화평과 하나님과의 교제를 맛본 적이 있다면, 어떻게 세상 즐거움들을 위해서 그런 것들을 버릴 수 있겠습니까? 우리가 죄악이 주는 저급한 쾌락을 누리기 위해서 무한하신 사랑의 잔치 자리를 떠날 수 있겠습니까? 결코 그럴 수 없습니다. 여러분이 전날에 죄로 인해서 이미 치른 온갖 슬픔과 괴로움을 기억하십시오. 이 독사를 또다시 여러분의 품에 품지 마십시오. 우리는 우리 자신이 죄악에 물들어 있는 것을 알았을 때에 눈물에 젖어 괴로움 가운데 지냈습니다. 우리는 죄로부터 멀리멀리 날아가서 다시는 돌아오지 않아야 합니다. 여러분이 지난날에 저지른 어리석은 짓이 가져온 결과들로부터 여러분을 자유롭게 하시기 위하여 주님이 어떤 대가를 치르셨는지를 기억하고서 결코 다시는 거기로 돌아가지 마십시오. 주님께서는 우리를 우리의 어리석음으로부터 건져 내시기 위하여 죽으셔야 했습니다. 그런데 우리는 주님의 죽으심을 무위로 돌리고자 하는 것입니까? 천국으로 향하는 여정에서 우리를 이 정도까지 데려오기 위하여 하나님의 성령께서 고군분투를 해오셨는데, 우리는 지금 하나님과 거룩함에 대하여 등을 돌리고자 하는 것입니까? 또한, 바로 저 너머에 무엇이 있는지를 깊이 생각해 보십시오. 여러분 앞에 있는 길을 보십시오. 황금 길, 결코 마르지 않는 강, 영원한 열매를 맺는 나무들, 끊임없이 아름다운 곡이 흘러나오는 수금들을 생각해 보십시오. 사랑하는 자들이여, 우리는 또다시 어리석은 데로 돌아갈 수 없습니다.

하나님이여, 우리가 그렇게 되지 않도록 해주십시오. 우리에게 화평을 허락하셔서, 그 화평을 힘입어서 우리의 마음과 생각이 하나님께 꼭 붙어 있을 수 있게 해주십시오. 성령께서 우리의 영혼에 말씀하시는 화평은 우리가 다시 어리석은 데로 돌아가지 못하도록 막아 주는 확실한 차단제입니다. 하나님이 주시는 화평이 우리의 모든 지각을 뛰어넘는 것이라면, 온갖 어리석음도 이길 수 있을 것임에 틀림없습니다. 우리의 마음과 생각이 하나님과 온전한 화평을 이루었을 때, 우리는 우리의 얼굴을 부싯돌 같이 굳게 하고, 화평이 결코 끝이 없을 항구를 향하여 결연히 나아갈 수 있습니다. 우리를 그 항구로 안전하게 데려다 주실 하나님께 영광을 돌립니다. 아멘.

제
80
장

—

기도에 대하여

—

"여호와여 나의 기도에 귀를 기울이시고 내가 간구하는 소리를 들으소서 나의 환난 날에 내가 주께 부르짖으리니 주께서 내게 응답하시리이다." — 시 86:6-7

　　나는 이 시편 86편을 봉독할 때에 이 시편의 표제가 "다윗의 기도"라는 것을 여러분에게 상기시켜 드렸습니다. 이 시편의 표제를 "기도"라고 붙인 것은 대단히 적절한 것이었습니다. 왜냐하면, 이 시편은 유달리 간구로 채워져 있기 때문입니다. '테필라' 또는 "기도"라는 표제가 붙은 시편이 네 편이 있지만, 이 시편은 "다윗의 기도"로 알려져 있어서 다른 세 개의 시편과 구별됩니다 — 시편 90편은 "모세의 기도"로 되어 있기는 하지만. 이 시편은 다윗의 향기를 풍깁니다. 진실함과 열정, 수많은 시련과 잘못, 도량이 넓은 마음을 지닌 인물의 향기가 이 시편의 모든 절들에서 묻어나옵니다.

　　다윗의 이 주목할 만한 기도에서 한 가지 눈에 띄는 것은 이 기도는 시(詩)와는 거리가 멀다는 것입니다. 사람들은 하나님을 찬송할 때에 장중하며 정열적인 시적 문체를 사용하는 것이 보통이고, 또한 그렇게 하는 것이 합당합니다. 가장 매력적인 곡조와 가장 고상한 사고로 하나님을 찬송하는 것이 마땅하기 때문입니다. 그러나 사람이 기도를 할 때에는 그 기도가 저 깊은 고통 속에서 터져 나오는 것인 경우에는 시적인 표현을 생각할 여유가 없기 때문에, 핵심적인 문제로 바로 들어가서 단도직입적으로 자신의 소원을 표현합니다. 물론, 기쁠 때에 드리는 행복한 기도에서는 사람들은 비유나 은유, 미사여구와 상징 같은 것들을 사용합니다. 그러나 괴롭고 힘든 때에 하나님과 씨름하는 기도를 드리는 경우에는 미사여구나 비유 같은 수사가 들어설 여지가 없어집니다. 그런 기도를 드리는 사람의 입에서 나오는 말들은 베옷을 입고 재를 뒤집어쓰고 있습니다. 아니, 그런 기도는 온갖 불필요한 수사를 다 벗어던지고 맨몸으로 서서 하나님과 씨름합니다. 그럴 때에 사람은 "당신이 내게 축복하지 아니하면 가게 하지 아니하겠나이다"(창 32:26)라고 부르짖게 됩니다. 그것은 시가 아니라, 시보다 훨씬 더 나은 것입니다. 이 시편 전체에 걸쳐서 다윗은 하나님을 향하여 단도직입적으로 솔직담백하게 말합니다. 그는 "언약의 사자"(말 3:1)를 꽉 붙잡고서 가도록 내버려 두지 않습니다. 사람이 씨름할 때에는 어떻게든 발을 땅에 디디고서 상대편을 넘어뜨리기 위해서 최선을 다해야 하기 때문에, 자신의 발을 어디에 두는 것이 예쁠 것인지를 궁리할 수 없습니다. 이 시편과 같은 기도 시편에서는 어떤 표현을 사용해야 할지를 궁리할 여유가 없습니다. 어떤 표현이 좋을까에 대해서는 전혀 신경을 쓰지 못하고, 오로지 마음속에서 끓어서 넘쳐 나오는 것들을 쏟아내며, 마음 중심의 깊은 곳에서 부글부글 끓어오르는 소원들을 토해낼 뿐입니다.

이것은 여러분이 어떤 식으로 기도해야 마땅한지를 보여줍니다. 여러분은 하나님 앞에 나아갔을 때에 어떻게 말들을 배열해야 할지를 궁리해서는 안 됩니다. 그때그때 나오는 말들과 표현들을 사용하십시오. 여러분이 기도할 바로 그때에 성령께서 여러분에게 해야 할 말들을 주실 것입니다. 여러분의 마음이 끓어오르는 간헐천과 같을 때, 그 간헐천의 물줄기가 높이 솟아올라서 그것이 바로 여러분의 기도 기둥이 되게 하십시오. 영혼이 흘러넘쳐서 나오는 것이야말로 이 세상에서 최고의 기도입니다. 의미가 잘 이어지지 않고 뚝뚝 끊기며, 앞뒤가 잘 맞지도 않고 탄식과 부르짖음이 섞여 있고, 눈물로 얼룩진 기도가 하늘에 닿는 기도입니다. 도저히 기도할 수 없는 기도들, 말로 하기에는 너무나 큰 간구들, 말로는 도무지 표현할 길이 없어서 몸부림치며 드리는 기도들이야말로 하나님이 들으시는 최고의 기도들입니다.

사랑하는 친구들이여, 여러분은 자신이 기도할 수 없다고 말합니다. 여러분은 너무나 괴로워서 차마 말이 나오지 않습니다. 좋습니다. 그럴 때에는 길거리에 있는 거지들을 본받으십시오. 거지들은 구걸해서는 안 됩니다. 구걸하는 것은 법으로 금지되어 있기 때문입니다. 그래서 거지들은 "나는 굶주리고 있습니다"라고 쓰인 마분지를 들고서, 백짓장 같이 창백한 얼굴을 하고 길거리에 앉아 있습니다. 얼마나 불쌍한 광경입니까! 그들은 구걸하고 있는 것이 아닙니다. 그러나 그들이 든 해어진 모자 속으로 행인들이 돈을 집어넣어 줍니다. 마찬가지로, 여러분이 기도할 수 없을 때, 여러분의 그런 심정을 묵묵히 나타내 보이는 것이 가장 좋은 기도 중의 하나라고 나는 믿습니다. 우리가 하나님 앞에 앉아 필사적으로 우리의 영적인 궁핍과 필요를 드러내 보일 때, 우리에게 복이 임합니다.

나는 이 문제에 대해서 더 길게 설명하지 않고, 단지 다윗의 기도의 성격이 무엇이었는지를 여러분에게 보이고자 합니다. 다윗이 기도할 때에 간절히 원했던 것이 두 가지 있습니다. 그는 이 두 가지 큰 것을 전심으로 구합니다. 첫 번째는 하나님과의 인격적인 대화를 원했습니다. 그래서 그는 6절에서 "여호와여 나의 기도에 귀를 기울이시고 내가 간구하는 소리를 들으소서"라고 기도합니다. 그리고 두 번째로 그는 하나님으로부터의 응답을 받고자 했습니다. 어떤 실제적인 결과가 없이 그냥 기도를 드리는 것으로 만족할 수는 없었습니다. 그래서 7절에서 그는 "나의 환난 날에 내가 주께 부르짖으리니 주께서 내게 응답하시리이다"라고 기도합니다.

1. 첫째로, 다윗이 가장 먼저 구한 것은 하나님과의 인격적인 대화였습니다.

내 생각에 이것은 회심 이전의 기도와 회심 이후의 기도의 차이입니다. 나는 모태 신앙을 지닌 사람들에게서 이런 모습을 자주 봅니다. 다음은 모태 신앙을 지닌 사람과 내가 나누는 대화입니다: "당신은 늘 기도해 왔지요, 그렇죠?" "예, 목사님, 나는 기도하기 전에는 잠자리에 들 수가 없었습니다." "그런 기도와 지금 당신이 드리는 기도는 서로 차이가 있나요?" 이 질문에 대하여 모태 신앙을 지닌 사람들은 통상적으로 이렇게 대답합니다: "목사님, 나는 전에 내가 했던 기도를 지금은 기도라고 부르지 않습니다. 전에 나는 가르침 받은 대로 좋은 말들을 입 밖으로 표현하긴 했지만 누군가에게 말한 것은 아니었습니다. 그러나 지금 나는 하나님께 아뢰고 있고, 내가 아뢰는 것을 하나님이 들으신다는 느낌을 받으며, 하나님이 내 방에 나와 함께 계신다고 느낍니다." 이것은 그리스도께서 실제로 임재해 계시는 것을 깨닫는 것이고, 기도에 실체를 부여해 주는 하나님의 임재를 인식하는 것입니다. 어떤 형태의 기도문을 읽는 것 속에서 무슨 유익이

나 복이 있을 수 있겠습니까? 일련의 문장들 속에 그 어떤 힘이 있을 수 있겠습니까? 여러분이 하나님께 아뢰고 있는 것이 아니라면, 여러분은 도대체 무엇을 하고 있는 것입니까? 여러분이 하나님께 아뢰고 있는 것이 아니라면, 어떤 기도문을 앞에서부터 읽든 뒤에서부터 읽든 그것이 무슨 상관이 있겠습니까? 어떤 사람들은 성인이 되어서도, 어머니가 가르쳐주신 기도문으로 계속해서 기도하면서, 돌아가신 지 20년도 넘은 아버지와 어머니에게 하나님께서 복 주시기를 구한다는 말을 들었습니다. 온갖 어처구니없는 일들이 일어나는 까닭은 특정 형태의 기도문을 아무 생각도 없이 오랜 세월 동안 계속해서 반복해서 읊조려왔기 때문임을 나는 의심치 않습니다. 여러분이 기도문을 가지고서 기도하는 것이 좋게 느껴진다면, 나는 그렇게 하시라고 말씀드리고자 합니다. 왜냐하면, 나는 일정한 형태의 기도문을 사용하는 것을 반대하는 것이 아니기 때문입니다. 내가 말하고자 하는 요지는 여러분은 하나님께 아뢰어야 하고, 눈에 보이지 않으시는 분과 인격적인 대화를 하여야 한다는 것입니다. 그렇지 않으면, 여러분이 즉석에서 기도하든, 기도문을 암기해서 반복적으로 기도하든, 여러분의 기도는 아무 것도 아니게 됩니다.

다윗이 이렇게 하나님과의 인격적인 대화를 하기를 원하여 기도를 통해서 하나님을 꼭 붙들고자 한 것은 결코 주제넘고 뻔뻔한 일이 아니었다는 것을 유의하십시오. 다윗은 하나님께서 그와 그런 교제를 하시려면 자신을 한없이 낮추셔야 한다는 것을 알고 있었습니다. 우리는 이 시편에서 그것을 알 수 있습니다. 여러분 앞에 이 시편이 펼쳐져 있다면, 1절을 한 번 보시기 바랍니다: "여호와여 주의 귀를 기울여 내게 응답하소서." 이것은 이렇게 말한 것이나 다름없습니다: "하나님은 너무나 높이 계셔서, 자신의 몸을 굽혀 지극히 낮추시지 않으시면 나와 대화할 수 없는 것을 내가 아나이다. 그러나 여호와여, 그렇게 몸을 굽혀 귀를 기울여 주소서. 천사의 날개로도 닿을 수 없는 저 높은 곳에 있는 하나님의 보좌에서 몸을 굽히셔서 이 가난하고 궁핍한 자의 말에 귀를 기울여 주소서." 이것은 우리가 참된 기도를 하기 위해서는 반드시 지녀야 할 태도입니다. 우리의 기도는 온전하게 된 자들의 교향악, 그룹과 스랍 천사들의 할렐루야 찬송을 들으시는 저 지존자의 귀에 상달되어야 합니다. 보잘것없고 무가치한 우리가 능력의 말씀으로 별들을 만드시고 만물을 붙들고 계시는 분께 아뢸 수 있다는 것 자체가 너무나 놀랍고 기이하지 않습니까? 그렇지만 기도의 핵심은 연약한 인간이 전능자와 대화하는 것, 아무것도 아닌 존재가 모든 것이 충족하신 이를 상대한다는 것입니다. 중보자이신 그리스도가 없었다면, 이런 일은 결코 가능할 수 없었을 것입니다. 그러나 중보자이신 그리스도로 말미암아 티끌 속에 사는 벌레 같은 인간이 무한하신 하나님과 놀랍고 기이한 교제를 갖는 것이 가능해졌습니다. 거룩하신 여호와께서는 죄인인 우리와 교제하기 위해서 기꺼이 자신을 지극히 낮추셨습니다. 그러므로 이 놀라운 교제를 누릴 수 있게 해주시라고 기도하십시오. 이 교제보다 더 좋은 것은 있을 수 없습니다.

　　이 시편을 더 읽어나가다 보면, 여러분은 다윗이 이 놀라운 특권을 얻기 위해서 자기에게는 그런 교제가 절실히 필요하다고 간구하는 것을 보게 될 것입니다. 다윗은 "나는 가난하고 궁핍하오니"라고 부르짖는데, 이것은 이렇게 기도한 것이나 다름없습니다: "여호와여, 그 어떤 것도 나의 필요를 충족시켜 줄 수 없사오니, 내게 오셔서, 나로 주와 인격적인 대화를 나눌 수 있게 해주소서. 나는 너무나 가난해서, 오직 주만이 나를 부요하게 해주실 수 있나이다. 또한, 나는 너무나 연약해서, 오직 주만이 나를 지탱해 주실 수 있나이다. 주께서는 나를 지으셨으니, 여호와여, 주의 손으로 직접 지으신 것을 버리지 마소서. 주의 자녀인 내가 궁핍할 때, 오직 주만이 그 모든 궁핍을 채워 주실 수 있나이다. 그러하오니, 나를 불쌍히 여겨 주소서!' 이것은 사실상 이렇게 간구한 것입니다:

　　"나의 사정이 너무나 절박하고 절실하오니
　　　주의 얼굴을 내게서 돌리지 마소서."

　　여러분이 궁핍하고 절실한 필요 가운데 있다는 것이 하나님께서 여러분의 간구를 들어주시지 않으면 안 되는 조건이라는 것이 너무나 고무적이지 않습니까? 여러분은 하나님을 향하여 "여호와여, 내가 꽤 괜찮은 자이니 나와 상대하여 교제하여 주소서"라고 말할 수 없습니다. 그러나 여러분은 "여호와여, 나는 아무것도 아닌 자이니, 나와 교제하여 주소서"라고 말할 수 있습니다. 여러분은 "여호와여, 나는 큰 일을 할 수 있는 자이니, 나를 도우소서"라고 말할 수 없습니다. 그러나 여러분은 "여호와여, 내가 아무것도 할 수 없사오니, 나를 도우소서"라고 말할 수 있습니다. 여러분이 궁핍하고 절실한 필요 가운데 있다는 것은 여러분이 하나님께 가장 잘 통할 수 있는 최고의 호소입니다. 여러분이 기도 중에서 하나님과 친밀하게 교제하고자 원할 때, 하나님께서 여러분에게 가까이 다가오시는 것은 하나님의 크신 겸비이십니다. 그러나 하나님께서는 여러분의 궁핍함이 그의 임재를 필요로 한다는 것을 아시기 때문에 여러분의 궁핍을 채워 주시기 위하여 자신을 지극히 낮추셔서 여러분 곁으로 오시는 것입니다. 여러분이 교만할 때에 하나님은 자신을 낮추셔서 여러분에게 오고자 하지 않으시지만, 여러분의 슬픔과 아픔에는 자신의 몸을 굽히셔서 기꺼이 귀 기울이고자 하십니다. 여러분이 자신의 공로를 내세우고자 하면, 하나님은 여러분에게 등을 돌리실 것입니다. 그러나 여러분이 자신의 궁핍함과 절실한 필요를 깨닫고서 하나님 앞에 나아와서 하나님의 주권적인 사랑으로 긍휼을 베풀어 주실 것을 호소하며 거지처럼 구걸하면, 하나님은 자신을 지극히 낮추셔서 여러분의 기도를 들으실 것입니다. 하나님이 여러분의 낮고 천한 모습을 긍휼히 여기시고 여러분의 슬픔과 괴로움을 불쌍히 여기신다는 것을 알았으니, 여러분은 이제 하나님께로 가까이 나아갈 용기가 나지 않습니까?

또한, 오늘의 시편을 계속해서 읽어가다 보면, 여러분은 다윗이 하나님과 교제하기 위하여 자신이 하나님에 대하여 성별되어 있다는 것을 근거로 제시하는 것을 발견하게 될 것입니다: "나는 경건하오니 내 영혼을 보존하소서." 나는 이 구절을 다윗이 하나님께 속해 있다는 것을 의미하는 것으로 이해합니다. 즉, 다윗은 자기가 하나님을 섬기는 일에 성별되어 있고 헌신되어 있다고 말하고 있는 것입니다. 제사장은 금 대접을 다루는 사람이 아닙니까? 제사장은 성소에 들어가는 사람이 아닙니까? 그러니 하나님께서 자신을 섬기라고 성별하신 자를 만나 주시는 것이 마땅하지 않습니까? 나의 사랑하는 형제자매들이여, 오늘 밤 여러분은 자신이 하나님을 위하여 살아가고 있다고 말할 수 있습니까? 여러분은 자신이 여러분 자신의 것이 아니라 값으로 사신 바 된 자라는 것을 인식하고 계십니까? 그렇다면, 여러분은 여호와 하나님께서 오셔서 여러분을 붙들어 주시고 여러분과 교제를 해주시라고 간구를 드릴 수 있는 근거가 있는 것입니다. 여러분은 하나님의 성소의 그릇들이고, 하나님을 섬기는 일에 사용되는 도구들입니다. 여러분은 하나님을 영화롭게 하는 일에 성별되어 있기 때문에, 하나님께서 여러분을 그의 손으로 만져주시고, 그의 일에 사용해 주시며, 여러분의 형편과 필요를 채워 주실 것을 기대할 수 있습니다.

또한, 다윗은 모든 근거를 다 사용하고자 하기 때문에 자기가 하나님을 의지하고 있다는 사실을 이 기도의 근거로 제시합니다: "내 주 하나님이여 주를 의지하는 종을 구원하소서." 이것은 매우 설득력 있는 호소입니다: "하나님이여, 내가 의지하는 것은 오직 주뿐이고, 내게 주를 의지하라고 명하신 분은 주이시니, 속히 내게 오셔서, 주께서 하신 말씀이 옳다는 것을 나타내 보이소서." "믿음이 없이는 하나님을 기쁘시게 하지 못하나니"(히 11:6). 하나님께서 우리에게 믿음을 주셨을 때, 우리는 우리가 하나님을 기쁘시게 하고 있다는 것을 확신할 수 있습니다. 그리고 우리가 에녹처럼 하나님을 기쁘시게 해드린다면, 우리는 하나님과 동행하게 될 것입니다. 여러분이 진정으로 하나님을 의지하고 신뢰하여 하나님을 꼭 붙들고서 기도한다면, 하나님이 여러분에게 가까이 다가오실 것을 기대할 수 있습니다. 형제들이여, 여러분은 하나님을 의지하고 신뢰한다고 확신하고 있습니까? 여러분이 "예"라고 대답한다면, 나는 여러분이 상을 받게 될 것이고, 그 상은 아마도 하나님이 여러분에게 그를 더 의지하도록 가르치시는 것이 될 것이라고 말할 수 있습니다. 여러분이 더 큰 믿음을 갖게 되면, 지금까지보다 더 큰 환난들을 겪게 될 것입니다. 섬김의 상은 더 큰 섬김입니다. 하나님께서는 많은 전투에 나가서 많은 승리를 거둔 훌륭한 군사를, 하나님의 군대를 필요로 하는 전쟁들에 더 많이 내보내실 것입니다. 여러분이 이미 하나님을 의지하고 있다면, 하나님께서는 여러분이 그를 계속해서 영화롭게 하여 더 큰 믿음에 이를 수 있도록 하시기 위하여 여러분의 믿음을 한층 더 연단하실 것입니다. 여러분은 믿음이 주로, 하나님이 계신다는 것과 하나님이 가까이 계신다는 것을 깨닫는 데에 있다는 것을 알지 못하십니까? 그것을 깨닫게 되면, 여러분은 무릎을 꿇고 기도할 때에 하나님과의 친밀한 교제를 기대할 수 있습니다. 여러 해 전에 나는 많은 일들과 관련해서 하나님을 의지했고, 하나님이 참되시다는 것을 발견했습니다. 그러나 최근에 나는 한 걸음 더 나아가서, 온갖 시련과 환난 속에서 오직 하나님만을 전적으로 의지해야 했습니다. 나는 말 그대로 온갖 잘못된 것에 맞서 홀로 싸우도록 부르심을 받았습니다. 그러면서 나는 기도를 통해서 나의 영으로 섬기는 하나님과 더 가까워지고 있다는 것을 분명하게 느꼈습니다. 여러분에게 다른 버팀목들이 있을 때에 하나님을 의지하는 것도 좋은 일이지만, 모든 버팀목이 다 무너졌을 때에 하나님만을 의지하는 것은 최고로 좋은 일입니다. 오직 하나님의 팔에만 매달리는 것은 영광스러운 의지(依支)입니다. 일단 오직 하나님만을 의지해 본 사람은 또다시 사람을 의지하는 것으로 되돌아가는 것을 생각할 수 없게 됩니다. 그는 이렇게 말합니다: "나는 그렇게 할 수 없어. 전에는 내게 사람이 있는 가운데 하나님을 의지했지만, 사람은 나를 실망시키고 나를 떠나갔지. 그래서 지금은 나를 버린 사람이 다시 내게 돌아온다고 할지라도, 나는 오직 하나님만을 의지할 거야." 하나님만을 의지할 때, 사람은 영광스러운 독립을 이룰 수 있습니다. "무릇 사람을 믿으며 육신으로 그의 힘을 삼고 마음이 여호와에게서 떠난 그 사람은 저주를 받을 것이라"(렘 17:5)는 말씀은 참입니다. 그러나 "무릇 여호와를 의지하며 여호와를 의뢰하는 그 사람은 복을 받을 것이라"(렘 17:7)는 말씀은 갑절로 참입니다. 그런 사람이 받을 "복" 중의 하나는 그가 기도를 통해서 하나님께로 나아갈 때마다 하나님과 친밀한 교제를 누릴 수 있게 된다는 것입니다.

또한, 동일선상에서 다윗이 자신은 하나님의 종이기 때문에 하나님이 자신과 함께 하여야 한다고 호소하고 있는 것을 주목하십시오. 그는 본문에서 "종을 구원하소서"라고 말합니다. 종은 주인의 뜻이 무엇인지를 묻고 행해야 하기 때문에, 그가 주인을 뵙기를 요청하는 것은 합당한 일입니다. 종이 주인의 일을 하려면, "내가 주인이 명하신 일을 하는 데에 필요한 것들과 애로사항들을 말씀드리기를 원합니다"라고 말하며 주인을 뵙기를 청해야 합니다. 여러분은 종의 이러한 요청이 지극히 합당하다는 것을 느끼실 것입니다. 마찬가지로, 여러분이 정직하게 자신을 살펴보았을 때에 자신이 주의 일에 힘쓰고 있다는 것을 느낄 수 있다면, 기도를 통해서 주께 가까이 나아가고자 했을 때에 여러분을 보내신 주께서 그의 종인 여러분에게 말씀하시고 여러분과 교제하실 것을 기대하는 것은 지극히 합당합니다.

다윗은 하나님께서 이제 자기를 만나 주셔야 할 또 하나의 이유를 제시하는데, 그것은 자기가 늘 기도해 왔다는 것입니다: "내가 종일 주께 부르짖나이다"(3절). 나의 사랑하는 형제들이여, 여러분이 전에는 기도한 적이 없다고 할지라도 오늘 밤에 기도한다면, 하나님은 여러분의 기도를 들어주실 것입니다. 나는 그럴 것이라고 확신합니다. 그러나 여러분이 오랫동안 기도해 왔다면, 은혜의 아버지 하나님께서 여러분의 기도를 들어주기를 중단하시는 것은 가능하지 않습니다. 늘 기도하는 것은 얼마나 즐겁고 기쁜 일입니까! 기도의 습관은 매력적이지만, 기도의 영은 하늘에 속한 것입니다. "종일" 기도하십시오. 그것이 가능합니까? 하루의 모든 일들이 기도로 활활 타오르게 되었을 때, 우리는 "종일" 기도

하는 것이 가능하다는 것을 깨닫게 됩니다. 하나님께서 우리 모두가 그렇게 될 수 있게 해주시기를 빕니다. 그렇게 되었을 때에 우리는 하나님께서 우리와 교제해 주시기를 바랄 필요가 거의 없습니다. 왜냐하면, 우리는 이미 종일 하나님의 임재와 하나님과의 교제를 누리고 있을 것이기 때문입니다. 기도가 안개처럼 우리를 둘러싸고 있을 때, 우리는 복 있는 자입니다. 그럴 때에 우리는 하나님의 임재 안에서 살아가게 됩니다. 우리는 끊임없이 하나님과 대화하며 살아갑니다. 우리의 삶이 그런 삶이 되기를 빕니다. 우리가 하나님과의 거룩한 교제의 산꼭대기에 올라서, 거기에서 결코 내려오지 않게 되기를 빕니다.

또한, 다윗은 자기가 원한 대로 하나님께 가까이 다가갈 수 없었을 때에는 그렇게 하기 위하여 애를 썼다고 하나님께 말합니다. "주여 내 영혼이 주를 우러러보오니 주여 내 영혼을 기쁘게 하소서"라는 표현이 바로 그런 의미가 아니겠습니까? 그것은 이렇게 말한 것이나 다름없습니다: "여호와여, 내가 거룩한 교제의 산을 오를 수 없을 때에는 그렇게 하기 위해 애를 쓰나이다. 내가 주의 임재 속으로 들어갈 수 없을 때에는 그렇게 될 때까지 탄식하며 애를 쓰나이다." 우리는 하나님을 즐거워하고 기뻐하든지, 아니면 하나님을 만나기 위해 탄식하며 애를 쓰든지 해야 합니다. 하나님의 임재를 통해 여러분을 행복하게 만들어 주지 않으시려면 비참하게 만들어 주시라고 하나님께 구하십시오. 하나님의 사랑이 환히 비쳐서 여러분의 심령에 천국이 이루어지지 않았다면, 하나님의 부재가 여러분의 영혼에 지옥 그 자체로 느껴져서 울며 애곡하게 되기를 빕니다. 나는 흔히 이렇게 기도합니다:

> "나의 심령을 즐거워하거나 아프게 하시고,
> 나의 모든 의심을 풀어 주소서.
> 주여, 내 심령이 상하지 않았다면, 상하게 해주시고
> 내 심령이 상하였다면, 고쳐 주소서.

우리는 하나님과 교제하든지, 아니면 그렇게 될 때까지 탄식하고 부르짖든지 둘 중의 하나를 원합니다. 우리에게 의가 채워지지 않았다면, 우리는 "의에 주리고 목말라" 하여야 합니다(마 5:6). 하나님과의 교제가 없는데도 만족한다면, 그것은 정말 끔찍한 상태에 있는 것입니다.

사람이 하나님을 만나려고 매일 부르짖고 내적으로 애쓰고 힘쓴다면, 분명히 그 사람은 기도 가운데 하나님과의 달콤한 교제를 갖게 될 것을 기대해도 좋습니다. 그러나 나는 다시 한 번 묻고 싶습니다. 만유를 지으신 크신 조물주에 대하여 그 어떤 주장도 할 수 없는 하찮은 존재들인 여러분과 내가 그분의 궁정으로 나아가는 것이 허락되어 있다는 것 자체가 너무나 기이해 보이지 않습니까? 우리가 그리스도 예수를 힘입어서 하나님께로 나아가서, 마치 사람이 자기 친구와 얘기하듯이 하나님과 대화할 수 있다는 것이 너무나 놀랍지 않습니까? 아브라함이 하나님 앞에 서서, 마치 사람이 사람과 변론하듯이 하나님과 변론한 것이 하나님의 택함 받은 권속 중에서 특별히 은총을 받았기 때문이라고 생각하지 마십시오. 물론, 그것은 말로 다 할 수 없는 엄청난 은총이었다는 것은 틀림없습니다. 그러나 성도들은 누구나 다 그런 특권을 부여받고 있습니다. 하나님의 모든 백성에게는 하나님이 그들을 아주 가까이 부르셔서 대화하시고 함께 있게 하시는 때, 하나님의 임재가 그들에게 공기처럼 실제적인 것이 되어서 그들이 마치 아버지나 부인, 자녀나 친구가 함께 있는 것처럼 기뻐하고 즐거워할 때가 주어집니다.

또한, 다윗은 자기가 아주 큰 특권을 요청하고 있다는 것을 의식해서, 모든 근거 중에서 최고의 근거, 즉 하나님이 지극히 선하시다는 사실을 결코 빼먹지 않았습니다. 5절을 읽겠습니다: "주는 선하사." 이것은 이렇게 말한 것이나 다름없습니다: 만일 하나님이 선하지 않으시다면, 나의 기도를 결코 듣지 않으실 것입니다. 나는 사람이 상대해 주지 않고 발로 짓이겨 죽이고자 할 고약한 냄새를 풍기는 곤충입니다. 그렇지만 나의 하나님, 주는 지극히 선하셔서, 나를 짓밟으시는 것이 아니라 나를 잡아 일으키셔서 나와 대화해 주십니다. 천사가 개미와 대화해 줄 것이라고 누가 생각이나 하겠습니까? 그런데 그것보다 더한 일이 실제로 일어나고 있는데, 그것은 여호와 하나님께서 벌레만도 못한 피조물인 사람과 대화해 주신다는 것입니다. "여호와의 친밀하심이 그를 경외하는 자들에게 있음이여 그의 언약을 그들에게 보이시리로다"(시 25:14). 하나님께서는 한 무가치한 피조물이 자신의 마음을 그에게 쏟아놓게 하시고서는, 마치 천국에는 자신이 경청할 목소리가 없다는 듯이 귀를 기울이셔서 진지하게 들어주십니다. 하나님은 무가치한 자의 가냘픈 부르짖음을 온 마음을 다하여 들어주십니다. 만일 "주는 선하사"라는 말씀이 참이 아니었다면, 그러한 놀라운 일은 결코 일어날 수 없었을 것입니다.

게다가, 우리 안에는 죄가 있습니다. 나는 크신 하나님께서 우리가 보잘것 없고 하찮은 존재라는 것을 잊으시고 우리의 말에 귀를 기울여 주시는 것까지는 이해가 갑니다. 그러나 거룩하신 하나님이 우리의 죄악 됨을 개의치 않으신다는 것은 한층 더 놀랍고 기이한 일입니다. 본문은 "주는 사죄하기를 즐거워하시며"(5절)라고 말씀합니다. 우리 자신이 어떤 존재인지를 생각하면, 그런 우리가 하나님과 교제하는 것이 허락되어 있다는 것은 정말 놀라 까무러칠 수밖에 없는 일입니다. 이 자리에도 전에 하나님을 그렇게 욕했던 사람이 있습니다. 그런데 지금 하나님은 그 사람의 기도를 들어주십니다. 이 자리에는 전에 안식일을 범한 사람, 하나님의 말씀을 무시했던 사람, 온갖 거룩하고 정결한 것들을 멸시했던 사람이 앉아 있지만, 지금은 그런 사람들이 지존자께로 나아가서 친밀한 교제를 나누는 것이 허락되어 있습니다. 이것은 너무나 놀랍고 기이하지 않습니까?

그리스도의 발을 씻긴 사람이 딱 한 사람 있었는데, 그는 "죄인"이었던 여자였다는 것을 기억하십시오. 우리 하나님께서는 세상에서 가장 큰 죄인들인 사람들을 택하셔서 자기와 가장 친밀한 교제를 나누게 하십니다. 하나님께서는 전에는 다른 사람들을 유혹했던, 이 자리에 있는 어떤 자매를 일으키셔서, 지금은 다른 사람들의 구원을 위하여 중보기도 하는 능력 있는 기도자로 삼으셨을 수도 있습니다. 하나님께서는 전에는 정말 말하기조차 부끄러운 일들을 자행하였던 이 자리에 있는 어떤 형제를 일으키셔서, 지금은 엘리야처럼 하늘 문을 열고 닫을 수 있는 권능 있는 기도자로 삼으셨을 수도 있습니다. 전능자께서 베푸시는 은혜는 얼마나 기이합니까! 하나님의 이름이 영원토록 높임을 받으시기를 바라나이다.

이상으로 우리는 첫 번째 대지, 즉 기도를 통해서 하나님과 대화하는 것이 우리에게는 절대적으로 필요하다는 것에 대해서 자세하게 살펴보았습니다. 나는 이 첫 번째 대지를 마치기 전에 이 자리에 있는 분들에게 한 가지 질문을 하고자 합니다. 나의 사랑하는 자들이여, 여러분은 모두 하나님과 대화하는 그런 기도를 하고 있습니까? 그렇지 않다면, 그것이 무엇을 의미하는지를 알고 있습니까? 여러분이 단지 좋은 말들을 아무런 의미도 없이 반복하고 있는 것이라면, 그런 기도가 무슨 소용이 있겠습니까? 그런 기도는 여러분이 산에 올라가서 무릎을 꿇고 달에게 말하고 주기도문을 한 번 후딱 암송하고서는 자기가 기도했다고 생각하는 것이나 마찬가지입니다. 아니, 차라리 그렇게 하는 편이 더 나을 수 있습니다. 왜냐하면, 아무런 생각이나 마음, 또는 믿음도 없이 거룩한 말들을 입 밖으로 내어 그 한 마디 한 마디 말로 하나님을 모독하는 것보다는 차라리 산에 올라가서 달을 보고 좋은 말들을 암송하는 것이 하나님을 모독하는 것이 되지 않을 것이기 때문입니다. 여러분의 자녀가 매일 아침에 여러분에게 와서는 아무런 마음도 없이 무표정하게 일정한 인사말을 하고 간다면 여러분이 그것을 과연 좋아할지를 생각해 보십시오. 아마도 여러분은 "얘야, 그런 말은 내가 귀가 따갑게 들었으니, 이제는 내게 와서 마음에도 없는 인사를 하지 말아라"고 말할 것입니다. 여러분은 마음에도 없이 입으로만 반복하는 말들에 신경을 쓰고 싶지 않을 것입니다. 그러나 여러분의 자녀가 "아빠, 내게 이런 것이 필요한데 그것을 주세요"라고 말한다면, 여러분은 그 아이의 말에 귀를 기울일 것입니다. 여러분은 이 세상의 것들을 충분히 갖고 있지 않아서, 자녀들이 무리한 요구를 하지는 않을까 많이 걱정할 수도 있습니다. 그러나 여러분이 충분히 부자라면, 이렇게 말할 것입니다: "얘야, 알았다. 뭐 더 필요한 것은 없니? 있으면 말해라. 네게 필요한 것이라면 무엇이든지 다 기쁜 마음으로 다 해줄게." 여러분은 자녀의 요청이 진심에서 나온 것이기를 바랄 것이고, 실제로 그런 것이라면 기쁘게 그 청을 들어주고자 할 것입니다. 여러분의 기도가 진심에서 나온 것이 아니라면, 그 기도는 하나님의 마음에 와 닿지 않을 것입니다. 여러분이 기도를 통해서 하나님께 가까이 나아가 하나님과 대화하는 것이 아니라면, 그것은 단지 시간을 낭비하는 것일 뿐입니다. 그런 기도는 차라리 하지 않는 편이 낫습니다. 왜냐하면, 여러분은 자기가 기도했다고 착각을 하고서는 양심을 속이고 자기만족에 빠짐으로써 여러분 자신에게 심각한 해악을 끼치게 될 것이기 때문입니다. 하나님께서 여러분을 그렇게 어리석게 행하는 것에서 건져 주시기를 빕니다.

2. 둘째로, 다윗은 하나님으로부터의 인격적인 응답을 원하였습니다.

이제 나는 두 번째 대지로 넘어가고자 하는데, 하나님께서 내게 힘을 주셔서 이 주제에 대해 잘 전하게 하시고, 여러분에게 은혜를 주셔서 잘 들을 수 있게 해주시기를 기도합니다. 내가 두 번째로 전할 것은 다윗은 기도를 통해서 하나님이 인격적인 응답을 해주시기를 원하였다는 것입니다. 시간은 많이 남아 있지 않지만, 나는 최선을 다해서 이것을 여러분에게 전하고자 합니다. 우리는 기도할 때에 하나님께서 우리의 기도를 들어주실 것을 기대합니다. 따라서 다윗은 "나의 환난 날에 내가 주께 부르짖으리니 주께서 내게 응답하시리이다"라고 말합니다.

나는 모든 그리스도인들에게 그렇게 말씀드릴 수는 없습니다. 그러나 나는 내 자신을 비롯해서 많은 믿음의 형제들에게 우리는 하나님이 우리의 기도를 들으시기를 기대해야 한다고 담대하게 말씀드릴 수 있습니다. 아니, 우리는 하나님이 우리의 기도를 들으시리라는 것을 확신합니다. 우리가 하나님이 우리의 기도를 들으신 일들에 대하여 얘기하면, 다른 그리스도인들은 "정말 너무 놀랍군요(extraordinary)"라고 말합니다. 그러면 우리는 그들을 보고, "놀랍다니요?"라고 반문합니다. 하나님께서 자신의 약속에 충실하신 것이 정말 그렇게 이례적일 정도로 뜻밖의 "놀라운" 일입니까? 나는 한 믿음 좋은 나이 드신 숙녀 분이 한 말을 좋아합니다. 그녀의 기도가 응답을 받자, 누가 그녀에게 "놀랍지 않나요?"라고 물었고, 그녀는 이렇게 대답했답니다: "아니요, 하나님께서 하나님다우신 일을 하신 것이기 때문에 놀랍지 않습니다." 어떤 친구가 여러분에게 요청하기만 하면, 어떤 것을 주겠다고 약속을 했고, 그래서 여러분이 실제로 요청해서 그 친구가 자신의 약속을 지켰다면, 그럴 때에도 여러분은 "그가 그렇게 한 것이 정말 놀라워"라고 말하겠습니까? 결코 그렇지 않을 것입니다. 왜냐하면, 여러분은 그 친구가 한 약속을 믿었고, 그 친구는 자신의 약속을 지킨 것일 뿐이기 때문입니다. 하나님의 자녀들이여, 이런 관계 속에서 하나님과 상대하십시오. 사실 정말 놀라운 것은 하나님께서 우리와 약속을 하셨다는 사실 그 자체입니다. 하지만 하나님께서 이미 하신 약속을 실제로 지키셨다는 것은 그리 놀라운 일이 아닙니다. 왜냐하면, 하나님은 여러분이 구하기를 기대하시고, 자신이 약속하신 것을 여러분에게 주시려고 기다리고 계시기 때문입니다.

약속은 수표와 같습니다. 내게 수표가 있다면, 나는 수표를 어떻게 합니까? 내 호주머니에 수표를 넣고 다니면서, 내가 "이 종잇조각을 어떻게 사용할 줄을 모르니 나는 이것으로 아무것도 살 수 없어"라고 말했다고 합시다. 그러면, 어떤 사람이 "당신은 왜 그 수표를 들고 은행에 가서 현금으로 바꾸지 않나요?"라고 말했을 것입니다. "나는 그런 생각은 해보지 않았는데요." "당신이 생각을 했든 안 했든, 그 수표를 은행에 들고 가면 현금으로 바꿔 줍니다. 수표 뒤에 당신의 이름을 적었나요?" "아니요, 나는 그렇게 하지 않았습니다." "당신은 수표를 당신에게 준 사람을 탓하고 계시는 것인가요? 모든 잘못은 당신에게 있어요. 수표 뒤에 당신의 이름을 적어서 은행에 들고 가면, 당신은 그 사람이 약속한 것을 얻게 될 것입니다." 기도는 하나님의 약속 어음이기 때문에, 여러분은 거기에 자신의 믿음을 배서해서 하나님께 제시하기만 하면 됩니다. 나는 사람들이 한 시간 동안 꼬박 기도하는 것을 봅니다. 나는 그들이 그렇게 기도할 수 있다는 것이 무척 기쁩니다. 그러나 나는 거의 그렇게 오랫동안 기도하지 않고, 그럴 필요도 느끼지 못합니다. 오랜 시간을 들여 기도하는 것은 사람이 수표를 바꾸러 은행에 가서 오랜 시간 머무는 것과 같습니다. 그렇게 하면, 은행 직원들이 이상하게 생각할 것입니다. 사람들은 은행 창구로 바로 가서 수표를 제시하고 현금을 받은 후에 은행에서 나와서 자기 볼 일을 보는 것이 보통입니다. 기도도 마찬가지입니다. 여러분은 하나님을 믿고, 하나님이 약속하신 것을 주시라고 아뢴 후에 복을 얻어서, 하나님의 일을 하러 가면 됩니다. 기도를 하면서 많은 말을 하는 것은 단지 자신의 불신앙을 변명하는 것인 경우가 종종 있습니다. 성경에 나오는 기도들은 거의 전부가 짧은 것들입니다. 그 기도들은 짧고 강력합니다. 물론, 특별히 어려운 일이 생겼을 때에는 예외인데, 그럴 때에는 야곱처럼 밤새 부르짖어야 합니다.

> "나는 밤을 새워 하나님께 매어달리며
> 날이 샐 때까지 하나님과 씨름하리라."

하지만 일반적으로는, 믿음으로 기도를 드리고, 응답을 받아서, 기뻐하며 자기 길을 가는 것이 보통입니다.

우리는 환난 가운데에 있을 때에는 하나님께서 우리의 기도에 한층 더 확실하게 응답해 주시기를 기대합니다. 다윗이 그랬습니다: "나의 환난 날에 내가 주께 부르짖으리니 주께서 내게 응답하시리이다." 하나님께서는 우리로 기도하게 하시기 위하여 환난을 보내십니다. 우리가 기도할 때, 그 기도 자체가 우리의 환난에 대한 위로가 됩니다. 그리고 기도가 응답되었을 때, 우리는 환난에서 건짐을 받습니다. 여러분이 기도한다면, 대체로 환난에서 속히 벗어나게 될 것입니다. "목사님, 나는 최선을 다해 왔습니다." 여러분의 최선이라는 것이 도대체 무엇입니까? 여러분이 스스로 최선을 다하는 것보다 더 나은 방법은 하나님을 믿고 기다리는 것입니다. 일반적으로 우리에게 닥친 시련은 우리가 믿고 의지하던 해로운 것들을 버리고서 하나님을 바라보라고 호통을 치는 소리로 받아들여져야 마땅합니다. 우리가 헛되고 허망한 것을 믿고 의지하는 것은 미친 사람이 면도칼을 손에 쥐고 있는 것과 같아서, 놓지 않으려고 더 꼭 쥘수록 더 많은 해를 입게 됩니다. 자기를 의지하는 것은 우리를 죽음으로 내모는 것이기 때문에 자기를 의지하는 것을 버리고 하나님을 의지하고 바라보십시오. 그러면 구원이 여러분에게 속히 임할 것입니다. 여러분이 다른 때에는 응답을 받지 못했다고 할지라도, 하나님을 의지하기만 한다면 환난 날에는 반드시 응답을 받게 될 것입니다.

하나님께서 우리에게 응답하실 것이라고 우리가 기대하는 데에는 지극히 합당한 근거들이 있습니다. 몇몇 자연스러운 근거들이 존재합니다. 나는 마음속으로 이런 질문을 해보았습니다: '내가 왜 기도하는 거지? 하나님이 내 기도를 들으실 것이라고 믿을 만한 그 어떤 근거가 있는 것인가?' 그러자 이런 생각이 떠올랐습니다: '하나님께서 기도에 응답하실 것이라고 믿는 것이 자연스러운 것이로구나. 그렇지 않다면, 하나님께서 우리에게 기도하라고 명하실 이유가 어디 있겠는가?' 성경은 기도들로 가득합니다. 기도는 새 언약만이 아니라 옛 언약에서도 제정된 규례입니다. 그런데도 하나님이 우리의 기도를 듣지 않으실 것이라고 우리가 생각한다면, 그것은 어처구니없는 일일 것입니다.

어떤 사람들은 "하나님이 기도에 응답해 주시지 않는다고 하여도, 기도하는 것은 그 자체로 사람에게 좋은 것이 아닌가"라고 말합니다. 어떤 사람이 백치라면, 하나님이 기도에 응답해 주시지 않는다는 것을 알고도 기도하는 것이 유익하다고 생각할 수도 있을 것입니다. 그러나 나는 백치가 아니기 때문에, 하나님으로부터의 응답을 기대할 수 없는데도 쓸데없이 기도하는 짓은 하지 않을 것입니다. 나의 기도가 응답받지 못한다는 것을 알면서도 내가 기도하고 있다면, 나는 머지않아 정신병동에 들어가서 독방에서 산을 향하여 휘파람을 불고 있을 것입니다. 만일 기도에 응답하시는 하나님이 계시지 않는다면, 나는 기도하지 않을 것이고, 나만이 아니라 이성을 지닌 존재는 그 누구라도 기도하려고 하지 않을 것입니다. 여러분이 하나님께서 기도를 듣지 않으신다는 것을 증명했다면, 그것은 기도가 어리석은 짓이라는 것을 증명한 것입니다. 그리고 기도가 어리석은 짓이라면, 누가 기도를 하려고 하겠습니까? 하나님께서 우리에게 기도하라고 권하신 것이 아닙니까? 하나님께서 우리에게 기도하라고 명하신 것이 아닙니까? 성경 속에는 "항상 기도하고 낙심하지 말아야"(눅 18:1) 한다거나 "쉬지 말고 기도하라"(살전 5:17)는 것과 같은 권면이 많이 있지 않습니까? 그러므로 하나님께서 기도를 들으시고 응답하시는 것은 틀림없는 사실일 수밖에 없습니다. 여러분이 여러 가난한 사람들에게 "내일 아침에 내 집 대문 앞으로 오시면, 내가 여러분의 어려움을 덜어주겠소"라고 말했다면, 그때에 그들의 어려움을 덜어줄 의도가 분명히 여러분에게 있지 않았겠습니까? 여러분이 그럴 의도도 없이 계속해서 "내 집으로 오세요. 여러분이 배고프실 때마다 내 식탁으로 오세요. 여러분에게 옷이 필요할 때마다 내 집 문을 두드려서 요청하십시오"라고 말하면서, 속으로는 '나는 여러분에게 그 어떤 것도 줄 의도가 없다. 하지만 여러분은 원한다면 언제든지 내 집 문 앞으로 와서 초인종을 눌러라. 나는 초인종 소리에는 전혀 신경 쓰지 않겠지만, 그것은 여러분에게 좋은 훈련이 될 것'이라고 생각하는 마귀적인 짓을 할 것이라고는 나는 상상조차 할 수 없습니다. 그런데도 만일 여러분이 실제로 그렇게 한다면, 그것은 가난하고 절박한 사람들을 이루 말할 수 없이 우롱하고 욕보이는 충격적인 일이 될 것입니다. 하나님께서는 우리에게 결코 그런 식으로 행하실 수 없으신 분입니다. 하나님께서 기도의 규례를 제정하셨다는 사실 그 자체가 우리에게는 하나님이 우리의 기도를 들으시고 응답하실 것이라는 보증이 됩니다.

또한, 기도는 성도들 가운데서 보편적으로 행해져 왔다는 것을 주목하십시오. 성도들은 저마다 기질도 다르고 자라난 환경도 달랐지만, 그들은 모두 기도했습니다. 그들 중 어떤 이들은 헤만이나 아삽처럼 찬송의 대가들이었고 기도로 살았습니다. 또 어떤 이들은 찬송할 수는 없었지만 기도하였습니다. 오늘날 우리는 온갖 종류의 다양한 가르침들을 베푸는 각양각색의 그리스도인들을 만날 수 있지만, 그들도 모두 기도합니다. 그리고 가장 흥미로운 것은 그들이 모두 똑같이 기도한다는 것입니다. 그들이 기도할 때, 여러분은 차이점을 거의 찾아낼 수 없습니다:

"기도하는 성도들은 하나처럼 보인다네,
　　말과 행위와 마음에서 모두."

어떤 사람이 하나님의 은혜를 부정하는 가르침을 전할 수 있습니다. 그러나 그런 사람도 무릎을 꿇고 하나님께 기도할 때에는 존 칼빈(John Calvin)처럼 진심으로 하나님의 은혜를 구하는 기도를 합니다. 우리는 시은좌(the Mercy Seat), 곧 은혜의 자리에서는 하나입니다. 우리가 어떤 교리를 신봉하든, 성령의 능력으로 살아 계신 하나님께 간구할 때에는 우리는 모두 하나가 됩니다. 우리는 이것을 어떻게 보아야 합니까? 모든 세대에 걸쳐서 성도들이 기도해 왔다면, 그들은 모두 어리석은 바보들이었단 말인가요? 그들은 모두 철저하게 쓸데없고 터무니없는 짓을 했단 말인가요? 그런 말을 믿지 마십시오!

경건하고 거룩한 사람일수록 더 많이 기도한다는 것을 다시 한 번 유념하십시오. 기도를 너무 많이 해서 어떤 사람이 다시 죄에 빠졌다거나 술주정뱅이가 되었다는 얘기를 여러분은 한 번이라도 들어보셨습니까? 여러분은 어떤 사람이 기도를 너무 많이 해서 자기 아내에게 무정하게 대하게 되거나, 가난한 자들에게 인색하게 되거나, 공예배에 소홀하게 되거나, 중대한 죄를 범하게 되었다는 말을 들어본 적이 있습니까? 도리어 여러분은 정반대의 말을 들었을 것입니다. 사람이 하나님을 더 많이 사랑하고 그리스도를 더 많이 닮게 될수록, 그 사람은 기도 속에서 더 큰 기쁨을 느낍니다. 가장 선한 사람들이 성령의 인도하심 아래에서 행해온 것이 쓸데없고 무익한 행위일 수는 없습니다. 오류의 가능성이 티끌만큼이라도 있다면, 우리는 가장 선하신 분과 함께 오류를 범하는 것입니다. 왜냐하면, 주 예수께서 산속의 한적한 곳으로 가서서 밤이 맞도록 기도하시고 자신의 옷자락에 새벽이슬을 묻히시고 나오시는 것이 보이기 때문입니다. 그리스도께서는 밤새워 괴로워하시며 기도를 드리셨습니다. 그리스도께서는 천국과의 은밀한 교제 속에서 아버지 하나님의 손으로부터 새로운 기름 부음을 받으시기 전에는 자신의 입을 열어 무리를 가르치지 않으셨습니다. 우리 주님과 그의 최고의 제자들은 기도를 많이 했습니다.

사랑하는 친구들이여, 이상은 자연스러운 근거들입니다. 여러분이 생각해 내고자 한다면, 그런 근거들은 훨씬 더 많을 것입니다.

이제 성경적인 근거를 살펴보겠습니다. 먼저, 만일 기도가 아무 소용이 없는 것이라면, 시은좌가 존재할 이유가 어디 있겠습니까? 은혜의 보좌가 영원한 제도로서 지금까지 계속해서 남아 있을 이유가 어디 있겠습니까? 기도가 응답받지 못한다면, 바울이 "우리는 은혜의 보좌 앞에 담대히 나아갈 것이니라"(히

4:16)고 말할 이유가 어디 있겠습니까? 그리스도께서 시은좌로 가는 길인 이유가 무엇인지를 내게 말해 보십시오. 만일 기도가 아무 소용이 없다면, 그리스도께서 친히 위대한 중보기도자이자 중보자이실 이유가 어디 있겠습니까? 우리가 기도할 때에 성령께서는 우리의 연약함을 도우십니다. 따라서 성령께서 우리의 기도를 도우신다면, 거기에 분명히 어떤 효력이 있을 것임에 틀림없습니다. 그것이 무엇이겠습니까? 성령께서 아무 소용도 없는 짓을 하도록 우리를 도우시겠습니까? 성령께서 우리를 도우서서 하나님의 귀에 절대로 들어갈 리 없는 기도를 하게 하시겠습니까? 철학자들에게 그렇게 말해 보십시오. 우리는 그렇게 쉽게 속아 넘어가는 자들이 아닙니다.

또한, 우리는 기도 응답을 받은 하나님의 수많은 백성들을 만났기 때문에 하나님이 기도를 들으시는 줄을 압니다. 게다가, 우리 자신이 바로 그런 사람들입니다. 지난날에 내가 쓴 일기장을 보면, 하나님이 내 기도에 응답해 주신 일들로 점철되어 있습니다. 내가 나이 지긋한 친구들과 얘기하면서 내가 곤경에 처했을 때에 하나님이 나의 기도를 들어주신 몇몇 예들을 말해주면, 흔히 그들은 "그런 것들을 다 기록해 놓았습니까?"라고 말합니다. "아니요, 다 기록해 놓았다고 결코 말할 수 없습니다." 그러면, 그들은 "그런 사실들이 묻혀 버리게 하지 말아 주세요"라고 말합니다. 내가 기도 응답을 받은 일들 중에서 다수는 보통 사람들의 믿음을 훨씬 뛰어넘는 그런 일들입니다. 이것은 사실이지만, 나는 다른 사람들이 내 얘기를 믿어 주기를 기대하지 않습니다. 윌리엄 헌팅턴(William Huntington)이 "믿음의 은행"이라는 책을 썼을 때, 어떤 사람들은 그 책을 "허튼 소리의 은행"이라고 불렀습니다. 나는 "믿음의 은행" 같은 책을 열두 권도 더 쓸 수가 있고, 거기에 나오는 모든 말은 정직한 사람이 하는 말처럼 확실할 것입니다. 그러나 내가 그런 책들을 출판해 낸다고 해도, 사람들은 "여러분이 아시듯이, 이 책들은 광신자가 지어낸 이야기일 뿐입니다"라고 말할 것입니다. 현대인들은 어떤 것을 믿기 싫으면 그것을 광적인 것으로 돌립니다. 만일 우리가 내일 증인석에 서게 된다면, 법정은 우리의 증언을 무시하지 못할 것입니다. 그러나 우리가 하나님께서 기도를 들으신다고 말하는 순간, 우리는 소설을 쓰고 있는 것이 되고, 우리의 증언은 받아들여지지 않을 것입니다. 그러나 형제자매들이여, 사람들이 우리의 증언을 받든 받지 않든, 우리는 참된 증언을 합니다. 나는 하나님이 믿는 자들의 기도를 들으신다는 것이 참되다는 최고의 증거는 나의 경험이라는 것을 엄숙하게 선언합니다. 기도를 들으시는 하나님이 계시는지 안 계시는지는 여러분 각자가 아실 것입니다. 하나님께서는 여러분의 간구에 응답하십니까? 형제들이여, 하나님이 기도를 들으신다는 것을 여러분은 확신합니다. 따라서 그런 질문을 받았을 때, 여러분은 머리를 끄덕이며, "여호와의 이름이 찬송을 받으실지니이다"(욥 1:21)라고 말할 수 있습니다. 나의 사랑하는 형제인 윌리엄 올니(William Olney)께서 지금 이 자리에 우리와 함께 앉아 있습니다. 우리는 그가 두 번이나 무덤의 문턱에서 돌아오도록 기도하지 않았습니까? 그는 하나님이 기도에 응답하신다는 산 증인으로 지금 이 자리에 있습니다. 이 성전에는 우리의 기도에 대한 응답이 아닌 돌이나 기둥이 단 하나도 없습니다. 우리 회중의 수가 적고 연약했던 시절에 우리는 이 큰 성전을 짓는 중대한 모험을 감행하였고, 돌 하나하나를 올리면서 기도하며 하나님을 찬양하고 영광을 돌렸습니다. 이 성전 아래에서 예배를 드리는 우리가 하나님께서 기도에 응답하신다는 것을 믿지 않는다면, 이 성전의 돌들이 소리쳐서 우리의 거짓됨을 알릴 것입니다.

"기도 응답을 받으려면 너무나 많은 어려움들이 있어요"라고 말하는 분들이 있습니다. 과연 그렇습니까? 나 자신은 그런 어려움들을 발견하지 못했지만, 어쨌든 인생을 살아갈수록 나는 더 많은 어려움들에 대하여 듣습니다. 먹는 것, 숨 쉬는 것, 잠자는 것과 관련해서 큰 어려움들이 있다는 것을 나도 압니다. 우리가 숨 쉬는 공기만 해도, 나는 그 공기가 무엇으로 가득 채워져 있는지를 알지 못합니다. 공기는 질병의 씨앗들로 가득 차 있어서, 우리가 그런 공기 속에서 살아 있다는 것 자체가 기적입니다. 그러나 우리는 살아 있습니다, 그렇지 않습니까? 그리고 우리는 먹을 것과 관련한 여러 어려움들에도 불구하고 오늘 밤에 저녁을 먹을 것입니다. 기도와 관련된 어려움들은 전적으로 철학적인 것들이고 결코 실제적인 것들이 아닙니다. 여러분이 철학자라면, 아마도 그런 어려움들을 생각하느라 여러분의 머리는 복잡하고 기진맥진할 수도 있습니다. 그러나 여러분이 단순하고 실제적인 사람이라면, 그냥 기도해서 복을 받으면 되는 것입니다.

"하나님께 드리는 기도가 능력이 있다는 것은 하나님이 변하실 수 있으시다는 것을 가정하는 것이 아닙니까?"라고 말하는 사람들도 있습니다. 우리가 어떤 것을 한다는 것은 그런 것을 가정하는 것이지만, 그것은 단지 가정일 뿐입니다. 심지어 여러분이 오늘 밤 집에 걸어서 돌아가는 것조차도 하나님의 작정하심과 관련해서 어려움을 야기시킬 수 있습니다. 그러나 그런 것은 결코 존재하지 않는 어려움입니다. 여러분이 그런 어려움이 실재한다고 생각했다면, 그런 어려움은 실제로는 허구일 뿐임을 곧 알게 될 것입니다. 여러분이 가정한 것을 다 버리고, 그저 하나님이 말씀하신 대로 한 번 해보셔서, 그 가정이 맞는지 맞지 않는지를 보십시오. 그 가정이 실제로 맞는 것을 여러분이 발견하셨다면, 다른 사람이 그러한 어려움들이 있다고 생각하는 것을 그대로 두십시오. 나는 고기를 먹지 않습니다. 그러나 내가 고기를 먹는다면, 나는 개들이 뼈다귀를 먹는 것을 보아도 언제나 아주 만족해할 것입니다. 나는 고기를 먹고 배부를 것이니까요. 기도하는 것과 관련해서 어떤 어려움들이 있다면, 그것은 개들에게나 해당되는 것입니다. 여기에서 개들은 철학자들을 가리킵니다. 그러나 우리 일반적인 그리스도인들은 기도는 위로부터 오는 온갖 복을 가져다준다는 저 소중한 사실로 만족합니다. 우리는 기도하고, 하나님은 우리의 기도를 들으십니다. 우리는 그것으로 충분합니다. 우리 하나님은 자신의 뜻을 바꾸시지 않으시지만, 우리의 기도에 대한 응답으로 기꺼이 그 뜻을 바꾸시고자 하십니다.

이제 한 가지만 더 말씀드리고, 말씀을 끝맺겠습니다. 어떤 사람이 하나님의 인도하심을 받아서 개인적으로 자신의 기도를 시험해 보지 않았다면, 그 사람은 자기가 하나님과 거룩한 교제를 할 수 있다거나 하나님이 그의 기도를 들으시고 그의 소원을 들어주실 것이라고 믿을 수 없습니다. 그러나 그 사람이 하나님의 성령의 인도하심을 따라 하나님을 구하고 하나님께 가까이 나아갔다면, 나는 그 사람에게 더 이상 이러쿵저러쿵 말할 필요가 없습니다. 왜냐하면, 그 사람은 이제 새 생명을 얻어서 새로운 것들을 이해할 수 있게 되었기 때문입니다. 그러한 생명을 얻기 전에는 그는 영적으로 귀 먹고 눈 먼 사람입니다. 그런 그가 영적인 실체들에 대하여 무엇을 알 수 있겠습니까? 주님께서는 우리에게 "네가 거듭나야 하겠다"(요 3:7)고 말씀하셨습니다. 우리가 거듭날 때, 우리 안에 있는 생명이 하나님의 생명을 향하게 되고 하나님과 교제를 하게 되어서, 하나님이 응답하시고, 경건한 자의 소원이 이루어지는 것입니다. 하나님과 교제하는 것은 얼마나 큰 영광입니까! 그러한 교제를 누리는 복된 존재들이여! 여러분의 마음을 하나님 앞에 쏟아 부을 수 있는 것은 이루 말할 수 없이 큰 특권입니다! 이 밤에 여러분이 잠들기 전에 그러한 교제를 누리시기를 바랍니다. 그럴 때에 여러분에게는 거룩한 평정이 임할 것입니다. 여러분의 모든 짐은 기도와 간구를 통해서 여러분을 돌보시는 이에게 맡겨지기 때문에, 여러분이 걱정할 것은 하나도 없게 됩니다. 기도를 통해서 하나님께 가까이 나아가는 사람의 심령 속에는 하나님의 사랑이 거합니다! 여러분은 멀리서 하나님을 사랑할 수 없습니다. 여러분은 더욱더 가까이 나아가야 합니다. 그렇지 않으면, 하나님의 사랑이 임하지 않을 것입니다. 사람이 햇빛 속으로 들어갈 때에 따뜻함을 느끼듯이, 우리도 하나님께 더 가까이 나아갈 때에 하나님 안에서 더 큰 기쁨을 누리게 됩니다. 늘 하나님을 가까이 하십시오. 쉬지 말고 기도하십시오. 즉시 그리고 끊임없이 간구하십시오. 그러면 여러분은 아버지 하나님께서 여러분의 부르짖음을 들으신다는 것을 확신하게 될 것입니다.

　이 자리에 계신 분들 중에서 기도해 본 적이 없는 분들은 지금 당장 시작하시기를 바랍니다. 여러분을 위하여 중보기도를 하시는 예수를 의지하시고, 예수의 피의 공로를 근거로 제시하며 간절히 기도함으로써 여러분이 예수를 의지하고 있음을 보이십시오. 장차 하나님의 오른편에서 영원히 찬송 부르는 삶으로 이끌어 줄 저 거룩한 기도의 삶을 여러분이 지금 시작하시기를 바랍니다. 아멘.

제
81
장

—

마지막 인구조사

—

"여호와께서 민족들을 등록하실 때에는 그 수를 세시며 이
사람이 거기서 났다 하시리로다." — 시 87:6

성경에 나오는 기록에 의하면, 하나님의 백성에 대하여 인구조사를 한 적이 서너 번 있었습니다. 야곱이 애굽으로 내려갈 때에 그의 자손을 계수하였는데, 그때에 그들의 수는 70명이었습니다. 당시에 가시적인 그리스도의 교회는 아주 작아서 하나의 장막 안에 들어갈 수 있었고, 그들은 모두 한 사람에게서 나왔습니다. 당시에 여호와를 경외하였던 사람들은, 우리가 알기로는, 야곱 족속뿐이었습니다. 이스라엘 백성이 애굽에서 나올 때에 또 한 번의 인구조사가 있었습니다. 민수기의 처음 부분을 읽어보면, 여러분은 종 되었던 집 애굽 땅에서 야곱 족속이 놀라울 정도로 크게 번성한 것에 놀라게 될 것입니다. 실제로 그들은 압제를 받을수록 더 많이 늘어났습니다. 당시에 여자와 아이, 그리고 군역이 면제된 노인을 제외하고, 전쟁에 나갈 수 있는 장정들만 60만 명이었습니다. 이스라엘 백성이 광야에서 38년을 지낸 후에 또 한 번의 인구조사가 있었습니다. 이때에는 그들의 죄로 말미암아 그들의 수는 늘어나지 않았습니다. 광야에서 많은 수가 죽었기 때문에, 자연적인 증가에도 불구하고 인구수는 거의 동일하게 정체되어 있었거나, 장정수를 기준으로 한다면 처음에 황량한 광야로 들어올 때보다 2,000명 가량 줄어들었습니다. 가나안 땅으로 들어온 후에 또 한 번의 인구조사가 있었습니다. 아니, 그런 시도가 있었다고 하는 것이 더 옳은 말일 것입니다.

다윗은 군사령관인 요압에게 모든 지파를 다 돌아다녀서 단에서 브엘세바까지 이스라엘 백성의 수를 조사하라고 명령하였습니다. 이스라엘 백성은 하나님의 백성이었습니다. 따라서 하나님이 자기 백성을 계수하시는 것은 옳고 합당한 일입니다. 그러나 이스라엘의 주권자이신 하나님 외에는 그 누구에게도 이스라엘 백성에 대하여 인구조사를 할 수 있는 권한이 주어져 있지 않았습니다. 다윗은 자신이 단지 하나님의 대리자이고, 그런 의미에서만 하나님이 세우신 국가 체제 아래에서만 이스라엘의 왕이라는 사실을 망각하고서, 제사장들의 대권을 침해하고, 요압에게 백성을 계수하는 레위인들의 직무를 맡깁니다. 요압을 위한 속전을 바치지도 않고 말입니다. 이것은 이스라엘의 율법을 극악무도하게 짓밟는 행위였기 때문에 요압조차도 거기에 즉시 이의를 제기하였습니다. 그러나 다윗이 이 인구조사를 실행에 옮기기 전에, 3일간의 역병, 3년간의 기근, 일정 기간 동안 전쟁할 때마다 원수들에게 패주당하는 것 중에서 그의 죄에 대한 벌로 하나를 선택하라는 하나님의 말씀이 그에게 임합니다. 이것은 "여호와는 백성을 계수할 수 있으나, 다윗이 해서는 안 된다"고 말씀하신 것으로 보입니다. 하나님께서는 자신의 구속 받은 자들과 택함 받은 자들을 계수하실 것이지만, 사람은 이 신비한 두루마리를 건드려서는 안 된다는 것입니다. 어린 양 외에는 그 누구도 그 책을 취하여 모든 봉인을 열어서는 안 됩니다. 어린 양의 생명책은 자기 피로 자기 백성을 사신 분 외에는 읽을 수 없습니다. 자기 양들을 계수하시는 목자장의 손이 아닌 그 누구의 손 아래로도 그 양들을 지나가게 해서는 안 됩니다. 나의 형제들이여, 본문에 의하면, 하나님의 교회에 대하여 전면적인 인구조사가 실시될 날이 올 것입니다. 이 아침에 내가 말씀드리고자 하는 것은 바로 이 최종적인 인구조사에 대한 것입니다. 하나님께서 백성들을 등록하실 그 날에 우리 모두에 대하여 "이 사람이 거기서 났다"고 말씀해 주시기를 빕니다.

이렇게 하나님의 백성들을 조사해서 기록하는 것과 관련해서 나는 네댓 가지를 말씀드리고자 합니다. 첫 번째로, 우리는 "여호와께서 민족들을 등록하신다"는 것이 무엇인지를 살펴보겠습니다. 우리가 두 번째로 살펴볼 것은, 그 인구조사에서 누구의 이름이 등록되지 않을 것이냐 하는 것이고, 세 번째는, 누구의 이름이 거기에 등록되느냐 하는 것입니다. 그리고 우리는 네 번째로는, 누가 백성들을 등록할 것인지에 대하여 살펴보고, 마지막으로는, 이렇게 인구조사를 하는 이유가 도대체 무엇인지를 살펴보겠습니다.

1. 첫째로, "여호와께서 민족들을 등록하신다"는 것은 무엇일까요?

현재의 경륜이 끝이 나고, 주 예수 그리스도께서 하늘 구름을 타고 강림하시고, 그의 모든 백성이 그에게로 모여와서 그 영광을 함께 하며 그의 승리를 기뻐할 때, 우리는 하나님께서 자기 백성을 등록하실 것이라고 믿습니다. 그렇다면, 하나님의 백성을 등록한다는 것은 도대체 무엇일까요?

이 인구조사에서는 오직 개인적인 것들만 기록될 것입니다. 오늘의 본문을 보시면, 거기에는 "이 사람이 거기서 났다"라는 말씀이 나옵니다. 그런데 "이 사람들"이라는 복수형이 사용되고 있는 것이 아닙니다. 그때에 하나님의 백성들은 이 민족, 이 교회, 이 가족 같이 하나의 집단으로 취급되는 것이 아니라, 한 사람 한 사람의 이름이 두루마리에 기록되든가, 아니면 탈락될 것이라는 말입니다. 영원토록 효력이 있는 전면적인 인구조사를 기록한 문서에는 오직 개인적인 것들만이 등재될 것입니다. 오직 개인적인 경건만이 쓸모가 있을 것이라는 진리보다 하나님의 백성들이 가장 마음에 새겨두어야 할 진리는 없습니다. 여러분의 혈통이 여러분의 조상인 일련의 성도들을 거쳐서 사도들에게까지, 아니 심지어 우리 구주의 어머니이신 마리아에게까지 거슬러 올라간다고 해도, 여러분 자신이 그리스도를 믿고 거듭나서 인격적으로 변화되지 않았다면, 여러분은 결코 천국에 들어갈 수 없습니다. 아무리 인맥이 화려하고, 사람들과의 관계가 아무리 좋고, 여러분의 대리인들이 아무리 훌륭하다고 해도, 여러분이 죽을 때에는 그런 것들은 아무 소용이 없을 것입니다. 우리는 하나님 앞에 단독으로 서서, "복받을 자들이여 나아오라"(마 25:34)는 무죄판결을 받거나, "저주를 받은 자들아 나를 떠나 영원한 불에 들어가라"(마 25:41)는 유죄판결을 받아야 합니다. 하나님께서 흔히 자신의 섭리 속에서 사람들을 집단으로 다루실 때처럼 사람들을 집단으로 다룰 때에는, 무죄한 자들이 악인들과 함께 고통을 당하거나, 악인들이 선인들에게 주어지는 은혜를 덩달아 누리는 일이 일어날 수밖에 없습니다. 그러나 마지막 날에는 철저하게 악한 자들은 악으로 보응을 받고, 선한 자들은 선으로 보응을 받게 될 것입니다. 그 날에는 알곡과 가라지가 섞이지 않을 것이고, 포도주와 물이 섞이지 않을 것입니다. 황금도 불순물로 인해 그 빛이 희미해지지 않을 것입니다. 하나님의 백성들이나 악인들이나 다 각기 무죄판결을 받거나 유죄판결을 받아 자신이 영원히 살 곳으로 가게 될 것입니다. 그러므로 여러분 각자는 자신이 어린 양의 피와 상관이 있는지를 잘 살펴보아야 합니다.

또한, 본문을 통해서 여러분은 이 큰 인구조사가 단지 개인적인 일들만이 아니라, 한 사람의 출생과 관련된 결정적인 일들도 다룰 것임을 알았을 것입니다. 본문에는 "이 사람이 거기서 났다"는 표현이 나옵니다. 우리가 생각했거나 행하였던 일들이 결국에는 언급될 것이지만, 그런 것들은 독자적으로 언급되는 것이 아니라, 오직 우리가 거듭났다는 것을 증명해 주는 수단으로, 또는 우리에게서 중생이 결코 일어나지 않았음을 보여주는 증거로만 언급될 것입니다. 저 여호와의 큰 날에 다루어질 결정적인 문제는 이런 것이 될 것입니다: "그 사람이 부르심을 받아 어둠에서 나와 기이한 빛으로 들어갔느냐? 그 사람이 돌 같은 심령에서 살 같이 연한 심령으로 바뀌었느냐? 그 사람의 눈이 열려서 하늘의 빛을 보았느냐? 그 사람의 귀가 열려서 하나님의 명령에 청종할 준비가 되어 있었느냐? 그 사람에게 근본적이고 결정적인 변화가 일어나서, 그의 옛 것은 지나가고 모든 것이 새로워졌느냐?" 만일 그렇지 않다면, 우리의 이름은 구속받은 자들의 이름을 기록하는 저 황금 두루마리에 등록될 수 없을 것입니다. 하나님께서 호명하실 때에 우리의 이름은 언급되지 않을 것입니다. 하나님이 호명하실 때에 우리의 이름이 불리지 않아서, 우리는 낙담하여 떨며 서 있게 될 것입니다: "나의 성도들을 내 앞에 모으라 그들은 제사로 나와 언약한 이들이니라"(시 50:5).

이 인구조사가 다루게 될 것들은 결정적인 문제들일 것임을 다시 한 번 유념하십시오. 여러분의 이름이 오늘은 이 거듭난 자들의 명부에 등록되어 있지 않을 수도 있지만, 아직 소망은 있습니다. 우리는 여러분이 이 세상을 떠나기 전에 하나님의 은혜로 말미암아 거룩하게 된 자들 가운데 분깃을 얻을 수 있을 것이라고 믿습니다. 만일 우리가 오늘 지금까지 회심한 하나님의 백성을 계수한다면, 나는 한 시간 전에 계수한 것은 불완전할 것이라는 사실로 인해 하나님께 감사합니다. 왜냐하면, 오늘 이 예배를 드리는 동안에 여러 사람들이 하나님에 의해 부르심을 받은 자들에 더해졌을 것이기 때문입니다. 그러나 최후의 인구조사는 최종적인 것이 될 것입니다. 그 수에 단 하나라도 더해질 수도 없고, 그 수에서 단 하나라도 뺄 수도 없습니다. 일단 그 인구조사가 실시되면, 천사는 하늘에서 "거룩한 자는 그대로 거룩되게 하라"(계 22:11)고 외칠 것입니다. 그리고 그 천사의 음성은 지옥에까지 진동할 것이지만, 거기에는 "더러운 자는 그대로 더럽게 하라"는 음성이 울려 퍼질 것입니다. 그때에는 하나님의 백성에 대한 최종적인 인구조사가 이루어져서, 진짜 보석들은 계수되고 가짜 보석들은 버려질 것이며, 양들은 들여보내지고 염소들은 추방될 것입니다. 바로 이것이 여러분과 내가 오늘 "여호와께서 민족들을 등록하실 때에" 우리 각 사람에 대하여 과연 "이 사람이 거기서 났다"고 하실 것인지를 아는 것이 너무나 중요한 이유입니다. 우리에게 미래를 내다볼 수 있는 지혜가 있다면 얼마나 좋겠습니까! 우리는 박 쥐와 같이 근시안이어서 아주 가까운 곳밖에는 볼 수가 없습니다. 우리에게는 단지 시계만 보이고, 그 시계가 재깍재깍 가는 것과 그 시계의 색깔과 도금된 것 만이 보일 뿐입니다. 우리가 이런 사실을 깨닫고서, 우리의 최종적인 운명을 늘 염두에 두고 살아 나가는 지혜를 얻게 되었으면 좋겠습니다. 그래서 저 최종적 인 인구조사가 실시되는 날에 우리 각자의 이름이 우리 주 어린 양의 이름 아래 에 우리 하나님 여호와의 택함 받은 자들 가운데 기록되어 있기를 빕니다. 이렇 게 이 인구조사에서는 개인적인 것들, 생명에 속한 결정적인 것들이 기록될 것 입니다.

2. 둘째로, "여호와께서 민족들을 등록하실 때" 누구의 이름이 거기에 기록되지 않을까요?

사실, 이것은 아무도 온전히 대답할 수 없는 질문입니다. 그러나 우리 앞에 있는 하나님의 말씀을 근거로 내가 지금부터 언급하는 인물들이 마지막 날에도 그 모습 그대로라면, 우리는 그런 사람들의 이름은 그 두루마리에서 발견되지 않을 것이라고 아주 분명하게 말할 수 있습니다.

먼저, 교회의 외식하는 지체의 이름은 그 두루마리에서 발견되지 않을 것입니 다. 내가 이 사람들을 가장 먼저 언급하는 것은 그들은 자기가 천국에 들어갈 것 이라고 착각할 가능성이 가장 큰 사람들이기 때문입니다. 그런 여러분은 이익을 얻기 위해서, 또는 사람들로부터 인정이나 존중을 받기 위해서 교회에 들어왔습 니다. 여러분은 신앙 고백을 했지만, 그것은 거짓입니다. 여러분은 양의 탈을 쓰 고 있지만, 사실은 여전히 이리입니다. 여러분은 "살았다 하는 이름은 가졌으나 죽은 자"(계 3:1)입니다. 여러분은 무덤에 회칠을 했지만, 그것은 여전히 무덤일 뿐입니다. 장로님이나 집사님들을 속이고, 목회자를 현혹시켜 오도하여 교회의 존경을 얻은 것과, 사람들의 심장과 폐부의 은밀한 것들을 다 읽어낼 수 있는 불 꽃 같은 눈동자, 지옥과 사망조차도 그 앞에서는 벌거벗은 듯이 다 드러날 수밖 에 없는 그 눈동자를 피하는 것은 전혀 별개의 문제입니다. 여러분의 가장무도

회, 여러분의 영적인 위선과 가식이 하나님 앞에서도 통할 것이라고 기대하지 마시기를 부탁합니다. 하나님께서는 여러분의 옷들을 다 찢으시고 벌거벗은 채로 세우셔서 자신의 모든 화살들의 과녁으로 삼으실 것이고, 여러분은 모든 불경건한 자들로부터 온갖 비웃음과 책망과 모욕을 영원토록 받게 될 곳으로 쫓겨날 것입니다. 여러분의 이름은 교회의 교인명부에 똑똑히 기록되어 있고, 아무도 여러분을 의심하지 않았을 수 있겠지만, 오직 거듭난 자 외에는 그 누구도 하나님의 나라를 볼 수 없습니다. 교회의 지체들 중에서 아주 오랫동안 훌륭하게 신앙생활을 해왔던 분들이라도 스스로를 검증해 보십시오. 설교자들도 다른 사람들에게 복음을 전해 놓고서는 정작 자기 자신은 천국에 들어가지 못하는 자가 되지 않기 위해서는 스스로를 살피고 검증해 보아야 합니다. 우리는 다른 사람들의 견해, 심지어 가장 훌륭한 신앙을 지닌 사람들의 견해에 의거해서 우리의 신앙을 판단해서는 안 됩니다. 나는 사도들이 자신의 판단으로 나의 신앙을 인정해 준다고 해도 그것으로 만족하지 않을 것입니다. 우리는 성령에 의한 확신, 우리가 하나님으로부터 났다는 것을 말해주는 내적인 증언을 가져야 합니다.

또한, 단지 듣기만 하는 사람들의 이름도 그 두루마리에서 발견되지 않을 것입니다. 오늘 이 자리에 있는 분들 중에서도 우리가 단지 듣기만 하는 자들이라고밖에는 말할 수 없는 그런 사람들이 아주 많습니다. 귀가 간질거리고, 마음에 흥미가 생겨서, 설교자에게 시선이 고정된다면, 그것은 좋은 일입니다. 아주 많은 사람들이 하나님의 말씀에 귀를 기울이고자 하는 것에 대하여 나는 하나님께 감사합니다. 그러나 말씀을 듣더라도 믿지 않는다면, 그 사람에게 구원은 없습니다. 씨가 뿌려졌지만 뿌리를 내리지 못했다면 결코 열매를 맺지 못할 것입니다. 하나님의 빛을 보지도 못하는 눈에 비추어 보아야 그 눈은 그 빛을 볼 수 없을 것이기 때문에 아무 소용도 없을 것입니다. 여러분이 이 성전의 장의자에 오랜 세월 동안 앉아 있었다고 할지라도 — 어떤 분들은 20년 동안 앉아 있었을 수도 있을 것입니다 — 하나님의 은혜로 말미암아 말씀이 여러분의 마음속으로 들어가지 않았다면, 그 오랜 세월은 여러분에게 구원이 아니라 저주가 될 것입니다. 하나님의 말씀을 전하는 우리가 여러분에게 "생명으로부터 생명에 이르는 냄새"가 아니라면 그 대신에 "사망으로부터 사망에 이르는 냄새"가 될 수밖에 없다는 것을 명심하십시오(고후 2:16). "구원 받는 자들에게나 망하는 자들에게나" 어느 경우이든 우리는 "하나님 앞에서 그리스도의 향기"(고후 2:15)입니다. 나는 너무나 많은 사람들이 주일에 두 번씩 꼬박 예배를 드리면 교회를 다니는 사람이라고 생각한다는 것을 압니다. 그런 사람들에게 기대할 수 있는 최대한은 그 정도입니다. 하지만 여러분은 교회에 다니는 것이 죄가 될 수도 있다는 것을 알아야 합니다. 즉, 복음을 전혀 받아들일 생각도 없으면서 교회에 나오는 것은 죄가 될 수도 있다는 것입니다. 여러분이 자신은 교회에 다니고 있으니 천국에 들어갈 것이라고 믿는다면, 그것은 거짓을 믿는 것이고, 모래 위에 집을 지은 것입니다. 저 마지막 큰 날에 여러분이 "우리는 주 앞에서 먹고 마셨으며 주는 또한 우리를 길거리에서 가르치셨나이다"(눅 13:26)라고 외칠 때, 하나님께서는 "나는 너희가 어디에서 왔는지 알지 못하노라 행악하는 모든 자들아 나를 떠나 가라"(눅 13:27)고 말씀하실 것입니다.

저쪽에 있는 저 사람의 이름도 그 두루마리에 기록되지 못할 것입니다. 그 사람에게 큰 변화가 일어나지 않는다면, 그의 이름은 거기에서 발견되지 못할 것입니다. 내가 가리키는 것은 저 젊은 사람입니다. 그는 이렇게 말하고 있습니다: "나는 회개할 것입니다. 나는 구주를 찾을 것입니다. 나는 예수의 피로 씻음 받기를 원합니다." 젊은이여, 당신은 지금까지 그 말을 이미 20번도 더 했습니다. 당신은 어머니의 집을 떠날 때에 그런 말을 했고, 어머니는 당신의 그런 결심을 무척 기뻐하셨습니다. 당신은 지난 번 열병이 돌아 앓아누웠을 때에도 그런 말을 했습니다. 당신은 어려서부터 늘 해왔던 취침 기도를 빼먹고 밤에 잔 것이 양심에 찔렸을 때에도 그런 말을 했고, 그리고 오늘도 그런 말을 하고 있습니다. 그러나 당신에게는 "물의 끓음 같았은즉 너는 탁월하지 못하리니"(창 49:4)라는 말씀이 제격입니다. 당신이 스스로 한 약속은 단지 상한 갈대와 같아서 믿을 수가 없습니다. 당신의 참회는 아침 구름과 새벽이슬 같아서 금방 언제 그랬느냐는 듯이 온데간데없이 사라져 버립니다. 당신은 의도적으로 지옥으로 통하는 길을 닦아가고 있습니다. 게으른 자여, 일어나십시오! 지옥으로 통하는 길을 닦기 위해 당신이 사용하고 있는 돌들을 집어서, 당신이 자신을 서서히 파멸시키는 그 길을 만드는 이 끔찍한 일을 계속해 나가기를 바라는 저 옛 원수를 향하여 던지십시오. 나의 사랑하는 친구들이여, 사탄의 최악의 올무들 중의 하나는 아마도 약속어음일 것입니다. 죄인이 설교를 듣는 가운데 깨어나면, 마귀는 그 죄인으로 하여금 스스로에게 "그래, 이런 것들을 천천히 생각해 보아야지"라고 말하게 만듭니다. 여러분이 며칠 전 밤에도 들으셨듯이, 무관심한 사람들이야말로 구원 받을 소망이 가장 없는 사람들입니다. 그런 사람들은 비록 깨어났다고 할지라도 다시 꾸물거리다가 잠들어 버리기 때문입니다. 만일 벨릭스 총독이 성급하게 바울에게 "바울, 당신은 사기꾼이기 때문에, 나는 당신을 미워하고 멸시한다"라고 말했다면, 그가 혼자 조용히 있을 때에 자신이 한 말을 이성적으로 곰곰이 되씹어보고서는 그 말이 잘못되었다는 것을 깨달았을지도 모릅니다. 그러나그는 부드러운 어조로 "지금은 가라 내가 틈이 있으면 너를 부르리라"(행 24:25)고 말하여, 비록 사도를 속이지는 못했을지라도 자기 자신을 속였습니다. 이때여러분이라면 벨릭스의 이마에 "이 사람은 진리를 알지만 그 명령들을 따르지는않은 사람이기 때문에, 그가 영원한 멸망에 처해지는 것은 합당하고도 확실하다"라고 쓰여 있는 것을 영적인 눈으로 읽을 수 있었을 것입니다. 나는 사람들이목회자를 욕하고 복음에 대한 적대감을 표출하는 말들을 종종 들어 왔고 여러분도 끊임없이 들어오셨겠지만, 사실은 겉으로는 점잖게 말하지만 속으로는 실제로 욕하고 적대하는 것보다 더 더러운 생각들을 품고 있는 사람들이 훨씬 더 많고, 여러분 중에도 그런 사람들이 있습니다. 그런 사람들의 거짓된 말과 결심은위조지폐나 위조수표와 같아서, 그것을 믿었다가는 낭패를 당하게 됩니다. 여러분이 그런 사람들보다 낫지 않으면, 여러분의 이름은 최종적인 인구조사를 기록한 그 두루마리에서 발견되지 않을 것입니다.

노골적으로 대놓고 죄를 짓고 악을 자행하며 살아가는 사람들이 그대로 살다가죽을 때에 그들의 이름이 그 두루마리에서 발견되지 않을 것임을 두말할 필요가없을 것입니다. 천국의 황금 거리에는 술에 취해 비틀거리며 걷는 사람이 단 한사람도 없을 것입니다. 하나님을 모독하는 자들이 하는 말을 듣고 천사들이 자신의 귀를 의심하는 일도 결코 없을 것입니다. 천박하고 음탕한 노래가 온전하게 된 자들의 귀를 더럽히는 일도 없을 것입니다. 에덴은 도둑이나 강도들을 위한 곳이 아닙니다. 낙원은 창기들을 위한 곳이 아닙니다. 그런 악들로 자신의 인품을 더럽히고 그런 죄들로 자신의 영혼을 더럽힌 채 죽은 사람들은 천국 문 앞에 이르렀을 때에 천사들이 "무엇이든지 속된 것이나 가증한 일 또는 거짓말하는 자는 결코 그리로 들어가지 못하되 오직 어린 양의 생명책에 기록된 자들만들어가리라"(계 21:27)고 말하는 것을 듣게 될 것입니다.

또한, 훌륭한 인품을 지니고 있어서 사람들로부터 비난 받을 만한 일을 하지 않은도덕군자도 새 마음을 받지 않았다면, 하나님으로부터 부도덕한 자로 정죄되어 그 이름이 생명책에 기록되지 못할 것입니다. 사람들을 상대하여 정직하게 장사하고 사업을 하였지만 오직 하나님께만 부정직했던 사람들도 마지막 날에는 부정직한 자로 정죄 받고 영원한 멸망에 처해지게 될 것이고, 모든 사람들을 합당하게 대하였지만 오직 그리스도와 그의 거룩한 복음에 대해서만 합당하게 대하지 못했던 사람들도 결국에는 그들이 굽은 길로 행하였다는 것을 알게 되고, 그런 그들의 행실이 자신의 영혼을 파괴하였다는 것을 알게 될 것입니다. 자신의 이웃을 사랑했었노라고 말하지만 자신의 하나님은 까맣게 잊고 산 사람들도 "악인들이 스올로 돌아감이여 하나님을 잊어버린 모든 이방 나라들이 그리하리로다"(시 9:17)라고 하신 말씀이 옳았다는 것을 알게 될 것입니다. 나의 사랑하는 자들이여, 여러분이 회개하여 회심하여서 그리스도를 믿고, 하나님의 성령이 여러분 안에 거하시게 되지 않는다면, 쇠보다 더 튼튼하고 강철보다 더 견고한 빗장이 여러분이 복된 곳으로 들어가는 것을 막을 것이고, 여러분의 이름은 성도들의 수에 결코 들지 못하게 될 것입니다.

3. 셋째로, 누구의 이름이 거기에서 발견될까요?

이제 우리는 좀 더 즐거운 주제로 옮겨가 보도록 하겠습니다. 여러분이 지난 월요일 아침에 인구조사 용지를 작성했을 때, 거기에는 지난 밤에 여러분의 집에 찾아든 도둑의 이름이 들어 있을 수도 있습니다. 나는 여러분이 그런 도둑의 이름을 그 용지에 기입하지 않은 것으로 생각합니다. 그 밤에 여러분의 집에 찾아와서 잠시 머물렀지만, 여러분의 가족이 아니었기 때문에 그 집에서 나간 사람도 있을 수 있습니다. 만일 그가 여러분의 가족이었다면, 틀림없이 그는 여러분의 집에 그대로 머물렀을 것입니다. 나는 여러분이 그런 손님의 이름도 그 용지에 기입하지 않은 것을 압니다. 여러분은 거기에 여러분의 집에 거주하는 사람들의 이름만을 적었고, 다른 사람들의 이름은 일체 적지 않았습니다. 마찬가지로, 최후의 인구조사에서도 그럴 것입니다. 누구의 이름이 거기에 있게 될까요? 나의 대답은 주 예수 그리스도를 믿은 모든 영혼들의 이름이 거기에 있으리라는 것입니다. 십자가를 자신의 피난처로 삼은 사람들, 자신의 눈물에 젖은 눈으로 골고다를 바라보고 그 곳을 자신의 소망으로 삼은 사람들, 자신의 손을 내밀어서 주님의 거룩한 옷자락을 만진 사람들은 반드시 선지자들이나 사도들과 마찬가지로 거기에서 자신의 이름을 발견하게 될 것입니다. 형제들이여, 우리는 스스로 그 명단에 포함되어 있을 가능성이 거의 전무하다고 생각하는 사람들을 거기에서 보게 될 것이고, 가장 가난한 자들의 이름도 거기에서 발견하게 될 것입니다. 이 가장 최근의 인구조사가 실시되었을 때, 그 용지는 성 자일스 거리에 있는 빈민촌에도 보내졌고, 성 제임스 거리에 있는 부촌에도 보내졌습니다. 한 사람도 빠뜨리지 않았습니다. 부자들에 대해서만 인구조사를 실시한다는 의회 법은 통과되지 못했습니다. 일정 정도의 세금을 낸 사람들만을 상대로 해서 인구조사를 할 필요는 없었습니다. 이 나라에 사는 모든 사람이 다 신민들이었기 때문에, 거지의 이름도 귀족의 이름과 마찬가지로 명부에 등록되었습니다. 최후의 인구조사에서도 그럴 것입니다.

여러분의 가문이 결코 훌륭하지 않고, 여러분이 입고 있는 옷이 누더기 옷이고, 여러분의 집이 찢어지게 가난하다고 하더라도, 여러분이 그리스도를 믿고 있다면, 여러분은 훌륭한 집과 가문에서 살면서도 하나님을 경외하는 사람들과 마찬가지로 거기에서 자신의 이름을 발견하게 될 것입니다. 어떤 사람이 무명옷이나 코르덴 바지를 입고 있다고 해서 구원을 받는 것과 관련해서 불이익을 당하는 일은 결코 없습니다. 하나님께서 택하신 사람들 중에는 육체를 따라 훌륭한 사람들이나 권세 있는 사람들은 별로 많지 않습니다. 하나님은 이 세상의 가난한 자들을 택하셔서 믿음 안에서 부요하게 하시고 하나님의 나라의 지도적인 인물들로 삼으십니다. 그러므로 구원을 받는 일에서 혹시라도 어떤 이점이 작용한다면, 그것은 사람들이 거의 생각하지도 못한 방향으로 작용합니다. 또한, 가장 가난한 자들만이 아니라 가장 연약한 자들의 이름도 거기에서 발견될 것입니다. 여러분의 딸이 척추 관련 질환을 아주 오랫동안 앓아서 거의 앉아 있을 수 없는 정도라고 해서, 여러분이 인구조사에서 그 딸의 이름을 빼버리는 일은 없습니다. 여러분은 조국을 침략자로부터 방어하기 위해 필요한 경우에는 언제라도 무기를 들 준비가 되어 있는 여러분의 건장한 아들의 이름과 마찬가지로 그 병약한 딸의 이름도 거기에 기입했을 것입니다. 또한, 여러분은 성인들과 마찬가지로 유아들의 이름도 거기에 기입하였습니다. 유아들은 단지 울기만 하고 고통을 느끼는 것이 그 삶의 전부일지라도, 여러분은 그런 유아들의 이름을 빼버린다면 인구조사가 제대로 되지 않은 것이고, 여러분의 가족 명단도 불완전한 것이 될 것이라고 느꼈습니다. 그래서 모든 유아들의 이름도 거기에 기록되었습니다. 마찬가지로, 최후의 인구조사에서도 유다와 마찬가지로 베냐민의 이름도 기록될 것이고, 힘이 장사인 다윗과 마찬가지로 발을 저는 므비보셋의 이름도 거기에 기록될 것입니다. "진실"이라는 이름의 아버지와 "큰 마음"이라는 이름의 형제도 그 두루마리에 포함될 것이지만, "두려워함"이라는 형제와 "겁많음"이라는 자매의 이름도 거기에서 빠지지 않을 것입니다. 그리스도를 믿은 사람들은 누구나 비록 그들의 믿음이 겨자씨 한 톨만하고 그들의 영적 삶이 꺼져가는 심지와 같다고 할지라도 거기에서 기록된 자신의 이름을 발견하게 될 것입니다. 내가 전하는 이러한 하나님의 진리를 듣고서, 낙심하여 거의 모든 소망을 잃고 있는 사람들이나 거의 멸망 직전에 있는 사람들도 이 진리를 붙잡고 다시 일어서기를 바랍니다. 오늘 여러분의 모습이 너무나 비참하고 한심합니까? 그럴지라도 여러분의 이름은 생명책에서 지워지지 않습니다. 여러분이 죄를 지었지만, "아버지, 나를 긍휼히 여기소서"라고 부르짖고 있습니까? 여러분의 죄로 인해서 여러분의 이름이 지워진 것이 아닙니다. 여러분의 이름은 놋에 새겨진 것처럼 영원히 있습니다. 어둠의 세력은 영원토록 있을 그 이름들을 지울 수 있는 힘이 결코 없습니다. 오늘 여러분은 자신이 너무나 한심하고 무가치하게 느껴져서 감히 얼굴을 들지 못하겠습니까? 여러분은 "내가 하나님을 '아빠, 아버지'라고 부른다면, 그건 너무나 뻔뻔스러운 것이 될 것이고, 내가 자녀로서의 특권을 주장한다면, 그건 오만방자한 것이 되겠지"라고 생각하고 있습니까? 그렇지만 그리스도가 여러분의 주님이시라면, 여러분은 지금 그리스도께 손을 내밀고 이렇게 말할 수 있습니다:

"나는 참회하는 쟈로 서서
내 죄를 고백하고 있을지라도
사랑이 넘치는 주의 머리에
내 영혼의 손을 두리이다."

여러분은 피로 사신 바 된 자들 속에 자신이 끼지 못하면 어쩌나 하고 염려할 필요가 없습니다.

"아, 내 영혼아, 너는 거기에 있고자 하느냐?" 이것은 내가 이제 여기에 계신 많은 분들에게 하고 싶은 질문입니다. 여러분은 각자 다음과 같은 질문들을 시금석으로 삼아서 스스로 대답해 보시기 바랍니다: "당신은 그리스도를 무엇이라고 생각하십니까? 그리스도는 당신의 유일한 도움이십니까? 당신은 자신이 그의 피로 깨끗하게 되고, 그의 상처로 인하여 나음을 입고, 그의 죽으심으로 생명을 얻고, 그의 고난당하심으로 말미암아 천국을 얻게 된 것을 깨닫습니까?' 이 모든 질문들에 대하여 여러분이 "예"라고 대답할 수 있다면, 여호와께서 백성들을 등록하실 때에 거기에 여러분의 이름을 적어 넣으실 것이고, 여러분을 가리켜 "이 사람이 거기서 났다"고 하실 것입니다.

4. 넷째로, 이 인구조사를 기록하실 분은 누구일까요?

이제 우리는 네 번째 대지로 넘어가서 간략하게 살펴볼 것인데, 그것은 누가 이 인구조사를 기록하실 것인가 하는 것입니다: "여호와께서 민족들을 등록하실 때에는 그 수를 세시며." 그러나 왜 하나님께서 직접 인구조사를 하시는 것일까요? 첫 번째 이유는 하나님 외에는 그것을 할 수 있는 사람이 없기 때문입니다. 우리의 원수들이 인구조사를 한다고 해봅시다. "내 생명을 내 대적에게 맡기지 마소서 위증자와 악을 토하는 자가 일어나 나를 치려 함이니이다"(시 27:12). 나는 우리 중에서 자신의 영원한 운명을 "위증하고 악을 토하는" 세상이 결정하도록 맡겨 두고자 하는 사람은 아무도 없을 것이라고 생각합니다. 우리가 악인들의 손에 펜을 맡긴다면, 그들은 보석 같은 사람들은 빼버리고 쓰레기 같은 사람들의 이름만을 거기에 기록할 것입니다. 분명히 그들은 하나님의 택함 받은 보배 같은 사람들의 이름은 다 지워 버리고, 하나님으로부터 버림받은 사악한 자들의 이름만을 거기에 적어 넣을 것입니다. 나의 사랑하는 친구들이여, 하나님의 백성을 계수하라고 저 옛 로마의 교황에게 펜이 주어질 경우를 한 번 상상해 보십시오: 삼중관을 머리에 쓴 나의 주 교황이여, 이제 하나님의 백성들을 계수하여 기록하십시오. 분명히 그는 여러분과 내가 교황청의 명령에 순종하지 않는다는 이유로 우리의 이름을 뺄 것입니다. 심지어 그가 하나님의 권세와 명령 아래에서 그 일을 한다고 해도, 그는 "마르틴 루터"의 이름을 쓰라고 할 때에는 심하게 투덜거리며 욕지거리를 할 것이고, 존 칼빈의 영광스러운 이름을 쓰라고 할 때에는 펜을 내던지며 하나님의 명령을 완강히 거부할 것입니다. 하나님께서 그 펜을 저 큰 사기꾼의 손이나 우리 원수들의 손에 맡기지 않으시고, 친히 자기 백성을 계수하셔서 기록하시는 것에 대하여 나는 하나님께 감사를 드립니다. 또한, 그 펜을 완고하고 편협한 신앙을 지닌 자의 손에 맡겼다고 합시다. 그런 자는 이탈리아에서 그리 멀리 떨어지지 않은 곳에서 살고 있고, 우리 땅에도 우리 가까이에 거처를 두고 있습니다. 그녀는 쑥처럼 쓰디쓴 얼굴과 어둠으로 가득한 눈으로 하나님의 백성들의 이름을 다 기록한 후에 "구원받을 사람이 너무 적어서, 아이라도 그 수를 셀 수 있겠군요"라고 말할 것이라고 나는 생각합니다. 그녀는 내가 그녀의 신학 체계의 다섯 가지 기둥을 모두 다 인정하지 않는다는 이유로 내 이름을 지워 버릴 것입니다. 또한, 그녀는 어떤 사람이 죄인들에게 말씀을 전하였다는 이유로 그 사람의 이름도 가차 없이 지워 버릴 것이고, 믿음은 인간의 의무이고 불신앙은 극악무도한 범죄라고 말한 또다른 사람의 이름을 등재할 때에는 많이 망설일 것입니다. 완고하고 편협한 자에게 하나님의 백성을 계수하는 일을 맡긴다면, 천국에 갈 사람은 거의 없게 될 것입니다.

이상으로 나는 그리스도의 교회의 모든 원수들을 언급하면서, 아래로는 마귀로부터 위로는 교황에 이르기까지 그들 중 누구에게 만왕의 왕의 궁정에 들어갈 자들의 명부를 작성하는 일을 맡기는 것이 얼마나 합당하지 않은지를 보였습니다. 그러나 우리의 친구들이 그 일을 맡았다고 해봅시다. "나의 어머니께서 펜을 잡으셨으면 좋겠습니다"라고 말하는 사람이 있습니다. 만일 이 일이 우리의 사랑하는 친구들에게 맡겨진다면, 그들은 머지않아 대담하게도 자신의 가장 패역한 아들이나 너무나 완악한 딸의 이름까지 거기에 다 써넣을 것입니다. 이 세상에서 육정(肉情)은 분별력을 이깁니다. 만일 분별력이 아니라 육정으로 하여금 천국 문을 지키게 한다면, 천국을 더럽힐 자들이 천국에 많이 들어가게 될 것이 틀림없습니다. 젊은이여, 당신의 어머니가 당신을 구원할 수는 없습니다. 어머니는 당신을 위해 기도하고 간구할 수 있지만, 당신의 죄악이 철필로 제단 뿔에 새겨져 있다면, 어머니의 눈물이 강력한 산(酸)으로 되어 있을지라도 놋에 새겨진 그 끔찍한 기록을 지울 수는 없습니다. 당신은 피로 씻음을 받아야 합니다. 그렇다면, 눈물로 멱을 감는다고 해도 아무 소용이 없을 것입니다. 당신 속에 그리스도의 영이 있어야 합니다. 왜냐하면, 당신이 어머니 속에 있는 영의 날개를 타고 천국으로 날아갈 수는 없기 때문입니다. 사랑하는 친구들이여, 인구조사를 하여 하나님의 백성을 계수하는 일이 우리 자신에게 맡겨진다고 해도, 그 일은 잘못된 사람들에게 맡겨진 것입니다. 왜냐하면, 하나님의 모든 경륜의 목적은 하나님이 영광을 받으시는 것인데, 만일 천국에 들어갈 사람을 우리가 결정하게 된다면, 입술로는 하나님을 찬양하면서도 마음으로는 하나님을 모독하는 자들이 많이 천국에 들어가게 될 것이기 때문입니다. 그런 사람들은 죄악에 찌들어 살다가 하루아침에 갑자기 영광의 자리로 나아가는 꼴이 될 것이고, 정욕의 침상에서 지극한 복의 침상으로 옮겨가는 꼴이 될 것입니다. 살인의 피로 붉게 물들고 범죄로 검게 되어 악덕의 독한 물이 뚝뚝 떨어지는 그런 사람들이 천국을 활보하게 된다면, 천국은 소돔이 되어 버리고, 낙원은 "아겔다마," 곧 "피밭"(행 1:19)이 되고 말 것입니다. 하나님의 보좌는 몰록의 보좌와 다름없게 될 것이고, 완전한 곳이라고 불리던 곳은 지옥보다 나을 것이 없는 곳이 될 것입니다. 유일하게 지혜로우신 분이신 하나님이 자기 백성을 계수하시게 될 것입니다. 왜냐하면, 그 일을 하실 수 있는 분은 하나님 외에는 아무도 없기 때문입니다.

　　또한, 영적인 사고를 하는 사람들이 깜짝 놀랄 만한 두 번째 이유가 있습니다. "여호와께서 민족들을 등록하실 때에는 그 수를 세시며." 최근에 우리나라에서 실시된 인구조사의 지침을 보면, "가장"이 조사 용지를 작성하도록 되어 있었습니다. 남편이 언제나 가장인 것은 아니지만, 나는 아버지가 가장의 위치에 있다고 가정하겠습니다. 그렇다면, 교회는 신부이기 때문에 인구조사 용지를 기입해서는 안 됩니다. 그러나 만물 위에서 교회의 머리이신 분, 하늘과 땅의 모든 권속이 그의 이름으로 불리는 분, 바로 그분이 자기 백성을 계수하여 등록하는 것이 마땅합니다. 만일 우리가 하나님의 백성을 계수할 수 있다고 생각한다면, 그것은 불경한 짓이기 때문에 다윗이 받았던 것과 같은 무거운 벌이 우리의 머리 위에도 임하게 될 것입니다. 우리는 아마도 "오직 이러저러한 사람들만이 구원을 받게 될 것"이라고 말해 왔고, 어떤 사람을 놓고서는 "주여, 이 사람은 어떻게 될까요?"라고 물었을 것입니다. 요한은 비록 사랑스러운 영혼을 지니고 있긴 하였지만, 우리는 요한처럼 하늘에서 불이 내려서 어떤 사람들을 벌하시면 좋겠다는 생각을 하기도 했고, 또 어떤 사람들에 대해서는 "주여 어떤 사람이 주의 이름으로 귀신을 내쫓는 것을 우리가 보고 우리와 함께 따르지 아니하므로 금하였나이다"(눅 9:49)라고 말하기도 했습니다. 그러나 형제들이여, 나는 우리가 지금까지 그렇게 한 것으로 충분한 줄 알고 이제부터는 그렇게 하지 않기를 소망합니다. 우리는 누가 자신의 백성인지를 하나님이 아신다고 믿습니다. 그들은 하나님 외에는 그 누구도 계수할 수 없는 무리들이기 때문에, 아무도 그 일을 결코 시도해서는 안 됩니다. 하나님의 백성은 편협한 자가 계수하는 것보다 많을 것이고, 자유주의자들이 주장하는 것보다는 적을 것입니다. 그러나 그들이 많든 적든, 오직 영원하신 지성이신 분만이 그들을 알기 때문에, 이 일은 우리가 넘보아서는 안 되는 비밀입니다. 이 일과 관련해서 우리는 천사들의 발자취를 추적해 보고자 해서도 안 됩니다. 천사들이 어느 사람 뒤에 서 있는지를 엿보고자 하는 것은 경솔하고 어리석은 짓입니다.

내가 이미 앞에서 약간 언급한 것이긴 하지만, 나는 오직 하나님만이 자기 백성을 계수하셔야 할 또다른 이유를 제시하고자 합니다. 내가 앞에서 약간 언급했다고 말한 이유는 하나님은 유일하게 지혜로우신 하나님이시라는 것을 이미 앞에서 말했기 때문입니다. 여러분이 아시듯이, 성경은 하나님이 지혜로우시다고 말씀합니다. 그러나 성경이 거기에 덧붙이고 있는 것이 있는데, 그것은 하나님이 "유일하게" 지혜로우신 하나님이시라는 것입니다. 지면에는 또다른 지혜로운 존재가 없습니다. 심지어 천국에도 또다른 지혜로운 존재가 없습니다. 하나님만이 유일하게 지혜로우십니다. 이교도들조차도 이것을 알았습니다. 여러분은 이런 얘기를 기억하실 것입니다. 몇 명의 어부들이 어떤 물건을 주웠는데, 옛 그리스의 전설에 "어떻게 나누어야 할지를 모르겠거든, '가장 지혜로운 자가 가질 것이니라'는 델포이의 신탁을 따르라"는 말이 있어서, 그들은 그 물건을 밀레토스의 철학자 탈레스(Thales, 주전 650-546), 아테네의 현인 솔론(Solon, 주전 638-559)을 비롯해서 그리스의 모든 현자들에게 차례로 보냈지만, 그들은 모두 자기가 가장 지혜로운 자가 아니라고 고백하면서 그 물건을 받기를 거절하였습니다. 마침내 그들 중 한 사람이 어부들에게 신들이 가장 지혜로우니 그 물건을 신들의 제단에 바치라고 조언해 주었습니다. 우리는 이교도들이 이렇게 시적인 허구로 묘사해 놓은 것이 옳다는 것을 압니다. 우리는 이 사람 또는 저 사람, 이 교단 또는 저 교단에 의문을 제기하려고 하는 것이 아닙니다. 우리의 손가락은 불 속에서 꺼내진 타다 남은 나뭇조각들을 계수하는 데 사용하라고 있는 것이 아니라, 불 속에서 그 나뭇조각들을 꺼내는 데 사용하라고 있는 것이기 때문에, 하나님의 백성을 계수하는 일은 유일하게 지혜로우신 하나님께 맡겨드려야 합니다. 저 마지막 날에 하나님은 누가 자신의 백성이고 누가 아닌지를 결정하실 것입니다.

5. 다섯째로, 도대체 인구조사는 왜 실시되는가 하는 것입니다.

이제 우리가 마지막 대지를 살펴볼 시간이 되었습니다. 하나님의 성령께서 우리에게 복 주셔서 이 말씀이 우리의 마음에 깊이 새겨지게 해주시기를 빕니다. 하나님께서는 왜 자기 백성을 계수하시는 것일까요? 하나님이 새로운 정보를 얻으시기 위한 것은 아닐 것입니다. 하나님은 모든 것을 알고 계시기 때문입니다. 또한, 하나님이 처음에 계획하셨던 수가 다 차지는 않을까 염려가 되시기 때문도 아닐 것입니다. 하나님은 자기 백성이 누구인지를 아시고, 이것은 교회를 떠받치고 있는 견고한 초석들 중의 하나입니다. 그렇다면 도대체 그 이유가 무엇일까요? 물론, 우리는 지금 고상한 그림을 다루고 있습니다. 이 그림은 강력한 사실을 담고 있기는 하지만, 여러분은 이것을 하나의 그림으로 보아야 합니다. 하나님께서 자기 백성을 계수하시는 가장 중요한 첫 번째 이유는 하나님이 그들을 소중히 여기신다는 것을 보여주시기 위한 것입니다. 여러분은 "내가 나의 보석들을 구비하는 그 날에 그들이 나의 것이 되리라"(말 3:17 KJV, 한글개역개정에는 "나는 내가 정한 날에 그들을 나의 특별한 소유로 삼을 것이요"로 되어 있음)는 구절을 기억하실 것입니다. 이것은 마치 하나님이 보석들을 하나하나씩 제자리에 배열하신 후에 눈으로 그것들을 쭉 훑어보시면서 이렇게 말씀하시는 것 같습니다: "그래, 내 보석들이 다 구비되었구나. 바구니에 있는 보석들이 목록에 있는 보석들의 수와 일치하고, 루비, 에메랄드, 진주 등 빠진 것이 하나도 없구나. 내 보석들이 다 있어서 완벽하게 구비가 되었도다." 하나님은 자신의 보석들을 구색에 맞춰서 다 구비하십니다. 인간의 지성으로는 지극히 가난한 신자가 아버지 하나님의 마음에 얼마나 사랑스러운지를 아는 것이 불가능합니다. 하나님 앞에서 그는 과부의 외동아들보다 더 사랑스럽고, 새 신부보다 더 사랑스러우며, 죽을 위험에 처한 사람들의 생명보다 더 귀하고, 자신의 신앙을 훼손하느니 차라리 목숨을 내놓고자 하는 사람들의 명예보다 더 소중합니다. 우리는 사랑하지만, 하나님이 사랑하시는 것만큼 사랑하지는 못합니다. 우리의 사랑은 지속적인 감정(passion)이지만, 하나님의 사랑은 영원토록 이어지는 본질적인 원리(principle)입니다. 우리의 사랑에 대해서는 우리가 사랑하고 있다고 말할 수 있지만, 하나님의 사랑에 대해서는 하나님은 사랑 그 자체이시라고 말할 수 있습니다. 하나님께서 자신이 사랑하는 자들을 계수하신다는 것은 그들을 존귀하고 소중하게 여기신다는 것을 의미하고, 그들에 대한 사랑이 그의 마음속에 깊이 뿌리내리고 있음과 동시에 지극히 강렬하다는 것을 의미합니다. 하나님께서는 생명책에 기록된 자들이 다 거기에 있는지를 살펴보시기 위하여, 장차 자신의 보석들을 다 구비하여 맞춰 보실 것이고, 자신의 양들을 다 계수하실 것이며, 자신의 권속인 자녀들을 기억하실 것입니다.

또 한 가지 생각이 우리에게 떠오릅니다. 하나님께서 최종적인 인구조사를 하시는 이유는 사탄에게 그의 철저한 패배를 보여주시기 위한 것입니다. 지옥의 마귀야, 네가 그토록 멸망시키고자 했던 그들이 한 사람도 빠짐없이 여기에 다 있는 것을 보아라! 지옥의 마귀야, 너는 지난날에 "내가 뒤쫓아 따라잡아 탈취물을 나누리라, 내가 그들로 말미암아 내 욕망을 채우리라"(출 15:9)고 말했는데, 이제 무슨 말을 하겠느냐? 네가 그렇게 죽이려고 뒤쫓았던 자들이 한 사람도 빠짐없이 여기에 다 있지 않느냐! 지옥의 구덩이에 사는 너 탐욕스러운 사자야, 네가 내 양을 한 마리라도 찢어 놓을 수 있었느냐? 네가 한 마리의 어린 양이라도 너의 지옥의 소굴로 끌고 갈 수 있었느냐? 너희 지옥의 군대들아, 너희는 악의에 가득 차서 온갖 교활함으로 하나님이 구원하시겠다고 맹세하신 자들을 그리스도의 팔에서 떼어놓으려 했지만, 하나님께서 자신이 하신 맹세를 어김없이 지키신 것이 아니더냐? 과연 너희가 하나님의 맹세를 헛것이 되게 할 수 있었더냐? 지옥의 마귀야, 너는 그리스도를 십자가에 못 박았고, 그의 뼈들을 부러뜨렸으며, 그에게서 사지를 앗아갔느냐? 너는 그의 목숨을 빼앗아갔다. 그러나 언제까지 그렇게 할 수 있었더냐? 그리스도께서 살아 계시기 때문에 그의 백성도 살지 않겠느냐? 너는 1,800년이란 오랜 세월 동안 너와 힘겨운 씨름을 한 이 가엾은 자들을 덫에 빠뜨려 꼼짝못하게 하고자 애를 써왔지만, 그들 중 한 명이라도 이긴 적이 있느냐? 너는 미끄러운 거름더미에 앉아 있던 욥과 싸웠을 때에도 여지없이 패배하였다. 너는 다윗을 끌어내리기 위하여 왕궁 꼭대기에 있던 그와 싸웠을 때에도 여지없이 패배하였다. 너는 빌라도의 관저에서 베드로를 무너뜨린 것처럼 보였을 때에도 승리를 거두지 못하였다. 너는 한두 번 패배한 것이 아니라 무수히 패배하였다. 생명의 상속자들은 너와 싸워서 역사 속에서도 무수한 승리를 거두었고, 영원의 세계 속으로 들어가서도 승리할 것이다. 너희 마귀의 군대들아, 여기를 보고 부끄러워하라. 흰옷 입은 자들의 찬송이 너희를 비웃는 소리임을 알라. 너희는 구속받은 자들의 이 온 무리의 외침을 너희에 대한 조종(弔鐘)으로 듣고, 너희의 영원한 지옥이 다시 시작되리라는 것을 알라. 너희는 패배하여 지옥에 던져졌느니라. 너희의 표정 속에 깃들어 있던 교만은 낮아지고, 오직 여호와만이 그 날에 높임을 받으시리라.

　　또한, 나는 하나님께서 구속받은 자들을 계수하시는 또 한 가지 이유가 있다고 생각하는데, 그것은 인간의 지성을 혼란스럽게 만들어 왔던 저 큰 수수께끼들이 수수께끼가 아니라 엄연한 사실이라는 것을 모든 사람들로 알게 하시기 위한 것입니다. 이 큰 신비는 도대체 무엇입니까? 그것은 하나님이 작정하시고 인간은 행하지만, 하나님이 작정하시고 인간이 행하는 것은 서로 일치한다는 것입니다. 옛적에 영원한 산들이 견고한 화강암을 깎아 만들어지기 전부터, 그 봉우리들이 흰 눈으로 덮여 햇빛 속에서 빛나기 전부터, 별들이 산 정상을 방문해서 죄악에 빠진 세상을 내려다보기 전부터, 그러니까 이 세상이 하나님의 생각의 모태 속에서 태동되고 있을 뿐 아직 태어나지 않아서 창조되지도 않고 존재하지도 않았을 때, 해와 달과 별을 비롯해서 이 광활한 우주가 아직 형성되기 전에, 하나님의 택함 받은 자들은 그 책에 모두 다 기록되었고, 그리스도의 지체들은 확정되어 있었습니다. 그 책은 밀봉되었고, 열린 적이 없었습니다. 그렇다면, 단단히 밀봉된 한 책이 사람들의 행위에 어떤 영향을 미칠 수 있을까요? "아무런 영향도 미칠 수 없습니다"라고 여러분은 말하고, 나도 그렇게 말합니다. 하나님의 작정하심 그 자체는 그 누구에게도 아무런 영향을 미치지 않습니다. 하나님의 작정하심은 그 자체로 거기에 존재할 뿐입니다. 그러나 보십시오! 세상은 온통 혼돈 가운데 있습니다. 바다의 파도들은 제멋대로 흉용하게 날뛰었습니다. 인간은 범죄하고 반역하고 또 반역합니다. 하나님이 그들을 저지하셔도 그들은 재갈을 끊고 멍에를 비웃습니다. 그렇지만, 하나님을 거슬러 반역하는 인간의 완악함과 자유에도 불구하고, 나는 결국 전능자의 은혜로 말미암아 많은 무리가 해마다 서서히 몰려와서 황금 문들을 통과하는 것을 봅니다. 그리고 마침내 문이 닫히고, 빗장이 채워집니다. 그런데 너무나 신기한 것은 저 밀봉된 책이 이제 봉인이 풀리고 펼쳐졌을 때에 거기에 기록된 모든 사람들이 실제로 천국에 들어 와 있다는 것입니다. 그 책에 기록된 사람들이 정해진 시간에 모두 다 들어와서 정해진 자리에 와 있습니다. 그들은 하나님이 미리 아신 통로를 통해서 들어옵니다. 하나님이 오게 하신 자들만이 거기에 와 있습니다. 따라서 인간에게 주어진 자유의지가 하나님의 예정을 방해하지 못했고, 하나님의 영원한 의지를 뒤엎지 못한 것입니다. 인간은 전적으로 자유로웠지만, 하나님은 그 자유의지를 통해서 영광을 받으셨습니다. 인간은 마치 하나님의 책에 무엇이 기록되어 있는지를 안다는 듯이 하나님께 순종해 왔고, 하나님의 작정하심을 자신의 삶의 준칙으로 삼고자 애를 쓴 셈입니다. 이 책의 접혀진 책갈피들로부터 신비한 힘, 영원한 보좌에서 나온 신비한 성령, 눈에 보이지도 않고 드러나지 않으며 때로는 인식조차 할 수 없는 신비한 능력이 나와서, 눈에 보이지 않게 사람들의 의지를 굴복시키며 이끌고, 사람들의 지각을 열어 어둠에서 빛으로 나오게 하고, 사람들의 마음을 녹이고 그 영혼을 움직여서, 사람들로 하여금 전인적으로 예수 안에 있는 진리에 순종하게 하였다는 것이 증명될 때, 그것은 하나님을 얼마나 영화롭게 하겠습니까!

이제 한 가지만 더 말씀을 드리고 마치고자 합니다. 내가 거기에 있게 될까요? 여러분은 거기에 있게 될까요? 내가 여러분에게 하고자 하는 질문은 저 장엄한 찬송에 나오는 말이 아주 잘 표현해 주고 있습니다:

> "나의 의로우신 재판장이신 주께서 오셔서
> 주의 속량 받은 자들을 본향으로 데려가실 때
> 과연 나는 그들 가운데 서 있게 될까요?
> 나 같은 벌레만도 못한 자,
> 종종 죽기를 두려워하는 그런 내가
> 주의 오른편에 서 있게 될까요?
>
> 나는 그들 중에서 가장 악한 자이지만
> 주의 은혜로우신 발 앞에 엎드리기 전
> 지금은 그들 가운데 있기를 좋아합니다.
> 그러나 나의 생각을 꿰뚫어 보시는 주님 앞에 내가 설 수 있을까요?
> 주께서 자기 백성을 호명하실 때
> 내 이름이 불리지 않으면 난 어쩌죠?
>
> 주의 은혜로 제발 그렇게 되지 않게 해주세요.
> 사랑하는 주님이 나의 피난처가 되어 주세요.
> 이 은혜 받을 만한 날에
> 주의 죄 사하시는 음성을 나로 듣게 해주세요.
> 불신에서 나오는 이 두려움을 잠잠케 해주셔서
> 나로 넘어지지 않게 해주시기를 부탁드립니다.

내가 주의 성도들 가운데서 발견되게 해주세요.
천사장의 나팔소리가 울려 퍼질 때
주의 웃는 얼굴을 보게 해주세요.
그때에 주권자의 은혜를 찬송하는 소리가
온 하늘에 울려 퍼진다고 해도
내가 무리 중에서 가장 큰 소리로 찬송하리이다.

이것이 여러분과 나의 기도가 되기를 바랍니다. 하나님께서 여러분과 나의 그런 기도를 들어주시기를 빕니다. 우리가 그 기도에 우리의 믿음의 순종을 더한다면, 하나님께서는 반드시 그 기도를 들어주실 것입니다. "믿고 세례를 받는 사람은 구원을 얻을 것이요 믿지 않는 사람은 정죄를 받으리라"(막 16:16). "주 예수를 믿으라 그리하면 너와 네 집이 구원을 받으리라"(행 16:31). 죄인들이여, 믿으십시오! 하나님께서 여러분을 도우셔서 이 아침에 그리스도의 이름을 인하여 여러분으로 하여금 이 말씀을 믿게 해주시기를 빕니다.

제
82
장

—

환난 가운데 있는 이들을 위하여

—

**"주의 노가 나를 심히 누르시고 주의 모든 파도가 나를 괴롭
게 하셨나이다." — 시 88:7**

행복하게 잘 있는 양들을 돌보는 일뿐만 아니라 병든 양들을 찾아서 편안하게 해주고 도와주는 것도 목자가 해야 할 일입니다. 그래서 이 아침에 내가 환난 가운데 있는 이들을 위하여 말씀을 전하기로 한 것은 잘한 일이라고 생각합니다. 여러분 가운데 믿음과 확신에 충만해서 행복하게 느끼고 하나님을 기뻐하는 분들은 더 약한 형제들을 위하여 한 번의 설교를 기꺼이 양보할 수 있을 것입니다. 뿐만 아니라, 여러분은 심령이 눌려 있는 형제들이 위로의 잔을 갑절로 받을 수 있다면, 여러분 자신의 몫을 받지 않아도 기쁘고 감사한 마음으로 이 전을 나설 수 있을 것입니다. 게다가, 나는 기쁨에 넘쳐 살아가고 있는 그리스도인이라고 할지라도 슬금슬금 다가오고 있는 흑암의 날들을 미리미리 생각해 두는 것은 결코 나쁘지 않다고 확신합니다. 왜냐하면, 흑암의 날들은 그 수가 많기 때문입니다(시 25:19). 우리의 죽어가고 있는 친구들을 생각하면 그것이 우리 위에 구름처럼 드리워서 "우리의 우둔한 열정을 식혀 주는" 역할을 하는 것과 마찬가지로, 이 세상에 환난과 괴로움들이 있다는 것을 생각하면 우리가 즐거워하고 기뻐하는 것을 적절히 식혀 주어서 이 세상의 감각적인 것들에 자기도 모르게 끌려가 우상 숭배로 빠져드는 것을 막아 주는 역할을 할 것입니다. 잔칫집에 가는 것보다는 초상집에 가는 것이 여러 모로 더 유익합니다. 소태 같이 쓴 잔 속에는

포도주 잔에는 없는 효능이 들어 있어서, 젊은이들이여, 여러분의 입을 그 쓴 잔으로 적시면, 여러분에게는 유익만 있을 뿐 결코 그 어떤 해도 없을 것입니다. 여러분이 오늘 행복으로 차고 넘친다고 하여도, 거룩한 경고와 위로를 조금 쌓아두면, 그것들은 여러분에게 조금도 해가 되지 않고, 도리어 언젠가는 큰 유익을 가져다줄 것입니다. 환난과 괴로움에 관한 이 아침의 설교는 여러분 속에 몇 가지 생각들을 쌓아줄 것이고, 그것들은 여러분에게 겨울이 찾아왔을 때쯤에는 여름 과일처럼 잘 익어서 숙성되어 있을 것입니다.

　　성경에 나오는 이야기들을 읽어보거나 믿음 좋은 분들을 잘 알고 있는 사람들은 아무리 훌륭한 하나님의 종들이라고 할지라도 지독한 환난 가운데로 들어갈 수 있다는 것을 너무나 잘 알 것입니다. 참된 신앙을 지닌 자에게는 늘 형통함만 있고 신자의 삶에는 역경이 찾아오지 않는다는 보장은 없습니다. 하나님의 백성들도 사람이기 때문에 모든 사람이 겪는 것들을 겪을 수밖에 없는데, 환난은 바로 그런 것들 중의 하나가 아니고 무엇이겠습니까? 또한, 그리스도인들에게만 특유한 몇몇 환난들이 있습니다. 그것들은 그들이 신자이기 때문에 겪는 추가적인 환난들입니다. 그러나 그러한 환난들은 경건하지 않은 자들에게 특유한 쓰디쓴 환난들, 그들이 범죄함으로 인해서 겪게 되는 모진 환난들에 비하면 아무것도 아닙니다. 그리스도인들은 불경건한 자들에게만 특유한 환난들을 겪지 않습니다. 우리 앞에 펼쳐져 있는 본문으로부터 우리는 하나님의 아들들이 지독한 환난 가운데로 들어가서, 괴로움으로 점철되어 있고 탄식과 한숨이 가득한 시편들을 쓰고 노래할 수 있다는 것을 배웁니다. 물론, 그들에게 그런 일이 자주 있는 것은 아니지만, 일반적으로 그들의 노래들은 티끌 속에서 시작하지만 머지않아 청명한 하늘로 오르는 다윗의 노래들과 같습니다. 그러나 종종 성도들은 처음부터 끝까지 기쁨 한 점 찾아볼 수 없는 서글프고 암울한 비가(悲歌)를 부를 수밖에 없는 경우가 있습니다. 그렇지만 아무리 춥고 황량한 겨울밤에도 성도들은 하늘에 나타나 있는 서광(瑞光)을 봅니다. 모든 시편 중에서 가장 암울한 이 시편 88편에서도 우리는 1절에서 한 줄기 희미한 별빛이 비추고 있는 것을 보게 됩니다: “여호와 내 구원의 하나님이여.” 시편 기자였던 헤만은 자신의 하나님을 계속해서 붙잡고 있었습니다. “내 하나님”이라고 부르짖을 수 있는 심령은 온통 어둠으로 가득 차 있는 심령이 결코 아닙니다. 하나님의 자녀들은 아무리 깊이 가라앉아 있다고 할지라도 여전히 자신의 하나님을 계속해서 붙잡고 있습니다. 그럴 때에 그들의 영혼은 "주께서 나를 죽이실지라도 나는 주를 의지하리라"(욥 13:15 KJV, 한글개역개정에는 "그가 나를 죽이시리니 내가 희망이 없노라"로 되어 있음)고 결심합니다. 여호와께서 나를 치시고 계시지만, 그분은 여전히 나의 하나님이십니다. 여호와께서 내게 눈살을 찌푸리신다고 해도, 그분은 나의 하나님이십니다. 여호와께서 나를 티끌 가운데서 짓밟으시고 가장 깊은 구덩이 속에 죽은 자들 가운데에 두신다고 해도, 그분은 여전히 나의 하나님이시기 때문에, 나는 죽기까지 나의 하나님이라 부를 것입니다. 심지어 하나님께서 나를 떠나신다고 해도, 나는 "내 하나님이여 내 하나님이여 어찌 나를 버리셨나이까"(시 22:1)라고 부르짖을 것입니다. 게다가, 신자들은 최악의 때에도 여전히 계속해서 기도할 수 있고, 아마도 자신의 고통과 괴로움 때문에 더욱더 간절하게 기도할 것입니다. 하나님이 적기를 들어 위험신호를 보내시면, 그의 자녀들은 그에게서 멀어지는 것이 아니라 오히려 그에게 더 가까이 나아갑니다. 우리에게 닥친 환난들은 우리를 반석이신 그리스도께로 나아가게 만드는 파도들입니다. 오늘의 시편은 기도로 가득 차 있습니다. 이 시편은 괴로움으로 소금 쳐져 있는 것과 같이 간구로 양념이 되어 있습니다. 시편 기자는 한편으로는 니오베(Niobe, 자신이 자랑하던 14명의 자녀를 전부 살해당하여 비탄 속에 지내다 돌로 변했다는 그리스 신화에 나오는 여자) 같이 탄식하며 울지만, 다른 한편으로는 무릎을 꿇고 눈을 들어 하늘을 우러러보며 간구합니다. 어떤 사람이 기도할 수 있다면, 그에게는 빛이 전혀 없는 것이 아닙니다. 비록 커튼이 아직 걷혀져 있지는 않지만, 그는 창문 앞에 있습니다. 기도할 수 있는 사람은 환난의 미로를 빠져나갈 수 있는 단서를 자신의 손에 쥐고 있는 것입니다. 자신의 심령이 큰 고통과 괴로움 가운데 있다고 할지라도 기도하는 사람은, "비록 잎사귀들은 잃었지만 자신의 실체는 그대로 간직하고 있는 겨울나무와 같습니다." 기도는 영혼의 호흡이고, 호흡하는 영혼은 살아 있는 것이기 때문에 또다시 힘을 회복하게 될 것입니다. 어떤 사람이 여전히 계속해서 기도할 수 있는 동안에는 참되고 영원한 생명을 지니고 있는 것임에 틀림없습니다. 또한, 그러한 생명이 있는 동안에는 소망도 있는 것이 분명합니다. 아무리 훌륭한 하나님의 자녀일지라도 그를 압도해서 부서뜨리고 죽일 것 같은 큰 환난을 겪을 수 있습니다. 또한, 그 환난들이 일생 동안 그를 따라다니며 괴롭혀서 그 괴로움이 이루 말할 수 없이 클 수도 있습니다. 탄식으로 가득한 오늘의 시편은 이 모든 것을 우리에게 가르쳐 줍니다.

　　오늘의 주제를 전하면서, 나는 먼저 본문을 강해한 후에, 환난이 주는 유익들에 대하여 간략하게 설명하고자 합니다.

1. 첫째로, 나는 몇 가지 고찰을 통해서 본문을 강해하고자 합니다.

　　먼저, 이 시편에 나오는 강한 표현들은 환난을 받는 성도들은 자신의 환난을 과대평가하기가 너무나 쉽다는 것을 보여줍니다. 나는 우리 모두가 이 점에서 잘못을 저질러서, "내가 세상에서 가장 심한 환난을 겪고 있는 사람이다"라고 말하기가 너무나 쉽다고 믿습니다. 시편 기자는 하나님의 감동을 받은 사람이었지만 이 시편을 쓰면서 자신의 형편을 과장함으로써 이러한 보편적인 연약함을 드러내 보입니다. 그가 어떻게 말하고 있는지를 들어봅시다: "주의 노가 나를 심히 누르시고." 나는 헤만이 "노"라는 표현을 최악의 의미로 사용했다는 것을 의심하지 않습니다. 그는 하나님께서 불경건한 자들에게 진노하시듯이 자기에게도 그렇게 정말 진노하고 계시는 것이라고 믿었습니다. 그러나 그것은 사실이 아니었습니다. 우리가 앞으로 살펴보겠지만, 자신의 자녀들에 대한 하나님의 진노와 자신의 원수들에 대한 하나님의 진노는 엄청난 차이가 있습니다. 우리는 헤만이 그러한 차이를 충분히 인식하였을 것이라고 생각하지 않습니다. 심지어 오늘날에도 하나님의 자녀들 중 다수는 그런 차이를 망각하고서, 하나님이 엄격한 공의에 따라 그들을 벌하실 것이라고 두려워하며, 마치 하나님이 그들에 대한 형벌을 집행하셔서 그들을 치실 것이라는 듯이 생각합니다. 진실을 혼동하고 있는 이 가엾은 신자들이 그 차이를 볼 수만 있다면, 그들은 자신들이 하나님의 "진노"라고 부르는 것이 사실은 그들에게 최고의 복과 유익을 가져다주기 위한 하나님의 "사랑"일 뿐이라는 것을 알게 될 것입니다. 게다가, 시편 기자는 "주의 노가 나를 심히 누르시고"라고 말합니다. 만일 헤만이 하나님의 진노가 그를 강하게 압박하고 있는 것이 무엇인지를 알았더라면, 그는 이렇게 말한 것을 취소하였을 것입니다. 왜냐하면, 누구라도 자신의 삶 속에서 느끼는 모든 하나님의 진노는 단지 하나님이 자신의 작은 손가락을 그 사람에게 대시는 것일 뿐이기 때문입니다. 하나님의 진노가 사람들을 심히 누르시는 것은 내세에서나 일어날 일입니다. 하나님이 자신의 손을 뻗으셔서 전능하신 능력으로 사람들의 영혼과 몸을 내리누르셔서 지옥에서 그들을 영원히 멸하실 때에야, 비로소 사람들은 끝없는 멸망에 빠져 들어가면서 하나님의 진노의 능력이 과연 어떤 것인지를 실감하게 될 것입니다. 현세에서는 하나님의 진노가 심하게 누르는 것이 무엇인지를 사람들이 알 수 없고, 특히 하나님의 자녀들은 더더욱 알 수 없습니다. 우리가 사실이라는 잣대로 냉정하게 평가해 보면, 시편 기자가 이렇게 말한 것은 지나치게 과도한 표현이라고 할 수 있습니다. 이 세상에서 산 사람들 중에서 가장 큰 괴로움을 겪은 사람이 이런 표현을 사용했다고 하더라도, 그런 말은 사실과는 많은 차이가 있습니다. 게다가, 헤만은 "주의 **모든** 파도가 나를 괴롭게 하셨나이다"라는 말을 덧붙이는데, 이것은 마치 모든 대양에서 넘실거리는 파도들이 오로지 그에게만 분노하여 몰려와서 그를 덮쳐 파괴하여 난파당하게 하였다는 듯이 말하고 있는 것입니다. 난파당한 그의 배는 해변으로 휩쓸려왔고, 바다의 모든 파도들은 그의 머리 위에서 철썩거렸습니다. 그 파도들은 굶주린 이리들이나 사자들처럼 그를 잡아먹으려고 들짐승처럼 날뛰었고, 그것은 바다의 모든 파도가 다른 대상에는 전혀 관심을 갖지 않고 오직 그만을 분노의 대상으로 삼아 그를 삼키려고 모두 다 몰려온 것처럼 그에게 느껴졌습니다. 그러나 사실은 그렇지 않았습니다. 하나님의 모든 파도는 "인자"이신 그리스도를 제외하고는 어느 한 사람도 덮친 적이 없습니다. 도리어, 하나님께서는 우리가 알지 못하는 환난들과 재앙들로부터 계속해서 우리를 건져 주십니다. 우리의 육체가 모든 질병들을 다 앓았습니까? 우리의 육체가 모든 고통들을 다 겪었습니까? 우리의 영혼이 모든 정신적인 고통을 다 당했습니까? 그리고 설령 우리가 육체와 정신의 모든 불행을 다 겪은 듯이 보일지라도, 여전히 우리는 우리의 가정과 친구들 속에서 분명히 어느 정도 위로를 얻고 살아갑니다. 그러므로 하나님께서는 우리를 거친 파도들로부터 일정 정도 막아주고 계시는 것입니다. 헤만이여, 하나님의 모든 파도가 당신을 덮친 그런 일은 사실 없었습니다. 당신은 욥과 예레미야에게 닥쳤던 재앙들을 겪지 않았습니다. 산 자들은 하나님의 **모든** 파도가 정말 무엇을 의미하는지를 결코 알 수 없습니다. 하나님의 진노를 그대로 받도록 정죄를 받은 자들만이 그것을 압니다. 어둠과 영원한 폭풍의 땅에 있는 자들만이 그것을 압니다. 그런 자들은 하나님의 모든 파도가 무엇인지를 알지만, 우리는 알지 못합니다. 이 은유는 시적인 표현으로는 아주 좋고 훌륭한 것이지만, 사실에 대한 진술로는 부적합합니다. 우리는 모두 우리가 겪는 환난과 고통을 과장하기 쉽습니다. 이것이 일반적인 사실입니다. 이런 말을 들으면, 행복하게 살아가는 사람들은 아무렇지도 않겠지만, 극심한 환난을 견디며 살아가고 있는 분들은 화가 날지도 모릅니다. 그런 분들이 이런 말을 허심탄회하게 그대로 받아들인다면, 이 말은 그들에게 유익이 될 수 있습니다. 그러나 이런 말을 그런 분들 앞에서 대놓고 하는 것은 역시 잔인한 일일 것입니다. 그래서 이 말은 사실이긴 하지만, 나는 고통당하고 있는 분들의 귀에 이 말을 속삭이고 싶지는 않습니다. 이 말은 그들에게 위로가 아니라 괴로움이 될 것이기 때문입니다. 나는 종종 사람들이 "당신보다 더 큰 고통을 당하는 사람들도 많아"라는 말로 고통당하고 있는 나를 위로하고자 하는 것을 볼 때에 기가 막혀서 말문이 막히곤 합니다. 아니, 내가 마귀입니까? 그래서 사람들은 다른 사람들이 나보다 더 고통당하고 있다는 말을 듣고서 내가 기뻐할 것으로 생각하는 것입니까? 결코 있을 수 없는 일입니다. 나보다 더 큰 고통을 당하는 사람들이 있다는 말을 들으면 내 마음은 더 고통스러워지고, 그 고통 때문에 나의 괴로움은 더 커집니다. 마귀는 자기가 고통을 당하면서도 다른 사람들이 자기보다 더 뜨거운 불 속에서 고통을 당하고 있을 것이라고 믿고서 거기에서 위로를 발견할 수 있습니다. 그러나 우리는 그런 마귀적인 위로로 그리스도인들을 위로하려고 해서는 안 됩니다. 우리가 다른 사람들의 불행을 보고서 위로를 받을 수 있다고 생각한다면, 그것은 우리의 마음이 얼마나 깊이 부패해 있는지를 보여주는 것입니다. 그렇지만 부패하여 악취가 나는 그런 샘에서 길은 물을 주고자 하는 것이 바로 인간의 본성입니다. 반면에, 그런 위로와 비슷해 보이지만 훨씬 더 합당한 위로, 하나님으로부터 나오는 존귀한 위로가 있습니다. 하나님의 진노로 더할 나위 없이 심하게 눌린 분이 한 분 계셨습니다. 정말 하나님의 모든 파도로 괴롭힘을 당하신 분이 한 분 계셨습니다. 그분은 우리의 형제, 우리와 같은 사람, 우리 영혼이 가장 사랑하는 분입니다. 그분은 이 모든 것을 아셨고 친히 겪으셨기 때문에, 우리가 어떤 환난 속에 있든, 우리에게 공감하실 수 있으십니다. 그분이 겪으신 수난(passion)은 지금은 다 지나갔지만, 우리의 고통과 아픔에 대한 그분의 공감(compassion)은 지나간 것이 아닙니다. 그분은 자신이 하나님의 진노를 짊어지심으로써 그 모든 진노가 우리로부터 떠나가게 하셨습니다. 하나님의 모든 파도는 그분에게 모든 분노를 다 쏟아 붓고 힘을 잃었습니다. 이제 그분은 큰 물 위에 앉아 계십니다. 그렇습니다. 그분은 영원토록 왕으로 좌정해 계십니다. 우리가 십자가에 못 박히신 그분을 생각할 때, 우리 영혼은 우리에 대한 그분의 연민과 강력한 도우심으로부터 위로를 받을 뿐만 아니라, 우리에게 임한 환난과 시련들을 참된 기준에 따라 좀 더 차분한 눈으로 바라보는 법을 배울 수 있습니다. 그리스도의 십자가 앞에서 우리가 진 십자가는 작아 보이게 됩니다. 우리의 육체에 지닌 가시들은 그리스도를 찌른 못들과 창 옆에 나란히 두고 보면 아무것도 아니게 됩니다.

두 번째로 우리가 말하고자 하는 것은 성도들은 자신의 모든 환난을 하나님이 보내신 것으로 여기는 것이 합당하다는 것입니다. 헤만은 본문에서 그렇게 고백했습니다: "주의 노가 나를 심히 누르시고 주의 모든 파도가 나를 괴롭게 하셨나이다." 그는 자신의 모든 역경을 자신의 주 하나님께로 돌립니다. 그것은 하나님의 진노입니다. 그 환난들은 그를 괴롭히는 하나님의 파도들이고, 하나님께서는 그 파도들로 하여금 그를 괴롭히게 하시는 것입니다. 하나님의 자녀들은 자신의 어떤 환난이나 괴로움을 겪든 그 모든 것들은 하나님의 손에서 오는 것임을 결코 잊어서는 안 됩니다. 사실 여러분은 "나의 환난은 악인들 때문에 생긴 것이다"라고 말할 것입니다. 그러나 무한히 거룩하신 분께서 자신의 손가락에 흙을 묻히지 않으시고 예정된 것을 이루시기 위하여 거룩한 천사들만이 아니라 악인들의 움직임들도 주관하신다는 것을 기억하십시오. 만일 불경건한 자들과 관련해서 하나님의 섭리에 의해 정해진 것들이 없다면, 인류의 대다수가 전적으로 우연에 맡겨지게 될 것이고, 경건한 자들은 아무런 소망도 없이 불경건한 자들에 의해서 멸망을 당하는 끔찍한 일이 벌어지게 될 것입니다. 하나님께서는 불경건한 자들의 자유의지를 방해하지 않으시는 가운데 그들을 주관하셔서 자신의 자녀들을 지혜롭게 징계하시기 위한 회초리로 사용하십니다. 아마도 여러분은 자신의 환난과 시련이 다른 사람들의 죄 때문이 아니라 자신의 죄 때문에 생겨났다고 말할 것입니다. 그런 경우에도 나는 여러분이 회개하는 가운데 그 환난들을 하나님이 보내신 것으로 여길 수 있게 되기를 바랍니다. 환난이 죄로 말미암아 생겨난다고 할지라도, 범죄하였을 때에 여러분의 영혼을 고치는 수단으로서 환난이 생겨나도록 정하신 분은 하나님이십니다. 이차적인 원인을 보지 마십시오. 또는 깊이 뉘우치는 가운데 이차적인 원인을 보고서는, "매가 예비되었나니 그것을 정하신 이가 누구인지 들을지니라"(미 6:9)는 말씀대로 곧바로 여러분의 눈을 하늘에 계신 아버지께로 돌리십시오. 하나님께서는 우리에게 이 죽을 인생의 좋은 것만이 아니라 나쁜 것도 보내십니다. 우리를 기쁘게 해주는 해만이 아니라 우리를 추위에 떨게 만드는 서리도 하나님의 것입니다. 깊고 잔잔한 바다만이 아니라 거센 회오리바람도 하나님의 것입니다. 별 의미도 없는 이차적인 원인들에 골몰하는 것은 쓸데없는 일입니다. 사람들은 각각의 환난에 대하여 이런 식으로 말합니다: "이러저러하게 했더라면 그 환난을 막을 수 있었을 텐데. 다른 의사를 불렀더라면 이 사랑하는 자녀의 생명을 건졌을지도 모르는데. 내가 이러저러한 방향으로 사업을 해나갔다면 손해를 보지 않았을 텐데." 도대체 누가 이러저러하게 했더라면 어떤 일이 일어났을 것이라고 판단할 수 있단 말입니까? 우리는 끝없는 추측 속에서 뭐가 뭔지 모르게 되고, 괜한 쓸데없는 추측으로 불필요한 괴로움과 회한만을 만들어 내어 우리 자신을 더욱 비참하게 할 뿐입니다. 아무리 추측을 해도 그런 일들은 결코 일어나지 않을 것입니다. 그런데도 왜 이러저러했더라면 일이 이러저러하게 되었을 것이라고 쓸데없는 추측을 하는 것입니까? 그것은 어리석은 짓입니다! 여러분은 최선을 다했지만, 뜻한 대로 되지 않았을 뿐입니다. 왜 거기에 반기를 드는 것입니까? 이차적인 원인에 몰두하는 것은 우리의 마음을 화나게 할 뿐입니다. 우리는 우리에게 닥친 환난이나 괴로움의 좀 더 직접적인 원인에 대하여 화를 내게 되기 때문에, 하나님께 순복할 수 없게 됩니다. 여러분이 막대기로 개를 때리면, 개는 마치 막대기가 자기에게 해를 가하는 장본인인 양 막대기를 뭅니다. 하나님께서 우리를 치시면, 우리도 종종 개처럼 그 막대기에 대하여 으르렁거립니다. 형제들이여, 여러분을 해친 사람을 용서하십시오. 여러분의 죄가 용서받고자 한다면, 그 사람이 저지른 죄는 하나님께 맡기고, 그의 죄를 용서하십시오. 그가 여러분에게 끼친 해악은 하나님의 징계이고 하나님으로부터 온 것입니다. 그러므로 그 환난을 감내하시고, 하나님께서 여러분에게 은혜를 주셔서 그 환난으로부터 유익을 얻을 수 있게 해 주시라고 기도하십시오. 우리는 하나님의 회초리로 사용된 사람들로부터 더 많이 멀어질수록 더 좋습니다. 왜냐하면, 우리가 그 회초리로부터 멀어지고 그 회초리를 사용하신 하나님께로 나아갈 때에 하나님의 은혜로 말미암아 더 쉽게 순복할 수 있게 될 것이기 때문입니다. "이 일을 하신 분이 하나님이시라"는 것을 알 때, 우리는 기꺼이 "하나님께서 좋게 여기시는 대로 행하시기를 바라나이다"라고 기도할 수 있습니다. 내가 나에게 닥친 고통을 우연한 사고로 돌리고, 나의 사별을 실수로 돌리며, 나의 손해를 다른 사람의 잘못으로 돌리고, 나의 불안을 원수 탓으로 돌릴 때, 나는 "땅에서 나서 흙에 속한 자"(고전 15:47)로 행하여, "조약돌로 내 이들을 꺾게"(애 3:16) 될 것입니다. 그러나 내가 나의 환난 속에서 하나님의 손이 역사하고 있음을 보고서 일어나서 나의 하나님께로 달려갈 때,

나는 "내가 잠잠하고 입을 열지 아니함은 주께서 이를 행하신 까닭이니이다"(시 39:9)라고 말하며, 불평하는 말을 하지 않게 될 것이고, 마음이 편안해질 것입니다. 다윗은 자신을 하나님의 손에 맡기는 것을 좋아하였습니다. 모든 신자는 자기가 하나님의 손 안에 있다는 것을 깨달을 때에 가장 안심이 되고 행복하다고 느낀다는 것을 압니다. 다른 사람들을 탓하는 것은 쓸데없고 초라한 일이지만, 하나님께 호소하는 것은 도우심과 위로를 가져다줍니다. "네 짐을 여호와께 맡기라"(시 55:22)는 말씀은 여러분이 자신의 짐이 근원적으로 하나님으로부터 왔다는 것을 알 때에 쉽게 실천할 수 있는 명령입니다.

세 번째로, 환난 가운데 있는 하나님의 자녀들은 그 환난 속에 섞여 있는 하나님의 진노를 주목하는 것이 합당합니다: "주의 노가 나를 심히 누르시고." 이것이 헤만이 가장 먼저 지적하고 있는 것입니다. 그는 먼저 하나님의 진노에 대하여 말하고 나서야, 다음으로 환난의 파도에 대하여 언급합니다. 우리는 하나님이 우리를 치시는 의도가 무엇인지, 하나님의 징계의 목적이 무엇인지, 우리가 어떻게 해야 그 징계의 목적에 부응할 수 있는지를 발견해 내고자 애써야 합니다. 우리는 예리하게 관찰해서 이것을 분명하게 분별해 내야 합니다. 하나님의 진노라고 해서 다 똑같은 진노인 것은 아니기 때문에, 하나님은 어떤 의미에서는 자신의 자녀들에게 결코 진노하지 않으시지만, 또 어떤 의미에서는 진노하시는 것이라고 말할 수 있습니다. 인간으로서 우리는 모두 다 하나님의 율법에 불순종해 왔고, 하나님은 우리 모두와의 관계에서 재판장으로 계십니다. 재판장이신 하나님은 우리에 대하여 자신의 율법에 정한 형벌을 집행하셔야 하고, 자신의 본성으로 말미암아 그 율법을 어긴 우리에 대하여 진노하실 수밖에 없습니다. 이것은 모든 인간에게 해당됩니다. 그러나 어떤 사람이 주 예수 그리스도를 믿게 되는 순간, 그의 죄악들은 더 이상 그의 것이 아니라, 대속자이신 그리스도 예수에게 전가됩니다. 죄에는 진노가 따르는데, 신자들이 저지른 죄들에 대한 하나님의 진노는 그리스도께 다 쏟아 부어졌습니다. 그들을 대신하여 그리스도께서 벌을 받으셨습니다. 그들의 죄에 합당한 형벌은 예수 그리스도께서 친히 지셨습니다. 온 땅의 심판자이신 하나님께서는 결코 불의하실 수 없습니다. 그런데 예수 그리스도께서 이미 짊어지신 죄로 말미암아 하나님이 신자를 벌하신다면, 그것은 불의한 일이 되고 말 것입니다. 따라서 신자는 하나님이 형벌로 내리시는 진노를 받을 가능성도 전혀 없고, 지존자로부터 사형선고를 받을 위험성도 전혀 없습니다. 인간의 죄는 그리스도로 말미암아 이미 용서를 받았는데, 어떻게 또다시 심판을 받겠습니까? 인간은 그리스도로 말미암아 이미 빚을 다 갚았는데, 어떻게 마치 여전히 빚을 진 자처럼 또다시 재판장 앞으로 불려가겠습니까? 그리스도께서는 인간이 되셔서 인간이 진 죄의 빚을 다 갚으셨습니다. 그러므로 인간은 담대하게 이렇게 말할 수 있습니다: "누가 능히 하나님께서 택하신 자들을 고발하리요 의롭다 하신 이는 하나님이시니 누가 정죄하리요 죽으실 뿐 아니라 다시 살아나신 이는 그리스도 예수시니 그는 하나님 우편에 계신 자요 우리를 위하여 간구하시는 자시니라"(롬 8:33-34). 이제 그리스도인들의 위치는 완전히 달라져 있습니다. 그들은 양자로 입양되어 하나님의 권속이 되었습니다. 이제 그들은 하나님의 자녀들입니다. 그들은 하나님의 집의 법 아래에 있습니다. 모든 집에는 자녀들과 종들을 다스리는 법이 있습니다. 하나님의 자녀가 그 집의 법을 어기면, 하나님께서는 심판자로서 벌을 내리시는 것이 아니라 그런 것과는 판이하게 다르게 아버지로서 노하시고 매를 드십니다. 오늘날 감옥에 있는 흉악범들은 짧은 시간 동안 집중적으로 관리들로부터 등에 채찍을 맞는 벌을 받고, 불순종한 아들은 아버지로부터 회초리를 맞는 벌을 받는데, 이 둘은 서로 완전히 다른 것입니다. 심판자의 분노와 아버지의 분노는 극과 극처럼 정반대입니다. 아버지는 화를 내시면서도 자녀를 사랑하고, 사실 일차적으로 사랑하기 때문에 화를 내는 것입니다. 만일 그 아이가 자기 자녀가 아니었다면, 아버지는 아마도 그 아이의 잘못을 지적하지 않고 그냥 넘어갔을 것입니다. 그러나 거짓말을 하거나 불순종한 아이가 바로 자신의 자녀이기 때문에, 아버지는 자기 자녀를 사랑하는 마음에서 징계하여야 한다고 느낍니다. 이것을 더 자세하게 설명할 필요는 없을 것입니다. 죄를 짓고도 회개치 않은 사람들을 향하여 하나님의 마음속에는 의로운 진노가 있습니다. 하지만 하나님은 자기 백성에 대해서는 그런 진노를 느끼지 않으십니다. 하나님은 그들의 아버지이시기 때문에, 그들이 죄를 지으면 그들을 회초리로 벌하십니다. 그러나 그리스도께서 이미 그들의 모든 죄를 대신 짊어지셨기 때문에, 그 벌은 법적인 형벌이 아니라, 그들로 하여금 자신의 어리석음을 깨닫고 회개하도록 하기 위한 아버지의 인자하신 징계입니다. 하나님께서는 이렇게 자신의 자애로우신 징계를 통해 그들로 하여금 정신을 차리고서 자신의 행실을 고치고 아버지께로 돌아오게 하시는 것입니다. 하나님의 자녀들이여, 오늘 여러분이 가난함이나 육신의 질병이나 심령의 눌림을 통해서 고통을 겪고 있다고 할지라도, 그 고난 속에는 하나님의 심판에 해당하는 진노는 조금도 들어 있지 않다는 것을 기억하십시오. 하나님께서는 심판자가 범죄자를 벌하듯이 여러분을 벌하시는 것이 결코 아닙니다. 누가 그런 잘못된 가르침을 제시해도 결코 믿지 마십시오. 그런 가르침은 예수 안에 있는 하나님의 진리를 정면으로 거스르는 것입니다. 복음의 가르침은 우리의 모든 죄가 옛적에 우리를 위해 위대한 도피염소가 되신 분의 머리에 전가되어 단번에 아주 멀리 광야로 옮겨졌기 때문에 믿는 우리에게 다시는 결코 정죄함이 없을 것이라고 말씀합니다.

그러나 환난을 당할 때에 우리는 하나님의 자녀로서 우리가 무수히 회초리를 맞는 것이 마땅하다는 것을 깨닫고 시인하여야 합니다. 사랑하는 형제들이여, 여러분이 회심한 이후로 어떻게 행해 왔는지를 되돌아보고 깊이 생각해 보십시오. 하나님께서 여러분을 징계하신 것이 과연 이상한 일입니까? 내 자신에 대해서 말한다면, 나는 내가 분초마다 회초리를 맞아야 마땅한 그런 삶을 살았는데도 하나님께서 그렇게 아주 드물게만 회초리를 드신 것이 오히려 이상합니다. 만일 내가 "나는 종일 재난을 당하며 아침마다 징벌을 받았도다"(시 73:14)라고 말할 수밖에 없었다면, 나는 그것을 오히려 당연히 여겼을 것입니다. 왜냐하면, 내가 저지른 잘못들은 헤아릴 수 없이 많기 때문입니다. 우리는 얼마나 배은망덕하게 살아 왔습니까! 우리는 얼마나 사랑도 없이, 그리고 사랑 받을 만한 구석이 하나도 없이 살아 왔습니까! 우리는 우리의 가장 거룩한 맹세를 얼마나 밥 먹듯이 어기며 살아 왔습니까! 우리는 지극히 거룩하게 성별되었으면서도 전혀 그런 위치에 있지 않은 자처럼 얼마나 뻔뻔스럽게 살아 왔습니까! 하나님의 규례들 중에서 우리가 어기지 않은 것이 단 하나라도 있습니까? 우리가 기도할 때마다 하나님을 노여우시게 함이 없이 기도를 끝낸 적이 과연 있었습니까? 우리는 찬송할 때마다 냉랭한 마음으로, 또는 다른 생각을 하면서 찬송하지 않은 적이 과연 있었습니까? 우리가 성경을 읽으면서 마땅히 우리 영혼이 그 진리의 말씀을 간절히 사모하여 받아들여야 함에도 불구하고 그렇게 하지 못하는 것에 대하여 슬퍼하며 운 적이 있었습니까? 좋으신 아버지, 사실 우리는 아버지에게서 지금 맞는 것보다 더 심하게 맞아야 마땅한 자들입니다!

여러분이 자신의 죄를 고백하고 난 후에는, 나는 여러분에게 현재의 징계를 불러온 자신의 구체적인 죄가 무엇이었는지를 꼼꼼히 찾아보기를 권면합니다. "나는 그런 것을 찾아낼 수 있을 것이라는 생각이 들지 않는데요"라고 말하는 사람이 있을 것입니다. 여러분도 아마 그렇게 생각할 것입니다. 하지만 여러분에게 임한 징계를 불러온 죄는 의외로 아주 가까운 곳에 있을 것입니다. 나는 그리스도인들이 환난을 당하는 것이 이상해 보이는 것이 아니라, 환난을 당하지 않는 것이 오히려 이상해 보입니다. 예를 들어, 나는 어떤 그리스도인들은 가족 예배를 비롯해서 가정에서 마땅히 해야 할 도리들을 소홀히 해서, 자녀들로 하여금 그런 것들을 하찮게 여기며 자라나도록 내버려 두는 것을 보아 왔습니다. 그런 사람들이 "내게 이런 환난이 일어나다니 도대체 무슨 일인가"라고 부르짖는다면, 나는 "여러분은 그 환난을 초래한 장본인이기 때문에 당연히 그런 환난이 임할 것을 예상했어야 했습니다"라는 말을 하고 싶지는 않지만, 그 말은 사실입니다. 부모들의 성격이 가혹하고 까다로우며 모질 때, 그런 가정에서 자란 아이들이 가출해서 죄악에 빠지는 것은 이상한 일이 아닙니다. 가시나무에서 무화과 열매를, 또는 엉겅퀴에서 포도를 거두기를 기대할 수는 없기 때문입니다. "돈을 벌어야지, 돈을 벌어야지"라고 말하며 온통 돈 벌 생각으로 꽉 차서 살아가는 사람들이 자기는 그리스도인이라고 고백하는 경우를 나는 많이 보아 왔습니다. 우리는 그런 사람들이 불안해하며 불행하게 사는 것을 이상하게 생각하지 않습니다. 여러분은 하나님께서 그런 왜곡된 성격을 지닌 사람들을 그냥 오냐오냐 하며 받아 주실 것이라고 생각하십니까? 결코 그렇지 않습니다. 그런 사람들이 하나님의 뜻을 무시하고 완고하게 제멋대로 행한다면, 하나님께서는 그들에게 자신의 엄위하심을 보여주십니다. 형제들이여, 여러분에게 닥친 환난의 뿌리는 여러분이 짓고 있는 죄 바로 아래 있을 것입니다. 잘 찾아보십시오!

그러나 종종 징계의 원인이 좀 더 멀리 있는 경우도 있습니다. 의사들은 젊었을 때의 잘못이나 사고가 원인이 되어서 인생의 전성기나 노년에 발병하는 질병들이 있다고 말합니다. 그런 질병들은 오랜 세월 동안 발병하지 않고 잠복해 있었던 것이 됩니다. 마찬가지로, 우리가 젊었을 때에 지은 죄들이 우리의 중년이나 노년의 괴로움의 원인이 되는 경우가 있습니다. 20년 전에 저질렀던 잘못에 대한 벌이 오늘 우리에게 닥칠 수 있다는 것입니다. 나는 이런 경우를 잘 압니다. 우리의 환난의 원인이 된 잘못이 아주 오래된 것인 경우에는, 우리는 더욱더 철저하게 원인을 찾아내고 더 간절하게 기도하여야 합니다. 존 번연은 "크리스천"이 "겸손의 골짜기"로 내려갈 때에 잘못해서 미끄러졌기 때문에 "아볼루온"을 만나 "사망의 음침한 골짜기"를 통과해야 하는 암울한 일을 겪어야 했다고 우리에게 말해줍니다. 우리에게도 그런 일이 일어날 수 있습니다. 아마도 여러분은 젊었을 때에 심령의 고통을 겪는 사람들에게 아주 냉정했을 수 있습니다. 그래서 지금은 여러분 자신이 그런 처지가 되어서, 여러분은 심령의 고통을 당하고 사람들은 여러분을 아주 냉정하게 대합니다. 또한, 여러분이 잘 나가던 시절에 가난한 자들과 궁핍한 자들을 멸시하고 무시했고, 지금은 지난날에 여러분의 그러한 교만에 대하여 징계를 받고 있는 것일 수도 있습니다. 목회자들 중에는 지난날에 어떤 사람에 대한 나쁜 평판을 그대로 믿음으로써 그 사람에게 상처를 주는 데 일조하였기 때문에, 지금 와서는 자신이 사람들의 비방의 표적이 되고 있는 사람들이 있을 수 있습니다. "너희가 헤아리는 그 헤아림으로 너희가 헤아림을 받을 것이니라"(마 7:2). 일찍부터 높은 자리에 올라서 사람들에게 호령하며 살던 사람들이 아주 낮은 자리로 떨어져 비천하게 살아가는 것을 볼 때, 이제 우리는 그 수수께끼를 압니다. 하나님께서는 자기 자녀들의 범죄를 벌하십니다. 하나님은 죄인들에 대해서는 그들이 온갖 죄를 저지르며 살아가더라도 이 땅에 사는 동안에는 책망하지 않으시고 그냥 넘기시는 일이 비일비재하시지만, 자기 자녀들에 대해서는 결코 그렇게 하지 않으십니다. 여러분이 오늘 길을 가다가 여러 명의 소년이 돌을 던져서 창문들을 깨뜨리는 것을 보았다면, 아마도 거기에 개입하지 않고 그냥 지나칠 수도 있을 것입니다. 그러나 여러분이 자신의 자녀가 그들 가운데 끼어 있는 것을 보았다면, 분명히 여러분은 그 아이를 끌고 와서는 야단을 칠 것입니다. 하나님께서도 죄인들이 자신의 악한 길을 고집하며 계속해서 죄를 짓는 것을 보실 때에 이 땅에서는 그들을 벌하지 않으시고 내세에 벌하시기로 작정하실 수 있습니다. 그러나 죄를 짓는 자가 자신의 택함 받은 자들 중 한 사람이라면, 하나님께서는 반드시 그로 하여금 그가 죄 지은 그 날을 후회하게 만드십니다. 또한, 여러분이 죄를 지었기 때문이 아니라 마땅히 해야 할 도리를 하지 않은 것이 여러분에게 닥친 환난의 원인일 수 있습니다. 여러분이 마땅히 해야 할 도리를 하지 않아서 범죄한 것이 무엇인지를 잘 살펴보십시오. 여러분이 소홀히 한 어떤 거룩한 규례가 있습니까, 아니면 여러분이 믿기를 거부한 어떤 가르침이 있습니까?

또한, 아직 죄로 발전되지는 않았지만 여러분 속에 품고 있는 어떤 악의 성향 때문에 징계를 받는 경우도 있을 수 있습니다. 이런 경우에는 하나님께서 여러분의 잠복된 죄를 드러내서서 여러분으로 하여금 그 죄를 미리 차단하고 없애 버리도록 하시기 위하여 환난을 보내십니다. 여러분은 자신이 본질상 마귀적인 존재라는 것을 아십니까? 따라서 하나님의 은혜가 우리에게서 떠나면, 우리는 선한 일을 전혀 할 수 없습니다. 그런데도 우리는 그런 사실을 알지 못하고, 자기가 꽤 고상한 기질을 지니고 있고 꽤 사랑스러운 성품을 지니고 있다고 생각합니다. 그러나 한 번 보십시오. 어떤 사람들이 우리를 괴롭히고 욕하며, 우리의 약점들을 아주 교묘하게 건드리면, 우리는 분노로 미쳐 버리게 됩니다. 꽤 고상하고 사랑스러운 성품이라고 생각되었던 우리의 모습은 어디론가 사라져 버리고 검은 사악한 것들만이 남습니다. 여러분은 사람들이 여러분을 그렇게 휘저어놓고 화를 돋우니까 여러분이 그렇게 된 것이라고 생각하십니까? 그렇지 않습니다. 만일 여러분의 마음이 정결하다면, 사람들이 아무리 여러분을 휘저어놓는다고 하여도, 여러분에게서 더러운 것들은 결코 올라오지 않습니다. 깨끗한 물을 여러분이 원하는 대로 마음껏 휘저어 보십시오. 그럴지라도 그 어떤 더러운 것도 거기에서 올라오지 않습니다. 여러분 속에 원래 있었지만 눈에 보이지는 않았던 악들이 어떤 계기로 밖으로 표출되어 눈에 보이게 된 것뿐입니다. 자기 안에 어떤 죄가 있는지를 아는 것은 사람에게 큰 유익이 될 수 있습니다. 왜냐하면, 그렇게 되었을 때에 그는 하나님 앞에서 낮아져서, 자신의 악한 성향과 맞서 싸우기 시작할 수 있기 때문입니다. 만일 그가 자신이 더럽다는 것을 보지 못하였다면, 그는 결코 자신의 심령을 청소할 생각을 할 수 없었을 것입니다. 만일 그가 고통을 느끼지 못했다면, 질병은 계속해서 그 사람 안에 잠복해서 점점 곪아갔을 것이지만, 이제 그 고통을 느꼈기 때문에 자기가 병든 것을 알고 고칠 마음을 먹을 수 있게 된 것입니다. 그러므로 하나님께서는 종종 우리로 하여금 우리 안에 거하는 죄를 깨닫고서 없애도록 하시기 위하여 환난을 보내십니다. 이 아침에 우리가 하나님의 징계 아래 있다면, 하나님 앞에서 낮아져서 죄 지은 자로서 그 징계를 불러온 특정한 죄를 철저하게 깨닫고 없애기를 소원하면서, 예수의 보혈을 의지해서 죄 사하심을 구하고, 성령의 능력으로 그 죄를 이길 수 있게 해 주시라고 간절히 기도하는 것 외에 우리가 무엇을 할 수 있겠습니까?

　　나는 여러분이 그렇게 할 때에 한 가지 주의할 점을 말씀드리고서 첫 번째 대지를 끝맺고자 하는데, 그것은 우리가 환난 가운데 있을 때에 그 환난으로부터 즉각적으로 유익을 얻을 수 있을 것이라고 기대하지 말아야 한다는 것입니다. 나는 내가 큰 고통 중에 있을 때에 과연 내가 조금이라도 더 자기를 부인하고 하나님을 의지하게 되거나, 더 간절하게 기도하게 되거나, 하나님과의 교제 속으로 더 빠져 들어갈 수 있는지를 실험해 보았습니다. 그 결과는 그런 점들에서 약간의 진전도 얻을 수 없었다는 것입니다. 왜냐하면, 고통은 생각을 흐트러 뜨려놓고 집중을 할 수 없게 만들기 때문입니다. "후에 그로 말미암아 연단 받은 자들은 의와 평강의 열매를 맺느니라"(히 12:11)는 말씀을 기억하십시오. 정원사가 전지가위를 들고 과실수의 가지를 자르는 것은 그 나무들로 하여금 더 많은 열매를 맺게 하기 위한 것입니다. 그랬을 때에 하나님의 자녀들이 무거운 발걸음으로 터벅터벅 걸어와서는, "아버지, 아버지께서 아프게 나를 잘라내셨는데도 열매가 보이지 않잖아요"라고 우는 소리를 해서는 안 됩니다. 사랑하는 자녀들인 여러분은 그렇게 하지 않으실 줄 믿습니다. 몇 달 후에 열매 맺는 시절이 왔을 때, 여러분은 황금 사과가 주렁주렁 맺힌 것을 보고, 하나님이 가지치기를 해주신 것에 대하여 감사하게 될 것입니다. 하나님의 은혜로 말미암아 온 환난이 열매를 맺기 위해서는 시간이 필요하고, 그 열매는 하루아침에 맺어지는 것이 결코 아닙니다. 하루아침에 맺힌 열매들은 또한 하루아침에 썩어 버릴 것입니다.

2. 둘째로, 환난이 주는 유익들은 무엇입니까?

시간이 별로 없어서, 두 번째 대지에 대해서는 아주 간략하게 다루어야 할 것 같습니다. 환난이 주는 유익은 아주 중요한 주제여서, 이 주제를 다룬 책들이 이미 많이 나와 있기 때문에, 사실 그 책들에 나오는 환난이 주는 유익들의 목록을 여기에 그대로 옮겨놓기만 해도, 그것으로 충분할 것이지만, 나는 그런 식으로 여러분의 시간을 빼앗고 싶지는 않습니다.

참된 신자들이 겪는 혹독한 환난은 그들의 심령으로 하여금 이 땅에 뿌리내리는 것을 느슨하게 해주고 도리어 하늘에 단단히 닻을 내리게 하는 효과를 가져다줍니다. 세상으로부터 끔찍하게 쓴 맛을 본 신자들이 어떻게 그런 세상을 사랑할 수 있겠습니까? 자신의 입맛에 너무도 쓴 포도들을 억지로 먹은 신자들이 그런 포도를 또다시 찾을 이유가 어디 있겠습니까? 이제 신자들은 하나님께서 그들을 비둘기 날개 위에 태우셔서 그들의 사랑하는 나라로 옮기셔서 거기에서 영원한 안식을 누릴 수 있게 해주시기를 바라지 않겠습니까? 인생이라는 항해에서 모든 선원은 산들바람이 가볍게 불 때에는 닻을 올리고 드넓은 바다로 나가고 싶은 유혹을 받습니다. 그러나 바다 한가운데서 거센 폭풍이 휘몰아치게 되면, 그들은 서둘러서 전속력으로 항구를 향해 내달립니다. 환난은 한편으로는 땅에 속한 것들을 타고 날아가고자 하는 우리의 날개를 잘라 버려서, 우리로 하여금 사랑하는 주님의 손에서 멀리 날아가지 못하고 그 자리에 주저앉아 하나님을 찬송하게 만듭니다. 그리고 다른 한편으로는 우리에게서 독수리 같은 날개가 나서 하늘의 것들을 타고 날아가고자 하는 마음이 생겨나게 하여서, 우리의 둥지에 있는 가시를 피하여, 하늘을 향하여 우리의 날개를 펴고 날아오르게 만듭니다.

환난은 흔히 하나님의 진리들을 우리에게 열어 주고, 하나님의 진리에 대하여 우리를 열어 줍니다. 나는 이 둘 중에서 어느 것이 더 어려운지를 알지 못합니다. 경험은 우리에게 닫혀 있던 진리들을 열어 줍니다. 주석자들의 설명으로는 성경의 많은 구절이 분명하게 해명되지 않기 때문에 경험에 비추어서 해명되어야 합니다. 성경의 많은 본문은 환난과 역경의 불을 통과해야만 눈에 보이게 되는 투명 잉크로 기록되어 있습니다. 나는 땅 위에서는 보이지 않던 별들도 우물 속에 들어가서 보면 볼 수 있다는 말을 들었습니다. 마찬가지로, 나는 여러분이 환난의 깊은 구덩이에 들어가게 되었을 때에는 평소에는 보이지 않던 수많은 별처럼 빛나는 진리들을 볼 수 있을 것이라고 확신합니다. 게다가, 나는 환난은 하나님의 진리를 우리에게 열어 줄 뿐만 아니라, 하나님의 진리에 대하여 우리를 열어 준다고 말하였습니다. 우리는 우리가 믿고 있는 것들에 대하여 대체로 피상적으로 알고 있습니다. 우리는 자주 하나님의 진리에 잠기지만, 그 진리는 마치 대리석에 뿌려진 물처럼 속으로 흡수되지 못하고 다 흘러내리고 맙니다. 그러나 환난이 우리를 갈아엎어서 우리의 마음 밭을 일구어 놓으면, 진리는 마치 쟁기질 한 땅에 내리는 비처럼 우리의 심령 가장 깊은 곳까지 스며들게 됩니다. 자신의 심령 깊은 곳에서 하나님의 진리를 받는 사람은 복 있는 사람입니다. 그런 사람은 진리를 결코 잃어버리지 않게 되고, 그 진리는 그의 영혼의 생명이 될 것입니다.

성령에 의해 거룩하게 된 환난은, 환난을 통해서 하나님의 신실하심을 경험한 그리스도인들로 인하여 하나님께 많은 영광을 가져다줍니다. 나는 나이 드신 그리스도인들이 자신이 직접 겪은 경험을 토대로 하나님의 선하심에 대하여 간증하는 것을 들을 때에 참 기쁩니다. 25년 전에 있었던 한 사건이 지금도 내 마음에 생생하게 떠오릅니다. 그 날 나는 백발이 성성하고 눈이 침침하신 80살 되신 어떤 노인 분이 어린아이처럼 단순한 억양으로 지금까지 하나님께서 자기를 어떻게 인도해 오셨고 어떻게 대해 오셨는지를 얘기하면서, 하나님이 약속하신 모든 것을 다 이루셨다고 말하는 것을 들었는데, 지금도 그 모습이 어제 일처럼 내 눈 앞에 선합니다. 그는 마치 선지자인 것처럼 말하였는데, 세월 탓인지 그의 말에는 힘이 있었습니다. 그러나 그가 전혀 환난을 겪지 않았다고 가정해 봅시다. 그랬을 경우에 그가 무슨 간증을 할 수 있었겠습니까? 만일 그가 부유하게 아무런 고난도 겪지 않고 편안히 살아 왔더라면, 그는 그 자리에 서서 할 말이 없어서 아무 말도 못하고 서 있었을 것입니다. 우리는 시험을 많이 겪어야 합니다. 그렇지 않으면, 자기 백성을 결코 떠나지 않으시는 신실하신 하나님을 찬양할 수 없습니다.

또한, 하나님께서 은혜를 주시면, 환난은 주 예수 그리스도를 닮아갈 수 있는 이루 헤아릴 수 없는 특권을 우리에게 줍니다. 우리는 그리스도를 닮게 해 달라고 기도합니다. 그러나 만일 우리가 환난과 고난을 겪지 않아서 슬픔을 알지 못한다면, 어떻게 그리스도를 닮을 수 있겠습니까? 눈물 골짜기를 걸어 보지 않고서, 어떻게 그리스도를 닮을 수 있겠습니까? 여러분이 하고 싶은 대로 다 하면서, 어떻게 그리스도를 닮을 수 있겠습니까? 죄인들이 여러분을 거역하는 것을 참아내지 않으면서, 어떻게 그리스도를 닮을 수 있겠습니까? "내 마음이 매우 고민하여 죽게 되었으니"(마 26:38)라고 말한 적도 없으면서, 어떻게 그리스도를 닮을 수 있겠습니까? 여러분은 자신이 무엇을 구하고 있는 것인지도 모르고 있는 것입니다. 여러분은 "나를 주의 나라에서 주의 우편에 앉게 해주소서"라고 기도했습니까? 하지만 여러분이 주께서 마신 잔을 마시고 주께서 받으신 세례를 받지 않는다면, 여러분의 기도는 응답될 수 없을 것입니다. 주의 영광에 참여하려면 먼저 주의 고난에 참여하지 않으면 안 됩니다. 우리가 그리스도를 담고자 하고, 영원히 그와 함께 하고자 한다면, 그렇게 되기 위해서 많은 환난을 통과하는 것을 기뻐하는 것이 마땅합니다.

또한, 하나님께서 우리가 겪는 고난들에 복을 주시면, 그 고난들은 우리에게 대단히 유익합니다. 왜냐하면, 고난을 거치면서 우리는 다른 사람들에게 유익한 자가 되어 가기 때문입니다. 사람이 육체적인 고통을 한 번도 겪지 않았다면, 그것은 정말 끔찍한 일입니다. 여러분은 "나는 주님처럼 되고 싶다"고 말하고 있습니까? 만일 여러분이 아주 큰 은혜를 받지 않는다면, 여러분은 점점 완악해지고 차가워져서 고집불통이 되어, 여러분을 대하는 사람들을 다 부서뜨리고 망가뜨릴 것입니다. 나는 내 마음이 고통을 통해서만 부드러워질 수 있다면 그렇게 해서라도 내 마음을 부드럽게 하고자 합니다. 왜냐하면, 내 마음이 부드러워질 때에만 다른 사람들의 상처를 싸매 줄 수 있기 때문입니다. 내가 만 번의 눈물을 흘려야만 내 형제의 아픔을 위해 눈물을 흘리게 될 수 있다면, 나는 기꺼이 만 번의 눈물을 흘릴 것입니다. 고난을 피하는 것은 다른 사람들의 아픔에 공감하는 힘을 얻고자 하지 않는 것이기 때문에, 다른 무엇보다도 고난을 피하고자 하지 않아야 합니다. 루터는, 목회자의 서재에 있는 최고의 책이 환난이라고 말했는데, 그 말은 옳습니다. 하나님의 사람이 다른 사람들의 환난과 괴로움에 대하여 전혀 알지 못하는데, 어떻게 환난 가운데 있는 사람들의 아픔에 공감할 수 있겠습니까? 나는 전에 목회자는 가난한 사람들의 고통에 공감할 수 있기 위해서 아주 가난하게 살아야 한다고 말하는 인색하고 완고한 사람을 만난 적이 있습니다. 그런 사람들의 논리대로라면, 목회자는 갑부들의 애로에 공감할 수 있기 위해서 한 번쯤 갑부가 될 필요가 있다고 말해야 할 것입니다. 그래서 나는 그 사람에게 목회자가 모든 계층의 경험을 좀 더 포괄하기 쉬우려면 가난한 것도 아니고 부자인 것도 아니고 그 중간 수준에서 살아가는 것이 가장 바람직할 것 같다고 말했습니다. 다른 사람들을 돌보고 섬겨야 할 하나님의 사람이 늘 튼튼하거나 늘 병약하다면, 어느 쪽이든 다 좋은 일은 아닐 것입니다. 하지만 목회자가 하나님이 자신의 양들로 겪게 하시는 것들을 두루 겪는다면, 그것이 하나님의 양들에게 유익이 되리라는 것은 의심의 여지가 없습니다. 목회자들이 겪는 환난들은 하나님의 백성의 위로를 위한 것이기 때문에, 여러분 각자가 그들의 환난들로 인해 위로를 받게 될 것입니다.

그러므로 사랑하는 형제들이여, 환난을 감사하십시오. 우리가 환난을 감사해야 하는 이유는 무엇보다도 환난은 금세 지나가고, 우리는 머지않아 본향에 가서 우리가 겪은 환난들을 큰 기쁨 가운데 말할 수 있게 될 것이기 때문입니다. 참전 군인들이 마침내 고향으로 돌아와서 전쟁터에서 입은 자신의 상처들을 보이며 무용담을 얘기하면서 노년을 보내는 것과 마찬가지로, 우리는 머지않아 우리의 본향으로 가서, 모든 시련과 환난을 통과하여 우리를 본향으로 인도하신 하나님의 선하심과 신실하심을 얘기하게 될 것입니다. 나는 저 흰옷 입은 무리 가운데 서서, "저 사람을 제외한 이 모든 사람들은 큰 환난에서 나오는 자들"(계

7:14)이라고 말하는 소리를 듣고 싶지 않습니다. 여러분은 그 무리 가운데 서서, 사람들이 한 번도 환난을 겪지 않은 유일한 성도로 여러분을 지목하는 것을 보고 싶습니까? 결코 아닐 것입니다. 왜냐하면, 여러분은 저 거룩한 무리 가운데서 이방인으로 서 있게 될 것이기 때문입니다. 우리는 머지않아 면류관을 쓰고 종려가지를 흔들게 될 것이기 때문에 지금 여기에서 일어나고 있는 싸움에 동참하는 것을 기뻐해야 합니다.

나는 내가 이런 말씀을 전하는 동안 여러분 중에 "아, 이 하나님의 백성들이 힘든 때를 보내고 있구나"라고 말한 사람들이 있는 것을 압니다. 불경건한 자들은 자신의 죄로 인하여 걱정과 괴로움을 피할 수 없습니다. 나는 돈을 헤프게 쓰며 낭비하는 사람이 가난에서 벗어났다는 말을 들어본 적이 없습니다. 나는 술에 취해 사는 사람이 두통이나 심장병을 피할 수 있었거나, 방탕하게 산 사람이 육체적인 고통을 피할 수 있었다는 말을 들어본 적이 없습니다. 도리어, 나는 그 정반대의 말만을 들어 왔습니다. 거룩한 자들이 겪는 괴로움은 불경건한 자들이 겪는 괴로움과 다릅니다. 불경건한 자들인 여러분이 알아야 할 것은 괴로운 일들이 여러분에게는 재앙만을 가져다주지만, 성도들에게는 영원한 복을 가져다준다는 것입니다. 환난과 괴로움이 여러분에게는 형벌입니다. 그 환난들은 여러분에게 영원히 떨어지게 될 붉은 우박 중에서 처음으로 떨어지는 것들입니다. 하지만 하나님의 자녀들이 겪는 환난들은 그렇지 않습니다. 불경건한 여러분은 자신의 범죄함으로 인해서 벌을 받는 것이지만, 하나님의 자녀들은 그렇지 않습니다. 내가 여러분에게 말하고 싶은 것은 오늘 여러분이 평안하고 형통하며 풍족하고 행복하다고 할지라도, 이 자리에 있는 하나님의 자녀들 중에서 환난 가운데 있는 사람들조차도 절대로 여러분과 자리를 바꾸고 싶어 하지 않는다는 것입니다. 그들은, 마귀의 충복이 되어서 마귀와 함께 한 식탁에서 먹기보다는 차라리 하나님의 개가 되어 식탁 아래에서 떨어지는 빵 부스러기를 먹는 쪽을 택할 것입니다. 우리는 이렇게 말합니다: "하나님께서 자신의 뜻대로 행하시기를 원합니다. 왜냐하면, 이 땅에서 우리가 최악의 상태로 살아간다고 할지라도, 그것이 불경건한 자들이 호의호식하며 최고로 살아가는 것보다 더 낫다는 것을 우리는 믿기 때문입니다." 불경건한 여러분은 우리가 하나님에게서 많은 것을 얻어 누리고 있기 때문에 하나님을 사랑하는 것이라고 생각합니까? 그것이 하나님에 대한 그리스도인들의 사랑을 바라보는 여러분의 시각입니까? 예레미야서를 보면, "우리가 하늘의 여왕을 섬겼을 때에는 먹을 것이 풍부하였지만 지금은 모든 것이 궁핍하게 되었다"(cf. 렘 44:17-18)고 말하는 사람들이 있었습니다. 이것이 불경건한 자들이 말하는 방식이고, 이것이 마귀가 욥을 바라보던 시각이었습니다. 마귀는 "욥이 어찌 까닭 없이 하나님을 경외하리이까 주께서 그와 그의 집과 그의 모든 소유물을 울타리로 두르심 때문이 아니니이까"(욥 1:9-10)라고 말했습니다. 마귀는 참된 사랑과 애정을 이해하지 못하지만, 하나님의 자녀는 하나님이 그의 몸을 종기로 온통 뒤덮으시고 그를 거름더미에 두신다고 해도 하나님을 사랑한다고 마귀 앞에서 말할 수 있습니다. 그는 하나님의 선하신 도우심으로 자기가 견딜 수 있는 것보다 열 배나 더 심한 환난이 온다고 해도 하나님을 꼭 붙들리라고 결심합니다. 하나님은 찬송 받으실 하나님이 아니십니까? 그렇습니다. "하나님은 찬송 받으실 하나님이시다"라는 말씀이 우리의 병상에 울려 퍼지게 하십시오. 밤중에 우리가 지쳐 있고, 우리의 두뇌가 뜨겁고 열이 나며, 우리의 마음이 산란할지라도, 우리는 하나님은 찬송 받으실 하나님이시라고 고백합니다. 신자들이 있는 모든 병동이 이 말씀으로 울려 퍼져야 합니다. "찬송 받으실 하나님?" "그렇습니다. 하나님은 찬송 받으실 하나님이십니다." 오늘 아침 이 자리에 계신 가난하고 궁핍한 자들과 온 땅에 있는 하나님의 모든 가난한 자들이 그렇게 고백합니다. "찬송 받으실 하나님?" 하나님 안에서 죽어가는 사람들도 이렇게 고백합니다: "그렇습니다. 하나님께서 우리를 죽이신다고 해도, 우리는 그의 이름을 송축할 것입니다. 하나님은 우리를 사랑하시고, 우리는 하나님을 사랑합니다. 하나님의 온갖 고난의 파도가 우리 위에 엄몰해 오고, 하나님의 맹렬한 진노가 우리에게 부어진다고 할지라도, 우리는 그런 고난과 진노 속에 들어 있는 하나님의 사랑을 이 세상에서 왕들이 누리는 부귀영화와 결코 맞바꾸지 않을 것입니다."

죄인들이여, 하나님께서 자신의 자녀를 아주 심하게 치신다면, 여러분도 언젠가는 치실 것입니다. 하나님이 사랑하시는 자들이 징계를 당한다면, 하나님을 반역하고 미워하는 자들에 대해서는 하나님이 어떻게 하시겠습니까? "그의 아들에게 입맞추라 그렇지 아니하면 진노하심으로 너희가 길에서 망하리니 그의 진노가 급하심이라 여호와께 피하는 모든 사람은 다 복이 있도다"(시 2:12). 하나님께서 그리스도로 말미암아 여러분에게 복 주셔서 그의 언약 속으로 이끄시기를 빕니다. 아멘.

제
83
장

—

능력 있는 팔

—

"주의 팔에 능력이 있사오며 주의 손은 강하고 주의 오른손
은 높이 들리우셨나이다." — 시 89:13

우리의 영혼이 하나님과 온전히 화해를 이루어 하나님을 기뻐하게 되면, 하
나님의 모든 성품들을 다 기뻐합니다. 처음에는 거의 전적으로 하나님의 사랑과
은혜에만 집중하지만, 나중에는 좀 더 엄한 성품들 속에서도 기쁨을 발견하고,
특히 하나님의 거룩하심과 능력을 기뻐하게 됩니다. 우리가 하나님의 여러 성품
들을 구별하고, 그 하나하나를 다 기뻐하게 될 때, 그것은 그리스도인으로서 우
리의 지식이 성장했음을 보여주는 증거입니다. 우리가 하나님의 여러 일들을 분
별해서 그 각각에 대하여 하나님께 영광과 찬송을 돌릴 수 있다는 것은 우리의
깊은 묵상과 사려분별력을 보여주는 것입니다. 또한, 우리가 하나님은 경배 받
으시기에 합당하신 분이라는 것을 깨닫고서 하나님의 모든 것을 다 기뻐하고,
모든 성품 하나하나에 대하여 하나님을 찬송하고 영광을 돌리기 시작할 때, 그
것은 크신 아버지 하나님과의 교제가 점점 더 친밀해지고 있음을 보여주는 것입
니다. 유대 율법을 보면, 비둘기 새끼를 찢어서 제단 위에서 태우는 아주 간단한
제사가 있었던 반면에, 양 떼나 소 떼로부터 세심하게 제물을 선별해서 머리, 기
름, 내장, 다리 등을 세밀하게 분리하기 위한 좀 더 정교하고 복잡한 규례를 따르
는 제사도 있었습니다. 이것은 마치 단지 속죄 제사를 전체적으로 그리고 피상
적으로 아는 신자들도 있고, 더 많은 가르침을 받아서 하나님의 신비를 더 깊이

들여다보고 하나님의 위대한 진리들이 취하는 여러 형태들을 아는 신자들도 있다는 것을 보여주는 것 같습니다. 우리가 구원을 받고자 한다면, 온 마음을 다하여 주 하나님을 아는 것이 중요합니다. 그러나 사랑하는 형제들이여, 나는 여러분이 하나님의 순전한 빛으로부터 나오는 온갖 다양한 빛줄기들을 다 알게 되고, 하나님의 면류관이 지닌 수많은 영광들을 바라보며, 하나님의 무한한 온전하심에 속한 각각의 탁월함을 기뻐할 수 있기를 바랍니다.

이 아침에 내가 전할 말씀의 주제는 경배의 대상으로서의 하나님의 능력입니다. 사랑하는 형제들이여, 하나님의 능력은 그의 모든 성품과 관련해서 나타나기 때문에, 우리가 생각해 보아야 할 범위는 아주 넓습니다. 하나님의 능력은 그가 하시는 모든 일의 기초이고, 하나님이 그의 나라를 유지하고 자기 자신을 계시하시기 위한 토대이자 원동력입니다. 하나님의 능력은 피조세계에서 아주 분명하게 드러납니다. 피조세계를 볼 때, 우리는 "하나님, 주의 팔에 능력이 있사오며"라고 고백할 수밖에 없습니다. 우리가 하나님이 지으신 모든 것들을 영적으로 상고할 가치가 없다는 듯이 그냥 무심히 넘긴다면, 그것은 우리 자신에게 해로운 일일 뿐만 아니라 우리의 창조주를 욕되게 하는 것입니다. "하나님께서 깨끗하게 하신 것을 네가 속되다 하지 말라"(행 10:15)고 하신 권면을 망각하는 것은 악한 일입니다. 시편 기자는 11절과 12절에서 하나님의 창조의 능력에 대하여 노래합니다: "하늘이 주의 것이요 땅도 주의 것이라 세계와 그 중에 충만한 것을 주께서 건설하셨나이다 남북을 주께서 창조하셨으니 다볼과 헤르몬이 주의 이름으로 말미암아 즐거워하나이다"(시 89:11-12).

다윗은 계시와 자연을 구분하지 않았습니다. 그는 하나님의 말씀을 사랑하여 밤낮으로 묵상하였지만, 아울러 하나님께서 그 손으로 만드신 것들을 무척 기뻐하였습니다. 시편 104편에서는 바위들과 시내들, 새들과 전나무들을 보면서 노래하였고, 하나님의 영광이 영원할 것이고 하나님이 자신이 지으신 것들을 기뻐하실 것이라고 말하며 즐거워하였습니다. 또한, 시편 8편에서는 하늘들을 보며, "여호와 우리 주여 주의 이름이 온 땅에 어찌 그리 아름다운지요 주의 영광이 하늘을 덮었나이다"(1절)라고 찬탄을 금치 못하였습니다. 이 아침에 나는 다윗과 같은 그런 느낌으로 여러분과 함께 하나님의 능력을 찬양하는 저 어린이 찬송을 불렀습니다:

"하나님의 전능하신 능력을 찬송하세.
그 능력으로 산들을 솟아나게 하셨고
바다들을 넓게 펼치셨으며
높은 하늘들을 지으셨네."

하나님께서는 욥과 그의 친구들로 하여금 피조세계 속에 나타난 자신의 능력을 기억하게 하셨습니다. 실제로 하나님께서 자신의 이 한 속성을 계시하시자, 욥의 친구들이 입을 다물 수밖에 없었고, 욥 자신도 "보소서 나는 비천하오니 무엇이라 주께 대답하리이까 손으로 내 입을 가릴 뿐이로소이다"(욥 40:4)라고 부르짖을 수밖에 없었습니다. 우리는 사람들에게 아주 유익한 영향력을 지녔던 이 속성을 간과해서는 안 됩니다. 사람들이 너무 영적이 되어서 강들과 산들, 바다와 폭풍 속에 나타난 하나님의 능력에 대해서는 전혀 눈을 돌리지 않는 것은 애석한 일입니다. 왜냐하면, 하나님께서는 그 모든 것들을 지으셨고, 우리는 거울을 보는 것처럼 그것들 속에서 하나님을 희미하게 볼 수 있기 때문입니다. "여호와께서 행하시는 일들이 크시오니 이를 즐거워하는 자들이 다 기리는도다"(시 111:2). 나는 "나는 영적인 설교를 좋아하고, 하나님의 말씀 중에서 역사적인 기록들보다는 영적인 부분들을 읽는 것이 훨씬 더 기쁘고, 자연에 나타난 하나님의 지혜를 생각하기보다는 하나님의 은혜를 생각하는 편이 훨씬 더 기쁘다"고 말하는 사람들의 심정을 이해할 수 있습니다. 그러나 그런 태도는 어떤 점에서는 아주 좋은 것이기는 하지만 잘못도 있습니다. 그것은 마치 여러분에게, 자신의 마술 같은 조각용 정을 가지고서 대리석을 조각하여 진짜 살아서 말하는 것 같은 인물상을 만들 수 있는 위대한 예술가인 친구가 있는데, 여러분은 자주 이 위대한 조각가의 집을 찾아가서 그 예술가와 그의 자녀들과 얘기를 나누며 큰 기쁨을 얻곤 하면서도, 그가 만든 명작들에는 관심이 없어서 그의 작업실에는 한 번도 가지 않은 것과 같습니다. 이것은 바람직하지 못한 교제입니다. 만일 여러분이 그 친구와 온전히 마음이 하나가 되어 있었다면, 여러분은 분명히 그가 관심을 갖고 있는 것에 관심을 갖게 되었을 것이고, 그 친구가 예술 작품을 창작해 내면서 보여준 놀라운 능력을 그 작품들 속에서 직접 확인하고 함께 공감하고자 했을 것입니다. 여러분은 그 친구와 더욱 공감하기 위해서 그가 창작해 낸 작품들을 연구했을 것이고, 그의 손으로 만들어 낸 놀랍도록 아름답고 훌륭한 작품들로 인해서 그를 한층 더 사랑하게 되었을 것입니다. 하나님께서 눈에 보이는 만물 속에서 자신의 능력 있는 손을 나타내시기를 기뻐하셨다면, 하나님의 자녀들이 만물에 나타난 하나님의 능력에 대하여 눈을 감아 버리는 것은 정말 합당치 않은 일일 것입니다. "땅과 거기에 충만한 것은 다 여호와의 것이로다"(시 24:1). "여호와여 주께서 지으신 모든 것들이 주께 감사하며 주의 성도들이 주를 송축하리이다"(시 145:10).

또한, 우리는 모든 일들을 주관하시는 하나님의 손길인 섭리 속에서도 하나님의 능력을 볼 수 있습니다. 우리의 멋진 가인(歌人)은 9절에서 "주께서 바다의 파도를 다스리시며 그 파도가 일어날 때에 잔잔하게 하시나이다"라고 노래합니다. 우리는 자연의 위대한 현상들 속에서, 그리고 심지어 일상생활의 소소한 일들 속에서도 하나님의 능력을 볼 수 있습니다. 하나님의 손길은 모든 시든 잎사귀들이 떨어지는 것을 주관하시고, 풀잎들을 이슬로 장식하십니다. 그러나 주로 하나님의 길은 회오리바람 속에 있고, 구름은 하나님의 발의 티끌입니다. 하나님의 능력 있는 손은 인간 역사의 사건들 속에서도 볼 수 있습니다. 하나님의 능력은 궁정들과 군대들, 제국의 흥망성쇠 속에서 나타납니다. 하나님께서 자신의 강한 팔로 애굽을 어떻게 분쇄하시고, 자신의 원수들을 어떻게 흩으셨는지를 보십시오. 하나님께서 자기 백성에게 영원토록 은혜를 베푸시기로 하신 약속을 지키시려고 자기 백성을 대적하는 큰 왕들을 치시고 유명한 왕들을 죽이셨을 때, 그의 백성은 그의 크신 능력을 찬송하지 않을 수 없었습니다. 모든 의로운 영혼들은 하나님께서 세상을 버려 두시거나 폭군들이 좌지우지하도록 내버려 두시지 않으시는 것을 크게 기뻐하여야 합니다. 결국 힘은 옳은 일을 행하는 자들에게 있습니다. 왜냐하면, 능력은 하나님께 속한 것이기 때문입니다. 만유의 주이신 통치자가 계시고, 모든 능력은 그의 손에 있습니다. 여러분은 오만방자하고 잔인한 자들을 공격하는 사람의 팔에 더 큰 능력이 주어지기를 바란 적이 자주 있지 않습니까? 그렇다면, 옳은 일을 행하실 수밖에 없으신 온 땅의 심판자이신 하나님의 손에 모든 능력이 있는 것을 기뻐하십시오. 하나님께서는 다른 사람들의 피를 흘린 자에게 반드시 보응하시고, 제멋대로 잔인하고 야만적인 끔찍한 일들을 자행한 자들을 반드시 벌하시는 분이십니다. 세상의 권력자들은 악인들이 저지르는 흉악무도한 일들을 무관심하게 그냥 넘어가거나 묵인할지 모르지만, 그 일들을 보고 계시다가 자신의 손으로 반드시 엄격하게 보응하실 분이 계십니다. 하나님의 백성들인 여러분, 참고 인내하며 소망 가운데 살아가시기를 바랍니다. 왜냐하면, "하나님이 뭇 백성을 다스리시며 하나님이 그의 거룩한 보좌에 앉아"(시 47:8) 계시기 때문입니다. 하나님께서 다스리시고, 그의 능력으로 정의를 변호해 주실 것이기 때문에, 곤경에 처한 자들이 언제까지나 잊혀지고, 압제 받는 자들이 영원히 짓밟히는 일은 없습니다.

또한, 우리가 하나님을 찬송해야 할 또 하나의 이유가 있는데, 그것은 악인들에 대한 궁극적인 심판 속에서 하나님의 능력이 나타난다는 것입니다. 이 주제는 너무나 끔찍한 것이어서 내가 자세하게 설명하고 싶지 않은 것이지만, 우리로 하여금 그 엄위하심 앞에서 티끌 가운데 무릎을 꿇을 수밖에 없게 만드는 주제입니다. 여호와의 면류관에는 지옥에 있는 자들이 보고 몸서리를 치게 될 두 개의 불꽃 같은 보석이 있는데, 그것은 "진노"와 "능력"이라는 보석입니다. "만일 하나님이 그의 진노를 보이시고 그의 능력을 알게 하고자 하사 멸하기로 준비된 진노의 그릇을 오래 참으심으로 관용하시고"(롬 9:22). 하나님께서 의인들을 악인들로부터 분리하셔서 불신자들에게 그들에게 합당한 보응을 하실 저 최후의 무시무시한 심판 때에 하나님의 의로우신 진노하심과 전능하심이 함께 영광을 받게 될 것입니다. "누가 주의 노여움의 능력을 알며 누가 주의 진노의 두려움을 알리이까"(시 90:11). 진노하시는 하나님의 능력은 어떠하겠습니까! 하나님께서 진노하셔서 민족들을 쇠막대기로 부수시고 토기장이의 그릇들처럼 깨뜨리실 때, 누가 그런 하나님 앞에 설 수 있겠습니까? "하나님을 잊어버린 너희여 이제 이를 생각하라 그렇지 아니하면 내가 너희를 찢으리니 건질 자 없으리라"(시 50:22). 하나님이 진노하시는 그 날에 그 크고 두려우신 하나님 앞에 누가 설 수 있겠습니까? 은혜의 날이 다 지나가고 오직 공의만이 자신의 불타는 보좌에 앉아 있을 그 날을 누가 감당할 수 있겠습니까?

우리는 오늘의 주제를 완결하기 위해서는 이 세 가지를 언급하긴 해야 하지만, 이 세 가지가 오늘의 주제인 것은 아닙니다. 오늘 내가 전할 말씀의 주제는 하나님의 은혜 또는 인자하심과 관련하여 나타나는 능력에 관한 것입니다. 왜냐하면, 에단은 이 고상한 언약 시편을 이렇게 시작하기 때문입니다: "내가 여호와의 인자하심을 영원히 노래하며 주의 성실하심을 내 입으로 대대에 알게 하리이다"(시 89:1). 은혜와 관련하여 나타나는 하나님의 능력이 바로 우리의 주제입니다.

우리는 먼저, 우리가 경험한 하나님의 은혜 속에 나타난 하나님의 능력을 살펴보고, 두 번째로는, 그리스도 예수 안에서 나타난 하나님의 능력을 살펴볼 것입니다. 그리고 세 번째로는, 하나님의 능력이 실제적으로 어떻게 인식되는지를 살펴보고자 합니다. 시간이 짧기 때문에 나는 각각의 대지를 간단하게 설명하겠습니다.

1. 첫째로, 하나님의 능력 있는 팔은
우리가 경험한 은혜 속에서 나타났습니다.

사랑하는 자들이여, 하나님의 오래 참으심을 기억하십시오. 우리가 패역하고 잘못을 뉘우치지 않는 가운데 고집을 부리며 있는 동안에 하나님의 진노를 억제하고 있었던 것은 하나님의 능력 있는 은혜의 팔이었음에 틀림없습니다. 나는 하나님께서 성난 파도를 잠잠하게 하신 일은, 불경건한 자들이 자신을 거역하고 마음을 완악하게 하여 그리스도를 배척하고 하나님을 모독하는 말들과 더러운 행사들을 서슴지 않고 하는 것을 오래 참으시는 것에 비하면 아무것도 아니라고 느낍니다. 죄인들이여, 여러분이 기고만장하여 마음 내키는 대로 죄를 짓고 있을 때, 하나님께서 여러분을 베어 버리셔서 여러분의 오만방자함을 끝장내시지 않으시는 것이 기이한 일들 중에서 가장 기이한 일이라고 생각되지 않습니까? 하나님께서는 "슬프다 내가 장차 내 대적에게 보응하여 내 마음을 편하게 하겠고 내 원수에게 보복하리라"(사 1:24)고 말씀하셨습니다. 그런 하나님께서 한 방에 여러분을 제거하셔서 자신의 마음을 편하게 하시지 않으시는 것이 신기하지 않습니까? 여러분은 사람들이 격분해서 원수를 갚겠다고 말했으면 어떤 식으로라도 복수를 하고자 한다는 것을 압니다. 그러나 하나님은 그렇게 하지 않으셨습니다. 하나님은 보응하고 보복하리라고 말씀하셨으면서도, 도리어 수많은 사랑 어린 말씀들을 하시고, 수많은 인자하신 역사들을 베풀어 주셨습니다. 하나님은 불순종하고 거역하는 백성을 향하여 온종일 손을 내미신 채 오랫동안 기다려 오셨고 지금도 기다리고 계십니다. 도대체 하나님의 어떤 능력이 전능자 하나님의 진노의 능력을 억제하고 있는 것이어서, 불경건한 자들이 거역하고 도발할 때에 하나님께서는 즉시 자신의 노를 발하셔서 그들을 삼켜 버리시거나 칼로 반역자들을 처단하지 않으시는 것입니까? 하나님, 주의 인자하심과 오래 참으심에 영광을 돌리나이다. 왜냐하면, 우리는 그 속에서 자신을 억제하시는 주의 능력을 보기 때문입니다.

다음으로, 우리는 하나님께서 그의 능력 있는 은혜로써 우리를 굴복시키셨을 때에 하나님의 능력을 보고 깨달았습니다. 패역한 죄인 한 사람을 이기서서 돌아오게 하실 때마다 우리는 그 속에서 하나님의 전능하신 능력이 나타나는 것을 봅니다. 하나님을 대적하여 아주 완강하게 버티고, 하나님의 음성에 복종하지 않으려 하는 것이 죄인들의 본성입니다. 죄인들은 흔히 자기 자신을 온갖 편견과 선입견들로 요새처럼 둘러싸고 있기 때문에, 우리가 그들을 회심시키고자 해도 그들에게 접근조차 할 수 없습니다. 죄인들이 지닌 편견이나 선입견은 흙더미로 만들어진 보루이기 때문에, 여러분이 아무리 강력한 대포를 쏘아도, 포탄들이 흙에 묻혀 버리는 바람에 결코 무너뜨릴 수 없습니다. 사람들이 보지 않으려고 하면, 의도적으로 자신의 눈을 감아 버리기 때문에, 그 어떤 빛도 그들에게는 아무 소용이 없게 됩니다. 사람들이 듣지 않으려고 하면, 자신의 귀를 꽉 막아 버리기 때문에, 복음의 매력적인 말씀들도 아무 소용이 없게 됩니다. 하나님께서 죄인들의 그런 편견이나 선입견들을 이기시고, 그들로 하여금 자신이 결코 가지 않겠다고 맹세했던 그 곳, 즉 예수의 발 앞에 엎드려서 마음이 녹아져서 회개하게 하시는 것은 가장 기이한 일들 중의 하나입니다. 어떤 선지자가 그들이 결국 회개하고 예수를 믿게 될 것이라고 말했다면, 그들은 "당신은 미쳤군! 그런 일은 있을 수 없어! 나는 그 이름만 들어도 치가 떨리거든"이라고 말했을 것입니다. 편견에 사로잡혀 있던 다소의 사울을 주의 발 앞에 엎드러지게 하시고 주의 사도가 되게 하신 하나님은 능력 있는 팔을 지니신 분입니다!

사람들은 흔히 완고함이라는 화강암 벽으로 둘러싸여 있어서, 하나님의 사랑의 능력에 굴복하고자 하지 않습니다. 여러분이 그 어떤 말씀을 전하여도 그들은 끄덕도 하지 않고, 사람들이 절대로 접근할 수 없는 난공불락의 요새 속에서 들어가 있는 것처럼 모든 공격들을 비웃습니다. 여러분은 그런 사람들에게 접근할 수 있는 그 어떤 길도 발견할 수 없습니다. 여러분은 그들의 마음을 움직여서 그리스도께로 인도하기 위하여 목숨을 걸고 그들에게 접근하려 하지만, 경고하는 말을 해도 꿈쩍도 하지 않고, 애걸하는 말을 해도 꿈쩍도 하지 않습니다. 그런 사람들은 그 존재 전체가 교만이라는 비늘로 뒤덮이고 바늘 하나 들어갈 구멍이 없을 정도로 완전히 봉해진 "리워야단"과 같습니다. "네가 능히 많은 창으로 그 가죽을 찌르거나 작살을 그 머리에 꽂을 수 있겠느냐"(욥 41:7). 그들은 이음새도 없이 완전히 밀봉되어서, 죄를 자각하게 만들 화살이 들어갈 여지가 전혀 없어 보입니다. 그러나 하나님께는 능력 있는 팔이 있으셔서, 자신의 원수들로 하여금 그 화살들이 관통되어 들어오는 것을 느끼게 하실 수 있으십니다. 하나님을 이루 말할 수 없이 완강하게 대적했던 사람들이 결국에는 하나님의 발 앞으로 엉금엉금 기어와서 하나님의 종들이 되어 왔습니다. 말씀 한 마디로 강철이 밀랍이 되게 하시는 하나님께 모든 영광을 돌리나이다.

또한, 우리는 죄의 습관 속에 뿌리를 내리고서 죄에 절어 있다가 그 죄로부터 온전히 벗어난 사람들을 보아 왔습니다. 에티오피아 사람의 피부색이 바뀌고, 표범에게 있던 점들이 없어진 것은 기이한 일들 중에서 정말 기이한 일이 아닐 수 없습니다. 그런데 악을 행하는 것이 몸에 배어 있던 사람들이 악을 떠나 선을 행하는 법을 배우게 된 것입니다! 능력 있는 은혜가 일으킨 이적을 보십시오. 죄인은 죄 가운데서 오랜 세월 나이가 먹어 왔고, 이제 고목나무처럼 수천 개의 뿌리를 땅속 깊이 내리게 되었습니다. 그런 고목나무를 옮겨 심는다는 것은 불가능한 일로 보였기 때문에, 차라리 베어 버리는 것이 훨씬 쉬운 일 같았습니다. 그렇지만 하나님의 은혜의 큰 손길이 그 고목나무를 붙들어서 죄를 자각시켜 좌우로 흔들었고, 마침내 그 나무는 회심을 통해 원래 있던 자리에서 뿌리째 뽑혀서 다른 곳으로 옮겨져, 원래 있던 그 자리에서는 이제 더 이상 그 나무를 볼 수 없게 되었습니다. 그 나무가 반세기 동안 뿌리 내리고 있던 땅은 그 나무를 붙잡아 뿌리째 뒤흔드는 힘 앞에서 항복할 수밖에 없었고, 드리어 그 죄인은 지난날의 삶에서 벗어나, 하나님이 무엇을 하실 수 있으신지를 보여주는 증거가 되었습니다. 하나님은 산을 쪼개고 바다를 가르는 법을 알고 계시기 때문에, 사람들에게 죄 가운데서 죽느니 차라리 오른팔을 자르거나 오른쪽 눈을 뽑아 버리라고 가르치셔서, 사람들을 그들의 정욕으로부터 분리시키실 수 있으십니다. 하나님이여, 진정으로 주께서는 능력 있는 팔을 지니고 계십니다.

사탄은 사람들에게 교만의 보루를 쌓아서 은혜의 공격을 방어하라고 가르칩니다. 사람들은 "여호와가 누구이기에 우리가 그의 목소리를 들어야 하나?"라고 말합니다(cf. 출 5:2). 그들은 뿔을 높이 세우고 목을 뻣뻣이 한 채로 말합니다. 그들은 자신을 의롭다고 생각하는 자들입니다. 그들은 자신은 잘못을 한 적이 없다고 확신합니다. 그들은 자기 자신을 지극히 높이고, 그 생각이 오만방자하기 때문에, 그들에게는 복음이 힘을 발휘하지 못합니다. 그러나 하나님께는 능력 있는 팔이 있어서, 죄인들을 아주 낮아지게 만드실 수 있으십니다. 하나님께서는 그들을 굶주리고 목마르게 하셔서, 그들로 하여금 고통 중에서 하나님께 부르짖지 않을 수 없게 만드십니다. 하나님께서는 교만한 자들을 능력 있는 팔로 힘들게 하셔서 그들의 마음을 낮추십니다. 그들은 넘어져도 도와줄 사람이 없습니다. 하나님께서는 "권세 있는 자를 그 위에서 내리치셨습니다"(눅 1:52). "이 큰 바벨론은 내가 능력과 권세로 건설하였다"(단 4:30)고 큰소리쳤던 느부갓네살은 하나님은 교만함 가운데 행하는 자들을 낮추실 수 있으시다고 고백하지 않을 수 없었습니다.

마찬가지로, 하나님은 절망을 이기시는 데에도 능력이 있으십니다. 절망은 죄인들이 하나님의 은혜를 대적하여 숨어드는 요새들 중의 하나입니다. 그들은 "아무에게는 아무런 소망이 없으니 죄악에 우리 자신을 내맡기자"라고 말합니다. 의도적으로 절망 가운데 있는 사람들을 회심시키려고 해보아야 별 소용이 없습니다. 그들은 성경의 위로들에 대하여 적개심을 품고, 하나님의 약속들을 거절합니다. 그렇지만 하나님께서는 쇠 빗장을 부수실 수 있으시고, 놋 성문들을 산산조각 내실 수 있으십니다. 하나님은 절망의 포로가 된 자들을 지하토굴에서 건져 올려서 반석 위에 두실 수 있으십니다. 하나님은 그들의 입에 새 노래를 두시고, 그들로 하여금 그의 이름을 영원토록 찬송하게 만드실 수 있으십니다. 보혜사 성령께서는 포로 된 자들을 철창으로부터 자유롭게 하실 수 있으십니다. 하나님의 이름에 모든 영광을 돌립니다. 하나님께서 죄인을 구원하고자 작정하시면, 그 사람의 자유의지를 건드리지 않으시는 가운데 자신의 뜻을 이루십니다. 하나님은 온유하시고 자애로우신 방법으로 가장 완악한 자들을 이기실 수 있으신데, 하나님의 능력과 힘은 바로 그 온유하심과 자애로우심에 있습니다. 하나님은 사자로 하여금 어린 양과 함께 눕게 하시고, 어린아이로 하여금 사자를 끌고 다닐 수 있게 하실 수 있으십니다. 이렇게 우리는 죄인들을 이기시는 것 속에서 하나님의 능력을 볼 수 있습니다.

또한, 우리는 죄인들을 변화시키시는 것 속에서도 하나님의 능력을 봅니다. 하나님께서 그리스도 예수 안에서 부패한 반역자들을 새로운 피조물들로 변화시킬 수 있으시다는 것은 정말 놀라운 일이 아닙니까? 모든 회심은 하나하나가 다 전능하신 능력이 나타난 예입니다. 올바른 심령을 창조하시는 것은 세상을 창조하신 것보다 갑절로 놀랍고 기이한 일입니다. 왜냐하면, 하나님이 말씀으로 천지를 창조하실 때에는 그 일을 방해하는 것이 아무것도 없었지만, 하나님께서 불경건한 자들에게 말씀하실 때에는 그 일을 방해할 뿐만 아니라 크신 창조주에게 도전하는 저항 세력이 존재하기 때문입니다. 어둠의 세력, 사망의 세력이 있습니다. 선을 행할 수 없는 악의 세력도 극복해야 합니다. 그러나 하나님께서는 만물을 새롭게 하시고, 새로운 창조가 자기 백성의 심령 속에서 일어날 수 있게 하십니다. 하나님께는 정말 능력 있는 팔이 있습니다. 높이 들린 손과 편 팔로 크고 기이한 일들을 행하시는 유일한 분이신 하나님께 모든 영광을 돌립니다.

　　회심은 부활로도 불립니다. 마지막 나팔 소리에 죽은 시체들이 살아나게 될 때, 그것은 하나님의 능력이 나타난 놀랍고 기이한 일이 될 것입니다. 그러나 죽은 죄인들의 마른 뼈들로 하여금 생기를 얻게 하시는 것, 무덤 입구에서 소망이나 은혜도 없고 그리스도도 없이 흩어져 있는 자들이 하나님의 말씀을 듣고서 성령의 능력으로 말미암아 살아나게 되는 것도 마찬가지로 놀랍고 기이한 일입니다. 새롭게 창조되어서 새 생명으로 살아난 여러분이여, 오늘 하나님의 능력을 찬송하고 경배하십시오. 하나님 외에 누가 오늘의 여러분을 만들 수 있었겠습니까? 지난날에 여러분이 어떠하였는지를 생각해 보시고, 하나님께서 십자가의 피로 여러분을 일으키셔서 지금 어떠한 영광스러운 위치에 두셨는지를 생각해 보십시오. 지난날에 여러분이 어떻게 하나님을 반역하였고 여러분의 본성이 얼마나 부패하고 악하였었는지를 생각해 보시고, 이제 여러분의 영혼이 주권적인 은혜로 말미암아 하나님께로 돌아와서 거룩함을 좇고 하나님을 경외하는 가운데 그 거룩함이 온전하게 되기를 바라게 된 것을 생각해 보십시오. 그것은 혁명이라는 말로도 다 표현이 되지 않을 것입니다! 그것은 모든 것이 다 뒤집어져서 완전히 바뀌어 버린 것입니다! 광야를 푸른 초장으로 변화시키고, 사막을 물이 풍부한 전답으로 바꾸는 것은, 죄로 인하여 죽어서 냉랭하고 메말라 있는 사람의 심령을 영생하도록 솟아나는 강력한 사랑의 샘으로 바꾸는 것에 비하면 아무것도 아닙니다. 하나님의 능력에 모든 영광을 돌립니다. 무한히 능력 있으신 여호와여, 주께는 능력 있는 팔이 있나이다.

　　사랑하는 친구들이여, 우리는 원수들이 그토록 거세게 방해하고 공격하는데도 하나님께서 자기 백성을 다양한 방식으로 그 원수들의 손에서 건지신 일들 속에서도 하나님의 능력을 봅니다. 나의 형제들이여, 양심이 우리를 고소하고 율법이 정죄했을 때에 우리에게 일어난 의심들의 속박으로부터 우리를 건지신 하나님의 손길은 얼마나 강력한 것이었는지를 보십시오. 우리가 꼼짝없이 죽게 되었다고 생각했을 때, 하나님께서는 우리의 절망을 몰아내시고, 우리를 두려움에서 해방시키셔서, 그리스도께서 우리를 위하여 마련해 놓으신 자유 속으로 우리를 데려다 주셨습니다. 또한, 우리는 죄의 종이었고, 죄는 자신의 모든 군대를 동원하여 우리를 공격하였기 때문에, 우리의 모든 소망이 다 끊어진 것 같았습니다. 그러나 하나님의 저 그리스도께서는 능력이 있으셔서, 우리의 모든 죄들을 패퇴시키시고, 그의 피의 홍해 속에 빠뜨려 죽게 하셨습니다. "거기에서 그가 화살과 방패와 칼과 전쟁을 없이하셨도다"(시 76:3). 그때에 사탄은 자신의 노예들을 잃고 싶지 않았기 때문에 가장 끔찍하고 무시무시한 시험들을 가지고 나아와서 우리를 삼키려고 사자처럼 포효하였습니다. 사탄은 우리의 사방에 그물을 던져서 우리를 사로잡아, 우리가 하나님께로 피하는 것을 막고자 하였습니다. 그러나 하나님께서는 강한 자 사탄에게 잡혀 먹잇감이 되어 있던 우리를 그 수중에서 건지셨습니다. 오늘날 우리는 죄와 사탄의 권세로부터 구원을 받았습니다. 율법조차도 우리를 주관하고 정죄할 수 있는 권세가 없습니다. 왜냐하면, 그리스도께서 율법의 요구를 충족시키셔서, 우리가 율법에서 해방되었기 때문입니다. 하나님의 팔은 능력이 있습니다! 하나님께서는 그 오른손과 거룩한 팔로 승리를 거두어 오셨습니다.

사랑하는 자들이여, 우리는 하나님께서 성도들을 계속해서 붙들어 주셔서 끝까지 믿음을 잃지 않고 지키도록 해주시는 것 속에서도 하나님의 크신 능력을 봅니다. 여러분은 수많은 환난들, 혹독하고 극심한 환난들을 겪어 왔지만, 그 환난들은 여러분을 이기거나 무너뜨리지 못하였습니다. "의인은 고난이 많으나 여호와께서 그의 모든 고난에서 건지시는도다"(시 34:19). 대적들은 우리를 치려고 한두 번도 아니고 무수히 모여들었고, 그때마다 그 공격도 거셌습니다. 만일 하나님께서 우리 편이 아니셨다면, 우리는 이미 그 대적들에게 잡아먹혔을 것입니다. 그러나 하나님께는 능력 있는 팔이 있으시고, 우리는 하나님의 이름 속으로 피하였습니다. 그들은 벌 떼처럼 우리를 에워쌌지만, 우리는 하나님의 이름으로 그들을 멸하였습니다. 우리가 어떤 죄악들과 시험들 속에서 승리를 거두고 나왔는지를 보십시오. 여러분은 광야를 통과해 왔고, 기나긴 전쟁을 통과해 왔습니다. 여러분이 가는 길에는 올무들과 덫들이 촘촘히 놓여 있었고, 시련들과 낙심할 만한 일들이 계속해서 우박처럼 그 길에 떨어졌습니다. 그런데도 여러분은 무너지지 않았습니다. 하나님께서는 성도들의 발을 지키십니다. 모든 그리스도인의 삶이 다 기이한 일들의 연속이지만, 어떤 신자들은 일련의 큰 이적들을 경험합니다. "내 영혼아 네가 힘 있는 자를 밟았도다"(삿 5:21). 우리의 영혼은 마치 새가 새 사냥꾼의 올무를 벗어나듯이 그렇게 무수히 원수들에게서 벗어나 왔습니다. 힘 있는 대적들은 그들 모두보다 더 능력 있으신 분에 의해 패주당해 왔습니다. 하나님의 능력은 우리가 약할 때에 더 분명하게 나타났습니다. 나의 형제들이여, 힘없고 가련한 벌레 같은 여러분이 이미 진작 짓밟히고 짓이겨져서 죽는 것이 당연한데도, 그렇게 되지 않은 것이 기이한 일이 아니고 무엇이겠습니까? 상한 갈대 같은 여러분의 믿음이 부러지지 않은 것, 꺼져가는 심지 같은 여러분의 경건이 결코 꺼지지 않은 것이 놀라운 일이 아니고 무엇이겠습니까? 거의 죽게 된 여러분이 원수들의 그토록 거세고 맹렬한 공격에서도 살아 남아 있는 것을 생각할 때, 어떻게 여러분이 "주의 팔에 능력이 있사오며 주의 손은 강하고"라고 고백하지 않을 수 있겠습니까?

　형제들이여, 우리에게도 죽음이 찾아오겠지만, 결국은 모든 것이 잘 될 것입니다. 왜냐하면, 주께서 재림하시지 않는 한, 우리는 앞으로 저 마지막 무자비한 대적인 죽음을 만나야 하지만, 두려워하지 않을 것이기 때문입니다. 우리보다 앞서 간 형제들이 어떻게 기쁨 가운데서 의연하게 죽을 수 있는지를 보여주는 우리의 모범입니다. 그들은 인생의 마지막 몇 시간을 기쁨 속에서 아주 멋지게 보내며 죽음을 맞이했습니다. 우리는 그들 곁에 서서, 사방이 온통 죽음뿐인 데도 그들의 눈이 빛나는 것을 보았고, 주변의 모든 사람들이 서로 이별할 생각에 울먹일 때에도 그들의 입에서 나오는 기쁨의 찬송을 들었습니다. 그들의 뺨이 창백해졌냐고요? 그런 일은 결코 없었습니다. 그들은 죽어가는 순간에도 탈취물을 나누는 전사들처럼 기뻐하였습니다. 그들은 혼인날을 기다리는 신부처럼 자신의 크신 주님 품에 안겨서 영원히 복된 삶을 살아가게 될 그 날을 기다렸습니다. 우리는 그들과 함께 "사망아 너의 승리가 어디 있느냐 사망아 네가 쏘는 것이 어디 있느냐"(고전 15:55)고 외칠 준비가 되어 있었습니다. 하나님, 우리는 주의 가난하고 연약하며 고난당하는 백성이 기쁨 가운데 죽는 것을 볼 때에 주께 능력 있는 팔이 있으시다는 것을 알게 됩니다. 심신이 다 지치고, 친구들도 아무 도움이 되지 못하며, 이 땅의 모든 위로가 다 사라졌을 때, 우리의 마음이 여전히 기뻐하고 즐거워할 수 있는 것은 우리 앞에 나타난 하나님의 팔을 보기 때문입니다. 이것은 우리로 하여금 하나님의 거룩하신 이름을 찬송하고 높여 드리게 합니다.

나는 하나님께서 내게 이 장엄한 주제를 더 잘 설명할 수 있는 능력을 주시기를 원하지만, 지금으로서는 나의 최선을 다하였습니다. 나는 여러분이 이 고요한 오후에 묵상을 통해서 하나님의 자녀인 여러분에게 나타난 온갖 은혜 속에서 뚜렷이 드러난 하나님의 능력을 진정으로 경배하고 송축할 수 있게 되기를 바랍니다. 성령이시여, 믿는 우리에게 당신의 지극히 큰 능력을 알게 하옵소서.

2. 둘째로, 특히 그리스도 예수를 통해 나타난 하나님의 능력 있는 팔을 보십시오.

여러분이 나를 따라 오늘의 시편을 읽어가다 보면, 여러분은 예수 그리스도를 통해 나타난 하나님의 능력, 즉 예수 그리스도를 왕과 구주로 택하시고 높이신 것 속에서 나타난 하나님의 능력을 보게 될 것입니다. 19절을 보십시오: "내가 능력 있는 용사에게는 돕는 힘을 더하며 백성 중에서 택함 받은 자를 높였으되." 그리스도는 하나님의 은혜의 능력의 화신입니다. 그리스도 안에는 사람들을 구원하시는 하나님의 능력이 거합니다. 그런데 그 능력이 어떠한 연약함 속에 거하였는지를 보십시오. 그는 멸시받고 배척받은 사람, 지극히 겸손하고 온유하며 가난하고 세상적인 명예 없이 살아가신 사람이었습니다. 그의 연약함은 굴욕과 고난, 가난과 욕됨의 연약함이었습니다. 그러나 하나님의 능력이 그에게 있었고, 지금도 그에게 있습니다. 하나님께서 사람의 연약함을 취하여 자신의 본성과 결합시키셔서 죄와 사탄, 사망과 음부의 권세를 패퇴시키셨다는 것은 정말 굉장한 일입니다. 그리스도께서 금식하시며 광야에서 싸우신 싸움은 사탄과, 우리와 똑같이 시험을 받을 수밖에 없었던 한 인간(a Man) 간의 싸움이었지만, 이 무적의 인간은 정말 너무나 멋지게 시험하는 자를 무너뜨리고 이기셨습니다! 겟세마네 동산에서의 고뇌도 한 인간으로서의 고뇌였습니다. 그리스도께서는 하나님이셨지만 한 인간으로서 굵은 핏방울들을 땀처럼 흘리시고 통곡하며 부르짖으셔서 승리하심으로써 마귀를 그 권좌에서 몰아내셨습니다. 또한, 십자가 위에서 악의 세력에 맞서 홀로 싸우시며, 마지막 한 알까지 다 부수어질 때까지 포도주 틀을 밟으신 것도 한 인간으로서의 그리스도이셨습니다. 또한, 모든 악의 세력에게 결정타를 가하여 영원히 힘을 잃게 만들어서 지금 그들이 반역을 해도 숨이 끊어지기 직전의 발악일 뿐이게 하신 것도 나사렛 사람의 능력이었습니다. 여자의 후손의 발이 장차 뱀의 머리를 영원히 부수게 되리라는 것은 하나님께서 보좌에 앉아 계시는 것만큼이나 확실합니다. 악의 세력은 강하였지만, 하나님께서는 "백성 중에서 택함 받은 자"(시 89:19)를 높이시고 돕는 힘을 더하셔서, 그로 하여금 흑암의 모든 세력을 영원히 정복하게 하신 것입니다. 구주시여, 주는 연약하심과 고난 받으심과 죽으심으로써 주의 모든 백성의 대적들을 무너뜨리셨으니, 주의 오른손은 강하십니다.

다음으로, 우리는 우리 주님이 기름 부으심을 받은 것 속에서 하나님의 능력을 보았습니다. "내가 내 종 다윗을 찾아내어 나의 거룩한 기름을 그에게 부었도다"(20절). 여러분이 아시듯이, 하나님의 성령이 그리스도에게 임하여 계셨기 때문에, 그가 말씀을 하실 때에 그의 입에서 양날 가진 날카로운 검이 나와서 죄를 쳤습니다. 오순절 날에 성령께서는 그리스도의 모든 종들로 하여금 불의 혀로 복음의 말씀을 전하게 하심으로써 그리스도의 몸 전체를 통하여 증거하셨습니다. 하나님의 성령은 여전히 이 땅에서 그리스도의 교회 안에서 그리스도와 함께 하고 있기 때문에, 그리스도의 종들이 비록 연약하게 말씀을 전할지라도 비밀한 능력이 거기에 함께 해서 악한 세력을 꼼짝없이 굴복시킵니다. 사랑하는 자들이여, 기뻐하고 즐거워하십시오. 왜냐하면, 기름 부음이 여전히 하나님의 교회에 있고, 구속함을 받고 기름 부음을 받은 성도들은 어디에서나 승리할 수밖에 없기 때문입니다. 영원하신 성령의 능력으로 말미암아 자신의 말씀이 모든 곳에서 승리하게 하시는 하나님께 감사합니다! 그러므로 우리는 하나님의 능력이신 예수 그리스도를 경배하여야 합니다. 왜냐하면, 성령께서 언제나 그리스도 및 그의 말씀과 함께 하시는 까닭에, 그리스도는 사람들을 구원하시는 일에 능력이 있으시기 때문입니다.

또한, 우리는 이 세상에서 그리스도의 나라가 이어져 나가게 하시는 하나님의 능력을 송축하여야 합니다. 시편 기자는 이렇게 말합니다: "내 손이 그와 함께 하여 견고하게 하고 내 팔이 그를 힘이 있게 하리로다 원수가 그에게서 강탈하지 못하며 악한 자가 그를 곤고하게 못하리로다 내가 그의 앞에서 그 대적들을 박멸하며 그를 미워하는 자들을 치려니와"(21-23절). 지난 1,800여 년 동안 그리스도의 교회를 뿌리뽑으려는 온갖 시도가 있어 왔습니다. 마귀와 이 땅에 있는 그의 모든 종들은 공모해서 우리 주님의 확장해 나가는 나라를 무너뜨리기 위해 애써

왔지만, 그들의 시도는 한 번도 성공하지 못했습니다. 나의 형제들이여, 교회로 하여금 맹렬한 박해들 아래에서 계속해서 살아 남게 하고, 종교재판의 엄청난 고통으로부터 교회를 구하며, 이단의 독과 불신앙의 전염병으로부터 교회를 구하기 위해서 하나님의 능력이 얼마나 강하게 역사했어야 했을지를 생각해 보십시오. 그리고 그런 것들보다 더욱 놀라운 일은 교황이라는 저 끔찍한 용이 그 입에서 하나님을 모독하는 온갖 말들을 쏟아내며 교회를 없애 버리려고 위협했는데도 하나님께서는 교회를 거기에서 건져 내셨다는 것입니다. 오늘의 시편의 36절에서 "그의 후손이 장구하고 그의 왕위는 해 같이 내 앞에 항상 있으며"라고 약속한 것처럼, 하나님의 택함 받은 자들은 이 땅에서 여전히 살아서 번성하고 있습니다. 하나님의 교회가 견고히 서서 이어져 나가고 있는 것 자체가 하나님의 능력을 보여주는 놀라운 증거입니다.

또한, 그리스도의 모든 정복들도 하나님의 능력을 보여줍니다. 그 정복들 중 일부는 우리가 이미 보아 왔지만, 일부는 장래에 있게 될 것입니다. "내가 그의 앞에서 그 대적들을 박멸하며 그를 미워하는 자들을 치려니와"라는 말씀은 하나님의 약속입니다. 그리고 "내가 또 그를 장자로 삼고 세상 왕들에게 지존자가 되게 하며"(27절)라는 말씀과 "내가 또 그의 손을 바다 위에 놓으며 오른손을 강들 위에 놓으리니"(25절)라는 말씀도 하나님의 약속입니다. 그리스도께서는 여전히 승리하고 계십니다. 하나님께 모든 영광을 돌립니다! 그리스도께서는 여전히 여기저기 다니시며 자신의 진리의 말씀으로 계속해서 승리하고 계십니다. 복음은 예전의 능력을 잃지 않았지만, 우리는 복음을 믿음으로 전할 때에만 승리할 수 있습니다. 복음이 수많은 사람들을 끌어 모으며 숨 쉴 틈도 없이 집중하게 하는 것에서 우리는 복음의 능력을 봅니다. 어떤 사람이 단지 자신의 온 힘을 다해서 그리스도를 전하는 것일 뿐인데도, 사람들은 그것을 듣습니다. 우리에게는 국가의 도움이 필요하지 않습니다. 우리는 의회가 법을 제정해서 우리를 도와주기를 바라지 않습니다. 우리에게 단지 복음을 전할 무대만 주십시오. 그것 외에는 그 어떤 혜택도 필요 없습니다. 성경을 펼쳐들고 진심으로 복음을 전하십시오. 그러면 사람들은 깨어날 것이고, 무리들이 만 백성의 왕 앞에 무릎을 꿇을 것입니다. 예수 그리스도는 여전히 죽을 인간의 혀로 말할 수 있는 가장 강력한 이름입니다. 그 이름이 지닌 모든 사람을 굴복시키는 능력은 이 땅의 가장 후미진 곳에서도 느껴질 것입니다.

　　사랑하는 자들이여, 이제 내게는 하나님의 은혜의 크신 능력은 그리스도의 능력 있는 중보기도를 통해서 실현된다는 것 외에는 다른 것들을 말씀드릴 시간이 없는 것 같습니다. 26절을 보겠습니다: "그가 내게 부르기를 주는 나의 아버지시요 나의 하나님이시요 나의 구원의 바위시라 하리로다." 하나님으로 하여금 구원하시는 일에 능력 있으신 분으로 만들어 주는 것은 바로 이것입니다: "자기를 힘입어 하나님께 나아가는 자들을 온전히 구원하실 수 있으니 이는 그가 항상 살아 계셔서 그들을 위하여 간구하심이라"(히 7:25). 그리스도의 중보기도 속에 나타난 하나님의 은혜의 능력에 대해서는 나는 한 시간 정도 말씀을 전했으면 좋겠습니다. 영원하신 아들이 자신의 공로들에 의거해서 영원하신 아버지께 간구하시는 것이기 때문에 그 아들의 입술에서 나오는 모든 간구에는 전능하신 능력이 함께 할 수밖에 없습니다. 사랑하는 자들이여, 여러분 중에는 그리스도의 능력을 잘 아는 분들이 많습니다. 그 능력이 여러분을 죽은 자 가운데서 불러내신 것이 아닙니까? 그 능력이 여러분을 건지셔서 멸망의 구덩이 속으로 계속해서 내려가지 못하게 하신 것이 아닙니까? 그리스도의 이름을 들을 때에 여러분의 마음이 뛰노는 것은 그 이름 속에 그런 능력이 있기 때문이 아닙니까? 우리가 다른 것을 전하면, 여러분은 듣다가 잠이 듭니다. 그러나 여러분이 그리스도에 관하여 들을 때에는 여러분의 영혼 깊은 곳에 울림이 있지 않습니까? 여러분이 지치고 힘들어 기진맥진해 있을 때에 그리스도를 생각하고서 힘을 얻어 기뻐하며 뛰던 일이 어디 한두 번이었습니까? 그리스도의 임재로 인해서 여러분의 병상은 편안한 곳이 되었고, 임종의 침상은 여러분이 장차 앉아서 다스리게 될 천국 보좌가 되지 않았습니까?

　　　　"예수를 생각만 해도
　　　　　내 마음은 기쁨으로 차오른다네."

　　여러분은 이것을 잘 압니다. 누가 예수의 이름이 지닌 능력을 헤아릴 수 있겠습니까? 여러분이 천국에 당도해서, 그리스도께서 너무나도 무가치한 여러분을 자신의 안식으로 인도하실 때, 여러분이 느끼시는 그리스도의 능력은 도대체 어떤 것이겠습니까? 그리스도께서 자신의 선하심과 모든 위엄을 여러분 안에 계시하실 때는 또 어떻겠습니까? 천국과 거기에 끝없이 펼쳐진 평원과 황금 거리들이 여러분의 것이 될 때, 여러분이 주위를 둘러보고서, 이 땅에서 주를 사랑했던 형제들이 한 사람도 예외 없이 마침내 다 양 우리로 안전하게 모여들어 거기에 있는 것을 발견하게 될 때, 여러분은 그리스도의 능력을 어떻게 느끼게 될 것 같습니까? 살아 계신 하나님의 군대에 속한 군사들이 한 명도 빠짐없이 다 모이게 될 때, 천국에는 얼마나 엄청난 기쁜 함성이 울려 퍼지겠습니까? 소집명부에 올라 있는 모든 군사들이 다 거기에 모이게 될 것입니다. "작은 믿음"이라는 이름의 형제도 거기에 있을 것이고, "작심삼일"이라는 형제도 목발 없이 거기에 있을 것이며, "많은 두려움"이라는 자매도 거기에 있을 것이고, "의기소침"이라는 자매도 거기에 있을 것입니다. 그래서 소집명부에 올라가 있는 자신의 이름이 불릴 때, 그들은 각각 "여기 있습니다"라고 대답하게 될 것입니다. 사탄은 그리스도의 양 무리 중에서 단 한 마리의 어린 양도 잡아먹지 못하였고, 그리스도의 모든 군사들 중에서 단 한 용사도 죽이지 못한 것입니다. 예수께서는 내내 승리해 오신 것입니다. 여러분은 모든 군사들이 다 모여서 자신들이 면류관을 얻기 위해 그동안 온 몸으로 헤쳐 온 싸움들과 환난들을 추억하는 것을 보게 될 때에 큰 기쁨 중에 "주의 팔에 능력이 있사오며 주의 손은 강하고 주의 오른손은 높이 들리우셨나이다"라고 외치게 될 것입니다.

3. 셋째로, 우리는 하나님의 이런 능력을 실제로 어떻게 알 수 있을까요?

이제 나는 말씀을 마무리할 때가 거의 되었지만, 여기에서 이 질문에 대하여 대답하지 않으면 안 됩니다. 여러분이 내가 말하는 것을 제대로 실천한다면, 몇 마디 말로 충분할 것입니다.

첫째, 하나님의 능력이 그토록 크다면, 거기에 순종하십시오. 혹시라도 여러분에게 하나님을 거역하고자 하는 마음이 있습니까? 여러분이 하나님 같이 능력 있는 팔을 가지고 있고, 여러분의 음성을 하나님처럼 우렛소리로 낼 수 있습니까? 여러분의 보잘것없는 병기들을 내던지고서 하나님과의 희망 없는 싸움을 그치십시오. 즉시 항복하시고, 무조건 항복하십시오. 이 자리에 하나님의 원수로 행하는 사람이 있다면, 나는 그분에게 하나님과의 전쟁을 계속하기 전에 비용을 한 번 계산해 보고 과연 그 비용을 댈 수 있을지를 생각해 보시기를 부탁드립니다. 밀랍이 불과 싸우거나, 나뭇가지들이 화염과 싸울 수 있겠습니까? 여러분이 온 세상 사람들과 함께 힘을 합쳐서 덤빈다고 하여도 하나님을 이길 수는 없습니다. 여러분은 마치 불이 볏짚을 태우듯이 생각 한 번 해볼 겨를도 없이 완전히 멸망하게 될 것입니다. "그의 아들에게 입맞추라 그렇지 아니하면 진노하심으로 너희가 길에서 망하리니 그의 진노가 급하심이라"(시 2:12).

　　두 번째의 실제적인 교훈은 이것입니다: 하나님이 그토록 강하십니까? 그렇다면, 하나님을 의지하여 구원을 받으십시오. 하나님께서 여러분을 영원한 멸망에서 건져 내실 수 없으시다고 결코 말하지 마십시오. 극단적인 경우일지라도 하나님의 구원의 능력을 결코 의심하지 마십시오. 나는 하나님이 자기 아들 예수 그리스도 속에 자신의 은혜의 모든 능력을 쌓아 놓으셨다는 것을 여러분에게 보였습니다. 그러므로 예수 그리스도를 바라보고 구원을 받으십시오. 모든 능력이 그리스도 안에 있습니다. 그리스도께서는 모든 죄를 사하실 수 있으십니다. 또한, 그는 모든 죄악을 굴복시키실 수 있으시고, 아무리 부패한 심령도 변화시켜서 그 심령 속에 온갖 은혜를 심으실 수 있으십니다. "너희는 여호와를 영원히 신뢰하라 주 여호와는 영원한 반석이심이로다"(사 26:4).

　　다음으로, 하나님이 그토록 강하시다면, 모든 것 속에서 하나님을 의지하십시오. 하나님의 백성인 여러분은 감히 하나님을 불신하려는 생각은 아예 하지도 마십시오. 하나님의 팔이 짧아지셨습니까? 하나님께서 여러분을 건지실 수 없으십니까? 여러분의 무거운 짐들과 환난들, 필요들과 근심들을 다 가져와서, 하나님 앞에 물처럼 쏟아놓으십시오. 그러면 그것들은 전능자의 발 앞에서 흘러 없어질 것이고, 여러분은 "주 여호와는 나의 힘이시며 나의 노래시며 나의 구원이심이라"(사 12:2)고 노래하게 될 것입니다.

　　하나님이 그토록 강하시다면, 사람들에 대한 모든 두려움을 떨쳐 버리십시오. 여러분은 하나님의 자녀인데, 죽을 수밖에 없는 존재인 사람들을 두려워할 이유가 어디에 있겠습니까? 사람들은 얼마 안 있으면 시들어 버릴 풀과 같은 존재인데, 사람들이 여러분에게 화를 낸다고 해서 여러분이 두려워 떨 이유가 어디 있겠습니까? 사람들은 좀 벌레 앞에서 무너지는 존재인데, 여러분이 그런 사람들을 두려워할 이유가 어디 있겠습니까? 교만한 자들의 위협에 당혹해하지 마십시오. 하나님을 의지하고 두려워하지 마십시오. 왜냐하면, 전능하신 야곱의 하나님이 우리와 함께 하시고, 우리를 위하시는 하나님은 우리를 대적하는 모든 세력을 다 합한 것보다 더 크시기 때문입니다.

　　이제는 여러분이 하나님에 의해서 부르심 받은 **섬김**과 관련하여 말씀드리겠습니다. 하나님이 그토록 강하시다면, 여러분 자신의 연약함은 하나님의 강하심이 나타날 발판이라는 것을 기억하고서 여러분의 연약함에 대해서는 더 이상 개의치 마십시오. 여러분에게는 오직 한 달란트밖에 없습니까? 하나님의 성령의 능력은 한이 없습니다. 성령께서는 여러분이 가진 한 달란트를 가지고서 다른 사람이 가진 열 달란트만큼의 열매를 맺게 하실 수 있으십니다. 여러분은 물 같이 연약하십니까? 그렇다면, 오늘 여러분의 연약함을 기뻐하고 즐거워하십시오. 왜냐하면, 하나님의 능력은 여러분이 연약할 때에 강하게 나타날 것이기 때문입니다. 여러분이 무엇을 할 수 있는지는 별로 중요하지 않은 문제이기 때문에 그런 것을 생각하지 마시고, 하나님께서 여러분을 통해서 무엇을 하실 수 있으실지를 생각하십시오. 하나님은 연약한 자에게 힘을 주셔서 강한 자와 맞설 수 있게 하실 수 있으십니다. 보십시오, 오늘 하나님께서는 여러분에게 이렇게 말씀하십니다: "보라 내가 너를 이가 날카로운 새 타작기로 삼으리니 네가 산들을 쳐서 부스러기를 만들 것이며 작은 산들을 겨 같이 만들 것이라 네가 그들을 까부른즉 바람이 그들을 날리겠고 회오리바람이 그들을 흩어 버릴 것이로되"(사 41:15-16).

마지막으로, 여러분 앞에 놓여 있는 미래와 관련해서 나는 이렇게 말씀드리고자 합니다: 하나님이 그토록 강하십니까? 그렇다면, 여러분의 미래를 하나님의 손에 맡기십시오. 여러분은 내일 아주 골치 아픈 문제에 직면해야 하고, 주말에는 더 골치 아픈 문제가 여러분을 기다리고 있다고 합시다. 그렇다고 하더라도, 하나님께서 살아 계셔서 여러분을 건지실 것이기 때문에, 아무 걱정 하지 마십시오. 무엇이라고요? 걱정이 되신다고요? 여러분의 모사가 죽었습니까? 여러분을 도우시는 이가 여러분을 실망시키신 적이 있습니까? 영원하신 팔이 여러분을 밑에서 떠받치고 있는데, 어떻게 여러분이 깊은 물 속으로 가라앉을 수 있겠습니까? 능력의 하나님이 여러분의 피난처이신데, 어떻게 여러분이 위험에 빠질 수 있겠습니까? 왜 여러분은 미래를 미리부터 걱정하는 것입니까? 오늘의 일을 걱정하는 것만으로 충분하지 않습니까? 하나님은 오늘의 하나님이실 뿐만 아니라 내일의 하나님이시기도 합니다. 내일 일을 걱정하는 것을 그만두십시오. 내일 일을 걱정해 보아야 힘을 잃을 뿐이고 아무런 도움도 되지 못합니다. 내일 일을 걱정하는 것은 여러분의 하나님, 여러분의 구주를 욕되게 하는 것이기 때문에 악한 일입니다. 인내심을 가지고 묵묵히 하나님께서 자신의 약속을 지키시기를 기다리십시오. 하나님 안에서 모든 것을 내려놓고 안식하십시오. 가만히 서서 하나님의 구원을 보십시오! 하나님이여, 이 아침에 주의 크신 능력을 나타내서서 성도들과 죄인들 속에서 영광을 받으소서. 왜냐하면, 하나님의 팔에는 능력이 있으시고, 하나님의 손은 강하시며, 하나님의 오른손은 높이 들리우셨기 때문입니다.

제 84 장

인생의 "최고의 이상"

—

"아침에 주의 인자하심이 우리를 만족하게 하사 우리를 일
생 동안 즐겁고 기쁘게 하소서." ― 시 90:14

모세는 애굽에서 나온 큰 무리가 광야에서 다 죽게 될 것임을 알고 무척 가슴 아파했습니다. 남녀노소를 불문하고 무수한 사람들을 광야에 매장해야 했기 때문에, 날마다 많은 장례식이 치러졌습니다. 그런 광경을 바라보아야 했던 이스라엘 자손의 이 위대한 지도자의 눈에서는 슬픔과 연민의 눈물이 그칠 때가 없었을 것입니다. 모세는 그들의 인생이 하나님의 진노 가운데 쓰러져간다고 말하고 나서, 그런 상황 속에서 가장 자연스러우면서도 가장 지혜로운 기도를 드렸습니다. 그 기도의 요지는 이런 것이었습니다: "하나님, 우리가 이 광야에서 죽어야 하고, (갈렙과 여호수아를 제외한) 이 세대 전체가 광야에서 죽을 수밖에 없다면, 지금 우리에게 주의 충만한 은총을 주셔서, 우리의 남은 날이 많든 적든 그 남은 날 동안에 우리로 하여금 즐겁고 기쁘게 살아가게 하소서." 마찬가지로, 주님이 재림하시지 않는 한, 우리도 모두 한 번은 죽을 것이고, 젊어서든 늙어서든 무덤으로 갈 수밖에 없는 것을 생각할 때, 나는 우리가 드릴 수 있는 가장 지혜로운 기도는 이런 것이 아닐까 생각합니다: "하나님, 지금 우리에게 주의 은혜를 가득 부어 주셔서, 우리로 하여금 더 이상 죄악 가운데서 불만족하게 살아가며 삶을 허비하게 하지 마시고, 이 시간부터 우리 인생의 마지막 순간까지 주의 충만하신 은혜를 받아 남은 날 동안 즐거워하고 기뻐하며 살아가게 하옵소서."

1. 첫째로, 모세가 생각한 인생의 "최고의 이상"은 무엇이었을까요?

나는 먼저 모세가 여기에서 우리 앞에 인생의 "최고의 이상"을 제시하였다는 것을 여러분에게 잠간 보여드리고자 합니다. 사람이 자기가 원하는 인생을 살아갈 수 있다면, 그는 일찍부터 하나님의 은총을 충만히 받고 살아가는 인생보다 더 좋은 것을 생각할 수 있겠습니까? 그의 인생 전체가 인간이 누릴 수 있는 최고의 행복을 누리며 살아가는 인생이 될 수만 있다면, 그것은 너무나 기쁘고 즐거운 일이 아니겠습니까? 본문에서 모세는 "아침에 주의 인자하심이 우리를 만족하게 하사"라고 기도합니다. 어떤 젊은이가 자기가 원하는 어떤 것을 자신의 인생의 한창 때뿐만 아니라 백발이 성성하게 될 때까지도 계속해서 추구하는 것이 아니라 그것을 당장 얻을 수 있고, 자신의 영혼을 즉시 만족시켜 줄 어떤 것을 당장에 얻어서 자신의 영혼으로 하여금 감사와 기쁨으로 뛰놀게 할 수 있다면, 즉 모세가 말한 대로 그 젊은이가 인생의 아주 초기인 "아침에" 얻을 수 있다면, 그것은 정말 복된 일이 아니겠습니까?

사람들, 심지어 믿음 좋은 사람들 중에서조차도 자신의 인생의 이른 아침을 허비하며 산 사람들이 많습니다. 어떤 사람들은 인생의 오후가 되어서 지난날을 회고하면서, 자신의 날 중에서 가장 좋은 시간들, 심지어 한창 때인 한낮까지도 헛되이 보내 버렸다는 고통스러운 회한을 품습니다. 그런 사람들에게는 이제 온전한 만족과 진정한 기쁨 가운데 지낼 시간이 오직 저녁, 그리고 종종 아주 짧은 저녁만 남아 있게 된 것입니다. 너무나 많은 그리스도인들의 삶이 인생의 끝자락에 가서야 다른 사람들에게 선한 영향을 미칠 수 있게 된다는 사실은 정말 안타까운 일입니다. 선한 영향력에 관한 한, 그런 사람들의 남은 인생은 거의 다 타버려서 받침 접시에나 놓아야 할 양초 쪼가리 정도밖에는 안 되는 것입니다. 그들은 하나님의 성소 안에서 자신의 인생 전체를 태워 불을 밝히며 살아 왔어야 하는데, 실제로는 그렇게 살지를 못했습니다. 인생의 처음부터 마지막까지 하나님의 복이 우리 위에 머물러 있어서, 죄에 의한 고통과 괴로움이 우리의 인생에 전혀 끼어들지 못하고, 늘 평안과 행복을 누리며 살아가는 것이야말로 더할 나위 없이 바람직한 인생입니다. 앞에서 말했듯이, 이것이 내가 생각하는 가장 이상적인 인생인데, 나는 모든 그리스도인들이 나의 이런 생각에 동의할 것이라고 생각합니다.

집을 지을 때에 토대를 제대로 닦지 못했다면, 그 집은 치명적인 결함을 갖게 됩니다. 왜냐하면, 우리가 그런 토대 위에 집을 아무리 아름답고 훌륭하게 짓는다고 하여도, 토대에 결함이 있는 까닭에, 그 집은 결코 제대로 된 집이 될 수 없기 때문입니다. 어떤 사람이 베틀로 직물을 짤 때에 처음 시작을 잘못했다면 그 후에 그 직물을 아무리 정교하게 짠다고 하더라도 처음 부분의 결함을 결코 고칠 수 없는 까닭에 결국 그렇게 짜진 직물은 결코 온전할 수 없게 될 것입니다. 이렇게 처음 부분에서 잘못되어 결국 모든 것이 엉망이 되어 버린 집이나 직물과는 반대로, 어떤 사람이 인생의 시작 부분에서 하나님이 주신 은혜와 지식을 충만하게 받아서, 인생이라는 집의 토대가 처음부터 잘 닦이고 놓여서, 그의 인생 전체가 하나님을 찬송하고 영화롭게 하는 것으로 가득하게 되었다면, 그것은 참으로 복된 일일 것입니다. 또한, 베틀이 잘 작동하여서 인생이라는 직물이 시작 부분부터 베 짜기의 올바른 준칙을 따라 잘 짜여서 그 직물 전체가 온전하게 잘 나왔다면, 그것도 복된 일일 것입니다. 나는 이것이 "아침에 주의 인자하심이 우리를 만족하게 하사 우리를 일생 동안 즐겁고 기쁘게 하소서"라는 본문의 기도의 의미라고 생각합니다.

2. 둘째로, 사람들은 어떤 식으로 이 가장 이상적인 인생에 도달하고자 하였을까요?

나는 본문의 첫 부분인 "우리를 만족하게 하소서, 우리를 만족하게 하소서, 우리를 만족하게 하소서"가 모든 사람들의 부르짖음이라고 주저 없이 말할 수 있습니다. 그러나 모든 사람의 심령 속에는 쉽게 만족시킬 수 없는 일종의 거머리 같은 것이 있습니다. 그것은 죽음과도 같고 무덤과도 같으며 바다와도 같습니다. 죽음의 입에 무엇을 던져주든, 죽음은 늘 배고파합니다. 무덤도 결코 만족하는 법이 없고, 여러분이 바다에 무엇을 던져 넣든, 바다는 늘 무엇인가를 받으려고 기다리고 있습니다. 그런데 사람의 마음이 그렇습니다. "우리를 만족하게 하소서"는 세상의 부르짖음입니다. 이교도들은 자신의 우상들을 향하여 그렇게 부르짖고, 바알의 제사장들은 자신의 생명 없는 조각상을 향하여 그렇게 부르짖었습니다. "우리를 만족하게 하소서"는 오늘날에도 세상의 부르짖음입니다. 왜냐하면, 사람들은 끊임없이 배고프고 허기지면서도, 정작 자신의 굶주림과 허기를 만족시켜 줄 유일한 양식은 멸시하고 먹으려 하지 않기 때문입니다. "우리를 만족하게 하소서"는 지구상의 모든 곳에서 들리는 부르짖음입니다. 그런데 애석하게도 그 부르짖음은 하늘을 향하여 올라가는 것이 아니라, 시간과 감각 안에 있는 물질들을 향하고 있습니다. 여전히 사람들은 솔로몬이 "헛되고 헛되며 헛되고 헛되니 모든 것이 헛되도다"(전 1:2)라고 말한 것들 속에서 만족을 구합니다.

지혜로운 젊은이들은 본문의 표현을 따라 "아침에 우리를 만족하게 하소서"라고 기도합니다. 그들은 자신의 기쁨의 근원이 될 바로 그것을 얻고자 하고, 자신이 그것을 더 이상 누릴 수 없게 될 때가 아니라 바로 지금 그것을 얻고자 하여 "아침에 우리를 만족하게 하소서"라고 부르짖습니다. 그들은 자신의 노후를 위한 일종의 연금으로 하나님의 은혜를 구하는 것이 아니라, 지금 당장 그 은혜를 받기를 원합니다. 어쨌든 나는 그랬습니다. 왜냐하면, 나는 나의 젊은 시절에도 참된 즐거움과 기쁨을 얻기를 원했기 때문입니다. 행복하고자 하는 것은 결코 잘못된 것이 아닙니다. 본문처럼 "아침에 주의 인자하심이 우리를 만족하게 하소서"라는 말로 기도를 완결하기만 한다면, "아침에 우리를 만족하게 하소서"라고 기도하는 것은 결코 잘못된 것이 아닙니다.

많은 사람들이 돈을 벌어서 만족을 얻고자 애를 써왔습니다. 돈을 버는 것이 인생의 주된 목적이 아니라면, 사람이 돈을 벌고자 하는 것은 잘못이 아닙니다. 그러나 너무나 많은 사람들은 돈 버는 것 자체를 인생의 주된 목적으로 삼고 살아갑니다. 그런 사람들은 자신이 돈을 많이 벌게 되었을 때에 만족하게 될 것이라고 믿었지만, 실제로는 그렇게 되지 않았습니다. 나는 지금 이 세상에 있는 모든 부자들에게 그들이 자신이 원하는 만큼 돈을 벌었을 때에 과연 만족할 수 있게 되었는지를 묻고 싶습니다. 여러분은 그들이 자기가 원했던 만큼의 돈을 벌게 되었을 때에 이제는 만족하고서 더 많은 돈을 벌고자 하지 않았을 것이라고 생각하십니까? 결코 그렇지 않습니다. 그들은 막대한 돈을 쌓아 두고서도, 자기 앞에 돈다발이 보이면, 그 돈을 자기가 가진다면 자신이 만족하게 될 것이라고 생각합니다. 그래서 또다시 그 돈을 얻었을 때에 과연 그들이 만족하게 되었을까요? 돈에 대한 욕심은 돈을 먹으면 먹을수록 더 커지기 때문에, 사람은 돈을 많이 가지고 있을수록 더 돈을 욕심내게 됩니다. 이 세상의 것들을 소유하고 누림으로써 자신의 본성 전체를 온전히 만족시킬 수 있었던 사람은 인류 역사상에서 지금까지 단 한 사람도 없었고 있을 수도 없습니다. 여러분이 아시듯이, 우리는 돈을 모으는 것 속에서 즐거움을 느끼는 사람을 영어로 miser라고 합니다(miser는 "수전노"를 뜻하지만, 원래는 "비참한 사람"이라는 의미이다 — 역주). 그런 사람이 진짜 비참한 사람이 아니라면, 우리가 왜 그런 사람을 그런 이름으로 부르겠습니까? 탐욕으로 가득한 사람을 그런 이름으로 부르는 것은 그런 사람이 불행하다는 것을 보여주는 것입니다. 여러분은 나이 들어 추하고 비참한 삶을 사는 사람을 보면, "그 사람은 늙은 수전노 같다"고 말합니다. 그렇습니다. 그는 그런 사람입니다. 사람들은 자신이 원하는 만큼의 돈을 모을 수 있지만, 그렇게 모은 돈으로 그들이 얻을 수 있는 것은 고작해야 광산에서 나오는 최고의 금속뿐이기 때문에, 계속해서 여전히 "우리를 만족하게 하소서, 우리를 만족하게 하소서"라고 부르짖는 것입니다. 남미 인디언들은 그들 땅에 들어온 스페인 사람들이 금덩이에 환장하는 것을 보고서는 스페인 사람들이 섬기는 신은 금으로 만들어졌을 것이라고 믿었습니다. 인디언들은 한 번은 금덩이를 녹여서 한 스페인 사람의 목구멍에 부으면서, "너희가 금덩이에 환장해 있으니, 자, 마음껏 먹으려무나"라고 말했답니다. 그러나 사람이 금을 먹고 마시며, 자나 깨나 금덩이를 껴안고 있고, 금으로 만들어진 옷을 입을 수 있다고 한들, 사람의 본성 중에서 가장 고상한 부분, 즉 영혼이라 불리는 저 신비한 영적인 것의 갈망을 만족시켜 줄 수 있는 것이 그 금덩이 속에 있을 리 만무하지 않습니까? 이 세상에 있는 그 어떤 부(富) 속에도 사람의 영혼을 제대로 만족시켜 줄 수 있는 것은 결코 없습니다.

어떤 사람들은 추악하게 돈을 추구하는 삶을 경멸하면서, 명예를 얻는 것 속에서 만족을 구하여야 한다고 말합니다. 우리는 모두 사람들로부터 존경 받고 존귀하게 대우 받는 것을 좋아합니다. 사람들은 누구나 칭찬 받거나 칭송 받는 것을 좋아하기 때문에, 누가 자기는 그런 것을 좋아하지 않는다고 말한다면, 그것은 거짓말입니다. 어떤 사람이 사람들로부터 "저 사람은 아부를 좋아하지 않는다"는 말을 듣는 것을 기뻐한다면, 그 사람은 다른 사람들의 좋은 평판을 바라는 것이기 때문에 다른 어떤 사람들보다도 더 아부를 좋아하는 것입니다. 어떤 사람들은 다른 사람들로부터 존경을 받고 명예를 얻기 위해서 자기 자신을 명예와 명성의 완벽한 노예로 만듭니다. 그들은 대학에서 박사 학위를 얻는 영예나 법률 분야에서 상당한 지위를 얻는 영예 같은 것들을 얻을 수 있다면 자기가 만족하게 될 것이라고 생각합니다. 그러나 어떤 명예를 얻었다고 해서 그것으로 만족한 사람은 지금까지 아무도 없었습니다. 명예는 헛바람과 같아서 영원히 죽지 않는 영혼을 결코 채워 줄 수 없습니다. 최고의 명성을 얻는 데까지 출세한 정치인들에 관한 전기를 읽어 보면, 여러분은 대체로 이 나라에서 유명한 사람일수록 더 노예가 되어 살아가는 것을 알게 될 것입니다. 그런 사람은 자신의 명예를 지키기 위해서는 막중한 책임의 무거운 짐을 짊어져야 합니다. "면류관을 쓴 머리는 편할 날이 없다"는 말이 있듯이, 월계관이나 면류관을 쓴 머리는 정도 차이는 있겠지만 늘 편할 날이 없습니다. 가장 큰 명성과 명예를 얻은 사람들이 지금까지 증명해 주었듯이, 명성을 얻는다고 해도 거기에 만족함은 없습니다. 그런 사람들은 한때는 마을에서 두세 사람들의 아부를 들어도 만족하였지만, 지금은 온 나라 사람들의 박수갈채를 받아도 만족하지 못하고, 심지어 그들의 명성이 온 세상에 다 알려졌는데도, 얼굴을 찌푸리고 팔짱을 낀 채 의기소침하게 앉아서, 솔로몬처럼 "헛되고 헛되며 헛되고 헛되니 모든 것이 헛되도다"(전 1:2)라고 탄식합니다.

또한, 어떤 사람들은 "많이 배워서 학식을 쌓으면 거기에는 반드시 만족함이 있을 거야"라고 말합니다. 나는 앞에서 언급한 두 가지보다는 이것에 대해서 할 말이 더 많습니다. 왜냐하면, 나는 부자들의 대리석 홀이나 왕들의 궁전에서보다도 나의 서재에서 만족을 구하고자 했기 때문입니다. 책들을 읽으며 연구하고 새로운 지식들을 발견해서 머리와 마음을 풍요롭게 하는 것은 뭔가 해볼 만한 가치가 있는 일인 것으로 생각되지만, 당시에 자기가 할 수 있는 한 최대한으로 책들을 읽고 연구했던 솔로몬은 결국 "많은 책들을 짓는 것은 끝이 없고 많이 공부하는 것은 몸을 피곤하게 하느니라"(전 12:12)고 아주 단호한 결론을 내립니다. "헛되고 헛되며 헛되고 헛되니 모든 것이 헛되도다"라는 말은 여러분이 책들을 읽고 연구하다 보면 자연스럽게 나오게 될 말일 것입니다. 왜냐하면, 여러분이 세상의 그 어떤 사람보다도 더 많은 것을 안다고 해도, 결국 무덤에 들어가서 잠잘 때가 오면, 워즈워스(Wordsworth)가 "강가의 앵초에 불과하다"고 말했던 농부나 여러분이나 차이가 전혀 없을 것이라는 허망한 생각이 여러분의 뇌리에서 늘 떠나지 않을 것이기 때문입니다. 농부가 앵초에 불과하다면, 여러분은 아무리 많이 배워도 잠시 농부보다 약간 더 높이 올라갔다가, 결국에는 농부와 똑같이 흙으로 돌아가서 잠자게 될 것입니다. 이 땅의 지식이 영원한 것이 아니라면, 우리가 이 땅에서 많은 지식을 쌓고 기뻐한다고 한들, 그것이 우리에게 무슨 가치가 있겠습니까?

어떤 사람들은 쾌락 속에서 만족을 구합니다. 이렇게 말하는 젊은이들이 있을 것입니다: "나는 부자가 되는 것에 관심이 없기 때문에 돈을 모으려고 애쓰지 않을 것입니다. 반대로, 나는 돈을 쓰는 것을 좋아합니다. 나는 갈퀴를 사용하기를 원하지 않습니다. 내게 삽을 주십시오. 그러면 나는 내 아버지가 지금까지 모아 놓은 전 재산을 순식간에 다 써버릴 것입니다." 다른 사람들이 정말 근면하고 성실하게 일해서 모아 놓은 재산을 탕진하는 데에 유감없이 실력을 발휘하는 사람들이 있습니다. 그런 사람들은 공부하는 것에 대하여 이렇게 말합니다: "저 북적거리는 교실에서 벗어나서 신선한 공기가 숨 쉬는 야외로 우리를 보내주십시오. 우리는 할 수 있는 한 최대한으로 인생을 즐기고 싶습니다." 얼핏 보면, 이것은 꽤 현명한 처사처럼 보입니다. 즉, 어차피 정작 자신은 별로 쓰지도 못할 돈을 잔뜩 모으기 위해서 먹을 것 안 먹고 쓸 것 안 쓰면서 고생하다가, 자신의 막대한 재산을 물려받은 상속자들로부터 욕을 먹지 않으면 비웃음을 당하는 것보다는 인생을 최대한으로 즐기며 살아가는 것이 확실히 더 현명한 것처럼 보이기도 합니다. 솔로몬이 쾌락을 추구하는 사람들에 대해서 어떻게 말했는지를 한 번 들어 보십시오: "재앙이 뉘게 있느뇨 근심이 뉘게 있느뇨 분쟁이 뉘게 있느뇨 원망이 뉘게 있느뇨 까닭 없는 상처가 뉘게 있느뇨 붉은 눈이 뉘게 있느뇨 술에 잠긴 자에게 있고 혼합한 술을 구하러 다니는 자에게 있느니라"(잠 23:29-30). 거기에도 만족은 없습니다! 인류 역사상에서 원 없이 쾌락을 누려 보았던 사람, 환락의 포도주 잔을 그 찌꺼기까지 비웠던 사람이었던 솔로몬은 결국 거세게 격분하며 그 잔을 땅바닥에 던져 산산조각을 내며, 자기가 거기에서 만족을 구하려 했던 날들을 저주하였습니다. 음녀의 집을 들락거리던 사람들, 그 죄악 된 곳에 잠시라도 머물렀던 사람들의 결국을 보십시오. 방탕함은 인간성을 더 빨리 병들게 하고 부패하게 만들어 버리지 않습니까? 젊은이들이여, 거기에도 만족은 없습니다. 여러분이 진정으로 즐기고자 한다면, 그렇게 할 수 있는 좀 더 고상하고 확실한 길이 있습니다. 소위 "쾌락"의 길은 헛된 망상이고 덫이요 함정이기 때문에, 그 결국은 근심과 괴로움과 재앙입니다. 그런데도 안타까운 것은 너무나 많은 사람들이 그토록 서글픈 결말로 끝나게 될 길로 계속해서 행한다는 것입니다.

사람이 광대 짓이나 바보짓을 할 때에는 뭔가를 얻기 위해서 그렇게 해야 합니다. 얼마 전에 우리가 무디(Moody) 목사님과 생키(Sankey) 목사님이 말씀을 전하고 찬송할 장소를 물색하고 있을 때, 우리 형제들 중에서 두 사람이 어떤 건물에 가서 그 곳을 빌릴 수 있는지를 알아보기 위해 기다리고 있는데, 어떤 사람이 그 형제들에게 와서는 "광대 누구누구"라고 적힌 명함을 내밀더랍니다. 그 사람은 우리 형제들이 그 곳에서 있을 공연을 보기 위해 거기에 온 것으로 착각한 것이었습니다. 우리 형제들은 그 광대에게 자기들은 예배드릴 장소를 물색하기 위해 온 것이라고 말하고서는, "당신이 돈을 위해서 광대 짓을 하는 것은 정말 불쌍한 일입니다!"라고 말했답니다. 그러자 그 광대는 "당신들은 광대 짓을 하고도 아무것도 얻지 못하는 사람들에게나 가서 대화하는 편이 낫겠군요. 돈을 벌기 위해 광대 짓을 한다는 말은 일리가 있는 말이니까요"라고 말했답니다. 나는 그 광대가 아주 의미심장한 대답을 했다고 생각합니다. 광대 짓을 해서 아무것도 얻지 못한다는 것은 내가 지금까지 말해 온 저 어리석은 짓에 대한 아주 온건한 표현입니다. 그러나 광대 짓을 하고도 도리어 돈을 잃어버리는 사람들이 얼마나 많습니까? 도대체 무엇이 그토록 많은 사람들로 하여금 결국에는 누더기 옷을 입게 만듭니까? 도대체 무엇이 그토록 많은 사람들의 눈을 붉게 만들고, 손과 발을 떨게 만들며, 술을 끊었을 때에 금단현상인 음주섬망(delirium tremens)을 일으킵니까? 도대체 무엇이 바보짓을 하고도 모든 것을 잃게 만듭니까? 도대체 무엇이 사람을, 하나님도 없고 그리스도도 없이 살다가 죽을 때에 아무런 소망도 없이 죽어가게 만듭니까? 그런 바보짓을 하며 살아가는 사람들은 반드시 보응을 받게 될 것입니다. 하나님의 진리가 그들에게 그대로 이루어져서, 그들이 저지른 어리석은 짓의 대가는 그들의 영혼의 영원한 파멸이 될 것입니다.

여러분이 만일 이런 종류의 "쾌락"이 무엇을 의미하는지를 깨닫는다면, 그런 쾌락과는 상종도 하지 않으려 할 것입니다. 베수비우스(Vesuvius) 산이 갑자기 폼페이에 용암을 쏟아내기 시작했을 때, 주민들 중 대다수는 원형경기장에 모여 있었습니다. 나는 그들이 모여 있던 곳의 폐허를 가본 적이 있습니다. 나는 당시에 그들이 무엇을 관람하고 있었는지를 알지 못하지만, 그것이 아무리 재미있었을지라도, 거기에 모여 있던 사람들 중에서 재앙을 피하여 있는 힘껏 도망치고자 하지 않은 사람은 한 사람도 없었습니다. 몇몇 사람들은 자신의 거처에 그대로 머물러 있었거나 자신의 거처에서 피할 수 없었기 때문에 오늘날까지 거기에 그대로 있습니다. 그들의 시신들 중 일부는 재앙이 덮쳤을 당시에 그들이 있던 곳에서 최근에 발견되었습니다. 만일 사람들이 지혜롭다면, 지상에서 가장 즐거운 놀이가 벌어지거나, 상인 앞에 최고의 이익이 눈앞에 있거나, 최고의 쾌락이 사람의 마음을 유혹한다고 할지라도, 사람들은 자신이 영원히 멸망하는 그 순간까지도 그런 것들에 마음을 완전히 뺏기는 일은 없을 것입니다. 도리어 그들은 다가올 진노를 피할 수 있을 때까지 한시도 쉬지 않고 그 진노에서 멀리멀리 피하고자 할 것입니다.

어떤 사람들은 아무런 목표도 없이 인생을 살아갑니다. 사람들 중에는 "나는 당신이 지금까지 말한 것들 중에서 그 어떤 것에도 관심이 없습니다"라고 말할 사람이 분명히 있을 것입니다. 그렇다면, 나의 친구여, 당신은 어디에서 만족을 찾고자 해 왔습니까?"나는 골치 아프게 그런 것을 생각해 본 적이 없습니다. 나는 나의 일용할 양식을 얻기 위하여 매일매일 열심히 일할 뿐이고, 다른 것들에 대해서는 아무 생각 없이 그날그날 살아가고 있습니다. 나는 먹고 마실 것과 입을 것이 부족하지 않게 하고, 내 자녀를 될 수 있는 한 잘 키우는 것 외에는 이 세상에서 그 어떤 욕심도 없습니다." 나의 친구여, 나는 당신이 그렇게 살아가고자 한다고 해서 당신을 멸시하지 않을 것이니 안심하십시오. 하지만 아울러 나는 영원히 죽지 않을 영혼이 그것보다 더 높고 빛나는 목표를 갖고 있지 않은 것을 안타깝게 생각합니다. 왜냐하면, 당신이 살아가는 인생은, 연자 맷돌을 돌리는 말(馬)이 매일매일 똑같은 일을 반복하면서 그것보다 더 높은 목표를 갖지 않고 살아가는 것과 다를 바가 없기 때문입니다. 당신이 갖고 있는 인생의 목표는 제비나 참새가 둥지를 짓고 알을 낳아 부화시켜서 그 새끼들이 스스로 날게 되어 독립적으로 살아가는 것을 보고자 하는 것과 다를 바 없습니다. 당신이 말하는 인생 목표는 개나 말, 고양이에게는 적합하겠지만, 짐승들보다 더 고귀한 존재인 당신에게는 합당치 않습니다. 나는 당신을 보면서, 당신이 하나님의 형상을 따라 지음 받은 존재라는 것을 기억할 때에, 분명히 당신에게는 그런 보잘것없는 목표보다는 더 고귀한 목표가 있어야 한다고 생각합니다. 나는 당신이 당신의 그런 삶 속에서 정말 만족을 얻고 있는지를 정직하게 말해 주었으면 합니다. 나는 당신이 결코 만족하지 못하고 있을 것임을 확신합니다.

복음이 그들에게 복을 가져다줄 수 없다고 주장하는 사람들이 있습니다. 나는 하루하루 노동하며 먹고 사는 가난한 사람들에게서 그런 말을 종종 듣습니다. 어떤 사람은 이렇게 말합니다: "목사님, 내가 잘 산다면, 나는 기꺼이 그리스도인이 되겠습니다. 그러나 가난한 사람들에게는 신앙은 사치입니다." 하지만 그런 말은 그리스도께서 "가난한 자에게 복음이 전파된다"(마 11:5)고 선포하신 것과 정면으로 배치됩니다. 야고보 사도는 "하나님이 세상에서 가난한 자를 택하사 믿음에 부요하게 하신"(약 2:5) 것이 아니냐고 성령의 감동을 따라 반문하고 있는

데, 많은 사람들이 자신들은 너무나 가난하기 때문에 복음은 자신들을 위한 것이 아니라고 말하는 것이 과연 옳습니까!

또한, 자기들은 너무나 무식해서 구원받을 수 없다고 말하는 사람들도 있습니다. 그런 사람들은 "나는 글을 읽지 못합니다"라고 말하기도 하고, "나는 글을 읽을 수는 있지만 성경을 읽어도 무슨 말인지 알 수가 없고, 설교를 들어도 무슨 의미인지 알아들을 수가 없습니다"라고 말하기도 합니다. 그들은 영적인 문제들과 관련해서는 자신들이 거의 백치에 가깝다고 말하면서도, 정작 다른 문제들에 있어서는 자신의 주장을 굽히지 않고 끝까지 관철시켜서, 자신들이 거의 철학자에 버금가는 사람들이라는 것을 증명하려고 듭니다. 그렇지만 자신들이 무식해서 구원받을 수 없다는 그들의 변명은 성경과 정면으로 배치되는 것입니다. 왜냐하면, 사도 바울은 성령의 감동을 따라 고린도 교인들에게 이렇게 썼기 때문입니다: "형제들아 너희를 부르심을 보라 육체를 따라 지혜로운 자가 많지 아니하며 능한 자가 많지 아니하며 문벌 좋은 자가 많지 아니하도다 그러나 하나님께서 세상의 미련한 것들을 택하사 지혜 있는 자들을 부끄럽게 하려 하시고 세상의 약한 것들을 택하사 강한 것들을 부끄럽게 하려 하시며 하나님께서 세상의 천한 것들과 멸시 받는 것들과 없는 것들을 택하사 있는 것들을 폐하려 하시나니 이는 아무 육체도 하나님 앞에서 자랑하지 못하게 하려 하심이라"(고전 1:26-29).

또한, 자신들은 너무나 바빠서 구원 같은 것에 신경 쓸 겨를이 없다고 말하는 사람들도 있습니다. 그들이 어떤 변명을 하든, 적어도 이것이 그들의 본심입니다. 어떤 사람은 "나는 새벽부터 일어나서 밤늦게까지 눈코 뜰 새 없이 일해야 하기 때문에, 신앙 같은 것에 대해 생각할 시간이 정말 조금도 없으니, 제발 나를 신앙 문제로 괴롭히지 마시오"라고 말합니다. 또 어떤 사람은 "사업과 관련해서 내가 신경 써야 할 일들이 너무나 많아서, 나는 내 가게를 비우고 기도회에 갈 수 있는 여건이 도저히 되지 않아요"라고 말합니다. 사랑하는 친구들이여, 기도할 시간은 도저히 낼 수 없다고 말하면서도 과로로 죽어서 자신이 신경 써야 할 많은 일들에서 강제적으로 손을 놓아야 했던 사람들이 지금까지 얼마나 많았습니까? 또한, 우리는 하나님과 신앙에 대하여 생각할 시간을 낼 수 없다고 말하면서도 악한 일들과 죄악 된 쾌락을 즐기는 데에는 시간을 물 쓰듯이 쓰는 사람들을 너무나 자주 보아 왔습니다. 내가 지금까지 언급한 변명들과 마찬가지로 그러한 변명도 단지 핑계에 불과하기 때문에 장차 아무런 소용도 없을 것입니다. 아무리 눈코 뜰 새 없이 일하는 사람들에게도 눈을 들어 하늘을 바라보고서 "하나님이여, 내가 예수 그리스도의 대속을 의지해서 하나님 앞에 나왔사오니 주 예수 그리스도를 인하여 나를 받아 주소서"라고 부르짖을 시간은 충분합니다. 시간이 없다는 말은 많은 사람들에게 있어서 단지 핑계일 뿐이고, 사실 그들은 그리스도를 믿기를 원하지 않고, 그리스도가 그들에게 어떤 유익이 있을 것이라고 믿지 않기 때문에, 그런 말도 안 되는 핑계를 대는 것일 뿐입니다.

어떤 사람들은 심지어 자기는 너무 죄를 많이 지어서 그리스도께 나아갈 수 없다고까지 말합니다. 다른 사람들을 구원 받을 수 있겠지만, 자기는 죄악 속으로 너무 깊이 들어갔고 죄 속에 너무 깊이 빠져 있기 때문에 도저히 구원 받을 수 없다는 것입니다. 그들은 너무 오랫동안 그렇게 살아와서, 자신의 주위에는 온통 죄악에 빠져 있는 친구들뿐입니다. 또한, 그런 사람들 중에는 악한 일을 직업으로 삼아 살아 왔고, 악한 자들과 단단히 얽혀 있어서 거기에서 빠져 나올 수가 없는 사람들도 있습니다. 하지만 그런 식으로 말하는 사람들은 자신의 마음 깊은 곳에 있는 진짜 속내는 숨기고, 겉으로 그런 핑계를 대는 것일 뿐입니다. 그들의 진짜 속내는 예수 그리스도가 자신들을 구원하는 것을 원하지 않는 것입니다. 그들이 바라는 것은 자신들이 지금 걸어가는 길이 결국에는 영원한 멸망으로 이어질 수밖에 없다고 하더라도, 그냥 조용히 그 길을 가도록 하나님이 자신들을 내버려 두었으면 하는 것입니다.

3. 셋째로, 그렇다면 어디에서 참된 만족을 발견할 수 있을까요?

마지막으로, 나는 우리가 참된 만족을 발견할 수 있는 곳이 어디인지를 여러분에게 말씀드리고자 하는데, 그 대답은 본문의 기도 속에 나와 있습니다: "아침에 주의 인자하심이 우리를 만족하게 하사 우리를 일생 동안 즐겁고 기쁘게 하소서." 나는 확실한 만족을 발견할 수 있는 길을 나의 최선을 다해서 아주 분명하게 여러분에게 보여드리고자 합니다. 친구들이여, 여러분은 젊고, 전도양양한 인생이 여러분 앞에 있습니다. 여러분은 그 인생을 제대로 된 온전한 인생, 지극히 행복한 인생으로 만들었으면 좋겠다고 생각할 것입니다. 그렇다면 여러분은 하나님으로부터 만족을 구할 필요가 있다는 것을 깨닫는 것으로 시작하십시오. 여러분이 만일 동물이었다면, 쉽게 만족을 얻을 수 있었을 것입니다. 양들과

소들은 풀이 많은 들판으로 데려다 주기만 하면 온전히 만족합니다. 거기에서 그들은 결코 "우리를 만족하게 하소서"라고 부르짖지 않을 것입니다. 도리어 그들은 거기에서 먹고 싶은 만큼 풀을 뜯어 먹은 후에 온전히 만족할 것입니다. 그러나 여러분은 놀랍도록 아름다운 세계 속에 두어져 있고 인간으로서 큰 행복을 누릴 수 있게 지음 받았는데도 불구하고 온전한 만족을 얻은 적이 없습니다. 따라서 여러분이 온전한 만족을 구하고자 한다면, 자신이 타락한 인간이라고 고백하고 인정하는 것으로부터 시작하는 것이 마땅합니다. 여러분은 죄 없는 순수함(innocence)이라는, 그 어느 것에도 비할 수 없이 귀한 보석을 잃어버렸습니다. 여러분의 첫 조상인 아담이 당신을 대표해서 그 보석을 잃어버렸고, 여러분 자신도 죄악 가운데서 그 보석을 잃어버렸습니다. 만일 여러분이 그 보석을 잃어버리지 않았다면, "아침에 주의 인자하심이 우리를 만족하게 하소서"라고 하나님께 기도할 필요가 없을 것입니다. 왜냐하면, 여러분은 이미 만족하고 있을 것이니까요. 아담은 하나님을 거슬러 범죄하기 전까지는 만족한 삶을 살았고, 여러분도 만일 자신 속에 죄가 없다면 만족한 삶을 살게 될 것입니다. 여러분 각자는 "하나님이여, 내가 거룩하지 못해서 만족한 삶을 살고 있지 못하고, 온전함에 이르지 못하였기 때문에 만족한 삶에도 이르지 못하였습니다"라고 고백하여야 합니다.

또한, 여러분이 만족을 얻고자 한다면, 그 만족을 하나님으로부터 얻어야 한다는 것을 기억하십시오. 여러분의 만족은 하나님의 인자하심의 선물이어야 합니다. 본문은 "아침에 주의 인자하심이 우리를 만족하게 하사"라고 말씀합니다. 하나님께서는 우리를 하나님 없이는 제대로 살아갈 수 없게 지으셨습니다. 그것은 복이기도 하고 저주이기도 합니다. 그것은 우리가 하나님 없이는 만족할 수 없기 때문에 어쩔 수 없이 하나님께로 나아갈 수밖에 없다는 점에서는 복이고, 우리가 하나님 없이 만족하고자 계속해서 고집하는 경우에는 저주가 됩니다. 행성에게 태양이 필요하듯이, 인간에게는 하나님이 필요합니다. 빛이 없다면 눈이 아무 소용이 없듯이, 하나님이 없이는 여러분의 영은 아무 소용이 없습니다. 여러분에게는 하나님이 계셔야 합니다! 그런데도 아직까지 하나님에 대해서 제대로 생각조차 한 번 해보지 않은 사람들이 여러분 가운데 있을 것입니다. 그런 사람들은 여기 이 땅에서 자기에게 필요한 것들을 얻는 데에 몰두하며 살아온 사람들입니다. 그런 여러분은 이 땅의 일들에는 그토록 온 신경을 쓰며 살아왔지만, 정작 하나님에 대해서는 한 번도 생각해 보지 않았고, 생각해 보았다고 하더라도 하나님이 계시지 않았으면 하는 바람으로 하나님에 대해 생각해 보았을 것입니다. 하나님을 생각하는 것은 여러분에게 언제나 골칫거리였기 때문에, 여러분은 그런 생각을 자신의 마음에서 완전히 지워 버릴 수 있기를 바라고 있을 것입니다. 그러나 나의 친구들이여, 여러분이 만족을 얻고자 한다면, 여러분의 생각과 태도를 바꾸어야 합니다. 여러분은 피조물인 여러분이 창조주이신 하나님과 화목해야 한다는 것을 깨달아야 합니다. 여러분이 내 말을 듣고 확신할 수 없다면, 나는 여러분에게 과연 그러한지 아닌지를 성경 속에서 확인해 보시기를 간곡히 부탁드립니다. 성경 속에서 여러분은 여러분이 하나님과의 다툼을 끝내고 하나님께 순복하여 화목을 이루기 전까지는, 노아의 비둘기가 큰물이 창일한 물바다 위를 날았지만 앉을 곳을 찾지 못해서 쉴 수 없었던 것과 마찬가지로, 여러분의 영혼도 안식을 찾을 수 없다는 것을 배우게 될 것입니다. 하나님께서 여러분에게 인자하심을 보이지 않으신다면, 여러분은 하나님께 돌아올 수 없다는 것을 잊지 마십시오. 여러분이 하나님의 공의에 호소한다면, 여러분은 형벌을 받을 수밖에 없습니다. 왜냐하면, 여러분이 살아온 세월이 아무리 짧더라도, 그동안 여러분은 하나님의 거룩한 법을 어기며 살아왔기 때문입니다. 여러분은 죄들을 범하여 하나님의 진노와 질투를 불러일으켜 왔습니다. 여러분이 하나님과 화목하게 되어서 하나님의 사랑이 여러분의 마음에 부어지려면, 먼저 여러분의 죄가 사함 받아야 합니다. 하나님은 인자를 베푸시기를 기뻐하시기 때문에, 여러분의 죄는 사함 받을 수 있습니다. 하나님은 은혜 베푸실 기회를 고대하고 계시기 때문에, 그 죄들은 지금 당장 사함 받을 수 있습니다. 하나님은 자기 아들 예수 그리스도를 믿고 의지하는 모든 사람들의 죄를 값없이 사하시기 때문에, 여러분의 죄는 돈 없이 값없이 사함 받을 수 있습니다.

여러분의 지난날의 죄들이 모두 사함 받았다고 합시다. 하지만 그때에도 여러분 속에는 죄에 이끌리는 본성적인 경향이 여전히 있기 때문에, 여러분은 만족을 얻을 수 없습니다. 여러분은 모두 누구에게 배운 것이 아닌데도 자연스럽게 죄를 지을 수 있습니다. 사람들에게 악을 행하는 방법을 가르치려고 학교를 세울 필요도 없고, 선생들을 고용해서 사람들에게 범죄를 부추길 필요도 없습니다. 왜냐하면, 사람들의 마음은 본성적으로 그런 방향으로 기울어져 있기 때문입니다. 여러분이 죄를 사랑하고 여러분의 마음이 본성적으로 악에 기울어져 있는 한,

하나님과 여러분은 동행할 수 없습니다. 수천 년 전에 하나님께서는 "두 사람이 뜻이 같지 않은데 어찌 동행하겠으며"(암 3:3)라고 반문하셨습니다. 그러므로 여러분의 본성이 완전히 변화되어야 합니다. 그렇지 않을 때에 여러분의 본성은 결코 만족할 수 없습니다. 하나님께서 여러분의 본성에 무엇을 주시든, 심지어 천국을 주실지라도, 여러분의 본성이 변화되어 있지 않다면 그 어떤 것에도 결코 만족하지 못할 것입니다. 여러분의 본성은 병들었기 때문에 치유 받아야 합니다. 여러분이 본성을 치유할 생각은 하지 않고 그 병든 본성에게 뭔가를 자꾸 해주려고 하는 것은 병들어 누워 있는 사람의 방에 금덩이를 쌓아 두거나 온갖 두꺼운 책들을 다 비치해 놓고 그에게 연구하라고 말하는 것과 같습니다. 그런 것들은 여러분의 본성의 고통들을 제거해 주지 못합니다. 치유해야 할 것은 본성의 질병 그 자체입니다.

여러분의 영혼의 질병도 마찬가지입니다. 여러분은 하나님과 올바른 관계 속으로 들어가야 합니다. 그리스도의 표현을 빌려서 표현하자면, 여러분은 거듭나야 합니다. 여러분이 새 피조물이 되어서, 하나님의 뜻에 온전히 합한 뜻, 하나님이 사랑하시는 것들을 사랑하며 하나님이 미워하시는 것들을 미워하는 마음, 하나님처럼 순결한 영혼, 오직 순전함만을 구하고 악한 것은 무엇이든지 다 미워하는 지성을 지니게 되었고, 거기에 더하여 여러분의 지난날의 모든 죄들이 사함 받았다면, 그것은 너무나 굉장하고 복된 일이 아니겠습니까? 부끄럽고 죄악 된 삶을 살았지만, 곱슬머리를 한 작은 소년이 어머니의 품 속에서 무릎을 꿇고 기도하는 것을 볼 때에 자기도 그랬었다는 것을 기억하고서, 다시 한 번 자기가 맷돌 속으로 들어가 갈아져서 어린 시절로 돌아갈 수 있으면 좋겠다고 생각하는 사람들이 많이 있습니다. 하나님을 의지하여 어린아이 같이 되는 것이 바로 여러분이 만족을 얻을 수 있는 길입니다. 예수 그리스도께서는 자기를 믿는 사람들로 하여금 그렇게 되도록 하시기 위하여 이 땅에 오셨습니다. 왜냐하면, 그는 "자기 백성을 그들의 죄에서 구원하기"(마 1:21) 위하여 세상에 오셨기 때문입니다. 즉, 단지 사람들이 지은 죄 때문에 벌 받는 것으로부터 그들을 구원하시기 위해서가 아니라, 사람들을 죄 자체에서 건지시기 위하여 오신 것입니다. 나의 친구들이여, 하나님께서는 여러분에게 새 마음과 바른 영을 주실 수 있으십니다. 하나님께서는 "내가 만물을 새롭게 하노라"(계 21:5)고 말씀하십니다. 하나님을 믿는 사람들은 그리스도 예수 안에서 새로운 피조물이 됩니다.

어떤 사람은 "나는 그리스도 안에서 새로운 피조물이 되기를 원합니다"라고 말합니다. 여러분이 그렇게 되지 못할 이유가 어디 있겠습니까? 예수를 믿는 사람은 그 마음속에 성령의 증거를 지니고 있고, 이것은 그가 그리스도 예수 안에서 새로운 피조물이라는 확실한 증표입니다. 왜냐하면, 중생의 첫 번째 결과는 구원을 가져다주는 참된 믿음이기 때문입니다. 따라서 여러분이 예수를 믿는다면, 그것은 여러분이 거듭났음을 보여주는 확실한 증거입니다. 이 큰 변화가 어떻게 나타나는지를 보십시오. 여러분 속에 생겨난 새로운 본성, 즉 하나님을 사랑하고 악을 미워하는 본성, 하나님의 뜻에 합한 삶을 살고자 갈망하는 본성으로 인해서, 여러분은 새로운 삶을 시작하게 될 것입니다. 여러분 속에 생겨난 영원토록 있는 생명과 여러분에게 허락되어 결코 번복될 수 없는 죄 사함으로 인하여, 여러분은 "그가 사랑하시는 자 안에서 우리에게 거저 주시는"(엡 1:6) 새로운 인생을 시작하게 될 것입니다. 여러분은 다른 사람의 설득과 권유로 인해서 삶의 태도를 바꾸어 구원받은 것이 아니라, 완전히 새로운 피조물이 되는 방식으로 구원받은 것이기 때문에, 이전에 즐겨했던 저 어리석은 짓들과 죄들로 다시는 돌아가지 않게 될 것입니다.

어떤 사람은 "그런 변화가 있을 때에 내가 즉시 온전해지는 것인가요?"라고 묻습니다. 아닙니다. 그런 변화가 일어난다고 해도, 여러분 속에는 여전히 옛 본성이 남아 있고, 여러분은 그 본성과 싸우고 씨름해야 합니다. 그러나 그리스도께서 여러분에게 주시는 새 생명을 힘입어서 여러분은 그 옛 본성을 이길 수 있습니다. 어떤 사람은 "나는 그것이 내게 어떻게 만족을 가져다줄 수 있는지를 알지 못하겠네요"라고 말합니다. 여러분이 그 과정을 알지 못한다고 할지라도, 그것은 여러분에게 반드시 만족을 가져다줄 것입니다. 이것은 큰 신비이지만, 하나님의 위대한 진리입니다. 아마도 여러분은 자신의 주머니를 원하는 만큼 두둑이 채울 수 없는 것이 불만일 것입니다. 그러나 여러분의 기대 수준을 자신의 주머니에 있는 것 수준으로 낮춘다면, 여러분은 현재 자신이 가지고 있는 것으로 만족하게 될 것입니다. 여러분은 자신이 원하는 모든 것을 가질 수 없습니다. 그러나 여러분이 원하는 것을 실제로 필요한 것들로 한정한다면, 어떻게 될까요? 여러분이 지금은 자신의 마음이 원하는 모든 것을 가질 수 없습니다. 그러나 하나님의 은혜로 말미암아 여러분의 마음이 새롭게 되어서, 하나님이 여러분에게 필요하다고 생각하셔서 주시는 것들 외에는 원하지 않게 된다면, 여러분은 만족을 얻게 되지 않겠습니까? 산이 마호메트에게 올 수 없다면, 마호메트가 산으로 가면 됩니다. 우리가 외적인 환경을 바꿀 수 없다면, 우리는 우리에게 현재 있는 것들로 만족하면 됩니다. 우리는 죄와 괴로움으로 가득한 세상, 그 누구도 자신이 원하는 모든 것을 가질 수 없는 세상에 태어났습니다. 우리가 원하는 것이 바뀌어서, 이전의 우리와 완전히 달라지게 된다면, 그것은 놀라운 일입니다. 바로 그것이 만족을 얻는 길입니다! 어떤 사람들은 만일 자신이 내가 갖고 있는 것을 갖게 된다면 온전히 만족하게 될 것이라고 생각하는 것 같습니다. 그러나 만일 그들이 내가 갖고 있는 것을 갖게 된다고 할지라도 그들은 나의 분깃에 철저히 불만족하게 될 것임을 나는 확신합니다. 나는 내가 가진 것으로 온전히 만족합니다. 나는 내 자신에 대하여 온전히 만족하는 것이 아닙니다. 그런 일은 이 세상에서 결코 일어나지 않을 것입니다. 그러나 나는 하나님이 나를 위해서, 그리고 내게 행하시는 모든 것으로 인하여 온전히 만족합니다. 이러한 만족은 주 예수 그리스도를 믿는 모든 신자가 마땅히 누려야 할 만족입니다. 신자로서 마땅히 살아야 할 삶을 살고 있는 사람들은 그러한 만족을 누리며 살고 있기 때문에 와츠(Watts) 목사님처럼 이렇게 노래할 수 있습니다:

> "이 세상의 온갖 좋은 것들을 다 준다고 해도
>   나의 이 복된 삶과 바꾸지 않으려네.
>   내 믿음이 이 삶을 유지하는 한
>   죄인들이 가진 황금도 부럽지 않다네."

내가 지금 설명하고 있는 그런 사람이 살고 있는 곳은 아주 작은 동산이지만, 그는 부자 이웃의 동산에서 살고 있습니다. 그는 그 동산이 자신의 소유가 아니라는 것에 대하여 하나님께 감사합니다. 왜냐하면, 그는 그 동산을 관리하느라 돈과 수고를 들일 필요가 없으면서도, 마치 주인인 것처럼 그 동산을 사용하고 누릴 수 있기 때문입니다. 그는 동산 꼭대기로 가서 내려다 볼 때에 자기 눈앞에 보이는 모든 것이 어떤 왕의 소유지라는 것을 알지만, 자신이 그 왕이 아니라는 사실을 기뻐합니다. 왜냐하면, 그는 나라를 다스리는 수고를 하고 싶지 않기 때문입니다. 그는 자연의 모든 아름다운 것들로 인하여 하나님께 감사합니다. 그는 산들과 골짜기들, 바다와 하늘이 모두 자신의 것이고, 자기가 그것들을 다 마음껏 누릴 수 있다는 것을 압니다. 왜냐하면, 그것들은 모두 그의 아버지의 것이기 때문입니다. 그는 태양을 자신의 주머니에 넣고 다니거나, 달을 자신의 찬장에 둘 필요가 없는 것에 대하여 하나님께 감사합니다. 세상의 모든 것은 그에게 필요한 만큼만 그의 것이고, 다른 사람들도 자기만큼 그 모든 것을 누릴 수 있다는 사실을 기뻐합니다. 하나님의 은혜로 말미암아 그는 다른 사람들의 기쁨이 자신의 기쁨이 되고, 다른 사람들의 슬픔이 자신의 슬픔이 되는 그런 마음을 지니게 되었습니다. 이렇게 넓은 마음을 버릴 생각이 그에게는 전혀 없습니다. 하나님의 은혜로 말미암아 그는 육지에서나 바다에서나, 병상에서나 건강할 때에나 모든 상황에서 다음과 같이 말할 수 있는 마음 상태를 지니게 되었습니다: "내 아버지께서 그 모든 것을 정하신 것이니 나는 아무래도 좋습니다. 하나님께서는 주시기도 하시고 가져가시기도 하시며, 죽이기도 하시고 살리시기도 하십니다. 하나님이 어떻게 하시든, 모든 것이 선하시니, 나는 온전히 만족합니다. 내가 살아 있는 동안 나는 하나님의 거룩하신 이름을 송축할 것입니다." 이것이 진정으로 행복하고 복된 사람의 모습이고, 진정으로 행복할 수 있는 유일한 길입니다. 예수를 의지하고 전적으로 신뢰하십시오. 주께서 여러분의 영을 새롭게 하시고 여러분의 마음을 변화시켜 주실 것이며, 그 변화된 마음으로 여러분은 다른 식으로는 결코 얻을 수 없는 행복을 누릴 수 있게 될 것입니다.

나의 사랑하는 젊은 친구들이여, 나는 말씀을 끝맺기 전에 특별히 여러분에게 마지막으로 몇 말씀만 하고자 합니다. 이 자리에 계신 나이 드신 분들 중에서 아직 회심하지 않은 분들이 계신다면, 나는 그분들이 속히 구원을 받게 되어서, 우리 모두가 많은 사람들이 구원받는 것을 보고서 하나님께 감사하게 되기를 바랍니다. 나이가 드셨다고 해서 절망할 이유는 없습니다. 지금까지 나는 70세나 80세, 또는 그 이상 된 분들이 그리스도께로 회심하는 것을 보아 왔습니다. 하나님의 은혜를 받는 것은 나이와는 상관이 없습니다. 만일 여러분의 나이가 5,000살이라고 해도, 나는 마치 여러분이 어린아이라는 듯이 여러분에게 동일한 복음을 전할 것입니다. 나이가 어떻게 되었든, 주 예수 그리스도를 믿으십시오. 그러면 여러분은 구원을 받게 될 것입니다. 그러나 우리는 나이 드신 여러분으로 하여금 인생을 다시 시작할 수 있게 해드릴 수는 없습니다. 또한, 우리는 여러분에게 청춘을 되돌려드릴 수도 없습니다. 아마도 여러분이 우리에게 그런 것을 바라지도 않으실 것이지만 말입니다. 그러나 이 자리에 있는 젊은이들에게 우리가 간절히 바라는 것은 여러분만이라도 "아침에," 즉 일찍부터 하나님의 인자하심으로 만족을 얻어서 일생 동안 즐겁고 기쁘게 살아가라는 것입니다. 여러분이 15살 또는 16살입니까? 여러분은 10대가 된 형을 정말 나이가 많다고 생각했던 시절이 있었을 것입니다. 그러나 이제 10대가 된 여러분은 자신이 정말 나이를 많이 먹었다고 느끼지 않습니다, 그렇지 않습니까? 대신에, 여러분은 이제 자신이 40살이 될 때에는 정말 나이를 많이 먹었다고 느낄 것이라고 생각합니다. 그러면서 여러분은 신앙을 갖는 것은 사람들이 60살이나 70살, 또는 80살이나 90살이 되어서 할 일이고, 자신 같은 젊은 사람들은 아직 그럴 때가 아니라고 생각합니다. 그러나 내가 단언하건대, 바로 지금, 지금이 여러분이 신앙을 가질 때입니다.

　　이 문제와 관련해서 내가 여러분을 속일 마음이 추호도 없다는 것은 하나님이 아십니다. 나는 15살 때에 하나님을 알았고, 그때 이후로 하나님을 믿고 살아오게 된 것을 후회한 순간이 단 한 번도 없었습니다. 나는 내가 하나님을 좀 더 일찍부터 믿고 더 잘 믿었으면 좋았을 것이라고 탄식한 적은 무수히 많았지만, 나의 사랑하는 하나님과 주님을 떠나서 그 이전의 상태로 돌아가고 싶다고 생각한 적은 단 한 번도 없었습니다. 여러분이 아시듯이, 종들은 다른 사람들의 면전에서는 자기 주인을 좋게 얘기하는데, 그것은 자기들이 한 얘기를 주인도 듣게 될 것이라고 생각하기 때문입니다. 하지만 종들끼리 모닥불에 둘러앉아 있게 되었을 때에는 주인에 대해서 결코 그렇게 얘기하지 않습니다. 반면에, 여러분이 모닥불에 둘러앉아 서로 얘기를 나눌 때나 나의 친구들을 만나 얘기할 때에, 내가 공적으로나 사적으로 내 하나님과 주님을 나쁘게 얘기하는 것을 한 번이라도 들어 본 적이 있느냐고 물어보십시오. 나는 하나님을 나쁘게 얘기하기는커녕, 누구를 만나든지 하나님이 나를 얼마나 인자하시고 선하게 대해 주셨는지에 대하여 얘기하는 것을 좋아하고, 나의 절친한 친구들에게 내가 하나님에 관하여 아는 모든 것을 얘기해 주는 것을 기뻐합니다. 내가 여러분에게 한 가지 말씀드릴 수 있는 것은 어떤 사람이 나쁜 주인을 섬기고 있는 경우에는 자신의 아이를 그런 주인 밑에서 일하게 하고자 하지 않을 것이지만, 나는 나의 두 아이가 나의 사랑하는 하나님과 주님을 섬기는 것을 보는 것이 가장 큰 기쁨이라는 것입니다. 만일 하나님이 내게 나쁜 주인이셨다면, 나는 내 아이들에게 "애들아, 너희는 나처럼 주 예수 그리스도를 섬기는 실수를 결코 저질러서는 안 된다"고 말했을 것입니다. 내 아이들은 내게서 그런 말을 들은 적이 없습니다! 그들은 자기들이 예수 그리스도를 믿는 것을 내가 알았을 때, 그리고 그 후에 자신들이 각자의 분량을 따라 하나님을 섬기기 시작하는 것을 내가 보았을 때에 내가 얼마나 기뻐했는지를 잘 압니다.

젊은이들이여, 여러분의 경건한 부모님들은 여러분을 결코 비참하거나 불행하게 만들고자 하지 않을 것입니다. 여러분은 부모님들이 여러분이 비참하게 되거나 불행하게 되기를 바라지 않는다는 것을 압니다, 그렇지 않습니까? 부모님들은 하나님을 섬기는 일에서 최고의 기쁨을 발견하였기 때문에, 여러분도 그런 기쁨을 발견하게 되기를 원하는 것입니다. 나는 이 나라의 많은 곳을 가보았고, 다른 나라들도 꽤 많이 가보았습니다. 그러면서 정말 많은 그리스도인들을 만나 얘기를 나누었는데, 그들 중에는 이상한 얘기를 하는 사람들은 있었지만, 오늘 이 순간까지 "우리가 예수 그리스도 안에서는 확실한 만족을 결코 발견할 수 없었으니, 결국 우리 모두가 착각한 것입니다"라고 말한 그리스도인은 한 사람도 만난 적이 없습니다. 나는 임종을 앞둔 그리스도인들도 많이 만났는데, 사람들은 다른 때는 진심을 얘기하지 않다가도 죽기 직전에는 자신의 진심을 말한다고 하지 않습니까? 나는 폐결핵으로 죽어가는 사랑스러운 소녀를 죽기 몇 시간 전에 심방하기도 했고, 80년이라는 세월을 지내고서 임종 직전에 있던 백발이 성성한 성도 옆에도 같이 있었습니다. 많은 사람들 옆에서 임종을 지켜보고 함께 하는 것은 목회자인 내게 주어진 일이지만, 나는 이 땅에서 가장 강렬한 즐거움을 누리고자 할 때마다, 임종 직전의 성도를 찾아내서, 그의 얼굴에 나타난 놀라운 기쁨을 보고, 그가 하나님과 구주를 기쁘고 즐거운 마음으로 간증하는 것을 듣는다고 정직하게 말할 수 있습니다.

일반적으로 사람들은 죽음이 눈앞에 찾아와서 영원의 세계가 자기 앞에 열리고 있을 때에 진심을 얘기합니다. 그때에 대부분의 사람들은 그동안 써왔던 가면을 벗어 버리고 맨얼굴을 드러냅니다. 그리스도인들이 그리스도에 대하여 가장 좋게 얘기하는 때가 바로 그때입니다. 그들은 이 땅을 떠나서 그리스도와 함께 영원히 살게 될 땅으로 가기 직전에, 흔히 자신들이 그동안 그리스도께 드려왔던 찬송 중에서 가장 크고 향기로운 찬송을 그리스도의 발 앞에 바칩니다.

사랑하는 젊은 친구들이여, 최고의 행복을 누리는 길은, 예수를 절대적으로 믿고 의지하여 성령으로 온전히 새롭게 되어서, 그리스도 예수 안에서 새로운 피조물이 되는 것입니다. 하나님께서 그 무한하신 인자하심으로 여기에 있는 사람들 중에서 아직 구원을 얻지 못한 모든 사람이 이 전을 떠나기 전에 그러한 큰 은혜의 역사를 체험할 수 있게 해주시기를 빕니다. 여러분이 단지 주 예수 그리스도께서 이루신 일을 믿기만 한다면, 여러분에게 그런 일이 일어나게 될 것입니다. 그리스도께서는 자신의 손으로 여러분을 만지셔서 여러분의 모든 것을 새롭게 하실 것입니다. 하나님께서 자신의 사랑하는 아들을 인하여 그렇게 해주시기를 기도합니다. 아멘.

제
85
장

—

새 사냥꾼의 올무

—

"(참으로) 그가 너를 새 사냥꾼의 올무에서 건지실 것임이로다."
— 시 91:3

모세가 이 시편을 쓴 것이라면, 그가 말한 "새 사냥꾼"은 이 경우에 그를 죽이고자 했던 애굽 왕이나 광야에서 기습적으로 이스라엘 백성을 공격하였던 아말렉 족속을 가리킬 가능성이 많습니다. 그리고 이 시편을 쓴 사람이 다윗이었다면, "새 사냥꾼"은 사울을 가리킬 것입니다. 왜냐하면, 다윗은 자기가 산중의 자고새처럼 사냥을 당하였다고 말하기 때문입니다. 그러나 우리는 본문이 이 두 경우 중 어느 쪽에 해당된다고 할지라도, 시편 기자의 의도는 본문을 한 개인에게 적용시키는 것이 아니라 모든 시대에 적용시키고자 한 것이라고 믿습니다. 또한, 우리는 "새 사냥꾼"이 모든 영혼들의 큰 원수이자 큰 사기꾼인 사탄을 가리키는 것이라고 믿습니다. 이 사탄에 대해서 우리는 방금 이렇게 노래했습니다:

> "방심하고 있는 영혼을 수천 가지로 속이는 자,
> 그가 바로 새 사냥꾼 사탄이라네."

"지금 불순종의 아들들 가운데서 역사하는 영"인 "공중의 권세 잡은 자"(엡 2:2)는 늘 우리를 멸하고자 하는 자이기 때문에 "새 사냥꾼"과 같습니다. 전에 한 재능 있는 작가가 옛 마귀는 죽었고, 지금은 새로운 마귀가 존재한다고 말한 적이 있습니다. 그의 말은 옛적의 마귀는 오늘날의 속이는 자와는 다소 다른 마귀였다는 것입니다. 우리는 옛 마귀나 오늘날의 마귀나 둘 다 동일한 악한 영이지만, 공격하는 방식에서는 차이가 있다고 믿습니다.

500년 전의 마귀는 검고 더러운 존재였고, 그런 모습은 저 악한 영을 그린 옛 그림들에 잘 묘사되어 있습니다. 그는 그리스도를 섬긴다는 이유로 사람들을 화형시켜 죽이는 박해자였습니다. 오늘날의 마귀는 말 잘하는 신사입니다. 그는 사람들을 박해하는 것이 아니라, 그럴 듯한 거짓말로 사람들을 현혹시킵니다. 그는 광분한 가톨릭교도가 아니라, 기독교 신앙을 좀 더 합리적이고 자랑스러운 것으로 만들고자 하는 체하면서 교묘히 사람들의 환심을 사서는 결국에는 그 신앙을 무너뜨리고자 하는 불신자입니다. 그는 우리 조상들이 발견하지 못했던 비밀들을 밝혀내서 복음의 큰 능력을 발전시키고자 한다는 미명 하에 신앙을 세상적인 것과 결합시키고자 하지만, 실제로 그것은 신앙을 빈껍데기로 만들어 버리고자 하는 것입니다. 사탄은 언제나 새 사냥꾼입니다. 그가 사용하는 전략들이 어떤 것이든, 그의 목표는 예나 지금이나 동일한데, 그것은 올무를 놓아서 사람들을 잡는 것입니다. 본문에서 사람들은 어리석고 힘없는 새들, 즉 올무를 피할 만한 재주도 없고 힘도 없는 새들에 비유됩니다. 사탄은 새 사냥꾼입니다. 그는 언제나 새 사냥꾼이었고 지금도 새 사냥꾼입니다. 그가 지금은 포효하는 사자가 되어 우리를 공격하거나 박해를 자행하며 우리를 향하여 으르렁대지는 않는다고 하여도, 길가에 있다가 스르르 기어와서 그 독 있는 이빨로 우리의 발을 물어 우리 안에서 하나님의 은혜의 능력을 약화시키고 경건한 삶을 무너뜨리고자 하는 독사가 되어 우리를 공격합니다. 오늘의 본문은 시험 가운데 있는 모든 신자들에게 매우 위로가 되는 본문입니다: "그가 너를 새 사냥꾼의 올무에서 건지실 것임이로다."

나는 먼저 새 사냥꾼의 올무에 대하여 말씀드리고, 두 번째로는 건지심에 대하여 살펴본 후에, 세 번째로는 건지심의 확실성에 대하여 얘기해보고자 합니다. 왜냐하면, "참으로"(surely, 한글개역개정에는 번역되어 있지 않음)라는 단어는 이 보배롭고 황금 같은 약속을 장식하고 있는 다이아몬드로 보이기 때문입니다. "참으로 그가 너를 새 사냥꾼의 올무에서 건지실 것임이로다."

1. 첫째로, 새 사냥꾼의 올무에 대해 살펴보겠습니다.

이것은 너무나 의미심장한 예화여서, 내가 그 의미를 다 풀어내는 것은 불가능하기 때문에, 나는 새 사냥꾼이 새를 잡기 위해서 사용하는 여러 기술들에 대해서는 여러분이 각자 집에서 묵상해 보시도록 맡겨 두고자 합니다. 여러분이 그렇게 묵상하시다 보면, 악한 영 마귀가 영혼들을 멸하기 위하여 사용하는 여러 술수들을 깨닫게 될 것입니다. 여기에서 나는 새 사냥꾼과 "악한 자" 마귀의 공통점을 두세 가지 정도만 살펴볼 것입니다.

(1) 첫째, 새 사냥꾼의 올무는 은밀함과 밀접하게 연관되어 있습니다. 성경은 "새가 보는 데서 그물을 치면 헛일이겠거늘"(잠 1:17)이라고 말씀합니다. 그래서 새 사냥꾼은 자신이 놓은 올무를 주의 깊게 감추거나, 올무를 드러내는 경우에는 새를 철저하게 속여서, 새로 하여금 자기를 잡으려고 새 사냥꾼이 올무를 놓은 것이고, 거기에 푸짐하게 차려진 음식은 자기를 유인하여 잡기 위한 것임을 전혀 알 수 없게 합니다. 새 사냥꾼이 새들을 좇을 때에는 발각되지 않도록 매우 조심합니다. 예를 들어, 링컨셔(Lincolnshire)에서 들오리를 잡는 사람들은 극도로 예민한 새들이 자신의 입 냄새를 맡지 못하도록 하기 위해서 입에 풀잎을 문다고 합니다. 세상의 시험이나 유혹들은 그리스도인들에게는 이렇게 은밀하게 다가옵니다. 물론, 악인들에게는 그럴 필요가 없습니다. 악인들은 죄가 시퍼렇게 눈을 뜨고 그들을 기다렸다가 그들을 옭아매어 멸망에 빠뜨리려는 것인 줄을 뻔히 알면서도 그 올무 속으로 내달리기 때문입니다. 그들은 나라의 법에 의해서 처벌을 받으리라는 것을 알면서도 죄를 짓고자 하고, 누가 보아도 죄악임이 분명한 그런 죄악 속으로 스스럼없이 뛰어듭니다. 하지만 그리스도인들은 자신도 모르는 사이에 은밀하게 죄에 잡힙니다. "내가 그런 일이 정말 잘못된 일이라고 생각했거나, 그 일이 잘못된 것임을 확실히 깨달았다면, 그런 일을 저지르지 않았을 것"이라고 말하는 사람들이 있습니다. 어려움은 바로 거기에 있습니다! 새들도 이렇게 말할 것입니다: "그것이 올무라고 생각했다면, 나는 그 속으로 들어가지 않았을 것이다. 올무 속으로 들어가면 내가 꼼짝없이 사로잡히게 된다는 것을 깨달았다면, 나는 그 속으로 날아들지 않았을 것이다. 그 속으로 들어가면 영락없이 죽게 된다는 것을 확실히 알았다면, 나는 거기로 가까이 가지도 않았을 것이다." "내가 이 곳에 가도 괜찮을까요? 내가 저 곳에 가도 괜찮을까요?"라고 묻는 신앙인들이 아주 많습니다. 우리 중에서 그런 질문에 대해 "안 됩니다"

라고 대답하는 사람들은 청교도라 불립니다. 그러나 세상 즐거움을 추구하면서도 자신의 경건을 순전하게 지키고자 해온 사람들은 이 둘이 공존하는 것은 불가능하다는 것을 울며 고백할 수밖에 없습니다. 우리는 온전히 하나님을 섬기거나, 온전히 "악한 자"를 섬겨야 합니다. "하나님이 하나님이시라면 하나님을 섬기고, 바알이 하나님이라면 바알을 섬겨라." 우리는 어느 한 쪽만을 섬길 수 있습니다! 죄가 죄인 줄을 모른 채로 사탄의 속임수에 넘어가서 죄의 올무에 걸린 사람들이 많습니다. 예컨대, 사탄은 장사를 하는 사람에게 이렇게 속삭입니다: "너는 이러저러한 일을 해도 아무 문제가 없어. 이 거리에서 장사하는 모든 사람들이 다 그렇게 해왔어. 그것은 부정직한 일이 아니고, 그렇게 해야 장사가 잘되는 거야. 그렇게 하면, 너는 정당한 가격보다 더 높은 가격을 받고 물건을 팔 수 있지만, 그런 말을 사람들에게 할 필요는 없어. 네가 장사가 잘되고, 사람들이 만족한다면, 그것으로 좋은 거 아니야?" 이렇게 해서 믿음이 있다고 하는 사람들은 자신의 호주머니를 검은 돈으로 채우기 위해서 너무 잘 보면 안 되기 때문에 두 눈을 다 뜨는 것이 아니라 한 쪽 눈은 조금 감고서 약간 곁길로 가다가, 나중에 하나님을 거슬러 범죄한 그 일에 대하여 하나님으로부터 회초리로 많이 맞고 나서야 비로소 자기가 해 왔던 일이 새 사냥꾼의 올무에 걸린 것임을 알게 됩니다.

　　나는 그리스도인들이 죄인 줄을 뻔히 아는 그런 죄보다는 죄인 줄을 잘 모르는 그런 은밀한 죄에 빠지는 경우가 훨씬 많다고 생각합니다. 마귀가 자신의 뿔을 감추지 않고 다 내보인 채로 내 집 문 앞에 온다면, 나는 그 마귀를 결코 내 집으로 들이지 않을 것입니다. 그러나 마귀가 정장을 하고 중절모를 쓰고서 점잖은 신사 차림으로 온다면, 그는 수월하게 사람들의 집 문을 통과하게 될 것입니다. 이 비유는 아주 괴상하다고 생각될 수도 있겠지만, 엄연한 사실입니다. 많은 사람들이 악한 것을 받아들이는 이유는 그 악이 윤기가 흐르고 빛이 나서 겉보기에는 악처럼 보이지 않아서 전혀 해로울 것 같지 않다고 생각하기 때문입니다. 그래서 사람들은 그 작은 악을 허용하지만, 악은 물줄기와 같아서 처음에는 한 방울로 시작되었더라도 곧 폭포수처럼 쏟아져 들어옵니다. 그러니까 악의 시작은 단지 무시무시한 파멸의 시작일 뿐입니다. 그리스도인들이여, 은밀하게 접근해오는 악들을 조심하십시오. 세상 사람들에게는 죄악으로 전혀 여겨지지 않고 도리어 좋은 일로 여겨져서 아주 흔히 행해지는 것들을 조심하십시오. 우리는 세상 사람들이 쾌락을 즐기는 것을 방해할 생각은 없습니다. 왜냐하면, 그들은 그렇게 살 수밖에 없기 때문입니다. 그러나 더 나은 삶, 즉 불경건한 사람들의 삶보다 훨씬 더 고귀한 삶을 살아가야 할 여러분에게는 쾌락을 좇는 그런 일들은 오직 해로울 뿐입니다. 하나님께서는 여러분을 다른 사람들을 판단하는 심판자로 세우신 것이 아님을 명심하십시오. 어떤 사람들, 특히 회심하지 않은 사람들은 죄를 저지름이 없이 많은 유흥을 즐길 수 있습니다. 그러나 그리스도인은 악성 말라리아가 성행하는 열대림에서 오래 생존할 가망이 없는 영국인과 같습니다. 원주민은 거기에서 살아갈 수 있지만, 영국인은 거기에서 생존할 수 없습니다. 따라서 어떤 일들이 세상 사람들은 자연스럽게 본성적으로 저지르는 죄보다 더 큰 죄악으로 빠짐이 없이 즐길 수 있는 것이라고 해도, 거듭난 사람들에게는 그들의 경건을 무너뜨리는 효과를 갖습니다. 여러분은 세상 사람들이 여러분에게 요구하는 것보다 자기 자신에 대하여, 그리고 자신의 경건을 지키는 일에 있어서 더 엄격해야 합니다. 왜냐하면, 죄는 통상적으로 감춰져 있고, 올무는 분명하게 드러나 있지 않기 때문입니다. "그가 너를 새 사냥꾼의 올무에서 건지실 것임이로다."

(2) 둘째, 일반적으로 새 사냥꾼은 자신의 올무를 그때그때 상황에 맞춰서 자유자재로 다양하게 변화시켜서 설치합니다. 여러분은 새 사냥꾼이 서로 다른 새들에 대하여 동일한 올무를 놓는 것을 볼 수 없을 것입니다. 그는 새들의 습성을 잘 알기 때문에, 어떤 새를 잡고자 하느냐에 맞춰서 미끼를 준비합니다. 만일 개울에서 헤엄치는 오리를 잡고자 할 때에나 공중에 나는 종달새를 잡고자 할 때에나 똑같은 올무를 사용하는 새 사냥꾼이 있다면, 그는 지혜롭지 못한 사냥꾼일 것입니다. 새 사냥꾼은 지혜로워서, 자기가 잡고자 하는 새의 습성에 맞춰서 올무를 준비합니다. 새 사냥꾼인 사탄도 마찬가지입니다. 여기 한 사람이 있습니다. 사탄은 그를 술로 유혹합니다. 그 사람은 술에 끌리는 성향을 지니고 있는 사람이기 때문에, 그 심령 속에 은혜가 없다면, 여지없이 술에 유인되어서 죄를 짓게 될 것입니다. 사탄은 그것이 그 사람의 약점이라는 것을 알고서, 맛있는 음식을 먹고 술을 마시는 것으로 그 사람을 무너뜨리려고 시도합니다. 어떤 사람은 먹고 마시는 것에는 전혀 끌리지도 않고 유혹되지도 않는데, 또다른 올무, 즉 정욕의 올무에는 쉽게 걸려듭니다. 그런 경우에 사탄은 그 사람의 뜨거운 피를 유혹하는 올무를 사용해서 그를 죄악된 삶으로 유인합니다. 또는, 온갖 방탕하고 정욕적인 삶에 끌리지 않는 사람이 있습니다. 그런 경우에 사탄은 그 사람에게 다가

와서, 교만이라는 올무를 놓습니다. 어떤 사람이 본성적으로 혼자 상념에 빠져 있는 것을 좋아하는 경우에는, 사탄은 그에게 살짝 다가와서는 그로 하여금 망상 속에서 자기가 거룩하다는 생각을 갖게 만들어서 이렇게 되뇌이게 합니다: "하나님이여 나는 다른 사람들 곧 토색, 불의, 간음을 하는 자들과 같지 아니하고 이 세리와도 같지 아니함을 감사하나이다"(눅 18:11). 또는, 어떤 사람이 본성적으로 교만에 끌리지 않는 경우에는, 사탄은 나태함으로 그를 사로잡습니다. 그 사람은 편안한 삶을 좋아합니다. 그래서 사탄은 그로 하여금 팔짱을 끼고 가만히 앉아서 편안함을 즐기도록 해주는 미끼를 사용해서 나태함으로 말미암아 그가 멸망하도록 만듭니다. 모든 것이 얼어붙은 동토에서 눈이 땅 위에 그대로 있는 추위 속에서 가만히 팔짱 끼고 앉아 있는 사람은 마치 자신의 심장에 단도를 꽂는 자처럼 자신의 나태함으로 말미암아 반드시 죽고 말 것입니다. 사탄은 그 사실을 알기 때문에, 그 사람에게 맞춰서 그런 미끼를 던지는 것입니다.

사랑하는 자들이여, 여러분과 나는 어떤 악한 짓을 우리 자신은 행하면서도 다른 사람들이 행하면 자기도 모르게 정죄하는 일이 비일비재하게 일어납니다. 우리는 어떤 사람에 대해서 "그 사람은 정말 교만해!"라고 말합니다. 하지만 그것과 형태나 명칭은 다를지라도 내용은 동일한 그런 교만이 우리에게도 있습니다. 사탄은 똑같은 교만이라는 올무를 놓을 때에도 각 사람의 특성에 맞춰서 아주 다양한 형태로 놓습니다. 우리가 부자라면, 사탄은 우리를 부자라는 데서 오는 교만으로 유혹하지는 않겠지만, 다른 사람들을 부리는 데서 오는 교만으로 유혹하여, 우리를 하인들에게 가혹한 주인이 되게 만듭니다. 또는, 사탄은 우리를 그런 교만으로 유혹할 수 없는 경우에는 너그럽게 베푸는 데서 오는 교만으로 우리를 사로잡아서, 우리로 하여금 우리의 인자함과 후하게 베푸는 삶을 자랑하게 만듭니다. 이렇게 새 사냥꾼이 새의 종류에 맞춰서 미끼를 놓듯이, 사탄은 늘 각 사람의 특성에 맞춰서 올무를 놓습니다. 사탄은 모든 사람을 동일한 방식으로 유혹하지 않습니다. 나에게 통할 수 있는 유혹이 다른 사람에게 통할 수 있는 것이 아니고, 다른 사람에게 통하는 유혹이 나에게 통할 수 있는 것도 아니기 때문입니다. "새 사냥꾼의 올무." 우리는 교활한 원수를 상대하고 있습니다. 그 원수는 우리의 약점들을 잘 알고 있고, 지난 6,000년 동안 사람들을 상대해 왔습니다. 그는 사람들에 대하여 모든 것을 알고 있습니다. 그는 엄청난 지능을 소유하고 있습니다. 그는 타락한 영이지만, 우리의 약점이 어디에 있는지를 기가 막히게 알아내서 즉시 우리를 공격할 수 있습니다. 우리가 아킬레스(Achilles)와 같아서, 발뒤꿈치 외에는 약점이 전혀 없다고 할지라도, 그는 다른 곳이 아닌 바로 그 발뒤꿈치를 겨냥해서 정확히 자신의 활을 쏠 것입니다. 그는 우리가 잘 걸려드는 죄를 찾아내서 거기를 공격하여 우리를 파멸시키고자 합니다. 성경이 "그가 너를 새 사냥꾼의 올무에서 건지실 것"이라고 약속하고 있는 것에 대하여 하나님을 송축합니다.

(3) 셋째, 새 사냥꾼의 올무는 흔히 쾌락이나 이익, 편의와 연결되어 있습니다. 새가 올무를 향하여 날아드는 이유는 땅에 뿌려진 곡물의 낟알들 때문입니다. 그 낟알들은 새를 죽음으로 유인하기 위한 미끼입니다. 마찬가지로, 새 사냥꾼인 사탄도 어떤 미끼를 사용해서 우리를 현혹시키고 속입니다. 어떤 사람은 이렇게 말합니다: "나는 이러저러한 것이 너무나 즐겁기 때문에 절대로 포기할 수 없습니다. 만일 목사님이 그것이 얼마나 매력적인 것을 아신다면, 나더러 그것을 포기하라고 충고하실 수 없으실 것입니다." 나의 친구여, 그것이 당신에게 너무나 달콤한 것이기 때문에 더욱더 위험한 것입니다. 사탄은 자신의 독약을 결코 그대로 팔지 않고, 반드시 거기에 달콤한 것을 입혀서 팝니다. 그는 자신의 독약에 달콤한 것을 미리 발라두면 사람들이 그 독약을 사서 삼키리라는 것을 아주 잘 압니다. 즐거운 일들을 조심하십시오. 여러분이 즐겁다면 자기가 지금 무엇을 하고 있는지를 살펴보십시오. 즐거운 일들 중에는 죄악도 아니고 해로운 것도 아닌 것들도 많지만, 마찬가지로 우리의 영혼을 파괴하는 것들도 많습니다. 가장 아름다운 선인장들이 자라는 곳에는 맹독성 독사들이 각각의 선인장의 뿌리에 똬리를 틀고 있다고 합니다. 죄도 마찬가지입니다. 여러분이 아주 즐거워하는 것들일수록 거기에는 치명적인 죄악들이 도사리고 있습니다. 조심하십시오! 여러분이 즐거워하는 것들을 조심하십시오. 이집트 독사는 꽃바구니 속에 숨어서 들어왔습니다. 마찬가지로, 죄들은 흔히 즐거움의 꽃들 속에 숨어서 우리에게 접근해 옵니다. 사탄은 술 마시는 자들에게는 기분 좋게 취하게 만들어 주는 잔, 그들의 두뇌를 몽롱한 환락 속에서 즐겁게 만들어 주고 그들의 심령을 들뜨게 만들어 주는 잔을 내밉니다. 사탄은 정욕을 즐기는 사람들에게는 육적인 환희와 환락을 가져다 주는 볼거리들과 재미있는 유흥거리들을 내밀고, 그들은 나중에 그들에게 고통을 가져다줄 갈고리를 숨기고 있는 그 미끼를 덥썩 물어서 죄악 속으로 빠져듭니다. 사탄은 우리 각자가 좋아하는 기쁨을 우리에게 줍니

다. 사탄은 즐거움과 쾌락들로 우리를 유인해서 우리를 장악하여 자신의 권세 아래 둡니다. 나는 그리스도인들에게 자신의 인간적인 본성을 가장 즐겁고 기쁘게 해주는 바로 그것을 특히 조심하라고 권면합니다. 나는 그리스도인들에게 자기를 즐겁고 기쁘게 해주는 모든 것을 다 피하라고 하지는 않겠지만, 조심하라고 말하고자 합니다. 욥은 아들들이 그들의 집에서 함께 모여 잔치를 하는 것을 금하지는 않았지만, "혹시 내 아들들이 죄를 범하여 마음으로 하나님을 욕되게 하였을까" 염려하여 "번제를 드렸습니다"(욥 1:5). 이렇게 욥은 다른 어떤 때보다도 아들들이 잔치를 하는 때에 그들을 더욱 조심스럽게 살폈습니다. 우리도 그렇게 해야 합니다. 우리는 새 사냥꾼의 올무가 일반적으로 어떤 즐거움이나 이익으로 보이는 것과 연결되어 있지만, 사탄의 목적은 우리를 즐거워하게 하는 것이 아니라 우리를 멸망시키는 데 있다는 것을 기억하여야 합니다.

(4) 넷째, 새 사냥꾼은 종종 아주 지혜롭게도 사람들을 미끼로 활용합니다. 우리는 모두 다른 오리들을 올무 속으로 이끌어 들이고자 할 때에 미끼 오리의 역할을 잘 압니다. 새 사냥꾼인 사탄이 하나님의 백성을 죄로 이끌기 위해서 사람들을 미끼로 활용하는 경우는 비일비재합니다. 여러분은 어떤 사람을 알고 있는데, 그 사람을 참된 그리스도인이라고 생각하고 있습니다. 여러분은 그 사람의 인품에 대하여 상당한 존경심을 갖고 있습니다. 그 사람은 신앙에 대하여 해박한 지식을 지니고 있어서 시간 가는 줄 모르고 여러분에게 신앙 얘기를 해주기도 하고, 여러분이 궁금해하는 것들을 속 시원히 가르쳐 주기도 합니다. 그런 그 사람이 죄를 범하면, 여러분은 그 사람에 대하여 상당한 존경심을 갖고 있기 때문에 십중팔구 그 사람을 따라서 똑같이 죄를 범하게 됩니다. 사탄은 아주 신중하게 자신이 미끼로 사용할 사람들을 선택합니다. 그가 믿음이 있는 사람들을 죄 속으로 유인하기 위해서 악인을 미끼로 사용하는 일은 없습니다. 사탄이, 누가 보아도 사악한 자를 미끼로 사용해서 그리스도인들을 올무에 걸리게 하고자 하는 일은 거의 없습니다. 그는 신앙이 좋아 보여서 여러분이 닮고 싶어 하는 사람을 미끼로 사용해서, 여러분을 죄악된 길로 유인합니다. 악인이 길거리에서 나를 만나서 내게 죄를 지으라고 권한다고 합시다. 마귀는 그런 경우에 내가 즉시 대꾸도 하지 않고 그 악인을 피해 지나가리라는 것을 잘 알기 때문에 그런 악인을 미끼로 사용하는 그런 어리석은 짓을 하지 않습니다. 마귀는 자신의 목적을 달성하기 위해서, 내가 형제라고 부르는 사람을 내게 보냅니다. 나는 그 사람이 형

제이기 때문에 그 사람을 신뢰하고 존중합니다. 그런 상황에서 그 형제가 어그러진 길로 가서 죄를 범하면, 그 형제의 그런 행동이 주는 영향력은 아주 강력해서, 나는 쉽게 사탄이 쳐놓은 올무에 걸려들게 될 수 있습니다. 여러분의 절친한 친구들을 조심하십시오. 여러분의 동료나 짝을 조심하십시오. 여러분은 할 수 있는 한 가장 좋은 친구들을 사귀되, 그들이 그리스도를 따르는 한에서만 그들과 함께 하여야 하고, 그 이상으로 넘어가서는 안 됩니다. 여러분은 전적으로 독립적으로 행하여야 하고, 그 누구에게도 의존해서는 안 됩니다. 다른 사람들이 어떻게 하든, "오직 나와 내 집은 여호와를 섬기겠노라"(수 24:15)고 말했던 여호수아를 본받으십시오.

(5) 다섯째, 우리는 새 사냥꾼이 속임수와 술수로 새를 잡는 데에 실패한 경우에는 종종 매를 보내어 자신의 먹잇감을 덮치게 한다는 것을 유의하여야 합니다. 마귀는 어떤 사람을 유인하여 죄를 범하게 하여 멸망시킬 수 없는 경우에는 그 사람을 비방하는 쪽으로 선회하는 일이 흔히 있습니다. 마귀는 매를 보내어 그 사람을 뒤쫓아 다니며 비방해서 무너뜨리고자 합니다. 나는 여러분에게 조언 하나를 해 드리고자 합니다. 내가 아는 한 선한 목사님이 계시는데, 지금은 상당히 나이를 많이 드신 그 목사님은 단지 진리를 전한다는 이유만으로 자기를 미워한 어떤 사람으로부터 한때 아주 심한 중상모략과 비방을 받으신 적이 있었습니다. 이 선한 목사님은 고통을 겪으시다가, 그 사람에게 사과하지 않으면 고소하겠다고 경고하였습니다. 그러자 그 사람은 목사님을 찾아와 사과하였고, 여러 지역 신문을 통해 자기가 어떤 비방을 했는지 그 내용을 게재하여 공개 사과를 하였습니다. 그 후에 어떤 일이 벌어졌는지 여러분은 아십니까? 그 사람이 자기가 목사님을 거짓으로 비방하고 중상모략을 하였다고 사과하자, 사람들은 그 사람이 목사님을 비방한 내용이 사실일 것이라고 더욱 믿게 되었습니다. 나는 이 사건을 통해서 힘없는 작은 새들이, 비방하는 매를 상대할 때에 가장 좋은 방법은 그저 높이 날아오르는 것뿐이라는 교훈을 얻었습니다. 새들이 매 위에서 날고 있는 동안에는 매로부터 공격을 받지 않습니다. 새들이 매 아래에 있을 때에만 매는 공격할 수 있습니다. 매는 오직 새들 위로 날아오를 때에만 새들을 덮쳐서 죽일 수 있습니다. 여러분을 비방하는 자들이 있다면, 여러분은 그들에게로 내려가지 마십시오. 그들로 하여금 계속해서 비방하게 내버려 두십시오. 다윗이 시므이에 대하여 "여호와께서 그에게 명령하신 것이니 그가 저주하게 버려두라"(삼하

16:11)고 말한 것처럼, 여러분도 그렇게 말하십시오. 만약 스루야의 아들들이 "내가 건너가서 이 죽은 개의 머리를 베게 하소서"(삼하 16:9)라고 말한다면, 여러분은 "아니다, 그가 저주하게 버려두라"고 말하십시오. 그렇게 할 때에 여러분에 대한 비방은 잦아들게 될 것입니다. 우리를 향해서 짹짹거리는 참새의 일거수일투족을 우리가 일일이 다 신경 쓴다면, 우리는 그 모든 것들에 대하여 대응하지 않을 수 없게 될 것입니다. 만일 내가 전하는 모든 말씀에 대하여 사람들이 트집을 잡고 비방하는 것들에 대하여 일일이 다 대응한다면, 나는 단지 마귀를 즐겁게 해주고, 트집 잡고 비방하며 싸우는 것 자체를 즐기는 자들의 술수에 휘말려 들어갈 뿐입니다. 그들이 나를 어떤 식으로 비방하든, 나는 그들에 대해서는 일체 대응하지 않고, 그저 하나님의 은혜를 힘입어서 내 갈 길을 갈 것입니다. 신앙 인격을 깨끗하게 지켜 나가기만 한다면, 모든 것이 좋게 끝나게 될 것입니다. 비방하는 자들의 비방이 더러울수록, 그 신앙 인격은 더 맑게 돋보일 것이고 더 밝게 빛날 것입니다. 여러분은 자신을 비방하는 사람에게 대꾸하고 싶어서 근질근질했던 적이 종종 있습니까? 나는 그런 적이 있습니다. 나는 종종 '내가 더 이상 침묵한다는 것은 말이 안 돼, 그 사람에게 어떤 식으로든 대응해야 해'라는 생각이 들었습니다. 그러나 그럴 때마다 나는 하나님께 내게 은혜를 주셔서, 나를 비방하는 자들을 상관하지 말고, 나로 하여금 "욕을 당하시되 맞대어 욕하지 아니하신"(벧전 2:23) 예수를 본받게 해주시라고 구합니다. 비방을 잦아들게 하는 세상에서 가장 확실한 방법은 거기에 대해서 아무 말도 하지 않고 그냥 내버려 두는 것입니다. 왜냐하면, 여러분을 비방하는 불한당을 고소하거나, 사과하지 않으면 고소하겠다고 경고한다고 해서, 여러분이 더 나아질 것은 없고, 일부 어리석은 사람들은 여전히 그 비방을 믿을 것이기 때문입니다. 내버려 두십시오. 여러분을 계속해서 비방하도록 내버려 두십시오. 그러면, 하나님께서는 여러분이 지혜롭게 대처하는 것을 보시고, 여러분을 도우셔서 "그가 너를 새 사냥꾼의 올무에서 건지실 것"이라는 자신의 약속을 이루실 것입니다.

이제 나는 이 대지를 끝맺기 전에 한 가지만 더 말씀드리고자 하는데, 그것은 새 사냥꾼이 새들을 잡고자 할 때에는 앞에서 말한 온갖 술수들을 동시에 다 사용해서 새들을 사방에서 압박한다는 것입니다. 사랑하는 자들이여, 사탄도 마찬가지로 여러분에게 그런 식으로 압박한다는 것을 기억하십시오. 사탄은 여러분의 영혼을 영원히 파멸시키기 위해서 온갖 수단을 다 동원할 것입니다:

"수많은 올무들 가운데서 내가 설 수 있는 것은
주의 손이 나를 붙들고 지키시는 까닭이라네."

옛적의 대시인이었던 퀼스(Quarles, 1592-1644)는 이렇게 말합니다:

"당신을 바짝 뒤쫓는 바쁜 손들은
당신의 재산에 올무를 놓고
당신의 필요들에 올무를 놓으며
당신의 신용에 올무를 놓고
당신의 불명예에 올무를 놓으며
당신의 높은 지위에 올무를 놓고
당신의 토대에 올무를 놓는다네.
올무는 당신의 침상에 붙어 있고
당신의 식탁을 둘러싸고 있으며
당신의 생각을 감시하고
당신의 말에 붙어 있다네.
당신의 침묵에도 올무가 있고
당신의 행동에도 올무가 있으며
당신의 식단에도 올무가 있고
당신의 기도에도 올무가 있다네.
올무는 당신의 결심들에도 어른거리고
당신의 의심 속에도 있으며
당신의 마음 안에도 있고 마음 밖에도 있으며
당신의 머리 위에도 있고 머리 아래에도 있으며
당신이 병든 때에도 있고 건강한 때에도 있다네."

신자가 있는 곳에는 늘 올무가 있어서, 신자가 올무로부터 자유로운 그런 곳은 없습니다. 모든 나무 뒤마다 독화살을 든 궁수가 있고, 모든 수풀 뒤마다 삼킬 자를 찾는 사자가 있으며, 모든 풀포기 아래마다 독사가 있습니다. 올무는 어디에나 있기 때문에, 우리는 조심하지 않으면 안 됩니다. 또한, 우리는 하나님의 전능하신 능력을 덧입어야 합니다. 그럴 때에 우리는 성령의 능력을 힘입어서 사자와 독사를 우리 발 아래 밟고, 젊은 사자와 용을 무찔러 "새 사냥꾼의 올무에서" 건짐을 받게 될 것입니다.

2. 둘째로, "건지심"에 대하여 살펴보겠습니다.

이제 두 번째 대지로 넘어가겠습니다. 하나님께서는 자기 백성을 새 사냥꾼의 올무에서 건지십니다. 우리는 본문을 통해서 두 가지를 생각해 볼 수 있습니다. 첫 번째는, 하나님은 자기 백성을 올무에 걸려들기 전에 건지시는 경우이고, 두 번째는, 그들이 올무에 걸렸을 때에 거기에서 건지시는 경우입니다. 우리 중에는 첫 번째 약속이 더 절실하게 다가오는 분들도 계실 것이고, 두 번째 약속이 더 반가운 분들도 계실 것입니다.

하나님께서는 여러분을 올무에서 건지실 것입니다. 그렇다면, 하나님은 어떤 식으로 여러분을 올무에서 건지실까요?

하나님이 여러분을 올무에서 건지실 때에 가장 많이 사용하시는 방법은 환난입니다. 환난은 흔히 하나님이 우리를 올무에서 건지실 때에 사용하시는 수단입니다. 여러분은 모두 성 베드로 대성당의 그림을 그렸던 저 유명한 화가에 관한 일화를 들은 적이 있을 것입니다. 그 대가는 어느 날 자신이 그린 그림의 구성을 전체적으로 조망하기 위해서 높은 작업대에 올라가 조금씩 뒷걸음치다가 끝부분까지 다다르게 되었습니다. 이제 그가 조금만 더 뒤로 물러난다면, 높은 작업대에서 그 아래의 포장된 바닥에 떨어져서 몸이 산산이 부서져 죽을 판이었습니다. 그 순간 거기에 한 인부가 그 대가의 목숨을 살리고 싶은데 어떻게 할 줄을 몰라 당황하다가, 나중에 아주 현명한 것으로 판명난 한 방법을 생각해 냈습니다. 그 인부는 "선생님, 위험해요"라고 소리치면 그 대가가 거의 틀림없이 뒤로 물러날 것이라고 생각해서, 갑자기 붓을 꺼내 들어서 페인트를 묻힌 후에 그 그림 위에 칠했습니다. 그 대가는 불같이 화를 내며 그 인부를 야단치기 위해서 앞으로 달려왔지만, 자초지종을 듣고 나서는 그 인부가 현명하게 대처했다는 것을 알게 되었습니다. 하나님도 마찬가지입니다. 여러분과 나는 흔히 멋진 그림을 그리고 나서는, 그 그림을 감상하기 위해 뒷걸음을 쳐서 뒤로 물러납니다. 하나님께서는 우리가 그런 식으로 뒤로 물러났다가는 머지않아 결국에는 멸망하게 될 것임을 아십니다. 그래서 서글픈 섭리를 통해서 우리의 밝은 전망을 망쳐 놓으시고, 우리에게서 자녀나 아내를 데려가시거나, 우리가 아끼고 사랑하는 것들을 앗아가 버리십니다. 그러면, 우리는 그런 환난이 없었더라면 우리가 추락해서 멸망했으리라는 것을 전혀 알지 못한 채, 득달같이 하나님 앞으로 달려가서, "하나님, 왜 그렇게 하셨습니까?"라고 부르짖습니다. 나는 여러분 중에는 여러분에게 닥친 슬프고 괴로운 일들, 환난들과 재난들, 손실들과 십자가들 덕분에 멸망으로부터 건짐을 받은 분들이 많을 것임을 의심치 않습니다. 그 모든 것들은 하나님께서 여러분을 새 사냥꾼의 올무에서 건져 내시기 위하여 그 올무를 부수시는 역사였습니다.

어떤 때에는 하나님은 자기 백성에게 영적인 큰 힘과 담대함의 영을 주셔서 새 사냥꾼의 올무에 걸려 죄를 짓지 않도록 해주십니다. 그럴 때에 그들은 악을 행하고자 하는 유혹을 받아도, "내가 어찌 이 큰 악을 행하여 하나님께 죄를 지으리이까"(창 39:9)라고 단호하게 말하게 됩니다. 요셉은 여주인이 자신의 옷을 붙잡았을 때에 그렇게 말하고 죄의 올무에서 벗어났습니다. 그가 그렇게 했기 때문에, 그의 영혼은 새처럼 새 사냥꾼의 올무에서 벗어날 수 있었습니다. 나는 이 자리에도 요셉처럼 그렇게 담대하게 말하고 행한 분들이 많이 있다는 것을 의심치 않습니다. 그들의 심령 속에는 하나님의 은혜가 있었기 때문에, 그들은 죄악의 유혹을 받았을 때에 그 죄악에서 눈을 돌려 믿음 위에 견고히 서서, "하나님의 자녀인 내가 그렇게 할 수도 없고 그렇게 해서도 안 돼"라고 말할 수 있었습니다. 그 유혹은 그들에게 달콤한 것이었지만, 그들은 그것을 거절하였습니다. 여러분은 존 번연의 「천로역정」에 나오는 "굳게 섬" 형제(Mr. Stand-Fast)에게 일어난 일을 기억하고 계실 것입니다. "거품" 부인이 매력적인 제안으로 가난한 "굳게 섬" 형제를 유혹하였습니다. 그 형제는 이렇게 말합니다: "나이는 들었지만 아주 화사하게 차려 입은 한 부인이 내게 자신의 몸과 지갑과 침상, 이렇게 세 가지를 주겠다고 제안해 왔습니다. 사실, 나는 너무나 지쳐 있고 졸렸으며, 작은 올빼미처럼 가난하기도 했는데, 그 마녀는 아마도 나의 그런 사정을 잘 알고 있었던 것 같습니다. 나는 여러 차례 거부했지만, 그녀는 아랑곳하지 않고 내게 미소를 지었습니다. 그래서 내가 화를 내기 시작했지만, 그녀는 나의 그런 반응을 완전히 무시하고서, 내가 자기 말만 들어준다면 나를 출세하게 해주고 행복하게 해주겠다고 또다시 제안을 했습니다. 자기는 세상의 여주인이기 때문에, 얼마든지 사람들을 출세하게 해주고 행복하게 해줄 수 있다고 말했습니다. 그래서 나는 이름이 무엇이냐고 물었고, 그녀는 '거품' 부인이라고 말했습니다. 그 말을 듣고 나는 더욱 그녀를 멀리하려 했지만, 그녀는 끈질기게 나를 유혹했습니다. 여러분이 보았듯이, 나는 무릎을 꿇고 두 손을 든 채로, 나를 도우시겠다고 약속하신 하나님께 기도했습니다. 그리고 당신이 나타나자, 그 부인은 내게서 떠나갔습니다. 나는 계속해서 이 큰 건지심을 인하여 하나님께 감사를 드렸습니다. 왜냐하면, 나는 그녀가 나의 이 믿음의 여정을 끝장내고자 하는 것 외에 다른 선한 목적을 지니고 있지 않았음을 진정으로 믿기 때문입니다." 이것이 하나님께서 자기 백성을 새 사냥꾼의 올무에서 건지시는 방법입니다. 하나님은 그들에게 담대함의 영과 기도의 영을 주셔서, 그들로 하여금 환난 날에 하나님의 이름을 부르게 하시고, 그들을 건지십니다.

그리고 나는 한 가지 더 아주 특이한 일을 보아 왔습니다. 종종 나는 다음과 같은 방식으로 새 사냥꾼의 올무에서 건짐을 받았습니다(정확히 어떻게 된 것인지를 설명할 수 없지만). 어떤 유혹이 오기 한 주 전에, 나의 심령은 그 유혹에 이끌려서 거의 죄 짓기 직전의 상황을 체험합니다. 그러다가 정작 그 유혹이 실제로 찾아왔을 때에는 나의 심령은 어떤 과정을 거쳐서 그 유혹이 내게는 전혀 유혹이 되지 않는 그런 상태가 됩니다. 우리는 이전 같으면 우리를 멸망시켰을 그런 유혹이 지금은 우리에게 그리 큰 유혹이 되지 않는 그런 심령 상태가 되었습니다: "만일 당신이 얼마 전에 내게 그런 제안을 했더라면, 나는 그 제안을 받아들였을 것입니다. 그러나 지금은 하나님께서 성령의 신비한 감화를 통해 내 마음을 다른 방향으로 돌려놓으셨기 때문에, 그런 제안은 내게 전혀 유혹이 되지 못하고, 일고의 가치도 없는 제안으로 들립니다." 이런 식으로 하나님께서는 자기 백성을 새 사냥꾼의 올무에서 건지십니다.

우리가 두 번째로 살펴볼 것은 이미 올무에 빠진 자기 백성을 하나님이 건지시는 경우입니다. 좀 서글픈 일이기는 하지만, 어쨌든 여러분과 나는 이 올무에 대해서 어느 정도 알고 있습니다. 우리는 그 올무에 걸린 적이 있으니까요. 우리는 올무가 놓여 있는 것을 보았을 뿐만 아니라, 그 올무 속에도 있어 보았습니다. 우리는 새장에 대해서도 어느 정도 알고 있습니다. 왜냐하면, 불행히도 우리는 하나님을 안 이후에도 새장에 있어 보았기 때문입니다. 새 사냥꾼의 손이 우리의 목 위에 있었습니다. 그 상황에서 우리가 죽지 않은 것은 전적으로 하나님의 은혜 덕분이었습니다. 신자가 올무에 걸려들지라도, 하나님께서 그를 그 올무에서 건지시리라는 것은 얼마나 복된 일인지 모릅니다. 「천로역정」에서 가엾은 "크리스천"과 "소망"은 "절망"이라는 거인의 성채로 들어감으로써 새 사냥꾼의 올무에 걸려들었습니다. 그러나 그들은 하나님의 약속이라는 열쇠를 가지고 자물쇠를 열고서 그 올무를 빠져나올 수 있었습니다. "아부하는 자"가 그들에게 그물을 던져서 그들을 좁은 길에 두었을 때에도 그들은 새 사냥꾼의 올무 속에 있었습니다. 그러나 어떤 사람이 와서 그들을 흠씬 두들겨 팬 후에 그물에서 벗어나게 해준 덕분에, 그들은 올무에 걸리기 전보다 더 나은 사람이 되어서 계속해서 길을 갈 수 있었습니다. 나는 지금 올무 속에 있는 한 사람을 압니다. 하나님의 백성들 중 한 사람이 올무에 걸려 있습니다. 그 사람은 자기가 범죄하였기 때문에 지금 탄식하고 신음하며 슬피 울고 있습니다. 그 사람은 선한 사람이고, 신앙을 고백한 사람이며, 진정으로 가치 있는 사람입니다! 그러나 안타깝게도 그는 범죄하였기 때문에, 지금 이 시간에 눈물을 글썽이며 이렇게 말합니다:

> "내 머릿속의 복잡한 생각들은
> 단지 나의 비참함을 더할 뿐이네.
> 내 영혼은 쇠하였고, 내 마음은 황량하다네.
>
> 주여, 내 영혼에 다시 찾아오시고
> 주의 구원을 허락하소서.
> 주의 손이 내 발을 저 죽음의 올무에서
> 건져 주실 때가 언제니이까?"

뒤로 물러나 죄를 범한 자들이여, 낙심이 되더라도 절망하지 마십시오. 하나님께서는 여러분을 다시 회복시키실 것입니다. 여러분이 지금까지 방황하였더라도, 이제 하나님이 말씀하시는 것을 들으십시오. "배역한 자식들아 돌아오라 내가 너희를 긍휼히 여기리라"(cf. 렘 3:22). 그러나 여러분은 돌아갈 수 없다고 말합니다. 여기 또 하나의 약속이 있습니다: "그가 너를 새 사냥꾼의 올무에서 건지실 것임이로다." 여러분은 여러분이 빠진 모든 악에서 건짐을 받게 될 것입니다. 비록 여러분은 죽는 그 날까지 자신의 잘못된 행실을 회개하기를 그치지 않겠지만, 여러분을 사랑하신 하나님께서는 여러분을 버리지 않으실 것입니다. 하나님은 여러분을 받으실 것입니다. 하나님은 여러분을 자신의 거처로 들어오게 하실 것이고, 지금 당장에라도 여러분을 회복시키셔서 자기 백성 중에 있게 하시고, 여러분에게 기쁨과 즐거움을 주셔서, 하나님이 부러뜨린 여러분의 뼈들로 기뻐하고 즐거워하게 하실 것입니다. "그가 너를 새 사냥꾼의 올무에서 건지실 것임이로다."

이상으로 우리는 하나님께서 자기 백성을 새 사냥꾼의 올무에서 건지시는 매우 주목할 만한 예들을 살펴보았습니다. 다음의 예화는 이것을 잘 보여줍니다.

뉴욕에 있는 한 교회에 다니는 젊은 자매가 그리스도인이 아닌 청년과 결혼을 했습니다. 그 청년은 돈 되는 사업을 해서 엄청난 돈을 벌어 큰 재산을 만들고 나서는 사업을 접고 시골로 내려갔습니다. 그는 으리으리한 저택을 구입했습니다. 집 주변에는 야자수가 즐비하게 늘어서 있어서 그 잎사귀들이 햇빛에 찬란하게 반짝였고, 정원은 희귀한 관목들과 꽃들로 가득하였으며, 정원에 있는 호수에서는 많은 물고기들이 유유히 헤엄쳐 다녔습니다. 그들의 저택은 값비싼 최신식 가구와 설비가 되어 있었습니다. 그들은 인간이 바라는 모든 것들을 소유한 듯이 보였습니다. 이렇게 부족한 것 없이 모든 것을 다 갖추어 놓고 사교계 사람들과 교류하며 살다보니 그녀의 경건은 사라졌고, 그녀의 마음은 세상과 짝하게 되었습니다. 그리고 그녀의 세 자녀가 자라갈수록 그녀를 본받아서 세상적인 삶에 물들게 되었다는 것은 결코 이상한 일이 아니었습니다. "중병은 대수술을 필요로 한다"는 말이 있는데, 하나님께서는 그녀에 대한 대수술에 착수하셨습니다. 어느 날 아침 그녀는 막내아들이 호수에 빠져 익사했다는 말을 듣게 되었습니다. 그녀는 마음이 찢어질 듯이 아파서 울며 하나님의 섭리를 원망했습니다. 얼마 후에 16살의 꽃다운 소녀였던 그녀의 외동딸이 열병에 걸려 죽었습니다. 또다시 그녀의 마음은 찢어질 것 같이 아팠습니다. 그러나 징계하시는 아버지 하나님의 또 한 번의 심한 회초리는 단지 하나님에 대한 그녀의 원망과 반감을 부추기는 결과만을 가져온 듯이 보였습니다. 이제 하나 남은 그녀의 장남은 대학에 다니고 있다가 집으로 와서 여동생의 장례식에 참석한 후에 사냥을 하러 들판에 나가기 위해 울타리를 훌쩍 뛰어넘을 때에 땅에 먼저 닿으면서 오발된 총에 맞아 죽었습니다. 이때 어머니의 심정은 어떠했겠습니까? 그녀는 슬픔을 주체하지 못하고 땅바닥에 주저앉아 머리를 쥐어뜯으며 미친 사람처럼 울분을 토하며 하나님의 섭리를 원망하였습니다. 이미 그 슬픔이 감당할 수 없을 정도가 되어 버린 아버지는 자신의 아내가 미쳐 날뛰는 충격적인 광경을 보고, 그녀가 무시무시하게 고함지르는 소리를 듣고서는 더 이상 자신의 불행을 견딜 수가 없었습니다. 그는 권총으로 자신의 머리를 쏘아 자살하고 말았습니다. 그동안 축적된 견딜 수 없는 고통과 괴로움의 희생물이 된 것입니다. 그녀의 남편과 모든 자녀들이 이제 그녀를 영원히 떠나갔습니다. 이성이 돌아오자, 그녀는 곰곰이 생각을 해보게 되었습니다. 그녀는 자신이 그동안 저질러온 끔찍한 죄악들과 교만과 패역을 보았습니다. 그녀의 눈에서는 깊은 회개의 눈물이 흘러나왔습니다. 그녀의 영혼은 다시 평안을 되찾았습니다. 그녀는 하늘을 향해 손을 들고서, "아버지여, 주신 이도 여호와시요 거두신 이도 여호와시오니 여호와의 이름이 찬송을 받으실지니이다"(욥 1:21)라고 부르짖었습니다. 이렇게 해서 그녀에게 닥친 환난들은 "의와 평강의 열매"(히 12:11)를 맺었습니다. 하늘에 계신 그녀의 아버지께서는 "자기의 뜻대로가 아니라 오직 그녀의 유익을 위하여 그녀로 하여금 그의 거룩하심에 참여하게 하시기 위하여"(cf. 히 12:10) 그녀를 징계하신 것입니다.

하나님께서는 그녀의 영혼을 새 사냥꾼의 올무에서 건지셨습니다. 그녀는 다시 새롭게 의의 길로 행하며, 부지런하고 열심히 하나님을 섬기기 시작하였고, 하나님을 경외함이 점점 더 커져갔습니다. 하나님의 백성이 새 사냥꾼의 올무 속에 있을 때에라도, 하나님께서는 환난과 시련을 비롯해서 이런저런 수단을 통해 그들을 그 올무에서 반드시 건지십니다.

3. 셋째로, "참으로"에 대해 살펴보겠습니다.

이제 나는 마지막으로 "참으로"(한글개역개정에는 번역되지 않음 — 역주)라는 단어를 잠깐 살펴보고자 합니다. 확실성은 성경의 모든 진리가 지닌 최고의 강점입니다. 만일 성경의 진리들이 확실한 것이 아니라면, 그 진리들은 소중하지 않을 것입니다. 성경의 진리들은 확실하기 때문에 소중합니다. 본문은 "참으로 그가 너를 건지실 것임이로다"고 말씀합니다. 왜 그렇습니까? 첫째는, 하나님께서 그렇게 하실 것이라고 약속하셨고, 하나님의 약속은 결코 부도가 날 수 없는 보증수표이기 때문입니다. 하나님께서 자기가 하겠다고 말씀하셨다면, 하나님은 반드시 그것을 하십니다. 둘째는, 그리스도 예수께서 하나님이 그렇게 하실 것이라고 맹세로써 말씀하셨기 때문입니다. 아주 오래 전에 그리스도 예수께서는 양들의 목자가 되심과 동시에 양들의 보존과 관련해서 보증이 되셨습니다. 그는 "내 양들 중에서 하나라도 죽는 일이 발생한다면, 너희는 그 모든 책임을 내게 물어라"고 말씀하신 것입니다. 이렇게 하나님의 모든 백성의 안전이 하늘에 계신 그들의 후견인이신 그리스도의 책임이기 때문에, 그들은 안전할 수밖에 없습니다. 왜냐하면, 만일 그들이 안전하지 않다면, 그리스도의 수표는 부도난 것이 되고, 그의 맹세는 헛것이 되고 말 것이기 때문입니다. 또한, 만일 하나님의 백성이 안전하지 않다면, 그들 모두와 그리스도 간의 하나 됨은 진정한 것이 아니게 될 것이기 때문에, 그들은 안전할 수밖에 없습니다. 그리스도와 그의 교회는 하나, 즉 한 몸입니다. 그러나 내 몸의 지체들 중에서 어느 하나라도 잘려나간다면, 나는 불구가 될 것입니다. 마찬가지로, 그리스도께서 하나님의 자녀들 중에서 단 한 사람이라도 잃으실 수 있다면, 그는 불구의 그리스도가 되고 마실 것입니다. "교회는 그의 몸이니 만물 안에서 만물을 충만하게 하시는 이의 충만함이니라"(엡 1:23). 그러므로 만일 온 교회가 마지막 날에 다 모이지 않는다면, 그리스도께서는 "충만함"이 결여된 불완전한 그리스도가 되고 마실 것입니다. 하나님의 백성이 모두 다 구원받을 수밖에 없는 것은 하나님이 그렇게 정하셨고, 성자께서 맹세로써 보증하셨으며, 성령께서 그렇게 되도록 실제로 역사하고 계시기 때문입니다. 하나님의 백성들 중에서 단 한 사람이라도 멸망하게 된다면, 성경은 진리가 아니게 됩니다. 영원한 언약의 진실성은 하나님이 자기 백성을 모두 다 마지막 날까지 지키시는 것에 달려 있습니다. 은혜 언약의 전체가 이것에 달려 있습니다:

> "하나님께서 우리 영혼으로 하여금
> 그의 영광의 면전에서
> 신령한 큰 기쁨으로
> 흠 없이 온전하게 서게 하실 것이라네."

그러므로 하나님께서는 자기 백성을 새 사냥꾼의 올무에서 건지실 수밖에 없으십니다. 왜냐하면, 하나님이 그렇게 하시지 않으신다면, 하나님의 언약은 공수표가 되고 말 것이기 때문입니다. 하나님의 백성 중에서 단 한 사람이라도 멸망을 받게 된다면, 하나님은 맹세를 어기신 것이 되고 맙니다. 단 한 사람이라도 내쳐진다면, 언약은 공수표가 될 것입니다. 그러므로 하나님의 백성은 안전할 수밖에 없습니다:

> "하나님의 양 무리 중에서 가장 비천한 자를 건지시는 일,
> 천부께서 주신 모든 자를
> 자신의 손으로 안전하게 지키시는 일,
> 거기에 주님의 존귀가 달려 있다네."

이 주제는 영광과 권능으로 충만한 주제이고 수많은 설교의 제목이 될 수 있는 주제이지만, 내게는 지금 이 주제를 자세하게 다룰 시간이 없습니다. 형제들이여, 이제 나는 이 약속이 여러분의 것이 되어 있는지를 묻는 것으로 말씀을 끝맺고자 합니다. "참으로 그가 너를 건지실 것임이로다." 여러분이 이 본문 속에 나오는 "너"입니까? 여러분은 "내가 어떻게 그걸 알겠어요?"라고 말할지 모릅니다. 여러분은 주 예수 그리스도를 믿고 계십니까? 여러분은 죄 범한 죄인으로서 흠 없으신 구속주 앞에 여러분 자신을 맡기고서 그의 피와 의를 전적으로 의지하고 계십니까? 나는 여러분이 감리교인인지, 성공회 교인인지, 침례교인인지, 독립교회 교인인지, 장로교인인지를 묻고 있는 것이 아닙니다. 내가 유일하게 묻고 싶은 것은 여러분이 거듭나셨느냐는 것입니다. 여러분은 사망에서 생명으로 옮겨지셨습니까? 여러분은 "그리스도 안에서 새로운 피조물"(cf. 고후 5:17)이십니까? 여러분은 오직 주 예수 그리스도만을 의지하고 계십니까? 예수 그리스도의 삶이 여러분의 삶의 본(本)이고, 그의 성령이 여러분의 죽을 몸에 거하고 계십니까? 그렇다면, 안심하십시오. 이 약속은 여러분의 것입니다. 여러분이 과거에는 정말 악한 사람이었을 수 있지만, 그리스도를 믿은 순간 그 모든 죄들은 사함을 받았고, 이 약속은 영원히 여러분의 것이 되었습니다. 그러나 만약 여러분이 자기의(自己義)로 충만하고 자족하며 불경건하고 별 생각 없이 살아가며 세상적이라면, 이 약속은 여러분과 아무 상관이 없습니다. 여러분은 올무 속에 있는 것이고, 앞으로도 그 올무 속에 있게 될 것이며, 그 올무 속에서 멸망 받게 될 것입니다. 여러분이 회개하지 않는다면 말입니다. 왜냐하면, 성경은 "너희도 만일 회개하지 아니하면 다 이와 같이 망하리라"(눅 13:3)고 말씀하기 때문입니

다. 하나님께서 여러분을 그리스도의 피와 상관이 있게 하셔서 멸망에서 건짐을
받게 해주시기를 빕니다. 영광이 성부와 성자와 성령께 영원히 있으시기를 원하
나이다. 아멘.

제
86
장

—

신선한 은혜를 주실 것이라는 절대적인 확신

—

"주께서 내게 신선한 기름을 부으셨나이다." — 시 92:10

다윗은 매우 단정적입니다: "주께서 내게 신선한 기름을 부으시리이다"(KJV에는 미래로, 한글개역개정에는 과거로 번역되어 있음 — 역주). 그는 "나는 하나님께서 내게 신선한 기름을 부어 주실 것을 소망하고, 그렇게 해주실 것이라는 즐거운 기대를 갖고 있습니다"라고 말하지 않습니다. 반대로, 그는 "하나님께서 장차 내게 신선한 기름을 부으시리라는 것"은 절대적으로 확실한 사실이라고 말합니다. 여러분이 이 시편을 읽어보면, 다윗이 이토록 확신에 차서 단정적으로 말하는 것이 전혀 이상하게 느껴지지 않게 될 것입니다. 왜냐하면, 이 시편에서 그가 말하고 있는 주제는 영원히 살아 계시고 모든 것에 충족하신 하나님이기 때문입니다. 우리가 하나님께 가까이 나아갈 때, 그것은 절대적으로 확실한 것들만이 있는 세계로 나아가는 것입니다. 우리가 사람을 의지하는 동안에는 "아마도," "바란다," "혹시" 같은 단어들로 가득한 세계 속에 살고 있는 것입니다. 그러나 하나님을 의지하게 되었을 때, 우리는 우연과 추측만이 난무하는 세계로부터 벗어나게 됩니다. 우리 하나님은 진리와 의의 하나님이십니다. "여호와의 정직하심과 나의 바위 되심과 그에게는 불의가 없음이 선포되리로다"(시 92:15). 사람은 단지 기만적인 유사(流砂, quicksand)여서 믿었다가는 파선을 당할 수밖에 없는 그런 존재이지만, 하나님은 안전한 항구이십니다. 우리 자신을 자랑하거나, 다른 사람들의 약속을 의지하지 않는 것이 좋습니다. 반면에, "나는 스스로 있는 자니라"(출 3:14)라고 말씀하신 이를 자랑하고, 그의 말씀과 사랑에 우리의 영혼을 전적으로 맡기는 것은 지혜로운 일입니다. 그는 변하실 수도 없으시고 실패할 수도 없으신 분입니다. "하나님은 사람이 아니시니 거짓말을 하지 않으시고 인생이 아니시니 후회가 없으시도다 어찌 그 말씀하신 바를 행하지 않으시며 하신 말씀을 실행하지 않으시랴"(민 23:19). 그래서 다윗은 자신의 미래에 대하여 조금의 불안감도 없이 전적으로 안심할 수 있었습니다. 그는 자기에게 일정 정도의 은혜를 주어 오신 하나님이 장래에도 더 많은 은혜를 주실 것이라고 확신하였습니다. 그는 하나님의 무궁한 자원이 고갈될 것이라거나 주시려고 하지 않으실 것이라는 의심을 전혀 품지 않았습니다. 그는 "주께서 내게 신선한 기름을 부으실" 것이라고 말합니다. 사랑하는 자들이여, 우리는 하나님께 가까이 나아가서, 영원히 마르지 않는 샘에서 마셔야 합니다. 우리는 우리를 우롱할 뿐인 터진 웅덩이를 바라보는 것을 그치고, 우리가 필요할 때마다 늘 차고 넘쳐서 우리의 갈증을 채워 줄 저 끝없이 깊은 샘을 바라보아야 합니다.

나는 오늘 다윗이 지니고 있던 확신에 대하여 여러분에게 말씀드리고자 합니다. 첫 번째로, 그것은 의미심장한 확신이었습니다: "주께서 내게 신선한 기름을 부으시리이다"라는 말은 아주 풍부한 의미를 담고 있습니다. 두 번째로, 그것은 아주 근거가 확실한 확신이었습니다. 세 번째로, 그것은 그의 두려움을 잠재운 확신이었습니다. 네 번째로, 그것은 그의 소망을 불러일으킨 확신이었습니다. 그리고 마지막으로, 우리가 그런 확신을 지니고 있다면, 그것은 우리로 하여금 그런 확신을 갖고 있지 못한 사람들을 불쌍히 여기게 만드는 그런 확신입니다.

1. 첫째로, 본문에 표현된 확신은 의미로 가득 차 있습니다.

다윗은 어떤 의미로 "주께서 내게 신선한 기름을 부으시리이다"라고 말한 것일까요? 첫째로, 그것은 하나님께서 다윗의 힘을 새롭게 하실 것이라는 의미였습니다. 일반적으로 동방 사람들은 기름 부음이 사람에게 활력을 더해 준다고 믿었습니다. 그들은 기름 부음을 새롭게 힘이 생기는 것의 상징으로 여겼습니다. 따라서 다윗은 하나님께서는 필요할 때마다 자신의 힘을 새롭게 해주실 것임을 알았고, 또 그렇게 느꼈습니다. 우리에게는 모두 힘이 약해질 때가 종종 있게 됩니다. 크게 긴장할 일이 생기게 되면, 우리는 많은 힘을 소진하게 됩니다. 또한, 심령이 심하게 눌려 있을 때에도 우리는 죽을 것 같다고 생각하게 됩니다. 그러나 그럴 때마다 하나님께서는 우리에게 힘을 공급해 주실 것입니다. 우리에게 닥친 극단적인 곤경은 하나님께는 기회가 됩니다. 우리가 궁핍할 때가 바로 하나님이 우리에게 풍성히 채워 주실 때입니다. 우리가 약할 때에 하나님의 능력은 우리 안에서 온전해지는 것이 아닙니까? 성경은 "피곤한 자에게는 능력을 주시며 무능한 자에게는 힘을 더하시나니"(사 40:29)라고 말씀하고 있지 않습니까? 다윗은 시편 103편에서 "좋은 것으로 네 소원을 만족하게 하사 네 청춘을 독수리 같이 새롭게 하시는도다"(5절)라고 노래하였고, 하나님이 늘 그렇게 해주시기를 기대하였습니다. 또한, 시편 23편에서는 하나님께서 "내 영혼을 소생시키시니"(3절)라고 말합니다. 다윗의 시편들은 흔히 고통스러운 눌림으로 인한 탄식으로 시작되지만, 하나님의 사랑으로 인하여 그의 기진한 영혼에 신선한 생명이 부어짐으로 말미암아 뛸 듯이 기뻐하는 것으로 끝납니다. 이새의 아들은 자신의 영혼이 수많은 고통과 아픔으로부터 소생되는 경험을 했습니다. 그는 수없이 깊이 가라앉았지만, 하나님께서는 그의 영혼을 들어올리셔서 거룩한 기쁨으로 기뻐하게 하셨습니다. 다윗은 여기에서 하나님께서는 늘 자기에게 그런 식으로 은혜를 베푸실 것이라는 확신을 표현합니다. 그러므로 나의 형제들이여, 하나님께서는 필요할 때마다 여러분에게 새 힘을 주실 것임을 기대하십시오. "네가 사는 날을 따라서 능력이 있으리로다"(신 33:25). 또한, 성경은 하나님이 "더욱 큰 은혜를 주시나니"(약 4:6)라고 말씀합니다. 여러분이 약할 때마다 "주께서 내게 신선한 기름을 부으시리이다"라는 본문의 확신을 가지고서 하나님께 나아가십시오.

둘째로, 그것은 하나님께서 다윗으로 하여금 **그의 은총을 새롭게 확신하게** 해 주실 것이라는 의미였습니다. 어떤 사람에게 기름을 붓는다는 것은 그 사람이 자신의 집에 온 것을 환영한다는 표시였습니다. 집 주인은 손님이 새롭게 힘을 차릴 수 있도록 발을 씻어 주었고, 특별히 존귀한 손님에게는 향기로운 나드 기름을 부어 주었습니다. 따라서 다윗은 자기가 지난날에 하나님의 은총을 받아 왔듯이 앞으로도 계속해서 은총을 받게 될 것을 확신한다고 말하고 있는 것입니다. 사랑하는 자들이여, 여러분은 하나님의 미소에 흠뻑 빠져서 그 사랑 속에서 천국을 발견하는 것이 무엇인지를 압니다. 여러분은 아버지 하나님의 사랑의 햇살 속에서 몸을 녹이며, 세상 사람들이 상상할 수 없는 황홀한 기쁨을 누린 적이 수없이 많았습니다. 하나님께서는 예수의 이름을 여러분의 영혼에 "쏟은 향기름"(아 1:3) 같게 하지 않으셨습니까? 하나님께서는 종종 여러분을 그의 잔치에 초대하셨고, 그 잔칫집 위에 걸린 현수막에는 "사랑"이라고 적혀 있었습니다. 하나님께서는 여러분을 위해 기름진 것들, 골수가 가득한 기름진 것들, 잘 정제해서 모든 찌꺼기가 다 제거된 최상급 포도주가 차려진 연회를 베풀어 주셨습니다. 여러분은 그러한 때들을 되돌아볼 때마다 이루 말할 수 없는 기쁨을 느끼고, 아마도 이 순간에도 "그런 날들이 내게 다시 찾아 왔으면 얼마나 좋을까"라고 속으로 말하고 있을 것입니다. 나의 형제들이여, 힘을 내십시오. 하나님께서는 여러분에게 "신선한 기름을 부어 주실" 것입니다. 하나님의 사랑을 보여주는 더 많은 증표들이 여러분을 기다리고 있습니다. 하나님의 사랑을 보여주는 더 많은 증표들이 여러분에게 주어질 것입니다. 여러분은 에서처럼 "내 아버지여 내게 축복하소서 내게도 그리하소서 나를 위하여 빌 복을 남기지 아니하셨나이까"(창 27:34, 36)라고 부르짖을 필요가 없습니다. 왜냐하면, 하나님께 있는 복들은 차고 넘치고, 하나님은 그 복들을 자신의 사랑하는 자들에게 부어 주시기를 기뻐하시기 때문입니다. 그렇습니다. 여러분 앞에는 한층 더 차고 넘치는 은혜들이 기다리고 있습니다. 하나님으로부터 받은 복들로 가득했던 여러분의 지난날은 저 복된 미래 앞에서 빛을 잃게 될 것입니다. 다윗은 목동일 때에 하나님의 은총을 받았지만, 전사일 때에 또다시 새롭게 은혜를 받았고, 이스라엘의 왕이 되었을 때도 또 새로운 은혜를 받았습니다. 우리가 기존에 받은 모든 은혜는 장차 더 큰 은혜를 받게 될 것임을 보여주는 보증입니다. 새벽 미명은 장차 대낮이 올 것임을 보여주는 전조일 뿐입니다. 여러분이 이미 들어가 있는 거룩한 교제의 땅 안에는 하나님과 한층 더 친밀한 교제를 할 수 있는 지성소가 있고, 여러분은 머지않아 거기로 들어가게 될 것입니다. "친구여, 더 높이 올라오라"는 것이 여러분을 향한 하나님의 달콤한 초대입니다. 믿음을 가지고 담대하십시오. 왜냐하면, 여러분은 지금보다 더 큰 일들을 보게 될 것이기 때문입니다. 여러분은 성령으로 또다시 세례를 받게 될 것입니다. 여러분은 양자의 영을 새롭게 받게 될 것이고, 여러분의 기쁨은 충만해질 것입니다. 그러므로 여러분의 머리를 드십시오.

　셋째로, 그것은 하나님께서 다윗의 지위를 확고히 하시리라는 것을 의미하였습니다. 다윗이 세 번이나 기름 부음을 받았다는 것은 주목할 만한 일입니다. 첫 번째는 사무엘이 장차 왕이 될 다윗에게 기름을 부었습니다. 두 번째는 유다 사람들이 다윗에게 기름을 부어 그를 이스라엘 민족의 일부를 다스리게 하였습니다. 세 번째는 헤브론에서 온 이스라엘이 함께 나아와서 다윗을 자신들의 왕으로 삼는 엄숙한 의식을 치를 때에 그는 기름 부음을 받았습니다. 아마도 다윗은 이렇게 여러 번 기름 부음을 받은 것을 기억하고서, 이것을 하나님이 자신의 왕권을 견고히 해주신 것으로 여기고서, 앞으로도 자기가 사는 날 동안에 하나님이 자신의 왕위를 견고히 해주시리라는 것을 느꼈습니다. 다윗의 왕권을 대적하는 반란들이 많이 있었지만 모두 다 수포로 돌아갔습니다. 패역한 아들 압살롬이 반란을 일으켜 다윗의 왕권을 흔들어놓아서 그의 왕위를 거의 빼앗기게 된 때에도 하나님께서는 그에게 다시 왕위를 회복시켜 주셨습니다. 즉, 사실상 하나님께서 다윗에게 또다시 기름을 부어 주신 것입니다. 사랑하는 자들이여, 오늘날 예수를 믿는 여러분과 나는 하나님이 세우신 왕들이자 제사장들입니다. 그러나 사탄은 할 수만 있다면 우리의 왕권과 제사장직을 박탈하려 하고 있습니다. 그는 모든 수단과 방법을 다 동원해서 우리를 멸하려고 온갖 음모와 술수를 쓰고 있습니다. 그러나 성경은 "여호와는 나의 분깃을 지키시나이다"(시 16:5)라고 말씀합니다. 우리의 머리 되시는 주님을 지키시는 이는 그 누구도 결코 이길 수 없는 분입니다. 우리를 자기 아들과 함께 보좌에 앉히신 하나님께서는 자기 아들이나 우리가 그 보좌에서 절대로 쫓겨나지 않게 해주실 것입니다. 하나님이 만유를 다스리십니다. 하지만 하나님이 다스리신다는 것은 하나님의 백성이 다스린다는 말도 됩니다. "이는 내가 살아 있고 너희도 살아 있겠음이라"(요 14:19)는 말씀은 예수의 말씀입니다. 하나님께서는 우리의 영혼으로 하여금 바로 그 말씀에 소망을 두게 하셨습니다. 나의 형제들이여, 하나님께서는 여러분의 아들 됨을 또다시 견고히 해주실 것입니다. 하나님께서는 여러분으로 하여금 또다시 분명한 어조로 "아빠 아버지"(롬 8:15)라 부르게 하실 것입니다. 하나님께서는 그리스도의 몸의 지체라는 여러분의 지위를 견고히 해주실 것입니다. 하나님께서는 여러분으로 하여금 머리 되시는 주님의 기름 부으심이 여전히 여러분 위에 임하고 있음을 느끼게 하셔서, 하나님이 여러분을 자녀 삼으신 것이 끝까지 그대로 유지될 것이라는 온전한 확신 속에서 거듭거듭 즐거워하게 하실 것입니다. 이렇게 하나님께서는 자기 백성의 지위와 신분을 재확인해 주시고 견고히 해주시는 방식으로 그들에게 새롭게 기름을 부어 주십니다.

넷째로, 그것은 하나님께서 다윗에게 또다시 새롭게 은혜를 부어 주셔서 자신의 직분을 행할 수 있게 해주시리라는 것을 확신하였다는 것을 의미합니다. 의심할 여지 없이, 바로 이것이 왕에게 기름을 붓는 의미였습니다. 기름 부음은 그가 왕으로서의 지혜와 권위를 부여받았음을 나타내는 상징이자 징표였습니다. 그리고 제사장에게 기름을 붓는 것은 하나님의 성령이 그에게 주어져서 그가 자신의 거룩한 직분을 수행할 수 있게 되었음을 나타내는 상징이었습니다. 다윗은 자신이 이스라엘의 왕이자 지도자로서 올바르게 행하기 위해서는 하나님으로부터 가르치심과 인도하심과 조명하심과 교훈을 늘 받을 필요가 있다고 느꼈습니다. 그래서 그는 "주께서 내게 신선한 기름을 부으시리이다"라고 말합니다. 사랑하는 자들이여, 이것은 우리에게 너무나 멋진 확신입니다. 여러분이 복음을 전하는 목회자였다면, 자기가 그 일을 할 수 없는 자라는 것을 하루에도 몇 번씩 느꼈을 것입니다. 여러분은 하나님께서 여러분에게 그 일을 할 수 있는 힘을 공급해 주시리라는 확신이 없었다면 진작 목사직을 사임하고 목회를 그만두었을 것입니다. 어린아이들을 교훈하는 일, 환자를 심방하는 일, 넘어진 자들을 다시 일으켜 세우는 일을 비롯해서 하나님께서 여러분에게 행하라고 부르신 일들을 할 때마다, 여러분은 자신이 하나님에 의해서 쓰임을 받기에 얼마나 부적합한 자인지를 갈수록 점점 더 느끼고서 자주 두려워 떨었을 것입니다. 그러나 그러한 두려움은 날이 갈수록 하나님의 신실하심을 더욱더 알게 되는 것에 의해서 상쇄됩니다. 여러분이 연약하다고 해서 하나님이 여러분에게 맡기신 일을 그만두지 마십시오. 왜냐하면, 하나님께서는 여러분에게 늘 새롭게 기름을 부어 주실 것이기 때문입니다. 여러분에게 지혜가 필요합니까? 후하게 주시는 하나님께 지혜를 구하십시오. 여러분에게 뜨겁고 열심 있는 영이 필요합니까? 여러분은 자신의 신앙이 점점 냉랭해져 가는 것을 느낍니까? 하나님의 사랑이 여러분의 심령에 몇 방울만 떨어져도, 여러분의 심령은 활활 불타올라서, 여러분은 원하는 만큼의 열심을 갖게 될 것입니다. 여러분에게 기도의 능력이 더 필요합니까? 밤중에 산중턱에서 씨름하는 법을 알고 계시는 하나님께로 나아가 구하십시오. 하나님께서는 여러분에게 어떻게 기도해야 하는지를 가르쳐 주실 것입니다. 여러분이 하나님이 부르신 직분을 온전히 수행하고자 하는데 뭔가 부족한 것이 있습니까? 흔들림 없는 믿음으로 하나님께 구하고 기다리십시오. 하나님께서는 반드시 여러분에게 그 부족한 것을 채워 주시고, 여러분에게 "신선한 기름을 부어 주실" 것입니다.

다섯째로, 그것은 다윗이 하나님께서 그에게 기뻐할 일을 늘 새롭게 주실 것이라고 확신하였다는 것을 의미합니다. 기름 부음은 기쁨을 주기 위한 것이었습니다. 신앙에 있어서 기쁨의 요소에 대하여 별 관심을 갖지 않는 사람들이 있지만, 그것은 지혜롭지 못한 일입니다. 오늘날 결국에는 죽게 될 유한한 인생으로부터 기쁨을 주는 온갖 것들을 찾아내서 박멸하고자 하는 사람들이 있습니다. 또한, 우리에게 즐거움과 유쾌함을 주는 모든 유한한 것들에 반감을 갖고 있는 모임들이 있습니다. 이 눈물 골짜기를 지나면서 죽을 인생에게 즐거움을 줄 수 있는 것들 중에서 그 모임들이 아직 찾아내지 못한 것이 단 하나라도 남아 있다면, 내일 어떤 천재가 나타나서 그것에 대하여 십자군 전쟁을 시작할 것임을 나는 의심치 않습니다. 그들의 주장은, 사람들에게 즐거움을 주거나 사람들의 욕구를 만족시켜 주는 것들은 다 사망에 속한 역겨운 것들이라는 것입니다. 나는 그들이 모든 상수원에 쓰디쓴 약초를 풀고 모든 목장을 어두침침한 색으로 칠하지 않는 것을 의아하게 생각합니다. 만일 실제로 우리가 아름답고 유쾌하며 즐거운 모든 것들을 삼가게 되었고, 도토리를 먹고 동굴에서 살아가던 원시인의 상태로 되돌아갔다면, 우리는 거의 완전한 경지에 오른 것입니다. 나는 사람들의 통상적인 삶 속에서 그런 것이 가능할 것이라고 믿지 않을 뿐만 아니라, 그런 것이 영적인 삶이라고는 더더욱 믿지 않습니다. 사람들은 옛적부터 손님들에게 기쁨을 선사하기 위해서 그들의 머리에 기름을 붓곤 했지만, 그렇게 했다고 해서 책망을 들은 적은 없었습니다. 그리고 하나님께서도 자기 백성의 영혼 속에서 기쁨이 차고 넘치기를 바라십니다. 하나님은 가장 행복하신 분이시고, 자기 주변의 모든 사람들이 행복하기를 바라십니다. 하나님께서는 이 세상을 거대한 작업장이나 노역장, 또는 강제노동수용소로 창조하셔서, 거기에 사람들을 두시고서 온 종일 힘든 노역으로 부려먹으심으로써 사람들이 사랑과 기쁨은 꿈도 꿀 수 없게 하시기 위한 것이 결코 아니었습니다. 하나님께서는 자신의 사랑하는 자녀들을 본향으로 부르시기 전에 그들이 행복하게 거처할 곳으로 이 세상을 창조하셨습니다. 그래서 하나님은 그들로 기뻐하게 하기 위하여 합법적이고 바람직하며 유익하고 영적인 수많은 즐길 것들을 공급해 주십니다. 나는 하나님께서 자기 백성이 해 아래에서 가장 행복한 사람들이 되게 하고자 하셨다고 믿습니다. 나는 어떤 사람들이 불평하고 하소연하며 초조해하고 걱정하는 것을 "경험"으로 치부하는 것을 보면, "하나님, 그런 경험으로부터 나를 건져 주시고, 내 안에는 오직 주의 기쁨만이 충만하게 해주소서"라고 기도합니다. 우리 주 예수께서는 우리의 모범이 아니라 우리를 대신하신 분으로서 슬픔과 괴로움을 겪으신 것입니다. 예수 그리스도께서는 우리로 하여금 기뻐할 수 있도록 하시기 위하여 슬픔과 괴로움을 짊어지신 것입니다. 그리스도께서는 우리로 하여금 질 짐이 없게 하시기 위하여 우리의 짐을 대신 짊어지셨습니다. 그리스도께서는 우리로 하여금 아무 걱정 없이 일생토록 그 안에서 기뻐하도록 하시기 위하여 우리를 위해 모든 염려와 근심을 짊어지셨습니다. "시온의 주민은 그들의 왕으로 말미암아 즐거워할지어다"(시 149:2). "주 안에서 항상 기뻐하라 내가 다시 말하노니 기뻐하라"(빌 4:4). 우리가 숨 쉬는 대기는 감사로 인한 기쁨의 향기가 진동하여야 합니다. 우리는 꽃들처럼 거룩한 감사의 달콤한 향기를 모든 산들바람에 실어 보내야 합니다. 믿는 우리는 안식에 들어가고, 그 안식 속에서 날마다 새로운 기쁨들을 발견합니다. "하나님의 성을 기쁘게 하는 시내"(시 46:4)의 강 언덕들은 애곡하는 버드나무들로 어둡거나, 무성한 가시나무와 엉겅퀴들로 음산한 것이 아니라, 샤론의 장미와 골짜기의 백합화들로 화사하게 뒤덮여 있습니다. 의인들은 그 강 언덕의 그늘진 수풀 속에서 평안히 누워서, 그들이 사랑하는 주님을 향하여 아가를 부릅니다. 그렇습니다. 우리는 기뻐하고 즐거워했고, 기뻐하고 즐거워해 왔으며, 늘 새롭게 기뻐하고 즐거워할 것입니다! "주께서 내게 신선한 기름을 부으시리로다."

　　이 다섯 가지 의미를 다 종합해서 본다면, 오늘의 본문은 여러분 앞에 놀라운 본문으로 드러납니다. 이 본문은 너무나 의미심장하고 놀라워서 내가 다 설명할 수 없지만, 여러분에게 수많은 생각할 주제를 제공해 줍니다. 본문은 많은 송이들이 주렁주렁 달린 포도나무 가지입니다. 그 포도송이들을 드시면서 기뻐하십시오.

2. 둘째로, 다윗의 확신은 하나님이라는 확실한 토대를 가지고 있습니다.

　　우리가 애굽의 곡물창고들이나 세상에서 최고 부자의 곳간을 의지한다면, 우리가 살아가는 데에 필요한 모든 곳을 공급받을 수 있을 것이라는 기대를 할 수 없을 것입니다. 그러나 우리가 하나님을 의지한다면, 우리에게 필요한 모든 것을 공급받을 수 있을 것이라고 자신할 수 있습니다. 여러분이 자주 그러하듯이, 요전 날 나도 샘에서 시원하고 맑은 물이 끊임없이 콸콸 솟아나오는 것을 보고 기뻐하며 샘가에 서 있었습니다. 그 샘으로 물을 뜨러온 어떤 분이 내게 이렇게 말했습니다: "목사님, 이 샘은 늘 똑같아요. 아무리 추워도 어는 법이 없고, 아무리 더운 여름에도 마르지 않죠. 이 샘에서는 일 년 내내 항상 물이 콸콸 솟아오릅니다." 그 샘은 내가 자주 지나치는 우물과는 완전히 달랐습니다. 그 우물에는 일 년 중 절반 이상 "겨울 동안에는 이 우물을 폐쇄합니다"라는 표지판이 세워져 있습니다. 또한, 그 샘은 개천들과도 판이하게 달랐습니다. 개천들은 빗물에 의존하기 때문에 가뭄이 들면 다 말라 버리고 물 한 방울 남아 있지 않습니다. 그렇다면, 왜 샘은 늘 변함없이 동일할까요? 그 이유는 샘은 큰 물 근원과 이어져 있기 때문입니다. 샘 아래에는 아주 깊은 물 근원이 존재합니다. 지구의 심장부에는 거대한 물 근원들이 은밀하게 자리 잡고 있기 때문에, 여러분이 그 물 근원에 접근할 수 있다면, 물이 떨어질 염려는 전혀 없게 됩니다. 많은 사람들은 수도회사로부터 물을 공급받기 때문에, 즉 물의 공급을 사람에게 의존하고 있기 때문에, 물을 공급받지 못하게 될 때가 생깁니다. 사람이 주변 환경을 의지할 때에는 자신이 믿었던 것이 가뭄이 들면 물 한 방울도 없게 되는 속이는 개천임을 발견하게 됩니다. 그러나 여러분이 하나님을 의지하여 살면서 "나의 모든 신선한 샘물이 주께 있나이다"라고 고백한다면, 여러분은 영원한 깊은 물 근원에 잇대어 있는 것이기 때문에 목마름에 대한 걱정을 할 필요가 없습니다. 여러분은 생수를 마시게 될 것이고, 기름 부음을 받게 될 것입니다. 사랑하는 자들이여, 하나님 앞에 납작 엎드리는 것이 아무리 어려운 일이라고 할지라도, 그렇게 하는 것은 정말 복된 일입니다. 여러분이 붙잡을 수 있는 다른 모든 것들을 다 버리고 오직 영원하신 팔에만 매달리는 것은 정말 복된 일입니다. 저기 있는 궁창이 버팀목도 없고 떠받치는 기둥이 없어도 결코 움직이거나 흔들리지 않는 것과 마찬가지로, 하나님 위에 세워진 믿음은 그 막강한 힘으로 놀라울 정도로 고요하게 서 있습니다. "여호와를 의지하여 선을 행하라 그리하면 진실로 이 땅에 머무는 동안에 주께서 너를 먹이시리라"(시 37:3 KJV, 한글개역개정에는 "여호와를 의뢰하고 선을 행하라 땅에 머무는 동안 그의 성실을 먹을거리로 삼을지어다"로 되어 있음).

우리는 그리스도와 하나 되어 있기 때문에, 하나님께서 우리에게 필요한 것들을 늘 새롭게 공급해 주시리라는 것을 확신할 수 있습니다. 우리는 그리스도의 몸의 지체들, 그의 살과 뼈의 일부이기 때문에, 각각의 그리스도인은 그리스도의 일부입니다. 머리에 자양분이 공급되고 있는 한, 작은 손가락에 자양분이 공급되지 않으면 어쩌나 하고 걱정할 필요가 없습니다. 머리에 충분한 자양분이 공급되고 있다면, 몸에서 가장 하찮은 지체에도 충분한 자양분이 공급될 것입니다. 우리는 그리스도와 하나이기 때문에 날마다 은혜를 공급받게 되어 있습니다. 그리스도께서는 성령의 기름 부음을 한량없이 받으셨고, 그 거룩한 기름은 그의 옷자락 끝까지 내려옵니다. 성령이 한량없이 그리스도께 임하여 있기 때문에, 그리스도께 속한 우리 각 사람도 늘 새롭게 성령의 기름 부음을 받게 될 것입니다. 나무에 붙어 있는 가지들이 왜 자신들은 살 것이라고 확신합니까? 가지들은 땅에 자신의 뿌리를 내리고 있는 것도 아니고, 바위나 돌 틈새에서 자양분을 찾지도 않습니다. 그런데도 가지들이 살 것이라고 확신하는 것은 수액이 뿌리에서 줄기 속으로 흘러들어가서 다시 가지들로 흘러들어오기 때문입니다. 우리가 하나님의 은혜를 기대할 수 있는 것은 아버지 하나님께서 그리스도 안에 모든 충만함이 거하게 하시기를 기뻐하셨기 때문입니다. 만일 그리스도께서 성령과 은혜가 다 부족해서 비실비실한 그런 그리스도이셨다면, 우리는 하나님의 은혜를 기대하기 어려울 것입니다. 그러나 그리스도 속에는 "신성의 모든 충만이 육체로 거하시기"(골 2:9) 때문에, 우리는 그런 걱정을 할 필요가 없습니다. 나의 주님이신 그리스도가 그런 분이시라면, 하나님께서 내게 늘 새롭게 기름을 부어 주시리라는 것은 너무나 확실한 일입니다.

　또한, 우리에게는 또 하나의 이유가 존재합니다. 우리가 늘 새롭게 은혜를 받을 수밖에 없는 또 하나의 이유는 성령이 우리 안에 거하시기 때문입니다. 사렙다의 가난한 과부에게 선지자 엘리야가 찾아와서 함께 거하겠다고 한 그 날은 그녀에게 정말 좋은 날이었습니다. 만일 내가 그 과부였다면, 나는 이제 아무 걱정할 필요가 없다고 느꼈을 것입니다. 왜냐하면, 하나님께서 나를 생각하지 않으신다고 할지라도 틀림없이 엘리야만은 생각하실 것이고, 엘리야가 내 집에 와서 나와 함께 숙식을 함께 한다면, 나는 쌀통에 쌀이 별로 없거나 기름병에 기름이 별로 없다고 해도 걱정할 필요가 없을 것이기 때문입니다. 나는 이렇게 생각할 것입니다: '엘리야가 나와 함께 살기 때문에, 나는 엘리야의 것을 공유하게 될 것이다. 하나님은 엘리야를 돌봐주실 것이 틀림없으니, 나도 돌봄을 받게 되리라.' 하나님의 자녀들이여, 여러분의 몸 속에서 여러분과 함께 살고 계시는 분이 누구십니까? "너희 몸은 너희 가운데 계신 성령의 전인 줄을 알지 못하느냐"(고

전 6:19). 성령께서 우리 안에 계시는데, 우리의 영혼이 굶주리는 일이 어떻게 일어날 수 있겠습니까? 어떻게 기름병이 바닥이 나겠습니까? 성령이 우리 안에 계시는데, 어떻게 쌀통이 완전히 비어 버리는 일이 일어날 수 있겠습니까? 그런 일들은 결코 일어날 수 없습니다. 사랑하는 자들이여, 성령께서 모든 신자 안에 내주하신다는 저 보배로운 가르침을 잊고 살아가는 신자들이 너무나 많습니다. 그렇지만 그 사실을 깨닫기만 한다면, 우리는 그리스도께서 기름 부음을 받으셨을 때의 그 기름이신 분이 우리의 심령 속에 거하시기 때문에 우리가 늘 새롭게 기름 부음을 받을 수밖에 없다고 느끼게 될 것입니다. 이 점에 대해서는 의심이 있을 수 없습니다.

또한, 하나님의 말씀에 의한 약속들을 보십시오. 그러면 즉시 우리는 우리의 필요를 따라 늘 새롭게 은혜를 공급받게 될 것임을 확신하게 될 것입니다. 그약속들은 너무나 많아서, 내가 이 아침에 그 약속들을 여러분에게 일일이 열거할 필요는 없을 것이기 때문에, 나는 다만 그 약속들과 관련해서 내가 직접 경험한 일을 여러분에게 말씀드리고자 합니다. 그 약속들은 내게 점진적으로 계시되었습니다. 그 약속들은 모두 다 성경 속에 있는 것들이지만, 나는 그것들을 오직점진적으로만 깨닫고 이해하고 파악할 수 있었습니다. 나는 오늘 어떤 약속이내게 정확히 합당하다는 것을 발견하지만, 다른 약속은 오늘 내게 생생하게 다가오지 않습니다. 나는 그 다른 약속을 사랑하고, 이미 그 약속과 관련해서 하나님을 송축합니다. 그러나 나는 오늘 그 약속이 지닌 달콤함을 맛볼 수 없기 때문에 다른 날을 기약할 수밖에 없습니다. 그러다가 나는 내일 그 약속이 내게 열리는 것을 발견하게 됩니다. 이런 식으로 어떤 약속은 6개월이 걸려서야 내게 열리고, 또 어떤 약속은 6년 후에야 내게 열렸습니다. 하나님의 약속들은 시절을 따라 열리는 열매들과 같습니다. 대부분의 열매들이 겨울에 다 익어서 아주 달게되는 것과 마찬가지로, 하나님의 약속들은 우리가 환난과 괴로움을 겪을 때에가장 달콤해지는데, 그 달콤함은 우리가 형통하던 여름 날에는 결코 알지 못했던 그런 것입니다. 런던을 출발해서 북쪽 지방으로 가는 열차는 며칠에 걸쳐서먼 거리를 횡단합니다. 그런데 그 열차는 어떤 식으로 물을 공급받을까요? 열차가 달리는 철로들 사이에는 곳곳마다 참호들이 있어서, 기관차는 철길을 내달리면서 그 참호들로부터 물을 마십니다. 열차가 달리는 동안에 물이 공급되는 것입니다. 하늘에 계신 우리 아버지께서도 여러분에게 바로 그런 식으로 행하십니다. 여러분은 천국을 향해 달려가는 기관차와 같고, 이곳과 천국 사이의 곳곳에서 은혜들이 여러분을 기다리고 있습니다. 여러분은 속력을 늦출 필요도 없이 신선한 물을 공급받아서 목적지까지 계속해서 달릴 수 있게 됩니다. 또다른 예화를 들어보겠습니다. 동방의 나라들이 옛적에, 예컨대 솔로몬 시대에 사막을 가로질러 무역을 하곤 했을 때, 사람들은 사막 곳곳에 우물을 파고 양식들을 비축해 놓아서, 대상들이 그 곳에서 쉬면서 새로운 양식을 공급받을 수 있게 해두었습니다. 대상들이 그 먼 길을 가서 목적지에 도달할 수 있었던 것은 곳곳에 쉬어갈 곳들이 있었기 때문입니다. 하나님의 약속들은 이곳과 천국 사이에서 우리가 쉬어가는 곳들입니다. 하나님의 약속들은 일정한 간격을 두고 곳곳에 포진되어 있어서, 우리는 이 광야 같은 세상을 통과해갈 때에 곳곳에서 이 약속들로부터 새로운 양식을 공급받아서 지침이 없이 천국까지 가게 됩니다. 우리가 가나안 땅에 도착할 때까지 하늘의 만나는 날마다 주어질 것이고 결코 그치지 않을 것입니다. 하나님의 약속들은 그 수가 너무나 많아서, 우리는 하나님께서 내게 늘 새롭게 기름을 부어 주시리라는 것을 확신할 수 있습니다.

또한, 사랑하는 자들이여, 지금까지의 우리의 경험을 볼 때에도, 우리가 이미 때를 따라 기름 부음을 받아 왔기 때문에, 우리는 장래에도 늘 새롭게 기름 부음을 받게 될 것임을 확신할 수 있습니다. 나는 많은 세월 동안 예수께서 이끄시는 대로 이 길을 걸어오신 여러분에게 묻습니다. 여러분은 자신이 하나님의 임재로부터 새 힘을 얻은 적이 얼마나 많았는지를 알고 계시지 않습니까? 우리가 이 땅에서 살아가는 동안에는 인생의 부침이 있는 것은 당연한 일이기 때문에, 여러분에게는 깊이 침체되었던 때들도 있었습니다. 자기에게는 인생의 부침이라는 것은 결코 없을 것이라고 장담하는 사람이 있다면, 그 사람은 크게 착각하고 있는 것입니다. 다윗은 "내가 형통할 때에 말하기를 영원히 흔들리지 아니하리라 하였도다 여호와여 주의 은혜로 나를 산 같이 굳게 세우셨더니 주의 얼굴을 가리시매 내가 근심하였나이다"(시 30:6-7)라고 말하였습니다. 나는 형제들이 자기가 또다시 의심하게 되는 일은 없을 것이라고 아주 자신만만하게 말하는 것을 들을 때면, 내가 오래 전에 들었던 이야기가 생각이 납니다. 전에는 한 번도 여행을 한 적이 없던 한 젊은 신사가 하운스로우(Hounslow, 런던의 자치구) 황무지를 지나가고 있었는데, 말을 타고 지나가던 또다른 신사가 다가와서 말을 걸어서, 함께 재미있는 대화를 나누게 되었습니다. 그 젊은 신사가 마침내 이렇게

말했습니다: "나는 아버지로부터 이곳은 매우 위험한 황무지라는 말을 늘 들어왔는데, 이제 보니 그 노신사께서 지나치게 예민하셨던 것 같네요. 우리가 이렇게 먼 길을 오는 동안 강도들이 나타나지 않은 걸 보니 말입니다." 그러자 다른 신사가 "그렇긴 하네요, 하지만 지금이 당신이 길을 멈추고 모든 걸 내게 넘겨줄 때인 것 같소만"이라고 말하며, 그 젊은 신사의 귀에 총을 겨누었답니다. 우리가 "내게는 더 이상의 시험이나 유혹은 없을 거야"라고 말했을 때에 우리의 그런 자신감 자체가 바로 시험이자 유혹인 경우가 비일비재합니다. 지독한 시련의 때들이 있었지만, 하나님께서는 우리를 위해 나타나셨습니다. 이 순간까지 하나님께서 약속하신 모든 것 중에서 단 한 가지라도 땅에 떨어진 것은 없었습니다:

> "예수께서 피로 확증하신 모든 약속들은
> 이제까지 우리에게 빠짐없이 다 그대로 이루어졌다네."

우리는 하나님에게서 그 어떤 흠도 잡을 수가 없습니다. "여호와 이레" — 하나님께서는 오늘까지 우리를 위해 모든 것을 공급해 주셨습니다: "여호와의 산에서 준비되리라"(창 22:14). 지금까지 하나님께서는 우리를 늘 도우셨습니다. 하나님께서 지금까지 그렇게 해오셨다면, 장래에도 분명히 그렇게 하실 것입니다. 왜냐하면, 하나님은 예나 지금이나 변하실 수 없으신 분이기 때문입니다. 그러므로 우리는 "주께서 우리에게 신선한 기름을 부으실" 것임을 확신하여야 합니다.

3. 셋째로, 이러한 확신은 우리의 두려움이나 염려를 잠재웁니다.

종종 우리는 그리스도인으로서의 합당한 상태에 있지 않을 때에 우리 영혼의 궁핍함으로 인해서 두려움이나 염려에 사로잡히게 됩니다: 나는 얼마나 보잘것없는 존재인가. 내게는 왜 이렇게 은혜가 없을까. 내 기도는 왜 힘이 없을까. 예배를 드리는데도 내 영혼은 왜 이렇게 무덤덤한 것일까. 나는 왜 이렇게 자주 눌릴까. 내 마음이 왜 이렇게 갈피를 잡지 못하고 쉽게 흔들릴까. 과연 내가 끝까지 믿음을 지킬 수 있을까? "주께서 내게 신선한 기름을 부으시리라"는 약속에 대한 응답은 내게 언제나 오나? 나는 가난하지만, 하나님으로부터 매일매일 연금을 받게 될 것입니다. 나는 약하고 힘을 비축해 둔 것도 없지만, 나의 힘은 하나님 안에 비축되어 있습니다. 어느 날 두 이스라엘 친구가 서로 대화를 하고 있다고 생각해 보십시오. 한 친구가 상대방에게 "자네 찬장이 거의 비어 있는 걸 보니 자네는 지혜롭지 못하게 살아가는 것 같군"이라고 말합니다. 그러자 다른 친구가 이렇게 말합니다: "자네도 알다시피, 우리는 오늘 한 호멜의 만나를 거두었고, 그것은 정확히 내 가족의 하루 양식으로 쓰였지. 내게는 아내와 식욕이 왕성한 여러 아이들이 있어서, 한 호멜 가득했던 만나는 금세 다 바닥이 났어. 그러나 우리는 내일 더 많이 거둘 수 있기를 기대하고 있어." "집에 양식이 하나도 없다고? 그런데도 자네는 걱정이 되지 않나?" "전혀 걱정이 되지 않아." "어떻게 걱정이 안 될 수가 있는 거지?" "왜냐하면, 나는 만나가 내일 아침에도 내릴 것이고, 그 만나가 내일 내 가족의 충분한 양식이 될 것이라고 믿는 까닭에, 만나를 비축해 둘 필요가 없다고 생각하기 때문이지." "그건 대단히 현명하지 못한 처사 같아. 나는 햇빛이 나는 동안에 건초를 만들어야 한다고 믿어. 자네가 내 집에 와 보면, 내가 상당량의 만나를 세심하게 비축해 놓은 것을 볼 수 있을 거야." "나는 자네가 비축해 놓은 만나를 지금 당장 보고 싶지는 않아. 하지만 내일 저녁 식사 시간에 가서 그것을 보겠네." 그래서 그 사람은 아침에 신선한 만나를 거두었고, 그의 가족은 그 만나로 배불리 먹고 기뻐하였습니다. 가족이 식사를 끝내자, 그는 이렇게 말했습니다: "나는 이제 내 부자 친구가 자신의 집에 모아놓은 만나를 보러 가야겠다. 그 친구는 지난 밤에 나보다 더 형편이 좋았었지." 그는 친구 집에 도착했지만, 웬일인지 그 친구는 별로 반가워하는 표정이 아닌 듯했습니다. "자네가 아주 신경 써서 비축해 놓았다는 그 만나를 좀 보러 왔네." 그러나 그 친구는 얼굴을 붉히며, 보여줄 만나가 하나도 없다고 말합니다. "이유가 뭔가?" "사실, 나는 자네가 내 장막 안으로 들어오지 말았으면 하네. 우리 가족조차도 이 장막에서 나가야 할 판이거든. 우리 장막은 지금 온통 메스꺼운 냄새로 진동하고 있다네. 내가 모아놓은 만나가 다 썩고 벌레가 생겨서 고약한 냄새를 풍기는 바람에, 난 그 만나를 다 밖으로 가져다가 묻어야 했거든." "그러니까 결국 내가 아침마다 만나를 거두어서 다 먹고 비축해 놓지 않은 것이 잘한 일이었고, 자네가 만나를 남겨서 비축해 놓은 것은 어리석은 일이었다는 말이군."

　지금 이 자리에 계신 신앙인들 중에도 내일을 위해 힘을 비축해 두거나, 다음 주를 위해서 은혜를 받아두어야겠다고 생각하는 분들이 있을 것입니다. 그런 분들은 하나님이 그들에게 주신 힘 중에서 일부분을 비축해 두면, 내일이나 다음 주에는 좀 더 자신감 있게 살아갈 수 있을 것이라고 생각하는 것입니다. 그러나 자신감이나 자랑, 교만 같이 하나님 외에 사람이 의지하는 모든 것은 벌레가 생기고 썩어서 고약한 냄새를 풍길 뿐입니다. 반면에, 여러분이 아무것도 가진 것이 없어서 날마다 오직 하나님이 주시는 것만을 의지해서 살아가는 가난한 죄인으로 남아 있게 된다면, 여러분은 아침마다 하늘로부터 신선하고 향기로운 은혜를 받아 누리게 될 것입니다. 사랑하는 자들이여, 천국의 창고는 결코 다함이 없고, 아침마다 우리의 장막 주위에는 은혜의 이슬이 촉촉이 내리게 될 것임을 우리가 기억할 때, 우리의 가난함으로 인한 걱정은 사라지게 될 뿐만 아니라, 거센 유혹의 두려움도 사라질 것입니다. 우리는 모두 유혹이나 시험에 넘어가면 어쩌나 하는 두려움을 느껴왔을 것입니다. 주님께서는 우리에게 "우리를 시험에 들게 하지 마시옵고"(마 6:13)라고 기도하라고 가르치셨습니다. 종종 우리의 불신앙은 "내가 특정한 방식으로 유혹이나 시험을 받게 된다면, 나는 반드시 멸망하고 말 것"이라고 말합니다. 나의 형제들이여, 여러분은 늘 새롭게 기름 부음을 받게 되리라는 것을 기억하여야 합니다. 시험이 왔을 때, 여러분에게는 "피할 길"(고전 10:13)이 있게 될 것입니다. 시험이나 유혹이 왔을 때에 그것을 실행할 수 있는 여건도 함께 수반되는 경우가 별로 없다는 것은 그리스도인들에게 얼마나 다행스러운 일인지 모릅니다. 여러분은 지난날에 자신의 마음속에서 잘못된 욕망이 일어나는데도 그 욕망을 실행할 수 있는 여건이 수반되지 않은 경우가 많았다는 것을 알아차리지 않으셨습니까? 또한, 여러분이 죄를 지으려고 한다면 얼마든지 지을 수 있을 때에는 이상하게도 여러분의 마음속에서 죄를 짓고 싶은 욕망이 생겨나지 않은 적도 얼마나 많았습니까? 이것이 흔히 하나님께서 자기 백성에게 "피할 길"을 주시는 방법입니다. 유혹이나 시험들에 대해서 너무 예민하게 생각하지 마시기를 바랍니다. 이 세상에서는 유혹이나 시험들이 있을 수밖에 없습니다. 여러분의 믿음의 방패를 견고히 붙잡고 있으십시오. 그러면 여러분은 "악한 자"의 온갖 불화살들을 다 막아낼 수 있게 될 것입니다.

또한, 여러분은 단지 시험에 빠지는 것만이 아니라 다시 죄를 짓고 죄악된 삶으로 돌아가게 되지는 않을까 두려워하고 걱정할 수도 있습니다. 그런 두려움이나 걱정은 정말 복된 것이기는 하지만, 그런 것으로 인해서 눌리는 일은 없어야 합니다. 왜냐하면, 여러분은 늘 새롭게 기름 부음을 받게 될 것이기 때문입니다. 만일 여러분이 스스로 여러분 자신을 지켜야 한다면, 여러분은 망할 수밖에 없을 것입니다. 만일 여러분이 스스로 자신의 영적인 활력을 유지해야 한다면, 머지않아 여러분은 녹초가 되어 나가떨어져 버리고 말 것입니다. 그러나 여러분이 하나님을 의지한다면, 하나님은 여러분을 지켜 주시기로 약속하셨기 때문에 여러분이 하나님을 떠나 죄악된 삶으로 다시 돌아가도록 내버려 두지 않으실 것입니다. 또는, 설령 여러분이 한동안 하나님의 길을 떠나 방황한다고 하더라도, 하나님께서는 여러분의 방황하던 마음을 돌이키서서, 여러분을 다시 왕의 대로에 두실 것입니다.

　　또한, 여러분은 어떤 지독한 환난을 두려워하고 있을 수도 있습니다. 어떤 자매들은 자신이 앓고 있는 질병이 어느 날 악화되어서 고통스러운 수술을 받아야 하거나 죽게 될 수도 있을 것이라고 두려워하고 걱정합니다. 사랑하는 자매들이여, 그런 것을 두려워하거나 초조해하지 마십시오. 여러분에게는 장래에 있을 어떤 일들을 대처해 낼 수 있는 충분한 힘이 없지만, 여러분은 늘 새롭게 기름 부음을 받게 될 것이니까요. 누구도 내일 필요한 은혜를 오늘 받을 필요는 없습니다. 환난이 여러분의 목까지 차올랐을 때에 여러분에게 필요한 은혜를 지금 환난이 단지 여러분의 발목까지 와 있을 때에 미리 구할 필요는 없습니다. 하나님께서는 그때그때 여러분에게 꼭 필요한 만큼의 은혜를 주실 것입니다. 하나님은 여러분의 배에 맞춰서 바닥짐을 주실 것이고, 여러분의 바닥짐에 맞는 배를 주실 것입니다. 왜냐하면, 하나님은 여러분을 평안의 항구에 무사히 도착할 수 있게 해주시고자 하시는 선한 선장이시기 때문입니다. 그러므로 기죽지 마시고 낙심하지 마십시오.

　　우리 중에는, 자기가 의지하거나 자기를 위해서 꼭 살아 있어야 한다고 생각하는 사람이 죽으면 어쩌나 하는 걱정과 두려움으로 괴로워하는 분들도 있을 것입니다. 우리는 그러한 걱정과 두려움 가운데서 마음속에서 그 사람을 몇 번이나 매장했는지 모릅니다. 그러나 우리는 그런 일이 실제로 일어났을 때에 낙심해도 충분하다는 것을 기억하여야 합니다. 그런데 그런 일이 실제로 일어나도, 우리는 낙심하지 않게 될 것입니다. 왜냐하면, 낙심하는 자들을 도우시는 하나님께서 우리를 위로해 주실 것이기 때문입니다. "주께서 내게 신선한 기름을 부으시리이다."

　　사랑하는 형제자매들이여, 여러분은 최근에 지금까지와는 다른 슬픈 삶을 살아가게 되었을 수도 있습니다. 오늘 당신은 전에는 한 번도 들어본 적이 없던 미망인이라는 소리를 듣게 되었을지 모릅니다. 또는, 당신은 지금 태어나서 처음으로 고아로 불렸을지 모릅니다. 이렇게 최근에 달라진 삶을 살게 된 분들은 하나님을 의지하여 새롭게 기름 부음을 받으십시오. 당신을 선한 아내로 만들어 주셨던 하나님께서는 당신을 도우서서 남편을 잃은 시련을 잘 견딜 수 있게 해주실 것입니다. 당신을 효성스러운 자녀로 만들어 주셨던 하나님께서는 당신의 아버지가 되어 주시고, 당신을 도우서서 고아의 삶을 잘 감당해갈 수 있게 해주실 것입니다. 환난이 올 때마다 여러분은 새롭게 기름 부음을 받게 될 것입니다. 나는 마치 지금 앉아서 내 자신에게 이렇게 말하는 것처럼 느낍니다: "내 심령아, 힘을 내라, 힘을 내. 네게 어떤 아픔이 있든지, 하나님께서 장차 네게 새롭게 기름을 부어 주시기를 기대하라. 장래를 들여다볼 생각도 하지 말고, 운명의 책을 들여다볼 생각도 하지 말며, 어떤 음울한 일들이 기다리고 있는지, 또는 어떤 밝은 일들이 생길 것인지를 들여다보려고 하지 말라. 다만, 하나님께서 장차 네게 새롭게 기름을 부어 주실 것만을 기대하라." 이것이 우리에 대한 하늘의 예보입니다. 우리는 죽음이 우리에게 찾아오거나 그리스도께서 재림하서서 이 순례 길이 끝나는 그 날까지 늘 새롭게 기름 부음을 받게 될 것입니다. 하나님께서 자기 백성을 자기에게로 데려가시는 방법은 너무나 기이합니다.

　　최근에 두 명의 신자가 자신들이 드린 기도와는 정반대의 방식으로 소천하였습니다. 그들이 다닌 교회에서는 그들에게 "주여, 우리가 갑자기 죽는 일이 없게 해주소서"라고 기도하라고 가르쳤고, 그들은 50년이 넘는 세월 동안 주일마다 두 번씩 그렇게 기도해 왔습니다. 하나님께서는 그것이 어리석은 기도라는 것을 아셨습니다. 오랜 세월 동안 하나님을 섬겨 왔던 로버트 아이트켄(Robert Aitken) 씨는 기차 승강장에서 떨어져 죽었고, 펜파더(Pennefather) 씨는 의자에서 떨어져 소천하였습니다. 하나님께서는 그들에게 이렇게 말씀하신 듯이 보였습니다: "너희는 왜 내게 너희를 갑자기 죽게 하지 말아 달라고 구한 것이냐? 갑자기 죽는 것이 너희에게 가장 좋은 것이기 때문에, 내가 너희에게 그렇게 한 것이다." 강대상에서 말씀을 전하다가 죽는 것, 즉 아래 세상에서 주님을 증거하는 도중에 곧장 위로 올라가서 주님을 뵈옵는 것보다 더 잘 죽는 것이 어디 있겠습니까? 죽는 것에 대하여 걱정하거나 두려워하지 마십시오. 하나님께서는 여러분이 깊이 잠든 사이에 편안히, 또는 여러분이 죽는 것도 의식하지 못하는 가운데 여러분을 데려가실 것입니다. 또는, 여러분이 죽는 데에 좀 더 시간이 걸리는 경우에는, 하나님께서 여러분에게 새롭게 기름을 부으셔서, 여러분의 임종의 침상을 불 병거로 바꾸어주실 것입니다. 여러분은 가족이 보는 앞에서 모습이 변화될 것이고, 그들은 하나님의 은혜가 한 사람의 가난하고 연약하며 두려움에 떠는 유한한 존재에게 그렇게 엄청난 역사를 하실 수 있다는 것을 보고서 놀라게 될 것입니다. "주께서 내게 신선한 기름을 부으시리로다."

4. 넷째로, 이러한 확신은 우리에게 소망을 불러일으킵니다.

이제 나는 네 번째 대지로 넘어가서 아주 간단하게 살펴보고자 합니다. 우리는 전에는 우리가 끝까지 믿음을 지키지 못하면 어쩌나 하고 두려워하였지만, 이제 우리는 하나님께서 우리에게 늘 새롭게 기름을 부어 주실 것임을 알기 때문에 소망으로 가득 차 있습니다. 종종 우리는 은혜로 충만하고 인내로 충만하며 담대함으로 충만하고 열심으로 충만하며 사랑으로 충만한 신자들을 만날 때에 "나는 저런 사람들처럼은 절대 될 수 없을 거야"라고 말하게 됩니다. 하지만 우리도 그런 사람들처럼 될 수 있습니다. 왜냐하면, 우리는 새롭게 기름 부음을 받게 될 것이고, 그렇게 해서 새로운 은혜를 받는다면, 얼마든지 놀라운 신앙을 지닌 사람이 될 수 있기 때문입니다. 우리는 아브라함이나 다윗, 이사야나 바울처럼도 될 수 있습니다. 우리로 하여금 역사 속에서 활동하였던 그 어떤 위대한 신앙인처럼 되지 못하게 방해할 수 있는 것은 아무것도 없습니다.

본문의 약속의 말씀은 우리도 하나님께 잘 쓰임을 받으며 하나님을 섬길 수 있겠다는 소망을 불러일으킵니다. 아마도 우리는 아직까지 하나님을 위해 한 일이 별로 없을 수도 있고, 젊었을 때에는 하나님을 위해 어느 정도 일을 했었는데 지금은 무디어지고 둔해져서 예전처럼 하나님께 영광을 돌릴 수 없게 되었을 수도 있을 것입니다. 그렇다면, 우리는 "내가 다시는 하나님을 제대로 섬기지 못할 거야"라고 생각하고 포기하지 말고, 하나님께서 우리에게 또다시 새롭게 기름을 부어 주시리라고 약속하신 말씀을 의지해서 기뻐해야 합니다. 우리는 나무들이 여러 해 동안 열매를 거의 맺지 못하는 것을 보아 왔지만, 그 나무들은 장차 화려하게 꽃피울 시절을 맞게 될 것이고, 그때가 되면 감당하기 힘들 정도로 많은 열매를 맺게 될 것입니다. 고목나무는 종종 자신이 죽은 것이나 다름없다고 느끼지만, 물 기운이 느껴지면 또다시 싹을 틔우고 열매를 맺습니다. 마찬가지로, 여러분 중에는 열매를 맺지 못하는 메마른 나무처럼 되어 버렸다고 느끼는 사람들이 있을 것이지만, 하나님께서 여러분을 찾아오시면, 여러분은 하나님의 이름을 위하여 열매를 맺게 될 것입니다. 이 자리에 있는 형제들 중에서 지금까지 자기가 마땅히 해야 할 일들을 제대로 하지 못해서 하나님께 별 소용이 없는 자로 살아왔다고 느끼는 분들이 있다면, 나는 그들에게 이렇게 말해주고 싶습니다: "형제들이여, 여러분의 행실을 고치시고, 지금보다 더 밝은 미래가 찾아올 것을 소망하십시오. 여러분은 새롭게 기름 부음을 받게 될 것이니까요."

또한, 본문은 우리에게 우리가 장차 그리스도와 온전한 교제를 갖게 될 수 있을 것이라는 소망을 줍니다. "주께서 내게 신선한 기름을 부으신다면," 나는 요한처럼 주님의 품에 머리를 기대고 주님과 교제할 수 있게 될 것이고, 마리아처럼 주님의 발 앞에 앉아서 주님의 달콤한 말씀을 들을 수 있게 될 것입니다. 자, 천국의 새들인 여러분, 머리를 드십시오. 침울한 채로 앉아 있지 마십시오. 머리를 들어서, 영광스러운 의의 해를 정면으로 바라보고, 여러분의 모든 날개를 펴서 그리스도에게로 날아오르십시오. 그리스도께서는 여러분을 떠받쳐 주실 것이고, 여러분을 자기에게로 이끌어 주실 것입니다. 그리스도께서는 바로 지금도 여러분에게 자신의 비할 바 없는 아름다우신 모습으로 자기에게 오라고 손짓하고 계시지 않습니까? 그리스도께서는 "내 신부야 너는 레바논에서부터 나와 함께 하고 레바논에서부터 나와 함께 가자 아마나와 스닐과 헤르몬 꼭대기에서 사자 굴과 표범 산에서 내려오너라"(아 4:8)고 말씀하고 계십니다. 그리스도인이여, 위로 위로 더 높이 더 높이 날아오르십시오. 하나님께서 여러분을 도우시고 여러분에게 새 힘을 주셔서, 여러분으로 하여금 기도의 최고봉, 경건의 가장 높은 자리까지 오를 수 있게 해주실 것입니다.

5. 다섯째로, 늘 새롭게 기름 부음을 받을 소망이 없는 자들은 정말 불쌍한 자들입니다.

믿음이 없는 사람들은 모두 다 그런 자들입니다. 믿음이 없는 여러분에게는 자신이 가장 좋아하고 소중하게 여기는 것들이 있습니다. 눈에 보이지 않는 것들을 믿지 않는 여러분에게는 눈에 보이는 것들, 즉 여러분이 볼 수 있고 들을 수 있는 것들 속에 여러분이 가장 좋아하고 소중하게 여기는 것들이 있습니다. 그것들은 여러분 앞에 있고, 여러분은 그것들을 매우 좋아하고, 그것들이 여러분의 영혼을 채워 준다고 생각합니다. 그것들이 지금은 여러분의 영혼을 채워 주고 있을 수도 있습니다. 그러나 그렇게 되지 않을 때가 장차 올 것입니다. 젊은이의 청춘은 영원토록 지속되는 것이 아닙니다. 나이 드신 분들이 얘기하듯이, 눈도 점점 침침해져 갑니다. 그때에는 청춘의 기쁨들도 여러분에게서 사라질 것입니다. 지나가 버린 과거의 달콤했던 기쁨들을 회상해 보아야, 여러분의 잔이 더 씁쓸하게 느껴질 뿐입니다. 여러분은 무덤으로 점점 더 내려가면서도, 육정과 욕심을 채우기 위하여 여전히 애를 쓰지만 여러분에게 그럴 힘이 남아 있지 않기 때문에 불만족은 커져가고 초조하고 안달하게 될 것입니다. 여러분이 젊었을 때에 수정 같은 물들이 가득 차 있다고 생각했었던 저 "터진 웅덩이"(렘 2:13)가 그 밑바닥에 한 줌의 진흙만이 남아 있고 물은 다 고갈되어 있는 것을 보고서, 여러분은 새로운 위로와 즐거움들을 찾아 헤매며 절규하기 시작할 것입니다. 그러나 여러분에게 새로운 위로와 즐거움을 줄 것은 이제 아무데도 없습니다. 결코 다함이 없는 부요함을 얻게 된 사람은 복된 사람인데, 오직 그리스도인만이 그런 사람이 될 수 있습니다. 결코 마르지 않는 물줄기가 자기 앞에 있는 사람은 복된 사람인데, 오직 그리스도인만이 그런 사람이 될 수 있습니다. 여러분이 하나님을 믿는다면, 하나님은 여러분의 것이고, 삶과 죽음, 심판과 영원한 세계에서 여러분의 영혼이 필요로 하는 모든 것은 무한하신 하나님 안에 다 있습니다. 여러분에게 하나님이 없다면, 여러분은 이미 이 세상에서조차 이루 말할 수 없을 정도로 벌거벗고 가난하고 비참한데, 내세에서는 어떠하겠습니까?

　오, 그리스도 없이 살아가는 사람들의 궁핍함이여! 그러나 그리스도 없이 죽는 사람들의 궁핍함은 그보다 더하고, 그리스도 없이 영원토록 살아가게 될 사람의 궁핍함은 그보다 더해서 어떻게 말로 표현할 수 없을 정도입니다. 그런 사람들은 벌거벗은 영혼들이고, 그 영혼들에게는 하나님의 진노의 거센 폭풍이 쉴 새 없이 몰아칠 것입니다. 그런 사람들은 목마른 영혼들입니다. 그들의 목마름은 상상을 초월합니다. 그러나 그 목마름을 덜어줄 단 한 방울의 물도 그들에게는 주어지지 않을 것입니다. 그들은 상하고 뭉개진 영혼들이지만, 그 상한 심령을 고쳐 주거나 그 끔찍한 상처들을 싸매줄 이는 아무도 없습니다. 그들은 하나님의 임재와 그 능력의 영광으로부터 추방되어 영원한 멸망을 당하게 될 것입니다. 그들이 그 멸망에서 회복되는 일은 결코 있을 수 없습니다. 그들이 겪는 지독한 고통을 덜어줄 수 있는 것도 결코 있을 수 없습니다. 그들의 사망에는 부활이 결코 있을 수 없습니다. 바로 오늘 여러분에게 그리스도가 있어야 합니다. 바로 오늘 여러분은 자신의 영혼에 필요한 모든 것들을 준비하여야 합니다. 여러분은 값없이 거저 얻을 수 있고, 구하기만 하면 얻을 수 있으며, 영접하기만 하면 얻을 수 있습니다. 왜냐하면, 그리스도를 믿는 사람은 누구든지 그를 영접하는 것이고, 그를 영접하는 자는 구원을 얻기 때문입니다:

> "그러나 주의 은혜의 말씀을
> 여러분이 청종하기를 거절하고,
> 저 불신앙의 민족이었던
> 유대인들처럼 마음을 완악하게 한다면,
> 주께서는 보응하시기로 작정하시고
> 손을 들어 이렇게 맹세하시리라.
> '내가 약속한 안식을 멸시한 너희여,
> 너희는 결코 내 안식에 들어오지 못하리라.'"

하나님께서 예수님을 인하여 여러분이 그렇게 되지 않게 해주시기를 빕니다. 아멘.

제
87
장

—

많은 생각들과 거룩한 위로들

—

"내 속에 근심이 많을 때에 주의 위안이 내 영혼을 즐겁게
하시나이다." — 시 94:19

　　만일 인간이 단지 동물일 뿐이라면, 그의 기쁨과 슬픔은 전적으로 외적인
것들에 의해서 좌지우지될 것입니다. 돼지는 배불리 먹여주기만 하면 행복해하
고, 양들은 풀이 많은 넓은 초장에 데려다주기만 하면 만족합니다. 하늘이 청명
하고 햇빛이 따사롭게 비치면, 참새들은 나무 위에서 쨍쨍거리며 즐거워할 것입
니다. 하늘이 우중충해지고 비가 내리면, 날개 가진 모든 새들은 침울해집니다.
가뭄이 오래 지속되거나 심한 한파가 몰아닥치거나 기근이 심해지면, 동물들은
신음하며 탄식으로 날들을 보냅니다. 하지만 사람은 먹을 것을 비롯해서 온갖
것들이 산더미처럼 쌓여 있다고 해서 행복해질 수 있는 것도 아니고, 그리스도
인이 전 재산을 빼앗기고 먹을 것조차 없다고 해서 비참하고 불행해지는 것도
아닙니다. 왜냐하면, 사람의 가장 큰 기쁨이나 슬픔은 내면의 샘들에서 솟아나
기 때문입니다. 사람의 마음(mind)은 행복이나 불행이 자리 잡고 있는 곳입니
다. 생각들은 생명의 본질적인 향기들을 내뿜는 꽃들입니다. 바울과 실라는 그
마음이 평안하였기 때문에 감옥에 갇혀 있으면서도 찬송을 부르는 반면에, 헤롯
은 그의 양심이 그를 겁쟁이로 만들고 있기 때문에 왕좌에 앉아 있으면서도 깜
짝깜짝 놀라며 안절부절못합니다. 식물학자 린네(Linnaeus)의 심령은 꽃들이 만
발한 황금 들녘을 바라보는 것만으로도 너무나 기뻐하고 즐거워하는 반면에, 백

만장자는 온갖 희귀한 꽃들과 식물들이 가득한 자신의 화원과 정원을 거닐어도 거기에서 기쁨을 발견하지 못합니다. 어떤 심령은 빵 한 조각을 먹으면서도 찬송을 부르지만, 어떤 심령은 수천 에이커의 들판에 가득한 익은 곡식을 보면서도 감사하는 마음이 없습니다. 알렉산더는 세계를 다 정복해 놓고서도 자신이 더 정복할 땅이 없다는 이유로 땅바닥에 주저앉아 울었다는 일화가 있지만, 자신의 땅이라고는 한 뼘의 땅조차도 없는 수많은 소작농들은 환난 속에서 즐거워하고 모욕을 당하면서도 기뻐합니다.

우리의 행복이나 불행은 밖에서 담장을 넘어 들어온 가지가 아니라, 우리의 내면에 있는 씨앗이 싹트고 자라나서 생기는 것입니다. 행복은 밖에 있지 않고 안에 있습니다. 최고의 정원은 저 내밀한 심령 속에 수목들과 산책길과 쉴 정자들이 갖춰져 있는 그런 정원이고, 풍부한 육즙을 지닌 가장 달콤한 열매들은 과수원에 있는 나무들에서 딸 수 있는 것이 아니라 우리의 영혼 속에서 무르익습니다. 이것이 우리의 생각들을 잘 가꾸고 다듬는 것이 중요한 이유입니다. 그러나 그렇게 하기는 힘들고 어렵습니다. 왜냐하면, 생각들은 평원의 야생마처럼 잘 길들여지지 않고 바다의 파도처럼 변덕스러우며 제비처럼 빠르고 태풍처럼 격렬하며 하늘의 구름처럼 잘 변하는 불안전한 것들이기 때문입니다. 우리는 생각들을 어떻게 다스려야 할까요? 생각들은 메뚜기 떼처럼 구름 속에서 내려와서는 집요하게 우리의 평안을 갉아먹으려 합니다. 생각들은 저녁 나절의 늑대들처럼 울부짖고, 굶주린 개들처럼 사납게 짖습니다. 아주 세미하고 변덕스러우며 통제할 수 없는 힘에 의해서 앞뒤로 요동치는 가엾은 배 같은 여러분은 어떻게 해야 할까요? 본문에 귀 기울여 보십시오. 왜냐하면, 본문은 거센 폭풍에 의해서 요동치는 마음을 위한 안식의 항구가 있고, 아무리 연약한 마음도 폭풍을 피해 닻을 내리고 쉴 수 있는 안식처가 있다고 우리에게 부드러운 음성으로 말씀하고 있기 때문입니다. 무수한 생각들이 난무하여 우리의 심령이 폭풍우 몰아치는 바다 같이 소용돌이치며 흉용하고 있을 때조차도, 하나님의 택함 받은 자들에게는 평안히 쉴 만한 곳이 있습니다.

오늘의 본문은 사막을 여행하는 자들을 위한 오아시스, 또는 넓은 바다를 오랫동안 항해하여 지친 자들을 위한 햇빛 따사로운 섬이 어디인지를 보여주기 때문에 우리에게 대단한 것을 가르쳐 주는 본문입니다. "내 속에 생각이 많은 때에 주의 위로들이 내 영혼을 즐겁게 하나이다"(KJV, 한글개역개정에는 "내 속에 근심이 많을 때에 주의 위안이 내 영혼을 즐겁게 하시나이다"로 되어 있음). 이 아침에 우리가 첫 번째로 묵상할 주제는 많은 생각들과 거룩한 위로들에 관한 것입니다. 그런 후에는 이 거룩한 위로들을 좀 더 세밀하게, 그러나 조금 간략하게 살펴보고자 합니다. 그리고 마지막으로는, 많은 생각을 경험해 보지도 않았고 위로부터 오는 위로들도 경험해 보지 않은 사람들과의 대비를 본문을 통해서 살펴보겠습니다.

1. 첫째로, 많은 생각들과 거룩한 위로들에 대하여 살펴보겠습니다.

오늘의 본문은 몇 가지로 해석될 수 있지만, 가장 자연스러운 것은 시련의 밤에 들끓어 오르는 생각들을 가리키는 것으로 해석하는 것이라고 나는 생각합니다. 우리에게는 지독한 환난을 당하여 혹독한 시련을 겪게 되는 때들이 있습니다. 그런 때에는 흔히 우리의 판단의 수문들이 다 열리고, 그렇게 해서 해방된 생각들이 거센 격류처럼 거품을 내며 위협적으로 한꺼번에 걷잡을 수 없이 쏟아져 나오게 됩니다. 그러한 생각들은 성난 폭풍처럼 꼬리에 꼬리를 물고 연달아 거세게 불어옵니다. 예를 들면, 그런 생각들은 이런 식으로 진행될 수 있습니다. "이 환난은 너무나 심해서 나를 단숨에 죽여 버리고자 하는 것 같구나. 다른 시련들이라면 만 번이 와도 충분히 견딜 수 있을 것 같은데, 이 환난은 숲속에서 가장 사나운 사자처럼 정말 지독하구나. 이 끔찍한 재앙에서 빠져나오는 것이 과연 가능하기나 할까?' 이런 생각이 끝나자마자 꼬리를 물고서 또 이런 생각이 들기 시작합니다: "이 시련은 내가 감당하기에는 너무나 벅차. 난 이 시련을 도저히 견딜 수 없을 거야. 나는 결국 인내심을 잃어버리고 나의 믿음과 자신감을 상실한 채 절망에 빠지고 말 거야." 그런 생각이 끝날 즈음에는 즉시 또다른 생각이 그 검은 머리를 들기 시작합니다: "이 환난은 내가 전에 지은 죄의 결과일 거야. 내가 하나님을 거슬러 반대로 걸어왔기 때문에, 지금 하나님께서 나를 거슬러 걸어가고 계시는 거야. 만일 내가 하나님께 크게 불순종하지 않았거나, 그 후에 즉시 그 불순종을 철저하게 회개하였더라면, 내가 이렇게 징계를 받는 일은 없었을 거야. 하나님께서는 여전히 나의 그 불순종을 마음에 두시고, 나를 향해 화살들을 쏘고 계시는 거야." 그러면, 구덩이 속의 뱀이 혀를 날름거리며 위를 향하여 숫숫 소리를 내면서 마귀 같은 생각을 우리의 심령 속에 집어넣습니다: "너는 지금 하나님에게서 버림받고 있는 거야. 하나님은 지금까지는 너에게 긍휼과 은혜를 베풀어 주셨지만, 이 특별한 시련, 너무나 혹독하고 너무나 길게 지속되고 있고, 너의 가장 아픈 부분을 여지없이 건드려서 네 뼛속까지 아프게 하는 이 시련은 너의 신앙생활에서 전환점인 거야. 너도 느끼고 있겠지만, 오늘부터 너는 모든 것이 힘들어질 거야. 너를 둘러싼 모든 상황이 암울해지고, 네 위에는 먹장구름이 끼겠지. 하나님이 너를 버리셨으니, 이제 네게는 그 어떤 위로도 없을 것이고 그 어떤 안식도 없을 거야. 너의 원수들이 너를 박해하고, 너는 그들에게 잡히고 말 거야. 그래서 결국 너는 맛 잃은 소금처럼 밖에 버려지게 되겠지."

"경건한 심령을 지닌 사람 속에서는 그런 생각들이 일어나서는 안 되는 거잖아요"라고 말하는 사람이 있을 것입니다. 그런 생각들이 들어서는 안 된다는 것을 나도 알지만, 실제로 그런 생각들이 경건한 심령들 속에 일어나는 것은 엄연한 현실입니다. 나는 하나님의 자녀들 중에서 자기가 폭풍우 치는 어두운 시기에 그런 생각들을 전혀 해본 적이 없다고 단언할 수 있는 분들이 과연 있을지 의문입니다. 믿음이 심령의 문을 굳게 걸어 잠그고서, 하나님의 진실하심과 인애하심을 욕되게 하는 모든 생각이 들어오지 못하도록 차단하는 것이 마땅하지만, 불행히도 파수꾼이 잠이 들거나 연약함으로 인하여 힘들어할 때, 원수는 홍수처럼 몰려들어옵니다. 그런 때에 하나님의 성령을 힘입어서 원수를 대적하여 깃발을 높이 들 수 있는 사람은 복 있는 사람입니다.

내가 앞에서 언급한 생각들은 하나님의 자녀가 풀무불 속에 있거나 구름 아래 있을 때에 생겨날 수 있는 수많은 생각들 중에서 단지 견본에 불과합니다. 물론, 어떤 생각들이 일어날 것인지는 경우마다 다 다르겠지만, 내가 앞에서 이미 말했듯이, 어쨌든 그 생각들은 성난 격류처럼 물밀 듯이 쇄도하여 그 앞에 있는 모든 것을 휩쓸어 버립니다. 그런 때에 우리의 영혼을 기쁘게 하는 하나님의 위로들을 우리가 굳게 붙잡을 수 있다면, 그것은 큰 복입니다. 우리 영혼을 엄몰하고자 밀려오는 큰물을 막아줄 하늘로부터 오는 방파제, 즉 가장 급박한 위기 상황에서 주어지는 하늘의 위로들을 찾아낸 사람은 복 있는 사람입니다. 성령께서는 여러분을 그러한 위로들로 인도해 주실 수 있습니다. 그런 위로들의 실제적인 목록은 우리 앞에 놓여 있는 시편에 나와 있습니다. 이 시편을 보면, 여러분은 다윗이 환난 가운데 있을 때에 그 모든 상황을 하나님이 아신다는 믿음으로부터 위로를 얻었다는 것을 알게 될 것입니다: "귀를 지으신 이가 듣지 아니하시랴 눈을 만드신 이가 보지 아니하시랴"(9절). 다윗은 이렇게 말하고 있는 것입니다:

"이 시련이 어떤 것이든, 한 가지 분명한 것은 하늘에 계신 나의 아버지께서 이 모든 것을 다 알고 계신다는 것이다. 내가 처한 현재의 상황 가운데서 하나님이 모르시는 것은 하나도 없다. 나를 어릴 적부터 지켜보아 오신 그 눈이 이 암울한 시간에도 나를 보고 계신다. 하나님은 내가 가고 있는 길을 다 알고 계시기 때문에, 내가 칠흑 같은 어둠에 둘러싸여 있을지라도, 그것은 하나님께는 전혀 어둠일 수 없다."

> "칠흑 같이 어두워 보이는 때라도
> 하나님의 변함없으신 선하심은 여지없이 증명될 것이라.
> 하나님은 지혜이시고 하나님은 사랑이시니
> 하나님의 밝은 빛은 짙은 안개를 뚫고 비쳐 나오네."

"주 하나님께서 나를 보고 계신다." "이스라엘을 지키시는 이는 졸지도 아니하시고 주무시지도 아니하시리로다"(시 121:4). 구주의 입에서 나온 저 황금 같은 말씀 속에는 적잖은 위로가 들어 있습니다: "너희 하늘 아버지께서 이 모든 것이 너희에게 있어야 할 줄을 아시느니라"(마 6:32). 하나님께서 "환난 중에 만날 큰 도움"(시 46:1)이심을 우리가 알 때, 풀무 불이 평소보다 일곱 배나 뜨겁다고 할지라도 별로 뜨겁게 느껴지지 않을 것입니다.

다음으로, 시편 기자는 징계로 말미암아 "연단 받은 자들"(히 12:11)은 복되다는 것을 믿었기 때문에 위로를 받을 수 있었습니다. 12절을 보십시오: "여호와여 주로부터 징벌을 받으며 주의 법으로 교훈하심을 받는 자가 복이 있나니." 다윗은 이렇게 말하고 있는 것입니다: "그러니까 형통함이 복 받은 증거가 아니라, 고난이 하나님으로부터 사랑을 받고 있는 자녀라는 최고의 증표이자 언약의 핵심이라고 한다면, 나는 나의 자애로우신 아버지의 손으로 징계를 받는 내 자신을 축하할 것이다." 우리의 마음 상태의 모든 것은 우리가 하나님의 섭리에 의한 역사들을 제대로 된 시각으로 바라볼 수 있느냐에 달려 있습니다. 만일 우리에게 닥친 환난이 저주이고, 진노하신 하나님으로부터 우리에게 영원토록 임하게 될 저 무시무시한 불의 시작이라면, 그 환난은 정말 끔찍한 일일 것입니다. 그러나 그 환난이 마치 타작마당에서 알곡을 곳간에 들이기 위하여 타작하고 키로 까불 듯이, 하나님께서 우리를 사랑하셔서 꼭 필요한 고난의 과정을 거치게 하시는 것이라면, 우리는 그 환난을 기쁨으로 받아들일 수 있게 됩니다. 슬픔아, 네가 내게 보화를 가져다주기 위한 검은 사자라면, 몇 번이라도 와라, 환영한다. 내 영혼을 부요하게 하고 거룩하게 하고자 하는 언약의 회초리여, 내 영혼이 인내하리니 얼마든지 와라, 환영한다. 사랑하는 자들이여, 이것이 환난으로 인하여 이런저런 많은 생각에 눌려 졸도할 것 같은 기진맥진한 영혼에게 새 힘을 불어넣어 주는 두 번째 위로입니다.

시편 기자는 계속해서 모든 환난이 결국에는 복을 가져다주게 될 것이라고 선언합니다: "심판이 의로 돌아가리니 마음이 정직한 자가 다 따르리로다"(15절). 그러니까 다윗은 이렇게 말하고 있는 것입니다: "내가 오늘 낙심하여 몹시 당혹해하고 있고, 악인들이 느긋하게 푸른 월계수처럼 번성하고 있을지라도, 하나님이 정하신 그 날에는 결국 불경건한 자들의 뿌리에 도끼가 놓이게 되고, 환난 받은 가난한 성도들에게는 영광이 주어질 것이다." 우리는 환난의 결국을 보게 될 때에 환난 전체를 올바르게 판단할 수 있습니다. 끝이 좋으면 다 좋다는 말이 있습니다. 잔에 독이 아니라 약이 들어 있다면, 그 쓴 잔은 결국 내게 유익이 될 것입니다. 땅을 갈아엎는 것이 하나님의 저주로 그 땅을 초토화시키려고 소금을 뿌리기 위한 것이 아니라, 장차 지극한 복을 거두려고 은혜를 파종하기 위한 것이라면, 하나님, 계속해서 갈아엎으소서. 땅이 갈아엎어짐으로써 내 영혼이 찢어질지라도, 결국에는 하나님께서 자신의 뜻을 이루신 후에는 그 모든 상처들을 싸매어 주실 것입니다.

시편 기자는 환난의 한복판 속에서도 여전히 계속해서 하나님의 신실하심에 대한 믿음을 견지하였습니다. 나는 이 시편을 강해하면서 여러분에게 14절에 나오는 강력한 발언을 주목해 보시라고 말씀드렸습니다: "여호와께서는 자기 백성을 버리지 아니하시며 자기의 소유를 외면하지 아니하시리로다"(시 94:14). 만일 우리가 하나님께서 자신의 택함 받은 자녀들로 하여금 멸망 받게 하실 수도 있고, 하나님을 의지하는 자들이 어떤 상황에서는 낭패를 당할 수도 있다고 믿는다면, 우리는 절망 속에서 참담한 심정으로 우리의 얼굴을 베옷으로 감싸고 살아가게 될 것입니다. 그러나 하나님께서는 지금까지 자신의 종들을 단 한 사람도 버리신 적이 없으시고, 앞으로도 그런 일은 결코 없을 것입니다. 하나님이 보내신 온갖 파도와 물결들이 다윗 위에서 넘실거릴 때에도, 하나님은 여전히 낮에는 "그의 인자하심을 베푸시고 밤에는 그의 찬송"을 다윗에게 주셨습니다

(시 42:8). 왜냐하면, 하나님은 다윗의 "얼굴을 강건케 하시는 분이요" 영원토록 "그의 하나님"이셨기 때문입니다. 하나님께서는 자신의 종들로 하여금 수많은 지독한 환난과 시련들을 견뎌내게 하십니다. 그들은 불을 지나가기도 했고 물을 지나가기도 했습니다. 그러나 언제든지 그들을 구원하시는 팔이 기다리고 있었고, 그들의 환난이 극에 달했을 때가 바로 하나님의 사랑이 어김없이 나타나는 때였습니다. 그러므로 속에서 올라오는 수많은 생각들로 당혹스러워하고 괴로워하는 여러분, 즐거워하십시오. 여러분의 영혼으로 하여금 하나님의 변할 수 없으신 신실하심을 기뻐하게 하십시오.

또한, 이 시편에서 다윗은 자신의 과거의 경험을 묵상합니다: "여호와께서 내게 도움이 되지 아니하셨더면 내 영혼이 벌써 침묵 속에 잠겼으리로다 여호와여 나의 발이 미끄러진다고 말할 때에 주의 인자하심이 나를 붙드셨사오며"(17-18절). 여러분과 나는 하나님이 우리에게 은혜를 베풀어 주셨던 지난날들을 기억하는 것이야말로 새롭게 소망을 가질 수 있는 지름길 중 하나라는 것을 얼마나 자주 경험해 왔습니까! 우리는 이렇게 말했습니다: "내가 싸움터에 있을 때에 하나님께서는 내 편이 되셔서 나를 소동하는 무리들로부터 건져 주시지 않았던가? 내가 아주 낮아져 있을 때에도 하나님으로부터 은혜를 얻지 않았던가? 무시무시한 자들이 폭풍처럼 나를 공격했을 때에도 나는 하나님의 날개 그늘 아래에서 안전하지 않았던가? 나로 하여금 지난날들에 그토록 수많은 에벤에셀을 세울 수 있게 해주셨던 하나님께서 나를 마지막에 부끄러움을 당하게 하시려고 지금까지 도우셨을 리가 없지 않은가? 하나님께서 나의 소망을 결국에는 부끄럽게 하시기 위하여, 이 모든 인자하심과 진실하심을 내게 나타내셨을 리가 없지 않은가?" 우리는 늘 변하시는 변덕스러운 하나님을 상대하고 있는 것이 아닙니다. 하나님께서는 자신의 지혜로 시작하신 일을 반드시 끝마치시는 분입니다. 하나님께서는 은혜의 역사를 끝까지 이루시기 위하여 자신의 모든 능력을 사용하시는 분입니다. 우리의 마음이 많이 위축되어 있을 때, 이러한 생각들은 위로가 되어줄 뿐만 아니라, 깊은 평안, 나아가 본문의 표현을 빌리자면 "**즐거움**"에 가까운 거룩한 상쾌함까지도 되어줄 것입니다. "내 속에 생각이 많은 때에 주의 위로들이 내 영혼을 즐겁게 하나이다."

형제들이여, 이상은 내가 본문이 환난의 밤에 많은 생각에 시달리는 모습을 표현한 것으로 보고서 본문을 설명한 내용입니다. 또한, 우리는 본문이 생각의 갈

피를 잡지 못하고 이러지도 저러지도 못하는 때들을 가리키는 것으로 볼 수도 있습니다. 어떤 사람들에게는 인생길이 놀라울 정도로 단선적입니다. 그런 사람들은 자신이 처한 여러 상황 속에서 어떤 길을 가야 하는지에 대해서 갈피를 잡지 못하는 경우가 거의 없습니다. 그러나 대다수의 사람들에게는 인생길은 좁은 길이고, 어쨌든 겉보기에는 광야를 유랑하던 이스라엘 자손이 걷던 길과 흡사해 보입니다. 그래서 그들은 이스라엘 자손처럼 들어가기도 하고 나오기도 하며, 뒤로 갔다가 앞으로 가기도 하고, 가만히 서 있기도 합니다. 흔히 우리는 길을 가다가 갈림길을 만나게 되고, 거기에서 오른쪽으로 가야 하는지, 아니면 왼쪽으로 가야 하는지를 선택할 때에 인간의 지혜는 아무 도움이 되지 않습니다. 두 길이 다 도덕적으로 똑같이 옳아 보일지라도, 어느 쪽을 선택하느냐에 따라 우리의 미래는 완전히 달라질 수 있습니다. 그럴 때에 아마도 거의 모든 그리스도인들은 주변에 표지판이 있는지를 찾아보았을 것이지만 찾을 수 없는 경우가 많았을 것입니다. 그들은 자기가 길 없는 호주의 삼림 속으로 들어간 여행자가 된 듯이 느끼고서는, 무릎을 꿇고서, 자기로 하여금 "이것이 바른 길이니 너희는 이리로 가라"(사 30:21)는 음성을 듣게 해주시라고 하나님께 부르짖을 수밖에 없었습니다.

　　오늘 이 말씀을 듣고 계시는 분들 중에는 자신의 인생을 어떻게 살아가야 할지를 놓고서 여러 상반된 생각으로 갈피를 잡지 못하고 계시는 분들이 있을 것입니다. 여러분은 어떻게 해야 할지를 알지 못합니다. 어떤 생각이 떠올랐고, 그 생각은 한동안 여러분이 따라야 할 가장 좋은 생각인 듯이 보였습니다. 그러다가 또다른 생각이 떠올랐고, 그 생각이 이전 생각보다 좋아 보이기 시작하면서, 지금 여러분의 마음은 또다시 흔들리고 있습니다. 여러분은 혼란스럽고 갈피를 잡을 수가 없습니다. 여러분은 하나님의 섭리가 무엇인지 그 실마리를 볼 수가 없습니다. 여러분은 미로에 들어선 것처럼 길을 잃었습니다. 정말 그런 때에는 여러분은 많이 낙심하게 됩니다. 왜냐하면, 여러분은 여러 가지 수단과 방법을 동원해서 그 곤경에서 빠져 나오려고 애썼지만, 이 길인가 해서 시도를 할 때마다 번번이 실망하였고, 앞으로도 시도해 보았자 실패로 끝날 가능성이 농후하기 때문입니다. 여러분에게는 벌 떼처럼, 또는 애굽의 파리 떼처럼 온갖 생각들이 들끓고, 여러분은 그 가운데서 괴로워하지만, 그 어떤 생각도 여러분에게 도움이 되지 않습니다. 여러분의 마음은 산란하고, 여러분의 생각은 갈피를 잡을 수 없습니다. 이 순간에는 이런 생각이 옳은 것 같다가도, 다음 순간에는 정반대의 생각이 맞는 것 같아 보입니다. 온갖 생각들이 소용돌이 속에서 만난 격류들처럼 서로 만나 뒤엉킵니다. 어떻게 할 줄을 몰라 당혹해하는 나의 사랑하는 친구들이여, 여러분이 처한 곤경은 이스라엘 자손이 홍해에서 처한 곤경, 즉 그들 앞에는 홍해 바다가 있고, 뒤에는 잔인한 애굽 군대가 있어서 이러지도 저러지도 못하게 된 것과 비슷합니다. 그러므로 여러분은 이스라엘 자손이 했던 대로 "가만히 서서 여호와께서 행하시는 구원"을 보아야 합니다(출 14:13). 그러나 여러분은 "나는 너무 초조하고 불안해서 가만히 있을 수가 없어요"라고 말합니다. 형제들이여, 온전히 인내하십시오. 여러분의 힘은 가만히 있는 데에 있습니다. 그런데도 여러분은 이렇게 말합니다: "내 마음이 초조해서 가만있을 수가 없어요. 내가 마음을 가라앉히고 침착해야 상황을 더 잘 파악해서 피할 길을 찾을 수 있을 것이니까, 나는 침착하고 싶어요. 그러나 나는 불안해서 정신을 집중하지 못하겠고 생각이 이랬다저랬다 하며 갈피를 잡을 수가 없어요. 내가 어떻게 해야 하죠?' 그럴 때에 본문의 말씀에 귀를 기울이십시오: "내 속에 생각이 많은 때에 주의 위로들이 내 영혼을 즐겁게 하나이다."

　　여러분의 심령의 극심한 괴로움을 가라앉혀 줄 능력을 지닌 하나님의 저 깊은 뜻에 여러분의 눈을 돌리십시오. 눈에 보이는 일시적이고 현세적인 일들을 너무 심각하게 생각해서 염려하는 것을 그치고, 눈에 보이지 않는 영원한 것들을 믿음으로 바라보십시오. 여러분이 처한 상황은 여러분의 의지와 선택보다 더 높은 권능에 의해서 정해진 것임을 기억하십시오. 하나님의 영원한 작정하심이 여러분의 매번의 발걸음을 다 정해 놓으셨습니다. 그 모든 일들을 작정하신 하나님의 지혜를 믿으십시오. 맹목적인 운명이 아니라 하나님의 지혜가 여러분의 위치와 상황을 아주 확고하게 정해 놓으셨기 때문에, 여러분이 아무리 발버둥쳐도 여러분의 처지는 좋은 쪽으로 달라질 수 없습니다. 하나님의 작정하심 속에서 여러분이 가는 길은 하나님께 영광이 되고 여러분의 영혼에 유익이 되는 방향으로 정해져 있습니다. 여러분이 지금 겪고 있는 슬프고 괴로운 일들은 더 큰 기쁨을 싹 틔우기 위한 힘든 과정일 뿐입니다. 여러분이 지금 손해 보는 것 같은 일들이 궁극적으로는 여러분에게 더 큰 이득을 가져다줄 것입니다. 하나님께서 나를 위하여 나의 기업(基業)을 만들어 주고 계시다는 것을 우리가 안다면, 그것은 얼마나 기쁘고 즐거운 일이겠습니까! 모든 일은 자의적이고 가혹한 법령에 의해서가 아니라 하나님의 지혜로운 모략과 사랑이 가득한 지혜에 의해서 작정되어 있습니다. 창세 전부터 우리를 사랑하신 하나님은 순례길을 가는 우리의 모든 발걸음들을 다 확고하게 정해 놓으셨습니다. 그러므로 여러분이 당혹해할 이유가 어디 있겠습니까? 여러분이 탄 배의 조타석에는, 암초들과 유사(流砂)들, 모래톱들과 갑(岬)들, 안개와 어둠을 헤치고 그 배를 목적지인 항구까지 안전하게 몰아갈 손길이 있습니다. 우리의 조타수는 결코 주무시지도 않으시고, 그의 손이 키를 놓치는 일도 결코 없습니다. 여러분이 하나님의 섭리에 의한 일들을 제멋대로 간섭하고 망쳐 놓았다고 하더라도, 그 모든 섭리들을 그대로 인정하고 여러분의 모든 짐을 하나님께 맡기는 것은 복된 일입니다.

내가 이 교회에서 시무하며 내게 맡겨진 하나님의 많은 일들을 했던 이 짧은 기간 동안에도 나는 자주 궁지에 몰리곤 해왔습니다. 나는 의욕이 넘쳐서 많은 일들을 스스로 생각하고 판단했다가 진퇴양난의 궁지에 몰리고서야 내가 큰 잘못을 저질렀음을 깨닫고서, 나의 모든 염려와 짐을 다 선반 위에 올려놓기로 작정하고는, 하나님께 "나는 이 문제에 대해서는 다시는 염려하거나 초조해하지 않겠사오니, 주께서 주의 가엾은 종을 위하여 판단하시고 역사하옵소서"라고 기도하곤 했습니다. 형제들이여, 나의 간증을 들으십시오! 내가 이렇게 모든 것을 다 하나님께 맡겼을 때에 일들을 늘 잘 풀렸습니다. 만일 내가 대학과 고아원의 운영비를 어떻게 마련해야 하는지를 비롯해서 도저히 될 것 같지 않아 보이는 오만 가지 일들에 대한 염려를 혼자 짊어지고 계속해서 끙끙댔더라면, 그 일들은 분명히 다 잘못되어 버렸을 것입니다. 그러나 내가 그 모든 일들을 다 내 하나님께 맡겨드렸을 때, 하나님께서는 "내 의를 빛 같이 나타내시며 내 공의를 정오의 빛 같이"(시 37:6) 드러내셨습니다. 그러므로 진퇴양난의 궁지에 몰려 있는 하나님의 자녀들이여, 여러분의 모든 짐을 하나님께 맡겨드리시기를 부탁드립니다. 하나님께서는 여러분을 붙들어 주시고, 여러분으로 하여금 그의 지혜와 사랑의 역사를 보고서 기뻐하게 해주실 것입니다.

또한, 우리는 본문을 우리가 지난날을 회상할 때에 후회스러운 생각들이 우리에게 몰려들어도 우리는 하나님의 위로들 속에서 평안을 발견할 수 있다는 것을 말하고 있는 것으로 해석할 수도 있습니다. 내가 "후회스러운 생각들"이라고 말하는 이유는 여러분 가운데서 자신이 지금까지 살아온 인생을 찬찬히 뒤돌아보았을 때에 후회스러워하지 않을 사람이 한 사람도 없을 것이기 때문입니다. 만일 십자가가 없다면, 그 어떤 그리스도인도 너무나 고통스러워서 자신의 지난날을 회상할 수 없을 것입니다. 우리가 지난날에 얼마나 끔찍한 죄악들에 빠져 살았는지 그 비참한 과거를 회상할 때마다 우리의 온 머리카락이 꼿꼿이 설 수밖에 없습니다. 그러나 우리는 대속의 그늘 아래에서는 지난날 우리의 행적을 기록해 놓은 일기장을 한 장 한 장 넘길 수 있게 됩니다. 거기에는 우리가 젊었을 때에 지은 죄들도 있고, 성인이 되어서 지은 죄들도 있습니다. 모르고 지은 죄들도 있고, 비침을 받고 알면서도 지은 죄들도 있습니다. 은밀하게 지은 죄들도 있고, 벌건 대낮에 저지른 죄들도 있습니다. 그 모든 죄들을 다 합한다면, 얼마나 많겠습니까? 누가 그 죄들을 다 셀 수 있겠습니까? 우리는 회개한다고 고백해 놓고서는 또다시 그 죄들을 저질러서 중한 죄들을 지속적으로 지어 왔습니다. 우리가 지어온 죄들은 변명할 여지가 없는 상황 속에서 저질러진 것이기 때문에 죄질이 더 나쁩니다. 우리가 저지른 죄들로 인해서 다른 사람들이 얼마나 많이 해를 입어 왔습니까! 이런 생각을 할 때면, 우리는 종종 독사에게 물린 것처럼 아픕니다. 왜냐하면, 우리로 인해서 상처를 입은 사람들이 죄에 빠져서 아직까지 회개하지 않고, 우리로 인해 빠져든 죄의 삯을 거두기 위해서 멸망의 구덩이로 내려가고 있기 때문입니다. 안타깝게도, 우리는 회심한 이후에도 계속해서 죄를 저질러 왔기 때문에, 지난날을 회상할 때에 우리가 느끼는 고통은 회심으로 인해서 끝나지 않습니다. 우리가 마땅히 해야 할 일들을 하지 않은 죄들은 안데스 산맥처럼 높이 솟아 있고, 우리가 적극적으로 저지른 죄들도 궁창의 구름까지 닿아 있습니다. 교회를 거슬러 지은 죄들, 세상에 대하여 저지른 죄들, 우리 가족과 우리 자신에 대하여 저지른 죄들, 주님의 보혈을 거슬러 지은 죄들, 성령을 대적하여 지은 죄들, 우리를 사랑하시는 아버지 하나님을 거슬러 지은 죄들 — 우리가 지은 그런 죄들은 누가 다 셀 수 있겠습니까? 우리가 이러한 죄들을 그냥 건성으로 보는 것이 아니라, 진심으로 회개하는 마음으로 정직하게 낱낱이 살펴볼 때, 다음과 같은 의문이 일어나지 않을 수 없습니다: "이 모든 죄들을 사함 받는 것이 과연 가능할까? 이 모든 죄들을 마치 처음부터 없었다는 듯이 다 삭제하는 것이 과연 가능할까? 그런 죄악들을 다 진정으로 씻음 받는다는 것은 망상이고 꿈은 아닐까?" 거센 폭풍우 속에서 쉴 새 없이 번개가 치듯이, 생각들이 꼬리에 꼬리를 물어서, 만일 회개하는 영혼에게 유일하게 기쁨을 줄 수 있는 하나님의 위로들을 받지 못한다면, 우리의 영혼은 낙심하여 산산조각이 나 버리게 됩니다. 지금 하나님의 위로들을 바라보십시오. 긍휼에 풍성하신 하나님, 한량없는 긍휼을 베푸시는 하나님이 계십니다. 우리의 죄가 아무리 클지라도, 우리 죄를 사하시는 하나님의 크신 능력보다 클 수는 결코 없습니다. 보혈로 가득 한 샘이 있고, 그 보혈의 능력은 다함이 없습니다. 예수는 지금도 살아 계셔서 우리를 위하여 중보기도를 하는 분이십니다: 만일 누가 죄를 범하여도 아버지 앞에서 우리에게 대언자가 있으니 곧 의로우신 예수 그리스도시라"(요일 2:1). 예수의 몸에 난 다섯 군데의 상처는 여전히 하나님의 마음을 움직이는 힘이 있고, 우리의 죄가 "진홍 같이 붉을지라도 양털 같이 희게 되리라"는 요동치 않을 약속이 있습니다(사 1:18). 우리의 죄가 "주홍 같을지라도 눈과 같이 희어질" 것입니다.

형제들이여, 우리가 우리의 출발점으로 자주 돌아가는 것은 우리 영혼에 큰 유익이 됩니다. 우리의 최초의 회개는 그리스도인으로서의 성품이 보여줄 수 있는 가장 사랑스러운 특성들 중의 하나이기 때문에 늘 우리에게서 나타나야 합니다. 즉, 우리는 늘 죄 때문에 울어야 합니다. 그리고 그 눈물은 구주의 발 앞에 떨어져야 합니다. 우리가 우는 것은 우리의 죄가 사함 받았기 때문입니다. 우리는 최초로 회개하고 하나님을 의지하게 된 이래로 20년 동안을 하나님과 동행한 후인 오늘에 와서 여전히 죄악된 죄인으로서 오직 예수만을 의지해야 합니다. 왜냐하면, 20년 전에도 우리가 의지할 것은 대속의 보혈밖에 없었고, 20년이 지난 오늘에도 하나님께서 우리를 받으시는 유일한 근거는 바로 그 대속의 보혈밖에 없기 때문입니다. 우리는 이것을 기억해야 합니다. 우리의 지난날을 회상할 때에 쓰라린 생각들이 무수히 올라와 우리의 가슴이 저며 올 때마다, 우리는 지금도 살아 계시는 우리 구주께서 하나님의 보좌 앞에 자신의 대속의 희생 제사를 드리셨음을 바라보고서, 바로 그 대속의 제사를 의지하여 기뻐할 수 있다는 것입니다. 본문에서 "즐겁게 하나이다"로 번역된 단어는 히브리어로는 "춤춘다"는 의미를 지니고 있습니다. 그러니까 우리 영혼은 우리 주 예수 그리스도의 보혈과 의를 바라볼 때에 너무나 뛸 듯이 기뻐서 춤을 추게 된다는 것입니다. 우리는 그리스도의 의를 힘입을 때에 하나님 앞에 담대히 설 수 있습니다. 우리의 죄가 아무리 많을지라도, 하나님께서는 그 어떤 죄에 대해서도 우리에게 책임을 묻지 않으실 것입니다. 우리의 죄가 아무리 검을지라도, 그 죄들은 다 사함 받았기 때문에, 하나님이 사하신 우리를 그 누구도 감히 고소하지 못할 것입니다.

시간이 별로 없어서 다음으로 넘어가겠습니다. 우리는 흔히 영적으로 근심하고 염려하는 때에 자신의 마음을 샅샅이 살피며 많은 생각들을 하게 됩니다. 우리가 마음을 살피며 많은 생각들을 하게 되었을 때에 하나님의 위로들로 말미암아 우리의 영혼이 여전히 기뻐할 수 있다면, 그것은 복된 일입니다. 우리는 신앙인들에게 자기 자신을 살필 필요가 없다고 말하는 것이 결코 아닙니다. 신앙인들은 늘 자기 자신을 살필 의무가 있습니다. 우리의 구원은 너무나 엄중한 것이기 때문에 쉽게 당연시해서는 안 됩니다. 그 누구에게도 자신의 구원을 당연시할 권리는 없습니다. 자기 자신을 살피기를 두려워하는 사람은 사실 두려워해야 할 이유가 있는 것입니다. 왜냐하면, 하나님께서 그를 살피실 것이기 때문입니다. 정직하고 올바른 사람은 자기 자신을 살피기를 결코 두려워하지 않습니다. 도리어 그런 사람은 "하나님이여 나를 살피사 내 마음을 아시며 나를 시험하사 내 뜻을 아옵소서"(시 139:23)라고 기도합니다. 그렇지만 자기 자신을 살피다보면, 다음과 같은 생각들이 마음속에서 자연스럽게 생겨납니다: "내가 정말 거듭난 것일까? 내가 회심한 것이 정말일까, 아니면 망상일까? 나는 내 안에 내주하셔서 정결하게 하시고 살리시는 성령의 능력을 알고 있는 것일까, 아니면 내 경험은 단지 망상일 뿐일까? 내 안에서의 변화는 단지 변화를 바라는 일시적인 욕구에 지나지 않는 것은 아닐까? 나는 여전히 거듭나지 않은 육적인 상태에 있는 것인가? 나는 의의 열매를 맺고 있는가? 나는 그리스도인으로서 합당한 삶을 살고 있는가? 나는 하나님을 경외하는 가운데 거룩함을 따라 살고 있는가? 나는 정말 그리스도를 사랑하는 것일까, 아니면 단지 그러는 체하는 것일까? 나는 진심으로 그리스도를 섬기고 있는 것인가? 그리스도의 사랑이 정말 나를 강권하고 있는 것인가?" 형제들이여, 나는 나의 매일 매일의 연약함들을 생각할 때에 그러한 질문들에 대하여 늘 별 고민 없이 대답할 수 있다고 말할 수 없습니다. 아마 여러분도 자신의 마음을 살피는 문제와 관련해서는 뭐라고 명쾌하게 말하기 힘들다는 것을 발견할 것입니다. 여러분이 자신의 마음을 살피면서 여러 가지 많은 생각들이 올라올 그때에, 하나님이 그런 경우를 위해서 준비해 두신 위로들을 힘입지 않는다면, 여러분은 그 어떤 기쁨도 발견할 수 없게 될 것인데, 그 위로들은 이런 것이라고 나는 생각합니다: "내가 내 하나님을 전혀 사랑하지 않고, 나의 생각이 모두 다 틀렸다고 할지라도, 하나님은 여전히 죄인들을 받으시는 분이시기 때문에, 나는 하나님께로 나아갈 것이다. 내 신앙이 망상이었다고 할지라도, 하나님께서는 '내게로 돌이켜 구원을 받으라'(사 45:22)고 말씀하셨으니, 나는 지금이라도 골고다의 어린 양, 구주 예수를 바라보면 된다. 예수여, 나는 죄인이지만, 내가 주를 의지합니다." 나는 이것보다 더 좋은 위로의 말씀이 없다는 것을 압니다. 여러분의 경험에 신경 쓰지 마십시오. 의심이 드는 때에는 여러분의 경험을 내버려 두고, 즉시 예수께로 피하십시오. 마귀가 여러분의 신앙을 거짓이요 망상이라고 한다면, 그렇게 말하도록 내버려 두십시오. 그러나 믿는 자들과 그들의 하나님 간에 화목을 이루어낸 저 대속의 희생제사 속에는 결코 거짓이 없다는 것을 기억하시고, 여러분이 온갖 죄를 지어 망할 수밖에 없게 되었더라도, 지금 당장 저 복된 희생제사로 피하십시오.

여러분이 이러한 위로의 말씀들을 깊이 묵상하면, 여러분의 영혼은 기뻐하게 될 것입니다. 보혈을 묵상하였다면, 다음으로, 여러분이 그리스도 안에서 하나님의 자녀가 된 것, 여러분이 그리스도와 하나가 된 것, 여러분이 그리스도로 말미암아 언약에 참여하게 된 것, 여러분이 그리스도와 하나가 됨으로써 안전하게 되었다는 것을 묵상하십시오. 십자가로 곧장 나아가십시오. 그러면 여러분은 위로들이 솟아나오는 샘에 다다른 것입니다.

또한, 지금까지 얘기한 그런 생각들만이 아니라, 더 나아가 우리의 심령이 눌리는 날들에는 종종 불길한 생각들이 꼬리를 물고 일어나기도 합니다. 이러한 불길한 예감들은 종종 우리 자신에 관한 것들입니다. 이렇게 말하는 하나님의 백성들이 아주 많습니다: "나는 뼈 빠지게 일만 하다가 죽고 말거야. 이 몸이 늙어서 더 이상 일할 수 없게 될 때에 나는 도대체 뭘 먹고 살아가야 하나?" 우리 가운데 어떤 분들은 교회와 신앙에 대해서 불길한 생각을 품는 경우도 아주 많습니다: "성령께서 우리 교회를 떠나가실 거야. 그러면 우리가 하는 하나님의 일들은 다 소용없게 되고, 신앙에 열심이 있던 사람들도 다시 세상으로 돌아가고 말 거야." 이러한 생각들이 우리를 끈질기게 따라다니며 괴롭힙니다. 주일학교 교사들은 자기 반에 회심하는 학생이 하나도 나오지 않을까, 또는 회심했다고 하는 것이 혹시 가짜는 아닐까 걱정할 것입니다. 일단 불길한 생각이 들기 시작하면, 여러분은 온통 암울한 생각에 사로잡혀서, 자기가 하는 모든 말이 그 속에 진실은 하나도 없고 다 거짓일 것이라고 믿기가 너무나 쉽습니다. 또한, 그럴 때에 우리는 우리나라에 대해서도 불길한 생각들을 하게 됩니다. 암울한 선지자들의 말에 의하면, 영국이 점점 나빠져 가고 있습니다. 그들은 영국만이 아니라 모든 나라가 총체적이고 영원한 파국을 향하여 치닫고 있다고 말합니다. 또한, 그럴 때에 사람들은 하나님의 교회에 대해서도 불안감을 감추지 못합니다. 왜냐하면, 이 시대를 예언하는 점쟁이들의 말에 의하면, 적그리스도가 곧 나타날 것이고, 새로운 이단들이 곧 출현할 것이기 때문입니다. 전쟁의 개들이 머지않아 활보하게 될 것이고, 교황이 우리를 장악해서 화형시킬 것이라고 그들은 말합니다. 종종 다니엘서, 에스겔서, 요한계시록이 모든 밝은 소망에 독으로 작용해 왔습니다. 그러나 형제들이여, 장래와 관련해서 우리에게 위로가 되는 것이 여기에 있습니다:

> "하나님께서는 어디에서나 다스리고 계시고
> 만물이 하나님의 권능에 봉사하고 있다네.
> 하나님의 모든 역사는 온전한 복이요,
> 하나님의 길은 오점 하나 없는 빛이라네."

최악의 일들이 연달아 일어나도 걱정하지 마십시오. 머지않아 그 최악의 일들이 다 합력하여 결국에는 선을 이루어 가장 좋은 것들이 생겨나게 될 것입니다. 어떤 사람은 "하늘이 활이고 땅이 시위여서, 하나님이 원수 갚으심의 화살들을 그 활시위에 놓으시고 사람들을 겨냥하여 쏘신다고 하여도, 사람들은 활을 쏘시는 하나님에게서 피난처를 발견할 수 있다"고 말합니다. 우리의 피난처는 하나님 안에 있습니다. 이 세상에 장차 최악의 재앙들이 일어난다고 할지라도, 우리는 안전합니다. 우리는 안전할 수밖에 없기 때문에, 우리가 해악을 당하는 일은 결코 일어날 수 없습니다. "여호와이레." 군기를 높이 들고서, 소망 가운데 전쟁터로 진군해 나아가십시오. 왜냐하면, 하나님의 영원하신 팔, 결코 변하실 수 없는 뜻이 반드시 승리를 거두게 될 것이기 때문입니다.

또한, 우리는 묵상할 때에 종종 깊은 생각에 빠지게 됩니다. 우리가 깊은 생각에 빠질 때마다, 우리의 영혼을 기쁘게 해줄 하나님의 위로들을 아는 것이 좋습니다. 어떤 사람들은 예정론이나 자유의지 같은 주제들을 묵상하다보면 유익을 얻는 것이 아니라 도리어 더 헷갈리고 뭐가 뭔지 모르게 되기가 아주 쉽습니다. 우리는 모두 우리 시대의 풀리지 않는 바로 그 매듭을 풀려고 애써왔지만, 결국 허사였습니다. 그런 난해한 문제를 풀려고 하는 것은 우리에게 유익이 되지 못하였습니다. 우리는 영원하신 하나님이 어느 정도까지 예정해 놓으셨고, 인간의 자유의지는 어느 정도까지 허용되어 있는지에 관한 신비를 풀려고 수많은 시간을 허비해 왔습니다. 밀턴(Milton)은 마귀들과 천사들도 이 형이상학적인 문제를 풀려고 골몰해 왔다고 묘사합니다. 그러나 오직 하나님만이 바로 그 수수께끼를 온전히 푸실 수 있습니다. 우리는 그러한 신비에 눌릴 때마다, 우리의 영혼을 기쁘게 해주는 하나님의 위로들을 받아 즐거워하여야 합니다. 그러한 위로들 가운데는 하나님이 의로우시다는 위대한 사실이 있습니다. 즉, 하나님은 잘못을 하실 수 없으시고, 하나님께서 절대 주권 아래에서 행하시는 모든 일 속에는 사랑이나 공의에 어긋나는 것은 그 어떤 것도 있을 수 없다는 것입니다. 게다가, 그리스도 예수를 믿는 사람에게는 모든 것이 자기편임을 믿는다면, 우리는 예정론과 자유 의지에 관한 수수께끼를 꼭 풀고자 할 필요가 없게 되고, 그런 일이 아주 작게 느껴지게 될 것입니다. 그밖에도 하나님의 말씀 속에는 많은 큰 신비들이 있고, 어리석은 사람들은 그런 신비들에 골몰해서 완전히 길을 잃어버리게 됩니다. 사실 자신이 이해할 수 없는 것들을 반드시 이해해야만 만족을 하는 그런 사람들이 있는데, 그런 사람들은 결국에는 성경 전체를 다 포기해 버리기 쉽습니다. 그런 사람들은 잔칫집에 가서 모든 좋은 음식들을 다 들쳐본 후에 고기가 하나도 붙어 있지 않은 뼈를 하나 발견하고서는, 자기가 그 뼈를 씹어 먹어서 다 소화시킬 수 있기 전에는 다른 것에는 전혀 입도 대지 않을 것이라고 고집을 부리는 사람과 같습니다. 이 얼마나 어리석은 사람들입니까! 그들은 자기에게 이해가 되지 않는 어떤 한 문제를 우연히 마주쳤다고 해서 자기가 이해해서 유익을 얻을 수 있는 다른 모든 것들을 다 포기하고자 하는 것입니다. 나는 내가 온전히 이해할 수 없는 신앙을 내게 주신 것에 대하여 하나님을 송축합니다. 만일 내가 나의 신앙을 온전히 다 이해할 수 있다면, 나는 그 신앙이 하나님으로부터 나온 것이라고 믿을 수 없을 것입니다. 왜냐하면, 내가 모든 것을 다 이해하고 파악할 수 있는 신앙이라면, 나는 그런 신앙은 무한하신 하나님으로부터 나온 것이 아니라고 확신할 수 있기 때문입니다. 그러나 하나님의 진리들은 너무나 깊고 넓어서 나의 이해력을 훨씬 뛰어넘기 때문에, 나는 하나님 앞에 내 자신을 던져서 그의 사랑 안에서 헤엄칠 수밖에 없습니다. 우리의 지각을 뛰어넘는 신비들은 우리에게 하나님을 믿고 의지할 여지를 줍니다. 우리의 영혼은 그 신비들을 이해하고자 최선을 다하고서도 도저히 이해할 수 없음을 알게 될 때에 하나님 앞에 엎드려서 이렇게 고백하게 됩니다: "하나님은 무한하시고, 나는 무가치한 벌레이오니, 내가 주 앞에 엎드려 주를 경배하고, 사모함 속에서 주를 의지합니다." "내 속에 생각이 많은 때에 주의 위로들이 내 영혼을 즐겁게 하나이다." 첫 번째 대지에 대한 설명은 이 정도로 충분할 것 같습니다. 나는 내가 "생각이 많은 때"가 무엇을 의미하는지를 설명하기 위하여 너무 말을 많이 해서 혹시나 여러분의 머리가 복잡해지지는 않았을지 걱정이 됩니다.

2. 둘째로, 하나님의 거룩한 위로들에 대해서 살펴보겠습니다.

나는 이제 오늘의 본문에서 말씀하고 있는 "주의 위로들"이 무엇을 뜻하는지를 살펴볼 시간을 갖고자 합니다. 그러나 나는 이것에 대해서 아주 간략하게 요약해서 말씀드리려고 하기 때문에, 계속해서 집중해서 들어 주시기를 여러분에게 부탁드립니다.

먼저, 이 위로들의 본질 또는 성격이 무엇인지를 보십시오. 본문은 그 위로들을 "주의 위로들," 곧 하나님의 위로들이라고 말씀합니다. "주의 위로들이 내 영혼을 즐겁게 하나이다"라는 말씀을 나는 그 위로들이 하나님과 관련된 위로들, 즉 성부와 성자와 성령과 결부된 위로들이라고 말씀하는 것으로 이해합니다. 삼위일체 하나님은 늘 위로로 차고 넘칩니다. 신자들은 자신의 하나님을 더 많이 생각할수록 더 많은 위로를 얻게 됩니다. 또한, 나는 "주의 위로들"이라는 표현을 하나님에 의해서 준비된 위로들, 하나님에 의해서 계시된 위로들이라는 의미로 이해합니다. 그 위로들은 하나님께서 환난당하는 자녀들을 위하여 자신의 궁휼하심으로 말미암아 정해 놓으신 위로들, 성령께서 자신의 영감으로 된 책 속에서 계시하신 위로들입니다. 하지만 나는 이 표현은 이것보다 더 큰 의미를 지니고 있다고 봅니다. 환난과 번민 가운데 있는 우리를 즐겁게 해주는 위로들은 하나님께서 친히 구체적으로 주시는 위로들입니다. 오늘의 본문은 흠정역과는 다르게 구두점을 찍은 읽기로 읽혀져 오기도 했는데, 나는 그런 읽기가 올바르다고 믿습니다: "내가 생각이 많은 때에 내 속에서 주의 위로들이 내 영혼을 즐겁게 하나이다." 왜냐하면, 하나님의 위로들은 우리 속에 들어올 때에야 비로소 우리에게 효력을 발휘하는 위로들이 되기 때문입니다. 설교자가 하나님의 말씀을 전함으로써 사람들의 귀에 아주 진한 향을 붓는다고 해도, 오직 성령이 그 말씀을 사람들의 영혼에 부으실 때에만 사람들의 마음은 즐거워질 수 있습니다. 또한, "주의 위로들"은 하나님의 아들 예수 그리스도께서 친히 누리셨던 바로 그 위로들을 가리키는 것일 수도 있습니다. 왜냐하면, 우리 속에서 생각이 많을 때에, 우리는 흔히 그리스도께서 자신의 고난을 통해서 택함 받은 자들이 구원을 얻어 결국에는 하나님이 영광을 받으시게 되리라는 것을 바라보시고 즐거워하셨던 것처럼, 우리 자신도 그런 즐거움을 갖게 되기 때문입니다. 우리는 그리스도께서 마셨던 저 두렵고 떨리는 잔을 마실 때에만 이 순례길에서 그리스도를 즐겁게 하였던 저 즐거움의 잔도 마실 수 있게 됩니다. 그러므로 하나님이 우리에게 주시는 위로들은 하나님 자신과 관련된 위로들, 하나님께서 준비하시고 계시하신 위로들, 하나님이 성령을 통해서 우리에게 구체적으로 주시는 위로들, 하나님의 아들이 육체에 계실 때에 누리셨던 위로들을 의미합니다.

와틀리(Whately) 대주교가 임종을 앞두고 누워 있을 때, 어떤 친구가 그에게 "대주교님은 살아 계실 때나 죽으실 때에나 위대하십니다"라고 말했습니다. 그러자 대주교는 머리를 저으며, "나는 살아 있을 때나 죽을 때나 그저 예수 그리스도를 믿는 신자일 뿐이지요"라고 대답했습니다. "그러나 죽으실 때에도 대주교님의 영광스러운 지성이 전혀 쇠하지 않은 것은 얼마나 큰 복입니까!" "예수 그리스도 외에는 영광스러운 것은 아무것도 없습니다." "하지만 대주교님의 위대한 인내심은 대주교님에게 큰 힘이 되고 있잖아요." "십자가에 못 박히신 구주를 믿는 믿음만이 나를 지탱해 주는 힘이랍니다." 신자들 자신으로부터는 그 어떤 위로도 올 수 없습니다. 모든 위로와 평안은 오직 하나님으로부터 옵니다.

다음으로, 이 위로들의 변함없는 안정성을 주목하십시오. 이 위로들은 꼭 필요할 때마다 반드시 영혼을 지탱해 줍니다. 왜냐하면, 본문은 "내 속에 생각이 많은 때에 주의 위로들이 내 영혼을 즐겁게 하나이다"라고 말씀하기 때문입니다. 많은 위로들은 우리가 몇 주 전에 아주 많이 들은 저 구명조끼와 같습니다. 구명조끼는 뭍에서는 극히 유용해 보이지만, 정작 사람들이 바다 한가운데서 자신의 생명을 거기에 의탁했을 때에는 아무 소용이 없습니다. 이렇게 세상의 위로들은 별 필요가 없을 때에는 소중한 것 같아 보이지만, 사람들이 가장 절실히 필요로 할 때에는 사람들의 믿음을 허망하게 저버려서 너무나 허탈하게 만듭니다.

또한, 나는 이 위로들이 얼마나 **효율적인지도** 여러분이 주목해 주시기를 부탁드립니다. "주의 위로들이 내 영혼을 즐겁게 하나이다." 이 위로들은 나의 동물적인 본성이나 외적인 본성이 아니라, 나의 본질을 이루고 있는 것에 작용합니다. 하나님의 위로들은 우리의 인간됨의 핵심에 침투해 들어옵니다. 그 위로들은 우리 속에 있는 생명의 불꽃에 작용합니다. 그 위로들은 우리의 존재 자체를 근본적으로 즐겁게 만들어 줍니다. 포도주나 곡식이나 기름은 단지 우리의 미각만을 자극할 뿐입니다. 음악이나 바이올린이나 춤은 단지 우리의 귀와 눈과 발을 즐겁게 해줄 뿐입니다. 그러나 하나님의 위로들은 인간 본성의 핵심 자체를 어루만져 줍니다. "주의 위로들이 내 영혼을 즐겁게 하나이다."

　"즐겁게 한다"는 단어를 주목하십시오. 하나님의 위로들은 단지 내 영혼을 위로하고 붙들어 주고 편안하게 해주는 데서 그치는 것이 아니라 "즐겁게" 해줍니다. 그것도 온갖 생각들이 어지럽게 난무하는 가운데서 말입니다. 형제들이여, 나는 내 경험을 통해서 알고 있는 것들을 지금 말하고 있는 것입니다. 환락이나 환희 속에는 서글픈 불안감이 존재하고, 슬픔이나 괴로움 속에는 비할 바 없는 평정심이 존재합니다. 나는 징계를 받아 낮아졌을 때보다 더 깊은 행복감을 맛본 적이 없었습니다. 내가 산산조각이 나게 부서져서 내가 아무것도 할 수 없다는 것을 절실하게 느꼈을 때, 나의 믿음은 강해졌고, 나를 의지하는 것이 끝나자 염려도 끝났습니다. 불신앙이 반역의 목소리로 "하나님은 자신의 무정하고 잔인한 길을 가실 수밖에 없어"라고 속삭였을 때, 내 마음이 그런 목소리를 아랑곳하지 않고 하나님께 모든 것을 맡기자, 향기로운 평안이 내 안에서 지배하게 되었습니다. 영혼이 울다 지친 아이처럼 잠잠해질 때, 깊은 슬픔 한가운데 거기에 깊은 기쁨이 있습니다. 사랑하는 친구들이여, 하나님께서 여러분에게 깊은 물을 통과하여 거기에 숨겨져 있는 진주들을 찾으라고 부르시거나, 새벽이 되어 떠오르는 빛과 함께 올 기쁨을 누리기 위하여 눈물로 캄캄한 밤중을 지새우라고 부르신다면, 그 부르심에 늘 기꺼이 응하시기를 빕니다.

3. 셋째로, 본문에서 말씀하는 것과 대조적인 모습에 대해서 살펴보겠습니다.

　이제 나는 마지막으로 지금까지 우리가 말한 것과 대조적인 모습을 보이는 사람들에 대해서 조금 말씀을 드리고자 합니다. 우리 주변에는 아무런 생각도 하지 않고 살아가는 사람들이 너무나 많습니다. 생각하는 것은 사람이 할 수 있는 일들 중에서 가장 쉬운 일일 것입니다. 왜냐하면, 사람이 생각하기 위해서 손을 들 필요도 없고 발을 움직일 필요도 없기 때문입니다. 그러나 수많은 사람들이 생각을 하느니 차라리 몸을 움직여 무엇인가를 하고자 합니다. 설령 사람들이 생각을 한다고 해도, 그들이 하는 생각들은 아무렇게나 위아래로 기분 내키는 대로 춤추는 각다귀 떼 같이 아무 짝에도 소용없는 잡념들인 경우가 많습니다. 사람들이 생각하며 살 수 있다면, 얼마나 좋겠습니까! 사람들이 깊이 생각하기 시작한다면, 그것은 하나님의 은혜가 주어질 징후는 아닐지라도 성령이 역사하실 조짐을 보여주는 희망적인 징후입니다. 불신앙보다도 더 무서운 것은 아예 생각을 하지 않는 것입니다. 생각은 하는데 잘못 생각하는 사람이 아예 생각을 하지 않는 사람보다 낫습니다. 정신이 멀쩡한 사람이 하나님께 대든다면, 그것은 끔찍한 일입니다. 그러나 그런 사람에게 희망적인 사실이 있는데, 그것은 그가 완전히 잠들어 있지는 않다는 것입니다. 하나님께 대드는 이 골리앗은 이마에 돌을 맞고서 깊이 생각한 끝에 낮아질 수 있는 가능성이 있습니다. 그러나 날마다 일하고 먹고 놀며 즐기는 것 외에는 아무것도 생각하지 않는 사람들은 대체로 이미 마귀의 전유물이 되어 살아가는 사람들입니다. 그런 사람들 중에서 결국 회심하게 되는 사람은 과연 얼마나 되겠습니까? 하나님께서 청천벽력 같은 소리로 세상 사람들로 하여금 생각하게 만들어 주셨으면 좋겠습니다. 콜레라, 전염병, 전쟁, 재앙 같은 것들은 흔히 사람들에게 생각 좀 하라고 경고하시는 하나님의 음성입니다. 그러나 오늘날과 같은 평온한 때에는 사람들은 너나 할 것 없이 지옥의 입구로 몰려가면서도 거짓 평안에 현혹되어서 자신들이 안전할 줄 착각합니다.

내가 몇 년 전에 읽은 화이트크로스(Whitecross)의 「비화(秘話)」에 나오는 한 인디언 같은 사람들이 아주 많습니다. 나는 이 이야기가 실화인지 아닌지는 알지 못합니다. 미국의 큰 강에서 나이아가라 폭포로부터 얼마 떨어져 있지 않은 곳에 카누가 한 척 떠가고 있었는데, 사람들이 강둑에서 보니 그 카누에는 한 인디언이 노를 손에서 놓은 채 깊이 잠들어 있었답니다. 사람들은 이 가련한 인디언에게 곧 어떤 재앙이 닥칠지를 너무나 잘 알고 있었기 때문에 그를 깨우려고 있는 힘을 다해 소리쳤습니다. 그들은 강둑을 따라 달려가면서 큰 소리로 고함을 질렀지만, 아무 소용이 없었습니다. 그 인디언은 술을 마셨거나 너무 피곤했던지 깊이 잠에 빠져서 깨어날 기미가 없었고, 카누는 점점 더 빠르게 떠내려가고 있었습니다. 그러다가 운 좋게도 카누는 툭 튀어나온 바위에 부딪쳐서 한 바퀴 핑그르르 돌았습니다. 그러자 사람들은 서로 이렇게 말했습니다: "이제 저 사람이 깨어날 테니 안전하겠군. 저렇게 세게 부딪쳤으니, 저 사람이 반드시 깨어나서 위험에서 벗어나게 될 거야.” 그러나 인디언은 깨어나지 않았고, 카누는 굉음을 내는 폭포 근처까지 왔습니다. 카누의 속도가 너무 빨라서, 이제는 아무도 그 배를 따라잡을 수 없었고, 카누는 점점 더 빨리 소용돌이치듯 폭포를 향해 나아갔습니다. 인디언은 너무나 깊이 잠이 들어서, 굉음 같은 폭포 소리에도 깨어나지 못했던 것입니다. 마침내 그 인디언은 일어났고, 손으로 노를 잡았지만, 때는 이미 늦었습니다. 카누는 폭포 속으로 곤두박질쳐 들어갔고, 사람들은 그 인디언이 배 안에 똑바로 서 있는 모습을 마지막으로 보았고, 그 후로는 다시는 그 인디언에 대해서 보거나 듣지 못하였습니다.

　여러분 중에서 잠이 들어서 여러분을 속이는 조류에 떠밀려 내려가고 있는 분들이 있다면, 그들은 이 인디언과 같은 사람들이 아니겠습니까! 여러분이 병에 걸렸다면, 그것은 인디언의 카누를 가로막았던 툭 튀어나온 바위처럼 여러분으로 하여금 생각하게 만들기 위한 것임을 여러분은 알아야 합니다. 여러분의 힘없는 배는 툭 튀어나온 바위에 부딪쳐서 몇 번이나 돌고 또 돌았습니다. 그럴 때에 여러분의 영혼이 잠으로부터 깨어나게 되기를 빕니다. 여러분의 귀에 지옥의 굉음이 들리고, 음부에서 올라오는 저 두려운 소리가 들릴 때, 여러분은 깨어나야 합니다. 그러나 여러분이 저 죽음의 폭포가 여러분의 코 앞에 있는데도 여전히 잠들어 있다가, 이제는 피할 수 없을 때에야 깨어나서 공포에 질려 피하고자 하여도 그때는 아무 소용이 없습니다. 하나님께서 예수 그리스도로 말미암아 우리 가운데 그 누구도 이렇게 깊이 잠들어서 멸망의 세계 속으로 빠져 들어가는 일이 없게 해주시기를 빕니다. 아멘.

제
88
장

—

바다! 바다! 광활한 바다!

—

"바다도 그의 것이라 그가 만드셨고 육지도 그의 손이 지으
셨도다." — 시 95:5

이 시편은 우리에게 하나님을 향하여 기쁨으로 노래하라고 권면합니다. 우리가 육지나 바다를 찬찬히 보고 있노라면, 우리는 거기에서 위대하신 창조주를 찬송하지 않을 수 없는 수많은 이유들을 발견하게 됩니다. 물론 사람들이 육지 위를 걷는다고 하여도 저 광대한 사하라 사막을 걷고 있다면 하나님을 찬송할 마음이 나지 않을 수도 있겠지만, 땅은 하나님의 선하심으로 충만해서, 사람과 짐승을 위해 먹을 것을 낼 뿐만 아니라 사랑스럽고 향기로운 꽃들도 내는 동산 같습니다. 숲이나 들, 산이나 평야는 하나 같이 큰 소리로 하나님을 찬양합니다. 우리의 조물주 하나님을 경배하고자 하는 열심에 있어서는 바다도 결코 뒤지지 않습니다. 무지한 사람들은 바다를 무시무시한 물들이 넘실거리는 황량한 곳으로 여깁니다. 옛적에 바다를 항해하였던 우리의 선조들은 바다가 위험하였기 때문에 바다를 모든 것을 삼키는 괴물로 여기고서 무척 두려워했습니다. 그들에게 바다는 "우울한 곳," 끊임없는 슬픔과 갑작스러운 죽음이 있는 곳이었습니다. 그래서 그들은 바다를 생각하면 치를 떨었습니다. 그러나 사실 바다를 제대로 알고 있는 사람들에게 바다는 아름다움으로 충만한 곳입니다. 바다에서 이는 모든 파도는 찬란한 빛을 발합니다. 하나님이 바다를 지으셨기 때문에, 바다는 하나님의 것입니다. 그러므로 여러분은 육지에서나 바다에서나 하나님을 경배하는

것이 마땅하다는 것을 알게 됩니다. 어느 때라도 찬송이 그치지 않아야 하고, 어디에서나 경배가 낯설지 않아야 합니다. 우리가 모래 위를 여행하느냐 눈 위를 걷고 있느냐, 또는 북극해에서 항해하고 있느냐 열대지방의 바다를 지나고 있느냐 하는 것은 중요하지 않습니다. 어느 곳이든 우리는 목자장의 초장 속에 있는 것이고, 크신 왕의 궁정 안에 있는 것입니다. 땅이여, 하나님을 찬송하고, 바다의 용들과 모든 깊음들이여, 너희도 이 시편을 찬송하는 데에 동참하라. "바다와 거기 충만한 것과 세계와 그 중에 거주하는 자는 다 외칠지어다"(시 98:7).

오늘 우리는 바다만을 생각해 보는 시간을 갖고자 합니다. 만일 내가 지중해 바닷가에 있는 어느 휴양지에서 발 밑으로는 물보라가 있는 바위 틈새에 몸을 숨기고 푸른 물을 바라보며 오늘의 본문에 대해 말씀을 전한다면, 나는 훨씬 쉽고 생생하게 이 말씀을 전할 수 있을 것입니다. 거기에서라면, 나는 본문을 냉랭하게 봉독하는 것이 아니라, 손뼉을 치며 온 마음을 다하여 "바다도 그의 것이라 그가 만드셨고"라고 외치게 될 것이 분명합니다. 하지만 우리는 바다에서 불어오는 신선한 산들바람으로부터 추방되어 이 흰 절벽들로 둘러싸인 섬에서 벽돌들로 이루어진 이 거대한 바벨론에 갇혀 있는데, 여기에서는 사람들이 하나님이 지으신 세계를 거의 보지 못하고 단지 인공적인 것들만을 매일매일 보고 살아가기 때문에 하나님을 잊어버리기 쉽습니다. 그래서 이 시간만큼은 우리가 광활한 바닷가에 가서 우리 주위가 온통 끊임없이 밀려오는 파도밖에 보이지 않는 곳에 서서 이렇게 찬송하고 있다고 생각하시기를 바랍니다:

> "하나님께서 그 깊이를 알 수 없는 깊은 물들을 만드시고
> 바다들에 경계를 정해 주셨다네.
> 물만이 넘실거리는 세계들도 하나님의 것이고
> 견고한 땅들로 이루어진 세계들도 하나님의 것이라네."

오늘의 본문을 놓고 말씀을 전할 때에는 굳이 힘들여서 대지를 구분하는 수고를 할 필요가 없습니다. 우리의 첫 번째 대지는, 하나님이 바다를 지으셨다는 것이 될 것이고, 두 번째 대지는, 그런 까닭에 바다는 하나님의 소유라는 것입니다. 그리고 세 번째 대지는, 그러므로 우리는 하나님을 경배하여야 한다는 것인데, 이것은 다음 절에 나옵니다: "오라 우리가 굽혀 경배하며 우리를 지으신 여호와 앞에

무릎을 꿇자"(6절).

1. 첫째로, 바다를 지으신 분은 하나님이십니다.

누군가가 바다를 만들었습니다. 그렇다면, 하나님 외에 누가 바다를 만들 수 있었겠습니까? 우리는 무신론자인 선원을 쉽게 만날 수 있습니다. 애디슨(Addison, 1672-1719, 영국의 수필가이자 시인)은 자기가 배를 타고 항해하다가 갑판에서 불신자인 한 여행객을 만난 얘기를 우리에게 들려줍니다. 그 사람은 선장에게 무신론자로 보고되었고, 선장이나 선원들은 그대로 지나칠 수 없었기 때문에 그 사람에게 정말 그가 무신론자냐고 물었습니다. 그러자 그 사람은 자기는 신의 존재를 믿지 않는다고 말하였습니다. 폭풍이 닥쳐오자, 사람들은 전능하신 하나님을 믿지 않는 그 사람을 바닷속으로 던져야 한다고 말했습니다. 그러나 그럴 필요가 없어졌습니다. 왜냐하면, 배가 위험에 빠지게 되자, 가장 먼저 하나님 앞에 무릎을 꿇고 울며 자비를 구한 사람은 다름 아닌 자신의 생명의 위협을 느끼고서 크게 두려워하여 무신론을 벗어던지고 불신앙을 치유 받은 그 사람이었기 때문이었습니다. 얼마 전에 미국행 배를 탄 어떤 목사님이 갑판을 걷고 있다가 무신론자를 자처한 어떤 신사를 만났습니다. 그 날 밤은 기상이 몹시 좋지 않아서, 배는 맞바람을 안고 항해를 해야 했고, 이런 때에 배가 표류라도 하게 된다면, 아주 위험한 상황이 될 것이었습니다. 그래서 선장은 이렇게 말했습니다: "우리는 한시라도 방심하지 말고 계속해서 앞으로 나아가야 합니다. 배가 표류해서 빙산에 부딪치기라도 한다면, 우리는 모두 끝장입니다." 하나님을 믿고 있던 목사님은 선장의 말을 다 들은 후에, 자기는 선실로 들어가서 잠을 자야겠다고 말했습니다. 하지만 그 무신론자는 지금 이런 판국에 어떻게 편히 잠을 잘 수 있느냐며, 자기는 잠자다가 죽기 싫으니, 비록 거센 바람이 불어도 갑판에서 상황을 지켜봐야겠다고 말했습니다. 하나님을 믿지 않았던 그 사람은 혹시 죽게 되지는 않을까 걱정이 되어서 밤새도록 갑판 위에서 물에 젖어 추위에 떨면서도 초조하게 상황을 지켜보았던 반면에, 목사님은 깊이 달콤한 잠을 자고 나서 아침에 종달새처럼 상쾌하게 일어났습니다. 목사님은 갑판으로 올라가서 그 무신론자에게 다가가서 "아니, 밤을 꼬박 새우신 겁니까?"라고 말을 붙였습니다. "아, 예." 그 사람은 초췌해 보였고 언짢아 보였습니다. 목사님은 "나는 하늘에 계신 내 아버지를 믿고 잠을 푹 자서 아주 상쾌하고 힘이 납니다. 당신은 밤새 여기에서 상황을 지켜보심으로써 어떤 유익을 얻으셨나요?” 그 무신론자는 “바다로 나왔을 때에 당신 같은 신자들은 정말 걱정할 게 없다는 것을 나는 인정하지 않을 수 없네요”라고 말했습니다. 그렇고말고요. 우리 신자들은 바다에서만이 아니라 육지에서도 걱정할 것이 없습니다. 우리는 건강할 때나 병들었을 때에나 죽을 때에나 걱정할 것이 없습니다. 우리는 어떤 상황에서도, 그리고 영원토록 걱정할 것이 없을 것입니다.

하나님께서 바다를 지으셨기 때문에, 우리는 거기에서 여전히 하나님의 손길의 흔적들을 볼 수 있습니다. 전문가들은 어떤 그림을 보면 그 화풍을 보고서 어떤 화가가 그렸는지를 알 수 있습니다. 모든 사람이 다 그렇게 할 수 있는 것은 아니지만, 전문가들은 화가들마다 다른 붓 터치를 구별해낼 수 있습니다. 전문가들은 이렇게 말합니다: “이건 렘브란트(Rembrandt)의 그림입니다. 오직 그만이 그런 빛과 그림자들을 만들어낼 수 있지요. 그리고 저건 살바토르 로사(Salvator Rosa, 1615-1673, 이탈리아 바로크 시대의 화가)의 그림입니다. 나는 그 대가의 손길을 압니다.” 마찬가지로, 하나님이 지으신 것들을 탐구해온 사람들은 하나님의 작품들 속에서 크신 아버지 하나님의 손길을 느끼고서 기뻐합니다. 우리에게 성경을 주신 바로 그 고귀한 분께서는 깊은 바다를 통해서도 우리에게 자기 자신을 보여 주셨습니다. 나는 영혼의 비밀들을 계시하시는 하나님의 손길을 우리는 깊은 바다에서도 찾아볼 수 있다고 절대적으로 확신합니다. 하나님의 계명은 광활한 대양만큼이나 크고 넓어서, 우리는 하나님의 은혜를 볼 때에 마치 대서양을 봤을 때와 마찬가지로 “오, 깊도다!”라고 부르짖지 않을 수 없게 됩니다.

나는 오늘 밤 이 문제로 깊이 들어가지는 않을 것이지만, 하나님의 말씀과 전능자가 지으신 것들 사이에는 놀라울 정도의 유사점들이 존재합니다. 바다는 물들이 만들어내는 신비이고, 성경도 종종 모호합니다. 그렇지만 바다는 거울처럼 빛을 발하고, 성경에서 우리는 거울 속에 비친 것 같은 하나님을 봅니다. 성경 속에는 가장 두려운 폭풍들도 있고 아주 잔잔한 고요함도 있습니다. 바다가 크고 작은 무수한 생물들에게 자양분을 공급해 주듯이, 성경도 생명으로 충만합니다. 바다가 엄청난 힘으로 움직이듯이, 성경도 힘으로 충만합니다. 바다가 종종 물로 이루어진 빛이고, 물결들은 무수한 별들처럼 빛을 발하며 반짝이듯이, 하나님의 말씀 속에는 자신만의 어떤 독특한 빛이 존재합니다. 눈이 열린 사람들은 큰 바다에서 하나님의 지혜와 선하심과 권능과 무한하심을 모두 다 볼 수 있습니다. 하나님을 아는 사람들은 온갖 작은 물고기의 비늘에서 하나님의 손길을 볼 수 있습니다. 그들은 불가사리나 게를 집어 올릴 때에 그것들의 아주 작은 부분까지 섬세하게 지으신 대가의 손길을 느낍니다. 여러분이 아주 섬세하게 광택을 낸 아름다운 바늘 하나를 집어 들어서 현미경으로 보면, "이건 사람이 만든 거군"이라고 말할 수밖에 없게 됩니다. 왜냐하면, 현미경으로 인해서 그 바늘의 세부적인 부분이 드러나서, 그 바늘은 마무리가 거친 쇳조각처럼 보이기 때문입니다. 그러나 여러분이 해초의 주름장식이나 새우의 눈을 현미경으로 보았을 때에는, "이건 사람이 결코 만들 수 없는 것이야, 아무도 이렇게 만들 수는 없어, 완벽해!"라고 그 즉시 찬탄을 금할 수 없게 됩니다. 나는 더 이상 자세하게 설명하지는 않겠지만, 하나님이 지으신 것들을 잘 아는 사람들은 바다가 하나님이 지으신 것임을 즉시 알아볼 것임을 확신합니다. 늘 변하면서도 똑같다는 것, 경외감을 불러일으킬 정도의 장엄함과 엄청난 힘, 헤아릴 수 없는 신비, 파도들과 고요함과 폭풍우들은 그 누구도 당해낼 수 없는 힘을 지닌 손길, 그 누구도 알 수 없는 지성이 바다를 짓는 데에 관여하였음을 보여줍니다.

하나님께서는 바다를 지으셨기 때문에, 여러분은 거기에서 하나님의 지혜를 볼 수 있습니다. 철학자들은 바다에는 거기에 마땅히 있어야 할 만큼의 물이 있는 것일 뿐이고, 그 이상은 아니라고 우리에게 말합니다. 만일 바다가 지금보다 두 배나 더 크다면, 우리는 살 수 없게 될 것입니다. 그리고 만일 바다가 지금보다 더 작아진다면, 세계는 너무 메마르고 건조해서 인간이 살기에 적합하지 않게 될 것입니다. 육지와 물은 아주 작은 부분까지 서로 균형을 이루고 있어서, 어느 쪽이 더 많아지거나 적어질 수 없습니다. 물질의 관계와 비례는 고정되어 있어서 변할 수 없습니다. 물질의 결합은 변할 수 있겠지만, 요소들의 전체적인 양은 만물이 사라져 없어질 때까지 일정합니다. 바다는 염분으로 되어 있어서 썩지 않습니다. 바다는 고인 물이 아니라 조류를 따라 움직이기 때문에 썩지 않습니다. 바다는 증발하기 때문에 너무 많이 불어나서 땅을 뒤덮는 일이 일어나지 않습니다. 이 모든 것들은 하나님의 지혜를 보여주는 예들입니다. 만일 바닷물의 염도가 지금보다 높아지거나 낮아진다면, 수많은 물고기들이 죽을 것이고, 대양의 부력도 달라질 것입니다. 대양의 규모와 풀잎에 맺히는 이슬은 서로 관계가 있고, 태풍과 여름철의 모기의 수도 서로 관계가 있습니다. 우리는 바다를 더 많이 연구할수록, "오, 하나님이여, 주의 길이 바다에 있고 주의 곧은 길이 큰 물에 있나이다"(cf. 시 77:19)라고 말할 수밖에 없게 될 것입니다.

거센 파도가 출렁이며 굉음을 낼 때의 그 굉장한 힘을 부정할 사람은 틀림없이 아무도 없을 것입니다. 우리는 거기에서 엄청난 힘을 봅니다. "여호와여 큰 물이 소리를 높였고 큰 물이 그 소리를 높였으니 큰 물이 그 물결을 높이나이다 높이 계신 여호와의 능력은 많은 물 소리와 바다의 큰 파도보다 크니이다"(시 93:3-4). 우리가 파도에 의해서 해안이 침식되고, 파도 앞에서 아무리 단단한 바위도 점점 닳아 없어지는 것을 볼 때, 우리가 거대한 배가 큰 파도 앞에서 장난감처럼 위아래로 요동치는 가련한 모습을 보거나 큰 배들이 폭풍에 휩쓸려서 가벼운 깃털처럼 바닷속으로 침몰했다는 소식을 들을 때, 우리는 바다를 다스리시는 전능하신 하나님 앞에 엎드릴 수밖에 없게 됩니다. 그렇지만 하나님의 선하심은 거기에도 있습니다. 바다는 수많은 큰 은택을 베푸는 존재입니다! 만일 바다가 없다면, 구름이 어디에서 생겨나고, 비가 어디에서 생겨나며, 우리가 어떻게 추수할 수 있겠습니까? 바다는 거기에 사는 물고기들로 수많은 사람들을 먹여 살리고, 교역 길을 제공해서 아주 많은 사람들을 부요하게 만들어 줍니다. 전에는 바다가 나라들을 나누어 서로 교역하지 못하게 만드는 장애라고 생각되었지만, 지금은 바다는 나라들의 교역을 촉진시키는 대로가 되었고, 온 땅을 하나로 묶어주는 황금 벨트가 되었습니다. 특히 영국은 다른 어느 나라들보다도 바다에서 하나님의 선하심을 보아야 할 이유를 지니고 있습니다. 만일 영국 해협이 우리를 대륙으로부터 분리해 놓지 않았더라면, 아마도 우리는 한 나라로 지금까지 남아 있을 수조차 없었을지도 모릅니다. 만일 하나님께서 바다에게 우리를 둘러싸라고 명하지 않으셨다면, 십중팔구 우리는 자유국가나 개신교 국가가 될 수 없었을 것입니다:

> "영국이여, 네 전능하신 하나님을 찬송하고
> 하나님의 영광을 널리 알릴지어다!
> 하나님께서 그 어떤 놋 빗장보다도 더 견고하게
> 큰 바다를 명하여 너를 둘러 흐르도록 명하셨느니라."

하나님께서 옛 영국을 바다 가운데의 여왕처럼 두셔서 폭군의 권세를 비웃게 하신 것에 대하여 모든 영국민들의 마음을 하나님께 감사하는 마음으로 가득하게 해주시기를 빕니다. 하나님의 모든 속성은 바다에서 빛을 발합니다. 물론, 하나님의 좀 더 영적이고 보배로운 속성들은 우리 주 예수 그리스도 속에서 아주 분명하게 나타나기 때문에, 바다에서는 단지 희미하게만 볼 수 있을 뿐이지만 말입니다. 바다는 그리스도 예수의 발 앞에 온전히 엎드려 잠잠할 수밖에 없는 존재입니다! 그렇지만 우리의 눈이 더 밝아져서 하나님이 지으신 모든 것 속에서 하나님의 영광을 더 분명하게 볼 수 있게 될 때, 우리는 바다에서도 하나님의 좀 더 영적이고 보배로운 속성들조차도 어느 정도 볼 수 있게 될 것입니다. 그때가 되면, 우리는 바다가 들려주는 말에 귀를 기울이게 될 것이고, 바다가 다음과 같은 존재라는 것을 알게 될 것입니다:

> "바다는 그 고상한 입술로 하나님을 전하는 열렬한 웅변가이고,
> 파도들은 하나님이 계시다는 것을 증명해 주는 변론들이라네."

하나님께서는 바다를 지으셨습니다. 나는 이 사실을 묵상하는 것을 좋아합니다. 왜냐하면, 그러한 묵상은 우리를 하나님께로 아주 가까이 데려다 주기 때문입니다. 저기 우리 발 옆에 하나님이 창조하신 푸른 파도들이 있습니다. 여러분에게 자신의 사랑하는 친구가 만든 것이어서 여러분이 아주 소중히 여기는 물건들이 있을 때에, 여러분은 "나는 그 물건들을 볼 때마다 그 친구가 내 곁에 있는 것 같이 느껴져"라고 말할 것입니다. 마찬가지로, 하나님이 지으신 것들은 우리로 하여금 하나님이 우리에게서 멀리 계시지 않는다고 느끼게 만듭니다. 문고 파크(Mungo Park, 1771-1806, 스코틀랜드 탐험가)는 아프리카 사막에서 조그만 이끼를 보고서, 하나님이 그 이끼를 지으셨고, 창조주 하나님께서 거기에도 계셔서 그 작은 푸른 생물을 지켜보고 계신다는 것을 생각하고서 마음에 큰 기쁨과 위로를 얻었다고 합니다. 자, 그러니, 나의 친구들이여, 바닷가에 서서 스스로에게 이렇게 말해 보십시오: "바다는 하나님이 만드셨으니 하나님의 것이다. 하늘에 계신 나의 아버지께서 만드신 것이 여기에도 있다. 하나님은 이 파도들에도 자신의 발자취를 남기셨다. 하나님은 여전히 여기에 계시고, 하나님의 능력은 영원토록 역사하신다." 바다의 뛰는 심장은 그 끊임없는 조류와 함께 하나님이 지금 살아 계신다는 사실을 증거하고, 하나님의 명령에 따라 바다가 앞으로 나아왔다가 뒤로 물러나기를 반복하는 것은 하나님의 위엄을 증거합니다. 왜냐하면, 하나님께

서는 "네가 여기까지 오고 더 넘어가지 못하리니 네 높은 파도가 여기서 그칠지니라"(욥 38:11)고 말씀하기 때문입니다.

바다를 항해하는 나의 친구들 중에서 다수는 흔히 홀로 저 망망한 대해에 있을 때에 자신이 하나님과 가까이 있다고 느꼈을 것이라고 나는 믿습니다. 하나님은 랫클리프 길(Ratcliff Highway, 런던 동쪽 끝에 있는 1마일 길이의 길)에도 계시지만, 거기에서 하나님을 찾기는 아주 어렵습니다. 우리는 거기에서 하나님의 흔적을 발견하는 것보다 5분만에 귀신 50명을 찾는 것이 더 쉽습니다. 왜냐하면, 거기에는 술주정뱅이들의 소굴이 있고, 거기에서는 사람들이 자주 강도를 당하거나 죽으며, 솔로몬이 "오직 어리석은 자는 죽은 자들이 거기 있는 것과 그의 객들이 스올 깊은 곳에 있는 것을 알지 못하느니라"(잠 9:18)고 말한 사창가가 거기에 있기 때문입니다. 그러나 망망한 바다로 나아가면, 선원들은 건물 벽의 타일 조각들이나 굴뚝 꼭대기의 통풍관들이 떨어질 위험으로부터 자유롭습니다. 또한, 그들은 육지에서 그들을 괴롭혔던 많은 유혹들로부터도 자유롭습니다. 바다 한가운데서 여러분이 갑판 위에서 혼자 왔다 갔다 하면서 밤하늘의 밝은 별들을 올려다보았을 때에 자주 '하나님이 지금 내 곁에 아주 가까이 계시는구나'라고 생각했을 것입니다. 나는 함부르크(Hamburg)로 가기 위해 배를 타고 항해하는 도중에 밤중에 선장과 함께 뒤편 갑판에 서 있는데, 갑자기 돛과 삭구(索具)를 비롯해서 배 전체에 빛이 쏟아져 내려와서 환히 비쳤습니다. 이런 일은 내게 처음이었습니다. 순간적으로 배는 불길에 휩싸인 것처럼 보였습니다. 그리고 나서는 곧 빛이 사라졌습니다. 내가 "이게 무슨 일이죠?"라고 묻자, 선장도 마찬가지로 "이게 무슨 일이죠?"라고 말했습니다. 나나 선장이나 무슨 영문인지를 알 수 없었지만, 우리는 경외감에 사로잡혔습니다. 선원들은 이런 일들, 즉 우리 같은 "육지 사람들"은 결코 생각지도 못한 그런 기이한 일들을 자주 겪습니다. "배들을 바다에 띄우며 큰 물에서 일을 하는 자는 여호와께서 행하신 일들과 그의 기이한 일들을 깊은 바다에서 보나니"(시 107:23-24). 하나님은 바다 위를 항해하는 사람들에게 아주 가까이 느껴집니다. 바다가 끊임없이 철썩이며 내는 소리와 바람이 끊임없이 윙윙거리는 소리는 수백 대의 대포가 일제사격 하는 소리를 집어삼키고도 남습니다. "여호와의 소리가 물 위에 있도다 영광의 하나님이 우렛소리를 내시니 여호와는 많은 물 위에 계시도다"(시 29:3). 거센 파도로 인해 사람들이 하늘까지 솟아올랐다가 또다시 저 깊은 곳으로 내려갈 때, 하나님은 그들에게 가까이 계시고, 그들은 환난 속에서 하나님께 부르짖습니다. 바다는 흔히 사람들로 하여금 이렇게 찬탄하게 만들어 왔습니다:

> "크신 하나님, 주는 얼마나 무한하신지요!
> 하지만 우리는 얼마나 무가치한 벌레들인지요!"

하나님이 바다를 만드셨다는 사실은 우리에게 더 자신 있게 바다로 나아갈 수 있는 용기를 줍니다. 우리는 왕의 대로에 우리 자신을 의탁해도 괜찮겠구나 하고 느낍니다. 우리는 예수께서 가신 곳, 하나님께서 다스리시는 곳을 안심하고 다닐 수 있습니다: "여호와께서 홍수 때에 좌정하셨음이여 여호와께서 영원하도록 왕으로 좌정하시도다"(시 29:10). "하나님을 사랑하는 자 곧 그의 뜻대로 부르심을 입은 자들에게는 모든 것이 합력하여 선을 이루느니라"(롬 8:28)는 말씀처럼, 우리에게는 악을 이루는 일은 단 하나도 없습니다. 바다는 하나님이 지키시고자 하시는 자들을 멸할 수 없습니다. 바다가 그 폭풍우로 우리의 목숨을 앗아간다고 할지라도, 그것은 우리를 천국 문에 데려다 주는 것이 아니고 무엇이겠습니까? 영광으로 나아갈 때에 바닷길을 통해서 가든 육로를 통해서 가든 그런 것은 문제가 되지 않습니다. 아마도 바다에서 익사하는 쪽이 육지에서 뼈가 부러지거나 고통을 당하면서 죽는 쪽보다 더 편안한 죽음일 수도 있습니다. 호주나 미국으로의 이민을 앞두고서 저 무시무시한 바다를 어떻게 건너나 걱정이 되어서 오늘 밤에 잠자리가 편하지 않을 것 같은 분들은 용기를 내시고 담대해지십시오. 여러분의 주님께서도 갈릴리 바다를 건너셨고, 제자들도 주님과 함께 했습니다. 주님과 제자들이 탄 배를 비롯해서 어두운 갈릴리 바다의 넘실거리는 파도 위에 있던 모든 작은 배들은 거센 폭풍을 만났지만 다 무사했습니다. 바다를 주관하시는 해군장관이신 우리 주님은 모든 함대를 안전하고 무사하게 항구에 도착하게 하셨습니다. 주님은 지금도 자신의 그런 직위나 권세를 버리시거나 잃으신 것이 아니기 때문에, 주님과 함께 항해하는 모든 자들을 구원하십니다. 그 어떤 폭풍이나 태풍도 주님이 지키시는 영혼을 난파시킬 수 없습니다.

이것은 우리로 하여금 바다 밑에 수장된 사람들에 대해서 안심하게 만들어 줍니다. 나는 내가 알고 있던 한두 사람에게서 "목사님, 그들의 시신을 찾았더라면 이렇게 걱정하지도 않을 텐데요"라고 말하는 것을 들었습니다. 나는 사람들이 바다에 수장된 그들의 시신을 찾지 못한 것에 대하여 마음 아파하는 것은 자연스러운 일이라고 생각하긴 하지만, 사람들의 그런 심정에 별로 공감하는 것은 아닙니다. 바다는 하나님의 것이기 때문에, 하나님께서 마련해 주신 가장 신성한 안식처, 묘지 관리인의 삽 때문에 죽은 사람들의 뼈가 손상될 염려도 없는 그런 안식처에 누워 쉬는 자들은 복 있는 사람들입니다. "진주들이 널려 있는" 깊은 바다보다 우리가 누워 쉴 수 있는 곳으로 더 좋은 곳이 과연 어디에 있겠습니까? 또한, 거기에는 이미 수많은 사람들이 누워 쉬고 있지 않습니까? 부활의 나팔 소리가 울릴 때, 바다는 자기가 품고 있던 죽은 자들을 내어줄 것이고, 수많은 사람들이 심판을 받기 위해서 마치 "유리 바다"(계 4:6)에 서는 듯이 파도 위에 서 있게 될 것입니다. 하나님의 말씀 한 마디에 그들 중 상당수는 다시 살아나서 큰 바다의 동굴들에서 나와 자신의 영원한 보좌에 앉게 될 것입니다. 그들의 몸은 물고기 밥이 되었거나 끊임없이 밀려오는 물결에 의해 원자들로 다 분해되었겠지만, 하나님의 말씀 한 마디에 형체가 재구성되고 생명이 되돌아와서 그들은 살아나게 될 것입니다. 그런 후에, 그들은 죽기 전에 "내가 알기에는 나의 대속자가 살아 계시니"(욥 19:25)라고 말했던 바로 그 하나님을 자신의 육체 가운데서 보게 될 것입니다(cf. 욥 19:26). 바다에서 죽게 될까봐 걱정하고 고민하지 마십시오. 여러분은 어디에서든 한 번은 죽을 수밖에 없습니다. 여러분은 선장에게 바다에 나가는 것이 두렵냐고 물었던 한 사람에 관한 이야기를 아십니까? 그때에 선장은 "난 두렵지 않아요"라고 말하며, "내가 두려워할 이유가 뭔데요?"라고 반문했습니다. 그러자 그 육지 사람은 "바다는 위험하잖아요"라고 말하고서는, "당신의 아버지는 어디에서 돌아가셨나요?"라고 물었습니다. "내 아버지는 바다에서 돌아가셨죠." "당신의 할아버지는 어떻게 돌아가셨나요?" "내 할아버지도 바다에서 돌아가셨어요." "당신의 증조할아버지는요?" "내 증조할아버지도 바다에서 돌아가셨다고 들었어요." "그런데도 당신은 바다로 나가는 게 두렵지 않다고요?" 선장은 "두렵지 않아요"라고 대답한 후에, 그 육지 사람에게 "당신의 아버지는 어디에서 돌아가셨나요?"라고 물었습니다. "내 아버지는 침상에서 돌아가셨죠." "당신의 할아버지는 어디에서 돌아가셨나요?" "그분도 침상에서 돌아가셨죠." "그러면, 당신의 증조할아버지는 어디에서 돌아가셨나요?" "내가 알기로는, 그분도 침상에서 돌아가셨죠." "그래서 당신은 침상으로 가는 것이 두려우시던가요!" 이 문제를 이런 식으로 보는 것은 건전하고 합당합니다. 우리는 하나님이 정하신 때가 되기 전에는 죽지 않습니다. 우리의 목숨은 하나님의 손에 달려 있습니다. 여러분은 이 이야기를 듣고 아마 미소를 지을 것입니다. 나는 여러분이 죽음에 직면해서도 그런 밝은 표정과 미소를 유지하시면서 자기 자신에게 이렇게 말하기를 바랍니다: "내 마음아, 평안하라. 하나님이 정하신 때가 온 것이라면, 나는 기꺼이 내 영혼을 믿음직한 창조주의 손에 맡겨드리리라. 내가 바닷속에 빠진다고 해도, 나는 내 아버지의 손 안으로 들어가는 것일 뿐이다. 하나님은 큰 바다를 자신의 손바닥 안에 담고 계시는 것이기 때문이다." 이상으로 우리는 첫 번째 대지, 즉 하나님이 바다를 만드셨다는 것에 대하여 살펴보았습니다.

2. 둘째로, 하나님은 바다를 소유하고 계십니다.

바다를 만드신 분은 하나님이시기 때문에, 바다는 하나님의 것입니다: "바다도 그의 것이라 그가 만드셨고." 사람의 경우에는 자기가 만들었다고 해서 다 자신의 것이 되는 것은 아닙니다. 많은 일꾼들이 다양한 물건들을 만드는 일에 종사하지만, 그렇게 해서 그들이 만들어낸 물건들은 그들의 것이 아니라 주인의 것이 됩니다. 그 이유는 그 물건들을 만드는 데 사용된 원료들이 주인의 것이기 때문입니다. 그러나 하나님께서는 아무것도 없는 무에서 바다를 만드셨습니다. 하나님이 이 세계를 만드실 때에 어떤 원료들이 준비되어 있었던 것이 아닙니다. 전능하신 하나님이 말씀으로 이 세계를 창조하신 것입니다. 하나님께서는 무에서 모든 것을 만드셔서 바다를 채우셨기 때문에, 거기에 있는 모든 것이 하나님의 것입니다. 지금 이 순간에도 바다의 물결들 가운데 하나님 외에 다른 누군가가 만든 물결은 단 하나도 없고, 바다를 구성하고 있는 모든 것들도 오직 하나님에 의해서 만들어진 것들뿐입니다. 그러므로 하나님께서는 한 쪽 해안에서 반대편 해안에 이르기까지의 큰 바다를 자신의 것이라고 하십니다. 누가 하나님의 이러한 소유권 주장에 대하여 의문이나 이의를 제기할 수 있겠습니까? 하나님께서는 전에 바다를 소유하셨을 뿐만 아니라 지금도 소유하고 계십니다. 하나님은 큰 바다를 어느 민족이나 나라에 양도하신 적이 없습니다. 다윗은 "바다도 그의 것이라"고 말했고, 지금도 여전히 바다는 하나님의 것입니다. 그리고 앞으로도 늘 바다는 하나님의 바다일 것입니다!

그러나 바다는 인간의 것이기도 합니다. 하나님께서는 사람을 지으신 후에 거의 가장 먼저 하신 말씀이 바다의 물고기를 다스리게 하시기 위하여 사람을 지으셨다는 것이기 때문에, 우리로 하여금 바다로 나가게 하고자 하신 것이 분명합니다. 만일 우리가 바다로 나가지 않는다면, 어떻게 우리가 바다의 물고기를 주관하고 다스릴 수 있겠습니까! 해안에서 수천 마일이나 떨어진 바닷속에도 물고기들이 있기 때문에, 만일 선원이 깊은 바다를 항해하지 않는다면, 사람이 "바다의 물고기와 바닷길에 다니는 것들"(시 8:8)을 다스린다고 할 수 있겠습니까? 하나님께서는 사람을 지으실 때에 농부가 되게 하고자 하신 것과 마찬가지로 어부도 되게 하고자 하신 것입니다. 하나님께서는 사람으로 하여금 육지의 땅을 기경할 뿐만 아니라 바다의 파도도 기경하게 하고자 하셨습니다. 사실, 현재의 우리 인류는 모두 새로운 요람 역할을 했던 한 거대한 배, 즉 노아의 방주에서 생겨났습니다. 인간은 바다를 다스리지만, 바다는 여전히 하나님의 것입니다. 인간은 하나님이 보내신 총독이고, 진짜 왕은 하나님이십니다. 인간은 하나님 아래에서 일하는 소작인이기 때문에 하나님께 감사와 경배라는 소작료를 지불해야 합니다. 바다의 소유권은 여전히 하나님께 있는 까닭입니다. 총독이 인도나 아일랜드를 다스린다고 해도, 인도와 아일랜드는 여전히 여왕의 것입니다. 마찬가지로, 사람이 바다의 물고기를 다스린다고 해도, 그것은 단지 위임된 권세일 뿐이고, 바다는 여전히 하나님의 것입니다.

이교도들이 말해 왔듯이, 큰 바다는 바다의 신 넵튠(Neptune)의 것이 아닙니다. 바다의 신 넵튠이 존재한다고 생각하는 것은 망상일 뿐입니다. 우상 숭배자들은 자신들이 섬기는 신들에게 여러 영역들을 분배해 놓았습니다. 그래서 그들에게는 하늘과 구름과 땅과 바다를 다스리는 신들이 각각 따로 있습니다. 그러나 우리는 오직 유일하신 한 분 하나님이 계신다는 것을 압니다. 바다는 넵튠의 것이 아니라 여호와의 것입니다.

우리는 종종 "브리타니아(Britannia) 여신이여, 다스리소서! 브리타니아 여신이 바다를 다스리신다"고 노래하지만, 그 말은 사실이 아닙니다. 브리타니아 여신이 아니라 여호와께서 바다를 다스리십니다. 애국가는 어떤 의미에서 큰 진리를 표현하고 있는 것은 사실이기 때문에, 나는 애국가를 반대하는 것이 아닙니다. 그러나 우리는 모두 브리타니아라는 거대한 전함에 승선해 있지만, 바다 위에서 폭풍이 몰아칠 때에 "유니언 잭"(Union Jack, 영국 국기)이 우리를 구원할 수 없다는 것을 압니다. 그때에는 여호와께서 개입하셔서, 파도에게 잠잠하라고 명하셔야 합니다. "바다도 그의 것이라 그가 만드셨고."

나는 종종 바다를 보면서, 바다가 탐욕스러운 인간의 것이 아니라 크시고 너그러우신 하나님의 것이라는 사실을 생각하면 무척 즐거워집니다. 여기 육지에서는 모든 땅 조각들이 다 누군가의 소유가 되어 있어서 울타리가 쳐져 있고, 각각의 땅 주인들은 자기 땅을 다른 사람들이 지나다니지 못하게 하려고 애를 씁니다. 예전에는 마을에 드넓은 공유지가 있어서, 가난한 사람들도 적어도 거기에서 거위를 키우며 살 수 있었습니다. 그러나 땅 한 뼘이라도 남김없이 자신의 것으로 만들어서 거기에 울타리를 쳐놓을 때까지는 결코 쉬지 않는 사람들이 많았습니다. 오늘날 여러분은 어느 곳을 걸어도 "외인 출입금지"라는 팻말을 쉽게 볼 수 있습니다. 누구나 다 특별한 허가 없이 오를 수 있어야 할 산들과 동산들에는 사람들이 들어오지 못하도록 울타리가 쳐져 있습니다. 사람들은 땅 한 뼘의 소유권이 누구에게 있느냐를 놓고 여러 해를 싸웁니다. "하늘은 여호와의 하늘이라도 땅은 사람에게 주셨도다"(시 115:16). 사람들은 땅을 차지하려고 싸우고, 땅을 나누어 가집니다. 하지만 그런 탐욕이 바다에서는 통하지 않습니다. 바다에서는 구역을 나누거나 울타리를 치거나 구덩이를 파거나 담을 쌓을 수 없습니다. 바다에는 영주들이 없고, 바다는 영원히 그 어떤 사람들의 소유가 아닌 공유지로 남아 있어서, 누구나 다 자유롭게 사용하게 될 것입니다. "바다도 그의 것이라 그가 만드셨고." 국제법에 의하면, 해안으로부터 몇 마일까지의 바다는 그 바다에 접한 나라의 영해라고 하지만, 먼 바다에 나가면 국적은 아무 상관이 없게 됩니다. 바다는 영국의 것도 아니고 프랑스의 것도 아니며, 네덜란드나 미국의 것도 아닙니다. 큰 바다에서는 그 어떤 배도 결코 침입자가 되지 않습니다. 바다의 고래들이 그 주인의 영지에서 빠져나가지 못하도록 가두어 두어야 한다고 생각한 사람은 아무도 없었습니다. 바다라는 초장은 모든 물고기를 위한 것입니다. 물고기들은 어느 해안이든지 자기가 원하는 곳으로 가서 거기에서 먹을 수 있습니다.

"바다도 그의 것이라"는 말씀은 마치 우리가 모든 굴레를 벗어 버리고 바다 새처럼 새장이나 새 사냥꾼의 올무에 대한 걱정 없이 마음껏 날아올라도 될 것 같은 홀가분하고 기쁜 자유로움을 우리에게 줍니다. 우리가 사람의 흔적을 한 번도 본 적이 없고 하나님을 모독하는 소리를 한 번도 들어본 적이 없는 청정한 큰 바다의 파도들을 타고 날아오를 수 있다면, 얼마나 좋겠습니까! 우리의 해방된 영혼이 파도 위에서 춤추거나 파도 아래로 다이빙 하는 것을 누가 방해할 수 있겠습니까? 우리가 이 답답한 집들과 비좁은 거리들에서조차도 그러한 자유로운 영혼을 늘 지니고 살아갈 수 있게 되기를 빕니다. 우리는 욕심을 부리고 비천해지고 마음이 좁아져서는 안 됩니다. 우리는 모든 일들 속에서 우리 자신의 주변에 울타리를 쳐서는 안 되고, 다른 사람들도 우리의 복에 참여할 수 있기를 바라야 합니다. 우리가 바닷가의 모래처럼 넓은 마음을 지니게 되고, 측량할 수 없는 바다처럼 큰 사랑을 지니게 되기를 빕니다.

　　"바다도 그의 것이라." 이러한 선포는 다른 모든 주장들을 잠재워 버립니다. 바다는 하나님의 것입니다. 그러므로 바다 위에서 우리가 경배해야 할 분은 오직 하나님뿐입니다. 조용히 하십시오! 조용히 하세요! 여기가 어디라고, 지금 뭘 하고 계시는 겁니까? 하나님의 것인 바다 위에서 하나님을 욕하고 있다니요! 육지에 닿을 때까지 멈추십시오. 해변에 닿을 때까지, 하나님이 바로 여러분 곁에 있지 않은 곳을 발견할 때까지 멈추십시오. 하나님의 면전에서 하나님을 욕하는 것은 미친 짓이니까요! 여러분은 하나님의 것인 바다 위에서 하나님을 모욕하고자 하는 것입니까? 절대로 그렇게 하지 마십시오. 바다가 하나님의 것임을 명심한다면, 여러분은 자신의 언행을 조심하게 될 것입니다. 어떤 사람이 길거리로 나와서 마음 내키는 대로 이리저리 돌아다닐 때에는 흔히 많은 자유를 가질 수 있습니다. 그러나 친구 집에 초대를 받았다면, 시끄럽게 떠들어대며 제 마음대로 행동하는 것이 아니라, 자신의 말과 행동거지를 조심하게 됩니다. 만일 우리가 여왕과 함께 하는 정찬에 초대를 받았다면, 우리는 초긴장을 해서, 친구들에게 "잭, 궁전에 가서는 어떻게 처신해야 하지?"라고 진지하게 묻게 될 것입니다. 그리고 실제로 궁전에 가서는 언행을 조심해서 점잖게 행하려고 무척 신경을 쓸 것입니다. 마찬가지로, 바다에서도 여러분은 자신의 언행을 특히 조심해야 합니다. 왜냐하면, 여러분이 있는 곳은 하나님이 바로 옆에 계시는 곳이기 때문입니다. 하나님께서는 여러분이 무엇을 생각하는지를 아실 수 있으시다는 것을 기억하고서, 여러분은 자신이 무엇을 생각하고 있는지에 신경을 써야 합니다. 여러분이 바다 위에 있다면, 여러분은 하나님의 집 안에 있는 것입니다. 그러므로 여러분은 거룩해야 합니다. 왜냐하면, "거룩함이 주의 집에 합당하기"(시 93:5) 때문입니다. 바다에는 큰 왕의 보좌가 있고, 그 주변에는 수정 길이 있습니다. 수정 길이란 유리 같은 바다를 의미합니다. 선원 여러분들은 자신을 하나님의 조신이라 여겨야 합니다. 하나님께서는 여러분을 그에게 아주 가까이 오게 하셔서 그의 영광을 다른 사람들보다도 더 분명하게 볼 수 있게 허락하셨습니다. 나는 여러분이 자신의 위치를 이런 관점으로 생각하게 되었으면 좋겠습니다.

나는 하나님이 여러분을 존귀한 자리로 부르셨다는 것을 여러분이 생각하고서 그 부르심을 소중히 여겼으면 좋겠습니다. 사람은 자신의 직업상 악하게 행할 수밖에 없다고 생각하게 되면 반드시 악을 저지르게 됩니다. 그러나 자기에게는 거룩하게 살아야 할 책무가 있다고 생각할 때에는 거룩하게 살고자 하게 되고, 하나님의 도우심으로 실제로 거룩하게 살게 됩니다. 하나님의 것인 바다 위에서 일하는 여러분, 만일 하나님을 거역하고 반역하고자 한다면, 큰 왕의 영지인 바다를 떠나십시오. 하나님의 면전에서 죄를 짓는 무모한 짓을 하지 마십시오. 그러나 여러분이 어디로 가겠습니까? 여러분이 새벽 날개를 타고 바다 끝까지 날아간다고 해도, 여러분은 여전히 하나님의 궁정 안에 있는 것입니다.

또한, 우리는 본문을 또다른 시각에서 바라볼 수도 있습니다. 바다는 하나님의 것입니다. 그러므로 나는 바다로 나간 기회에 하나님께 내 죄를 고백할 수 있고, 하나님은 나의 회개기도를 들어주실 것입니다. 왜냐하면, 하나님은 거기에 계시니까요. 나는 회개의 눈물을 흘릴 것이고, 하나님은 그런 나를 보아주실 것입니다. 왜냐하면, 하나님은 거기에 계시니까요. 바다에 나갔을 때에 나는 "내 아버지여"라고 부르짖을 수 있고, 하나님은 자신의 자녀의 기도를 들으실 것입니다. 형제들이여, 여러분은 바다에서 예수를 발견할 수 있을 것입니다. 왜냐하면, 예수께서는 바다에 익숙하신 분이셨고, 뱃사람들의 친구이셨기 때문입니다. 갈릴리 바다는 예수의 음성을 잘 알고 있었고, "주여 구원하소서 우리가 죽겠나이다"(마 8:25)라는 제자들의 기도에 예수께서 응답하시는 것을 보았습니다. 여러분 주변의 바다는 여러분이 기도하는 것을 듣기를 기다리고 있고, 깊은 물에서 하나님이 베푸시는 이적들을 보고 싶어 하고 있습니다.

나는 앞에서 "바다도 그의 것"이라고 할 때에 여러분에게 "조용히 하라"고 말씀드렸지만, 이제 여기에서도 그 말을 반복해야 할 것 같습니다. 왜냐하면, 하나님께서는 바다를 통해서 자기 자신을 계시하시기 때문입니다. 그러므로 여러분은 조용히 하고서 경외심을 가지고 지켜보십시오. 나는 많은 사람들이 비록 구속주와 그의 구원을 알지 못한다고 할지라도 바다 위에서 하나님에 대하여 많은 것을 배워 왔다는 것을 조금도 의심하지 않습니다. 나는 선원들이 모두 다 날마다 천국의 헌장인 성경을 읽게 되기를 바라지만, 저 복된 책을 읽지 않은 많은 사람들도 파도 속에서 경고와 소망의 교훈들을 배웠을 것입니다. 폭풍우 속에서 하나님의 음성을 들으십시오. 여러분이 가까스로 죽음을 모면한 일들 속에서 하나님이 경고하시는 음성을 들으십시오. 여러분이 가까스로 목숨을 건지게 된 일들 속에서 하나님이 들려주시는 구원의 소망을 들으십시오. 바다는 하나님의 것입니다. 여러분이 바다의 투명하고 깨끗한 수면 위를 미끄러져 가는 동안에 여호와의 책을 읽으시고, 여호와의 보좌 앞에 무릎을 꿇으며, 여호와의 아들을 의지하고, 여호와께 끊임없이 감사의 제사를 드리십시오.

나는 바다가 하나님의 것이기 때문에 선원들도 하나님의 것이라고 생각합니다. 만일 선원들이 하나님의 것이 아니라면, 그들은 침입자들일 것입니다. 사람들은 자신의 양 떼를 자기 소유의 초장에서 먹입니다. 하나님의 소유인 바다에서도 하나님의 것인 선원들이 활동해야 하지 않겠습니까? 게다가, 하나님이 바다를 만드셨기 때문에 바다가 하나님의 것이라면, 여러분도 하나님이 지으셨기 때문에 하나님의 것입니다. 여러분은 하나님이 지으신 존재들이고, 그렇기 때문에 하나님의 소유입니다. 하나님은 여러분에 대한 소유권을 주장하십니다. 그런데 여러분은 하나님의 소유권을 반박하고자 하십니까? 나는 여러분이 큰 바다의 맑고 깨끗한 얼굴 위에 있는 오점이라고 생각하고 싶지 않습니다. 하나님은 모든 바다를 지켜보고 계시고, 지금 해안에서 해안으로 항해하는 흰 돛단배들과 기선들을 보고 계시면서, 이렇게 말씀하고 계십니다: "바다는 모두 나의 것이지만, 폭풍을 헤쳐 나가는 저 사람들은 나의 것이 아니다. 나는 그들을 지켜 주고 있지만, 그들은 나를 결코 생각하지 않는구나. 나는 계속해서 그들에게 구원의 메시지를 보내지만, 그들은 들으려 하지 않는구나. 물고기와 새는 때를 아는데, 사람은 나를 거슬러 반역하는구나." 나는 이런 것을 생각하면 참을 수가 없습니다. 나는 바다 위의 모든 배가 방주가 되고, 모든 선원이 노아가 될 그 날을 고대합니다.

선원 여러분, 여러분은 지금 무엇을 하고 있습니까? 여러분 중에는 내가 그 어떤 것도 안심하고 맡길 수 있는 그런 분들이 많습니다. 내가 나의 금괴나 지갑 속에 얼마가 있는지를 확인하지 않고 맡겨도, 여러분은 그것을 고스란히 내게 돌려줄 것이라고 나는 믿습니다. 여러분은 정직하지 못한 것을 미워하기 때문에 거짓말을 하려고 하지 않습니다. 여러분은 그 어떤 사람도 두려워하지 않고 대담하게 자신의 생각을 말합니다. 그렇지만 여러분 중에는 하나님의 것을 도둑질하는 사람들이 있습니다! 여러분은 사람들에게 진 빚은 하나도 떼먹지 않고 꼬박꼬박 다 갚으면서도, 여러분을 지으신 분에게 진 빚은 갚으려 하지 않습니다. 여러분은 하나님께 정말 많은 빚을 지고 있는데도, 하나님에 대해서는 전혀 생각하지 않습니다. 이것은 잘못된 일이 아닙니까? 여기 한 아이가 있습니다. 그 아이는 하인들이나 남들에게는 아주 친절하고 잘하면서도, 아버지만 보면 늘 못마땅해서 인상을 찌푸립니다. 여러분이 그런 아이의 아버지라면 그 심정이 어떠하겠습니까? 그런데 바로 여러분이 그 아이와 같습니다. 여러분은 배를 타고 바다에 나가 있을 때에나 육지로 돌아와서 가족 가운데 있을 때에나 훌륭한 사람인데, 오직 하나님을 향해서만 부끄럽게 행동합니다. 하나님의 성령께서 여러분으로 하여금 자신이 잘못되었다는 것을 느끼게 해주시기를 빕니다. 또한, 여러분이 그것을 느끼고 있다면, 하나님께서 여러분에게 은혜를 주셔서 거기에서 돌이켜 바른 방향으로 나아갈 수 있게 해주시기를 빕니다.

얼마 전에 한 배가 먼 바다에 떠있는 작은 보트에서 한 사람을 구조했는데, 그 사람은 의식불명 상태였습니다. 보트를 젓는 노가 그 사람 옆에 놓여 있는 것으로 보아서, 그는 조류에 휩쓸려서 해변으로부터 먼 바다로 떠밀려간 것이 분명했습니다. 나는 이 자리에도 육지가 보이지 않는 곳으로 계속해서 표류하고 계시는 분들이 있을 것이라고 생각합니다. 여러분은 어린 소년이었을 때에 어머니의 손을 잡고 마을의 작은 예배당에 다녔을 것입니다. 주일학교에 다녔던 기억도 나지 않습니까? 그때에는 여러분이 지금 천국에 계시는 여러분의 어머니와 함께 예배드리는 것을 좋아했지만, 고향을 떠나오면서부터 하나님으로부터도 멀어졌습니다. 여러분은 거의 세계를 일주해 왔습니다. 여러분은 가는 곳마다 죄에 빠져든 것을 기억하십니까? 다 잊어버리셨다고요, 정말 그렇습니까? 하지만 여러분은 다 잊어버리셨어도, 하나님과 여러분 자신의 양심은 그 모든 것을 다 기억하고 있습니다. 왜냐하면, 여러분의 영혼 속에는 그 흔적이 지금도 남아 있기 때문입니다. 여러분은 표류하고, 또 표류하고, 계속해서 표류하였습니다. 여러분의 손에서 성경을 놓은 지가 언제인지도 너무나 오래되어서 까마득하지 않습니까? 여러분이 마지막으로 무릎을 꿇고 기도한 지도 너무나 오래되어서 까마득하지 않습니까? 여러분은 너무나 멀리 떠내려갔습니다. 나는 방금 여러분의 시야에 들어온 나의 이 튼튼한 배가 여러분을 구조할 수 있게 되기를 바랍니다. 어쨌든 나는 내 배의 갑판 후미에서 여러분을 큰 소리로 부르고 있습니다. 나는 다행히 여러분이 완전히 의식불명 상태가 아니어서 그 소리를 듣게 되기를 소망합니다. 우리는 똑같이 항해하는 자들로서 여러분을 그 표류하는 배에서 건져 올리기를 바라고 있습니다. 내 배의 승무원들이 여러분의 배로 내려가서 여러분을 내 배로 옮겨 태우고자 할 것입니다. 왜냐하면, 이 자리에는 사망에서 진심으로 건짐 받고자 하는 심령들이 있을 것이기 때문입니다. 내 배의 승무원들 중 한 사람이 "구원하는 능력을 가진"(사 63:1) 예수의 이름으로 여러분 곁으로 다가오면, 그 사람은 여러분의 친구라는 것을 아십시오. 주 예수께서 친히 오셔서, 물에 빠져 들어가는 베드로에게 손을 내미셔서, 물속의 무덤으로부터 그를 구원하시기를 빕니다. 아멘.

　　훈련함 "아틀란타"가 지금 어디에 있을까요? 아주 오랫동안 모습을 보이지 않은 다른 배들은 어디에 있을까요? 그 배들은 아마 물속으로 가라앉았을 것입니다. 다섯 척 이상의 배가 가라앉았습니다. 그 배들에 승선했던 수백 명의 사람들이 모두 다 죽었습니다. 그 일을 생각하면, 우리는 참을 수가 없습니다. 그 배들이 물속으로 가라앉았다면, 수색해 보아야 아무 소용이 없을 것입니다. 아무리 빠른 배로도 그 배들을 따라잡을 수 없을 것이고, 아무리 철저하게 수색해도 찾을 수 없을 것입니다. 그 배들과 거기에 탄 사람들에게는 이미 소망이 없습니다. 그러나 여러분이 그렇게 되지 않은 것만도 얼마나 큰 은혜입니까! 만일 지난 항해 때에 하나님의 능력의 손길이 없었다면, 여러분도 바다에서 죽었을 뿐만 아니라 영원히 멸망하게 되었을 것입니다. 영혼이 안전하다면 바다에서 죽는 것은 작은 재난일 뿐입니다. 그러나 영혼이 멸망하는 것은 모든 것을 잃는 것입니다. 그런 사람은 차라리 태어나지 않았더라면 더 좋았을 것입니다. 여러분이 지금 지옥에 가 있지 않은 것에 대하여 감사하십시오. 여러분에게는 아직 하나님의 은혜를 받을 기회가 남아 있습니다. 예수 그리스도께서는 여전히 여러분에게 은혜를 받으라는 신호를 보내고 계시고, 그의 종들도 여전히 여러분을 향하여 "예수께 나아오십시오, 빨리 나아 오셔서 구주를 의지하십시오"라고 외치고 있습니다. 하나님의 은혜로우신 성령께서 여러분이 그리스도께 속히 나아가도록 이끄시기를 빕니다. 여러분이 어디에 계시든, 여러분이 어느 바다 위를 항해하든, 바다는 하나님의 것임을 기억하십시오. 하나님의 은혜가 미치지 않는 곳은 없습니다. 난파한 영혼도 여전히 하나님의 은혜가 미치는 영역 안에 있습니다. 그 영혼이 하나님의 인도하심으로 저 깊은 곳에서 그에게 부르짖는다면, 그는 그 간구하는 소리를 들으실 것입니다.

3. 셋째로, 우리는 모두 하나님 앞에 나아와서 엎드려 경배하여야 합니다.

나는 이제 여러분을 마지막으로 세 번째 대지로 초대하고자 하는데, 그것은 육지에 있는 사람들이든 바다에 있는 사람들이든, 우리는 모두 우리 하나님 여호와를 경배하여야 한다는 것입니다. 일생 동안 하나님을 예배하며 살아온 우리에게는 그것은 새로운 일이 아니지만, 이 자리에 계신 분들 중에서 이것이 새로운 일인 분들에게는 내가 조용히 그분들의 손을 잡고 이렇게 말하고자 합니다: "친구들이여, 우리가 함께 하나님 앞으로 나아가서 엎드려 경배합시다. 여러분도 죄인이고, 나도 죄인입니다. 여러분도 아무런 공로가 없고, 나도 공로가 없습니다. 여러분이 구원받는다면, 그것은 전적으로 은혜로 말미암아 될 것이고, 나의 경우에도 마찬가지일 것입니다. 예수는 여러분의 유일한 소망이 되어야 합니다. 그리고 실제로 예수는 지금 나의 유일한 소망이십니다. '오라 우리가 굽혀 경배합시다.' 여러분은 하나님을 예배한 적이 없습니까? 그렇다면, 예배석에 가만히 앉아서, '내 하나님, 주께서는 나를 지으셨으니, 내가 어떻게 주를 예배해야 하는지를 내게 가르치소서'라고 말하십시오." 내가 잠시 말씀 전하는 것을 멈추고 있는 동안, 여러분은 예수의 공로를 의지해서 죄 사함을 구하는 기도를 하십시오.

이제 나는 마지막으로 한 마디만 하고 말씀을 맺고자 합니다. 나는 오랫동안 하나님을 욕해 왔던 나이 든 한 선원을 기억합니다. 그는 전형적인 노련한 뱃사람(old salt)이었지만, 그 사람 속에는 하나님의 은혜라는 소금은 없었습니다. 왜냐하면, 그는 신앙을 혐오했기 때문입니다. 그런 그가 복음을 들었을 때, 하나님께서 그로 하여금 무릎을 꿇게 하셨고, 그의 마음을 깨뜨리셨으며, 자신의 죄를 깊이 깨닫게 하신 후에, 그리스도를 바라보고 믿고 의지하여 구원을 얻게 하셨습니다. 바다에서 잔뼈가 굵은 이 선원은 교회에 나와서 이렇게 말하였습니다: "내게 새 주인이 생겨서 등록하러 나왔습니다. 나는 지금까지 돛대에 검은 기만 올리고 다녔고, 내 속에는 마귀에게 속한 것 외에는 아무것도 없었습니다. 그런 상태로 나는 수많은 화물을 싣고 바다를 수없이 활보해 왔습니다. 그러나 이제 나는 머리부터 발끝까지 예수의 것이기 때문에, 나를 사신 그리스도의 핏빛 깃발을 달고 바다를 다니고 싶습니다. 목사님, 나의 새로운 주인 밑에 내 이름을 적어 주서서, 이제부터는 내가 내 주인에게 속한 사람들과 함께 항해할 수 있게 해주십시오." 우리는 기꺼이 그 선원의 이름을 교인명부에 등재하였습니다. 우리가 가장 먼저 해야 할 일은 새 주인이신 주 예수를 모시는 것이고, 다음으로 해야 할 일은 온 세상 앞에서 우리의 새 주인을 고백하고 인정하는 것입니다.

　　그리스도인인 선원들이여, 여러분은 어디를 가든지 여러분의 깃발을 보이십시오. 하나님께서 사랑하시는 한 선장이 여기에서 지난 목요일 밤에 세례를 받으면서, 지난 번의 항해 때에 20여 명 되는 그 배의 선원들이 회심하였다고 내게 말해 주었습니다. 그는 이렇게 말했습니다: "우리가 그들을 그리스도인으로 만들 수는 없었지만, 그들에게 매일 복음을 들을 수 있는 기회를 주었더니, 많은 선원들이 구주를 만나게 되었습니다." 선장들이여, 여러분의 배에서 일하는 선원들을 살피는 데에 신경을 쓰시기를 바랍니다. 여러분의 무관심으로 그들의 피가 여러분의 옷에 묻게 되지 않도록 하십시오. 여러분이 선장이 아니더라도, 여러분이 가는 곳마다 복음을 싣고 가십시오. 여러분이 선실에서 시중드는 사환일지라도, 여러분의 마음속에 예수 그리스도께서 계시기만 한다면, 여러분은 예수 그리스도를 전할 수 있습니다. 그랬을 때에 사람들은 "저 소년이 구주를 사랑하는 것을 보니, 그렇지 못한 우리가 부끄럽구나"라고 말할 것입니다. 그들이 비록 겉으로는 여러분을 비웃고 멸시하는 태도를 보일지라도, 여러분이 전한 복음으로 인해서 그들의 양심 속에는 구멍이 나게 될 것이니, 안심하십시오. 여러분이 성냥불을 켜서 어떤 사람의 목에 갖다 대면, 그는 성냥을 가지고 무슨 장난을 하는 것이냐고 비웃겠지만, 머지않아 그 뜨거운 불을 알게 될 것입니다. 여러분이 하나님의 사랑으로 불타서 무리들 속에 있게 된다면, 여러분은 보잘것없는 자로 멸시받을지 모르지만, 사람들은 곧 하늘의 불꽃을 발견하게 될 것입니다. 여러분은 오직 자신이 진정으로 불타고 있고, 참된 불이 여러분의 영혼 속에 있다는 것만을 확인하면 됩니다. 왜냐하면, 알맹이가 없는 공허한 신앙 고백은 신앙을 조롱거리로 만들 뿐이기 때문입니다. 하나님께서 여러분에게 복 주시고, 이 선원협회에 복 주시기를 빕니다. 여러분은 "아멘"이라고 하셨습니다. 나는 그 "아멘"을 똑똑히 기억해 둘 것입니다. 그러므로 여러분이 큰 소리로 "아멘" 하신 것을 실제로 행동으로 옮기셔서, 여러분 각자의 분량을 따라 이 협회가 하나님의 복을 받을 수 있도록 기여하시기를 부탁드립니다.

제
89
장

—

뿌려진 빛

—

"의인을 위하여 빛을 뿌리고 마음이 정직한 자를 위하여 기
쁨을 뿌리시는도다." — 시 97:11

오늘의 본문은 이 시편 전체의 가르침이고, 다음 절에 나오는 "의인이여 너
희는 여호와로 말미암아 기뻐하며"(12절)라는 구절은 이 시편 전체로부터 이끌
어낸 권면인 것으로 보입니다. 하나님께서는 자기 백성이 그들을 위해 더 좋은
때가 예비되어 있다는 것을 믿고서 다가올 복된 날에 대한 믿음 가운데서 지금
늘 기뻐하고 즐거워하기를 원하십니다. 이 시편을 읽으면, 여러분은 한 절 한 절
이 하나님을 경외하는 자들이 장차 복된 삶을 살게 될 것이라는 우리의 믿음을
강화시켜 주는 것을 알아차리게 될 것입니다. 이 시편은 1절에서 "여호와께서 다
스리시나니"라고 선언합니다. 절대적으로 의로우신 분이 하나님의 보좌에 앉아
계시니, 어떻게 그를 경외하는 자들이 상을 받지 않겠습니까? 그가 왕이신데, 어
떻게 그가 자신의 신민들이 해를 입도록 놓아 두시겠습니까? 그가 결국에는 그
들을 구하러 오시지 않겠습니까? 2절은 "구름과 흑암이 그를 둘렀고"라고 말씀
합니다. 이것은 마음이 정직한 사람들이 현세에서 마치 잊혀진 자들처럼 보이는
이유를 설명해 줍니다. 하나님이 베푸시는 경륜들은 언제나 명확한 것은 아닙니
다. 일을 숨기시는 것이 하나님의 방식입니다. 하나님은 신비에 싸여 계십니다.
왜냐하면, 하나님의 영광은 그 너무나 밝은 빛으로 인하여 어둡기 때문입니다.
하나님의 길은 찾으려고 해도 도무지 찾을 수 없고, 하나님의 계획은 너무나 깊

어서 인간의 지각으로는 도저히 알 수 없기 때문에, 사기 백성에 대하여 하나님이 베푸시는 섭리와 경륜도 마찬가지로 그렇다고 하여도, 그것은 전혀 이상한 것이 아닙니다.

그러나 2절이 계속해서 "공의와 정의(공평)가 그의 보좌의 기초로다"라고 말씀하기 때문에, 우리는 하나님은 불의하지 않으시기 때문에 우리의 믿음과 사랑의 수고를 잊지 않으실 것이고, 심판하실 때에 자기 백성들에게 상을 주시고 경건하지 않은 자들은 정죄하시는 것을 결코 잊지 않으실 것임을 확신할 수 있습니다. 따라서 하나님이 자신의 능력을 나타내서서 원수들을 불사르시고 원수를 갚으심으로써 영광을 드러내실 것이라고 설명하고 있는 3절은 하나님이 자기 백성에게 장차 상을 주시리라는 것도 마찬가지로 확실하다는 것을 증명해 주는 것입니다. 왜냐하면, 악을 행한 자들을 단호하게 벌하시는 하나님이 성도들의 믿음과 사랑의 수고를 잊으실 정도로 불의하실 리가 없기 때문입니다. 하나님께서 자신이 경고하신 것을 그대로 실행에 옮기셨다면, 자신이 약속하신 것들도 반드시 지키실 것입니다. 하나님이 경건하지 않은 자들을 벌하시겠다고 경고하신 것은 충실히 지키시고, 자신의 사랑하는 아들의 의로 말미암아 의롭게 된 자들에게 약속하신 것은 지키지 않으시는 일은 결코 없을 것입니다. 장차 경건하지 않은 자들에게 내리실 벼락을 준비해 놓고 계신 하나님은 자신의 택함 받은 자들을 위한 긍휼과 자기 백성을 위한 은총도 준비해 놓고 계십니다. 실제로 6절은 우주의 조직 자체가 그것을 증명해 준다고 선언합니다. 궁창에서 반짝이는 모든 별이 하나님의 의와 지혜를 선포하고 있듯이, 하나님이 의로우시다는 것은 결국 그의 백성이 복을 받게 될 것이라는 말과 같기 때문에, 우리는 하나님께서 "의인을 위하여 빛을 뿌리고 마음이 정직한 자를 위하여 기쁨을 뿌리신다"는 결론을 내리게 됩니다.

이상으로 나는 오늘의 아주 독특한 본문을 이해하기 위한 정지작업이 끝났다고 생각하기 때문에 이제 본문에 대한 설명으로 들어가고자 합니다. 나는 먼저, 본문에서 사용된 주목할 만한 은유인 **"뿌려진 빛"**에 대하여 살펴보고, 다음으로는, **뿌리는 행위**를 중심으로 이 은유를 자세하게 살펴볼 것입니다. 그리고 세 번째로는, 밭에 대하여 살펴본 후에, 네 번째로는, 장래에 있을 추수에 대하여 살펴보도록 하겠습니다.

1. 첫째로, 빛이 뿌려집니다.

이 은유는 상당히 독특하고, 시적인 정서로 충만합니다. 밀턴(Milton, 1608-1674, 「실낙원」의 저자)이 새벽에 대하여 묘사한 대목을 보면, 우리는 이 은유의 의미를 즉시 포착할 수 있습니다:

"이제 새벽이 자신의 붉은 빛 발걸음으로
　동방에서 서서히 떠오르며
　땅에 동방의 진주를 뿌리고 있네."

이것은 해가 마치 씨 뿌리는 자처럼 어두웠던 땅에 자신의 빛줄기들을 널리 흩뿌리고 있는 장면을 묘사한 것입니다. 별들이 총총한 밤하늘을 올려다보십시오. 그 밤하늘은 마치 하나님이 천국의 지면에 별들을 황금 먼지처럼 흩뿌려 놓으신 것처럼 보입니다. 그러니까 밤하늘의 별들은 하나님이 빛을 뿌려 놓으신 것과 같습니다. 또는, 이 시편 기자가 쓴 것보다 더 생생하게 문자 그대로 뿌려진 빛이 무엇인지를 실감하고자 한다면, 문자 그대로 뿌려진 빛이라고 할 수 있는 불붙은 숯 덩어리들을 생각해 보십시오. 해가 떠올라서 원시림들에 비치면, 그 생명의 기운을 받고서 기괴한 양치류들이 자라나서 무성해집니다. 그 양치류들은 마치 가을에 떨어지는 밤나무와 상수리나무의 잎사귀들처럼 그렇게 떨어져서 자연의 거대한 지하창고에 축적됩니다. 이 뿌려진 빛들은 인간의 손길에 의해 거두어져서, 우리의 거리들을 빛으로 넘쳐나게 만들고, 우리의 난로들을 열기로 빨갛게 달굽니다. 그러므로 빛을 뿌린다는 것은 결코 시적인 표현에 불과하거나 허구적인 것이 아닙니다. 그것은 엄연한 사실이기 때문에, 이 표현은 기괴한 은유가 아니고 사실을 정확히 표현한 것입니다. 그러므로 빛에 의해서 상징되는 행복과 기쁨과 즐거움은 하나님이 밭에 뿌리신 것들이고, 하나님의 은혜로 말미암아 마음이 정직하게 된 모든 자들은 반드시 그런 것들을 거두게 됩니다. 먼저, **뿌려진 빛은 빛이 넓게 흩뿌려졌다는 것**을 의미합니다. 뿌려진 것은 널리 흩어졌다는 것이기 때문입니다. 빛은 뿌려지기 전에는 부대에 있었거나 곳간에 있었습니다. 그러나 빛을 뿌리면, 빛은 이랑들을 따라 흩어집니다. 하나님의 마음속에는 늘 행복이 있었습니다. 하나님은 스스로 이루 말할 수 없이 행복하십니다. 우리는 무한한 즐거움을 빼버리면 하나님이라는 존재를 생각할 수조차 없습니다. 그러나 이 모든 행복은 우리와는 아무 상관이 없었습니다. 우리는 그 행복을 얻을 수 없었습니다. 하나님께서는 무한한 행복 가운데 계셨지만, 우리는 지옥에 갇혀서 이루 말할 수 없는 고통 속에서 우리를 묶고 있는 쇠사슬을 끊어 버리려고 필사적으로 몸부림치고 있었습니다. 그러나 때가 되자, 하나님께서는 자신의 영원하신 계획을 따라 자기 백성을 위하여 행복을 뿌리셨습니다. 하나님은 자기 자신에서 행복을 취하셔서 영원하신 계획이라는 밭에 뿌리시고, 자신의 섭리의 작정하심을 따라 추수할 때를 정해 놓으셨습니다. 이 추수는 하나님 자신을 위한 것이 아니라(하나님은 이미 충분히 행복하시기 때문에), 하나님이 그리스도의 의로 의롭게 하시고 성령으로 말미암아 정직하게 하셔서 그리스도께 주신 모든 자들을 위한 것입니다. 예수를 사랑하고 그의 대속을 의지하고 있는 여러분, 하나님이 자기만 행복을 누리시는 것이 아니라, 여러분을 비롯해서 그의 택함 받은 모든 자들을 위해 그 행복을 뿌리시는 것을 감사하십시오. 하나님께서 자신의 오른편에 영원토록 있는 저 즐거움들을 그 은밀한 샘들에만 있게 하지 않으시고, 강처럼 흐르게 하셔서, 여러분을 비롯해서 그리스도의 피로 사신 바 된 모든 자들로 하여금 충분히 마실 수 있게 하신 것을 감사하십시오.

 씨를 뿌렸다고 해서 당장에 추수를 할 수 있는 것이 아닙니다. 농부가 씨를 뿌리고 나면, 씨가 자기에게 있다고 말할 수 없습니다. 씨는 그의 눈에서 사라집니다. 여러분이 씨를 뿌리고 나서 다음 몇 주 동안 그 밭을 왔다 갔다 해도, 씨의 흔적을 전혀 볼 수 없습니다. 어리석은 자들은 이렇게 말할 것입니다: "씨를 뿌리는 바람에, 그 사람에게서 많은 알곡들이 없어졌어요. 그 사람이 지금 더 가난해졌어요." 마찬가지로, 의인들에게 속한 즐거움은 현재 누릴 수 있는 것이 아닙니다. 그 즐거움들은 장차 그들에게 주어질 것입니다. 그것은 바로 지금 그들의 눈 앞에서 반짝이는 빛이 아니라 뿌려진 빛입니다. 그것은 지금 당장 오븐에 구워서 빵을 만들어 식탁에 내놓을 수 있는 즐거움이 아니라, 특별한 목적을 위해서 땅 밑에 묻어둔 즐거움입니다. 신자들의 가장 큰 행복은 지금 당장 먹을 준비가 다 된 빵이 아니라, 씨 뿌리는 자에 의해서 땅에 묻힌 씨입니다. 형제들이여, 이 세상은 우리의 안식처가 아님을 기억하십시오:

"우리는 인간의 손으로 쌓아올리지 않은 성을 바라보고,
    죄에 의해 더럽혀지지 않은 나라를 바라보네."

이 땅에서 행복을 찾는 것은 죽은 자들 가운데서 산 자를 찾는 것과 같습니다. 그리스도께서는 다시 살아나셨기 때문에 이 땅에 계시지 않습니다. 우리의 기쁨도 그리스도와 함께 다시 살아났기 때문에 이 땅에 있지 않습니다. 그러므로 뿌려진 씨는 눈에 보이지 않습니다. 그리고 그리스도인의 행복의 대부분은 지금 이 땅에서 누릴 수 있는 것이 아닙니다. 그것은 그의 눈으로 볼 수도 없고 그의 귀로 들을 수도 없으며 그의 손으로 만질 수도 없는 것입니다. 그것은 믿음으로만 알 수 있는 것입니다. 그것은 오늘 누릴 수 있는 것이 아닙니다. 그것은 어떤 목적을 위해서 인내가 온전히 이루어져서 그 기쁨이 주 하나님의 미소 아래에서 싹이 나고 꽃이 피어 열매를 맺는 것을 볼 때까지 감추어져 있습니다.

우리는 뿌려진 씨를 눈으로 볼 수 없는 것과 마찬가지로, 내일 그 씨를 보거나 누리게 될 것이라고 기대할 수 없습니다. 성경은 "농부가 땅에서 나는 귀한 열매를 바라고 길이" 참는다(약 5:7)고 말씀합니다. 오직 아무것도 모르는 철부지 어린 아이들만이 오늘 땅에 씨를 심고서는, 다음 날 아침에 일어나서 씨가 잘 자라고 있는지 보기 위해 흙을 파헤칠 뿐입니다. 북극 근처에 사는 사람들은 아침에 씨를 뿌렸다가 밤에 거둔다는 말이 있는데, 이 말은 사실입니다. 왜냐하면, 북극에서는 한 번 해가 뜨면 4개월 동안 단 한 번도 지지 않기 때문입니다. 그러나 우리는 하나님이 우리에게 즉시 상을 주실 것이라고 기대해서는 안 됩니다. 지금은 상을 바라고 멈춰 서 있을 때가 아니라 부지런히 달릴 때입니다. 지금은 월계관을 기대할 때가 아니라 있는 힘을 다해서 싸울 때입니다. 우리의 인내와 믿음은 검증받아야 합니다. 하나님께서는 자신의 종들이 수많은 시련과 환난을 통과함으로써 하나님의 은혜의 영광이 그들에게, 그리고 그들을 통해서 하늘의 정사와 권세들에게 뚜렷하게 나타나게 되는 것을 기뻐하십니다. 그러므로 그리스도인들이여, 기다리십시오. 기쁜 마음으로 기다리십시오. 신랑께서 속히 오실 것입니다. 여러분에게 그리스도께서 지체하신다는 생각이 든다면, 하나님께서 여러분에게 더 큰 인내심을 주셔서 늘 변함없이 견실하게 하나님의 일을 열심으로 해나갈 수 있게 해주시라고 기도하십시오. 하나님이 내일 당장 여러분에게 기쁨의 온전한 상을 주시기를 기대하지 마십시오. 여러분의 분깃은 요단 저편에 있습니다. 여러분의 혼인날을 알리는 종소리는 다른 세상에서 울려 퍼질 것이고, 여러분은 더 이상 해가 필요 없는 저 상아궁에서 면류관을 쓰게 될 것입니다. 여러분은 이 땅에 계시지 않는 남편과 정혼하였고, 이 변화무쌍한 궁창보다 훨씬 더 높은 곳에 있는 나라를 바라보고 있습니다. 그러므로 하나님께서 정하신 그 날이 와서, 만왕의 왕께서 자기 백성을 데리러 강림하실 때까지 인내로써 기다리십시오.

뿌려진 씨는 눈에 보이지도 않고 내일 당장 볼 수 있을 것이라고 기대할 수도 없지만 헛되이 없어져 버린 것이 결코 아닙니다. 지각 없는 사람만이, 농부가 많은 씨를 밭의 이랑에 뿌려서 큰 손실을 보았다고 말할 것입니다. 하지만 농부 자신은 씨를 뿌림으로써 이득을 보았다고 생각합니다. 왜냐하면, 곳간에 있던 씨도 가치가 있지만, 이랑에 뿌려진 씨는 원래의 씨에 씨 뿌리는 자의 수고가 더해져서 더 큰 가치를 지니게 되었기 때문입니다. 농부는 씨를 뿌린 것을 이득이라고 여깁니다. 그는 한 은행에 맡겨둔 자신의 재산을 찾아서 다른 은행으로 옮겨 넣은 것이기 때문에 손해를 보았다고 전혀 생각하지 않습니다. 그리스도인들의 행복도 마찬가지입니다. 오늘 우리는, 사람들의 칭찬의 햇빛 속에서 한껏 즐거움을 누리는 세상 사람들에 비하여 덜 행복한 것처럼 보이지만, 그런 하찮은 기쁨들을 포기하는 것은 결코 손해가 아닙니다. 우리가 지금 당장에 주어지는 기쁨을 누리지 않고 저축해 두어서 나중에 이문이 많이 늘어날 그 때를 기다렸다가 한꺼번에 찾고자 하는 것은 결코 손해가 아닙니다. 자기를 부인함으로써 우리가 뿌린 기쁨은 결코 없어진 것이 아닙니다. 나의 형제들이여, 그 기쁨이 없어졌다고 생각하십니까? 여러분은 우리가 죄로 인해 울며 보낸 한 시간 동안에 뿌린 행복이 없어졌다고 생각하십니까? 여러분은 우리가 그리스도로 말미암아 박해와 비방을 받아 괴로움을 당함으로써 뿌린 행복이 없어졌다고 생각하십니까? 결코 그렇지 않습니다. 우리가 그렇게 해서 뿌린 행복들은 우리의 계정으로 기입되고, 그 기록은 온 땅의 심판자께서 자기 백성에게 각자의 상급을 나누어 주실 그 날을 위해 영원한 서고에 보존됩니다.

우리가 씨를 뿌렸을 때, 그 뿌려진 씨는 없어지는 것이 아니라, 여전히 우리의 소유로 남아 있게 됩니다. 농부는 뿌려진 씨를 자신의 자산이라고 여기기 때문에, 자신의 밭을 팔 때, 씨를 뿌려놓은 경우에는 그렇지 않은 경우보다 당연히 더 많은 값을 받고자 할 것입니다. 그는 뿌려진 씨를 볼 수는 없지만, 그 씨들이 기경된 흙 속에 있다는 것을 압니다. 그는 그 뿌려진 씨의 존재를 알기 때문에, 그것을 자신의 재산목록에 기입합니다. 흙 아래에 뿌려진 씨는 곳간에 남아 있거나 자루에 담겨 있는 씨와 마찬가지로 그 농부의 재산입니다. 마찬가지로, 여러분은 장래에 여러분에게 주어질 기쁨들을 자신의 것으로 여길 수 있고, 또 그렇게 여기는 것이 마땅합니다. 그 기쁨들은 여러분의 재산 중에서 가장 중요한 부분입니다. 여러분은 그 기쁨들을 지금 누리고 있지는 않지만, 그것들은 분명히 여러분 자신의 것입니다. 스랍의 날개와 천사의 수금도 오늘 여러분의 것입니다. 스랍의 노래와 영원히 죽지 않는 존재들의 지극한 복도 오늘 여러분의 것입니다. 하나님의 임재와 그 얼굴을 뵈옵는 것도 오늘 여러분의 것입니다. 여러분, 부활을 생각해 보십시오. 부활도 오늘 여러분의 것입니다. 장차 여러분에게 주어질 영광도 오늘 여러분의 것입니다. 지극히 영화롭고 찬란한 천년왕국도 오늘 여러분의 것입니다. 영원한 생명과 그 이루 말할 수 없는 기쁨들도 모두 오늘 여러분의 것입니다. 그리고 여러분은 그리스도의 것이고, 그리스도는 하나님의 것입니다. 여러분은 천국의 빛을 볼 수는 없습니다. 여러분은 지금 그 빛을 보기를 기대할 수는 없습니다. 그러나 그 빛은 결코 없어져 버린 것이 아니고, 바로 오늘 여러분의 것입니다. 여러분은 단지 믿음으로 소망의 돌판에 그 빛을 새기기만 하면 됩니다. 여러분이 무한히 많은 것들을 소유하고 있는 부자라는 것을 오늘 기뻐하십시오.

뿌려진 씨는 하나님의 관리 아래에 있습니다. 여호와는 농부가 거래하는 은행의 은행장이십니다. 지난 몇 주 동안 여러분의 손길을 떠난 저 씨들을 누가 돌볼 수 있겠습니까? "땅이 있을 동안에는 심음과 거둠과 추위와 더위와 여름과 겨울과 낮과 밤이 쉬지 아니하리라"(창 8:22)고 말씀하신 언약의 하나님 외에 누가 그 씨들을 돌볼 수 있겠습니까? 그 씨들은 흙과 벌레와 새와 곰팡이와 돌풍으로 인해서 썩어 버릴 수도 있고, 오랜 가뭄이 들어서 말라 버릴 수도 있으며, 너무 비가 많이 와서 쓸려 떠내려가 버릴 수도 있습니다. 그러나 농부는 자기가 뿌린 씨의 장래의 운명에 대해서 거의 손을 쓸 수가 없습니다. 뿌려진 씨는 하나님의 손에 맡겨진 것입니다. 상인들은 하나님 없이도 자기가 다 할 수 있다고 생각할지 모르지만, 땅을 경작해야 하는 농부는 약간의 지각만 있어도 자기가 비와 구름과 해를 주관하시는 하나님께 전적으로 의존되어 있다는 것을 느끼지 않을 수 없습니다. 사랑하는 자들이여, 우리의 위로가 여기에 있습니다! 의인을 위하여 뿌려진 빛은 하나님의 관리 아래 있습니다. 우리의 장래의 행복과 우리의 영원한 지극한 복은, 졸지도 않으시고 주무시지도 않으시는 이스라엘을 지키시는 자의 관리 아래 있습니다. 그러므로 여러분이 천국을 잃어버리는 것은 아닌지 걱정하지 마십시오. 그리스도께서 여러분을 위해 천국을 지키고 계시니까요. 그리스도께서는 여러분의 대표자로서 여러분이 거하게 될 거처를 천국에 마련하시기 위하여 먼저 가셨고, 그 누구도 여러분에게서 여러분의 유업을 강탈하도록 내버려 두지 않으실 것입니다. 그리스도께서는 여러분을 위해 마련해 놓으신 분깃을 여러분으로 하여금 누리게 하시기 위하여 친히 여러분을 데리러 다시 오실 것입니다. 여러분과 내가 장차 누리게 될 기쁨들을 그리스도께서 이렇게 안전하게 지키고 계시다는 것은 얼마나 기쁘고 복된 사실입니까! 형제들이여, 우리는 영원한 땅에서 우리가 누리게 될 권리들을 지키기 위해 우리가 나서서 싸울 필요가 없습니다. 우리는 우리의 영원한 유업에 대한 권리를 주장하기 위해서 법정에 나가서 다툴 필요도 없습니다. 사랑 자체이신 분, 우리를 위해 십자가에 못 박히신 분께서 아버지 하나님의 오른편에 계시면서, 하나님께서 영원히 택하신 백성이 모두 다 안전하고 잘 지내는지를 늘 살피십니다. 빛은 의인들을 위하여 뿌려집니다. 즉, 빛은 절대적으로 안전한 천국의 관리 아래 놓여지게 된다는 것입니다.

뿌려진 것은 하나님의 관리 아래로 들어갈 뿐만 아니라, 이렇게 뿌리는 데에는 그 뿌려진 것을 하나님이 수만 배도 더 되게 불리셔서 우리에게 되돌려 주시기 위한 목적이 있습니다. 신자들은 현세에서 자기를 위해 살아가는 것을 포기합니다. 그들은 어느 정도 자기를 부인합니다. 그들은 자신의 자랑들을 버리고 그리스도의 의를 의지합니다. 이것은 선한 거래이고 수지맞는 거래입니다. 도대체 그들은 무엇 때문에 정직함으로 가난해지는 쪽을 택하고 그리스도를 따름으로 고난을 당하는 것입니까? 그것은 하나님께서 장차 주실 상급 때문입니다. 그 상급은 너무나 지극히 차고 넘치는 것이어서, 현재의 가벼운 고난은 그 상급에 비하면 아무것도 아닙니다. 우리는 영원히 다스리기 위하여 잠시 고난을 당합니다. 우리는 무한히 존귀함을 받기 위하여 잠시 허리를 굽힙니다. 장차 우리는 원래의 씨의 만 배에 만 번을 곱한 것보다 더 많은 씨를 돌려받고서, 우리를 위해 씨를 뿌려 주시고 그렇게 차고 넘치는 추수를 거두게 하신 영광스러운 그리스도를 영원토록 송축하며 찬양하게 될 것입니다. "의인을 위하여 빛을 뿌리고"라는 말씀의 의미와 취지는 의인들은 자신의 가장 좋은 것들을 장래에 받게 되리라는 것입니다. 하나님께서는 우리에게 아주 큰 은혜를 주시기 시작하셨습니다. 사실, 우리가 아무리 큰 소리로 찬송하여도, 그 찬송은 하나님이 본래 받으셔야 할 찬송에 비하면 밋밋한 것일 뿐입니다. 여러분은 종종 지난날에 자기에게 잘해 주셨던 하나님이 장래에는 잘 대해 주시지 않으면 어쩌나 하고 염려하십니까? 오, 제발 하나님을 그렇게 모질고 가혹하신 분이라고 생각하지 마십시오! 우리 주님이 잔치를 베푸실 때에 어떤 식으로 하시는지를 여러분도 아시지 않습니까! 우리 주님은 사람들이 하는 것처럼 가장 좋은 포도주를 먼저 낸 후에 나중에 나쁜 포도주를 내는 그런 분이 아닙니다. 결코 그런 일은 없습니다. 굳이 인간의 예대로 말하자면, 만일 하나님께 나쁜 포도주가 있다면(하나님께는 나쁜 포도주가 없지만), 하나님은 그 나쁜 포도주를 먼저 내시고 나중에 가장 좋은 포도주를 내시기 때문에, 나중에 우리는 "사람마다 먼저 좋은 포도주를 내고 취한 후에 낮은 것을 내거늘 하나님께서는 지금까지 좋은 포도주를 두셨도다"(cf. 요 2:10)라고 말하게 될 것입니다. 우리 하나님의 여름은 뜨거운 열기로 시작했다가 추위로 끝나지 않습니다. 하나님께서는 우리를 나중에 가혹하고 모질게 대하기 위하여 처음에 우리의 비위를 맞추고 기분 좋게 해주는 그런 분이 아닙니다. 우리는 능력에 능력을 더해 받게 될 것이고, 좋은 것 위에 더 좋은 것을 받게 될 것입니다. 우리 인생의 행복이 천국에서 절정에 달하게 될 때까지, 우리는 하나님의 인자하심을 점점 더 많이 보게 될 것입니다. 우리의 가장 좋은 것은 장차 주어질 것이고, 하나님께서는 우리의 인생이 끝날 때까지 우리에게 점점 더 많은 은혜를 주시다가 내세에서 온전한 은혜를 주시게 될 것입니다.

로울랜드 힐(Rowland Hill)목사에 관한 이야기가 전해져 오는데, 그 이야기는 아주 너그럽고 관대한 기인이었던 그 사람의 특성을 잘 담고 있기 때문에 실화가 틀림없다고 생각합니다. 어떤 사람이 그에게 아주 가난한 목회자를 돕는 데 써달라고 100파운드를 맡겼었는데, 그는 가난한 목사님에게 한 번에 다 보내기에는 돈의 액수가 많다고 생각해서, 봉투에 5파운드와 "다음에 또"라고 쓴 쪽지를 넣어서 그 편지를 그 목사님에게 보냈습니다. 며칠 후에 그 목사님은 우편으로 또다른 편지를 받았는데 — 당시에는 우편으로 편지를 받는다는 것이 아주 드문 일이었습니다 — 편지를 열어보니 거기에는 이번에도 5파운드와 "다음에 또"라는 쪽지가 있었습니다. 하루나 이틀 후에 편지 한 통이 또 왔고, 거기에도 5파운드와 "다음에 또"라는 쪽지가 들어 있었습니다. 이런 식으로 20통의 편지를 받은 그 목사님은 늘 "다음에 또"라고 적힌 쪽지가 든 편지들이 매번 우편으로 보내진 것에 대하여 점점 더 크게 놀랐습니다. 마찬가지로, 하나님으로부터 오는 모든 복은 그런 식으로 "다음에 또"라는 메시지가 들어 있는 편지와 함께 옵니다: "내가 지금 네 죄들을 사해 주지만, 다음에도 그럴 것이다." "내가 지금 그리스도의 의로 말미암아 너를 의롭다 하지만, 다음에도 그럴 것이다." "나는 너를 내 권속으로 받아들이지만, 다음에도 그럴 것이다." "나는 네가 천국에 들어가게 하기 위하여 너를 교육시키고 있지만, 다음에도 그럴 것이다." "나는 네가 노년이 된 지금까지 너를 도와 왔지만, 앞으로도 그럴 것이다." "나는 너를 요단 강가로 데려와서, 네게 그 검은 물이 흐르는 강둑에 앉아 찬송하라고 명할 것이지만, 그 이후에도 너를 돌아볼 것이다. 네가 그 강을 건너 영들의 세계로 가는 동안에도 나의 은혜가 여전히 너와 계속해서 함께 있을 것이고, 네가 내세에 도착할 때에도 여전히 너와 함께 할 것이다." 의인들을 위하여 빛이 여전히 뿌려지고, 마음이 정직한 자들을 위하여 기쁨이 뿌려지고 있습니다.

2. 둘째로, 뿌리는 것에 대하여 살펴보겠습니다.

우리는 지금까지 빛을 뿌린다는 비유에 대해서 살펴보았기 때문에, 이제부터는 뿌린다는 것 자체에 대해서 살펴보고자 합니다. 뿌리는 분이 세 분 계시는데, 성부와 성자와 성령이 바로 위대한 씨 뿌리는 자들이십니다. 그들은 모두 택함 받은 백성을 위해 빛을 뿌려 오셨습니다. 첫 번째는 성부 하나님이십니다. 아주 오랜 옛적에, 또는 창세 전부터 영원하신 지성(the Eternal mind)이신 성부께서는 그를 찬송할 한 백성을 예비하시기로 작정하셨습니다. 하나님은 자신의 존엄한 지성 가운데서 자신이 사랑하는 자들이 아담 안에서 타락하였지만 그리스도 안에서 다시 일으키시기로 작정하셨습니다. 하나님께서는 다른 모든 동류들 위에 그들을 택하셔서, 그들의 죄에도 불구하고 영원하신 사랑으로 그들을 사랑하시고, 현세의 시간 속에서 그들을 지키셨다가 영원의 세계 속에서 영광을 받게 하시기로 작정하셨습니다. 하나님께서 자신의 말씀 속에서 어느 정도 암시하시고 계시하셨던 이 모든 작정하신 일들은 의인들을 위하여 빛을 뿌리며 마음이 정직한 자들을 위하여 장래의 기쁨을 예비하시는 일들이었습니다. 그렇습니다. 하나님이 작정하신 일들 중에는 자기 백성의 행복을 이런저런 식으로 증진시키지 않은 것이 단 하나도 없었다고 나는 망설임 없이 말할 수 있습니다. 하나님의 언약에 의해서 약속된 것들이나 영원한 지혜에 의한 모든 일들의 의도 중에서 하나님의 백성에게 기쁨과 평안을 가져다주기 위한 것이 아닌 것은 하나도 없었습니다. 모든 강이 바다로 흘러가듯이, 하나님의 모든 목적은 다 합력하여 이 큰 중심적인 목적, 즉 하나님의 택함 받은 한 백성으로 하여금 하나님의 이름에 영광을 돌리게 하고자 하는 이 목적을 이루도록 되어 있습니다. 사랑하는 자들이여, 하나님께서 여러분을 어떻게 생각하고 계시는지를 지금 잠시 생각해 보십시오. 해가 빛을 발하기 오래 전부터 성부 하나님의 가슴속에는 여러분에 대한 사랑이 자리 잡고 있었습니다! 하나님이 지금 우리에게 베풀어 주시는 은혜들이 이미 아주 오래 전에 우리를 위해 계획하신 사랑의 큰 계획이었음을 깨닫고서, 우리 같은 이렇게 보잘것없고 무가치한 자들을 그러한 무한한 사랑의 대상으로 삼으신 하나님의 이름을 찬송하고 찬양하십시오. 성부와 성자와 성령 간의 언약이 마침내 이루어져서, 작정하심이 형태를 갖추고 드러나기 시작해서, 언약의 은혜들과 모든 조항들이 우리를 위해 성경에 기록되었을 때, 그 일점일획은 모두 다 의인들을 위해 빛을 뿌리는 것이었습니다. 영원의 내각 회의실에서 성부가 성자에게 서약하고, 성자가 성부에게 서약하여 저 신비한 지혜 가운데서 언약이 맺어졌을 때, 그 언약의 모든 조항들과 약속들은 의인들을 위하여 빛을 뿌리기 위한 것이었습니다. 그러므로 사랑하는 자들이여, 사람이 최초로 타락하였을 때, 하나님께서 최초로 하신 약속 자체가 의인들을 위하여 빛을 뿌리신 것이었습니다. 또한, 성부 하나님께서 예수 그리스도께 이루 말할 수 없는 은혜를 주신 것도 성도들을 위하여 빛을 뿌리신 것이었습니다. 왜냐하면, 예수 그리스도 안에는 빛이 있었고, 그 빛은 사람들의 생명이었기 때문입니다. 성부께서 예수 그리스도를 죽은 자들로부터 일으키셔서 자기 백성에게 또다시 산 소망을 주시고, 그들을 자신의 권속으로 받아들이셔서 자신의 아들과 딸이라 부르시며, 유랑하던 그들을 자신의 품에 품으시고 사랑의 식탁에서 먹이실 때, 그 모든 것은 의인들을 위하여 빛을 뿌리시고 마음이 정직한 자들을 위하여 기쁨을 뿌리시고 계시는 것입니다. 별들을 운행하시고 바람과 폭풍우를 주관하시며 나라들의 흥망성쇠를 다스리실 때(나라들이 서로 충돌하고 망하고 사건들이 벌어지는 모든 것은 영원하신 하나님의 오른손으로부터 오는 일들입니다), 언제나 그것은 크신 성부 하나님께서 자기가 사랑하시는 의인들을 위하여 빛을 뿌리고 계시는 것입니다.

두 번째 씨 뿌리는 이는 성자 하나님이십니다. 성자께서 성부 하나님과 언약을 맺으시고 성도들을 위한 대속자가 되기로 약속하셨을 때, 그것은 자기 백성을 위하여 행복을 뿌리신 것이었습니다. 그러나 성자께서 이 땅에 오셔서 우리를 위하여 죽음의 검은 무덤 속에 자신을 뿌리셨을 때에 실제적인 뿌림이 이루어졌습니다. 그래서 그는 "한 알의 밀이 땅에 떨어져 죽지 아니하면 한 알 그대로 있고 죽으면 많은 열매를 맺느니라"(요 12:24)고 말씀하셨습니다. 돈으로 살 수 없는 씨라 할 수 있는 그는 무덤 속으로 떨어지셨습니다. 그렇게 해서 그가 어떤 열매를 맺었는지는 그의 피로 씻음 받은 무수한 무리들과 천국이 분명하게 선포하고 있습니다! 성자라는 뿌리로부터 핀 꽃은 영원한 생명입니다. 예수 그리스도께서는 자기 백성의 생명인 자기 자신을 뿌리심으로써 하늘에 속한 모든 것들을 성도들에게 가져다주셔서 부요하게 하시고 지극한 복을 누릴 수 있게 하셨습니다. 또한, 여러분은 그리스도께서 채찍을 맞으시고 상처를 입으시며 피땀을 흘리시고 죽으심을 통하여 오직 우리를 섬기시고 오직 우리의 행복만을 증진시키셨다고 생각해서는 안 됩니다. 사랑하는 자들이여, 그리스도께서 죽은 자들로부터 다시 살아나셨을 때, 그 부활은 자신의 속량 받은 자들이 장차 누리게 될 복을 준비하고 비축하는 것이었습니다. 그리스도께서 사로잡혔던 자들을 사로잡으셔서 이끄시고 높은 곳으로 오르셨을 때(시 68:18), 그것이 우리를 위하여 기쁨을 뿌리신 것이 아니고 무엇이겠습니까? 그리스도께서 사람들을 위하여, 곧 반역한 자들을 위하여 하나님으로부터 선물들을 받으셨을 때(시 68:18), 그것은 택함 받은 자들을 위하여 한량없이 빛을 뿌리신 것이 아니고 무엇이겠습니까? 이 순간에도 우리 신앙의 대제사장이신 그리스도께서는 하늘의 엄위하신 하나님 앞에 서서 우리를 위해 간구하고 계시는데, 그 간구들이 우리를 위해 행복을 뿌리시는 것이고, 우리가 오늘 자신의 분량을 따라 누리고 있고 장래에는 하나님의 임재와 그 보좌 앞에서 한량없이 누리게 될 지극한 복을 쌓으시는 것이 아니면 무엇이겠습니까? 사랑하는 자들이여, 그리스도께서 중보자로서 통치하시는 것과 관련해서, 요셉이 애굽을 다스린 것이 이스라엘을 위한 것이었던 것과 마찬가지로, 주 예수께서 세상을 다스리시는 것은 자기 백성을 위한 것임을 우리는 기억하여야 합니다. 그리스도께서 행하시는 모든 일은 자신의 택함 받은 자들을 위한 것입니다. 그리스도께서 경건하지 않은 자들을 오래 참으시고 많이 기다려 주시는 것도 사실은 택함 받은 자들을 위하여 빛을 뿌리시는 것입니다. 그리스도께서 오래 참으셔서 그 기간이 길어질수록, 경건하지 않은 자들에 대한 보응은 더 커질 것입니다. 하늘의 구름이 그리스도의 병거가 되고, 영원의 문들이 열려서 그가 땅을 심판하시기 위하여 자신의 모든 영광 중에 오실 때, 그것도 여전히 빛을 뿌리시는 것이 될 것입니다. 예수 그리스도께서는 자신의 택함 받은 자들의 친구이자 후견인으로 영원토록 살아 계실 것이기 때문에, 그를 사랑하는 자들을 위하여 그들이 전에는 눈으로 보지 못했고 귀로 듣지 못했으며 마음으로 알지 못했던 그런 기쁨을 늘 새롭게 예비하실 것입니다.

세 번째 씨 뿌리는 자는 **성령**이십니다. 성령은 조금 다른 의미에서, 즉 성부와 성자가 예비하신 것들을 우리에게로 가져와서 우리로 경험하게 하신다는 의미에서 뿌리는 자이십니다. 성령에 의해서 빛은 의인들을 위하여 뿌려집니다. 성령께서 율법을 우리에게 생생하게 깨닫게 해주셔서, 우리로 하여금 율법에 대한 두려움 가운데서 모세의 발 앞에서 깨지고 난도질당하게 되었을 때, 그것은 우리를 위해 빛을 뿌리신 것입니다. 성령께서 역사하셔서 우리를 낮추시는 것은 우리로 하여금 기뻐하게 하시기 위한 정지작업입니다. 우리는 이미 그것을 경험을 통해 알고 있습니다. 성령께서 우리로 하여금 굴복하게 하시고 낮아지게 하시며 우리 자신의 의를 혐오하게 하시고 우리 자신의 연약함과 죽어 있는 것을 느끼게 하셔서 진창 속에 짓밟히게 하실 때, 그것은 우리를 위하여 빛을 뿌리고 계시는 것입니다. 우리는 그것을 알지 못했습니다. 우리는 우리의 멸망이 가까운 것이라고 생각했습니다. 그러나 저 소중한 회개하는 눈물, 저 복된 가슴앓이, 값으로 따질 수 없을 정도로 귀한 저 부러진 뼈들 — 그런 것들로부터 예수 그리스도로 말미암아 우리가 현재 누리고 있는 기쁨과 평안이 왔습니다. 성령께서는 우리를 우리 자신으로부터 떼어 놓아야 했습니다. 우리는 우리 영혼이 얼마나 타락하고 부패해 있는지 그 끔찍한 실상을 깨달아야 했습니다. 우리가 우리의 심령의 모든 어둠과 암울함을 통과하고 있었을 때, 그것은 성령께서 장차 우리를 온전하게 하셔서 그리스도의 오른편에서 영광을 누리게 하시기 위하여 그 씨를 뿌리고 계시는 것이었습니다. 오늘도 저 찬송 받으실 성령께서는 우리 안에서 계속해서 씨를 뿌리고 계십니다. 모든 은혜로운 생각들, 모든 환난의 채찍들, 우리의 교만을 꺾으신 모든 일들, 우리가 철저히 무가치하고 형편없으며 죽어 있다는 것에 대한 모든 깨달음, 우리 안에서 우리를 괴롭히는 모든 것들은 우리를 철저히 난도질하고 상처를 내지만, 우리의 모든 병을 다 고치실 수 있으신 선하신 의사께로 우리를 데려다줍니다. 이 모든 것들은 성령께서 우리로 하여금 장차 저 복된 추수를 하게 하실 목적으로 우리를 위하여 빛을 뿌리고 계시는 것입니다. 형제들이여, 내면의 고통스러운 경험들에 대하여 감사하십시오. 그 경험들이 심하면 심할수록, 더 큰 복과 은혜를 거두게 될 것입니다. 성령께서 이렇게 여러분을 빛 가운데서 성도의 기업에 참여하기에 합당한 자로 만들어가고 계시는 것, 즉 한 마디로 마음이 정직한 자들을 위하여 기쁨을 뿌리고 계시는 것에 대하여 하나님께 감사하십시오. 이상으로 나는 최선을 다해서 여러분에게 씨 뿌리는 자들을 보여드렸습니다.

3. 셋째로, 여러분을 밭으로 오시도록 초대합니다.

이제 나는 여러분을 밭으로 초대해서 그 밭을 살펴보는 데에 약간의 시간을 할애하고자 합니다. 하나님께서는 자신의 성도들을 위하여 행복을 뿌리셨지만, 여러분은 행복은 단지 뿌려졌을 뿐이라는 것을 기억해야 합니다. 여러분은 이 세상에 사는 동안에 그 씨가 다 자란 것을 보게 될 것이라고 기대해서는 안 됩니다. 하나님의 은혜가 우리를 위하여 행복을 뿌렸다고 할 수 있는 그 밭들은 어디에 있습니까? 여러 밭들 중의 하나는 하나님의 말씀이라는 밭입니다. 여러분은 그 밭에서 거의 언제나 행복을 볼 수 있을 것입니다. 진주가 이 밭에 감춰져 있긴 하지만, 우리가 그 진주를 캐내면 그 밝은 빛을 볼 수 있다는 말입니다. 하나님의 모든 약속은 우리가 지금까지 알고 있는 것을 뛰어넘는 비밀한 의미를 지니고 있고, 그 감춰진 의미는 하나님의 자녀들을 위한 행복으로 가득합니다. 하나님의 모든 말씀은 그것이 교훈이든 책망이든 덕을 세우기 위한 말씀이든 모두 그들의 위로와 지속적인 유익을 위한 것입니다. 우리가 성경이라는 밭의 여러 구획들을 다닐 때에 우리 앞에는 드넓고 비옥한 수많은 작은 밭들, 즉 신자들을 위한 비밀한 빛이 뿌려진 그런 밭들이 펼쳐집니다. 하나님의 섭리도 마찬가지입니다. 하나님께서는 이 세상에서 일어날 수 있는 모든 사건들을 통해서 신자들을 위하여 빛을 뿌리십니다. 우리가 볼 때에는 그렇게 보이지가 않습니다. 그 밭들은 당시에는 정말 꼴 보기도 싫을 정도로 아주 싫고 지긋지긋해 보입니다. 물은 그 드넓은 이랑들 속에 깊이 자리 잡고 있습니다. 여러분은 그런 거친 땅에서 추수를 할 수 있을 것이라고 상상할 수가 없지만, 조금만 기다려보십시오. 하나님의 섭리들은 오늘은 아주 어둡게 보이지만, 사실은 곧 대낮처럼 밝게 빛나게 될 잠재적인 빛으로 가득 차 있습니다. 여러분이 그리스도 안에 있기만 하다면, 모든 상황은 여러분에게 유익된 것으로 충만할 것입니다. 검은 선체의 배들은 여러분에게 눈부신 황금을 가져다주고 있습니다. 까마귀들은 여러분에게 먹을 양식을 물어다줄 것이고, 마귀들조차도 여러분을 섬기는 노예들이 될 것입니다. 자녀가 죽거나 아내가 병들어 있습니까? 수치스럽게 청구서가 쌓여 있습니까? 배가 난파되었습니까? 집이 불탔습니까? 황소가 병에 걸렸습니까? 결국 여러분은 마지막에, 아니 그 이전에 그런 일들이 여러분에게 진정한 복이었다는 것을 알게 될 것입니다. 하나님께서는 자기 백성을 대하실 때에 전체적으로만이 아니라 세세한 일들 속에서도 은혜를 베풀어 주십니다. 우리의 요람으로부터 우리의 무덤에 이르기까지 하나님의 모든 섭리는 자기 자녀들을 복 주시고자 하시는 하나님의 의도로 가득합니다. 그렇기 때문에 하나님의 자녀들은 결국 복을 받게 될 수밖에 없습니다! 여러분은 발람이 하나님의 백성을 저주하려고 한 일을 읽을 때에 종종 경이롭다는 생각을 하였을 것입니다. 발람은 수송아지 일곱 마리와 숫양 일곱 마리를 준비해서 하나님께 드린 후에, 이 산 저 산으로 가서 여러 방향에서 이스라엘 백성을 바라보고 저주하려 하였습니다. 그러나 발람이 입을 열 때마다 그의 의도와는 반대로 저주의 말이 아니라 복을 빌어주는 말이 나왔습니다. 우리 영혼의 큰 원수의 경우에도 마찬가지입니다. 종종 원수 마귀는 우리를 가난으로 시험합니다. 그럴 때에 마귀는 우리를 저주해서 우리로 하여금 시기심을 품게 하고자 합니다. 또한, 마귀는 우리를 부로 시험합니다. 그럴 때에 마귀는 우리를 저주해서 우리로 하여금 교만하게 하고자 합니다. 그러나 마귀가 어느 방향으로부터 시험을 하여 하나님의 백성에게 저주를 가져다주려고 애쓴다고 할지라도, 최종적인 결과는 그들이 더 큰 복을 받게 된다는 것입니다. 왜냐하면, 성경은 "하나님은 사람이 아니시니 거짓말을 하지 않으시고 인생이 아니시니 후회가 없으시도다 어찌 그 말씀하신 바를 행하지 않으시며 하신 말씀을 실행하지 않으시랴"(민 23:19)고 말씀하기 때문입니다. 사랑하는 자들이여, 말씀의 밭과 섭리의 밭에 빛이 뿌려집니다. "하나님의 밭"이라 불리는 작은 밭이 있습니다. 이 밭은 이 자리에 계신 어떤 분들에게는 짙은 어둠이 뿌려져 있는 것처럼 보이겠지만 사실은 빛이 뿌려져 있습니다. 이 밭은 여러분의 사랑하는 사람들이 흙 아래에 누워 있는 저 잠자는 곳, 바로 공동묘지입니다. 그들은 지금은 잠자고 있지만 언젠가는 다시 일어날 것입니다. 그렇기 때문에, 여러분의 사랑하는 자녀들과 친구들의 이미 썩어 버린 뼈들에조차도 사실 빛이 뿌려져 있는 것입니다. 만일 그렇지 않다면, 여러분은 그들을 영원히 잃어버리게 될 것입니다,

그렇지 않습니까? 여러분은 그 씨를 영원히 잃어버리고 싶으십니까? 그들이 무덤에서 다시는 일어나지 못할 것이라고 잠시 생각해 보십시오. 그런 생각을 하면, 여러분은 한없이 슬퍼지고 근심하게 되지 않습니까? 그 마른 뼈들이 결국에는 다시 살아나게 될 것이고, 여러분이 자신의 곁을 잠시 떠나갔던 사랑하는 사람들을 영원히 잃어버리는 것이 아니라, 그들은 여러분보다 앞서 가 있는 것일 뿐이라는 것을 안다면, 그것은 여러분에게 얼마나 큰 위로가 되겠습니까? "네 울음 소리와 네 눈물을 멈추어라 네 일에 삯을 받을 것인즉 그들이 그의 대적의 땅에서 돌아오리라"(렘 31:16). 그것은 얼마나 행복한 만남이 되겠습니까! 여러분과 그들이 다 함께 만나서 다시는 헤어지지 않아도 된다면, 그것은 얼마나 기쁘고 복된 상봉이 되겠습니까? 그러므로 우리가 그동안 갔던 저 수많은 장지(葬地), 즉 "하나님의 밭"에는 의인들을 위하여 빛이 뿌려지는 것입니다.

　　사랑하는 자들이여, 빛은 의인들을 위하여 이 땅 위에도 뿌려집니다. 이것은 이 땅에서조차도 하나님의 교회에 영광이 약속되어 있다는 것을 의미합니다. 시간이 쏜살처럼 달려서, 주님께서 궁극적으로 승리하시고 개선하시는 날이 올 것입니다. 천년왕국은 하나님께서 언약을 통해 신실하게 약속하신 것이고 분명하게 미리 말씀하신 것입니다. 그때에 순교자의 피는 상을 받게 될 것입니다. 그때에 성도들이 죽고 나서 남긴 재들은 바람에 흩뿌려졌지만 그 모든 원자 속에 생명을 담고 있는 씨였다는 것이 증명될 것입니다. 땅의 군왕들이 자신의 보좌를 예수께 바치고, 지금 인류를 지배하고 있는 신들이 하찮은 것들로 여겨져서 두더지와 박쥐에게 던져질 그 날이 오고 있습니다. 그때에 의인들이 아버지 하나님의 영광으로 해처럼 빛나게 될 것입니다. 또, 주님이 오실 때에 하나님의 신실한 종이 누리게 될 지극한 복은 어떠하겠습니까? 주님이 오실 그 날을 상상 속에서 묘사하는 것은 내가 할 일이 아니지만, 작은 일에 충성한 자들에게 큰 일들을 맡기시겠다고 하신 주님의 말씀을 여러분에게 상기시켜 드리는 것은 내가 할 일입니다. 우리는 이 땅에서 우리 하나님의 왕들과 제사장들이 되어서 그리스도와 함께 다스리게 될 것입니다. 의인들은 전에 박해받고 욕먹고 비방을 들으며 멸시 받았던 바로 그 땅에서 이제 면류관을 쓰고 흰 옷을 입고 주님과 함께 걷게 될 것입니다. 왜냐하면, 그들은 이제 고명한 자들이 되었기 때문입니다. 의인들을 위해서 빛이 뿌려지고 있습니다.

　　그러나 나는 여러분이 이제 공동묘지 너머를 바라보시고 이 형편없고 협소한 세계 너머를 바라보시라고 청하지 않을 수 없습니다. 이 땅은 단지 점에 불과한 것이 아니고 무엇이겠습니까? 영원을 바라보십시오. 여러분의 지성에 영원이 인식됩니까? 영원 세계! 한없이 언제까지나 존재하는 세계! 한없이 펼쳐진 그 세계 전체가 여러분을 위해 빛으로 뿌려지고 있습니다. 아메리카에 있는 풀의 바다라고 할 수 있는 대초원을 생각해 보십시오. 그 대초원 전체가 다 기경되어서 밀이 뿌려져 있고, 그 모든 것이 여러분의 것이라고 생각해 보십시오. 만일 그것이 사실이라면, 여러분은 얼마나 부유한 것일까요? 그러나 천국의 푸른 초장을 어떻게 아메리카의 대초원과 비교할 수 있겠습니까? 천국의 빛을 어떻게 대초원에서 나는 최상품 곡물과 비교할 수 있겠습니까? 이 세계가 열기에 의해 다 타 없어지고, 해와 달이 마치 밤이 끝나 꺼진 등불처럼 소멸할 때까지 만대에 걸쳐 영영토록 여러분을 위한 복은 끝없이 생겨날 것입니다. 영원 세계가 여러분을 위해 빛으로 뿌려집니다. 삼위일체 하나님과 여러분에게 기쁨을 가져다주는 그 모든 무한한 것들이 다 여러분의 것이 될 것입니다. 하나님 자신이 여러분의 분깃이 될 것입니다. 이스라엘의 하나님이 여러분의 영원한 기업이 되어 주실 것입니다. 형제들이여, 내가 다른 그 무엇을 더 말씀드릴 수 있겠습니까? 우리는 우리를 위한 씨들이 뿌려진 큰 밭들을 아마도 측량할 수 없을 것입니다. 따라서 우리는 우리를 위해 씨가 뿌려진 밭들이 도처에 있다는 것을 믿고서 하나님께 감사하며 담대하게 우리에게 주어진 길을 가면서, 추수할 때까지 잠시 기다려야 합니다.

4. 넷째로, 장래에 관한 것입니다.

나는 실제적인 적용으로 말씀을 맺고자 하기 때문에, 우리가 마지막으로 살펴볼 대지는 장래에 관한 것이지만, 시간이 별로 없어서 잠깐 살펴보고자 합니다.

농부는 일꾼들을 데리고 가서 밭을 기경하고 씨 뿌리는 자의 바구니 속에 씨가 가득할 때에 언제나 장래를 기대하고 바라봅니다. 이미 그는 7-8월의 추수기를 생각하고, 노랗게 익은 곡식을 시장에 내다팔 생각을 합니다. 마찬가지로, 우리도 늘 우리가 상을 받게 될 장래를 바라보아야 합니다. 오늘 모든 사람이 씨를 뿌리고 있지만, 우리는 추수가 얼마나 빨리 시작될 것인지를 알지 못합니다. 어떤 사람은 "여호와의 살아 계심을 두고 맹세하노니 나와 죽음의 사이는 한 걸음 뿐이니라"(삼상 20:3)고 말했습니다. 마찬가지로, 우리 중 누구에게나 추수 때와의 사이는 오직 "한 걸음"뿐인 것 같습니다. 왜냐하면, 언제라도 천사장의 나팔소리와 하나님의 큰 음성과 더불어서 주님이 하늘로부터 다시 임하심으로써 즉시 추수 때가 시작될 것이기 때문입니다. 그러나 그것은 어떤 추수입니까! 오, 나의 영혼아, 네가 하나님과 영원히 함께 있게 될 때에 너는 영원히 만족을 얻게 되리라! 여러분이 이 땅에서 하나님의 얼굴을 한 번 흘끗 보기만 했어도 황홀했었는데, 둘 사이에 아무런 휘장도 없이 저 사랑하는 이의 얼굴을 영원히 보고, 여러분의 마음속에 부어진 하나님의 사랑을 느끼며, 여러분의 마음이 저 무한하신 사랑의 바닷속으로 풍덩 빠지게 된다면, 그것은 어떤 것이겠습니까? 사랑하는 자들이여, 우리에게 약속된 분깃과 우리를 갈라놓고 있는 것은 단지 시간이라는 얇은 막뿐입니다. 우리 중에서 여전히 젊고 건강한 분들은 우리에게 40년이라는 살 날이 남아 있다고 할지라도 그 세월은 막상 지나고 나면 어제일 같고 밤중의 한 경점과 같다는 것을 기억하고서 만족하는 것이 마땅합니다. 그리고 70년의 세월 동안 살아서 머리가 희어진 분들은 이제 여러분에게는 앞으로 보름달이 여러 차례 뜨고 안식일들이 여러 번 지나고 나면 하나님과 영원히 함께 있게 될 것임을 생각하고 기뻐할 수 있습니다.

　　여러분이 묵고 있는 여인숙이 육신이 원하는 만큼 편안하지 않다고 할지라도, 여인숙을 떠나서 본향으로 갈 날이 머지않았기 때문에, 불평하지 마시고, "나를 데려가 주소서"라고 부르짖으십시오. 본향으로 가는 길이 거칠고 험하다고 할지라도 어떻습니까? 여러분의 눈을 시온에 고정시키십시오. 그 길은 멀지 않습니다. 그러므로 그 길 가는 것을 소망으로 순탄하게 하시고 찬송으로 즐겁게 하십시오. 여러분은 빛이 아니라 어둠을 뿌려온 삶을 산 저 불행한 사람들과 다릅니다. 물론, 이 자리에도 그런 분들이 있을 것이지만, 그런 사람들은 엉겅퀴들을 거두게 될 것이고, 가시덤불이 뒤덮인 땅이 그들의 영원한 침상이 될 것입니다. 그들은 바람을 심고 뿌려왔기 때문에 회오리바람을 추수하게 될 것이고, 그 회오리바람은 무시무시한 태풍으로 그들의 죄악 된 영혼들을 이리저리 휩쓸어갈 것입니다. 예수 그리스도를 힘입어서 은혜를 구하지도 않았고, 성령께서 여러분의 심령을 새롭게 해서 의롭게 만든 적도 없어서, 자신을 위하여 결코 빛을 뿌리지 않은 분들은 장차 여러분의 운명이 어떻게 될 것인지를 생각해 보십시오. 여러분은 제때에 씨를 뿌리지 않아서 추수 때에 거둘 것이 없게 된 농부와 같습니다. 헐벗고 가난하며 비참하고 궁핍하며 버림받은 여러분은 추수 때에 구걸할 것이지만 아무것도 얻지 못할 것입니다. 그때에 여러분은 하나님께 긍휼을 베풀어 주시라고 구하겠지만, 하나님께서는 여러분을 거절하실 것입니다. 여러분은 하나님의 은혜로 말미암은 유익들을 주시라고 애걸복걸하겠지만, 하나님께서는 그런 것들을 여러분에게 주시지 않으실 것입니다. 왜냐하면, 일단 현세의 삶이 끝났을 때에는 하나님은 여러분의 간구를 들어주시지 않으실 것이기 때문입니다. 오늘 우리가 하나님의 말씀을 듣지 않는다면, 내일은 하나님이 우리의 간구를 듣지 않으실 것입니다. 하나님께서 우리에게 은혜를 주셔서 이 땅에서 씨를 뿌리게 하심으로써 우리로 영원토록 거둘 것이 있게 하시기를 빕니다.

나는 오늘의 본문에 나오는 가르침은 그리스도 안에 있는 모든 사람에게 너무나 큰 위로가 될 것이 틀림없다는 말씀을 드리고서 마치고자 합니다. 고난당하는 분들의 고통은 깊습니다. 그러나 빛이 여러분을 위해 뿌려지고 있는 것임을 알고서 강건하게 인내하시고 불평하지 마십시오. "그 거주민은 내가 병들었노라 하지 아니할 것이라 거기에 사는 백성이 사죄함을 받으리라"(사 33:24). 수많은 곤경과 고난을 무릅쓰고 이 땅에서 잠시 고된 수고를 하는 가난한 자들이여, 여러분을 위해 빛이 뿌려지고 있습니다. 여러분은 머지않아 거처할 곳이 많은 성에 거주하게 될 것입니다. 여러분은 가난이 영원히 사라진 성의 진주 문들을 지나 황금 거리를 걷게 될 것입니다. "그들이 다시는 주리지도 아니하며 목마르지도 아니하고 해나 아무 뜨거운 기운에 상하지도 아니하리니"(계 7:16). 그리스도를 인하여 오명을 얻고 비방을 받는 것을 기뻐하며 참아온 자들이여, 여러분을 위해 빛이 뿌려지고 있습니다. 여러분은 순교자를 비롯해서 의를 위하여 고난을 받은 택함 받은 자들의 무리와 더불어서 무한한 영광을 추수하게 될 것입니다. 그리스도를 인하여 비방보다 더한 고난을 당하고 있고 친구와 가정을 잃어버린 여러분, 정말 기뻐하고 즐거워하십시오. 왜냐하면, 천국에서 여러분의 상이 클 것이기 때문입니다. 여러분보다 먼저 그런 고난을 당하며 박해를 받았던 저 옛적의 증인들인 선지자들도 빛을 추수하였고 지금도 추수하고 있습니다. 이제 세계들이 사라질 때에 여러분도 빛을 추수하게 될 것입니다. 하나님께서 우리에게 은혜를 주셔서 현재를 잊어버리고 장래를 기뻐하게 하시고, 그리스도께서 받으신 능욕을 애굽의 모든 보화보다 더 큰 보화로 여기게 하시기를 빕니다. 아멘, 아멘!

제
90
장

—

새 노래

—

"새 노래로 여호와께 찬송하라 그는 기이한 일을 행하사 그
의 오른손과 거룩한 팔로 자기를 위하여 구원을 베푸셨음이
로다."— 시 98:1

　　새롭게 승리를 거둘 때마다 새 노래가 있어야 합니다. 만일 미리암이 소고
를 치면서 이스라엘의 딸들을 이끌며 하나님을 찬송할 때에 애굽에서 배웠던 옛
노래를 불렀다면, 그것은 얼마나 어처구니없는 일이었겠습니까! 옛 노래는 그
세대의 감정을 제대로 표현해낼 수 없었을 것이고, 먼 후손이 따라해야 할 저 기
쁜 음성을 내는 데에도 전혀 도움이 될 수 없었을 것입니다. 그들이 "내가 여호
와를 찬송하리니 그는 높고 영화로우심이요 말과 그 탄 자를 바다에 던지셨음이
로다"(출 15:1)라고 소리치며 서로 화답할 때에 그들에게 새 노래가 있어야 하는
것은 당연한 일입니다. 이런 일은 과거에 없었지만, 이제부터는 후세에 대대로
전해져야 합니다. 드보라와 바락은 시스라의 군대를 물리쳤을 때에 미리암이 과
거에 불렀던 노래를 가져와서 부르지 않았습니다. 그들은 새로운 사건에 맞게
새로운 시편을 지어서 이렇게 노래하였습니다: "깰지어다 깰지어다 드보라여 깰
지어다 깰지어다 너는 노래할지어다 일어날지어다 바락이여 아비노암의 아들이
여 네가 사로잡은 자를 끌고 갈지어다"(삿 5:12). 후대에는 성전 건물에서, 또는
명절 때에 "새 노래로 여호와께 노래하라"(시 96:1)고 외치는 것이 하나님의 감
동을 받은 시인들의 관행이었습니다. 이런 식으로 해서 세월이 흐를수록 감사

찬송은 그분량과 범위를 더해 왔습니다. 그리고 이러한 감사 찬송들은 단지 한 장엄한 오라토리오(oratorio)를 위한 예행연습들이었을 뿐입니다. 그렇다면, 마지막 날에 시온 산 위에서 하나님의 무수한 전사들이 승리자 예수를 둘러싸고서 부르게 될 그 노래는 얼마나 놀랍고 기이하며 비할 바 없이 영광스럽겠습니까? 또한, 우리가 장차 하늘로부터 "많은 물소리와도 같고 큰 우렛소리와도 같은" 음성을 들으며, "거문고 타는 자들이 그 거문고를 타는 것 같은" 음성을 들을 때(계 14:2), 그것은 얼마나 놀랍고 기이하며 영광스럽겠습니까? 24장로들과 네 생물이 하나님 앞에 얼굴을 땅에 대고 엎드려서 영원토록 그를 경배하면서 하나님의 진리 앞에서 부르게 될 저 새 노래는 또 얼마나 기이하고 놀라운 것이겠습니까? 하나님께서 우리의 귀로 엄청나게 큰 소리로 터져 나오는 새 노래, "할렐루야 주 우리 하나님 곧 전능하신 이가 통치하시도다"(계 19:6)라고 외치는 새 노래를 들을 수 있게 해주시기를 빕니다.

오늘 밤 나는 모든 싸움이 영원히 다 끝나고 최종적인 승리가 이루어질 때에 여호와의 이름과 그의 모든 능하신 성품들과 그의 모든 엄위하신 역사들을 선포하는 저 장엄한 노래로 여러분을 잠시나마 초대하고자 합니다. 오늘 우리는 군기를 둘둘 말아 걸으며, 칼을 칼집에 꽂게 될 그 날, 최후의 원수가 멸망 받아 전능하신 승리자의 발 앞에 무릎을 꿇게 될 그 날에 울려 퍼지게 될 새 노래를 듣게 될 것입니다: "새 노래로 여호와께 찬송하라 그는 기이한 일을 행하사 그의 오른손과 거룩한 팔로 승리하셨음이로다"(KJV, 한글개역개정에는 끝부분이 "자기를 위하여 구원을 베푸셨음이로다"로 되어 있음). 오늘의 본문은 다른 경우들에도 어울릴 수 있겠지만, 무엇보다도 저 최후의 가장 영광스러운 승리에 가장 잘 어울리는 것으로 보입니다.

본문 속에서 우리는 세 가지를 볼 수 있습니다: 모든 것을 뛰어넘는 탁월한 승리, 뚜렷이 부각되고 있는 하나님, 영광을 받게 될 거룩.

1. 첫째로, 우리는 본문에서 탁월한 승리를 볼 수 있습니다.

우리는 이 승리에 대해서 무엇이라고 말해야 할까요? 우리는 이 승리의 함성을 이미 우리 귀로 듣고 있고, 이 승리를 축하하는 찬가도 이미 준비되어 있습니다. 이 세상의 모든 정사와 권세들이 낮아지고, 세상의 교만이 비눗방울처럼 터져 버리고, 이 세상 자체가 녹아지며, 눈에 보이는 모든 것들이 다 닳고 해진 누더기가 되어 없어질 때, 그 승리는 우뚝 서게 될 것입니다. 이 승리에 비할 수 있는 것은 아무것도 없게 될 것입니다. 이 승리는 하나님과 천사들, 또는 사람들의 모든 전쟁에서 유례없는 것으로 우뚝 서게 될 것입니다.

그 승리와 관련해서 우리는 지존자 하나님의 주장에 이의를 제기할 자가 아무도 없을 것이라고 말하지 않을 수 없을 것입니다. 역사상에서 최고의 혁혁한 승리들은 흔히 전쟁을 벌였던 쌍방이 다 자신의 군대가 승리했다고 주장하는 것이 보통입니다. 여러분이 파리에 있는 개선문 아래로 가서, 프랑스가 승리한 전쟁들이라고 기록되어 있는 것들을 보면, 일반적인 영국인들이 영국이 이긴 전쟁이라고 늘 생각해 왔던 것들이 거기에는 프랑스가 이긴 것으로 기록되어 있는 것을 볼 수 있습니다. 그러나 여러분은 우리의 역사책이 모두 엉터리였고, 사실은 프랑스 군대가 승리를 하고서 물러간 것임을 발견하게 됩니다. 나는 아메리카에서의 전쟁과 관련해서도 누가 승리자였는지를 확정하기는 언제나 어렵다고 봅니다. 무엇을 기준으로 삼아서 전쟁에서 승리했다고 할 수 있느냐를 결정할 수 있는 일반적인 기준이 없는 상황에서, 누가 적군을 더 많이 죽였느냐가 판단기준이 되는 것으로 보일 때, 그 전쟁에서 어느 쪽이 이겼는지를 확정하기는 당연히 어려울 수밖에 없습니다. 그러나 본문의 경우에는 그런 논란의 여지가 전혀 있을 수 없게 될 것입니다. 용의 머리가 완전히 박살이 나서, 그는 자신을 묶은 쇠사슬을 물어뜯으며 하나님이 자기보다 더 강하다고 이를 갈며 인정할 수밖에 없게 될 것입니다. 지옥의 군대는 철저하게 패주해서 절망 속에서 깊은 한숨을 쉬며 공포에 질려 악을 쓰는 가운데 자신들의 비참하고 끔찍한 운명이 전능자의 손에 달려 있음을 어쩔 수 없이 인정하지 않을 수 없게 될 것입니다. 사망도 자신이 이제까지 포로로 사로잡아 두었던 자들이 자신의 눈 앞에서 모두 다 풀려나는 것을 가만히 바라볼 수밖에 없게 될 것입니다. 음부(陰府)도 자신의 손에 쥐고 있던 열쇠를 빼앗기고, 자신의 모든 보화를 다 탈취당하게 될 것입니다. 이렇게 해서 사망과 음부는 둘 다 자신들의 승리는 영원히 날아가 버렸음을 인정하게 될 것입니다. 우리 인간의 본성을 입으시고 사망의 독침을 이미 제거해 버리신 하나님의 아들 예수 그리스도께서 승리자가 되셨습니다. 오늘날 어떤 사람들은 자신을 무신론자로 자처합니다. 또, 자신은 하나님의 대적이라고 공공연히 맹세하는 사람들도 있습니다. 이 세상에는 기독교가 말하는 진리가 자신들이 원하는 대로 다 뒤집어져서, 틀린 것이 옳은 것을 지배하게 되고, 악이 선을 몰아내게 되며, 어둠이 빛을 꺼버리게 되기를 희망하는 자들이 적지 않습니다. 그러나 저 승리의 큰 날에는 그런 사람은 단 한 사람도 남아 있지 않게 될 것입니다. 왜냐하면, 그런 사람들은 절망 가운데서 어쩔 수 없이 주 하나님께서 "그의 오른손과 거룩한 팔로 승리하셨도다"라고 고백하지 않을 수 없게 될 것이기 때문입니다. 이 땅과 음부에 있던 모든 혀가, 번개가 하늘을 가르며 지금까지 그 누구도 본 적이 없던 무시무시한 모습으로 벼락치듯이, 그리고 잠자는 죽은 자들을 깜짝 놀라게 한 저 나팔소리보다 더 큰 우렛소리로 그렇게 고백하게 될 것입니다. 왜냐하면, 여호와 하나님께서 영원토록 다스리시고 왕 노릇 하시리라는 음성을 모든 귀가 다 듣게 될 것이기 때문입니다.

또한, 이 승리는 모든 논란을 잠재울 정도로 확실한 승리가 될 것이라는 점에서만이 아니라, 이 승리의 영광을 손상시킬 수 있는 것이 아무것도 없을 것이라는 점에서도 탁월한 승리라고 할 수 있습니다. 하나님의 택함 받은 자들의 군대가 원수의 무시무시한 포화의 최후의 충격을 이겨내고, 마치 비스케이(Biscay) 만의 산들바람이 엷은 구름들을 흩어 버리듯이 하나님께서 그들 앞에서 원수의 군대를 몰아내실 때, 전쟁의 영웅들은 자리에 앉아 이 전쟁에 관한 이야기를 읽으면서, 이 승리는 처음부터 끝까지 완벽한 승리였기 때문에 그 승리의 영광을 손상시킬 수 있는 것이 아무것도 없다는 것을 발견하게 될 것입니다. 역사상에서 하나님의 택함 받은 자들의 군대가 거둔 다른 모든 승리들은 줄다리기를 하다가 겨우 얻은 승리들처럼 보입니다. 그래서 처음에는 우리 군대가 과연 이길 수 있을까 하는 의구심을 불러일으킬 뿐만 아니라, 결국에는 패배한 적군이 분명히 승자가 될 것 같이 보이기도 했습니다. 그러나 사랑하는 자들이여, 우리가 역사를 천국의 빛 아래에서 읽게 되면, 하나님은 한 번도 패배하신 적이 없고, 하늘의 군대가 휘청거린 적도 없다는 것을 발견하게 될 것입니다. 그때가 되면, 우리는 하나님의 섭리에 의한 교회의 지독한 시련들, 곧 교회에 닥친 가장 혹독한 재난들도 사실은 장차 교회가 쟁취하게 될 승리를 위한 힘찬 진군이었다는 것을 알게 될 것입니다. 우리에게 오늘 너무나 통탄스러운 일들조차도 내일은 우리가 감사해야 할 너무나 기이한 역사들이었다는 것을 알게 될 것이라고 나는 확신합니다. 오늘 우리는 어떤 일의 검은 측면을 보고서, "아, 여기서 선이 좌절되었구나"라고 말합니다. 그러나 어떤 일을 전체적으로 다 볼 수 있게 되었을 때, 우리는 모든 검고 굽은 선들이 하나님의 계획의 중심에서 다 만나는 것을 보게 될 것입니다. 오늘 우리에게 앞뒤가 잘 맞지 않고 너무나 모순되어 보였던 일들이 하나님의 전체적인 계획과 지극히 잘 맞아들어가고 꼭 필요했던 일들이었다는 것이 드러나게 될 것입니다. 사탄은 마지막 날에 가서는, 전투가 벌어졌던 수많은 지점들 중에서 "여기에서 내 군대가 임마누엘의 군대를 패퇴시켰지"라고 말할 수 있는 지점을 단 한 곳도 자신의 손가락으로 짚을 수 없게 될 것입니다. 사탄이 하와의 이마를 쳤던 그 날부터 그리스도께서 사탄을 결박하여 자신의 병거에 묶어 영원한 산으로 끌고 가실 저 마지막 날에 이르기까지 처음부터 마지막까지 그 어디에서나 하나님께서 "그의 오른손과 거룩한 팔로 승리하셨다"는 것이 분명하게 드러나게 될 것입니다.

또한, 우리는 이것은 모든 전선에서 거둔 승리라는 것도 기억해야 합니다. 전쟁에서 지휘관은 왼쪽 전선에서 적군을 물리치기 위해서 주력군을 거기에 배치한다고 해도, 반드시 오른쪽 전선에도 예비 병력을 남겨 두어서 전체적으로 전선이 어느 쪽도 무너지지 않게 조치합니다. 그러나 적군도 상대적으로 약한 오른쪽 전선에 기병대를 투입해서 상대방의 전선을 흔들어놓고자 합니다. 이런 식으로 전쟁에서는 한쪽 전선이 승리를 거둔다고 하여도, 또다른 전선에서는 패하는 것이 일반적입니다. 그러나 마지막 날에 그리스도께서 천국의 빛 아래에 서셔서 그 이마를 드러내시고, 모든 천사들이 그와 함께 있게 될 때, 그들은 모든 곳에서 승리하였다는 것이 드러나게 될 것입니다. 마다가스카르(Madagascar) 바위 위에서 흘려진 피는 하나님의 군대의 진군을 막지 못할 것입니다. 성도들은 화형을 당하기도 하고, "돌로 치는 것과 톱으로 켜는 것과 시험과 칼로 죽임을 당하고 양과 염소의 가죽을 입고 유리하여 궁핍과 환난과 학대를"(히 11:37) 받을 수 있지만, 어느 곳에서나 승리를 거두게 될 것입니다. 스페인이 복음에 대하여 문을 닫고, 종교재판이 그 곳을 요새로 만들고 있는 것처럼 보일지라도, 하늘에 하나님이 계신 것이 분명한 사실인 것처럼, 그리스도께서 그 곳을 정복하시리라는 것도 분명한 사실이 될 것입니다. 폭군들이 그리스도인들을 멸절시키라는 영들을 내리고, 추기경단이 예수 신앙을 몰아내라는 칙령을 내린다고 해도, 이 푸른 지구 위에서 인적이 있는 모든 곳에서 하나님이 승리하실 것입니다. 중국과 일본, 브라질과 칠레, 남태평양의 섬들, 북방의 동토를 비롯해서 동서남북 어느 곳에서나 이 승리가 있게 될 것입니다. 아프리카에 사는 검은 피부의 아들들과 광야에 거주하는 자들조차도 하나님 앞에 엎드려 절하고, 하나님의 발 앞에서 흙을 핥게 될 것입니다. 모든 전선에서 승리가 있을 것입니다. 단지 한 곳에서만이 아니라 모든 곳에서 "그의 오른손과 거룩한 팔로 승리하셨도다"라는 노래가 울려 퍼질 것입니다.

또한, 그 승리는 전쟁 직후에 전사자에 관한 보고로 인해서 그 영광이 손상되지 않을 그런 승리가 될 것입니다. 사람들 간의 전쟁은 그렇지 않습니다. 사람들은 전쟁을 끝낸 후에 사후 보고를 듣기가 몹시 힘듭니다. 사상자들의 명단이 올라오면, 지휘관의 안색은 창백해지고 그 표정은 어두워집니다. 어떤 사람은 "이 승리는 수많은 어머니들의 아들들의 피로 산 너무나 값비싼 대가를 치른 승리여서 패배한 것이나 다름없어"라고 탄식하고, 어떤 사람은 "이 나라를 살리기 위해 나의 친구들과 동료들이 죽어가야 했어"라고 말합니다. 그러나 하나님의 저 최후의 큰 전투에서는 소집된 군대 중에서 단 한 사람도 전사자가 없을 것입니다. 소집된 사람들의 명단을 불러나갈 때에 대답하지 않는 사람은 단 한 사람도 없을 것입니다. 전쟁터에는 단 한 사람의 죽은 사람도 남아 있지 않을 것입니다. 믿지 않는 자들은 "어떻게 그런 일이 가능한가?"라고 말합니다. "그들은 지금 죽어서 땅에 묻혀 있지 않은가? 그들의 시신들은 알프스 산기슭에서 썩어 버리지 않았던가? 그들은 불 속에서 태워져서 그 재가 사방으로 흩어지지 않았던가? 성도들은 오늘 공동묘지나 무덤에서 잠자고 있고, 저 깊은 바다도 성령의 전이었던 시신들을 무수히 삼키지 않았던가?" 나는 이렇게 대답합니다: 그 말이 맞지만, 그들은 다시 살아 돌아오게 될 것입니다. 딸 예루살렘아, 여러분의 눈에서 눈물을 거두십시오. 여러분의 마음에서 슬픔을 거두십시오. 왜냐하면, 그들은 사로잡혀 있던 땅에서 다시 돌아올 것이기 때문입니다. 살아 있는 사람들이라고 해서 지금 죽어 잠자고 있는 사람들보다 그 형편이 더 나을 것이 없을 것입니다. "나팔 소리가 나매 죽은 자들이 썩지 아니할 것으로 다시 살아나고 우리도 변화되리라 이 썩을 것이 반드시 썩지 아니할 것을 입겠고 이 죽을 것이 죽지 아니함을 입으리로다 이 썩을 것이 썩지 아니함을 입고 이 죽을 것이 죽지 아니함을 입을 때에는 사망을 삼키고 이기리라고 기록된 말씀이 이루어지리라"(고전 15:52-54). "그의 오른손과 거룩한 팔로 승리하셨도다."

전쟁 직후에 지휘관은 종종 많은 포로들이 적군에 잡혀가서 승리의 영광이 훼손되었다고 느끼게 됩니다. 그들은 죽지 않았고, 그들의 시신이 전쟁터에 누워 있는 것은 아니지만, 그들은 적군의 포로가 되어 끌려갔습니다. 그리고 그들이 어떻게 될지는 아무도 모르지 않겠습니까? 그들이 어떤 지하토굴에 갇히게 될지, 그리고 어떤 고문을 당하게 될지 아무도 모릅니다. 그러나 하나님의 이 최후의 승리에서는 그 어떤 **포로도 없을 것**이고, 원수의 손에 남겨진 포로도 단 한 사람도 없을 것입니다. 어떤 사람들은 우리가 하나님의 자녀라고 할지라도 은혜에서 떨어져나가서 멸망할 수 있다고 말한다는 것을 나도 압니다. 나의 형제들이여, 그렇게 말하는 것은 구속주의 신실하심과 능력을 비열하게 비방하는 것입니다. 나는 그리스도께서 구원을 개시하신 모든 사람을 반드시 구원하실 것임을 압니다. 그리스도께서는 자신의 군대를 단 한 사람도 전사하지 않고 단 한 사람도 포로로 잡혀가지 않은 채로 전쟁터에서 이끌고 나오셔서, 모든 군사로 하여금 각각 자신의 머리에 월계관을 쓰게 하실 것입니다. 음부의 문들은 결코 주님이 대속하신 사람들을 결코 가두지 못할 것입니다. 멸망 받은 자들의 신음소리 가운데서 전에 하나님 앞에서 성도였던 사람의 탄식소리는 결코 들리지 않을 것입니다. 포로로 잡혀가는 사람은 아무도 없을 것입니다. 음부의 왕이여, 예수께서 피로 사신 영혼들 중에서 네가 포로로 잡고 있는 자들이 있다면 어디 나와 보게 하라. 성령께서 깨어나게 하신 영혼, 영원하신 아버지께서 우리의 보증이신 그 아들의 손에 주셔서 영원히 지키게 하신 영혼이 네 손에 있다면 어디 한 번 내놓아 보아라. 음부의 왕은 단 한 사람도 내놓지 못할 것입니다. 그에게는 그런 포로는 한 사람도 없기 때문입니다. "용사가 빼앗은 것을 어떻게 도로 빼앗으며 승리자에게 사로잡힌 자를 어떻게 건져낼 수 있으랴"(사 49:24). 만군의 여호와 하나님께서는 "나의 속량함을 받은 자들이 돌아오되 노래하며 시온에 이르러 그들의 머리 위에 영영한 희락을 띠고 기쁨과 즐거움을 얻으리니 슬픔과 탄식이 사라지리로다"(사 35:10)라고 말씀하십니다. 그때에 사람들은 여호와께서 "그의 오른손과 거룩한 팔로 승리하셨도다"라고 말하게 될 것입니다.

　　그러나 사랑하는 자들이여, 전투가 끝난 후에 승리자는 이마를 닦으며 이렇게 말하는 것이 보통입니다: "패주한 적군이 다시 모이고, 오늘 바람 앞에 겨처럼 흩어진 자들이 다시 일어설 수 있다. 우리가 전쟁에 종지부를 찍기 전에 이 싸움이 길어지고 전투가 격렬해질 수 있다. 팔을 베고 잠을 자 두라. 너희는 내일 공격을 받을 수도 있다. 말에 오르라는 신호를 기다리라. 머지않아 다시 돌격명령이 있을 수 있기 때문이다." 그러나 하나님의 이 마지막 승리의 경우에는 그렇지 않습니다. 이 승리는 적군을 완전히 다 섬멸하고서 얻게 되는 최종적인 승리입니다. 이 승리는 악에 대하여, 어둠에 대하여, 음부에 대하여 이루어진 영원한 승리입니다. 이 흑암의 세력들은 다시는 의인들을 시험하거나 쓰러뜨리거나 두려움에 질리게 만들 수 없게 될 것입니다. 그들이 세상을 장악하여 다스리는 일은 다시는 일어나지 않을 것입니다. 그들은 영원히 박멸되고 멸절될 것입니다. 하나님께서는 단지 악의 군대의 뒤꿈치만을 상하게 하시는 것이 아니라 그 머리를 부수실 것입니다. 하나님께서는 자기 백성을 자신의 전투용 도끼, 자신의 전쟁 병기로 사용해 오셨습니다. 하나님은 여러분을 혼자 두지 아니하시고, 늘 함께 하셔서 여러분에게 힘과 능력을 주어 오셨습니다. 그러므로 사랑하는 친구들이여, 그 전투가 끝나면 모든 전쟁이 다 끝난다는 것이 우리의 기쁨이고 위로가 됩니다. 이후로는 살육이 없게 될 것입니다. 우리는 영원히 안식하게 될 것이고, 영원히 개가를 부르게 될 것입니다. 목숨을 걸고 사투를 벌일 일도, 고군분투하며 싸움할 일도 없게 될 것입니다. "여호와께서 그의 오른손과 거룩한 팔로 영원무궁토록 승리하셨도다"라는 노래가 영원히 울려 퍼지게 될 것입니다.

내가 이 승리를 탁월한 승리라고 말할 수밖에 없는 것은 바로 이 두 가지 이유 때문입니다. 즉, 이 승리에 이의를 제기할 자가 아무도 없으리라는 것과 이 승리를 훼손시키거나 손상시킬 만한 것이 아무것도 없으리라는 것이 바로 그것입니다.

하지만 우리는 이 승리의 세부적인 내용들을 좀 더 자세하게 살펴보고자 합니다. 이 승리가 하나님께서 자신의 모든 목적을 다 이루심으로써 거두신 궁극적인 승리라는 것은 몇 가지 것들 속에서 드러날 것입니다. 하나님께서 구원하시기로 예정하신 모든 자가 실제로 다 구원을 받게 될 것인데, 이것은 얼마나 놀라운 일이 되겠습니까! 부르심은 하나님께서 그들 속에서 역사하신 첫 번째 역사였습니다. 그들은 각각 하나님으로부터 부르심을 받았지만, 다른 사람들과 마찬가지로 하나님께로 나아오고자 하지 않았습니다. 그들은 자신의 뜻을 필사적으로 고집하며 오랫동안 저항했습니다. 목회자가 그들을 향해 말씀을 전하였고, 그들의 어머니가 그들을 위해 울었습니다. 그들의 아버지가 그들에게 간청하였고, 하나님의 섭리가 임하여 그들을 마구 난도질하였습니다. 환난들이 그들을 산산조각 내었지만, 그들은 여전히 구원받으려 하지 않았습니다. 하지만 하나님께서 부르시기로 예정하셨는데 그 부르심이 실패한 경우는 단 한 번도 없습니다. 하나님께서 사랑 가운데서 어떤 사람을 택하시기로 예정하신 경우에는 그 사람에게 환난을 보내서서 자신의 뜻을 바꾸고 결국에는 굴복하게 하십니다. 그 사람은 부르심을 받고 깨어나게 됩니다. 오늘 밤 이 자리에도 "하나님이 아무리 그렇게 하고자 하셔도, 하나님의 절대적인 은혜를 인정해야 구원을 받는다고 한다면, 나는 절대로 그렇게 하지 않을 것이다"라고 생각하는 분들이 있을 지도 모릅니다. 하나님의 뜻의 분쇄하시는 힘 앞에서 여러분의 뜻은 포기되어야 합니다. 하나님께서는 몹시 주저하고 꺼려하는 심령 속으로 들어가서서 거기에 영원히 자신의 보좌를 세우시는 비법들을 가지고 계십니다.

　　이 승리는 부르심 받은 죄인의 정욕과 욕심이 굴복하는 것 속에서 아주 분명하게 드러납니다. 어떤 사람은 술주정뱅이였고, 그는 자기가 절대로 술을 끊을 수 없다고 생각했습니다. 그러나 하나님의 철장(鐵杖)은 "토기장이의 그릇을 산산조각 내 버립니다." 어떤 사람은 육신의 쾌락들을 사랑했고, 그 쾌락들은 그에게 자신의 오른쪽 눈만큼이나 소중한 것들이었습니다. 그러나 하나님의 은혜가 들어가자, 그 사람은 자신이 가장 사랑하던 정욕을 이길 수 있었고 가장 방자하게 굴던 죄를 땅에 던져 버릴 수 있었습니다.

　　마찬가지로, 이 승리는 모든 성도가 끝까지 인내하며 자신의 믿음을 지키는 것 속에서도 아주 분명하게 드러납니다. 원수는 성도들이 믿음을 지키지 못하도록 하기 위하여 모든 수단과 방법을 하나도 남김없이 다 동원합니다. 원수는 하나님의 속량 받은 자들을 무너뜨리기 위해서라면 음부의 모든 세력을 총동원해서 음부 자체를 텅 비워 놓아도 개의치 않을 것입니다. 사탄과 그의 추종자들은 성도들을 무너뜨려서 멸망에 빠뜨리기 위하여 있는 힘을 다하지만, 성도들은 자신의 믿음을 지켜나갑니다. 마침내 천국의 문들이 굳게 닫힐 때까지, 이 흑암의 세력들은 점점 더 거세게 공격할 것입니다. 하지만 더 이상 들어올 사람이 없어서, 천국 문이 닫혔을 때, 생명책에 기록된 영혼들 중에서 멸망당한 자는 단 한 명도 없었다는 것이 선포될 것이고, 문 밖에서는 마귀들이 수치 중에 자신을 결박한 쇠사슬을 물어뜯고 있게 될 것입니다. 예수께서 피로 사신 자들 중에서 속량 받지 못한 사람은 단 한 명도 없을 것입니다. 하나님의 은혜로 말미암아 깨어난 자들 중에서 사망에 이르게 된 자는 단 한 명도 없을 것입니다. 천국을 향한 경주를 진정으로 시작한 자들 중에서 곁길로 가버린 자는 단 한 명도 없을 것입니다. 하나님께서 "나는 내가 정한 날에 그들을 나의 특별한 소유로 삼을 것이요"(말 3:17)라고 말씀하신 자들 중에서 멸망 받게 된 자는 단 한 명도 없고, 모두가 다 영원히 구원받게 될 것입니다. 오, 이것은 정말 놀라운 승리가 아닙니까! 이보다 더 큰 승리가 어디 있을 수 있겠습니까? 하나님의 자녀가 통과해야 하는 저 싸움을 아는 여러분은 자신이 천국에 이르면 승리자 예수 그리스도를 찬송하는 노래를 있는 힘을 다해 부르게 될 것이라고 말할 것입니다. 나는 우리 모두가 그래야 한다고 생각합니다. 나는 전에 내가 천국에 이르면 거기에서 가장 큰 소리로 찬송하게 될 것인데, 그 이유는 내가 하나님의 주권적인 은혜에 가장 많은 빚을 진 사람이기 때문이라고 말한 것을 기억합니다. 그런데 예배가 끝나고 내가 아래층으로 내려오는데, 어떤 분이 내게 이런 말씀을 하더군요: "그건 목사님이 잘못 말씀하신 겁니다. 제가 목사님보다 더 큰 소리로 찬송하게 될 테니까요. 왜냐하면, 목사님보다 제가 더 빚을 많이 졌거든요." 그리고 나는 그것이 사람들의 대체적인 생각이라는 것을 알았습니다. 형제들이나 자매들이나 다 자기가 하나님의 은혜에 가장 많이 빚진 자라고 생각하고 있었습니다. 그러니 우리 모두가 그렇게 서로 가장 큰 소리로 찬송하고자 한다면, 그때에 천국에는 얼마나 큰 승리의 노래가 울려 퍼지게 되겠습니까! 오늘 우리가 부른 찬송의 한 대목이 우리 각자의 심정을 그대로 대변하고 있는 것 같습니다:

> "주권자의 은혜를 큰 소리로 찬송하는 노래가
> 천국의 거할 곳들에 울려 퍼질 때
> 난 그 무리 중에서 가장 큰 소리로 노래하리라."

이것은 얼마나 탁월한 승리입니까!

그때에 거기에서는 소수가 아니라 그 수를 셀 수 없을 정도의 큰 무리가 그 승리의 기쁨을 나누게 될 것입니다. 이 승리의 영광은 무수한 사람들이 구원을 받아 그 자리에 있다는 사실로 말미암아 더욱 빛나게 될 것입니다. 천국은 좁고 편협한 심령들이 모이는 여러분의 좁은 집들 같은 곳이 아닙니다. 형제들이여, 우리의 상상력을 아무리 넓혀도 우리는 결코 천국을 가늠조차 할 수 없지만, 천국은 무수한 사람들을 수용할 수 있습니다. 피부색이 검든 희든 지구상의 모든 곳에 존재하였던 온갖 다양한 족속들 중에서 온 수많은 사람들이 찬송을 한다고 해서, 그 찬송이 별로일 것이라고 생각해서는 안 됩니다. 이 땅에서 한때 가장 흉악무도한 짓을 저지르며 살았던 죄인도 천국에서 발견될 것입니다. 가장 교만하고 패역했던 죄인, 가장 완악했던 죄인, 가장 고집불통이었던 죄인도 거기에 와 있을 것입니다. 사람들이 꼭 지옥에 가야 할 사람이라고 생각했던 그런 사람도 천국에 있을 것입니다. 그토록 큰 죄인들이어서 지옥에 갔더라도 그들의 끔찍한 범죄에 지옥조차도 놀랄 수밖에 없었을 그런 사람들이 주권적인 은혜로 말미암아 구원을 받아서 천국에 있습니다. 사랑하는 자들이여! 복음을 전하는 이 단순한 일을 통해서 그런 큰 죄인들이 구원받았다는 사실은 이 승리가 얼마나 대단한 것인지를 보여주는 데 일조할 것입니다. 지혜나 학문이나 웅변을 통해서가 아니라 십자가에 관한 이야기를 그저 들려준 것을 통해서 그 큰 죄인들이 구원받았습니다. 이러한 사실은 다른 어떤 것들보다도 이 승리를 더 빛나게 만들어 줄 것입니다.

사랑하는 자들이여, 이 승리는 지독하게 잔인하고 교활하며 강하고 무수한 적들을 멸절시켰다는 점에서 다른 모든 승리를 압도할 것입니다. 죄, 죄, 죄는 얼마나 끔찍한 이름입니까! 그런데 그 죄가 무너질 것입니다. 사망, 사망이라는 말 속에는 온갖 암울함이 집약되어 있습니다. 그런데 그 사망이 멸해질 것입니다. 지독하게 교활하고 잔인하며 악의로 충만한 사탄, 그 사탄이 손발이 결박되어 끌려가게 될 것입니다. 이 승리는 그러한 적들에 대한 완벽한 승리입니다. 나는 이 너무나 놀랍고 장엄한 승리를 묘사할 말을 찾을 수 없습니다. 그 승리의 결과들은 얼마나 찬란합니까! 무수한 영혼들이 그러한 사랑으로 말미암아 그리스도와 하나가 되고, 그들의 혀에는 찬송이 있으며, 그들의 마음은 천국의 불로 타오르고, 천국은 그러한 경건한 자들, 곧 거룩한 거민들로 가득 차며, 하나님의 귀는 그들의 감사 찬송으로 즐거워하고, 천국은 그러한 무수한 복된 영혼들로 가득 차게 될 것입니다. 흑암의 세력들이 영원히 무너졌다는 결과는 차치하고라도 이러한 화평의 결과들은 이 승리가 천사들과 사람들이 지금까지 거둔 온갖 승리를 합한 것보다도 더 장엄하고 놀라운 것임을 증명해 줄 것입니다.

이제 여러분의 모든 감격을 다 모아서 한 번 말해 보십시오. 즉, 대적의 손에 단 하나의 전리품도 있지 않게 만들 때, 이 승리가 어떤 승리가 될 것 같은지를 말해 보십시오. 원수가 자신이 지금까지 거두었다고 생각했던 모든 승리가 그의 패배를 더욱더 쓰라리게 만들고, 승리를 거두신 만왕의 왕에게 광채만을 더할 뿐임이 밝혀질 것이라는 점에서도 이 승리는 유례를 찾아볼 수 없을 것입니다. 여러분은 종종 오래된 교회들에서 대적에게서 다시 가져온 누더기 같은 깃발들이 걸려 있는 것을 봅니다. 우리는 전투 소식을 들을 때에 종종 전투에는 이겼지만 아주 많은 대포들과 깃발들을 적군에게 빼앗겼다는 말을 듣습니다. 그러나 하나님은 자신의 대적의 손에 단 하나의 전리품도 넘겨주지 않습니다. 나는 앞에서 하나님의 원수는 포로를 단 한 명도 사로잡지 못할 것이라고 말했지만, 사실 단 한 개의 깃발도 원수의 수중에 있지 않게 될 것입니다. 원수는 단 하나의 진리도 갈기갈기 찢어놓지 못할 것이고, 하나님이 계시하신 단 하나의 가르침도 음부에 가두어 썩게 하지 못할 것이며, 하나님의 단 하나의 속성도 진창에 처박아놓지 못할 것입니다. 대적들은 기독교 신앙의 진리들 중에서 단 하나도 비웃고 멸시하지 못할 것입니다. 그런 전리품이 그들에게 돌아가지 않을 것입니다. 여러분의 머리카락 한 오라기도 상하지 않을 것이고, 성도의 육신의 뼈 한 조각이나 영혼의 한 부분도 사탄이 갖지 못할 것입니다. 그런 전리품이 그에게 돌아가지 않을 것입니다. 이 모든 것은 하나님이 사탄에게 유리한 고지를 주셔서 가련하고 연약한 사람들과 싸우게 하셨다고 생각해 왔던 음부의 세력을 분노하게 만들 것입니다. 그러나 하나님은 사람 안에 계셔서 사탄과 싸우셨습니다. 사람들은 가련하고 연약하며 벌레 같은 존재일지라도 사탄과 싸울 때에 다윗처럼 골리앗의 머리에 믿음의 돌을 던져 자신의 병기로 그 골리앗을 무너뜨렸습니다. 하나님께서는 그리스도의 죽으심을 통해서 사망을 멸하셨고, 인류의 죄를 짊어지신 그리스도를 통해서 죄를 멸하셨습니다. 하나님은 여자의 후손을 통해서 용을 멸하셨습니다. 즉, 전에 뱀에 의해서 발꿈치를 물린 바 있던 바로 그 후손을 통해서 사탄의 머리를 상하게 하셨습니다. 하나님께 모든 영광을 돌립니다! 이것은 하나님의 승리입니다. 이 승리를 묵상하면 할수록, 우리의 이루 말할 수 없는 기쁨은 더욱 커지고, 우리는 오늘의 본문의 시편 기자처럼 하나님께서 "그의 오른손과 거룩한 팔로 승리하셨도다"라고 소리 높여 찬송하고자 하는 마음이 더욱 커지게 됩니다.

2. 둘째로, 본문에서는 하나님이 뚜렷이 부각되고 있습니다.

사람은 언급되지 않습니다. 본문 속에는 모세나 선지자들, 또는 사도들의 이름은 나오지 않습니다. 크리소스토무스(Chrysostom)나 아우구스티누스(Augustine) 같은 옛 교부들의 이름, 칼빈이나 츠빙글리 같은 현대 교부들의 이름 같은 것도 나오지 않습니다. 눈부신 해 앞에서 별들은 빛을 잃습니다. 하나님의 오른손과 그 거룩한 팔이 너무나 영광스럽게 빛을 발하고 있어서, 하나님의 자녀들은 머리를 숙이고, "여호와여 영광을 우리에게 돌리지 마옵소서 우리에게 돌리지 마옵소서 오직 주의 이름에만 영광을 돌리소서"(시 115:1)라고 말할 수밖에 없습니다. 그러나 사랑하는 자들이여, 사람들의 이름이 언급되고 있지 않은 이유가 하나님의 이름을 두드러지게 하기 위해서 사람들의 이름을 언급하는 것을 피해야 할 필요가 있었기 때문이 아니라는 것을 유의하십시오. 왜냐하면, 사람들은 하나님이 사용하시기에 너무나 형편없는 도구들인 까닭에, 우리가 하나님이 사용하시는 도구들에 대하여 더 많이 얘기하거나 생각할수록, 그것은 반대로 하나님의 영광을 더 두드러지게 할 뿐이기 때문입니다. 여러분은 좋은 붓들을 도둑맞아서 형편없는 붓들로 그림을 그려서 유명하게 된 한 저명한 화가에 관한 이야기를 들은 적이 있을 것입니다. 퀸틴 맛시스(Quintin Matsys, 1466-1529, 중세 플랑드르의 화가)는 제대로 된 도구가 하나도 없는 가운데 주위에서 구할 수 있는 형편없는 도구들로 쇠로 된 우물 덮개를 만든 사람입니다. 이 화가는 그런 열악한 상황에서 놀라운 성과를 만들어 낼 수 있었기 때문에 그가 보여준 솜씨는 사람들의 칭송을 받았습니다. 그 작품을 본 사람들은 그 작품을 만든 사람은 정말 놀라운 예술가일 것이라고 찬탄하지 않을 수 없게 됩니다. 이 쇠로 만든 작품을 본 사람들은 "주물 도구도 없고 새기는 도구도 없는 상황에서 어떻게 이런 작품을 만들어 낼 수 있었던 거지?"라고 말하지 않을 수 없게 됩니다. 마찬가지로, 우리는 영원이 계시해 주는 빛 가운데서 하나님이 사용하신 사람들을 보게 될 때에 그들 중 최고의 사람들에 대해서조차도 "하나님께서는 도대체 이런 형편없는 사람들을 통해서 어떻게 그런 승리들을 거두실 수 있었던 거지?"라고 말하지 않을 수 없게 될 것입니다. 여러분이 의인 아벨을 필두로 해서 하나님의 말씀을 마지막으로 전한 사람에 이르기까지 하나님이 사용하신 도구들을 한 사람도 빠짐없이 다 언급해 보십시오. 그러면 여러분은 이 승리로 인한 모든 영광과 찬송이 오직 하나님 한 분께만 돌아가야 한다는 것을 분명하게 알게 될 것입니다.

사랑하는 친구들이여, 하나님께서 사람들을 사용하셔서 이 승리를 얻으셨다는 것이 이 승리를 빛나게 해주는 일부가 되리라는 것은 틀림없는 사실입니다. 사탄은 사람 가운데서 승리하였습니다. 아담과 하와는 사탄의 교활한 술수에 넘어가 어그러진 길로 가게 되었습니다. 사망이 온 것도 사람을 통해서였고,

죽은 자들의 부활도 사람을 통해서 옵니다. 멸망 받을 자들이 사람이신 그리스도 예수, 여자의 후손이신 그리스도 예수께서 하나님의 오른편에 앉아 계시는 것을 보게 될 때, 그것은 그들에게 쓰디쓴 잔이 될 것입니다. "산들과 바위에게 말하되 우리 위에 떨어져 보좌에 앉으신 이의 얼굴에서와 그 어린 양의 진노에서 우리를 가리라"(계 6:16)는 말은 그들이 느끼는 심판의 지독한 공포를 표현하고 있는 말입니다. "우리를 어린 양으로부터 가려서 우리로 그의 얼굴을 보지 못하게 하라"는 말은 음부의 지독한 공포를 표현하고 있는 말입니다. 그러나 지극히 은혜로우신 하나님께는 모든 영광이 돌아가게 될 것입니다. 왜냐하면, 하나님께서는 사람은 자신이 지으신 모든 것 위로 들어올리셔서, 모든 피조세계를 다스리게 하셨기 때문입니다. 하나님께서는 그리스도를 통해서 정사와 권세를 자신의 발 아래 두셨습니다. 이 모든 것은 오직 하나님께서 "그의 오른손과 거룩한 팔로 승리하셨다"는 것을 증명해 줄 뿐입니다.

나는 여기에서 이 점에서 하나님의 영광이 크게 나타날 것에 대해서, 즉 성부와 성자와 성령, 이렇게 삼위일체 하나님이 모두 영광을 받으시게 될 것에 대해서 좀 더 자세하게 말씀드리고자 합니다. 하나님의 모든 성품들, 그의 헤아릴 수 없이 크심, 그의 비할 바 없는 엄위하심, 그의 은혜, 그의 능력, 그의 진리들, 그의 의로우심, 그의 거룩하심, 그의 변함없으심 — 이 모든 것들이 눈부신 광채를 발하며 빛나게 될 것입니다. 하나님의 기이하고 놀라운 역사들과 두렵고 무시무시한 역사들은 하나님에 대한 찬송을 불러일으킬 것입니다. 그것들은 모든 입의 주제가 될 것이고, 모든 대화의 화제가 될 것입니다. "그들이 주의 나라의 영광을 말하며 주의 업적을 일러서 주의 업적과 주의 나라의 위엄 있는 영광을 인생들에게 알게 하리이다"(시 145:11-12). 하나님이 작정하신 모든 일들이 최종적으로 다 이루어졌고, 하나님의 모든 계획이 섭리와 꼭 맞아떨어졌다는 것이 드러나게 될 것입니다. 성부께서 뜻하셨던 모든 것, 성자께서 행하셨던 모든 것, 성령께서 계시하셨던 모든 것 중에서 좌절된 것은 단 하나도 없었음이 밝혀질 것입니다. 내가 그것들을 어떻게 일일이 다 밝혀서 말할 수 있겠습니까? 큰 자들만이 아니라 작은 자들도, 하나님의 풍부한 섭리와 그의 깊은 모략만이 아니라 하나님이 인자하심으로 행하신 작은 일들도 하나님을 찬송하게 될 때, 권능의 천사들이 큰 소리로, 그리고 스랍들이 그들의 불의 입으로 그 마지막 날의 찬란한 영광을 선포하게 될 것입니다. 하나님의 거대한 역사들이 깊은 바다로 하여금 하나님을 찬송하게 할 뿐만 아니라, 바닷속에서 사는 작은 물고기들도 기뻐 뛰며 이 찬송에 합류하게 될 때, 어디에서나 모든 것들로부터, 그리고 모든 것들에게 "그의 오른손과 거룩한 팔로 승리하셨도다"라는 노래가 들리게 될 것입니다.

3. 셋째로, 거룩함이 영화롭게 될 것입니다.

본문에 나오는 것들 중에서 세 번째에 대해서는 우리가 간단하게만 살펴보겠습니다. 본문에서 사용된 "거룩한"이라는 형용사를 주목하십시오: "그의 거룩한 팔." 우리가 하나님의 어떤 역사를 묵상하더라도, 거기에서는 그룹 천사들이 "거룩하다 거룩하다 거룩하다 주 하나님 곧 전능하신 이여"(계 4:8)라고 한 그 이름이 언제나 두드러지게 부각될 것입니다. 그리스도께서 죄를 짊어지시고 이기신 십자가로부터도 나는 "거룩하다 거룩하다 거룩하다"라고 외치는 소리를 듣습니다. 예수께서 무덤을 깨뜨리시고 사망을 정복하신 곳으로부터도 나는 "거룩하다 거룩하다 거룩하다"라는 찬송을 듣습니다. 왜냐하면, 이 부활 사건은 그 일이 일어난 바로 그 날을 거룩하게 만들었기 때문입니다. 그리스도께서 승천하셔서 영광을 받으실 때 아버지 하나님이 "잘 하였도다"라고 말씀하신 그 음성으로부터도 마찬가지로 "거룩하다 거룩하다 거룩하다"라는 노래가 우리 귀에 들리는 것 같습니다. 구유로부터 시작해서 십자가에 이르기까지, 그리고 십자가로부터 면류관을 쓰시는 그 날에 이르기까지 모든 일 속에서 거룩하심은 영원히 하나님의 전이 되고 하나님의 모든 역사가 됩니다.

사랑하는 친구들이여, 결국 이 싸움의 요체는 거룩하심이 아닙니까? 큰 전투들을 보면 극히 중요한 어느 고지를 놓고 전투를 벌이게 되는데, 이 전투에서는 거룩하심이 바로 그 고지가 아닙니까? 양쪽이 다 그 고지를 점령하고자 하는 것은 그 고지 자체가 중요하다기보다도 모든 전투의 성패가 그 고지에 달려 있기 때문입니다. 이렇게 거룩하심은 하나님과 사탄이 벌이는 치열한 전투의 집결지입니다. 이 고지를 둘러싸고 두 가지 구호가 울려 퍼집니다. 악의 군대는 "죄, 죄, 죄"라고 외치고, 만군의 여호와의 군대는 "거룩, 거룩, 거룩"이라고 외칩니다. 우리가 타격을 가할 때마다 그것은 "거룩"이고, 그들이 우리를 공격할 때마다 그것은 "죄"입니다. 죄는 그들의 진정한 목표입니다. 사탄이 공격할 때, 그것은 거룩을 찔러 죽이기 위한 것입니다. 우리가 저항할 때, 그것은 거룩을 지키기 위한 것이거나 죄를 몰아내기 위한 것입니다. 이것이 전투의 핵심이고, 이것에 비추어서 여러분은 자신이 어느 편에 서 있는지를 판단할 수 있다는 것을 명심하십시오. 이 전쟁에서 여러분이 사용하는 구호는 무엇입니까? 이 전쟁에서 여러분은 무엇을 외칩니까? 크롬웰이 던바(Dunbar)에서 언약의 군사들과 함께 싸웠을 때, 이 두 진영은 구호로 구별되었다는 것을 여러분도 기억하실 것입니다. 한 쪽 진영은 "언약, 언약"이라고 외쳤고, 다른 쪽 진영은 "만군의 여호와, 만군의 여호와"라고 외쳤습니다. 마찬가지로, 오늘 밤에는 어느 진영이든 "죄와 그 쾌락들"이 그들의 구호입니다. 친구들이여, 이것이 이 전쟁에서 여러분이 외치는 구호입니까? 여러분은 "아니요"라고 말합니다. 그렇다면, 여러분이 어젯밤 극장에 간 것은 어떻게 된 일입니까? 여러분은 "안 갔습니다"고 말합니다. 그렇다면, 여러분이 선술집을 자주 드나드는 것은 어떻게 된 일입니까? 여러분은 "그런 곳을 드나들지 않습니다"라고 말합니다. 그렇다면, 여러분이 지금까지 수많은 불법적인 이득을 얻어온 것은 어떻게 된 일입니까? 여러분은 "그런 적 없습니다"라고 말합니다. 그렇다면, 여러분이 오늘 밤이나 내일 밤에 죄악된 일들을 하기 위해 사람들과 약속한 것은 어떻게 된 일입니까? 내가 여기에 계신 분들께 분명히 말씀드리지만, 여러분 중에는 오늘 밤의 구호가 "죄와 그 쾌락들"인 분들이 많습니다. 반면에, 나는 이 수많은 무리 중에서 "목사님, 제가 이런 말 하기가 쑥스럽긴 하지만, 나의 전쟁 구호는 '거룩과 십자가'입니다"라고 말할 수 있는 분들이 적지 않다고 믿습니다.

사랑하는 자들이여, 여러분은 지금 세상 사람들로부터 비웃음을 당하는 진영에 서 있습니다. 세상 사람들은 여러분을 가리키며, "저기 성도가 있네"라고 말합니다. 그렇습니다. 성도들이 여기에 있습니다. 세상 사람들은 성도들을 비난하여 감히 무엇이라고 말하고 있습니까? 아직 그대들의 때가 남아 있을 때에 그런 식으로 계속해서 성도들을 조롱하고 비웃으십시오. 그 비웃음은 점차 영원한 울부짖음으로 바뀌게 될 것입니다. "저기 감리교도들이 있고, 저기 위선적인 신앙인들이 있다"고요? 그대들은 감히 무엇이라고 말하고 있는 것입니까? 살아 계신 하나님의 종들은 자신들의 왕이 하늘 구름 가운데서 나타나시고 그의 영광이 드러나서 그들이 그의 승리에 참여하게 되고 모든 육체가 그것을 보게 될 그 날에 그대들이 어떤 보응을 받게 될지를 잘 알고 있습니다. 왜냐하면, 여호와의 입이 그렇게 말씀하셨기 때문입니다. 세상이 우리를 알지 못하는 것은 그들이 하나님을 알지 못하기 때문입니다. "사랑하는 사들아 우리가 지금은 하나님의 자녀라 장래에 어떻게 될지는 아직 나타나지 아니하였으나 그가 나타나시면 우리가 그와 같을 줄을 아는 것은 그의 참모습 그대로 볼 것이기 때문이니"(요일 3:2). 오늘 밤 우리는 "여러분의 전쟁 구호는 무엇입니까?"라는 질문을 다시 한 번 던집니다. 런던에서는 지난 수일 동안 상당한 정도의 악이 있어 왔습니다. 나는 거룩한 환희를 보는 것을 좋아합니다. 나는 사람들이 선하게 즐거워하고 기뻐하며 잔치하는 모습을 보는 것을 좋아합니다. 나는 크리스마스를 좋아합니다. 나는 크리스마스가 일 년에 6번 있었으면 좋겠습니다. 나는 가난한 자들을 구제하는 사람들의 너그러움을 좋아합니다. 그런 일이 더 많아졌으면 좋겠습니다. 나는 미소 짓고 웃는 것을 멈추고 싶지 않습니다. 내가 웃는 것을 멈추는 것을 하나님이 결코 용납하지 않으실 것입니다. 그러나 사람들은 술 취함이 없이는 행복할 수 없지 않습니까? 사람들은 신성모독을 행함이 없이는 희열을 느낄 수 없지 않습니까? 사람들에게 방탕하게 살지 않고 행복할 수 있는 가능성이 과연 있습니까? 여러분의 영혼을 마귀에게 팔지 않고 참된 즐거움을 발견할 수 있는 다른 길들이 없지 않습니까? 이 거대한 도시 안에는 길거리를 돌아다니며, 다음과 같이 외쳐온 많은 사람들이 있습니다: "죄와 그 쾌락이여! 춤추고 노는 곳이 어디 있지? 카지노가 어디 있지? 선술집이 어디 있지? 죄와 그 쾌락이여!" 사탄에게는 수많은 군사들이 있고, 그들은 용감한 군사들입니다. 그들은 사탄을 위해 싸우는 데 결코 두려움이 없고, 사탄의 이름이나 사탄의 흉악무도한 짓들을 결코 부끄러워하지 않습니다. 오, 음부의 왕이여, 그들은 너를 정말 잘 섬기고 있구나! 너의 졸개들이 이렇게 온 힘을 다해 벌어오니, 너는 참으로 부유하겠구나!

그러나 나는 오늘 밤 자신의 전쟁 구호를 바꿀 사람들이 생겨나기를 바라고, 또 그렇게 될 줄로 믿습니다. 여러분은 자신의 깃발을 아직 돛에 못 박은 것은 아닙니다, 그렇지 않습니까? 만일 여러분이 그렇게 했더라도, 나는 하나님의 은혜를 힘입어서 그 못들을 빼내고자 합니다. 여러분은 죽을 각오가 되어 있습니까? 여러분은 저 검은 왕을 영원히 섬기며 그와 함께 멸망당하고 싶습니까? 우리의 구원의 대장 되시는 임마누엘 예수께서는 나로 하여금 여러분에게 "내 깃발 아래로 모이라"고 외치라고 명하십니다. 예수를 믿으시고, 그를 의지하셔서, 사는 길을 택하십시오. 예수께서 친히 짊어지신 십자가의 공로, 그의 피와 눈물과 통곡의 힘을 의지하십시오. 그렇게 함으로써 여러분은 그리스도인이 되셔서,

"거룩함과 십자가"가 여러분의 전쟁 구호가 되게 하십시오. 두려워하지 마시고, 이 모든 것을 그대로 받아들이십시오. 거룩함의 십자가는 육신의 죽어짐과 세상으로부터의 수치와 사람들로부터의 모욕을 여러분에게 가져다줄 것입니다. 그 모든 것들을 그대로 받아들이십시오. 왜냐하면, 지금은 치열하고 격렬한 전투가 벌어지고 있는 때이기 때문입니다. 그러나 나의 형제들이여, 우리는 전투가 벌어질 때마다 이기고 이겨서 결국에는 산꼭대기를 점령하게 될 것이고, 거기에서 우리가 "거룩함과 십자가"라는 구호를 외치면, 온 세계에서 그 구호에 화답하게 될 것입니다. 왜냐하면, 어디에서나 거룩함이 승리를 거두게 될 것이고, 사람들은 여호와를 알게 될 것이기 때문입니다. 뿐만 아니라, 천국에서도 거룩함을 입은 영들이 우리의 외침에 화답하여 "거룩함과 그 면류관"이라고 외치게 될 것입니다. 그때에 우리는 우리의 전쟁 구호를 단 한 단어도 바꾸지 않을 것입니다. 원수들이 우리 앞에서 분쇄되고 철저히 멸망을 당하여 양의 기름처럼 녹으며 연기처럼 사라질 때, 우리는 "거룩함과 그 면류관! 거룩함과 그 면류관!"이라고 영원히 노래하게 될 것입니다. 그러나 그때에 우리가 부를 노래는 "그의 오른손과 거룩한 팔로 승리하셨도다"라는 노래가 될 것입니다.

나는 오늘 밤 몇몇 영혼들이 예수를 믿고서 이 승리에 동참하게 되시기를 바랍니다. 나는 오늘 밤 젊은이의 심령이, 또는 저기에 계신 당신의 심령이 그리스도의 것이 되는 역사가 일어나기를 바랍니다. 여러분을 멸망에서 구할 수 있는 것은 오직 그리스도의 은혜뿐이기 때문에, 그리스도께서는 여러분의 심령의 주인이 되실 만한 분이십니다. 저기 계시는 나이 지긋하신 분이여, 하나님께서는 당신의 생명을 이렇게 오랫동안 지켜 주셨으니 당신의 심령의 주인이 되시기에 충분하지 않습니까? 여러분의 마음을 하나님께 드리시기를 간곡하게 부탁드립니다. 그의 사랑이 여러분을 만족시켜 줄 것입니다. 하나님께 순복하십시오. 하나님의 두려운 말씀들이 여러분에게 경고하십니다. 순복하십시오. 여러분의 병기들을 내려놓으시고, 영원히 죄 사함을 받으십시오. 하나님께서 여러분을 도우셔서 그렇게 하게 해주시기를 빕니다. 하나님께서 오늘 밤 여기에 있는 자신의 택함 받은 자들을 회심시키셔서 자신의 절대 주권과 권능을 증명하시기를 빕니다. 영광이 하나님께 영원히 있으시기를 바라나이다. 아멘.

제
91
장

—

하나님의 권리 주장들

—

"여호와가 우리 하나님이신 줄 너희는 알지어다 그는 우리를 지으신 이요 우리는 그의 것이니 그의 백성이요 그의 기르시는 양이로다 감사함으로 그의 문에 들어가며 찬송함으로 그의 궁정에 들어가서 그에게 감사하며 그의 이름을 송축할지어다 여호와는 선하시니 그의 인자하심이 영원하고 그의 성실하심이 대대에 이르리로다." — 시 100:3-5

형제들이여, 우리의 마음을 흐트러트려 놓고 산란하게 만들어서 지극히 중요하고 결정적인 일들에 집중하지 못하게 하고 사소한 일들에 신경 쓰게 만드는 것은 사탄의 속임수입니다. 하나님께서 우리에게 최고의 복들을 보이시며 받으라고 하실 때, 사탄은 아주 사소한 일들을 우리 마음속에 가져다주어서 거기에 골몰하게 만듭니다. 사탄은 우리가 놋뱀을 쳐다보고서 치유 받는 것을 방해하기 위해서 우리 눈에 가득 티끌을 뿌립니다. 예수께서 말씀을 전하시자, 사탄은 사람들의 관심을 "박하와 회향과 근채의 십일조"(마 23:23)를 드리는 일, "경문 띠를 넓게 하며 옷술을 길게" 하는 일(마 23:5), "하루살이를 걸러내는" 일 등등에 관한 논쟁으로 이끌려고 애를 썼습니다. 사탄은 야곱의 우물과 관련해서도 이 술수를 사용했습니다. 우리 주님께서 사마리아 여자에게 생수에 대해서, 그리고 그녀의 영혼의 구원에 대하여 말씀하시자, 악한 영은 그녀를 충동질하여 그리심 산과 시온 산에 대하여 묻게 하였습니다: "우리 조상들은 이 산에서 예배하였는데 당신들의 말은 예배할 곳이 예루살렘에 있다 하더이다"(요 4:20). 사탄의 이러한 술수는 지금도 여전히 사용되고 있습니다. 원수의 이런 술수들을 염두에 두고, 온갖 헛된 말다툼과 사소한 문제들에서 벗어남으로써 원수의 술책에 넘어가지 않는 것이 우리가 해야 할 일입니다. 우리는 그런 것들에서 벗어나서, 하나님의 근본적인 진리들, 믿음의 초석들, 영원한 생명의 실체들, 경건에 결정적인 일들에 눈을 돌려야 하는데, 그런 중요한 것들은 모두 다 예식들과 헛된 사변(思辨)들이 난무하는 어두운 땅과는 거리가 멀고 하나님과 그리스도를 지향하는 것들입니다. 우리는 영원한 반석, 영원한 산을 향하여 가야 합니다. 믿음의 눈으로 바라볼 때에 그 산의 황금 봉우리들은 복된 여명으로 밝게 빛납니다. 이 아침에 이 땅의 헛된 것들로부터 벗어나서 그 영원한 산으로 올라갑시다. 우리는 천국과 관련하여 중요하고 핵심적인 것들에 관심을 갖는다면, 성령께서도 우리를 도우셔서 천국의 실체들을 맛볼 수 있게 해주실 것입니다.

나의 형제들이여, 우리는 무엇을 위해 지음 받았습니까? 나는 이 질문에 대한 답을 웨스트민스터 소요리문답이 가장 훌륭하게 해주고 있다고 생각합니다: "사람의 제일 되는 목적은 하나님을 영화롭게 하고, 하나님을 영원토록 즐거워하는 것입니다." 우리의 옛 신학자들이 어린아이의 입에 넣어준 이 단순한 대답 속에는 엄청난 신학과 철학이 들어 있습니다. 만일 사람이 하나님께서 처음에 지으신 모습 그대로 남아 있었더라면, 하나님을 영화롭게 하는 것이 사람의 제일의 속성이었을 것입니다. 만일 우리가 본래의 온전함으로부터 타락하지 않았다면, 하나님의 뜻을 행하는 것은 우리에게 숨 쉬는 것만큼이나 자연스러웠을 것입니다. 무의식적으로 나는 하나님이 지으신 모습을 그대로 간직하고 있는 피조물들은 하나님의 뜻에 순종한다고 말했습니다만, 의식이 있는 피조물들의 경우에는 그들의 의식과 의지를 최고의 복으로 만들어 주는 지극한 즐거움이 더해집니다. 저기 묵중한 천체들을 보십시오. 그것들은 이른바 "관성"(vis inertiae)에 의해서 완고하고 무뚝뚝하게 움직이는 것이 아니라, 하나님이 그들에게 자신의 정해진 궤도를 따라 돌라고 명하셨기 때문에, 자신의 정해진 경로를 기쁘게 돌고 있는 것입니다. 저기 우리를 지켜보고 있는 별들을 보십시오. 그 별들은 자신의 밝은 눈들을 감고 있는 것이 아니라, 오랜 세월 대대로 우리를 향해 미소를 짓고 있습니다. 이 하늘의 파수꾼들이 자신의 등불을 끄지 않고 밤낮으로 비추고 있는 것은 하나님께서 "빛이 있으라"고 말씀하셨고, 그 빛이 그들로부터 나와야 했기 때문입니다.

우리는 천체들이 그들의 궤도를 정하신 하나님의 법에 반기를 들었다거나 거역했다는 말을 들은 적이 없습니다. 오리온 자리는 자신이 있는 대역(帶域)을 벗어나지 않습니다. 묘성은 자신의 유쾌한 영향력을 그치지 않습니다. 이 천체들은 거대하고 강력하지만, 마치 진흙이 토기장이의 손에 복종하듯이 하나님께 복종합니다. 지성이 있는 피조물들의 경우에도 그 지성이 하나님이 지으신 모습 그대로인 한 하나님의 뜻을 반역하거나 거역하는 일은 없습니다. "큰 배의 돛대로 사용해도 좋을 만한 그런 막대기를 든" 권능 있는 천사도 영원하신 이의 명령을 받들어 그 임무를 수행하기 위해서 번개처럼 날아가는 것을 자신의 영예로 여깁니다. 그것은 그 천사의 존엄을 떨어뜨리고 손상시키는 것이 전혀 아닙니다. 지존자의 명령을 행하고 그가 말씀하시는 음성에 귀 기울이는 것은 그 천사의 즐거움을 반감시키는 것이 전혀 아닙니다. 만일 오늘날 우리가 하나님이 사람을 지으신 목적에 합당한 자들로 살아간다면, 우리 하나님을 사랑하고 섬기며 경배하는 것이 우리의 자연스러운 속성이 되어 있을 것이고, 또한 우리에게 합당한 일들을 기쁜 마음으로 행하라고 권면하고 여호와의 권리 주장들을 우리에게 상기시키는 목회자들이 필요하지 않을 것입니다. 심지어 우리에게 하나님을 예배하고 엎드려 경배하라고 명하고, 여호와가 우리를 지으신 하나님이시고 우리가 우리 자신을 지은 것이 아님을 알라고 말씀하는 오늘의 본문 같은 그런 말씀도 필요하지 않았을 것입니다. 왜냐하면, 우리는 우리의 존재를 구성하는 모든 입자 속에 그러한 진리를 담고 있을 것이기 때문입니다. 하지만 여러분이 아시다시피, 지금 우리에게는 의무를 상기시키고 순종을 촉구하는 일이 필요합니다. 이 아침에 하나님의 성령의 도우심으로 우리의 마음이 그러한 부르심에 순종하게 되기를 빕니다.

1. 첫째로, 하나님의 권리 주장들은 무엇에 근거하고 있습니까.

"여호와가 우리 하나님이신 줄 너희는 알지어다 그는 우리를 지으신 이요 우리는 그의 것이니 그의 백성이요 그의 기르시는 양이로다 감사함으로 그의 문에 들어가며." 하나님의 권리 주장들은 무엇보다도 하나님의 하나님 되심에 근거하고 있습니다: "여호와가 하나님이신 줄 너희는 알지어다." 매튜 헨리(Matthew Henry)가 아주 잘 말했듯이, 무지는 잘못된 신앙, 즉 미신의 어머니이기는 하지만 참된 신앙의 어머니일 수는 없습니다. 참된 지식이야말로 경건의 어머니이자 유모입니다. 하나님의 신성을 진정으로 아는 것, 여호와가 하나님이시라는 것이 무엇을 의미하는지를 아는 것은 하나님을 예배하고 순종하도록 우리의 영혼을 설득시킬 수 있는 가장 강력한 논거를 갖게 되는 것입니다. 하나님께서는 사람에게 어떤 나무의 열매를 만지는 것을 금하셨을 때에 지금까지 공표된 것들 중에서 최초의 법에 권위를 부여하셨습니다. 왜 아담은 그 열매를 따지 않았을까요? 그 이유는 딱 한 가지, 즉 하나님이 그것을 금하셨기 때문이었습니다. 만일 하나님께서 그것을 허용하셨다면, 그것은 합법적인 것이 되었을 것입니다. 하나님의 금령 때문에 그 열매를 먹는 것이 죄가 된 것입니다. 하나님께서는 아담에게 "네가 먹는 날에는 반드시 죽으리라"(창 2:17)고 말씀하시면서도 그 이유를 설명해 주지는 않으셨습니다. 여호와가 하나님이시라는 것을 감안할 때, 하나님의 명령이라는 사실 자체가 최고의 이유였습니다. 따라서 하나님의 권리에 의문을 제기하고 하나님의 법에 불순종한다면, 그런 행위 자체가 명백한 반역이 될 것이었습니다. 하나님께 순종하여야 하는 이유는 하나님은 하나님이시기 때문입니다. 그러므로 어떤 사람이 하나님의 명령에 대하여 순종해야 할 어떤 이유를 찾는다면, 그것 자체가 사실은 그 사람이 하나님의 명령에 순종하고 싶어 하지 않는다는 것을 보여주는 것입니다. 아담에게는 이러저러한 것이 하나님의 뜻이라는 것을 아는 것 외에 다른 것이 필요하지 않았습니다. 마찬가지로, 십계명의 도덕법이 지닌 권위의 토대는 하나님이 하나님이시라는 것입니다. 하나님께서 시내 산에서 이스라엘 백성에게 그들이 자신의 명령에 순종해야 할 근거로 제시하신 것은 오직 이 말씀뿐이었습니다: "나는 너를 애굽 땅, 종 되었던 집에서 인도하여 낸 네 하나님 여호와니라"(출 20:2). 사람이 자신의 전 존재를 하나님을 섬기는 데에 드려야 할 가장 무게 있고 가장 합당한 최고의 이유들이 "하나님"이라는 단어 속에 포괄되어 있습니다. 여호와는 하나님이시기 때문에, 우리는 즐거운 마음으로 그를 섬기고, 찬송하며 그의 임재 앞에 나아오는 것이 마땅합니다.

하나님께서 애굽 왕 바로를 시험하신 것도 바로 이 점에 대한 것이었습니다. 여기에서 애굽 왕 바로는 하나님의 모든 원수들을 대표하는 인물로 볼 수 있습니다. "여호와께서 이렇게 말씀하시기를 내 백성을 보내라 하셨나이다"(출 5:1). 하나님은 그 어떤 이유도, 그 어떤 근거도 제시하지 않으시고, 단지 "여호와께서 이렇게 말씀하시기를"이라고만 하셨습니다. 애굽 왕 바로는 여호와 하나님께서 그렇게 말씀하시는 취지를 충분히 이해하고서, "여호와가 누구이기에 내가 그의 목소리를 듣고 이스라엘을 보내겠느냐"(출 5:2)라고 대답했습니다. 이렇게 여호와 하나님과 애굽 왕 바로 사이에서는 치열한 접전이 벌어졌습니다. 여호와 하나님을 대신한 모세는 "히브리인의 하나님이 이렇게 말씀하시기를 내 백성을 보내라 하셨나이다"라고 말하고, 애굽 왕 바로는 "나는 여호와를 알지 못하니 이스라엘을 보내지 아니하리라"고 대답합니다. 이 싸움이 어떻게 끝났는지는 여러분이 잘 압니다. 홍해에서 만군의 여호와께서 영광스러운 승리를 거두셨을 때에 이스라엘이 부른 저 노래는 장차 하나님이, 그의 영원하신 능력과 신성을 공격하고 있는 자신의 피조물들과의 모든 싸움 속에서 반드시 승리하실 것이라는 예언이었습니다.

여호와는 하나님이시라는 논거는 오만한 반역자들과의 싸움에서만이 아니라 의문을 품고 이의를 제기하는 자들과의 싸움에서도 사용되어 왔습니다. 바울이 어떻게 말하고 있는지를 주목해 보십시오. 바울은 예정론이라는 난해한 주제, 우리 중 그 누구도 온전히 이해할 수 없는 문제, 이성으로 따지기보다는 믿는 것이 더 나은 주제를 다룰 때에 "모든 일이 하나님이 작정하신 대로 일어난다면, '하나님이 어찌하여 허물하시느냐 누가 그 뜻을 대적하느냐'(롬 9:19)"라는 반문에 직면하게 됩니다. 이 반문에 대하여 사도 바울은 오직 이렇게만 대답합니다: "이 사람아 네가 누구이기에 감히 하나님께 반문하느냐"(롬 9:20). 하나님에 대해서는 그 어떤 반문도 있을 수 없습니다. 하나님께서 어떤 일을 하고자 하신다면, 그 일은 그대로 될 것입니다. 그 일은 옳고 선합니다. 왜냐고요? 하나님이 그렇게 정하신 것이니까요. 그분은 하나님이 아니십니까? 순복하십시오. 그 어떤 다른 논거나 이유가 주어지지 않았다고 해도, 하나님께서 그렇게 말씀하셨다면, 여러분은 하나님이 말씀하셨다는 단 한 가지 이유만으로 그것이 옳고 선하다는 것을 믿어야 합니다.

의인과 관련해서도 이와 동일한 논거가 사용되어 왔습니다. 이것은 욥기의 핵심입니다. 욥의 세 친구는 하나님이 욥을 이렇게 심하게 치신 것을 보니 욥이 악인임에 틀림없다는 논리를 폅니다. 이러한 논리에 대해서 욥은 자기는 자신의 신앙을 흠 없이 굳게 지켜 왔고 앞으로도 그럴 것이라고 대답합니다. 그때에 지혜로운 자였던 엘리후가 와서 많은 말을 하지만, 이 문제를 해결할 수는 없었습니다. 결국 하나님께서 이 논쟁 속으로 뛰어드십니다. 그런데 하나님이 제시하시는 논거는 무엇입니까? 하나님께서는 자신이 욥에게 행하신 일과 관련해서 자신을 정당화하시고, 욥의 몸을 종기와 고통으로 덮으신 이유를 설명하시며, 온전하고 올바른 욥을 그렇게 하셔서 거름더미에 있게 하신 것에 대하여 자신을 변명하셨습니까? 그렇지 않습니다. 하나님은 자신이 하나님이심을 보여주는 것들 중 일부를 제시하시고 자신의 권능이 어떠함을 밝히실 뿐입니다: "내가 땅의 기초를 놓을 때에 네가 어디 있었느냐 네가 깨달아 알았거든 말할지니라 누가 그것의 도량법을 정하였는지, 누가 그 줄을 그것의 위에 띄웠는지 네가 아느냐 그것의 주추는 무엇 위에 세웠으며 그 모퉁잇돌을 누가 놓았느냐 … 말의 힘을 네가 주었느냐 그 목에 흩날리는 갈기를 네가 입혔느냐 … 독수리가 공중에 떠서 높은 곳에 보금자리를 만드는 것이 어찌 네 명령을 따름이냐 … 네가 하나님처럼 능력이 있느냐 하나님처럼 천둥 소리를 내겠느냐"(욥 38:4-6, 19, 27; 40:9). 이렇게 하나님께서 자신의 능력의 크심을 나타내 보이시자, 욥은 납작 엎드려 이렇게 부르짖었습니다: "내가 주께 대하여 귀로 듣기만 하였사오나 이제는 눈으로 주를 뵈옵나이다 그러므로 내가 스스로 거두어들이고 티끌과 재 가운데에서 회개하나이다"(욥 42:5-6). 만일 여러분이 하나님이 어떤 분이시고 누구이신지를 알기만 한다면, 그리고 하나님의 전능하심이나 그의 영광스러운 속성들 중 어느 하나를 조금이라도 맛보기만 한다면, 여러분은 하나님이 여러분에게 전적인 충성을 요구하시는 것이 너무나 당연하고도 마땅하다는 것과 여러분이 하나님의 영광을 위하여 살아야 한다는 것을 깨닫게 될 것입니다. 이 순간에 칠흑 같은 어둠이 우리 위에 덮이고, 그 어둠 속에서 천둥소리가 울려 퍼져서 이 건물의 모든 돌들이 두려워 떨고, 무시무시하게 번쩍거리는 벼락이 저 기둥들을 타고 흘러내린다고 상상해 보십시오. 지난날의 리스본이나 알레포(Aleppo)처럼 우리가 딛고 있는 땅이 진동하고 둘둘 말리는 일이 일어났다고 상상해 보십시오. 또한, 우리가 저 무시무시한 우렛소리가 계속해서 울리는 것을 듣는다고 상상해 보십시오. 그럴 때에 우리 중에서 저 두려우신 하나님의 종이 되기를 갈망하며, 하나님이 우리에게 무엇을 하라고 하시는 것인지를 본능적으로 묻지 않을 사람이 과연 한 사람이라도 있겠습니까? 무신론자들은 폭풍우가 거세게 몰아치던 때에 자신들의 철학으로부터는 거의 도움을 받지 못해 왔습니다. 애굽 왕 바로처럼 그들은 "너희는 나를 위하여 간구하라"(출 8:28)고 절규할 뿐이었습니다. 그러나 땅이 둘둘 말리거나 하늘에 번개가 번쩍이는 것은 하나님께는 작은 일들에 속합니다. 하나님께서 그 손가락으로 한 번 만지시거나 그 눈으로 한 번 잠깐 보시기만 해도, 그런 것들보다 훨씬 더 큰 일들이 벌어질 것입니다. 하나님께서 산들을 만지시면, 그 산들은 연기를 내뿜습니다. 그러나 산들이 연기를 내뿜을 때, 거기에서 하나님을 보는 자가 과연 누가 있겠습니까? 우리는 하나님의 압도적인 엄위하심을 찬송하고 하나님 앞에 무릎을 꿇는 것이 마땅합니다. 왜냐하면, 여호와는 하나님이시기 때문입니다.

　하나님이 우리에 대하여 절대적인 권리를 주장하시는 두 번째 근거는 하나님이 우리를 지으셨다는 것입니다: "우리를 지으신 이"는 하나님이시고, 우리가 우리 자신을 지은 것이 아닙니다. 우리 각자는 하나님의 권능의 산물입니다. 이것은 우리가 하나님의 계시로 말미암아 알게 된 사실이지만, 우리 본성에 속한 모든 본능이 동의하는 사실이기도 합니다. 여러분은 하나님이 그를 지으셨다는 말을 처음 듣고서 깜짝 놀라는 어린아이를 본 적이 없을 것입니다. 왜냐하면, 그 작은 마음속에도 그런 말을 그대로 받아들일 수 있는 본능이 자리 잡고 있기 때문입니다. 우리가 지음을 받은 것이 아니라 단지 물질에서 발전된 것이라는 이론은 온갖 허구적인 가설로 점철되어 있습니다. 어떤 진술들은 자명한 진리이기 때문에 공리라 불리는데, 우리가 물질에서 왔다는 이론은 자명한 거짓이기 때문에 공리와 정반대되는 것이라 할 수 있습니다. 복잡하게 생각하지 않고 단순하고 소박한 마음을 지닌 사람들은 그런 이론을 받아들일 수 없습니다. 실제로 나는 사람들이 그런 말을 하면서 스스로도 웃음을 억지로 참는 모습을 보곤 하는데, 그것은 전혀 이상한 일이 아닙니다. 왜냐하면, 인간의 본성 자체가 그들로 하여금 자신이 믿는 체하는 것을 멸시하지 않을 수 없게 만드는 것이기 때문입니다. 진화론은 지옥이나 정신병원에서 나왔으리라는 것에 대해서 나는 의심이 없습니다. 진화론은 이 두 곳 중 어느 곳에나 어울리지만, 제정신이 박힌 사람이나 윤리의식을 지닌 사람에게는 어울리지 않습니다. 우리는 우연이나 발전을 통해서 현재의 우리가 된 것이 아닙니다. 하나님께서 우리를 지으셨습니다! 창조론은 모든 난점에서 벗어날 수 있는 가장 쉬운 길일 뿐만 아니라 참되고, 우리 안의 모든 것이 그것이 참되다는 것을 우리에게 말해 줍니다. 그러므로 하나님께서 우리를 지으셨기 때문에, 하나님은 우리에 대한 권리를 가지고 계십니다. 사람에 대한 하나님의 소유권은 우리가 그의 피조물이라는 사실에 의해서 증명되기 때문에 논란의 여지가 없습니다. 토기장이에게는 그릇을 자기가 원하는 용도에 맞게 만들 권한이 있습니다. 하지만 하나님은 우리에 대하여 절대적인 권리를 가지고 계신 반면에, 토기장이는 진흙에 대하여 그런 권리를 갖고 있는 것은 아닙니다. 왜냐하면, 토기장이는 진흙을 만드는 것이 아니라 단지 진흙으로 그릇을 만들 뿐이고, 진흙은 처음부터 거기에 존재하는 것이기 때문입니다. 하나님께서는 먼저 진흙을 만드셨고, 그런 후에 그 진흙을 빚어 우리를 지으셨습니다. 그러므로 우리는 전적으로 하나님의 처분 아래 있기 때문에 온 마음을 다해 그를 섬기는 것이 마땅합니다. 여러분이 어떤 것을 만든다면, 그것을 사용하기 위해서일 것입니다. 여러분이 자신의 직업적인 일을 위해서 어떤 도구를 만든다면, 자신이 원하는 대로 그 도구를 사용하기를 기대할 것입니다. 만일 그 도구가 여러분의 뜻대로 되지 않거나 여러분이 의도한 목적에 별 소용이 없다면, 여러분은 즉시 그 도구를 폐기처분할 것입니다. 여러분의 경우도 마찬가지입니다. 여러분을 지으신 하나님은 여러분에게서 섬김과 순종을 받으실 권리를 가지고 계십니다. 여러분은 하나님의 그런 권리를 인정하고 싶지 않으십니까? 하나님께서 우리를 어떤 존재로 지으셨는지를 곰곰이 생각해 보십시오. 우리는 결코 하찮은 존재가 아닙니다! 그런 우리를 하나님 외에 과연 누가 만들어낼 수 있었겠습니까? 라파엘로(Raphael, 1483-1520, 이탈리아 화가)는 손에 붓을 잡고서, 능숙한 붓놀림으로 저 화판 위에 너무나 놀라운 그림들을 그려냅니다. 조각가는 자신의 손에 쥔 정과 망치로 놀라도록 아름다운 조각상을 만들어냅니다. 그러나 그렇게 만들어낸 것들 속에는 생명이나 생각이나 지성은 없습니다. 여러분이 그것들에게 말을 붙여도, 그것들은 소리도 내지 못하고 대답도 못합니다. 여러분은 저 화판에 그려진 그림이나, 대리석으로 만들어진 조각상과 판이하게 다릅니다. 왜냐하면, 여러분의 가슴속에는 하나님을 닮은 신비한 원리가 존재해서, 여러분의 영혼은 이치를 알고 믿으며 이해하고 사랑할 수 있기 때문입니다. 나는 사람들의 영혼을 거의 무한한 존재라고 부릅니다. 왜냐하면, 하나님께서 영혼으로 하여금 그러한 놀랍고 기이한 일들을 할 수 있도록 창조하셨기 때문입니다. 이렇게 하나님께서는 우리에게 높은 수준의 능력들과 기능들을 맡기시고 우리를 높이 드셔서 우리에게 높은 지위를 주셨습니다. 그러므로 사랑하고 충성하는 마음으로 하나님을 섬기는 것이 우리에게 합당한 일입니다.

　　나는 하나님께서 우리를 지으셨다는 것을 생각하는 것을 좋아합니다. 그리고 죄악의 세력도 달콤하게 우리를 유혹하며 우리에 대한 권리를 주장하지만, 나는 하나님이 나를 지으셨다는 바로 그 이유를 근거로 나 자신을 하나님께 드리고 순복하는 것을 좋아합니다. 우리의 능력은 유한하고, 우리는 하나님을 더 많이 섬길 수 있기를 바라는 까닭에, 우리의 능력이 유한하다는 사실 때문에 종종 속상하기도 하지만, 하나님께서 우리를 지으셨고, 따라서 우리의 능력의 분량도 하나님이 정하셨다는 것을 기억하면, 걱정할 필요가 없어집니다.

　고대 영국의 연대기인 로저 드 웬도버(Roger de Wendover)의 「역사의 꽃들」을 보면, 한 색슨족 왕이 말을 타고 숲을 지나가다가 작은 교회에 들렀는데, 거기에서 한 사제가 기도를 하고 있었습니다. 이 사제는 등이 굽은 데다가 다리를 절었기 때문에, 이 거친 색슨 왕은 그를 멸시하는 마음이 들려고 하는 찰나에, 그 사제가 "그는 우리를 지으신 이요 우리는 그의 것이니"라고 찬송하는 것을 듣게 되었습니다. 왕은 얼굴을 붉히고서 자신의 잘못을 인정하였습니다. 그러므로 우리가 별로 아름답게 생기지도 않고 재능도 별로 없다고 할지라도, 우리는 불평하지 말고, 우리를 지금 이 모습으로 지으신 하나님을 섬겨야 합니다. 우리가 이해할 수 없는 하나님의 진리에 놀라고, 하나님의 말씀 중 어떤 부분이 우리의 지각으로 알 수 없다고 할지라도, 우리는 불평하지 말고, 하나님께서는 원하시기만 하셨다면 우리를 모든 것을 이해할 수 있는 자들로 만드실 수 있으셨지만 그렇게 하지 않으셨다는 것을 기억하십시오. "우리를 지으신 이는 하나님이시고 우리 자신이 아닙니다." 누가 우리에게 "당신들이 믿는 진리들을 스스로도 이해하지 못하면서 뭘 믿는다는 말입니까?"라고 말한다면, 우리는 "우리를 지으신 이는 하나님이시고 우리 자신이 아니기 때문에, 우리가 그 진리들을 다 이해하지 못한다고 해도, 우리는 그것으로 만족합니다"라고 대답합니다. 하나님께서 우리를 다른 사람들보다 진리들을 더 많이 이해할 수 있게 지으셨다면, 우리는 하나님께 한층 더 큰 영광을 돌려야 합니다. 그러나 우리가 작은 그릇이라고 할지라도, 우리는 조물주께서 우리를 현재의 모습으로 지으신 것에 만족하고 다른 것이 되기를 원하지 않습니다.

　사랑하는 형제들이여, 나는 우리로 하여금 하나님을 절대적으로 섬기고 순종하도록 하기 위한 논거로서 하나님이 우리를 창조하셨다는 사실보다 더 강력한 논거, 우리로 하여금 지금보다 한 옥타브를 더 높여서 하나님의 진리를 찬송할 수 있게 만들 그런 논거를 생각해 낼 수 없습니다. 사람이라면 누구나 "우리를 지으신 이는 하나님이시요 우리 자신이 아니니"라고 노래할 수 있습니다. 심지어 짐승들도 그런 고백에 동참할 수 있습니다. 그러나 성도들인 여러분은 좀 더 높은 차원에서 그런 고백을 하게 됩니다. 왜냐하면, 여러분은 그리스도 예수 안에서 거듭나서 새롭게 지음 받은 자들인 까닭에 두 번 지음 받았기 때문입니다. 그러므로 여러분은 좀 더 높은 차원에서 "우리를 지으신 이는 하나님이시요 우리 자신이 아니니 우리는 그의 백성이요 그의 기르시는 양이로다"라고 노래할 수 있습니다. 하나님께서는 사람을 지으셨기 때문에 사람에 대한 권리가 있으시지만, 사람을 택하시고 구속하셨기 때문에 한층 더한 권리를 가지고 계십니다. 하나님은 이렇게 특별한 은총을 받은 자들로부터 특별한 찬송을 받으시는 것이 마땅합니다.

우리가 하나님을 향하여 살아가야 하는 세 번째 이유는 하나님이 우리를 기르신다는 사실에 있습니다: "우리는 그의 백성이요 그의 기르시는 양이로다." 하나님께서는 우리를 내버려 두고 가버리신 것이 아닙니다. 타조는 자신이 낳은 알들을 내버려 두고 가버리기 때문에 그 알들은 행인들의 발에 밟혀 깨지게 되지만, 하나님은 그런 식으로 우리를 내버려 두지 않으셨습니다. 목자가 자신의 양들을 돌보듯이, 하나님은 한시도 눈을 떼지 않으시고 우리를 늘 지켜보고 계십니다. 하나님은 우리 각자를 쉬지 않으시고 돌보시고, 섭리를 통해서 늘 우리를 간섭하십니다. 그러므로 우리는 날마다 하나님께 찬송을 돌려드리는 것이 마땅합니다. 어떤 사람들은 하나님이 만유를 시계처럼 태엽을 감아서 자신의 베개 맡에 두고 잠을 주무시는 것으로 묘사했고, 사람들은 그 비유가 멋지다고 생각해 왔습니다. 그러나 그런 비유는 멋지지도 않고 옳지도 않습니다. 하나님의 손길이 한시라도 닿지 않는다면, 만유는 제대로 운행될 수 없습니다. 하나님의 능력은 만유의 법칙들이 제대로 돌아가게 만드는 힘입니다. 만일 하나님의 능력이 만유 속에서 늘 작용하지 않는다면, 그 법칙들은 단지 죽은 문자에 불과해서 아무런 효력도 발휘하지 못하게 될 것입니다. 아담의 자손들이여, 여러분의 요람을 흔들어 주는 것은 거친 바람이 아니라 하나님의 사랑의 손길입니다. 환난을 겪고 있는 딸들이여, 여러분은 저 병상에 누워서 냉혹한 법칙들에 따라 희생되고 있는 것이 아닙니다. 여러분이 누워 있는 그 병상에는 하나님의 인자하시고 자애로우신 손길이 늘 닿아 있습니다. 하나님께서는 날마다 우리에게 일용할 양식을 주십니다. 하나님께서는 우리를 입히십니다. 하나님께서는 공기를 들이쉬고 내 쉬는 이 폐에 숨을 공급해 주시고, 이 박동하는 심장에 피를 공급해 주십니다. 하나님께서는 끊임없이 우리에게 생명을 공급해 주고 계시기 때문에, 만일 하나님이 자신의 능력을 거두시면, 그 즉시 우리는 죽음 속으로 들어가게 됩니다. 사정이 이러하기 때문에, 우리는 우리의 크신 목자를 날마다 섬기는 것이 마땅합니다. 여러분은 "그의 기르시는 양"입니다. 여러분에게 때마다 쓸 것들을 공급해 주시고, 끊임없이 보호하시고 지켜 주시며, 지혜롭고 명철하게 다스리시는 분은 하나님이십니다. 여러분의 왕이 되셔서 광야를 거쳐 요단 저편의 초장으로 여러분을 이끌어 가시는 분도 하나님이십니다. 여러분을 위해 그 권능으로 이리를 쫓아내시고, 여러분을 위해 그 능력으로 광야에서 초장을 찾아내시는 분도 하나님이십니다. 여러분에게 임하는 놀라운 위로들도 여러분을 속량하신 분의 임재로부터 오고, 하나님이 여러분의 하나님이시라는 사실로부터 옵니다. 그러므로 하나님께 충성을 맹세하고 찬송을 드리십시오. 여러분은 사람이기 때문에, 여러분에게 생명을 주셔서 살아가게 하시는 하나님을 경배하는 것이 마땅합니다. 게다가, 여러분은 새롭게 거듭나서 하나님의 은혜의 곳간에서 먹는 성도들이고, "그의 백성이요 그의 기르시는 양"이기 때문에 온 마음과 영혼과 힘을 다하여 하나님을 섬기는 것이 마땅합니다.

　　우리가 하나님을 경배하고 섬겨야 할 네 번째 이유는 오늘의 본문의 마지막 절에 나오는데, 그것은 하나님의 성품 때문입니다: "여호와는 선하시니 그의 인자하심이 영원하고 그의 성실하심이 대대에 이르리로다." 본문에는 우리가 여호와 우리 하나님을 섬겨야 하는 세 가지 주된 이유가 나옵니다. 나는 모든 사람이 이 세 가지 이유의 무게를 느낄 수 있었으면 좋겠습니다. 첫 번째는 하나님은 "선하시다"는 것입니다. 만일 내가 이 아침에 이 회중 가운데서 깃발을 높이 들고서, "이 깃발은 의롭고 옳고 참되며 인자하고 너그러운 모든 것을 나타냅니다"라고 말한다면, 나는 수많은 젊은 심령들이 이 깃발 아래로 모여들기를 기대할 것입니다. 왜냐하면, 세계 곳곳에서 어떤 사람들이 자유와 미덕을 기치로 떨쳐 일어났을 때마다 고귀한 심령들이 그 고상한 기치에 매료되어서 죽음을 불사하고 그 기치 아래로 모여들곤 하였기 때문입니다. 그런데 하나님은 선하시고 의로우시며 옳으시고 참되시며 인자하시고 너그러우십니다. 한 마디로, 하나님은 사랑이십니다. 그러므로 하나님을 섬기고자 하지 않을 사람이 누가 있겠습니까? 무한히 온전하신 분의 종이 되기를 거절할 사람이 누가 있겠습니까? 만일 그분이 나의 하나님이 아니고 다른 사람의 하나님이시라면, 나는 몰래 그분에게로 나아가서 그런 하나님의 깃발 아래로 들어가고자 할 것이라고 생각합니다. 하나님의 법들을 지키는 것은 늘 내게 의무로 지워지는 것이 마땅합니다. 왜냐하면, 그 법들은 바로 옳은 것의 정수(精髓)이기 때문입니다. 그 법들 중에서 자의적인 것은 하나도 없고, 그 법들은 모두 흠 없는 거룩함과 확고한 정의가 요구하는 것들입니다. 사실, 하나님의 명령들과 계명들은 단지 옳은 것에서 그치는 것이 아니라 그 이상입니다. 그것들은 진정한 의미에서 선한 것들입니다. 하나님께서 "너는 … 하지 말지어다"라고 말씀하셨다면, 그것은 어머니가 자신의 아이에게 날카로운 도구로 손가락을 베어서는 안 된다거나 독 있는 딸기를 먹어서는 안 된다고 하는 것과 같습니다. 하나님께서 "너는 … 할지어다"라고 말씀하셨다면, 그것은 사실 우리가 행복해지도록 하기 위한 것이거나, 적어도 때가 되면 우리를 행복으로 이끌어줄 것을 하라고 하시는 것입니다. 여호와 우리 하나님의 법들은 모든 면에서 옳습니다. 그래서 나는 여러분 한 사람 한 사람에게 마음을 다하여 하나님께 순종하시라고 간곡히 청합니다.

다음으로, 본문은 "그의 인자하심이 영원하고"라는 말씀을 덧붙입니다. 인자하심이 영원하신 분을 섬기고자 하지 않을 사람이 누가 있겠습니까? 하나님은 늘 인자하시다는 것을 주목하십시오. 죄인이 하나님께 나아갔다가 긍휼히 여기심을 받지 못하는 일은 없습니다. 우리가 아이일 때도 하나님은 인자하시고 은혜로우십니다. 마찬가지로, 우리가 중년일 때나, 더 나이가 먹어서 머리가 희어졌을 때에도 하나님은 우리에게 여전히 인자하십니다. 우리는 우리에 대한 하나님의 오래 참으심이나 죄 사하시는 사랑이 바닥나게 할 수 없습니다. 하나님께서는 우리에게 구주를 주셔서, 영원히 살아 계셔서 죄 범한 자들을 위하여 늘 중보기도하게 하셨습니다. 이것은 얼마나 큰 복입니까! 우리가 죄를 범할지라도, 우리에게는 우리를 변호해 주실 "대언자"(요일 2:1)가 계십니다. 하나님께서는 우리를 위하여 시은좌(Mercy Seat)를 설치하시고 늘 개방해 놓고 계시기 때문에, 우리는 원하기만 한다면 언제라도 그 자리로 나아갈 수 있습니다. 하나님은 시은좌를 이 땅에서 백 년 동안 설치하셨다가 철거하신 것이 아닙니다. 예수의 피가 그 향기를 잃지 않았기 때문에, 우리는 여전히 시은좌로 나아가서 호소할 권리를 가지고 있습니다. 또한, 하나님의 성령께서는 우리를 도우셔서 기도하게 하시기 위하여 늘 기다리고 계십니다. 우리가 시은좌로 나아가기를 원할 때마다, 성령께서는 우리가 무슨 기도를 해야 할지를 우리에게 기꺼이 가르쳐 주시고, 우리 자신이 말로 할 수 없는 기도를 탄식으로 대신해 주시기도 하십니다. 인자하심이 영원하신 하나님을 섬기고자 하지 않는 사람이 누가 있겠습니까? 하나님의 무한하신 온유하심에도 감화를 받지 못하는 그런 심령을 가진 사람은 무자비한 자입니다. 하나님께서는 인자하시기 때문에, 사람은 더 이상 반역하지 않는 것이 마땅합니다.

또한, 본문은 "그의 성실하심이 대대에 이르리로다"라는 말씀을 덧붙입니다. 이것은 하나님이 오늘은 이랬다가 내일은 저랬다 하시는 것을 여러분이 보지 못할 것이라고 말하는 것입니다. 하나님께서는 약속하신 것은 반드시 이루십니다. 하나님의 모든 말씀은 절대로 변하실 수 없으신 하나님 자신처럼 영영히 견고히 서 있습니다. 오늘 여러분이 하나님을 믿고 의지한다면, 여러분은 내일 또는 여러분이 사는 날 동안에 하나님이 여러분을 실망시키는 것을 보지 못할 것입니다. 아브라함의 하나님이 오늘 우리의 하나님이십니다. 이 하나님은 세월이 아무리 많이 흘러도 변치 않으십니다. 우리가 어린 시절에 믿고 의지하였던 구주께서는 어제나 오늘이나 영원토록 동일하십니다. 그의 이름이 찬송을 받으시기를 원하나이다! 내가 어릴 때에 하나님의 이 속성이 나의 어린 심령에 대단히 매력적인 것으로 느껴졌습니다. 내 영혼을 절대로 변할 수 없으신 하나님께 맡기는 것은 정말 유쾌한 일로 보였고, 내가 일단 그의 사랑을 누리게 된 경우에는 그가 결코 내게서 그 사랑을 거두어가지 않으시리라는 것, 그리고 내가 일단 그 아들의 죽으심으로 말미암아 그와 화목하게 된 경우에는 나는 영원토록 그의 자녀가 되고 그의 마음에 사랑하는 자가 된다는 것을 아는 것은 정말 즐거운 일로 보였습니다. 나는 내 어린 마음에 기쁨을 가져다준 바로 그 진리를 지금 이 자리에 계신 분들 중에서 아직까지 하나님을 믿고 의지하지 않는 분들에게 향기로운 유인책으로 제시합니다. 즉, 하나님은 선하시고 그의 인자하심은 영원하며 그의 진실하심은 대대에 이른다는 진리 말입니다. 이상으로 나는 우리가 하나님을 섬겨야 할 이유들 내지는 근거들을 여러분 앞에 제시하였습니다. 여러분이 보시기에, 그 근거들은 확고합니까? 여러분은 그 근거들에 동의하십니까? 주권적인 은혜가 우리 각자를 강권하셔서 오직 하나님의 영광을 위하여 살아가게 해 주시기를 빕니다. 그것은 하나님이 우리에게서 마땅히 받으셔야 할 지극히 합당한 것입니다.

2. 둘째로, 우리는 하나님의 권리 주장들을 지금까지 어떻게 여겨왔습니까?

이제 우리는 두 번째 대지에 해당하는 이 질문을 아주 간략하게 살펴보겠습니다. 이 질문에 대해서 여러분 스스로 한 번 대답해 보십시오. 안타깝게도 여러분 중에는 하나님의 그런 권리 주장들에 대하여 전혀 귀를 기울이지 않아온 분들도 있을 것입니다. 사실상 그런 분들은 하나님의 권리 주장들을 부정하고서, "여호와가 누구이기에 내가 그의 목소리를 듣겠느냐"(출 5:2)고 말한 것이나 다름없습니다. 이 자리에 그런 분들이 계신다면, 마음을 바꾸시기를 부탁드립니다. 왜냐하면, 자신을 지으신 조물주와 다투는 여러분은 불에 가까이 갔다가 날개를 태워먹고서는 다시는 불에 가까이 가지 않는 하루살이보다 더 어리석은 것이기 때문입니다. 여러분이 지금 살아 있는 것만큼이나 확실하게 하나님은 여러분에게 손을 대시고 이기셔서 여러분으로 하여금 그의 주권을 인정하게 만드실 것입니다. 여러분이 하나님께 순종하고자 하지 않는다면, 하나님은 마치 토기장이가 그릇들을 깨뜨리듯이 여러분을 산산조각 내실 것입니다.

하지만 아주 많은 사람들은 하나님의 권리 주장들을 반대하는 것이 아니라 무시해 버립니다. 하나님께서는 그들을 지으시고 지금까지 살게 하셨음에도 불구하고, 그들은 이 세상에서 중년이 되도록 살아왔지만 하나님에 대해서 한 번도 생각해 본 적이 없었을 것입니다. 이것은 많은 채무자들이 자신이 진 빚과 관련해서 해온 방식입니다. 채권자가 빚 독촉을 하지 않으면, 채무자는 마치 아무런 빚도 없다는 듯이 아주 태평하게 살아갑니다. 그러나 채권자가 빚 독촉을 하지 않는다고 해서 태평하게 지낸다면, 그것은 분명히 정직한 삶이 아닙니다. 진정으로 정직한 사람은 자신이 진 빚을 다 갚을 때까지는 결코 태평하게 살 수가 없습니다. 마찬가지로, 모든 고상한 영혼은 자신이 하나님께 진 빚을 갚지 못한 상태에서 편안할 수 없습니다. 하나님께서 질병이나 사별 같은 옥졸들을 보내어 독촉하지 않으신다면, 우리는 더욱더 진심으로 "내가 여호와께 무엇으로 갚을까"(cf. 시 116:12)라고 물어야 하지 않겠습니까? 하나님이 인자하시다고 해서, 우리가 하나님의 것을 도둑질한다면 말이 되겠습니까? 하나님이 선하시다고 해서, 우리가 하나님을 무시한다면 말이 되겠습니까? 우리가 지존자로부터 풍성한 은택을 받고서도 거기에 결코 보답하지 않는다면, 그것이 옳은 일이겠습니까?

또한, 하나님의 모든 권리 주장들을 이론상으로는 인정하면서도, 실제적으로는 부인하거나 단지 겉으로만 신앙인인 체함으로써 회피해 나가는 사람들도 많습니다. 그런 사람들은 정직하게 살 마음이 없으면서도 교회에는 나갑니다. 그들은 죄악으로부터 깨끗하게 되고자 하는 마음은 없으면서도, 세례를 받습니다. 그들은 거룩한 삶을 사는 것에 관심이 없으면서도, 성례전들에 참여하고 예수를 믿으며 하나님의 사랑에 자기 자신을 맡기고자 합니다. 그들은 크리스마스 행사에 참여하거나 순례를 떠날 마음이 없으면서도, 그런 것들에 참여하는 것에 조금도 이의를 제기하지 않습니다. 이런 식으로 그들은 하나님께 황금 대신에 별 가치 없는 동전을 드리고, 진정한 순종 대신에 경건의 모양만을 드립니다. 그들은 진심에서 우러나오는 사랑과 자신의 영혼을 조물주에게 드리기를 거절합니다. 그들이 그렇게 하는 한, 그가 드리는 모든 것들은 헛됩니다.

또한, 애석하게도 우리는 모두 우리가 하나님을 존귀하게 해드리고자 하고, 은혜를 힘입어서 어느 정도는 그렇게 했다고 하더라도, 온전하게 행하는 데에는 실패했다는 것을 고백하지 않을 수 없습니다. 우리는 흔히 육신 및 눈에 보이는 것들에 의한 압박이 눈에 보이지 않는 영원한 것들의 힘보다 우리에게 더 크게 작용해 왔다는 것을 고백하지 않을 수 없습니다. 우리는 너무나 자주 우리 자신에게 져서 하나님을 배반해 왔습니다. 우리가 이 모양인데 도대체 우리는 어떻게 해야 합니까? 사실, 그런 이유 때문에 우리는 우리의 모든 허물들을 위해 속죄의 제사를 준비해 두신 우리의 영원하신 아버지 하나님을 송축하지 않을 수 없습니다. 그리스도께서 우리를 위하여 그 간격을 메우시기 위하여 우리의 본성을 입으셔서 그 모든 것을 대신 짊어지셨기 때문에, 우리는 우리의 모든 허물과 범죄에도 불구하고 그리스도 안에서 하나님께 받아들여질 수 있습니다. 그러므로 우리는 그리스도 예수 안에서 하나님께 가야 합니다! 하나님께서는 우리에게 예수를 믿으라고 하시고, 우리가 믿기만 한다면 그 즉시 우리의 모든 죄가 사함을 받고 구원을 얻게 될 것이라고 약속하십니다. 하나님의 모든 요구들은 그의 독생자의 삶과 죽음 속에서 다 충족되었습니다. 믿음이 있으면, 우리는 그리스도께서 하나님의 모든 요구들을 우리를 위하여 충족시키셔서 우리를 깨끗하게 하셨다는 것을 알게 됩니다. 형제들이여, 우리는 예수께서 우리를 위하여 죽으셨고(여기에 우리의 기쁨이 있습니다), 그 때문에 우리가 하나님의 계명들을 지키지 못했어도 하나님의 진노로부터 건짐을 받게 되었다는 것을 믿어 왔고, 앞으로도 믿을 것입니다. 그래서 우리는 어떻게 되었습니까? 나는 바로 그런 사실이 나로 하여금 더욱더 하나님을 섬기지 않고는 견딜 수 없도록 나를 잡아매는 것을 느낍니다. 하나님께서는 그리스도의 이름을 위하여 내 죄를 사해 주셨고, 그 아들의 피로 나를 씻어 주셨습니다. 나는 이전보다 더 튼튼한 줄에 묶여 하나님의 소유가 되었습니다. 값없이 거저 주시는 은혜와, 죽음으로 증명해 보이신 사랑을 받은 자들이 진 빚보다 더 큰 것은 없습니다. 죄를 사해 주신다는 것은 장래에 다시 죄악에 빠져도 된다는 근거가 되는 것이 아니라, 죄 사함의 능력을 경험한 모든 심령에게 이제부터는 거룩한 삶을 살아야 한다는 강력한 근거가 됩니다. 하나님의 성도들인 여러분, 여러분이 지은 모든 죄를 다 사함 받은 지금, 여러분은 다시는 죄를 범하고자 하지 않을 것입니다. 하나님의 택하심을 받은 여러분은 이제 하나님을 섬기는 쪽을 택합니다. 하나님의 양자가 된 여러분은 이제 아버지의 뜻을 행하기를 기뻐합니다. 지금부터 영원히 여러분은 하나님의 소유입니다.

3. 셋째로, 하나님의 권리 주장들은 사람이 받아들일 때에 어떤 영향을 미칩니까?

우리는 이제 마지막 대지를 살펴볼 차례입니다. 나는 이 땅에서 발견될 수 있는 가장 고상한 사람의 모습은 하나님을 섬기는 사람이라고 확신합니다. 나는 그 밖의 다른 형태의 사람의 모습은 모두 다 그 자체로 결함이 있고 불완전하며, 하나님께 성별되어서 하나님을 섬기는 사람의 모습에 비하여 힘과 아름다움에서 훨씬 못 미친다고 확신합니다. 성령의 인도하심을 따라 하나님을 위해 살아가는 사람은 그 밖의 다른 목적을 따라 살아가는 사람보다 훨씬 고상한 존재가 됩니다. 이제 나는 하나님을 섬기는 것이 얼마나 건강하고 유익한 일인지를 여러분에게 보이고자 합니다. 성령의 인도하심을 받아서 하나님을 섬기는 사람은 겸손합니다. 만일 어떤 사람이 교만하다면, 그것은 그 사람이 하나님을 섬기고 있지 않다는 분명한 증거가 됩니다. 하나님이 자신의 주권자이시고 자기를 지으셨으며 자신의 숨이 그의 손에 있다는 것을 명심하고 있는 사람은 자기는 기껏해야 티끌이자 재일 뿐임을 압니다.

하나님을 섬기는 사람은 느부갓네살처럼 "이 큰 바벨론은 내가 능력과 권세로 건설하여 나의 도성으로 삼고 이것으로 내 위엄의 영광을 나타낸 것이 아니냐"(단 4:30)고 큰소리치는 모습을 상상할 수도 없습니다. 도리어, 그는 느부갓네살이 하나님의 벌을 받은 후에 그랬던 것처럼, 땅에 엎드려 "지금 나는 하늘의 왕을 찬양하며 칭송하며 경배하나이다"(cf. 단 4:37)라고 고백할 가능성이 훨씬 더 높습니다. 하나님을 섬길 때, 사람은 제자리를 찾게 됩니다. 하나님을 섬기는 것은 사람에게 균형추 역할을 합니다. 그 균형추가 없다면, 그 사람은 마치 수많은 나비들이 먼 바다로 나갔을 때에 얼마 안 있어 파도 속으로 떨어져 가라앉는 것과 마찬가지로 멸망을 향하여 표류하게 됩니다. 아울러, 하나님을 섬기는 것은 사람을 차분하게 해주고 기쁨과 찬송과 감사하는 마음을 충만하게 해주어서, 그 사람이 안전하게 항해할 수 있도록 바닥짐과 돛의 역할을 해줍니다. 하나님을 섬기기를 좋아하는 사람은 하나님의 은혜를 받아 크게 감사하고 기뻐하게 됩니다. 그는 하나님의 뜻에 만족하기 때문에 하나님에 대하여 감사하는 마음으로 충만합니다. 나는 여러분에게 사람의 인생 가운데서 하나님께 감사하고 경배하고자 하는 마음으로 충만한 순간보다 더 달콤한 순간은 없다고 자신 있게 말할 수 있습니다. 늘 살아 계시고 찬송 받으실 하나님을 섬기는 것, 우리 자신보다 훨씬 더 크시고 선하신 분이 계셔서 우리가 그분을 사모하며 살아가고 있음을 느끼는 것보다 더 사람을 이 땅에 속한 온갖 욕심과 이기심에 더럽혀지는 것에서 깨끗하게 해주는 것은 아무것도 없습니다. 그래서 하나님을 섬길 때, 사람은 즉시 겸손해지고 기쁨이 넘치고 고상해집니다.

　하나님을 섬기는 것은 다른 모든 섬김과는 달리 존귀한 일입니다. 자기 자신을 위해 살아가는 사람이 있습니다. 그런 사람의 인생 목표는 돈을 버는 것입니다. 그런 사람을 잘 살펴보시고 생각해 보십시오. 재물에 대한 욕심은 사람의 마음을 채울 수 있는 열정들 중에서 가장 천박한 것들 중의 하나가 아닙니까? 단지 자기 자신을 위하여 노란색 금속 덩어리를 쌓으려고 땀 흘리고 수고하며 허리띠를 졸라매는 사람들에 비하면, 자신이 속한 사회를 위해 수고하는 저 개미는 내게 천사처럼 보일 정도입니다. 내가 쾌락을 사랑하는 자들에 대하여 이렇게 말하는 것 이상으로 어떻게 더 좋게 말할 수 있겠습니까? 쾌락이 무엇입니까? 세상이 이해하는 바에 의하면, 쾌락은 깊은 불만족을 은폐하기 위한 공허한 덮개이자 환락의 얇은 판자입니다. 나는 세상 사람들이 말도 안 되는 것들을 보면서 좋다고 웃는 것을 볼 때마다, 그들이 서로의 옷소매를 끌어당기며 "웃어, 넌 웃어야 해"라고 말하는 것처럼 들립니다. 나는 그들이 웃고 떠들며 즐기는 것들 속에서 아무런 즐거움도 느낄 수 없지만, 그들은 그런 것들 속에서 쾌락을 느낍니다. 그들은 행복해 보이고자 애를 쓰지만, 인생을 재미있고 즐겁게 살았다는 것이 도대체 무엇입니까? 그것은 자신의 모든 힘을 시간을 죽이는 데 소모했다는 것이 아닙니까? 그런 인생보다 더 경멸 받을 만한 인생이 어디 있겠습니까?

사람이 정욕을 위해 일생을 살아가고, 자신의 모든 힘을 정욕을 채우는 데 소모한다면, 그것은 얼마나 끔찍한 일입니까? 그런 삶은 짐승 같은 삶입니다! 안타깝게도, 그런 사람들을 짐승에 비유하는 것은 짐승을 비하하는 것입니다. 하나님을 위해 살아가는 사람은 짐승보다 훨씬 더 고상한 존재입니다. 사람은 자기 자신을 부인하고 자신을 하나님께 드릴 때에 이 땅으로부터, 그리고 자신을 티끌과 진창에 꼭 묶어두고 있는 모든 것들로부터 들어올려집니다. 그럴 때에 사람은 그룹 천사들과 훨씬 더 가까워지고, 하나님을 훨씬 더 많이 닮게 됩니다. 그럴 때에 사람은 정말 사람이 됩니다. 왜냐하면, 섬기는 사람은 담대하고 대장부가 되는 까닭에 어떤 것의 노예가 될 수 없기 때문입니다. 그런 사람은 이렇게 말합니다: "하나님께서 내게 이 일을 하라고 명하시면, 나는 무조건적으로 그 일을 할 것입니다. 당신은 내게 이러저러한 일을 하라고 명하지만, 하나님께서 내게 그 일을 하라고 명하지 않으셨기 때문에, 당신의 명령은 내게 법이 될 수 없습니다. 나의 무릎은 당신이 아니라 내 하나님 앞에 꿇으라고 지음 받은 것이고, 내 마음은 당신이 내게 말하는 것이 아니라 하나님이 계시하시는 것을 믿으라고 지음 받은 것입니다." 그런 사람은 하나님의 사랑으로 말미암아 자유하게 된 자유인입니다. 우리는 역사상에서 그런 사람이 많이 존재했음을 보여주는 놀라운 증거들을 가지고 있습니다. 왜냐하면, 하나님을 섬기는 사람들은 죽을 인생들 중에서 가장 용맹하고 두려움을 모르는 사람들이었기 때문입니다. 다니엘과 두 친구가 느부갓네살이 세운 금 신상에게 절하지 않았다는 이유로 폭군은 분노가 치밀고 기가 막혀서 그 얼굴이 풀무불만큼이나 붉어졌고, 그 세 명을 던져 넣을 맹렬히 타는 풀무불도 준비되었습니다. 그러나 "왕이여 우리가 섬기는 하나님이 계시다면 우리를 맹렬히 타는 풀무불 가운데에서 능히 건져내시겠고 왕의 손에서도 건져내시리이다 그렇게 하지 아니하실지라도 왕이여 우리가 왕의 신들을 섬기지도 아니하고 왕이 세우신 금 신상에게 절하지도 아니할 줄을 아옵소서"(단 3:17-18)라고 말하는 세 청년의 침착한 모습을 보십시오. 여기에 진정한 대장부들이 있습니다! 하나님의 사랑이 영웅들을 만듭니다.

사람이 하나님을 섬기기로 결단하면, 그때로부터 그 사람은 자신의 신앙을 지키는 놀라운 인내심을 부여받게 됩니다. 사도들과 순교자들, 믿음을 지킨 선교사들을 보십시오. 그들은 온 세상이 무장을 하고 자신들을 압박해도 꿋꿋이 자신의 신앙을 지켜나가며 복음을 전한 사람들이 아닙니까! 도저히 복음을 전할 수 없을 것 같았던 나라에도 그들은 기어코 들어가 복음을 전했습니다. 첫 번째 선교사가 죽으면, 또다른 선교사가 그의 발자취를 따라 거기로 갈 준비가 되어 있었습니다. 초대 교회는 자신의 연약함과 가난함과 무지함 속에서도 이방 로마의 철학과 부와 모든 힘에 맞서 싸웠고, 결국 약한 자들이 강한 자들을 이겼고, 미련한 자들이 지혜 있는 자들을 무너뜨렸습니다(고전 1:27). 하나님을 섬기는 사람들은 결코 정복될 수 없습니다. 그들은 패배들로부터 승리를 배웁니다. 그들은 기다려야 한다면 기다릴 수 있습니다. 왜냐하면, 그들은 영원하신 하나님과 연결되어 있고, 하나님이 서두르지 않으시니 그들도 서두르지 않기 때문입니다. 하나님의 진리를 청종할 자들을 얻는 데에 한 세대가 걸린다면, 그들은 기꺼이 한 세대를 기다립니다. 50세대가 걸린다고 해도, 그들은 기꺼이 기다립니다. 그리고 결국 전도는 이루어질 것이고, 진리는 전파될 것이며, 우상들은 폐하여지고, 하나님께서 경배를 받으시게 될 것입니다. 하나님을 섬기는 것은 우리로 하나님을 닮아가게 만듭니다. 하나님의 멍에를 메는 사람들은 복 있는 사람들입니다. 그런 사람들은 지극히 강해지고 놀라울 정도로 인내하며 아주 견고하게 서고 매우 신속하게 달립니다! 하나님을 섬기는 법을 알게 된 사람들은 독수리처럼 날개를 달고 날아오르게 됩니다.

　성령의 인도하심을 받아 하나님을 섬기게 되면, 그 사람에게서는 그 어떤 것으로도 그에게서 불러일으킬 수 없었던 그런 열심과 열정과 자기희생이 불러일으켜집니다. 누구보다도 앞장서서 십자가를 짊어지는 삶을 산 사람들, 특히 순교자들의 죽음을 유심히 살펴보면, 여러분은 하나님의 은혜가 사람들을 어떤 식으로 변화시켜 놓을 수 있는지를 알게 됩니다. 그들의 삶은 참으로 고상하지 않습니까? 그들은 사람들이 불가능하다고 얘기하는 것들을 비웃고, 온갖 난관들을 조소하였습니다. 그들은 고문당하고 주리를 틀리는 것을 일상적인 일들로 여겼고, 죽음 앞에서도 웃을 수 있었습니다. 그 이유는 그들이 하나님을 섬겼기 때문입니다. 그들은 복음을 전하는 일에서 도망칠 생각을 한 적이 없었고, 자신의 간증을 철회한다는 것은 상상도 할 수 없었습니다. 사람들은 "당신들은 바보들"이라고 말했습니다. 그들은 그런 말을 들을 각오가 되어 있었고, 그런 말을 예언의 성취로 여겼습니다. 땅의 왕들은 벌 떼처럼 일어섰고, 관원들은 서로 모의하여, "우리가 너희를 박멸하리라"고 말하였습니다. 그들은 박멸될 각오도 되어 있었지만, 실제로는 그렇게 되지 않았습니다. 그들은 육신의 눈으로는 자신들의 길 앞에 뛰어넘을 수 없는 난관들이 있음을 보았습니다. 그러나 그들은 믿음의 눈을 사용하는 자들이었기 때문에 육신의 눈에 보이는 것이 무엇이든 개의치 않고, 하나님이 자신들과 함께 하시리라는 것을 믿고서 하나님을 섬기는 일에 온 힘을 다하였습니다. 그들은 이 땅에 있는 자연의 모든 세력들과 하늘에 있는 모든 천사들과 하나님의 모든 속성들이 하나님을 섬기고 있는 자의 편이라는 것을 알았기 때문에 계속해서 앞으로 나아갈 수 있었습니다. 미친 사람의 힘은 보통 사람보다 10배는 더 세다는 말이 있습니다. 나는 그런 사실 속에서 또다른 면을 봅니다. 왜냐하면, 어떤 사람이 하나님의 성령에 붙잡힐 때에 그 사람에게서 어떤 힘이 나올지는 아무도 알지 못하기 때문입니다. 그 사람은 열 사람의 몫을 하게 될 것입니다. 어떤 사람이 자기 자신을 온전히 드려서 하나님을 섬기게 되었을 때, 그 한 사람에게 무수한 사람들이 결합되어 있는 것처럼 보이는 경우들이 있습니다. 마르틴 루터를 보십시오. 여러분은 그를 보통 사람으로 여길 수 없습니다. 여러분은 그를 수많은 사람들이 똘똘 뭉쳐 있는 하나의 결집체로 보지 않을 수 없습니다. 마르틴 루터는 자기에게는 전해야 할 하나님의 진리가 있다고 믿었고, 실제로 하나님의 이름으로 그 진리를 전합니다. 보름스(Worms)에 집들의 지붕에 있는 기왓장들만큼이나 많은 마귀들이 있다고 해도, 그것은 루터에게 아무것도 아니었습니다. 작센의 선제후가 루터에게 더 이상 보호해 줄 수 없다고 말했다면, 그는 어떻게 했을까요? 그는 영원하신 하나님의 넓은 방패 아래에 피할 것이라고 말했을 것입니다. 교황이 그에게 파문장을 보냈을 때, 그는 그 문서를 불태워 버립니다. 그가 그런 것에 신경 쓸 이유가 어디 있었겠습니까? 만일 하나님께서 명하셨다면, 그는 교황이 보낸 파문장이 아니라 로마 교황청도 불태워 버렸을 것입니다. 루터는 그 어떤 것도 할 수 있는 담대함을 지니고 있었습니다. 또한, 존 녹스(John Knox)는 너무나 쇠약해져서 곧 죽을 것 같았지만, 하나님에 의해 사로잡혀 있었고 성령에 충만해 있었기 때문에, 그가 말씀을 전하면 얼마나 쩌렁쩌렁한 목소리로 열정적으로 전하던지 15분도 채 되지 않아서 강대상이 부서져서 산산조각이 날 것 같았다고 합니다. 그는 스코틀랜드 전체를 뒤흔들어 놓았고, 가톨릭교도였던 여왕은 만 명의 군대보다도 그를 더 두려워하였다고 합니다. 왜냐하면, 하나님이 존 녹스 안에 계셨기 때문입니다. 여러분은

"이 일은 하나님의 뜻이고, 하나님이 내게 명하셨으니, 내가 모든 위험을 무릅쓰고 그 일을 하리라"고 느끼십니까? 그런 확신을 지닌 사람을 저지하려고 하는 것은 해가 운행하는 것을 저지하려고 하는 것과 같습니다. 철없는 소리를 해대는 이 시대를 뭔가 존중할 만한 시대로 들어올리고, 거짓의 늪지대에 빠져서 곪아 터져가는 이 시대를 거기에서 건져 내고자 한다면, 우리는 결연히 하나님을 섬기고자 하는 사람들, "옳은 일은 하고, 잘못된 일은 하지 않을 것"이라는 것만 생각하고 살아가는 족속을 길러내야 합니다. 타협이 있어서도 안 되고, 너무 엄격하게 원칙대로 행함으로써 우리가 가진 것을 다 잃게 되면 어쩌나 하는 염려도 있어서는 안 됩니다. 하나님의 진리가 세워질 수 있다면, 우리가 가진 것을 다 잃는 것이 무슨 대수로운 일이겠습니까! 하나님이 이끄시기만 하신다면, 우리는 밀림 속으로도 들어가야 하고, 야수들의 목구멍이나 지옥의 입 속으로도 들어가야 합니다. 하나님이 우리를 인도하시기만 하신다면, 우리가 하나님을 따를 때, 모든 것이 잘될 것입니다. 그러나 우리가 하나님을 따르지 않고, 사람들이 가장 편안할 것이라고 생각하는 것을 따른다면, 결국 모든 것이 잘되지 않을 것입니다. 사람들은 자신이 할 수 있는 한 하나님께 가까이 가되 위험을 감수하고자 하지는 않는 것이 가장 편안한 길이라고 생각합니다. 사람들은 많은 것들을 양보하고, 지나치게 청교도 티를 내지 않으며, 너무 엄격하게 신앙을 지키는 것을 삼가서 가정의 평화를 지키는 것이 최고라고 생각합니다. 분명히 그것은 쉬운 길이고 편안한 길이긴 하지만, 하나님이 혐오하시는 길입니다. 그것은 결국 양심을 곪아 터지게 만들고 천국에 들어가지 못하는 것으로 끝나게 될 길입니다. 하나님을 섬기는 길은 예수의 피로 씻음을 받고서 무조건적으로 하나님께 순종하고 하나님의 영광만을 구하는 것입니다. 그것이 천국으로 통하는 길입니다. 그렇게 해서 우리가 저 지극히 복된 자리에 이르렀을 때, 우리는 온전하게 된 자들과 잘 어울리게 될 것입니다. 왜냐하면, 그들은 밤낮으로 하나님을 섬기는 자들이기 때문입니다. 또한, 우리는 밤낮으로 하나님을 섬기는 것이 얼마나 복된 일인지를 확실히 알게 될 것입니다. 우리가 이 땅에서 이런 식으로 하나님을 섬기며 준비하는 것은 장차 천국에서 지극히 복된 삶을 살기 위해서 절대적으로 필요한 일입니다. 그러므로 하나님께서 성령으로 말미암아 여러분으로 하여금 자기 자신을 하나님께 온전히 드려서 하나님을 섬기게 하심으로써 장차 우리로 천국에서 만날 수 있게 하시기를 빕니다. 아멘.

제
92
장

—

거룩하고 소박한 결단

—

"내가 완전한 길을 주목하오리니 주께서 언제까지 내게 임
하시겠나이까 내가 완전한 마음으로 내 집 안에서 행하리이
다." —시 101:2

시편 100편은 아마도 하나님의 말씀 가운데서 가장 잘 알려진 찬송일 것입
니다. "시편 100편"을 노래하는 것은 예배하는 자들이 대대로 해온 관행이었고,
지금도 여전히 우리의 관행이기도 합니다: "온 땅이여 여호와께 즐거운 찬송을
부를지어다"(시 100:1). 그런데 그 직후에 나오는 시편 101편이 실제적인 결단을
담고 있는 시편이라는 것은 상당히 의미심장합니다. 즉, 시편 101편에서 시편 기
자는 자신의 집에서 자기가 어떻게 행할 것인지, 어떻게 자신의 눈으로부터 죄
를 치워 버리고 악한 자들을 멀리할 것인지와 관련된 결단을 밝힙니다. 이 시편
이 우리에게, 이 세상에서 최고의 찬송은 순전함(purity)이고, 최고의 음악은 거
룩함(holiness)이라고 가르치고 있는 것으로 보이지 않습니까? 우리가 하나님을
찬양하고자 한다면, 그렇게 할 수 있는 최선의 길은 하나님의 마음과 뜻이 어떠
할지를 늘 염두에 두고서 하나님의 계명들을 따라 행하려고 애쓰는 것입니다.
풍금이나 오르간으로부터 흘러나오는 그 어떤 가장 감미로운 선율도 그리스도
를 본받아 살아가는 삶보다는 결코 감미롭거나 향기로울 수 없습니다. 우리가
순종한다면, 우리는 찬송하는 것입니다. 하나님을 위해 최고로 일하는 사람은
최고의 찬송을 부르고 있는 것입니다. "여호와의 말씀을 행하며 그의 말씀의 소

리를 듣는"(시 103:20) 천사들의 찬송을 뛰어넘을 수 있는 찬송은 없습니다.

　　이 시편은 다윗이 왕권을 부여받고서 백성에 대한 통치권을 자신의 수중에 갖고 있던 때에 쓴 것으로 추정됩니다. 여러분이 아시듯이, 다윗이 기름 부음을 받고 왕이 된 것은 세 번이었습니다. 첫 번째는 베들레헴 사람 이새, 즉 자신의 아버지의 집에서 "사무엘이 기름 뿔병을 가져다가 그의 형제 중에서 그에게 부었을"(삼상 16:13) 때였습니다. 그리고 두 번째는 헤브론에서 "유다 사람들이 와서 거기서 다윗에게 기름을 부어 유다 족속의 왕으로 삼았던"(삼하 2:4) 때였습니다. 마지막으로 세 번째는 "다윗 왕"이 헤브론에서 칠 년 육 개월 동안 유다를 다스리다가, 이스라엘의 모든 장로들이 와서 "여호와 앞에 그들과 언약을 맺으매 그들이 다윗에게 기름을 부어 이스라엘 왕으로 삼을"(삼하 5:3) 때였습니다. 다윗은 왕으로서의 막중한 책임감을 느끼고서 자리에 앉아, 왕위에 오르면 어떻게 해야 할지를 곰곰이 생각하였습니다. 그리고 본문에 나오는 것이 바로 그가 하나님의 은혜로 말미암아 실천하기로 결단한 내용이었습니다. 사람들은 이 시편에 나타난 다윗의 모습은 즐거워하고 지혜로운 모습이라고 말해 왔습니다. "내가 인자와 정의를 노래하겠나이다"(1절)라고 말한 것으로 보아서, 그는 즐거워하고 있었다고 할 수 있습니다. 그는 "여호와여 내가 주께 찬양하리이다"(1절)라고 말함으로써 찬송하고자 하는 자신의 결단을 반복해서 나타내 보였습니다. 우리도 모두 다윗처럼 그렇게 즐거워하는 것이 합당합니다. 하나님을 찬송하는 것은 아무리 많이 해도 결코 지나칠 수 없습니다. 그 찬송이 시온의 찬송이기만 하다면, 우리는 그런 찬송을 더 많이 그리고 더 즐겁게 할수록 더 좋습니다. 그러나 다윗이 즐겁고 지혜로웠던 것은 영적인 즐거움을 지니고 있던 그가 영적인 거룩함을 갖기를 소원하였기 때문이었습니다. 그는 그러한 결단을 이렇게 표현했습니다: "내가 완전한 길로 지혜롭게 행하리이다"(KJV).

　　그러므로 우리가 이제부터 묵상하고자 하는 것은 실천적인 성격을 띤 것들이고, 나는 그것을 다음과 같이 나누어 살펴보고자 합니다. 첫 번째로, 본문에는 **포괄적인 결단**이 나옵니다: "내가 완전한 길로 지혜롭게 행하리이다." 그런 후에, 다윗은 마치 자기에게는 그럴 능력이 없는데도 자신이 너무나 엄청난 결단을 한 것에 대하여 깜짝 놀란 듯이, 느닷없이 곧바로 하나님께 경건하고 간절한 청을 드립니다: "오, 주께서는 언제 내게 임하시겠나이까"(KJV). 그러나 다윗은 여전히 자신의 거룩한 결단을 꼭 붙잡고서는 다시 그 결단으로 되돌아가서, 자신의 결단을 어떻게 구체적으로 실천할 것인지를 보여줍니다. 즉, 그는 자신의 결단을 자기 집에서 어떻게 적용할 것인지를 밝힙니다: "내가 완전한 마음으로 내 집 안에서 행하리이다." 이제 우리가 우리 앞에 놓인 거룩한 결단들을 묵상하는 동안에, 우리를 실제로 거룩하게 하실 수 있는 유일한 분이신 성령 하나님께서 우리를 도와주시기를 빕니다.

1. 첫째로, 이것은 지극히 포괄적인 결단입니다.

"내가 완전한 길로 지혜롭게 행하리이다"(KJV). 이것은 다윗이 이러한 결단을 했을 때에 자기 자신을 늘 주의 깊게 살피고 조심해야 한다는 것과, 자신의 신민들 사이에서의 처신이 아주 어려워질 수 있다는 것을 충분히 알고서 그러한 것들을 다 감안한 가운데 내린 신중한 선택이었습니다. 다윗은 자신의 아들 솔로몬과 마찬가지로 하나님의 은혜로 감화를 받아서 지혜를 가장 중요한 것으로 선택하였고, 여호와를 경외하는 것을 최고의 안전장치로 여겼습니다. 많은 젊은이들은 만일 자기가 왕위에 오르게 되어 있다면 이렇게 말할 것입니다: "나는 위풍당당하게 행할 것이다. 내가 곧 오르게 될 저 위엄 있는 자리에서 나는 일거수일투족을 왕답게 처신할 것이다. 나는 나의 신민들에게 내가 얼마나 위풍당당한지, 내 말이 얼마나 위엄이 있는지, 내가 얼마나 고귀하게 내 역할을 해낼 수 있는지, 왕관이 내 머리에 얼마나 잘 어울리는지를 알게 해줄 것이다. 그래서 인류 역사상에서 나보다 더 위엄 있는 왕이 없게 할 것이다." 다윗은 허세를 부리는 쪽을 선택했을 수도 있었지만, 그렇게 하지 않았고, 사려분별 있게 행하기로 결단했습니다. 그는 "나는 위풍당당하게 행하리라"고 말한 것이 아니라, "내가 지혜롭게 행하리이다"라고 말했습니다. 또한, 다윗의 처지가 되었을 때에 이렇게 말하는 사람도 많을 것입니다: "나는 즐길 수 있는 것은 다 즐기고 싶습니다. 일단 내가 이스라엘의 왕위에 오르면, 나는 내가 하고 싶은 것들을 빠짐없이 다 하고, 내가 갖고 싶은 것들은 다 갖고 싶습니다. 내게 말들과 병거들도 무수히 주시고, 노래하는 남자들과 여자들도 주소서. 나는 내가 생각해낼 수 있는 온갖 즐길 것들을 총동원해서 내 육신의 온갖 쾌락을 다 즐기고자 합니다. 내가 권좌에 오르기만 하면, 나는 그 즉시 즐거운 인생을 살 것입니다." 그러나 다윗은 그렇지 않았습니다. 그가 신중히 생각한 끝에 선택한 것은 위풍당당함이나 쾌락이 아니라 지혜였습니다. "내가 지혜롭게 행하리이다."

　형제들이여, 여러분 중에는 이제 막 인생을 시작하는 분들이 있을 것입니다. 가정을 이루기 전에 먼저 조용히 앉아서, 어떻게 하는 것이 가장 잘하는 것인지를 곰곰이 생각해 보십시오. 아마도 여러분은 아직 육신의 아버지의 집을 떠나서 자신의 사업을 시작하지는 않았겠지만, 그럴 생각을 갖고 있을 것입니다. 그렇다면, 지금이 여러분의 도덕적 결단들을 자세히 뜯어볼 때입니다. 또는, 여러분은 내가 방금 언급한 젊은이들보다 꽤 더 많이 나이를 먹고 세상 경험도 꽤 하긴 했지만, 이제 새롭게 자신의 인생을 다시 시작해 보려고 하는 가운데 있을 수도 있을 것입니다. 자, 그렇다면, 여러분은 어떻게 행하고자 하십니까? 여러분은 무엇을 선택하고자 하십니까? 여러분이 하나님의 은혜에 이끌려서 다음과 같이 말한다면, 여러분은 정말 행복한 사람일 것입니다: "나는 가장 참되고 선한 지혜를 택하고자 합니다. 나로 하여금 하나님의 말씀들을 이해하고 하나님의 법에 순종하면서 하나님이 원하시는 대로 살게 해주십시오. 성육신하신 지혜께서 이 땅에 계실 때에 사셨던 것처럼 나도 그렇게 살았으면 좋겠습니다. 내가 완전한 길로 지혜롭게 행하겠습니다." 이것이 다윗이 신중하게 숙고해서 내린 선택이었습니다. 이 자리에 있는 모든 젊은 남녀들이 다윗을 본받았으면 좋겠습니다! 우리 각자가 현재의 상태에서 그리고 장차 우리 앞에 열릴 미래를 염두에 두고서 우리에게 있는 모든 힘을 다해 지금 이렇게 결단할 수 있었으면 좋겠습니다: "내게 무슨 일이 일어나더라도, 내가 완전한 길로 지혜롭게 행하고자 하는 것이 나의 결단입니다. 다른 사람들은 이익이나 명성, 편안함이나 사치를 추구하여, '그런 것들을 내게 줄 사람이 없나'라고 소리치며 헤매고 다니고, 자기 자신을 우상으로 삼거나 다른 신을 좇는다고 하여도, 내 영혼은 오직 이 한 가지만을 추구하기로 결심하오니, 나의 하나님, 당신의 은혜로 말미암아 나를 지혜롭게 하셔서, 내가 완전한 길로 지혜롭게 행하게 하옵소서."

　다윗의 이러한 신중한 선택은 절박한 심정 가운데서 이루어진 것임에 틀림없습니다. 그는 자신이 지혜롭게 처신해야 할 필요성을 느꼈습니다. 그는 이제 곧 왕이 될 사람이었습니다. 그런데 왕이 어리석다면, 그것은 평민이 어리석은 것과는 사정이 다릅니다. 모든 왕은 어리석은 자로 태어난다는 속담이 3-4백 년 전부터 회자되곤 했습니다. 실제로 왕들은 대체로 그런 모욕적인 말을 들을 만하게 처신했습니다. 일반 사람들이 자신의 통치자에 대하여 내리는 판단이 어리석어도, 그런 것은 별로 심각한 결과를 가져오지 않습니다. 그러나 한 나라의 왕이 어리석으면, 그것은 그 나라에 큰 재앙이 됩니다. 르호보암을 비롯해서 너무나 어리석어서 왕의 규를 의롭게 사용할 줄 몰랐던 왕들 때문에 유대 민족에 어떤 재앙과 화가 임했는지는 여러분이 잘 압니다. 다윗은 자기가 사울 왕조를 계승했을 때에 사울의 살아 남은 후손들이 왕위를 되찾고자 할 것임을 염두에 둘 수밖에 없었고, 따라서 왕위를 노리는 자들이나 그들을 따르는 파당들로부터 자신을 지키기 위해서는 아주 분별 있게 처신할 필요가 있었을 것입니다. 그는 자신의 원수들이 분명히 어떻게든 자신의 행적을 추적해서 흠을 찾아내고자 할 것임을 알고 있었습니다. 그래서 시비에 휘말림이 없이 제대로 처신하려면 그에게는 큰 지혜가 필요했습니다. 여러분 중에는 "그런 것은 문벌이 좋거나 높은 지위에 있는 사람들에게나 필요한 것이지, 왕이 될 일도 없는 우리와는 아무 상관이 없지 않나요?"라고 말하는 분들도 있을 것입니다. 그런 말도 일리가 있긴 하지만, 여러분이 사회에서 어떤 지위에 있든지 모든 사회생활에서는 지혜가 필요합니다. 높은 사람들을 섬기는 미천한 하녀일지라도 그리스도인으로서 자신의 의무를 다하고 자신의 자리를 빛나게 하려면 지혜가 필요합니다. 아이들을 양육하는 사람들에게도 특별한 지혜가 필요합니다. 왜냐하면, 아이들의 마음은 우수한 교사나 종으로 인해서 왜곡될 수 있기 때문입니다. 여러분의 소홀함으로 말미암아 아이들에게 가해지는 아주 작은 잘못도 심각한 결과를 초래할 수 있습니다. 여러분이 장사하는 사람이라면, 경쟁이 아주 치열하고 너무나 많은 유혹이 판을 치는 지금 같은 시대에서 장사하려면 지혜가 필요합니다. 여러분이 한 집 안의 가장으로서 자신의 자녀들을 하나님을 경외하는 아이들로 키우고 싶으시다면, 여러분에게 당장 절실한 과제는 솔로몬이 지니고 있던 것 같은 지혜를 짜내는 일이 될 것입니다. 이 소년의 성향을 판단하고 저 소녀의 성품을 이해해서 심하게 압박하지도 않고 지나치게 풀어주지도 않는 태도를 취하려면, 참된 지혜가 있어야 합니다. 정원사가 온실에 있는 각각의 식물을 특성에 따라 다루어서 어떤 식물에는 메마른 열기를 공급해 주고 어떤 식물에는 습기를 공급해 주어서 정반대로 해줌으로써 식물들을 다 해치거나 죽이는 일이 벌어지지 않게 하려면 지혜가 있어야 하듯이, 각각의 아이들을 어떻게 다루어야 하는지를 알려면 많은 지혜가 필요합니다. 자신의 자녀들을 지각없이 키웠다가 노년에 마음의 고통을 안고 살아가는 사람들이 많습니다. 여러분이 가정의 가장이거나 부모이든, 공장의 주인이거나 사업장의 사장이든, 아니면 거기에서 일하는 사람이거나 하인이든, 여러분 모두에게는 지혜가 필요하고, 여러분은 지혜를 가져야 합니다. 그렇지 않으면, 여러분은 난파당하게 될 것입니다. 어부가 자신의 작은 배를 잘못 다루어서 난파당하여 그 배와 함께 익사한 일이 벌어졌든, 아니면 평소에 큰 바다를 늘 잘 항해하던 거대한 증기선이 난파당하여 그 배와 함께 선주도 죽는 일이 벌어졌든, 둘 다 똑같이 중대한 재앙인 것은 마찬가지입니다. 아무리 작은 배라도 어부에게는 그 배가 자신의 전부였으니까요! 여러분의 모든 것이 인생이라는 저 중요한 항해에 다 실려 있습니다. 하나님이 여러분에게 주신 인생, 하나님이 여러분을 갖다 놓으신 저 미천한 지위는 여러분의 모든 것이기 때문에, 그 인생이나 지위가 난파당한다면, 그 재앙은 여러분이 왕으로 살아가다가 난파당했을 때와 다를 것이 조금도 없습니다. 여러분이 이 세상에서 어떤 일로 부르심을 받았든, 여러분은 지혜롭게 처신할 필요가 있습니다.

또한, 다윗은 사람이 지혜롭게 행하기 위해서는 거룩해야 한다는 것도 깨달았습니다. 왜냐하면, 그는 "내가 완전한 길로 지혜롭게 행하리이다"라고 말하고 있기 때문입니다. 이 점을 주목하십시오. 그는 자기가 한 점 흠 없는 절대적인 완전함이라는 참된 이상을 알지 못한다면 자신이 지혜로울 수 없다는 것을 알았습니다. 지혜는 오직 거기에 있었습니다. 어리석음은 허울만 좋고 그럴 듯하지만 이것도 아니고 저것도 아닌 방책을 내놓습니다. 하지만 그런 것은 불완전한 길이 될 것입니다. 언제나 이것을 기억하십시오. 일상의 삶 속에서 가장 지혜로운 것은 올바르고 정직하며 정도를 벗어나지 않는 길을 걷는 것입니다. 올바른 길이 언제나 지혜로운 길입니다. 종종 원래의 올바른 길이 뾰족하고 단단한 돌들로 덮여 있어서 그 길을 피해서, 「천로역정」에 나오는 "샛길 풀밭"(Bye-Path Meadow)을 따라 지름길로 가야 할 필요성이 정말 있는 것처럼 보일 때가 있습니다. 그럴 때에 여러분은 그런 식으로 해서 궁지를 벗어나는 것이 좋을 것처럼 생각하게 되고, 정말 그래야 할 것처럼 보입니다. 그러나 결코 그렇지 않습니다. "샛길 풀밭"을 둘러싼 이야기들을 써놓은 책은 처음부터 끝까지 통곡으로 가득합니다. 수많은 사람들이 그 샛길로 가보았지만, 결과는 언제나 똑같았습니다. 지혜로운 사람은 어떤 대가를 치르더라도 왕의 대로를 고집합니다. 어떤 젊은이들이 아주 심한 압박 아래에서 자신들의 신앙을 좀 느슨하게 해서 주인의 말을 잘 듣고 자신들의 자리를 보존해야 할 것처럼 느꼈습니다. 그때 이후로 그들은 주인이 시키는 일들을 하느라고 그들이 살아 있는 동안에 평생을 쉴 새 없이 뼈 빠지게 일해야 했습니다. 만일 그들이 경건함은 차치하고라도 꿋꿋이 올바른 일만을 행해 나갔더라면, 그것은 그들의 인생 전체에서 전환점이 되어서, 수많은 후회할 일들을 하지 않아도 되었을 것입니다. 여러분은 어떤 상황에서 어떻게 행해야 하는지를 알아내기 위해서 철학자가 될 필요도 없고 두꺼운 책들을 뒤적일 필요도 없습니다. 모든 상황에서 지혜롭게 행하는 길은 하나님을 경외하고 그의 계명들을 지키는 것입니다. 사람들은 자신이 처한 특별한 긴급 상황에 맞는 특별한 조언을 해 달라는 편지를 내게 끊임없이 보내옵니다. 그것은 내가 일상적으로 겪는 곤란한 일입니다. 어떤 사람들은 편지로 자신이 처해 있는 고통스러운 곤경에 대해서 말하고는, 이름도 밝히지 않은 채 어느 주소로 답장해 주기를 내게 바라는 경우도 흔합니다. 그런데 그분들이 내게 자신이 원하는 것들을 얻게 해 달라고 내게 편지를 써보아야 사실 아무 소용이 없습니다. 내게는 그들이 원하는 것들을 해줄 수 있는 힘이 없습니다. 하지만 모든 고민을 지금 당장 다 해결 받을 수 있는 길이 있고, 그것은 모든 상황에 다 통하는 길입니다. 사람의 양심은 변하지만, 하나님의 법은 변하지 않습니다. "무엇이라고요? 내가 가진 모든 것을 잃을 각오를 하라고요?" 그렇습니다. 여러분이 올바르게 행하는 것이 잘못 행하는 것보다 덜 손해를 보는 길입니다. 왜냐하면, 어떤 사람이 올바른 일을 하다가 자신의 모든 재산을 다 잃는다고 해도, 그것은 하나님의 은혜를 저버리고 가난을 피하고자 하거나 부를 얻고자 하다가 자신의 영혼을 잃는 것보다 더 나은 일일 것이기 때문입니다. 다윗은 "내가 지혜롭게 행하리이다"라고 말합니다. 그는 완전한 길, 올바른 길, 하나님의 길이 지혜의 길이라는 것을 알고 있었습니다. 프로이센의 수상이었던 비스마르크(Bismarck)는 멀리 내다보는 안목을 지니고 있어서, 아주 복잡하고 머리 아픈 상황에서도 가장 영리한 계책을 생각해낼 수 있었을지 모릅니다. 그러나 만일 여러분이 곤경에 처해서 그에게 조언을 구한다면, 아무리 영리한 그라도 사람들에 대해서는 공평함과 진실함으로 대하고 하나님에 대해서는 겸손히 행하라는 말보다 더 지혜로운 말을 여러분에게 해줄 수 없을 것입니다. 하나님이 계시하신 영원한 원리를 고수하십시오. 성령께서 모든 중생한 심령 속에 심으신 거룩한 본능을 고수하십시오. 여러분을 자신의 보혈로 사신 주님의 모범을 고수하십시오. 그렇게 하는 데에 여러분이 고난의 대가를 치르거나 죽음이라는 대가를 치르더라도, "장애인이나 다리 저는 자로 영생에 들어가는 것이 두 손과 두 발을 가지고 영원한 불에 던져지는 것보다 낫습니다"(마 18:8). 그리고 "사람이 만일 온 천하를 얻고도 제 목숨을 잃으면 무엇이 유익하겠습니까"(마 16:26). "완전한 길"은 지혜로운 길이고, 지혜로운 길은 완전한 길입니다.

　　다윗은 이러한 결단을 실행에 옮기기 위해서는 대단한 노력과 힘을 기울이는 수고를 하지 않으면 안 된다는 것을 알았던 것으로 보입니다. 그는 그러한 결단을 가볍게 여기지 않은 것입니다. 그는 자신이 그러한 결단을 했을 때에 어떤 부담을 짊어져야 하는지를 모두 다 헤아려본 후에 그렇게 하겠다(I WILL)고 신중하게 결단한 것입니다: "내가(I) 완전한 길로 지혜롭게 행하리이다(WILL)." 본문에 표현되어 있지는 않지만, 다윗은 자신이 그런 결단을 했지만 그 결단을 행할 수 있는 능력이 자기에게 없다는 것을 잘 알고 있었습니다. "나의 뜻이자 소원은 지혜롭게 행하는 것입니다. 하지만 내게는 그럴 힘이 없으니, 나는 온전히 하나님을 의지합니다." 다음 구절에서 다윗은 이렇게 말하고 있는 것으로 보입니다: "내게는 더 많은 은혜가 필요하기 때문에, 그러한 은혜를 꼭 받아야 하겠습니다. 이전보다 더 많은 도움이 내게 있어야 합니다. 나는 온갖 은혜의 통로를 활용하지 않으면 안 됩니다. 나는 이 일에서 나를 돕는 자이신 하나님께 매달릴 수밖에 없습니다. 왜냐하면, 어떤 대가를 치르더라도, 나는 완전한 길로 지혜롭게 행하고자 하기 때문입니다." 그는 사람의 인품이라는 것은 너무나 중요해서 엉망진창으로 살아서는 안 되고 순은처럼 순전해야 한다는 것, 그렇지 않을 때에 그 인품은 쓰레기가 되고, 그런 쓰레기 같은 인품은 일생을 살아가는 동안에 자신의 행위들 속에서 다 드러나게 된다는 것을 알았습니다. 나는 사람들이 경건의 실천들은 무시하면서 신앙의 원리들은 소중히 여기는 체함으로써 자신의 신앙 고백과 현실에서의 삶이 서로 다른데도, 내 심령에 생명처럼 소중한 은혜의 가르침들에 대하여 아무렇지도 않게 얘기하는 것을 듣는 것은 내 영혼에 충격이 됩니다 — 나는 "충격"이라는 표현을 쓰지 않을 수 없습니다. 내가 아는 어떤 신앙인들은 술에 반쯤 취했을 때만큼 신학에 대해서 열변을 토하는 때가 없고, 술을 너무 많이 마셔서 제대로 서 있을 수조차 없게 되었을 때만큼 믿음이 좋아 보이는 때가 없습니다. 그들은 선행은 아무 소용이 없다고 말하며, 하나님의 거저 주시는 은혜만을 얘기합니다. 사랑하는 친구들이여, 여러분은 하나님의 거저 주시는 은혜만을 장황하게 얘기하고 그 은혜의 능력에 대해서는 전혀 알지 못하는 그런 "말만 하는 사람"(Mr. Talkative)이 되지 마시기를 바랍니다. 어떤 사람이 하나님의 은혜를 받았다고 하는데 여전히 술에 취해 다니고 방탕한 행실을 일삼으며, 장사하면서 사람들을 속여먹고, 음담패설을 즐기며 사람들을 욕하고 동료 그리스도인들을 비방하며 살아간다면, 나는 그 사람이 받은 하나님의 은혜는 성경에서 말씀하는 하나님의 은혜와는 완전히 다른 것임에 틀림없다고 생각합니다. 이 경우에 진실은 나의 판단이 잘못된 것이거나, 그 사람이 받았다고 하는 은혜가 가짜이거나 둘 중의 하나일 것입니다. 하나님의 은혜는 하늘로부터 오는 주권자의 특별한 선물로 값없이 거저 주어지는 것은 틀림없는 사실이지만, 그 은혜를 받은 사람은 변화를 받아서 그 인품이 거룩하게 바뀝니다. 어떤 사람이 내게 "나는 인품 같은 것에는 신경 쓰지 않습니다"라고 말한다면, 나는 그 사람에게 할 말이 없고, 그 누구도 그 사람을 신경 쓸 필요가 없습니다. 로울랜드 힐(Rowland Hill)은 신앙이 있다고 하는 사람의 집에서 키우는 개나 고양이가 그 사람의 신앙으로 인해 이전보다 형편이 더 나아지지 않았거나, 그 사람의 신앙으로 인해서 그 집 사람들이 더 나아지지 않았다면, 자기는 그 사람의 신앙이 진짜라고 믿지 않는다는 말을 했는데, 나도 그 말에 전적으로 동감입니다. 신앙으로 말미암아 여러분이 주인으로서 자신의 종들을 이전보다 더 온유하고 자비하게 대하게 되지 않았거나, 종으로서 자신의 상전을 더 존중하고 더 성실히 일하게 되지 않았거나, 장사하는 사람으로서 더 정직하게 되지 않았거나, 일꾼으로서 눈 가리고 아웅 하는 식으로 일하던 습관을 버리게 되지 않았거나, 최소한 이전보다 더 도덕적이 되지 않았거나, 바람직하게는 이전보다 더 거룩하게 되지 않았다면, 여러분은 자신의 영혼이 정말 하나님의 은혜라는 것을 알고 있는지에 대하여 의문을 갖는 것이 좋습니다. 다윗은 다음과 같이 말한 것이 아닙니다: "예, 나는 씻음을 받았습니다. 하나님께서는 나를 눈보다 더 희게 해주셨고, 내 안에 새 마음과 정직한 영을 창조하셨습니다. 그것으로 아주 충분합니다. 나의 외적인 행위들은 아무려면 어떻습니까? 여러분이 아시다시피, 우리는 행위가 아니라 오직 은혜로 구원받는 것이 아닙니까?" 이것은 다윗이 한 말도 아닙니다. 또한, 하나님의 참된 자녀라면 절대로 그런 식으로 말하지 않습니다. 다윗을 비롯해서 하나님의 모든 참된 자녀는 "내가 완전한 길로 지혜롭게 행하리이다"라고 말합니다. 선행에 대하여 많이 말하는 사람일수록 실제로는 선행을 하지 않는다는 말이 있습니다. 그러나 나는 우리 가운데서 은혜에 대하여 많이 말하는 분들 속에서 선행이 늘 발견되기를 바랍니다. 왜냐하면, 믿음이 있다고 하면서 선행이 뒤따르지 않는다면, 그 믿음은 사실 죽은 믿음이기 때문입니다.

사랑하는 친구들이여, 하나님께서 여러분으로 하여금 하나님의 모든 참된 자녀가 마땅히 그래야 하듯이 "내가 완전한 길로 지혜롭게 행하리이다"라고 결단할 수 있게 해주시기를 빕니다.

2. 둘째로, 다윗은 결단 후에 그 결단을 행할 힘을 주시라고 간구합니다.

본문을 보면, "내가 완전한 길로 지혜롭게 행하리이다"라는 다윗의 결단이 나온 직후에 일종의 단절이 나타납니다. 말하자면, 갑자기 다른 이물질이 끼어 들고 있는 것입니다. 그것은 다윗의 입에서 갑자기 터져 나온 외침입니다: "오, 주께서는 언제 내게 임하시겠나이까"(KJV, 한글개역개정에는 "주께서 언제까지 내게 임하시겠나이까"로 되어 있음). 하나님의 감동을 따라 글을 쓰는 성경 기자들은 흔히 자신의 생각의 주된 흐름에서 벗어나지 않으면서도 자신의 심정을 표현하는 기도를 사이사이에 삽입해 놓는 경우가 많습니다. "무릎을 꿇어도 비단 스타킹이 못쓰게 되는 것은 아니다"라는 옛 속담이 있습니다. 설교자에게 기도는 말에게 주어지는 여물과 같습니다. 기도는 설교자에게 새 힘을 주어서 계속해서 앞으로 나아갈 수 있게 해줍니다. 서기관이 잠시 멈춰서 붓을 손질하거나 풀 베는 사람이 자신의 낫을 잠깐 잠깐씩 가는 것은 자신의 일을 더 수월하게 하기 위한 것임과 마찬가지로, 여러분이 일하는 중간 중간에 잠깐씩 기도하는 것은 일을 방해하는 것이 아니라 도리어 일의 능률을 더 높여 주는 역할을 합니다. 마찬가지로, 다윗이 "오, 주께서는 언제 내게 임하시겠나이까"라고 기도하는 것은 다음과 같은 의미를 담고 있습니다: "하나님, 나는 지혜로운 자가 되기를 원하오니, 내게 오셔서 나를 가르치소서. 나는 완전한 길로 지혜롭게 행하기를 원하오니, 내게 오셔서 나를 거룩하게 하소서. 주께서 나를 교훈하시기 전까지는 나는 어떻게 행할 줄을 알지 못하나이다. 내 입술을 여셔서 주를 찬양하게 하시고, 내 발을 인도하셔서 주의 명령을 따라 달려가게 하소서. 내 눈을 지키셔서 죄를 보지 않게 하시고, 내 손을 금하셔서 죄를 짓지 않게 하소서. 주께서는 언제 내게 임하시겠나이까? 주께서 내게 은혜와 감화를 주셔서 나를 주의 길로 인도해 주셔야 합니다. 주여, 오셔서 나를 가르치소서." 또한, 그의 기도는 이런 의미이기도 했습니다: "주여, 오셔서 나를 도우소서. 내가 아직 도달하지 못한 거룩함이 있다면, 성령이여 오셔서 나를 그러한 거룩함으로 들어올려 주소서. 내가 아직 극복하지 못한 어떤 죄가 있다면, 거룩함의 영께서 오셔서 나로 그 죄를 이기게 하소서. 주께서는 언제 내게 오시려 하시나이까? 나는 연약하여 아무것도 할 수 없는 자입니다. 그러나 주께서 능력으로 나를 도우시면, 나는 강해져서 모든 것을 할 수 있습니다. 주여, 언제 내게 임하시겠나이까?" 이것은 하나님의 가르치심과 하나님의 지시하심과 하나님의 도우심을 바라는 그의 영혼의 부르짖음입니다. 또한, 이것은 하나님과 교제하고자 하는 간절한 소원이기도 하다고 나는 믿습니다. 사랑하는 자들이여, 여러분이 아시듯이, 우리는 하나님과 동행하지 않으면 절대로 바르게 행할 수 없습니다. 나는 앞에서 거룩함이 지혜라고 말한 바 있지만, 하나님과의 친교는 거룩함의 어머니라고 말하고자 합니다. 우리가 하나님을 닮고자 한다면 하나님을 뵈어야 합니다. 우리가 날마다 하나님의 입에서 나오는 말씀 없이도 만족할 수 있고, 기도 없이도 일하러 갈 수 있으며, 하늘에 계신 우리 아버지의 얼굴을 구하지 않고도 집에 와서 잠자리에 들 수 있다면, 지혜롭게 행하는 것은 불가능합니다! 기도를 소홀히 하는 것은 그리스도인의 삶에서 치명적인 결함이 됩니다. 하나님과의 교제는 지극히 본질적인 것이고 중요한 것이어서, 그 교제를 도외시하는 사람이 자기는 완전한 길로 지혜롭게 행하겠다고 말하는 것은 너무나 어처구니없고 어리석은 일입니다. 경건은 인생의 영혼입니다. 하나님을 가까이 하십시오. 그것이 경건입니다. 우리가 하나님과 동행한다면, 우리는 빛 가운데 행하고 있는 것입니다. 그러나 우리가 하나님으로부터 멀어져서 행한다면, 우리는 어둠 가운데 행하고 있는 것입니다. 그리고 어둠 가운데 행하는 자는 넘어질 수밖에 없습니다. 그는 자기가 왜 넘어지는지를 알지 못하겠지만, 어쨌든 넘어지게 되어 있습니다. 오직 빛 가운데 행하는 자만이 발걸음을 제대로 디뎌서, "그가 빛 가운데 계신 것 같이 우리도 빛 가운데 행하면 우리가 서로 사귐이 있고 그 아들 예수의 피가 우리를 모든 죄에서 깨끗하게 하실 것이요"(요일 1:7)라는 저 복된 말씀이 참되다는 것을 증명할 수 있습니다. 이렇게 빛이 우리에게 임할 때, 우리는 완전한 길로 지혜롭게 행할 수 있게 됩니다.

"내가 완전한 길로 지혜롭게 행하리이다 오, 주께서 언제 내게 임하시겠나이까"라는 말씀은 내게 하나님에 대한 거룩한 경외심의 표현처럼 들립니다. 그러니까 다윗은 이렇게 말하고 있는 것이나 다름없습니다: "주여, 주께서 임하실 것이기 때문에, 나는 청지기로서 바르게 처신할 필요가 있습니다. 나의 주인이신 주께서는 장차 오셔서 내게 '결산하자'고 말씀하실 것입니다. 나는 종이오니,

내가 어떻게 해야 하는지, 그리고 어떻게 해야 아무런 잘못 없이 행할 수 있는지에 대해서 마음을 쓰지 않을 수 없습니다. 왜냐하면, 내 주께서 곧 내게 오셔서 나를 보시고 이렇게 말씀하실 것이기 때문입니다: '너는 내가 네게 준 달란트로 무엇을 했느냐? 얼마나 이문을 남겼느냐? 주께서는 언제 내게 오시렵니까? 내가 주 앞으로 가서 결산해야 한다는 생각을 하면, 내 영혼이 떨리고 내 눈에서는 눈물이 흐릅니다. 내가 주 앞에서 청지기직을 결산하는 일은 결코 쉽지 않을 것이기 때문입니다." 나는 종종 퀘이커교도였던 조지 폭스(George Fox)가 부럽습니다. 왜냐하면, 그는 죽을 때에 "나는 깨끗하다, 나는 깨끗하다, 나는 깨끗하다"라고 분명하게 말할 수 있었기 때문입니다. 이 말은 자기가 "모든 사람의 피에서 깨끗하다"는 뜻임이 분명합니다. 그런 말은 목회자로서 할 수 있는 최고의 말입니다. 그런데 목회자가 그런 말을 할 수 있으려면 하나님으로부터 충만한 은혜를 받지 않으면 안 됩니다. 이 자리에 계신 가장들에게 내가 한 번 물어 보겠습니다: 만일 하나님께서 아무런 통지도 없이 갑자기 여러분을 부르셔서 결산하자고 하신다면, 여러분은 자신의 자녀들의 피에 대하여 깨끗하다고 하나님께 말할 수 있습니까? 어머니들이여, 여러분은 자신의 자녀들을 양육하고 그들의 영혼을 위하여 애쓴 것과 관련해서 여러분의 자녀들의 피에 대하여 깨끗하다가 말할 수 있습니까? 주인들과 여주인들이여, 여러분은 자신의 종들의 피에 대하여 깨끗하십니까? 젊은 남녀들이여, 여러분은 자신이 함께 일하는 사람들이나 자신과 함께 사는 사람들의 피에 대하여 깨끗합니까? 만일 하나님께서 여러분에게 "자, 내가 네게 맡긴 달란트를 네가 어떻게 사용해 왔는지 어디 한 번 보자"라고 말씀하신다면, 여러분 중에는 보자기에 싸서 땅에 묻어두어서 녹이 나 버린 자신의 달란트를 가서 가져올 분들은 없습니까? "오, 주께서는 언제 내게 임하시겠나이까"라는 다윗의 말은 내게 근심으로 가득한 질문처럼 보입니다. 하나님이여, 주께서는 어느 날 갑자기 내가 생각지도 못한 때에 오실 것이 분명합니다. 왜냐하면, 주께서는 내가 생각하지도 못한 때에 오실 것이라고 말씀하셨기 때문입니다. 나는 준비되어 있습니까? 나는 주의 종으로서 내가 행한 모든 것, 즉 나의 모든 일과 행실을 놓고서 정말 만족할 만한 결산을 할 수 있겠습니까? 여러분과 내가 이런 것들을 정말 진지하게 할 수 있게 되었으면 좋겠습니다. 오, 나의 하나님, 주의 눈이 나를 감찰하고 계시고, 주께서 나를 저울에 달아보실 날이 다가오고 있기 때문에, "나는 완전한 길로 지혜롭게 행하고자 하고," 또한 반드시 그래야 합니다. 내게서 부족함이 발견된다면, 나의 운명은 끔찍할 것이 틀림없습니다. 왜냐하면, 내가 아니라 다른 눈이 내 마음을 감찰하시며, 내가 사용한 것과는 다른 저울을 사용하셔서, 나의 영원한 운명을 단번에 결정하실 것이기 때문입니다. 하나님께서 여러분으로 하여금 그의 은혜를 힘입어 살아갈 수 있게 하시기를 빕니다. 성령의 능력이 없이는 여러분은 그렇게 살 수 없습니다. 하나님께서 임하실 때에 여러분은 기쁨으로 하나님을 영접할 수 있게 되기를 빕니다.

3. 셋째로, 다윗은 자신의 결단을 아주 구체적으로 밝힙니다.

이제 세 번째 대지를 살펴보겠습니다. 다윗은 잠깐 기도를 드린 후에 더욱더 간절한 심정이 되어서 자신의 결단을 아주 구체적으로 밝힙니다: "내가 완전한 마음으로 내 집 안에서 행하리이다."

다윗은 자신의 집안에 대하여 깊은 책임감을 느끼고 마음을 많이 쓰고 있었기 때문에 자신의 결단과 관련해서 자기가 어떤 마음으로 집 안에서 행하고자 하는지를 구체적으로 밝힙니다. "모든 지킬 만한 것 중에 더욱 네 마음을 지키라 생명의 근원이 이에서 남이니라"(잠 4:23). 이것은 매우 지혜로운 일입니다. 엘리사는 더러운 물이 흐르는 것을 보았을 때에 그 물의 근원인 샘을 고쳤습니다. 물의 근원인 샘이 더러운데 거기에서 나와 흐르는 물만을 깨끗하게 해보아야 아무 소용이 없습니다. 해결책은 물 근원인 샘 자체를 고치는 것입니다. 사람의 경우에는 마음을 고쳐야 합니다. 마음이 올바르게 될 때, 모든 것이 올바르게 됩니다. 그리고 사람의 마음이 가장 잘 나타나는 곳이 바로 "집 안"입니다. 사람들은 집에서는 자신의 마음을 어느 정도 그대로 내보입니다. 집 밖의 세상에서는 자신의 마음을 그대로 내보이는 것이 안전하지 않습니다. 우리 중에는 언제나 생각나는 대로 다 말해 버리는 분들이 있는데, 그렇게 해서는 안 됩니다. 그런 분들은 아직 자신을 보호하는 법을 익히지 못한 분들이어서, 종종 자신이 한 말들로 인해서 호되게 당하곤 합니다. 자신의 속내를 잘 털어놓지 않는 사람들이 마음에 뭘 담아두지 못하고 다 말해 버리는 사람들보다 이 세상을 살아가기가 더 수월하다는 것은 틀림없습니다. 집에서는 누구나 마음을 열고 투명하게 살아야 합니다. 그런 까닭에 우리가 집에서 올바르게 행하려면 먼저 우리의 마음이 올바르게 되어야 합니다. 어떤 남자가 "나는 좋은 남편, 좋은 아버지가 되고자 합니다"라고 말하고, 어떤 여자가 "나는 좋은 안주인이 되고자 합니다" 또는 "착한 종이 되고자 합니다"라고 말할지라도, 먼저 자신의 마음이 바뀌어야 한다는 것을 깨닫고 있지 못하다면, 그들의 말은 이루어지지 않을 것입니다. 마음이 올바를 때, 다른 모든 것들이 자연스럽게 제자리를 잡게 됩니다. 그래서 우리가 올바르게 행하고자 한다면, "집 안"에서 우리의 마음이 올바르다는 것이 증명되어야 합니다. "내가 완전한 마음으로 내 집 안에서 행하리이다." 먼저 마음이 완전해야 합니다. 그런 후에 우리는 그 완전한 마음을 우리의 행위들 속에서 나타내야 합니다. 어떤 사람의 "집 안"이라는 신성한 경내에서 자신의 마음을 열지 않는다면, 그것은 비참한 일입니다. 집 밖에 있을 때에는 친구들이 아니라 경쟁자들 속에 있는 것이기 때문에, 사람들이 집 밖에서 자신의 감정을 드러내지 않는 것은 이해가 됩니다. 그러나 집에서조차 자신의 마음을 숨기는 것은 합당하지 않습니다. 여러분은 사람들을 쌀쌀맞게 대하는 그런 부류의 사람들을 알고 있을 것입니다. 나도 가정들을 심방할 때에 그런 분들을 가끔 봅니다. 그런 분들은 악수를 하면서도 쌀쌀맞게 인사를 하기 때문에, 손님의 입장에서는 환영받는다는 느낌을 받지 못합니다. 그런 사람들의 손을 잡고 악수를 하면 마치 죽은 물고기를 손으로 잡는 듯합니다. 대화를 할 때에도 그런 사람들은 상대방의 말에 아무런 관심이 없습니다. 그런 사람들은 겉으로 아무리 친절하게 사람들을 대해도, 그들의 언행에는 솔직함이 없습니다. 자, 그런 사람들이 자신의 아내를 어떻게 대하는지를 보십시오. 거기에는 사랑이 없습니다. 그러니 그들의 아내는 서서히 죽어가고 있는 것이 아닐까요? 나는 전에 어느 집에 심방을 가서 겪은 일을 지금도 아주 생생하게 기억하고 있습니다. 내가 남편과 얘기를 나누고 있었는데, 문을 점잖게 두드리는 소리가 들렸습니다. 그러자 남편은 "들어와"라고 말했습니다. 문을 열고 들어온 사람은 그의 아내였습니다. 얼마나 아름다운 순종의 광경입니까! 아내가 남편이 있는 방의 문을 노크하고서야 들어오는 것은 우리 중 대다수에게 익숙하지 않을 일이고, 아마 별로 보고 싶지도 않은 일일 것이라는 생각이 그때 내게 들었습니다. 나는 그 순간 그 집에서 아내는 아내가 아니라 종이라는 것을 깨달았습니다. 그 남편은 아내를 그렇게 여겨왔던 것이고, 아내는 자기 자신에 대하여 더 높은 자존감을 지니는 법을 배우지 못한 것입니다. 그 남편에게는 마음이 없었습니다. 우리는 죽은 아들에 관하여 얘기를 나눴습니다. 그는 자기 아들이 죽은 것을 애석하는 것처럼 보였습니다. 왜냐하면, 아들이 살아 있었을 때에는 그의 사업에 아주 큰 도움이 되었었기 때문입니다. 아들이 그의 사업에 큰 도움이 되었었다는 것이 그가 아들의 죽음을 애석해하는 가장 큰 이유인 것으로 보였습니다. 그에게는 마음이 없었습니다! 그에게서는 마음이라고는 눈곱만치도 찾아볼 수 없었습니다! 그러나 마음이 없는 여자는 더 끔찍합니다. 그런 여자 분들이 종종 있습니다. 나는 하나님께서 여러분 각 사람을 택하신 것에 대해서도 늘 놀랍고 경이롭게 여기지만, 그런 분들이 그리스도인들이라면, 나는 하나님께서 그런 분들을 택하신 것에 대하여 정말 놀랍게 여길 것입니다. 그런 분들은 그리스도인이 될 수 있는 분들이 아닌 것으로 보입니다. 그들은 감정이 없습니다. 오직 사실과 숫자만을 따질 뿐 정이라고는 찾아볼 수 없는 자들입니다. 그들은 사람들은 단지 규칙적으로 돌아가는 기계일 뿐이라고 생각하는 듯합니다. 정이 없고 의지가 강한 여자는 사람들을 기계로 여겨서 잘 돌아가게 하기 위하여 가끔씩 기름을 쳐줄 뿐입니다. 그들에게는 마음이 없습니다. 다윗은 그런 식으로 세상을 살아가겠다고 말하고 있는 것이 아닙니다. 가정 안에 진실한 마음이 있을 때에 그 집안은 이루 말할 수 없이 좋아집니다. 남자의 갈비뼈들 안에 마음이 있을 때에 그는 진정한 남자가 되고 하나님을 더 닮게 됩니다. 그런 가장이 집 안에 있을 때, 자녀들은 아버지에게서 진심을 느낍니다. 자녀들은 그의 무릎에 안고 그에게 입 맞추며, 아버지에게 따뜻한 마음이 있음을 알고 기뻐합니다. 그가 자신의 사랑하는 혈육들, 특히 자신의 분신이나 다름없는 사람들과 인사를 나눌 때, 그는 자기 자신을 뛰어넘는 영혼을 가지게 되어 스스로 커질 뿐만 아니라, 가족 전체에 신선한 힘을 불어넣어 줍니다. 오, 내게 마음을 주십시오. 이것이 다윗이 자기가 지혜롭게 행하겠다고 말한 것의 의미였습니다. 그러나 그는 자신의 집에 있을 때에는 완전한 마음으로 행하고자 했습니다. 그는 자신의 모든 언행을 진심에서 우러나와서 하고 싶어 했습니다.

지금까지 우리는 마음이 올발라야 한다는 것과 그런 마음이 표현되어야 한다는 것, 이 두 가지를 살펴보았습니다. 이제 우리가 다음으로 살펴볼 것은 집 안에서의 행실이 잘 조절되어야 한다는 것입니다. "내가 완전한 마음으로 내 집 안에서 행하리이다." 그리스도인은 집 안의 모든 일에서 양심적이어야 합니다. 집 안에는 여러 다양한 일들이 있을 수 있지만, 어떤 일에서든지 우리는 완전한 마음으로 하나님 앞에서 행하고자 하여야 합니다. 사랑하는 친구들이여, 그런데 실제로는 그렇게 하지 못하는 신앙인들이 많습니다. 나는 여러분의 가정생활을 엿보고자 하는 마음이 없습니다. 나는 그런 일을 하고 싶지 않습니다. 만일 여러분의 대문 열쇠 구멍들을 들여다보면서 여러분이 어떻게 행하고 있는지를 살피는 것이 목회자가 해야 할 일의 일부라면, 그것은 서글픈 일일 것입니다. 그런데도 신앙인들 중에서 밖에서는 성도로 살아가다가도 집에 들어오기만 하면 마귀로 돌변하는 사람들이 있는 것 같습니다. 가정에서 행하는 모습이 그 사람의 진짜 모습이라는 말은 예나 지금이나 진실입니다. 그것은 어떤 사람의 인품을 알아볼 수 있는 간단하면서도 결정적인 시금석입니다. 어떤 사람이 자신의 가족을 행복하게 해주지 않고, 가정 안에서 거룩함의 모범이 되지 못하고 있다면, 그는 경건한 체할 수는 있겠지만, 그의 신앙은 엉망이고 쓸데없는 것입니다. 그런 사람은 자신의 신앙이 좋다고 생각하는 망상에서 빨리 깨어나는 것이 자신을 위해 좋습니다. 왜냐하면, 그럴 때에만 그는 자신의 진짜 모습을 알아서 “영과 진리로”(요 4:23) 하나님을 찾기 시작할 수 있기 때문입니다. 참된 신앙이 결여되어 있을 때에 가장 큰 피해를 보는 사람은 가족입니다. 여러분이 위선자라면, 세상으로 나갔을 때에 금방 탄로가 나기 때문에, 사람들은 여러분의 영향을 별로 받지 않을 것입니다. 그들은 여러분이 위선자라는 결론을 내리고서 거기에 걸맞게 여러분을 대할 것이고, 그것이 전부입니다. 그러나 아버지의 행동을 보는 아들은 그렇지 못합니다. 아들은 아버지를 비판할 수는 없지만, 아들에게는 아버지를 본받는 놀라운 능력이 있습니다. 어머니가 위선자라면, 딸의 반응은 어떨까요? 딸은 “엄마는 언행이 불일치해”라고 말하지 않을 것입니다. 도리어, 딸은 어머니가 위선자라는 사실을 알지 못하고, 어머니의 행동이 옳은 것이라고 생각하고서는 어머니를 닮고자 할 것입니다. 그러므로 하나님의 은혜로 딸이 그런 어머니를 본받는 것이 방해를 받지 않는다면, 어머니는 딸의 인생을 망치고 있는 것입니다. 가정에서 특히 우리의 자녀들이 어릴 때는 우리는 그들에게 거의 신적인 존재입니다. 그들은 우리가 하는 말들이 법인 줄 알고, 우리가 보여주는 행동을 그대로 따라합니다. 가정의 중심에는 거룩함이 자리를 잡고 있어야 합니다. 왜냐하면, 가정에서 거룩함은 지극히 아름답고 유익하며 생산적인 덕목이기 때문입니다.

　　우리 중에서 아버지와 어머니의 모범을 회고할 때마다 그런 모범을 주신 하나님께 진심으로 감사할 수 있는 분들이 이 자리에 계신다면, 그들은 참으로 복된 사람들입니다. 그러나 여러분 중에는 자신의 어린 시절을 회고할 때에 “내 부모의 악한 영향력으로부터 나를 건져 주신 하나님께 감사합니다”라고 말할 수밖에 없는 분들도 계실 것입니다. 사랑하는 친구들이여, 여러분의 자녀들이 장차 여러분을 회고할 때에 그런 식으로 말하게 되는 일이 없도록, 하나님께서 여러분에게 은혜를 주셔서 집 안에서 완전한 마음으로 행할 수 있게 해주시라고 기도하십시오. 우리가 가정에서 합당한 삶을 살고 있지 않다면, 그것은 우리가 저지르고 있는 모든 잘못들과 연약한 것들 가운데서도 장차 우리에게 심판이 임할 것임을 보여주는 가장 뚜렷한 증거들 중의 하나가 될 것입니다. 우리는 세상에서는 어느 정도 압박 아래에서 살아가지만, 가정에서는 자유로울 수 있습니다. 왜냐하면, 가정은 누구에게나 자신의 성채이기 때문입니다. 그런데 어떤 사람이 자신의 성채 안에서 하나님과 동행하지 않는다면, 그것은 자신의 부패하고 타락한 성품과 습관들을 있는 그대로 내보이는 것이고, 따라서 거기에 따라 정죄와 심판을 받게 될 것입니다. 사람들은 밖에서는 예의범절이나 규범에 의해서 통제를 받고 다른 사람들의 이목이 있어서 행동의 제약을 받기 때문에, 자신의 진짜 모습을 그대로 드러내지 못하고, 남들이 원하고 기대하는 대로 말하고 행동하게 됩니다. 심지어 교회에 있을 때조차도 사람들은 어느 정도 제약 아래 있습니다. 그들은 거룩한 곳인 성전과 거룩한 백성인 성도에 대한 어느 정도의 존중을 보이도록 은연중에 강요를 받게 됩니다. 그러나 가정에서는 사람들에게 그런 족쇄가 전혀 없습니다. 그들은 어떤 생각을 하면서 중얼거릴 수도 있고, 이렇게 말해도 되는 것인지를 미리 생각해 보지 않고 말할 수 있으며, 자신의 취향을 따르고, 자신의 자연스러운 욕구들을 충족시킬 수 있습니다. 그러므로 사람이 자신의 진면목을 그대로 내보일 수 있는 곳이 있다면, 그 곳은 바로 가정입니다. 여러분이 다음 주일 아침에 어떤 모습으로 교회에 나올 것인지는 중요하지 않습니다. 그런 것은 아무래도 좋습니다! 내가 여러분에게 부탁드리고 싶은 것은 여러분이 토요일 밤에 자신의 가정에서 어떤 행동거지를 보이고 있느냐를 보고서 자기 자신을 판단해 보시라는 것입니다. 나는 여러분이 목요일 밤 바로 지금 이 순간에 어떤 모습을 보이는지에 대해서는 별 관심이 없습니다. 내가 관심 있는 것은 여러분이 이 예배가 끝난 후에 가정에 돌아가 계실 시간인 9시 반 이후에 어떻게 말하고 행동하느냐 하는 것이고, 내일 아침에는 또 어떻게 말하고 행동하고 있느냐 하는 것입니다. 여러분이 자신의 하인들과 직원들과 자녀들과 이웃들에게 어떻게 말하고 행동하고 있느냐 하는 것이 중요합니다. 하나님께서 그 무한하신 은혜와 성령의 능력으로 말미암아 여러분을 도우셔서 그러한 때들과 그러한 곳들에서 완전한 마음으로 행하게 하신다면, 여러분은 하나님의 교회에 자랑거리가 될 것이고, 여러분의 영혼도 복을 받게 될 것입니다.

내가 이제까지 말한 내용들은 매우 상식적인 것처럼 보여도, 사실은 아주 중요합니다. 나는 기독교의 가르침을 설명하는 것을 좋아합니다. 나는 하나님의 약속들을 열어 보이는 것을 좋아합니다. 이런 것들은 모두 다 유쾌한 일이지만, 우리에게는 교훈들이 있어야 합니다. 거룩하지 못한 교회는 결코 사람들이 늘어나지 않을 것입니다. 만약 교회가 거룩하지 못한데도, 사람들의 수가 늘어난다면, 그것은 복이 아니라 저주입니다. 나는 이 세상에서 가장 큰 힘은 하나님의 말씀의 사역이고, 다음으로는 성령의 능력을 힘입어서 기독교 가정들이 거룩한 삶을 사는 것이라고 믿습니다. 우리는 이 어두운 세상에 거룩한 남녀들과 그들의 자녀들로 이루어진 주둔군들을 심어야 합니다. 이 주둔군들은 그리스도를 위하여 세상을 정복하고자 할 때에 사용될 도구가 될 것입니다.

이 자리에는 참된 신앙을 갖고 있지 않은 분들도 계실 것입니다. 그런 분들 중 가장이신 분들은 가정에서 지혜롭게 행하는 문제에 대하여 단 한 번도 깊이 생각해 본 적이 없을 것입니다. 나는 그런 분들에게 가정에서 지혜롭게 행하는 것이 얼마나 절실한 문제인지를 얘기하고자 합니다. 내가 알고 있는 분들 중에는 자기 자신은 아주 불경건한 데도 자신의 자녀들이 세상적이고 비참한 모습으로 커나가게 될 것이라는 생각에 충격을 받은 분들이 계십니다. 또한, 나는 자신의 자녀들이 죄악 가운데서 자라난 것을 보고서 자기 자신을 결코 용서하지 못하다가 나이가 들어서 회심한 분들을 알고 있습니다.

나는 나의 목회 속에서, 복을 받아 구주를 만난 한 가난한 여인을 지금도 아주 생생하게 기억하고 있습니다. 그녀는 세탁 일을 통해서 생계를 꾸려 나갔습니다. 내가 그녀의 집을 심방했을 때, 그녀는 재빨리 물 묻은 손을 닦고서 내게 인사했고, 자신이 회심한 사실에 대하여 말할 때에는 그녀의 눈에 눈물이 맺혔습니다. 그리고 괴로워하며 내게 이렇게 말했습니다: "남편은 나와 여섯 명의 어린 아이들을 남겨놓고 먼저 죽었습니다. 과부가 된 나는 아이들을 위해 열심히 일했습니다. 나는 지금까지 그 어떤 사람의 도움도 받지 않고, 내 손으로 아이들을 다 키웠습니다. 그래서 여섯 아이들은 이제 다 어엿한 성인으로 성장했습니다. 그러나 그들 중 누구도 회심을 하지 않았습니다. 내가 회심한 후에야, 나는 그들에게 영향을 끼칠 기회를 잃어 버렸다는 것을 알았습니다. 나는 나의 아이들을 단 한 번도 하나님의 교회에 데려가지 않았습니다. 며칠 전에 큰아들을 만나서 함께 교회에 가자고 했더니, 그 애는 '우리가 어렸을 때에는 한 번도 데려가지 않으시더니 이제 와서 그런 말씀을 하시다니, 우리가 지금 교회에 나갈 것이라고 기대하지 마세요'라고 말하더군요." 이것이 그녀가 자신의 자녀들에게 일용할 양식을 공급해 줄 이전의 의무에서 벗어났을 때에 그녀의 마음을 무겁게 짓누른 괴로움이었습니다.

아버지와 어머니이신 여러분, 여러분이 하루라도 빨리 회심하지 않는다면, 여러분은 나이가 들어서 뒤늦게 회심했을 때에, 여러분의 자녀들이 구원 받지도 못한 채로 이미 다 자라서 이제는 그들에게 영향을 끼칠 수도 없다는 것을 알고서는 크게 후회하게 될 것입니다. 이제 막 인생을 시작하는 젊은이들이여, 여러분으로 하여금 나를 통해서 하나님의 권면하시고 경고하시는 말씀을 듣게 하시려고 하나님께서 여러분을 이 자리에 보내신 것이라고 생각하고, 내가 권하는 그대로 꼭 행하기를 부탁드립니다. 인생이라는 바다에 배를 띄우고 항해해 가기 위해서는 지혜가 필요하고, 그 지혜는 오직 하늘로부터만 얻어질 수 있다는 것을 잠시 멈추고서 깊이 생각해 보십시오. 하나님께서 여러분에게 이것을 깨달을 수 있는 은혜와 지각을 주시기를 빕니다. 여러분은 바로 이 시간에 무릎을 꿇고 이렇게 기도하십시오: "주여, 내게 은혜를 주소서. 새로워진 마음을 주소서. 내게 그리스도를 주셔서 나의 구주가 되게 하시고, 장차 주의 손에 이끌려 천국에서 영광 중에 계시는 주를 친히 뵈올 때까지 나로 완전한 길로 올바르게 행할 수 있도록 도와주소서." 하나님께서 여러분의 그러한 기도를 예수를 인하여 들어 응답하여 주시기를 빕니다. 아멘.

제
93
장

—

빈궁한 자를 위한 좋은 소식

—

"여호와께서 빈궁한 자의 기도를 돌아보시며 그들의 기도를
멸시하지 아니하셨도다." — 시 102:17

오늘의 본문 바로 앞에 나오는 절은 여호와께서 자신의 영광 중에 나타나시는 것에 대하여 말씀하고 있다는 것을 주목하십시오. 하나님께서는 시온을 건설하시고서는 영광의 옷을 입으시고 나타나십니다. 이러한 이미지는 여호와 하나님을 어마어마한 부귀영화와 웅장하기 그지없는 궁정에서 나라를 다스리시는 위대한 왕의 모습으로 그리고 있는 것입니다. 여기에서 우리는 하나님께서 건축자들과 일꾼들에게 시온을 건설하라고 명하시고, 조신들을 대동하시고 이곳저곳을 시찰하시는 모습을 봅니다. 나팔소리가 울려 퍼지고, 깃발들이 줄 지어 서 있고, 고관대작들이 시립하고 있는 가운데, 왕이신 하나님께서 영광 중에 나타나십니다. 그런데 애끓는 기도로 이러한 광경을 깨뜨리고 있는 사람은 도대체 누구란 말입니까? 왕 앞에 절하고 있는 누더기를 걸친 이 거지는 어디에서 온 것입니까? 분명히 그는 감히 자신의 주제도 모르고 끼어들어서 이 장엄한 의식을 망쳐놓고자 했다는 이유로 군사들에 의해서 끌려 나가거나 감옥에 투옥될 것입니다. 거지들이 있어도 되는 길거리들과 골목길들과 어두운 모퉁이들이 얼마든지 있었을 텐데, 왜 그는 누더기 옷을 걸친 그에게 전혀 어울리지 않는 곳으로 뛰어들 필요가 있었을까요? 그러나 보십시오! 왕은 그의 말을 들으십니다. "빈궁한 자"의 목소리는 나팔소리에 묻히지 않았습니다. 왕은 구걸하는 그의 소리에 귀

를 기울이시고, 그가 내는 모든 신음 소리를 이루 말할 수 없이 안타까워하시고 불쌍히 여기십니다. 이 왕은 누구십니까? 바로 여호와이십니다. 바로 이 여호와에 대하여 성경은 "그가 빈궁한 자의 기도를 돌아보시며 그들의 기도를 멸시하지 아니하시리로다"(KJV)고 말씀합니다. 아름다운 보석이 아름다운 목에 걸려 있을 때에 거기에서 더 아름답게 빛나는 것과 마찬가지로, 이 말씀의 아름다움은 앞 절의 말씀에 의해서 더욱 빛나고 있습니다. 다음과 같은 은은한 은색 불빛 아래에서 다시 한 번 그 말씀을 읽어봅시다: "여호와께서 시온을 건설하시고 그의 영광 중에 나타나실 것임이라 여호와께서 빈궁한 자의 기도를 돌아보시며 그들의 기도를 멸시하지 아니하시리로다"(KJV).

분명한 것은 하나님의 마음은 궁핍한 영혼들이 부르짖는 것을 기뻐하시기 때문에, 그 어떤 것도 하나님께서 그들의 부르짖음을 들으시는 것을 방해할 수 없다는 것입니다. 애통하는 자들의 지극히 겸손한 기도를 들으시는 것은 하나님께 지극히 중요한 일이기 때문에 그 어떤 일도 이것을 방해할 수 없습니다. 지극히 자비로우신 하나님의 귀에는 하나님의 공의에 의해서 정죄를 받고 도저히 살 수가 없어서 하나님의 인자하심과 긍휼하심을 구한다고 호소하는 저 다 죽어가는 가련하고 불쌍한 자들의 희미한 숨소리가 스랍들의 노래나 천사들의 합창이나 속량 받은 자들의 끊임없는 찬송보다 더 감미롭게 들립니다. 이 아침에 나는 빈궁한 자들과 관련해서 말씀을 전하고자 합니다. 나는 이 자리에 계신 분들 중에서 그런 분들이 많이 계시기를 바랍니다. 그러나 어쨌든 이 자리에는 전에 빈궁했던 분들, 그리고 하나님의 풍성하신 은혜가 아니었다면 지금도 여전히 빈궁할 수밖에 없었을 그런 분들이 많이 계십니다. 심령이 가난한 여러분, 지금부터 내가 전하는 말씀에 귀를 기울이십시오. 또한, 내가 전하는 말씀을 통해서 하나님께서 여러분을 위로하시기를 빕니다.

이 아침에 우리가 가장 먼저 살펴볼 것은 "빈궁한 자," 즉 영적인 거지에 대한 것입니다. 그런 후에, 우리는 거지가 하는 일에 대해서 알아볼 것입니다. 오늘의 본문이 이 거지의 "기도"에 대하여 두 번이나 언급하고 있는 것으로 보아서, 이 거지는 구걸하는 일을 시작했음이 분명합니다. 왜냐하면, 기도는 구걸 행위의 핵심이기 때문입니다. 세 번째로, 우리는 이 영적인 거지에게 아주 당연히 있을 수밖에 없는 두려움, 즉 하나님께서 그의 기도에 귀를 기울여 주지 않으시거나, 더 나아가 멸시하시면 어쩌나 하는 두려움을 살펴볼 것입니다. 그리고 마지막으로,

오늘의 본문 전체는 이 영적인 거지에게 그의 구걸이 반드시 성공할 것임을 말해 주는 대단히 위로가 되는 보증이라는 것입니다. 왜냐하면, 그가 구걸할 때에 하나님께서는 반드시 그의 기도를 돌아보시고 그의 간구를 멸시하지 않으실 것이기 때문입니다.

1. 첫째로, 영적인 거지에 대해서 살펴보겠습니다.

먼저, 우리는 거지들 속으로 내려가서 영적인 거지를 살펴보고자 합니다. 여러분의 영적인 고상함과 점잖음을 잠시 뒤흔들어보는 것은 여러분에게 유익입니다. 그렇게 해서 여러분이 자신의 빈궁함을 새롭게 느끼고서, "나는 가난하고 궁핍하오나 주께서는 나를 생각하시오니"(시 40:17)라고 부르짖게 된다면, 그것은 여러분에게 지속적으로 유익이 될 것입니다.

오늘의 본문은 영적인 거지를 "빈궁한 자"로 표현하고 있습니다. 여러분은 이 단어를 극단적인 의미로 해석할 수 있습니다. 즉, 영적으로 가난한 사람은 단지 상당한 정도로 빈궁한 자가 아니라, 철저하고 지독하게 빈궁한 자라는 것입니다. 그에게는 공로(merit)나 의(righteousness)가 완전히 결핍되어 있어서, 그런 것들을 하나도 소유하고 있지 않습니다. 몇 년 전만 해도 그는 어느 누구 못지않은 자존감을 지니고 있었습니다. 그는 부자였고 물질적으로 풍요롭게 살고 있었기 때문에 모자란 것이 없었습니다. 물론, 그에게도 어느 정도 잘못들이 있긴 하였지만, 그는 자신이 잘못하는 것들보다는 잘하는 것이 훨씬 더 많다고 생각했습니다. 그가 종종 잘못이나 죄를 저지른 경우에는 친구가 자신을 속였다거나 상황 때문에 어쩔 수 없었다는 등과 같이 자신을 충분히 해명할 수 있는 아주 그럴 듯한 변명거리들이 있었습니다. 그는 죄인이었고, 그 자신도 그것을 인정했습니다. 그러나 그는 "죄인"이라는 말에 자기 식의 의미를 부여해 놓았기 때문에, 그런 말 때문에 자존심이 상하는 일은 없었습니다. 실제로 그는 자기가 하나님이 지으신 만유 속에서 떠돌아다니는 부랑자나 구걸하는 거지가 아니라, 훌륭하고 유덕한 사람들과 동일한 시민이고 아무것도 부족함이 없이 스스로 만족하고 살아가는 사람들 중의 하나라고 생각하였습니다. 그는 자기가 적어도 보통 사람들만큼은 선하고, 현재의 상황 속에서 사람들이 일반적으로 기대하는 것보다는 더 선하다고 생각하였습니다. 그런데도 그가 하나님 앞에서 자신의 공로를 주장하지 않은 것은 단지 개신교 교리를 존중했기 때문이었습니다. 사실 그는 자신의 깊은 내면 속에서는 선행이라는 잣대를 들이대도 자신은 얼마든지 천국에 갈 수 있고, 하나님이 요구하시면 언제든지 자신의 의로움을 내보일 수 있다고 생각했습니다. 그는 자신의 마음속에서는 "하나님이여 나는 다른 사람들과 같지 아니함을 감사하나이다"(눅 18:11)라고 기도한 바리새인이 잘못됐다고 전혀 생각하지 않았습니다. 그는 자기가 단 한 번도 술에 입을 대지 않은 것, 자신의 입에서 더러운 말이 나온 적이 없다는 것, 자신의 사업을 정직하게 해왔다는 것, 자기는 어느 모로 보나 하나님의 인정을 받을 만하고 사람들로부터 존경을 받을 만한 사람으로 처신해 왔다는 것을 자신 있게 말할 수 있었고, 자신이 그렇게 행해온 것을 생각할 때마다 아주 큰 기쁨을 느꼈습니다.

하지만 이 모든 것이 다 변해 버렸습니다. 그는 황제의 자리에서 내려와 돈한 푼 없는 거지가 되었습니다. 그의 외적인 인품은 변하지 않았을 수 있지만, 자기 자신에 대한 스스로의 평가는 마치 빛과 어둠처럼 판이하게 달라져 있었습니다. 이제 그는 새로워진 마음으로부터 나오지 않는 외적인 도덕이 얼마나 공허한 것인지를 압니다. 이제 그는 자기가 범해온 죄들이 얼마나 흉악무도한 죄악들이었는지를 알고, 자기가 신앙 고백이라고 여겼던 것이 사실은 그 속에 진심이 없이 그런 체한 것일 뿐이어서 하나님을 우롱하고 지존자를 모욕한 것임을 압니다. 그러므로 부자들이여, 그를 보십시오. 대다수의 사람들보다 더 부자이고 훨씬 뛰어난 여러분 자신의 자화상이 여기에 있습니다. 이제 그는 거센 바람이 불면 둥지에서 땅으로 내동댕이쳐질 수 있는 털도 나지 않은 새처럼 힘없고 가난합니다. 그에게는 하나님 앞에 내놓을 수 있는 선행은 하나도 없고, 오직 하나님 앞에 고백할 무수한 죄들만이 있습니다. 그 모든 죄 하나하나가 그를 지존자 앞에 고소하고, 공의의 심판을 요구합니다. 그는 이것을 느끼고서, 자신의 누더기 옷 속에서 부들부들 떱니다. 여러분은 "그가 누굽니까?"라고 물을 것입니다. 그는 지금 이 순간 이 자리에 있지 않습니까? 그의 눈물이 보이고 그의 신음소리가 들리지 않습니까? "하나님이여 불쌍히 여기소서 나는 죄인이로소이다"(눅 18:13)가 그의 부르짖음입니다! 그는 자신의 공로를 주장하기는커녕, 자기의(self-righteousness)라는 말만 들어도 치가 떨리고, 자신은 온통 죄악만 저질러서 지옥에 떨어지는 것이 마땅하고 하나님의 임재 앞에서 영원히 추방되는 것이 마땅하다고 느낍니다.

사람이 감내할 수 있는 그런 종류의 빈궁함이 있습니다. 사람이 돈 한 푼이 없어도, 거기에 익숙해지면 별 걱정을 하지 않게 됩니다. 도리어, 그런 사람은 다른 어떤 상황에 있는 것보다도 누더기를 걸치고 더러운 곳에서 살아가는 것이 더 행복할 수 있기조차 합니다. 우리의 빈민구호소들을 관리하는 위원들은 그런 부류의 사람들을 아주 잘 압니다. 여러분은 나폴리의 거지들(lazzaroni)을 본 적이 있습니까? 여러분은 그들이 햇빛 아래에 드러누워서 하루 종일 시시덕거리며 재미있게 지내는 것을 보고나면, 그들이 여러분의 동정심을 자극하려고 별의별 짓을 다해도, 그들을 도와주고자 하는 마음이 여러분에게서 사라지고 말 것입니다. 여러분은 구걸이 그들의 아주 자연스러운 천성이라고 느끼게 됩니다. 그들은 자신의 아버지들과 마찬가지로 거지로 사는 것에 온전히 만족하고, 자신의 아들들도 거지로 키웁니다. 아무것도 가진 것이 없이 그저 하루 세 끼만 먹으며 마음 편하게 사는 것이 그들의 체질에 맞는 것입니다. 그러나 영적인 거지는 그 어떤 점에서도 마음 편하게 자기 멋대로 살아가는 이 거지 클럽의 일원이 아닙니다. 왜냐하면, 그에게는 만족이라는 것이 결여되어 있기 때문입니다. 그에게 가난은 견딜 수 없는 것이고, 한시라도 그 속에 있기 힘든 그런 것입니다. 가난은 그에게 무거운 멍에입니다. 그는 그 멍에 아래에서 탄식하고 절규합니다. 그는 의에 주리고 목말라 합니다. 그는 자신이 현재 처해 있는 것보다 더 나은 상태가 있다는 것을 알고, 그것을 사모합니다. 그는 자신의 현재의 상태로부터 빠져나오지 않으면 자신의 상태가 무한히 악화되리라는 것을 알기 때문에 그 소름끼치는 결과를 미리 보고서 두려워 떱니다. 그래서 그는 심령의 괴로움 속에서 하나님 앞에서 탄식하며, "주여, 가련하고 빈궁한 자를 긍휼히 여겨 주시고, 아무것도 아닌 주의 종을 불쌍히 여겨 주소서"라고 부르짖습니다. 그의 가난 속에는 그 어떤 만족도 있을 수 없습니다. 그의 빈궁함은 철두철미 넌더리가 나는 것이어서, 그는 결코 그 빈궁함을 그럭저럭 참고 지낼 수가 없습니다.

　하지만 사람이 돈이 없더라도 힘이 남아 있다면, 튼튼한 사지(四肢)로 돈을 벌 수 있기 때문에, 아직은 철저히 빈궁한 것은 아닙니다. 그런 사람은 얼마 안 있어서 자신의 빈궁에서 벗어나게 될 것입니다. 그에게 기회를 주기만 한다면, 그는 자신의 누더기 옷을 얼른 벗어 버리고 고급스러운 의상으로 갈아 입을 것입니다. 오직 그에게 일자리와 괜찮은 급료만 준다면, 그는 빈궁한 자에서 금세 별 부족할 것이 없는 사람으로 변신하게 될 것입니다. 그러나 영적인 거지는 그렇지 않습니다. 그는 잘할 수 있는 것이 없어서 돈을 한 푼도 벌 수가 없습니다.

그의 힘도 다 사라져 버렸습니다. 전에는 그도 튼튼하고 힘이 있었기 때문에, 선행으로 천국에 들어갈 수 있다면 자기는 얼마든지 선행을 할 수 있고, 만약 회심하고 그리스도를 믿음으로 영생을 얻는 것이라면, 어느 때든지 마음먹은 때에 자기가 회심하고 예수를 믿을 수 있을 것이라고 생각하곤 했습니다. 그에게 신앙은 아주 쉬운 일로 보였습니다. 복음을 전하는 자는 "오직 믿기만 하면 구원을 받으리라"고 하는데, 그는 그런 것은 자기가 눈 깜짝할 사이에 해낼 수 있을 것이라고 생각하였습니다. 그는 "생명으로 인도하는 문은 좁고 길이 협착하여 찾는 자가 적음이라"(마 7:14)는 설교를 들을 때에 그런 가르침 자체와 설교자를 싫어하였습니다. 그는 그런 협소하고 부정적인 사고가 마음에 들지 않았습니다. 그는 자기에게 필요한 온갖 영적 능력을 자기 자신 속에 지니고 있다고 느꼈고, 자기가 태어나면서부터 타락해 있거나 영적으로 무력한 상태에 있다는 것을 믿지 않았습니다. 그는 지금까지 사업을 잘해서 자수성가한 사람이었습니다. 그는 스스로 열심히 일해서 가난하고 미천한 신분에서 꽤 존경받는 지위까지 오른 사람이었기 때문에, 세상일에서와 마찬가지로 자신의 영혼의 문제와 관련해서도 얼마든지 그렇게 해낼 수 있다고 생각하였습니다. 여러분이 분명히 볼 수 있듯이, 이 신사 분은 "빈궁한 자" 중 하나가 아닙니다. 나는 그런 사람에게는 하나님께서 그의 망상을 깨뜨리셔서 그에게 능력이 있는 게 아니라 그는 물처럼 연약한 존재일 뿐임을 느낄 수 있게 해주시라고 기도한다는 말 외에는 아무 할 말이 없습니다. 영적인 거지는 하나님의 은혜의 도움 없이는 자기가 올바른 것은 아무것도 할 수 없고 심지어 선한 생각조차 할 수 없다고 느낍니다. 예수를 믿는 것은 사실 단순한 것인데도, 그는 다음과 같이 말할 수밖에 없는 궁지에 몰려 있습니다:

> "나는 믿고자 하지만 믿어지지가 않나이다.
> 그때에는 모든 것이 쉬워 보였는데,
> 주여, 이제는 믿고 싶어도 믿을 수가 없습니다.
> 그러니 나의 도움이 주께로부터 임해야 합니다."

그는 의심들과 두려움들로 인해서 심하게 비틀거리고, 자신의 지난날의 죄들에 뒤덮이고 눌려서 모든 것이 혼란스럽고 도무지 알 수가 없기 때문에, 자신의 죄를 속하신 예수 그리스도를 바라보고서 거기에서 위로를 발견할 수 없는 것처럼 보입니다. 그에게는 "힘이 없기" 때문에, 그는 철저하게 빈궁한 자입니다.

또한, 어떤 사람이 지금 당장에는 아주 가난하고 돈을 벌 힘도 없긴 하지만, 그래도 그에게는 장차 어느 정도의 재산이 들어올 가능성이 있을 때에는, 그는 철저하게 빈궁한 자라고 할 수 없습니다. 예컨대, 연로한 작은 아버지가 돌아가시면, 그에게 상당한 유산이 돌아오게 될 것입니다. 그러니까 그가 그때까지만 버틸 수 있다면, 그 후에는 별 걱정 없이 살 수 있게 됩니다. 지금 당장에는 몹시 궁핍해서 도움을 절실히 필요로 하긴 하지만, 장래에는 충분히 살 만하게 될 수 있는 사람들이 많습니다. 영적인 거지는 아무리 미래를 내다보아도 자신의 영혼의 괴로움을 경감시켜 줄 수 있는 것을 찾아볼 수가 없습니다. 그의 미래는 현재보다 한층 더 암울합니다. 전에 내게도 영원을 바라보았을 때에 나를 위한 무시무시한 심판과 하나님의 불 같은 진노 외에는 아무것도 볼 수 없었던 때가 있었습니다. 나는 그때를 지금도 생생히 기억합니다. 미래를 뚫어져라 바라보았지만, 나의 삶이 나아지리라는 기대를 가질 수가 없었습니다. 나의 미래를 아무리 곰곰이 생각해 보아도 도무지 희망이 보이지 않았기 때문에, 나는 하나님께서 나를 "상실한 마음대로 내버려"(롬 1:28) 두셔서 나의 삶은 점점 더 악화될 수밖에 없는 것은 아닌가 하고 두려워하였습니다. 사실 나는 그리스도께서 개입하셔서 나를 구원해 주지 않으신다면 내가 정말 그렇게 될 것임을 알았습니다. 내세를 생각할 때마다 내게는 백보좌와 진노하신 재판장, 지옥의 영원히 타는 불 외에는 아무것도 보이지가 않았습니다. 내게는 소망은 하나도 없었고 오직 무수한 두려움들만이 가득하였습니다. 하나님께서 진정으로 죄에 대하여 깨닫게 해주시는 사람들은 누구나 다 미래에 대하여 이런 전망을 갖게 됩니다. 그들에게서는 소망 자체가 사라집니다. 소망을 잃은 사람은 모든 것을 잃은 것입니다. 그는 문자 그대로 모든 것이 결핍된 "빈궁한 자"입니다. 하나님의 은혜로 말미암아 그에게 소망이 주어지지 않는 한, 그에게는 천국에 대한 소망도 남아 있지 않고 이 땅에서의 소망도 남아 있지 않게 됩니다. 그는 정말 자신의 하나님께 부르짖을 수밖에 없는 처지가 된 것입니다.

영적으로 "빈궁한 자"는 자기를 도울 수 있는 친구가 하나도 없는 사람입니다. 왜냐하면, 그들은 그를 아무리 사랑한다고 해도 오직 그를 위해 기도할 수 있을 뿐이고 그를 구원할 수는 없기 때문입니다. 그를 돕고자 할 때에 우리가 할 수 있는 일은 단지 그에게 구주를 가리켜 보여줄 수 있을 뿐입니다. 그러나 그의 눈이 멀어서 어둠 속에 있다면, 어떻게 그가 구주를 볼 수 있겠습니까?

또한, 영적으로 "빈궁한 자"에게는 앞으로 자신을 더 나아지게 할 수 있는 계획을 전혀 세울 수 없습니다. 책사(策士)들은 자신의 손으로 돈을 벌 수 없을 때에는 머리를 써서 살 궁리를 하여 살아가지만, 하나님 앞에서 진정으로 빈궁한 영혼은 머리를 써서 살아갈 궁리조차 할 수 없습니다. 그가 세운 모든 계획들은 다 수포로 돌아갔고, 자신의 지혜를 토대로 한 모든 소망은 다 결국 좌절되었습니다. 사실상 그에게는 아무것도 남아 있지 않습니다. 이제는 어떻게 해볼 도리가 없습니다. 아담과 하와가 범죄한 후에, 창조주 하나님께서 그들을 찾으시자, 자신들이 벌거벗은 줄을 알았기 때문에 무화과나무 잎으로 몸을 가리려 했던 것처럼, 그는 완전히 벌거벗겨진 채로 있습니다. 그는 영적인 빈궁함의 극한에 도달해 있습니다. 자신의 현재의 비참한 상황을 끝내려면 죽음밖에는 남아 있는 것이 없는데, 만일 그 길을 택한다면, 그는 영원한 멸망에 처해지게 될 것입니다. 이것이 영적으로 "빈궁한 자"의 모습입니다.

지금까지 내가 진정으로 괴로워하는 양심의 상태를 잘 묘사했는지 잘 모르겠습니다. 나는 잘 묘사하려고 애를 썼지만, 혹시 모르니까 여기에 한두 마디를 더 첨가하고자 합니다. 이 자리에 계신 분들 중에서 자기가 죄악되다고 느끼고, 자신은 하나님의 진노를 받아 마땅한 자라고 느끼며, 그런데도 스스로 어쩔 수가 없다고 느끼는 분들이 계신다면, 그리고 하나님의 무한하신 긍휼하심이 개입하지 않는다면 자기는 영원히 멸망할 수밖에 없다고 느끼고, 그런데도 자신에게는 구원받을 만한 이유가 전혀 없다고 느끼며, 공의로우신 하나님께 자기를 불쌍히 여겨 주시라고 간구하여 그 마음을 움직일 수 있도록 합당한 근거를 제시할 수도 없다고 느끼는 분들이 계신다면, 그런 분들은 오늘의 본문에서 말씀하고 내가 이제까지 설명드린 바로 그 "빈궁한 자들"입니다. 나는 우리가 본문을 다시 읽을 때에 그분들이 본문에 담겨 있는 위로를 마다하지 마시고 귀 기울여 주시기를 부탁드립니다: "여호와께서 빈궁한 자의 기도를 돌아보시며 그들의 기도를 멸시하지 아니하셨도다."

하나님께서는 영적인 거지의 기도를 들으십니다.

2. 둘째로, 영적인 거지가 해야 할 일은 무엇입니까?

그는 구걸을 시작하였고, 그것은 그가 꼭 해야 할 일입니다. 사실 지금 그는 구걸 외에는 할 수 있는 일이 없습니다. 어떤 사람에게 오직 한 길만이 남아 있다면, 그가 그 길을 가는 것을 아무리 반대해도 소용이 없습니다. 왜냐하면, 어떤 것을 꼭 해야만 한다면 법도 그것을 막을 수 없고, 사람이 배가 고프면 견고한 담장도 뚫는 법이기 때문입니다. 영적인 거지는 구걸하는 것 외에는 그 어떤 것도 할 수 없습니다. 우리는 그가 죽어가도록 내버려 둘 수 없고, 그 자신도 아무것도 안 한 채 그저 죽어가고자 하지는 않을 것이기 때문에, 그는 자기가 할 수 있는 유일한 일, 즉 구걸하고 기도하는 일을 하게 됩니다. 오직 기도밖에 할 수 없는 그런 영혼은 복된 영혼입니다. 그런 영혼은 자기가 저주받았다고 생각하지만, 사실은 복이 임한 것입니다. 여러분이 기도 외에는 아무것도 할 수 없다고 느낌과 동시에, 기도해야 하겠다고 느낀다면, 여러분에게는 소망이 있습니다. 지금 여러분이 공의에 호소하는 것이 아니라, "주여, 나를 불쌍히 여겨주시고 긍휼히 여겨주소서! 내게는 아무런 공로가 없지만, 주의 긍휼하심을 인하여 내 죄를 사하소서!"라고 부르짖는다면, 나는 정말 기뻐할 것입니다. 사랑하는 친구들이여, 여러분이 그렇게 부르짖을 수밖에 없게 되었다면, 여러분은 "하나님이여 주의 인자를 따라 내게 은혜를 베푸시며 주의 많은 긍휼을 따라 내 죄악을 지워 주소서"(시 51:1)라고 부르짖을 수밖에 없었던 다윗과 똑같은 처지에 있게 된 것입니다. 여러분은 이제까지 구원받은 모든 영혼이 처해 있던 바로 그 처지에 놓여 있게 된 것입니다. 왜냐하면, 하나님이 무조건적으로 긍휼히 여기시고 불쌍히 여기셔서 값없이 은혜를 베풀어 주시지 않으신다면 그 어떤 것도 여러분을 구원할 수 없다는 것을 여러분이 인정할 수밖에 없는 지경까지 몰리지 않았다면, 여러분은 하나님이 죄 사함의 은혜를 가지고서 여러분을 만나실 수 있는 지점까지 온 것이 아니기 때문입니다. 그러나 여러분이 사형선고를 받은 범죄자로서 하나님의 법정에 서서, "내가 죄인입니다"라고 인정할 때, 여러분은 하나님께서 여러분을 불쌍히 여기셔서 구원하실 수 있는 지점에 서 있는 것입니다.

구걸하는 일은 영적인 거지에게 아주 잘 어울리는 일입니다. 왜냐하면, 그가 다른 어떤 것도 할 수 없다면, 내가 장담하건대, 이 일만은 아주 잘할 수 있기 때문입니다. 런던에 사는 사람들은 길거리의 거지들 중에는 자신의 처지가 비참한 척 연기하는 자들이 많다고 말합니다. 만일 그것이 사실이라면, 그 거지들은 구걸하는 일을 기가 막히게 잘하고 있는 것입니다. 그러나 자신의 처지가 진짜 비참하고 절박한 사람만큼 구걸을 잘할 수 있는 사람은 없다고 나는 감히 단언할 수 있습니다. 그런 사람에게는 구걸하는 법을 가르칠 필요가 없습니다. 굶주림 자체가 그의 개인교사입니다. 그에게서 수줍음을 제거해 주고 그에게 충분한 용기를 불어넣어 주기만 하면, 그가 처한 절박함이 그로 하여금 청산유수처럼 말할 수 있게 해줄 것입니다. 여러분은 길거리를 가다가 어떤 사람이 다가와서 정말 애절한 눈빛과 불쌍한 표정을 통해 자기가 굶주려 있다는 것을 보여주고 끈질기게 구걸하는 것을 겪은 적이 있으실 것입니다. 그는 여러분 곁을 절대로 떠나지 않을 것처럼 꼭 붙어서, "며칠 동안 아무것도 먹지 못했으니 도와주세요"라고 말하며 지독하고 끈질기게 구걸합니다. 여러분은 그의 표정 속에서 그의 말이 사실이라는 것을 알 수 있습니다. 그리고는 그는 이런 말을 덧붙입니다: "내가 굶는 것은 괜찮은데, 집에는 어린 아이들이 있습니다. 내가 빵을 사가지 않으면, 그 아이들이 온종일 울며 보챌 겁니다. 그러니 제발 나를 도와주세요." 이 모든 말이 사실이고, 여러분이 그의 표정이나 말 속에서 그 말이 사실이라는 것을 알게 되었다면, 그 사람 자신이 여러분의 마음을 움직인 동력이 된 것입니다. 그는 웅변학원에 가서 어떻게 말해야 하는지를 배울 필요도 없었고 수사학을 배울 필요도 없었습니다. 자신의 절박한 처지가 그로 하여금 애절하게 말하는 법을 가르쳐 주었고, 어느 대목에서 어떤 몸짓을 하고 어떤 자세를 취해야 적절한지도 가르쳐 주었기 때문입니다. 그에게는 어떤 사람을 설득해서 자신을 도와주도록 하는 것이 너무나 절실한 일인 까닭에, 그는 제대로 변론을 펼치게 될 수밖에 없습니다. 자신의 죄를 느끼는 사람만큼 하나님 앞에서 기도를 제대로 하는 사람은 없습니다. 그런 사람의 입에서는 "하나님이여 불쌍히 여기소서 나는 죄인이로소이다"(눅 18:13)라는 아주 합당한 부르짖음이 저절로 나옵니다. 형제들이여, 우리 중에는 종종 공중예배에서 대표기도를 해야 하는 분들이 있는데, 그럴 때에 이 시대와 이 나라의 문제들이 우리에게 절실히 느껴질 때에 우리는 가장 잘 기도하게 됩니다. 여러분의 경우에도 자신의 죄와 영적 빈궁함이 여러분의 심령에 절실히 느껴질 때에 가장 잘 기도하게 됩니다. 빈궁한 자들인 여러분은 바로 기도해야 할 사람들입니다! 여러분은 지독한 빈궁함 속에 있기 때문에 가장 잘 구걸할 수 있는 자들이기 때문입니다. 여러분은 하나님의 은혜를 받지 않으면 죽을 수밖에 없다는 것을 느끼기 때문에 가장 잘 기도할 수 있는 사람들입니다.

또한, 내가 영적인 거지에게 말하고 싶은 것은 구걸이 허용된 곳에서 구걸해야 한다는 것입니다. 전에 나는 어느 축제일에 파리에 머문 적이 있었는데, 그 날 엄청나게 많은 거지들이 행인들을 붙들고 구걸하는 모습을 보고서 깜짝 놀랐습니다. 물론, 전에도 파리에서 거지들을 보기는 했지만 그렇게 많은 거지가 끈질기게 구걸하는 것은 본 것은 처음이었습니다. 그때에 나는 특정한 날에 가난한 자들과 불구자들과 맹인들에게 거리의 사람들을 붙잡고서 구걸하는 것이 법적으로 허용되는 제도가 있다는 것을 알았습니다. 그들은 그런 제도를 적절히 이용하였기 때문에, 사람들의 눈치를 보거나 압박감을 느낄 필요가 없었습니다. 영적인 거지들이여, 이 날, 곧 이 날이 여러분이 은혜를 받도록 허락된 날입니다. 여러분이 은혜를 구하면 받을 것이라는 보증서가 왕의 궁정에서 발부되어 있습니다. 그러므로 여러분이 은혜를 구하면 반드시 찾게 될 것입니다. 여러분이 문을 두드리면 반드시 열릴 것입니다. 그렇습니다. 지금은 매일매일이 하나님께서 값없이 거저 은혜를 주시는 날입니다. 지금은 기도의 축제날입니다. 여러분이 살아 있고 빈궁함 가운데 있다면, 여러분이 입을 넓게 벌리면 반드시 채워 주실 것이라는 왕의 허가장이 발부되어 있습니다. 여러분에게는 빈궁할 때마다 시은좌(Mercy Seat)로 나아와서 여러분이 원하는 것을 구해도 된다는 왕의 허가장이 있습니다. 영적인 거지는 하늘의 왕이 허락하신 일을 하는 것이 마땅합니다. 그는 하늘의 지존자이신 왕이 허락하신 거지입니다.

게다가, 영적인 구걸은 최고의 권세이신 분이 명하신 일입니다: "항상 기도하고 낙심하지 말아야 할 것을"(눅 18:1). 은혜를 구하도록 허락을 받은 것은 죄인의 특권입니다. 또한, 구주께 긍휼하심을 구하는 것은 죄인의 의무입니다: "너는 하나님과 화목하고 평안하라"(욥 22:21); "너희는 여호와를 만날 만한 때에 찾으라 가까이 계실 때에 그를 부르라"(사 55:6); "악인은 그의 길을, 불의한 자는 그의 생각을 버리고 여호와께로 돌아오라 그리하면 그가 긍휼히 여기시리라 우리 하나님께로 돌아오라 그가 너그럽게 용서하시리라"(사 55:7). 이러한 말씀들은 약속들이지만, 명령과 같은 무거운 의미를 담은 교훈들입니다. 이렇게 사랑의 하나님께서 친히 구하라고 명령하시는데, 빈궁한 자들이 구걸하기를 주저해서야 되겠습니까? 이러한 명령의 배후에는 반드시 이루실 것이라는 의미가 내포되어 있습니다. 하나님의 약속을 의지해서 구하는 사람은 반드시 받게 될 것입니다. 왜냐하면, 하나님이 주실 생각이 없으신 데도 우리에게 기도하라고 명하심으로써 우리를 기만하시는 일은 결코 없을 것이기 때문입니다.

이 자리에 계신 영적으로 빈궁한 모든 사람들에게 내가 또 한 가지 상기시켜드리고 싶은 것은, 구걸은 성도들의 모든 부요함의 원천이 되어 왔기 때문에 확신을 가지고 기도해도 좋다는 것입니다. 그들 중에는 모든 것이 그들의 것이어서 하늘의 부요함이 차고 넘치는 분들도 있습니다. 그들의 입은 좋은 것들로 만족하고, 그들의 마음은 즐거움으로 충만합니다. 그들의 표정에 나타나는 기쁨과 그들의 매일매일의 일에서 나타나는 지극한 복은 모든 사람이 볼 수 있기 때문에, 여러분은 그들의 부요함을 볼 수 있습니다. 여러분은 그들이 매일 그리스도를 먹고 살고, 그들의 식탁에는 늘 천국의 땅이 있으며, 그들의 발 앞으로는 늘 생명수가 흐르는 것이 부러우십니까? 여러분은 그들이 어떻게 해서 그렇게 부요해졌는지를 아십니까? 내가 여러분의 귀에 그 비결을 조용히 말씀해드리고자 합니다. 그들은 지금 그들에게 있는 모든 것을 구걸(begging)을 통해서 얻었습니다. 여러분은 "그들은 별로 신용할 만한 사람들이 아닌데요"라고 말할지 모릅니다. 맞습니다. 그러나 지금 그들이 가지고 있는 모든 것을 그들에게 주신 분은 절대적으로 신용할 만한 분입니다. 그리고 그들은 자신들이 구하는 것들을 결코 거절하신 적이 없으신 저 찬송 받으실 만하시고 너그러우시며 사랑이 넘치시는 구주께 모든 존귀와 영광을 돌려드리는 것이 몸에 배어 있습니다. 만일 이 땅에서 가장 부요한 성도가 여러분을 그의 영적인 저택으로 데려간다면, 그는 여러분에게 이렇게 말할 것입니다: "이 보화, 저 언약의 복, 저기 값없이 주신 선물이 보이나요? 난 이 모든 것들을 구걸해서 얻었어요. 내가 구하면, 하나님은 반드시 주셨어요. 나는 이 모든 것들을 그런 식으로 얻은 것이지요."

여호와 하나님께서는 "그래도 이스라엘 족속이 이같이 자기들에게 이루어 주기를 내게 구하여야 할지라"(겔 36:37)고 말씀하셨습니다. 이렇게 이 땅의 모든 성도들이 구걸을 통해서 부요하게 되었기 때문에, 나는 가난하고 빈궁한 영혼들인 여러분에게 그 일에 착수하시라고 권합니다. 그 일을 해보면, 여러분은 자신이 이제까지 해본 일들 중에서 이 일이 가장 수지맞는 일이라는 것을 알게 될 것입니다. 여러분은 자신의 힘으로 땅을 파서는 안 됩니다. 그러니 구걸하는 것을 부끄러워해서는 안 됩니다. 여러분이 자신의 힘으로 땅을 판다면, 그것은 스스로 자신의 무덤을 파는 것입니다. 이것이 여러분이 자기의(self-righteousness)로 애쓰고 힘쓸 때에 하게 되는 모든 것입니다. 그러나 여러분이 구걸한다면, 은혜도 얻게 되고 죄 사함도 얻게 되며 천국도 얻게 될 것입니다. 이렇게 부요하게 될 수 있는데도 영적인 거지가 되고자 하지 않는 사람은 도대체 어떤 사람입니까?

내가 두 번째 대지를 끝맺기 전에 한 가지만 더 말씀드리고자 하는 것은 여러분은 구걸하는 일을 지금 즉시 시작할 수 있다는 것입니다. 심령이 가난한 여러분은 지금 당장 구걸하는 일을 시작할 수 있습니다. 어떤 일들은 내일 아침에 당장 시작할 수 없습니다. 자본도 필요하고, 그 일을 하는 데에 필요한 것들을 도매상에 가서 구입도 해야 합니다. 그러나 거지가 일하는 데에는 자본도 필요 없고 그 어떤 물건도 필요하지 않습니다. 그에게 있어야 할 자본은 자본이 없다는 사실뿐입니다! 그에게 아무것도 남아 있지 않을 때까지 그는 제대로 된 거지가 될 수 없습니다. 그러므로 그의 옷이 누더기가 되어 있고, 그의 신발이 오래 되어 다 닳았고, 그 자신도 병들어 창백해 보일 때, 그때가 그가 거지의 일을 하기에 제격인 때입니다. 죄인들인 여러분, 자비를 구하기 위해서 여러분이 준비해야 할 것은 없습니다. 그리스도의 긍휼하심을 얻기 위하여 여러분이 준비해야 할 것은 아무것도 없습니다. 여러분은 그저 있는 그대로 그리스도 앞에 나아가면 됩니다. 뭔가를 고치거나 씻거나 깨끗하게 하기 위해서 시간을 지체하지 마시고, 여러분의 더러운 모습 그대로 나아가십시오. 여러분이 입고 있는 누더기 옷을 그대로 입고 나아가십시오. 여러분의 역겹고 흉한 모습 그대로 나아가십시오. 있는 그대로 나아가십시오. 여러분이 더럽고 흉할수록, 하나님의 은혜가 놀랍다는 것이 드러날 여지가 더 많아집니다.

> "그대의 죄악된 심령을 주께 맡겨서
> 주께서 구속에 능하신 이이심을 확인하십시오.
> 그대의 죄 짐을 주의 발 앞에 내려놓고
> 그대의 의심과 염려를 다 내던진 채
> 이제 믿음으로 그 아들을 붙잡으시고
> 주의 약속에 호소하시고 주의 은혜를 의지하십시오."

이 자리에 계신 분들 중에는 "나는 내가 은혜를 구하기에 합당한 상태에 있지 않다고 느낍니다"라고 말하는 분들이 분명히 있을 것입니다. 나의 사랑하는 친구들이여, 여러분 자신이 합당하지 못한 자라고 느끼는 것 자체가 바로 여러분이 구걸하기에 합당한 자임을 보여주는 증거입니다. 여러분이 가난하다면 구걸하기에 합당한 자가 된 것이고, 여러분이 병들었다면 의사에게 가기에 합당한 자가 된 것이며, 여러분이 아무것도 아니라고 느낀다면 그리스도를 여러분의 모든 것으로 삼기에 합당한 자가 된 것입니다. 여러분이 아무것도 없이 비어 있다면, 여러분은 하나님이 원하시는 상태가 된 것입니다. 이제 하나님께서는 자신의 온갖 충만한 은혜로 여러분을 채울 수 있게 된 것이니까요. 구걸하는 일을 시작하십시오. 그것이 하나님에 대하여 부요해지는 길입니다.

3. 셋째로, 거지가 느끼는 아주 자연스러운 두려움이 있습니다.

그에게는 큰 왕께서 자신의 기도를 멸시하면 어쩌나, 또는 들은 체 만 체하시면 어쩌나 하는 두려움 또는 걱정이 있습니다. 그가 이런 걱정을 하는 이유는 무엇보다도 먼저 자신의 기도를 들으시는 하나님은 크시고 거룩하시기 때문입니다. 하나님은 이루 말할 수 없이 거룩하신데, 과연 그런 하나님이 술에 찌들어 살아온 사람이나 창기의 기도를 들어주실까요? 하나님은 무한히 크시고 만유를 채우고 계시는데, 과연 그런 하나님이 가난한 작은 소년의 기도, 또는 오랜 세월 동안 하나님을 반역하며 살아오다가 지금은 구빈원에 들어가 있는 노인의 기도에 귀를 기울여 주실까요? 하찮은 벌레 같은 나, 하루살이 같은 존재, 없어져도 만유 속에서 티도 나지 않고 멸망을 받아도 하나님께 전혀 손실이 되지 않을 그런 나를 과연 하나님이 눈여겨보아 주실까요? 과연 하나님이 무가치한 내게 눈길을 주실까요? 무한하신 하나님이 나의 탄식에 귀 기울여 주실까요? 영원하신 하나님이 나의 눈물을 보아주실까요? 그런 일이 과연 가능할까요? 사랑하는 자들이여, 하나님과 사람 사이에 중보자가 계시고, 그분이 바로 그리스도 예수시라는 사실을 기억하지 못해서, 오랫동안 심령의 고통 속에서 지내는 분들이 많습니다. 하나님은 지극히 영화로우신 분이기는 하지만, 우리 중 누구로부터도 멀리 계시지 않습니다. 왜냐하면, 하나님이심과 동시에 우리와 같은 사람이신 분 예수, 곧 무지한 자들과 멸망 길로 걸어가는 자들을 불쌍히 여기시는 분 예수께서 계시기 때문입니다. 그러므로 두려워하거나 걱정하는 것을 그치십시오. 왜냐하면, 여러분을 두렵게 만드는 그 간격은 이미 메워져 있기 때문입니다. 예수께서 이미 그 길을 닦아 놓으셨기 때문에, 여러분은 아무런 장애도 없이 하나님께 나아갈 수 있습니다.

이러한 두려움은 다른 형태로 나타나기도 합니다. 두려워 떠는 영혼들은 그들의 기도 자체가 들어줄 만한 가치가 전혀 없기 때문에 하나님이 그들을 사랑스럽게 보아주시지 않으실 것이라고 걱정합니다. 어떤 사람은 이렇게 말할 것입니다: "하나님이 내 기도를 멸시하신다고 해도, 나는 놀라거나 이상하게 여기지 않을 것입니다. 왜냐하면, 내 동료들도 내 기도를 멸시하니까요. 나는 더듬거리며 앞뒤가 잘 맞지 않게 기도하기 때문에, 내 동료들이 내 기도를 듣는 것을 좋아하지 않습니다. 또한, 나는 내 부모님이 내 기도를 들어주시는 것도 바라지 않습니다. 기도를 마치고 일어날 때면, 나 자신조차도 내 기도를 멸시하는 마음이 들고, 내가 한 기도를 생각하고 싶지도 않습니다. 나는 많이 애쓰고 노력해 왔지만 번번이 실패했다고 느낍니다. 내가 탄식하고 애통해하고자 애쓰는 것은 내게서 탄식과 애통함이 자연스럽게 나오지 않기 때문입니다." 아, 그렇군요. 그러나 하나님께서는 마음을 보실 뿐, 사람의 방식을 따라 얼마나 청산유수처럼 기도를 잘하는지를 보지도 않으시고 기도의 스타일도 보지 않으십니다. 바리새인은 아주 멋지게 기도하였고, 자신의 의도도 아주 잘 전달하였습니다. 반면에, 가엾은 세리는 한 쪽에 찌그러져서 아주 형편없는 기도를 드렸고, 감히 하늘을 향하여 눈을 들지도 못하여 자신의 의도도 제대로 전달하지 못했습니다. 그러나 하나님께서는 세리의 기도를 들으셨고 그에게 은혜를 주셨습니다. 하나님 앞에 나아가서 탄식하십시오. 그것이 기도입니다. 하나님 앞에 나아가서 우십시오. 그것이 기도입니다. 여러분은 기도서를 펼치거나 예전문을 들출 필요가 없습니다. 나는 철저한 빈궁함 가운데 있는 죄인에게 아주 잘 어울리는 그런 기도문이 있다는 것을 알지 못합니다. 사람이 정말 간절하고 절박할 때에는 하나님 앞에 나아가서 기도문을 사용하여 기도하는 경우는 거의 없습니다. 정형화된 기도문들은 기도를 연습하는 데에는 적합할 수 있겠지만, 여러분이 하나님 앞에 나아가서 정말 간절하게 기도하고자 할 때에는 기도문을 치우고, 마치 달궈진 쇠를 망치로 칠 때에 튀는 불꽃들처럼 여러분의 영혼에서 가장 먼저 튀어나오는 말로 하나님께 호소하여야 합니다. 사람의 심령이 슬픔으로 들끓어 오를 때에는, 마치 베수비오(Vesuvius) 화산에서 용암이 터져 나와서 앞에 있는 모든 것을 태우고 지나가듯이, 기도가 그 사람의 영혼에서 저절로 흘러나오게 됩니다. 이것이 기도하는 방법입니다. 하나님께서 우리를 도우셔서 우리의 영혼으로부터 기도가 나올 수 있게 해주시기를 빕니다. 그런 기도는 지존자 앞에서 아름답습니다. 그럴 때에 그 기도가 어떤 형태를 띠는지는 중요하지 않습니다.

어떤 사람은 이렇게 말합니다: "그렇군요. 하지만 내 궁핍함이 너무 심해서, 하나님이 내 기도를 무시하시지는 않을까 걱정이 됩니다. 길거리에 거지가 동전 한 닢을 구걸한다면 원하는 것을 얻을 수 있을 겁니다. 심지어 은화를 구걸한다고 해도 아마 얻을 수 있을 것입니다. 그러나 천 파운드 수표를 구걸한다면, 길거리 모퉁이에 아주 오랜 시간 서 있어도, 아마 그런 수표를 줄 사람을 만나기 어려울 것입니다. 목사님, 나는 큰 것들을 구하는 기도를 합니다. 내 양심이 구주의 피로 깨끗하게 씻음을 받아야 하기 때문입니다. 내게는 나의 본성을 새롭게 해주실 성령이 필요합니다. 나는 삼위일체 하나님이 다 오셔서 나를 복 주시기를 기도합니다. 내게는 천국 자체가 필요합니다. 거기에 미달하는 것으로는 나는 만족할 수 없습니다. 그런데 어떻게 내가 그런 큰 것들을 구하는 내 기도가 응답되기를 기대할 수 있겠습니까?" 사랑하는 자들이여, 여러분은 큰 약속들을 놓고서 크신 하나님, 크신 구주와 상대하고 있습니다. 자기가 큰 것들을 구하는 것에 대하여 걱정하지 마시고, 도리어 여러분이 "이스라엘의 거룩하신 이"(시 78:41)를 제한하고 있는 것은 아닐까 걱정하십시오. 여러분의 입을 넓게 벌리십시오. 하나님께서 반드시 채워 주실 것입니다.

어떤 사람은 이렇게 탄식할지 모릅니다: "내 믿음은 아주 약하기 때문에, 하나님이 내 기도를 멸시하시는 것은 당연한 일입니다. 만일 내게 더 큰 믿음이 있다면, 그때에는 하나님이 내 기도를 들어주실 것입니다." 글쎄요. 그러나 하나님께서는 그 어디에서도 자기가 작은 믿음을 멸시하신다는 말씀을 하신 적이 없습니다. 여러분은 성경에서 "나는 상한 갈대를 짓밟고 꺼져가는 등불을 꺼버릴 것이다"라고 말씀하시는 구절을 본 적이 있습니까? 여러분은 그런 성경 구절을 읽으신 적이 있는지 몰라도, 나는 그런 구절을 본 적이 없고, 도리어 성경 전체는 정반대로 말씀하고 있습니다: "그는 목자 같이 양 떼를 먹이시며 어린 양을 그 팔로 모아 품에 안으시며 젖먹이는 암컷들을 온순히 인도하시리로다"(사 40:11). 가난하고 연약한 자들은 하나님이 거절하시는 대상이 아니라, 도리어 돌보시는 주된 대상입니다. 만일 하나님께서 겨자씨를 뭉개 버리시고 짓밟아 버리셨다면, 겨자씨로부터 자라난 나무가 어떻게 있을 수 있겠습니까? 만일 하나님께서 작은 것들을 멸시하셨다면, 큰 것들이 어떻게 있을 수 있겠습니까? "보라 네 왕이 네게 임하시나니 그는 … 겸손하여서 나귀를 타시나니 나귀의 작은 것 곧 나귀 새끼니라"(슥 9:9). 그가 오셨을 때, 어린아이들이 그의 주위에 모여들어서 "호산나"라고 외쳤습니다. 보십시오. 그는 그 어린아이들을 꾸짖지 않으셨습니다. 도리어, 그는 "주의 대적으로 말미암아 어린 아이들과 젖먹이들의 입으로 권능을 세우심이여 이는 원수들과 보복자들을 잠잠하게 하려 하심이니이다"(시 8:2)라고 말씀하셨습니다. 여러분의 믿음은 어린아이와 같습니다. 하나님께서는 결국 여러분의 믿음을 장성한 믿음으로 자라게 하실 것이지만, 지금에 있어서도 여러분의 연약함을 결코 멸시하지 않으시고, 도리어 사랑스러운 눈길로 바라보시며, 여러분의 기도를 들으십니다.

이 자리 어딘가에는 23년 전의 나와 똑같은 상태에 처해 있는 젊은이가 앉아 있을 것입니다. 그는 하나님 앞에서 남몰래 울며 은혜를 주시라고 기도하는 법을 배웠습니다. 그러나 그는 아직 은혜를 받지는 못했고, 그래서 다 포기해 버리고 싶은 유혹을 느낍니다. 사랑하는 형제여, 이 말씀에 귀 기울이십시오: "여호와께서 빈궁한 자의 기도를 돌아보시며 그들의 기도를 멸시하지 아니하셨도다." 예수를 바라보며 계속해서 울며 기도하십시오. 당신은 당신의 빈궁한 영혼에 필요한 모든 것들을 얻게 될 것입니다. 하나님께 기도하는 법을 배워 기도하고 있는 당신은 이제 머지않아 당신의 기도에 응답하심으로써 "빈궁한 자"의 영혼을 결코 멸망하도록 내버려 두지 않으신 하나님을 찬송하고 송축하는 법도 배우게 될 것입니다. 하나님께서 바로 지금 당신을 찾아오셔서 평안을 주시기를 빕니다!

4. 넷째로, 본문은 영적 거지에게 큰 위로가 되는 보증을 해줍니다.

우리가 마지막으로 살펴볼 대지는 오늘의 본문은 빈궁한 거지에게 지극히 큰 위로가 될 수 있는 약속을 해주고 있다는 것입니다: "여호와께서 빈궁한 자의 기도를 돌아보시며." 사랑하는 자들이여, 우리는 성경에 있는 것은 무엇이든지 다 하나님의 무오한 진리로 받아들입니다. 하나님이 말씀하셨다면, 우리는 그것을 의심하지 않습니다. 하나님께서 그렇다고 하시면 그런 것입니다. 다른 사람들은 성경의 영감설을 의심할지 모르지만, 우리는 아직 거기까지 가지는 않았습니다. 가난하고 빈궁한 죄인들이여, 성경이 하나님의 감동으로 된 것이라고 믿는다면, "여호와께서 빈궁한 자의 기도를 돌아보시며 그들의 기도를 멸시하지 아니하셨도다"라는 구절도 믿으십시오. 이 본문과 관련해서 내가 여러분에게 말하고 싶은 것이 있는데, 그것은 하나님께서는 자신이 빈궁한 죄인들의 기도를 기꺼이 들으신다는 것을 그들이 결코 의심하지 않도록 하시기 위하여 이 구절을 기록해 놓으셨고 거기에 아주 특별한 설명을 덧붙여 놓으셨다는 것입니다. 나는 18절에 나오는 그 설명을 여러분에게 읽어드리고자 합니다: "이 일이 장래 세대를 위하여 기록되리니 창조함을 받을 백성이 여호와를 찬양하리로다." 여러분이 보시듯이, 하나님께서는 자기가 빈궁한 자의 기도를 돌아보실 것이라고 말씀하셨을 뿐만 아니라, 가련한 영혼이 의심과 두려움 가운데에 있을 때에 글로 기록된 하나님의 약속을 볼 때에 가장 안심할 수 있을 것이기 때문에 "이 일이 기록될" 것이라는 말씀을 덧붙여 놓으셨습니다. 하나님께서는 그들의 기도를 돌아보실 것이라고 말씀하시고서는, 이것을 그들이 단지 귀로 들을 뿐만 아니라 눈으로 보게 될 것이라고 말씀하십니다. "이 일이 기록되리니"라는 말씀을 보십시오. 이 말씀은 하나님의 감동을 받은 붓에 의해 씌어져서 여러분의 눈 앞에 있기 때문에 의심이 있을 수 없습니다. 성경은 "이 일이 장래 세대를 위하여," 즉 여러분을 위하여 "기록되리니"라고 말씀합니다. 하나님께서 빈궁한 자의 기도를 들으실 것이라는 말씀은 단지 다윗 시대나 히스기야 시대에만 참이었던 것이 아니기 때문에, "이 일이 장래 세대를 위하여," 즉 여러분과 여러분의 자손들을 위하여 "기록된" 것입니다. 이 말씀이 기록되게 하신 하나님의 이름을 송축합니다! 나는 여러분이 다음 번에 무릎을 꿇고 기도할 때에는 성경을 펼쳐놓고서 이 절을 손가락으로 가리키면서 이렇게 기도하시기를 권합니다: "주여, 주께서는 그렇게 하시겠다고 말씀하셨을 뿐만 아니라, 이렇게 기록해 놓기까지 하셨습니다. 보십시오, 여기에서 분명히 주께서는 '이 일이 장래 세대를 위하여 기록되리니'라고 말씀하셨습니다. 글로 기록된 이 약속을 내게 이루어주소서." 어떤 사람이 내가 직접 쓴 것을 가져와서는, "당신이 내게 약속하고서 이렇게 글로 기록해 놓기까지 하였소"라고 말한다면, 나는 그 약속에서 결코 발뺌할 수 없을 것입니다. 그런데 하물며 하나님께서 "이 일이 장래 세대를 위하여 기록되리니"라고 말씀해 놓으시고는 그 약속에서 발뺌하실 수 있으시겠습니까? 당연히 하나님은 자신의 약속을 반드시 지키실 것입니다. 아무것도 가진 것이 없어서 빈궁한 죄인들이여, 담대하게 구하십시오. 하나님께서 여러분의 기도를 들으실 것입니다.

또한, 주 예수 그리스도께서 이 땅에 계실 때에 빈궁한 자들을 자신의 친구로 삼으시곤 하셨다는 것을 기억하십시오. "모든 세리와 죄인들"이 예수께서 하시는 "말씀을 들으러 가까이"(눅 15:1) 나아오자, 바리새인과 서기관들은 "이 사람이 죄인을 영접하고 음식을 같이 먹는다"(눅 15:2)고 수군거렸습니다. 그리스도께서는 종종 바리새인의 집에도 가서서 함께 식사하셨지만, 거기에 계시는 동안에도 그의 마음은 자기 뒤로 와서 눈물로 자신의 발을 씻어주고 머리털로 닦아주고 있던 가엾은 여인에게 가 있었습니다. 왜냐하면, 그리스도의 마음은 늘 곤궁한 죄인들에게 가 있었기 때문입니다. 자기 자신을 의롭다고 여기는 자들에 대해서는 그리스도께서는 진노하시는 눈길로 바라보셨습니다. 그래서 그런 자들에게는 "화 있을진저 외식하는 서기관들과 바리새인들이여"(마 23:13)라고 말씀하셨지만, 자신의 죄를 인정하는 가련한 죄인들에 대해서는 늘 자애로우신 눈길로 바라보셨습니다. 그리스도께서는 그런 죄인들을 기꺼이 기쁜 마음으로 받아들이셨습니다. 사실, 잃어버린 자들을 찾아서 구원하시는 것이야말로 그리스도께서 이 땅에 계실 때에 하신 일이었습니다. 그러므로 그리스도 앞에 나아오는 것을 두려워하지 마십시오. 예수께서는 잔치를 배설하시고서는 부자 친구들이나 아는 사람들을 부르신 것이 아니라, 가난한 자들과 다리 저는 자들과 눈 먼 자들, 곧 보답할 힘이 없어서 그를 영원히 사랑하게 될 자들을 데려오게 하셨습니다. 그리고 여러분도 그런 자들에 속합니다. 그리스도 앞에 나아오십시오. 여러분은 반드시 환영을 받게 될 것입니다. 예수께서는 이 땅에 계실 때에 그 누구도 내치지 않으셨고, 지금도 자기에게 오는 자는 그 누구도 내치지 않으실 것입니다.

기도와 관련해서 여러분이 기억할 것은 하나님은 죄인들이 기도하는 것을 들으시는 것을 좋아하신다는 것입니다. 하나님께서 우리에게 어떻게 기도해야 하는지를 가르치신 것으로 보아서, 우리는 그것을 확신할 수 있습니다. 성경에는 하나님께서 죄인들에게 자기에게 나아와서 어떻게 말하라고 직접 가르쳐 주시는 그런 대목도 나옵니다: "너는 말씀을 가지고 여호와께로 돌아와서 아뢰기를 모든 불의를 제거하시고 선한 바를 받으소서 우리가 수송아지를 대신하여 입술의 열매를 주께 드리리이다"(호 14:2). 이렇게 하나님께서는 우리에게 어떻게 기도해야 하는지를 가르치시는 것으로 보아서 기도를 정말 좋아하시는 것이 틀림없습니다. 그러므로 성령 하나님께서 여러분에게 가르쳐 주신 대로 더듬더듬 자신의 속마음을 쏟아놓기를 두려워하지 마십시오.

하나님께서는 지금까지 죄인의 기도를 멸시하신 적이 없습니다. 성경에 나오는 역사들을 샅샅이 뒤져서, 하나님께서 죄인을 단 한 명이라도 배척하신 적이 있으신 지를 살펴보십시오. 여러분의 친척들과 지인들 중에서 하나님께 은혜를 구하러 갔다가 퇴짜를 맞고 돌아온 사람이 단 한 사람이라도 있는지를 찾아보십시오. 이 땅에서 구원받은 사람들에게 물어보면, 그들은 다 한결같이 하나님께서는 그들을 무한하신 사랑과 긍휼하심으로 받아 주셨다고 말할 것입니다. 하늘에 있는 흰 옷 입은 자들에게 물어보면, 그들은 다 한결같이 자신들도 여러분처럼 빈궁한 자들이었다고 말할 것입니다. 그들은 빈궁한 자로 하나님 앞에 나아갔지만, 하나님께서는 그들을 멸시하지도 않으셨고, 그들의 기도를 무시하지도 않으셨다고 말할 것입니다.

여러분이 두려워 떤다면, 나는 여러분의 손을 잡고서, "사랑하는 형제여, 나와 함께 하나님 앞에 나아갑시다"라고 말하고 싶습니다. 나는 기꺼이 그렇게 하겠습니다. 내게는 천국의 소망이 있고, 이 아침에 나는 그 소망이 무엇인지를 여러분에게 말하고자 합니다. 나는 지금도 이 자리에 계신 분들과 마찬가지로 내 자신의 의가 완전히 결여되어 있는 빈궁한 자입니다. 내 눈은 저 저주받은 나무에 달리신 주 예수께 고정되어 있습니다. 거기에 나를 대신하여 죽으신 분이 계시고, 나는 그를 의지하고 오직 그만을 의지합니다. 여러분이 하나님의 성령을 힘입어서 즉시 여러분 자신과 여러분의 참상으로부터 눈을 돌려 죄인의 구주이신 그리스도 예수를 바라볼 수 있게만 된다면, 여러분은 바로 이 아침에 여러분의 마음과 생각을 지켜줄 하나님의 평안, 우리의 모든 지각을 뛰어넘는 평안을 얻게 될 것이고, 여러분이 구원받았다는 사실을 알게 될 것입니다.

이제 나는 한 가지만 더 말씀을 드리고 끝마치고자 합니다. 여러분이 이미 눈치를 채셨겠지만, 이 절 전체는 시온을 건설하는 것과 연결되어 있습니다. 그러므로 하나님께서 빈궁한 자의 기도를 들으시는 것과 시온을 건설하시는 것, 이 두 가지는 서로 일정 정도 연결되어 있음에 틀림없습니다. 즉, 교회가 "빈궁한 자"로서 하나님 앞에 나아갈 때에만, 교회는 큰 부흥을 기대할 수 있고, 세상이 회심하여 그리스도께로 돌아오는 것을 기대할 수도 있다는 것입니다. 우리는 하나님께 구할 때에, 여전히 우리가 여러 목회자들과 상당수의 부유한 평신도들, 꽤 많은 교회 재산과 상당한 정도의 권세와 영향력을 지닌 매우 존경받는 그리스도인 공동체라고 느끼고 있는 것은 아닌지 걱정이 됩니다. 여러분은 "나는 부자이고 재물이 많습니다"라고 말합니다. 그러나 그런 말이 사실은 여러분이 빈궁하다는 것, 즉 여러분이 벌거벗었고 가난하며 비참하다는 것을 보여주는 증표일 수 있습니다. 그러나 우리가 낮아져서 우리 자신이 아무것도 아니고 하찮은 존재라고 느낀다고 하더라도, 거기에서 머문다면, 우리는 한 영혼도 구원할 수가 없을 것입니다. 우리가 하나님의 은혜로 말미암아 우리 자신이 물처럼 연약하다는 것을 알고, 하나님의 성령의 능력 없이는 철저하게 무력한 자일 수밖에 없다는 것을 인정하고서 하나님 앞에 나아갈 때, 하나님께서는 그의 영광 중에 나타나실 것입니다. 그리고 그럴 때에만 빈궁했던 교회가 하나님의 부요하심으로 부요하게 되고, 하나님의 힘으로 힘 있어지며, 하나님의 능력으로 승리하게 될 것입니다. 우리는 낮아져야 합니다. 나는 여러 교단들이 서로 교세가 가장 큰 교단이 되기 위해서 지나치게 경쟁하는 모습을 봅니다. 교단들은 우리의 교세는 어떻고, 다른 교단들의 교세는 어떻고 하며 정말 이해하기 힘든 언행을 보이고 있습니다. 그러나 형제들이여, 우리는 가난하고 무가치한 죄인들의 무리일 뿐이고, 지금 우리에게 있는 모든 것은 하나님께서 주권적인 은혜로 우리에게 주신 것일 뿐입니다. 그리고 우리가 하는 하나님의 일들은 우리의 능력이나 힘에 의해서가 아니라 성령으로 말미암아 이루어져야 합니다. 우리가 이것을 알 때에야 비로소 시온은 건설될 것입니다. 하나님께서 우리로 그렇게 될 수 있게 해주시기를 빕니다.

제
94
장

—

우리를 긍휼히 여기시는
자애로우신 하나님

—

"아버지가 자식을 긍휼히 여김 같이 여호와께서는 자기를
경외하는 자를 긍휼히 여기시나니 이는 그가 우리의 체질을
아시며 우리가 단지 먼지뿐임을 기억하심이로다."
— 시 103:13-14

다윗은 하늘에 계신 우리 아버지는 우리에 대하여 연민의 정을 지니고 계시기 때문에 우리를 긍휼히 여기셔서 언제까지나 꾸짖으시거나 영원히 노를 품으시는 분이 아니시라고 노래하였습니다. 다윗은 자신의 경험을 토대로 해서, 하나님은 쉽게 노하시지 않으시고 도리어 긍휼이 풍성하시다는 것을 증명했습니다. 하나님께서는 우리가 얼마나 연약하고 부서지기 쉽다는 것을 아시기 때문에, 자신의 약하고 죄악된 자녀들에 대하여 오래 참으시고 용납하시며, 마치 아기를 돌보는 유모처럼 그들에 대하여 온유하십니다. 우리는 우리 자신이 보고 들은 바로도 이것이 참되고, 매일매일의 우리의 경험상으로도 다윗이 노래한 것이 지극히 참되다는 것이 증명되지만, 우리를 향하신 하나님의 오래 참으심과 긍휼히 여기심은 "신성의 모든 충만이 육체로 거하신"(골 2:9) 그리스도의 삶 속에서 가장 분명하게 나타났습니다. 그러므로 나는 섭리 속에 나타난 하나님의 오래 참으심에 대하여 말하는 대신에, 여러분에게 그리스도 예수 안에서 하나님

을 보고, 거기에서 하나님이 인간의 연약함과 어리석음을 얼마나 불쌍히 여기셨는지를 알라고 말하고자 합니다. 나는 구약에 나오는 한 본문을 통해서 여러분을 곧장 신약으로 데려가서, 하나님의 아들이 자신의 최측근 제자들인 사도들에 대하여 보이신 온유하심과 겸손하심을 통해서 아버지 하나님께서 우리에 대하여 어떻게 자애로우시고 우리를 불쌍히 여기셨는지를 드러내고자 합니다. 이렇게 예수 그리스도께서 자신과 함께 했던 제자들을 얼마나 불쌍히 여기셨는지를 성령께서 여러분에게 보여주실 때, 여러분은 예수 그리스도께서 여러분을 얼마나 불쌍히 여기시는지를 거울을 보듯이 분명하게 보게 될 것입니다.

1. 첫째로, 우리 주 예수께서 사도들에 대하여 보여주신 거룩한 인내를 살펴보겠습니다.

먼저 우리는 경외심을 가지고서 예수 그리스도께서 사도들에 대하여 어떠한 신적인 인내심을 보여주셨는지를 주의 깊게 살펴보고자 합니다. 나는 여러분에게 사도들의 출신을 상기시키는 것으로 시작하고자 합니다. 그리스도께서 부르셔서 자기와 친밀한 교제를 갖도록 허락하신 사도들은 누구였고 어떤 사람들이었습니까? 그들은 세상에서 힘 있고 명망 있는 가문에서 태어난 사람들이 아니었습니다. 성경은 "형제들아 너희를 부르심을 보라 육체를 따라 지혜로운 자가 많지 아니하며 능한 자가 많지 아니하며 문벌 좋은 자가 많지 아니하도다"(고전 1:26)라고 말씀합니다. 사도들 중에는 귀족은 단 한 명도 없었습니다. 심지어 그들은 교육조차 받지 못한 사람들이었습니다. 그렇지만 가난한 그들은 서민의 수수한 옷 아래에 온유하고 따뜻한 마음을 지닌 사람들이었습니다. 사도들 중에는 랍비나 철학자도 없었습니다. 그들은 팔레스타인의 여느 서민들처럼 교육을 받지 못한 촌스러운 사람들이었습니다. 그리스도께서는 서민들 중에서 사도들을 택하셨습니다. 그들은 어부였거나 세리였는데, 그리스도께서는 그들을 복음을 전파하고 그의 나라를 세우기 위한 첫 번째 도구들로 삼으셨습니다. 하늘의 보좌들과 왕권에 익숙하셨던 우리 주 그리스도께서 자신을 낮추셔서 사람들과 친구가 되셔서 친밀한 교제를 나누셨다는 사실만으로도, 그것은 놀라운 겸비였습니다! 그런데 그리스도께서는 거기에서 한 걸음 더 나아가 사람들 중에서도 약하고 가난하며 멸시 받는 자들을 자신의 친구로 삼으셨으니, 내가 무슨 말을 할 수 있겠습니까? 그리스도께서는 얼마든지 최고로 고상한 인품을 지닌 사람들,

최고의 뛰어난 지성들, 박학다식한 사람들을 자신의 친구로 택하실 수도 있으셨을 것입니다. 그러나 그는 이 세상의 지혜가 얼마나 미련한 것인지를 보여주시고, "세상의 없는 것들을 택하사 있는 것들을 폐하고자" 하셨습니다(cf. 고전 1:27-28). 나는 사도들이 촌스러웠다는 것, 즉 그들이 둔하고 무지하였다고 말하는 것을 주저하지 않습니다. 그들은 아주 정직하고 진실했지만, 똑똑하고 영리한 것과는 거리가 멀었습니다. 우리 주님께서는 사람들을 택하시는 절대 주권이 하나님께 있다는 것을 보여주시고, "아무 육체도 하나님 앞에서 자랑하지 못하게"(고전 1:29) 하시려고, 의도적으로 그런 사람들을 사도로 택하셨습니다. 그리스도께서는 그들을 하나님의 성령으로 충만하게 하셔서 이방인들에게 자신의 이름을 전하는 택하신 그릇들로 삼으셨을 때에, 그 누구도 그들에게서 나타나는 능력을 그들에게 돌릴 수 없게 하고, 모든 영광을 오직 하나님께 돌릴 수밖에 없게 하시기로 작정하신 것입니다. 아울러, 우리는 주 예수께서 그러한 제자들을 감당하시느라 많이 힘드시고 괴로우셨을 것이 틀림없다는 것을 잊지 않아야 합니다. 고결한 영혼이 상스러운 자들을 지속적으로 접촉해야 하는 것은 괴로운 일일 수밖에 없습니다. 그러한 괴로움을 감상적인 것이라고 말하는 사람들도 있지만, 그런 사람들은 단지 자신의 무지를 드러내는 것일 뿐입니다. 왜냐하면, 섬세하고 순수하며 거룩하고 고결한 영혼이 천박하고 이기적이며 죄악되고 물질을 탐하는 자들과의 접촉을 통해 받는 충격과 상처보다 더 쓰라리고 고통스러운 것은 없을 것이기 때문입니다. 우리 주님이 보여주신 인내심이 대단하셨다는 것은 자신의 형편없는 친구들에 대하여 조금도 역겨워하시거나 넌더리를 내지 않으셨다는 데에 있습니다. 그리스도께서는 무리들에게 "믿음이 없고 패역한 세대여 내가 얼마나 너희와 함께 있으며 얼마나 너희에게 참으리요"(마 17:17)라고 말씀하셨던 것처럼 사도들에게도 얼마든지 그렇게 말씀하실 수 있으셨는데도, 아무런 불평 없이 그들을 감당하셨고, 단지 가끔씩 그들을 꾸짖으시기만 하셨습니다. 그들은 모든 면에서 정말 형편없는 자들이었지만, 그리스도께서 그들을 그런 식으로 바라보시고서 경멸하신 적은 단 한 번도 없으셨습니다. 그는 그들을 친구라 부르셨습니다. 그가 그들에게 천국의 비밀들을 말해 주었을 때에 그들은 그 의미를 잘 이해하지 못하는 경우가 많긴 하였지만, 그는 마치 그들이 그 비밀들을 이해할 수 있는 양 그들에게 비밀들을 말씀해 주셨습니다. 그는 그들을 자신이 무리들을 떠나서 홀로 머물곤 하셨던 가장 은밀한 곳들로 데려가셨습니다. 사도들은 그리스도께서 홀로 쉬시며 기도하곤 하셨던 감람산과 그 동산에도 따라가는 것이 허락되었습니다. 그는 그들에게 어떻게 기도해야 하는지를 가르치시기 위하여 자신의 기도를 중단하시기까지 하셨습니다. 그들을 위한 것이라면 그가 하시지 않은 것은 없었습니다. 그는 그들을 있는 그대로 받아들이셔서, 그를 섬길 수 있도록 훈련시키기로 작정하셨습니다. 그는 일단 그들을 사랑하시자 끝까지 사랑하셨습니다. 그는 결코 그들로 하여금 그의 놀라운 위엄에 벌벌 떨게 만들지 않으셨고, 그들과 그가 너무 다르다는 것을 느끼고 두려워 떨게 만들지도 않으셨습니다. 그는 그들이 저지른 잘못들을 다 기록해 놓으시지도 않으셨고, 그들의 단점들을 열거하지도 않으셨습니다. 그가 친히 그들에게 보여 주신 완전한 모범이 바로 그들에 대한 그의 주된 책망이었습니다. 그리고 그는 언제나 그들을 자신의 친구이자 형제로 대하셨습니다. 이런 것들을 생각해 보시면, 여러분은 "아버지가 자식을 긍휼히 여김 같이 여호와께서는 자기를 경외하는 자를 긍휼히 여기신다"는 것을 그리스도 예수에게서 분명하게 알게 될 것입니다.

　　그리스도께서는 사도들이 잘 깨닫지 못하는 것을 보시고서도 많이 참아 주셨습니다. 오순절 이전의 사도들은 아주 잘못되고, 영적이지 않은 판단을 많이 했습니다. 그래서 그리스도께서는 그들에게 "미련하고 선지자들이 말한 모든 것을 마음에 더디 믿는 자들이여"(눅 24:25)라고 말씀하실 수밖에 없으셨습니다. 성령께서 그들에게 임하셔서 그들로 하여금 잘 깨닫게 만들어 주실 때까지, 그들의 선생은 최고였지만, 그들은 보기에도 딱한 열등생들이자 우둔한 학생들이었습니다. 그들은 그리스도께서 어떤 사명을 띠고 이 땅에 오셨는지를 알지 못했습니다. 그들은 그가 왕이 되고자 오신 것이라고 제멋대로 상상하고서는, 자신들이 높은 관직과 영예를 얻을 것으로 기대하고, 미리부터 전리품을 어떻게 나눌지를 놓고 다투기 시작하였으며, 장차 그가 세우실 나라에서 그들 중에서 누가 최고의 관직에 오를 것인지를 놓고서 논쟁을 벌이기도 하였습니다. 그들이 높은 관직에 오를 꿈을 꾸고 있는 동안에, 그리스도께서는 고난과 죽음을 생각하고 게셨습니다. 심지어 세베대의 아들들의 어머니는 그리스도께서 장차 나라를 세우시면 자신의 한 아들은 그의 오른편에, 다른 한 아들은 그의 왼편에 앉게 해 달라고 요구하기도 하였습니다. 자신의 아들들의 묵인 하에 이루어진 이 어머니의 청탁은 그리스도의 나라에 대한 큰 오해에서 나온 것임과 동시에, 자신의 아들들을 다른 제자들보다 더 높은 자리에 앉혀야 하겠다는 교만하고 이기적인 마음에서 나온 것이기도 합니다. 그리스도께서는 그들이 알아들을 수 있도록 아주 평이한 말로 자기가 고난을 받아야 할 것에 대하여 말씀하였지만, 그들은 그 말씀을 전혀 이해하지 못했습니다. 누가복음 9장 43절에서 45절까지에 나오는 말씀을 보겠습니다: "그들이 다 그 행하시는 모든 일을 놀랍게 여길새 예수께서 제자들에게 이르시되 이 말을 너희 귀에 담아 두라 인자가 장차 사람들의 손에 넘겨지리라 하시되 그들이 이 말씀을 알지 못하니 이는 그들로 깨닫지 못하게 숨긴 바 되었음이라 또 그들은 이 말씀을 묻기도 두려워하더라." 하나님의 아들이자 이스라엘의 왕이신 분이 장차 중죄인이 달리는 십자가 위에서 왕으로 선포되리라는 것은 그들에게는 전혀 이해될 수 없는 일이었습니다. 그들은 그리스도께서 이 땅에 나라를 세우시고 다스리실 것이라는 생각을 계속해서 집요하게 붙잡고 있었습니다. 그리스도께서 "삼가 바리새인과 사두개인들의 누룩을 주의하라"(마 16:6)고 말씀하시자, 그들이 떡을 가져오지 않은 것을 언급하시는 것이라고 생각한 그들의 무지는 또 얼마나 이상합니까? 또한, 주님께서 아버지 하나님에 대하여 말씀하고 계시는데도, "주여 아버지를 우리에게 보여 주옵소서 그리하면 족하겠나이다"(요 14:8)라고 말했던 빌립의 아둔함을 생각해 보십시오. 그리고 "주여 주께서 어디로 가시는지 우리가 알지 못하거늘 그 길을 어찌 알겠사옵나이까"(요 14:5)라고 말한 도마의 어리석음은 또 어떠합니까? 그리스도께서는 자기가 성령 강림 이전에 그들에게 많은 진리들을 분명하게 가르칠 수 없으셨던 이유를 이렇게 말씀하셨습니다: "내가 아직도 너희에게 이를 것이 많으나 지금은 너희가 감당하지 못하리라"(요 16:12). 심지어 그리스도께서 "조금 있으면 너희가 나를 보지 못하겠고 또 조금 있으면 나를 보리라 … 내가 아버지께로 감이라"(요 16:16-17)고 아주 쉽게 말씀하셨을 때에도, 그들은 깨닫지 못하였습니다. 그래서 그는 그들에게 "내 말이 조금 있으면 나를 보지 못하겠고 또 조금 있으면 나를 보리라 하므로 서로 문의하느냐"(요 16:19)고 그들에게 말씀하셨습니다. 그리스도께서는 아주 쉽게 말씀하셨기 때문에 당연히 그들은 그 말씀을 이해했어야 했지만, 그들의 선입견과 편견이 그들의 눈을 멀게 만들어 버린 것입니다. 이런 일은 그들이 그를 따라다니던 초기에만 국한된 것이 아니었습니다. 우리 주님이 무덤에서 다시 살아나신 후에도, 엠마오로 가는 길에서 그와 대화를 나눈 제자들은 다른 제자들에 비해 결코 지각이 뒤떨어지지 않은 자들이었을 텐데도 여전히 선지자들이 그리스도를 언급한 말씀들을 이해하지 못하였기 때문에, 그의 부활로 말미암아 선지자들이 옛적에 예언했던 말씀들이 분명하게 성취되었다는 사실도 깨달을 수 없었습니다. 선입견과 편견이 그들의 눈을 가려서, 그들은 눈앞에 뻔히 보이는 것조차도 볼 수가 없었습니다. 선생들은 그런 학생들에 대하여 서서히 지쳐가는 것이 보통이지만, 무한한 사랑은 무한한 인내를 낳는 법이기 때문에, 그들이 아무리 잘 깨닫지 못한다고 해도, 그리스도께서는 계속해서 그들을 가르치셨습니다. "아버지가 자식을 긍휼히 여김 같이 여호와께서는 자기를 경외하는 자를 긍휼히 여기시나니."

　　나의 형제들이여, 사도들이 자주 보여주었던 복음적이지 않았던 심령을 다시 한 번 깊이 숙고해 보십시오. 한 번은 어떤 사마리아인들이 예루살렘을 향하여 결연히 가고 계셨던 구주를 받아들이려 하지 않자, 온유하고 점잖은 사도 요한조차도 하늘로부터 불이 내려 그들을 죽이도록 기도하는 것을 허락해 주시라고 요청했습니다. 죄인들의 친구이신 예수께서 어떻게 하늘로부터 불이 내려 사람들을 죽여 주시라고 기도하실 수 있으시겠습니까? 그런 기도는 엘리야에게는 어울릴지 모르겠지만, 온유하시고 겸손하신 평화의 왕께서 행하시는 방식은 아니었습니다. 그것은 그의 모든 의도에 정말 낯선 것이었고, 그의 영혼 전체에 반하는 것이었습니다. 그런데도 두 명의 우레의 아들들은 주님의 대적들에게 하나님이 벼락을 내려 죽여 주시기를 바랐습니다. 스루야의 아들들이 격분해서 그들의 지도자인 다윗에게 대적하는 어리석은 원수들을 죽여 버리려고 했을 때에 다윗이 그랬던 것처럼, 그리스도께서는 얼마든지 "세베대의 아들들아 내가 너희와 무슨 상관이 있느냐"(cf. 삼하 16:10)고 말씀하실 수 있으셨지만, 그저 "너희는 너희가 어떤 영을 지녔는지 알지 못하고 있도다"(눅 9:55 KJV, 한글개역개정에서는 번역되지 않음)라고만 말씀하셨습니다. 제자들의 실수와 잘못들로 도배가 되어 있는 누가복음 9장을 읽어 보십시오. 거기에는 요한을 비롯한 제자들이, 예수의 이름으로 귀신들을 내쫓고 있던 어떤 사람에게 그런 일을 하는 것을 금한 사건이 나옵니다. 그들은 자신들 외에도 주님의 능력을 힘입어서 마귀의 세력을 쫓아내는 사람들이 있다는 것을 기뻐하기는커녕, 정통주의의 울타리 밖에 있는 그 어떤 것도 용납하고자 하지 않는 지독하게 편협하고 독선적인 영을 가지고서, "선생님 우리를 따르지 않는 어떤 자가 주의 이름으로 귀신을 내쫓는 것을 우리가 보고 우리를 따르지 아니하므로 금하였나이다"(막 9:38)라고 말합니다. 그런데도 주님께서는 그들에게 노하시며 그들의 편협함을 질책하시지 않으시고, "금하지 말라 내 이름을 의탁하여 능한 일을 행하고 즉시로 나를 비방할 자가 없느니라"(막 9:39)고 말씀하시며 온유하게 그들을 나무라시기만 하셨습니다. 또한, 제자들은 이스라엘의 어머니들이 자신의 사랑스러운 자녀들을 데려와서 구주의 축복을 받게 하고자 했을 때에 그들을 저지하였습니다. 이것은 그들의 지극히 비복음적인 영을 보여주는 일이었습니다. 또한, 그들은 아이들은 지극히 하찮은 존재들이기 때문에 주님께서 돌아보실 가치가 없다고 생각해서, 아이들이 주님을 부르며 귀찮게 따라오는 것도 저지하였습니다. 이때에도 주님은 제자들의 그런 행동을 몹시 못마땅해하셨지만, 단지 "어린 아이들이 내게 오는 것을 용납하고 금하지 말라 하나님의 나라가 이런 자의 것이니라"(막 10:14)고만 말씀하셨습니다. 그러나 나의 형제들이여, 상한 갈대도 꺾지 아니하시고 꺼져가는 등불도 끄지 아니하시는 우리 주님께서, 그의 이름을 부르며 따라오는 아이들을 쫓아 버리고, 나름대로 선한 일을 하고 있던 사람들의 입에 재갈을 물리며, 하늘로부터 불이 내려서 무지하여 죄를 범한 가엾은 죄인들을 죽여 버리겠다고 생각한 저 거친 사도들을 감당해내는 데에는 큰 인내심이 필요했을 것임에 틀림없습니다. 우리는 인내심 없는 사도들을 참아내신 그리스도를 찬양하고, "아버지가 자식을 긍휼히 여김 같이 여호와께서는 자기를 경외하는 자를 긍휼히 여기신다"는 것을 그리스도를 통해서 생생하게 깨달아야 합니다. 그리스도께서는 그들이 마음으로는 하나님을 경외한다는 것을 아셨고, 그들이 저지르는 잘못들은 반역하는 마음 때문이 아니라 연약함 때문이라는 것을 아셨던 까닭에, 그들을 긍휼히 여기실 수 있으셨습니다.

또한, 그들의 연약한 믿음 자체도 그리스도를 크게 노하시게 만드는 것이었음에 틀림없었을 것이지만, 그리스도께서는 그것도 지극히 온유한 마음으로 용납하시고 감당하셨습니다. 폭풍이 몰아치는 디베랴 바다에서 예수께서 비록 잠들어 계시긴 하였지만 그들과 함께 계셨기 때문에, 그들은 두려워하지 않았어야 했습니다. 그러나 그들은 너무 무섭고 놀란 나머지, 그리스도께서 지치셔서 잠을 주무시며 쉬셔야 한다는 것을 생각하지 않고, 깨우기에 급급했습니다. 속 좁고 믿음이 없었던 그들은 자신들이 위험에 빠졌는데도 주님이 아랑곳하지 않으시고 주무시는 것이 무정하고 야속한 처사라고 생각해서, "선생님이여 우리가 죽게 된 것을 돌보지 아니하시나이까"(막 4:38)라고 말했습니다. 이것은 얼마나 지독한 불신앙입니까! 그리스도께서는 얼마든지 진노하셨을 수도 있으셨을 텐데, 그들이 아니라 "바람"을 꾸짖어 바다를 잔잔하게 하시고서는, "어찌하여 이렇게 무서워하느냐 너희가 어찌 믿음이 없느냐"(막 4:40)라고 부드럽게 말씀하셨습니다. 하지만 이 일이 있은 지 얼마 되지 않아서 비슷한 상황에 처했을 때에도, 그들은 마땅히 그리스도를 믿고서 아무 걱정도 하지 않아야 했음에도 불구하고, 또다시 두려워하였습니다. 우리는 그런 사도들을 질책할 자격이 없습니다. 왜냐하면, 우리도 너무도 자주 그런 식의 반응을 보여 왔기 때문입니다. 예수께서는 폭풍이 부는 바다 위를 걸어서 그들에게 오셨고, 그들은 유령이라고 생각해서 두려워하며 소리를 질러댔습니다. 그들의 믿음은 너무나 연약해서 믿음이라고 하기보다는 불신앙이라고 하는 편이 더 어울릴 정도였습니다. 그때에 베드로에게 일어난 사건은 사도들 모두의 믿음이 어떠하였는지를 잘 보여줍니다. 베드로는 "주여 만일 주님이시거든 나를 명하사 물 위로 오라 하소서"(마 14:28)라고 말하고서는, "오라" 하시는 말씀에 과감히 바다에 발을 디디는 믿음을 보여주었지만, 평소보다 거센 바람에 놀라 무서워함으로써 바닷속으로 빠져들었습니다. 예수께서는 손을 내미셔서 베드로를 붙잡으시며, "믿음이 작은 자여 왜 의심하였느냐"(마 14:31)라고 온유하게 말씀하시며 아버지 같이 나무라셨을 뿐 노하지 않으셨습니다. 그는 마치 어머니가 자신의 아기에게 걷는 법을 가르칠 때에 아기가 조금 걷다가 넘어지려 할 때에 붙잡아주며 하는 그런 말처럼 말씀하신 것입니다.

　그들의 불신앙을 보여주는 또 하나의 사건을 살펴보겠습니다. 여러분이 기억하시듯이, 우리 주님께서 떡 다섯 개와 물고기 두 마리로 수많은 무리를 먹이신 사건이 있은 후 얼마 되지 않아서, 또다시 많은 무리가 굶주린 상태에 있게 되었습니다. 예수께서는 이번에도 지난 번과 거의 동일한 표현을 사용하셔서 사도들에게 무리들을 측은히 여기시는 자신의 마음을 나타내셨습니다. 이때에 사도들은 주님이 바로 얼마 전에 오천 명을 먹이신 것을 직접 본 후이기 때문에 이번에도 사천 명을 문제없이 먹이실 것이라고 믿고서 이렇게 말했어야 했을 것입니다: "주여, 지난 번에 하셨던 대로 하십시오. 여기 떡 일곱 개와 물고기 몇 마리가 있습니다. 지난 번에 떡 다섯 개로 오천 명을 먹이셨으니, 주께서 이번에 떡 일곱 개로 사천 명을 먹이실 수 있으시다는 것은 의심의 여지가 있을 수 없습니다." 그러나 그들은 그렇게 말씀드린 것이 아니라, "광야에 있어 우리가 어디서 이런 무리가 배부를 만큼 떡을 얻으리이까"(마 15:33)라고 말했습니다. 도대체 이런 불신앙이 어디 있습니까? 주님께서 오천 명을 먹이시는 것을 자신들의 두 눈으로 똑똑히 본 지가 얼마나 됐다고, 그들이 어떻게 이렇게 지독하게 의심할 수 있단 말입니까? 어떻게 그들이 주님께 "여기 이 광야에서 이 많은 사람들을 배불리 먹일 수 있겠습니까?'라고 말할 정도로 지독한 불신앙을 나타내보일 수 있단 말입니까? 구주께서 그들의 이러한 불신앙을 참으시고 감당하시느라 많이 괴로우셨을 것임에 틀림없습니다. 게다가, 그들은 자신들의 불신앙으로 말미암아 선한 일에 사용하였을 수도 있었을 많은 능력을 잃었고, 주님의 이름을 사람들의 조롱거리로 만들었습니다. 그리스도께서 변화산에서 내려오셨을 때에 한 무리의 사람들이 산자락에 모여 있는 것을 보셨는데, 그 사람들은 귀신이 들려서 고통을 당하고 있던 가엾은 한 아이에게서 귀신을 쫓아내려다 실패하고 당혹스러워하고 있던 제자들을 비웃고 있었습니다. 거기에는 비웃고 욕하는 무리들이 있었고, 창피해서 어쩔 줄 모르며 당혹해하는 제자들이 있었습니다. 주 예수께서는 귀신을 쫓아내심으로써 그 참담한 상황을 바로잡으셨고, 제자들과만 계실 때에 그들은 "우리는 어찌하여 쫓아내지 못하였나이까"(마 17:19)라고 물었습니다. 그러자 예수께서는 그들을 불쌍히 여기시며 다음과 같이 대답해주시며 격려해 주셨습니다: "너희 믿음이 작은 까닭이니라 진실로 너희에게 이르노니 만일 너희에게 믿음이 겨자씨 한 알 만큼만 있어도 이 산을 명하여 여기서 저기로 옮겨지라 하면 옮겨질 것이요 또 너희가 못할 것이 없으리라"(마 17:20). 불신앙은 사람들을 두려워 떨게 하고 강해야 할 때에 약해지게 만들 뿐만 아니라, 사람들로 하여금 주님의 이름과 명성에 대하여 의구심과 불신을 갖게 만들기 때문에, 지극히 거룩하신 주님께서 사도들 속에서 불신앙을 보셨을 때에 충분히 노하실 수 있는 일이었습니다. 그런데도 주님은 노하시지 않으셨습니다. 왜냐하면, "아버지가 자식을 긍휼히 여김 같이" 주님은 자신의 제자들을 긍휼히 여기셨기 때문입니다.

다시 한 번 말하지만, 그들은 단지 주님을 만나 함께한 초기에만 불신앙을 보여주었던 것이 아니었습니다. 초기에만 그랬다면 그래도 변명의 여지가 있을 수 있겠지만, 주님이 이 땅에 계시는 동안 마지막까지도 그들은 여전히 의심하는 자들이었습니다. 도마를 예로 들어보겠습니다. 그는 "내가 그의 손의 못 자국을 보며 내 손가락을 그 못 자국에 넣으며 내 손을 그 옆구리에 넣어 보지 않고는

을 높이 세우고서 그토록 기고만장하게 교만한 말을 하였는데도, 예수께서 그들에게 하신 모든 것은 그들을 긍휼히 여기시고 그들을 위해 기도하시며 그들의 무지와 무례함을 참고 감당하시는 것이었습니다. 그는 그들을 사랑하셨기 때문에 그들이 "단지 먼지뿐임을 기억하시고" 긍휼히 여기셨던 것입니다.

　　이제 나는 한 가지만 더 말씀드리고자 하는데, 그것은 그리스도께서 사도들의 연약함들을 참으시고 감당하셨다는 것입니다. 이것은 죄가 되지 않는 그들의 약점들만을 말하는 것이 아니라, 어느 정도는 죄가 개입되어 있는 그런 연약함들을 말합니다. 겟세마네 동산에서 그들이 보여준 연약함을 기억하십니까? 그리스도께서는 고민되어 거의 죽게 되셨고, 제자들 중에서 세 명을 택하셔서 자신의 수난 현장을 가까이서 보게 하셨습니다. 그러나 극심한 고통의 와중에서 그는 마치 그들로부터 위로의 말을 듣고자 하신다는 듯이 그들에게 오셨지만, 그들이 잠에 빠져 있는 것을 보시고서는, 이렇게 절박한 때에 "너희가 나와 함께 한 시간도 이렇게 깨어 있을 수 없더냐"(마 26:40)고 말씀하셨습니다. 그가 그렇게 말씀하셨을 때에 그의 심정은 과연 어떠하셨겠습니까? 주님께서 그토록 큰 고통 중에 계시는데도 그들이 태평하게 잠을 잘 수 있다니, 도대체 주님에 대한 그들의 사랑은 어디로 가버린 것입니까? 그런데도 주님은 "마음에는 원이로되 육신이 약하도다"(마 26:41)라고 온유하게 말씀하실 뿐이었습니다. 이것보다 더 어처구니없었던 일은 주님께서 잡히시자마자 평소에 그를 따르며 주와 함께 죽겠다고 큰 소리쳤던 모든 무리 중에서 주님 곁을 지킨 자는 아무도 없었고 모두 다 도망치고만 것이었습니다. 그 무리 중에서 그래도 가장 용감했다고 할 수 있는 베드로는 주님이 범죄자로 고소되어 심문을 받고 계시는 동안 바깥뜰에서 불을 쬐며 손을 녹이고 있다가 의심을 받자 "나는 네가 무슨 말을 하는지 알지 못하겠노라"(마 26:70)고 발뺌을 하기에 급급하였습니다. 그리고는 그런 것으로도 부족했던지, 나중에는 "저주하며 맹세하여 … 나는 그 사람을 알지 못하노라"(마 26:72, 74)고 말하기까지 하였습니다. 이것은 정말 비겁한 연약함을 드러내 보인 것이었고, 구주께서 진노하셔도 할 말이 없는 그런 행동이었습니다. 그러나 그리스도께서는 노하지 않으셨고, 단지 뒤돌아서 베드로를 보실 뿐이었습니다. 주님을 세 번씩이나 부인했던 가련한 베드로는 슬픔과 연민이 뒤섞인 주님의 표정을 보고서 밖으로 나가 심히 통곡하였습니다. 주님은 죽은 자들 가운데서 다시 살아나셨을 때에 베드로를 책망하신 것이 아니라, "가서 나의 제자들과 베드로에게 이르라"(막 16:7)고 천사를 통해 그에게 특별한 사랑의 메시지를 전하셨습니다. 베드로가 주님과 바닷가에 함께 있었을 때, 주님의 유일한 책망 — 이것도 책망이라고 할 수 있다면 — 은 "요한의 아들 시몬아 네가 나를 사랑하느냐"(요 21:16)라는 질문이었습니다. 주님은 베드로가 세 번 부인했다는 것을 고려하셔서, "주님 모든 것을 아시오매 내가 주님을 사랑하는 줄을 주님께서 아시나이다"(요 21:17)라는 대답을 세 번 할 수 있는 특권을 그에게 주시기 위하여 이 질문을 세 번이나 반복하셨습니다.

사랑하는 친구들이여, 사도들의 이러한 잘못들로 인해서 우리 주님이 겪으신 고통은 주님이 어떤 분이신가 하는 것과 그가 염두에 두었던 목적에 의거해서 평가되어야 한다는 말을 덧붙이는 것이 합당할 것입니다. 주님은 사람으로서 온전히 거룩하셨다는 것, 또한 그는 하나님이셨다는 것을 기억하십시오. 그러므로 사도들 같은 그런 가련한 존재들을 참으시고 감당하신 것은 주님의 지극히 놀라운 겸비와 긍휼하심을 보여주는 것이었습니다. 주님은 자신의 유익이 아니라 그들의 유익을 구하신 것이었기 때문에, 그들이 그토록 완악한 자들이고 주께 아주 큰 장애물이라는 사실은 한층 더 참고 감당하기 어려웠습니다. 게다가, 주님은 단지 그들을 참고 감당하셨을 뿐만 아니라 자신의 친구들로 대하셨다는 것을 기억하십시오. 주님은 자신이 아버지 하나님에게서 들으신 모든 것을 그들에게 알게 해주셨습니다. 주님은 그들에게 자신의 가장 깊고 은밀한 것들까지 알게 해주셨고, 이 땅에 계시는 동안에 그들에게 스스로 온전한 모범을 보여주신 것이 그들에 대한 유일한 책망이었습니다. 주님은 친히 겸손히 행하심으로써 그들에게 겸손을 가르치셨습니다. 주님은 친히 온유하심을 보이심으로써 그들에게 온유함을 가르치셨습니다. 주님은 그들의 결점들을 지적하시는 말씀을 하지 않으셨습니다. 주님은 그들의 잘못들을 낱낱이 파헤치지 않으셨습니다. 도리어, 그들로 하여금 그의 순전하심을 보고서 그들 자신의 흠을 보게 하시고, 그의 온전하심을 보고서 그들 자신의 결점들을 보게 하셨습니다. 그리스도께서 보여주신 놀랍고 기이한 자애로우심을 보십시오. 그는 하나님을 경외하는 자들을 아버지 같은 마음으로 긍휼히 여기셨습니다.

2. 둘째로, 하나님께서 오래 참으시는 이유들에 대하여 살펴보겠습니다.

이제 우리는 우리 주님의 경우를 들어서, 하나님께서 이렇게 인내하시는 이유들에 대하여 잠시 생각해 보고자 합니다. 의심할 여지 없이, 우리는 그 첫 번째 이유를 주님이 어떤 분이신가 하는 것 속에서 찾아야 합니다. 우리 주님은 지극히 선하셨기 때문에, 나약하고 가련한 인간을 참으시고 용납하실 수 있으셨습니다. 여러분과 내가 다른 사람들을 참고 용납할 수 없는 것은 우리 자신이 너무나 연약하기 때문입니다. 여러분이 자신의 불완전한 형제를 참고 용납할 수 없다면, 여러분 자신도 지극히 불완전하기 때문이라는 것을 아십시오. 예수께서는 전혀 이기적이지 않으셨기 때문에, 사도들이 그에게 합당한 존귀에 상처를 입히는 행동을 하더라도, 우리의 자존심이 상처를 입을 때에 우리가 겪게 되는 그런 괴로움을 겪지 않으셨습니다. 그가 괴로워하신 것은 사도들이 너무나 많은 잘못을 저지르고 너무나 더디 깨닫는다는 것이 전부였습니다. 그는 자기 자신을 생각하지 않으시고, 오직 그들만을 생각하셨습니다. 게다가, 그리스도께서는 지극히 온유하시고 지극히 자애로우셨습니다. 그가 "나는 마음이 온유하고 겸손하니"(마 11:29)라신 것은 결코 과장도 아니었고 이기심에서 나온 것도 아니었습니다. 나는 하나님께서 우리로 하여금 그의 사랑을 본받고, 그의 "지극히 신성한 온유하심"을 본받을 수 있게 해주시기를 빕니다.

주님이 그들을 참으시고 긍휼히 여기신 것은 그들에 대한 그의 관계 때문이었습니다. 그는 "창세 전부터"(요 17:24) 그들을 사랑하셨고, 지금도 우리 중 많은 이들을 사랑하고 계십니다. 그는 그들의 목자이셨기 때문에, 병에 걸린 자신의 양들을 긍휼히 여기셨습니다. 그는 그들을 구원해 주실 구주이셨기 때문에, 그들이 빠져 있는 죄악들을 보시고 탄식하셨습니다. 그는 "위급한 때를 위하여 태어난 형제"(cf. 잠 17:17)이셨기 때문에, 그들의 절박한 처지를 긍휼히 여기시고 자기 일처럼 살피셨습니다. 그는 "많은 아들들을 이끌어 영광에 들어가게 하시기로"(히 2:10) 결심하셨기 때문에, "그 앞에 있는 기쁨을 위하여"(히 12:2) 택함받은 자들을 생각하시고서 모든 것을 참으셨습니다.

주님이 그들을 참으신 또다른 이유는 우리의 "구원의 창시자"로서 "고난을 통하여 온전하게" 되고자 하셨기 때문입니다(히 2:10). 아마도 여러분은 이렇게 물으실지도 모릅니다: "왜 주 예수께서는 그 사도들을 단번에 온전히 거룩하게 하셔서 죄로부터 건져주지 않으신 것인가요? 주님이라면 얼마든지 그렇게 하실 수 있으셨을 텐데요." 나도 여러분처럼 그렇게 생각해서, 왜 주님은 우리에게도 그렇게 하지 않으시는 것인가 의아해 하곤 하였습니다. 그러나 나는 주님께서는 "모든

일에 우리와 똑같이 시험을" 받으셔서 "우리의 연약함을 동정하는" 신실한 "대제
사장"이 되셔야 했다는 것(히 4:15)을 기억했을 때에 의구심이 풀렸습니다. 여러
분과 나는 우리의 불완전한 형제들을 참고 감당해야 합니다. 만일 우리 주님께
서 그렇게 하지 않으셨다면, 그 점에 있어서 우리의 처지를 제대로 동정하실 수
없게 되셨을 것입니다. 주님은 자신의 모든 종들이 겪는 온갖 시험들을 다 아시
는 온전한 대제사장이 되시기 위하여, 자신의 제자들을 단번에 온전케 하지 않
으시고 그들의 연약함과 죄들을 참고 감당하셨습니다. 즉, 주님은 자기 형제들
과 온전히 똑같은 것들을 친히 겪으시면서 그들을 향한 자신의 자애로우심과 긍
휼하심을 보이시고자 하셔서 그들을 단번에 온전케 하지 않으신 것입니다. 이렇
게 해서 "우리가 믿는 도리의 대제사장이신 예수"(히 3:1)께서는 자신의 제자들
의 온갖 연약함을 다 참고 감당하시는 쪽을 택하심으로써 동일한 처지에 있는
우리를 온전히 동정하시고 공감하실 수 있게 되셨습니다.

　　나의 사랑하는 친구들이여, 또한 주님께서는 성령을 존귀하게 해드리기 위하여
그렇게 하신 것이 아니겠습니까? 만일 예수께서 사도들을 온전하게 하셨다면,
그들은 성령의 영광을 그렇게 분명하게 드러낼 수 없었을 것입니다. 성령이 임
하실 때까지, 열한 사도들은 얼마나 형편없는 존재들이었습니까! 그러나 성령이
임하시자, 그들은 그 어떤 영웅에도 뒤지지 않을 정도로 담대하고 용감한 사람
들이 되었고, 하늘의 가르침과 교훈을 누구보다도 깊이 깨닫고서 힘 있게 전하
는 사람들이 되었으며, 모든 덕목에서 지극히 뛰어난 사람들이 되었습니다! 우
리의 심령 속에서 그리스도를 영화롭게 해드리는 것이 성령의 의도인 것과 마찬
가지로, 성령을 영화롭게 해드리는 것이 예수 그리스도의 의도입니다.

　　또한, 우리 주님은 사도들의 장래를 고려하셔서, 그들의 모든 악을 제거하시
는 대신에 그들을 참고 감당하는 쪽을 택하셨습니다. 주님은 자신이 죽으신 후
에 그들이 자기가 그렇게 행하신 일들을 생각하고 기억할 것임을 아셨습니다.
그들은 혼자 있을 때나 서로 얘기할 때에 이렇게 속으로 묻거나 서로에게 물었
을 것입니다: "우리 주님이 그런 경우에 우리에게 뭐라고 말씀하셨는지 기억나
지 않나? 나는 주님이 하신 말씀이 똑똑히 기억이 나네." 그러면, 다른 형제는 눈
시울을 붉히며, "그래, 우리가 주님을 너무 몰랐던 걸세"라고 말합니다. "자네는
빌립이 주님께 드린 질문이 기억나나?" "그래, 하지만 자네도 알다시피, 나라도
똑같은 질문을 했을 걸세. 나도 빌립처럼 너무나 어리석었으니까 말일세." 이렇

게 얘기를 주고받은 후에 그들은 서로를 쳐다보고 웃으며, "우리가 그때는 정말 아무것도 몰랐어!"라고 말했을 것이고, 그 중 한 형제는 이렇게 말했을 것입니다: "자네도 알다시피, 그런데도 우리의 찬송 받으실 주님께서는 우리를 결코 비웃거나 무시하지 않으셨고, 우리가 끊임없이 그렇게 어리석게 말하고 행하는데도 결코 넌더리를 내지 않으셨지 않는가? 주님은 우리를 어린아이들로 생각하시고서, 계속해서 반복하여 설명해 주셨지. 우리가 이해하지 못했을 때에는 주님은 늘 또다시 설명해 주시고자 하셨어. 주님께서는 우리를 얼마나 자애롭고 자상하게 대해주셨는지 몰라!" 그러면, 다른 형제는 이렇게 말했을 것입니다: "주님이 잡히시던 바로 그 밤에 내가 도망치고 나서 나는 얼마나 자주 가슴 아파하며 울었던지. 그때 나도 주님과 함께 그 법정에 섰었더라면 좋았을 텐데. 내가 십자가 아래 서 있었거나 주님 옆에서 나란히 다른 십자가에 매달렸더라면 좋았을 텐데라고 생각하며, 많이 울었어. 자네도 알다시피, 우리가 부활하신 주님을 만났을 때, 나는 주님께서 내게 한 소리 하실 줄 알았는데, 나의 그 비겁한 행동에 대해서 일언반구도 없으셨어. 주님은 이전에 내게 보여주셨던 바로 그 잔잔한 사랑으로 나를 맞아주시고, 이전과 마찬가지로 나를 심부름 보내심으로써 주님이 여전히 나를 믿는다는 것을 보여주셨지. 주님은 정말 자애로우시고 사랑이 많으신 분이셨어!" 그들은 주님이 살아 계실 동안에는 그가 얼마나 선하신 분인지를 알지 못하였지만, 주님이 이 땅을 떠나시면서 그들에게 성령을 주시자, 그 모든 것을 똑똑히 알 수 있게 되었습니다. 마치 사진을 찍고 나서도 처음에는 그 이미지를 볼 수 없지만, 암실에서 현상하는 과정을 거쳐 그 이미지가 드러나는 것과 마찬가지로, 그들의 심령 속에 찍힌 그리스도의 사진도 성령으로 세례를 받은 후에야 그들에게 드러났습니다. 그들은 그 사진을 보았을 때에 이렇게 말했습니다: "지금까지 그런 분은 없었어. 그분은 모든 사람들 중에서 최고였고 지금도 최고야. 내 영혼이 그분을 죽을 때까지 사랑할 거야."

　　우리가 이 땅에 있는 동안에도 주님의 그런 사랑을 이 정도로 알고 있다면, 천국에 들어갔을 때에는 훨씬 더 분명하게 알게 될 것입니다. 우리는 진주 문 안으로 들어갔을 때에 우리가 이 땅에 있을 때에 예수께서 우리를 얼마나 사랑하셨는지를 알게 될 것입니다. 어떤 사람은 이렇게 말할 것입니다: "나는 내게 닥친 저 시험을 아주 잘 기억하고 있습니다. 그때에 나는 하나님이 나를 잊어버리셨고 더 이상 나를 생각하지 않으실 것이라고 말했습니다. 그러나 이제 보니, 하나님이 나를 괴롭히신 것은 내 영혼을 사랑하시고 내게 진실하셨기 때문이었습니다." 또다른 성도는 이렇게 간증할 것입니다: "나는 하나님에 대하여 냉담하고 하나님을 잊고 산 날들이 많았지만, 하나님께서는 '여호와의 말씀이니라 내게 돌아오라 나는 너희 남편임이라'(렘 3:14)고 내게 말씀하셨습니다. 내가 돌아오자, 하나님은 나를 정말 온유하시게 맞아주시고, 내 영혼에 다시 한 번 그의 넘치는 사랑을 부어 주셨습니다. 하나님은 나의 첫 사랑을 회복시켜 주셨고, 나는 그의 구원을 기뻐하였습니다." 여러분이 아시듯이, 하나님께서는 우리의 영원을 생각하시고 행하십니다. 하나님은 우리를 단번에 거룩하게 해주지 않으십니다. 왜냐하면, 만일 하나님이 그렇게 하시면, 우리는 우리 안에 있는 모든 죄를 알지 못하게 되고, 우리가 하나님께 얼마나 큰 빚을 지고 있는지도 알지 못하게 될 것이기 때문입니다. 아니, 하나님이 우리를 30년, 40년, 50년 동안 광야에 두시는 이유는 우리로 하여금 우리 마음속에 무엇이 있는지를 알게 하시고, 하나님의 마음속에 무엇이 있는지, 즉 하나님이 변함없으신 사랑과 인자하심으로 우리를 사랑하신다는 것을 알게 하시기 위한 것입니다. 이렇게 "아버지가 자식을 긍휼히 여김 같이" 우리를 긍휼히 여기시는 하나님의 이름을 우리가 송축하나이다.

3. 셋째로, 하나님의 이러한 오래 참으심이 우리에게 주는 가르침은 무엇입니까?

첫 번째 가르침은 주님께서 자신의 사도들을 긍휼히 여기셨고, 또한 여러분을 긍휼히 여기셨다면, 여러분도 다른 사람들에게 그렇게 해야 한다는 것입니다. 나는 다른 그리스도인들이 언행이 불일치하거나 앞뒤가 안 맞는 행동을 보일 때에 우리에게는 인내심을 잃을 정도로 몹시 언짢아하는 경향이 있다는 것을 압니다. 지면에서 가장 온유한 사람이라고 하는 모세조차도 결국에는 이스라엘 백성에 대한 인내심을 잃고서, "반역한 너희여 들으라 우리가 너희를 위하여 이 반석에서 물을 내랴"(민 20:10)라고 말했습니다. 나는 모세가 이스라엘 백성을 "반역자들"이라고 부른 것을 이상하게 여기지 않습니다. 그들은 실제로 그랬으니까요. 그러나 하나님께서는 그들이 자기 자녀들이었기 때문에 모세가 그들을 그렇게 부른 것에 대하여 언짢아 하셨습니다. 아버지는 자신의 자녀들을 그렇게 불러도 되지만, 종들이 자신의 자녀들을 그런 식으로 부르는 것을 원하지는 않을 것입니다. 우리는 하나님의 백성들이 언행이 불일치하는 행동을 보일 때에 종종 모질고 호된 말을 해주고 싶은 생각이 들지만, 우리 주님은 우리에게 다른 모범을 보여주십니다. 예수께서 불완전한 사람들을 참고 감당하셨다면, 여러분과 나도 그렇게 해야 하지 않겠습니까? 예수께서는 우리보다도 훨씬 더 많이 참고 용납하시며 감당해 내셔야 했을 것이지만, 여전히 자신의 제자들을 긍휼히 여기시고 사랑하시고 인자하게 대하셨습니다. 그러므로 우리도 그의 발자취를 따르는 것이 마땅합니다. 우리가 불완전한 설교자들을 통해서 회심하였다는 사실을 기억하는 것도 우리가 그렇게 하는 데에 도움이 될 것입니다. 여러분 중에 어떤 분이 나의 사역을 통해서 회심하였다면, 그분은 정말 불완전한 자를 통해서 회심한 것입니다. 나는 내가 불완전하다는 것이 몹시 유감스럽고 안타깝지만, 어떤 의미에서는 나의 연역함을 자랑합니다. 왜냐하면, 내가 약할 때에 하나님의 능력이 강하게 역사하기 때문입니다. 우리는 어떤 존재입니까? 우리는 단 한 사람도 구원하거나 의(義)로 인도할 수 없습니다. 오직 하나님만이 그렇게 하실 수 있습니다. 그러나 여러분이 불완전한 도구들을 통해서 영혼 구원의 복을 받았다면, 이후로는 다시는 불완전한 사람들에 대하여 인내심을 잃어서는 안 됩니다. 또한, 여러분 자신도 불완전하다는 사실을 기억하십시오. 여러분의 눈에는 다른 사람들이 저지르는 많은 잘못들이 보일 것입니다. 그러나 나의 사랑하는 형제들이여, 매일 아침 여러분 자신을 거울에 비쳐보십시오. 그러면 여러분이 다른 사람들에게서 보는 것만큼이나 많은 잘못들이 여러분에게 보일 것입니다. 만일 그것을 보지 못한다면, 여러분의 눈은 시력이 약한 것입니다. 만일 그 거울이 여러분에게 자신의 심령의 참모습을 그대로 보여준다면, 여러분은 다시는 그 거울을 볼 엄두를 내지 못할 것이고, 심지어 그 거울을 깨뜨려 버릴 지도 모릅니다. 믿음이 좋으면서도 괴짜였던 존 베리지(John Berridge, 1716-1793)는 여러 목회자들을 그린 그림들을 액자에 넣어서 자기 방에 걸어놓고, 한 쪽 벽면에는 똑같은 액자 모양의 거울을 걸어놓고서는, 가끔 친구를 자기 방으로 데려가서, "이건 칼빈이고, 저건 존 번연이라네"라고 그림 소개를 한 후에, 그 친구를 거울 앞에 세워놓고 "이건 마귀지"라고 말하곤 했습니다. 그러면, 일반적으로 그 친구는 "뭐라고? 이건 나야"라고 말했고, 그때에 그는 "아, 우리 안에 마귀가 있다네"라고 말했답니다. 우리는 불완전하다고 해서 정죄해서는 안 됩니다. 또한, 우리가 인내심이 없고 잘 참지를 못한다면, 그것은 우리 자신이 생각하는 것보다 우리가 더 불완전하다는 분명한 증거라는 것도 기억하십시오. 하나님의 은혜 안에서 자라가는 사람들은 인내심도 자라갑니다. "내가 저 형제의 그런 행동을 참을 수가 없어"라고 늘 말하는 사람은 은혜에 있어서 갓난아기 수준에 있는 것입니다. 나의 사랑하는 형제들이여, 여러분은 제자들의 발을 씻어 주는 일도 기꺼이 할 수 있어야 합니다. 만일 여러분이 여러분 자신을 알고 주님을 닮는다면, 여러분은 모든 것을 소망하고 모든 것을 참아내는 그런 사랑을 지니게 될 것입니다.

그리스도 안에서 여러분의 형제이고 자매인 사람들은 비록 무수한 결점과 흠이 있다고 할지라도 하나님이 택하신 사람들이고, 하나님께서 그들을 택하셨다면, 여러분이 그들을 거부할 이유가 전혀 없다는 것을 기억하십시오. 그리스도께서는 그들을 자신의 피로 사셨습니다. 그리스도께서 그들을 그토록 소중히 여기시는데, 왜 여러분은 그들을 그토록 무시하는 것입니까? 또한, 여러분이 보기에 그들의 나쁜 점들이 아무리 많아도 그들에게는 여러분보다 뛰어난 몇몇 좋은 점들이 있다는 것도 기억하십시오. 그들은 여러분만큼 많은 것들을 알지는 못하지만, 행동은 여러분보다 더 선할지도 모릅니다. 그들은 교만하다는 결점을 지니고 있기는 하지만, 너그럽고 후함에 있어서는 여러분보다 훨씬 더 나을 수도 있습니다. 또는, 어떤 사람은 성미가 급하기는 하지만, 신앙에 있어서 여러분보다 더 큰 열심이 있을 수 있습니다. 일반적으로 사람들이 하는 것과는 반대로, 다른 형제에게서는 밝은 면을 보시고, 여러분 자신에게서는 어두운 면을 보십시오. 각각의 그리스도인들에게는 여러분이 배워야 할 점이 있다는 것을 기억하십시오. 그들의 뛰어난 점들을 보고 그들을 본받으십시오. 또한, 어떤 형제의 믿음이 지금은 작을지라도 앞으로 성장하게 되리라는 것과 여러분은 그의 믿음이 어디까지 성장할지를 모른다는 것도 기억하십시오. 그들이 지금은 너무나 안타까울 정도로 불완전하지만, 하나님의 백성인 그들이 장차 어떤 존재가 될 것인지를 생각하십시오. 형제들이여, 우리는 그들이 장차 어떻게 될지를 알고 있지 않습니까? 우리나 그들이나 모두 일단 천국에 들어가면 우리 주님처럼 되리라는 것을 우리는 알고 있지 않습니까? 나의 형제들이여, 여러분이 지금 여기에서는 다투기를 좋아하는 사람이었을지라도, 거기에서는 다투지 않게 될 것입니다. 천국에서는 여러분과 내가 사이좋게 지내게 될 것이기 때문에, 나는 그때까지는 여러분을 간섭하지 않을 것입니다. 나의 친구들이여, 여러분은 언젠가는 하나님의 보좌 앞에 흠 없이 서게 될 것이기 때문에, 나는 할 수 있는 한 여러분의 잘못이나 흠을 찾아내고자 하지 않을 것입니다. 하나님께서 그렇게 손쉽게 여러분의 잘못들을 제거해 주실 것인데, 굳이 내가 여러분의 잘못들을 주시할 이유가 어디 있겠습니까? 나는 거친 돌을 보고서 까다롭게 불평하지 않을 것입니다. 왜냐하면, 나는 그 돌이 위대한 석공의 정 아래 있다는 것을 알고, 조금만 기다리면, 그 거친 돌이 아름다운 작품이 되어 나올 것임을 알기 때문입니다.

오늘 설교의 요지는 하늘에 계신 여러분의 아버지께서 여러분을 긍휼히 여기시듯이, 여러분도 서로를 긍휼히 여기라는 것입니다. 하나님께서는 우리가 "단지 먼지"일 뿐임을 기억하십니다(시 103:14). 여러분이 다른 사람들을 볼 때에도 이것을 기억하십시오. 여러분은 같은 집에 살고 있는 것이니, 서로 불화하지 마십시오. 여러분은 동일한 교회의 지체들이니, 서로를 너무 심하게 비판하거나 판단하지 마십시오. 꼭 잘못을 지적해 줄 필요가 있는 경우에는 온유함으로 하고, 그 사람을 망하게 하는 것이 아니라 그 사람에게 유익을 주기 위하여 그렇게 하십시오. 말씀을 전하는 자들도 자신이 전한 말씀 그대로를 행동으로 보여주어서, 주님이 그러셨던 것처럼 죄 지은 자들에 대하여 오래 참고 자애롭게 행하십시오.

나는 한 가지만 더 말씀을 드리고, 설교를 맺겠습니다. 나의 사랑하는 친구들이여, 여러분 자신과 관련해서는 그리스도께서는 온유하시고 오래 참으신다는 것을 굳게 믿으십시오. 이 아침에 여러분 중에서 자기가 실족하였다고 느끼거나, 어떤 일을 합당하게 행하지 못하고 부족하거나 지나쳤다고 느끼는 분들이 있습니까? 그런 분들에게는 불신앙이 "당신은 이제 그리스도와의 교제를 누리기를 기대할 수 없고, 그의 사랑을 다시는 맛볼 수 없게 되었어"라고 속삭일 것임을 나는 압니다. 하지만 그런 속삭임에 넘어가지 마십시오. 그리스도께서 사도들에게 얼마나 온유하셨는지를 생각하시고, 그가 지금도 여러분에게 그렇게 하고 계신다는 것을 기억하십시오. 장소가 바뀌었다고 해서 그리스도의 성품이 달라진 것이 아닙니다. 그리스도께서 높아지셔서 승천하셨다고 해서 그의 온유하시고 자애로우신 마음이 사라져 버린 것이 아닙니다. 그리스도께서는 여전히 여러분을 받아 주십니다. 나의 형제들이여, 여러분이 제대로 된 기도를 하지 못하였다는 것을 나는 압니다. 다시 한 번 시도하십시오. 그리스도께서는 여러분의 기도에 부족함이 있다고 하더라도 그 기도를 받으실 것입니다. 나의 사랑하는 형제들이여, 여러분이 지금까지 해온 사역에 부족함이 있었다는 것을 나는 압니다. 그러나 포기하지 마십시오. 더 큰 열심과 열정으로 또다시 말씀을 전하십시오. 그리스도께서는 여러분을 결코 내치지 않으시고 반드시 복 주실 것입니다. 우리 모두도 우리가 지금까지 한 일을 생각하면 정말 눈물밖에 나오는 것이 없으리라는 것을 나는 압니다. 그러나 긍휼에 풍성하신 우리 주 예수께서는 우리의 마음을 아십니다. 주님은 우리가 한 일의 결점들을 보시는 것이 아니라, 우리가 한 일 속에서 빛나는 보석을 보십니다. 그는 자신의 사랑의 외투로 우리의 죄들을 덮어 주시고, 우리가 한 일 속에 깃들어 있는 우리의 마음을 받으실 것입니다. 그러니 또다시 시도합시다. 주님을 전적으로 의지하고, 주님을 섬기는 일에 우리 자신을 무조건적으로 드립시다. 우리는 우리의 생일날에 자녀들이 시든 꽃다발을 우리에게 주어도, 마치 진주나 다이아몬드를 받은 것처럼 기뻐하며 기꺼이 받습니다. 왜냐하면, 그 꽃다발이 비록 시든 것이라고 해도 거기에는 우리에 대한 자녀들의 사랑이 깃들어 있기 때문입니다. 마찬가지로, 우리의 마음이 예수를 사랑한다면, 예수께서는 우리의 보잘것없고 불완전한 섬김도 거기에 담긴 우리의 사랑을 보시고서 기쁘게 받으십니다: "그가 우리의 체질을 아시며 우리가 단지 먼지뿐임을 기억하심이로다." 그리스도께서는 우리가 더러운 것으로부터 깨끗한 것을 만들어 낼 수 없다는 것을 아십니다. 그래서 한없이 긍휼히 여기시는 마음으로 우리의 잘못과 허물들을 덮어 주시고, 우리 마음에 있는 사랑을 받아 주십니다. 그러므로 담대하십시오. 나의 형제들이여, 담대하십시오. 그리스도께서는 여전히 우리를 받아 주십니다.

나는 이 말씀을 듣고서 많은 죄인들이 그리스도께로 나아오는 것이 마땅하다고 생각하고, 그렇게 되기를 바라고 있습니다. 왜냐하면, 그리스도께서는 "내게 오는 자는 내가 결코 내쫓지 아니하리라"(요 6:37)고 말씀하시기 때문입니다. 성령께서 여러분을 이끄셔서 하나님의 온유하신 어린 양 예수께 여러분의 소망을 두게 하시기를 빕니다. 죄인들이여, 와서 그를 의지하십시오. 하나님께서 여러분에게 복 주시기를 기도합니다. 아멘.

스펄전설교전집
시편 II

초판 인쇄   2013년 10월 15일
초판 발행   2013년 10월 25일

발행처   **크리스챤다이제스트**
발행인   박명곤
주소   경기도 고양시 일산동구 정발산동 1193-2
전화   031-911-9864, 070-7538-9864
팩스   031-911-9824
등록   제 396-1999-000038호
판권   ⓒ 크리스챤다이제스트 2013
총판   (주) 기독교출판유통
           전화 031-906-9191~4
           팩스 0505-365-9191